E-Book inside.

Mit folgendem persönlichen Code
können Sie die E-Book-Ausgabe
dieses Buches downloaden.

4icy6-p56r0-
18001-26148

Registrieren Sie sich unter
www.hanser-fachbuch.de/ebookinside
und nutzen Sie das E-Book
auf Ihrem Rechner*, Tablet-PC
und E-Book-Reader.

Der Download dieses Buches als E-Book unterliegt gesetzlichen
Bestimmungen bzw. steuerrechtlichen Regelungen, die Sie unter
www.hanser-fachbuch.de/ebookinside nachlesen können.
* Systemvoraussetzungen: Internet-Verbindung und Adobe® Reader®

Sillmann

Das Swift-Handbuch

Update inside.

Mit unserem kostenlosen Update-Service zum Buch erhalten Sie aktuelle Infos zu den neuen Versionen von Swift, Xcode, macOS, iOS, watchOS und tvOS.

Und so funktioniert es:

1. Registrieren Sie sich unter:
   www.hanser-fachbuch.de/swift-update

2. Geben Sie diesen Code ein:

2SKe-WuCq-
iE8N-b92m

Der Update-Service läuft bis Mai 2021. Als registrierter Nutzer werden Sie in diesem Zeitraum persönlich per E-Mail informiert, sobald ein neues Buch-Update zum Download verfügbar ist.

Wenn Sie Fragen haben, wenden Sie sich gerne an: **swift-update@hanser.de**

Thomas Sillmann

Das Swift-Handbuch

Apps programmieren
für macOS, iOS, watchOS und tvOS

HANSER

Der Autor:
Thomas Sillmann, Aschaffenburg
www.thomassillmann.de

Bibliografische Information der Deutschen Nationalbibliothek:

Die Deutsche Nationalbibliothek verzeichnet diese Publikation in der Deutschen Nationalbibliografie; detaillierte bibliografische Daten sind im Internet über http://dnb.d-nb.de abrufbar.

© 2019 Carl Hanser Verlag München, www.hanser-fachbuch.de
Lektorat: Sylvia Hasselbach
Copy editing: Walter Saumweber, Ratingen
Umschlagdesign: Marc Müller-Bremer, München, www.rebranding.de
Umschlagrealisation: Stephan Rönigk
Gesamtherstellung: Kösel, Krugzell
Printed in Germany

Print-ISBN: 978-3-446-45505-4
E-Book-ISBN: 978-3-446-45730-0
E-Pub-ISBN: 978-3-446-46107-9

„Bis zum Mond und wieder zurück haben wir uns lieb.“

Für meinen Vater

Wo Du auch bist, Du begleitest mich auf meiner Reise –
bis zu jenem Tag, an dem wir uns wiedersehen
und uns viele Geschichten erzählen werden.

Inhalt

Vorwort

Liebe Leserin, lieber Leser,

als Apple auf der World Wide Developers Conference im Juni 2014 für alle Welt überraschend eine komplett neue Programmiersprache vorstellte, war das etwas ganz Besonderes für mich und meine Entwicklerkollegen. Bis zu diesem Zeitpunkt war Objective-C die Sprache der Wahl, wenn es um die Programmierung für Apple-Plattformen ging. Das war weiß Gott nichts Schlechtes, aber man merkt Objective-C nun einmal sowohl ein gewisses Alter wie auch diverse Eigenheiten an.

Swift ist da ganz anders. Schon beim Starten in die Programmierung mit Swift merkt man schnell, wie einfach und verständlich doch vieles von der Hand geht. Dazu kommen clevere Konzepte wie die Optionals und das Error Handling (über die Sie noch ausführlich in diesem Buch lesen werden), die Swift zu einer sehr sicheren Sprache machen, mit der man gerne programmiert. So zumindest geht es den meisten, die entweder den Sprung gewagt und sich von Objective-C kommend Swift zugewandt haben oder die frisch in die Entwicklung für Apple-Plattformen mit Swift eingestiegen sind.

Für Apple ist Swift heute ein immens wichtiger Baustein der Anwendungsentwicklung. Swift ist inzwischen Open Source und bereits bei Version 5 angekommen. Auf Apples Entwicklerkonferenzen sieht man ausschließlich Code-Beispiele, die in Swift geschrieben sind. Und Apple hat sogar manche der eigenen Apps in Swift komplett neu entwickelt. Der Weg scheint klar: Swift gehört die Zukunft.

Mit diesem Buch möchte ich Ihnen, liebe Leserin, lieber Leser, das notwendige Wissen vermitteln, um selbst eigene Apps mit Swift für iOS, macOS und Co. entwickeln und über den App Store vertreiben zu können. Hierbei ist es mir wichtig, Sie nicht mit einer Vielzahl von fertigen Beispielprojekten zu erschlagen und Ihnen zu erklären, wie Sie diese nachprogrammieren. Stattdessen möchte ich Ihnen einen möglichst umfangreichen und vielseitigen Überblick darüber geben, was Sie alles für spannende Funktionen in Apps für iPhone, iPad, Mac, Apple Watch und Apple TV umsetzen können und Ihnen ausführlich erklären, wie Sie dabei vorzugehen haben und worauf Sie achten müssen. Das Buch soll Ihnen sowohl als Neuling beim Lernen helfen, wie auch alten Hasen noch das ein oder andere Detail vor Augen führen, das einem bisher möglicherweise entgangen war.

Anhand dieser Prämisse ist auch der grundlegende Aufbau des Buches entstanden, der sich in insgesamt sechs verschiedene Teile untergliedert. Ganz zu Beginn steht die titelgebende Programmiersprache Swift. Im *ersten Teil* erfahren Sie in insgesamt fünfzehn Kapiteln alles, um eigenen Swift-Code schreiben und die vielen spannenden Facetten dieser Sprache wie Generics und die bereits erwähnten Optionals optimal einsetzen zu können. In diesen Kapiteln geht es nur um Swift und nichts anderes.

Im *zweiten Teil* geht es weiter mit Xcode, der Entwicklungsumgebung von Apple. Sie erfahren, wie Sie die IDE installieren, wie sie aufgebaut ist und wie Sie durch Projekte navigieren und sich darin zurechtfinden.

In *Teil III* geht es schließlich um die Betrachtung der verschiedenen Plattformen von Apple und darum, wie Sie Apps für diese entwickeln. Jedes Betriebssystem – macOS, iOS, watchOS und tvOS – verfügt in Teil 3 über wenigstens ein Kapitel, in dem Sie alles über die grundlegende Architektur der jeweiligen Plattform sowie über die Besonderheiten bei der App-Entwicklung erfahren. Auch gebe ich Ihnen eine Einschätzung, für welche Arten von Apps die verschiedenen Betriebssysteme gedacht sind – und für welche nicht. In einem abschließenden Cross-Platform-Kapitel stelle ich Ihnen außerdem einige spannende Funktionen vor, die für alle Plattformen von Apple gleichermaßen relevant sind.

Mir war es wichtig, darauf zu achten, alle Kapitel des dritten Teils möglichst unabhängig voneinander zu gestalten. Sie haben bereits grundlegende Erfahrung mit der iOS-Entwicklung? Dann steigen Sie direkt in das zugehörige Kapitel zur App-Entwicklung ein und überspringen Sie die Basics! Dafür ist Ihnen die Programmierung für macOS noch vollkommen fremd? Kein Problem, das Grundlagenkapitel zur macOS-Entwicklung nimmt Sie an die Hand und zeigt Ihnen, wie die Plattform aus Sicht eines App-Entwicklers funktioniert. Auch die Themen, die in den einzelnen Kapiteln behandelt werden, sind so geschrieben, dass Sie direkt mit einer bestimmten Funktion (beispielsweise dem Erstellen von Tabellen unter iOS) einsteigen können, ohne vorher die anderen Kapitel zwingend lesen zu müssen.

Nach der Betrachtung der verschiedenen Plattformen von Apple geht es im *vierten Teil* des Buches um einige spezielle Frameworks und Technologien, mit denen Sie die Funktionalität Ihrer Apps erweitern können. Dazu gehören unter anderem Themen wie iCloud, Siri oder die Implementierung von Touch ID beziehungsweise Face ID.

In *Teil V* stelle ich Ihnen die Source Control-Möglichkeiten von Xcode vor und zeige Ihnen, wie Sie Unit-, UI- und Performance-Tests für Ihre Apps schreiben und ausführen. Im sechsten und letzten Teil erfahren Sie schließlich alles zur Veröffentlichung Ihrer Anwendungen im App Store, welche Geschäftsmodelle sich umsetzen lassen und wie Sie Apps für Beta-Tests mittels TestFlight verteilen.

Bekanntermaßen lebt die digitale Welt vom ständigen Wandel und Fortschritt. Das betrifft auch die Arbeit von App-Entwicklern. Jedes Jahr werden auf Apples Entwicklerkonferenz WWDC Neuerungen und Änderungen in Bezug auf iOS, macOS und Co. vorgestellt. Auch die Programmiersprache Swift entwickelt sich stetig weiter. Um diesem Wandel Rechnung zu tragen, erhalten Sie für zwei Jahre nach Erscheinen des Swift-Handbuchs (also bis Mai 2021) kostenlose Buch-Updates in PDF-Form. Sie werden persönlich von uns benachrichtigt, wenn neue Updates zum Download zur Verfügung stehen. Registrieren Sie sich dazu einfach unter *www.hanser-fachbuch.de/swift-update* mit dem Passwort von Seite II.

Die kommenden Updates berücksichtigen Änderungen an bestehenden Funktionen, neue Features für die verschiedenen Betriebssysteme von Apple und für die Entwicklungsumgebung Xcode sowie Aktualisierungen von Swift. Darüber hinaus finden Sie aktuelle Artikel zur Programmierung sowie ergänzende Lehrvideos auf meiner Entwickler-Website unter *letscode.thomassillmann.de*.

Für mich persönlich ist die Programmierung mit Swift für die unterschiedlichen Apple-Systeme eine sehr erfüllende Aufgabe und mir war es wichtig, all meine Begeisterung für diese Thematik in dieses Buch einfließen zu lassen. Ich hoffe von Herzen, dass Sie Ihre Freude mit dem Werk haben werden, ganz gleich, ob Sie entweder frisch in die spannende Welt der Swift-Programmierung einsteigen oder als alter Hase noch das ein oder andere Neue lernen, das Ihnen bei zukünftigen Projekten nützlich ist.

Herzlichst,
Ihr Thomas Sillmann
Aschaffenburg, Januar 2019

Teil I:
Swift

1 Die Programmiersprache Swift

Die Programmiersprache Swift hat sich seit ihrer erstmaligen Vorstellung im Juni 2014 immens weiterentwickelt und dabei mehrere spannende Meilensteine durchlaufen. Nicht nur, dass wir zwischenzeitlich bereits bei Version 5 von Swift angelangt sind, nein, inzwischen ist die Programmiersprache auch Open Source und besitzt eine eigene Online-Plattform unter *https://swift.org* (siehe Bild 1.1). Dort finden sich ein Blog mit Informationen zur Weiterentwicklung der Sprache, vorgefertigte Downloadpakete, eine Dokumentation, Verweise auf weitere Swift-Projekte und vieles mehr (mehr zu *Swift.org* erfahren Sie in Abschnitt 1.7, „Swift-Ressourcen und weiterführende Informationen").

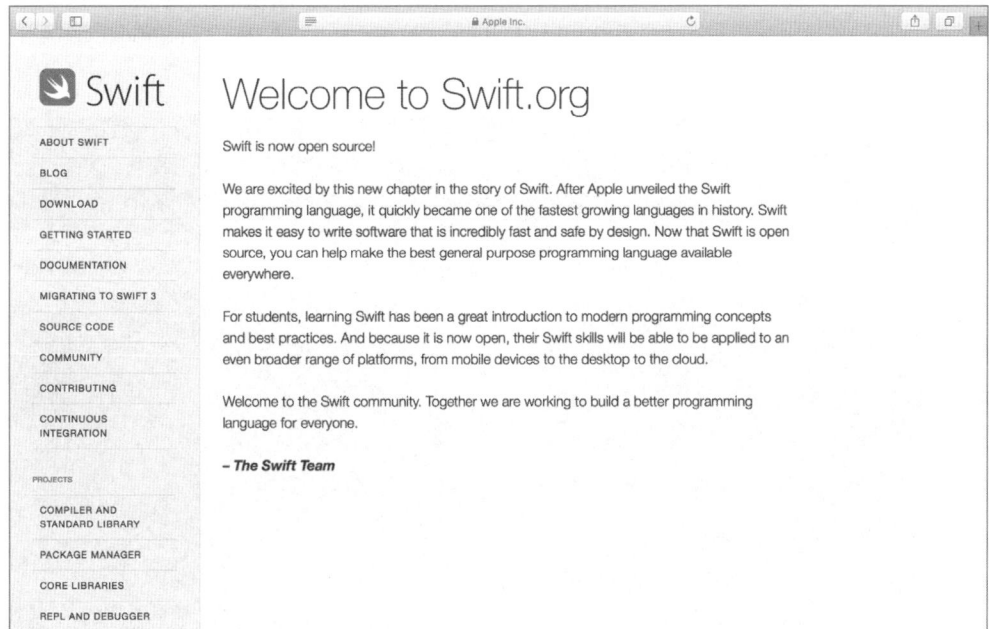

Bild 1.1 Die Plattform Swift.org ist die zentrale Anlaufstelle für die Programmiersprache Swift.

Aufgrund dieser massiven Weiterentwicklungen ist Swift inzwischen mitnichten nur eine Programmiersprache für die Plattformen von Apple. Auf Linux ist es bereits heute möglich, Swift-Code auszuführen, weitere Plattformen werden mit Sicherheit folgen. Dank IBM hat es Swift sogar schon auf die Server und in die Cloud geschafft, woraus sich ebenfalls ganz neue Einsatzgebiete und Möglichkeiten zur Nutzung von Swift für Entwickler ergeben.

Nichtsdestotrotz widmet sich dieses Buch dem Bereich, in dem Swift heute noch immer die größte und relevanteste Rolle spielt: der Entwicklung von Apps für die verschiedenen Plattformen von Apple. Ganz gleich ob macOS, iOS, watchOS oder tvOS: Für all diese Betriebssysteme lassen sich mithilfe von Swift innovative Anwendungen auf Basis der Entwicklungsumgebung Xcode programmieren, und hierfür liefert Ihnen dieses Buch alle grundlegenden und essenziellen Informationen. Sie dürfen gespannt sein. :)

■ 1.1 Die Geschichte von Swift

Viele Details sind über die genaue Entstehungsgeschichte von Swift nicht bekannt. Was man weiß, ist, dass der Apple-Entwickler Chris Lattner wohl in gewisser Weise als „Vater" von Swift bezeichnet werden kann. Er begann die Entwicklung von Swift im Juli 2010 aus eigenem Antrieb heraus und zunächst im Alleingang. Ab Ende 2011 kamen dann weitere Entwickler dazu, währen das Projekt im Geheimen bei Apple fortgeführt wurde. Das erste Mal zeigte Apple die neue Sprache der Weltöffentlichkeit auf der WWDC (Worldwide Developers Conference) 2014 (siehe Bild 1.2).

Bild 1.2 Auf der WWDC 2014 präsentierte Apple Swift erstmals der Weltöffentlichkeit.

Mit dieser erstmaligen Präsentation von Swift überraschte Apple sowohl Presse als auch Entwickler gleichermaßen. Dabei war die Sprache zunächst – ähnlich wie Objective-C – ausschließlich auf die Plattformen von Apple beschränkt. Ein Mac mitsamt der zugehörigen IDE Xcode von Apple waren also Pflicht, wollte man mit Swift Apps für macOS, iOS, watchOS oder tvOS entwickeln. Im Herbst 2014 folgte dann die erste finale Version von Swift, die Apple den Entwicklern zusammen mit einem Update für Xcode zugänglich machte.

Im darauffolgenden Jahr sorgte Apple auf der WWDC 2015 dann für die nächste große Überraschung. Sie präsentierten nicht nur die neue Version 2 von Swift, sondern gaben auch bekannt, dass Swift noch im gleichen Jahr Open Source werden würde. Dieses Versprechen wurde dann am 03. Dezember 2015 umgesetzt und Apple startete die Plattform *Swift.org*, um darüber zukünftig alle Weiterentwicklungen und Neuerungen zu Swift zusammenzutragen.

Auf der WWDC 2016 folgte sodann die Vorstellung der neuen Version 3 von Swift, die im Herbst desselben Jahres offiziell veröffentlicht wurde. Es folgten Swift 4 und Swift 5. Letztere ist die aktuelle Version von Swift und erschien Anfang 2019.

■ 1.2 Swift-Updates

Die Sprache Swift hat in den wenigen Jahren, die sie bisher verfügbar ist, bereits einige große Versionssprünge hingelegt. Gerade am Anfang war das für Swift-Entwickler der ersten Stunde durchaus ein Problem, denn diese Versionssprünge änderten den Code und die Syntax von Swift bisweilen so stark, dass sich Projekte, die mit einer früheren Swift-Version als der aktuellen geschrieben wurden, nicht mehr kompilieren und damit ausführen ließen.

Zwar bietet Apple in seiner Entwicklungsumgebung Xcode einen Assistenten, der Swift-Code einer älteren Version nach der aktuellen migriert, aber meistens konnte auch dieser nicht alle Probleme und Fehler vollumfänglich auflösen, was bedeutete, dass Entwickler – je nach Größe des zugrunde liegenden Projekts – mal mehr, mal weniger Zeit damit verbringen mussten, ihren Code auf die neue Swift-Version zu aktualisieren und entsprechend anzupassen.

Diese Problematik soll ab Version 5 von Swift nun ein Ende haben. Natürlich wird es in Zukunft weitere Versionen der Programmiersprache geben, diese sollen nun aber nicht mehr Code, der in einer älteren Swift-Version geschrieben wurde (solange er mindestens auf Version 5 basiert), gänzlich unbrauchbar und unausführbar machen. Swift 5 stellt somit einen gewissen Meilenstein in dieser noch jungen Programmiersprache dar, ein idealer Zeitpunkt also, sich spätestens jetzt einmal damit auseinanderzusetzen.

Trotzdem sollen und wollen Sie als Swift-Entwickler natürlich auch up to date bleiben und wissen, wie sich die Sprache weiterentwickelt und welche Neuerungen sie im Laufe der Zeit mit sich bringt. In Abschnitt 1.7, „Swift-Ressourcen und weiterführende Informationen", am Ende dieses Kapitels, stelle ich Ihnen einige wichtige und hilfreiche Ressourcen vor, die Ihnen dabei helfen, Ihr Swift-Know-how stets auf dem neuesten Stand zu halten.

■ 1.3 Voraussetzungen für die Nutzung von Swift

Swift wird aktuell auf den folgenden Plattformen unterstützt:

- macOS
- Linux

Auf diesen kann Swift-Code ausgeführt und mithilfe passender Tools geschrieben werden. Unter macOS ist Apples Entwicklungsumgebung Xcode die erste Wahl, wenn es um die Entwicklung mit Swift geht. Unter Linux stellt Apple bisher ausschließlich die sogenannte *REPL* (Read Eval Print Loop) bereit, die es erlaubt, Swift-Code über das Terminal auszuführen. Darüber hinaus kann Swift-Code noch auf den weiteren Apple-Plattformen iOS, watchOS und tvOS ausgeführt werden.

Wer ernsthaft mit Swift entwickeln möchte, sollte zum jetzigen Zeitpunkt trotz offiziellem Linux-Support nichtsdestoweniger vorzugsweise auf einen Mac mitsamt macOS zurückgreifen. Dank der vollwerten Entwicklungsumgebung Xcode, die Apple kostenlos bereitstellt und in der Swift vollumfänglich integriert ist, ist diese IDE noch immer das Mittel der Wahl für professionelle Software-Entwicklung mit Swift. Die ebenfalls unter Linux zur Verfügung stehende REPL eignet sich ideal für Tests und zum Ausprobieren verschiedener Eigenschaften und Mechanismen der Programmiersprache.

Swift Playgrounds auf dem iPad

Neben den genannten Plattformen ist es auch möglich, Swift-Code auf Apples iPad zu schreiben und auszuführen. Seit Version 10 von iOS – dem Betriebssystem des iPad – bringt dieses nämlich eine kostenlose App namens *Swift Playgrounds* mit. Darüber ist es möglich – wie der Name bereits andeutet – sogenannte Playgrounds zu erstellen und darin Swift-Code zu schreiben und ausführen zu lassen (siehe Bild 1.3). Die App kompiliert die Eingaben und gibt direkt Feedback über mögliche Syntaxfehler oder andere Probleme.

Da die App keine kompletten Projekte, sondern ausschließlich die Playgrounds verwalten kann, ist sie primär dafür gedacht, einzelne Code-Fragmente zu testen oder eine Idee für eine Funktion umzusetzen und zu überprüfen. Dabei kann die App die erzeugten Playgrounds auch mit Xcode auf dem Mac austauschen, damit diese dort weitergenutzt werden können. Mehr zu Playgrounds erfahren Sie in Abschnitt 1.5, „Playgrounds".

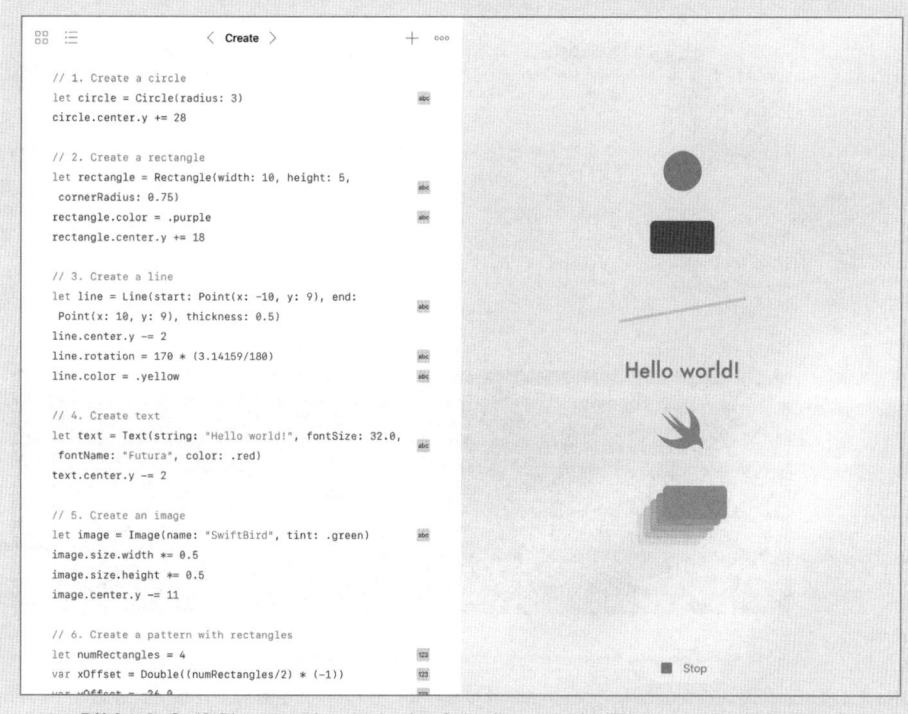

Bild 1.3 Swift Playgrounds erlaubt das Schreiben und Ausführen von Swift-Code auf dem iPad.

■ 1.4 Installation von Swift

Je nachdem, auf welcher Plattform Sie Swift nutzen möchten – macOS oder Linux – verläuft die Installation ein wenig anders und es stehen Ihnen unterschiedliche Tools zur Arbeit mit Swift zur Verfügung (wie im vorherigen Abschnitt 1.3, „Voraussetzungen für die Nutzung von Swift", beschrieben). Im Folgenden stelle ich Ihnen den Installationsprozess für beide Plattformen im Detail vor.

1.4.1 macOS

Um Swift unter macOS nutzen zu können, brauchen Sie im einfachsten Fall nur Folgendes zu tun: Öffnen Sie die App Store-App, suchen Sie nach Xcode und klicken Sie auf die Schaltfläche *Laden*. Die aktuelle Version von Xcode wird anschließend heruntergeladen und auf Ihrem Mac installiert (siehe Bild 1.4).

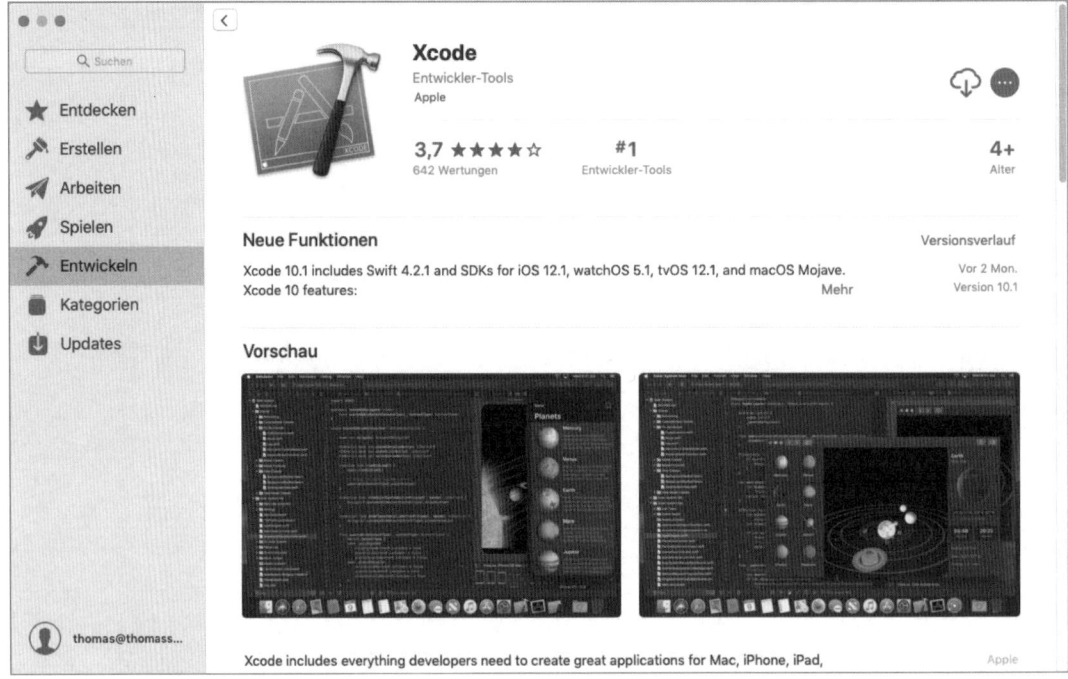

Bild 1.4 Laden Sie auf dem Mac einfach die aktuelle Version von Xcode aus dem Mac App Store, um mit der Entwicklung eigener Swift-Anwendungen zu beginnen.

Über den Mac App Store erhalten Sie immer den jeweils aktuellsten Stable-Release von Xcode. Damit können Sie direkt mit der Swift-Programmierung loslegen, allerdings nur für die jeweils aktuell freigegebene Swift-Version. Wenn Sie sich stattdessen für die Entwicklung mit einer sich noch in der Entwicklung befindlichen neuen Version von Swift interessieren, dann führt kein Weg an *Swift.org* beziehungsweise der Apple Developer-Website *(https://developer.apple.com)* vorbei. Über letztere können Sie – eine Mitgliedschaft im kostenpflichtigen Apple Developer Program vorausgesetzt – Vorabversionen von Xcode herunterladen, die meist auch noch nicht veröffentlichte und noch in der Entwicklung befindliche Aktualisierungen von Swift beinhalten. Alternativ können Sie im Downloads-Bereich von *Swift.org* auf sogenannte *Snapshots* von Swift zurückgreifen (siehe Bild 1.5). Dabei handelt es sich um Packages, die Sie auf Ihren Mac herunterladen und installieren. Anschließend können Sie in den Einstellungen von Xcode im Bereich *Components* zwischen der mit der Entwicklungsumgebung ausgelieferten Version von Swift und der von Ihnen installierten hin und her wechseln. Wählen Sie hierfür zunächst den Reiter *Toolchains* und im nächsten Schritt den gewünschten Snapshot aus (siehe Bild 1.6).

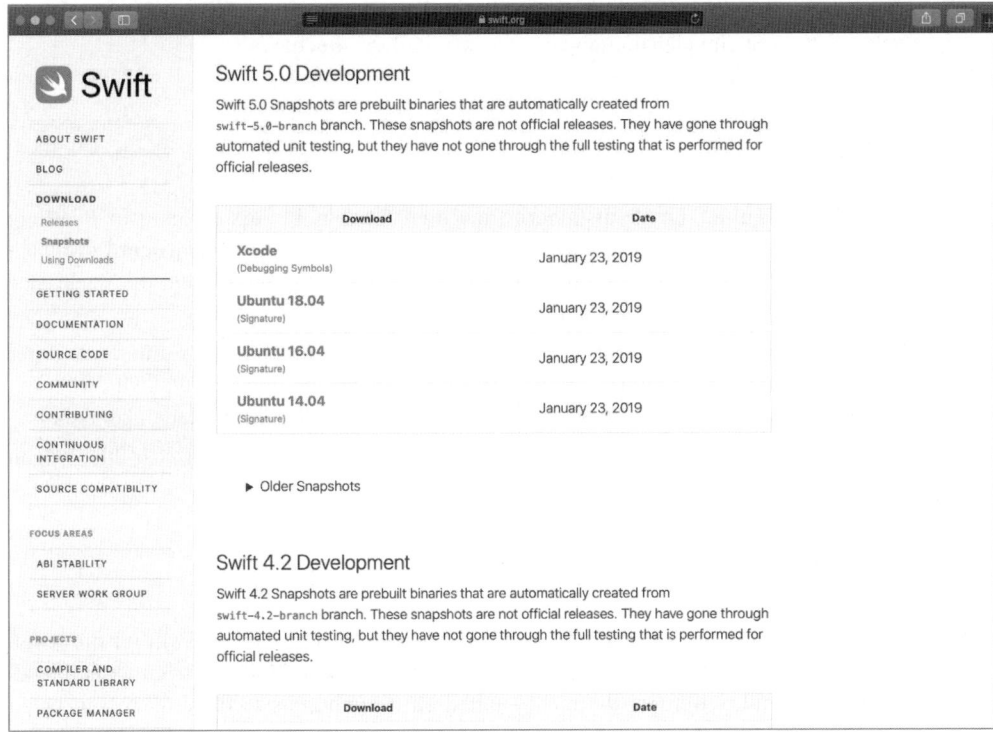

Bild 1.5 Im Downloadbereich von Swift.org finden Sie die aktuellsten Vorabversionen von Swift.

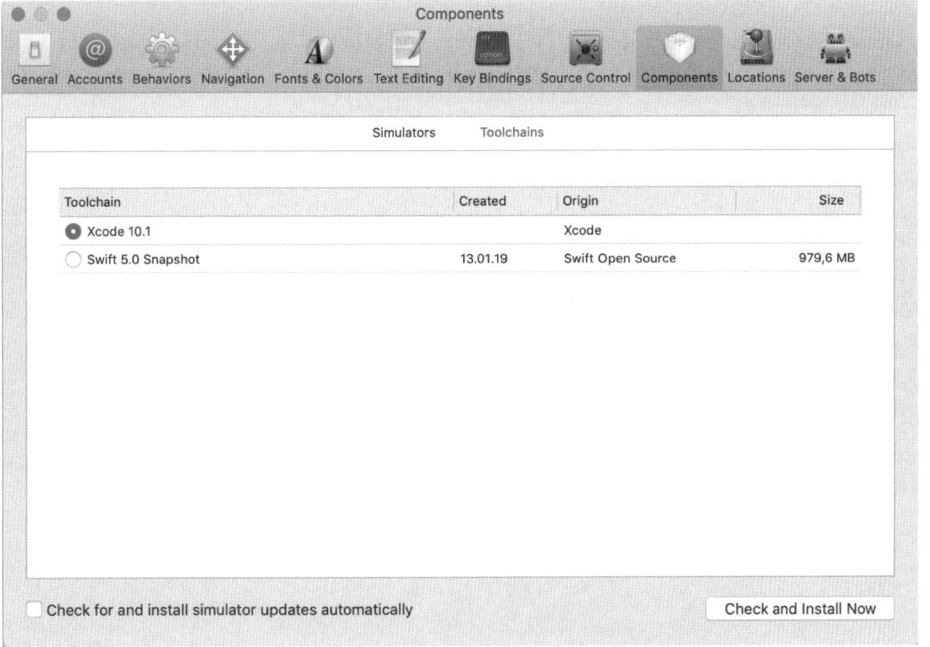

Bild 1.6 In Xcode können Sie zwischen den installierten Snapshots wechseln.

Mehr zum Aufbau, zur Funktionsweise und zur Arbeit mit der Entwicklungsumgebung Xcode erfahren Sie im gleichnamigen zweiten Teil dieses Buches.

1.4.2 Linux

Wenn Sie Swift unter Linux installieren möchten, besteht Ihr erster Gang in Richtung *Swift.org*. Dort finden Sie nach Klick auf *Download* verschiedene vorgefertigte Downloadpakete von Swift für Linux. Die Xcode-Downloads können Sie ignorieren, da Xcode ausschließlich unter macOS zur Verfügung steht.

Die verfügbaren Downloads sind in die Bereiche *Releases* und *Snapshots* unterteilt. Unter *Releases* haben Sie Zugriff auf die jeweils aktuell freigegebene Version von Swift, während Sie unter *Snapshots* Vorabversionen kommender Swift-Updates herunterladen können.

Ganz gleich, für welche Version von Swift Sie sich entscheiden, setzen sich die fertigen Downloadpakete für Linux immer aus zwei Bestandteilen zusammen, die beide separat heruntergeladen werden müssen:

- Binary
- Signature

Bei der Binary handelt es sich um eine bereits kompilierte Version von Swift für die jeweilige Linux-Distribution. Generell kann Swift auch auf anderen Linux-Distributionen installiert und ausgeführt werden, die nicht explizit auf *Swift.org* als fertige Binary angeboten werden. In diesem Fall muss man sich allerdings selbst um einen passenden Port aus den Quelldateien kümmern beziehungsweise nach anderen (seriösen) Quellen im Internet suchen. Die fertige Binary können Sie per Klick auf den Namen der gewünschten Linux-Distribution herunterladen.

Ebenso herunterladen müssen Sie die zugehörige Signatur, die Ihnen als *Signature*-Link direkt unterhalb des Binary-Links der jeweiligen Distribution zum Download angeboten wird (siehe Bild 1.7).

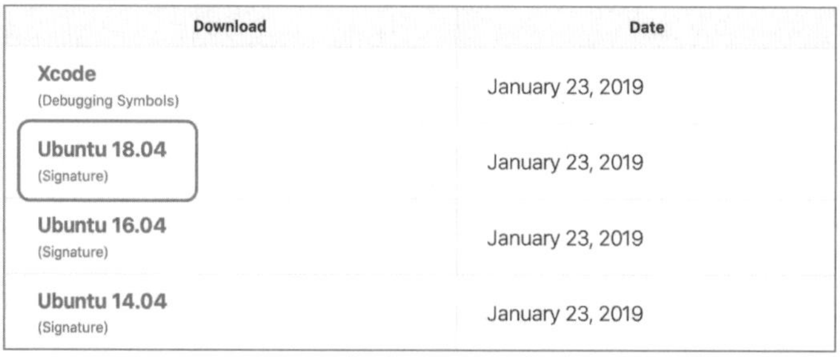

Download	Date
Xcode (Debugging Symbols)	January 23, 2019
Ubuntu 18.04 (Signature)	January 23, 2019
Ubuntu 16.04 (Signature)	January 23, 2019
Ubuntu 14.04 (Signature)	January 23, 2019

Bild 1.7 Unter Linux müssen Sie sowohl die eigentliche Swift-Binary als auch die Signatur über beide Links herunterladen.

Sind beide Downloads abgeschlossen, kann die eigentliche Installation von Swift unter Linux beginnen. Stellen Sie zunächst sicher, alle benötigten Abhängigkeiten und Programme heruntergeladen und installiert zu haben. Führen Sie dazu den folgenden Befehl im Terminal aus:

```
sudo apt-get install clang libicu-dev
```

Wenn Sie das allererste Mal Swift unter Linux herunterladen und installieren, müssen Sie auch die passenden PGP Keys unter Linux hinzufügen. Geben Sie dazu den nachfolgenden Befehl in das Terminal ein und führen Sie diesen anschließend aus:

```
wget -q -O - https://swift.org/keys/all-keys.asc | gpg --import -
```

Ebenso benötigen Sie – zur Überprüfung der Aktualität und Echtheit der heruntergeladenen Pakete – den passenden Public Key, der für das Signieren verwendet wurde. Diesen können Sie über den folgenden Terminal-Befehl herunterladen und importieren:

```
wget -q -O - https://swift.org/keys/automatic-signing-key-1.asc | gpg --import -
```

Bevor es nun an die eigentliche Installation geht, sollten Sie in jedem Fall die Echtheit der heruntergeladenen Signatur überprüfen. Dazu laden Sie zunächst eine Liste der bereits zurückgezogenen beziehungsweise aufgehobenen Zertifikate herunter, gegen die Sie die Signatur im zweiten Schritt dann prüfen können. Führen Sie dazu zunächst den folgenden Befehl im Terminal aus:

```
gpg --keyserver hkp://pool.sks-keyservers.net --refresh-keys Swift
```

Ist das erledigt, können Sie die Echtheit und Aktualität Ihrer heruntergeladenen Signatur mit dem folgenden Befehl überprüfen:

```
gpg --verify swift-<VERSION>-<PLATTFORM>.tar.gz.sig
```

<VERSION> und <PLATTFORM> sind dabei durch die entsprechenden Informationen zu ersetzen, die der von Ihnen heruntergeladenen Binary und der Signatur für Linux entsprechen, beispielsweise wie folgt:

```
gpg --verify swift-5.0-ubuntu18.04.tar.gz.sig
```

Wundern Sie sich nicht, falls Sie eine Warnung mit dem Text This key is not certified with a trusted signature! erhalten; das ist in Ordnung. Sollte aber die Verifizierung gänzlich fehlschlagen und Sie eine Meldung BAD Signature erhalten, sollten Sie die heruntergeladene Binary keinesfalls verwenden und überprüfen, was beim Download schiefgegangen ist beziehungsweise aus welcher Quelle Sie das Paket bezogen haben.

Nach all diesen grundlegenden Vorbereitungen geht es nun endlich an die eigentliche Swift-Binary. Entpacken Sie zunächst das heruntergeladene Paket mit dem folgenden Terminal-Befehl:

```
tar xzf swift-<VERSION>-<PLATTFORM>.tar.gz
```

Auch hier gilt es, `<VERSION>` und `<PLATTFORM>` durch die passenden Informationen aus dem heruntergeladenen Paket zu ersetzen, beispielsweise wie folgt:

```
tar xzf swift-5.0-ubuntu18.04.tar.gz
```

Zu guter Letzt sollten Sie noch die Nutzung von Swift als PATH setzen, um anschließend die Nutzung von Swift einfach mittels des Terminal-Befehls `swift` starten zu können. Dazu existiert innerhalb des eben entpackten Archivs ein Ordner *usr* und darin wiederum ein Ordner *bin*. Den Pfad zu diesem Ordner müssen Sie exportieren und der PATH-Variablen hinzufügen, um anschließend wie beschrieben Swift mittels des Befehls `swift` im Terminal ausführen und starten zu können. Im Folgenden sehen Sie den entsprechenden Befehl, mit dem Sie dieses gewünschte Verhalten umsetzen:

```
export PATH=<PFAD ZU /USR/BIN>:"${PATH}"
```

`<PFAD ZU /USR/BIN>` bezieht sich auf den genannten Verweis des entpackten Swift-Archivs und dessen *bin*-Ordner.

Wenn Sie nun im Terminal den Befehl `swift` eingeben, startet die REPL und Sie können damit beginnen, Swift-Code zu schreiben und auszuführen (siehe Bild 1.8).

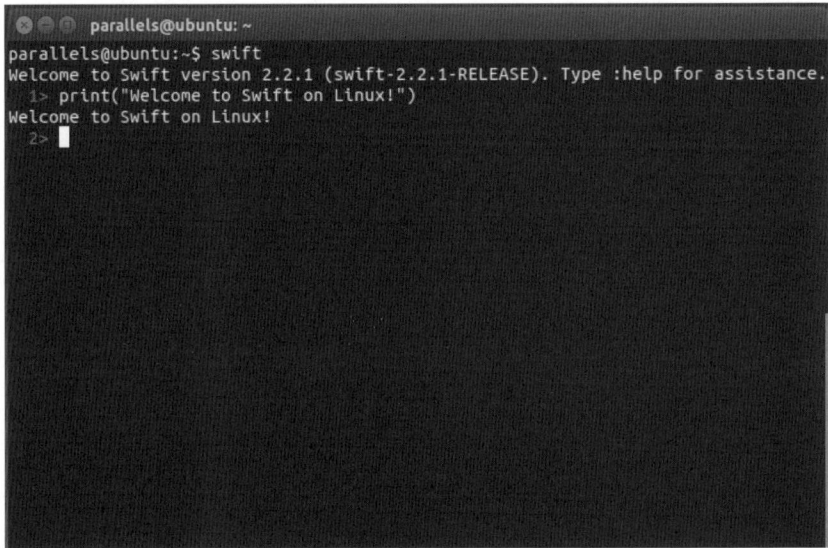

Bild 1.8 Nach der erfolgreichen Installation kann Swift mittels des Befehls „swift" unter Linux im Terminal ausgeführt werden.

■ 1.5 Playgrounds

Bei Playgrounds handelt es sich um ein spezielles Dateiformat zum Schreiben und Ausführen von Swift-Code. Aktuell lassen sich Playgrounds sowohl mit Xcode als auch mit der iPad-App *Swift Playgrounds* erstellen und verwenden (siehe Bild 1.9).

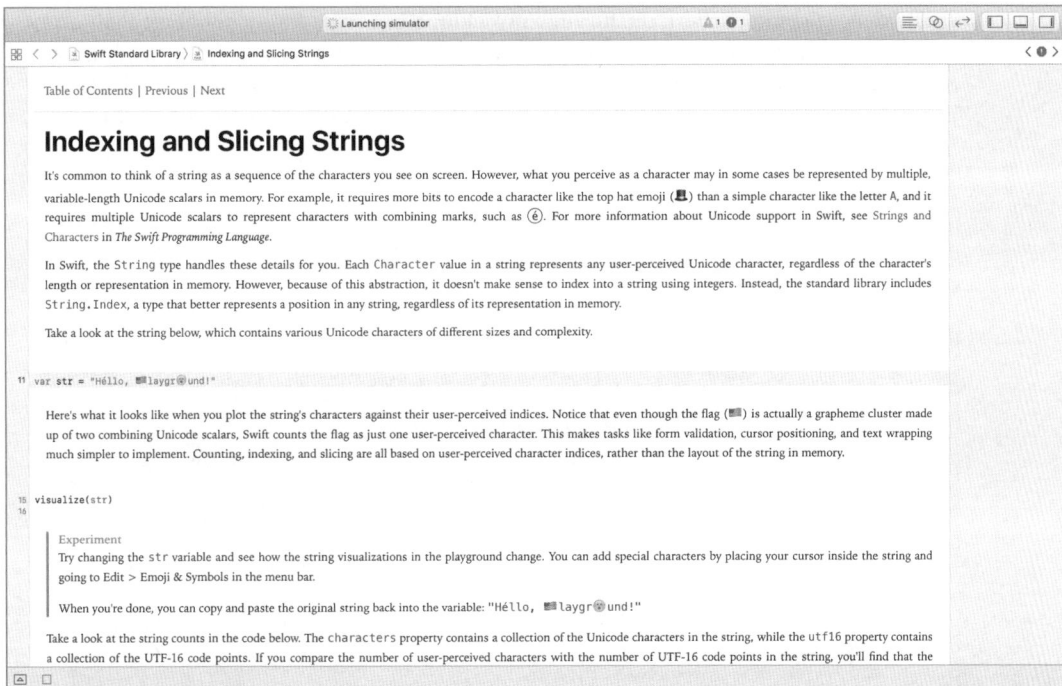

Bild 1.9 Playgrounds erlauben das Ausprobieren und Dokumentieren von Swift-Code.

Wie der Name bereits andeutet, sind Playgrounds auf das Ausprobieren von und Experimentieren mit Swift ausgelegt. Dabei wird der in den Playgrounds eingegebene Code umgehend kompiliert und das daraus entstehende Ergebnis angezeigt. Auch bringen Playgrounds sehr gute Möglichkeiten zur Dokumentation mit. So lassen sich schnell und leicht Überschriften verschiedener Ebenen formatieren und Aufzählungen umsetzen, die parallel zum geschriebenen Code angezeigt werden.

Mit diesen Eigenschaften eignen sich Playgrounds auch ideal zum Einstieg in die Swift-Entwicklung und zum Ausprobieren eigener Ideen. Auch beim Durcharbeiten dieses Buches sind Playgrounds ein geeignetes Mittel, um die Inhalte der einzelnen Kapitel und Abschnitte möglichst schnell praktisch anzuwenden und mit ihnen zu experimentieren. Darum stelle ich in diesem Abschnitt Playgrounds einmal mit ihrer grundlegenden Funktionalität vor. Dabei beschränke ich mich auf die Arbeit mit Playgrounds in Xcode, da diese umfangreicher und ausgereifter sind und deutlich mehr Möglichkeiten bieten, als das bei der Swift Playgrounds-App für das iPad der Fall ist.

1.5.1 Erstellen eines Playgrounds

Ein neuer Playground kann entweder direkt aus dem Startfenster von Xcode heraus ober über das Menü über *File → New → Playground ...* erstellt werden (siehe Bild 1.10). Anschließend öffnet sich ein neues Fenster, in dem Sie den gewünschten Namen für den neu zu erstellenden Playground festlegen sowie aus dem Drop-down-Menü *Platform* eine der verfügbaren Plattformen auswählen (siehe Bild 1.11). Durch letztere Auswahl werden bereits erste Frameworks importiert, die für die Entwicklung von Apps für die jeweilige Plattform essenziell sind (was aber nicht bedeutet, dass Sie diese Frameworks auch benutzen müssen; Sie können auch stattdessen ganz grundlegenden Swift-Code schreiben und ausführen, der unabhängig von der gewählten Plattform ist, wodurch die Auswahl in diesem Fall letzten Endes irrelevant ist).

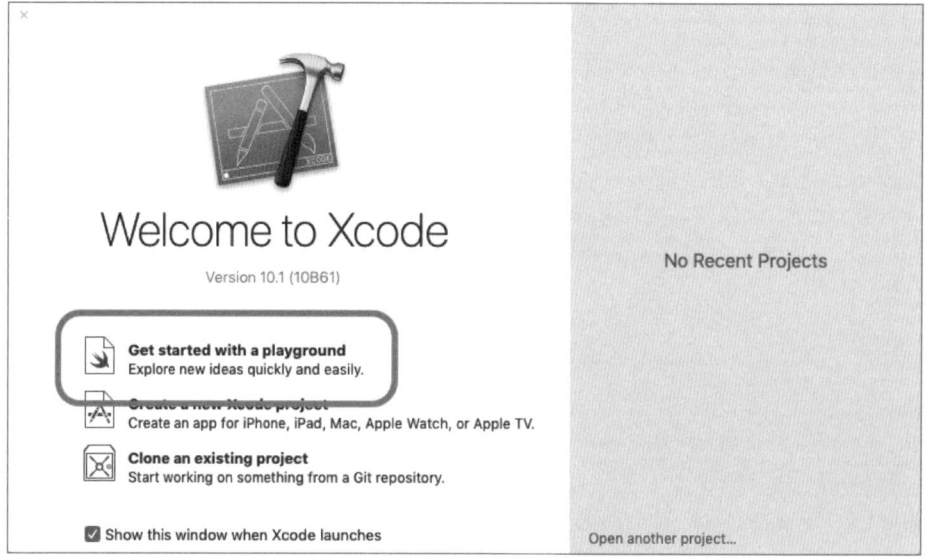

Bild 1.10 Ein neuer Playground kann direkt aus dem Startfenster von Xcode heraus erstellt werden.

Nach einem anschließenden Klick auf *Next* fragt Xcode nach dem Speicherort der neuen Playground-Datei, ein weiterer Klick auf *Create* erstellt diese und öffnet sie direkt (siehe Bild 1.12).

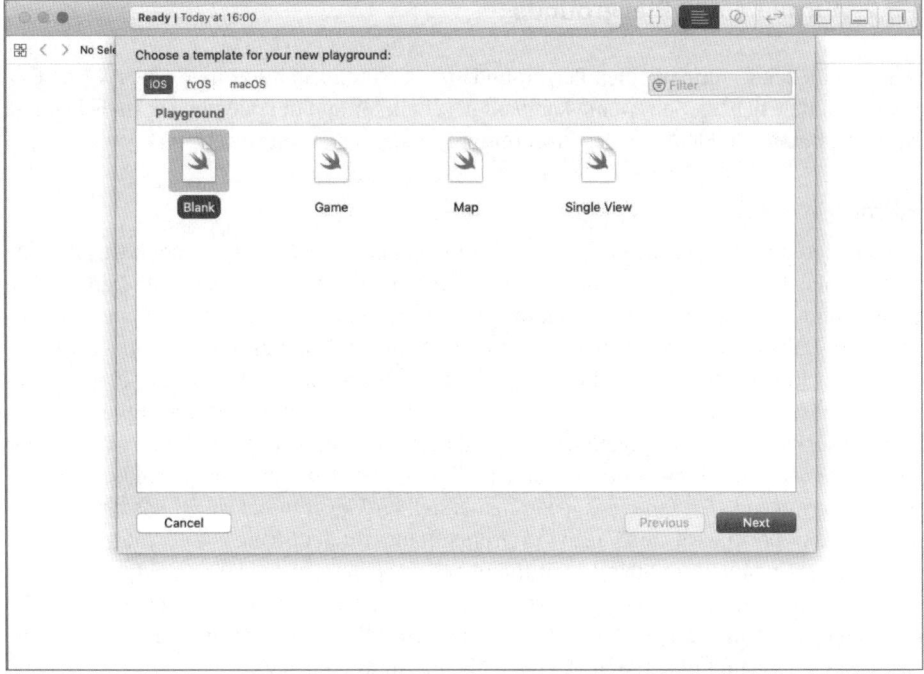

Bild 1.11 Es reicht die Eingabe eines Namens sowie die Auswahl einer Plattform, um einen neuen Playground in Xcode zu erstellen.

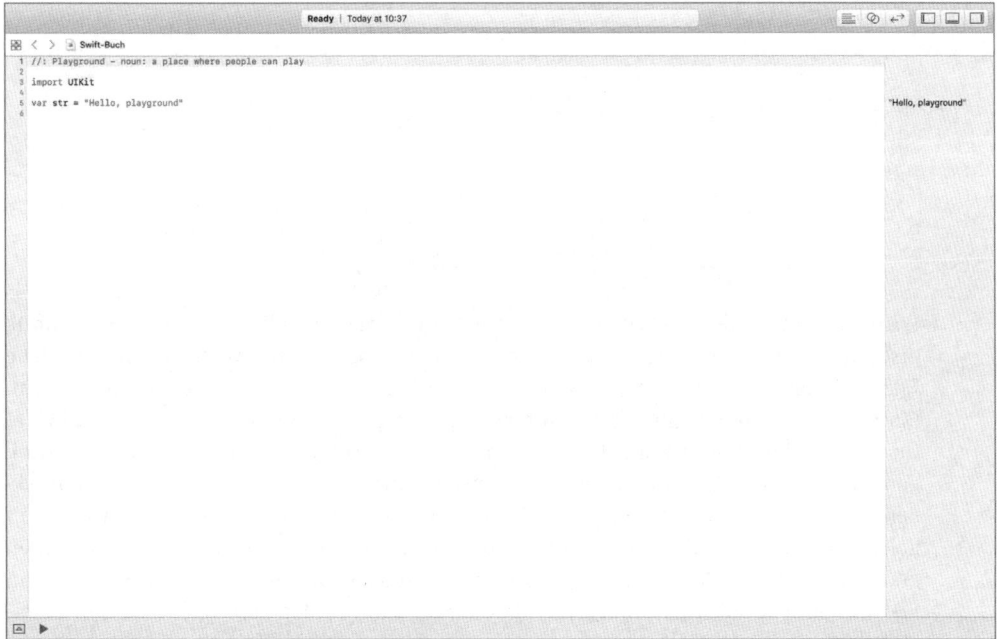

Bild 1.12 Ein neu erstellter Playground in Xcode

1.5.2 Aufbau eines Playgrounds

Der grundlegende Aufbau eines Playgrounds ist zu vergleichen mit dem eines Xcode-Projekts, gestaltet sich aber ein wenig kompakter, schlanker und übersichtlicher. Im Folgenden stelle ich Ihnen alle Elemente des Playground-Fensters im Detail vor.

Editor

Die Standardansicht, die auch zu sehen ist, wenn ein neuer Playground erstellt wurde, zeigt lediglich das Editor-Fenster an, das sich bei Playgrounds in zwei Bereiche teilt. Den größten Raum nimmt die weiße Fläche des Editors ein, in dem der eigentliche Swift-Code geschrieben wird. Daneben befindet sich auf der rechten Seite ein leicht gräulicher Bereich, der bei der Arbeit mit Xcode exklusiv in Playgrounds zur Verfügung steht und die Playgrounds auch so besonders macht. Dort nämlich werden direkt Informationen und Ergebnisse zu dem geschriebenen Code aufgeführt, sobald dieser kompiliert wird. Sie sehen so beispielsweise, wie oft eine Schleife durchlaufen wurde oder welchen Wert eine Variable besitzt. In dem Standardcode, der Teil eines jeden neu erstellten Playgrounds ist, ist das bereits sehr gut zu sehen: Darin wird eine Variable `str` erstellt und ihr der String `"Hello, playground"` zugewiesen. Genau dieser String – der Inhalt der Variablen `str` zu diesem Zeitpunkt – wird nach dem Ausführen des Codes direkt in eben dem grauen Bereich auf der rechten Seite angezeigt (siehe Bild 1.13). Um Code auszuführen, klicken Sie einfach auf die passende Play-Schaltflächeam linken Rand. Alle Befehle bis zur aktuellen Zeile werden anschließend ausgeführt. Das erlaubt es Ihnen auch, einen Playground Zeile für Zeile oder Abschnitt für Abschnitt ausführen zu lassen.

Bild 1.13
Im rechten Bereich des Playground-Editors werden Ausgaben und Informationen zum eingegebenen Swift-Code angezeigt.

Wenn Sie nun mit der Maus über solch einen Output im grauen Bereich des Editors fahren, erscheinen zwei Schaltflächen am rechten Rand neben dem jeweiligen Eintrag (siehe Bild 1.14). Bei der linken der beiden handelt es sich um die sogenannte *Quick Look*-Ansicht. Ein Klick darauf öffnet eine Vorschau für das jeweilige Element. Im Falle des Strings zeigt Quick Look einfach noch einmal den reinen Text (ohne Anführungszeichen) an. Quick Look kann aber noch mehr. Es kann beispielsweise konkrete Informationen zu Farben zurückliefern oder das einer Variablen zugewiesene Bild direkt anzeigen (siehe Bild 1.15). Damit liefert Quick Look bisweilen mehr Informationen zu einem Element als das, was im rechten grauen Bereich des Editors angezeigt wird. Welche Informationen in welcher Form zu einem Element mittels Quick Look angezeigt und ausgegeben werden, ist von Typ zu Typ unterschiedlich.

"Hello, playground" 👁 ◯

Bild 1.14 Bei einem Mouseover über ein Element im rechten grauen Editorbereich erscheinen zwei zusätzliche Schaltflächen.

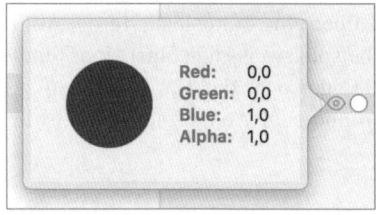

Bild 1.15
Ein Klick auf die Quick Look-Schaltfläche liefert eine grafische Vorschau zum zugehörigen Element.

Neben der Quick Look-Schaltfläche befindet sich ein weiterer Button mit dem Titel *Show Result*. Dieser bindet die eben vorgestellte Quick Look-Ansicht direkt in den Quelltext des Playgrounds unterhalb des zugehörigen Elements ein (siehe Bild 1.16), ein weiterer Klick auf die Schaltfläche entfernt die Quick Look-Ansicht wieder. Der große Vorteil dieses direkten Einbindens von Quick Look liegt darin, dass die Quick Look-Ansicht selbst nun auch bei jedem Kompilieren des Playgrounds aktualisiert wird. Somit sehen Sie innerhalb des Playgrounds sofort, inwieweit sich ein bestimmtes Element verändert hat und welchen Wert es besitzt.

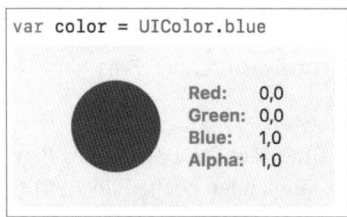

Bild 1.16
Die Quick Look-Vorschau kann direkt unterhalb des zugehörigen Elements in den Quellcode des Playgrounds eingebunden werden.

Konsole und Codeausführung

Am unteren linken Bildschirmrand des Editors finden sich zwei Schaltflächen. Mit der linken lässt sich die Konsole von Xcode ein- und ausblenden. Sie wird immer dann automatisch eingeblendet, sobald der vom Playground ausgeführte Code etwas in der Konsole ausgibt. Daneben befindet sich ein Run-Button zum Ausführen des Playground-Codes. Wird er betätigt, wird der gesamte Code des Playgrounds kompiliert. Standardmäßig geschieht das nach einem Klick auf den Play-Button am linken Rand einer Zeile, Sie können dieses Verhalten aber ändern, in dem Sie längere Zeit die Run-Schaltfläche gedrückt halten. Dann öffnet sich ein Pop-up, in dem Sie zwischen den Optionen *Automatically Run* und *Manually Run* wählen können (standardmäßig ist *Manually Run* aktiv, siehe Bild 1.17). Wenn Sie hier *Manually Run* auswählen, dann wird der Code des Playgrounds nur dann ausgeführt, wenn Sie explizit den Play-Button per einfachem Klick betätigen. Besonders auf leistungsschwächeren Rechnern mag diese Option sinnvoll sein, da das schier ununterbrochene Ausführen des Codes durchaus einige Ressourcen des Mac beanspruchen kann.

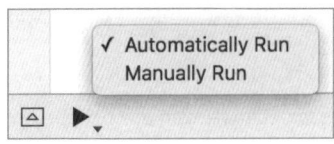

Bild 1.17
Sie können das manuelle Ausführen eines Playgrounds auf automatisch umstellen, sodass jede Änderung umgehend kompiliert wird.

Toolbar

Am oberen befindet sich die Toolbar. Diese informiert über eine Statusleiste in der Mitte über die aktuell von Xcode ausgeführten Aktionen wie beispielsweise den Start eines Simulators im Hintergrund, das Ausführen des Playground-Codes oder das Herunterladen zusätzlicher Inhalte. Auch werden Ihnen dort Warnungen und Fehler angezeigt, sollte es im Code Probleme geben (siehe Bild 1.18).

Bild 1.18 Die Statusbar informiert über aktuelle Xcode-Aktivitäten und macht auf etwaige Fehler und Probleme im Code aufmerksam.

Am rechten Rand der Toolbar finden sich noch Schaltflächen zum Anpassen des Editors (erste Dreierreihe) sowie zum Ein- und Ausblenden einzelner Bereiche (letzte Dreierreihe, siehe Bild 1.19).

Bild 1.19 Die Playground-Ansicht kann über die Schaltflächen am oberen rechten Bildschirmrand angepasst werden.

So können Sie mithilfe der letzten drei Schaltflächen eine Übersicht der Dateien des Playgrounds, die bereits bekannte Konsole sowie die Inspectors einblenden (siehe Bild 1.20).

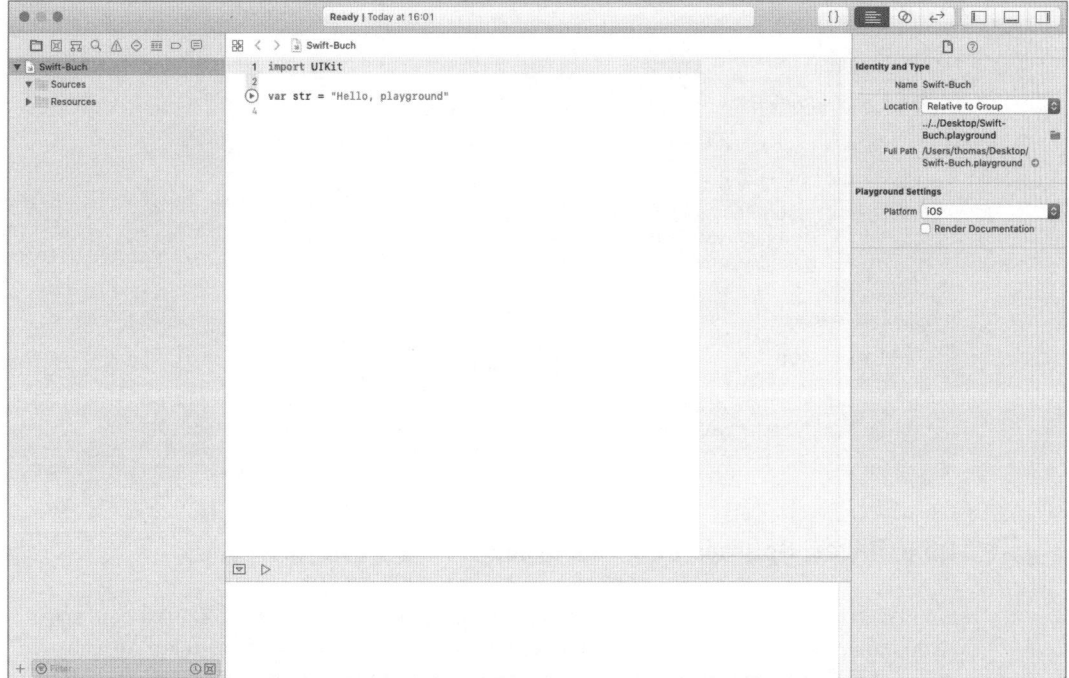

Bild 1.20 Das Playground-Fenster kann um insgesamt drei Bereiche ergänzt werden.

Navigator

Die Navigator Area lässt sich mithilfe der eben gezeigten Schaltflächen am linken Bildschirmrand des Playgrounds ein- und ausblenden. Sie gewährt Zugriff auf die Dateien des Playgrounds, informiert im Detail über Fehler und Warnungen im Code und erlaubt das Durchsuchen des Quelltexts. Dazu verfügt die Navigator Area am oberen Rand über fünf Schaltflächen, über die in die verschiedenen Abschnitte gewechselt werden kann (siehe Bild 1.21).

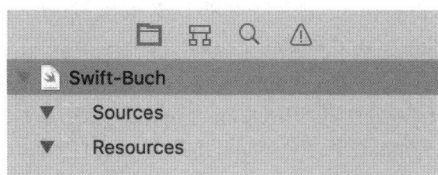

Bild 1.21
Über die Navigator Area haben Sie Zugriff auf die Dateien eines Playgrounds.

Mehr zum Erstellen und Hinzufügen von Dateien zu einem Playground erfahren Sie in Abschnitt 1.5.3, „Pages, Sources und Resources".

Inspectors

Sie können die Inspectors über die entsprechende Schaltfläche aus der Toolbar dynamisch ein- und ausblenden. Sie liefert Informationen über die eigentliche Playground-Datei und bietet einen Schnellzugriff auf die Dokumentation von Apple nach Auswahl eines bestimmten Typs oder einer Funktion im Quellcode (siehe Bild 1.22).

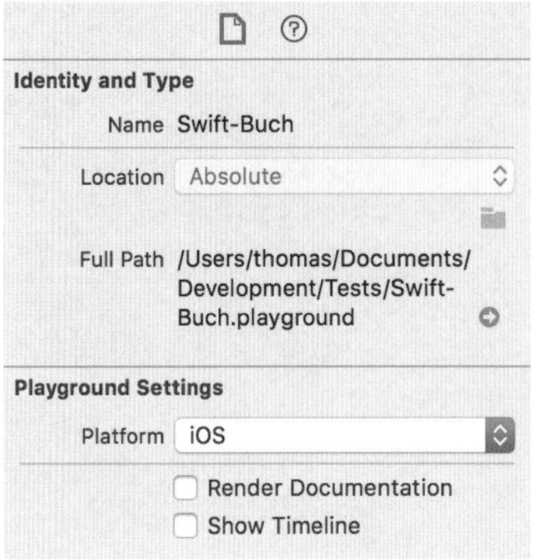

Bild 1.22
Die Inspectors liefern Informationen zum Playground und einen Schnellzugriff auf die Dokumentation von Apple.

1.5.3 Pages, Sources und Resources

Ein Playground setzt sich immer aus einer sogenannten *Page* zusammen. Das ist eine spezielle Datei, die von Xcode gelesen und bearbeitet werden kann und die direkte Ausgaben des eigenen Codes im rechten Bereich des Editors erlaubt (wie wir im vorherigen Abschnitt 1.5.2, „Aufbau eines Playgrounds", gesehen haben). Jede Page verfügt über zwei Unterordner, um weitere Dateien zu verwalten:

- Sources
- Resources

Dem Sources-Ordner können reine Quellcode-Dateien hinzugefügt werden, die für den Playground benötigt werden. Typischerweise handelt es sich dabei um einfache Swift-Dateien mit der Dateiendung *.swift*. Beispielsweise haben Sie bereits zuvor an einer anderen Stelle Code geschrieben, den Sie nun für eine bestimmte Funktion oder für Testzwecke in einem Playground verwenden möchten. Dann können Sie – anstatt den gesamten entsprechenden Code in die Page des Playgrounds zu kopieren – die entsprechenden Swift-Dateien einfach als Quellcode-Dateien dem Sources-Ordner der Playground-Page hinzufügen.

Selbiges gilt für *Resources*, wobei dieser Ordner – wie der Name bereits andeutet – für Dateien wie Bilder oder Videos gedacht ist. Sollten Sie also für Ihren Playground zusätzliche Dateien abseits des reinen Quellcodes benötigen, können Sie diese in den Resources-Ordner der zugehörigen Page einbinden.

Um Zugriff auf die beiden genannten Ordner zu erhalten, müssen Sie zunächst über die zugehörige Schaltfläche in der Toolbar die Navigator Area einblenden. Dann sehen Sie innerhalb der Navigator Area bereits die Page des Playgrounds (diese wird an oberster Stelle angezeigt und trägt den gleichen Titel wie der Playground) sowie die beiden Unterordner *Sources* und *Resources* (siehe Bild 1.23). Sollten Sie letztere nicht sehen, müssen Sie sehr wahrscheinlich die Page mittels der vorangestellten Pfeilschaltfläche „aufklappen", damit die Unterordner angezeigt werden.

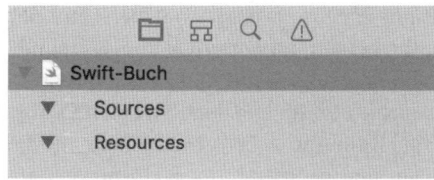

Bild 1.23
Die Navigator Area zeigt die zugrunde liegende
Page mitsamt Unterordnern des Playgrounds an.

Möchten Sie nun ein Source-File oder eine Resource zu einer Playground-Page hinzufügen,
wählen Sie zuvor den gewünschten Ordner, dem Sie eine Datei hinzufügen möchten, per
Linksklick aus und klicken anschließend auf die Plus-Schaltfläche am unteren linken Rand
der Navigator Area. Dort erscheint dann ein Pop-up-Menü mit verschiedenen Auswahloptionen (siehe Bild 1.24).

Bild 1.24
Über die Plus-Schaltfläche am unteren linken Rand der
Navigator Area können einem Playground neue Dateien
hinzugefügt werden.

Der erste Punkt *File* fügt dem gewählten Ordner eine neue leere Datei hinzu, darüber hinaus
können Sie auch bereits vorhandene Dateien mittels der letzten Schaltfläche *Add Files to
"<NAME DES Ordners>"*... von Ihrem Mac auswählen und so zu Ihrem Playground hinzufügen. Um einen Unterordner zu erstellen, wählen Sie *New Folder*.

Ebenso haben Sie die Möglichkeit, Ihren Playground um weitere Pages zu ergänzen. Hierfür
wählen Sie eine bereits vorhandene Page aus (zum Beispiel den obersten Eintrag mit dem
Namen Ihres Playgrounds) und klicken anschließend auf die Plus-Schaltfläche unten links.
Ihnen wird dann eine Aktion mit dem Titel *New Playground Page* angeboten. Darüber erstellt
Xcode beim erstmaligen Betätigen der Schaltfläche zwei neue Pages unterhalb der obersten
Page und verschiebt dabei den Inhalt dieser obersten Page in eine der beiden neu erstellten
(siehe Bild 1.25). Damit wird diese oberste Page zu einer Art übergeordnetem Element, das
selbst direkt keinen Inhalt mehr besitzt, sondern diesen stattdessen über seine Unterseiten
verwaltet. Anschließend können Sie die neu erstellten Pages noch umbenennen, indem Sie
sie erst einmal mittels Linksklick selektieren, kurz warten, und anschließend erneut mit
der linken Maustaste anklicken.

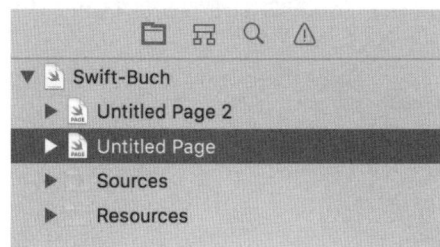

Bild 1.25
Beim erstmaligen Hinzufügen einer neuen Page
werden direkt zwei Pages unterhalb des obersten
Elements erstellt.

Sie können mit den beiden neu erstellten Pages nun genauso arbeiten wie zuvor mit der eigentlichen Playground-Page und können darin alle bekannten Vorteile von Playgrounds nutzen. Mehrere Pages sind vor allen Dingen dann sinnvoll, wenn Sie sehr viel Code in Ihrem Playground schreiben, um diesen besser zu strukturieren und den Playground selbst ein wenig übersichtlicher zu gestalten. Dabei können Sie Ihren Playground auch auf die gezeigte Art und Weise um weitere Pages ergänzen und so ganz Ihren Bedürfnissen anpassen.

Darüber hinaus besitzt aber auch jede neu erzeugte Page ebenfalls für sich genommen noch einmal die beiden genannten Unterordner *Sources* und *Resources*. Diese dienen dazu, bestimmte Dateien dort einzufügen, die nur im Zusammenhang mit der zugehörigen Page stehen. Falls Sie beispielsweise ein Bild nur explizit für eine ganz bestimmte Page in Ihrem Playground nutzen möchten, dann macht es Sinn, dieses Bild dem Resources-Ordner eben dieser Page hinzuzufügen und nicht der Page auf der obersten Ebene; die dort hinzugefügten Dateien stehen wiederum *allen* Pages Ihres Playgrounds zur Verfügung.

1.5.4 Playground-Formatierungen

Xcode stellt eine Reihe verschiedener Formatierungen für Playgrounds bereit, mit denen diese beispielsweise durch Überschriften und Aufzählungen optisch optimiert werden können. Der Playground kann dann dynamisch zwischen reiner Codeansicht und einer aufbereiteten formatierten Ansicht umgeschaltet werden. Letztere bietet sich dann beim Prüfen des Inhalts eines Playgrounds an, da dort die Texte, die für das Layout formatiert wurden, zwar nicht geändert werden können, dafür aber dank ihrer Formatierung eine bessere Lesbarkeit und Übersichtlichkeit bieten.

In diesem Abschnitt möchte ich Ihnen eine Auswahl der verfügbaren Formatierungen mitsamt ihrer zugehörigen Syntax vorstellen. Wichtig dabei ist, dass alle gezeigten Formatierungen innerhalb eines Kommentarblocks im Code des Playgrounds erfolgen. Es gibt zwei Möglichkeiten, derartige Kommentare in Playgrounds umzusetzen. Für einen Kommentar, der sich lediglich über eine einzige Zeile erstreckt, muss diese mit einem //: eingeleitet werden:

```
//: <PLAYGROUND-FORMATIERUNG>
```

Sollen hingegen mehrere Zeilen auf einmal formatiert werden, so wird ein solcher Kommentarblock mittels /*: eingeleitet und mit */ wieder abgeschlossen. In den Zeilen dazwischen folgen dann die gewünschten Formatierungen. So ergibt sich der in Listing 1.1 gezeigte Aufbau.

Listing 1.1 Formatierung eines mehrzeiligen Playgrounds

```
/*:
 <ERSTE PLAYGROUND-FORMATIERUNG>
 <ZWEITE PLAYGROUND-FORMATIERUNG>
 <DRITTE PLAYGROUND-FORMATIERUNG>
*/
```

Um zwischen den beiden Ansichten – der standardmäßigen reinen Codeansicht, in der auch die gezeigten Kommentare geschrieben werden, und der formatierten Ansicht – zu wechseln, gibt es zwei Möglichkeiten. Einerseits können Sie über das Xcode-Menü gehen und dort *Editor → Show Rendered Markup* (zum Wechseln in die Formatierungsansicht) beziehungsweise *Editor → Show Raw Markup* (zum Wechseln in die Codeansicht) auswählen (siehe Bild 1.26) oder Sie nutzen die Utilities Area. Dort findet sich in der File Inspector-Ansicht (diese erreichen Sie über die Schaltfläche ganz links am oberen Rand der Utilties Area) eine Checkbox mit dem Titel *Render Documentation* (siehe Bild 1.27). Ist diese Checkbox aktiviert, wird die Formatierungsansicht für den Playground aktiviert, andernfalls die Codeansicht.

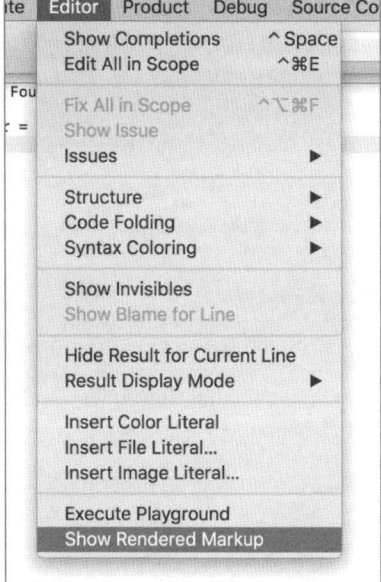

Bild 1.26
Über das Xcode-Menü kann zwischen Formatierungs- und Codeansicht eines Playgrounds gewechselt werden.

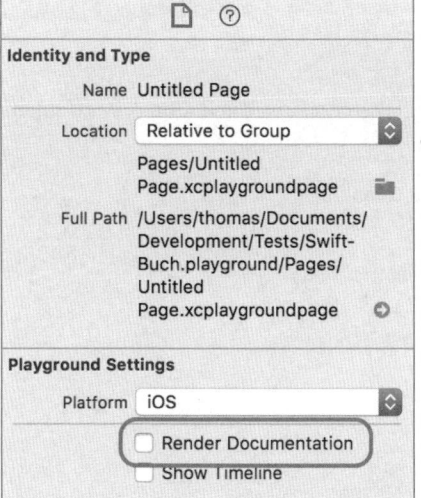

Bild 1.27
Die Checkbox „Render Documentation" der Utilities Area erlaubt das schnelle Wechseln zwischen Formatierungs- und Codeansicht eines Playgrounds.

Überschriften

Überschriften können in Playgrounds bis zu einer dritten Ebene reichen. Sie werden mithilfe des #-Zeichens erstellt. Ein #-Zeichen steht für eine Überschrift der ersten Ebene, zwei #Zeichen stehen für eine Überschrift der zweiten und drei #-Zeichen für eine Überschrift der dritten Ebene (siehe Listing 1.2).

Listing 1.2 Formatierung von Überschriften in einem Playground

```
/*:
 # Header 1
 ## Header 2
 ### Header 3
*/
```

Ein so formatierter Playground sieht dann aus wie in Bild 1.28 zu sehen.

Header 1

Header 2

Header 3

Bild 1.28
Formatierte Überschriften eines Playgrounds.

Trennlinie

Eine Trennlinie in einem Kommentar wird mithilfe dreier aufeinanderfolgender Bindestriche (---) umgesetzt, so wie beispielhaft in Listing 1.3 zu sehen.

Listing 1.3 Formatierung einer Trennlinie in einem Playground

```
/*:
 Ein Text gefolgt von einer Trennlinie...

 ---

 ...und darauffolgendem weiteren Text.
*/
```

Formatiert sieht ein solcher Kommentar in einem Playground aus wie in Bild 1.29 zu sehen.

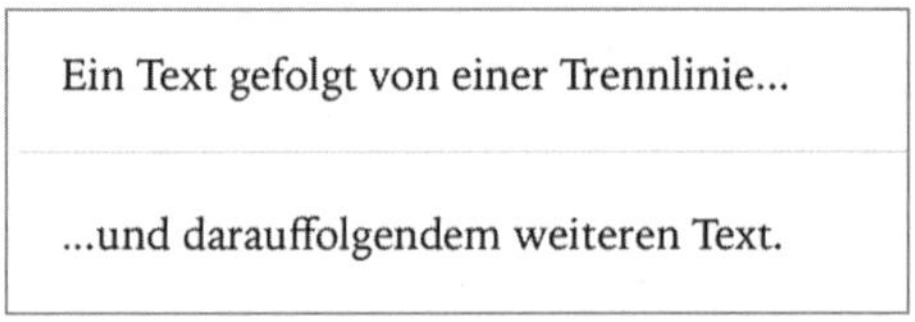

Ein Text gefolgt von einer Trennlinie...

...und darauffolgendem weiteren Text.

Bild 1.29 Formatierter Kommentar eines Playgrounds mit Trennlinie.

Listen

Es können sowohl einfache Aufzählungen als auch nummerierte Listen mithilfe einer passenden Playground-Formatierung in einem Kommentar umgesetzt werden.

Für eine einfache Aufzählung gibt es dabei insgesamt drei Möglichkeiten: Sie können entweder einen Stern (*), ein Plus (+) oder einen Bindestrich (-), jeweils gefolgt von einem Leerzeichen, verwenden, um darüber nacheinander in aufeinanderfolgenden Zeilen die gewünschte Aufzählung umzusetzen. Listing 1.4 zeigt ein Beispiel dazu.

Listing 1.4 Eine formatierte Aufzählung in einem Playground

```
/*:
 # Einfache Aufzählung
 - Erstes Element
 - Zweites Element
 - Drittes Element
 */
```

Welches der drei möglichen Elemente Sie für die Aufzählung verwenden, spielt keine Rolle; es wird unabhängig davon immer das gleiche Aufzählungszeichen formatiert (siehe Bild 1.30).

Einfache Aufzählung

- Erstes Element
- Zweites Element
- Drittes Element

Bild 1.30 Eine einfache Aufzählung in einem Playground.

Sie können die drei Zeichen aber auch innerhalb einer Aufzählung mischen, um zwischen den Elementen einen zusätzlichen Abstand herzustellen. Der Code in Listing 1.5 führt dann zu dem in Bild 1.31 gezeigten Ergebnis.

Listing 1.5 Mehrere entkoppelte Aufzählungen in einem Playground

```
/*:
 # Mehrere einfache Aufzählungen
 - Erstes Element, erste Aufzählung
 - Zweites Element, erste Aufzählung
 * Erstes Element, zweite Aufzählung
 + Erstes Element, dritte Aufzählung
 + Zweites Element, dritte Aufzählung
 + Drittes Element, dritte Aufzählung
 */
```

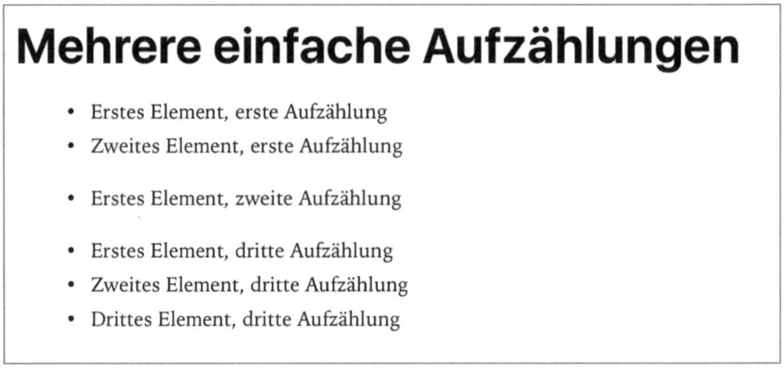

Mehrere einfache Aufzählungen

- Erstes Element, erste Aufzählung
- Zweites Element, erste Aufzählung

- Erstes Element, zweite Aufzählung

- Erstes Element, dritte Aufzählung
- Zweites Element, dritte Aufzählung
- Drittes Element, dritte Aufzählung

Bild 1.31 Durch parallele Verwendung der drei möglichen Aufzählungsformatierungen lassen sich bis zu drei Gruppen von Aufzählungen auf einmal erstellen.

Um eine nummerierte Liste zu erstellen, gehen Sie ähnlich vor wie bei den eben gezeigten einfachen Aufzählungen. Beginnen Sie dabei mit der Nummer, mit der die Aufzählung beginnen soll, gefolgt von einem Punkt und einem Leerzeichen, anschließend folgt der Text für das zugehörige Aufzählungselement. So fahren Sie anschließend in den darauffolgenden Zeilen für alle weiteren Elemente der nummerierten Liste fort. Listing 1.6 zeigt ein Beispiel dazu, Bild 1.32 präsentiert das zugehörige Ergebnis.

Listing 1.6 Nummerierte Liste in einem Playground

```
/*:
 # Nummerierte Liste
 1. Erstes Element
 2. Zweites Element
 3. Drittes Element
 */
```

Nummerierte Liste

1. Erstes Element
2. Zweites Element
3. Drittes Element

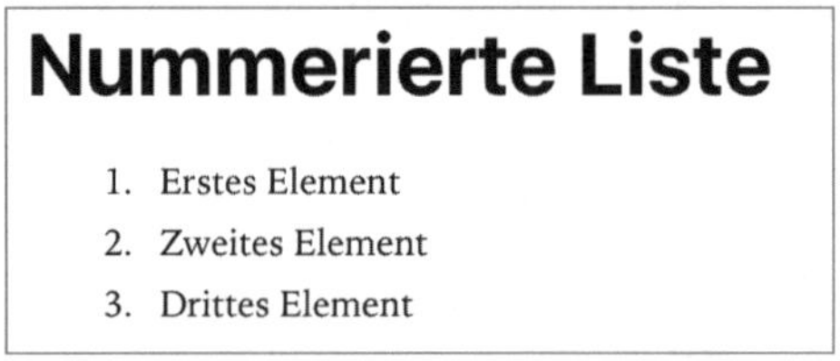

Bild 1.32 Eine nummerierte Liste in einem Playground.

Nummerierte Listen unterstützen in Playgrounds bis zu drei Einrückungsebenen, um so eine Liste zu verschachteln. Elementen der zweiten Ebene wird dafür ein Tab vorangestellt, Elementen der dritten Ebene zwei Tabs. Listing 1.7 zeigt ein Beispiel dazu, in Bild 1.33 sehen Sie das zugehörige Ergebnis.

Listing 1.7 Nummerierte Liste mit mehreren Ebenen in einem Playground

```
/*:
 # Nummerierte Liste mit Ebenen
 1. Erstes Element
 2. Zweites Element
    1. Erstes Unterelement
    2. Zweites Unterelement
       1. Erstes Unterunterelement
    3. Drittes Unterelement
 3. Drittes Element
 */
```

Nummerierte Liste mit Ebenen

1. Erstes Element
2. Zweites Element
   1. Erstes Unterelement
   2. Zweites Unterelement
      1. Erstes Unterunterelement
   3. Drittes Unterelement
3. Drittes Element

Bild 1.33 Eine nummerierte Liste mit mehreren Ebenen in einem Playground.

Soll eine nummerierte Liste mit einer anderen Zahl beginnen, setzen Sie diese einfach entsprechend. Alle darauffolgenden Elemente der entsprechenden Ebene werden daraufhin automatisch immer um eins hochgesetzt. Das geht sogar so weit, dass es vollkommen irrelevant ist, welche Zahl Sie ab dem zweiten Element einer Ebene im Code angeben; der Playground wird das rigoros ignorieren und ausgehend vom ersten Element der Ebene automatisch alle darauffolgenden Elemente hochsetzen. In Listing 1.8 sehen Sie ein entsprechendes Beispiel dazu, dessen durchaus überraschendes Ergebnis sehen Sie in Bild 1.34.

Listing 1.8 Nummerierte Liste mit unterschiedlichen Zahlenwerten in einem Playground

```
/*:
 # Nummerierte Liste mit automatischer Zählung
 7. Erstes Element
 2. Zweites Element
    5. Erstes Unterelement
    4. Zweites Unterelement
       3. Erstes Unterunterelement
    3. Drittes Unterelement
 8. Drittes Element
 */
```

Nummerierte Liste mit automatischer Zählung

    7. Erstes Element

    8. Zweites Element

        5. Erstes Unterelement

        6. Zweites Unterelement

            3. Erstes Unterunterelement

        7. Drittes Unterelement

    9. Drittes Element

Bild 1.34 Obwohl den Punkten „Zweites Element", „Zweites Unterelement", „Drittes Unterelement" und „Drittes Element" im Code eine andere Nummer zugewiesen wurde, wird diese vom Playground ignoriert und stattdessen automatisch ausgehend von der ersten Nummer der jeweiligen Ebene hochgezählt.

Code

Zur besseren Dokumentation können Sie auch Code in einem Playground-Kommentar formatieren. Dazu müssen Sie lediglich die gewünschte Zeile, in der Sie eine solche Code-Formatierung anwenden möchten, mit einem Tab einleiten. Anschließend können Sie den gewünschten Code schreiben (siehe Listing 1.9). Beachten Sie dabei auch, dass die Zeile *vor* dem Code-Beispiel leer sein muss, damit die Formatierung korrekt angewendet wird. Wie das Ganze dann formatiert aussehen kann, sehen Sie in Bild 1.35.

Listing 1.9 Formatierter Code in einem Playground

```
/*:
 # Code
 Hier ein Code-Beispiel:

    print("Ein Code-Kommentar")
*/
```

Code

Hier ein Code-Beispiel:

Example

```
print("Ein Code-Kommentar")
```

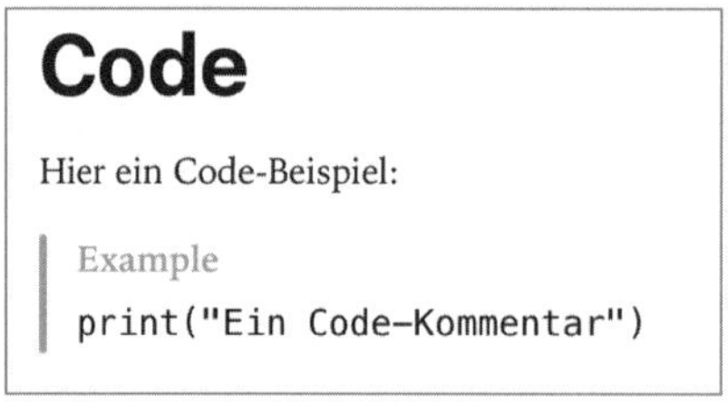

Bild 1.35
Formatierung von Code in einem Playground.

Anstatt ganze Zeilen als Code zu formatieren, können Sie aber auch in einem einfachen Kommentar einzelne Wörter oder Teile davon entsprechend hervorheben. Setzen Sie die entsprechenden Elemente dafür innerhalb von einfachen Anführungszeichen (`, siehe Listing 1.10 und Bild 1.36).

Listing 1.10 Formatierter Code im Fließtext eines Playgrounds

```
/*:
 # Code Inline
 Hier ein Code-Beispiel mit `print`:

    print("Ein Code-Kommentar")
 */
```

Code Inline

Hier ein Code-Beispiel mit print:

> Example
>
> ```
> print("Ein Code-Kommentar")
> ```

Bild 1.36 Code lässt sich auch innerhalb von Fließtext in einem Playground-Kommentar passend formatieren.

Kursiv und fett

Texte in Playground-Kommentaren können kursiv und fett formatiert werden. Dazu wird der entsprechende Abschnitt im Falle von kursiv entweder zwischen je einem Stern (*) oder einem Unterstrich (_) eingefügt, während es bei fett jeweils zwei Sterne (**) oder zwei Unterstriche (__) sind. In Listing 1.11 und Bild 1.37 sehen Sie dazu ein passendes Beispiel.

Listing 1.11 Kursiv und fett formatierte Textstellen in einem Playground

```
/*:
 # Kursiv und Fett
 In diesem Satz ist etwas *kursiv* und etwas **fett**.
 */
```

Kursiv und Fett

In diesem Satz ist etwas *kursiv* und etwas **fett**.

Bild 1.37 Textstellen lassen sich in Playground-Kommentaren sowohl kursiv als auch fett formatieren.

Links

Um Links in einem Playground-Kommentar einzufügen, geben Sie zunächst innerhalb von eckigen Klammern den Text ein, der für den Link angezeigt werden soll, gefolgt vom Link innerhalb von runden Klammern. In Listing 1.12 sehen Sie ein Beispiel dazu, das zugehörige Ergebnis zeigt Bild 1.38.

Listing 1.12 Link in einem Playground

```
/*:
 # Link
 Hier geht's zu [Swift.org](https://swift.org)
 */
```

Link

Hier geht's zu Swift.org

Bild 1.38
Verlinkungen können ebenfalls in einem Playground-Kommentar
gesetzt und passend hervorgehoben werden.

Verlinkungen zwischen Pages

Da Playgrounds sich durchaus auch aus mehreren verschiedenen Pages zusammensetzen können (siehe dazu auch den Abschnitt 1.5.3, „Pages, Sources und Resources"), ist es an manchen Stellen womöglich sinnvoll, zwischen den verschiedenen Pages selbst zu verlinken, damit der Nutzer eines Playgrounds direkt von einer Page zu einer anderen zugehörigen Page springen kann, ohne diese selbst in der Navigator Area suchen und aufrufen zu müssen.

Für diese Form der Verlinkungen zwischen Pages gibt es prinzipiell drei Möglichkeiten. Die dynamischste besteht darin, den Namen einer Page als Link zu verwenden. Wählt der Nutzer dann diesen Link aus, springt er zu genau derjenigen Page im Playground, die diesen Namen besitzt. In Listing 1.13 sehen Sie ein Beispiel dazu, wobei davon ausgegangen wird, dass es eine Page mit dem Titel *MoreInformation* im Playground gibt.

Listing 1.13 Verlinkung zu einer anderen Page in einem Playground

```
/*:
 # Page-Verlinkung
 Weitere Informationen finden Sie [hier](MoreInformation)
 */
```

Wie Sie sehen, ist dieses Vorgehen identisch mit dem im vorherigen Abschnitt gezeigten Setzen von Links, nur dass statt einer Webadresse der Name einer Page als Ziel des Links angegeben wird.

Daneben gibt es noch zwei andere Möglichkeiten, zu einer anderen Page zu wechseln. Diese speziellen Verlinkungen erlauben das Springen zur *vorherigen* oder zur *nächsten* Page, ausgehend von der aktuell ausgewählten Page. Das ist ideal, wenn Sie in einem Playground eine hierarchische Navigation umsetzen und immer einen Link von einer Page zur nächsten und wieder zurück anbieten möchten. Dann nämlich brauchen Sie nicht immer explizit die jeweiligen Pages mit ihren zugehörigen Namen (wie in Listing 1.13 zu sehen ist) zu verlinken, sondern Sie können stattdessen Xcode die Arbeit machen lassen. Dazu müssen Sie lediglich innerhalb des Links deklarieren, ob dieser auf die vorherige (@previous) oder die kommende (@next) Page verweisen soll (siehe Listing 1.14).

Listing 1.14 Verlinkung zur vorherigen und zur nächsten Page in einem Playground

```
/*:
 # Page-Verlinkung

 [Previous Page](@previous)

 ---

 [Next Page](@next)
 */
```

1.5.5 Swift Playgrounds-App für das iPad

Neben Xcode unterstützt auch die mit iOS 10 eingeführte Swift Playgrounds-App von Apple für das iPad die in diesem Abschnitt vorgestellten Playgrounds (siehe Bild 1.39). Was dabei die Programmierung mit Swift betrifft, so sind Ihnen auch in der Swift Playgrounds-App keinerlei Grenzen gesetzt und Sie können alle Eigenschaften und Funktionen der Sprache nutzen und auch auf dem iPad anwenden.

Bild 1.39
Mit der Swift Playgrounds-App können Playgrounds auch auf einem iPad erstellt, bearbeitet und ausgeführt werden.

Allerdings bietet die App nicht einen solch großen und mächtigen Funktionsumfang wie Xcode auf dem Mac. Zwar können Sie neue Playgrounds erstellen und bearbeiten, haben aber keinen schreibenden Zugriff auf die darunterliegende Dateistruktur. Auch das Erstellen von weiteren Pages zu einem Playground ist nicht möglich, ebenso wenig wie der Wechsel in eine Ansicht zur optimierten Darstellung der Kommentare und Formatierungen. Dafür stehen aber Quick Look sowie verschiedene Code-Schnipsel-Vorlagen bereit, die Sie direkt in Ihrem Playground einfügen und nutzen können. Auch das Hinzufügen zusätzlicher Dateien zu einem Playground auf dem iPad ist mittels der Swift Playgrounds-App möglich.

Vielmehr liegt der Schwerpunkt der App im Erlernen und Ausprobieren von Swift. Zu diesem Zweck können nämlich nicht einfach nur eigene Playgrounds erstellt und bearbeitet, sondern bereits vorgefertigte Playgrounds heruntergeladen werden, die sich wie interaktive Lehrbücher verhalten. Sie teilen den Bildschirm zumeist in zwei Bereiche: links Aufgaben und Instruktionen mitsamt einer Fläche zum Schreiben des Codes, rechts eine dynamische Vorschau, die das Ergebnis des geschriebenen Codes ausgibt (siehe Bild 1.40). Diese speziell für die App angepassten und optimierten Playgrounds können Sie über einen entsprechenden Katalog einsehen und auf Wunsch direkt herunterladen. (siehe Bild 1.41).

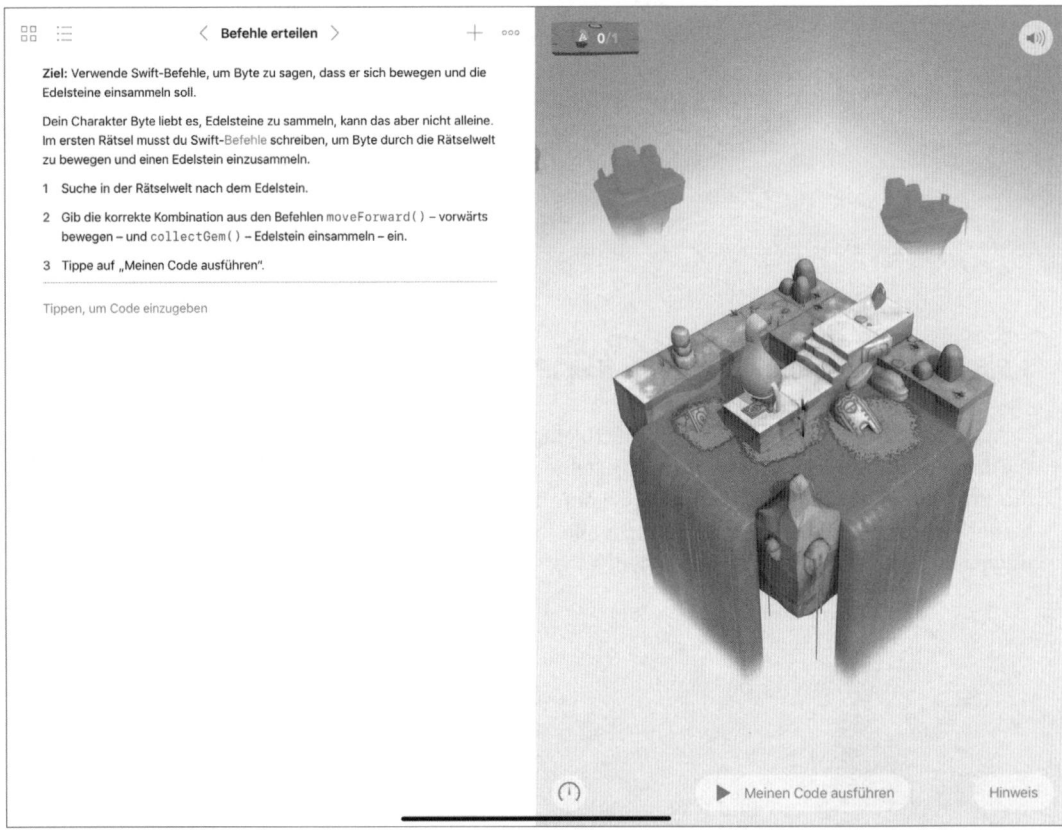

Bild 1.40 Über die Swift Playgrounds-App können angepasste Playgrounds heruntergeladen werden, die spielend das Programmieren mit Swift näherbringen.

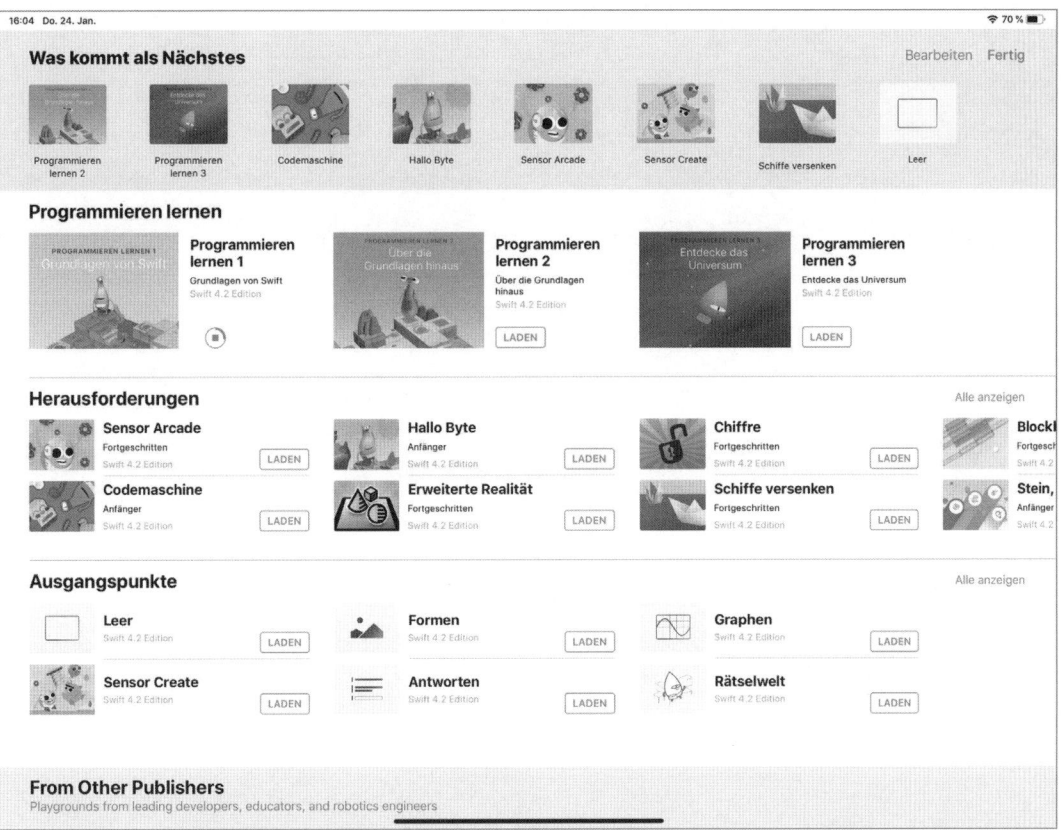

Bild 1.41 Im integrierten Katalog der Swift Playgrounds-App finden sich verschiedene Playgrounds zum Download und zum Experimentieren mit Swift.

Darüber hinaus verfügt die App noch über spezielle Vorlagen für neue Playgrounds. Neben einem einfachen „leeren" Playground können Sie so auch welche für eigene „Rätselwelten" sowie zur Arbeit mit Graphen oder Formen erstellen. Diese Vorlagen enthalten bereits vorgefertigten Code, den Sie in Ihrem neuen Playground verwenden und um eigene Logik erweitern können.

2 Grundlagen der Programmierung

In diesem Kapitel möchte ich Ihnen eine Einführung in die Grundlagen der Programmierung mit Swift geben. Es gibt Ihnen einen ersten Einblick in die Swift Standard Library, zeigt das Erstellen und Verwenden von Variablen und Konstanten und wie Sie Ihren Quellcode mithilfe von Kommentaren dokumentieren. Wenn Sie dabei sind, Swift zu lernen, empfehle ich Ihnen, die Beispiele dieses Buches in einem Playground auszuprobieren, um so möglichst schnell ein Gefühl für die Sprache zu bekommen und aktiv Code zu schreiben.

■ 2.1 Grundlegendes

Im Folgenden stelle ich Ihnen verschiedene Bestandteile und Funktionen von Swift vor, die die Basis für die Programmierung darstellen.

2.1.1 Swift Standard Library

Die Swift Standard Library enthält ein umfangreiches Set an verschiedensten Klassen und Funktionen (siehe Bild 2.1). Sie ist Teil der Programmiersprache Swift, sodass alles, was Teil der Standard Library ist, auch in jedem Swift-Programm verwendet werden kann.

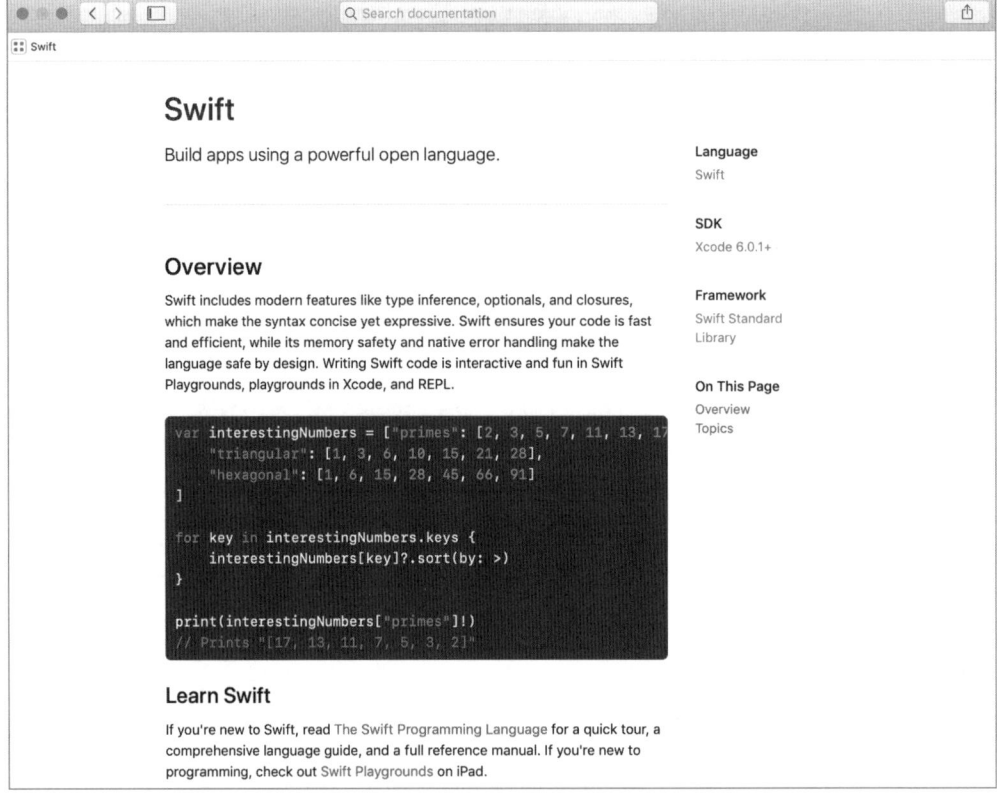

Bild 2.1 Die Swift Standard Library enthält ein umfangreiches Set an Funktionen, die uns bei der Programmierung mit Swift immer zur Verfügung stehen.

Dabei werden wir vielen sogenannten *Typen* der Swift Standard Library begegnen (was ein Typ genau ist und wie man selbst welche deklariert, folgt im Laufe dieses Kapitels). Dazu gehören beispielsweise die Typen Int, Double, Character, String, Array oder Dictionary. Die folgende Tabelle 2.1 gibt einen kurzen Überblick über einige der wichtigsten und grundlegendsten Typen für die Programmierung mit Swift, an passender Stelle im Buch werden diese auch noch tiefergehend beschrieben.

Tabelle 2.1 Auswahl grundlegender Typen der Swift Standard Library

Fundamental Type	Beschreibung	Beispiele
Int	Ein Integer (Int) stellt eine Ganzzahl dar.	19 99
Float	Bei Float handelt es sich um eine Fließ-kommazahl	19.99 49.94
Double	Auch bei Double handelt es sich um eine Fließ-kommazahl, allerdings ist der Wertebereich von Double deutlich größer als der von Float; entsprechend belegt ein Double auch mehr Speicherplatz im System als ein Float.	99.19 94.49

Fundamental Type	Beschreibung	Beispiele
Bool	Bei Bool handelt es sich um einen sogenannten Wahrheitswert, dieser kann somit entweder wahr oder falsch (true oder false) sein.	true false
String	Ein String repräsentiert eine Zeichenkette.	"Mein Name ist Thomas Sillmann."
Array	In einem Array können mehrere Werte und Objekte abgelegt werden. Das Array erlaubt dann den Zugriff auf die Werte und Objekte, die es hält. Ein Array kann dabei beliebige Typen von Werten und Objekten beinhalten.	["Erster Wert des Arrays", "Zweiter Wert des Arrays"]
Dictionary	Ein Dictionary hält mehrere Werte und Objekte, ähnlich wie ein Array, allerdings ist jeder Wert und jedes Objekt einem einzigartigen Schlüssel innerhalb des Dictionaries zugeordnet. Anhand dieses Schlüssels können dann gezielt Werte ausgelesen, abgefragt und verändert werden.	["Schlüssel 1": "Wert für Schlüssel 1", "Schlüssel 2": "Wert für Schlüssel 2"]

Sie müssen zum jetzigen Zeitpunkt noch nicht mehr über die genannten Typen wissen, weitere Informationen zu ihnen folgen im Laufe dieses Buches an passender Stelle.

2.1.2 print

Im Laufe dieses Buches werden Sie sehr viele Elemente und Funktionen der Swift Standard Library kennenlernen. Eine der von mir am häufigsten verwendeten Befehle nennt sich print(_:separator:terminator:) und dient dazu, Text in der Konsole auszugeben. Ein Beispiel zeigt Listing 2.1. Wo immer diese Funktion zum Einsatz kommt, werde ich in den zugehörigen Listings auch die jeweilige Ausgabe (oder im Falle mehrerer Befehle auch alle jeweiligen Ausgaben) am Ende als Kommentar mit aufführen.

Listing 2.1 Einfache Konsolenausgabe mittels print

```
print("Das ist eine Konsolenausgabe")
// Das ist eine Konsolenausgabe
```

Darüber hinaus werde ich der Einfachheit halber, wo immer diese Funktion verwendet wird, auf diese im Fließtext mit print verweisen und mir die eigentlich korrekte Bezeichnung aus Platzgründen sparen.

2.1.3 Befehle und Semikolons

Bei der Entwicklung mit Swift schreibt man verschiedene aufeinanderfolgende Befehle, um damit am Ende ein funktionsfähiges Programm umzusetzen. Pro Zeile wird dabei genau ein Befehl geschrieben, beispielsweise um eine Variable zu erstellen oder einen Text auf der Konsole auszugeben. Jeder neue Befehl folgt in einer neuen Zeile (siehe Listing 2.2).

Listing 2.2 Schreiben eines Befehls pro Zeile

```
print("Das ist ein erster Befehl.")
print("Anschließend folgt ein zweiter.")
print("Und zum Abschluss ...")
print("... noch ein vierter!")
```

In vielen anderen Programmiersprachen muss jeder Befehl mit einem Semikolon (;) abgeschlossen werden. In Swift ist das ebenfalls möglich, aber kein Muss (wie das Listing von eben gezeigt hat). Sie können den Code aus Listing 2.2 also auch so, wie in Listing 2.3 gezeigt, umsetzen und am Ende eines jeden Befehls ein Semikolon setzen.

Listing 2.3 Schreiben eines Befehls mit abschließendem optionalen Semikolon

```
print("Das ist ein erster Befehl.");
print("Anschließend folgt ein zweiter.");
print("Und zum Abschluss...");
print("...noch ein vierter!");
```

Ein Semikolon zum Abschluss ist nur dann Pflicht, wenn man *mehrere* Befehle in einer Zeile schreiben möchte (siehe Listing 2.4).

Listing 2.4 Schreiben mehrerer Befehle in einer einzigen Zeile

```
print("Erster Befehl ..."); print("... direkt gefolgt vom zweiten!")
```

Der letzte Befehl in der Zeile muss wiederum nicht zwingend mit einem Semikolon abgeschlossen werden.

 Semikolon – ja oder nein?

Womöglich fragen Sie sich nach diesem Abschnitt, was nun die bessere Lösung ist; Befehle mit einem Semikolon abzuschließen oder nicht? Und sollten in Swift mehrere Befehle in eine einzige Zeile geschrieben werden?

Ob und wie Sie letztlich das Semikolon in Swift auf die gezeigte Art und Weise verwenden, ist zunächst einmal voll und ganz Ihnen überlassen. Ich allerdings orientiere mich bei der Arbeit mit Swift an Apples Vorgehen aus der offiziellen Dokumentation, und dort wird prinzipiell **kein** Semikolon bei der Programmierung mit Swift eingesetzt (auch mehrere Befehle pro Zeile finden sich dort nicht). Wenn Sie also nicht gerade ein extremer Fan von Semikolons sind, dann würde ich Ihnen empfehlen, es genauso zu handhaben und einen Befehl pro Zeile zu schreiben – ohne abschließendes Semikolon.

2.1.4 Operatoren

Operatoren dienen dazu, im Code Befehle (wie beispielsweise Zuweisungen oder Berechnungen) durchzuführen. Da sich Operatoren durch viele Bereiche der Programmiersprache ziehen, möchte ich Ihnen gleich an dieser Stelle eine Übersicht der in Swift verfügbaren Operatoren geben (siehe Tabelle 2.2). An den Stellen im Buch, an denen diese Operatoren konkret zum Einsatz kommen, erhalten Sie weitere Erläuterungen und Ergänzungen dazu.

Tabelle 2.2 Operatoren in Swift

Operator	Art	Funktion
=	Zuweisungsoperator	Weist den Wert auf der rechten Seite des Operators dem Objekt auf der linken Seite zu.
==	Vergleichsoperator	Prüft, ob der Wert links vom Operator mit dem rechts vom Operator identisch ist.
!=	Vergleichsoperator	Prüft, ob der Wert links vom Operator mit dem rechts vom Operator nicht identisch ist.
<	Vergleichsoperator	Prüft, ob der Wert links vom Operator kleiner dem rechts vom Operator ist.
<=	Vergleichsoperator	Prüft, ob der Wert links vom Operator kleiner oder gleich dem rechts vom Operator ist.
>	Vergleichsoperator	Prüft, ob der Wert links vom Operator größer dem rechts vom Operator ist.
>=	Vergleichsoperator	Prüft, ob der Wert links vom Operator größer oder gleich dem rechts vom Operator ist.
+	Berechnungsoperator	Dient zur Durchführung von Additionen.
-	Berechnungsoperator	Dient zur Durchführung von Subtraktionen.
*	Berechnungsoperator	Dient zur Durchführung von Multiplikationen.
/	Berechnungsoperator	Dient zur Durchführung von Divisionen.
%	Berechnungsoperator	Dient zur Berechnung des Rests bei einer Division.
+=	Berechnungsoperator	Erhöht den Wert links vom Operator um den Wert rechts vom Operator.
-=	Berechnungsoperator	Verringert den Wert links vom Operator um den Wert rechts vom Operator.
&&	Logischer Operator	Verknüpft zwei Bedingungen mittels UND; ist eine von ihnen false, ist auch das Ergebnis false.
||	Logischer Operator	Verknüpft zwei Bedingungen mittels ODER; ist eine von beiden true, ist auch das Ergebnis true.
!	Logischer Operator	Kehrt einen Wahrheitswert um (true wird false, false wird true).
...	Range-Operator	Erstellt eine Wertereihe, die mit dem Wert links vom Operator beginnt und mit einschließlich dem Wert rechts vom Operator endet. Dabei darf der Wert links vom Operator nicht größer sein als der Wert rechts vom Operator.

Tabelle 2.2 Operatoren in Swift *(Fortsetzung)*

Operator	Art	Funktion
..<	Range-Operator	Erstellt eine Wertereihe, die mit dem Wert links vom Operator beginnt und mit ausschließlich dem Wert rechts vom Operator endet. Dabei darf der Wert links vom Operator nicht größer sein als der Wert rechts vom Operator.
??	Nil-Operator	Prüft den optionalen Wert links vom Operator. Ist dieser nil, wird der Wert rechts vom Operator zurückgegeben, andernfalls wird der Wert links entpackt und zurückgegeben.

■ 2.2 Variablen und Konstanten

Mithilfe von Variablen und Konstanten speichern Sie Werte zwischen, die Sie dann auslesen und weiterverarbeiten können. Einer Konstanten kann nur einmalig ein Wert zugewiesen werden, dieser ist anschließend nicht mehr veränderbar. Der Versuch, den Wert einer Konstanten anschließend zu ändern, endet in einem Compiler-Fehler. Im Gegensatz dazu kann der einer Variablen zugewiesene Wert jederzeit geändert werden.

2.2.1 Erstellen von Variablen und Konstanten

Eine Variable wird in Swift mittels des Schlüsselworts var deklariert, eine Konstante mittels let. Nach dem jeweiligen Schlüsselwort folgt der gewünschte Name für die Variable beziehungsweise Konstante. Dieser beginnt in Swift typischerweise mit einem Kleinbuchstaben. Setzt sich der Name aus mehreren verschiedenen Wörtern zusammen, so beginnt man jedes folgende Wort typischerweise mit einem Großbuchstaben.

Listing 2.5 zeigt ein Beispiel dazu. Dort wird eine Variable und eine Konstante deklariert und dieser direkt ein Wert (in diesem Fall ein String) zugewiesen. Die Zuweisung erfolgt mithilfe des Zuweisungsoperators =.

Listing 2.5 Erstellen von Variablen und Konstanten

```
var aVariable = "Eine Variable"
let aConstant = "Eine Konstante"
```

Um nach der Deklaration auf die Werte von Variablen und Konstanten zuzugreifen, nutzt man einfach den vergebenen Variablen- beziehungsweise Konstantennamen. So wird in Listing 2.6 auf die zuvor erstellte Variable aVariable zugegriffen und ihr ein neuer Wert zugewiesen.

Listing 2.6 Zugriff auf eine erstellte Variable

```
aVariable = "Ein neuer String"
```

Die Zuweisung eines Werts zu einer Variablen würde bei der zuvor deklarierten Konstanten aConstant nicht funktionieren, da Konstanten wie beschrieben nur einmalig ein Wert zugewiesen werden kann und dieser anschließend unveränderlich ist. Ein Versuch, den Wert einer Konstanten im Nachhinein zu ändern, führt immer zu einem Compiler-Fehler (siehe Listing 2.7).

Listing 2.7 Fehler beim Versuch des Änderns einer Konstanten

```
aConstant = "Eine neue Konstante"
// Compiler-Fehler: aConstant kann nicht verändert werden.
```

 Wann Variable, wann Konstante?

Möglicherweise denken Sie nach dem Lesen dieses Abschnitts, dass es sinnvoll ist, sicherheitshalber lieber immer eine Variable statt eine Konstante zu erstellen, da Sie diese im Zweifelsfall noch verändern können. Das sollten Sie aber per se keinesfalls tun.

Denn diese Medaille hat noch eine zweite Seite: Sobald Sie beispielsweise einen neuen Wert erstellen, der innerhalb Ihres Programms unveränderlich sein soll (beispielsweise weil er eine grundlegende und essenzielle Information enthält), dann können Sie genau dieses gewünschte Verhalten damit sicherstellen, diesen Wert mittels let als Konstante zu deklarieren. Wenn Sie dann fälschlicherweise an einer Stelle in Ihrem Projekt nun doch versuchen, genau diesen Wert zu ändern, dann macht Sie der Compiler direkt auf dieses Problem aufmerksam. Und genau für solche Zwecke – für Werte, die einmal gesetzt und anschließend nicht mehr verändert werden sollen – sind Konstanten da.

Das geht sogar so weit, dass in Swift generell der Grundsatz gilt: Wenn ein Wert nicht geändert werden muss oder soll, dann deklariere ihn als Konstante! Erstellen Sie daher im Zweifelsfall lieber eine unveränderliche Konstante als eine Variable. Sollte sich das später doch als möglicher Fehler herausstellen, ist es immer noch ein Leichtes, die Deklaration von einer Konstanten hin zu einer Variablen zu verändern.

2.2.2 Variablen und Konstanten in der Konsole ausgeben

Um den Wert von Variablen und Konstanten auf der Konsole auszugeben (beispielsweise bei der Suche nach Fehlern im Code) steht in Swift die Funktion print zur Verfügung. Typischerweise wird print ein String übergeben, der anschließend in der Konsole ausgegeben wird (siehe dazu auch den vorherigen Abschnitt 2.1.2, „print"). Sie können innerhalb dieses Strings aber auch eine Variable oder Konstante als eine Art Platzhalter übergeben, deren Wert dann in den String der print-Funktion eingefügt und ausgegeben wird. Um eine Variable oder Konstante auf die genannte Art und Weise in einen String einzubinden, müssen Sie sie innerhalb des Strings besonders kennzeichnen. Dazu nutzen Sie den folgenden Code:

```
\(<VARIABLE ODER KONSTANTE>)
```

In Listing 2.8 sehen Sie einmal ein Beispiel dazu, wie die Werte von Variablen und Konstanten mittels `print` ausgegeben werden können. Dazu werden die im vorherigen Abschnitt erstellte Variable `aVariable` und die Konstante `aConstant` verwendet.

Listing 2.8   Ausgabe der Werte von Variablen und Konstanten mittels `print`

```
print("aVariable hat folgenden Wert: \(aVariable)")
print("aConstant hat folgenden Wert: \(aConstant)")
// aVariable hat folgenden Wert: Ein neuer String
// aConstant hat folgenden Wert: Eine neue Konstante
```

Das gezeigte Vorgehen wird auch als *String Interpolation* bezeichnet; mehr dazu erfahren Sie in Kapitel 4, „Typen in Swift".

2.2.3 Type Annotation und Type Inference

Variablen und Konstanten in Swift sind immer einem ganz bestimmten Typ zugeordnet. Eine Variable ist beispielsweise also entweder eine Zahl *oder* ein String. Handelt es sich bei ihr um eine Zahl, dann können ihr auch nur Zahlen und keine Strings zugewiesen werden, umgekehrt gilt genau das Gleiche. Dieses Verhalten wird als *Typsicherheit* bezeichnet, da man sich darauf verlassen kann, dass eine Variable oder Konstante immer nur einen Wert passend zu ihrem Typ besitzt.

Wenn Sie eine neue Variable oder Konstante erstellen, können Sie direkt angeben, von welchem Typ diese Variable beziehungsweise Konstante ist. Dazu fügen Sie nach dem Namen der Variablen oder Konstanten einen Doppelpunkt, gefolgt vom gewünschten Typ, ein. In Listing 2.9 sehen Sie ein Beispiel dazu.

Listing 2.9   Typzuweisung beim Erstellen von Variablen und Konstanten

```
var aString: String
let anInteger: Int
```

Hier wird festgelegt, dass die Variable `aString` vom Typ `String` ist und die Konstante `anIntenger` vom Typ `Int` (sowohl bei `String` als auch bei `Int` handelt es sich automatisch bei der Programmierung mit Swift zur Verfügung stehende Typen aus der Swift Standard Library). Möchte man diesen beiden nun einen Wert zuweisen, so ist darauf zu achten, dass `aString` nur eine Zeichenkette entgegennehmen kann, während man `anInteger` nur eine Ganzzahl zuweisen kann (siehe Listing 2.10). Der Versuch, ihnen einen Wert eines anderen Typs zuzuweisen, hätte einen Compiler-Fehler zur Folge.

Listing 2.10   Wertzuweisung passend zu den Typen von Variablen und Konstanten

```
aString = "Ein mittels Type Annotation erstellter String"
anInteger = 19
```

Das gezeigte Vorgehen der direkten Typzuweisung beim Erstellen einer Variablen oder Konstanten wird als *Type Annotation* bezeichnet. Sollte diese nicht angewendet werden und –

wie in den vorherigen Listings dieses Abschnitts zu sehen war – einer neuen Variablen oder Konstanten stattdessen direkt ein Wert zugewiesen werden, dann tritt die sogenannte *Type Inference* in Kraft. Fehlt nämlich eine konkrete Typzuweisung mittels Type Annotation, dann ermittelt Swift selbst, welchen Typ die Variable oder Konstante besitzen soll, sobald ihr ein Wert zugewiesen wird. Betrachten wir dazu einmal in Listing 2.11 die Erstellung einer neuen Konstanten und Variablen mittels Type Inference.

Listing 2.11 Erstellen neuer Variablen mittels Type Inference

```
let myName = "Thomas Sillmann"
var myAge = 28
// myName ist vom Typ String
// myAge ist vom Typ Int
```

Auch wenn es im Listing selbst nicht explizit angegeben ist, legt Swift automatisch sowohl für die Konstante myName als auch für die Variable myAge einen Typ fest, ausgehend von dem zugewiesenen Wert. So entspricht myName nun dem Typ String und myAge dem Typ Int.

Wann sollten Sie nun welches der beiden Verfahren einsetzen? Wann ist die explizite Typzuweisung mittels Type Annotation notwendig und in welchen Fällen kann man Swift den Typ selbst mittels Type Inference ermitteln lassen?

Generell ist der Einsatz von Type Annotation in zwei Situation zwingend notwendig:

- Wenn Sie einer neuen Variablen oder Konstanten bei deren Deklaration noch keinen Wert zuweisen, müssen Sie in jedem Fall den gewünschten Typ für die Variable oder Konstante angeben (so wie in Listing 2.9); andernfalls kommt es zu einem Compiler-Fehler.
- Wenn der mittels Type Inference von Swift ermittelte Typ bei der Erstellung einer Variablen oder Konstanten nicht dem gewünschten Typ entspricht, muss ebenfalls explizit der korrekte Typ mittels Type Annotation angegeben werden.

Den zweiten Punkt möchte ich zum besseren Verständnis noch einmal anhand eines Beispiels erläutern. Dazu wird in Listing 2.12 eine neue Variable namens aDouble erstellt und ihr der Zahlenwert 99 zugewiesen. Wie der Name der Variablen andeutet, soll diese im Code als Double (also als Fließkommazahl) verwendet werden können.

Listing 2.12 Erstellen einer neuen Variablen mit dem gewünschten Typ Double

```
Var aDouble = 99
// aDouble entspricht dem Typ Int
```

Zwar ist der gezeigte Code korrekt, allerdings handelt es sich bei aDouble nun nicht um eine Variable vom gewünschten Typ Double, sondern um eine vom Typ Int. Denn Swift vermutet hinter der zugewiesenen Ganzzahl 99 nun einmal keine Fließkommazahl, auch wenn 99 natürlich nichtsdestoweniger ein valider Wert für eine Fließkommazahl wäre. Der Versuch, aDouble nun im Nachhinein einen Wert wie 19.99 zuzuweisen, würde ebenfalls in einem Compiler-Fehler enden. Daher ist es in so einem Fall zwingend notwendig, den gewünschten Typ ebenfalls explizit mittels Type Annotation anzugeben, wie in Listing 2.13 zu sehen.

Listing 2.13 Erstellen einer neuen Double-Variablen mittels Type Annotation

```
var aDouble: Double = 99
```

Damit ist trotz der Zuweisung einer Ganzzahl die Variable `aDouble` vom Typ `Double` und sie kann somit auch mit Fließkommazahlen umgehen.

2.2.4 Gleichzeitiges Erstellen und Deklarieren mehrerer Variablen und Konstanten

Sie haben in Swift die Möglichkeit, mehrere Variablen und Konstanten direkt in einem Befehl zu erstellen und ihnen dabei optional bereits Werte zuzuweisen. Dazu beginnen Sie den entsprechenden Befehl entweder mit dem Schlüsselwort `var` (für zu erstellende Variablen) oder `let` (für zu erstellende Konstanten) und benennen dann kommasepariert alle neu zu erstellenden Variablen beziehungsweise Konstanten. Dabei können Sie entweder allen oder einzelnen Elementen direkt nach dem Namen auf die bekannte Art und Weise einen Wert zuweisen oder einen festen Typ mittels Type Annotation definieren. In Listing 2.14 sehen Sie einige Beispiele dazu, wie dieses Prinzip praktisch angewendet werden kann.

Listing 2.14 Gleichzeitiges Erstellen und Deklarieren mehrerer Variablen und Konstanten

```
var firstValue: Int, secondValue: Double, thirdValue: String
var firstString, secondString, thirdString: String
let firstInt = 19, secondInt = 99
let numericValue = 19, numericString = "99"
```

Besonders interessant ist dabei auch die zweite Zeile `var firstString, secondString, thirdString: String`, in der nur eine einzige Type Annotation ganz am Ende erfolgt. Dadurch wird allen in diesem Befehl neu erstellten Variablen der am Ende explizit definierte Typ `String` zugewiesen, womit man sich die wiederholende Schreibarbeit spart, möchte man mehrere neue Variablen oder Konstanten von ein und demselben Typ auf einmal definieren.

2.2.5 Namensrichtlinien

Bei der Benennung von Variablen und Konstanten in Swift haben Sie – gerade im Vergleich mit anderen Programmiersprachen – sehr viele Freiheiten. So können beispielsweise Sonderzeichen wie Pi π oder sogar Emojis für Variablen- und Konstantennamen verwendet werden (siehe Listing 2.15).

Listing 2.15 Verwendung von Sonderzeichen und Emojis als Variablen- und Konstantennamen

```
let π = 3.14159
let 🐸 = "Frog"
```

Dennoch sind einige Dinge nicht erlaubt und führen direkt zu einem Compiler-Fehler. Beispielsweise müssen Sie auf jegliche Leerzeichen in einem Variablen- oder Konstantennamen verzichten, ebenso wie auf mathematische Operatoren oder Pfeile. Auch dürfen Variablen- oder Konstantennamen nicht mit einer Ziffer beginnen, ansonsten sind Ziffern im Namen aber erlaubt.

Im Zweifel lieber drauf verzichten

So schön die genannten Möglichkeiten und Freiheiten bei der Benennung von Variablen und Konstanten auch sind, sollte man sich dennoch überlegen, ob und wann sie tatsächlich angebracht sind. Gerade Sonderzeichen und Emojis sind womöglich eher ungeeignet für den eigenen Code, auch wenn diese Möglichkeit – wie wir gesehen haben – in Swift ja durchaus zur Verfügung steht. Wenn es keinen konkreten oder sinnvollen Grund für die Verwendung dieser Sonderzeichen gibt, sollten Sie im Zweifelsfall lieber darauf verzichten und stattdessen mit den bekannten alphanumerischen Zeichen bei der Benennung von Variablen und Konstanten arbeiten.

■ 2.3 Kommentare

Kommentare sind in der Programmierung ein beliebtes und zugleich sehr wichtiges Mittel zur Dokumentation des eigenen Quellcodes. Kommentare werden vom Compiler ignoriert und nicht ausgeführt, was bedeutet, dass alles, was Sie innerhalb von Kommentaren schreiben, keinen Einfluss auf die Funktionalität Ihrer Anwendung hat. Typischerweise geben Sie mit Kommentaren Aufschluss über die Funktionsweise bestimmter Befehle oder die Aufgabe von deklarierten Variablen und Konstanten.

In Swift gibt es zwei Arten von Kommentaren: solche, die genau für eine Zeile gelten und solche, die sich über beliebig viele Zeilen erstrecken.

Ein einfacher einzeiliger Kommentar wird mit zwei Slashs // eingeleitet, direkt im Anschluss beginnt der Kommentar. Alles, was also hinter den beiden Slashs steht, wird vom Compiler ignoriert und dient einzig und allein dazu, den Quellcode zu dokumentieren. In Listing 2.16 sehen Sie ein einfaches Beispiel dazu.

Listing 2.16 Ein einzeiliger Kommentar

```
// Ein Kommentar
```

Solch ein Kommentar kann sowohl am Anfang als auch am Ende einer Zeile stehen (am Ende bedeutet dabei nach dem letzten Befehl innerhalb dieser Zeile). Auch dazu sehen Sie ein kleines Beispiel in Listing 2.17.

Listing 2.17 Ein einzeiliger Kommentar nach einem Befehl

```
print("Hier wird noch Code ausgeführt ...") // ... dann folgt ein Kommentar!
```

Manchmal benötigt aber ein sinnvoller Kommentar mehr Platz als nur eine einzige Zeile, und hier kommen die mehrzeiligen Kommentare ins Spiel. Diese beginnen mit einem /* und enden mit einem */. Alles, was sich dazwischen – auch über mehrere Zeilen hinweg – befindet, gehört zum Kommentar (siehe Listing 2.18).

Listing 2.18 Ein mehrzeiliger Kommentar

```
/* Der Kommentar beginnt in der ersten Zeile ...
... erstreckt sich über die zweite ...
... und endet schließlich in der dritten! */
```

Dabei können mehrzeilige Kommentare in Swift sogar verschachtelt werden. Ein mehrzeiliger Kommentar kann also einen weiteren mehrzeiligen Kommentar enthalten. Wie so etwas aussehen kann, zeigt Listing 2.19.

Listing 2.19 Verschachtelte Kommentare

```
/* Hier beginnt der erste Kommentar ...
/* ... und hier der zweite ...
... der in dieser Zeile bereits wieder endet ... */
... sowie auch abschließend der erste Kommentar. */
```

3 Schleifen und Abfragen

Abfragen und Schleifen erlauben die Ausführung von Code unter bestimmten Bedingungen. Nur wenn diese Bedingungen erfüllt sind, werden zugehörige Befehle ausgeführt. Schleifen kümmern sich dabei um das wiederholte Ausführen bestimmter Befehle, während mit Abfragen Bedingungen geprüft werden. In diesem Kapitel stelle ich Ihnen diese beiden Elemente im Detail vor und zeige, wie Sie sie in Swift verwenden können.

■ 3.1 Schleifen

Mithilfe von Schleifen können ein oder mehrere Befehle mehrmals hintereinander wiederholt ausgeführt werden. Dabei bietet Swift verschiedene Techniken an, um derartige Schleifen umzusetzen. Welche das sind und welche Möglichkeiten Sie bieten, erfahren Sie in den folgenden Abschnitten.

3.1.1 for-in

Mithilfe einer for-in-Schleife führen Sie eine Reihe von Befehlen immer wieder für einen festgelegten Wertebereich durch. Bei diesem Wertebereich handelt es sich typischerweise um eine Range, die Sie einfach mithilfe der Range-Operatoren definieren können. Alternativ können auch Arrays und Dictionaries als Wertebereich definiert werden (dazu erfahren Sie später mehr in den entsprechenden Abschnitten).

Eine for-in-Schleife wird mithilfe des Schlüsselworts for eingeleitet, gefolgt von einem Platzhalter, den Sie frei wie eine Variable oder Konstante benennen können. Diesem Platzhalter wird bei jedem Durchlauf der Schleife automatisch der jeweils aktuelle Wert aus dem festgelegten Wertebereich zugewiesen und er kann innerhalb der Schleife dazu verwendet werden, diesen Wert auszulesen und mit ihm zu arbeiten. Anschließend folgt das zweite Schlüsselwort in gefolgt vom eigentlichen Wertebereich, der für die Schleife gelten soll. Innerhalb von geschweiften Klammern wird anschließend der Code angegeben, der bei jedem einzelnen Schleifendurchlauf ausgeführt werden soll. Listing 3.1 zeigt einmal den grundlegenden Aufbau einer for-in-Schleife.

Listing 3.1 Grundlegender Aufbau von `for-in`

```
for <PLATZHALTER> in <WERTEBEREICH> {
    <AUSZUFÜHRENDER CODE PRO SCHLEIFENDURCHLAUF>
}
```

Ein einfaches Beispiel für solch eine `for-in`-Schleife sehen Sie in Listing 3.2. Dort wird ein Wertebereich von 1 bis einschließlich 10 angegeben und bei jedem Durchlauf der jeweils aktuelle Wert aus dem Wertebereich per `print` ausgegeben.

Listing 3.2 Durchlaufen einer Schleife mittels `for-in`

```
for currentValue in 1...10 {
    print("Durchlauf \(currentValue).")
}
// Durchlauf 1.
// Durchlauf 2.
// Durchlauf 3.
// Durchlauf 4.
// Durchlauf 5.
// Durchlauf 6.
// Durchlauf 7.
// Durchlauf 8.
// Durchlauf 9.
// Durchlauf 10.
```

Die Schleife wird für jeden Wert des Wertebereichs einmal durchlaufen, also für alle Zahlen von eins bis zehn. Dabei wird dem von uns definierten Platzhalter `currentValue` bei jedem Schleifendurchlauf der aktuelle Wert aus dem Wertebereich zugewiesen, sodass sich dieser dynamisch bei jedem Schleifendurchlauf verändert. Dabei ist zu beachten, dass sich der Platzhalter wie eine Konstante verhält, er kann also innerhalb der Schleife nicht geändert werden. Ebenso wenig steht der Platzhalter *außerhalb* der Schleife zur Verfügung; ein Zugriff auf `currentValue` in diesem Beispiel nach der geschlossenen geschweiften Klammer der `for-in`-Schleife ist somit nicht möglich.

In einigen Fällen ist der aktuelle Wert aus dem zu durchlaufenden Wertebereich einer `for-in`-Schleife innerhalb der Schleife selbst uninteressant (beispielsweise, weil man bestimmte Befehle einfach nur mehrmals hintereinander ausführen möchte, ohne dass dafür der jeweils aktuelle Wert aus dem Wertebereich notwendig wäre). In solchen Fällen kann der Platzhalter einfach durch einen Unterstrich (_) ersetzt werden, womit innerhalb der Schleife nicht mehr auf den jeweiligen Wert des aktuellen Durchlaufs zugegriffen werden kann. Listing 3.3 zeigt ein Beispiel dazu.

Listing 3.3 Durchlaufen einer Schleife ohne Zugriff auf den aktuellen Wert des Wertebereichs

```
var multiplyValue = 19
let multiplier = 8
for _ in 0..<3 {
    multiplyValue *= multiplier
}
print("multiplyValue entspricht \(multiplyValue).")
// multiplyValue entspricht 9728.
```

Hier wird eine for-in-Schleife insgesamt dreimal durchlaufen (was über den Wertebereich festgelegt und definiert ist). Pro Durchlauf soll eine Variable multiplyValue mit dem Wert der Konstanten multiplier multipliziert und das Ergebnis wiederum in multiplyValue gespeichert werden. Der aktuelle Wert aus dem Wertebereich pro Schleifendurchlauf interessiert also nicht, weshalb für den Platzhalter lediglich ein _ eingesetzt wird.

„Einfache" for-Schleife

In anderen Programmiersprachen (darunter auch in ObjectiveC) finden sich „einfache" for-Schleifen, in denen eine Zählvariable, eine Bedingung für die Schleife sowie ein Intervall zur Manipulation der Zählvariablen nach jedem Schleifendurchlauf definiert werden. Solange die Bedingung erfüllt ist, wird die Schleife weiter durchlaufen, weshalb die Bedingung in der Regel an die Zählvariable gekoppelt ist, die nach jedem Schleifendurchlauf verändert wird.

Ein solches Konzept fehlt in Swift. War es in Version 1 der Programmiersprache noch vorhanden, ist es inzwischen vollumfänglich verschwunden, weshalb for-Schleifen nur noch mittels for-in umgesetzt werden können.

3.1.2 while

Eine while-Schleife enthält ein oder mehrere Befehle, die so lange wiederholt ausgeführt werden, wie eine festgelegte Bedingung erfüllt ist. Im Gegensatz zur zuvor vorgestellten for-in-Schleife ist while also nicht an einen festen Wertebereich, sondern stattdessen an eine Bedingung gekoppelt. Bei dieser Bedingung handelt es sich um einen booleschen Wert, der entweder true (Schleife wird durchlaufen) oder false (Schleife wird verlassen) sein kann. Es handelt sich bei dieser Bedingung also entweder direkt um eine Variable vom Typ Bool oder um einen Vergleich von zwei Werten mithilfe von Vergleichsoperatoren.

Den grundlegenden Aufbau einer while-Schleife zeigt einmal Listing 3.4.

Listing 3.4 Grundlegender Aufbau einer while-Schleife

```
while <BEDINGUNG> {
    <AUSZUFÜHRENDER CODE, SOLANGE BEDINGUNG ERFÜLLT IST>
}
```

Damit eine while-Schleife korrekt funktioniert, muss die zugrunde liegende Bedingung spätestens im Verlauf der Schleife irgendwann einen Status erreichen, in dem diese nicht mehr erfüllt ist. Andernfalls würde eine Endlosschleife entstehen, die letztlich zum Absturz des Programms führt. Ein einfaches Beispiel einer funktionierenden while-Schleife sehen Sie in Listing 3.5.

Listing 3.5 Durchlaufen einer while-Schleife mithilfe einer Zählvariablen

```
var index = 1
while index <= 10 {
    print("Durchlauf \(index).")
    index += 1
```

```
}
// Durchlauf 1.
// Durchlauf 2.
// Durchlauf 3.
// Durchlauf 4.
// Durchlauf 5.
// Durchlauf 6.
// Durchlauf 7.
// Durchlauf 8.
// Durchlauf 9.
// Durchlauf 10.
```

Basis der `while`-Schleife ist die Bedingung `index <= 10`. Die Schleife wird also nur ausgeführt, wenn die Variable `index` kleiner oder gleich 10 ist und so oft durchlaufen, wie diese Bedingung erfüllt ist. Aus diesem Grund ist auch der Befehl `index += 1` innerhalb der `while`-Schleife so immens wichtig. Würde dieser fehlen, würde sich der Wert der Variablen `index` niemals verändern und die gestellte Bedingung wäre ununterbrochen erfüllt, was dazu führt, dass die Schleife ohne Unterlass und ohne eine Chance auf Beendigung ausgeführt wird und das beschriebene Problem der sogenannten Endlosschleife entsteht. Denken Sie immer an diesen Aspekt, wenn Sie mit einer `while`-Schleife arbeiten.

3.1.3 repeat-while

Die `repeat-while`-Schleife ist eine leicht abgewandelte Form der zuvor vorgestellten `while`-Schleife. Ebenso wie bei der `while`-Schleife ist das Durchlaufen einer `repeat-while`-Schleife an eine festgelegte Bedingung gekoppelt, allerdings mit dem Unterschied, dass der Code einer `repeat-while`-Schleife in jedem Fall wenigstens einmal durchlaufen wird, und das selbst dann, wenn die zugrunde liegende Bedingung der Schleife von Beginn an nicht erfüllt ist.

Listing 3.6 zeigt zunächst einmal den grundlegenden Aufbau einer `repeat-while`-Schleife in Swift.

Listing 3.6 Grundlegender Aufbau einer `repeat-while`-Schleife

```
repeat {
    <AUSZUFÜHRENDER CODE SOLANGE BEDINGUNG ERFÜLLT IST, MINDESTENS ABER EINMAL>
} while <BEDINGUNG>
```

Ein Beispiel für eine `repeat-while`-Schleife sehen Sie in Listing 3.7.

Listing 3.7 Durchlaufen einer `repeat-while`-Schleife mit einer Zählvariablen

```
var index = 1
repeat {
    print("Durchlauf \(index).")
    index += 1
} while index <= 10
// Durchlauf 1.
// Durchlauf 2.
// Durchlauf 3.
// Durchlauf 4.
```

```
// Durchlauf 5.
// Durchlauf 6.
// Durchlauf 7.
// Durchlauf 8.
// Durchlauf 9.
// Durchlauf 10.
```

Ein anderes Beispiel für eine repeat-while-Schleife zeigt Listing 3.8. Hier ist die gestellte Bedingung von Beginn an nicht erfüllt (was bei einer while-Schleife dafür sorgen würde, dass der Code innerhalb der Schleife niemals ausgeführt wird), dennoch wird der Code innerhalb von repeat-while – wie beschrieben – einmal ausgeführt.

Listing 3.8 Durchlauf einer repeat-while-Schleife selbst bei nicht erfüllter Bedingung

```
let shouldRepeatLoop = false
repeat {
    print("Schleifendurchlauf")
} while shouldRepeatLoop
// Schleifendurchlauf
```

◼ 3.2 Abfragen

Mithilfe von Abfragen können Sie festlegen, dass bestimmte Befehle nur unter bestimmten Bedingungen ausgeführt werden. Zur Umsetzung solcher Abfragen gibt es in Swift drei Techniken: if, switch und guard. Alle drei stelle ich Ihnen nun nacheinander im Detail vor.

3.2.1 if

Mithilfe des Schlüsselworts if erstellen Sie in Swift eine einfache Abfrage. if erwartet dabei eine Bedingung, die entweder *wahr* oder *falsch* sein kann; es handelt sich also um einen booleschen Wahrheitswert. Ist dieser wahr, wird der Code, der nach if innerhalb von geschweiften Klammern angegeben ist, ausgeführt, andernfalls nicht. Listing 3.9 zeigt den grundlegenden Aufbau einer if-Abfrage in Swift.

Listing 3.9 Grundlegender Aufbau einer if-Abfrage

```
if <BEDINGUNG> {
    <AUSZUFÜHRENDER CODE WENN BEDINGUNG WAHR>
}
```

Bedingungen müssen immer einen Boolean zurückliefern, der wie beschrieben auf true geprüft wird. Zu diesem Zweck können Sie entweder eine Variable oder eine Konstante vom Typ Bool als Bedingung anführen oder Vergleichs- und logische Operatoren nutzen, um daraus einen passenden Wahrheitswert zu generieren.

Keine runden Klammern um Bedingung notwendig

In den meisten anderen Programmiersprachen wird die zu prüfende Bedingung einer if-Abfrage innerhalb von runden Klammern deklariert. In Swift ist das nicht notwendig, aber dennoch möglich. Der in Listing 3.9 gezeigte Aufbau einer if-Abfrage kann also auch so wie in Listing 3.10 umgesetzt werden.

Listing 3.10 Grundlegender Aufbau einer if-Abfrage mit optionalen runden Klammern

```
if (<BEDINGUNG>) {
    <AUSZUFÜHRENDER CODE WENN BEDINGUNG WAHR>
}
```

Da in Swift generell auf die runden Klammern bei der Bedingung einer if-Abfrage verzichtet wird, werde ich auch im weiteren Verlauf des Buches keine runden Klammern um solche Bedingungen setzen. Sollten Sie dieses Verfahren allerdings besser finden oder schlicht aus anderen Programmiersprachen gewohnt sein, spricht nichts dagegen, es auch in Swift anzuwenden.

In Listing 3.11 sehen Sie ein einfaches Beispiel für eine Abfrage. Dabei wird zunächst eine Variable vom Typ String erstellt und ihr ein Name zugewiesen. Anschließend wird in einer if-Abfrage dieser Name geprüft. Ist die Prüfung erfolgreich, wird eine Meldung auf der Konsole ausgegeben, andernfalls nicht.

Listing 3.11 Abfrage eines Namens mittels if

```
let myName = "Thomas"
if myName == "Thomas" {
    print("Mein Name ist Thomas.")
}
// Mein Name ist Thomas.
```

Die Bedingung lautet in diesem Fall myName == "Thomas". Ist diese wahr (was hier zutrifft), wird der Code innerhalb der geschweiften Klammern der if-Abfrage ausgeführt, andernfalls würde er ignoriert.

Darüber hinaus gibt es aber auch die Möglichkeit, eine if-Abfrage um einen weiteren Code-Block zu ergänzen: else. Der Code von else wird dann ausgeführt, wenn die Bedingung der if-Abfrage *nicht* wahr ist. Damit lässt sich eine Art Fallback umsetzen, um eine alternative Aktion auszuführen, wenn die zu prüfende Bedingung nicht erfüllt sein sollte. Dazu wird das Schlüsselwort else nach der geschlossenen geschweiften Klammer der if-Abfrage angeführt, gefolgt von einem weiteren geschweiften Klammernpaar, in dem sich dann der alternative Code befindet, der im Falle einer Nichterfüllung der Bedingung ausgeführt werden soll. Listing 3.12 zeigt den grundlegenden Aufbau einer if-Abfrage mit else-Block.

Listing 3.12 Grundlegender Aufbau einer if-Abfrage mit else-Block

```
if <BEDINGUNG> {
    <AUSZUFÜHRENDER CODE WENN BEDINGUNG WAHR>
} else {
    <AUSZUFÜHRENDER CODE WENN BEDINGUNG NICHT WAHR>
}
```

In Listing 3.13 sehen Sie ein Beispiel einer solchen if-Abfrage, die erneut einen Namen prüft, dabei aber auch eine alternative Funktion bietet, sollte die Bedingung des Namensvergleichs nicht erfüllt sein.

Listing 3.13 Abfrage eines Namens mittels if und else

```
let anotherName = "Tobias"
if anotherName == "Thomas" {
    print("Mein Name ist Thomas.")
} else {
    print("Mein Name ist nicht Thomas.")
}
// Mein Name ist nicht Thomas.
```

Hier wird nun mittels der Bedingung anotherName == "Thomas" der Wert der Konstanten anotherName gegen den String "Thomas" geprüft. Da diese Bedingung hier nicht erfüllt ist (da anotherName den Wert "Tobias" besitzt), wird stattdessen der Code innerhalb des else-Blocks ausgeführt.

Zu guter Letzt können Sie eine if-Abfrage aber nicht nur um einen alternativen else-Block ergänzen, sondern um beliebig viele sogenannte else if-Blöcke. Ein else if-Block verfügt dabei über eine weitere zu prüfende Bedingung sowie einen Satz an auszuführenden Befehlen, sollte die entsprechende Bedingung wahr sein. Das erlaubt es Ihnen, innerhalb einer if-Abfrage nicht nur eine konkrete Bedingung zu prüfen, sondern mehrere. Sobald eine Bedingung sich als wahr herausgestellt hat, wird der zugehörige Code ausgeführt und die if-Abfrage anschließend verlassen. Es wird also dann nicht noch geprüft, ob womöglich eine der nachfolgenden Bedingungen der if-Abfrage ebenfalls wahr ist.

else if-Blöcke werden immer *nach* der erstmaligen if-Bedingung und *vor* einem optional abschließenden else-Block definiert; ein else if kann also niemals nach einem else-Block erfolgen, ein solcher kennzeichnet immer das Ende einer if-Abfrage. In Listing 3.14 sehen Sie den grundlegenden Aufbau zur Verwendung von else if-Blöcken in einer if-Abfrage. Wie beschrieben können beliebig viele solcher Blöcke innerhalb einer if-Abfrage definiert werden.

Listing 3.14 Grundlegender Aufbau einer if-Abfrage mit else if- und else-Block

```
if <ERSTE BEDINGUNG> {
    <AUSZUFÜHRENDER CODE WENN ERSTE BEDINGUNG WAHR
} else if <ZWEITE BEDINGUNG> {
    <AUSZUFÜHRENDER CODE WENN ERSTE BEDINGUNG NICHT WAHR UND ZWEITE BEDINGUNG WAHR>
} else {
    <AUSZUFÜHRENDER CODE WENN ERSTE UND ZWEITE BEDINGUNG NICHT WAHR>
}
```

Ein Beispiel dazu sehen Sie in Listing 3.15. Es erweitert den Code aus Listing 3.13 um zwei else if-Blöcke.

Listing 3.15 Abfrage eines Namens mittels if, else if und else

```
if anotherName == "Thomas" {
    print("Mein Name ist Thomas.")
} else if anotherName == "Michaela" {
    print("Mein Name ist Michaela.")
```

```
} else if anotherName == "Tobias" {
    print("Mein Name ist Tobias.")
} else {
    print("Mein Name lautet anders.")
}
// Mein Name ist Tobias.
```

Wie beschrieben, ist der abschließende else-Block optional, weshalb er in diesem Fall auch gänzlich wegfallen kann; der Code würde noch immer wie gewünscht funktionieren (siehe Listing 3.16).

Listing 3.16 Verzicht auf optional abschließenden else-Block einer if-Abfrage

```
if anotherName == "Thomas" {
    print("Mein Name ist Thomas.")
} else if anotherName == "Michaela" {
    print("Mein Name ist Michaela.")
} else if anotherName == "Tobias" {
    print("Mein Name ist Tobias.")
}
// Mein Name ist Tobias.
```

Verknüpfen mehrerer Bedingungen

In manchen Fällen reicht es nicht aus, nur eine Bedingung auf ihre Richtigkeit zu prüfen, sondern mehrere. Nehmen wir an, Sie wollen mithilfe einer Abfrage überprüfen, ob eine Zahl größer oder gleich 10, gleichzeitig aber kleiner als 100 ist. Dabei könnte ein Konstrukt, wie in Listing 3.17 gezeigt, entstehen.

Listing 3.17 Prüfen mehrerer Bedingungen

```
let number = 19
if number >= 10 {
    if number < 100 {
        print("number ist größer oder gleich 10 und kleiner als 100.")
    }
}
// number ist größer oder gleich 10 und kleiner als 100.
```

Der gezeigte Code ist zwar an sich korrekt und funktioniert, ist aber gleichzeitig sehr aufwendig. Kämen nun noch weitere Bedingungen hinzu, würde sich das Konstrukt immer weiter verschachteln und damit auch immer unübersichtlicher werden.

Aus diesem Grund haben Sie die Möglichkeit, mehrere Bedingungen bei einer if-Abfrage mithilfe der sogenannten *logischen Operatoren* miteinander zu verknüpfen. Dabei spielen die folgenden beiden eine essenzielle Rolle:

- UND-Operator &&: Nur wenn alle mittels UND-Operator verknüpften Bedingungen wahr sind, ist die gesamte Bedingung wahr. Ist auch nur eine Bedingung falsch, ist damit auch die gesamte Bedingung falsch.
- ODER-Operator ||: Wenn eine der mittels ODER-Operator verknüpften Bedingungen wahr ist, ist die gesamte Bedingung wahr. Nur, wenn alle Bedingungen falsch sind, ist auch die gesamte Bedingung falsch.

In dem Beispiel aus Listing 3.17 haben wir es mit einer typischen UND-Verknüpfung zu tun: Nur, wenn der abgefragte Wert größer oder gleich zehn **und** kleiner als hundert ist, soll der zugehörige Code ausgeführt werden. Entsprechend können die beiden Bedingungen auch in einer einzigen if-Abfrage mittels && zusammengefasst werden, so wie in Listing 3.18 zu sehen.

Listing 3.18 Prüfen mehrerer Bedingungen mittels &&-Operator

```
if number >= 10 && number < 100 {
    print("number ist größer oder gleich 10 und kleiner als 100.")
}
// number ist größer oder gleich 10 und kleiner als 100.
```

Ein Beispiel für eine typische Abfrage mit ODER-Verknüpfung zeigt Listing 3.19. Hier wird der Code innerhalb des if-Blocks genau dann ausgeführt, wenn der Wert der Konstanten number **entweder** genau 19 **oder** genau 99 entspricht.

Listing 3.19 Prüfen mehrerer Bedingungen mittels ||-Operator

```
if number == 19 || number == 99 {
    print("number ist gleich 19 oder 99.")
}
// number ist gleich 19 oder 99.
```

Obwohl eine der Bedingungen in dieser Abfrage nicht erfüllt ist (number entspricht schließlich nicht 99), wird der zugehörige Code dennoch ausgeführt, da wenigstens eine andere Bedingung der ODER-Verknüpfung erfüllt ist.

Diese Form der Verknüpfung können Sie auch mischen und weiter verschachteln, wie in Listing 3.20 zu sehen. Die dort gezeigte Bedingung der if-Abfrage ist dann erfüllt, wenn number **entweder** größer oder gleich 0 **und** kleiner als 10 ist **oder** gleich 19 ist.

Listing 3.20 Verknüpfen mehrerer Bedingungen mit verschiedenen Operatoren

```
if number >= 0 && number < 10 || number == 19 {
    print("number ist entweder größer gleich 0 und kleiner als 10 oder gleich 19.")
}
// number ist entweder größer gleich 0 und kleiner als 10 oder gleich 19.
```

3.2.2 switch

switch ist eine zweite Möglichkeit (neben dem zuvor vorgestellten if) zum Erstellen von Abfragen in Swift, dennoch unterscheidet es sich in Aufbau und Funktionsweise stark von if-Abfragen und bietet überdies deutlich mehr Möglichkeiten der Anwendung. Doch eins nach dem anderen.

Ein switch-Statement wird mit einer zu prüfenden Variablen oder Konstanten eingeleitet. Anschließend werden ein oder mehrere sogenannte *Cases* erstellt. Ein Case prüft die zuvor genannte Variable oder Konstante gegen einen oder mehrere definierte Werte. Entspricht sie einem dieser im Case definierten Werte, wird anschließend der zugehörige Code dieses Cases ausgeführt und die Abfrage anschließend verlassen. Den grundlegenden Aufbau einer einfachen switch-Abfrage sehen Sie in Listing 3.21.

Listing 3.21 Grundlegender Aufbau von `switch`

```
switch <VARIABLE ODER KONSTANTE> {
case <ZU VERGLEICHENDER WERT>:
    <AUSZUFÜHRENDER CODE WENN VARIABLE ODER KONSTANTE IDENTISCH MIT WERT>
default:
    <AUSZUFÜHRENDER CODE WENN VARIABLE ODER KONSTANTE KEINEM CASE ENTSPRICHT>
}
```

Die Anzahl der `case`-Blöcke einer `switch`-Abfrage ist variabel. Einer ist mindestens notwendig, darüber hinaus können beliebig viele weitere `case`-Blöcke vor dem abschließenden `default`-Block hinzugefügt werden, um andere Werte abzufragen. Dabei muss ein `case`-Block mindestens einen auszuführenden Befehl enthalten und darf niemals komplett leer sein.

Der `default`-Block ist in Swift speziell. Generell kann er mit dem `else`-Block bei einer `if`-Abfrage verglichen werden; so wird der darin deklarierte Code genau dann ausgeführt, wenn die zu prüfende Variable oder Konstante keinem der Werte der vorherigen Cases entspricht. Im Gegensatz zu vielen anderen Programmiersprachen ist der `default`-Block in Swift aber nicht optional, sondern zwingend vorgeschrieben. Wann immer Sie also eine `switch`-Abfrage erstellen, müssen Sie auch einen `default`-Block anbieten, selbst wenn in dem Fall, dass keiner der deklarierten Cases zutrifft, nichts passieren soll. Einzige Ausnahme: Die Cases decken jeden möglichen Wert ab, den die Variable oder Konstante überhaupt annehmen kann; dann ist verständlicherweise ein `default`-Block nicht nötig (da er sowieso niemals aufgerufen würde) und er muss in diesem Fall auch weggelassen werden. Über diesen besonderen Fall erfahren Sie mehr in Kapitel 6, „Enumerations, Structures und Classes".

In Listing 3.22 sehen Sie ein einfaches Beispiel für eine `switch`-Abfrage. Es wird eine zuvor deklarierte Konstante `name` gegen verschiedene Cases geprüft und anschließend der Code des passenden Case ausgeführt.

Listing 3.22 Abfrage eines Namens mittels `switch`

```
let name = "Michaela"
switch name {
case "Thomas":
    print("name entspricht Thomas.")
case "Michaela":
    print("name entspricht Michaela.")
case "Tobias":
    print("name entspricht Tobias.")
default:
    print("name entspricht einem anderen Wert.")
}
// name entspricht Michaela.
```

Eine `switch`-Abfrage prüft somit die übergebene Variable oder Konstante auf Gleichheit mit den verschiedenen Cases. Das ist zu vergleichen mit `if`-Abfragen, die eine Variable oder Konstante mithilfe des Vergleichsoperators `==` gegen eine andere Variable oder Konstante oder einen Wert prüfen.

Implicit und Explicit Fallthrough

Zu beachten ist, dass bei `switch` in Swift nur exakt der Code des zugehörigen Cases ausgeführt wird. Das ist deshalb so wichtig, da in vielen anderen Programmiersprachen (unter anderem in Objective-C) standardmäßig auch alle auf den passenden Case folgenden Cases mit ausgeführt werden, sofern dieses Verhalten nicht explizit verhindert wird. Eben dieses Verhalten – das Ausführen des passenden Cases sowie aller darauffolgenden – wird als *Implicit Fallthrough* bezeichnet. In Swift hingegen ist das Gegenteil der Fall, der *Explicit Fallthrough*. Das heißt, Sie können das genannte Verhalten auch in Swift nachbilden, müssen es aber eben *explizit* anstoßen.

Zu diesem Zweck dient das Schlüsselwort `fallthrough`. Sobald dieser Befehl innerhalb eines `case`-Blocks ausgeführt wird, wird dieser verlassen und der direkt darauffolgende `case`-Block ausgeführt – unabhängig davon, ob die zu vergleichenden Werte dieses zweiten `case`-Blocks denen der zu prüfenden Variablen und Konstanten entsprechen. In Listing 3.23 sehen Sie ein Beispiel dazu. Dafür wurde der Code aus Listing 3.22 in allen drei `case`-Blöcken um das Schlüsselwort `fallthrough` ergänzt.

Listing 3.23 Cases mit `fallthrough`

```swift
switch name {
case "Thomas":
    print("name entspricht Thomas.")
    fallthrough
case "Michaela":
    print("name entspricht Michaela.")
    fallthrough
case "Tobias":
    print("name entspricht Tobias.")
    fallthrough
default:
    print("name entspricht einem anderen Wert.")
}
// name entspricht Michaela.
// name entspricht Tobias.
// name entspricht einem anderen Wert.
```

In diesem Beispiel wird zunächst der passende Case für den Wert `"Michaela"` ausgeführt. Sobald darin das Schlüsselwort `fallthrough` erreicht wird, wird automatisch auch der Code des nächsten Cases ausgeführt. Da sich dort ebenfalls wieder das Schlüsselwort `fallthrough` findet, wird zu guter Letzt auch noch der Code des `default`-Blocks ausgeführt.

Verständlicherweise ist ein Verwenden von `fallthrough` innerhalb des `default`-Blocks verboten und führt umgehend zu einem Compiler-Fehler. Da nach dem `default`-Block niemals noch ein weiterer Block folgen kann, macht dort auch eine entsprechende Verwendung von `fallthrough` keinen Sinn.

Das Gegenteil zu `fallthrough` ist `break`. Dieses Schlüsselwort sorgt dafür, dass ein Case umgehend verlassen wird, ohne den darauffolgenden Block aufzurufen. Wie beschrieben, müssen Sie `break` in Swift nicht für das Ende eines `case`-Blocks verwenden, da dort die entsprechende Logik sowieso ausgeführt wird, auch ohne explizite Angabe von `break`.

Allerdings gibt es einen Sonderfall, in dem die Verwendung von `break` in Swift durchaus sinnvoll sein kann, nämlich dann, wenn Sie innerhalb des `default`-Blocks in `switch` keinen einzigen Befehl ausführen möchten. Schließlich ist der `default`-Block dennoch Pflicht und muss implementiert werden. Sie können in solchen Fällen also einfach innerhalb von `default` den Befehl `break` aufrufen, fertig. Listing 3.24 zeigt ein kleines Beispiel dazu.

Listing 3.24 Nutzen von `break` im `default`-Block

```
switch name {
case "Thomas":
    print("name entspricht Thomas.")
default:
    break
}
// name entspricht Thomas.
```

Compound Cases

Ein `case`-Block innerhalb einer `switch`-Abfrage kann die zu prüfende Variable beziehungsweise Konstante nicht nur mit einem, sondern sogar mit beliebig vielen verschiedenen Werten vergleichen; man spricht hierbei von den sogenannten *Compound Cases*, also Cases, die sich aus mehreren möglichen Werten zusammensetzen. Dazu werden die gewünschten Werte kommasepariert nach dem Schlüsselwort `case` und vor dem abschließenden Doppelpunkt nacheinander aufgeführt. Ein Beispiel dazu zeigt Listing 3.25.

Listing 3.25 Case mit mehreren möglichen Werten

```
switch name {
case "Thomas", "Michaela", "Tobias":
    print("name entspricht Thomas, Michaela oder Tobias.")
default:
    print("name entspricht einem anderen Wert.")
}
// name entspricht Thomas, Michaela oder Tobias.
```

Entspricht die zu überprüfende Variable oder Konstante einem der Werte eines `case`-Blocks, dann wird dieser entsprechend ausgeführt, so wie im gezeigten Fall.

Interval Matching

Sie können in `switch`-Cases Range-Operatoren nutzen, um damit schnell und einfach einen bestimmten Wertebereich für einen einzelnen Case abzufragen (anstatt alle Werte dieses Wertebereichs einzeln in einem Case kommasepariert voneinander aufzulisten). Dieses Verfahren wird auch als *Interval Matching* bezeichnet. Listing 3.26 zeigt ein konkretes Beispiel dazu.

Listing 3.26 `switch` mit Interval Matching

```
let value = 99
switch value {
case 0..<10:
    print("value ist einstellig.")
case 0..<100:
    print("value ist zweistellig.")
case 0..<1000:
    print("value ist dreistellig.")
```

```
default:
    break
}
// value ist zweistellig.
```

3.2.3 guard

Mit guard erstellen Sie Abfragen, die umgekehrt zu den bereits vorgestellten if-Abfragen funktionieren. Wie bei if prüfen Sie auch bei guard eine Bedingung, führen anschließend aber innerhalb geschweifter Klammern den Code für den Fall aus, dass diese Bedingung *nicht* erfüllt ist; Sie starten also sozusagen mit dem else-Block einer if-Abfrage.

Doch das ist nicht die einzige Besonderheit von guard. Nach dem else-Block geht es direkt weiter mit dem Code, der ausgeführt werden soll, wenn die gestellte Bedingung erfüllt ist. Der entsprechende Code liegt dabei nicht innerhalb eines weiteren Blocks zwischen ge-schweiften Klammern, sondern folgt direkt am Ende des else-Blocks. Listing 3.27 zeigt den grundlegenden Aufbau von guard.

Listing 3.27 Grundlegender Aufbau von guard

```
guard <BEDINGUNG> else {
    <AUSZUFÜHRENDER CODE WENN BEDINGUNG NICHT ERFÜLLT IST>
}
<AUSZUFÜHRENDER CODE WENN BEDINGUNG ERFÜLLT IST>
```

Normalerweise würde das dazu führen, dass der Code bei Erfüllung der Bedingung *immer* ausgeführt wird, selbst wenn zuvor der else-Block aufgerufen wurde; schließlich folgt ja am Ende von guard und so gesehen nach Verlassen des else-Blocks trotzdem der zugehörige Code für die Erfüllung der Bedingung. Und dieses Verhalten ist verständlicherweise nicht erwünscht; entweder soll der Code innerhalb des else-Blocks ausgeführt werden oder der darauffolgende.

Aus diesem Grund liegt die zweite Besonderheit bei guard darin, dass Sie über den else-Block die zugrunde liegende Schleife, Abfrage oder Funktion, innerhalb derer sich die guard-Abfrage befindet, zwingend verlassen müssen, sodass der darauffolgende Code eben nicht ausgeführt wird. Dazu nutzen Sie entsprechend Control Transfer Statements wie continue, break oder return. Das wiederum bedeutet umgekehrt aber auch, dass Sie eine guard-Abfrage nur innerhalb von Schleifen, Abfragen oder Funktionen implementieren können. Wenn Sie beispielsweise innerhalb eines Playgrounds direkt eine guard-Abfrage erstellen, kann diese niemals funktionieren, da Sie aus dem else-Block heraus nicht ver-hindern können, dass der nach guard folgende Code ausgeführt wird; dazu müsste sich guard wie beschrieben in einem separaten Teil Ihres Codes befinden, der verlassen werden kann.

Aufgrund dieser besonderen Funktionsweise von guard wird es typischerweise immer dann eingesetzt, wenn man sich entweder sicher ist, dass die gestellte Bedingung in den meisten Fällen erfüllt sein wird, oder dass die zugrunde liegende Funktion nur dann kor-rekt arbeiten kann, wenn die Bedingung erfüllt ist. In diesen beiden Fällen können Sie mithilfe von guard die Bedingung weiterhin prüfen, können die gewünschte Funktionsweise bei Erfüllung der Bedingung aber übersichtlich am Ende des `else`-Blocks aufführen, ohne diese – wie bei `if` – auch in einen Block innerhalb geschweifter Klammern packen zu müssen.

Ein kleines abstraktes Beispiel dazu sehen Sie in Listing 3.28. Die gezeigte Funktionsweise soll den fiktiven Upload dreier Bilder darstellen, die von 1 bis 3 durchnummeriert sind. Dazu steht eine Schleife bereit, die diesen Wertebereich durchläuft und so für jedes Bild einen fiktiven Upload durchführen soll. Allerdings hat diese Funktion keinen Sinn, wenn keine Internetverbindung zur Verfügung steht; diese Verfügbarkeit wird in diesem Beispiel der Einfachheit halber über eine einfache boolesche Variable repräsentiert. Sollte sie `false` sein, soll eine entsprechende Fehlermeldung ausgegeben und die Schleife umgehend verlassen werden, andernfalls kann der Upload erfolgen.

Listing 3.28 Prüfen einer Funktion mit `guard`

```
var internetConnectionAvailable = true
for i in 1...3 {
    guard internetConnectionAvailable else {
        print("Keine Internetverbindung verfügbar.")
        break
    }
    print("Upload von Bild \(i).")
}
// Upload von Bild 1.
// Upload von Bild 2.
// Upload von Bild 3.
```

Würde keine Internetverbindung zur Verfügung stehen, würde der Code nach Ende des `else`-Blocks von `guard` nicht ausgeführt werden, so wie in Listing 3.29 gezeigt.

Listing 3.29 Vorzeitiges Verlassen einer Schleife mittels `guard`

```
var internetConnectionAvailable = false
for i in 1...3 {
    guard internetConnectionAvailable else {
        print("Keine Internetverbindung verfügbar.")
        break
    }
    print("Upload von Bild \(i).")
}
// Keine Internetverbindung verfügbar.
```

■ 3.3 Control Transfer Statements

In Abschnitt 3.2.2, „switch", wurden bereits zwei erste sogenannte *Control Transfer Statements* vorgestellt: `break` und `fallthrough`. Sie dienen wie alle Control Transfer Statements dazu, die Abfolge von Code und von Befehlen zu beeinflussen. Im Zusammenhang mit Schleifen gibt es ein weiteres Control Transfer Statement namens `continue`, ebenso kann `break` in Schleifen eingesetzt werden. Im Folgenden werde ich Ihnen diese beiden Control Transfer Statements beim Einsatz innerhalb von Schleifen im Detail vorstellen.

3.3.1 Anstoßen eines neuen Schleifendurchlaufs mit continue

Mithilfe des Schlüsselworts `continue` können Sie den Durchlauf einer Schleife umgehend beenden und den nächsten Durchlauf anstoßen. Damit können Sie steuern, ob bestimmte Teile einer Schleife nur unter bestimmten Umständen ausgeführt werden sollen und andernfalls den aktuellen Durchlauf somit umgehend beenden.

Dazu zeigt Listing 3.30 ein Beispiel, in dem für die Zahlen von 1 bis 10 alle ausgegeben werden, die durch 2 teilbar sind. Ist das bei der jeweils aktuellen Zahl des Schleifendurchlaufs nicht der Fall, wird der aktuelle Schleifendurchlauf mithilfe von `continue` beendet und die Schleife mit der nächsten Zahl erneut ausgeführt.

Listing 3.30 Frühzeitiges Verlassen eines Schleifendurchlaufs mittels `continue`

```
for index in 1...10 {
    if index % 2 != 0 {
        continue
    }
    print("\(index) ist durch 2 teilbar.")
}
// 2 ist durch 2 teilbar.
// 4 ist durch 2 teilbar.
// 6 ist durch 2 teilbar.
// 8 ist durch 2 teilbar.
// 10 ist durch 2 teilbar.
```

3.3.2 Verlassen der kompletten Schleife mit break

Wird der Befehl `break` innerhalb einer Schleife aufgerufen, so wird diese umgehend verlassen und kein erneuter Schleifendurchlauf durchgeführt. Damit können Sie unter bestimmten Bedingungen die Ausführung einer Schleife umgehend abbrechen und den nach der Schleife folgenden Code ausführen lassen, ohne darauf zu warten, dass die Schleife bis an ihr Ende durchlaufen wird.

Listing 3.31 zeigt dazu ein kleines Beispiel. Hier wird eine Schleife für die Zahlen 1 bis 10 durchlaufen, gleichzeitig aber außerhalb der Schleife ein Maximalwert von 7 innerhalb der Konstanten `maximumValue` definiert. Wird dieser Maximalwert erreicht, soll die Schleife umgehend verlassen werden.

Listing 3.31 Frühzeitiges Verlassen einer Schleife mittels `break`

```
let maximumValue = 7
for index in 1...10 {
    if index >= maximumValue {
        break
    }
    print("\(index) ist kleiner als \(maximumValue).")
}
print("Schleife verlassen.")
// 1 ist kleiner als 7.
// 2 ist kleiner als 7.
// 3 ist kleiner als 7.
```

```
// 4 ist kleiner als 7.
// 5 ist kleiner als 7.
// 6 ist kleiner als 7.
// Schleife verlassen.
```

 Weitere Control Transfer Statements

Die bisher vorgestellten Control Transfer Statements continue, break und fallthrough sind nicht die einzigen Befehle, die Ihnen in Swift zur Verfügung stehen. Daneben existieren noch return und throw. Da diese nur in speziellen Bereichen von Swift zum Einsatz kommen, stelle ich Sie auch erst an passender Stelle im Buch vor.

3.3.3 Labeled Statements

Die in diesem Abschnitt vorgestellten Abfragen und Schleifen lassen sich in Swift auch verschachteln, wie in einigen Listings bereits zu sehen war. Eine Schleife kann somit Abfragen und weitere Schleifen enthalten, genauso wie eine Abfrage selbst auch weitere Abfragen oder Schleifen beinhalten kann.

Diese an sich sehr flexible Möglichkeit kann aber im Zusammenspiel mit Control Transfer Statements wie continue oder break womöglich zu Problemen führen. Dazu zeigt Listing 3.32 einmal ein passendes Beispiel. Dort sollen die Zahlenwerte von 1 bis 5 mithilfe von print ausgegeben werden, allerdings nur dann, wenn eine unabhängig von der Schleife gesetzte Variable namens printNumericaValue dem Wert true entspricht. Ist das nicht der Fall, soll die Schleife umgehend wieder verlassen werden. Dazu wird printNumericaValue mithilfe eines switch geprüft; ist es true, wird eine zusätzliche Meldung ausgegeben, andernfalls soll die Schleife umgehend mithilfe des Schlüsselworts break verlassen werden.

Listing 3.32 Verschachtelte Schleife mit Abfrage

```
var printNumericValue = true
for index in 1...3 {
    switch printNumericValue {
    case true:
        print("Print numerica value.")
    case false:
        break
    }
    print("Value \(index).")
}
// Print numerica value.
// Value 1.
// Print numerica value.
// Value 2.
// Print numerica value.
// Value 3.
```

So weit, so gut. Allerdings wird es nun problematisch, wenn die Variable `printNumericValue` tatsächlich `false` entsprechen sollte. Dann wird zwar der Befehl `break` im entsprechenden Case ausgeführt, doch da dieser sich innerhalb eines `switch` befindet, wird damit nicht die zugrunde liegende Schleife verlassen, sondern lediglich die `switch`-Abfrage; der nachfolgende Code innerhalb der Schleife wird weiterhin ausgeführt (siehe Listing 3.33).

Listing 3.33 Inkorrekte Funktionsweise einer verschachtelten Schleife mit Abfrage

```
var printNumericValue = false
for index in 1...3 {
    switch printNumericValue {
    case true:
        print("Print numerica value.")
    case false:
        break
    }
    print("Value \(index).")
}
// Value 1.
// Value 2.
// Value 3.
```

Auch wenn jetzt die zusätzliche Information `"Print numerica value."` fehlt, wird dennoch die Schleife nicht verlassen, da `break` sich auf den `switch`-Block und nicht auf die Schleife bezieht.

Um solche Probleme zu lösen, stehen in Swift sogenannte *Labeled Statements* zur Verfügung. Dabei wird einer Abfrage oder Schleife ein eigener Bezeichner zugewiesen, über den dann die entsprechende Abfrage oder Schleife innerhalb ihres jeweiligen Code-Blocks direkt mithilfe von Control Transfer Statements angesprochen werden kann.

Um ein Labeled Statement zu erstellen, stellen Sie den Namen des gewünschten Bezeichners der Deklaration der jeweiligen Abfrage oder Schleife voran, gefolgt von einem Doppelpunkt; anschließend wird die Abfrage beziehungsweise Schleife wie gewohnt deklariert. Den grundlegenden Aufbau von Labeled Statements zeigt Listing 3.34.

Listing 3.34 Deklaration eines Labeled Statements

```
<LABELED STATEMENT>: <DEKLARATION DER SCHLEIFE>
```

In dem zuvor gezeigten Beispiel könnte man also der `for-in`-Schleife ein solches Labeled Statement verpassen und dieses anschließend innerhalb der `switch`-Abfrage über den `break`-Befehl ansprechen. Damit würde `break` nicht mehr nur die `switch`-Abfrage, sondern – so wie gewünscht – auch die zugrunde liegende Schleife umgehend verlassen und damit keine einzige Meldung auf der Konsole ausgegeben werden. Den entsprechend angepassten Code zeigt Listing 3.35.

Listing 3.35 Verschachtelte Schleife als Labeled Statement

```
var printNumericValue = false
forLoop: for index in 1...3 {
    switch printNumericValue {
    case true:
        print("Print numerica value.")
```

```
    case false:
        break forLoop
    }
    print("Value \(index).")
}
```

Der Schleife wird der Bezeichner forLoop zugewiesen, der anschließend dem break-Befehl innerhalb der switch-Abfrage zugewiesen wird. Damit wird break für die for-in-Schleife und nicht für die if-Abfrage aufgerufen, womit die Schleife im Fall, dass printNumericValue dem Wert false entspricht, umgehend wieder verlassen wird.

4 Typen in Swift

Typen werden in Swift auf verschiedene Art und Weise deklariert. Es kann sich dabei beispielsweise um sogenannte Structures oder um Klassen handeln (dazu später mehr). Dabei definiert jeder Typ für sich, welche Informationen er enthält und wie man mit ihm arbeiten kann. Einige Typen wie Int, String und Bool haben wir ja bereits in den vorangegangenen Beispielen kennengelernt.

In der Swift Standard Library gibt es eine Vielzahl vorgefertigter Typen zur Programmierung mit Swift. Diese können Sie direkt in Ihrem Code verwenden, ohne dafür irgendetwas tun zu müssen. Zu diesen Typen gehören Typen für Zahlen, Zeichenketten, Wahrheitswerte und viele mehr (eine erste kleine Übersicht über einige der wichtigsten Typen in Swift lieferte Kapitel 2, „Grundlagen der Programmierung"). Diese Typen werden dazu verwendet, Variablen und Konstanten von ihnen zu erstellen und so Werte dieser Typen zu generieren und mit ihnen zu arbeiten. So lassen sich mit einem Zahlentyp Berechnungen durchführen und mithilfe von Zeichenketten Texte ausgeben.

Im Zusammenhang mit der Vorstellung verschiedener Typen werden auch bereits erste wichtige Eigenschaften und Funktionen vorgestellt, die über die entsprechenden Typen aufgerufen und genutzt werden können. Diese werden dabei immer nach einem Punkt am Ende des Variablen- oder Konstantennamens aufgeführt, um anschließend die gewünschte Eigenschaft oder Funktion aufzurufen. Auf Funktionen folgt darüber hinaus ein rundes Klammernpaar, in dem – je nach Funktion – weitere Werte und Parameter übergeben werden. Mehr zu der Funktionsweise von und der Arbeit mit Funktionen erfahren Sie in Kapitel 5, „Funktionen".

Die folgenden Abschnitte geben Ihnen eine Übersicht über einen großen Teil der in der Swift Standard Library verfügbaren Typen und deren Funktionsweise. Sie werden den gezeigten Typen regelmäßig begegnen, wenn Sie mit Swift programmieren, und Sie erfahren hier alle wichtigen Informationen zu ihnen.

 Wie werden Typen definiert?

In diesem Abschnitt geht es, wie beschrieben, um bereits vorhandene Typen, die Sie direkt bei der Programmierung mit Swift nutzen können. Dabei wird ein Typ in der Regel auf vier verschiedene Arten und Weisen definiert:

- In Form einer Enumeration
- In Form einer Structure
- In Form einer Klasse
- In Form eines Protokolls

All diese vier Elemente werden in den kommenden Abschnitten noch im Detail besprochen. Gemein haben sie, dass sie alle einen neuen Typ definieren, den Sie dann als Grundlage für Ihre Variablen und Konstanten verwenden können. Sie dienen somit auch dazu, Ihre eigenen Typen zu erstellen und in Ihren Projekten zu verwenden. Alle Typen aus der Swift Standard Library basieren genauso auf einem dieser Elemente.

 Zugriff auf Eigenschaften und Funktionen eines Typs

Jeder Typ verfügt über verschiedene Eigenschaften und Funktionen (von denen im Folgenden sehr viele vorgestellt werden). Um diese Eigenschaften und Funktionen auf Variablen und Konstanten anzuwenden, die einem entsprechenden Typ entsprechen, wird die sogenannte *Punktnotation* verwendet. Das bedeutet, dass nach dem Namen einer Variablen oder Konstanten, auf der eine Eigenschaft oder Funktion des zugehörigen Typs aufgerufen werden soll, ein Punkt gesetzt wird, gefolgt von eben jener Eigenschaft beziehungsweise Funktion (konkrete Beispiele dazu sehen Sie an entsprechenden Stellen in den folgenden Abschnitten). Das lässt sich sogar beliebig verschachteln, man kann auch eine Eigenschaft oder Funktion aufrufen, die auf eine zuvor zugegriffene Eigenschaft oder Funktion folgt. Listing 4.1 zeigt ein paar theoretische Beispiele, um diesen Zugriff auf Eigenschaften und Funktionen zu veranschaulichen.

Listing 4.1 Zugriff auf Eigenschaften und Funktionen von Variablen und Konstanten

```
myVariable.aProperty
myConstant.firstProperty.secondProperty
anotherVariable.aFunction().aProperty
```

■ 4.1 Integer

Integer stellen Zahlen dar, die über keine Nachkommastellen verfügen. Es gibt sie in Swift in vier verschiedenen Größen:

- 8 Bit
- 16 Bit
- 32 Bit
- 64 Bit

Die Größe definiert, welche Werte ein Integer in Swift annehmen kann (dazu gleich mehr). Darüber hinaus unterscheidet Swift zwischen sogenannten *signed* und *unsigned* Integern. Ein Unsigned Integer kann nur null oder einen positiven Wert annehmen, während ein Signed Integer sowohl null als auch einen negativen wie positiven Wert annehmen kann.

Diese beide Faktoren – Größe und signed beziehungsweise unsigned – definieren den Wertebereich, den ein Integer in Swift besitzen kann. Ein Unsigned Integer mit 8 Bit deckt beispielsweise alle Zahlen von 0 bis 255 ab, während ein Signed Integer mit 64 Bit einen Wertebereich von –9.223.372.036.854.775.808 bis 9.223.372.036.854.775.807 besitzt. Und für all diese Kombinationen existiert in Swift ein passender Integer-Typ; eine Aufstellung dazu gibt Tabelle 4.1.

Tabelle 4.1 Integer-Typen in Swift

Integer-Typ	Größe und Wertebereich
Int8	8 Bit Signed Integer, Wertebereich 128 bis 127.
Int16	16 Bit Signed Integer, Wertebereich 32.768 bis 32.767.
Int32	32 Bit Signed Integer, Wertebereich 2.147.483.648 bis 2.147.483.647.
Int64	64 Bit Signed Integer, Wertebereich 9.223.372.036.854.775.808 bis 9.223.372.036.854.775.807.
UInt8	8 Bit Unsigned Integer, Wertebereich 0 bis 255.
UInt16	8 Bit Unsigned Integer, Wertebereich 0 bis 65.535.
UInt32	8 Bit Unsigned Integer, Wertebereich 0 bis 4.294.967.295.
UInt64	8 Bit Unsigned Integer, Wertebereich 0 bis 18.446.744.073.709.551.615.

 Wertebereich von Integern ermitteln

Alle genannten Integer-Typen besitzen zwei Eigenschaften namens min und max. Wenn Sie diese auf einen der genannten Typen aufrufen, erhalten Sie über min den kleinstmöglichen Wert für diesen Typ und über max den größtmöglichen (siehe Listing 4.2).

Listing 4.2 Ermitteln der Minimal- und Maximalwerte von Integern

```
print("Minium von Int16: \(Int16.min)")
print("Maximum von UInt32: \(UInt32.max)")
// Minium von Int16: -32768
// Maximum von UInt32: 4294967295
```

Wenn Sie in Swift mit Ganzzahlen arbeiten, können Sie alternativ zu den eben vorgestellten Typen aus Tabelle 4.1 auch einfach einen der zwei folgenden Typen verwenden:

- Int (für Signed Integer)
- UInt (für Unsigned Integer)

Wenn Sie diese verwenden, wird Swift intern eine der jeweils vier passenden Signed Integer- beziehungsweise Unsigned Integer-Klassen verwenden, ohne dass Sie explizit selbst die gewünschte Größe angeben müssen. Dazu wird geprüft, auf welchem System der Code ausgeführt wird, und entsprechend die Größe des Signed beziehungsweise Unsigned Integers ermittelt. Beispielsweise entspricht Int auf einem 32-Bit-System dem Typ Int32, während ein UInt auf einem 64-Bit-System dem Typ UInt64 entspricht.

Generell sollten Sie immer die Verwendung von Int und UInt den zuvor vorgestellten Typen mit expliziter Größe vorziehen und letztere nur dann verwenden, wenn die Größe eine besondere Rolle spielt.

Wann immer Sie in Swift eine Ganzzahl einer Variablen oder Konstanten bei deren Deklaration zuweisen, wird dieser automatisch per Type Inference der Typ Int zugewiesen. Wenn Sie stattdessen einen anderen der vorgestellten Integer-Typen verwenden möchten, müssen Sie diesen explizit mittels Type Annotation zuweisen (siehe Listing 4.3).

Listing 4.3 Type Inference und Type Annotation bei Integern

```
let firstInteger = 19
let secondInteger: UInt32 = 99
// firstInteger entspricht Typ Int
// secondInteger entspricht Typ UInt32
```

■ 4.2 Fließkommazahlen

Fließkommazahlen werden in Swift mittels zwei verschiedener Typen abgebildet:

- Float
- Double

Der Typ Float repräsentiert 32-Bit-Fließkommazahlen, während Double 64-Bit-Fließkommazahlen darstellen kann. Double stellt wenigstens 15 Dezimalstellen dar, während es bei Float auch nur sechs sein können. Je nachdem, wie wichtig die Genauigkeit bei einer bestimmten Aufgabe ist, kann man sich davon abhängig für Double (sehr wichtig) oder Float (nicht so wichtig bis unwichtig) entscheiden. Im Zweifelsfall empfiehlt es sich, Double zu verwenden.

Wenn Sie in Swift eine neue Variable oder Konstante erstellen und dieser eine Fließkommazahl zuweisen, dann wird Swift den Typ dieser Variablen beziehungsweise Konstanten per Type Inference automatisch auf Double setzen. Möchten Sie stattdessen explizit den Typ Float verwenden, so müssen Sie diesen Typ auch explizit mittels Type Annotation zuweisen (siehe Listing 4.4).

Listing 4.4 Type Inference und Type Annotation bei Fließkommazahlen

```
let firstFloatingPointNumber = 19.99
let secondFloatingPointNumber: Float = 99.19
// firstFloatingPointNumber entspricht Typ Double
// secondFloatingPointNumber entspricht Typ Float
```

■ 4.3 Bool

Bei Bool handelt es sich um einen sogenannten *Wahrheitswert*. Dieser Typ repräsentiert zwei mögliche Zustände, true (wahr) oder false (falsch). Das sind auch die einzigen Werte, die eine Variable oder Konstante vom Typ Bool annehmen kann.

Wenn Sie einer neu deklarierten Variablen oder Konstanten direkt true oder false zuweisen, können Sie auf eine explizite Typzuweisung mittels Type Annotation verzichten. Swift erkennt in diesem Fall automatisch, dass es sich bei der neu zu erstellenden Variablen beziehungsweise Konstanten um einen Bool handelt und weist diesen Typ mittels Type Inference zu.

■ 4.4 String

Mithilfe von Strings bilden Sie sogenannte Zeichenketten ab. Jegliche Form von Text wird in Swift mithilfe des zugehörigen Typs String abgebildet, der darüber hinaus eine Vielzahl an Funktionen mitbringt, um mit Strings zu arbeiten und diese zu manipulieren, zu verändern und auszuwerten.

4.4.1 Erstellen eines Strings

Einen neuen String in Swift erstellen Sie, indem Sie eine neue Variable oder Konstante deklarieren und dieser dann eine gewünschte Zeichenkette zuweisen. Diese wird dabei von doppelten Anführungszeichen umfasst (siehe Listing 4.5).

Listing 4.5 Erstellen eines neuen Strings

```
var aString = "Ein neuer String"
```

Die Variable aVar entspricht hier somit der Zeichenkette "Ein neuer String".

Möchten Sie einen neuen leeren String erstellen, so gibt es dafür zwei Möglichkeiten: Entweder weisen Sie der zugehörigen Variablen oder Konstanten eine leere Zeichenkette zu (indem Sie direkt hintereinander die öffnenden und schließenden Anführungszeichen ohne Inhalt dazwischen setzen) oder indem Sie die sogenannte Initializer Syntax von Swift verwenden. Diese steht in Swift bei allen Typen zur Verfügung, mehr dazu erfahren Sie in Kapitel 8, „Initialisierung“. Listing 4.6 zeigt beide Wege zum Erstellen eines neuen leeren Strings, zunächst mittels Zuweisung einer leeren Zeichenkette, dann mittels der Initializer Syntax.

Listing 4.6 Erstellen eines neuen leeren Strings

```
var anotherString = ""
var initializedString = String()
```

4.4.2 Zusammenfügen von Strings

Strings können in Swift manipuliert werden, sofern sie einer Variablen und nicht einer Konstanten zugewiesen sind. Sie können den Berechnungs- und Zuweisungsoperator += verwenden, um einen String um einen zusätzlichen String zu ergänzen, oder mithilfe des Berechnungsoperators + mehrere Strings kombinieren, um daraus einen neuen String zu erstellen. In Listing 4.7 sehen Sie ein Beispiel dazu.

Listing 4.7 Verändern eines Strings

```
let myFirstName = "Thomas"
let myLastName = "Sillmann"
let myName = myFirstName + " " + myLastName
print("myName entspricht \(myName)")
var greeting = "Mein Name ist "
greeting += myName
print("\(greeting)")
// myName entspricht Thomas Sillmann
// Mein Name ist Thomas
```

Da es sich bei `greeting` um eine Variable handelt, kann der ihr bereits zugewiesene String auch im Nachhinein noch manipuliert und verändert werden; bei Konstanten ist das nicht möglich. So würde ein ergänzender Versuch, den Namen der Konstanten `myName` auf die gleiche Art und Weise zu ändern, zu einem Compiler-Fehler führen. In Listing 4.8 wird dieses Verhalten demonstriert, indem versucht wird, `myName` am Ende um einen Punkt zu ergänzen, was fehlschlägt.

Listing 4.8 Das Ändern von Konstanten ist nicht möglich.

```
myName += "."
// Compiler-Fehler: Konstanten können nicht verändert werden.
```

Man spricht hierbei auch von *String Mutability* und *String Immutability*. Variablen vom Typ `String` können jederzeit verändert werden (String Mutability), während ein einmal zugewiesener String zu einer Konstanten niemals wieder angepasst werden kann (String Immutability).

Daneben verfügt der Typ `String` über eine Funktion namens `append(_:)` (mehr zu Funktionen erfahren Sie in Kapitel 5, „Funktionen"). Mithilfe dieser Funktion können Sie einem String einen `Character` zuweisen, der dann an das Ende des Strings angefügt wird (siehe Listing 4.9).

Listing 4.9 Ergänzen eines Strings um einen Character

```
var hello = "Hallo"
hello.append("!")
print("\(hello)")
// "Hallo!"
```

Wichtig ist dabei, zu beachten, dass diese Funktion nur dann auf einem String aufgerufen werden kann, wenn dieser als Variable deklariert ist; Konstanten können diese Funktion aufgrund der String Immutability nicht nutzen.

Character

Character ist ein Typ der Swift Standard Library, genau wie String auch. Statt komplexer und langer Zeichenketten verweist ein Character aber lediglich auf exakt ein Zeichen (wie im eben gezeigten Beispiel das Ausrufezeichen). Somit setzt sich ein String wiederum schlicht aus mehreren Charactern zusammen.

Wenn Sie in Swift explizit eine Variable oder Konstante vom Typ Character erstellen möchten, reicht es nicht aus, einfach einer neuen Variablen beziehungsweise Konstanten eine Zeichenkette mit exakt einem Zeichen zuzuweisen; anhand der Type Inference wird Swift dennoch annehmen, dass es sich bei dem neu erstellten Wert nichtsdestoweniger um einen vollwertigen String handelt. In diesen Fällen müssen Sie den gewünschten Typ also explizit mittels Type Annotation angeben, so wie in Listing 4.10 zu sehen.

Listing 4.10 Erstellen eines Characters

```
let firstCharacter = "C"
let secondCharacter: Character = "h"
```

Bei der ersten Konstanten firstCharacter handelt es sich um einen String. Nur die zweite, der explizit der Typ Character zugewiesen wird, ist auch tatsächlich vom Typ Character.

Wie beschrieben, verweist ein Character auf exakt ein Zeichen. Sollten Sie versuchen, einem Character mehr als ein Zeichen zuzuweisen, endet das in einem Compiler-Fehler.

4.4.3 Character auslesen

Mithilfe einer for-in-Schleife können Sie die einzelnen Character, aus denen sich ein String zusammensetzt, nacheinander auslesen. Dazu übergeben sie den gewünschten String als Wertebereich für die for-in-Schleife. Damit wird die Schleife für jeden einzelnen Character des Strings durchlaufen und jeder Character dem von Ihnen definierten Platzhalter übergeben. In Listing 4.11 sehen Sie ein Beispiel dazu.

Listing 4.11 Character auslesen

```
let myName = "Thomas"
for character in myName {
    print("\(character)")
}
// T
// h
// o
// m
// a
// s
```

4.4.4 Character mittels Index auslesen

Der Typ `String` verfügt über verschiedene Funktionen, um auf bestimmte Character innerhalb eines Strings zugreifen zu können. Dabei bedienen sich diese Funktionen eines sogenannten *Index*. Dieser Index beginnt bei 0 und verweist damit auf den ersten Character eines Strings, Index 1 verweist dann auf den zweiten Character, Index 2 auf den dritten und so weiter.

Die Eigenschaft `startIndex` von `String` liefert den Index für den ersten Character des Strings zurück. Die Eigenschaft `endIndex` liefert den Index *nach* dem letzten Character des zugehörigen Strings. Dieses kleine Detail, dass `endIndex` sich auf den Index *nach* dem letzten Character bezieht, ist auch immens wichtig, da sich an der Position des `endIndex` des zugehörigen Strings kein Character mehr befindet; ein Versuch, auf diesen nicht vorhandenen Index zuzugreifen, würde umgehend zum Absturz Ihrer Anwendung führen. Der Index des letzten Characters eines Strings entspräche somit vielmehr `endIndex` minus eins. Einzige Ausnahme: Handelt es sich um einen leeren String, dann sind `startIndex` und `endIndex` identisch.

Daneben verfügt der Typ `String` noch über zusätzliche Funktionen zum Ermitteln weiterer Indexe eines Strings. Zunächst einmal sind da `index(before:)` und `index(after:)`. Diese liefern je den Index *vor* dem übergebenen Index beziehungsweise *nach* dem übergebenen Index. Letztere Funktion kann somit beispielsweise ideal im Zusammenspiel mit der Eigenschaft `endIndex` verwendet werden, um den korrekten Index des letzten Characters eines Strings zu erhalten (da `endIndex` wie beschrieben auf den Index *nach* dem letzten Character eines Strings verweist).

Noch flexibler gestaltet sich die Funktion `index(_:offsetBy:)`. Über diese wird zunächst ein Startindex für den jeweiligen String angegeben, gefolgt von einem Offset in Form eines Integers. Die Funktion liefert anschließend den Index des Characters zurück, der sich aus der Addition von Startindex und Offset ergibt.

In Listing 4.12 sehen Sie einige Beispiele zur Anwendung der genannten Eigenschaften und Funktionen, um so verschiedene Indexe von Charactern eines Strings zu erhalten.

Listing 4.12 Indexe zu Charactern eines Strings ermitteln

```
let helloWorld = "Hallo Welt!"
let startIndex = helloWorld.startIndex
let endIndex = helloWorld.endIndex
let indexBeforeEndIndex = helloWorld.index(before: endIndex)
let indexAfterStartIndex = helloWorld.index(after: startIndex)
let indexWithOffset = helloWorld.index(startIndex, offsetBy: 4)
```

Diese so generierten Indexe können nun dazu verwendet werden, die zugehörigen Character eines Strings auszulesen. Dazu verfügt der Typ `String` über ein sogenanntes *Subscript*. Dabei handelt es sich um Funktionen, die aufgerufen werden, indem man innerhalb von eckigen Klammern am Ende einer Variablen oder Konstanten bestimmte Werte übergibt, die sodann einen Befehl ausführen. Bei `String` können Sie über diese Subscript-Syntax einen der zuvor erstellten Indexe übergeben, und Sie erhalten dafür den zugehörigen Character zum passenden Index zurück. In Listing 4.13 sehen Sie einige beispielhafte Anwendungen eines solchen Subscripts mit den zuvor in Listing 4.12 erstellten Indexen.

Listing 4.13 Auslesen von Charactern eines Strings mithilfe eines Subscripts

```
let startCharacter = helloWorld[startIndex]
let endCharacter = helloWorld[indexBeforeEndIndex]
let characterAfterStartIndex = helloWorld[indexAfterStartIndex]
let characterWithOffset = helloWorld[indexWithOffset]
print("\(startCharacter)")
print("\(endCharacter)")
print("\(characterAfterStartIndex)")
print("\(characterWithOffset)")
// H
// !
// a
// o
```

Mehr zum Thema Subscripts erfahren Sie in Kapitel 7, „Eigenschaften und Funktionen von Typen".

Der Typ Index

Bei dem in diesem Abschnitt vorgestellten Index handelt es sich nicht um einen einfachen Integer, sondern um einen ganz eigenen Typ namens Index, der im Typ String definiert ist. Dieser ist ein wenig komplexer und mächtiger als ein einfacher Integer und verfügt über zusätzliche Funktionen. Daher ist es nicht möglich, im gezeigten Subscript einfach einen Integer wie 0 oder 4 zu übergeben, da das direkt zu einem Compiler-Fehler führen würde; in diesem Subscript sind nur Werte vom genannten Typ Index erlaubt. Daher benötigen Sie auch die gezeigten Eigenschaften und Methoden wie startIndex, index(after:) oder index(_:offsetBy:), um darüber passende Index-Objekte zu erstellen, die Sie dann innerhalb des Subscripts verwenden können.

4.4.5 Character entfernen und hinzufügen

Mithilfe des im vorigen Abschnitt vorgestellten Typs Index ist es ebenfalls möglich, Character aus Strings zu entfernen beziehungsweise neue Character hinzuzufügen. Um diese Aufgaben zu erfüllen, stellt der Typ String einige passende Funktionen bereit.

Hinzufügen von Charactern

Für das Hinzufügen von Charactern gibt es die Funktionen insert(_:at:) und insert(contentsOf:at:). Mit ersterer wird ein einzelner Character einem String an einer gewünschten Indexposition hinzugefügt, mit letzter mehrere Character auf einmal. Als Erstes werden dabei in beiden Fällen der beziehungsweise die gewünschten Character aufgeführt, die einem String hinzugefügt werden sollen, während als Zweites der Index innerhalb des Strings anzugeben ist, an dem die zuvor genannten Character eingefügt werden sollen. Listing 4.14 zeigt zwei Beispiele zur Verwendung beider Methoden.

Listing 4.14 Hinzufügen von Charactern zu einem String

```
var greeting = "Hallo"
greeting.insert("!", at: greeting.endIndex)
print("1. Änderung: \(greeting)")
let greetingUpdateText = " Welt"
let greetingIndexBeforeEndIndex = greeting.index(before: greeting.endIndex)
greeting.insert(contentsOf: greetingUpdateText, at: greetingIndexBeforeEndIndex)
print("2. Änderung: \(greeting)")
// Hallo!
// Hallo Welt!
```

Im ersten Schritt wird an das Ende der Variablen `greeting` ein einzelner Character in Form eines Ausrufezeichens angefügt. Im zweiten Schritt soll dann ein neuer String, der in der Konstanten `greetingUpdateText` gespeichert ist, mithilfe der Methode `insert(contentsOf:at:)` der Variablen `greeting` hinzugefügt werden. Dazu werden die einzelnen Character dieser Konstanten mithilfe der `String`-Eigenschaft `characters` ermittelt und diese Character sodann in einer neuen Konstanten namens `greeting UpdateTextCharacters` gespeichert. Diese wird anschließend dazu benutzt, den neuen Text vor dem Ausrufezeichen am Ende des Strings innerhalb von `greeting` hinzuzufügen.

Entfernen von Charactern

Auch für das Entfernen von Charactern aus einem String stehen zwei Funktionen zur Verfügung: Mithilfe von `remove(at:)` entfernen Sie genau einen Character an einer gewünschten Indexposition, während Sie mit `removeSubrange(_:)` eine Range an Indexen übergeben, die aus dem gewünschten String entfernt werden sollen. Eine beispielhafte Umsetzung beider Methoden sehen Sie in Listing 4.15. Dabei wird an die zuvor erstellte `greeting`-Variable angeknüpft und diese entsprechend verändert und angepasst.

Listing 4.15 Entfernen von Charactern aus einem String

```
greeting.remove(at: greeting.startIndex)
print("1. Änderung: \(greeting)")
let rangeToRemove = greeting.startIndex...greeting.index(greeting.startIndex,
offsetBy: 4)
greeting.removeSubrange(rangeToRemove)
print("2. Änderung: \(greeting)")
// 1. Änderung: allo Welt!
// 2. Änderung: Welt!
```

Wichtig ist bei der Funktion `removeSubrange(_:)`, wie beschrieben, dass die Range keine Integer, sondern Indexe vom Typ `Index` darstellt. Die Range wird in der Konstanten `rangeToRemove` gespeichert und beginnt mit dem Startindex von `greeting` und endet mit einschließlich der vierten Indexstelle.

4.4.6 Anzahl der Character zählen

Eine weitere Eigenschaft in Bezug auf die Character eines Strings lautet count. Diese kann direkt auf den gewünschten String angewendet werden. Darüber erhalten Sie die Anzahl der Character dieses Strings als Integer zurück (siehe Listing 4.16).

Listing 4.16 Anzahl Character eines Strings zählen

```
let myName = "Thomas Sillmann"
let myNameCharacterNumber = myName.count
print("Anzahl Character in myName: \(myNameCharacterNumber)")
// Anzahl Character in myName: 15
```

4.4.7 Präfix und Suffix prüfen

Der Typ String bringt zwei Funktionen mit, mit deren Hilfe überprüft werden kann, ob ein String über ein bestimmtes Präfix beziehungsweise Suffix verfügt. Diese Funktionen nennen sich hasPrefix(_:) beziehungsweise hasSuffix(_:). Sie werden auf dem String aufgerufen, für den geprüft werden soll, ob ein entsprechendes Präfix oder Suffix existiert. Die Funktionen erhalten das zu vergleichende Präfix beziehungsweise Suffix als Parameter. Listing 4.17 zeigt ein Beispiel dazu.

Listing 4.17 Prüfen auf Präfix und Suffix

```
let prefix = "Präfix"
if prefix.hasPrefix("Prä") {
    print("\(prefix) beginnt mit Prä.")
}
let suffix = "Suffix"
if suffix.hasSuffix("fix") {
    print("\(suffix) endet mit fix.")
}
// Präfix beginnt mit Prä.
// Suffix endet mit fix.
```

Die Funktionen hasPrefix(_:) und hasSuffix(_:) liefern einen booleschen Wert zurück, der entweder true ist, sollte das jeweilige Präfix oder Suffix im abgefragten String existieren, oder false, falls dem nicht so ist.

4.4.8 String Interpolation

Eine mächtige Funktion von Strings haben wir bereits an mehreren Stellen in diesem Buch kennengelernt, die sogenannte *String Interpolation*. Diese erlaubt es, den Wert von Variablen und Konstanten in eine Zeichenkette einzubauen. Dazu muss innerhalb des Strings ein Platzhalter für die Variable beziehungsweise Konstante mithilfe von \() erzeugt werden, innerhalb der runden Klammern notiert man dann den Namen der Variablen beziehungsweise Konstanten. Ein einfaches Beispiel dazu sehen Sie in Listing 4.18.

Listing 4.18 Einsatz von String Interpolation

```
let myFirstName = "Thomas"
let myLastName = "Sillmann"
let myFullName = "\(myFirstName) \(myLastName)"
print("\(myFullName)")
Thomas Sillmann
```

Hier wird String Interpolation direkt an zwei Stellen eingesetzt. Zunächst einmal, um die Konstante myFullName aus den Konstanten myFirstName und myLastName zu erstellen, und anschließend, um myFullName mithilfe des print()-Befehls auszugeben.

String Interpolation kann dazu genutzt werden, Strings aus den Werten anderer Variablen und Konstanten zusammenzustellen. Doch darüber hinaus können Sie noch weitere Operationen mithilfe von String Interpolation durchführen, beispielsweise Berechnungen (siehe Listing 4.19).

Listing 4.19 Berechnung mithilfe von String Interpolation

```
let calculation = "19 * 99 = \(19 * 99)"
print("\(calculation)")
// 19 * 99 = 1881
```

■ 4.5 Array

Mithilfe von Arrays speichern Sie mehrere verschiedene Werte ein und desselben Typs. Ein Array kann also beispielsweise mehrere verschiedene Strings oder mehrere verschiedene Integer enthalten. Auf die einzelnen Werte eines Arrays können Sie mithilfe eines Index zugreifen, der bei 0 für das erste Element beginnt und für jedes weitere Element um eins hochgezählt wird.

Arrays in Swift sind vom Typ Array<Element>, wobei Element für den Typ steht, deren Werte das jeweilige Array enthalten kann. Statt dieser doch recht umfangreichen Typbezeichnung gibt es in Swift aber auch eine Kurzschreibweise für Arrays, die als *Array Type Shorthand Syntax* bezeichnet wird. Durch diese setzt sich der Name des Array-Typs aus eckigen Klammern zusammen, zwischen denen der Typ definiert wird, mit dessen Werten das Array umgehen kann, zum Beispiel [Element]. Da diese Kurzschreibweise für Arrays die bevorzugte in Swift ist, werde ich sie in diesem Buch ausschließlich verwenden. Technisch gesehen sind aber beide Varianten – Array<Element> und [Element] – vollkommen identisch.

 Typsicherheit von Arrays

Im Gegensatz zu vielen anderen Programmiersprachen sind Arrays in Swift grundsätzlich *typsicher*. Das bedeutet, dass ein Array nur Objekte eines festgelegten Typs enthalten kann, also beispielsweise entweder nur String, nur Integer oder nur Double, aber keine Mischung aus diesen. So kann ein Array mit Strings keine Integer enthalten und diese können auch nicht später hinzugefügt werden.

> Diese Typsicherheit wird bereits vom Compiler abgefangen, weshalb das
> eben beschriebene Hinzufügen eines Integers zu einem String-Array in einem
> Compiler-Fehler endet.
>
> Zwar gibt es in Swift durchaus Möglichkeiten, diese strikte Typsicherheit zu
> umgehen (die werden wir auch noch im Laufe des Buches kennenlernen),
> ganz generell gilt aber das beschriebene Verhalten.

Wie bei allen anderen Typen in Swift ist auch bei Arrays zu beachten, dass diese entweder *mutable* (veränderbar) oder *immutable* (unveränderlich) sein können. In ersterem Fall kann ein bereits erstelltes Array im Nachhinein noch verändert werden (beispielsweise durch das Entfernen bestehender oder Hinzufügen neuer Elemente), in letzterem Fall nicht. Dabei werden mutable Arrays immer als Variablen mithilfe des Schlüsselworts var erstellt, während immutable Arrays mittels Konstanten und dem Schlüsselwort let umgesetzt werden.

4.5.1 Erstellen eines Arrays

Es gibt in Swift verschiedene Wege, ein neues Array zu erstellen. Am einfachsten ist es, einer neuen Variablen oder Konstanten direkt ein Array zuzuweisen. Dabei beginnt die Erstellung des zuzuweisenden Arrays mit einer geöffneten eckigen Klammer, gefolgt von den Werten, die das Array enthalten soll (die jeweiligen Werte werden dabei durch ein Komma getrennt). Nach dem letzten Wert folgt dann eine schließende eckige Klammer. Ein Beispiel dazu zeigt Listing 4.20.

Listing 4.20 Erstellen eines Arrays mit einem Standardwert

```
let stringArray = ["Eins", "Zwei", "Drei"]
```

Da es sich bei den Werten innerhalb des Arrays um Strings handelt, handelt es sich bei dem Array auch um ein String-Array vom Typ [String]. Das müssen Sie an dieser Stelle nicht explizit mittels Type Annotation angeben, da Swift diese Tatsache selbst ableiten kann, da die Elemente innerhalb des Arrays allesamt vom Typ String sind. Dieses Array kann somit ausschließlich mit Strings umgehen, aber beispielsweise nicht mit Ganz- oder Fließkommazahlen.

Um stattdessen ein neues leeres Array zu erstellen, gibt es in Swift zwei Möglichkeiten. Die eine ist die Verwendung der sogenannten Initializer Syntax (mehr zur Initialisierung erfahren Sie in Kapitel 8, „Initialisierung"). Dabei weisen Sie einer Variablen oder Konstanten den gewünschten Array-Typ zu (beispielsweise [Int] für ein Integer-Array), gefolgt von einer geöffneten und geschlossenen runden Klammer. Alternativ dazu können Sie einer Variablen oder Konstanten einfach ein leeres Array ohne jegliche Werte zuweisen, müssen dann aber zwingend per Type Annotation den Array-Typ deklarieren. Da schließlich das zugewiesene Array über keinerlei Werte verfügt, kann Swift ansonsten auch nicht nachvollziehen, welchen Typ es per Type Inference für die entsprechende Variable oder Konstante deklarieren soll.

Beide genannten Vorgehensweisen zum Erstellen eines neuen leeren Arrays zeigt einmal Listing 4.21.

Listing 4.21 Erstellen eines neuen leeren Arrays

```
// Initializer Syntax:
let initializedIntArray = [Int]()
// Zuweisen eines leeren Arrays mit Type Annotation
let emptyIntArray: [Int] = []
```

Alternativ zu der eben gezeigten Initializer Syntax bringt der Typ Array auch noch eine weitere Funktion mit, um ein neues Array zu erstellen. Dabei geben Sie die Anzahl der Elemente an, über die das Array verfügen soll, sowie einen Standardwert. Anschließend wird ein neues Array erstellt, das die genannte Anzahl an Werten besitzt, wobei bei jedem Wert der genannte Standardwert verwendet wird. Listing 4.22 zeigt die Verwendung dieser Funktion, indem ein Double-Array mit fünf Elementen erstellt wird, die alle den Wert 19.99 enthalten.

Listing 4.22 Erstellen eines Arrays mit Standardwerten

```
let doubleArray = Array(repeating: 19.99, count: 5)
```

4.5.2 Zusammenfügen von Arrays

Mithilfe des Zuweisungs- und Berechnungsoperators += beziehungsweise des Berechnungsoperators + ist es möglich, Arrays miteinander zu verbinden und zusammenzufügen. Mithilfe des Operators += wird dabei dem Array auf der linken Seite des Operators der Inhalt des Arrays auf der rechten Seite hinzugefügt, während mit dem +-Operator mehrere Arrays zu einem neuen verbunden werden können. Die praktische Anwendung beider Operatoren zeigt Listing 4.23.

Listing 4.23 Zusammenfügen von Arrays

```
var firstIntArray = [18, 19, 20]
let secondIntArray = [98, 99, 100]
let intArray = firstIntArray + secondIntArray
print("intArray: \(intArray)")
firstIntArray += secondIntArray
print("firstIntArray: \(firstIntArray)")
// intArray: [18, 19, 20, 98, 99, 100]
// firstIntArray: [18, 19, 20, 98, 99, 100]
```

4.5.3 Inhalte eines Arrays leeren

Um alle Inhalte und Werte aus einem bestehenden Array zu entfernen, reicht es aus, dem Array ein neues leeres Array zuzuweisen, so wie in Listing 4.24 zu sehen. Dabei ist lediglich wichtig, zu beachten, dass dieses Vorgehen ausschließlich bei Arrays funktioniert, die als

Variable deklariert sind und somit *mutable* (also veränderbar) sind; bei Konstanten funktioniert das gezeigte Vorgehen nicht.

Listing 4.24 Leeren eines bestehenden Arrays

```
var existingArray = [1, 2, 3]
existingArray = []
```

Daneben steht auch die Funktion removeAll() zur Verfügung, die auf einem mutable Array aufgerufen werden kann, um daraus alle Elemente zu entfernen (siehe Listing 4.25; das Ergebnis ist das gleiche wie in Listing 4.24).

Listing 4.25 Leeren eines bestehenden Arrays mittels removeAll()

```
existingArray.removeAll()
```

4.5.4 Prüfen, ob ein Array leer ist

Der Typ Array verfügt über eine Eigenschaft namens isEmpty. Diese liefert einen booleschen Wert zurück, der darüber informiert, ob das Array einen Inhalt besitzt oder nicht. Man erhält true, sollte das abgefragte Array leer sein, andernfalls false. Listing 4.26 zeigt eine beispielhafte Anwendung dieser Funktion.

Listing 4.26 Prüfen, ob ein Array leer ist

```
let emptyArray = [String]()
let notEmptyArray = ["Not", "Empty"]
if emptyArray.isEmpty {
    print("emptyArray ist leer.")
}
if notEmptyArray.isEmpty {
    print("notEmptyArray ist leer.")
}
// emptyArray ist leer.
```

4.5.5 Anzahl der Elemente eines Arrays zählen

Der Typ Array verfügt über eine Eigenschaft namens count, über die man die Anzahl der Werte des Arrays, über das man diese Eigenschaft aufruft, in Form eines Integers erhält. Somit lässt sich mit count die aktuelle Größe eines Arrays ermitteln. Listing 4.27 zeigt die beispielhafte Anwendung dieser Funktion.

Listing 4.27 Zählen der Elemente eines Arrays

```
let names = ["Thomas", "Michaela", "Tobias"]
print("names enthält \(names.count) Werte.")
// names enthält 3 Werte.
```

4.5.6 Zugriff auf die Elemente eines Arrays

Um auf die verschiedenen Elemente eines Arrays zuzugreifen, wird ein sogenannter Index genutzt. Dieser beginnt bei 0 für das erste Element, 1 verweist auf das zweite, 2 auf das dritte und so weiter. Um auf das Element des gewünschten Index eines Arrays zuzugreifen, wird zunächst der Name des Arrays geschrieben, gefolgt von eckigen Klammern. Innerhalb der eckigen Klammern folgt die Angabe des Index, dessen Objekt ausgelesen werden soll. Es handelt sich dabei um eine sogenannte Subscript-Funktion, in der im Falle von Arrays die Werte innerhalb des Arrays ausgelesen werden können (mehr zum Thema Subscript erfahren Sie in Kapitel 7, „Eigenschaften und Funktionen von Typen"). Listing 4.28 zeigt ein Beispiel dazu.

Listing 4.28 Auslesen der Werte eines Arrays

```
let names = ["Thomas", "Michaela", "Tobias"]
let thomas = names[0]
let michaela = names[1]
let tobias = names[2]
print("\(thomas)")
print("\(michaela)")
print("\(tobias)")
// Thomas
// Michaela
// Tobias
```

Wichtig ist dabei, auf einen Index zuzugreifen, der auch tatsächlich im Array existiert. Würde man im Falle des names-Arrays aus dem Listing von eben versuchen, einen Index von 3 oder höher auszulesen, würde das zu einem Absturz des Programms führen, da ein solcher Index in diesem Array nicht existiert. Daher kann es sinnvoll sein, vor dem Auslesen von Werten aus einem Array die Anzahl der Elemente dieses Arrays zu ermitteln, um sicherzustellen, dass der gewünschte Index auch tatsächlich existiert und entsprechend abgefragt werden kann.

4.5.7 Neue Elemente zu einem Array hinzufügen

Ist ein Array als Variable deklariert (und damit mutable), können diesem neue Elemente hinzugefügt werden. Für diesen Zweck stehen drei mögliche Wege zur Verfügung.

Der erste besteht in der Verwendung der Array-Funktion append(_:). Diese rufen Sie auf dem zu erweiternden Array auf und übergeben anschließend innerhalb der runden Klammern den neuen Wert für dieses Array. Achten Sie dabei darauf, dass dieser Wert dem Typ des Arrays entspricht, also dass es sich beispielsweise im Falle eines String-Arrays auch um einen String handelt. Der übergebene Wert wird dann als neues Element an das Ende des Arrays angefügt. Listing 4.29 zeigt ein Beispiel dazu.

Listing 4.29 Hinzufügen eines Elements zu einem Array mittels append(_:)

```
var names = ["Thomas", "Michaela", "Tobias"]
print("Namen 1: \(names)")
names.append("Lori")
```

```
print("Namen 2: \(names)")
// Namen 1: ["Thomas", "Michaela", "Tobias"]
// Namen 2: ["Thomas", "Michaela", "Tobias", "Lori"]
```

Eine alternative Möglichkeit zur Funktion append(_:) stellt der Zuweisungs- und Berechnungsoperator += dar. Damit können Sie ein bestehendes Array um die Werte eines anderen Arrays erweitern, die dann ebenfalls an das Ende des bestehenden Arrays angefügt werden. Mehr dazu erfahren Sie in Abschnitt 4.5.2, „Zusammenfügen von Arrays".

Die letzte und zugleich flexibelste Methode zum Hinzufügen neuer Werte zu einem Array besteht in einer weiteren Array-Funktion namens insert(_:at:). Dieser übergeben Sie einerseits den Wert, den Sie dem entsprechenden Array hinzufügen möchten, und andererseits den Index, an dessen Stelle der entsprechende Wert innerhalb des Arrays eingefügt werden soll. Dabei verschiebt sich der Wert, der sich zuvor an der entsprechenden Indexstelle innerhalb des Arrays befand, um eins nach oben, das Gleiche gilt auch für alle nachfolgenden Werte des Arrays.

Auf diese Art und Weise wird beispielsweise in Listing 4.30 ein neuer Name zu Beginn des bereits vorgestellten names-Arrays angefügt.

Listing 4.30 Hinzufügen eines Elements zu einem Array mittels insert(_:at:)

```
names.insert("Fine", at: 0)
print("Namen 3: \(names)")
// Namen 3: ["Fine", "Thomas", "Michaela", "Tobias", "Lori"]
```

4.5.8 Bestehende Elemente aus einem Array entfernen

Analog zum Hinzufügen neuer Elemente zu einem bestehenden Array lassen sich auch bereits vorhandene Elemente eines Arrays wieder entfernen. Auch hierbei gibt es in Swift verschiedene Möglichkeiten, dieses Vorhaben umzusetzen.

Um beispielsweise das letzte Element eines Arrays zu entfernen, kann die Funktion removeLast() verwendet werden, die auf einem Array aufgerufen werden kann. Wie der Name bereits andeutet, wird damit das aktuell letzte Element des jeweiligen Arrays entfernt. Bei Verwendung der Funktion ist lediglich darauf zu achten, dass mindestens ein Element innerhalb des Arrays existiert. Wenn das Array leer ist und die Funktion removeLast() wird dennoch aufgerufen, führt das zum Absturz der Anwendung.

Als Gegenstück zur Funktion removeLast() gibt es die Funktion removeFirst(), mit der das erste Element eines Arrays entfernt werden kann. Auch hier ist darauf zu achten, dass das Array, auf dem diese Funktion aufgerufen wird, wenigstens über ein Element verfügt, das entfernt werden kann.

Eine weitere Funktion des Typs Array zum Entfernen bereits bestehender Elemente ist remove(at:). Dabei übergeben Sie den Index des gewünschten zu entfernenden Elements als Parameter. Auch hierbei ist zu beachten, dass der angegebene Index in dem zugehörigen Array vorhanden sein muss. Der Versuch, ein Element eines Index zu entfernen, den es in dem Array gar nicht gibt, führt zum direkten Absturz des Programms.

Listing 4.31 zeigt einmal beispielhaft den Einsatz der vorgestellten Funktionen `removeLast()` und `remove(at:)`.

Listing 4.31 Entfernen von bestehenden Elementen aus einem Array mittels `removeLast()` und `remove(at:)`

```
var names = ["Fine", "Thomas", "Michaela", "Tobias", "Lori"]
print("Namen 1: \(names)")
names.removeLast()
print("Namen 2: \(names)")
names.remove(at: 1)
print("Namen 3: \(names)")
// Namen 1: ["Fine", "Thomas", "Michaela", "Tobias", "Lori"]
// Namen 2: ["Fine", "Thomas", "Michaela", "Tobias"]
// Namen 3: ["Fine", "Michaela", "Tobias"]
```

Eine weitere mögliche Methode zum Entfernen von Elementen aus einem Array ist `removeAll()`. Damit werden – wie der Name bereits andeutet – alle Elemente aus dem Array entfernt. Sie können diese Methode auch gefahrlos aufrufen, sollte das betreffende Array keinerlei Elemente besitzen; in diesem Fall geschieht schlicht gar nichts.

Bei all den gezeigten Funktionen und Möglichkeiten zum Entfernen vorhandener Elemente aus einem Array muss allerdings immer bedacht werden, dass diese nur angewendet werden können, wenn das betreffende Array in einer Variablen gespeichert und somit mutable (also veränderbar) ist. Auf ein Array, das als Konstante deklariert ist, können all die gezeigten Funktionen nicht angewendet werden, ohne dass es zu einem Compiler-Fehler kommt.

4.5.9 Bestehende Elemente eines Arrays ersetzen

Neben dem Hinzufügen neuer und dem Entfernen bestehender Elemente gibt es auch die Möglichkeit, vorhandene Elemente eines Arrays mit neuen Werten zu überschreiben. Dabei gilt ebenfalls, dass dieses Verhalten nur dann eingesetzt werden kann, wenn das entsprechende Array als Variable deklariert ist, andernfalls ist das Array unveränderlich.

Um ein vorhandenes Element eines mutable Arrays durch ein neues zu ersetzen, greifen Sie per Subscript auf das gewünschte Element des Arrays zu und ersetzen es anschließend mithilfe des Zuweisungsoperators = durch den gewünschten neuen Wert. In Listing 4.32 sehen Sie ein Beispiel dazu.

Listing 4.32 Ersetzen bestehender Elemente eines Arrays

```
names = ["Thomas", "Michaela", "Tobias"]
names[2] = "Lori"
print("Namen: \(names)")
// Namen: ["Thomas", "Michaela", "Lori"]
```

Auf diese Art und Weise können Sie sogar mehrere Elemente auf einmal ersetzen. Dazu geben Sie für den Index innerhalb des Subscripts einen Index-Wertebereich in Form einer Range an und weisen diesem anschließend in Form eines Arrays die neuen Werte zu. Dabei spielt es keine Rolle, ob Sie die gleiche Anzahl oder mehr oder weniger Elemente innerhalb des Arrays angeben. Die im Subscript definierten Elemente werden einfach durch die übergebenen neuen Werte ersetzt. Wie das Ganze aussehen kann, zeigt Listing 4.33. Dort werden die ersten zwei Elemente (Thomas und Michaela) durch drei neue (Bubi, Fine und Stephen) ersetzt, womit das Array am Ende mehr Elemente besitzt als zuvor.

Listing 4.33 Ersetzen mehrerer Elemente eines Arrays

```
names[0...1] = ["Bubi", "Fine", "Stephen"]
print("Namen: \(names)")
// Namen: ["Bubi", "Fine", "Stephen", "Lori"]
```

4.5.10 Alle Elemente eines Arrays auslesen und durchlaufen

Die for-in-Schleife kann im Zusammenspiel mit Arrays genutzt werden, um jedes Element eines Arrays auszulesen und einem temporären Platzhalter zuzuweisen. Für jedes Element des Arrays kann so eine for-in-Schleife durchlaufen und der darin deklarierte Code ausgeführt werden.

Welchen Namen Sie dabei für den Platzhalter verwenden, bleibt Ihnen überlassen. In Listing 4.34 sehen Sie ein Beispiel, in dem alle Elemente eines Arrays mit einer for-in-Schleife durchlaufen und mittels eines print()-Befehls ausgegeben werden.

Listing 4.34 Durchlaufen aller Elemente eines Arrays mittels for-in

```
var names = ["Thomas", "Michaela", "Tobias", "Lori"]
for name in names {
    print("\(name)")
}
// Thomas
// Michaela
// Tobias
// Lori
```

Statt des Wertebereichs übergeben Sie in diesem Fall der for-in-Schleife das zu durchlaufende Array, womit automatisch die Schleife für jedes Element innerhalb des Arrays einmal ausgeführt wird. Das jeweilige Element wird pro Schleifendurchlauf dem temporären Platzhalter zugewiesen, in diesem Beispiel ist dieser mit name deklariert. Damit kann die for-in-Schleife im Zusammenspiel mit Arrays ideal genutzt werden, um schnell und einfach alle Elemente eines Arrays auf einmal auszulesen und mit jedem eine gewünschte Aktion auszuführen.

Möchten Sie an dieser Stelle zusätzlich noch den jeweiligen Index des Arrays neben dem eigentlichen Wert erhalten, müssen Sie für den Wertebereich der for-in-Schleife die Funktion enumerated() des Arrays angeben. Diese liefert ebenfalls alle Elemente des Arrays zurück, enthält zusätzlich aber noch den jeweiligen Index als Integer. Damit Sie beide Informationen innerhalb der Schleife auswerten können, müssen Sie auch den Platzhalter entsprechend aktualisieren. Dazu vergeben Sie zwei Bezeichner innerhalb runder Klammern, die durch ein Komma voneinander getrennt werden. Der erste Bezeichner stellt den Platzhalter für den Index dar, der zweite den für den eigentlichen Wert. Listing 4.35 zeigt die Verwendung dieser Funktion und die Auswertung der erhaltenen Informationen pro Schleifendurchlauf.

Listing 4.35 Durchlaufen aller Indexe und Elemente eines Arrays mittels `for…in` und `enumerated()`

```
for (index, name) in names.enumerated() {
    print("Index \(index): \(name)")
}
// Index 0: Thomas
// Index 1: Michaela
// Index 2: Tobias
// Index 3: Lori
```

 Tuples

Bei dem in Listing 4.35 definierten Platzhalter (`index, name`) handelt es sich um ein sogenanntes *Tuple*. Tuples erlauben es, mehrere Werte, auch unterschiedlicher Typen, zusammenzufassen. In diesem Beispiel vereint es einen Integer (den Index) mit einem String (dem zugehörigen Namen). Mehr zu Tuples erfahren Sie in Abschnitt 4.8, „Tuple".

4.6 Set

Der Typ `Set` aus der Swift Standard Library ist vergleichbar mit dem zuvor vorgestellten Typ `Array`. Auch ein Set ist dazu gedacht, mehrere Elemente eines bestimmten Typs zu halten und zu verwalten, allerdings gibt es zwei wichtige Unterschiede zu Arrays. So sind einerseits Sets *nicht sortiert*. Das bedeutet, dass es nicht möglich ist, mithilfe eines Index auf die Elemente eines Sets zuzugreifen, da auf diese Art und Weise womöglich immer ein anderes Element zurückgeliefert werden würde, selbst wenn der verwendete Index immer derselbe ist. Außerdem können Sets *keine doppelten Elemente* enthalten. Wenn Sie einem Set beispielsweise ein Element hinzufügen, das es bereits besitzt, wird nur eine Kopie davon behalten, nicht mehrere.

4.6.1 Erstellen eines Sets

Um ein neues Set zu erstellen, müssen Sie immer die explizite Deklaration mithilfe des Typs `Set` vornehmen. Eine Kurzschreibweise wie bei Arrays gibt es für Sets nicht.

Genau wie Arrays, so sind auch Sets in Swift typsicher. Das bedeutet, dass sie nur Elemente eines bestimmten Typs enthalten können. Das können beispielsweise Strings oder Integer sein, aber keine Mischung aus beiden oder anderen verschiedenen Typen. Zu diesem Zweck wird ein Set mithilfe der Syntax `Set<Element>` deklariert, wobei `Element` für den gewünschten Typ steht, dem die Elemente innerhalb des Sets entsprechen.

Die Werte eines Sets werden genauso deklariert wie die eines Arrays. Das bedeutet, dass Sie die gewünschten Elemente eines Sets innerhalb eckiger Klammern kommasepariert voneinander aufführen.

Listing 4.36 zeigt beispielhaft die Erstellung eines Sets mit verschiedenen Namen. Essenziell ist dabei die konkrete Zuweisung des Typs mittels Type Annotation, da ohne diese Swift stattdessen ein Array erstellen würde.

Listing 4.36 Erstellen eines Sets mit Standardwert

```
var names: Set<String> = ["Thomas", "Michaela", "Tobias"]
```

Sie können in dem gezeigten Beispiel auf die konkrete Nennung des Set-Typs String auch verzichten, da dieser anhand der zugewiesenen Werte bereits automatisch für Swift ersichtlich ist. Alternativ zu dem Befehl aus Listing 4.36 können Sie zum Erstellen eines Sets auch den in Listing 4.37 gezeigten Befehl verwenden; das Ergebnis ist bei beiden identisch.

Listing 4.37 Alternative zum Erstellen eines Sets mit Standardwert

```
var names: Set = ["Thomas", "Michaela", "Tobias"]
```

Um ein neues leeres Set zu erstellen, gibt es in Swift zwei Möglichkeiten: Entweder nutzen Sie die Initializer-Syntax des Typs Set (mehr zur Initialisierung in Swift erfahren Sie in Kapitel 8, „Initialisierung") oder Sie weisen einer neuen Variablen beziehungsweise Konstanten ein leeres Set zu. Bei Letzterem gilt es wieder darauf zu achten, den vollständigen Typ mittels Type Annotation anzugeben, da dieser mittels Type Inference von Swift nicht ermittelt werden kann. In Listing 4.38 sehen Sie je ein passendes Beispiel für beide Vorgehensweisen.

Listing 4.38 Erstellen eines neuen leeren Sets

```
// Initializer Syntax
let initializedIntSet = Set<Int>()
// Zuweisen eines leeren Sets mit Type Annotation
let emptyIntegerSet: Set<Int> = []
```

4.6.2 Inhalte eines bestehenden Sets leeren

Es gibt zwei Möglichkeiten, um alle Elemente aus einem Set zu entfernen. Dazu weisen Sie dem Set entweder einen leeren Wert zu (sprich ein eckiges Klammernpaar) oder Sie rufen die Funktion removeAll() auf dem entsprechenden Set auf (beide Vorgehensweisen zeigt Listing 4.39). Dabei ist zu beachten, dass dieses Vorgehen nur dann funktioniert, wenn das Set einer Variablen zugewiesen und somit mutable (sprich veränderbar) ist. Auf eine Konstante kann keines der beiden Verfahren angewendet werden.

Listing 4.39 Leeren eines bestehenden Sets

```
var names: Set = ["Thomas", "Michaela", "Tobias"]
// Möglichkeit 1 zum Leeren eines Sets
names = []
// Möglichkeit 2 zum Leeren eines Sets
names.removeAll()
```

4.6.3 Prüfen, ob ein Set leer ist

Mithilfe der Eigenschaft isEmpty können Sie überprüfen, ob ein Set über Elemente verfügt oder stattdessen komplett leer ist. Sie erhalten als Ergebnis einen booleschen Wert, der true ist, sollte das Set keine Elemente besitzen; andernfalls ist der Wert false.

In Listing 4.40 sehen Sie ein kleines Beispiel dazu, das beide Möglichkeiten darstellt und die Verwendung von isEmpty im Zusammenspiel mit einer if-Abfrage verwendet.

Listing 4.40 Prüfen, ob ein Set leer ist

```
let emptySet = Set<String>()
let notEmptySet: Set = ["Not", "Empty"]
if emptySet.isEmpty {
    print("emptySet ist leer.")
}
if notEmptySet.isEmpty {
    print("notEmptySet ist leer.")
}
// emptySet ist leer.
```

4.6.4 Anzahl der Elemente eines Sets zählen

Sie können die Eigenschaft count des Typs Set verwenden, um die Anzahl der Elemente eines Sets zu zählen. Als Ergebnis erhalten Sie einen Integer mit der Anzahl der Werte des entsprechenden Sets. Listing 4.41 zeigt ein Beispiel dazu.

Listing 4.41 Zählen der Elemente eines Sets

```
var names: Set = ["Thomas", "Michaela", "Tobias"]
print("names enthält \(names.count) Werte.")
// names enthält 3 Werte.
```

4.6.5 Element zu einem Set hinzufügen

Wenn ein Set als Variable deklariert und somit mutable ist, können diesem jederzeit weitere Elemente hinzugefügt werden. Zu diesem Zweck kommt die Funktion insert(_:) zum Einsatz. Diese erwartet als Parameter den Wert, der dem Set hinzugefügt werden soll. Wichtig ist dabei, dass dieser Wert dem passenden Element-Typ des Sets entspricht, andernfalls kommt es zu einem Compiler-Fehler.

Listing 4.42 zeigt beispielhaft die Verwendung der Funktion insert(_:), indem dem Set names ein neuer Eintrag hinzugefügt wird.

Listing 4.42 Hinzufügen eines Elements zu einem Set

```
var names: Set = ["Thomas", "Michaela", "Tobias"]
names.insert("Lori")
print("names: \(names)")
// names: ["Lori", "Thomas", "Tobias", "Michaela"]
```

4.6.6 Element aus einem Set entfernen

Aus einem mutable Set, das als Variable deklariert ist, können mithilfe der Funktion remove(_:) bestehende Elemente wieder entfernt werden. Dabei wird der Funktion das gewünschte zu entfernende Element als Parameter übergeben. Sollte das zugrunde liegende Set kein solches Element enthalten, passiert schlicht nichts, Sie müssen also keinen Absturz Ihrer Anwendung befürchten.

Listing 4.43 demonstriert die mögliche Verwendung der remove(_:)-Funktion und entfernt aus einem Set von Namen eines der Elemente.

Listing 4.43 Entfernen eines Elements aus einem Set

```
var names: Set = ["Thomas", "Michaela", "Tobias", "Lori"]
names.remove("Lori")
print("names: \(names)")
// names: ["Thomas", "Tobias", "Michaela"]
```

4.6.7 Prüfen, ob ein bestimmtes Element in einem Set vorhanden ist

Um zu überprüfen, ob ein Set ein bestimmtes Element enthält, kann die Funktion contains(_:) verwendet werden. Diese gibt den booleschen Wert true zurück, wenn das betreffende Set das als Parameter übergebene Element enthält, andernfalls gibt sie false zurück. Listing 4.44 zeigt ein Beispiel dazu, in dem die Funktion contains(_:) im Zusammenspiel mit einer if-Abfrage verwendet wird.

Listing 4.44 Prüfen, ob ein Element in einem Set vorhanden ist

```
var names: Set = ["Thomas", "Michaela", "Tobias", "Lori"]
if names.contains("Lori") {
    print("names enthält Lori.")
} else {
    print("names enthält Lori nicht.")
}
// names enthält Lori.
```

4.6.8 Alle Elemente eines Sets auslesen und durchlaufen

Mithilfe einer for-in-Schleife ist es möglich, alle Elemente eines Sets nacheinander auszulesen und für jedes dieser Elemente den Code innerhalb der Schleife auszuführen. for in ist daher bestens dazu geeignet, um bestimmte Befehle nacheinander auf allen Elementen eines Sets auszuführen.

Zu diesem Zweck wird der for-in-Schleife als Wertebereich das Set übergeben, das für jedes seiner Elemente einmal durchlaufen werden soll. Dem selbst definierten Platzhalter der forin-Schleife wird automatisch bei jedem Schleifendurchlauf das jeweilige Element aus dem Set zugewiesen. In Listing 4.45 sehen Sie, wie auf diese Art und Weise alle Namen des

Sets `names` ausgelesen und innerhalb der `for-in`-Schleife mittels `print()` ausgegeben werden.

Listing 4.45 Durchlaufen aller Elemente eines Sets mittels `for-in`

```
var names = ["Thomas", "Michaela", "Tobias"]
for name in names {
    print("\(name)")
}
// Thomas
// Tobias
// Michaela
```

An dieser Stelle wird auch deutlich, dass ein Set im Vergleich zu einem Array unsortiert ist. Die Reihenfolge, in der die Elemente somit innerhalb der `for-in`-Schleife durchlaufen werden, kann sich bei jedem erneuten Durchlauf ändern.

4.6.9 Sets miteinander vergleichen

Ob zwei Sets über die gleichen Elemente verfügen, können Sie einfach mithilfe des Vergleichsoperators `==` überprüfen. Dieser liefert den booleschen Wert `true` zurück, sollten beide Sets die gleichen Elemente besitzen (wobei die Reihenfolge der Elemente selbstredend keine Rolle spielt), andernfalls `false`. In Listing 4.46 sehen Sie ein Beispiel für solch einen Vergleich mitsamt passendem Ergebnis.

Listing 4.46 Vergleichen von Sets

```
let firstNameSet: Set = ["Michaela", "Tobias", "Thomas"]
let secondNameSet: Set = ["Thomas", "Michaela", "Tobias"]
if firstNameSet == secondNameSet {
    print("firstNameSet und secondNameSet enthalten die gleichen Namen.")
}
// firstNameSet und secondNameSet enthalten die gleichen Namen.
```

Daneben verfügt der Typ `Set` aber noch über weitere Funktionen, die zum Vergleichen zweier Sets verwendet werden können. Auch diese liefern alle einen booleschen Wert zurück. Im Folgenden stelle ich Ihnen all diese Funktionen im Detail vor.

isSubset(of:) und isStrictSubset(of:)

Mittels der Funktion `isSubset(of:)` überprüfen Sie, ob die Elemente eines Sets innerhalb eines anderen Sets enthalten sind. Listing 4.47 zeigt ein Beispiel dazu.

Listing 4.47 Vergleichen von Sets mittels `isSubset(of:)`

```
var firstValues: Set = [19, 99]
var secondValues: Set = [9, 11, 19, 88, 99, 111]
if firstValues.isSubset(of: secondValues) {
    print("secondValues enthält die Elemente von firstValues.")
}
// secondValues enthält die Elemente von firstValues.
```

Die Bedingung in diesem Listing wäre auch dann erfüllt, wenn firstValues und secondValues exakt die gleichen Elemente beinhalten würden; schließlich ist die Bedingung von isSubset(of:) dann noch immer erfüllt, da alle Elemente aus firstValues ebenfalls in secondValues enthalten sind.

Wenn Sie stattdessen prüfen möchten, ob ein Set alle Elemente eines anderen Sets enthält, beide Sets aber gleichzeitig nicht vollkommen identisch sind, so steht Ihnen dafür die Funktion isStrictSubset(of:) zur Verfügung, die genau diese Bedingung prüft. Die Funktion liefert nur dann true zurück, wenn einerseits die Elemente eines Sets in einem anderen enthalten sind, gleichzeitig aber beide Sets nicht komplett identisch sind. Listing 4.48 zeigt dazu ein ergänzendes Beispiel.

Listing 4.48 Vergleichen von Sets mittels isStrictSubset(of:)

```
var firstValues: Set = [19, 99]
var secondValues: Set = [9, 11, 19, 88, 99, 111]
var thirdValues: Set = [19, 99]
if firstValues.isStrictSubset(of: secondValues) {
    print("secondValues enthält die Elemente von firstValues, die beiden Sets sind
aber nicht identisch.")
}
if firstValues.isSubset(of: thirdValues) {
    print("thirdValues enthält die Elemente von firstValues.")
}
if firstValues.isStrictSubset(of: thirdValues) {
    print("thirdValues enthält die Elemente von firstValues, die beiden Sets sind aber
nicht identisch.")
}
// secondValues enthält die Elemente von firstValues, die beiden Sets sind aber nicht
identisch.
// thirdValues enthält die Elemente von firstValues.
```

Dieses Listing verdeutlicht, das zwar firstValues ein Subset von thirdValues ist, gleichzeitig aber die Funktion isStrictSubset(of:) bei diesem Vergleich false zurückliefert, da beide Sets identisch sind.

isSuperset(of:) und isStrictSuperset(of:)

Mithilfe der beiden Funktionen isSuperset(of:) und isStrictSuperset(of:) überprüfen Sie ebenfalls – genau wie bei den zuvor vorgestellten Funktionen isSubset(of:) und isStrictSubset(of:) –, ob die Elemente eines Sets in einem anderen Set enthalten sind, allerdings hier in umgekehrter Richtung. Die Funktion isSuperset(of:) liefert dann true zurück, wenn alle Elemente des zu vergleichenden Sets im aufrufenden Set enthalten sind. Listing 4.49 zeigt dazu ein Beispiel, in dem die beiden zuvor deklarierten Sets firstValues und secondValues jeweils die genannte Funktion aufrufen und dabei einen Vergleich mit dem jeweils anderen Set anstellen. firstValues ist dabei kein Superset von secondValues, da nicht alle Elemente aus secondValues in firstValues enthalten sind. Umgekehrt ist das aber der Fall, weshalb secondValues ein Superset von firstValues ist.

Listing 4.49 Vergleichen von Sets mittels isSuperset(of:)

```
var firstValues: Set = [19, 99]
var secondValues: Set = [9, 11, 19, 88, 99, 111]
```

```
if firstValues.isSuperset(of: secondValues) {
    print("firstValues enthält die Elemente von secondValues.")
}
if secondValues.isSuperset(of: firstValues) {
    print("secondValues enthält die Elemente von firstValues.")
}
// secondValues enthält die Elemente von firstValues.
```

Die Funktion isStrictSuperset(of:) prüft darüber hinaus, ob die beiden zu vergleichenden Sets identisch sind, und liefert false zurück, wenn das der Fall sein sollte. Dieses Beispiel wird in Listing 4.50 noch einmal hervorgehoben. Die beiden zu vergleichenden Sets firstValues und thirdValues sind identisch, dennoch liefert die Funktion isSuperset(of:) den Wert true zurück. Lediglich bei isStrictSuperset(of:) ist das Ergebnis false.

Listing 4.50 Vergleichen von Sets mittels isStrictSuperset(of:)

```
var firstValues: Set = [19, 99]
var thirdValues: Set = [19, 99]
if firstValues.isSuperset(of: thirdValues) {
    print("firstValues enthält die Elemente von thirdValues.")
}
if firstValues.isStrictSuperset(of: thirdValues) {
    print("firstValues enthält die Elemente von thirdValues, die beiden Sets sind aber
nicht identisch.")
}
// firstValues enthält die Elemente von thirdValues.
```

isDisjoint(with:)

Zu guter Letzt können Sie mithilfe der Funktion isDisjoint(with:) überprüfen, ob zwei Sets überhaupt keine gemeinsamen Elemente besitzen und so komplett unterschiedlich sind. In Listing 4.51 sehen Sie zwei Beispiele dazu.

Listing 4.51 Vergleichen von Sets mittels isDisjoint(with:)

```
var firstValues = [19, 99]
var secondValues = [9, 11, 19, 88, 99, 111]
var thirdValues = [8, 12, 70]
if firstValues.isDisjoint(with: secondValues) {
    print("firstValues und secondValues besitzen keine gemeinsamen Elemente.")
}
if firstValues.isDisjoint(with: thirdValues) {
    print("firstValues und thirdValues besitzen keine gemeinsamen Elemente.")
}
// firstValues und thirdValues besitzen keine gemeinsamen Elemente.
```

Zwar sind firstValues und secondValues nicht identisch, sie besitzen aber gemeinsame Elemente, weswegen die Funktion isDisjoint(with:) in diesem Vergleich false zurückliefert. Anders ist das hingegen beim Vergleich zwischen firstValues und thirdValues. Da diese beiden Sets kein einziges gemeinsames Element besitzen, liefert hier die Funktion isDisjoint(with:) true zurück.

4.6.10 Neue Sets aus bestehenden Sets erstellen

Mithilfe spezieller Funktionen ist es möglich, aus zwei Sets ein komplett neues Set zu erstellen. Als Grundlage dieses Sets dienen die Elemente der beiden anderen Sets, aus denen das neue Set erstellt wird. Die verschiedenen zur Verfügung stehenden Funktionen bestimmen dabei, welche Elemente für das neue Set übernommen werden und welche nicht. So kann ein neues Set alle Elemente der beiden anderen Sets zusammenfassen oder nur diejenigen enthalten, die die beiden anderen Sets gemeinsam haben.

All diese zur Verfügung stehenden Funktionen stelle ich Ihnen nun nacheinander im Detail vor.

union(_:)

Mittels der Funktion union(_:) erstellen Sie ein neues Set, das alle Elemente zweier anderer Sets enthält. Sollten dabei identische Elemente in beiden Sets vorhanden sein, so werden diese nur einmal und nicht doppelt in das neue Set übernommen. In Listing 4.52 sehen Sie ein Beispiel dazu.

Listing 4.52 Erstellen eines neuen Sets mittels union(_:)

```
let oddNumbers: Set = [1, 3, 5, 7, 9]
let primeNumbers: Set = [2, 3, 5, 7]
let unionSet = oddNumbers.union(primeNumbers)
print("unionSet: \(unionSet)")
// unionSet: [5, 7, 2, 3, 1, 9]
```

intersection(_:)

Die Funktion intersection(_:) kreiert ein neues Set, dass sich nur aus den gemeinsamen Elementen zweier anderer Sets zusammensetzt. Alle Elemente, die diese beiden Sets nicht gemeinsam haben, werden auch nicht mit in das neue Set übernommen. Dazu sehen Sie ein Beispiel in Listing 4.53.

Listing 4.53 Erstellen eines neuen Sets mittels intersection(_:)

```
let oddNumbers: Set = [1, 3, 5, 7, 9]
let primeNumbers: Set = [2, 3, 5, 7]
let intersectionSet = oddNumbers.intersection(primeNumbers)
print("intersectionSet: \(intersectionSet)")
// intersectionSet: [5, 7, 3]
```

symmetricDifference(_:)

Mithilfe der Funktion symmetricDifference(_:) erstellen Sie ein neues Set aus denjenigen Elementen zweier Sets, die beide Sets nicht gemeinsam haben; die Funktion entspricht somit dem genauen Gegenteil der zuvor vorgestellten Funktion intersection(_:). Ein Beispiel zu dieser Funktion zeigt Listing 4.54.

Listing 4.54 Erstellen eines neuen Sets mittels `symmetricDifference(_:)`

```
let oddNumbers: Set = [1, 3, 5, 7, 9]
let primeNumbers: Set = [2, 3, 5, 7]
let symmetricDifferenceSet = oddNumbers.symmetricDifference(primeNumbers)
print("symmetricDifferenceSet: \(symmetricDifferenceSet)")
// symmetricDifferenceSet: [2, 9, 1]
```

subtracting(_:)

Zu guter Letzt gibt es noch eine etwas speziellere Funktion zum Erstellen eines neuen Sets aus zwei anderen Sets namens `subtracting(_:)`. Diese Funktion generiert ein Set bestehend aus allen Elementen des Sets, über das diese Funktion aufgerufen wird, und entfernt dabei alle Elemente, die in beiden Sets enthalten sind. Somit bleiben in dem neu erstellten Set nur noch die Elemente übrig, die einzig und allein in dem Set enthalten waren, über das diese Funktion aufgerufen wurde. In Listing 4.55 wird dieses Verhalten anhand eines Beispiels demonstriert.

Listing 4.55 Erstellen eines neuen Sets mittels `subtracting(_:)`

```
let oddNumbers: Set = [1, 3, 5, 7, 9]
let primeNumbers: Set = [2, 3, 5, 7]
let subtractingSet = oddNumbers.subtracting(primeNumbers)
print("subtractingSet: \(subtractingSet)")
// subtractingSet: [9, 1]
```

■ 4.7 Dictionary

Dictionaries sind Arrays sehr ähnlich: Sie verwalten mehrere Elemente eines bestimmten Typs. Allerdings werden diese Elemente nicht über einen Index angesprochen, so wie das bei den Arrays der Fall ist, sondern über eigene sogenannte *Schlüssel*. Alle Schlüssel eines Dictionaries sind auch von einem spezifischen Typ, beispielsweise kann es sich um Integer oder um Strings handeln. Ein Schlüssel wird verwendet, um das zugehörige Element auszulesen und darauf zuzugreifen (ebenso, wie zu diesem Zweck bei Arrays der Index verwendet wird).

Somit setzen sich Dictionaries aus sogenannten *Schlüssel-Wert-Paaren* (Englisch *Key-Value Pairs*) zusammen. Genau wie Sets sind auch Dictionaries nicht sortiert. Mithilfe der Schlüssel ist es aber ohne Weiteres möglich, auf ein gewünschtes Element innerhalb eines Dictionaries zuzugreifen.

Zum Erstellen von Dictionaries steht in Swift der gleichnamige Typ `Dictionary` bereit, der sich wie folgt definiert: `Dictionary<Schlüssel, Wert>`. `Schlüssel` entspricht dabei dem Typ für alle Schlüssel des Dictionaries, während `Wert` den Typ wiedergibt, dem alle Elemente des Dictionaries angehören müssen. Zwar können sich die Typen für Schlüssel und Wert durchaus unterscheiden, die Elemente innerhalb des Dictionaries müssen aber immer dem zum Schlüssel beziehungsweise Wert passenden Typ entsprechen. Dictionaries sind –

genau wie Sets und Arrays – typsicher, weshalb beispielsweise innerhalb eines Dictionaries keine Werte mit verschiedenen Typen gespeichert werden können.

4.7.1 Erstellen eines Dictionaries

Um einer Variablen oder Konstanten direkt ein neues Dictionary zuzuweisen, können Sie die sogenannte *Dictionary Type Shorthand Syntax* verwenden. Es handelt sich dabei um eine Kurzschreibweise zum Erstellen von Dictionaries, wie sie beispielsweise auch für Arrays existiert. Dafür werden die gewünschten Schlüssel-Wert-Paare für ein Dictionary durch Doppelpunkt voneinander getrennt angegeben (erst der Schlüssel, dann der zugehörige Wert). Mehrere Schlüssel-Wert-Paare werden nacheinander durch Komma getrennt aufgeführt. Die gesamte Deklaration eines solchen Dictionaries findet in eckigen Klammern statt. Listing 4.56 zeigt die beispielhafte Erstellung eines solchen Dictionaries.

Listing 4.56 Erstellen eines Dictionaries mit Standardwert

```
let aDictionary = ["FirstKey": "FirstValue", "SecondKey": "SecondValue"]
```

Das Dictionary aDictionary besitzt zwei Schlüssel vom Typ String (FirstKey und SecondKey), denen jeweils ein passender Wert zugewiesen ist (FirstValue und SecondValue, ebenfalls vom Typ String). Damit entspricht das Dictionary dem Typ Dictionary<String, String>. Alle Schlüssel müssen vom Typ String sein, genau wie alle zugehörigen Werte; andere Typen können mit diesem Dictionary nicht verwendet werden.

Den genannten Dictionary-Typ leitet Swift mittels Type Inference automatisch anhand des zugewiesenen Werts ab, weshalb er nicht explizit mittels Type Annotation aufgeführt werden muss. Das ist nur dann nötig, wenn Sie einer Variablen oder Konstanten ein neues leeres Dictionary zuweisen; in diesem Fall hat Swift keinen Anhaltspunkt, welche Typen für die Schlüssel beziehungsweise Werte zum Einsatz kommen sollen, weshalb Sie den exakten Dictionary-Typ selbst mittels Type Annotation angeben müssen. Dabei stehen Ihnen zwei Schreibweisen zur Verfügung: Entweder, Sie verwenden die bereits gezeigte Typ-Syntax in der Form Dictionary<Schlüssel, Wert> oder Sie nutzen stattdessen die Kurzschreibweise [Schlüssel: Wert], wobei Schlüssel und Wert jeweils für den zugehörigen Typ dieser Elemente im Dictionary stehen. In Listing 4.57 sehen Sie beide Möglichkeiten der Deklaration eines neuen Dictionaries mittels Type Annotation. Ein leeres Dictionary erstellen Sie mittels der Syntax [:].

Listing 4.57 Erstellen eines neuen leeren Dictionaries mittels Shorthand Syntax

```
let firstShorthandDictionary: Dictionary<Int, String> = [:]
let secondShorthandDictionary: [Int: String] = [:]
```

Die so erstellten Dictionaries firstShorthandDictionary und secondShorthandDictionary sind vom Typ Dictionary<Int, String>. Die Schlüssel werden also allesamt als Elemente vom Typ Int umgesetzt, während alle Werte dem Typ String entsprechen.

Alternativ zu der in Listing 4.57 verwendeten Syntax [:] zum Erstellen eines neuen leeren Dictionaries können Sie auch die Initializer Syntax nutzen, so wie in Listing 4.58 zu sehen (mehr zur Initialisierung erfahren Sie in Kapitel 8, „Initialisierung").

Listing 4.58 Erstellen eines neuen leeren Dictionaries mittels Initializer Syntax

```
let firstInitializedDictionary = Dictionary<Int, String>()
let secondInitializedDictionary = [Int: String]()
```

Auch hier können Sie sowohl die normale Angabe des Typs (`Dictionary<Int, String>`), gefolgt von runden Klammern, als auch die Shorthand Syntax (ebenfalls gefolgt von runden Klammern) verwenden.

Beide in Listing 4.57 und Listing 4.58 gezeigten Arten zum Erstellen eines neuen leeren Dictionaries führen zum gleichen Ergebnis.

4.7.2 Prüfen, ob ein Dictionary leer ist

Mithilfe der Eigenschaft `isEmpty` können Sie überprüfen, ob ein Dictionary keine Schlüssel-Wert-Paare besitzt und somit leer ist. Die Eigenschaft gibt `true` zurück, sollte das Dictionary leer sein, andernfalls `false`. Ein Anwendungsbeispiel dazu sehen Sie in Listing 4.59.

Listing 4.59 Prüfen, ob ein Dictionary leer ist

```
let emptyDictionary = [String: String]()
let notEmptyDictionary = ["Not": "Empty"]
if emptyDictionary.isEmpty {
    print("emptyDictionary ist leer.")
}
if notEmptyDictionary.isEmpty {
    print("notEmptyDictionary ist leer.")
}
// emptyDictionary ist leer.
```

4.7.3 Anzahl der Schlüssel-Wert-Paare eines Dictionaries zählen

Mithilfe der Eigenschaft `count` des Typs `Dictionary` können Sie die Anzahl der Schlüssel-Wert-Paare eines Dictionaries auslesen (siehe Beispiel in Listing 4.60).

Listing 4.60 Zählen der Schlüssel-Wert-Paare eines Dictionaries

```
let numbers = [19: "Neunzehn", 99: "Neunundneunzig"]
print("numbers enthält \(numbers.count) Schlüssel-Wert-Paare.")
// numbers enthält 2 Schlüssel-Wert-Paare.
```

4.7.4 Wert zu einem Schlüssel eines Dictionaries auslesen

Um auf den Wert eines Dictionaries zuzugreifen und diesen auszulesen, gehen Sie ähnlich vor wie beim Zugriff auf ein Element eines Arrays. Anstatt eines Index übergeben Sie aber den Schlüssel, dessen Wert ausgelesen werden soll.

Zu diesem Zweck verfügen Dictionaries genau wie Arrays über ein Subscript, über das der Schlüssel übergeben wird (mehr zum Thema Subscripts erfahren Sie in Kapitel 7, „Eigenschaften und Funktionen von Typen"). Darüber erhalten Sie ein sogenanntes Optional zurück. Ein Optional besitzt entweder einen spezifischen Wert oder nichts („nichts" wird in Swift mittels des Schlüsselworts nil abgebildet). Der Grund für dieses Vorgehen liegt darin, dass Sie so auch einen Schlüssel über ein Dictionary abfragen können, zu dem es möglicherweise gar keinen Wert gibt. In diesem Fall liefert das Subscript einfach nil zurück, sollte stattdessen ein passender Wert gefunden werden, so erhalten Sie diesen. Es kann also niemals zu einem Crash Ihrer Anwendung kommen, selbst wenn Sie auf einen Schlüssel eines Dictionaries zugreifen, den dieses Dictionary gar nicht besitzt.

Optionals sind noch wesentlich komplexer und funktionsreicher als hier beschrieben, sollen an dieser Stelle aber nicht weiter ausgeführt werden. Ausführliche Informationen zu Optionals erhalten Sie in Abschnitt 4.9, „Optional". Dennoch ist es an dieser Stelle wichtig zu wissen, dass Sie bei der im Folgenden gezeigten Art und Weise zum Auslesen des Schlüssels eines Dictionaries immer ein Optional erhalten, und dieses kann entweder den zugehörigen Wert enthalten (sofern es für den genutzten Schlüssel einen gibt) oder nil. In Listing 4.61 sehen Sie zwei Beispiele dazu.

Listing 4.61 Auslesen des Werts eines Dictionary-Schlüssels

```
var numbers = [19: "Neunzehn", 99: "Neunundneunzig"]
let valueForKey19 = numbers[19]
let valueForKey22 = numbers[22]
print("Schlüssel 19 hat den Wert \(valueForKey19).")
print("Schlüssel 22 hat den Wert \(valueForKey22).")
// Schlüssel 19 hat den Wert Optional("Neunzehn").
// Schlüssel 22 hat den Wert nil.
```

Für die Konstante valueForKey19 wird der Wert für den Schlüssel 19 des Dictionaries zugewiesen, für valueForKey22 derjenige für den Schlüssel 22. Da es in dem genutzten Dictionary numbers keinen Schlüssel 22 gibt, verweist valueForKey22 auf nil. Für den Schlüssel 19 hingegen wird ein Wert gefunden und der Konstanten valueForKey19 zugewiesen. Wundern Sie sich dabei nicht über die Ausgabe des print()-Befehls, in der es nicht etwa *Neunzehn*, sondern *Optional("Neunzehn")* heißt. Das hängt damit zusammen, dass die gezeigte Subscript-Funktion, wie beschrieben, ein sogenanntes Optional zurückliefert. Wie Sie den eigentlichen Wert – in diesem Fall "Neunzehn" – eines solchen Optionals korrekt auslesen und wie Sie generell mit Optionals arbeiten, erfahren Sie in Abschnitt 4.9, „Optional".

4.7.5 Neues Schlüssel-Wert-Paar zu Dictionary hinzufügen

Dictionaries, die als Variable deklariert sind, können um neue Schlüssel-Wert-Paare ergänzt werden (bei Konstanten ist ein nachträgliches Ändern eines bereits erstellten Dictionaries unmöglich). Dazu reicht es aus, mittels Subscript auf den neu zu erstellenden Schlüssel eines Dictionaries zuzugreifen und diesem einfach den gewünschten Wert zuzuweisen. In Listing 4.62 sehen Sie ein Beispiel dazu.

Listing 4.62 Hinzufügen eines neuen Schlüssel-Wert-Paars zu einem Dictionary

```
var numbers = [19: "Neunzehn", 99: "Neunundneunzig"]
numbers[12] = "Zwölf"
print("numbers: \(numbers)")
// numbers: [99: "Neunundneunzig", 12: "Zwölf", 19: "Neunzehn"]
```

Hier wurde das Dictionary numbers um den Schlüssel 12 mit dem Wert Zwölf ergänzt.

Sollte es stattdessen bereits einen Wert für den entsprechenden Schlüssel geben, dann würde dieser durch den neu zugewiesenen Wert überschrieben werden. Ein Beispiel hierzu finden Sie in Abschnitt 4.7.7, „Bestehendes Schlüssel-Wert-Paar aus Dictionary verändern".

4.7.6 Bestehendes Schlüssel-Wert-Paar aus Dictionary entfernen

Es gibt zwei Möglichkeiten, um ein Schlüssel-Wert-Paar aus einem bestehenden Dictionary zu entfernen. Die erste Möglichkeit besteht darin, mittels Subscript auf den zugehörigen Schlüssel zuzugreifen und diesem anschließend nil zuzuweisen. Damit wird das entsprechende Schlüssel-Wert-Paar aus dem Dictionary entfernt. Die zweite Möglichkeit besteht in der Verwendung der Funktion removeValue(forKey:). Dieser übergeben Sie den Schlüssel für das Schlüssel-Wert-Paar, das entfernt werden soll, und die Funktion kümmert sich anschließend um den Rest. In Listing 4.63 sehen Sie die Anwendung beider Vorgehensweisen.

Listing 4.63 Entfernen eines Schlüssel-Wert-Paars aus einem Dictionary

```
var numbers = [12: "Zwölf, 19: "Neunzehn", 99: "Neunundneunzig"]
numbers[19] = nil
numbers.removeValue(forKey: 12)
print("numbers: \(numbers)")
// numbers: [99: "Neunundneunzig"]
```

Bei beiden Vorgehensweisen spielt es keine Rolle, ob der Schlüssel, den Sie entfernen möchten, überhaupt im entsprechenden Dictionary existiert. Sollte das nicht der Fall sein, geschieht schlicht nichts, es kommt also auch nicht zu einem ungewollten Absturz Ihrer Anwendung.

Darüber hinaus gilt wie immer, dass die gezeigten Funktionen zum Entfernen eines Schlüssel-Wert-Paares nur dann funktionieren, wenn das Dictionary als Variable deklariert ist.

4.7.7 Bestehendes Schlüssel-Wert-Paar aus Dictionary verändern

Wenn Sie mit mutable Dictionaries arbeiten, die somit als Variable deklariert und damit veränderbar sind, können Sie nicht nur neue Schlüssel-Wert-Paare hinzufügen und bestehende entfernen, sondern auch die Werte bestehender Schlüssel-Wert-Paare verändern. Dabei gibt es zwei Möglichkeiten.

Die erste davon haben Sie bereits in Abschnitt 4.7.5, „Neues Schlüssel-Wert-Paar zu Dictionary hinzufügen", kennengelernt. Wenn Sie mittels Subscript auf einen Schlüssel zugreifen, der bereits im entsprechenden Dictionary mit einem Wert belegt ist, und diesem Schlüssel einen neuen Wert zuweisen, dann wird der bestehende direkt durch den neuen Wert ersetzt. Alternativ können Sie für diese Aufgabe auch die Funktion `updateValue(_:forKey:)` verwenden, der Sie den gewünschten neuen Wert mitsamt dem zugehörigen Schlüssel als Parameter übergeben. Listing 4.64 zeigt Ihnen beide Vorgehensweisen zum Verändern von Schlüssel-Wert-Paaren eines Dictionaries.

Listing 4.64 Verändern eines bestehenden Schlüssel-Wert-Paars eines Dictionaries

```
var numbers = [19: "Neunzehn", 99: "Neunundneunzig"]
numbers[19] = "Nineteen"
numbers.updateValue("Ninety-nine", forKey: 99)
print("numbers: \(numbers)")
// numbers: [99: "Ninety-nine", 19: "Nineteen"]
```

4.7.8 Alle Schlüssel-Wert-Paare eines Dictionaries auslesen und durchlaufen

Mittels einer `for-in`-Schleife ist es möglich, alle Schlüssel-Wert-Paare eines Dictionaries zu durchlaufen und dabei für jedes einzelne Paar eine gewünschte Aktion innerhalb der Schleife auszuführen. Dabei wird das Dictionary als Wertebereich für die `for-in`-Schleife definiert, während der Platzhalter als Tuple umgesetzt wird (mehr zu Tuples erfahren Sie in Abschnitt 4.8, „Tuple"). Dadurch erhalten Sie pro Schleifendurchlauf gleichermaßen Zugriff auf den jeweiligen Schlüssel sowie auf den zugeordneten Wert. Wie Sie die beiden Platzhalter des Tuples benennen, bleibt Ihnen überlassen. In Listing 4.65 sehen Sie eine beispielhafte Umsetzung einer solchen `for-in`-Schleife für ein Dictionary.

Listing 4.65 Durchlaufen aller Schlüssel-Wert-Paare eines Dictionaries mittels `for-in`

```
var numbers = [12: "Zwölf", 19: "Neunzehn", 99: "Neunundneunzig"]
for (key, value) in numbers {
    print("\(key): \(value)")
}
// 12: Zwölf
// 99: Neunundneunzig
// 19: Neunzehn
```

Falls Sie sich lediglich für alle Schlüssel eines Dictionaries interessieren, können Sie stattdessen aber auch eine `for-in`-Schleife dazu nutzen, eben ausschließlich alle Schlüssel auszulesen. Dazu rufen Sie auf dem gewünschten Dictionary die Eigenschaft `keys` auf und verwenden diese als Wertebereich für die Schleife. Dem Platzhalter können Sie wie sonst auch einen beliebigen Namen verpassen. In Listing 4.66 sehen Sie solch eine `for-in`-Schleife, über die nur die Schlüssel eines Dictionaries ausgelesen und durchlaufen werden.

Listing 4.66 Durchlaufen aller Schlüssel eines Dictionaries mittels `for-in`

```
var numbers = [12: "Zwölf", 19: "Neunzehn", 99: "Neunundneunzig"]
for key in numbers.keys {
    print("Schlüssel: \(key)")
}
```

```
// Schlüssel: 12
// Schlüssel: 99
// Schlüssel: 19
```

Umgekehrt ist es genauso möglich, nur die Werte eines Dictionaries mittels for-in zu durchlaufen und auszulesen. Statt der Eigenschaft keys greifen Sie dafür auf die Eigenschaft values zu (siehe Listing 4.67).

Listing 4.67 Durchlaufen aller Werte eines Dictionaries mittels for-in

```
var numbers = [12: "Zwölf", 19: "Neunzehn", 99: "Neunundneunzig"]
for value in numbers.values {
    print("Wert: \(value)")
}
// Wert: Zwölf
// Wert: Neunundneunzig
// Wert: Neunzehn
```

■ 4.8 Tuple

Bei Tuple handelt es sich um einen besonderen Typ in Swift. Er besitzt keine feste Bezeichnung wie Int, Bool oder String, sondern setzt sich stattdessen aus zwei oder mehrerer vorhandener Typen zusammen, wodurch ein ganz neuer Typ entsteht; ein Tuple eben. Somit stellt ein Tuple eine Zusammenfassung mehrerer zusammengehöriger Werte dar. Anhand eines Beispiels soll dieses Prinzip erläutert werden.

Nehmen wir an, Sie wollen eine Person mit ihrem Namen und ihrem Alter abbilden. In diesem Fall benötigen Sie zwei zusammenhängende Informationen, eben den Namen einer Person sowie ihr zugehöriges Alter. Ersterer lässt sich über einen String abbilden, letzteres über einen Int. Mithilfe eines Tuples können Sie beide Informationen aber in einem einzigen Wert zusammenfassen. Ein Beispiel dazu sehen Sie in Listing 4.68.

Listing 4.68 Erstellen von Personen mithilfe eines Tuples

```
let thomas = ("Thomas", 28)
let michaela = ("Michaela", 25)
let tobias = ("Tobias", 21)
```

Ein Tuple wird erzeugt, indem mindestens zwei Werte innerhalb runder Klammern kommaseparert zusammengefasst werden. In dem gezeigten Beispiel setzt sich das Tuple aus einem String mit dem Namen und einem Integer mit dem Alter zusammen. Beide Informationen sind nun gemeinsam in einem einzigen Wert gespeichert, der jeweils den zugehörigen Konstanten thomas, michaela und tobias zugewiesen ist. Dabei entsprechen die gezeigten Tuples dem folgenden Typ: (String, Int). So wie Bool, Array und Dictionary Typen in Swift sind, werden mit Tuples ebenfalls Typen definiert, die sich aus wenigstens zwei vorhandenen Typen zusammensetzen.

Ein Beispiel eines anderen Tuples sehen Sie in Listing 4.69. Dort sollen Lottozahlen abgebildet werden. Die dafür deklarierte Konstante lottozahlen stellt ein Tuple dar und ist vom Typ (Int, Int, Int, Int, Int, Int, Int).

Listing 4.69 Abbilden von Lottozahlen mittels Tuple

```
let lottozahlen = (7, 9, 1, 8, 6, 8, 3)
```

Tuples erlauben es somit, eigene Typen aus mehreren bestehenden Typen zu definieren und damit mehrere zusammenhängende Werte in einem einzigen Wert zusammenzufassen. Sie können in einem Tuple beliebig viele Werte, auch unterschiedlichen Typs, angeben.

Diese Eigenschaften eines Tuples sind natürlich auch beim Zuweisen eines neuen Werts zu beachten, denn dieser Wert muss dann exakt dem Typ des Tuples entsprechen. Dazu zeigt Listing 4.70 ein Beispiel, in dem der Variablen lottozahlen zweimal ein neuer Wert zugewiesen wird. Der Wert muss dabei dem ursprünglichen Wert, mit dem die Variable definiert wurde (nämlich (Int, Int, Int, Int, Int, Int, Int)) entsprechen, andernfalls kommt es zu einem Compiler-Fehler.

Listing 4.70 Ändern des Werts eines Tuples

```
var lottozahlen = (7, 9, 1, 8, 6, 8, 3)
lottozahlen = (8, 33, 32, 43, 22, 1, 9)
lottozahlen = (41, 2, 30, 34, 10, 49, 1)
```

Das ist wie mit dem Versuch, einem String einen Integer (Int) zuweisen zu wollen; auch das ist schlicht nicht möglich, und genauso verhält es sich auch bei mit Tuples definierten Typen.

4.8.1 Zugriff auf die einzelnen Elemente eines Tuples

Da ein Tuple aus mehreren Werten besteht, muss es natürlich auch eine passende Möglichkeit geben, auf die einzelnen Werte zuzugreifen. Aus diesem Grund wird für jeden Wert eines Tuples ein eigener Index definiert, über den der Wert angesprochen werden kann. Dieser Index beginnt – genau wie bei Arrays – bei 0 und wird pro Wert um eins hochgezählt. Der Index wird dabei als Eigenschaft auf der zugehörigen Variablen oder Konstanten aufgerufen. Listing 4.71 zeigt dazu ein Beispiel.

Listing 4.71 Zugriff auf die Werte eines Tuples

```
let thomas = ("Thomas", 28)
let name = thomas.0
let age = thomas.1
print("Name: \(name), Alter: \(age)")
// Name: Thomas, Alter: 28
```

Selbstredend ist diese Form des Zugriffs auf die Werte eines Tuples nicht besonders leserlich oder verständlich, da nicht ersichtlich ist, um was es sich bei den Verweisen 0 und 1 et cetera handelt. Aus diesem Grund können allen Werten eines Tuples auch eigene Bezeichner vorangestellt werden, gefolgt von einem Doppelpunkt und dem anschließenden Wert.

Dieser Bezeichner kann dann alternativ zum Index verwendet werden, um den entsprechenden Wert des Tuples anzusprechen, wobei der numerische Index noch immer zusätzlich funktioniert und alternativ verwendet werden kann.

Wie die Deklaration und der Einsatz solcher Bezeichner konkret aussehen kann, zeigt Listing 4.72.

Listing 4.72 Deklaration und Verwendung von Bezeichnern für die Werte eines Tuples

```
let lori = (name: "Lori", age: 18)
let name = lori.name
let age = lori.age
print("Name: \(name), Alter: \(age)")
// Name: Lori, Alter: 18
```

Die Indexe beziehungsweise Bezeichner eines Tuples können darüber hinaus auch dazu verwendet werden, den zugehörigen Wert zu ändern (sofern das Tuple einer Variablen und nicht einer Konstanten zugeordnet ist), so wie in Listing 4.73 zu sehen.

Listing 4.73 Ändern des Werts eines Tuples.

```
var lori = (name: "Lori", age: 18)
lori.age = 19
```

4.8.2 Tuple und switch

Eine switch-Abfrage bietet im Zusammenspiel mit einem Tuple weitere spannende Funktionen, die über das in Kapitel 3, „Schleifen und Abfragen", bereits Gezeigte hinausgehen.

Zunächst einmal können Tuple innerhalb einer switch-Abfrage genauso überprüft werden, wie bereits bekannt. Jeder Wert eines Tuples kann also abgefragt werden, auch mittels einer Range. Listing 4.74 zeigt dazu ein Beispiel.

Listing 4.74 Prüfen eines Tuples mittels switch

```
let thomas = ("Thomas", 28)
switch thomas {
case ("Thomas", 18...30):
    print("Thomas ist zwischen 18 und 30 Jahre alt.")
case ("Thomas", 30...40):
    print("Thomas ist zwischen 30 und 40 Jahre alt.")
case ("Thomas", 40...80):
    print("Thomas ist zwischen 40 und 80 Jahre alt.")
default:
    break
}
// Thomas ist zwischen 18 und 30 Jahre alt.
```

Falls bestimmte Werte eines Tuples für Ihre Abfrage irrelevant sind, dann können Sie diese aus einem Case ausschließen, indem Sie einen Unterstrich _ für sie setzen. Dadurch spielen sie bei der Auswertung der Bedingung der Abfrage keine Rolle und werden ignoriert. In Listing 4.75 wird das beim Namenswert des Tuples entsprechend umgesetzt, um nur noch das Alter auszuwerten; ganz gleich, welcher Name gesetzt ist.

Listing 4.75 Ignorieren bestimmter Werte eines Tuples in einer switch-Abfrage

```
let michaela = ("Michaela", 25)
switch michaela {
case (_, 0...17):
    print("Jemand ist zwischen 0 und 17 Jahre alt.")
case (_, 18...23):
    print("Jemand ist zwischen 18 und 23 Jahre alt.")
case (_, 24...30):
    print("Jemand ist zwischen 24 und 30 Jahre alt.")
default:
    print("Jemand ist älter als 30 Jahre.")
}
// Jemand ist zwischen 24 und 30 Jahre alt.
```

In manchen Fällen spielen die konkreten Werte eines Tuples innerhalb einer switch-Abfrage keine Rolle (so wie eben gezeigt). Wenn Sie aber dennoch den zugehörigen Wert innerhalb eines Case-Blocks auslesen und verwenden möchten, können Sie dazu für den zugehörigen Wert eine temporäre Variable oder Konstante definieren. Die erlaubt Ihnen lesenden Zugriff auf den Wert. Dieses Vorgehen wird auch als *Value Binding* bezeichnet. Ein passendes Beispiel dazu sehen Sie in Listing 4.76.

Listing 4.76 Zugriff auf bestimmte Werte eines Tuples mittels Value Binding

```
let tobias = ("Tobias", 21)
switch tobias {
case (let name, 0...17):
    print("\(name) ist zwischen 0 und 17 Jahre alt.")
case (let name, 18...23):
    print("\(name) ist zwischen 18 und 23 Jahre alt.")
case (let name, 24...30):
    print("\(name) ist zwischen 24 und 30 Jahre alt.")
default:
    print("\(name) ist älter als 30 Jahre.")
}
// Tobias ist zwischen 18 und 23 Jahre alt.
```

In dem gezeigten Beispiel wird der erste Wert des Tuples in jedem Case-Block einer temporären Konstanten namens name zugewiesen, auf die dann wie gewohnt zugegriffen werden kann. Auch können Sie diesen Wert alternativ als Variable definieren und dann sogar innerhalb des jeweiligen Case-Blocks verändern. Diese Änderung steht allerdings ausschließlich innerhalb des jeweiligen Case-Blocks zur Verfügung, außerhalb davon hat sie keine Bedeutung. Auf diese Art und Weise ist es sogar möglich, temporär die Werte eines als Konstante deklarierten Tuples zu verändern (so wie im Beispiel in Listing 4.77 zu sehen).

Listing 4.77 Zugriff auf bestimmte Werte eines Tuples als Variable mittels Value Binding

```
let tobias = ("Tobias", 21)
switch tobias {
case (var name, 18...23):
    name = "Thomas"
    print("\(name) ist zwischen 18 und 23 Jahre alt.")
default:
    break
}
```

```
print("Wert 0 von tobias ist: \(tobias.0)")
// Thomas ist zwischen 18 und 23 Jahre alt.
// Wert 0 von tobias ist: Tobias
```

Hier wird der Name des Tuples innerhalb des passenden Case-Blocks geändert und anschließend verwendet. Diese Änderung hat aber keine Auswirkungen auf den im Tuple `tobias` gesetzten Namen. Dieser bleibt davon gänzlich unberührt (was das zweite `print()`-Statement am Ende des Listings noch einmal verdeutlicht).

Wenn alle Werte eines Tuples mithilfe temporärer Konstanten oder Variablen für einen Case abgebildet werden sollen, dann kann dafür auch eine Kurzschreibweise verwendet werden, statt für jeden Typ mittels vorangestelltem `let` oder `var` eine passende temporäre Konstante oder Variable zu deklarieren. Das funktioniert allerdings nur, wenn alle Werte einheitlich entweder als Konstanten oder als Variable verwendet werden sollen. Gibt es hierbei eine Mischung zwischen Variablen und Konstanten, muss weiterhin das bisher gezeigte Verfahren verwendet werden.

Die genannte Kurzschreibweise beginnt mit dem Schlüsselwort `let` oder `var` (eben je nachdem, ob man die Werte temporär als Konstanten oder Variablen deklarieren möchte), gefolgt von runden Klammern. Zwischen den runden Klammern werden dann einfach kommasepariert voneinander die gewünschten Parameternamen pro Wert des Tuples nacheinander aufgeführt.

Darüber hinaus ist zu beachten, dass ein solcher Case für ein Tuple immer `true` ist und somit auf jeden Fall ausgeführt wird. Schließlich gibt es für diese Werte dann keinerlei zu erfüllende Bedingung und sie werden lediglich temporären Konstanten oder Variablen zugewiesen. Daher kann bei Verwendung eines solchen Cases auch auf den ansonsten notwendigen `default`-Block innerhalb der `switch`-Abfrage verzichtet werden, da sichergestellt ist, dass in jedem Fall einer der definierten Case-Blöcke aufgerufen wird. Alternativ kann natürlich trotzdem ein `default`-Block angeboten werden, was aber nur Sinn macht, wenn dieser mithilfe des Schlüsselworts `fallthrough` auch entsprechend aufgerufen wird, da er ansonsten nie ausgeführt werden würde. In Listing 4.78 sehen Sie ein Beispiel dazu.

Listing 4.78 Zugriff auf alle möglichen Werte eines Tuples mittels Value Binding

```
let thomas = ("Thomas", 28)
switch thomas {
case (let name, 0...23):
    print("\(name) ist zwischen 0 und 23 Jahre alt.")
case let (name, age):
    print("\(name) ist stattdessen \(age) Jahre alt.")
}
// Thomas ist stattdessen 28 Jahre alt.
```

In diesem Zusammenhang verfügen Tuples im Zusammenspiel mit `switch` über eine weitere mächtige Funktion, die es ermöglicht, gleichermaßen den Wert eines Tuples einer temporären Konstanten oder Variablen zuzuweisen und gleichzeitig diesen Wert gegen eine bestimmte Bedingung zu prüfen. Dafür wird ein solcher Case-Block am Ende (vor dem abschließenden Doppelpunkt) um das Schlüsselwort `where` ergänzt, gefolgt von der zu stellenden Bedingung. Listing 4.79 zeigt ein Beispiel dazu.

Listing 4.79 Abfragen von Werten eines Tuples mittels `where`

```
let thomas = ("Thomas", 28)
switch thomas {
case let (name, age) where name == "Thomas" && age == 28:
    print("Thomas ist 28 Jahre alt.")
case let (_, age) where age == 28:
    print("Jemand anders ist 28 Jahre alt.")
case let (name, age):
    print("\(name) ist stattdessen \(age) Jahre alt.")
}
// Thomas ist 28 Jahre alt.
```

Wie Sie sehen, können dabei auch mehrere Bedingungen mithilfe logischer Operatoren miteinander verknüpft werden.

◼ 4.9 Optional

Optionals sind ein besonderes Sprachmerkmal von Swift. Sie erlauben es, die zugewiesenen Werte für eine Variable oder Konstante als *optional* zu deklarieren. Das bedeutet, dass die jeweilige Variable oder Konstante möglicherweise nicht über einen passenden Wert des zugehörigen Typs dieser Variablen oder Konstanten verfügt.

Etwas Besonderes ist dieses Verfahren in Swift vor allem deshalb, da es im Umkehrschluss bedeutet, dass jede Variable und Konstante, die nicht als Optional deklariert ist, in jedem Fall über einen validen Wert verfügen muss. Dadurch wird sichergestellt, dass beim Zugriff auf eine nicht-optionale Variable oder Konstante auch immer ein passender Wert zurückgeliefert wird.

Optionals kennen zwei Zustände:

- `none`: Die Variable oder Konstante besitzt keinen Wert.
- `some`: Die Variable oder Konstante besitzt einen Wert.

Besitzt ein Optional keinen Wert, erhält man beim Zugriff darauf `nil`. Dabei bedeutet `nil` so viel wie „Diese Variable oder Konstante besitzt keinen Wert". Damit weist uns `nil` darauf hin, wenn ein Wert fehlt und nicht vorhanden ist. `nil` kann auch ausschließlich Optionals zugewiesen werden, da Nicht-Optionals immer über einen passenden Wert verfügen müssen und daher niemals `nil` entsprechen können.

Besitzt ein Optional hingegen einen Wert, so kann dieser *entpackt* werden, um über das Optional auf den Wert zuzugreifen.

 Jeder Typ kann ein Optional sein

Jeder Typ in Swift kann bei der Verwendung für Variablen, Konstanten, Parameter und Rückgabewerte als Optional deklariert werden, um so darauf hinzuweisen, dass an der entsprechenden Stelle möglicherweise kein passender Wert zur Verfügung steht. Auch selbst definierte Typen können problemlos im Zusammenspiel mit Optionals verwendet werden.

4.9.1 Deklaration eines Optionals

Nach diesen theoretischen Grundlagen betrachten wir das Ganze nun einmal in der Praxis. Dabei beginnen wir mit der Deklaration einer Variablen oder Konstanten als Optional. Dabei wird das Fragezeichen ? verwendet und dem Typ der jeweiligen Variablen beziehungsweise Konstanten angehängt, um so zu signalisieren, dass es sich hierbei um ein Optional handelt (siehe Listing 4.80).

Listing 4.80 Deklaration eines Optionals

```
var anOptional: String? = "Ein optionaler String"
```

Die Variable anOptional wird hier mithilfe der Type Annotation als Optional vom Typ String deklariert. Die Type Annotation ist in diesem Falle wichtig, da Swift andernfalls den Typ dieser Variablen auf String gesetzt hätte. Denn genau genommen ist die Variable anOptional nun nicht mehr vom Typ String, sondern stattdessen vom Typ String?. Das Zusammenspiel zwischen Typ und Optional definiert einen eigenen Typ, der eben optional ist und somit auch nil entsprechen kann. Das ist beispielhaft in Listing 4.81 zu sehen. Dort wird der eben deklarierten Variablen anOptional statt einem Wert nil zugewiesen,. Gleichzeitig wird eine neue Variable aNonOptional vom nicht-optionalen Typ String deklariert und ihr versucht, ebenfalls nil zuzuweisen, was zu einem Compiler-Fehler führt. Ein solcher nicht-optionaler Typ muss immer einen validen Wert (in diesem Falle also einen String) besitzen und kann niemals nil sein.

Listing 4.81 Verwendung von nil

```
anOptional = nil // In Ordnung
var aNonOptional: String = nil // Fehler, nicht-optionaler Typ kann niemals nil sein.
```

Einsatzgebiete von Optionals

Optionals spielen immer dann eine wichtige Rolle, wenn bestimmte Eigenschaften, Variablen, Konstanten, Funktionsparameter oder Rückgabewerte von Funktionen nicht zwingend über einen Wert verfügen müssen. In Swift müssen nämlich alle Nicht-Optionals immer zwingend einen validen Wert besitzen, und genau dieses Verhalten ist nicht immer gewünscht beziehungsweise in manchen Fällen gar nicht korrekt. Daher ist es mithilfe der Optionals möglich, eine bestimmte Eigenschaft als optional zu kennzeichnen, womit eindeutig ersichtlich ist, dass sie möglicherweise keinen Wert besitzt.

4.9.2 Zugriff auf den Wert eines Optionals

Um auf den Wert eines Optionals zuzugreifen, muss das Optional *entpackt* werden. Bei diesem Vorgehen wird der eigentliche Wert des Optionals ermittelt und ausgelesen, sodass er verwendet werden kann. Das Entpacken geschieht mithilfe des Ausrufezeichens !. Wird es an ein Optional angefügt, so greift man darüber auf den zugrunde liegenden Wert des Optionals zu und gibt diesen weiter. Dieses Vorgehen wird auch als *Forced Unwrapping* bezeichnet.

Listing 4.82 demonstriert das Ganze einmal recht anschaulich. Als Basis dient wieder die als Optional deklarierte Variable `anOptional` vom Typ `String?` aus Listing 4.80. Diese Variable wird zwei Konstanten zugewiesen und beim ersten Mal mithilfe des Ausrufezeichens `!` entpackt. Beim zweiten Mal wird die Variable ohne jegliche Anpassung zugewiesen. Das Ergebnis: Die erste Konstante `unwrappedOptional` entspricht dem Typ `String` und enthält den Wert, den das Optional besessen hat. Die zweite Konstante `notUnwrappedOptional` hingegen ist – genau wie die Variable `anOptional` – vom Typ `String?` (das Fragezeichen am Ende des Typnamens macht den Unterschied) und somit wieder selbst ein Optional.

Listing 4.82 Entpacken eines Optionals

```
anOptional = "Ein optionaler String"
let unwrappedOptional = anOptional!
let notUnwrappedOptional = anOptional
// unwrappedOptional ist vom Typ String
// notUnwrappedOptional ist vom Typ String?
```

Das explizite Entpacken eines Optionals ist besonders wichtig, wenn tatsächlich der zugrunde liegende Wert des Optionals weitergegeben werden muss. Dazu zeigt Listing 4.83 ein weiteres Beispiel. Dort erwartet eine Funktion namens `greetUser(withName:)` einen Namen vom Typ `String` als Parameter, um diesen anschließend in Form einer Begrüßung auszugeben. Anschließend wird ein Name in Form einer optionalen Variablen vom Typ `String?` deklariert. Der Versuch, dieses Optional ohne explizites Entpacken mittels Ausrufezeichen `!` an die Funktion zu übergeben, würde umgehend zu einem Compiler-Fehler führen. Schließlich erwartet die Funktion einen Wert vom Typ `String` und nicht vom Typ `String?` (auch hier macht wieder das Fragezeichen am Ende des Typnamens den entscheidenden Unterschied). Daher ist hier das gezeigte Entpacken des Optionals zwingend notwendig, um die Funktion aufrufen zu können.

Listing 4.83 Weitergabe eines optionalen Werts an einen nicht-optionalen Parameter

```
func greetUser(withName name: String) {
    print("Hallo \(name)!")
}
var optionalName: String? = "Thomas"
greetUser(withName: optionalName!)
// Hallo Thomas!
```

Allerdings birgt das bisher gezeigte Vorgehen zum Entpacken eines Optionals auch ein Risiko: Entspricht ein Optional `nil` und es wird versucht, auf den Wert dieses Optionals (den es dann ja gar nicht gibt) mithilfe des `!` zuzugreifen, so führt das umgehend zum Absturz der entsprechenden Anwendung. Optionals dürfen also immer nur dann mittels `!` entpackt werden, wenn es absolut sicher ist, dass sie über einen validen Wert verfügen.

Um genau das sicherzustellen, besteht die einfachste Möglichkeit darin, das entsprechende Optional in Form einer `if`-Abfrage gegen `nil` zu prüfen. Entspricht das Optional `nil`, verfügt es über keinen Wert und kann nicht entpackt werden, andernfalls ist aber umgekehrt das Entpacken problemlos möglich, da dann feststeht, dass ein valider Wert vorhanden ist. Listing 4.84 zeigt in Ergänzung zu Listing 4.83 dieses Vorgehen einmal beispielhaft, indem der Wert der optionalen Variablen `optionalName` nicht sofort entpackt, sondern zunächst mithilfe einer `if`-Abfrage geprüft wird, ob die Variable über einen validen Wert verfügt. Nur wenn das der Fall ist, wird auch die Funktion `greetUser(withName:)` mit dem entsprechenden Wert des Optionals aufgerufen.

Listing 4.84 Prüfen eines Optionals auf Vorhandensein eines Werts

```
if optionalName != nil {
    greetUser(withName: optionalName!)
} else {
    print("Kein valider Name vorhanden.")
}
// Hallo Thomas!
```

Ist das Optional nun `nil`, schlägt eine solche Prüfung fehl und entsprechend darf das Optional auch keinesfalls entpackt werden. Das ist sehr gut in Listing 4.85 zu sehen. Dort wird der Variablen `optionalName` zunächst `nil` (sprich kein Wert) zugewiesen und anschließend erneut die Prüfung gegen `nil` durchgeführt. Da dieses Mal kein valider Wert existiert, wird dieser nun auch nicht fälschlicherweise entpackt und für eine Funktion verwendet, sondern stattdessen eine alternative `print()`-Ausgabe durchgeführt.

Listing 4.85 Verhindern des Entpackens eines Optionals ohne zugehörigen Wert

```
optionalName = nil
if optionalName != nil {
    greetUser(withName: optionalName!)
} else {
    print("Kein valider Name vorhanden.")
}
// Kein valider Name vorhanden.
```

4.9.3 Optional Binding

Swift bietet aber noch eine alternative Syntax an, die die Arbeit mit Optionals deutlich vereinfacht: das sogenannte *Optional Binding*.

Beim Optional Binding wird ein Optional mithilfe einer `if`-Abfrage gegen `nil` geprüft und gleichzeitig der Wert dieses Optionals (sofern ein solcher existiert) entpackt und einer temporären Konstanten zugewiesen. Innerhalb des `if`-Blocks verfügt dann diese temporäre Konstante bereits direkt über den entpackten Wert des Optionals, ohne dass man selbst diesen Wert mithilfe des Ausrufezeichens `!` entpacken muss. Sollte das Optional hingegen keinen Wert besitzen und somit `nil` sein, dann wird der `if`-Block einfach nicht ausgeführt und die temporäre Konstante niemals erstellt. Hier kann dann zusätzlich mit beliebigen `else if`-Blöcken oder einem `else`-Block gearbeitet werden, so wie von `if`-Abfragen bekannt (siehe dazu auch das Kapitel 3, „Schleifen und Abfragen").

Die grundlegende Syntax einer `if`-Abfrage mit Optional Binding zeigt Listing 4.86.

Listing 4.86 Deklaration einer `if`-Abfrage mit Optional Binding

```
if let <TEMPORÄRE KONSTANTE> = <OPTIONAL> {
    <AUSZUFÜHRENDER CODE WENN OPTIONAL UNGLEICH NIL>
}
```

In Listing 4.87 sehen Sie ein Beispiel dazu. Dort wird ein Name, der in Form einer Variablen optionalName vom Typ String? gehalten wird, mithilfe einer if-Abfrage und Optional Binding gegen nil geprüft. Ist ein Wert vorhanden, so wird dieser mittels der temporären Konstanten direkt ausgegeben (diese muss nicht mehr mittels ! entpackt werden, da das Entpacken an dieser Stelle bereits durch das Optional Binding automatisch geschehen ist). Andernfalls wird eine Info ausgegeben, dass kein passender Name gefunden wurde.

Listing 4.87 Entpacken eines Optionals mittels Optional Binding

```
var optionalName: String? = "Thomas"
if let name = optionalName {
    print("Der Name lautet \(name).")
} else {
    print("Kein Name vorhanden.")
}
// Der Name lautet Thomas.
```

Mittels Optional Binding können auch mehrere Optionals in Form einer einzigen Bedingung auf die gezeigte Art und Weise geprüft und im Erfolgsfall einer jeweils eigenen temporären Konstanten zugewiesen werden. Dazu werden nach der ersten Bedingung jeweils durch ein Komma getrennt alle weiteren gewünschten Zuweisungen im Stil von let <TEMPORÄRE KONSTANTE> = <OPTIONAL> durchgeführt. Die Bedingung selbst ist nur dann erfüllt, wenn alle so abgefragten Optionals über einen Wert verfügen. Liefert auch nur eine von ihnen nil zurück, wird der zugehörige Code-Block nicht ausgeführt. In Listing 4.88 ist das beispielhaft demonstriert. Würde dort eine der drei abgefragten Konstanten nil entsprechen, würde der Code innerhalb des if-Blocks nicht ausgeführt werden.

Listing 4.88 Optional Binding mit mehreren Bedingungen

```
let firstOptional: Int? = 19
let secondOptional: Int? = 99
let thirdOptional: Int? = 1881
if let firstInt = firstOptional, let secondInt = secondOptional, let thirdInt =
thirdOptional {
    print("\(firstInt + secondInt + thirdInt)")
}
// 1999
```

Neben einer temporären Konstanten kann auch eine temporäre Variable beim Optional Binding erzeugt werden. Ersetzen Sie in diesem Fall einfach die Konstantendeklaration mittels let durch var. Dann kann der Wert des Optionals innerhalb des if-Blocks nicht nur ausgelesen, sondern auch geändert werden. Bedenken Sie aber, dass die temporäre Konstante oder Variable nur innerhalb des zugehörigen if-Blocks zur Verfügung steht; außerhalb davon ist sie nicht bekannt und kann somit auch nicht verwendet werden.

Optional Binding kann darüber hinaus auch im Zusammenspiel mit einer while-Schleife sowie einer guard-Abfrage verwendet werden. In letzterem Fall steht die temporäre Variable oder Konstante nicht innerhalb des else-Blocks zur Verfügung, sondern im darauffolgenden Code außerhalb der geschweiften Klammern.

4.9.4 Implicitly Unwrapped Optional

Neben dem bisher gezeigten Verfahren zur Deklaration und zum Entpacken von Optionals gibt es in Swift noch eine zweite Variante. Dabei handelt es sich um sogenannte *Implicitly Unwrapped Optionals*. Sie unterscheiden sich von den bisher gezeigten Optionals auf zwei Arten:

- Sie werden mittels eines Ausrufezeichens ! und nicht mittels eines Fragezeichens ? am Ende des zugehörigen Typnamens deklariert.
- Beim Zugriff auf den Wert des Optionals muss dieses nicht mittels Forced Unwrapping entpackt werden.

In der Praxis sieht das wie in Listing 4.89 aus. Dort wird der Deklaration eines „klassischen" Optionals die eines Implicitly Unwrapped Optionals gegenübergestellt.

Listing 4.89 Deklaration eines Implicitly Unwrapped Optionals

```
let forcedUnwrappedOptional: String? = "Forced Unwrapping"
let implicitUnwrappedOptional: String! = "Implicit Unwrapping"
```

Zunächst einmal handelt es sich bei beiden deklarierten Konstanten um Optionals, sprich beide besitzen möglicherweise keinen Wert und entsprächen somit nil. Doch die Arbeit mit diesen beiden Elementen unterscheidet sich.

Wann immer man auf die zweite Konstante implicitUnwrappedOptional zugreift, wird umgehend deren Wert ausgelesen. Ein zusätzliches Entpacken wie bei der Konstanten forcedUnwrappedOptional ist nicht notwendig.

Genau dieses Verhalten wird in Listing 4.90 demonstriert. Dort wird eine Variable vom Typ String deklariert und ihr nacheinander die Werte der beiden in Listing 4.89 generierten Konstanten zugewiesen. Damit die Zuweisung des Werts der Konstanten forcedUnwrappedOptional funktioniert, muss dieser zwingend mittels Forced Unwrapping und dem entsprechenden Setzen eines Ausrufezeichens ! erfolgen. Beim Zuweisen der Konstanten implicitUnwrappedOptional ist das nicht notwendig, da deren Wert bereits automatisch beim Zugriff auf die Konstante entpackt wird.

Listing 4.90 Zugriff auf den Wert eines Implicitly Unwrapped Optional

```
var aString: String
aString = forcedUnwrappedOptional!
aString = implicitUnwrappedOptional
```

Bei der Arbeit mit Implicitly Unwrapped Optionals ist aber Vorsicht geboten, denn sollten diese nil entsprechen und es erfolgt ein Zugriff darauf, führt das umgehend zum Absturz der Anwendung. Daher gilt es auch hier, im Zweifel das Optional zuvor beispielsweise mittels einer if-Abfrage gegen nil zu prüfen und es nur dann zu verwenden, wenn es tatsächlich einen konkreten Wert besitzt. Auch Optional Binding ist mit Implicit Unwrapped Optionals möglich.

Einsatzgebiet von Implicitly Unwrapped Optionals

Der Einsatz von Implicitly Unwrapped Optionals ist immer dann ideal, wenn eine Variable oder Konstante zwar prinzipiell nil sein kann, dies in der Regel aber nach der erstmaligen Zuweisung eines Wertes nicht mehr sein wird. Anstatt in solchen Fällen immer explizit mittels Forced Unwrapping auf den zugrunde liegenden Wert des Optionals zuzugreifen, kann ein Implicitly Unwrapped Optional dann wie jede andere Variable und Konstante auch direkt verwendet werden.

Sollte sich hingegen der Wert einer Variablen oder Konstanten programmbedingt auch nach Zuweisung eines ersten Werts wieder auf nil ändern können, sollten Sie in jedem Fall „normale" Optionals verwenden und an diesen Stellen auf den Einsatz von Implicitly Unwrapped Optionals verzichten. ∎

4.9.5 Optional Chaining

Optionals können nicht nur einzeln, sondern auch in Form einer Art „Kette" nacheinander abgefragt und geprüft werden. Diese als *Optional Chaining* bezeichnete Technik erlaubt es, mehrere als Optional deklarierte Eigenschaften und Funktionen in einem einzigen Aufruf zu prüfen. Verfügen alle dabei geprüften Optionals über einen Wert, erhält man diesen am Ende zurück. Entspricht hingegen auch nur ein einziges Optional innerhalb dieser Kette nil, dann liefert automatisch die gesamte Kette auch nil zurück.

Listing 4.91 verdeutlicht das Prinzip des Optional Chaining zunächst einmal in seinen Grundzügen.

Listing 4.91 Deklaration der Klassen Driver und Vehicle sowie Erstellung einer Driver-Instanz thomas

```
class Driver {
    var vehicle: Vehicle?
}
class Vehicle {
    var maxSpeed: Int = 200
}
var thomas = Driver()
```

Dieses Beispiel enthält zwei Klassen: Driver und Vehicle. Die Klasse Driver verfügt über eine optionale Property vehicle, die einen Wert vom Typ Vehicle enthalten kann. Die Klasse Vehicle wiederum verfügt hier beispielhaft nur über eine Property maxSpeed mit dem Standardwert 200. Zu guter Letzt wird eine Variable thomas erstellt, der eine neue Instanz der Klasse Driver zugewiesen wird.

Was wäre nun, wenn man über die neue Variable thomas auf die Property maxSpeed von vehicle zugreifen möchte? Nach unserem bisherigen Kenntnisstand wäre dafür der in Listing 4.92 gezeigte Aufruf vonnöten.

Listing 4.92 Zugriff über mehrere Eigenschaften mittels Forced Unwrapping

```
var currentMaxSpeed = thomas.vehicle!.maxSpeed
```

Wir hangeln uns hier von der Variablen `thomas` über deren Property `vehicle` wiederum zu der Property `maxSpeed` und weisen den entsprechenden Wert der neuen Variablen `currentMaxSpeed` zu. So weit, so gut. Ebenfalls muss der Wert der Property `vehicle` mithilfe von Forced Unwrapping „ausgepackt" werden, da es sich ja schließlich um ein Optional handelt; auch das wissen wir inzwischen. Doch genau damit entsteht an dieser Stelle ein fataler Fehler: Ein Aufruf, wie er hier gezeigt wird, führt zum Absturz der Anwendung während der Laufzeit. Schließlich verfügt unsere Variable `thomas` nach deren Initialisierung über keinen Wert für die Property `vehicle`. Diese entspricht `nil`, und der Versuch, `nil` mittels Forced Unwrapping auszupacken, führt unweigerlich zum Absturz der Anwendung. Wir müssen hier also anders vorgehen.

Nach dem, was wir bisher gelernt haben, sähe eine mögliche Lösung für dieses Problem so wie in Listing 4.93 zu sehen aus.

Listing 4.93 Prüfen einer Eigenschaft mittels Optional Binding

```
var currentMaxSpeed: Int
if let currentVehicle = thomas.vehicle {
    currentMaxSpeed = currentVehicle.maxSpeed
} else {
    currentMaxSpeed = 0
}
```

Per Optional Binding wird hier geprüft, ob die Property `vehicle` der Variablen `thomas` einen Wert besitzt. Falls ja, wird über `vehicle` auf den Wert der Property `maxSpeed` zugegriffen und dieser wiederum der Variablen `currentMaxSpeed` zugewiesen, andernfalls wird `currentMaxSpeed` einfach auf 0 gesetzt.

Das ist prinzipiell in Ordnung, wird aber spätestens dann eine Tortur, wenn man *mehr als ein* Optional innerhalb eines solchen Aufrufs prüfen möchte. Dies soll ein Beispiel in Listing 4.94 verdeutlichen.

Listing 4.94 Zugriff auf mehrere Optionals hintereinander

```
class Driver {
    var vehicle: Vehicle?
}
class Vehicle {
    var maxSpeed: Int = 200
    var currentSpeed: Int?
}
var thomas = Driver()
var currentSpeed: Int = 0
if let currentVehicle = thomas.vehicle {
    if let speed = currentVehicle.currentSpeed {
        currentSpeed = speed
    }
}
```

In diesem Beispiel wird die Klasse `Vehicle` um eine weitere optionale Property namens `currentSpeed` ergänzt. Um nun diese aus unserer Variablen `thomas` auszulesen, müsste man mit verschachteltem Optional Binding arbeiten. Das ist nicht nur eine Menge Schreibarbeit, sondern auch extrem unübersichtlich und fehleranfällig. Und genau hier kommt das eingangs erwähnte Optional Chaining ins Spiel.

Optional Chaining erlaubt es, Optionals auch direkt und ohne Unterbrechung innerhalb eines verschachtelten Aufrufs zu verwenden und abzufragen. Dabei zeigt Listing 4.95, wie die entsprechende Lösung mittels Optional Chaining für den Zugriff auf die Property maxSpeed von Vehicle aussieht.

Listing 4.95 Zugriff auf ein Optional mittels Optional Chaining

```
var maxSpeed = thomas.vehicle?.maxSpeed
```

Anstatt den Wert der Property vehicle hier mittels Forced Unwrapping abzufragen, setzen wir stattdessen erneut das Fragezeichen ?. Damit geben wir an, dass wir nicht wissen, ob die Property vehicle an dieser Stelle über einen Wert verfügt. Das geht so weit, dass die Property maxSpeed wiederum nur abgefragt wird, wenn eben ein entsprechender Wert für vehicle existiert; falls nicht, liefert dieses gesamte Konstrukt stattdessen einfach nil zurück.

Sie erinnern sich noch an den verschachtelten Aufruf mittels Optional Binding von eben? Auch dieser kann dank Optional Chaining einfach und bequem abgekürzt werden, wie Listing 4.96 zeigt.

Listing 4.96 Prüfen mehrerer Optionals mittels Optional Chaining

```
if let currentSpeed = thomas.vehicle?.currentSpeed {
    print("currentSpeed entspricht: \(currentSpeed)")
}
```

Anstatt jedes Optional separat abzufragen, können die Optionals mithilfe von Optional Chaining in einem einzigen Aufruf direkt nacheinander abgefragt werden. Am Ende erhält man dann entweder den gewünschten Wert des letzten Glieds dieser Kette oder nil zurück.

 Kein Fragezeichen ? für letztes Glied der Optional Chain

Wie Sie an dem Beispiel von eben sehen, muss das letzte Glied einer Optional Chaining-Kette – auch wenn es sich wie bei der Property currentSpeed ebenfalls um ein Optional handelt – nicht mittels Fragezeichen ? gekennzeichnet werden. Nur alle Optionals, die bis zu diesem letzten Glied abgefragt werden, müssen beim Optional Chaining mit dem Fragezeichen ? versehen werden.

Das Verhalten von Optional Chaining – dass man entweder den letzten gewünschten Wert aus der Kette oder eben nil erhält – führt dazu, dass Swift intern den letzten abgefragten Wert immer als Optional deklariert, selbst wenn dieser Wert im Code gar nicht als Optional implementiert wurde. Das soll Listing 4.97 einmal verdeutlichen.

Listing 4.97 Verhalten beim Zugriff auf nicht-optionale Properties über Optional Chaining

```
class Driver {
    var vehicle: Vehicle?
}
class Vehicle {
    var maxSpeed: Int = 200
    var currentSpeed: Int?
```

```
}
var thomas = Driver()
if let currentMaxSpeed = thomas.vehicle?.maxSpeed {
    print("currentMaxSpeed entspricht: \(currentMaxSpeed)")
}
```

Die Property maxSpeed ist innerhalb der Klasse Vehicle eindeutig nicht als Optional deklariert. Dennoch ist der Rückgabewert beim Optional Chaining in der Zeile thomas.vehicle?.
maxSpeed nicht Int (was ja dem Typ der Property maxSpeed entspricht), sondern Int?. Swift
wandelt den Rückgabewert an dieser Stelle automatisch in ein Optional um, denn die
Abfrage von maxSpeed liefert nur dann einen Wert zurück, wenn die gesamte Kette erfolgreich durchlaufen wird. Andernfalls erhält man nil, und das ist bei einer nicht-optionalen
Property wie maxSpeed ansonsten unmöglich.

 Optional Chaining zum Verändern von Werten

Optional Chaining kann nicht nur – wie bisher gezeigt – zum Abfragen von
Werten aus einer Kette mit optionalen Properties genutzt werden. Auch das
Verändern von Werten ist mithilfe von Optional Chaining möglich. Dazu zeigt
Listing 4.98 ein Beispiel.

Listing 4.98 Verändern von Werten über Optional Chaining

```
class Driver {
    var vehicle: Vehicle?
}
class Vehicle {
    var maxSpeed: Int = 200
    var currentSpeed: Int?
}
var thomas = Driver()
thomas.vehicle?.maxSpeed = 300
```

Es wird eine Instanz der Klasse Driver erstellt und der Variablen thomas
zugewiesen. Anschließend wird über diese Variable die Property vehicle
und darüber wiederum die Property maxSpeed aufgerufen und deren Wert
geändert. Dieser Code verursacht weder einen Absturz noch einen Fehler,
da hier auf die optionale Property vehicle mittels Fragezeichen ? in einer
Optional Chain zugegriffen wird. Diese Zeile sagt somit aus: „Wenn ein Wert
für vehicle existiert, dann ändere maxSpeed auf 300, andernfalls tue nichts."
Dank Optional Chaining ist dieser Code somit sicher und verursacht kein
falsches oder fehlerhaftes Verhalten der Anwendung, da der Befehl an dieser
Stelle – das Zuweisen des Werts 300 zur Property maxSpeed – nur ausgeführt
wird, wenn ein entsprechender Wert für die optionale Property vehicle
existiert.

Optional Chaining mit Subscripts

Wenn Sie Optional Chaining in Zusammenhang mit Subscripts verwenden, um damit einen spezifischen Wert abzufragen, so müssen Sie in diesem Fall das Fragezeichen ? nach dem Namen der Property und vor die eckigen Klammern mit den Parametern des Subscripts setzen. Das in Listing 4.99 gezeigte abgewandelte Beispiel stellt diesen Umstand dar.

Listing 4.99 Verwendung von Optional Chaining mit Subscripts

```
class Driver {
    var vehicles: Array<Vehicle>?
}
class Vehicle {
    var maxSpeed: Int = 200
    var currentSpeed: Int?
}
var thomas = Driver()
if let currentMaxSpeed = thomas.vehicles?[0].maxSpeed {
    print("currentMaxSpeed entspricht: \(currentMaxSpeed)")
}
```

4.9.6 Optional Chaining über mehrere Eigenschaften und Funktionen

Was Optional Chaining zu einem so mächtigen und wirkungsvollen Mechanismus macht, ist die Tatsache, dass es sich über „unendlich viele" Elemente erstrecken kann. Das erlaubt es, einen Wert über mehrere „Ebenen" (sprich verschiedenste unterschiedliche Eigenschaften und Funktionen von unterschiedlichen Typen) hinweg abzufragen. Das folgende Beispiel soll dieses komplexe Verhalten verdeutlichen und auch Optional Chaining selbst noch ein wenig detaillierter erklären. Grundlage für dieses Beispiel sind die in Listing 4.100 deklarierten Klassen und ihre zugehörige Implementierung.

Listing 4.100 Deklaration verschiedener Klassen mit optionalen Properties

```
class Address {
    var street: String?
    var houseNumber: Int?
    var postalCode: String?
}
class Driver {
    var name: String?
    var address: Address?
}
class Vehicle {
    var driver: Driver?
    var manufacturer: String?
    var maxSpeed: Int?
    var currentSpeed: Int?
}
```

Zunächst wäre da die Klasse `Address`, die drei optionale Properties besitzt: `street`, `houseNumber` und `postalCode`. Als Nächstes haben wir die Klasse `Driver`, die über eine optionale Property `name` sowie eine weitere optionale Property `address` verfügt. Letztere ist vom Typ `Address` und entspricht somit einer Instanz der eben vorgestellten Klasse `Address`. Zu guter Letzt folgt noch die Klasse `Vehicle`, die über die optionalen Properties `manufacturer`, `maxSpeed` und `currentSpeed` verfügt. Darüber hinaus nimmt sie über die – ebenfalls optionale – Property `driver` eine Instanz der Klasse `Driver` entgegen.

So weit der Grundaufbau dieses Beispiels. Beginnen wir nun damit, eine neue Instanz der Klasse `Vehicle` zu erstellen. Darüber hinaus wollen wir gleich mithilfe von Optional Binding und Optional Chaining einen Wert abfragen, nämlich die Straße unseres Fahrers der neuen Instanz von `Vehicle` (siehe Listing 4.101).

Listing 4.101 Erstellen einer `Vehicle`-Instanz und Zugriff auf Adressinformationen mittels Optional Chaining

```
var myVehicle = Vehicle()
if let driversStreet = myVehicle.driver?.address?.street {
    print("Der Fahrer wohnt in einer Straße namens \(driversStreet).")
} else {
    print("Dem Fahrer ist keine Straße zugeordnet.")
}
// Dem Fahrer ist keine Straße zugeordnet.
```

Zunächst einmal zum Ergebnis dieser Abfrage: Da bisher die Property `driver` unserer neuen Instanz `myVehicle` der Klasse `Vehicle` über keinen Wert verfügt und somit `nil` entspricht, kann auch keine passende Adresse und somit auch keine Straße gefunden werden.

Spannend ist hierbei die Länge der Optional Chain (`myVehicle.driver?.address?.street`). Ausgehend von `myVehicle` interessiert uns die Property `street` der Klasse `Address`. Also hangeln wir uns durch: Zuerst fragen wir die Property `driver` ab. Da diese optional ist und – wie in unserem Fall – über keinen Wert verfügen muss, kennzeichnen wir sie entsprechend mittels Fragezeichen `?`. Über diese mögliche Instanz der Klasse `Driver` wiederum können wir auf die Property `address` zugreifen. Da diese aber auch optional ist, kennzeichnen wir sie ebenfalls entsprechend. Anschließend fragen wir noch von dieser möglichen Instanz der Klasse `Address` den letztlich gesuchten Wert der Property `street` ab.

Sobald ein erster optionaler Wert innerhalb dieser Kette `nil` entspricht, bricht Swift die Abfrage ab und liefert direkt als Ergebnis `nil` zurück. Zu diesem Zeitpunkt geschieht das bereits beim Abfragen der Property `driver`. Da diese `nil` ist, kann es folglich auch keine zugeordnete Adresse und keine Straße geben.

Mit diesem Wissen gehen wir einen Schritt weiter und weisen der Property `driver` unserer Variablen `myVehicle` eine neue Instanz der Klasse `Driver` zu. Anschließend vergeben wir noch einen Namen für den Fahrer und fragen dann die Hausnummer von dessen Adresse ab (siehe Listing 4.102).

Listing 4.102 Zuweisen und Auslesen von Werten mittels Optional Chaining

```
myVehicle.driver = Driver()
myVehicle.driver?.name = "Thomas"
if let driversHouseNumber = myVehicle.driver?.address?.houseNumber {
    print("Der Fahrer wohnt im Haus mit der Hausnummer \(driversHouseNumber).")
```

```
  } else {
    print("Dem Fahrer ist keine Hausnummer zugeordnet.")
  }
// Dem Fahrer ist keine Hausnummer zugeordnet.
```

Hier kommt gleich zweimal Optional Chaining zum Einsatz, zunächst beim Setzen der Property name des Fahrers. Da driver eine optionale Property ist und über keinen Wert verfügen muss, wird diese Property mit einem Fragezeichen ? gekennzeichnet. Sollte driver nun über keinen Wert verfügen, wäre das nicht weiter tragisch: Swift würde die Zuweisung abbrechen und es würde nichts weiter geschehen.

 Zugriff mittels !

Da wir wissen, dass driver an dieser Stelle einen passenden Wert besitzt, hätten wir den Zuweisungsbefehl auch mittels Forced Unwrapping durchführen können (myVehicle.driver!.name = "Thomas"). Allerdings würde dieses Vorgehen zum Absturz der Anwendung führen, sollte bei Ausführung eines solchen Befehls die driver-Property nil entsprechen.

Da wir zuvor eine neue Instanz von driver erstellt und dieser Property zugewiesen haben, funktioniert auch die Zuweisung des Namens an dieser Stelle fehlerfrei; die Instanz driver hält nun den Namen Thomas in ihrer Property name.

Als Nächstes folgt die Abfrage der Hausnummer der Adresse des Fahrers. Auch hier werden wieder die optionalen Properties driver und address innerhalb der Optional Chain mithilfe des Fragezeichens ? gekennzeichnet. Dieses Mal geht die Abfrage ein Element weiter: Da die Property driver unserer Variablen myVehicle nun einen Wert besitzt, fragt sie als Nächstes deren optionale Property address ab. Da diese aber nil entspricht, bricht auch hier erneut die weitere Ausführung ab und die Optional Chain liefert nil als Ergebnis zurück.

Um nun dieses Beispiel abzuschließen, wird in Listing 4.103 eine neue Instanz der Klasse Address erstellt und der Property address des Fahrers zugewiesen.

Listing 4.103 Zuweisen mehrerer Werte mittels Optional Chaining

```
myVehicle.driver?.address = Address()
myVehicle.driver?.address?.street = "Kettererstraße"
myVehicle.driver?.address?.houseNumber = 6
myVehicle.driver?.address?.postalCode = "63739"
if let driversPostalCode = myVehicle.driver?.address?.postalCode {
  print("Die Postleitzahl des Fahrers lautet \(driversPostalCode).")
} else {
  print("Dem Fahrer ist keine Postleitzahl zugeordnet.")
}
// Die Postleitzahl des Fahrers lautet 63739.
```

Per Optional Chaining wird jeder Property der Klasse Address ein passender Wert zugewiesen. Da die abgefragten Ketten allesamt für ihre optionalen und mit einem Fragezeichen ? gekennzeichneten Properties einen Wert zurückliefern, funktioniert auch die Zuweisung der entsprechenden Werte für Straße, Hausnummer und Postleitzahl einwandfrei.

Zu guter Letzt folgt eine letzte Abfrage per Optional Binding und Optional Chaining nach der Postleitzahl des Fahrers von myVehicle. Da nun ein Wert für alle Properties innerhalb dieser Optional Chain existiert, liefert diese Abfrage nicht nil, sondern den passenden Wert (63739) zurück.

Optional Chaining mit Methoden

Optional Chaining kann mit allen Eigenschaften und Funktionen verwendet werden, die ein Optional zurückliefern. Neben den in den bisherigen Beispielen gezeigten optionalen Properties gilt das somit auch beispielsweise für Methoden, die einen optionalen Wert zurückgeben können. Um das einmal praktisch zu demonstrieren, wird in Listing 4.104 die Klasse Address um zwei neue Methoden ergänzt, von denen eine (formattedStreet()) ein Optional vom Typ String? zurückliefert.

Listing 4.104 Erweiterung der Klasse Address um eine Methode mit optionalem Rückgabewert

```
class Address {
    var street: String?
    var houseNumber: Int?
    var zipCode: String?
    func printInfo() {
        print("Straße: \(street), Hausnummer: \(houseNumber),
Postleitzahl: \(zipCode)")
    }
    func formattedStreet() -> String? {
        if street != nil && houseNumber != nil {
            return "\(street!) \(houseNumber!)"
        }
        return nil
    }
}
```

Die beiden neuen Methoden printInfo() und formattedStreet() können nun auch über Optional Chaining aufgerufen und verwendet werden. Allerdings werden die entsprechenden Methoden auch nur dann ausgeführt, wenn die Kette nicht zuvor aufgrund eines fehlenden Werts nil zurückliefert. Das ist beispielhaft in Listing 4.105 demonstriert, in dem zunächst eine einfache Instanz der Klasse Vehicle erstellt wird (und somit dazu noch keinerlei Adressinformationen existieren). Ein Aufruf der beiden Methoden von dieser Vehicle-Instanz aus führt zunächst ins Leere, da weder die Eigenschaft driver noch address zu diesem Zeitpunkt über einen Wert verfügen. Die Werte werden im Anschluss nach und nach ergänzt, und sobald alle Optionals gesetzt sind, werden auch die Methoden erfolgreich ausgeführt.

Listing 4.105 Zugriff auf Methoden mittels Optional Chaining

```
var myVehicle = Vehicle()
myVehicle.driver?.address?.printInfo()
// Nichts passiert, da driver nil ist
```

```
myVehicle.driver = Driver()
myVehicle.driver?.address?.printInfo()
// Nichts passiert, da address nil ist

myVehicle.driver?.address = Address()
myVehicle.driver?.address?.street = "Kettererstraße"
myVehicle.driver?.address?.houseNumber = 6
myVehicle.driver?.address?.zipCode = "63739"
myVehicle.driver?.address?.printInfo()
// Methode wird ausgeführt
// Straße: Optional("Kettererstraße"), Hausnummer: Optional(6),
Postleitzahl: Optional("63739")
```

Das geht sogar so weit, dass selbst als optional deklarierte Rückgabewerte
von Methoden innerhalb einer Optional Chain verarbeitet werden können.
Demonstriert wird das beispielhaft in Listing 4.106, in dem der optionale
Rückgabewert der Methode formattedStreet() mittels Optional Binding
abgefragt wird.

Listing 4.106 Verwenden von Methoden mittels Optional Binding

```
if let street = myVehicle.driver?.address?.formattedStreet() {
    print("Der Fahrer wohnt in: \(street).")
}
// Der Fahrer wohnt in: Kettererstraße 6.
```

Methoden und Properties können somit beide uneingeschränkt und parallel
innerhalb einer Optional Chain verwendet werden.

■ 4.10 Any und AnyObject

Die Typen Any und AnyObject sind eine Besonderheit in Swift. Sie verweisen auf Werte,
die einem beliebigen anderen Typ entsprechen. Bei Any kann es sich um jeden beliebigen
Typ handeln, während AnyObject ebenfalls einen beliebigen Typ erwartet, der aber über
eine Klasse deklariert sein muss (Typen aus Enumerations und Structures kommen bei
AnyObject also nicht infrage). Mit diesen Typen ist es möglich, die starke Typsicherheit von
Swift aufzuheben und so beispielsweise einem Array Werte verschiedener Typen zu übergeben, indem man es als [Any] deklariert.

Die Typen Any und AnyObject spielen beim sogenannten *Type Casting* eine zentrale Rolle.
Mehr zur Verwendung von Any und AnyObject sowie dem Type Casting erfahren Sie in
Kapitel 12, „Type Checking und Type Casting".

■ 4.11 Type Alias

Mithilfe eines Type Alias ist es möglich, einen bereits existierenden Typ über einen anderen Bezeichner zu verwenden und aufzurufen. Sie vergeben also einen passenden Namen für einen bereits vorhandenen Typ und können über diesen neuen Namen nun dieselben Funktionen und Eigenschaften aufrufen wie über den eigentlichen Typ auch. Ein solcher Type Alias wird wie in Listing 4.107 gezeigt erstellt. Gewünschter Name entspricht dabei dem Bezeichner, den Sie gerne verwenden möchten, und Zugrunde liegender Typ verweist auf den eigentlichen Typ, den Sie auch mithilfe Ihres neuen Bezeichners ansprechen und verwenden möchten.

Listing 4.107 Deklaration eines Type Alias

```
typealias <Gewünschter Name> = <Zugrunde liegender Typ>
```

Type Alias werden gerne in Situationen verwendet, in denen man die Funktionalität eines bereits vorhandenen Typs benötigt, diesen Typ aber aufgrund des situationsbedingten Kontexts anders, sprich eindeutiger, benennen und verwenden möchte. Wenn Sie beispielsweise in einer Anwendung an bestimmten Stellen explizit mit Namen zu tun haben und das auch entsprechend hervorheben möchten, ein solcher Name aber letzten Endes ein Wert vom Typ String ist, dann können Sie für Ihre Zwecke einen passenden Type Alias definieren, so wie in Listing 4.108 zu sehen.

Listing 4.108 Erstellen und Verwenden eines Type Alias

```
typealias Name = String
var myName: Name = "Thomas"
myName.append(" Sillmann")
```

Hier wird ein Type Alias namens Name für den Typ String erstellt. Der neu definierte Typ Name lässt sich exakt so verwenden wie der zugrunde liegende Typ String.

■ 4.12 Value Type versus Reference Type

Jeder Typ in Swift entspricht einem von zwei Arten:

- Value Type
- Reference Type

Um was für eine Art von Typ es sich handelt, ist davon abhängig, wie der jeweilige Typ definiert ist. Basiert ein Typ auf einer Enumeration oder Structure, so handelt es sich bei ihm um einen Value Type. Basiert er hingegen auf einer Klasse, handelt es sich um einen Reference Type.

Der wesentliche Unterschied zwischen Value und Reference Type macht sich beim Zuweisen von Werten entsprechender Typen bemerkbar. Value Types werden bei einer Zuweisung *kopiert*, sprich jede Variable, der ein Value Type zugewiesen wird, besitzt ihre eigene

Kopie und Änderungen an diesem Wert wirken sich nur auf die Variable aus, an der die Änderung erfolgt. Die Werte von Reference Types hingegen werden bei einer Zuweisung *nicht kopiert*. Stattdessen wird – wie der Name bereits andeutet – eine *Referenz* zu diesem Wert übergeben. Bei dieser Referenz handelt es sich um die Adresse im Speicher, unter der der zugehörige Wert zu finden ist. Dieses Prinzip hat aber zur Folge, dass eine Änderung dieses Werts für alle Variablen gilt, die auf diesen Wert verweisen. Sie zeigen alle auf dieselbe Speicherstelle und verweisen damit auch alle auf die gleiche Änderung.

Um dieses Verhalten und die damit einhergehenden Auswirkungen zu demonstrieren, finden Sie zunächst einmal in Listing 4.109 ein Beispiel für die Verwendung von Value Types. Der Typ String der Swift Standard Library ist ein solcher Value Type, was bedeutet, dass die Zuweisung eines solchen Werts zu einer Variablen oder Konstanten dazu führt, dass dieser Wert *kopiert* wird. In Listing 4.109 geschieht genau das. Zunächst wird eine neue Variable namens firstString erstellt und ihr ein neuer Wert zugewiesen. Anschließend wird eine weitere Variable namens secondString erstellt und dieser der Wert von firstString zugewiesen. Dadurch wird der Wert von firstString für die Variable secondString kopiert, jede der Variablen besitzt also seine eigene Kopie des Strings. Eine Änderung von firstString hat somit keine Änderung von secondString zur Folge, und umgekehrt. Genau dieses Verhalten wird auch in Listing 4.109 demonstriert, indem am Ende der Wert von firstString noch einmal erweitert wird. Anschließend werden die Werte beider Variablen mithilfe von print() ausgegeben. Das Ergebnis: Jede Variable besitzt ihren eigenen Wert, da jede mit ihrer eigenen Kopie des eingangs erstellten Strings arbeitet.

Listing 4.109 Funktionsweise von Value Types

```
var firstString = "Thomas"
var secondString = firstString
firstString.append(" Sillmann")
print("firstString: \(firstString)")
print("secondString: \(secondString)")
// firstString: Thomas Sillmann
// secondString: Thomas
```

Die Funktionsweise von Reference Types wird vergleichend dazu in Listing 4.110 gezeigt. In diesem wird eine Variable vom Typ NSMutableString erstellt und genutzt. NSMutableString ist eine Klasse aus Apples Foundation-Framework und soll hier beispielhaft zur Verdeutlichung von Reference Types dienen. Ähnlich wie der Typ String aus der Swift Standard Library kann NSMutableString dazu verwendet werden, Zeichenketten zu erstellen und diese zu bearbeiten. Da es sich aber bei NSMutableString um eine Klasse – und nicht wie bei String um eine Structure – handelt, gehört NSMutableString eben auch zu den genannten Reference Types.

Dabei sehen wir in Listing 4.110 das prinzipiell identische Vorgehen wie in Listing 4.109. Es wird eine neue Variable namens firstMutableString erstellt und ihr ein Wert vom Typ NSMutableString zugewiesen. Anschließend wird eine weitere Variable namens secondMutableString erzeugt und dieser der Wert von firstMutableString zugewiesen.

Genau bei diesem Schritt kommt es nun aber zum entscheidenden Unterschied zwischen Value Types und Reference Types. Dieses Mal erhält die zweite Variable keine *Kopie* des Werts von firstMutableString, sondern einen *Verweis* auf den zugehörigen Wert. Das bedeutet also, das firstMutableString und secondMutableString beide auf denselben Wert im Speicher zugreifen und nicht beide mit jeweils einer eigenen Kopie arbeiten. Das hat zur Folge, dass eine Änderung des Werts über die eine Variable den Wert genauso auch für die andere Variable ändert. Genau das geschieht sodann im nächsten Schritt in Listing 4.110. Auf der Variablen firstMutableString wird eine Funktion der Klasse NSMutableString aufgerufen, um den zugrunde liegenden Wert um eine weitere Zeichenkette zu ergänzen. Anschließend werden sowohl der Wert von firstMutableString als auch der von secondMutableString mithilfe von print() ausgegeben. Das Ergebnis zeigt, dass sich auch der Wert von secondMutableString geändert hat, obwohl diese Variable selbst gar nicht geändert wurde. Der Grund dafür ist, dass secondMutableString auf dieselbe Speicherstelle und damit auch auf den geänderten Wert verweist.

Listing 4.110 Funktionsweise von Reference Types

```
var firstMutableString = NSMutableString(string: "Thomas")
var secondMutableString = firstMutableString
firstMutableString.append(" Sillmann")
print("firstMutableString: \(firstMutableString)")
print("secondMutableString: \(secondMutableString)")
// firstMutableString: Thomas Sillmann
// secondMutableString: Thomas Sillmann
```

 Pointer

Das Prinzip von Reference Types ist vergleichbar mit Pointern aus anderen Programmiersprachen wie C, C++ oder Objective-C. Tatsächlich sind Variablen und Konstanten, die einem Reference Type entsprechen, zu vergleichen mit einem Pointer aus anderen Programmiersprachen, in denen der Pointer auf eine bestimmte Speicherstelle verweist, an der sich die zugehörige Referenz des zu speichernden Werts befindet. Allerdings ist von diesem Verhalten in Swift nichts an der Oberfläche (sprich beim Schreiben von Code) ersichtlich. Es muss kein * gesetzt werden, um einen Reference Type beziehungsweise Pointer zu erstellen. Das Erstellen von Variablen und Konstanten ist immer identisch, ganz gleich ob ihnen ein Value Type oder ein Reference Type zugewiesen wird. Dennoch ist es wichtig, den Unterschied dieser beiden Typen zu kennen, um möglicherweise fehlerhaftes oder ungewolltes Verhalten im eigenen Code zu verhindern.

4.12.1 Reference Types auf Gleichheit prüfen

Mit dem Wissen über die Unterschiede von Value Types und Reference Types gewappnet, kann es in manchen Fällen sinnvoll sein, zu prüfen, ob zwei Variablen beziehungsweise Konstanten eines Reference Types auf dieselbe Referenz verweisen. Diese Bedingung ist nicht zu verwechseln mit der Frage, ob der *Wert* von zwei Variablen beziehungsweise Konstanten identisch ist (wie es mithilfe der Vergleichsoperatoren == und != geklärt werden kann). Wenn man stattdessen wissen möchte, ob zwei Variablen eines Reference Types auf exakt denselben Wert im Speicher zeigen (und eben nicht nur den gleichen Wert besitzen, auch wenn dieser womöglich mehrmals an weiteren Stellen im Speicher vorkommt), können dazu die Vergleichsoperatoren `===` und `!==` verwendet werden. Ein Vergleich zweier Variablen oder Konstanten eines Reference Types mittels `===` gibt dann `true` zurück, wenn beide auf dieselbe Referenz im Speicher verweisen, andernfalls `false`. Der Vergleich mit `!==` funktioniert genau umgekehrt.

Zum besseren Verständnis zeigt Listing 4.111 ein einfaches Beispiel. Darin werden zunächst zwei Variablen erstellt und ihnen jeweils ein neuer Wert vom Typ `NSMutableString` zugewiesen. Anschließend wird überprüft, ob beide Variablen auf dieselbe Referenz verweisen, wobei die Bedingung `false` zurückliefert. Zwar sind beide Variablen in Bezug auf ihren Wert identisch, jedoch ist jeder Wert eine eigens erstellte Referenz und belegt somit jeweils eine eigene Stelle im Speicher.

Listing 4.111 Prüfen auf Gleichheit von Referenzen (1)

```
var firstMutableString = NSMutableString(string: "Thomas")
var secondMutableString = NSMutableString(string: "Thomas")
if firstMutableString === secondMutableString {
    print("Variablen verweisen auf dieselbe Referenz.")
} else {
    print("Variablen verweisen nicht auf dieselbe Referenz.")
}
// Variablen verweisen nicht auf dieselbe Referenz.
```

Anders sieht es hingegen in Listing 4.112 aus. Dort werden ebenfalls zwei Variablen vom Typ `NSMutableString` erstellt, wobei der zweiten Variablen der Wert (und damit die Referenz) der ersten Variablen zugewiesen wird. Selbst wenn sich der Wert anschließend durch eine der beiden Variablen verändert, verweisen sie nichtsdestoweniger noch immer auf dieselbe Referenz, weshalb ein Vergleich der beiden Variablen mittels `===` auch `true` zurückliefert.

Listing 4.112 Prüfen auf Gleichheit von Referenzen (2)

```
var firstMutableString = NSMutableString(string: "Thomas")
var secondMutableString = firstMutableString
firstMutableString.append(" Sillmann")
if firstMutableString === secondMutableString {
    print("Variablen verweisen auf dieselbe Referenz.")
} else {
    print("Variablen verweisen nicht auf dieselbe Referenz.")
}
// Variablen verweisen auf dieselbe Referenz.
```

5 Funktionen

Innerhalb von Funktionen werden ein oder mehrere Befehle zusammengefasst. Diese zusammengefassten Befehle können dann allesamt per Aufruf der entsprechenden Funktion ausgeführt werden. Statt also wieder und wieder bestimmte Befehlsabfolgen an verschiedenen Stellen im Code zu schreiben, können diese auch in Form einer Funktion zusammengefasst werden.

Deklariert wird eine neue Funktion in Swift mithilfe des Schlüsselworts func. Darauf folgt der gewünschte Name für die Funktion und am Ende des Namens wird ein rundes Klammernpaar gesetzt. Die eigentlichen Befehle, die eine Funktion dann ausführen soll, werden anschließend zwischen geschweiften Klammern definiert. Listing 5.1 zeigt den grundlegenden Aufbau einer Funktion in Swift.

Listing 5.1 Aufbau einer Funktion

```
func <Name der Funktion>() {
    <Auszuführende Befehle>
}
```

Aufgerufen wird eine Funktion durch Angabe des Funktionsnamens und einem anschließenden Klammernpaar.

Ein erstes einfaches Beispiel einer Funktion inklusive zugehörigem Aufruf sehen Sie in Listing 5.2. Dort wird eine Funktion namens printStatements() deklariert, innerhalb derer drei verschiedene print()-Aufrufe zusammengefasst werden. Anschließend wird diese Funktion mithilfe des Befehls printStatements() aufgerufen und deren Code ausgeführt.

Listing 5.2 Funktion zum Ausführen dreier print()-Befehle

```
func printStatements() {
    print("Hallo Welt!")
    print("Hallo User!")
    print("Hallo Swift!")
}
printStatements()
// Hallo Welt!
// Hallo User!
// Hallo Swift!
```

Grundsätzlich sollten Funktionsnamen auf den Zweck einer Funktion hinweisen. Sie sollten immer mit einem Kleinbuchstaben beginnen und jedes zusätzlich enthaltene Wort sollte mit einem Großbuchstaben eingeleitet werden (ebenso wie in `printStatements()`).

■ 5.1 Funktionen mit Parametern

Funktionen können auch sogenannte *Parameter* entgegennehmen. Für diese Parameter müssen dann beim Aufruf der entsprechenden Funktion passende Werte übergeben werden. Die Funktion kann dann auf diese Werte zugreifen und sie für die eigenen Befehle verwenden.

Parameter einer Funktion werden innerhalb der runden Klammern nach dem Funktionsnamen definiert. Ein Parameter besteht dabei aus zwei Bestandteilen:

- Einem frei wählbaren Parameternamen (vergleichbar mit einem Variablen- oder Konstantennamen)
- Dem Typ des Parameters

Beide Informationen werden – voneinander getrennt durch einen Doppelpunkt – innerhalb der runden Klammern einer Funktion angegeben. Der Parametername kann dann direkt innerhalb der Funktion zum Zugriff auf den entsprechenden Wert benutzt werden. Dabei verhält sich der Parameter innerhalb der Funktion wie eine Konstante, er kann also nicht geändert werden (wie dieses Verhalten angepasst werden kann, erfahren Sie in den folgenden Abschnitten).

Neben der veränderten Deklaration unterscheidet sich auch der Aufruf einer Funktion, die über einen oder mehrere Parameter verfügt. Nach dem Funktionsnamen muss innerhalb der runden Klammern ebenfalls der Parametername gefolgt von einem Doppelpunkt angegeben werden. Nach diesem Doppelpunkt folgt dann der gewünschte Wert, der beim Aufruf der Funktion verwendet werden soll.

Ein erstes einfaches Beispiel dazu zeigt Listing 5.3. Dort wird eine neue Funktion namens `greet(user:)` erstellt, die als Parameter einen String erwartet. Dieser String wird dann innerhalb der Funktion verwendet, um einen Benutzer zu begrüßen. Der Parameter ist mit `user` benannt und entspricht dem Typ `String`. Diese beiden Informationen werden in der Deklaration der Funktion festgelegt.

Listing 5.3 Funktion mit Parametern zum Ausgeben einer Begrüßung

```
func greet(user: String) {
    print("Hallo, \(user)!")
}
greet(user: "Thomas")
greet(user: "Michaela")
greet(user: "Tobias")
// Hallo, Thomas!
// Hallo, Michaela!
// Hallo, Tobias!
```

Anschließend wird die neue Funktion `greet(user:)` insgesamt dreimal aufgerufen. Innerhalb der runden Klammern wird zunächst der Parametername `user` angegeben, gefolgt von einem Doppelpunkt. Anschließend wird der gewünschte Wert übergeben, mit dem die Funktion aufgerufen und verwendet werden soll. Dabei wird in diesem Beispiel jedes Mal ein anderer Name verwendet, und je nach übergebenem Wert kommt es auch zu einer anderen `print()`-Ausgabe der Funktion `greet(user:)`. Parameter erlauben somit die Umsetzung flexibler Funktionen, die unterschiedlich agieren und reagieren können, abhängig davon, welcher Wert ihnen übergeben wird.

Eine Funktion kann aber nicht nur einen, sondern beliebig viele Parameter besitzen. Weitere Parameter werden innerhalb der runden Klammern kommasepariert nacheinander angegeben. Beim Aufruf wird dann ebenfalls für jeden Parameter ein passender Wert übergeben, wobei auch hier jeder Parameter mit dem gewünschten Wert kommasepariert nacheinander aufgeführt wird. In Listing 5.4 sehen Sie ein konkretes Beispiel dazu. Dort wird eine Funktion namens `addition(firstInt:secondInt:)` definiert, die zwei Parameter vom Typ Int erwartet. Diese werden dann innerhalb der Funktion addiert und das Ergebnis wird mittels `print()` ausgegeben. Anschließend wird die Funktion aufgerufen und ihr dabei für jeden Parameter ein passender Wert übergeben.

Listing 5.4 Funktion mit mehreren Parametern zur Addition zweier Zahlen

```
func addition(firstInt: Int, secondInt: Int) {
    let result = firstInt + secondInt
    print("\(firstInt) + \(secondInt) = \(result)")
}
addition(firstInt: 19, secondInt: 99)
// 19 + 99 = 118
```

Auf diese Art und Weise können Funktionen mit beliebig vielen Parametern umgesetzt werden.

 Funktionsnamen in Swift

Der Name einer Funktion setzt sich in Swift aus dem eigentlichen Funktionsnamen (dem Teil vor den runden Klammern mit den Parametern) sowie den Namen der Parameter zusammen, wobei jeder Parameter mit einem Doppelpunkt abgeschlossen wird (so wie beispielsweise bei `greet(user:)` oder `addition(firstInt:secondInt:)`). Wenn somit in Swift von Funktionen die Rede ist, wird immer die genannte Form der Bezeichnung verwendet, um eine Funktion korrekt zu benennen.

5.1.1 Argument Labels und Parameter Names

Jeder Parameter einer Funktion besteht aus zwei Informationen: dem sogenannten *Argument Label* und dem eigentlichen *Parameter Name*. Das Argument Label ist die Bezeichnung für den Parameter, die beim *Aufrufen* der Funktion vor dem zu übergebenden Wert für diesen Parameter angegeben wird, während der eigentliche Parameter Name derjenige ist, über den der übergebene Wert *innerhalb* der Funktion genutzt und ausgelesen werden kann. Standardmäßig sind Argument Label und Parameter Name bei einem Funktionsparameter identisch (so, wie wir es auch bisher im vorangegangenen Abschnitt gesehen haben), es gibt aber Situationen, in denen es sinnvoll ist, beide unterschiedlich zu benennen. Listing 5.5 zeigt ein Beispiel dazu.

Listing 5.5 Beispiel eines unpassenden Parameter Name

```
func printGreeting(forUser: String) {
    print("Hallo, \(forUser)!")
}
printGreeting(forUser: "Thomas")
// Hallo, Thomas!
```

Die Funktion `printGreeting(forUser:)` ist vergleichbar mit der im vorherigen Abschnitt erstellten Funktion `greet(user:)`. Sie dient ebenfalls dazu, einen Nutzer zu begrüßen, verfügt aber lediglich über einen anderen Namen, der etwas deutlicher hervorhebt, was die Funktion tut und welche Art von Parameter sie erwartet.

Der Parameter selbst ist mit `forUser` benannt, wobei `forUser` somit sowohl dem Argument Label als auch dem Parameter Name entspricht. In Bezug auf das Argument Label passt diese Bezeichnung auch sehr gut, wie der Aufruf der Funktion zeigt:

```
printGreeting(forUser: "Thomas")
```

Es liest sich wie ein verständlicher Satz, aus dem hervorgeht, was diese Funktion tun und wie sie den übergebenen Parameter verwenden wird. Innerhalb der Funktion aber passt der Bezeichner `forUser` dann nicht mehr so gut, wenn er für die `print()`-Ausgabe verwendet wird:

```
print("Hallo, \(forUser)!")
```

Passender wäre hier ein alternativer Parameter Name wie `user`, da dieser Parameter nicht für einen bestimmten Nutzer gedacht ist, sondern den Namen eines bestimmten Nutzers enthält.

Genau an dieser Stelle kommt die Differenzierung von Argument Label und Parameter Name einer Funktion ins Spiel. Um für beide Elemente einen eigenen Bezeichner zu verwenden, werden diese einfach nacheinander für einen Parameter – getrennt durch ein Leerzeichen – gesetzt. Dabei kommt zuerst das Argument Label, anschließend der Parameter Name. Den prinzipiellen Aufbau eines Funktionsparameters mit diesen beiden Elementen zeigt Listing 5.6.

Listing 5.6 Aufbau eines Parameters mit getrenntem Argument Label und Parameter Name

```
func functionWithParameter(<Argument Label> <Parameter Name>: <Typ>) {
    <Auszuführende Befehle>
}
```

Entsprechend kann die Funktion `printGreeting(forUser:)` aus Listing 5.5 so wie in Listing 5.7 gezeigt abgeändert und optimiert werden.

Listing 5.7 Funktionsparameter mit unterschiedlichem Argument Label und Parameter Name

```
func printGreeting(forUser user: String) {
    print("Hallo, \(user)!")
}
printGreeting(forUser: "Thomas")
// Hallo, Thomas!
```

Hier verfügt die Funktion `printGreeting(forUser:)` weiterhin über das ArgumentLabel `forUser`, besitzt aber einen zusätzlichen und abgewandelten Parameter Name `user`, der innerhalb der Funktion verwendet wird. Beim Aufruf der Funktion ändert sich indes nichts, da dort ja das Argument Label zum Einsatz kommt.

Was den vollständigen Funktionsnamen betrifft, so setzt sich dieser immer aus den Argument Labels der Parameter zusammen. Die Funktion aus Listing 5.7 trägt somit den Namen `printGreeting(forUser:)` und nicht `printGreeting(user:)`.

Neben der Definition eines expliziten Argument Labels und Parameter Names ist es darüber hinaus auch möglich, gänzlich auf ein Argument Label zu verzichten. In diesem Fall wird beim Aufruf einer Funktion mit einem solchen Parameter direkt der gewünschte Wert übergeben, ohne dass das Argument Label (gefolgt von einem Doppelpunkt) angegeben wird. Der Verzicht auf ein Argument Label wird in Swift am ehesten für den ersten Parameter einer Funktion verwendet, sofern der vorangestellte Funktionsname bereits Aufschluss über den erwarteten Parameter gibt. Listing 5.8 zeigt ein Beispiel dazu.

Listing 5.8 Funktionsparameter ohne Argument Label

```
func printName(_ name: String) {
    print("Name: \(name)")
}
printName("Thomas Sillmann")
// Name: Thomas Sillmann
```

Um gänzlich auf ein Argument Label bei einem Funktionsparameter zu verzichten, muss ein Unterstrich (_) als Argument Label gesetzt werden. Innerhalb der Funktion wird auf den Parameter wie gewohnt über den Parameter Name zugegriffen (dieser kann auch niemals leer sein). Beim Aufruf der Funktion allerdings fehlt nun das ansonsten vorangestellte Argument Label und der Parameter wird stattdessen direkt übergeben:

```
printName("Thomas Sillmann")
```

Der Funktionsname wird dabei genauso zusammengesetzt wie sonst auch, nur dass für das entsprechende Argument Label nun auch ein Unterstrich gesetzt wird. Die Funktion aus Listing 5.8 trägt somit den Namen `printName(_:)`.

Zur Verdeutlichung zeigt Listing 5.9 noch ein weiteres Beispiel. Dabei geht es erneut um die Funktion zur Addition zweier Zahlen. Dieses Mal wird für beide Parameter ein leeres Argument Label gesetzt, weshalb die beiden Parameter beim Funktionsaufruf direkt kommaseparariert voneinander aufgeführt werden. Der Name dieser Funktion lautet `addition(_:_:)`.

Listing 5.9 Beispiel einer Funktion mit zwei Parametern ohne Argument Label

```
func addition(_ firstInt: Int, _ secondInt: Int) {
    let result = firstInt + secondInt
```

```
    print("\(firstInt) + \(secondInt) = \(result)")
}
addition(19, 99)
// 19 + 99 = 118
```

5.1.2 Default Value für Parameter

Für jeden Parameter einer Funktion kann ein sogenannter *Default Value* festgelegt werden. Damit wird der Parameter optional und ihm muss beim Aufruf der Funktion kein Wert mehr übergeben werden. In diesem Fall wird stattdessen der Standardwert – eben der Default Value – verwendet.

Um einem Parameter einen solchen Default Value zuzuweisen, wird nach der Deklaration des gewünschten Parameters ein Zuweisungsoperator gesetzt, gefolgt vom gewünschten Standardwert. Listing 5.10 zeigt ein Beispiel dazu.

Listing 5.10 Funktionsparameter mit Default Value

```
func greetPersonWithFirstName(firstName: String, lastName: String = "Unbekannt") {
    print("Hallo, \(firstName) \(lastName)!")
}
greetPersonWithFirstName(firstName: "Thomas")
greetPersonWithFirstName(firstName: "Thomas", lastName: "Sillmann")
// Hallo, Thomas Unbekannt!
// Hallo, Thomas Sillmann!
```

Die Funktion greetPersonWithName(firstName:lastName:) erwartet zwei Parameter, beide vom Typ String. Für den letzten der beiden Parameter wurde ein Default Value gesetzt. Damit muss dieser Parameter beim Aufruf der Funktion nicht mehr zwingend gesetzt werden. Das ist zu sehen an den beiden Aufrufen der Funktion am Ende von Listing 5.10. Der Befehl greetPersonWithFirstName(firstName: "Thomas") übergibt nur einen Wert für den ersten Parameter, wodurch für den zweiten automatisch der Standardwert Unbekannt gesetzt wird. Beim zweiten Aufruf hingegen wird die Funktion vollständig und mit allen Parametern aufgerufen, entsprechend wird auch für den zweiten Parameter statt des Default Value der übergebene Wert verwendet.

Eine Funktion kann über beliebig viele Parameter mit Default Value verfügen, auch deren Reihenfolge innerhalb der runden Klammern spielt keinerlei Rolle. Soll für solch einen Parameter dann kein Wert gesetzt und stattdessen der Default Value verwendet werden, so wird der entsprechende Parameter beim Aufruf der Methode einfach weggelassen und somit ignoriert.

 Die Funktion print() und ihre Default Values

Die Funktion print(_:separator:terminator:) aus der Swift Standard Library (die ich im Fließtext immer mit print() abkürze) ist ein perfektes Beispiel einer Funktion mit Parametern mit Default Values. Denn wie Sie anhand des vollständigen Funktionsnamens erkennen können, nimmt diese Funktion eigentlich drei Parameter entgegen, während in den Code-Listings in diesem Buch fast durchweg nur ein einziger Parameter für print(_:separator:terminator:) übergeben wird. Dabei handelt es sich eben um den ersten Parameter dieser Funktion, der den übergebenen Wert auf der Konsole ausgibt. Die darauffolgenden zwei Parameter separator und terminator verfügen über einen Default Value und müssen somit beim Aufruf auch nicht gesetzt werden. Aus diesem Grund funktionieren diese einfachen print()-Aufrufe mit einem einzigen Parameter, obwohl die Funktion sich eigentlich aus insgesamt drei Parametern zusammensetzt.

5.1.3 Variadic Parameter

Eine Funktion kann über maximal einen sogenannten *Variadic Parameter* verfügen. Ein solcher Parameter nimmt eine beliebige Anzahl von Werten entgegen, ganz gleich ob es sich um null, einen, zwei oder ein Dutzend Werte handelt. Intern werden diese Werte dann innerhalb der Funktion als Array zusammengefasst.

Um einen Variadic Parameter zu deklarieren, fügen Sie an den Typ des entsprechenden Parameters drei Punkte … an. Wenn Sie nun die zugrunde liegende Funktion aufrufen, können Sie für diesen Parameter beliebig viele Werte vom entsprechenden Typ übergeben, wobei die einzelnen Werte durch ein Komma voneinander getrennt werden.

In Listing 5.11 sehen Sie ein praktisches Beispiel für die Verwendung eines Variadic Parameters einer Funktion. Die dort deklarierte Funktion additionOfNumbers(_:) besitzt nur einen Parameter numbers vom Typ Int. Dieser ist auf die genannte Art und Weise mit den drei Punkten am Ende des Typs als Variadic Parameter definiert, nimmt also eine beliebige Anzahl an Werten entgegen. Die Funktion soll dazu dienen, alle übergebenen Ganzzahlen zu addieren und das entsprechende Ergebnis auszugeben.

Listing 5.11 Funktion mit Variadic Parameter

```
func additionOfNumbers(_ numbers: Int...) {
    var result = 0
    for number in numbers {
        result += number
    }
    print("Das Ergebnis ist \(result).")
}
additionOfNumbers(19, 99)
additionOfNumbers(3, 88, 27, 12)
additionOfNumbers()
// Das Ergebnis ist 118.
// Das Ergebnis ist 130.
// Das Ergebnis ist 0.
```

Intern wird der Parameter numbers automatisch als Array vom Typ [Int] abgebildet, wobei dieses Array alle Werte enthält, die beim jeweiligen Aufruf der Funktion für den Parameter numbers übergeben wurden. Innerhalb der Funktion entspricht der deklarierte Typ Int… somit dem zugehörigen Array-Typ [Int]. Dieses Array wird dann innerhalb der Funktion durchlaufen und eine zuvor deklarierte Variable `result` stets um jeden einzelnen Wert aus diesem Array erhöht.

Drei Aufrufe dieser Funktion demonstrieren anschließend die Flexibilität eines Variadic Parameters. So übergibt der erste Aufruf lediglich zwei Werte, während es beim zweiten Aufruf derer bereits vier sind. Die Funktion nimmt alle jeweils erhaltenen Werte, addiert diese und gibt anschließend das korrekte Ergebnis aus. Dabei wird beim letzten Aufruf der Funktion in Listing 5.11 gänzlich auf einen Wert für diesen Parameter verzichtet, was ebenfalls möglich ist. Ein Variadic Parameter kann somit – ähnlich wie ein Parameter mit einem Default Value (siehe den vorherigen Abschnitt 5.1.2) – beim Aufruf der entsprechenden Funktion auch vollständig weggelassen werden.

Jede Funktion kann maximal über einen solchen Variadic Parameter verfügen, mehrere sind nicht möglich. Ob sich der Variadic Parameter dabei am Anfang, am Ende oder irgendwo zwischen anderen Parametern befindet, spielt keine Rolle.

5.1.4 In-Out-Parameter

Standardmäßig können die Parameter einer Funktion innerhalb der Funktion selbst nicht geändert werden, sie verhalten sich wie Konstanten. Auch hat eine Funktion keine Auswirkungen auf Variablen, die sich außerhalb ihrer Implementierung befinden. Diese beiden Aspekte können Sie mithilfe sogenannter *In-Out-Parameter* verändern.

Ein In-Out-Parameter hat zwei Besonderheiten:

1. Er verhält sich wie eine Variable, nicht wie eine Konstante. Der Wert des Parameters kann somit innerhalb der Funktion geändert werden.

2. Die Änderungen an einem In-Out-Parameter innerhalb der jeweiligen Funktion ändern den entsprechenden Wert dieses Parameters nicht nur *innerhalb* dieser Funktion, sondern auch *außerhalb* davon. Der Wert einer Variablen, die als In-Out-Parameter für eine Funktion verwendet wird, ändert sich also ebenfalls.

Intern wird dieses Verhalten von In-Out-Parametern wie folgt umgesetzt: Beim Aufruf einer Funktion wird der Wert für einen In-Out-Parameter kopiert; die Funktion arbeitet also zunächst mit einer Kopie des ursprünglichen Werts, der beim Aufruf der Funktion verwendet wurde. Anschließend nimmt die Funktion innerhalb ihrer Implementierung Anpassungen an dieser Kopie vor. Nach erfolgreicher Ausführung der Funktion wird der dann aktuelle Wert eines In-Out-Parameters für den ursprünglichen Wert gesetzt.

Damit das funktioniert, müssen beim Aufruf einer Funktion mit ein oder mehreren In-Out-Parametern allerdings zwei Bedingungen erfüllt sein. So kann für einen In-Out-Parameter kein Wert erst direkt bei Aufruf der Funktion gesetzt werden, und ebenso wenig darf dieser Wert innerhalb einer Konstanten deklariert sein. Beides hätte zur Folge, dass eine Änderung dieses Werts in der aufgerufenen Funktion nicht dem ursprünglichen Wert zugewiesen werden kann, da dieser entweder nicht mehr existiert (weil er direkt beim Aufruf übergeben wurde) oder unmöglich verändert werden kann (da er als Konstante deklariert ist). Einem In-Out-Parameter kann und muss somit in jedem Fall eine Variable des passenden Typs übergeben werden, alles andere ist nicht zulässig.

Ein In-Out-Parameter einer Funktion wird mithilfe des Schlüsselworts inout vor dem zugehörigen Typ des Parameters deklariert. Darüber hinaus gibt es bei In-Out-Parametern eine Besonderheit beim Aufruf der zugehörigen Funktion: Jede Variable, die für einen In-Out-Parameter übergeben wird, muss mit einem vorangestellt & gekennzeichnet werden. Damit geben Sie an, dass die übergebene Variable durch die Funktion verändert werden kann.

In Listing 5.12 sehen Sie ein Beispiel für eine Funktion mit einem In-Out-Parameter. Die Funktion doubleValue(_:) nimmt einen Integer entgegen und verdoppelt diesen direkt. Damit das funktioniert, muss der Parameter mittels inout gekennzeichnet sein (andernfalls wäre eine Änderung des Parameters innerhalb der Funktion unmöglich). Beim Aufruf können nen ausschließlich Variablen übergeben werden, wobei diesen, wie beschrieben, ein & vorangestellt werden muss.

Listing 5.12 Funktion mit In-Out-Parameter

```
func doubleValue(_ value: inout Int) {
    value *= 2
}
var value = 19
doubleValue(&value)
print("value: \(value)")
// value: 38
```

Die Funktion verändert den Wert der Variablen, wodurch die durchgeführte Verdopplung der Zahl sich auch außerhalb der Funktion auf die Variable auswirkt. Das belegt der print()-Befehl am Ende, der den Wert der als Parameter verwendeten Variablen ausgibt.

Zwei abschließende Bemerkungen noch zur Arbeit mit In-Out-Parametern: Diese können nicht über einen Default Value verfügen, und Variadic Parameter können nicht mittels inout gekennzeichnet werden.

■ 5.2 Funktionen mit Rückgabewert

Funktionen können nicht nur Parameter entgegennehmen, sondern auch Werte zurückgeben. So kann eine Funktion beispielsweise eine Addition von zwei Zahlen durchführen und anschließend das Ergebnis dieser Addition an den Aufrufer der Funktion zurückliefern, damit dieses Ergebnis auch außerhalb der Funktion weiterverwendet werden kann.

Um eine Funktion mit einem Rückgabewert zu deklarieren, müssen Sie nach den runden Klammern mit den Parametern und vor der geöffneten geschweiften Klammer einen Pfeil mittels Bindestrich und Größer-Zeichen (->) setzen, gefolgt vom Typ des Rückgabewerts. In Listing 5.13 sehen Sie diesen grundlegenden Aufbau zur Deklaration eines Rückgabewerts für eine Funktion.

Listing 5.13 Deklaration einer Funktion mit Rückgabewert

```
func functionWithReturnValue() -> <TYP DES RÜCKGABEWERTS> {
    <AUSZUFÜHRENDER CODE DER FUNKTION>
}
```

Um eine Funktion zu verlassen und dabei einen Wert zurückzugeben, der dann dem Aufrufer der Funktion zugewiesen wird, benötigt man in Swift das Schlüsselwort `return`. Mithilfe von `return` wird eine Funktion umgehend an der Stelle, an der `return` aufgerufen wird, verlassen. Wenn eine Funktion einen Wert zurückgibt, wird `return` in jedem Fall benötigt, um darüber den passenden Wert einer Funktion zurückzugeben. Dabei schreibt man den Befehl `return`, gefolgt vom entsprechenden Wert.

In Listing 5.14 sehen Sie ein Beispiel dazu. Die Funktion `multiplication(ofValue:withValue:)` erwartet zwei Parameter und definiert einen Rückgabewert vom Typ `Int`. Aufgabe der Funktion ist es, zwei übergebene Integer zu multiplizieren und anschließend das Ergebnis dieser Multiplikation zurückzugeben. Dazu wird das Ergebnis der Berechnung in einer temporären Konstanten namens `result` gespeichert und diese am Ende mithilfe des Befehls `return` zurückgegeben. Fehlt dieser Funktion die Rückgabe eines passenden Werts vom Typ `Int` mittels `return`, kommt es zu einem Compiler-Fehler.

Listing 5.14 Funktion mit Rückgabewert zur Multiplikation zweier Zahlen

```
func multiplication(ofValue firstValue: Int, withValue secondValue: Int) -> Int {
    let result = firstValue * secondValue
    return result
}
let myResult = multiplication(ofValue: 19, withValue: 99)
print("myResult entspricht \(myResult).")
// myResult entspricht 1881.
```

Damit führt die Funktion `multiplication(ofValue:withValue:)` nicht nur einfach bestimmte Befehle aus (in diesem Fall die Multiplikation zweier Zahlen), sondern liefert gleichzeitig einen neuen Wert zurück. Dieser kann dann beispielsweise einer Variablen oder Konstanten zugewiesen oder als Parameter für eine andere Funktion verwendet werden. Denn wann immer diese Funktion aufgerufen wird, liefert sie einen Wert vom Typ `Int` zurück, womit Sie diese Funktion überall dort einsetzen können, wo Sie einen Integer benötigen.

In Listing 5.14 wird beispielsweise das Ergebnis der Funktion `multiplication(ofValue:withValue:)` einer weiteren Konstanten namens `myResult` zugewiesen. Da dort die Funktion mit den Werten 19 und 99 aufgerufen wird, erhält `myResult` den Wert 1881.

 Mehrere return-Befehle pro Funktion

Es ist in Swift problemlos möglich, `return` auch mehrmals innerhalb einer Funktion aufzurufen. Dabei gilt es lediglich zu beachten, dass all der Code, der nach Aufruf von `return` in einer Funktion folgt, nicht mehr ausgeführt wird. Die mehrmalige Verwendung von `return` in einer Funktion macht daher in der Regel dann Sinn, wenn aufgrund einer Bedingung sowieso andere Befehle einer Funktion ausgeführt werden und somit die Funktion an bestimmten Stellen auch vorzeitig verlassen werden kann. Verdeutlichen soll dieses Verhalten das Beispiel einer Divisionsfunktion, die – analog zur Multiplikationsfunktion – zwei Zahlen entgegennimmt und das Ergebnis der Division der beiden Parameter als `Double` zurückliefert. Sollte dabei der zweite Parameter 0 entsprechen, macht eine Division keinen Sinn, da durch Null nicht geteilt werden kann. Daher wird in diesem Fall die Funktion vorzeitig verlassen und dabei der Wert 0 zurückgegeben, andernfalls wird die Division wie gewohnt durchgeführt (siehe Listing 5.15).

Listing 5.15 Mehrere Aufrufe von return in einer Funktion

```
func division(firstValue: Double, secondValue: Double) -> Double {
    if secondValue == 0 {
        return 0
    }
    let result = firstValue / secondValue
    return result
}
let firstResult = division(firstValue: 19, secondValue: 99)
let secondResult = division(firstValue: 1881, secondValue: 0)
print("firstResult = \(firstResult)")
print("secondResult = \(secondResult)")
// firstResult = 0.191919191919192
// secondResult = 0.0
```

■ 5.3 Function Types

Funktionen definieren in Swift ebenfalls eigene Typen, die sogenannten *Function Types*. Ein Function Type ist vergleichbar mit jedem anderen Typ in Swift auch, sei es nun Int, String, oder Array.

Wie der Typ einer Funktion aussieht, wird über dessen Parameter und den möglichen Rückgabewert definiert. Den grundlegenden Aufbau eines Function Type sehen Sie in Listing 5.16.

Listing 5.16 Deklaration eines Function Type

```
(<TYP DES ERSTEN PARAMETERS>, <TYP DES ZWEITEN PARAMETERS>) -> TYP DES RÜCKGABEWERTS
```

Innerhalb von runden Klammern werden kommasepariert nacheinander die Typen der einzelnen Parameter der Funktion aufgeführt. Anschließend folgt das Zeichen -> zum Verweis auf den Typ des Rückgabewerts, gefolgt von eben diesem Typ. In Listing 5.17 sehen Sie einige Beispiele für Funktionen und deren zugehörigem Function Type.

Listing 5.17 Beispiele für Function Types

```
func greetUserWithName(_ name: String) {
    print("Hallo \(name)!")
}
// Function Type: (String) -> Void

func addition(firstValue: Int, secondValue: Int) -> Int {
    return firstValue + secondValue
}
// Function Type: (Int, Int) -> Int
```

```
func multiplication(firstValue: Int, secondValue: Int) -> Int {
    return firstValue * secondValue
}
// Function Type: (Int, Int) -> Int

func simpleFunction() {
    print("Eine einfache Funktion")
}
// Function Type: () -> Void
```

In den gezeigten Beispielen fallen einige Besonderheiten auf. Die erste ist das Schlüsselwort Void, das bei den Function Types der Funktionen greetUserWithName(_:) und simpleFunction() als Typ für den Rückgabewert aufgeführt ist. Void ist eine einfache Angabe für: „Es gibt keinen Rückgabewert". Da ein Function Type immer auf den Typ des Rückgabewerts mittels -> verweist, ist dieses Schlüsselwort notwendig, um so alle Funktionen zu kennzeichnen, die eben keinen Wert zurückgeben. So können Sie theoretisch auch Funktionen mittels -> Void am Ende deklarieren, wenn diese keinen Rückgabewert besitzen (so wie beispielhaft in Listing 5.18 zu sehen). Da aber bei der Deklaration das einfache Weglassen der Angabe eines Rückgabewerts identisch ist mit -> Void, verzichtet man generell bei der Deklaration von Funktionen auf diese unnötige Angabe. Beim Function Type allerdings ist sie notwendig.

Listing 5.18 Deklaration von -> Void bei einer Funktion ohne Rückgabewert

```
func functionWithoutReturnValue() -> Void {
    print("Funktion ohne Rückgabewert")
}
```

Die zweite Besonderheit besteht darin, dass unterschiedliche Funktionen durchaus ein- und denselben Function Type besitzen können, so wie es bei den Funktion addition(firstValu e:secondValue:) und multiplication(firstValue:secondValue:) der Fall ist. Obwohl es sich um unterschiedliche Funktionen handelt, besitzen sie beide den gleichen Function Type (Int, Int) -> Int, da sie beide zwei Parameter vom Typ Int entgegennehmen und einen Wert vom Typ Int zurückliefern.

5.3.1 Funktionen als Variablen und Konstanten

Da Funktionen in Swift ebenfalls eigene Typen darstellen, können sie auch Variablen und Konstanten zugewiesen werden. Listing 5.19 zeigt ein Beispiel dazu.

Listing 5.19 Zuweisung einer Funktion zu einer Variablen

```
func addition(firstInt: Int, secondInt: Int) {
    let result = firstInt + secondInt
    print("\(firstInt) + \(secondInt) = \(result)")
}
var calculation = addition(firstInt:secondInt:)
```

Die Variable `calculation` ist vom Typ `(Int, Int) -> Int` und ihr ist die Funktion `addition(firstInt:secondInt:)` zugewiesen. Wie Sie sehen, wird für die Zuweisung der vollständige Funktionsname verwendet. Dabei können Sie auch auf die runden Klammern mitsamt deren Parametern verzichten, sofern es keine weitere Funktion mit dem gleichen Namen gibt. Die Deklaration der Variablen `calculation` aus Listing 5.19 könnte demnach auch vereinfacht wie folgt geschrieben werden:

```
var calculation = addition
```

Die Variable `calculation` kann nun ebenfalls dazu genutzt werden, die Logik der Funktion `addition(firstInt:secondInt:)` auszuführen. Dazu greift man auf die Variable zu und setzt am Ende des Namens das Klammernpaar für die Parameter, dazwischen werden die gewünschten Werte für die Parameter kommasepariert voneinander aufgeführt. Dabei ist zu beachten, dass bei dem Aufruf einer Funktion über eine Variable oder Konstante keine Argument Labels und Parameter Names für die einzelnen Werte der verschiedenen Parameter vorangestellt, sondern die Werte direkt nacheinander aufgeführt werden. Den Aufruf der Funktion `addition(firstInt:secondInt:)` über die Variable `calculation` zeigt beispielhaft Listing 5.20.

Listing 5.20 Aufruf einer Funktion über eine Variable

```
calculation(19, 99)
// 19 + 99 = 118
```

Da die Variable `calculation` dem Typ `(Int, Int) -> Int` entspricht, ist es darüber hinaus möglich, den Wert dieser Variablen zu ändern, solange ein neu zugewiesener Wert nur dem Typen entspricht, mit dem sie bei der Erstellung deklariert wurde (im Falle der Variablen `calculation` geschah dies automatisch mittels Type Inference, da Swift den Function Type der zugewiesenen Funktion automatisch als Typ für die Variable zugewiesen hat). In Listing 5.21 wird der Variablen `calculation` eine andere Funktion mit dem gleichen Function Type `(Int, Int) -> Int` zugewiesen.

Listing 5.21 Zuweisen einer anderen Funktion zu einer bestehenden Variablen

```
func multiplication(firstValue: Int, secondValue: Int) {
    let result = firstValue * secondValue
    print("\(firstValue) * \(secondValue) = \(result)")
}
calculation = multiplication
calculation(19, 99)
// 19 * 99 = 1881
```

Aufgrund der Tatsache, dass in Swift Function Types ebenso vollwertige Typen wie `String` oder `Int` sind, können Funktionen vielfältig eingesetzt werden. Sie können nicht nur Variablen oder Konstanten zugewiesen werden, sondern beispielsweise auch als Parameter oder Rückgabewerte für Funktionen dienen. Eine Funktion könnte also selbst wiederum eine Funktion zurückgeben oder als Parameter erwarten.

■ 5.4 Verschachtelte Funktionen

Funktionen können in Swift verschachtelt werden, dabei spricht man auch von *verschachtelten Funktionen* beziehungsweise *Nested Functions*. Das bedeutet, dass innerhalb einer Funktion weitere Funktionen deklariert werden können. Wie so etwas aussehen kann, zeigt Listing 5.22.

Listing 5.22 Verschachtelte Funktion zur Berechnung von Zahlen

```
func addition(ofValues values: Int...) {
    func printResult(_ result: Int) {
        print("Das Ergebnis ist \(result).")
    }
    var result = 0
    for value in values {
        result += value
    }
    printResult(result)
}
addition(ofValues: 19, 99)
// Das Ergebnis ist 118.
```

Hier wird innerhalb der Funktion `addition(ofValues:)` eine weitere Funktion namens `printResult(_:)` deklariert, die sich ausschließlich um die Ausgabe des berechneten Ergebnisses mittels `print()` kümmert. Derartige Verschachtelungen von Funktionen sind in Swift problemlos möglich und können in eine beliebige Tiefe gehen.

Zu beachten ist dabei lediglich, dass eine verschachtelte Funktion nur innerhalb der umschließenden Funktion aufgerufen werden kann. Die Funktion `printResult(_:)` kann somit nur innerhalb von `addition(ofValues:)` aufgerufen werden, an allen anderen Stellen im Code steht sie nicht zur Verfügung. Das Gleiche würde gelten, wenn man innerhalb von `printResult(_:)` eine weitere Funktion deklariert. Diese könnte dann nur innerhalb der Funktion `printResult(_:)` aufgerufen werden, ein Aufruf von einer anderen Stelle wie `addition(ofValues:)` wäre nicht möglich.

■ 5.5 Closures

Bei einem *Closure* handelt es sich in Swift um eine besondere Art von Funktion. Wie gewöhnliche Funktionen führen Closures ein oder mehrere Befehle aus, sie werden aber nicht an einer zentralen Stelle mithilfe des Schlüsselworts `func` deklariert, sondern als Variable oder Konstante beziehungsweise Parameter einer Funktion. Häufige Anwendung finden Closures insbesondere im letzteren Fall und sie bringen dort auch einige Besonderheiten mit, wie Sie noch sehen werden.

Zu Beginn möchte ich Ihnen die grundlegende Syntax eines Closures zeigen. In Listing 5.23 sehen Sie, wie ein Closure typischerweise aufgebaut ist und aus welchen Bestandteilen es besteht.

Listing 5.23 Deklaration und Aufbau eines Closures

```
{ (<PARAMETER>) -> <TYP DES RÜCKGABEWERTS> in
    <AUSZUFÜHRENDE BEFEHLE DES CLOSURES>
}
```

Listing 5.24 zeigt darauf aufbauend ein konkretes Beispiel für die Umsetzung und Verwendung eines Closures. Darin wird ein Closure zur Addition zweier Zahlen erstellt und einer Konstanten namens `additionClosure` zugewiesen. Die Deklaration des Closures beginnt somit unmittelbar nach dem Zuweisungsoperator für die neu zu erstellende Konstante.

Listing 5.24 Erstellen eines Closures zur Addition zweier Zahlen

```
let additionClosure = { (firstValue: Int, secondValue: Int) -> Int in
    return firstValue + secondValue
}
```

Das Closure wird ganz ähnlich deklariert wie eine Funktion, Parameter werden mit Namen und Typ angegeben und können entsprechend in der Implementierung des Closures genutzt werden. Neu und anders ist hingegen das Schlüsselwort `in` nach dem Rückgabetyp des Closures, das bei allen Closures gesetzt werden muss. Hier findet sich bei Funktionen die geöffnete geschweifte Klammer, da diese aber bei Closures bereits vor den Parametern gesetzt wird, wird an dieser Stelle das Schlüsselwort `in` benötigt.

Um ein Closure aufzurufen, greifen Sie auf den Namen der Variablen, Konstanten oder des Parameters zu und geben anschließend innerhalb runder Klammern für jeden Parameter des Closures einen Wert an (wobei die einzelnen Werte durch ein Komma voneinander getrennt werden). Parameternamen werden beim Aufrufen von Closures im Gegensatz zu Funktionen nicht verwendet. Einen beispielhaften Aufruf des in Listing 5.24 erstellten Closures der Konstanten `additionClosure` zeigt Listing 5.25.

Listing 5.25 Beispielhafter Aufruf eines Closures

```
let result = additionClosure(19, 99)
print("result = \(result)")
result = 118
```

 Kein Support für Default Values

Auch wenn Closures grundlegend aufgebaut sind wie Funktionen und eine ähnliche Aufgabe erfüllen (nämlich das Ausführen ein oder mehrerer Befehle), so ist es nicht möglich, den Parametern eines Closures einen Default Value zuzuweisen (so wie es bei Funktionen der Fall ist). Andere Formen der Parameter wie In-Out-Parameter oder Variadic Parameter sind aber auch in Closures möglich.

5.5.1 Closures als Parameter von Funktionen

Als Parameter von Funktionen bieten Closures einige Besonderheiten und Vorteile, generell sind Funktionen der Part von Closures, in dem diese ihre Stärken am besten ausspielen können.

Betrachten wir dazu zunächst einmal ein Beispiel in Form einer Funktion, die Berechnungen mit den Zahlen 19 und 99 durchführt. Diese Zahlen sind von der Funktion fest vorgegeben, die Art der Berechnung aber soll beim Aufruf der Funktion durch ein Closure bestimmt werden. Dadurch lässt sich einfach das Ergebnis der Funktion verändern, abhängig davon, welche Befehle das Closure mit den beiden von der Funktion definierten Zahlen durchführt. Entsprechend erwartet diese Funktion als Parameter ein Closure. Dieses Closure muss zwei Parameter entgegennehmen können (die von der Funktion immer mit den Werten 19 und 99 befüllt werden) und ein passendes Ergebnis zurückliefern.

Listing 5.26 zeigt zunächst einmal die Umsetzung der genannten Funktion mit dem Namen `calculationWith19And99(usingClosure:)`. Für die Parameter und den Rückgabetyp des Closures sowie der Funktion selbst wird dabei der Typ `Double` verwendet, damit auch Divisionen durchgeführt werden können.

Listing 5.26 Deklaration einer Funktion mit einem Closure-Parameter

```
func calculationWith19And99(usingClosure closure: (Double, Double) -> Double) ->
Double {
    return closure(19, 99)
}
```

Der Typ des Parameters `closure` ist äquivalent zu den in Abschnitt 5.3 vorgestellten *Function Types*, was daran liegt, das Closures ebenfalls einen solchen Function Type definieren. Dabei ist das Closure vom Typ `(Double, Double) -> Double`, erhält also zwei Parameter vom Typ `Double` und muss selbst wiederum einen Wert vom Typ `Double` zurückgeben.

Die Funktion `calculationWith19And99(usingClosure:)` liefert ebenso einen Wert vom Typ `Double` zurück, wobei es sich schlicht um das Ergebnis des als Parameter übergebenen Closures handelt. Das übergebene Closure wird von der Funktion immer mit den beiden Parametern 19 und 99 statisch aufgerufen. Das Ergebnis, das diese Funktion zurückliefert, ist einzig und allein davon abhängig, wie das als Parameter übergebene Closure mit den beiden Zahlen umgeht und welchen Wert es abschließend zurückliefert.

Um die Funktion korrekt aufrufen zu können, muss ihr also ein Parameter vom Typ `(Double, Double) -> Double` übergeben werden. Dazu wird beispielhaft in Listing 5.27 ein neues Closure innerhalb einer Konstanten namens `additionDoubleClosure` definiert, die demselben Typ entspricht und das Ergebnis der Addition der beiden Parameter zurückliefert. Diese Konstante kann dann als Parameter für die Funktion `calculationWith19And99(usingClosure:)` verwendet werden, um so das Ergebnis der Addition von 19 und 99 zu erhalten.

Listing 5.27 Verwenden eines Closures als Parameter einer Funktion

```
let additionDoubleClosure = { (firstValue: Double, secondValue: Double) -> Double in
    return firstValue + secondValue
}
```

```
var result = calculationWith19And99(usingClosure: additionDoubleClosure)
print("result = \(result)")
// result = 118
```

Ein anderes Ergebnis kommt zustande, wenn der Funktion ein Closure mit einer anderen Funktionalität als Parameter übergeben wird. Zu diesem Zweck wird in Listing 5.28 eine weitere Konstante erstellt, die ebenfalls dem Typ `(Double, Double) -> Double` entspricht, allerdings eine Subtraktion der beiden Parameter durchführt. Diese Konstante wird dann für einen weiteren Aufruf der Funktion `calculationWith19And99(usingClosure:)` verwendet und das Ergebnis in der bereits erzeugten Variablen `result` gespeichert.

Listing 5.28 Veränderung des Ergebnisses einer Funktion durch Änderung des Closure-Parameters

```
let subtractionDoubleClosure = { (firstValue: Double, secondValue: Double) -> Double
in
    return firstValue - secondValue
}
result = calculationWith19And99(usingClosure: subtractionDoubleClosure)
print("result = \(result)")
// result = -80
```

Die bisher gezeigten Beispiele demonstrieren, wie sich Closures als Parameter von Funktionen nutzen lassen, um diesen mehr Dynamik zu verleihen. Dabei müssen die einer Funktion zu übergebenden Closures jedoch nicht zwangsläufig in einer Variablen oder Konstanten gespeichert sein, sondern können stattdessen auch direkt übergeben werden (so wie alle anderen Typen von Parametern auch). Wie das aussehen kann, zeigt Listing 5.29.

Listing 5.29 Direkte Deklaration eines Closures für den Parameter einer Funktion

```
result = calculationWith19And99(usingClosure: { (firstValue: Double, secondValue:
Double) -> Double in
    return firstValue * secondValue
})
print("result = \(result)")
// result = 1881
```

Die Syntax des Closures ist dabei die gleiche wie bei der Speicherung innerhalb einer Variablen oder Konstanten, nur dass das Closure nun direkt in den Funktionsaufruf integriert ist.

Nichtsdestoweniger mutet der Code in Listing 5.29 womöglich recht überladen und unübersichtlich an. Daher ist es in Swift möglich, die Implementierung eines Closures als Parameter einer Funktion weiter zu optimieren. So ist es möglich, auf die Typangaben für die Parameter und den Rückgabewert zu verzichten, wenn Swift anhand der Deklaration des Closures die Typen automatisch ableiten kann. Beim Aufruf der Funktion `calculationWith19And99(usingClosure:)` ist genau das der Fall, da die Typen für die Parameter und der Typ für den Rückgabewert bereits in der Deklaration der Funktion eindeutig definiert sind.

In diesem Fall kann beim Aufruf der Funktion sowohl auf die runden Klammern für die Parameter als auch auf die Typangabe für die Parameter sowie auf die Angabe des Rückgabetyps verzichtet werden. Der in Listing 5.29 gezeigte Aufruf kann daher so wie in Listing 5.30 gezeigt abgekürzt werden. Es bleiben damit nach der geöffneten geschweiften Klammer zur Einleitung des Closures und vor dem Schlüsselwort in nur noch die eigens definierten Bezeichner für die beiden Parameter.

Listing 5.30 Automatische Ableitung des Typs der Parameter und des Rückgabewerts eines Closures

```
calculationWith19And99(usingClosure: { firstValue, secondValue in
    return firstValue * secondValue
})
```

5.5.1.1 Implicit Return

Closures lassen sich als Parameter von Funktionen aber noch weiter optimieren. Sollte ein Closure einen Wert zurückgeben und dazu nur einen einzigen Befehl ausführen müssen, kann ein sogenannter *Implicit Return* eingesetzt werden. Bei einem Implicit Return wird das gesamte Closure in der Regel in eine Zeile geschrieben. Der Hauptunterschied zu den vorherigen Beispielen besteht aber darin, dass auf das Schlüsselwort return verzichtet werden kann. Denn sobald ein Closure einen Wert zurückgibt und dieses Closure nur einen Befehl enthält, wertet Swift den Rückgabewert dieses Befehls auch automatisch als den passenden Rückgabewert für das gesamte Closure.

Die genannten Bedingungen zur Verwendung eines Implicit Return treffen auf das in Listing 5.30 gezeigte Closure zu, weshalb dort die genannte Technik zum Einsatz kommen kann. In Listing 5.31 ist zu sehen, wie eine solche Verwendung eines Implicit Return bei einem Closure aussieht.

Listing 5.31 Umsetzung eines Implicit Return

```
calculationWith19And99(usingClosure: { firstValue, secondValue in firstValue *
secondValue })
```

Wie beschrieben, bedarf es der Erfüllung zweier Voraussetzungen, um einen Implicit Return für ein Closure zu verwenden:

- Das Closure gibt einen Wert zurück.
- Das Closure führt nur einen einzigen Befehl aus, der direkt den passenden Wert zurückgibt.

5.5.1.2 Shorthand Argument Names

Swift stellt für Closures, die direkt als Parameter einer Funktion umgesetzt werden, sogenannte *Shorthand Argument Names* für jeden einzelnen Parameter bereit. Damit ist es möglich, die Standardbezeichner für den Zugriff auf die Parameter eines Closures zu verwenden anstatt selbst welche zu definieren. Shorthand Argument Names werden mit einem $Zeichen eingeleitet, gefolgt von der Nummer des jeweiligen Parameters. Der erste Parameter eines Closures beginnt dabei mit dem Wert 0, der zweite entspricht 1, der dritte 2 und so weiter. Die Shorthand Argument Names für ein Closure mit zwei Parametern sind somit $0 für den ersten und $1 für den zweiten Parameter.

Dieses Verhalten erlaubt es, die Implementierung eines Closures in Form eines Parameters einer Funktion noch weiter abzukürzen. Betrachten wir dazu den Aufruf der Funktion calculationWith19And99(usingClosure:) aus Listing 5.31. Dort werden für die beiden Parameter des Closures die eigenen Bezeichner `firstValue` und `secondValue` definiert. Aufgrund der Shorthand Argument Names ist eine solche Erstellung eigener Bezeichner für die Parameter eines Closures aber gar nicht notwendig. Stattdessen können diese direkt mittels `$0` (für `firstValue`) und `$1` (für `secondValue`) angesprochen werden. Nutzt man diese Shorthand Argument Names, kann die gesamte Deklaration des Closures vor dem Schlüsselwort `in` weggelassen werden (da ja keine eigenen Bezeichner für die Parameter erstellt werden), das Schlüsselwort `in` fällt dann ebenso aus der Deklaration heraus. Was bleibt, ist die eigentliche Implementierung der Befehle des Closures. Möchte man dabei die Parameter nutzen, greift man entsprechend auf die Shorthand Argument Names `$0` und `$1` zurück.

Listing 5.32 zeigt, wie der Code aus Listing 5.31 weiter abgekürzt werden kann, indem statt eigener Bezeichner für die Platzhalter des Closures die Shorthand Argument Names zur Multiplikation verwendet werden.

Listing 5.32 Zugriff auf die Parameter eines Closures mittels Shorthand Argument Names

```
calculationWith19And99(usingClosure: { $0 * $1 } )
```

Dieses Beispiel verbindet den Implicit Return zusammen mit den Shorthand Argument Names und schafft so eine immens reduzierte und übersichtlichere Implementierung des Closure-Parameters, dank der schnell zu erkennen ist, welche Funktion das übergebene Closure ausführen wird.

5.5.2 Trailing Closures

Handelt es sich bei einem Closure um den letzten Parameter einer Funktion und wird das Closure direkt beim Funktionsaufruf gesetzt (ohne in Form einer Variablen oder Konstanten übergeben zu werden), dann kann es zur besseren Übersichtlichkeit in Form eines sogenannten *Trailing Closures* umgesetzt werden.

Ein Trailing Closure unterscheidet sich von einem herkömmlichen Closure dadurch, dass es erst *nach Abschluss* des zugehörigen Funktionsaufrufs implementiert wird. Der Closure-Parameter ist somit nicht mehr Teil der runden Klammern, in denen ansonsten alle Parameter nacheinander aufgeführt werden, sondern er wird nach Abschluss der geschlossenen runden Klammer aufgeführt. An der grundlegenden Deklaration des Closures ändert sich dabei nichts, diese wird noch immer genauso umgesetzt, wie bereits gezeigt.

Listing 5.33 zeigt eine beispielhafte Umsetzung eines Trailing Closures. Basis ist dabei der Funktionsaufruf aus Listing 5.32. Da bei der zugrunde liegenden Funktion namens `calculationWith19And99(usingClosure:)` der Closure-Parameter der letzte (und auch einzige) Parameter dieser Funktion ist, ist es möglich, das Closure wie beschrieben als Trailing Closure umzusetzen. Dabei werden zunächst alle Parameter einer Funktion wie gewohnt innerhalb der runden Klammern aufgeführt, nur der abschließende Closure-Parameter wird ausgespart und stattdessen nach Abschluss des runden Klammernpaars implementiert. Da die genannte Methode außer dem Closure-Parameter keine weiteren Parameter besitzt, sind die runden Klammern in diesem Beispiel leer.

Listing 5.33 Umsetzung eines Closures als Trailing Closure

```
calculationWith19And99() { $0 * $1 }
```

Trailing Closures machen einen Funktionsaufruf mit einem abschließenden Closure-Parameter noch einmal ein wenig übersichtlicher, da dort die runden und geschweiften Klammernpaare nicht ineinander geschachtelt werden.

Es geht aber sogar noch übersichtlicher. Handelt es sich bei einem Closure nicht nur um den letzten, sondern auch um den *einzigen* Parameter einer Funktion, können die runden Klammern bei Verwendung eines Trailing Closures komplett weggelassen werden. Der Befehl aus Listing 5.33 kann also auch so, wie in Listing 5.34 gezeigt, ausgeführt werden.

Listing 5.34 Umsetzung eines Closures als Trailing Closure (ohne Klammern für Funktionsparameter)

```
calculationWith19And99 { $0 - $1 }
```

5.5.3 Autoclosures

Wenn ein Closure als Parameter einer Funktion selbst keine Parameter entgegennimmt und lediglich einen Wert zurückliefert, kann es optional als sogenanntes *Autoclosure* gekennzeichnet werden. Wird eine Funktion aufgerufen, die solch ein Autoclosure erwartet, kann dann direkt der Befehl als Parameter übergeben werden, der dem passenden Rückgabetyp dieses Closures entspricht (siehe Listing 5.35).

Listing 5.35 Funktion zur Ausgabe eines Namens in Form eines Closures

```
var names = ["Thomas", "Michaela", "Tobias"]
func printName(_ name: () -> String) {
    print("\(name())")
}
printName() { names.remove(at: 0) }
// Thomas
```

Die Funktion `printName(_:)` aus Listing 5.35 erwartet ein Closure ohne Parameter und mit einem Rückgabewert vom Typ `String`. Dieser Rückgabewert des ausgeführten Closures wird mithilfe eines `print()`-Befehls in der Konsole ausgegeben. Aufgerufen wird die Funktion dann mithilfe eines Closures, das den Befehl `names.remove(at: 0)` ausführt. Dadurch wird das erste Element des zuvor deklarierten Arrays `names` entfernt und gleichzeitig als `String` zurückgegeben (dieses Verhalten ist Teil der Funktion `remove(at:)` des Typs `Array`; das entfernte Element wird immer noch darüber automatisch zurückgegeben, weshalb die Funktion beim Entfernen eines Namens eben diesen Namen zurückliefert).

Definiert man den Closure-Parameter der Funktion `printName(_:)` nun als Autoclosure, so kann bei Aufruf dieser Funktion auf die geschweiften Klammern für das Closure verzichtet und stattdessen der auszuführende Befehl direkt als Parameter innerhalb der runden Klammern übergeben werden. Wie das Ganze im Verhältnis zum gezeigten Code aus Listing 5.35 aussieht, sehen Sie in Listing 5.36.

Listing 5.36 Deklaration eines Closure-Parameters als Autoclosure

```
var names = ["Thomas", "Michaela", "Tobias"]
func printName(_ name: @autoclosure () -> String) {
```

```
    print("\(name())")
}
printName(names.remove(at: 0))
printName(names.remove(at: 1))
print("Verbleibende Namen: \(names)")
// Thomas
// Tobias
// Verbleibende Namen: ["Michaela"]
```

Mithilfe des Schlüsselworts @autoclosure, das nach dem Doppelpunkt nach dem Parameter name und vor dem Closure-Typ gesetzt wird, wird ein Closure als Autoclosure deklariert, womit beim Aufruf der zugrunde liegenden Funktion direkt der gewünschte Befehl für das Closure aufgeführt werden kann, ohne diesen separat innerhalb geschweifter Klammern einzufügen.

Wie beschrieben, ist zu beachten, dass derartige Autoclosures nur sinnvoll sind, wenn sie keine Parameter entgegennehmen und einen Wert eines passenden Typs zurückgeben. Darüber hinaus kann über derartige Closures auch nur ein einziger Befehl ausgeführt werden.

6 Enumerations, Structures und Classes

Mithilfe von Enumerations, Structures und Classes definiert man in Swift eigene Typen. Sie sind das Herzstück einer Anwendung, da in ihnen die benötigte Logik implementiert wird. Alle drei genannten Elemente haben grundlegende Gemeinsamkeiten, sie unterscheiden sich aber auch in verschiedenen Punkten voneinander. In diesem Kapitel werde ich Ihnen nach und nach alle drei Elemente im Detail vorstellen, inklusive einer abschließenden Gegenüberstellung, die die Gemeinsamkeiten und Unterschiede noch einmal übersichtlich zusammenfasst.

■ 6.1 Enumerations

Mithilfe von Enumerations definieren Sie eigene Typen, die sodann als Basis für Werte von Variablen und Konstanten sowie Funktionsparameter oder -rückgabewerte verwendet werden können. Eine Enumeration verfügt über von Ihnen fest definierte Werte, was bedeutet, dass ein Typ einer solchen Enumeration ausschließlich die von der Enumeration selbst definierten Werte annehmen kann.

Werfen wir zunächst einen Blick auf die grundlegende Deklaration einer Enumeration, die in Listing 6.1 zu sehen ist.

Listing 6.1 Aufbau und Deklaration einer Enumeration

```
enum <NAME DER ENUMERATION> {
    <WERTE UND FUNKTIONEN EINER ENUMERATION>
}
```

Eingeleitet wird eine Enumeration durch das Schlüsselwort enum, gefolgt vom gewünschten Namen für die Enumeration (dieser Name entspricht dem Typ, den die neue Enumeration definieren wird). Innerhalb geschweifter Klammern werden dann die verschiedenen Werte sowie sonstige Eigenschaften und Funktionen der Enumeration definiert.

Einsatzzweck von Enumerations

Im Gegensatz zu Typen wie `String` oder `Array` sind die mit Enumerations definierten Typen in der Regel deutlich eingeschränkter. Das hängt damit zusammen, dass Enumerations eine feste Auswahl möglicher Werte vorgeben, die dem zugehörigen Typ zugewiesen werden können. Ein String kann jede beliebige Zeichenkette entgegennehmen und ein Array beliebige Objekte des gleichen Typs beinhalten, aber eine Enumeration kann nur exakt einem der von ihr definierten Werte entsprechen. Daher machen Enumerations immer dann Sinn, wenn ein bestimmter Typ nur eine klar definierte Anzahl möglicher Werte besitzt. Eine Variable vom Typ einer solchen Enumeration kann dann nur eben diese Werte annehmen, was mögliche Fehler durch Zuweisen eines ungültigen Werts verringert.

Jeder Wert, den eine Enumeration besitzt, wird innerhalb der geschweiften Klammern mithilfe des Schlüsselworts `case` definiert, gefolgt vom Namen des jeweiligen Werts. In Listing 6.2 sehen Sie ein Beispiel dazu. Dort wird eine Enumeration namens `Direction` erstellt, die die vier Himmelsrichtungen Norden, Osten, Süden und Westen als Werte abbildet. Jeder dieser Werte wird mithilfe des Schlüsselworts `case` deklariert.

Listing 6.2 Erstellen einer Enumeration zur Abbildung der Himmelsrichtungen

```
enum Direction {
    case north
    case east
    case south
    case west
}
```

Benennung von Enumerations und deren Werten

Der Name einer Enumeration beginnt typischerweise mit einem Großbuchstaben, da eine Enumeration – wie bereits beschrieben – einen eigenen Typ definiert und Typen in Swift immer mit einem Großbuchstaben beginnen sollten. Die einzelnen Werte hingegen, die mithilfe des Schlüsselworts `case` innerhalb einer Enumeration deklariert werden, sollten genau wie Variablen und Konstanten mit einem Kleinbuchstaben beginnen.

Das Ergebnis dieses Listings ist, dass ein neuer Typ namens `Direction` erzeugt wurde, dessen Instanzen einen von vier möglichen Werten annehmen können: `north`, `east`, `south` oder `west`. Aufgrund dieser Basis können nun neue Variablen und Konstanten erstellt werden, die dem Typ `Direction` entsprechen und einen der verfügbaren Werte enthalten. Um auf die verschiedenen Werte einer Enumeration zuzugreifen, kommt die Punktnotation mit dem Aufbau `<Typ>.<Wert>` zum Einsatz. Wie das Zuweisen eines Werts vom Typ `Direction` zu einer Variablen aussehen kann, zeigt Listing 6.3.

Listing 6.3 Erstellen einer neuen Variablen vom Typ `Direction` (inklusive direkter Wertzuweisung)

```
var myDirection = Direction.north
```

Damit ist die neu erstellte Variable `myDirection` vom Typ `Direction` und ihr kann somit auch problemlos ein anderer Wert vom Typ `Direction` zugewiesen werden, so wie in Listing 6.4 zu sehen.

Listing 6.4 Aktualisieren einer Variablen vom Typ `Direction`

```
myDirection = Direction.east
```

Für die Zuweisung von Werten einer Enumeration gibt es auch eine Kurzschreibweise. Voraussetzung ist, dass die Variable oder Konstante oder auch der Parameter einer Funktion, dem der Wert einer Enumeration zugewiesen werden soll, eindeutig diesem Typ entspricht. Bei der Variablen `myDirection` ist das seit der erstmaligen Deklaration in Listing 6.3 der Fall; seitdem ist die Variable vom Typ `Direction`, und somit ist bei der Zuweisung eines neuen Werts auch klar, dass dieser eben vom Typ `Direction` sein muss. In solch einem Fall kann der Name des Typs vor dem Punkt und dem anschließenden Wert weggelassen werden, um damit die Zuweisung übersichtlicher zu gestalten. In Listing 6.5 wird diese Kurzschreibweise demonstriert, indem abermals der Wert der Variablen `myDirection` aktualisiert wird.

Listing 6.5 Aktualisieren einer Variablen vom Typ `Direction` mittels Kurzschreibweise

```
myDirection = .south
```

Diese Kurzschreibweise hätte bei der Erstellung der Variablen `myDirection` in Listing 6.3 noch nicht verwendet werden können, da aus dieser Zuweisung nicht eindeutig hervorgehen würde, welchem Typ `myDirection` dann entsprechen würde; schließlich könnte es noch andere Enumerations geben, die ebenfalls gleichnamige Werte wie `Direction` besitzen. Einzige Alternative wäre, bei der Erstellung einer neuen Variablen oder Konstanten vom Typ einer Enumeration diesen Typ mittels Type Annotation festzulegen, dann kann auch direkt bei der Erstellung einer solchen Variablen oder Konstanten die Kurzschreibweise zum Zuweisen eines Werts verwendet werden (siehe dazu auch Listing 6.6).

Listing 6.6 Verwenden der Kurzschreibweise zum Zuweisen eines Enumeration-Werts bei Deklaration einer neuen Konstanten mittels Type Annotation

```
let anotherDirection: Direction = .west
```

 Mehrere Werte einer Enumeration in einem Case definieren

Es ist möglich, mehrere Werte einer Enumeration in einem einzigen case-Aufruf zusammenzufassen. So muss nicht für jeden Wert explizit case aufgerufen werden, sondern stattdessen können auch mehrere Werte durch Komma getrennt in einem Case untergebracht werden.

Listing 6.7 zeigt, wie die in Listing 6.2 deklarierte Enumeration `Direction` auch mithilfe eines einzigen `case`-Aufrufs erstellt werden kann.

Listing 6.7 Erstellen mehrerer Werte einer Enumeration über einen einzigen `case`-Aufruf

```
enum Direction {
    case north, east, south, west
}
```

6.1.1 Enumerations und switch

`switch`-Abfragen spielen im Zusammenhang mit Enumerations eine wichtige Rolle in Swift. Sie sind in vielen Situationen das Mittel der Wahl, um den Wert einer Enumeration zu ermitteln, der einer Variablen oder Konstanten zugewiesen ist. Beim Abfragen der einzelnen Werte kann man sich ebenfalls der gleichen Kurzschreibweise bedienen, wie sie auch beim Zuweisen eines Enumeration-Werts verwendet werden kann, wenn eindeutig feststeht, dass das dem Wert zuzuweisende Element dem passenden Enumeration-Typ entspricht.

Listing 6.8 zeigt eine einfache `switch`-Abfrage, in der alle möglichen Werte der im vorherigen Abschnitt 6.1 vorgestellten Enumeration `Direction` geprüft und abgefragt werden.

Listing 6.8 Abfrage einer Enumeration mittels `switch`

```
let aDirection = Direction.north
switch aDirection {
case .north:
    print("Es geht nach Norden!")
case .east:
    print("Es geht nach Osten!")
case .south:
    print("Es geht nach Süden!")
case .west:
    print("Es geht nach Westen!")
}
// Es geht nach Norden!
```

Die `switch`-Abfrage prüft so jeden möglichen Wert der Enumeration gegen eine zuvor erstellte Konstante namens `aDirection` und führt den passenden Befehl aus. Dabei fällt auch auf, dass auf den `default`-Block innerhalb der `switch`-Abfrage verzichtet werden kann. Das liegt darin begründet, dass ein solcher Block in dieser Situation unnötig und unsinnig ist, da er niemals ausgeführt würde. Schließlich werden alle möglichen Werte, die die Konstante `aDirection` besitzen kann, in der Abfrage geprüft; einer dieser Blöcke wird also in jedem Fall ausgeführt. Würden ein oder mehrere Werte, über die eine Enumeration verfügt, in solch einer `switch`-Abfrage nicht mittels eines passenden Cases geprüft werden, dann wäre auch weiterhin ein `default`-Block notwendig. Da in diesem Beispiel aber alle möglichen Werte der Enumeration `Direction` abgefragt werden, spielt der `default`-Block hier keine Rolle.

6.1.2 Associated Values

Jeder Wert einer Enumeration kann mit ein oder mehreren zusätzlichen Informationen verknüpft werden, die erst individuell bei der Zuweisung eines Werts einer Enumeration dynamisch gesetzt werden. Diese Informationen werden also nicht von der Enumeration selbst definiert, lediglich der beziehungsweise die Typen dieser Informationen sind fest mit dem jeweiligen Wert der Enumeration gekoppelt. Bei diesen zusätzlichen Informationen spricht man auch von den sogenannten *Associated Values*. Mit ihnen ist es möglich, den fest definierten Wert einer Enumeration dynamisch um zusätzliche Informationen zu ergänzen. Ein Beispiel dazu zeigt Listing 6.9.

Listing 6.9 Erstellen einer `Person`-Enumeration mit Associated Values pro Wert

```
enum Location {
    case city(String)
    case street(String, Int)
    case coordinates(Double, Double)
}
```

Die Enumeration `Location` dient dazu, einen Ort zu definieren und besitzt für diesen Zweck insgesamt drei mögliche Werte: `city`, `street` und `coordinates`. Jeder von ihnen verfügt ebenfalls über mindestens einen sogenannten Associated Value. Associated Values werden mithilfe eines runden Klammernpaars am Ende des Namens eines Werts definiert, innerhalb dessen kommasepariert die Typen angegeben werden, die in Form von Associated Values mit dem jeweiligen Wert verknüpft werden sollen. Der Wert `city` wird somit mit einem beliebigen String verknüpft, der auf eine entsprechende Stadt verweisen soll. Der Wert `street` erwartet ebenfalls einen String (dieses Mal aber für einen Straßennamen). Darüber hinaus muss auch noch ein Integer für eine Hausnummer angegeben werden. `coordinates` zu guter Letzt erwartet zwei Fließkommazahlen, um damit Breiten- und Längengrad für einen Ort abzubilden.

Erstellt man nun ein Element vom Typ `Location`, so muss es einem der drei verfügbaren Werte entsprechen. Besitzt ein solcher Wert darüber hinaus wenigstens einen Associated Value (wie es in diesem Beispiel bei allen drei verfügbaren Werten auch der Fall ist), muss darüber hinaus für jeden in der Enumeration deklarierten Associated Value ein passender Wert übergeben werden. Dazu zeigt Listing 6.10 ein Beispiel, in dem eine neue Variable vom Typ `Location` erstellt und ihr nacheinander alle drei verfügbaren Werte der Enumeration inklusive passender Associated Values zugewiesen werden.

Listing 6.10 Erstellen von Werten einer Enumeration mit Associated Values

```
var myLocation = Location.city("Aschaffenburg")
myLocation = .street("Kettererstraße", 6)
myLocation = .coordinates(49.9677857, 9.173793299999943)
```

Bei der Zuweisung eines Werts einer Enumeration mit ein oder mehreren Associated Values müssen die entsprechenden Werte für die Associated Values innerhalb von runden Klammern kommasepariert voneinander aufgeführt werden (entsprechend ihrer Deklaration in der Enumeration).

Mithilfe der Associated Values ist es somit in der Enumeration Location möglich, verschiedene Werte zu definieren, um ein- und dieselbe Information auf verschiedenen Wegen abzubilden. Dadurch kann auch problemlos einer Variablen vom Typ Location ein gänzlich anderer Wert mit vollkommen anderen Associated Values zugewiesen werden, da diese Werte eben allesamt dem Typ Location entsprechen.

Associated Values werden flexibel pro Wert festgelegt

Jeder Wert einer Enumeration kann optional über ein oder mehrere Associated Values verfügen. Dabei kann die Verwendung von Associated Values je Wert einer Enumeration auch problemlos gemischt werden; der eine Wert nimmt gar keine Associated Values entgegen, der andere einen, wieder ein anderer drei und so weiter. Nur weil ein Wert einer Enumeration zusätzlich einen Associated Value besitzt, heißt das nicht, dass alle anderen Werte ebenso einen solchen Associated Value besitzen müssen.

Um die einem solchen Wert zugewiesenen Associated Values wieder auslesen zu können, müssen Sie eine switch-Abfrage verwenden und dabei die gewünschte Variable oder Konstante, die den Enumeration-Wert enthält, durchlaufen. Dabei definieren Sie bei jedem abgefragten Wert der Enumeration in Klammern Variablen oder Konstanten für die einzelnen Associated Values. Wird der entsprechende case-Block dann ausgeführt, können Sie über diese Variablen oder Konstanten auf die entsprechenden Associated Values zugreifen.

Aufbauend auf der Direction-Enumeration und der myDirection-Variablen aus Listing 6.10 zeigt Listing 6.11 ein mögliches Auslesen der verschiedenen Associated Values.

Listing 6.11 Auslesen von Associated Values

```
myLocation = .coordinates(49.9677857, 9.173793299999943)
switch myLocation {
case .city(let city):
    print("Die Stadt hat den Namen \(city).")
case .street(let street, let houseNumber):
    print("Die Adresse ist \(street) \(houseNumber).")
case .coordinates(let latitude, let longitude):
    print("Breitengrad: \(latitude), Längengrad: \(longitude)")
}
// Breitengrad: 49.9677857, Längengrad: 9.17379329999994
```

Auf diese Art und Weise erhält jeder abgefragte Wert einer Enumeration eine temporäre Variable oder Konstante, um darüber auf den oder die Associated Values zugreifen zu können.

Darüber hinaus können Sie die Deklaration mehrerer Associated Values zusammenfassen, sofern diese gleichermaßen als Variablen oder Konstanten deklariert werden sollen. Dazu setzen Sie direkt nach dem Schlüsselwort case des zugehörigen Werts das gewünschte Schlüsselwort (var oder let) und führen in den runden Klammern nach dem Wert lediglich die gewünschten Bezeichner für die einzelnen Associated Values kommasepariert voneinander auf; damit sparen Sie sich eine sich wiederholende Verwendung von var und let. Ebenso können Sie auch komplett auf die runden Klammern zum Erstellen von Bezeichnern für die Associated Values eines Werts verzichten, wenn dieser Sie gar nicht interessieren sollte.

In Listing 6.12 sehen Sie eine entsprechend den eben genannten Punkten angepasste Variante der `switch`-Abfrage aus dem vorherigen Listing 6.11. Dabei wird auf einen Bezeichner für den Associated Value des Werts `city` komplett verzichtet (wodurch der Associated Value auch nicht in dem zugehörigen `case`-Block ausgelesen werden kann) und die Deklaration für die Associated Values von `street` und `coordinates` mit einer einzigen `let`-Deklaration zusammengefasst.

Listing 6.12 Angepasster Zugriff auf Associated Values

```
switch myLocation {
case .city:
    print("Es ist eine Stadt.")
case let .street(street, houseNumber):
    print("Die Adresse ist \(street) \(houseNumber).")
case let .coordinates(latitude, longitude):
    print("Breitengrad: \(latitude), Längengrad: \(longitude)")
}
```

6.1.3 Raw Values

Während die im vorherigen Abschnitt 6.1.2 vorgestellten Associated Values dazu da sind, die bestehenden Werte einer Enumeration dynamisch um zusätzliche Informationen zu ergänzen, dienen *Raw Values* dazu, den Werten einer Enumeration einen weiteren und zusätzlichen festen Wert eines bestimmten Typs zuzuweisen, der auch nicht von außen verändert werden kann.

Um die Werte einer Enumeration um Raw Values zu ergänzen, werden diese den einzelnen Werten einer Enumeration bei deren Deklaration direkt zugewiesen. Wichtig ist dabei, bei der Deklaration der Enumeration anzugeben, von welchem Typ die zugeordneten Raw Values sein werden. Dazu wird nach dem Namen der Enumeration ein Doppelpunkt gesetzt, gefolgt von dem gewünschten Typ für die Raw Values. Listing 6.13 zeigt ein Beispiel dazu.

Listing 6.13 Enumeration mit Raw Values

```
enum City: String {
    case aschaffenburg = "Aschaffenburg"
    case darmstadt = "Darmstadt"
    case frankfurt = "Frankfurt"
    case muenchen = "München"
    case walsrode = "Walsrode"
    case amrum = "Amrum"
}
```

Die Enumeration `City` legt in ihrer Deklaration fest, dass ihren verschiedenen Werten Raw Values vom Typ `String` zugeordnet sind. So besitzt jeder der insgesamt sechs Werte den passenden Stadtnamen als String, wobei die jeweilige Zuweisung direkt bei der Deklaration des jeweiligen Werts erfolgt. Dabei ist es notwendig, dass jeder Wert auch über einen entsprechenden Raw Value verfügt; es ist nicht möglich, das einzelne oder mehrere Werte in so einem Fall nicht über einen passenden Raw Value verfügen. Ebenso ist es notwendig, dass alle Raw Values dem Typ entsprechen, der bei der Deklaration der Enumeration angegeben wurde, was bedeutet, dass gleichzeitig alle Raw Values einer Enumeration immer vom gleichen Typ sind; eine Mischung von Typen der Raw Values einer Enumeration ist nicht möglich.

Um auf den Raw Value eines Enumeration-Werts zuzugreifen, kann die Eigenschaft `rawValue` genutzt werden. Diese steht Variablen und Konstanten vom Typ einer Enumeration immer dann zur Verfügung, wenn die Enumeration einen Typ für Raw Values in deren Deklaration definiert (so wie es im gezeigten Beispiel beim Typ `City` der Fall ist). Fehlt diese Deklaration, steht auch die Eigenschaft `rawValue` nicht zur Verfügung, ein entsprechender Aufruf würde somit umgehend zu einem Compiler-Fehler führen.

In Listing 6.14 wird eine neue Variable namens `myCity` erstellt und ihr ein Wert der Enumeration `City` zugewiesen. Anschließend wird der diesem Wert zugeordnete Raw Value über ein `print()`-Statement ausgegeben.

Listing 6.14 Zugriff auf einen Raw Value einer Enumeration

```
var myCity = City.aschaffenburg
print("myCity entspricht \(myCity.rawValue).")
// myCity entspricht Aschaffenburg.
```

Umgekehrt bieten Enumerations mit Raw Values einen alternativen Weg zum Erstellen neuer Variablen und Konstanten dieses Typs. Dazu bringen solche Enumerations einen automatisch verfügbaren Initializer mit, der als Parameter einen Wert vom Typ des entsprechenden Raw Values der zugehörigen Enumeration erwartet. Somit nutzt man also nicht den eigentlichen Wert der Enumeration, sondern stattdessen den zugeordneten Raw Value.

In Listing 6.15 ist ein Beispiel zu sehen, in dem einer neuen Variablen namens `anotherCity` genau auf diese Art und Weise ein Wert der Enumeration `City` zugewiesen wird. Dabei wird der Raw Value `Walsrode` übergeben, der dem Wert `walsrode` der Enumeration entspricht.

Listing 6.15 Erstellen einer Enumeration mittels Raw Value-Initializer

```
var anotherCity = City(rawValue: "Walsrode")
// anotherCity entspricht City.walsrode.
```

Auf diese Weise können sogar Raw Values übergeben werden, die in der entsprechenden Enumeration überhaupt nicht existieren. In diesem Fall wird der Variablen oder Konstanten auch kein passender Wert, sondern stattdessen `nil` zugewiesen (siehe Listing 6.16).

Listing 6.16 Zugriff auf einen nicht existierenden Raw Value

```
anotherCity = City(rawValue: "Hamburg")
// anotherCity entspricht nun nil.
```

 Optionals und nil

Der Grund, warum der Raw Value-Initializer selbst dann erfolgreich aufgerufen werden kann, wenn ein Wert für einen Raw Value übergeben wird, den es gar nicht in der betreffenden Enumeration gibt, liegt daran, dass diese Funktion ein sogenanntes *Optional* zurückliefert. Damit kann der Aufruf der Funktion auch dazu führen, dass gar kein Wert und stattdessen nil zurückgegeben wird. Ebenso entspricht dadurch der Typ der gezeigten Variablen anotherCity nicht City, sondern City? (man beachte das Fragezeichen am Ende des Typ-Namens). Es ist wichtig, dieses kleine Detail zu kennen, um zu verstehen, wie der Raw Value-Initializer arbeitet.

 Implicitly Assigned Raw Values

Wenn eine Enumeration Raw Values vom Typ Int oder String definiert, können Sie optional für das Setzen dieser Raw Values auch die sogenannten *Implicitly Assigned Raw Values* verwenden. Dabei ermittelt Swift selbsttätig passende Raw Values für jeden einzelnen Case.

Im Falle von Strings ist das Vorgehen von Swift dabei sehr simpel: Verfügt ein Enumeration-Wert über keinen passenden Raw Value, verwendet Swift den Namen dieses Werts gleichzeitig als String (siehe Listing 6.17).

Listing 6.17 Implicitly Assigned Raw Value bei Strings

```
enum Name: String {
    case thomas
    case michaela
    case tobias
}
print("thomas hat den Raw Value '\(Name.thomas.rawValue)'")
print("michaela hat den Raw Value '\(Name.michaela.rawValue)'")
print("tobias hat den Raw Value '\(Name.tobias.rawValue)'")
// thomas hat den Raw Value 'thomas'
// michaela hat den Raw Value 'michaela'
// tobias hat den Raw Value 'tobias'
```

Bei Zahlen beginnt Swift für den ersten Wert mit 0 und addiert für jeden weiteren Wert 1 dazu. Sollte zwischendurch einem Wert eine feste Zahl zugewiesen werden, so entspricht der nachkommende Wert des Implicitly Assigned Raw Value dieser Zahl plus 1 (siehe Listing 6.18).

Listing 6.18 Implicitly Assigned Raw Value bei Zahlen

```
enum Number: Int {
    case zero
    case one
    case two
    case ten = 10
    case eleven
    case twelve
}
print("zero hat den Raw Value '\(Number.zero.rawValue)'")
print("one hat den Raw Value '\(Number.one.rawValue)'")
print("ten hat den Raw Value '\(Number.ten.rawValue)'")
print("eleven hat den Raw Value '\(Number.eleven.rawValue)'")
// zero hat den Raw Value '0'
// one hat den Raw Value '1'
// ten hat den Raw Value '10'
// eleven hat den Raw Value '11'
```

Dieser Abschnitt hat den grundlegenden Aufbau sowie die Funktionsweise von Enumerations gezeigt. Tatsächlich können Enumerations aber noch mehr, beispielsweise erlauben sie die Deklaration sogenannter Properties sowie die Implementierung von Methoden. Mehr zu all diesen Elementen, die sich in Enumerations integrieren lassen, erfahren Sie in den entsprechenden Abschnitten.

■ 6.2 Structures

Structures haben grundsätzlich eine ähnliche Aufgabe wie Enumerations: Sie definieren einen neuen Typ in Swift, der dann dazu verwendet werden kann, als Basis für Variablen, Konstanten, Funktionsparameter und Rückgabewerte zu dienen.

Im Gegensatz zu Enumerations definieren Structures jedoch keine fest vorgegebenen Werte, die dann Variablen oder Konstanten zugewiesen werden können. Stattdessen verfügen Structures – genauso wie die im folgenden Abschnitt 6.3 vorgestellten Classes – über verschiedene Eigenschaften und Funktionen, die von uns selbst definiert werden; doch dazu gleich mehr in Abschnitt 6.2.2.

Betrachten wir zunächst einmal die Deklaration zur Erstellung einer neuen Structure; diese ist in Listing 6.19 zu sehen.

Listing 6.19 Deklaration einer Structure

```
struct <NAME DER STRUCTURE> {
    <EIGENSCHAFTEN UND FUNKTIONEN DER STRUCTURE>
}
```

Eine neue Structure wird mithilfe des Schlüsselworts `struct` deklariert, gefolgt vom Namen der Structure. Da eine Structure einen neuen Typ definiert, sollten die Namen von Structures mit einem Großbuchstaben beginnen (genau wie bei Enumerations auch).

6.2.1 Erstellen von Structures und Instanzen

Der wesentliche Unterschied zwischen Structures und Enumerations besteht darin, dass von mit Structures definierten Typen sogenannte *Instanzen* erstellt werden müssen, um mit ihnen arbeiten zu können. Über eine solche Instanz kann dann auf die Eigenschaften und Funktionen einer Structure zugegriffen werden. Ebenso können die verschiedenen Eigenschaften pro Instanz individuell geändert werden, sodass jede Instanz ein- und derselben Structure verschiedene Informationen enthalten kann.

Bevor wir uns im Detail mit den Eigenschaften und Funktionen einer Structure auseinandersetzen, stellt dieser Abschnitt das Erstellen von Structures vor, ebenso wie das darauf aufbauende Erstellen der genannten Instanzen einer Structure.

Zu diesem Zweck zeigt Listing 6.20 zunächst einmal die Deklaration einer einfachen Structure. Diese trägt den Namen `Person` und verfügt noch über keinerlei Eigenschaften und Funktionen, die später zwischen den geschweiften Klammern festgelegt werden.

Listing 6.20 Deklaration einer einfachen Structure `Person`

```
struct Person {
}
```

Die neu erstellte Structure definiert damit gleichzeitig einen neuen Typ namens `Person`, der nun für Variablen, Konstanten, Funktionsparameter und -rückgabewerte verwendet werden kann. Wie beschrieben, müssen dazu aber sogenannte Instanzen erstellt werden, um einen Wert dieser Structure zu erhalten, mit dem man dann arbeiten kann. Eine solche Instanz wird mithilfe der sogenannten *Initialisierung* erstellt (alle Details zur Initialisierung in Swift erfahren Sie im gleichnamigen Kapitel. Dabei handelt es sich letzten Endes um eine Funktion zur Erstellung einer Instanz einer Structure, wobei diese Funktion – so wie jede andere Funktion auch – keine oder beliebig viele Parameter entgegennehmen kann.

Da die Structure `Person` über keinerlei Eigenschaften verfügt, werden bei der Initialisierung einer Instanz dieser Structure auch keinerlei Parameter erwartet. Um nun eine neue Instanz zu erstellen, gibt man den Namen der Structure, gefolgt von einem runden Klammernpaar, an, so wie in Listing 6.21 zu sehen.

Listing 6.21 Erstellen einer Instanz einer Structure

```
let aPerson = Person()
```

Mithilfe des Befehls `Person()` wird eine neue Instanz der Structure `Person` erstellt und anschließend der Konstanten `aPerson` zugewiesen. `aPerson` ist somit vom Typ `Person` und verweist auf eine Instanz dieser Structure.

6.2.2 Eigenschaften und Funktionen

Während eine Enumeration mithilfe des Schlüsselworts `case` ein oder mehrere Werte definiert, ist das bei Structures nicht der Fall. Stattdessen wird einer Structure in Form von Eigenschaften und Funktionen Leben eingehaucht. Eigenschaften sind dabei beispielsweise Variablen und Konstanten, die innerhalb einer Structure definiert werden, während Funktionen zu einer Structure gehörige Befehle ausführen.

Wie das Ergänzen von Eigenschaften in einer Structure aussehen kann, zeigt Listing 6.22. Dabei wird die im vorherigen Abschnitt 6.2.1 erstellte Structure `Person` um zwei Variablen ergänzt. Diese sollen dazu dienen, den Namen und den Wohnort einer Person zu erfassen. Dabei werden die beiden Werte mit einem sogenannten Standardwert vorbelegt. Werden neue Instanzen der Structure `Person` erstellt, verfügen die beiden Eigenschaften dann zunächst immer über eben diese Standardwerte.

Listing 6.22 Deklaration von Eigenschaften einer Structure mit Standardwerten

```
struct Person {
    var name = "Thomas"
    var city = "Aschaffenburg"
}
```

Jede Instanz der Structure `Person` kann nun auf die beiden Eigenschaften dieser Structure zugreifen. Dazu gibt man den Namen der gewünschten Instanz an, gefolgt von einem Punkt und dem Namen der gewünschten Variablen, auf die man zugreifen möchte. Auf diese Art und Weise können die Eigenschaften ausgelesen oder – sofern es sich wie in diesem Beispiel um Variablen handelt – auch geändert werden. Listing 6.23 zeigt ein paar Beispiele dazu.

Listing 6.23 Erstellen und Verändern von Instanzen einer Structure

```
let me = Person()
var erik = Person()
erik.name = "Erik"
erik.city = "Köln"
print("\(me.name) lebt in \(me.city).")
print("\(erik.name) lebt in \(erik.city).")
// Thomas lebt in Aschaffenburg.
// Erik lebt in Köln.
```

Sowohl die Konstante `me` als auch die Variable `erik` erhalten beide jeweils eine eigene Instanz der Structure `Person`, die beide absolut unabhängig voneinander sind. Da `me` als Konstante deklariert ist, ist der zugewiesene Wert unveränderlich. Das bedeutet, dass ihr weder eine neue Instanz der Structure `Person` zugewiesen noch eine der Eigenschaften dieser Structure verändert werden kann (obwohl die Eigenschaften in der Structure als Variablen deklariert sind). Der Wert sowie die Eigenschaften einer Structure können nur dann nach der Initialisierung geändert werden, wenn es sich bei allen entsprechenden Elementen um Variablen handelt. Genau das ist der Fall bei der Variablen `erik`, weshalb dieser nach der Erstellung der zugehörigen `Person`-Instanz neue Werte für die Eigenschaften `name` und `city` zugewiesen werden.

Am Ende wird auf die Eigenschaften von `me` und `erik` zugegriffen und diese werden mithilfe eines `print()`-Statements in der Konsole ausgegeben. Letzteres soll nun durch eine zusätzliche Funktion für die Structure ersetzt werden. Dabei soll die Funktion den gezeigten `print()`-Befehl dynamisch mit den Werten der jeweiligen Instanz durchführen, während die Instanzen selbst dann nur noch diese Funktion aufzurufen brauchen.

Eine Funktion in einer Structure wird genauso deklariert wie bereits bekannt, nur dass die Deklaration eben innerhalb der geschweiften Klammern einer Structure stattfindet. Damit kann die Funktion nur von Instanzen dieser Structure aufgerufen werden. Umgekehrt hat die Funktion der Structure aber auch Zugriff auf die weiteren Eigenschaften und Funktionen dieser Structure.

In Listing 6.24 wird die bereits bekannte Structure `Person` um die beschriebene Funktion zur Ausgabe von Informationen mittels `print()` ergänzt. Anschließend wird diese Funktion über die bereits bekannte Konstante `me` sowie über die Variable `erik` aufgerufen.

Listing 6.24 Erstellen einer Funktion in einer Structure

```
struct Person {
    var name = "Thomas"
    var city = "Aschaffenburg"
    func printInfo() {
        print("\(name) lebt in \(city).")
    }
```

```
}
let me = Person()
var erik = Person()
erik.name = "Erik"
erik.city = "Köln"
me.printInfo()
erik.printInfo()
// Thomas lebt in Aschaffenburg.
// Erik lebt in Köln.
```

 self

Innerhalb von Funktionen in Structures (und auch Enumerations und Classes) kann das Schlüsselwort self dazu verwendet werden, innerhalb der Implementierung eines Typs auf die anderen Eigenschaften desselben Typs zuzugreifen. self bezieht sich dabei auf eine Instanz des jeweiligen Typs. Ruft also die Variable erik eine Funktion des Typs Person auf, der intern self verwendet, dann entspricht self der Variablen erik. Listing 6.25 zeigt, wie die Structure Person auch mit dem zusätzlichen Schlüsselwort self in der Funktion printInfo() umgesetzt werden kann, um darüber auf die Eigenschaften der Structure zuzugreifen.

Listing 6.25 Verwendung des Schlüsselworts self zum Zugriff auf die Eigenschaften innerhalb einer Structure

```
struct Person {
    var name = "Thomas"
    var city = "Aschaffenburg"
    func printInfo() {
        print("\(self.name) lebt in \(self.city).")
    }
}
```

In Swift ist die Verwendung von self für die beschriebenen Fälle optional. Es gibt jedoch Fälle, in denen self zwingend notwendig ist, beispielsweise dann, wenn die Parameter einer Funktion den gleichen Namen tragen wie die Variablen oder Konstanten des Typs, in dem die Funktion implementiert ist. Um dann zwischen Funktionsparameter und Typeigenschaft unterscheiden zu können, muss den Typeigenschaften zwingend self vorangestellt werden. Fehlt self, greift Swift im Zweifel automatisch auf den Funktionsparameter und nicht auf die Typeigenschaft zurück.

Weitere Informationen zu self erhalten Sie in Abschnitt 6.5.

Auf die gezeigte Art und Weise können Structures um beliebige Informationen erweitert werden. Pro Instanz einer Structure können diese Informationen dann ausgelesen und verändert sowie Funktionen der Structure aufgerufen werden.

Properties und Methoden

Bei dem bisher Gesagten zu Eigenschaften und Funktionen von Structures handelt es sich nur um eine erste Einführung, tatsächlich können diese Elemente noch deutlich mehr. Da Properties und Methoden nicht nur in Structures, sondern beispielsweise auch in Classes zum Einsatz kommen, werden sie in Kapitel 7, „Eigenschaften und Funktionen von Typen", im Detail behandelt.

Eigenschaften wie Variablen und Konstanten einer Structure werden auch als sogenannte *Properties* bezeichnet, Funktionen in Structures hören korrekterweise auf den Namen *Methode*.

6.2.2.1 Memberwise Initializer

Wann immer eine Structure über Eigenschaften in Form von Variablen verfügt (oder von Konstanten, die nur in der Structure deklariert sind und keinen zugewiesenen Standardwert besitzen), dann erhält sie automatisch einen sogenannten *Memberwise Initializer*. Dieser dient dazu, bei der Initialisierung einer neuen Instanz einer Structure direkt passende Werte für alle Eigenschaften dieser Structure zu setzen.

Betrachten wir dazu noch einmal die Structure `Person` aus Listing 6.24. Diese definiert zwei Eigenschaften namens `name` und `city`. Für die ebenfalls in diesem Listing erstellte Variable `erik` wurde zunächst eine neue Instanz der Structure `Person` erstellt und anschließend wurden der Variablen die gewünschten Werte für die Eigenschaften `name` und `city` zugewiesen. Genau diese beiden Schritte – Erstellen einer Instanz und anschließendes Setzen aller Werte – können mithilfe des Memberwise Initializer auf einen einzigen Schritt reduziert werden.

Der Memberwise Initializer wird genauso aufgerufen wie die bisher bekannte Funktion zum Erstellen einer neuen Structure-Instanz. Jedoch werden innerhalb der runden Klammern nach Angabe des Structure-Typs alle Eigenschaften der Structure kommasepariert voneinander aufgeführt und ihnen die passenden Werte als Parameter übergeben; genau wie bei einem Funktionsaufruf mit Parametern auch. Listing 6.26 zeigt, wie aufgrund dessen und ohne, dass etwas an dem Code aus Listing 6.24 geändert werden muss, eine neue Instanz der Structure `Person` erstellt werden kann und ihr dabei direkt passende Werte für die beiden Eigenschaften `name` und `city` zugewiesen werden können.

Listing 6.26 Erstellen einer Instanz einer Structure mittels Memberwise Initializer

```
let mark = Person(name: "Mark", city: "Darmstadt")
mark.printInfo()
// Mark lebt in Darmstadt.
```

Der Memberwise Initializer fragt somit nacheinander alle Eigenschaften ab, denen ein Wert für die entsprechende Structure zugewiesen werden kann. Die Reihenfolge ist dabei essenziell; wären in Listing 6.26 die Parameter `name` und `city` vertauscht, käme es zu einem Fehler, da ein entsprechender Aufruf nicht bekannt ist.

Es gibt zwei Arten von Eigenschaften, die Teil des Memberwise Initializers einer Structure sind:

- Alle in der Structure definierten Variablen
- Alle in der Structure definierten Konstanten ohne einen Standardwert

Für jede Variable einer Structure stellt der Memberwise Initializer somit automatisch einen Parameter bereit (so wie es auch in Listing 6.26 zu sehen ist). Bei Konstanten ist das nur dann der Fall, wenn diese lediglich in der Structure deklariert sind und ihnen nicht direkt ein Wert zugewiesen ist. Dieses Verhalten ist auch nur logisch, schließlich kann der Konstanten zu keinem Zeitpunkt ein neuer Wert zugewiesen werden, wenn ihr bereits von der Structure aus ein fester Wert zugewiesen ist.

Um diesen letzten Punkt noch einmal zu verdeutlichen, zeigt Listing 6.27 ein abstraktes Beispiel einer Structure namens `Constant` mit zwei in ihr definierten Konstanten. Dabei wird der ersten Konstanten `constantWithDefaultValue` direkt ein Standardwert zugewiesen, während die zweite Konstante `constantWithoutDefaultValue` lediglich in der Structure deklariert wird. Der Memberwise Initializer erwartet nun lediglich einen Parameter für die zweite Konstante `constantWithoutDefaultValue`, da die erste bereits über einen Wert verfügt und dieser nicht mehr geändert werden kann. Würde es sich aber um eine Variable handeln, dann würde diese – egal ob Standardwert oder nicht – immer im Memberwise Initializer als Parameter erwartet.

Listing 6.27 Verhalten des Memberwise Initializer bei einer Konstanten mit Standardwert

```
struct Constant {
    let constantWithDefaultValue = "Konstante"
    let constantWithoutDefaultValue: String
}
let myConstant = Constant(constantWithoutDefaultValue: "Meine Konstante")
```

 Default vs. Memberwise Initializer

In der Regel muss zum Erstellen einer Instanz einer Structure immer der Memberwise Initializer verwendet werden, sobald die Structure entweder über Variablen oder eine Konstante ohne Standardwert verfügt. Einzige Ausnahme: Wenn auch alle Variablen bereits über einen Standardwert verfügen, kann auch der Default Initializer anstatt des Memberwise Initializers verwendet werden. Die in Listing 6.24 deklarierte Structure `Person` demonstriert das sehr gut. Von dieser können sowohl Instanzen mit dem Default Initializer (einfaches rundes Klammernpaar () nach Angabe des Typs) wie auch mit dem Memberwise Initializer verwendet werden. Wird allerdings der Memberwise Initializer verwendet, dann muss auch für **alle** Eigenschaften ein Wert gesetzt werden, selbst wenn man für manche den Standardwert beibehalten möchte (ausgenommen sind hierbei natürlich Konstanten mit Standardwert, da diese nie Teil des Memberwise Initializers sind).

Das erläuterte Verfahren zur Initialisierung einer Structure hat eine konkrete Folge: Wann immer eine Instanz einer Structure erstellt wird, besitzen alle Eigenschaften dieser Structure einen Wert. Genau diese Regel ist durch den Memberwise Initializer automatisch abgedeckt. Verfügt wenigstens eine Variable oder Konstante nicht über einen Standardwert, muss immer der Memberwise Initializer (oder ein eigener Initializer, siehe dazu auch den Kasten „Erstellen eigener Initializer") zur Erstellung einer Instanz der Structure verwendet werden. Nur wenn alle Eigenschaften bereits im Vorfeld einen Standardwert besitzen, kann auch der Default Initializer zum Einsatz kommen. So oder so gibt es damit aber nach Initialisierung einer Structure keine Eigenschaft, die nicht über einen passenden Wert verfügt.

Dabei handelt es sich um eine Grundregel in Swift, die ebenso für die im folgenden Abschnitt 6.3 vorgestellten Klassen gilt. Alle Eigenschaften einer Instanz müssen nach der Erstellung dieser Instanz einen Wert besitzen, andernfalls kommt es direkt zu einem Compiler-Fehler. Einzige Ausnahme von dieser Regel bilden die Optionals.

Erstellen eigener Initializer

Neben dem Default und dem Memberwise Initializer lassen sich Structures auch um ganz eigene Initializer ergänzen. Damit ist es möglich, angepasste Funktionen zum Erstellen neuer Instanzen einer Structure anzubieten. Mehr zu diesem Thema erfahren Sie in Kapitel 8, „Initialisierung".

■ 6.3 Classes

Classes (im Deutschen auch übersetzt als *Klassen* bezeichnet) sind eine weitere Form zur Deklaration eigener Typen in Swift. Sie ähneln den im vorherigen Abschnitt 6.2 vorgestellten Structures in vielerlei Hinsicht und unterscheiden sich von ihnen lediglich in manchen (aber wichtigen) Details. Das wichtigste von allen ist, dass Classes sogenannte *Reference Types* definieren (wohingegen Structures *Value Types* sind).

Genau wie Structures wird Klassen mithilfe von Eigenschaften und Funktionen Leben eingehaucht. Um mit einer Klasse arbeiten zu können, müssen Instanzen von der Klasse erstellt werden, die dann Variablen, Konstanten, Funktionsparametern oder -rückgabewerten zugewiesen werden können.

Eine Klasse wird mithilfe des Schlüsselworts class deklariert, gefolgt vom gewünschten Namen der Klasse (und somit auch des gewünschten Typs). Da Klassen einen neuen Typ deklarieren, sollten ihre Namen immer mit einem Großbuchstaben beginnen. Innerhalb eines anschließend folgenden geschweiften Klammernpaars werden dann alle Eigenschaften und Funktionen einer Klasse implementiert. Listing 6.28 zeigt den grundlegenden Aufbau zur Deklaration einer Klasse in Swift.

Listing 6.28 Deklaration einer Klasse in Swift

```
class <NAME DER KLASSE> {
    <EIGENSCHAFTEN UND FUNKTIONEN DER KLASSE>
}
```

6.3.1 Erstellen von Klassen und Instanzen

Listing 6.29 zeigt die einfache Deklaration einer Klasse Person. Wie beschrieben, müssen Instanzen einer Klasse erstellt werden, um mit ihr arbeiten zu können. Eine solche Instanz wird mithilfe der Initialisierung erstellt, die durch das Setzen eines runden Klammernpaars nach dem Namen der entsprechenden Klasse ausgeführt wird (weitere Details zur Initialisierung erfahren Sie in Kapitel 8, „Initialisierung").

Listing 6.29 Erstellen und Initialisieren einer Klasse

```
class Person {
}
let aPerson = Person()
```

Die Klasse Person verfügt in diesem Beispiel noch über keinerlei Eigenschaften, definiert aber bereits den entsprechenden Typ Person. Der Konstanten aPerson wird sodann eine neue Instanz dieses Typs Person mithilfe des Befehls Person() zugewiesen.

6.3.2 Eigenschaften und Funktionen

Wie bei Structures auch, machen das Herzstück einer Klasse deren Eigenschaften und Funktionen aus. Eigenschaften können dabei Variablen und Konstanten sein. Wie eine solche Klasse aussehen kann, zeigt Listing 6.30. Dort wird die Person-Klasse aus Listing 6.29 um zwei Variablen und eine Funktion erweitert.

Listing 6.30 Deklaration einer Klasse mit Eigenschaften und Funktionen

```
class Person {
    var name = "Thomas"
    var city = "Aschaffenburg"
    func printInfo() {
        print("\(name) lebt in \(city).")
    }
}
```

Die beiden Eigenschaften name und city sind vom Typ String und werden mit Standardwerten vorbelegt. Die Funktion printInfo() greift auf diese Informationen zu und gibt sie mittels eines print()-Statements auf der Konsole aus. Das Beispiel entspricht dem aus Abschnitt 6.2.2, nur dass dieses Mal eine Klasse und nicht eine Structure als Grundlage dient (mehr zu den Unterschieden zwischen Structures, Klassen und auch Enumerations erfahren Sie in Abschnitt 6.4).

Um nun mit dieser Klasse arbeiten zu können, müssen Sie Instanzen davon erstellen. Dafür nutzen Sie die bereits angesprochene Initialisierung. Listing 6.31 zeigt, wie zwei Instanzen der Klasse Person erstellt und verwendet werden.

Listing 6.31 Initialisieren und Verwenden einer Klasse

```
let me = Person()
let erik = Person()
erik.name = "Erik"
```

```
erik.city = "Köln"
me.printInfo()
erik.printInfo()
// Thomas lebt in Aschaffenburg.
// Erik lebt in Köln.
```

Die beiden Konstanten me und erik rufen beide die Funktion printInfo() der Klasse Person auf, nachdem ihnen eine jeweils neue Instanz dieser Klasse zugewiesen wurde. Bei der Konstanten erik werden darüber hinaus noch die beiden Eigenschaften name und city geändert. Letzteres ist ein erster wesentlicher Unterschied zu Structures. Ist eine Structure als Konstante definiert, kann sie in keiner Weise verändert werden; das schließt auch alle Eigenschaften der Structure mit ein. Bei Klassen ist das nicht der Fall. Zwar kann weder der Konstanten me noch der Konstanten erik eine andere Instanz der Klasse Person zugewiesen werden – schließlich sind ja beide als Konstanten deklariert – es können aber problemlos die Eigenschaften dieser Klasse verändert werden (vorausgesetzt natürlich, es handelt sich bei den Eigenschaften – wie in diesem Fall – um Variablen).

Ein weiterer Unterschied zu Structures betrifft die Initialisierung. Structures bringen automatisch einen sogenannten *Memberwise Initializer* mit, sobald sie über wenigstens eine Variable oder eine Konstante ohne Standardwert verfügen (siehe dazu auch den Abschnitt 6.2.2.1). Der Memberwise Initializer erlaubt es, bei der Initialisierung einer Structure direkt passende Werte für die Eigenschaften zu setzen, ohne dass man selbst dafür aktiv werden und einen eigenen Initializer dafür schreiben muss (mehr zum Thema Initialisierung erfahren Sie in Kapitel 8).

In Klassen steht ein Memberwise Initializer nicht zur Verfügung. Stattdessen lässt sich nur der Default Initializer verwenden (so wie in Listing 6.31 zu sehen) oder es müssen selbst eigene Initializer geschrieben werden.

Diese Tatsache bringt eine Besonderheit mit sich, denn: Genau wie bei Structures muss nach der Initialisierung einer Instanz einer Klasse für jede Eigenschaft dieser Klasse ein passender Wert gesetzt sein. Bei Structures hat der Memberwise Initializer diese Aufgabe automatisch übernommen, bei Klassen muss man in dieser Hinsicht selbst aktiv werden. Das bedeutet: Besitzt eine Variable oder Konstante einer Klasse keinen Standardwert, so muss zwingend selbst ein passender Initializer geschrieben werden, der dafür Sorge trägt, dass am Ende alle Eigenschaften der Klasse nach Verwendung des Initializers einen Wert besitzen. Fehlt dieser, gibt es einen Compiler-Fehler. Da Initialisierung ein Thema für sich ist (und nicht nur für Klassen relevant ist) erfahren Sie mehr dazu in Kapitel 8.

Die einzige Alternative, um die Implementierung eines eigenen Initializers zu umgehen und gleichzeitig einer Variablen oder Konstanten keinen Standardwert zuzuweisen, ist, das entsprechende Element als Optional zu deklarieren.

So zeigt Listing 6.32 eine alternative Implementierung der Klasse Person aus Listing 6.30. Dort sind die beiden Variablen name und city als Optionals ohne Standardwert implementiert, darüber hinaus prüft die Funktion printInfo() nun mittels Optional Binding, ob für diese beiden Optionals ein Wert existiert. Nur wenn das der Fall ist, wird eine Meldung mittels print() ausgegeben, andernfalls erscheint eine alternative Meldung. Im Anschluss an die Deklaration der Klasse folgt dann die aus Listing 6.31 bekannte Erstellung der Konstanten me und erik, gefolgt von deren Konfiguration und dem anschließenden Aufruf der Funktion printInfo(). Dabei wird dieses Mal zur Ausgabe der Informationen nur das zugehörige print()-Statement für die Konstante erik ausgeführt, da nun im Falle der Konstanten me sowohl die Variable name als auch city keinen Wert besitzen und damit nil entsprechen. Somit ist die Bedingung der if-Abfrage der printInfo()-Funktion nicht erfüllt.

Listing 6.32 Deklaration von Eigenschaften einer Klasse als Optionals

```
class Person {
    var name: String?
    var city: String?
    func printInfo() {
        if let name = name, let city = city {
            print("\(name) lebt in \(city).")
        } else {
            print("Keine Informationen vorhanden.")
        }
    }
}
let me = Person()
let erik = Person()
erik.name = "Erik"
erik.city = "Köln"
me.printInfo()
erik.printInfo()
// Keine Informationen vorhanden.
// Erik lebt in Köln.
```

◼ 6.4 Enumeration vs. Structure vs. Class

Die drei Elemente Enumeration, Structure und Class haben eine Gemeinsamkeit: Sie alle definieren neue Typen. Daneben gibt es noch weitere Gemeinsamkeiten zwischen diesen Elementen, ebenso wie essenzielle Unterschiede. Genau diese Details werden in diesem Abschnitt beleuchtet, damit Sie am Ende wissen, was jedes der drei genannten Elemente ausmacht, wie sie sich voneinander unterscheiden und wann der Einsatz welches Elements sinnvoll ist.

6.4.1 Gemeinsamkeiten und Unterschiede

Eine essenzielle Gemeinsamkeit zwischen Enumeration, Structure und Class wurde bereits genannt: Sie dienen dazu, einen neuen Typ in Swift zu definieren. Darüber hinaus besitzen sie noch die folgenden Gemeinsamkeiten:

- Enumerations, Structures und Classes können Properties definieren (mehr zu Properties erfahren Sie in Kapitel 7, „Eigenschaften und Funktionen von Typen").

- Enumerations, Structures und Classes können Methoden definieren (mehr zu Methoden erfahren Sie in Kapitel 7, „Eigenschaften und Funktionen von Typen").

- Enumerations, Structures und Classes können Subscripts definieren (mehr zu Subscripts erfahren Sie in Kapitel 7, „Eigenschaften und Funktionen von Typen").

- Enumerations, Structures und Classes können Initializer definieren (mehr zur Initialisierung erfahren Sie in Kapitel 8, „Initialisierung").
- Enumerations, Structures und Classes können mithilfe von Extensions um neue Funktionen erweitert werden (mehr zu Extensions erfahren Sie in Kapitel 11, „Weiterführende Sprachmerkmale von Swift").
- Enumerations, Structures und Classes können konform zu Protokollen sein (mehr zu Protokollen erfahren Sie in Kapitel 11, „Weiterführende Sprachmerkmale von Swift").
- Wird eine Instanz einer Structure oder Class erstellt, müssen alle Properties der Instanz über einen Wert verfügen (es sei denn, sie sind als Optional deklariert).

Bei der Implementierung der genannten Eigenschaften gibt es bisweilen einige Unterschiede und Besonderheiten. In den entsprechenden vertiefenden Abschnitten erfahren Sie alles über die jeweiligen Eigenschaften und wie sie sich mit Enumerations, Structures und Classes verwenden lassen.

Daneben gibt es aber auch einige Unterschiede zwischen diesen drei Elementen, die im Folgenden aufgeführt werden:

- Enumerations und Structures sind Value Types, Classes sind Reference Types.
- Structures verfügen automatisch über einen sogenannten Memberwise Initializer, Enumerations und Classes nicht.
- Classes können für Vererbung genutzt werden, Enumerations und Structures nicht (mehr zu Vererbung erfahren Sie in Kapitel 9, „Vererbung").
- Classes können Type Casting zum Prüfen und Umwandeln von Typen zur Laufzeit einer Anwendung verwenden, Enumerations und Structures nicht (mehr zu Type Casting erfahren Sie in Kapitel 12, „Type Checking und Type Casting").
- Classes können um einen sogenannten Deinitializer ergänzt werden, Enumerations und Structures nicht (mehr zu Deinitialisierung erfahren Sie in Kapitel 8, „Initialisierung").

6.4.2 Wann nimmt man was?

Wann immer man in Swift einen neuen Typ definiert, stellt sich die Frage, ob dieser als Enumeration, Structure oder Class umgesetzt wird. Im Folgenden erhalten Sie eine Übersicht, die Aufschluss darüber gibt, in welchen Fällen welches der drei Elemente idealerweise eingesetzt werden sollte.

6.4.2.1 Enumeration

Enumerations bieten im Vergleich mit Structures und Classes die geringste Funktionalität und sind somit am wenigsten flexibel. Zwar können sie auch um dynamische Eigenschaften in Form von Properties und Methoden ergänzt werden, verfügen dabei aber meist nicht über den gleichen Funktionsumfang wie Structures oder Classes.

Enumerations sind ideal, wenn ein Typ nur über eine bestimmte Anzahl fest definierter Werte verfügen kann, und genau diese Werte können dann einfach in der Enumeration festgelegt werden. Wann immer nun ein Wert dieser Enumeration erwartet wird, ist damit sichergestellt, dass dieser Wert nur einem der in der Enumeration definierten Werte entsprechen kann.

Somit kommen Enumerations vorrangig für einfache Typen ohne großartige eigene Funktionalität infrage, um darüber einen festgelegten Bereich zusammengehöriger Werte zu definieren.

6.4.2.2 Structure

Structures sind ideal zum Erstellen von Instanzen mit spezifischen Eigenschaften und Funktionen. Im Gegensatz zu Enumerations liegt ihr Fokus nicht auf festgelegten Werten, sondern auf der Konfiguration eben dieser Eigenschaften über verschiedene Instanzen einer Structure. Jede Instanz einer Structure kann dabei unterschiedlich konfiguriert werden und so jeweils gänzlich andere Informationen enthalten.

Da Structures – genau wie Enumerations – Value Types darstellen, werden sie kopiert, sobald sie einer Variablen oder Konstanten oder einer Funktion als Parameter übergeben werden. Eine Arbeit in Form von Referenzen, wie es bei Klassen der Fall ist, ist mit Instanzen von Structures nicht möglich.

Sobald es darum geht, mit spezifischen Instanzen eines Typs zu arbeiten, dessen Eigenschaften individuell angepasst und konfiguriert werden sollen, sind Structures immer den Enumerations vorzuziehen.

6.4.2.3 Class

Klassen sind Structures in sehr vieler Hinsicht ähnlich, da auch die von Klassen definierten Typen in Form von Instanzen verwendet werden und so über spezifische Eigenschaften und Funktionen verfügen. Jedoch können sie darüber hinaus noch deutlich mehr. Klassen sind als einziges der drei Elemente in der Lage, im Zusammenspiel mit Vererbung eingesetzt zu werden (siehe dazu auch das Kapitel 9, „Vererbung"), um so die Eigenschaften und Funktionen einer bestehenden Klasse in eine neue Klasse zu übernehmen. Auch verfügen Klassen über mögliche Techniken wie Type Casting (siehe Kapitel 12, „Type Checking und Type Casting") und Deinitialisierung (siehe Kapitel 8, „Initialisierung").

Da es sich bei Klassen um Reference Types handelt, spielen sie insbesondere in der objektorientierten Programmierung beispielsweise für Apples Plattformen iOS, macOS, watchOS und tvOS eine sehr große Rolle. Entwickelt man Anwendungen für diese Betriebssysteme, wird man sehr häufig mit Klassen in Verbindung kommen und aufgrund der Möglichkeit der Vererbung sehr viel mit ihnen arbeiten.

Sobald Sie somit die zusätzlichen Vorteile von Klassen gegenüber Structures benötigen oder aus anderen Gründen lieber mit einem Reference Type statt mit einem Value Type arbeiten möchten, ist eine Klasse die richtige Wahl.

■ 6.5 self

Das Schlüsselwort `self` wurde erstmalig in Abschnitt 6.2 zu Structures vorgestellt. Es kommt bei allen Elementen zum Einsatz, in denen neue Typen in Swift definiert werden (also beispielsweise innerhalb der Implementierung von Enumerations, Structures oder Classes). Dabei dient es dazu, auf eine Instanz des jeweiligen Typs zu referenzieren und somit auf die Eigenschaften dieses Typs innerhalb der zugehörigen Implementierung zugreifen zu können. Listing 6.33 zeigt ein einfaches Beispiel zur Verwendung von `self` innerhalb einer Klasse, um so auf die Eigenschaften der Klasse selbst zugreifen zu können.

Listing 6.33 Nutzung von `self` zum Zugriff auf die Eigenschaften einer Klasse innerhalb der Klasse selbst

```swift
class Person {
    var name: String?
    func updateName(_ updatedName: String) {
        self.name = updatedName
        self.printInfo()
    }
    func printInfo() {
        print("Mein Name ist \(name).")
    }
}
```

Wie man sieht, soll innerhalb der Funktion `updateName(_:)` der Klasse `Person` die Variable `name` der Klasse geändert werden, die Klasse selbst muss also auf eine ihrer eigenen Eigenschaften zugreifen. Das Gleiche gilt für den Aufruf der Funktion `printInfo()` aus `updateName(_:)` heraus, weshalb beide Elemente – die Variable sowie die Funktion – mittels vorangestelltem `self` referenziert werden. Damit ist klar, dass eine Eigenschaft beziehungsweise Funktion innerhalb der Klasse `Person` selbst aufgerufen und verwendet werden soll.

Tatsächlich ist die Verwendung von `self` in Swift generell optional. Solange eindeutig erkennbar ist, ob eine aufgerufene Eigenschaft oder Funktion zur jeweiligen Klasse oder zu einer anderen Stelle gehört, kann darauf verzichtet werden. Die Klasse `Person` aus Listing 6.33 kann somit auch wie in Listing 6.34 zu sehen umgesetzt werden.

Listing 6.34 Verzicht auf `self`, wenn optional

```swift
class Person {
    var name: String?
    func updateName(_ updatedName: String) {
        name = updatedName
        printInfo()
    }
    func printInfo() {
        print("Mein Name ist \(name).")
    }
}
```

Innerhalb der Funktion `updateName(_:)` kann mit der Variablen `name` nur die Variable der Klasse `Person` selbst gemeint sein; eine andere Variable mit diesem Namen gibt es nicht, daher kann `self` hier weggelassen werden. Das Gleiche gilt für den Aufruf der Funktion `printInfo()`, auch hier ist eindeutig, dass damit nur die gleichnamige Funktion der Klasse `Person` selbst gemeint sein kann. Entsprechend kann – wie in Listing 6.34 zu sehen – in diesen Fällen auch auf `self` verzichtet werden. In den Code-Listings dieses Buches wird das auch genauso gehandhabt.

Allerdings gibt es auch Situationen, in denen die Verwendung von `self` nicht optional ist. Betrachten wir dazu noch einmal die Klasse `Person` und deren Funktion `updateName(_:)`. Würde der Name des Parameters statt `updatedName` nun schlicht `name` heißen, dann würde der bisherige Code nicht mehr funktionieren. Schließlich würde die Zuweisung in der ersten Zeile dann `name = name` lauten, und damit weiß Swift nicht umzugehen. Wann ist nun die Variable `name` der Klasse `Person` gemeint, wann der Parameter? Für Swift ist das an dieser Stelle nicht ersichtlich, da es zwei Eigenschaften gibt, die beide in dieser Situation über den gleichen Namen verfügen.

In genau solchen Fällen ist der Einsatz von `self` zwingend. Ohne die Referenzierung mittels `self` geht Swift davon aus, dass in beiden Fällen der Parameter gemeint ist. Swift sucht sich somit immer das „am nächsten liegende" Element. Der Befehl `name = name` sagt für Swift dann also aus, dass dem Parameter `name` sein eigener Wert zugewiesen werden soll, und so kommt es zum Fehler.

Lösen lässt sich das Problem einfach dadurch, dass die erste `name`-Variable mit einem vorangestellten `self` versehen wird. Damit ist eindeutig, dass damit die Variable der Klasse und nicht der Parameter gemeint ist. In Listing 6.35 ist zu sehen, wie das Ganze in der Praxis aussieht.

Listing 6.35 Notwendige Verwendung von `self` zur Unterscheidung zwischen Variablen einer Klasse und Funktionsparameter

```
class Person {
    var name: String?
    func updateName(_ name: String) {
        self.name = name
        printInfo()
    }
    func printInfo() {
        print("Mein Name ist \(name).")
    }
}
```

Wenn Sie also innerhalb von Swift-Code in eine Situation geraten, an denen zwei unterschiedliche Eigenschaften oder Funktionen mit dem gleichen Namen existieren, können Sie mithilfe von `self` dasjenige Element eindeutig hervorheben, das zu dem zugrunde liegenden Typ gehört und damit beide Eigenschaften und Funktionen – trotz des gleichen Namens – auch parallel verwenden, da Sie das jeweils gewünschte Element eindeutig ansprechen können.

7 Eigenschaften und Funktionen von Typen

Ein eigens mittels Enumeration, Structure oder Class erstellter Typ ist nur dann sinnvoll einsetzbar, wenn er auch über passende Eigenschaften und Funktionen verfügt, die im Zusammenspiel mit eben diesem Typ verwendet werden können. In diesem Kapitel erfahren Sie alles über Eigenschaften und Funktionen und lernen die sogenannten Properties, Methoden und Subscripts kennen, die dazu dienen, Typen in Swift mit Leben und Logik zu füllen.

■ 7.1 Properties

Die Definition von Properties ist zunächst recht simpel: Jede Variable und Konstante, die innerhalb einer Enumeration, Structure oder Class definiert ist, ist eine Property. Listing 7.1 verdeutlicht den Unterschied zu Variablen.

Listing 7.1 Unterschied zwischen einer Variablen und einer Property

```
var thisIsAVariable = 19
class AClass {
    var thisIsAProperty = 99
}
```

Wie die Namen bereits andeuten, handelt es sich bei `thisIsAVariable` um eine Variable, da sie außerhalb einer Enumeration, Structure oder Class definiert ist. `thisIsAProperty` hingegen ist innerhalb einer Klasse definiert und somit auch Teil dieser Klasse, weshalb es sich um eine Property handelt.

Zunächst einmal liegt der Unterschied zwischen Properties und Variablen und Konstanten schlicht in der Bezeichnung dieser Elemente. Allerdings verfügen Properties über zusätzliche Eigenschaften, die Variablen und Konstanten nicht besitzen. Dabei wird zunächst einmal zwischen vier verschiedenen Arten von Properties unterschieden:

- Stored Property
- Lazy Stored Property

- Computed Property
- Read-Only Computed Property

All diese vier Typen werden nun nacheinander im Detail vorgestellt.

7.1.1 Stored Property

Eine *Stored Property* ist noch am ehesten mit einer klassischen Variablen beziehungsweise Konstanten vergleichbar. Ihr können Werte zugewiesen und die Werte über den Bezeichner der Property auch wieder ausgelesen werden. Ist die Stored Property als Variable deklariert, kann ihr Wert beliebig oft verändert werden, als Konstante kann ihr nur einmalig ein Wert zugewiesen werden, der dann unveränderlich ist.

Stored Properties stehen nur in Structures und Classes zur Verfügung, nicht in Enumerations. In den bisherigen Code-Beispielen dieses Buches haben wir in den entsprechenden Abschnitten zu Structures und Classes auch ausschließlich Stored Properties gesehen, auch bei der in Listing 7.1 deklarierten Variablen `thisIsAProperty` handelt es sich um eine Stored Property.

Listing 7.2 zeigt weitere Beispiele von Stored Properties im Zusammenspiel mit Structures und Classes. Dabei wird eine Structure namens `Person` erstellt, die über insgesamt vier Stored Properties verfügt: `name`, `street`, `postalCode` und `city`. Die im Anschluss erstellte Klasse `Car` verfügt indes über drei (als Optional deklarierte) Stored Properties: `color`, `manufacturer` und `maximumSpeed`.

Listing 7.2 Deklaration von Properties in Structures und Classes

```
struct Person {
    var name: String
    var street: String
    var postalCode: String
    var city: String
}

class Car {
    var color: String?
    var manufacturer: String?
    var maximumSpeed: Int?
}
```

Stored Properties können somit – genau wie Variablen und Konstanten in Swift auch – einem beliebigen Typ entsprechen und auch als Optional deklariert sein.

Unveränderlichkeit von Structures

Es gibt eine Besonderheit im Zusammenspiel mit Stored Properties und Structures, die bei der Arbeit mit diesen beiden Elementen berücksichtigt werden muss: Wird eine Instanz einer Structure einer Konstanten zugewiesen, können deren Stored Properties anschließend nicht mehr verändert werden, selbst wenn diese Properties als Variablen deklariert sind. Listing 7.3 veranschaulicht dieses Verhalten.

Listing 7.3 Unveränderlichkeit einer Structure, wenn die Instanz einer Konstanten zugewiesen ist

```
struct Person {
    var name: String
}
let aPerson = Person(name: "Thomas")
aPerson.name = "Thomas Sillmann"
// Fehler: Property name kann nicht geändert werden,
// da aPerson eine Konstante ist.
```

Das ist deswegen so besonders, da es umgekehrt bei Instanzen einer Klasse möglich ist, den Wert von Stored Properties zu verändern, selbst wenn die Instanz ebenfalls einer Konstanten zugewiesen ist (siehe auch Listing 7.4).

Listing 7.4 Veränderlichkeit einer Class, wenn die Instanz einer Konstanten zugewiesen ist

```
class Person {
    var name: String?
}
let aPerson = Person()
aPerson.name = "Thomas Sillmann"
// Kein Problem, obwohl aPerson eine Konstante ist.
```

Selbstverständlich gilt dabei, dass jegliche Stored Properties einer Structure oder Class nur dann geändert werden können, wenn diese auch als Variable deklariert sind (so wie es in den gezeigten Beispielen der Fall war). Andernfalls kann einer Stored Property (die somit als Konstante deklariert ist) nur einmalig ein Wert zugewiesen werden. ∎

 Erzeugen eines Standardwerts für eine Stored Property mithilfe eines Closures

Es ist möglich, einer Stored Property auch einen Standardwert in Form eines Closures zuzuweisen. Das erlaubt es, auch aufwendigere Berechnungen und Befehle auszuführen, um darüber den gewünschten Standardwert einer Stored Property zu ermitteln und diesen zu verwenden. Ein solches Closure wird beim erstmaligen lesenden Zugriff auf eine entsprechende Property ausgeführt und das Ergebnis des Closures der Stored Property als Wert zugewiesen.

Die grundlegende Syntax für das Erstellen eines Standardwerts einer Stored Property auf Basis eines Closures zeigt Listing 7.5. Nach dem Typ der Property folgt der Zuweisungsoperator. Darüber wird ein Closure in Form geschweifter Klammern zugewiesen, zwischen denen dann die Befehle zum Erstellen des Standardwerts für die Property ausgeführt werden können. Am Ende muss innerhalb dieses Closures mittels `return` der ermittelte Standardwert zurückgegeben werden.

Listing 7.5 Deklaration einer Stored Property mit Standardwert auf Basis eines Closures

```
var aProperty: String = {
    <DURCHFÜHRUNG DER BEFEHLE ZUM ERSTELLEN DES STANDARDWERTS>
    return <STANDARDWERT>
}()
```

Ebenfalls zu beachten ist das runde Klammernpaar () am Ende der geschlossenen geschweiften Klammer des Closures, das ebenfalls mit zur Deklaration dazugehört.

Ein vollständiges Beispiel eines solchen Standardwerts auf Basis eines Closures für eine Stored Property zeigt Listing 7.6. Dort wird eine solche Property namens name für die Structure Person erstellt, für die ein einfacher Standardwert mithilfe passender Befehle generiert und anschließend zurückgegeben wird. Beim erstmaligen lesenden Zugriff darauf erhält man sodann diesen Standardwert zurück. Nach der ersten Änderung einer solchen Property gilt aber der geänderte Wert und das deklarierte Closure zum Erstellen eines Standardwerts spielt keine Rolle mehr.

Listing 7.6 Erstellen und Verwenden einer Stored Property mit Standardwert auf Basis eines Closures

```
struct Person {
    var name: String = {
        let firstName = "Thomas"
        let secondName = "Sillmann"
        return "\(firstName) \(secondName)"
    }()
}

let me = Person()
print("Name: \(me.name)")
// Name: Thomas Sillmann
```

Wichtig dabei: Innerhalb eines solchen Closures kann nicht auf self zugegriffen werden (beispielsweise um die Werte anderer Properties des gleichen Typs abzufragen). Das ist nur mithilfe von Lazy Stored Properties möglich (siehe dazu auch den folgenden Abschnitt 7.1.2).

7.1.2 Lazy Stored Property

Bei der Lazy Stored Property handelt es sich um eine Sonderform der zuvor in Abschnitt 7.1.1 vorgestellten Stored Property. Auch die Lazy Stored Property steht nur in Structures und Classes zur Verfügung, nicht in Enumerations.

Prinzipiell ist die Aufgabe von Lazy Stored Properties mit der von Stored Properties identisch und sie dienen dazu, ihnen zugewiesene Werte zu halten. Der Unterschied zu Stored Properties besteht aber darin, dass Lazy Stored Properties erst erstellt werden, sobald das erste Mal auf sie zugegriffen wird; bis zu diesem Moment verfügen sie über keinen Wert und es wird auch kein Speicher für sie belegt.

Um eine Lazy Stored Property zu erstellen, erstellen Sie zunächst eine Stored Property und stellen dieser das Schlüsselwort `lazy` bei der Deklaration voran. Wichtig dabei: Lazy Stored Properties können nur als Variablen mittels `var` und nicht als Konstanten mittels `let` deklariert werden!

Zur Verdeutlichung des Verhaltens von Lazy Stored Properties und der mit ihnen einhergehenden Syntax sehen Sie ein Beispiel in Listing 7.7. Dort verfügt die Klasse `Car` über drei Stored Properties: `color`, `manufacturer` und `maximumSpeed` (alle als Optional deklariert). Darüber hinaus besitzt sie eine als Lazy Stored Property deklarierte Variable namens `currentSpeed` mit dem Standardwert 0.

Listing 7.7 Deklaration einer Lazy Stored Property

```
class Car {
    var color: String?
    var manufacturer: String?
    var maximumSpeed: Int?
    lazy var currentSpeed = 0
}
let myCar = Car()
myCar.color = "Blau"
myCar.manufacturer = "Opel"
myCar.maximumSpeed = 200
```

Im Anschluss an diese Deklaration wird eine neue Instanz der Klasse `Car` erstellt und es werden Werte für die drei Stored Properties `color`, `manufacturer` und `maximumSpeed` gesetzt. Obwohl die Property `currentSpeed` über einen Standardwert verfügt, ist dieser bis zu diesem Augenblick noch nicht gesetzt und erstellt. Sehr schön sieht man das in einem Playground, wenn man Quick Look dazu nutzt, einmal die Informationen zur `myCar`-Instanz auszugeben (siehe Bild 7.1). Dort werden alle gesetzten Werte für die Stored Properties angezeigt, lediglich der Wert für die Lazy Stored Property `currentSpeed` fehlt und entspricht stattdessen `nil`.

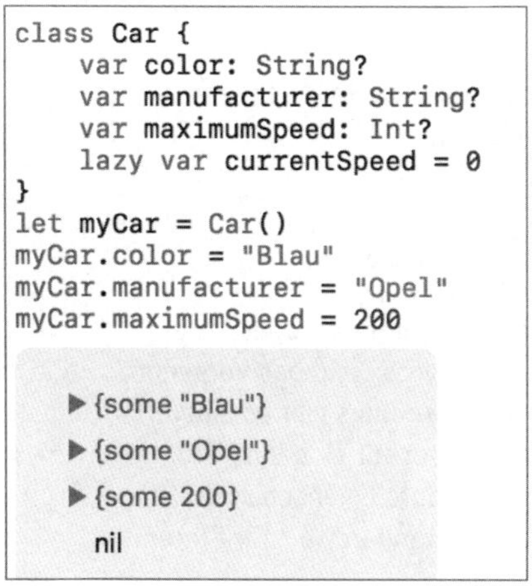

Bild 7.1
Der Wert der Lazy Stored Property ist noch nicht gesetzt, da noch nicht darauf zugegriffen wurde. Entsprechend gibt Quick Look in einem Playground für diesen Wert nur `nil` aus.

Erst wenn eine Lazy Stored Property erstmalig verwendet wird (egal ob es dabei um das Auslesen des Standardwerts oder um das direkte Setzen eines neuen Werts geht), wird für diese Property Speicherplatz reserviert und sie anschließend erstellt (siehe Bild 7.2).

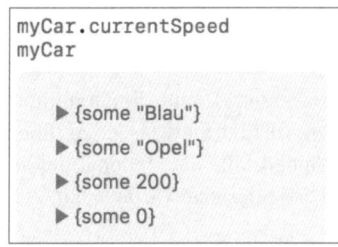

Bild 7.2
Es reicht ein einfacher Zugriff auf eine Lazy Stored Property, damit diese erstellt wird und verwendet werden kann.

Bei der Verwendung von Lazy Stored Properties im Zusammenspiel mit Instanzen einer Structure oder Class ergeben sich somit keine Unterschiede zu Stored Properties, sie können genauso aufgerufen und verändert werden. Lediglich intern erfolgt die Erstellung einer solchen Property nicht – wie bei Stored Properties – mit Erstellung der Instanz einer entsprechenden Structure oder Class, sondern erst bei der erstmaligen Verwendung der Lazy Stored Property selbst.

 Lazy Stored Properties benötigen Standardwert oder Initializer

Wenn Sie eine Structure oder Class um eine Lazy Stored Property ergänzen und diese als Optional deklarieren, wird es dennoch zu einem Compiler-Fehler kommen, sofern Sie keinen passenden Standardwert für die Property übergeben oder einen passenden Initializer anbieten, der einen Wert für die Property setzt (bei Structures wird Letzteres automatisch durch den Memberwise Initializer gelöst, wobei dort das Problem nicht so kritisch ist wie bei Klassen).

Generell ist es bei der Arbeit mit Lazy Stored Properties immer sinnvoll, diesen einen Standardwert zuzuweisen, da dieser sowieso erst erstellt wird, sobald die Lazy Stored Property verwendet wird; genau das ist ja Sinn und Zweck einer Lazy Stored Property. Wenn eine solche Property gänzlich optional ist, können Sie stattdessen auch einfach eine Stored Property erstellen, wodurch das genannte Problem ebenfalls gelöst ist.

 Lazy Stored Property mit Closure als Standardwert

Genau wie bei Stored Properties kann auch für Lazy Stored Properties ein Closure als Standardwert verwendet werden. Die Syntax und das Vorgehen ist dabei identisch zu dem bei Stored Properties, allerdings gibt es einen großen Unterschied: Innerhalb eines solchen Closures für eine Lazy Stored Property lässt sich auch auf self und somit auf andere Eigenschaften desselben Typs zugreifen; das ist bei Closures als Standardwert für Stored Properties nicht möglich.

Listing 7.8 zeigt ein Beispiel dazu. Darin wird eine Klasse Person mit den zwei Stored Properties firstName und lastName deklariert. Darüber hinaus existiert eine dritte Lazy Stored Property namens fullName, deren Standardwert sich aus den Werten von firstName und lastName zusammensetzen soll; ein solcher Zugriff darauf wäre aus einem Closure einer Stored Property nicht möglich, bei einer Lazy Stored Property wie hier allerdings schon. Dabei wird zunächst geprüft, ob die beiden Stored Properties firstName und lastName überhaupt über einen Wert verfügen. Ist das der Fall, wird daraus der volle Name generiert und anschließend mittels return als Standardwert für die Lazy Stored Property zurückgegeben. Sollten beim Aufruf der Property fullName die Properties firstName und/oder lastName über keinen Wert verfügen, so wird auch der Standardwert für fullName auf nil gesetzt und entsprechend zurückgegeben. Zu beachten ist dabei, dass innerhalb eines solchen Closures einer Lazy Stored Property Eigenschaften und Funktionen des zugrunde liegenden Typs (wie hier beispielsweise die Eigenschaften firstName und lastName des Typs Person) zwingend mittels self referenziert werden müssen.

Listing 7.8 Lazy Stored Property mit Closure als Standardwert

```
class Person {
    var firstName: String?
    var lastName: String?
    lazy var fullName: String? = {
        if let firstName = self.firstName, let lastName = self.lastName
{
            let fullName = firstName + " " + lastName
            return fullName
        }
        return nil
    }()
}
let me = Person()
me.firstName = "Thomas"
me.lastName = "Sillmann"
if let fullName = me.fullName {
    print("me.fullName = \(fullName)")
}
// me.fullName = Thomas Sillmann
```

7.1.2.1 Einsatzzweck von Lazy Stored Properties

Es gibt verschiedene Szenarien, in denen Lazy Stored Properties den Stored Properties vorzuziehen sind. Der typische Anwendungsfall ist eine Property, deren Standardwert eine aufwendige Berechnung mit sich bringt. Wenn beispielsweise ein Standardwert einer Property eine Datei öffnet, deren Inhalt ausliest und im Speicher ablegt, kostet dieser Prozess viel Energie und Zeit. Sollte die Property nicht zwingend bei der Initialisierung einer Instanz einer entsprechenden Structure oder Class benötigt werden, ist es sinnvoll, wenn die zugehörige Property erst erstellt wird, wenn sie tatsächlich gebraucht und somit aufgerufen wird.

7.1.3 Computed Property

Eine *Computed Property* unterscheidet sich von einer (Lazy) Stored Property dadurch, dass sie selbst keinen festen Wert besitzt. Stattdessen werden beim Zugriff auf eine Computed Property ein oder mehrere Befehle ausgeführt, ganz ähnlich wie bei einer Funktion. Das Gleiche gilt beim Zuweisen eines neuen Werts zu einer Computed Property.

Durch dieses Verhalten dienen Computed Properties dazu, dynamisch Werte zu ermitteln und zurückzugeben. Zu diesem Zweck unterteilt sich eine Computed Property in zwei Bereiche:

- Getter: Der Getter liefert einen dynamischen Wert beim Zugriff auf die Computed Property zurück.

- Setter: Der Setter übergibt einen passenden Wert für die Computed Property, die diese zur Weiterverarbeitung und Durchführung einer Aktion verwendet (ohne diesen Wert selbst zu speichern, wie es bei (Lazy) Stored Properties der Fall ist).

Aufgrund dieses geänderten Verhaltens unterscheidet sich auch die Syntax von Computed Properties von der von (Lazy) Stored Properties. In Listing 7.9 ist zu sehen, wie Computed Properties deklariert werden.

Listing 7.9 Deklaration von Computed Properties

```
var <NAME DER COMPUTED PROPERTY>: <TYP DER COMPUTED PROPERTY> {
    get {
        <CODE ZUR AUSFÜHRUNG BEI LESENDEM ZUGRIFF AUF DIE PROPERTY>
    }
    set(<BEZEICHNER FÜR DEN ZUGEWIESENEN WERT>) {
        <CODE ZUR AUSFÜHRUNG BEI SCHREIBENDEM ZUGRIFF AUF DIE PROPERTY>
    }
}
```

Zunächst werden Computed Properties wie viele andere Variablen auch deklariert: Es wird ein passender Name vergeben und mittels Type Annotation ein fester Wert zugewiesen. Dabei ist diese feste Typzuweisung mittels Type Annotation bei Computed Properties Pflicht, ebenso handelt es sich bei allen Computed Properties um Variablen, weshalb sie ausschließlich mit dem Schlüsselwort `var` deklariert werden können. Letzteres liegt darin begründet, dass Computed Properties aufgrund der Befehle, die sie bei jedem Zugriff ausführen, dynamisch den zurückzugebenden Wert ermitteln und dieser dadurch per se nicht fix und unveränderlich sein kann, wie es bei Konstanten der Fall ist.

Nach der Deklaration folgt bei einer Computed Property ein geschweiftes Klammernpaar. Dazwischen findet der Code Platz, der beim Zugriff auf diese Property ausgeführt werden soll. Dieser wird in die zwei Bereiche für den Getter (die Property wird aufgerufen) und den Setter (der Wert der Property wird geändert) aufgeteilt, und zwar mithilfe der beiden Schlüsselwörter `get` und `set`. Diese fassen die jeweiligen Befehle zur Ausführung für Getter und Setter in einem weiteren geschweiften Klammernpaar zusammen. Wichtig dabei: Der Getter muss in jedem Fall einen passenden Wert vom Typ der Computed Property mittels `return` zurückliefern.

Eine Besonderheit gibt es noch im Zusammenspiel mit dem Setter: Da dieser aufgerufen wird, wenn der Computed Property ein neuer Wert zugewiesen wird, muss dieser Wert auch in irgendeiner Form innerhalb des auszuführenden Codes des Setters verarbeitet werden (schließlich muss man wissen, welchen Wert der Nutzer für die Property übergeben hat). Für genau diesen Wert wird innerhalb runder Klammern direkt nach dem Schlüsselwort set ein eigener Bezeichner festgelegt (vergleichbar mit einer Konstanten), der dann innerhalb des set-Blocks zum Zugriff auf den übergebenen Wert verwendet werden kann.

Soweit die Grundlagen und die Theorie zu Computed Properties. In Listing 7.10 ist einmal ein praktisches Beispiel aufgeführt, dass die Anwendung und den Nutzen von Computed Properties aufzeigt. Dort wird eine Structure Cube mit den beiden Stored Properties width und height definiert. Die Computed Property area sorgt dafür, beim Zugriff auf diese Property Breite und Höhe des Würfels miteinander zu multiplizieren und so dynamisch die Fläche des Würfels zurückzugeben (eben abhängig davon, welche Werte in width und height gesetzt sind). Wird hingegen ein neuer Wert der Computed Property area zugewiesen, so wird aus diesem Wert mithilfe der Funktion sqrt() die Wurzel gezogen und jeweils als Breite und Höhe gesetzt.

Listing 7.10 Umsetzung einer Computed Property zur Berechnung einer Fläche

```
struct Cube {
    var width: Double
    var height: Double
    var area: Double {
        get {
            return width * height
        }
        set(newArea) {
            width = sqrt(newArea)
            height = sqrt(newArea)
        }
    }
}
var myCube = Cube(width: 19, height: 99)
print("Die Fläche von myCube ist \(myCube.area).")
myCube.area = 100
print("Der Würfel ist \(myCube.width) breit und \(myCube.height) hoch.")
// Die Fläche von myCube ist 1881.0.
// Der Würfel ist 10.0 breit und 10.0 hoch.
```

 sqrt()

Die Funktion sqrt() ist Teil des Foundation-Frameworks, das Apple für die App-Entwicklung für seine Plattformen iOS, macOS, watchOS und tvOS zur Verfügung stellt. Sie ist damit nicht Teil der Swift Standard Library und kann so beispielsweise nicht unter Linux verwendet werden.

Der Getter liefert das Ergebnis der Multiplikation von Breite und Höhe mittels return zurück, während der Setter den erhaltenen Wert mithilfe des eigens definierten Namens newArea auswertet und das entsprechende Ergebnis für die Höhe und Breite setzt.

Dieses Beispiel zeigt sehr deutlich, dass Computed Properties selbst keinerlei Werte speichern, wie es bei (Lazy) Stored Properties der Fall ist, sondern dynamisch Werte ermitteln beziehungsweise ihnen zugewiesene Werte an anderer Stelle verarbeiten.

Shorthand Setter

Der Name, dem Sie dem Bezeichner für den zugewiesenen Wert des Setters übergeben, ist optional. Alternativ können Sie die runden Klammern mit dem entsprechenden Namen nach dem Schlüsselwort set vollständig weglassen. In diesem Fall können Sie mithilfe des automatisch verfügbaren Bezeichners newValue auf den zugewiesenen Wert im Setter zugreifen. Listing 7.11 zeigt das anhand des Cube-Beispiels, bei dem der Setter der Computed Property area entsprechend überarbeitet wurde.

Listing 7.11 Verzicht auf expliziten Bezeichner beim Setter einer Computed Property

```
struct Cube {
    var width: Double
    var height: Double
    var area: Double {
        get {
            return width * height
        }
        set {
            width = sqrt(newValue)
            height = sqrt(newValue)
        }
    }
}
```

Computed Properties stehen sowohl in Structures und Klassen als auch in Enumerations zur Verfügung.

7.1.4 Read-Only Computed Property

In ihren Grundzügen ist eine *Read-Only Computed Property* identisch mit der zuvor in Abschnitt 7.1.3 vorgestellten Computed Property. Auch eine Read-Only Computed Property ermittelt dynamisch einen Wert und gibt diesen zurück, ebenso stehen Read-Only Computed Properties sowohl in Structures und Klassen als auch in Enumerations zur Verfügung.

Ihr Unterschied zu den Computed Properties besteht darin, dass eine Read-Only Computed Property nur über einen Getter und nicht über einen Setter verfügt. Auf sie kann also nur lesend zugegriffen werden (wie der Name bereits andeutet) und es ist nicht möglich, diesen Properties einen Wert zuzuweisen. Read-Only Computed Properties bieten sich also für Werte an, die zwar dynamisch ermittelt und zurückgegeben, aber nicht geändert werden.

Um eine Read-Only Computed Property zu erstellen, geht man genauso vor wie bei der Erstellung einer Computed Property. Lediglich der set-Block zur Implementierung des Setters fällt bei der Read-Only Computed Property weg.

In Listing 7.12 sehen Sie ein Beispiel einer Structure `Person`, die neben zwei Stored Properties `firstName` und `lastName` noch über eine Read-Only Computed Property `fullName` verfügt. Letztere dient dazu, den vollen Namen eines Nutzers zurückzugeben und dazu die Werte von `firstName` und `lastName` zusammenzusetzen. Ein Ändern von `fullName` wäre schwierig, da ermittelt werden müsste, welcher Teil des Strings zum Vornamen gehört und welcher zum Nachnamen, weshalb darauf an dieser Stelle verzichtet werden soll. Dadurch, dass so nur der Getter für die Property `fullName` implementiert ist, handelt es sich bei ihr um eine Read-Only Computed Property.

Listing 7.12 Umsetzung einer Read-Only Computed Property zur Ermittlung eines Namens

```
struct Person {
    var firstName: String
    var lastName: String
    var fullName: String {
        get {
            return firstName + " " + lastName
        }
    }
}
let me = Person(firstName: "Thomas", lastName: "Sillmann")
print("Mein voller Name ist \(me.fullName).")
// Mein voller Name ist Thomas Sillmann.
```

Wichtig dabei: Das Zuweisen eines Werts zur Property `fullName` ist nicht möglich und endet in einem Compiler-Fehler. Ein Zuweisen eines Werts zu einer Computed Property ist nur dann möglich, wenn diese auch über einen Setter verfügt (denn genau der ist es, der bei einer solchen Wertzuweisung schließlich aufgerufen wird).

Kurzschreibweise für Read-Only Computed Properties

Jede Computed Property – egal ob Read-Only oder nicht – muss in jedem Fall über einen Getter verfügen; ohne diesen geht es nicht. Diese grundlegende Voraussetzung erlaubt es aber gleichzeitig, die Implementierung von Read-Only Computed Properties abzukürzen. Statt einen einzigen get-Block für die Read-Only Computed Property zu erstellen, kann einfach auf dieses Keyword verzichtet und stattdessen direkt der gewünschte Code für den Getter innerhalb der geschweiften Klammern für die Computed Property gesetzt werden. Die Structure Person aus Listing 7.12 kann somit auch abgekürzt wie in Listing 7.13 umgesetzt werden.

Listing 7.13 Kurzschreibweise für Read-Only Computed Property

```
struct Person {
    var firstName: String
    var lastName: String
    var fullName: String {
        return firstName + " " + lastName
    }
}
```

> Da, wie beschrieben, jede Computed Property wenigstens über einen Getter
> verfügen muss, ist in diesem Fall klar, dass es sich bei dem auszuführenden
> Code nur um den Getter handeln kann, da der Setter optional ist. Entspre-
> chend führt die in Listing 7.13 gezeigte Implementierung von fullName
> ebenfalls dazu, dass fullName als Read-Only Computed Property und nicht
> als Computed Property umgesetzt wird.

7.1.5 Property Observer

Mit Property Observern ist es möglich, Änderungen an einer Stored Property zu überwachen. Dazu wird eine Stored Property um zusätzliche Code-Blöcke ergänzt – ähnlich dem
Getter und Setter einer Computed Property. Dabei sind zwei solcher Code-Blöcke möglich:

- willSet: Wird aufgerufen, wenn der Wert einer Stored Property geändert wird, die Änderung aber noch nicht in der Property durchgeführt wurde (der neu zu setzende Wert ist
  also zu diesem Zeitpunkt noch nicht der Stored Property zugewiesen).
- didSet: Wird aufgerufen, nachdem der Wert einer Stored Property geändert wurde.

Sie können jeder Stored Property sowohl beide als auch nur einen dieser Code-Blöcke hinzufügen. Dabei ist zu beachten, dass Lazy Stored Properties davon ausgenommen sind;
diese können nicht mit Property Observern umgehen.

Wird nun der Wert einer Stored Property durch eine entsprechende Zuweisung geändert,
wird zunächst willSet aufgerufen. Als Parameter haben Sie Zugriff auf den neu zugewiesenen Wert und können so alle gewünschten Aktionen ausführen, bevor der neue Wert gesetzt
wird. Sie können darüber hinaus einen eigenen Bezeichner für diesen übergebenen Parameter setzen, dieser wird innerhalb runder Klammern nach willSet angegeben. Diesen
Bezeichner können Sie dann dazu verwenden, innerhalb von willSet auf den neu zugewiesenen Wert zuzugreifen. Der Parameter wird dabei automatisch als Konstante deklariert, er
kann also nicht innerhalb von willSet geändert werden.

Ist der neue Wert anschließend gesetzt, wird didSet aufgerufen. Hier erhalten Sie als Parameter den vorherigen alten Wert der Property, da zu diesem Zeitpunkt die Zuweisung des
neuen Werts bereits durchgeführt ist. Auch hier können Sie einen eigenen Bezeichner für
diesen Parameter wählen und innerhalb runder Klammern nach dem Schlüsselwort didSet
angeben. Eine Änderung des Parameters ist auch hier nicht möglich, da dieser automatisch
als Konstante definiert ist.

Das Beispiel in Listing 7.14 soll die Arbeit mit Property Observern einmal verdeutlichen.
Dort wird eine Structure Car mit zwei Stored Properties deklariert: maximumSpeed und
currentSpeed. maximumSpeed ist eine Konstante, der einmalig ein Wert zugewiesen wird
und der sich anschließend nicht mehr ändert. Dieser Wert dient dazu, eine Maximalge-
schwindigkeit für Instanzen der Structure Car festzulegen.

Die Stored Property currentSpeed hat die Aufgabe, die jeweils aktuelle Geschwindigkeit
eines Fahrzeugs abzubilden. Zu diesem Zweck werden die beiden Property Observer willSet
und didSet implementiert. Wird der Wert der Property nun geändert, informiert willSet
zunächst nur über diese Änderung und gibt die übergebene Geschwindigkeit in Form eines

print()-Statements aus. Für den Zugriff auf die neu zugewiesene Geschwindigkeit wird der eigens definierte Bezeichner newCurrentSpeed verwendet, der innerhalb runder Klammern nach dem Schlüsselwort willSet definiert wird.

Die Implementierung von didSet enthält ein wenig mehr Logik. Zum einen wird auch dort nach jeder Änderung des Werts der Property currentSpeed ein passendes print()-Statement ausgegeben, das die aktuelle Geschwindigkeit angibt und ebenfalls die vorherige Geschwindigkeit mit ausgibt. Auf diese wird mithilfe des eigens definierten Bezeichners oldCurrentSpeed zugegriffen, der innerhalb runder Klammern nach dem Schlüsselwort didSet deklariert ist. Vor Ausgabe dieser Informationen mittels print() wird aber geprüft, ob die aktuell zugewiesene Geschwindigkeit größer ist als die mögliche Höchstgeschwindigkeit, die in der Property maximumSpeed festgelegt ist. Ist das der Fall, wird currentSpeed stattdessen innerhalb von didSet der Wert von maximumSpeed zugewiesen.

Listing 7.14 Verfolgen des Änderns einer Stored Property mittels Property Observer

```
struct Car {
    let maximumSpeed: Int
    var currentSpeed: Int {
        willSet(newCurrentSpeed) {
            print("Geschwindigkeit wird auf \(newCurrentSpeed) erhöht.")
        }
        didSet(oldCurrentSpeed) {
            if currentSpeed > maximumSpeed {
                currentSpeed = maximumSpeed
            }
            print("Geschwindigkeit wurde auf \(currentSpeed) erhöht und betrug zuvor
\(oldCurrentSpeed).")
        }
    }
}
var myCar = Car(maximumSpeed: 180, currentSpeed: 0)
myCar.currentSpeed = 50
myCar.currentSpeed = 100
myCar.currentSpeed = 130
myCar.currentSpeed = 200
// Geschwindigkeit wird auf 50 erhöht.
// Geschwindigkeit wurde auf 50 erhöht und betrug zuvor 0.
// Geschwindigkeit wird auf 100 erhöht.
// Geschwindigkeit wurde auf 100 erhöht und betrug zuvor 50.
// Geschwindigkeit wird auf 130 erhöht.
// Geschwindigkeit wurde auf 130 erhöht und betrug zuvor 100.
// Geschwindigkeit wird auf 200 erhöht.
// Geschwindigkeit wurde auf 180 erhöht und betrug zuvor 130.
```

Die Änderung einer Stored Property innerhalb von didSet – wie es bei currentSpeed der Fall ist, sollte currentSpeed größer als maximumSpeed sein – führt im Übrigen nicht dazu, dass erneut willSet und anschließend didSet aufgerufen werden; in diesem Fall werden die Property Observer nicht noch einmal ausgeführt. Das Gleiche gilt bei der initialen Zuweisung eines Werts zu einer Stored Property mit Property Observern, wie es auch bei der Erstellung der myCar-Instanz in Listing 7.14 der Fall ist. Obwohl hier currentSpeed ein Wert zugewiesen wird, reagieren die Property Observer an dieser Stelle noch nicht.

Übrigens macht es keinen Sinn, den Wert einer Stored Property innerhalb eines zugehörigen willSet-Property Observers zu verändern. Eine solche Änderung wird schlicht ignoriert, da der Property ja erst noch ein anderer Wert zugewiesen wird. Xcode macht Sie auf ein solches Problem auch in Form einer Warnung aufmerksam.

Ähnlich wie bei den Computed Properties können Sie auf die Zuweisung eines expliziten Bezeichners für willSet und didSet verzichten. In diesem Fall können Sie über die automatisch zur Verfügung stehenden Parameter newValue (in willSet) und oldValue (in didSet) auf den neu zugewiesenen beziehungsweise vorherigen Wert zugreifen. In Listing 7.15 ist eine entsprechend angepasste Implementierung der Structure Car aus Listing 7.14 zu sehen.

Listing 7.15 Verwendung der Standardbezeichner für die Parameter von willSet und didSet

```swift
struct Car {
    let maximumSpeed: Int
    var currentSpeed: Int {
        willSet {
            print("Geschwindigkeit wird auf \(newValue) erhöht.")
        }
        didSet {
            if currentSpeed > maximumSpeed {
                currentSpeed = maximumSpeed
            }
            print("Geschwindigkeit wurde auf \(currentSpeed) erhöht und betrug zuvor \(oldValue).")
        }
    }
}
```

 Property Observer in Computed Properties

Prinzipiell können Property Observer ausschließlich für Stored Properties eingesetzt werden. Es gibt jedoch eine Ausnahme, in der Property Observer auch für Computed Properties eingesetzt werden können, und zwar dann, wenn eine Computed Property einer Superklasse in einer Subklasse überschrieben wird. Listing 7.16 zeigt ein Beispiel dazu.

Listing 7.16 Verwendung von Property Observer in Computed Properties mittels Vererbung

```swift
class ASuperclass {
    var aComputedProperty: String {
        get {
            // do something ...
        }
        set {
            // do something ...
        }
    }
}
class ASubclass: ASuperclass {
    override var aComputedProperty: String {
        willSet {
            // do something ...
        }
```

```
                didSet {
                    // do something ...
                }
            }
        }
```

Hier definiert die Klasse ASuperclass eine Computed Property, und die Klasse ASubclass erbt von ASuperclass. Dabei überschreibt ASubclass die Computed Property und implementiert eigene Property Observer zur Überwachung der Property.

Dieser Code hat zur Folge, dass bei einer Änderung von aComputedProperty aus einer Instanz von ASubclass heraus sowohl der Setter der Superklasse als auch der Code der Property Observer ausgeführt wird.

Mehr zum Thema Vererbung erfahren Sie in Kapitel 9.

7.1.6 Type Property

Die bisher gezeigten Properties waren immer mit Instanzen des zugehörigen Typs verbunden, sie konnten also ausschließlich über Instanzen eines entsprechenden Typs verwendet werden. Hierbei spricht man auch passenderweise von sogenannten *Instance Properties*.

Demgegenüber stehen die sogenannten *Type Properties*. Diese Properties sind nicht mit einer spezifischen Instanz eines Typs verknüpft, sondern mit dem jeweiligen Typ selbst. Dadurch unterscheiden sich deren Werte nicht von Instanz zu Instanz, sondern sie existieren nur einmalig im gesamten Projekt. Wird der Wert einer Type Property geändert, gilt diese Änderung somit nicht nur für eine einzelne Instanz, sondern für den gesamten Typ.

Die Deklaration einer Type Property ist identisch mit der von Instance Properties, mit dem Unterschied, dass ihr das Schlüsselwort `static` vorangestellt wird. Dabei können Type Properties auf drei verschiedene Arten umgesetzt werden:

- Als Stored Property
- Als Computed Property
- Als Read-Only Computed Property

Stored Properties und Lazy Stored Properties als Type Property

Die Lazy Stored Property fehlt in dieser Aufzählung, was damit zusammenhängt, dass Type Properties niemals mit dem Schlüsselwort `lazy` deklariert werden (so wie es nun mal bei Lazy Stored Properties für Instance Properties der Fall ist). Dennoch sind in Swift alle Stored Properties, die als Type Properties verwendet werden, automatisch als Lazy Stored Properties umgesetzt. Das liegt daran, dass alle Type Properties erst erstellt werden, wenn sie erstmalig im Code verwendet werden. Das ist das einzige mögliche Verfahren bei Stored Properties, die als Type Property verwendet werden, weshalb die explizite Deklaration mittels `lazy` unnötig und auch nicht erlaubt ist.

> Darüber hinaus muss Stored Properties, die als Type Property verwendet werden, zwingend ein Standardwert zugewiesen werden. Das hängt damit zusammen, dass es für Type Properties in Swift keinen eigenen Initializer gibt, der diesen bei der Verwendung mit diesem Typ einen initialen Wert zuweist (so, wie es bei Instance Properties der Fall ist).

Listing 7.17 zeigt ein Beispiel zur Verwendung von Type Properties. Dort wird eine Structure `Car` mit der Type Property `maximumSpeed` erstellt. Diese dient dazu, eine allgemeingültige Höchstgeschwindigkeit für *alle* Instanzen vom Typ `Car` zu definieren. Es wird nun also nicht länger eine Höchstgeschwindigkeit pro Instanz festgelegt, sondern eine für alle Instanzen dieses Typs.

Daneben werden noch die beiden Instance Properties `name` und `currentSpeed` deklariert. `name` dient schlicht dazu, einen gewünschten Namen für ein Fahrzeug zu vergeben, um dieses von anderen Fahrzeugen unterscheiden zu können. `currentSpeed` hat einen Property Observer implementiert, der nach dem Setzen eines neuen Werts aufgerufen wird und prüft, ob dieser neue Wert größer ist als die zulässige Höchstgeschwindigkeit. Da er als Type Property des Typs `Car` definiert ist, muss er auch als Eigenschaft des Typs `Car` und nicht über eine Instanz von `Car` aufgerufen werden. Sollte die Type Property `maximumSpeed` größer sein als `currentSpeed`, so wird `currentSpeed` der Wert von `maximumSpeed` zugewiesen. Anschließend wird noch eine `print()`-Meldung ausgegeben, die den Namen des jeweiligen Fahrzeugs sowie die aktuelle Geschwindigkeit enthält.

Listing 7.17 Verwendung einer Type Property zur allgemeinen Festlegung einer Höchstgeschwindigkeit

```
struct Car {
    static var maximumSpeed = 150
    let name: String
    var currentSpeed: Int {
        didSet {
            if currentSpeed > Car.maximumSpeed {
                currentSpeed = Car.maximumSpeed
            }
            print("\(name) fährt jetzt \(currentSpeed) km/h.")
        }
    }
}
var slowCar = Car(name: "Schnecke", currentSpeed: 0)
var fastCar = Car(name: "Blitz", currentSpeed: 0)
slowCar.currentSpeed = 120
fastCar.currentSpeed = 200
// Schnecke fährt jetzt 120 km/h.
// Blitz fährt jetzt 150 km/h.
```

Im Anschluss daran werden zwei Instanzen der Structure `Car` erstellt: `slowCar` (mit dem Namen `Schnecke`) sowie `fastCar` (mit dem Namen `Blitz`). Beiden wird je ein neuer Wert für `currentSpeed` zugewiesen. Da der zugewiesene Wert 200 von `Blitz` größer ist als der Wert von `maximumSpeed` mit 150, wird die aktuelle Geschwindigkeit von `Blitz` nach dieser Zuweisung automatisch auf 150 reduziert.

Soweit ist das Verhalten auch bereits bekannt. Interessant wird es nun, wenn der Wert der Type Property `maximumSpeed` geändert wird. Dieser gilt dann für alle Instanzen dieses Typs gleichermaßen. In Listing 7.18 ist genau das der Fall und `maximumSpeed` wird auf 250 erhöht. Anschließend wird `currentSpeed` sowohl bei `slowCar` als auch bei `fastCar` erhöht, und zwar jeweils auf einen Wert, der größer ist als die zuvor in `maximumSpeed` festgelegten 150. Da diese Änderung von `maximumSpeed` für alle Instanzen gilt, kann auch bei beiden Instanzen problemlos der Wert von `currentSpeed` entsprechend erhöht werden.

Listing 7.18 Änderung des Werts einer Type Property

```
Car.maximumSpeed = 250
slowCar.currentSpeed = 180
fastCar.currentSpeed = 230
// Schnecke fährt jetzt 180 km/h.
// Blitz fährt jetzt 230 km/h.
```

Computed Type Properties und Vererbung

Sollen Computed Type Properties einer Klasse von möglichen Subklassen überschrieben werden, so müssen diese mit dem Schlüsselwort `class` statt mit `static` deklariert werden.

7.2 Globale und lokale Variablen

Variablen in Swift gehören immer einer von zwei Varianten an: Entweder handelt es sich bei ihnen um sogenannte *globale* oder um *lokale Variablen*. Um welche Art es sich handelt, ist davon abhängig, an welcher Stelle im Code die jeweilige Variable deklariert wird.

So werden Variablen, die außerhalb einer Typdefinition (wie zum Beispiel einer Structure oder Class, wo sie als Properties fungieren), einer Funktion, einer Methode oder eines Closures deklariert werden, als globale Variablen bezeichnet. Variablen, die innerhalb einer Funktion, Methode oder eines Closures deklariert werden, sind hingegen lokale Variablen.

Listing 7.19 zeigt ein Beispiel dazu. Darin wird eine Structure definiert, die einerseits über eine Property (die ebenfalls als Variable deklariert ist) wie auch über eine Methode verfügt. Innerhalb dieser Methode wird eine Variable deklariert, es handelt sich also um eine lokale Variable. Darüber hinaus wird außerhalb der Structure ebenfalls eine Variable namens `globalVariable` deklariert. Aufgrund ihrer Position im Code handelt es sich bei ihr um eine globale Variable.

Listing 7.19 Deklaration von globalen und lokalen Variablen

```
var globalVariable = "Globale Variable"
struct AStructure {
    var property = "Property"
    func aMethod() {
        var localVariable = "Lokale Variable"
    }
}
```

Globale und lokale Variablen werden meist als sogenannte *Stored Variables* umgesetzt, so wie auch in Listing 7.19 zu sehen. Stored Variables sind vergleichbar mit Stored Properties (siehe Abschnitt 7.1.1). Ihnen wird ein fester Wert zugewiesen, auf den sie sodann verweisen. Stored Variables können auch von den in Abschnitt 7.1.5 vorgestellten Property Observern willSet und didSet Gebrauch machen, um über mögliche Änderungen der Variablen informiert zu werden und eigens definierten zugehörigen Code auszuführen. Solche Property Observer sind beispielhaft in Listing 7.20 auf Basis des Codes aus Listing 7.19 ergänzt und geben bei einem Aufruf ein einfaches print()-Statement aus. Zur Demonstration der Funktion der Property Observer wurden anschließend noch passende Aufrufe ergänzt, um die Observer auszulösen.

Listing 7.20 Implementierung von Property Observern in globalen und lokalen Variablen

```
var globalVariable = "Globale Variable" {
    willSet {
        print("Wert der globalen Variablen wird verändert.")
    }
    didSet {
        print("Wert der globalen Variablen wurde verändert.")
    }
}

struct AStructure {
    var property = "Property"
    func aMethod() {
        var localVariable = "Lokale Variable" {
            willSet {
                print("Wert der lokalen Variablen wird verändert.")
            }
            didSet {
                print("Wert der lokalen Variablen wurde verändert.")
            }
        }
        localVariable = "Aktualisierte lokale Variable"
    }
}

globalVariable = "Aktualisierte globale Variable"

let myStruct = AStructure()
myStruct.aMethod()

// Wert der globalen Variablen wird verändert.
// Wert der globalen Variablen wurde verändert.
// Wert der globalen Variablen wird verändert.
// Wert der globalen Variablen wurde verändert.
```

Neben den Stored Variables mit ihren optionalen Observern können globale und lokale Variablen auch als sogenannte *Computed Variables* umgesetzt werden. Computed Variables sind mit den in Abschnitt 7.1.3 vorgestellten Computed Properties vergleichbar. Statt eines festen Werts, der Computed Variables zugewiesen wird, ermitteln diese dynamisch einen Wert und führen bei Zugriff festgelegte Befehle durch. Dabei wird zwischen einer Getter- (für den Zugriff auf eine Computed Variable) und einer Setter-Funktion (für das Verändern des Werts einer Computed Variablen) unterschieden.

Listing 7.21 zeigt beispielhaft (erneut auf Basis des Codes aus Listing 7.19) eine mögliche Umsetzung von Computed Variables. Die beiden Variablen `globalVariable` und `localVariable` werden dieses Mal als Computed Variable umgesetzt und verfügen jeweils über einen Getter und einen Setter.

Listing 7.21 Globale und lokale Variablen als Computed Variables

```
var globalVariable: String {
    get {
        return "Globale Variable"
    }
    set {
        print("Globaler Variablen wurde '\(newValue)' zugewiesen.")
    }
}

struct AStructure {
    var property = "Property"
    func aMethod() {
        var localVariable: String {
            get {
                return "Lokale Variable"
            }
            set {
                print("Lokaler Variablen wurde '\(newValue)' zugewiesen.")
            }
        }
    }
}
```

Der Getter ist, wie bei Computed Properties, auch bei Computed Variables in jedem Fall Pflicht. Der Setter ist optional und kann weggelassen werden, dann kann auf die entsprechende Computed Variable aber auch nur lesend zugegriffen werden; eine Zuweisung eines Werts zu einer solchen Variablen würde in einem Compiler-Fehler enden.

Das Schlüsselwort `lazy`, das bei Stored Properties verwendet werden kann, steht für globale und lokale Variablen nicht zur Verfügung. Globale Variablen werden immer erst dann erstellt und im Speicher abgelegt, wenn erstmals auf sie zugegriffen wird; sie verhalten sich also von Haus aus genauso wie Lazy Stored Properties (siehe dazu auch Abschnitt 7.1.2). Umgekehrt werden lokale Variablen immer sofort erstellt, wenn die zugrunde liegende Funktion oder Methode aufgerufen wird, eine spätere Erstellung kommt für sie niemals infrage.

 Globale und lokale Konstanten

In Swift gibt es nicht nur globale und lokale Variablen, sondern auch globale und lokale Konstanten. Diese können aber nur als *Stored Constants* (entsprechend den Stored Variables) umgesetzt werden.

Globale und lokale Funktionen

Neben den in diesem Abschnitt vorgestellten globalen und lokalen Variablen gibt es auch globale und lokale Funktionen. Man spricht dann von lokalen Funktionen, wenn diese innerhalb eines bestimmten Typs (beispielsweise als Teil einer Structure oder einer Klasse) deklariert sind, während globale Funktionen außerhalb solcher Typen deklariert werden und somit für sich alleine stehen.

7.3 Methoden

Bei Methoden handelt es sich um Funktionen, die innerhalb eines Typs definiert werden. Sie sind damit zu vergleichen mit den Properties, die Variablen oder Konstanten entsprechen, die als Teil eines Typs deklariert werden (siehe Abschnitt 7.1). Listing 7.22 zeigt anhand eines einfachen Beispiels den grundlegenden Unterschied zwischen einer Funktion und einer Methode.

Listing 7.22 Unterschied zwischen Funktionen und Methoden

```
func aFunction() {
    print("Das ist eine Funktion.")
}
class AClass {
    func aMethod() {
        print("Das ist eine Methode.")
    }
}
struct AStruct {
    func aMethod() {
        print("Das ist auch eine Methode.")
    }
}
```

aMethod(), die jeweils Teil der Typen AClass und AStruct ist, stellt somit eine Methode dar, während aFunction() eine Funktion ist, da sie ja außerhalb eines Typs implementiert ist. Methoden können sowohl Enumerations wie auch Structures und Classes hinzugefügt werden.

Grundsätzlich ist die Unterscheidung zwischen Funktion und Methode somit nur eine Sache der Bezeichnung. Alles, was Sie mit Funktionen machen können, können Sie auch mit Methoden umsetzen. Allerdings verfügen Methoden zusätzlich über weitere Eigenschaften, die in den folgenden Abschnitten vorgestellt werden.

7.3.1 Instance Methods

Da Methoden Teil eines Typs sind, müssen sie auch zwingend über diesen Typ aufgerufen werden. Dabei haben wir bisher die sogenannten *Instance Methods* kennengelernt. Wie der Name bereits andeutet, braucht es eine Instanz des entsprechenden Typs, in dem die Methode deklariert ist, um diese aufrufen zu können (vergleichbar mit dem Aufruf von Properties). Solche Instanzmethoden stehen somit ausschließlich über Instanzen eines Typs zur Verfügung und können an anderer Stelle nicht verwendet werden.

Instance Methods haben Zugriff auf alle anderen Eigenschaften des Typs, in dem sie definiert sind. Sie können somit problemlos auf Properties und andere Methoden dieses Typs zugreifen und sie aufrufen.

Dazu zeigt Listing 7.23 einmal ein Beispiel einer Structure Person mit zwei Properties und zwei Instance Methods. Die Methode fullName() generiert aus den beiden Properties der Structure den vollständigen Namen einer Person und gibt diesen als String zurück, während die Methode printInfo() eben die Methode fullName() dazu nutzt, den vollen Namen des Nutzers in Form eines print()-Statements auf der Konsole auszugeben. Am Ende der Deklaration dieser Structure wird eine Instanz von Person erstellt und darüber die Methode printInfo() aufgerufen. Diese Instanz der Structure ist nötig, da nur über eine solche Instanz dieses Typs die beiden Methoden aufgerufen werden können (oder intern innerhalb der Structure selbst).

Listing 7.23 Deklaration und Einsatz von Instance Methods

```
struct Person {
    var firstName: String
    var lastName: String
    func fullName() -> String {
        return firstName + " " + lastName
    }
    func printInfo() {
        print("Der Nutzer heißt \(fullName()).")
    }
}

let me = Person(firstName: "Thomas", lastName: "Sillmann")
me.printInfo()

// Der Nutzer heißt Thomas Sillmann.
```

 self

Sowohl die Methode fullName() als auch die Methode printInfo() der Structure Person greifen auf jeweils andere Eigenschaften der Structure zu, die außerhalb der eigentlichen Methode liegen. Das ist an dieser Stelle kein Problem, da diese Eigenschaften Teil der Structure sind, in dem auch die Methoden deklariert sind.

Intern verweist Swift auf diese Eigenschaften mit dem Schlüsselwort `self`, das Sie auch explizit setzen können, um darauf hinzuweisen, dass Sie eine Eigenschaft oder Funktion aufrufen, die außerhalb der eigentlichen Methode deklariert ist. Listing 7.24 zeigt das aus Listing 7.23 mittels `self` entsprechend aktualisierte Structure Person.

Listing 7.24 Verwendung von `self` zum Zugriff auf Eigenschaften eines Typs, die außerhalb einer Methode liegen

```
struct Person {
    var firstName: String
    var lastName: String
    func fullName() -> String {
        return self.firstName + " " + self.lastName
    }
    func printInfo() {
        print("Der Nutzer heißt \(self.fullName()).")
    }
}
```

Wie Sie sehen, ist die Verwendung von `self` in diesen Fällen optional. Zwingend wird der Einsatz von `self` lediglich dann, wenn eine Eigenschaft innerhalb einer Methode die gleiche Bezeichnung trägt wie eine Eigenschaft des zugrunde liegenden Typs, die außerhalb der Methode liegt; dazu sehen wir im Laufe dieses Abschnitts zu Methoden noch einige Beispiele.

7.3.1.1 mutating

Es gibt einen Unterschied zwischen Instance Methods in Reference Types und in Value Types: In Reference Types definierte Methoden können die Eigenschaften dieses Typs verändern, Value Types können das standardmäßig nicht. Verdeutlichen soll dies das Beispiel in Listing 7.25. Dort werden je ein Reference Type (die Klasse `ReferenceType`) und ein Value Type (die Structure `ValueType`) erstellt und in ihnen die gleichen Eigenschaften und Funktionen implementiert. Beide verfügen somit über eine Property und eine Methode, die den Wert dieser Property ändert.

Listing 7.25 Änderung von Eigenschaften in Methoden eines Value Types ist nicht möglich

```
class ReferenceType {
    var property = "Property"
    func updateProperty() {
        property = "Updated Property"
    }
}

struct ValueType {
    var property = "Property"
    func updateProperty() {
        property = "Updated property" // Fehler: property kann nicht geändert werden.
    }
}
```

Innerhalb der Klasse ist der gezeigte Code gar kein Problem und kann ohne Fehler ausgeführt werden. Derselbe Code lässt sich aber in einer Structure nicht ausführen und führt zu einem Compiler-Fehler. Wie bereits eingangs beschrieben, liegt das daran, dass Methoden, die in Value Types (sprich Structures und Enumerations) deklariert sind, nicht die Eigenschaften des zugrunde liegenden Typs verändern können. Lesender Zugriff ist zwar möglich, schreibender aber nicht.

Jedoch gibt es für dieses Problem eine Lösung: das Schlüsselwort `mutating`. Wenn Sie dieses einer Methode eines Value Types voranstellen, dann ist es möglich, innerhalb dieser Methode die Eigenschaften (sprich: die Werte von Properties) des Typs zu verändern. Sie können dann sogar eine komplett neue Instanz des entsprechenden Typs innerhalb einer solchen Methode erstellen und dieser `self` zuweisen, um somit die gesamte Instanz des Value Types zu verändern.

Listing 7.26 zeigt noch einmal die Structure `ValueType` aus Listing 7.25, dieses Mal aber mit Verwendung des Schlüsselworts `mutating` für die Methode der Structure. Durch diese Änderung ist eine Wertzuweisung für die Property innerhalb der Methode möglich geworden.

Listing 7.26 Verwendung des Schlüsselworts `mutating` zum Verändern der Eigenschaften eines Value Types innerhalb einer Methode

```
struct ValueType {
    var property = "Property"
    mutating func updateProperty() {
        property = "Updated property"
    }
}
```

7.3.2 Type Methods

Neben Instance Methods können Methoden auch noch in Form der sogenannten *Type Methods* umgesetzt werden. Type Methods werden wie Type Properties (siehe dazu auch den Abschnitt 7.1.6) nicht über eine Instanz des entsprechenden Typs aufgerufen, sondern über den eigentlichen Typ selbst. Dazu werden die entsprechenden Methoden mit einem vorangestellten `static` markiert.

In Listing 7.27 ist ein erstes einfaches Beispiel für eine solche Type Method zu sehen, das auch direkt den entsprechenden Aufruf einer solchen Methode zeigt. Dazu wird direkt der Name des Typs verwendet, nicht eine Instanz davon. Für Instanzen eines Typs stehen Type Methods gar nicht zur Verfügung und können darüber nicht ausgeführt werden. Umgekehrt gilt das Gleiche für Instance Methods, die nicht über den Typ direkt aufgerufen werden können.

Listing 7.27 Deklaration einer Type Method

```
class AClass {
    static func typeMethod() {
        print("Das ist eine Typmethode.")
    }
```

```
}
AClass.typeMethod()
// Das ist eine Typmethode.
```

Statt des Schlüsselworts `static` kann in Klassen alternativ das Schlüsselwort `class` zur Deklaration einer Typmethode verwendet werden. Der Unterschied besteht darin, dass eine mit `class` deklarierte Typmethode in Subklassen der entsprechenden Klasse überschrieben werden kann. Mehr zu diesem Thema erfahren Sie in Kapitel 9, „Vererbung".

 self in Type Methods

Wenn Sie `self` in Type Methods verwenden, erhalten Sie darüber Zugriff auf alle weiteren Type Methods sowie Type Properties des entsprechenden Typs. `self` entspricht in diesem Fall also nicht einer Instanz dieses Typs, sondern dem Typ selbst. Diese „Umwandlung" geschieht ganz automatisch und ist schlicht davon abhängig, an welcher Stelle `self` eingesetzt wird.

So können Sie entsprechend in Type Methods auf andere Type Methods sowie Type Properties zugreifen, können aber keine Instance Methods sowie Instance Properties aufrufen (umgekehrt gilt im Übrigen genau das Gleiche). Letztere können Sie nur über eine explizite Instanz dieses Typs ansprechen.

7.4 Subscripts

Subscripts stellen eine besondere Form von Methode dar, die Sie innerhalb von Typen in Swift definieren können (eben wie Methoden auch). Somit stehen Ihnen Subscripts sowohl in Enumerations als auch in Structures und Classes zur Verfügung.

Einem Subscript wird beim Aufruf mindestens ein Wert als Parameter übergeben, ebenso liefert jedes Subscript einen Wert zurück. Sie werden mithilfe von Instanzen des jeweiligen Typs aufgerufen, indem diesen Instanzen ein eckiges Klammernpaar angefügt und dann der oder die Parameter des Subscripts kommasepariert voneinander übergeben werden. Dieses Verhalten kennt man bereits von Arrays und Dictionaries, die in Kapitel 4, „Typen in Swift", vorgestellt wurden. Diese Typen verwenden Subscripts, um damit Zugriff auf die von ihnen enthaltenen Elemente zu gewährleisten. Somit stellen Subscripts letzten Endes Instance Methods dar, die statt über einen Methodennamen mithilfe eckiger Klammern aufgerufen werden; doch zu diesen Aufrufen gleich mehr.

Betrachten wir zunächst einmal die Deklaration eines Subscripts, bevor wir uns dessen Funktionsweise im Detail ansehen. Um einem Typ ein Subscript hinzuzufügen, deklarieren Sie es mit dem Schlüsselwort `subscript`, gefolgt von einem runden Klammernpaar. Innerhalb der Klammern muss für ein Subscript wenigstens ein Parameter auf die von Funktionen bekannte Art und Weise deklariert werden. Für diese Parameter müssen später beim Aufruf über die eckigen Klammern passende Werte übergeben werden. Ebenfalls wichtig bei der Deklaration eines Subscripts: Jedes Subscript muss zwingend einen Wert zurückgeben, auch diese Information wird wie bei Funktionen in einem Subscript umgesetzt.

Listing 7.28 zeigt den grundlegenden Aufbau eines Subscripts in Swift.

Listing 7.28 Aufbau eines Subscripts

```
subscript(<PARAMETER>) -> <TYP DES RÜCKGABEWERTS> {
    <IMPLEMENTIERUNG DES SUBSCRIPTS>
}
```

Ein Subscript wird somit direkt mithilfe des Schlüsselworts `subscript` erstellt, ohne – wie es bei Funktionen und Methoden der Fall ist – einen zusätzlichen Namen zu vergeben. Das hängt, wie beschrieben, mit der Art und Weise zusammen, wie ein Subscript eines Typs aufgerufen wird, da dabei schließlich statt eines Namens lediglich eckige Klammern verwendet werden. Bevor wir uns diesen Aufruf aber näher ansehen, betrachten wir noch die eigentliche Implementierung eines Subscripts. Diese ist identisch mit der Implementierung von Computed Properties (siehe dazu auch den Abschnitt 7.1.3). Ein Subscript verfügt so wenigstens über einen Getter-Block, dessen Code ausgeführt wird, wenn auf ein Subscript zugegriffen wird. Optional kann auch ein Setter-Block implementiert werden, der aufgerufen wird, sobald dem Subscript ein neuer Wert zugewiesen wird.

Für diese Getter und Setter werden – genau wie bei Computed Properties – die Schlüsselwörter `get` und `set` verwendet. Innerhalb von `get` muss zwingend ein Wert passend zum definierten Rückgabetyp des Subscripts mittels `return` zurückgegeben werden.

In Listing 7.29 ist dieser erweiterte Aufbau eines Subscripts dargestellt.

Listing 7.29 Grundlegender Aufbau eines Subscripts mit Getter und Setter

```
subscript(<PARAMETER>) -> <TYP DES RÜCKGABEWERTS> {
    get {
        <IMPLEMENTIERUNG DES GETTERS>
    }
    set {
        <IMPLEMENTIERUNG DES SETTERS>
    }
}
```

Ein vollständiges und umfangreiches Beispiel eines Subscripts als Teil eines Typs sehen Sie in Listing 7.30. Dort wird zunächst eine Structure namens `Address` definiert, die dazu dient, eine Adressinformation zusammenzufassen. Zu diesem Zweck verfügt sie über passende Properties zum Speichern des Adresstyps (beispielsweise privat oder geschäftlich), der Straße, der Hausnummer und der Postleitzahl.

Daneben existiert eine Structure `Person`, die sich aus dem Namen einer Person sowie einem Array aus Adressen vom Typ `Address` zusammensetzt, um so ein oder mehrere Adressen pro Person hinterlegen zu können. Diese Structure ist es auch, die ein Subscript definiert, um einen vereinfachten Zugriff auf die Adressinformationen zu gewährleisten.

Dazu erwartet das Subscript als Parameter einen Index vom Typ `Int`, der dazu genutzt werden kann, die gewünschte Adresse aus dem Array von Adressen herauszusuchen und am Ende das entsprechende Ergebnis zurückzugeben. Bei diesem Ergebnis handelt es sich um ein Optional vom Typ `Address?`, da es ja auch möglich ist, dass ein Index abgefragt wird, zu dem es gar keine Adresse gibt; in diesem Fall liefert das Subscript `nil` zurück.

Der Getter des Subscripts prüft nun, ob der übergebene Index beim Aufruf des Subscripts innerhalb des Arrays `addresses` vorhanden ist. Diese Bedingung ist dann erfüllt, wenn der übergebene Index kleiner ist als die Anzahl der Elemente innerhalb des Arrays, entsprechend wird in diesem Fall immer das zugehörige Element aus dem `addresses`-Array ausgelesen und zurückgegeben. Ist die Bedingung nicht erfüllt, liefert das Subscript stattdessen `nil` zurück.

Der Setter des Subscripts funktioniert ähnlich, er soll aber dazu dienen, entweder eine bestehende Adresse zu überschreiben oder eine neue hinzuzufügen. Auch zu diesem Zweck wird innerhalb des Setters zunächst geprüft, ob der übergebene Index Teil des Arrays ist und somit bereits ein zugehöriger Wert existiert. In diesem Fall wird die Adresse, die diesem Index zugeordnet ist, durch die neu übergebene Adressinformation ersetzt. Genau wie bei Computed Properties auch, kann dieser neu zugewiesene Wert mittels der automatisch erzeugten Konstanten `newValue` abgefragt werden. Diese entspricht dabei dem Typ des Rückgabewerts des Subscripts, in diesem Fall also dem Optional `Address?`. Das bedeutet, dass über das Subscript nicht nur eine neue Adresse, sondern auch `nil` zugewiesen werden kann. Entsprechend wird geprüft, ob die übergebene Konstante `nil` entspricht oder nicht. Entspricht sie `nil`, wird die Adresse des übergebenen Index aus dem `addresses`-Array entfernt, andernfalls wird die neu übergebene Adresse dem übergebenen Index zugewiesen.

Sollte alternativ der übergebene Index beim Zuweisen eines neuen Werts nicht innerhalb des `addresses`-Array liegen, so wird einfach an das Ende des Arrays eine neue Adresse hinzugefügt.

Listing 7.30 Erstellen eines Subscripts für den Zugriff auf Adressinformationen

```
struct Address {
    var type: String
    var street: String
    var houseNumber: String
    var postalCode: String
}

struct Person {
    var name: String
    var addresses: [Address]
    subscript(addressIndex: Int) -> Address? {
        get {
            if addressIndex < addresses.count {
                return addresses[addressIndex]
            }
            return nil
        }
        set {
            if addressIndex < addresses.count {
                if let newAddress = newValue {
                    addresses[addressIndex] = newAddress
                } else {
                    addresses.remove(at: addressIndex)
                }
            } else {
                if let newAddress = newValue {
                    addresses.append(newAddress)
                }
            }
        }
    }
}
```

So viel zur Definition des Subscripts. In Listing 7.31 ist eine beispielhafte Verwendung zu sehen. Dort wird zunächst eine `Address`- und anschließend eine `Person`-Instanz erstellt, der die zuvor erstellte Adresse initial zugewiesen wird.

Um nun auf die Funktion des Subscripts zugreifen zu können, muss auf eine Instanz von Person zugegriffen und anschließend in eckigen Klammern ein Wert für den `addressIndex`-Parameter des Subscripts übergeben werden. Die Parameter eines Subscripts – egal ob es sich um einen oder um mehrere handelt – werden direkt kommasepariert voneinander aufgeführt, der Parametername spielt beim Aufruf also keinerlei Rolle. So wird auf diese Art und Weise die Variable `myPerson` aufgerufen und ihr als Index der Wert 0 übergeben. Mit diesem Wert wird dann die Funktion des Subscripts aufgerufen, die in diesem Fall die initial erstellte private Adresse zurückliefert. Da es sich bei dem Rückgabewert des Subscripts um ein Optional vom Typ `Address?` handelt, wird dessen Wert in diesem Beispiel mittels Forced Unwrapping direkt entpackt. Anschließend wird die Adresse mithilfe eines `print()`-Statements ausgegeben.

Listing 7.31 Zugriff auf ein Subscript

```
let myAddress = Address(type: "Privat", street: "Kettererstraße", houseNumber: "6",
postalCode: "63739")
var myPerson = Person(name: "Thomas Sillmann", addresses: [myAddress])
let privateAddress = myPerson[0]!
print("Private Adresse: \(privateAddress)")

myPerson[1] = Address(type: "Business", street: "Business Street", houseNumber: "19",
postalCode: "12345")
let businessAddress = myPerson[1]!
print("Geschäftliche Adresse: \(businessAddress)")

// Private Adresse: Address(type: "Privat", street: "Kettererstraße", houseNumber:
"6", postalCode: "63739")
// Geschäftliche Adresse: Address(type: "Business", street: "Business Street",
houseNumber: "19", postalCode: "12345")
```

Im Anschluss daran wird eine weitere Adresse erstellt und diese direkt mithilfe des Subscripts der `myPerson`-Instanz zugewiesen. Anschließend wird auch diese Adresse – genau wie die erste – einer temporären Konstanten zugewiesen und diese mittels `print()` ausgegeben.

Ein weiteres vereinfachtes Beispiel eines Subscripts sehen Sie in Listing 7.32. Dort wurde der Setter aus der in Listing 7.30 gezeigten Structure `Person` entfernt, womit den Instanzen dieses Typs über das Subscript keine neuen Adressen mehr zugewiesen werden können. Dafür müssen aber auch die Schlüsselwörter `get` und `set` nicht mehr aufgeführt werden, wodurch der Code ein wenig kompakter wird. Denn genau wie bei Computed Properties, benötigt ein Subscript in jedem Fall einen Getter, während der Setter optional ist.

Listing 7.32 Vereinfachung des Subscripts von `Person` auf einen Getter

```
struct Person {
    var name: String
    var addresses: [Address]
    subscript(addressIndex: Int) -> Address? {
        if addressIndex < addresses.count {
            return addresses[addressIndex]
        }
```

```
        return nil
    }
}
```

Subscripts können über beliebig viele Parameter von allen verfügbaren Typen verfügen; es gibt hier keinerlei Einschränkungen, solange wenigstens ein Parameter existiert und das Subscript einen Wert zurückliefert. Lediglich In-Out-Parameter sowie Standardwerte für Parameter können in Subscripts nicht definiert werden.

In Listing 7.33 sehen Sie ein weiteres einfaches Beispiel eines Subscripts, das dieses Mal zwei Parameter entgegennimmt. Es dient dazu, die beiden übergebenen Integer zu addieren und das Ergebnis der Berechnung zurückzuliefern. Da nun zwei Parameter zur Ausführung des Subscripts benötigt werden, müssen beim Aufruf auch zwei Werte innerhalb der eckigen Klammern durch Komma voneinander getrennt aufgeführt werden.

Listing 7.33 Subscript zur Addition zweier Zahlen

```
struct Addition {
    subscript(firstValue: Int, secondValue: Int) -> Int {
        return firstValue + secondValue
    }
}
let addition = Addition()
let result = addition[19, 99]
print("result = \(result).")
// result = 118
```

Mehrere Subscripts pro Typ möglich

In den bisherigen Beispielen wurde ein Typ immer um ein einziges Subscript ergänzt, tatsächlich kann ein Typ aber über beliebig viele Subscripts verfügen. Voraussetzung hierfür: Beim Aufruf muss anhand der übergebenen Werte eindeutig ersichtlich sein, welches Subscript gemeint ist. So können Sie beispielsweise zwei Subscripts in einem Typ implementieren, von denen der eine einen String- und der andere einen Int-Parameter erwartet. Oder ein Subscript erwartet zwei Parameter, während ein anderes nur einen erwartet.

Dieses Anbieten mehrerer Subscripts für einen Typ wird auch als *Subscript Overloading* bezeichnet.

8 Initialisierung

Als Initialisierung wird der Prozess zum Erstellen neuer Instanzen eines Typs (also beispielsweise einer Structure oder Class) bezeichnet. Nach Durchführung einer erfolgreichen Initialisierung erhalten Sie eine Instanz des entsprechenden Typs, der initialisiert wurde, und können diese Instanz fortan für die Arbeit mit eben diesem Typ verwenden. Die Initialisierung erfolgt über sogenannte *Initializer*. Ein Initializer ist vergleichbar mit einer Methode, lediglich mit dem Unterschied, dass Initializer nur zur Erstellung einer neuen Instanz eines Typs verwendet und sonst für keine anderen Zwecke aufgerufen werden.

Generell erfolgt die Erstellung einer Instanz eines Typs über einen Initializer mithilfe eines runden Klammernpaars, das direkt nach dem Typnamen gesetzt wird. Listing 8.1 zeigt ein sehr einfaches Beispiel dazu. Dort wird eine neue Structure Person ohne jegliche Eigenschaften deklariert und anschließend davon eine neue Instanz erstellt, die der Konstanten personInstance zugewiesen wird. Hierbei stellt der Aufruf von Person() den eigentlichen Initialisierungsprozess dar.

Listing 8.1 Einfache Initialisierung einer Instanz

```
struct Person {
}
let personInstance = Person()
```

Was dieses Beispiel ebenfalls demonstriert, ist die Funktionsweise eines sogenannten *Default Initializer*. Ein solcher Initializer wird von Swift automatisch für alle Typen zur Verfügung gestellt, wenn alle Properties des zugrunde liegenden Typs entweder als Optional deklariert sind und/oder über einen Standardwert verfügen sowie selbst keinen eigenen Initializer definieren. Listing 8.2 zeigt ein weiteres Beispiel einer Klasse Car, die über insgesamt drei Properties verfügt. Die Properties manufacturer und maximumSpeed sind als Optional deklariert, während currentSpeed einen Standardwert besitzt. Da die Klasse darüber hinaus selbst keinen eigenen Initializer definiert, steht zur Erstellung einer Instanz des Typs Car hier ebenfalls der bereits gezeigte Default Initializer zur Verfügung.

Listing 8.2 Erstellen einer Instanz mithilfe des Default Initializers

```
class Car {
    var manufacturer: String?
    var maximumSpeed: Int?
    var currentSpeed = 0
}
let myCar = Car()
```

Memberwise Initializer bei Structures

Structures verfügen über einen weiteren Default Initializer, den sogenannten *Memberwise Initializer*. Werden in einer Structure Properties definiert, die nicht als Optional deklariert sind und ebenso wenig über einen Standardwert verfügen, stellt Swift für diese Typen automatisch den Memberwise Initializer bereit. Dieser erwartet bei der Erstellung einer Instanz der entsprechenden Structure einen Wert für jede Property (siehe dazu auch das Beispiel in Listing 8.3).

Listing 8.3 Beispiel eines Memberwise Initializers einer Structure

```
struct Person {
    var name: String
    var street: String
    var city: String
    var postalCode: String
}
let personInstance = Person(name: "Thomas Sillmann", street:
"Kettererstraße 6", city: "Aschaffenburg", postalCode: "63739")
```

■ 8.1 Aufgabe der Initialisierung

Die Initialisierung dient – wie einleitend beschrieben – der Erstellung neuer Instanzen eines Typs. Eine Grundregel ist bei der Initialisierung in Swift immens wichtig:

Alle nicht-optionalen Properties eines Typs müssen nach dem Erstellen einer neuen Instanz dieses Typs über einen Wert verfügen!

Bisher hatten wir es immer mit Beispielen zu tun, in denen die Properties entweder als Optional deklariert waren oder über einen Standardwert verfügten. Bei Structures kam darüber hinaus der sogenannte Memberwise Initializer zum Einsatz, der automatisch erstellt wird, um so alle Properties einer Structure bei Erstellung einer neuen Instanz zu setzen. Einen solchen Memberwise Initializer gibt es aber beispielsweise für Klassen nicht. Die Klassendeklaration aus Listing 8.4 führt somit zu einem Compiler-Fehler.

Listing 8.4 Fehlerhafte Implementierung einer Klasse aufgrund eines fehlenden Initializers

```
class Car {
    var manufacturer: String
    var maximumSpeed: Int
    var currentSpeed = 0
}
// Fehler: Klasse Car besitzt keinen Initializer.
```

Das Problem der Klasse Car liegt darin, dass bei der Erstellung einer neuen Instanz über den zuvor in Listing 8.4 vorgestellten Default Initializer die beiden Properties manufacturer und maximumSpeed über keinen Wert verfügen würden, und genau das darf in Swift nicht sein. Dieser Grundsatz zum Setzen aller Properties bei der Erstellung einer neuen Instanz eines Typs wird mithilfe der Initialisierung erfüllt, wobei das Herzstück die sogenannten Initializer darstellen. Sie stellen sicher, dass jede Instanz nach der Initialisierung über einen Wert für jede nicht optionale Property verfügt. Daher besteht die Hauptaufgabe eines jeden Initializers auch schlicht darin, all diesen nicht-optionalen Properties einen passenden Wert zuzuweisen.

■ 8.2 Erstellen eigener Initializer

Auch wenn die Default Initializer im Allgemeinen sehr praktisch sind, gibt es Situationen, in denen sie nicht verwendet werden können oder es empfehlenswert ist, sie nicht zu verwenden:

- Fehlende Standardwerte oder Deklaration von Properties als Optionals: Wann immer wenigstens eine Property eines Typs nicht als Optional deklariert ist und über keinen Standardwert verfügt, stellt Swift keinen Default Initializer mehr zur Verfügung (einzige Ausnahme bietet der Memberwise Initializer für Structures). In diesem Fall muss also zwingend ein eigener Initializer erstellt werden, um überhaupt eine Instanz des zugrunde liegenden Typs erstellen zu können.

- Umsetzung einer eigenen Initialisierungslogik: In manchen Fällen ist es sinnvoll, bei der Erstellung einer neuen Instanz eines Typs einige Informationen abzufragen und diese eben zur Erstellung der neuen Instanz zu verwenden. Hier kann ein eigener Initializer aushelfen, der alle gewünschten Informationen bei der Erstellung einer neuen Instanz abfragt.

Die beiden Situationen werden nun im Detail beleuchtet. Zunächst einmal stelle ich Ihnen das grundlegende Vorgehen zum Erstellen eines eigenen Initializers in Swift vor. Einen solchen deklarieren Sie ganz ähnlich wie eine Methode; den grundlegenden Aufbau eines solchen Initializers zeigt Listing 8.5.

Listing 8.5 Aufbau eines Initializers

```
init(<PARAMETER>) {
    <DURCHFÜHRUNG DER INITIALISIERUNG>
}
```

Jeder Initializer wird innerhalb des gewünschten Typs mit dem Schlüsselwort `init` eingeleitet, gefolgt von einem runden Klammernpaar. Innerhalb des Klammernpaars werden die Parameter aufgeführt, die der jeweilige Initializer erwartet (auf die gleiche Art und Weise, wie es auch bei Methoden der Fall ist). Anschließend folgt innerhalb geschweifter Klammern die Implementierung des Initializers.

In Listing 8.6 ist die Erstellung eines ersten eigenen Initializers zu sehen. Die dort gezeigte Klasse `Car` wurde bereits in Listing 8.4 in Abschnitt 8.1 vorgestellt, jetzt wird sie um einen Initializer erweitert, der für die beiden nicht-optionalen und nicht über einen Standardwert verfügenden Properties `manufacturer` und `maximumSpeed` einen Standardwert setzt.

Listing 8.6 Erstellen eines einfachen Initializers zum Setzen eines Werts für alle nicht-optionalen Properties ohne Standardwert

```
class Car {
    var manufacturer: String
    var maximumSpeed: Int
    var currentSpeed = 0
    init() {
        manufacturer = "Opel"
        maximumSpeed = 180
    }
}
let myCar = Car()
print("Hersteller: \(myCar.manufacturer)")
print("Maximalgeschwindigkeit: \(myCar.maximumSpeed)")
print("Aktuelle Geschwindigkeit: \(myCar.currentSpeed)")
// Hersteller: Opel
// Maximalgeschwindigkeit: 180
// Aktuelle Geschwindigkeit: 0
```

Am Ende wird der Initializer durch den Befehl `Car()` aufgerufen. Dadurch werden den Properties `manufacturer` und `maximumSpeed` passende Werte zugewiesen, über die die neu erstellte Car-Instanz `myCar` verfügt. Dies wird durch die im Anschluss ausgeführten `print()`-Statements verdeutlicht.

Im Gegensatz zu dem Aufruf von `Car()` aus Listing 8.2 handelt es sich dieses Mal nicht um den dort vorgestellten Default Initializer, und das aus zwei Gründen:

- Die Klasse `Car` besitzt keinen Default Initializer, da zwei ihrer Properties weder optional sind noch über einen Standardwert verfügen.

- Selbst wenn alle Properties der Klasse `Car` optional wären und/oder einen Standardwert besäßen, führt die Erstellung des Initializers `init()` ohne jegliche Parameter zur Überschreibung des Default Initializers.

Damit erfüllt der in Listing 8.6 deklarierte Initializer `init()` seine Aufgabe und sorgt dafür, dass nach Verwendung dieses Initializers alle nicht-optionalen Properties der Klasse `Car` über einen Wert verfügen.

 Initializer geben keinen Wert zurück

In Initializern wird niemals die erstellte Instanz in Form eines `return` zurückgegeben. Initializer in Swift haben einzig und allein die Aufgabe, allen nicht-optionalen Properties einen passenden Wert zuzuweisen. Um den Rest – das letztliche Erzeugen der Instanz und das Zurückgeben an den Aufrufer des Initializers – kümmern sich die Initializer selbst, ohne dass wir dafür noch irgendetwas tun müssen.

Jedoch ist der in Listing 8.6 gezeigte Initializer alles andere als dynamisch. Letzten Endes sorgt er dafür, dass allen Instanzen von `Car` Standardwerte für die beiden Properties `manufacturer` und `maximumSpeed` zugewiesen werden; auch wenn diese Standardwerte dieses Mal über den Initializer definiert und nicht direkt den entsprechenden Properties zugewiesen werden.

Entsprechend wird für die Klasse `Car` in Listing 8.7 ein zweiter Initializer ergänzt. Dieser Initializer nimmt nun zwei Parameter namens `manufacturer` und `maximumSpeed` entgegen (diese Parameter werden bei einem Initializer auch als *Initialization Parameters* bezeichnet). Für diese muss bei der Verwendung dieses Initializers nun jeweils ein passender Wert übergeben werden, und innerhalb des Initializers wird dieser übergebene Wert dazu genutzt, ihn der jeweils zugehörigen Property zuzuweisen.

Parameter in Initializern werden genauso konfiguriert wie die Parameter für Funktionen und Methoden. Das bedeutet, dass auch hier zwischen Argument Label und Parameter Name unterschieden wird. So können Sie also für den Aufruf des Initializers einen anderen Bezeichner verwenden wie für die Verwendung des zugehörigen Parameters innerhalb des Initializers. Auch können Sie durch Verwendung des Unterstrichs _ als Argument Label gänzlich auf die Angabe eines Bezeichners für einen Parameter beim Aufruf des Initializers verzichten.

Listing 8.7 Ergänzen eines zweiten Initializers mit Parametern

```
class Car {
    var manufacturer: String
    var maximumSpeed: Int
    var currentSpeed = 0
    init() {
        manufacturer = "Opel"
        maximumSpeed = 180
    }
    init(manufacturer: String, maximumSpeed: Int) {
        self.manufacturer = manufacturer
        self.maximumSpeed = maximumSpeed
    }
}
```

Nun können zur Erstellung einer Instanz der Klasse `Car` beide der deklarierten Initializer verwendet werden, so wie in Listing 8.8 zu sehen. Wird der Initializer `init()` verwendet, erhalten die Properties `manufacturer` und `maximumSpeed` die Standardwerte, die innerhalb dieses Initializers definiert sind. Wird hingegen der Initializer `init(manufacturuer:maximumSpeed:)` aufgerufen, werden die übergebenen Werte für die beiden Properties gesetzt, wodurch eine dynamische Instanz der Klasse `Car` erstellt werden kann, die direkt nach der Initialisierung über die gewünschten Werte für die Eigenschaften `manufacturer` und `maximumSpeed` verfügt.

Listing 8.8 Aufrufen verschiedener Initializer

```
let staticCar = Car()
let dynamicCar = Car(manufacturer: "Tesla", maximumSpeed: 250)
print("staticCar: Hersteller: \(staticCar.manufacturer), Höchstgeschwindigkeit: \
(staticCar.maximumSpeed)")
print("dynamicCar: Hersteller: \(dynamicCar.manufacturer), Höchstgeschwindigkeit: \
(dynamicCar.maximumSpeed)")
// staticCar: Hersteller: Opel, Höchstgeschwindigkeit: 180
// dynamicCar: Hersteller: Tesla, Höchstgeschwindigkeit: 250
```

Beliebige Anzahl an Initializern pro Typ

Jeder Typ in Swift kann über eine beliebige Anzahl an Initializern verfügen. Wichtig ist dabei, dass sich alle Initializer klar voneinander unterscheiden. Es kann also niemals zwei Initializer mit den gleichen Parametern und Parameternamen geben. Entsprechend kann es auch den einfachen Initializer `init()` ohne jegliche Parameter maximal einmal pro Typ geben.

Darüber hinaus können Initializer für einen Typ auch dann erzeugt werden, wenn dieser ausschließlich über optionale Properties verfügt und/oder die Properties dieses Typs einen Standardwert besitzen. Dann können zusätzliche Initializer dazu genutzt werden, neue Instanzen im Vorhinein ein wenig anzupassen. Zwingend notwendig sind sie in diesem Fall allerdings nicht.

Egal, wie viele Initializer ein Typ letzten Endes besitzt, jeder Initializer muss allen nicht-optionalen Properties am Ende einen passenden Wert zuweisen, ganz gleich, wie der jeweilige Initializer dabei vorgeht.

 Kein Aufruf der Property Observer

Properties, denen direkt bei der Deklaration ein Standardwert oder innerhalb eines Initializers ein Wert zugewiesen wird, rufen keinen Property Observer auf (sollten sie über einen solchen verfügen). Property Observer einer Property werden erst aufgerufen, nachdem eine Instanz des zugehörigen Typs erstellt wurde und *dann* Änderungen an der entsprechenden Property vorgenommen werden.

Da der neue Initializer `init(manufacturer:maximumSpeed:)` für die Zwecke der Klasse `Car` deutlich sinnvoller ist als der einfache Initializer `init()`, wurde letzterer in Listing 8.9 entfernt. Im Umkehrschluss bedeutet das aber auch, dass nun nur noch der Initializer `init(manufacturer:maximumSpeed:)` verwendet werden kann, wenn eine neue Instanz der Klasse `Car` erstellt werden soll; es steht ansonsten kein anderer Initializer mehr zur Verfügung.

Listing 8.9 Reduzierung der Klasse `Car` auf einen einzigen Initializer

```
class Car {
    var manufacturer: String
    var maximumSpeed: Int
    var currentSpeed = 0
    init(manufacturer: String, maximumSpeed: Int) {
        self.manufacturer = manufacturer
        self.maximumSpeed = maximumSpeed
    }
}
```

Automatischer Wegfall des Default Initializers

Der Default Initializer steht in dem Augenblick nicht mehr zur Verfügung, in dem entweder einer nicht-optionalen Property eines Typs kein Standardwert zugewiesen ist oder wenigstens ein Initializer implementiert ist. Für die Klasse Car bedeutet das, dass selbst dann der in Listing 8.9 eigens definierte Initializer zum Erstellen neuer Instanzen verwendet werden muss, wenn alle Properties optional sind oder einen Standardwert besitzen. In Listing 8.10 ist das einmal demonstriert.

> **Listing 8.10** Wegfall des Default Initializers trotz Standardwerte für alle Properties der Klasse Car

```
class Car {
    var manufacturer = "Opel"
    var maximumSpeed = 180
    var currentSpeed = 0
    init(manufacturer: String, maximumSpeed: Int) {
        self.manufacturer = manufacturer
        self.maximumSpeed = maximumSpeed
    }
}
let correctlyInitializedCar = Car(manufacturer: "Tesla", maximumSpeed:
250)
let wrongInitializedCar = Car()
// Fehler: Ein solcher Initializer steht in der Klasse Car
// nicht zur Verfügung.
```

Aufgrund der Tatsache, dass die Klasse Car einen eigenen Initializer implementiert (auch wenn sie das nicht zwingend müsste), steht der Default Initializer automatisch nicht mehr zur Verfügung.

Es gibt allerdings einen Trick, dieses beschriebene Verhalten zu umgehen, indem die eigens implementierten zusätzlichen Initializer eines Value Types nicht direkt innerhalb dieses Value Types, sondern innerhalb einer Extension für diesen Value Type implementiert werden; dann stehen auch die Default und Memberwise Initializer noch zur Verfügung.

 Eigener Initializer vs. Property Default Values

In Listing 8.6 wurde ein Initializer ohne Parameter erstellt, der lediglich den nicht-optionalen Properties einen Standardwert zugewiesen hat (dieser Standardwert wird auch als *Property Default Value* bezeichnet). Dieses Vorgehen sollte in der Regel vermieden und in solchen Fällen direkt der zugehörigen Property bei deren Deklaration der gewünschte Wert zugewiesen werden. Das macht den Code übersichtlicher und besser lesbar, gleichzeitig kann Swift womöglich den Typ der Property automatisch mithilfe von Type Inference ableiten.

Initializer sollten immer dann eingesetzt werden, wenn eine Instanz bei deren Erstellung dynamisch angepasst werden soll oder sonstige Aktionen durchgeführt werden sollen. Einfache Standardwerte für Properties sind immer am besten in der zugehörigen Deklaration der Property aufgehoben.

Zuweisung zu self in einem Initializer

Es gibt einen essenziellen Unterschied bei Initializern von Value Types (wie Enumerations und Structures) und Reference Types (wie Classes): Letzteren kann self innerhalb eines Initializers keine Instanz des entsprechenden Typs zugewiesen werden, bei Value Types hingegen ist das sehr wohl möglich. Initializer von Reference Types erlauben also ausschließlich das Zuweisen von Werten zu Properties des entsprechenden Typs, während bei Value Types sogar self direkt eine komplett neue Instanz des zugehörigen Typs zugewiesen werden kann.

Um das Ganze einmal zu demonstrieren und vereinfacht darzustellen, sind in Listing 8.11 eine Structure sowie eine Klasse deklariert, beide mit je einem einfachen Initializer. Innerhalb des Initializers wird self direkt eine Instanz des jeweiligen Typs zugewiesen. Bei Structures ist das kein Problem und durchaus möglich, weshalb der entsprechende Code korrekt ist und funktioniert. Der Initializer der Klasse hingegen gibt einen Fehler zurück, da self innerhalb eines Initializers eines solchen Reference Types niemals direkt ein Wert zugewiesen werden kann.

Listing 8.11 Zuweisen einer Instanz zu self innerhalb eines Initializers

```
struct AStruct {
    init() {
        self = AStruct()
        // Möglich, da self in Initializern von Value Types
        // ein Wert zugewiesen werden kann.
    }
}

class AClass {
    init() {
        self = AClass()
        // Fehler: self kann in Initializern von Reference Types
        // kein Wert zugewiesen werden.
    }
}
```

■ 8.3 Initializer Delegation

Initializer sind in der Lage, andere Initializer aufzurufen. Das erlaubt es, sich möglicherweise wiederholenden Code zu vermeiden, da Initializer sich untereinander aufrufen und die jeweils in ihnen implementierte Logik durchführen können. Dieses Vorgehen wird als *Initializer Delegation* bezeichnet.

Initializer Delegation unterscheidet sich zwischen Value Types und Reference Types, weshalb beide in diesem Abschnitt getrennt voneinander betrachtet werden. Das grundlegende Verhalten ist zwar in beiden Fällen das gleiche, doch bei der Umsetzung der Initializer Delegation gibt es je nach Typ einige Details zu beachten.

8.3.1 Initializer Delegation bei Value Types

Initializer von Value Types können innerhalb eines Initializers jeden beliebigen anderen Initializer des gleichen Typs aufrufen. Dazu muss auf den gewünschten Initializer mittels `self.init` zugegriffen werden, gefolgt von den zu übergebenden Parametern für den gewünschten Initializer.

In Listing 8.12 sehen Sie ein konkretes Beispiel dazu. Die Structure `Cube` dient zur Abbildung eines Würfels und verfügt zu diesem Zweck über die zwei Stored Properties `width` und `height`. Die Computed Property `area` dient zur automatischen Berechnung der Fläche des Würfels.

Die Structure verfügt über zwei Initializer. Der erste – `init(width:height:)` – erwartet je einen Parameter für die Breite und Höhe des Würfels, deren Werte den passenden Stored Properties direkt zugewiesen werden. Alternativ dazu lässt sich ein neuer Würfel aber auch über eine vorgegebene Fläche definieren; dazu dient der zweite Initializer `init(area:)`. Dieser berechnet aus der übergebenen Fläche die passende Höhe und Breite und muss diese anschließend ebenfalls den beiden Stored Properties `width` und `height` der Structure Cube zuweisen. Um hier doppelten Code zu vermeiden (schließlich übernimmt ja bereits der erste Initializer `init(width:height:)` genau diese Aufgabe), werden stattdessen die beiden ermittelten Werte für Breite und Höhe an den Initializer `init(width:height:)` übergeben, wobei dieser sich dann um die letztliche Zuweisung zu den beiden Properties kümmert.

Listing 8.12 Initializer Delegation bei Value Types

```
struct Cube {
    var width: Double
    var height: Double
    var area: Double {
        get {
            return width * height
        }
        set {
            width = sqrt(newValue)
            height = sqrt(newValue)
        }
    }
    init(width: Double, height: Double) {
        self.width = width
        self.height = height
    }
    init(area: Double) {
        let width = sqrt(area)
        let height = sqrt(area)
        self.init(width: width, height: height)
    }
}
```

Damit stellt die Structure Cube ein ideales Beispiel für die Initializer Delegation bei Value Types dar, da ein Initializer die Funktionen eines anderen nutzt, ohne selbst mehrfach ein und dieselbe Logik in mehreren Initializern zu implementieren.

Das gezeigte Vorgehen ist auf alle Arten von Value Types übertragbar und kann dort entsprechend angewendet werden.

8.3.2 Initializer Delegation bei Reference Types

Die Initializer Delegation verhält sich bei Reference Types ein wenig anders wie bei Value Types. Das hängt damit zusammen, dass Reference Types voneinander erben können und sich dadurch auch bei der Initialisierung von Instanzen von Reference Types komplexere Situationen ergeben können. Dabei betrachtet dieser Abschnitt noch nicht die Besonderheiten der Initialisierung, die bei der Vererbung eine Rolle spielen, sondern geht auf die grundlegende Initializer Delegation für einen einfachen Reference Type ein. Mehr über die Komplexität und die Initialisierung von Reference Types im Zusammenspiel mit der Vererbung erfahren Sie in Kapitel 9, „Vererbung".

Zunächst einmal unterscheidet man bei der Initialisierung von Reference Types zwischen zwei verschiedenen Arten von Initializern:

- Designated Initializer
- Convenience Initializer

Ein *Designated Initializer* bezeichnet einen Initializer, nach dessen Ausführung alle nicht-optionalen Stored Properties des zugehörigen Typs über einen Wert verfügen und somit eine Instanz dieses Typs vollumfänglich einsetzbar ist. Ein Designated Initializer ruft niemals einen anderen Initializer des gleichen Typs auf, er ist also stets der letzte aufzurufende Initializer bei der Erstellung einer Instanz eines Reference Types. Somit muss auch jeder Reference Type über mindestens einen solchen Designated Initializer verfügen.

Ein *Convenience Initializer* hingegen ist ein Initializer, der – nachdem er seinen eigenen Teil der Initialisierung durchgeführt hat – **immer** einen anderen Initializer **des gleichen** Typs aufruft. Er schließt also nie die Initialisierung einer neuen Instanz eines Typs vollständig ab, sondern greift immer noch auf die Funktionen wenigstens eines anderen Initializers zu, um so die Erstellung einer Instanz letztlich abzuschließen. Wichtig dabei: Auch wenn ein Convenience Initializer selbst einen anderen Convenience Initializer aufrufen kann, so muss am Ende dieser Kette von Aufrufen immer ein Designated Initializer stehen. Bild 8.1 verdeutlicht dieses Zusammenspiel grafisch.

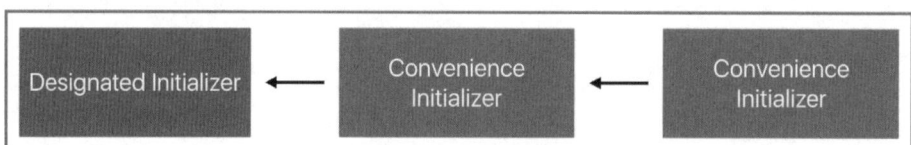

Bild 8.1 Bei der Initialisierung eines Reference Types muss am Ende immer zwingend ein Designated Initializer aufgerufen werden.

Um einen Designated Initializer in einem Reference Type zu erstellen, wird die bereits vorgestellte init-Syntax verwendet. Listing 8.13 zeigt ein einfaches Beispiel dazu. Dort verfügt die Klasse AClass über eine Property aProperty und einen Designated Initializer init(value:), der der Property einen übergebenen Wert zuweist, um so eine neue Instanz von AClass erstellen zu können.

Listing 8.13 Deklaration eines Designated Initializers in einem Reference Type

```
class AClass {
    var aProperty: String
    init(value: String) {
        // Ein Designated Initializer
        aProperty = value
    }
}
```

Um einen Convenience Initializer zu erstellen, muss der Deklaration eines Initializers das Schlüsselwort `convenience` vorangestellt werden. Das ist in Listing 8.14 zu sehen, in dem die eben gezeigte Klasse `AClass` um einen zusätzlichen Convenience Initializer erweitert wird. Dieser ruft den Designated Initializer `init(value:)` auf und übergibt dabei einen Standardwert für die Property `aProperty`.

Listing 8.14 Deklaration eines Convenience Initializers in einem Reference Type

```
class AClass {
    var aProperty: String
    init(value: String) {
        // Ein Designated Initializer
        aProperty = value
    }
    convenience init() {
        // Ein Convenience Initializer
        self.init(value: "Property")
    }
}
```

Um dieses grundlegende Verhalten von Designated und Covenience Initialzern zusammen mit der zugrunde liegenden Syntax zu verdeutlichen, zeigt Listing 8.15 noch einmal das Beispiel des Typs `Cube` aus Listing 8.12, nur dass `Cube` dieses Mal als Klasse (und somit als Reference Type) und nicht als Structure deklariert wird. Dadurch können sich nicht einfach verschiedene Initializer untereinander aufrufen, sondern müssen explizit als Designated oder Convenience Initializer deklariert werden.

Listing 8.15 Umsetzung der Klasse **Cube** mit Designated und Convenience Initializer

```
class Cube {
    var width: Double
    var height: Double
    var area: Double {
        get {
            return width * height
        }
        set {
            width = sqrt(newValue)
            height = sqrt(newValue)
        }
    }
    init(width: Double, height: Double) {
        self.width = width
        self.height = height
    }
```

```
    convenience init(area: Double) {
        let width = sqrt(area)
        let height = sqrt(area)
        self.init(width: width, height: height)
    }
}
```

Der Initializer `init(width:height:)` stellt dabei den Designated Initializer dar. Das ist bereits an der Deklaration zu erkennen; wird ein Initializer nicht explizit mithilfe des Schlüsselworts `convenience` als Convenience Initializer umgesetzt, handelt es sich bei ihm automatisch um einen Designated Initializer. Entsprechend muss dieser Initializer dafür sorgen, dass alle nicht-optionalen Stored Properties einen Wert erhalten, so wie es hier auch der Fall ist.

Anders sieht es hingegen beim Initializer `init(area:)` aus. Dieser soll aus einer übergebenen Fläche Breite und Höhe eines Würfels berechnen und diese sollen anschließend an den Designated Initializer weitergereicht werden. Da `init(area:)` somit einen anderen Initializer aufruft und die Initialisierung einer Cube-Instanz nicht vollständig durchführt, handelt es sich bei ihm um einen Convenience Initializer. Entsprechend muss dieser Initializer auch zwingend mit dem Schlüsselwort `convenience` deklariert werden; fehlt diese Deklaration, kommt es zu einem Compiler-Fehler.

 Initializer Delegation und Vererbung

Wie bereits eingangs in diesem Abschnitt beschrieben, gibt es einige Besonderheiten bei der Initializer Delegation von Reference Types in Bezug auf die Vererbung zu beachten. Dort kommt das Konzept der Designated und Convenience Initializer noch stärker zum Tragen und es gilt dabei weitere Besonderheiten bei der Initialisierung von Instanzen eines Reference Types zu beachten. Mehr zur Initialisierung im Zusammenspiel mit Vererbung erfahren Sie in Kapitel 9, „Vererbung".

■ 8.4 Failable Initializer

Ein Failable Initializer ist eine besondere Form eines Initializers. Wie der Name bereits andeutet, kann die Initialisierung einer Instanz über einen solchen Initializer *fehlschlagen*, was dazu führt, dass der Initializer keine Instanz dieses Typs, sondern stattdessen `nil` zurückliefert. Das kann beispielsweise der Fall sein, wenn bei der Initialisierung ein ungültiger Wert übergeben wird oder aufgrund anderer Faktoren (beispielsweise Fehlen einer Internetverbindung oder fehlender Zugriff auf benötigte Ressourcen) eine Initialisierung eines bestimmten Objekts nicht möglich ist.

Ein Failable Initializer wird mittels `init?` statt `init` deklariert. Im Gegensatz zu einem Nicht-Failable Initializer kann ein Failable Initializer an einer bestimmten Stelle seiner Implementierung `return nil` aufrufen, um mit diesem Befehl zu signalisieren, dass die

Initialisierung fehlgeschlagen ist. Wird `return nil` nicht aufgerufen, muss die Initialisierung, wie ansonsten auch, durchgeführt werden und am Ende eine vollständig konfigurierte Instanz des entsprechenden Typs zurückliefern.

Zu beachten ist dabei, dass ein Failable Initializer **immer** ein Optional zurückliefert, selbst wenn erfolgreich eine Instanz erstellt werden kann.

Ein einfaches Beispiel eines Failable Initializers zeigt Listing 8.16. Dort wird eine Structure `Person` mit einer Stored Property `name` deklariert. Der Failable Initializer `init?(name:)` erwartet einen Parameter für den Namen einer neu zu erstellenden Person. Er prüft, ob der übergebene Name womöglich einem leeren String entspricht; in diesem Fall soll keine Instanz des Typs `Person` erstellt und stattdessen `nil` zurückgeliefert werden; die Initialisierung schlägt in diesem Fall also fehl. Andernfalls wird der übergebene Name auf die bekannte Art und Weise der entsprechenden Property zugewiesen.

Listing 8.16 Umsetzung eines Failable Initializers

```
struct Person {
    var name: String
    init?(name: String) {
        if name == "" {
            return nil
        }
        self.name = name
    }
}
```

Die möglichen Ergebnisse eines Aufrufs eines solchen Failable Initializers veranschaulicht Listing 8.17. Dort werden zwei Instanzen vom Typ `Person` erstellt und jeweils den Konstanten `validPerson` und `invalidPerson` zugewiesen. Dabei wird für beide Instanzen der einzig verfügbare Failable Initializer für die Initialisierung verwendet.

`validPerson` kann aufgrund des übergebenen Namens erfolgreich eine Instanz vom Typ `Person` erstellen, `invalidPerson` hingegen entspricht aufgrund des übergebenen leeren Strings `nil`. Das beweisen die im Anschluss durchgeführten Abfragen und die entsprechende Ausgabe der verschiedenen `print()`-Statements. Wichtig dabei: Sowohl `validPerson` als auch `invalidPerson` sind aufgrund der Verwendung des Failable Initializers Optionals vom Typ `Person?`, entsprechend müssen Sie entpackt werden, möchte man auf den zugrunde liegenden Wert von einem dieser beiden Optionals zugreifen. Das ist auch der Grund, warum für die Auswertung beider Konstanten eine `if let`-Abfrage verwendet wird.

Listing 8.17 Initialisierung über einen Failable Initializer

```
let validPerson = Person(name: "Thomas")
let invalidPerson = Person(name: "")

if let person = validPerson {
    print("validPerson hat den Namen \(person.name).")
} else {
    print("validPerson ist nil.")
}

if let person = invalidPerson {
    print("invalidPerson hat den Namen \(person.name).")
```

```
    } else {
        print("invalidPerson ist nil.")
    }

    // validPerson hat den Namen Thomas.
    // invalidPerson ist nil.
```

Ein weiteres Beispiel für einen Failable Initializer zeigt Listing 8.18. Dabei handelt es sich dieses Mal um eine Enumeration namens MathOperation, die die vier verschiedenen Berechnungsoperationen Addition, Subtraktion, Multiplikation und Division abbilden soll. Dazu bringt diese Enumeration für jede der genannten Operationen einen eigenen Wert mit (addition, subtraction, multiplication und division).

Mithilfe des Failable Initializers init?(mathOperation:) kann nun ein Character für die gewünschte Berechnungsoperation übergeben werden und die Enumeration liefert entsprechend den passenden Wert zurück. + entspricht somit addition, - entspricht subtraction, * entspricht multiplication und / entspricht division.

Allerdings kann es natürlich sein, dass bei dieser Initialisierung auch ein gänzlich anderer Character übergeben wird, der von MathOperation nicht unterstützt wird. In diesem Fall schlägt die Initialisierung fehl und der Initializer liefert nil zurück.

Listing 8.18 Enumeration mit Failable Initializer

```
enum MathOperation {
    case addition, subtraction, multiplication, division
    init?(mathOperation: Character) {
        switch mathOperation {
        case "+":
            self = .addition
        case "-":
            self = .subtraction
        case "*":
            self = .multiplication
        case "/":
            self = .division
        default:
            return nil
        }
    }
}
```

 Standard-Failable Initializer für Enumerations mit Raw Values

Enumerations, deren Werte Raw Values zugeordnet sind, verfügen automatisch über einen Failable Initializer namens init?(rawValue:), über den neue Instanzen einer solchen Enumeration erzeugt werden können. Dieser Failable Initializer steht bei der Verwendung von Raw Values automatisch zur Verfügung und kann ohne Weiteres verwendet werden.

Da nicht klar ist, ob für einen übergebenen Raw Value ein passender Case in einer Enumeration existiert, muss dieser Initializer als Failable Initializer umgesetzt sein und nil zurückliefern, sollte kein passender Wert für den übergebenen Raw Value gefunden werden.

Failable Initializer sind somit immer dann sinnvoll, wenn die Initialisierung einer Instanz eines Typs – aus welchen Gründen auch immer – fehlschlagen kann. Durch sie kann dieser Fall abgedeckt und stattdessen ein Optional des entsprechenden Typs zurückgegeben werden.

Dabei funktionieren Failable Initializer genauso wie „herkömmliche" Initializer auch. Sie können Parameter entgegennehmen und sowohl als Designated wie auch als Convenience Initializer umgesetzt werden. Ebenso können sie andere Initializer aufrufen, egal ob Failable oder nicht.

Im Übrigen muss sich die Deklaration eines Failable Initializers in jedem Fall von der aller anderen Initializer – egal ob Failable oder nicht – unterscheiden, genau wie es auch bei Nicht-Failable Initializern der Fall sein muss. Es ist also beispielsweise nicht möglich, sowohl einen Initializer `init()` als auch einen Failable Initializer `init?()` in einem Typ zu deklarieren, da diese die gleiche Deklaration besitzen. Gleiches würde beispielsweise für zwei Initializer `init(name:)` und `init?(name:)` gelten; sie dürften nicht parallel in einem Typ verwendet werden. Die genaue Deklaration muss sich also **immer** zwischen allen verfügbaren Initializern unterscheiden, egal welcher Art sie sind.

Failable Initializer mit „init!"

Alternativ zu `init?` kann ein Failable Initializer auch mittels `init!` deklariert und erstellt werden. In diesem Fall liefert der Initializer ein Implicitly Unwrapped Optional zurück.

■ 8.5 Required Initializer

Eine weitere Form der Initializer ist der sogenannte *Required Initializer*. Dieser spielt ausschließlich bei Reference Types und Vererbung eine Rolle. Wird ein Initializer als Required Initializer definiert, so muss jede Subklasse, die vom entsprechenden Typ mit diesem Required Initializer erbt, ebenfalls diesen Initializer implementieren. Somit wird sichergestellt, dass Initializer, die auch bei Vererbung einer Klasse zwingend implementiert werden müssen, ihren Weg in diese Subklassen finden. Fehlt die Implementierung eines Required Initializer in seiner solchen Subklasse, kommt es umgehend zu einem Compiler-Fehler.

Ein Required Initializer wird mithilfe des vorangestellten Schlüsselworts `required` erstellt. Die genaue Deklaration eines Required Initializers zeigt Listing 8.19.

Listing 8.19 Deklaration eines Required Initializers

```
required init(<PARAMETER>) {
    <INITIALISIERUNG DER ZUGEHÖRIGEN INSTANZ>
}
```

Da Required Initializer ausschließlich in der Vererbung eine Rolle spielen, werden Sie im Detail in Kapitel 9, „Vererbung", besprochen.

■ 8.6 Deinitialisierung

Reference Types (und damit Klassen) in Swift sind in der Lage, die sogenannte *Deinitialisierung* zu nutzen. Dabei bezeichnet Deinitialisierung zunächst einmal den Prozess des Entfernens von Instanzen aus dem Speicher. Dieses Entfernen wird von Swift selbsttätig geregelt, wobei eine Technik namens *Automatic Reference Counting* (kurz *ARC*) zum Einsatz kommt (mehr zu ARC sowie zur Speicherverwaltung in Swift erfahren Sie in Kapitel 10, „Speicherverwaltung mit ARC").

Sobald eine Instanz eines Reference Types aus dem Speicher entfernt (und damit deinitialisiert) wird, hat sie die Chance, eine letzte Methode aufzurufen, um eventuell notwendige Befehle durchzuführen, bevor die Instanz vollends aus dem Speicher verschwindet. Ob eine Instanz von dieser Funktion Gebrauch macht, ist von Typ zu Typ abhängig. Beispielsweise könnte eine Instanz laufende Timer anhalten und deaktivieren oder laufende Animationen beenden. Ebenso ist denkbar, dass eine Instanz den Zugriff auf eine Datei beendet, sobald die Instanz sich aus dem Speicher entfernt und so weiter.

Möchte man in einem Reference Type die Deinitialisierung nutzen, so kann man pro Reference Type maximal eine zugehörige Methode zur Deinitialisierung implementieren. Eine solche Methode wird mithilfe des Schlüsselworts `deinit` definiert und erwartet niemals Parameter und sie gibt auch keinen Wert zurück. Den grundlegenden Aufbau von `deinit` zeigt Listing 8.20.

Listing 8.20 Aufbau von `deinit`

```
deinit {
    <DURCHFÜHRUNG DER DEINITIALISIERUNG>
}
```

Um besser verständlich zu machen, wie Deinitialisierung funktioniert und wann der Code innerhalb von `deinit` aufgerufen wird, betrachten wir im Folgenden ein konkretes Beispiel. Listing 8.21 zeigt die Deklaration einer Klasse `Person` mit einer Stored Property `name`. Über den Initializer `init(name:)` können neue Instanzen dieser Klasse erstellt werden, wobei auch gleichzeitig ein entsprechendes `print()`-Statement ausgegeben wird, das über das Hinzufügen dieser neuen Instanz zum Speicher informiert.

Darüber hinaus enthält die Klasse ebenfalls einen Deinitializer, der mithilfe des Schlüsselworts `deinit` definiert ist. Auch dieser gibt ein `print()`-Statement aus und weist dabei darauf hin, dass die entsprechende Instanz der Klasse `Person` nun wieder aus dem Speicher entfernt wird (und somit nach Durchführung von `deinit` nicht länger existiert).

Listing 8.21 Deklaration einer Klasse `Person` mit einem Deinitializer

```
class Person {
    var name: String
    init(name: String) {
        self.name = name
        print("\(name) wird dem Speicher hinzugefügt.")
    }
    deinit {
        print("\(name) wird aus dem Speicher entfernt.")
    }
}
```

In Listing 8.22 folgt nun die Erstellung einer neuen Instanz der Klasse `Person`. Diese wird dabei als Optional vom Typ `Person?` deklariert, was bedeutet, dass die der Variablen `me` zugewiesene Instanz von `Person` auch `nil` entsprechen kann und in diesem Fall wieder aus dem Speicher entfernt würde.

Durch die Erstellung der neuen `Person`-Instanz wird der zugehörige Initializer der Klasse aufgerufen, was auch dazu führt, dass das darin definierte `print()`-Statement mit dem übergebenen Namen für die neue Instanz aufgerufen und ausgegeben wird.

Listing 8.22 Erstellen einer Instanz der Klasse `Person`

```
var me: Person? = Person(name: "Thomas")
// Thomas wird dem Speicher hinzugefügt.
```

Wenn nun der optionalen Variablen me kein Wert (sprich `nil`) zugewiesen wird, bedeutet das, dass der Verweis auf die zuvor erstellte und der Variablen zugewiesene `Person`-Instanz verschwindet. In diesem Fall wird der Deinitializer der Klasse aufgerufen, der seinerseits eine passende Meldung mithilfe von `print()` ausgibt. In Listing 8.23 ist dieses Verhalten zu sehen.

Listing 8.23 Entfernen einer Instanz der Klasse `Person`

```
me = nil
// Thomas wird aus dem Speicher entfernt.
```

Innerhalb eines Deinitializers haben Sie noch vollen Zugriff auf alle Eigenschaften und Funktionen der zugrunde liegenden Klasse. Im Falle der Klasse `Person` wird der Wert der Property name innerhalb des Initializers noch einmal aufgerufen und ausgegeben, genauso können in einem Deinitializer aber auch Methoden aufgerufen werden.

Wie eingangs beschrieben, steht die Möglichkeit zur Implementierung eines Deinitializers ausschließlich in Reference Types zur Verfügung. Mehr über die Deinitialisierung von Instanzen in Swift sowie die Speicherverwaltung erfahren Sie in Kapitel 10, „Speicherverwaltung mit ARC".

9 Vererbung

Vererbung erlaubt es Reference Types, die Eigenschaften und Funktionen eines anderen Reference Types komplett zu übernehmen und diese dann um eigene Eigenschaften und Funktionen zu ergänzen. Erbt ein Reference Type von einem anderen, kann er ebenso all die Properties und Methoden nutzen, die auch der Reference Type besitzt, von dem er geerbt hat.

In Swift können – wie bereits beschrieben – ausschließlich Reference Types (und damit Klassen) die Möglichkeiten der Vererbung nutzen. Vererbung dient dazu, das doppelte Erstellen von Properties und Methoden über verschiedene Typen hinweg zu verhindern und eine vernünftige Code-Struktur aufzubauen. Listing 9.1 zeigt ein Beispiel dazu.

Listing 9.1 Deklaration der Klassen `Car` und `Bicycle`

```
class Car {
    var manufacturer: String?
    var color: String?
    var numberOfDoors: Int?
    var currentSpeed = 0
    func startDriving() {
        print("Start driving...")
        currentSpeed = 10
    }
    func stopDriving() {
        print("Stop driving...")
        currentSpeed = 0
    }
    func hoot() {
        print("Hupen!")
    }
}

class Bicycle {
    var manufacturer: String?
    var color: String?
    var type: String?
    var currentSpeed = 0
    func startDriving() {
        print("Start driving...")
        currentSpeed = 10
    }
```

```
        func stopDriving() {
            print("Stop driving...")
            currentSpeed = 0
        }
        func ring() {
            print("Klingeln!")
        }
    }
```

Die Klassen `Car` und `Bicycle` dienen dazu, entweder Autos oder Fahrräder abzubilden. Dazu bringen sie jeweils verschiedene Eigenschaften und Funktionen mit. Ein Großteil dieser Eigenschaften und Funktionen ist aber für beide Arten von Fortbewegungsmitteln identisch. So haben beide einen Hersteller (Property `manufacturer`), eine Farbe (Property `color`) und eine aktuelle Geschwindigkeit (Property `currentSpeed`). Auch verfügen beide über Funktionen zum Losfahren (Methode `startDriving()`) und zum Anhalten (Methode `stopDriving()`).

Daneben existieren noch einige Unterschiede, die jedes der beiden Elemente individuell ausmacht. So verfügt die Klasse `Car` über eine Property `numberOfDoors`, über die die Anzahl der Türen eines Autos abgebildet werden kann, ebenso wie über eine Methode `hoot()`, um Hupen zu können. Die Klasse `Bicycle` hingegen verfügt über eine Property `type`, um darüber den Typ eines Fahrrads festzulegen (Rennrad, Mountainbike, Dreirad et cetera), und über eine Methode `ring()` zum Betätigen der Klingel.

Sowohl `Car` wie auch `Bicycle` verfügen somit über ganz individuelle und einzigartige Merkmale, besitzen aber gleichzeitig viele Eigenschaften, die für beide Elemente gleichermaßen gelten. Und genau dieses Problem lässt sich mithilfe von Vererbung lösen. Dazu braucht es eine Klasse, die all die gemeinsamen Eigenschaften und Funktionen zusammenfasst und von der `Car` und `Bicycle` dann erben können. In diesem Fall bräuchten die beiden Klassen dann nur noch ihre jeweils individuellen Eigenschaften implementieren und könnten dennoch auch alle Funktionen derjenigen Klasse nutzen, von der sie erben.

In Listing 9.2 ist dieses Vorhaben einmal in Form einer neuen Klasse namens `Vehicle` umgesetzt. Diese Klasse soll dazu dienen, die gemeinsamen Eigenschaften und Funktionen verschiedener Fahrzeuge zusammenzufassen. Innerhalb dieser Klasse finden sich daher auch all jene Properties und Methoden, die sowohl die Klasse `Car` als auch die Klasse `Bicycle` gemeinsam haben.

Listing 9.2 Deklaration der Klasse `Vehicle` zum Zusammenfassen der gemeinsamen Eigenschaften und Funktionen der Klassen `Car` und `Bicycle`

```
class Vehicle {
    var manufacturer: String?
    var color: String?
    var currentSpeed = 0
    func startDriving() {
        print("Start driving...")
        currentSpeed = 10
    }
    func stopDriving() {
        print("Stop driving...")
        currentSpeed = 0
    }
}
```

Damit die Klassen `Car` und `Bicycle` all die in der Klasse `Vehicle` definierten Eigenschaften und Funktionen nutzen können, müssen sie diese *erben*. Dazu wird der Name der Klasse `Vehicle` bei der Deklaration der Klassen `Car` und `Bicycle` nach deren Namen getrennt durch einen Doppelpunkt angegeben. Links von diesem Doppelpunkt steht somit der Name der Klasse, die von einer anderen erbt (man spricht hierbei auch von der *Subklasse*), während rechts vom Doppelpunkt der Name der Klasse folgt, von der geerbt werden soll (diese Klasse wird auch als *Superklasse* bezeichnet). Den grundlegenden Aufbau zur Deklaration einer Subklasse sehen Sie in Listing 9.3.

Listing 9.3 Deklaration einer Subklasse

```
class <NAME DER (SUB)KLASSE>: <NAME DER SUPERKLASSE> {
    <IMPLEMENTIERUNG DER (SUB)KLASSE>
}
```

Übertragen auf das Beispiel der Klassen `Car` und `Bicycle`, kann deren Deklaration und Implementierung mithilfe der in Listing 9.2 erstellten Klasse `Vehicle` nun so, wie in Listing 9.4 gezeigt, reduziert werden.

Listing 9.4 Deklaration der Klassen `Car` und `Bicycle` als Subklassen der Klasse `Vehicle`

```
class Car: Vehicle {
    var numberOfDoors: Int?
    func hoot() {
        print("Hupen!")
    }
}

class Bicycle: Vehicle {
    var type: String?
    func ring() {
        print("Klingeln!")
    }
}
```

Die Klassen `Car` und `Bicycle` sind so als Subklassen von `Vehicle` deklariert, was `Vehicle` zu deren Superklasse macht. `Car` und `Bicycle` übernehmen so alle Eigenschaften und Funktionen, die Teil von `Vehicle` sind, und ergänzen gleichzeitig individuelle Eigenschaften und Funktionen, die nur für ihren Typ relevant sind.

Sowohl innerhalb der Implementierung von `Car` und `Bicycle` als auch mit Instanzen dieser Klassen können nun sowohl die Eigenschaften und Funktionen von `Vehicle` wie auch die von `Car` oder `Bicycle` verwendet werden. Listing 9.5 zeigt ein konkretes Beispiel dazu. Dort werden je eine Instanz von `Car` und `Bicycle` erstellt und anschließend auf verschiedene Eigenschaften und Funktionen der beiden Typen zugegriffen. Dabei werden gleichermaßen die in der Superklasse `Vehicle` wie auch die speziell in der jeweiligen Subklasse definierten Eigenschaften und Funktionen verwendet.

Listing 9.5 Deklaration und Verwendung einer `Car`- und `Bicycle`-Instanz

```
let myCar = Car()
myCar.manufacturer = "Opel"
myCar.color = "Blau"
myCar.numberOfDoors = 5
```

```
myCar.startDriving()
// Start driving...

let myBicycle = Bicycle()
myBicycle.manufacturer = "PEGASUS"
myBicycle.color = "Rot"
myBicycle.type = "E-Bike"
myBicycle.ring()
// Klingeln!
```

 Vererbung über mehrere Ebenen möglich

Eine Klasse, die bereits selbst von einer anderen Klasse geerbt hat und somit selbst eine Subklasse ist, kann gleichzeitig aber auch wiederum als Superklasse für eine andere Klasse fungieren. Wenn beispielsweise die Klasse B von Klasse A erbt, kann eine Klasse C wiederum auch von Klasse B erben. In diesem Fall übernimmt die Klasse C nicht nur alle Eigenschaften von B, sondern auch alle Eigenschaften der Klasse A. Die Vererbung kann auf diese Art und Weise eine unbegrenzte Tiefe annehmen.

 Basisklasse

Eine Klasse, die von keiner anderen Klasse erbt, wird auch als *Basisklasse* bezeichnet. In den vorhergehenden Beispielen stellt somit die Klasse Vehicle eine Basisklasse dar, da diese für sich steht und nicht von einer anderen Klasse erbt.

■ 9.1 Überschreiben von Eigenschaften und Funktionen einer Klasse

Subklassen können nicht nur einfach die bestehenden Eigenschaften und Funktionen einer Superklasse erben und damit übernehmen, sondern diese optional auch mit einer eigenen Implementierung *überschreiben*. Soll eine Instanz einer Subklasse somit beispielsweise eine Methode, die in einer Superklasse definiert ist, anders ausführen, dann kann diese Methode innerhalb der Subklasse überschrieben und neu implementiert werden. Auf diese Art und Weise können sowohl Properties, Methoden, Subscripts als auch Initializer einer Superklasse in einer Subklasse überschrieben werden (das Überschreiben von Initializern wird in Abschnitt 9.4 beschrieben).

Um eine dieser Eigenschaften einer Superklasse in einer Subklasse zu überschreiben, braucht es das Schlüsselwort override. Es muss immer einer Eigenschaft oder Funktion einer Superklasse vorangestellt werden, die innerhalb einer Subklasse überschrieben wird.

Listing 9.6 zeigt ein Beispiel dazu. Die Klasse `Vehicle` besitzt dieses Mal lediglich eine einzige Eigenschaft in Form einer Methode namens `printInfo()`. Diese dient dazu, eine grundlegende Information über die Instanz der Klasse auszugeben.

Die beiden Klassen `Car` und `Bicycle` erben erneut von `Vehicle`, sollen aber bei Aufruf der Methode `printInfo()` einen anderen Befehl ausführen. Damit das funktioniert, muss diese Methode der Superklasse innerhalb der beiden Subklassen entsprechend *überschrieben* werden. Dazu wird die Methode genauso definiert, wie sie auch in der Superklasse `Vehicle` deklariert ist, und ihr das Schlüsselwort `override` vorangestellt. Damit bieten `Car` und `Bicycle` eine eigene Implementierung für diese Methode ihrer Superklasse an.

Listing 9.6 Überschreiben der Methode einer Superklasse

```
class Vehicle {
    func printInfo() {
        print("Das ist ein Fahrzeug.")
    }
}

class Car: Vehicle {
    override func printInfo() {
        print("Das ist ein Auto.")
    }
}

class Bicycle: Vehicle {
    override func printInfo() {
        print("Das ist ein Fahrrad.")
    }
}
```

Interessant wird es nun, was beim Aufruf der Methode `printInfo()` abhängig von der Instanz geschieht, über die die Methode jeweils aufgerufen wird. Dieses Verhalten ist in Listing 9.7 verdeutlicht. Dort wird jeweils eine Instanz der Klassen `Vehicle`, `Car` und `Bicycle` erstellt und anschließend über jede Instanz die Methode `printInfo()` aufgerufen. Swift erkennt, dass die beiden Subklassen `Car` und `Bicycle` eine eigene Implementierung dieser Methode besitzen und ruft diese entsprechend auf.

Listing 9.7 Aufruf einer überschriebenen Methode

```
let myVehicle = Vehicle()
let myCar = Car()
let myBicycle = Bicycle()

myVehicle.printInfo()
myCar.printInfo()
myBicycle.printInfo()

// Das ist ein Fahrzeug.
// Das ist ein Auto.
// Das ist ein Fahrrad.
```

Wird eine Eigenschaft oder Funktion einer Superklasse von einer Subklasse *nicht* überschrieben, wird beim Zugriff auf diese Eigenschaft oder Funktion automatisch nach einer passenden Implementierung innerhalb der Superklasse gesucht. Swift springt dabei von einer Superklasse zur nächsten, bis es in einer der Superklassen die passende Implementierung findet. Das ist spätestens mit Erreichen der Basisklasse der Fall. Bild 9.1 illustriert dieses Verhalten.

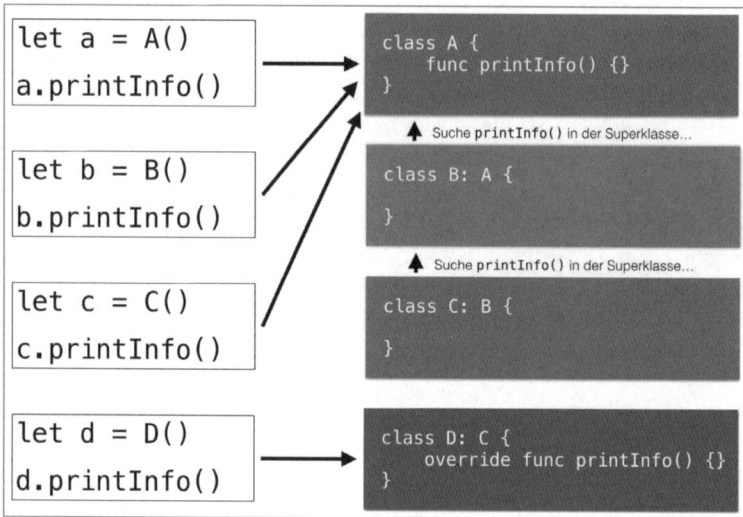

Bild 9.1 Die Klassen B und C greifen beim Aufruf der Methode `printInfo()` auf die Implementierung innerhalb der Basisklasse A zurück. Da die Klasse D eine eigene Implementierung dafür anbietet, wird beim Aufruf dieser Methode über Instanzen der Klasse D stattdessen direkt die Implementierung von `printInfo()` von D ausgeführt.

 Besonderheiten beim Überschreiben einer Property

Generell funktioniert das Überschreiben von Eigenschaften und Funktionen einer Superklasse innerhalb einer Subklasse immer auf Basis des Schlüsselworts `override`. Beim Überschreiben von Properties gibt es dennoch einige Besonderheiten zu beachten.

So können Properties zunächst nur auf zwei Arten überschrieben werden: Durch Setzen eigener Getter und Setter oder durch Setzen von Property Observer. Dabei schließen sich diese beiden Arten gegenseitig aus; wenn eine Property mit einem Getter und Setter überschrieben wird, kann sie nicht gleichzeitig mit Property Observern überschrieben werden und umgekehrt.

Jede Property einer Superklasse kann in einer Subklasse mittels Getter und Setter überschrieben werden, egal ob es sich bei dieser Property um eine Stored oder um eine Computed Property handelt. Das geht sogar so weit, dass eine Read-Only Computed Property einer Superklasse in einer Subklasse sowohl mit Getter als auch mit Setter überschrieben werden kann. Während einer solchen Property in der Superklasse kein Wert zugewiesen werden kann, ist das dann in der Subklasse sehr wohl möglich. Umgekehrt funktioniert das allerdings nicht, sprich: Kann auf eine Property einer Superklasse sowohl lesend als auch schreibend zugegriffen werden, dann muss sie auch beim Überschreiben innerhalb einer Subklasse noch gelesen und geschrieben werden können.

■ 9.2 Überschreiben von Eigenschaften und Funktionen einer Klasse verhindern

Wenn das Überschreiben von Eigenschaften und Funktionen einer Klasse durch eine Subklasse vollständig verhindert werden soll, so kann die entsprechende Eigenschaft beziehungsweise Funktion als final deklariert werden. In diesem Fall führt ein Versuch, die entsprechende Property, Methode oder das entsprechende Subscript in einer Subklasse zu überschreiben, direkt zu einem Compiler-Fehler. Listing 9.8 zeigt ein Beispiel für die Deklaration einer Property und einer Methode, die durch Subklassen niemals überschrieben werden können.

Listing 9.8 Verhindern des Überschreibens von Eigenschaften und Funktionen einer Klasse durch das Schlüsselwort final

```
class AClass {
    final var impossibleToOverrideProperty: String?
    final func impossibleToOverrideMethod() {
        print("This method can't be overriden.")
    }
}
```

Neben einzelnen Eigenschaften und Funktionen können sogar ganze Klassen selbst als final gekennzeichnet werden. Das macht es unmöglich, Subklassen einer solchen Klasse zu erstellen.

■ 9.3 Zugriff auf die Superklasse

Es ist möglich, von einer Subklasse aus auf die Implementierung von Eigenschaften und Funktionen einer Superklasse zuzugreifen. Das kann beispielsweise innerhalb einer überschriebenen Methode sinnvoll sein, in der man zusätzlich auch die Befehle der gleichen Methode der Superklasse ausführen möchte.

Um von einer Subklasse aus auf die Eigenschaften und Funktionen der Superklasse zugreifen zu können, bedarf es des Schlüsselworts super. Damit können Sie von einer Subklasse aus auf die Properties, Methoden, Subscripts und Initializer der verfügbaren Superklassen zugreifen (der Zugriff auf Initializer einer Superklasse wird in Abschnitt 9.4 beschrieben). Es kommt analog zu self zum Einsatz, über das man bekanntermaßen auf die Eigenschaften und Funktionen des zugrundeliegenden Typs zugreift.

Listing 9.9 zeigt ein Beispiel dazu. Dort wird erneut eine Klasse Vehicle mit einer Property currentSpeed und einer Methode startDriving() deklariert; letztere setzt den Wert von currentSpeed auf 10 und gibt ein print()-Statement aus. Die Klasse Bicycle ist von Vehicle abgeleitet und überschreibt die Methode startDriving(). Dabei wird in dieser Überschreibung zunächst mithilfe des Befehls super.startDriving() die Funktion startDriving() der Superklasse (sprich von Vehicle) aufgerufen. Das führt dazu, dass beim Aufruf von `startDriving()` über eine Instanz von `Bicycle` auch zunächst alle Befehle ausgeführt werden, die in der Methode `startDriving()` der Superklasse implementiert sind. Anschließend wird in der überschriebenen Methode in der Klasse `Bicycle` noch zusätzlicher Code ausgeführt. Zum einen wird eine zusätzliche Meldung über die aktuelle Geschwindigkeit mithilfe von `print()` ausgegeben (wobei in diesem Fall die Property `currentSpeed` auf der Instanz von `Bicycle` selbst abgefragt wird, was dem Aufruf `self.currentSpeed` gleichkommt) und anschließend die Methode `ring()` aufgerufen.

Listing 9.9 Zugriff auf eine Superklasse mittels `super`

```
class Vehicle {
    var currentSpeed = 0
    func startDriving() {
        print("Start driving...")
        currentSpeed = 10
    }
}

class Bicycle: Vehicle {
    override func startDriving() {
        super.startDriving()
        print("Die aktuelle Geschwindigkeit beträgt \(currentSpeed) km/h.")
        ring()
    }
    func ring() {
        print("Klingeln!")
    }
}

let myBicycle = Bicycle()
myBicycle.startDriving()
// Start driving...
// Die aktuelle Geschwindigkeit beträgt 10 km/h.
// Klingeln!
```

Der Code einer Superklasse kann an jeder beliebigen Stelle mittels `super` aufgerufen werden. Beim Zugriff auf Properties und Methoden wird `super` der entsprechenden Property beziehungsweise Methode vorangestellt (so wie beim Aufruf der Methode `startDriving()` innerhalb der Klasse `Bicycle`). Auf Subscripts wird in Form der Syntax `super[<PARAMETER>]` zugegriffen.

■ 9.4 Initialisierung und Vererbung

Bei der Initialisierung und der Arbeit mit Initializern spielt Vererbung eine besondere Rolle. Zunächst gelten die grundlegenden Regeln zur Initializer Delegation von Reference Types, sprich es wird zwischen Designated und Convenience Initializern unterschieden. Diese werden im Detail in Kapitel 8, „Initialisierung", betrachtet. An dieser Stelle fasse ich deren jeweilige Aufgabe noch einmal kurz zusammen: Ein Designated Initializer muss immer bei der Initialisierung einer Klasse aufgerufen werden und kümmert sich darum, wenigstens allen nicht-optionalen Properties dieser Klasse einen Wert zuzuweisen. Nach Aufruf eines Designated Initializers muss eine Instanz voll einsatzfähig und vollständig konfiguriert sein. Ein Convenience Initializer hingegen muss **immer** noch einen anderen Initializer (egal ob Designated oder Convenience) **derselben** Klasse aufrufen, wobei ganz am Ende dieser Initializer-Aufrufe immer ein Designated Initializer stehen muss.

Bei der Vererbung über mehrere Klassen gelten diese Regeln ebenfalls, allerdings kommt eine weitere dazu: Jeder Designated Initializer muss einen Designated Initializer seiner Superklasse aufrufen. Erbt also eine Klasse von einer anderen und implementiert einen Designated Initializer, dann muss dieser zwingend auch einen Designated Initializer genau jener Superklasse aufrufen. In Bild 9.2 sind diese Regeln und dieses Zusammenspiel noch einmal verdeutlicht.

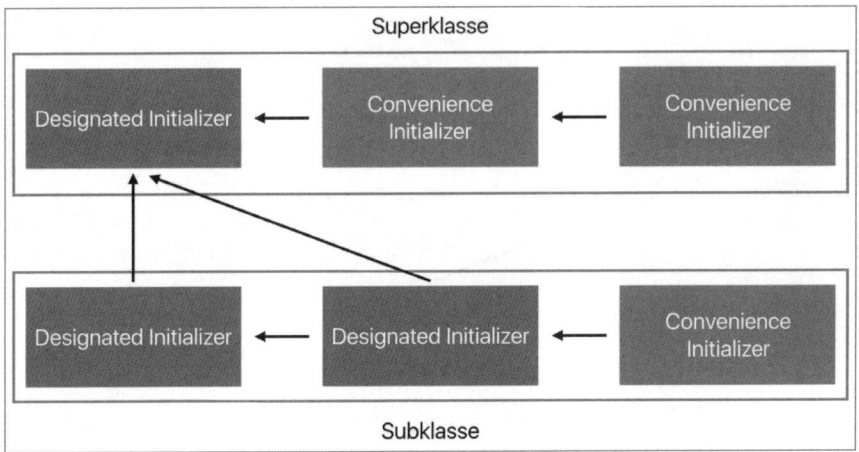

Bild 9.2 Convenience Initializer rufen nur Initializer der gleichen Klasse auf (und müssen in dieser Kette am Ende immer zwingend einen Designated Initializer aufrufen), während ein Designated Initializer immer einen Designated Initializer der Superklasse aufruft.

9.4.1 Zwei-Phasen-Initialisierung

Die Initialisierung von Reference Types wird über zwei Phasen abgebildet, weshalb dieses Konzept auch als *Zwei-Phasen-Initialisierung* (Englisch: *Two-Phase Initialization*) bezeichnet wird. Diese beiden Phasen stelle ich im Folgenden kurz vor.

Phase 1

Phase 1 beginnt mit dem Aufruf eines Initializers eines Reference Types. Es kann sich dabei entweder um einen Designated oder um einen Convenience Initializer handeln. In letzterem Fall ruft dieser Convenience Initializer entweder andere Convenience Initializer oder einen Designated Initializer derselben Klasse auf. Ruft er andere Convenience Initializer auf, so muss einer dieser Convenience Initializer irgendwann zwingend einen Designated Initializer aufrufen, sodass die Initialisierung eines Reference Types immer mit dem Aufruf eines Designated Initializers endet.

Zu diesem Zeitpunkt kann ein Convenience Initializer weder auf Instance Properties der eigenen Klasse noch auf Instance Properties der Superklassen zugreifen, ebenso wenig können Instanzmethoden aufgerufen werden. Designated Initializer können in dieser Phase nur auf ihre eigenen Instance Properties der zugehörigen Klasse zugreifen, der Zugriff auf Instance Properties von Superklassen sowie Instance Methods (egal ob eigene Klasse oder Superklasse) ist ebenfalls nicht möglich.

Ein Designated Initializer ist dann dafür verantwortlich, einen Designated Initializer seiner Superklasse aufzurufen. Auf diese Art und Weise werden nacheinander Designated Initializer aller Superklassen in der Vererbungshierarchie aufgerufen, bis die Basisklasse erreicht wird. Sobald der Designated Initializer der Basisklasse seine Befehle abgeschlossen hat, endet Phase 1. Bild 9.3 illustriert den Ablauf der ersten Phase.

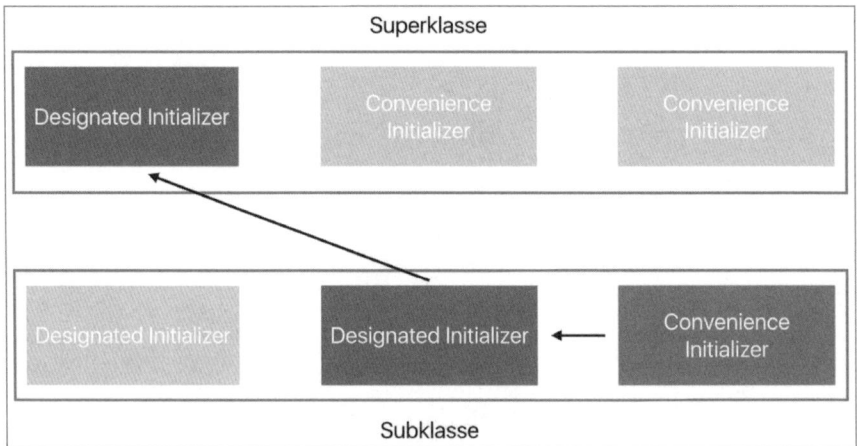

Bild 9.3 In Phase 1 der Initialisierung wird die Vererbungshierarchie vom aufgerufenen Initializer bis zur Superklasse durchlaufen, wobei Convenience Initializer immer andere Initializer der eigenen Klasse und Designated Initializer nur Designated Initializer der Superklasse aufrufen.

Phase 2

In Phase 2 werden erneut von der Basisklasse aus alle aufgerufen Initializer in umgekehrter Richtung (eben ausgehend von der Basisklasse) wieder aufgerufen. Zu diesem Zeitpunkt ist die zu erstellende Instanz bereits vollständig initialisiert und kann verwendet werden. Das bedeutet, dass die Initializer in Phase 2 nun auf alle Instance Properties und Instance Methods sowohl von der eigenen Klasse als auch von allen Superklassen zugreifen können. Logischerweise werden dabei zunächst alle Designated Initializer und zu guter Letzt die Convenience Initializer aufgerufen. In Bild 9.4 ist auch dieser Ablauf einmal illustriert.

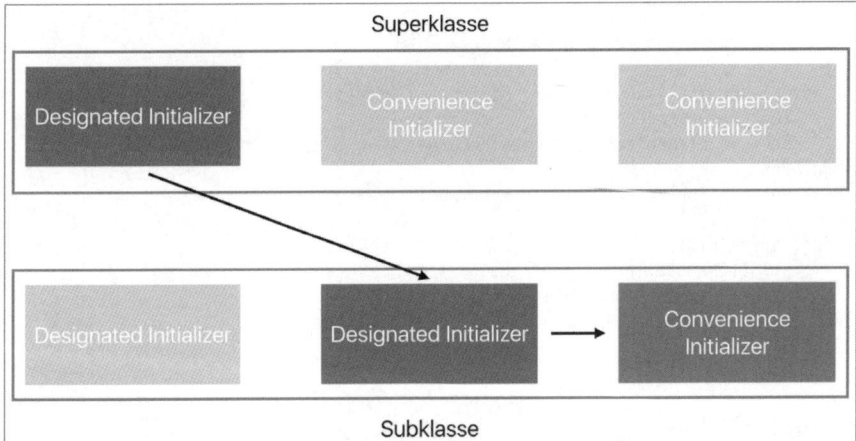

Bild 9.4 Ist Phase 1 abgeschlossen, werden ausgehend von der Basisklasse noch einmal nacheinander alle durchlaufenen Initializer aufgerufen, wodurch diese nun weitere Konfigurationen an einer Instanz durch Zugriff auf alle Instance Properties und Instance Methods vornehmen können.

Auch wenn sich die Zwei-Phasen-Initialisierung womöglich kompliziert anhören mag, gibt es in der Praxis vier einfache Regeln, die es bei der Implementierung von Initializern für Reference Types zu beachten gilt. Hält man sich an diese vier Regeln, ist auch gleichzeitig sichergestellt, dass die Zwei-Phasen-Initialisierung korrekt funktioniert. Diese Regeln sind im Folgenden aufgeführt:

- Ein Designated Initializer muss zunächst allen nicht-optionalen Properties der **eigenen** Klasse einen Wert zuweisen, bevor er mittels `super` einen Designated Initializer der Superklasse aufruft.

- Ein Designated Initializer muss zunächst einen Designated Initializer der Superklasse aufrufen, bevor er geerbten Properties (sprich Properties, die in den Superklassen deklariert sind) diesen einen Wert zuweisen kann.

- Ein Convenience Initializer muss zunächst irgendeinen anderen Initializer aufrufen, bevor er Properties (egal ob in der eigenen Klasse definiert oder geerbt) einen Wert zuweisen kann.

- Jeder Initializer darf erst auf Instance Methods und vollumfänglich auf alle Instance Properties zugreifen, nachdem Phase 1 beendet ist.

Um die Zwei-Phasen-Initialisierung bei Reference Types abschließend noch einmal hervorzuheben, zeigt Listing 9.10 ein Beispiel, in dem alle genannten Regeln und Bedingungen für die Zwei-Phasen-Initialisierung zum Tragen kommen.

Listing 9.10 Zwei-Phasen-Initialisierung im Detail

```
class Vehicle {
    var manufacturer: String
    var color: String
    var currentSpeed: Int
    var description: String?
    init(manufacturer: String, color: String, currentSpeed: Int) {
        self.manufacturer = manufacturer
```

```
            self.color = color
            self.currentSpeed = currentSpeed
        }
    convenience init(manufacturer: String, color: String) {
            let currentSpeed = 0
            self.init(manufacturer: manufacturer, color: color, currentSpeed:
currentSpeed)
            description = "Das ist ein Fahrzeug."
        }
    func printInfo() {
            print("Hersteller: \(manufacturer)")
            print("Farbe: \(color)")
            print("Aktuelle Geschwindigkeit: \(currentSpeed)")
        }
}


class Car: Vehicle {
    var numberOfDoors: Int
    init(manufacturer: String, color: String, currentSpeed: Int, numberOfDoors: Int)
{
        self.numberOfDoors = numberOfDoors
        super.init(manufacturer: manufacturer, color: color, currentSpeed:
currentSpeed)
        description = "Das ist ein Auto."
    }
    convenience init(manufacturer: String, color: String, numberOfDoors: Int) {
        let currentSpeed = 0
        self.init(manufacturer: manufacturer, color: color, currentSpeed:
currentSpeed, numberOfDoors: numberOfDoors)
        printInfo()
    }
    convenience init(manufacturer: String, color: String) {
        let numberOfDoors = 5
        self.init(manufacturer: manufacturer, color: color, numberOfDoors:
numberOfDoors)
        currentSpeed = 30
    }
}
```

In Listing 9.10 werden die zwei Klassen Vehicle und Car erstellt. Gemäß der Zwei-Phasen-
Initialisierung betrachten wir zunächst die Subklasse Car. Diese bringt eine Property
namens numberOfDoors sowie einen Designated und zwei Convenience Initializer mit.
Betrachten wir zunächst einmal die Convenience Initializer, diese sind in Listing 9.11 noch
einmal separat hervorgehoben.

Listing 9.11 Convenience Initializer einer Subklasse im Detail

```
convenience init(manufacturer: String, color: String, numberOfDoors: Int) {
    let currentSpeed = 0
    self.init(manufacturer: manufacturer, color: color, currentSpeed: currentSpeed,
numberOfDoors: numberOfDoors)
    printInfo()
}
convenience init(manufacturer: String, color: String) {
    let numberOfDoors = 5
    self.init(manufacturer: manufacturer, color: color, numberOfDoors: numberOfDoors)
    currentSpeed = 30
}
```

Wie wir anhand der Regeln für die Zwei-Phasen-Initialisierung wissen, darf ein Convenience Initializer nur andere Initializer innerhalb derselben Klasse aufrufen. Außerdem ist ein Zugriff auf jegliche Instance Properties und Instance Methods (sowohl der eigenen Klasse als auch aller Superklassen) erst möglich, nachdem ein anderer Initializer aufgerufen wurde. Zu guter Letzt muss jeder Aufruf eines Convenience Initializers immer zum Aufruf eines Designated Initializers führen.

All diese Regeln sind in diesen beiden Convenience Initializern erfüllt. Der zweite Initializer `init(manufacturer:color:)` ruft als Erstes den anderen Convenience Initializer auf und übergibt dabei den Wert einer eigens deklarierten Konstanten. Anschließend verändert er den Wert der Property `currentSpeed` auf 30. Dieser Zugriff auf die Property kann erst nach dem Aufruf eines anderen Initializers erfolgen, da ansonsten die Zwei-Phasen-Initialisierung nicht erfüllt ist.

Der erste der beiden Convenience Initializer namens `init(manufacturer:color:numberOf Doors:)` verhält sich ähnlich, ruft aber den Designated Initializer der eigenen Klasse auf, wie es ein Convenience Initializer irgendwann auch zwingend tun muss. Darüber hinaus greift dieser Initializer nach Aufruf des Designated Initializers der eigenen Klasse auf die Methode `printInfo()` der Superklasse zu. Auch dieser Zugriff ist erst möglich, nachdem ein anderer Initializer aufgerufen wurde.

Werfen wir als Nächstes einen genaueren Blick auf den Designated Initializer der Klasse `Car` (siehe Listing 9.12). Die Aufgabe eines Designated Initializers besteht darin, zunächst allen nicht-optionalen Properties der eigenen Klasse einen Wert zuzuweisen. Genau das geschieht hier auch, indem der Property `numberOfDoors` der Klasse `Car` zu Beginn der übergebene Parameter zugewiesen wird. Erst im Anschluss daran ist es erlaubt (und gleichzeitig Pflicht), einen Designated Initializer der Superklasse aufzurufen. Da die Superklasse `Vehicle` nur über einen solchen Designated Initializer verfügt, muss dieser entsprechend aufgerufen werden.

Das Besondere an diesem Initializer ist der Zugriff auf die Property `description`. Diese ist in der Superklasse `Vehicle` deklariert, weshalb die Subklasse `Car` auf diese Property erst zugreifen darf, nachdem sie einen Designated Initializer der Superklasse aufgerufen hat. Würde der Initializer zuvor auf die Property `description` zugreifen, würde dies zu einem Compiler-Fehler führen.

Listing 9.12 Designated Initializer einer Subklasse im Detail

```
init(manufacturer: String, color: String, currentSpeed: Int, numberOfDoors: Int) {
    self.numberOfDoors = numberOfDoors
    super.init(manufacturer: manufacturer, color: color, currentSpeed: currentSpeed)
    description = "Das ist ein Auto."
}
```

Damit sind alle Initializer der Klasse `Car` betrachtet, werfen wir nun als Nächstes einen Blick auf die Initializer der Klasse `Vehicle`. Auch hier beginnen wir mit dem Convenience Initializer (siehe Listing 9.13). Die Regeln für diesen Initializer sind ganz ähnlich wie die für die Convenience Initializer der Subklasse `Car`. Zunächst muss der Convenience Initializer einen anderen Initializer derselben Klasse aufrufen, ehe er auf die Eigenschaften und Funktionen der Klasse zugreifen kann, und wie immer muss am Ende dieser Initializer-Aufrufe zwingend ein Designated Initializer stehen. Da `Vehicle` neben dem Convenience Initializer nur über einen einzigen weiteren Designated Initializer verfügt, ist klar, dass dieser Designated Initializer entsprechend aufgerufen werden muss. Erst danach können Instance Properties und Instance Methods der Klasse aufgerufen und verwendet werden, so, wie es im Beispiel dieses Convenience Initializers mit der Zuweisung eines Werts zur Property description der Fall ist; ein Zugriff auf diese Property *vor* Aufruf eines anderen Initializers würde zu einem Compiler-Fehler führen.

Listing 9.13 Convenience Initializer einer Basisklasse im Detail

```
convenience init(manufacturer: String, color: String) {
    let currentSpeed = 0
    self.init(manufacturer: manufacturer, color: color, currentSpeed: currentSpeed)
    description = "Das ist ein Fahrzeug."
}
```

Bleibt abschließend noch der Designated Initializer der Basisklasse Vehicle (siehe Listing 9.14). Wie immer ist es Aufgabe des Designated Initializers, allen nicht-optionalen Properties der eigenen Klasse einen Wert zuzuweisen, und genau das ist hier der Fall. Da es ansonsten keine weiteren Superklassen gibt, ruft dieser Designated Initializer entsprechend auch keinen weiteren Initializer mehr auf.

Wollte man über diesen Initializer aber beispielsweise auch noch die Methode printInfo() aufrufen, so ist es wichtig, dass dieser Aufruf erst erfolgt, nachdem der letzten nicht-optionalen Property der Klasse Vehicle ein Wert zugewiesen worden ist. Ein vorheriger Aufruf der Methode würde zu einem Compiler-Fehler führen, da zu diesem Zeitpunkt ja noch nicht alle Properties dieser Instanz über einen Wert verfügen.

Listing 9.14 Designated Initializer einer Basisklasse im Detail

```
init(manufacturer: String, color: String, currentSpeed: Int) {
    self.manufacturer = manufacturer
    self.color = color
    self.currentSpeed = currentSpeed
}
```

Um abschließend die verschiedenen Phasen der Zwei-Phasen-Initialisierung aus dem Beispiel von Listing 9.10 noch einmal hervorzuheben, zeigt Listing 9.15 die beiden Klassen Vehicle und Car mit ergänzenden Kommentaren innerhalb der Initializer. Diese Kommentare heben noch einmal genau hervor, wann pro Initializer welche der zwei Phasen beginnt und wann sie endet. Damit ist auch genau nachvollziehbar, was pro Initializer in Phase 1 und 2 jeweils erlaubt ist beziehungsweise was zwingend getan werden muss.

Listing 9.15 Zwei-Phasen-Initialisierung im Detail (mit Hervorhebung des Beginns und des Endes der Phasen pro Initializer in Form eines Kommentars)

```
class Vehicle {
    var manufacturer: String
    var color: String
    var currentSpeed: Int
    var description: String?
    init(manufacturer: String, color: String, currentSpeed: Int) {
        // Beginn von Phase 1
        self.manufacturer = manufacturer
        self.color = color
```

```
            self.currentSpeed = currentSpeed
            // Ende von Phase 1, Beginn von Phase 2
            // Ende von Phase 2
        }
    convenience init(manufacturer: String, color: String) {
            // Beginn von Phase 1
            let currentSpeed = 0
            self.init(manufacturer: manufacturer, color: color, currentSpeed:
currentSpeed)
            // Ende von Phase 1, Beginn von Phase 2
            description = "Das ist ein Fahrzeug."
            // Ende von Phase 2
        }
    func printInfo() {
            print("Hersteller: \(manufacturer)")
            print("Farbe: \(color)")
            print("Aktuelle Geschwindigkeit: \(currentSpeed)")
        }
}

class Car: Vehicle {
    var numberOfDoors: Int
    init(manufacturer: String, color: String, currentSpeed: Int, numberOfDoors: Int)
{
            // Beginn von Phase 1
            self.numberOfDoors = numberOfDoors
            super.init(manufacturer: manufacturer, color: color, currentSpeed:
currentSpeed)
            // Ende von Phase 1, Beginn von Phase 2
            description = "Das ist ein Auto."
            // Ende von Phase 2
        }
    convenience init(manufacturer: String, color: String, numberOfDoors: Int) {
            // Beginn von Phase 1
            let currentSpeed = 0
            self.init(manufacturer: manufacturer, color: color, currentSpeed:
currentSpeed, numberOfDoors: numberOfDoors)
            // Ende von Phase 1, Beginn von Phase 2
            printInfo()
            // Ende von Phase 2
        }
    convenience init(manufacturer: String, color: String) {
            // Beginn von Phase 1
            let numberOfDoors = 5
            self.init(manufacturer: manufacturer, color: color, numberOfDoors:
numberOfDoors)
            // Ende von Phase 1, Beginn von Phase 2
            currentSpeed = 30
            // Ende von Phase 2
        }
}
```

9.4.2 Überschreiben von Initializern

Mithilfe des Schlüsselworts `override` kann eine Subklasse einen bestehenden Designated Initializer der Superklasse überschreiben und durch eine eigene Implementierung ersetzen. Listing 9.16 zeigt ein erstes Beispiel dazu. Dort definiert die Klasse `Vehicle` einen Designated Initializer. Die Klasse `Car`, die eine Subklasse von `Vehicle` ist, definiert exakt den gleichen Initializer, weshalb dieser zwingend mit dem Schlüsselwort `override` gekennzeichnet werden muss.

Listing 9.16 Überschreiben eines Designated Initializers

```
class Vehicle {
    var manufacturer: String
    var color: String
    var currentSpeed: Int
    init(manufacturer: String, color: String, currentSpeed: Int) {
        self.manufacturer = manufacturer
        self.color = color
        self.currentSpeed = currentSpeed
    }
}

class Car: Vehicle {
    var numberOfDoors: Int
    override init(manufacturer: String, color: String, currentSpeed: Int) {
        numberOfDoors = 5
        super.init(manufacturer: manufacturer, color: color, currentSpeed:
currentSpeed)
    }
}
```

Davon abgesehen müssen sich auch überschriebene Initializer noch immer an die Regeln der Zwei-Phasen-Initialisierung halten (siehe dazu den Abschnitt 9.4.1.1). So muss auch der Designated Initializer der Klasse `Car` – obwohl er von der Superklasse überschrieben ist – in seiner Implementierung erst der eigenen Property `numberOfDoors` einen Wert zuweisen und anschließend einen Designated Initializer der Superklasse aufrufen.

Die Betonung liegt in diesem Beispiel auf dem Überschreiben von *Designated* Initializern, da nur diese tatsächlich in Swift überschrieben werden. Zwar können Sie auch problemlos einen Convenience Initializer einer Superklasse mit exakt der gleichen Deklaration einer Subklasse nutzen, Sie müssen dazu aber keine Überschreibung mithilfe des `override`-Schlüsselworts durchführen. Das ist deshalb nicht nötig, weil Convenience Initializer in Swift nur Initializer derselben Klasse aufrufen; trotz Vererbung würden sie also nie Initializer anderer Klassen aufrufen, weshalb hier auf das Schlüsselwort `override` verzichtet werden kann. Dazu zeigt Listing 9.17 ein auf Listing 9.16 aufbauendes Beispiel, in dem die Klasse `Vehicle` um einen Convenience Initializer ergänzt wird, der genauso auch in der Subklasse `Car` implementiert wird. Das ist möglich, ohne eine besondere Kennzeichnung wie bei Designated Initializern vornehmen zu müssen.

Listing 9.17 Überschreiben von Designated und Convenience Initializer

```
class Vehicle {
    var manufacturer: String
    var color: String
    var currentSpeed: Int
    init(manufacturer: String, color: String, currentSpeed: Int) {
        self.manufacturer = manufacturer
        self.color = color
        self.currentSpeed = currentSpeed
    }
    convenience init(manufacturer: String, color: String) {
        let currentSpeed = 0
        self.init(manufacturer: manufacturer, color: color, currentSpeed:
currentSpeed)
    }
}

class Car: Vehicle {
    var numberOfDoors: Int
    override init(manufacturer: String, color: String, currentSpeed: Int) {
        numberOfDoors = 5
        super.init(manufacturer: manufacturer, color: color, currentSpeed:
currentSpeed)
    }
    convenience init(manufacturer: String, color: String) {
        print("Startgeschwindigkeit ist 0 km/h")
        let currentSpeed = 0
        self.init(manufacturer: manufacturer, color: color, currentSpeed:
currentSpeed)
    }
}
```

Überschreiben eines Designated als Convenience Initializer

Es ist in Swift sogar möglich, einen Designated Initializer der Superklasse zu überschreiben und diesen dabei in der Subklasse als Convenience Initializer zu deklarieren. Ein Beispiel dazu sehen Sie in Listing 9.18.

Listing 9.18 Überschreiben eines Designated Initializers als Convenience Initializer

```
class Vehicle {
    var manufacturer: String
    var color: String
    var currentSpeed: Int
    init(manufacturer: String, color: String, currentSpeed: Int) {
        self.manufacturer = manufacturer
        self.color = color
        self.currentSpeed = currentSpeed
    }
}
```

```
class Car: Vehicle {
    var numberOfDoors: Int
    init(manufacturer: String, color: String, currentSpeed: Int,
numberOfDoors: Int) {
        self.numberOfDoors = numberOfDoors
        super.init(manufacturer: manufacturer, color: color,
currentSpeed: currentSpeed)
    }
    override convenience init(manufacturer: String, color: String,
currentSpeed: Int) {
        let numberOfDoors = 5
        self.init(manufacturer: manufacturer, color: color,
currentSpeed: currentSpeed, numberOfDoors: numberOfDoors)
    }
}
```

Die Klasse Car überschreibt den Designated Initializer ihrer Superklasse
Vehicle, implementiert diesen gleichzeitig aber lediglich als Convenience
Initializer und bietet zusätzlich einen eigenen Designated Initializer an.

 Überschreiben eines Failable Initializers

Failable Initializer können genauso überschrieben werden wie alle anderen
Initializer auch. Eine Besonderheit gibt es jedoch: Eine Subklasse kann einen
Failable Initializer der Superklasse als NichtFailable Initializer überschreiben,
also einen Initializer, der nicht fehlschlagen und nicht nil zurückgeben kann.
Derselbe Initializer kann also innerhalb einer Superklasse fehlschlagen und
auf Wunsch innerhalb einer spezifischen Subklasse nicht.

9.4.3 Vererbung von Initializern

Im Gegensatz zu anderen Eigenschaften wie Properties, Methoden und Subscripts werden
Initializer in Swift prinzipiell nicht vererbt. Eine Instanz einer Klasse kann also immer nur
mit ihren eigenen Initializern und nicht mit den Initializern einer Superklasse erstellt werden, ebenso können Klassen nur solche Initializer nutzen, die sie selbst definieren.

Allerdings gibt es zwei Ausnahmen von dieser Regel:

- Wenn eine Subklasse selbst keinerlei Designated Initializer definiert, dann erbt sie automatisch alle Designated Initializer der Superklasse.

- Wenn eine Subklasse für alle Designated Initializer der Superklasse eine Implementierung anbietet, dann erbt sie automatisch auch alle Convenience Initializer der Superklasse. Diese Bedingung kann entweder durch Erfüllung der eben genannten ersten Regel
oder durch explizites Überschreiben aller Designated Initializer in der Subklasse erfüllt
sein.

Für diese Regeln spielt es auch keine Rolle, ob es noch zusätzliche Convenience Initializer
innerhalb der entsprechenden Subklasse gibt. Darüber hinaus kann Regel 2 auch erfüllt

werden, wenn ein Designated Initializer einer Superklasse als Convenience Initializer in der Subklasse überschrieben wird.

9.4.4 Required Initializer

Sie können einen Initializer einer Klasse als sogenannten Required Initializer definieren. Durch diese Deklaration müssen alle Subklassen, die von dieser Klasse abgeleitet sind, alle Required Initializer mit einer eigenen Implementierung überschreiben. Mit einem Required Initializer können Sie also sicherstellen, dass alle Subklassen eine eigene Implementierung für solch einen Initializer anbieten.

Um einen Initializer als Required Initializer zu deklarieren, verwenden Sie das Schlüsselwort `required`. In Subklassen, die dann für diesen Required Initializer ebenfalls eine eigene Implementierung anbieten, wird ebenso das Schlüsselwort `required` zur Deklaration dieses Initializers verwendet; das Schlüsselwort `override` kommt in diesem Fall nicht zum Einsatz.

In Listing 9.19 sehen Sie ein Beispiel dazu. Dort werden zwei Klassen deklariert, `Vehicle` und `Car`, wobei `Vehicle` einen einzigen Designated Initializer definiert, der gleichzeitig einen Required Initializer darstellt; Subklassen von `Vehicle` müssen diesen Initializer also überschreiben und implementieren. Die Klasse `Car`, die eine Subklasse von `Vehicle` ist, implementiert diesen Initializer und deklariert ihn selbst wiederum mit dem `required`-Keyword. Zusätzlich definiert `Car` diesen überschriebenen Initializer für sich aber als Convenience Initializer.

Listing 9.19 Umsetzung und Überschreiben eines Required Initializer

```
class Vehicle {
    var manufacturer: String
    var color: String
    var currentSpeed: Int
    required init(manufacturer: String, color: String, currentSpeed: Int) {
        self.manufacturer = manufacturer
        self.color = color
        self.currentSpeed = currentSpeed
    }
}

class Car: Vehicle {
    var numberOfDoors: Int
    init(manufacturer: String, color: String, currentSpeed: Int, numberOfDoors: Int)
    {
        self.numberOfDoors = numberOfDoors
        super.init(manufacturer: manufacturer, color: color, currentSpeed:
currentSpeed)
    }
    required convenience init(manufacturer: String, color: String, currentSpeed: Int)
    {
        let numberOfDoors = 5
        self.init(manufacturer: manufacturer, color: color, currentSpeed:
currentSpeed, numberOfDoors: numberOfDoors)
    }
}
```

10 Speicherverwaltung mit ARC

Die Programmiersprache Swift ist darauf ausgelegt, alles, was mit der Speicherverwaltung von Instanzen zu tun hat, selbsttätig zu übernehmen. Die meiste Zeit bekommt man als Swift-Entwickler davon, oberflächlich betrachtet, nichts mit, da die Speicherverwaltung immer im Hintergrund aktiv ist und automatisch durchgeführt wird. Die Grundlage der Speicherverwaltung ist das sogenannte *Automatic Reference Counting* (kurz *ARC*).

Doch was ist Speicherverwaltung überhaupt und wie funktioniert sie? Zunächst einmal werden alle Instanzen, die während einer Programmausführung erstellt werden, im Speicher des zugrunde liegenden Geräts abgelegt. Dort „leben" sie und darüber kann auf sie zugegriffen und mit ihnen gearbeitet werden.

Wenn aber niemals Instanzen aus dem Speicher entfernt würden, würde dieser irgendwann volllaufen und es wäre kein Speicherplatz mehr vorhanden. Daher ist es Aufgabe der Speicherverwaltung, dafür zu sorgen, nicht länger benötigte Instanzen aus dem Speicher zu entfernen, damit dieser anderen Instanzen zur Verfügung steht. Und hier kommt das genannte Automatic Reference Counting ins Spiel.

Wie der Name bereits andeutet, werden beim Automatic Reference Counting Referenzen gezählt. Eine Referenz verweist auf die Instanz eines Reference Types im Speicher, von denen es bekanntermaßen einen bis beliebig viele geben kann. ARC behält immer im Blick, wie viele solche Verweise auf eine Instanz eines Reference Types existieren. Solange die Anzahl größer als null ist, weiß Swift, dass die Instanz noch gebraucht wird, da noch Referenzen darauf verweisen. Sinkt der Referenzzähler aber auf null, dann bedeutet das, dass an keiner Stelle mehr im Programm auf die Instanz verwiesen wird, und Swift entfernt diese automatisch aus dem Speicher.

 Was ist mit Value Types?

Speicherverwaltung spielt in Swift nur und ausschließlich bei Reference Types eine Rolle. Das liegt daran, dass die Instanz eines Reference Types einmalig im Speicher liegt, es gleichzeitig aber beliebig viele Verweise auf diese Instanz geben kann. Instanzen von Value Types hingegen sind auch immer nur einer einzigen Instanz zugewiesen und werden bei Neuzuweisungen immer kopiert, womit es eben nicht – wie bei Reference Types – mehrere Referenzen auf eine Instanz eines Value Types geben kann. Existiert also eine Instanz eines Value Types nicht mehr, dann kann sie auch direkt aus dem Speicher verschwinden, weshalb hier keine Speicherverwaltung notwendig ist.

Ein Beispiel soll dieses grundlegende Verhalten des Automatic Reference Counting einmal verdeutlichen. Dazu zeigt Listing 10.1 die Deklaration einer einfachen Klasse `AClass`, deren Implementierung lediglich einen Deinitializer enthält, der ein `print()`-Statement ausgibt. Anschließend wird eine Instanz dieser Klasse einer neu erstellten Variablen namens `firstInstance` zugewiesen. Diese Variable ist als Optional deklariert, um den Verweis auf die ihr zugewiesene Instanz per Zuweisung von `nil` wieder entfernen zu können. Durch das Erstellen einer Instanz der Klasse und Zuweisung zu `firstInstance` gibt es genau eine Referenz, die auf diese Instanz verweist, entsprechend ermittelt Swift mittels Automatic Reference Counting auch einen Referenzzähler von 1 für die erstellte Instanz. In Bild 10.1 ist dieses Vorgehen und Verhalten auch noch einmal grafisch illustriert.

Listing 10.1 Erstellen einer Instanz eines Reference Types und Erhöhung des entsprechenden Referenzzählers um 1

```
class AClass {
    deinit {
        print("Instanz wird aus dem Speicher entfernt.")
    }
}
var firstInstance: AClass? = AClass()
// Der Referenzzähler für die erstellte Instanz von AClass entspricht 1.
```

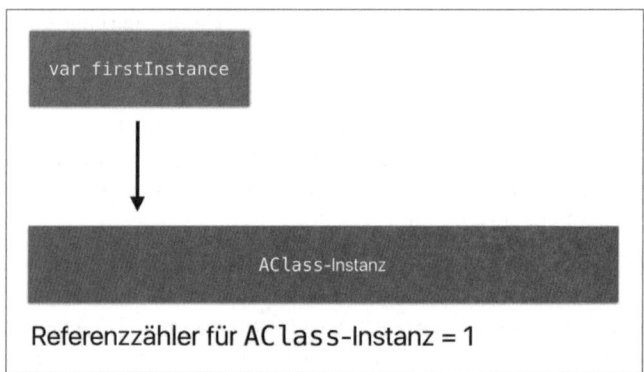

Bild 10.1 firstInstance verweist auf die neu erstellte AClass-Instanz, womit deren Referenzzähler von Swift automatisch auf 1 gesetzt wird.

In Listing 10.2 wird nun die der Variablen `firstInstance` zugewiesene Referenz auf die neu erstellte `AClass`-Instanz einer weiteren neuen Variablen namens `secondInstance` zugewiesen. Damit verweisen sowohl die Variable `firstInstance` wie auch die Variable `secondInstance` auf ein und dieselbe Instanz von `AClass`, weshalb sich der Referenzzähler automatisch auf 2 erhöht. Auch dieser Zwischenstand ist in Bild 10.2 grafisch dargestellt.

Listing 10.2 Zuweisung einer Referenz zu einer weiteren Variablen und Erhöhung des Referenzzählers auf 2

```
var secondInstance = firstInstance
// Der Referenzzähler für die erstellte Instanz von AClass entspricht jetzt 2.
```

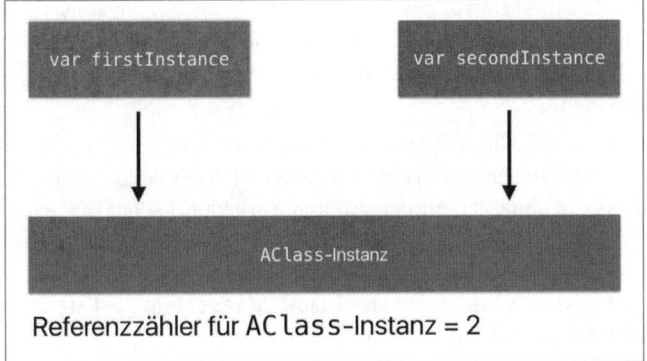

Bild 10.2 secondInstance verweist auf dieselbe Instanz wie firstInstance, sodass der Referenzzähler für diese Instanz von Swift automatisch auf 2 erhöht wird.

Somit muss nun diese Instanz der Klasse `AClass` solange im Speicher gehalten werden, wie wenigstens eine Referenz darauf verweist. Dieses Verhalten wird in Listing 10.3 verdeutlicht; dort wird der Verweis auf die im Speicher liegende Instanz von `AClass` der Variablen firstInstance durch Zuweisung von `nil` entfernt. Auch das wird von Swift wieder dank Automatic Reference Counting erkannt, weshalb der Referenzzähler der `AClass`-Instanz nach diesem Schritt um 1 verringert wird. Den aktuellen Stand stellt Bild 10.3 dar.

Listing 10.3 Verringerung des Referenzzählers durch Entfernen einer Referenz

```
firstInstance = nil
// Der Referenzzähler für die erstellte Instanz von AClass entspricht jetzt 1.
```

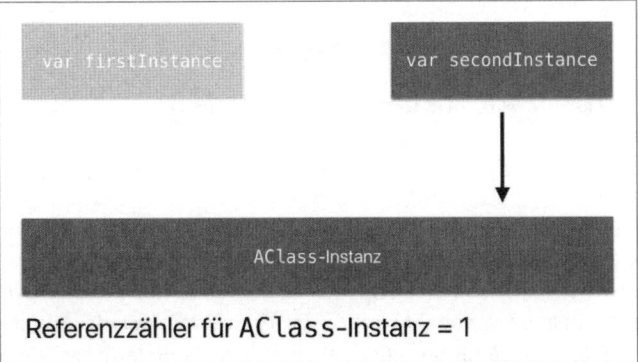

Bild 10.3 Durch den Wegfall der firstInstance-Referenz auf die AClass-Instanz verbleibt nur noch eine Referenz.

Dabei fällt auf, dass trotz Zuweisens von `nil` zu firstInstance nicht der Deinitializer der Klasse `AClass` aufgerufen wurde. Das liegt daran, dass die entsprechende Instanz von `AClass` weiterhin im Speicher existiert und durch die Variable secondInstance dort gehalten wird. Zwar wurde der Variablen firstInstance die ursprüngliche Instanz von `AClass` als Erstes zugewiesen. Da zwischenzeitlich jedoch auch eine neue Variable namens secondInstance darauf verweist, spielt es keine Rolle, ob der Verweis von firstInstance bleibt oder verschwindet. Solange wenigstens eine Referenz auf diese Instanz im Speicher verweist, bleibt sie dort, und genau deshalb wurde der Deinitializer der Klasse AClass auch noch nicht aufgerufen.

Das geschieht erst, wenn alle Referenzen auf die Instanz verschwunden sind. Dieses Beispiel ist in Listing 10.4 zu sehen. Dort verschwindet auch der letzte verbliebene Verweis auf die erstellte AClass-Instanz, indem der zweiten Variablen secondInstance ebenfalls nil zugewiesen wird. Genau in diesem Moment sinkt der Referenzzähler der Instanz auf 0, und für Swift ist das das Zeichen, die Instanz aus dem Speicher zu entfernen. Das führt auch letztlich zum Aufruf des Deinitializers der Klasse AClass. Bild 10.4 stellt diesen abschließenden Zustand noch einmal grafisch dar.

Listing 10.4 Verringern des Referenzzählers auf 0

```
secondInstance = nil
// Der Referenzzähler für die erstellte Instanz von AClass entspricht jetzt 0.
// Instanz wird aus dem Speicher entfernt.
```

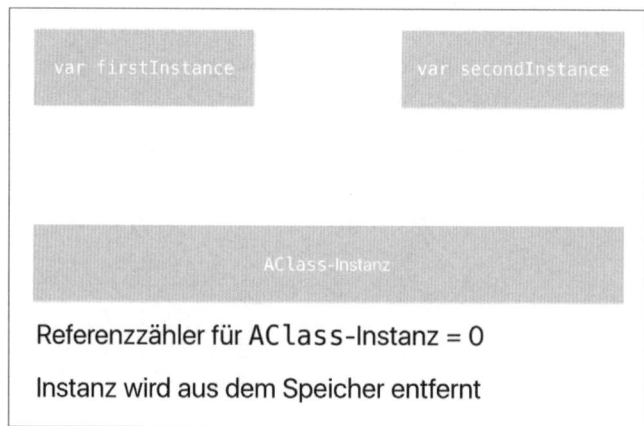

Bild 10.4 Nachdem keine Referenz mehr auf die Instanz der Klasse AClass existiert, wird diese aus dem Speicher entfernt.

Dieses grundlegende Verhalten der Speicherverwaltung in Swift wird von der Sprache selbst automatisch gehandhabt, weshalb wir dafür nichts tun müssen (wie das gezeigte Beispiel beweist). Instanzen von Reference Types werden mittels Automatic Reference Counting selbsttätig solange im Speicher gehalten, bis alle Referenzen darauf verschwunden sind.

Jedoch gibt es Sonderfälle, in denen man Swift konkrete Hinweise darüber geben muss, wie es manche Referenzen im Speicher verwalten soll. Dazu erfahren Sie mehr in den folgenden Abschnitten.

■ 10.1 Strong Reference Cycles

Es kommt bei der Arbeit mit Reference Types vor, dass Instanzen verschiedener Reference Types gegenseitig aufeinander verweisen. Das ist prinzipiell nicht schlimm und in vielen Szenarien auch durchaus so gewollt, doch derartige gegenseitige Referenzierungen können im schlimmsten Fall zu den sogenannten *Strong Reference Cycles* führen – mit der Folge, dass zwei Instanzen niemals aus dem Speicher entfernt werden können, weil sie sich gegenseitig referenzieren.

Ein Beispiel soll die genannte Problematik einmal verdeutlichen. Dazu werden in Listing 10.5 zwei Klassen erstellt, `Driver` und `Vehicle`. Die Klasse `Driver` besitzt eine Property `vehicle`, um so einem Fahrer ein passendes Fahrzeug zuzuweisen, während die Klasse `Vehicle` eine Property `driver` besitzt, um einem Fahrzeug einen Fahrer zuweisen zu können. Anschließend wird von beiden Klassen je eine Instanz erstellt und einer als Optional deklarierten Variablen zugewiesen.

Listing 10.5 Deklaration zweier Klassen mit sich gegenseitig referenzierenden Properties

```
class Driver {
    var vehicle: Vehicle?
}

class Vehicle {
    var driver: Driver?
}

var aDriver: Driver? = Driver()
var aVehicle: Vehicle? = Vehicle()
```

In Bild 10.5 ist das Zusammenspiel der erstellten Variablen und der erzeugten Instanzen illustriert. Sowohl die neu erstellte `Driver`- als auch die `Vehicle`-Instanz leben im Speicher, während die Variablen `aDriver` und `aVehicle` jeweils auf die zugehörige Instanz verweisen.

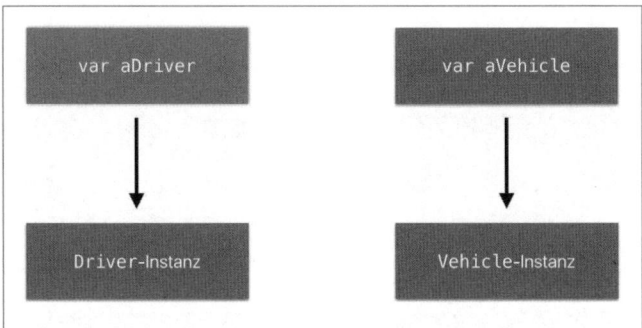

Bild 10.5 Die Variablen aDriver und aVehicle verweisen jeweils auf eine neu erstellte Instanz der Klassen Driver und Vehicle.

Im nächsten Schritt wird nun der Variablen `aDriver` ein passendes Fahrzeug zugewiesen, und zwar die `Vehicle`-Instanz, auf die die Variable `aVehicle` verweist. Das Gleiche wird mit der Vehicle-Instanz angestellt, indem ihr über die Variable aVehicle ein Fahrer in Form der erstellten Driver-Instanz zugewiesen wird. Listing 10.6 zeigt den entsprechenden Code zur Umsetzung dieses Schritts, in Bild 10.6 ist er grafisch illustriert.

Listing 10.6 Gegenseitiges Zuweisen der erzeugten Instanzen zu den passenden Properties

```
aDriver!.vehicle = aVehicle
aVehicle!.driver = aDriver
```

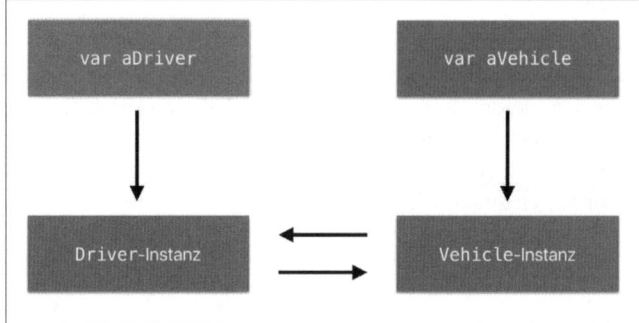

Bild 10.6 Die Driver-Instanz verweist nun über ihre vehicle-Property auf die zuvor erzeugte Vehicle-Instanz, während die Vehicle-Instanz wiederum über ihre driver-Property auf die Driver-Instanz verweist.

Bis hierhin ist prinzipiell alles in Ordnung und alles funktioniert. Problematisch wird es aber in dem Augenblick, in dem die beiden Variablen aDriver und aVehicle nicht länger auf die zugehörige Driver- beziehungsweise Vehicle-Instanz verweisen. Das kann beispielsweise der Fall sein, wenn den Variablen nil zugewiesen wird und somit deren Referenz verschwindet (so wie in Listing 10.7 zu sehen). Den dadurch verursachten Stand des Programms illustriert Bild 10.7.

Listing 10.7 Entfernen der Referenzen der erzeugten Variablen

```
aDriver = nil
aVehicle = nil
```

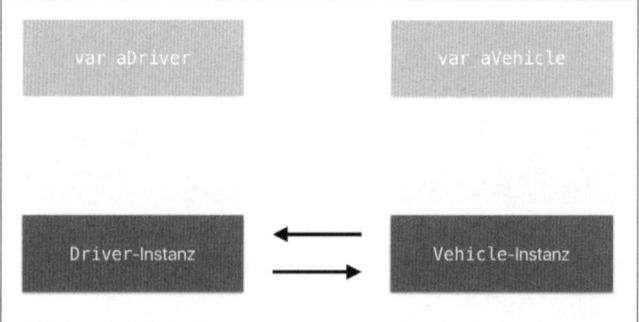

Bild 10.7 Der Verweis auf die erzeugte Driver- und Vehicle-Instanz vonseiten der Variablen aDriver und aVehicle ist verschwunden, aber die beiden Instanzen verweisen aufgrund ihrer Properties noch immer gegenseitig aufeinander.

Das Problem liegt nun darin, dass die beiden Instanzen der Klassen `Driver` und `Vehicle` anhand ihrer Properties noch immer gegenseitig aufeinander verweisen und daher im Speicher verbleiben, da ihr Referenzzähler jeweils noch nicht 0 entspricht. Da aber im Programmcode keine Stelle mehr existiert, die nun auf diese im Speicher liegenden Instanzen verweist, können sie auch niemals freigegeben werden und belegen so ununterbrochen Speicherplatz; ein sogenannter Strong Reference Cycle ist entstanden.

Bei der Arbeit mit Reference Types müssen derartige mögliche Situationen beachtet und entsprechend gelöst werden. Das kann Swift nicht allein, hier müssen wir als Entwickler explizit nachhelfen und derartige Situationen lösen. Dazu gibt es zwei verschiedene Möglichkeiten, die in den folgenden Abschnitten vorgestellt werden: *Weak* und *Unowned* References.

10.1.1 Weak References

Eine Property innerhalb eines Reference Types kann in Swift als sogenannte *Weak Reference* deklariert werden. Sie stellt damit einen Unterschied zu den sogenannten *Strong References* dar, die wir bisher kennengelernt haben. Der Unterschied einer Weak Reference zu einer Strong Reference besteht darin, dass beim Zuweisen einer Instanz zu einer Weak Reference der Referenzzähler dieser Instanz nicht um 1 erhöht wird. Eine Weak Reference verweist somit zwar ebenfalls auf diese Instanz, hält sie gleichzeitig aber nicht fest im Speicher, da sie ihren Referenzzähler nicht erhöht (so, wie es nun mal bei den Strong References der Fall ist).

Dieses Verhalten von Weak References kann dazu verwendet werden, die zuvor in Abschnitt 10.1 beschriebenen Strong Reference Cycles zu durchbrechen. Dazu muss man sich bei der Deklaration einer jeden Property innerhalb eines Reference Types (die selbst einem Reference Type entspricht) die Frage stellen, ob diese Property von dieser Klasse tatsächlich fest im Speicher gehalten werden muss (beispielsweise weil diese Klasse zwingend auf die zugewiesene Instanz angewiesen ist) oder ob es womöglich ausreicht, einfach nur auf die Instanz zu verweisen, ohne sie selbst fest im Speicher zu halten.

Betrachten wir dazu noch einmal die beiden Klassen `Driver` und `Vehicle` aus Listing 10.5, die mit je einer entsprechenden Property auf eine Instanz der jeweils anderen Klasse verweisen. Um einen möglichen Strong Reference Cycle zwischen diesen beiden Klassen zu verhindern, kann man die Property `driver` der Klasse `Vehicle` als Weak Reference deklarieren. Das kann man beispielsweise damit begründen, dass ein Fahrer immer ein passendes Fahrzeug benötigt (eine Strong Reference also sinnvoll ist), während ein Fahrzeug nicht zwingend zu jedem Zeitpunkt einen Fahrer besitzt.

Um nun eine Property wie beschrieben als Weak statt als Strong Reference zu deklarieren, muss ihr bei ihrer Deklaration das Schlüsselwort `weak` vorangestellt werden. Die aktualisierte Deklaration der Klassen `Driver` und `Vehicle` zeigt Listing 10.8.

Listing 10.8 Deklaration einer Property eines Reference Types als Weak Reference

```
class Driver {
    var vehicle: Vehicle?
}
```

```
class Vehicle {
    weak var driver: Driver?
}
```

Um nun zu erkennen, wie sich eine einfache Änderung der Deklaration der Property `driver` auf das Verhalten in Bezug auf die Speicherverwaltung auswirkt, werden im Folgenden erneut die gleichen Schritte durchgeführt wie zuvor in Abschnitt 10.1. Dabei werden zunächst je eine Instanz der Klasse `Driver` und `Vehicle` erstellt, anschließend werden beiden Instanzen anhand ihrer Properties Verweise auf die Instanzen der jeweils anderen Klasse zugewiesen (siehe Listing 10.9).

Listing 10.9 Erstellen zweier Instanzen mitsamt gegenseitiger Zuweisung

```
var aDriver: Driver? = Driver()
var aVehicle: Vehicle? = Vehicle()

aDriver!.vehicle = aVehicle
aVehicle!.driver = aDriver
```

Auch wenn dieser Code identisch ist zu dem Vorgehen aus Abschnitt 10.1, hat sich doch ein entscheidendes Detail geändert: Während durch die Zuweisung der `Vehicle`-Instanz zur Property `vehicle` von `aDriver` der Referenzzähler dieser Instanz wie zuvor um 1 erhöht wurde, ist das bei der Zuweisung der `Driver`-Instanz zur Property `driver` von `aVehicle` nicht der Fall. Da die Property `driver` als Weak Reference deklariert ist, verweist sie zwar wie zuvor auf diese Instanz, hält sie aber nicht fest im Speicher.

In Bild 10.8 ist dieser Zwischenstand illustriert. Die Pfeile mit der durchgezogenen Linie stellen die Strong References dar, während der Pfeil mit der gestrichelten Linie die Weak Reference repräsentiert.

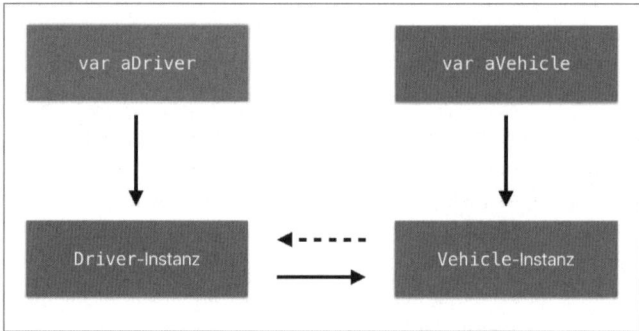

Bild 10.8 Die Vehicle-Instanz verweist nun nur noch mittels Weak Reference auf die im Speicher liegende Instanz der Klasse Driver.

Es gibt nun zwei Möglichkeiten, wie sich diese Situation auflösen kann und die zugrunde liegenden Instanzen wieder aus dem Speicher freigegeben werden können. Sollte so beispielsweise der Verweis der Variablen `aVehicle` durch Zuweisung von `nil` entfernt werden, so verschwindet deren Strong Reference auf die im Speicher liegende Instanz von `Vehicle`. Dennoch bleibt diese Instanz im Speicher bestehen, da die Instanz von `Driver` noch immer mittels einer Strong Reference auf diese Instanz referenziert. Bild 10.9 illustriert diesen Zwischenstand.

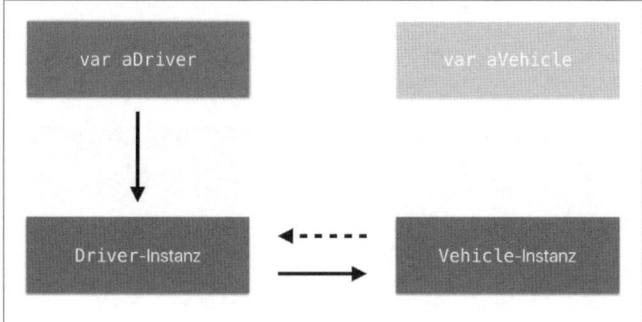

Bild 10.9 Auch wenn die Variable aVehicle nicht länger auf die im Speicher liegende Vehicle-Instanz verweist, so wird sie noch immer von der Strong Reference der Driver-Instanz im Speicher gehalten.

Was geschieht nun, wenn auch der Verweis der Variablen `aDriver` durch Zuweisung von `nil` entfernt wird und somit deren Referenz auf die zugehörige `Driver`-Instanz im Speicher verschwindet? Zunächst einmal referenzieren sich dann noch immer die `Driver`- und die `Vehicle`-Instanz gegenseitig, doch nur bei der Referenz von `Driver` zu `Vehicle` handelt es sich um eine Strong Reference. In diesem Augenblick gibt es also keine Strong Reference mehr auf die `Driver`-Instanz. In Bild 10.10 ist dieser Zwischenstand zu sehen.

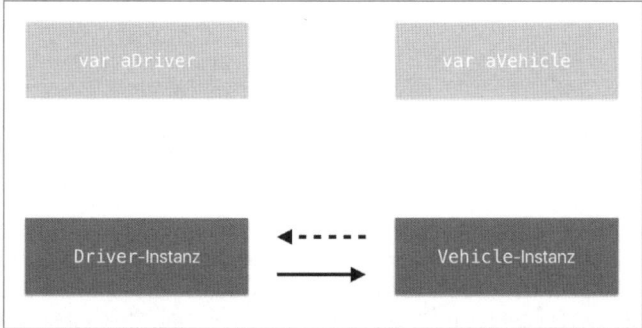

Bild 10.10 Es existiert keine Strong Reference mehr auf die im Speicher liegende Driver-Instanz.

Da also an keiner Stelle mehr auf die `Driver`-Instanz mittels einer Strong Reference verwiesen wird, wird diese Instanz von Swift auch nicht länger im Speicher gehalten; sie wird also stattdessen aus dem Speicher entfernt. Das liegt daran, dass ihr Referenzzähler nach der Zuweisung von `nil` zu `aDriver` auf 0 gesunken ist, da durch die Weak Reference der Property `driver` der `Vehicle`-Instanz diese den Referenzzähler der `Driver`-Instanz nicht erhöht hat. Nur die Variable `aDriver` besaß eine Strong Reference auf diese Instanz und hatte entsprechend deren Referenzzähler auf 1 erhöht. Da diese Strong Reference nun weggefallen ist, kann die `Driver`-Instanz aus dem Speicher entfernt werden. Dieser Schritt ist in Bild 10.11 illustriert.

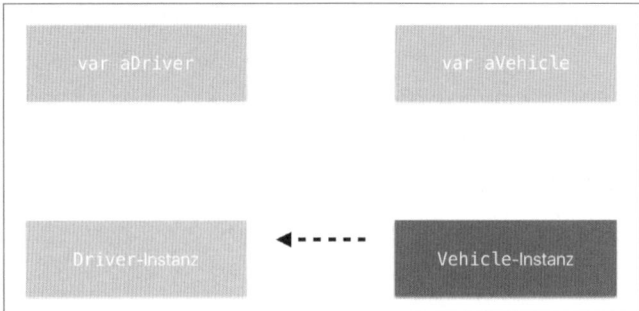

Bild 10.11 Da es keine Strong Reference mehr auf die Driver-Instanz gibt, wird diese aus dem Speicher entfernt.

Durch den Wegfall der `Driver`-Instanz verschwindet auch die einzig verbliebene Strong Reference auf die `Vehicle`-Instanz. Dadurch verschwindet diese direkt im Anschluss ebenfalls aus dem Speicher und es bleiben keine Instanzen zurück (siehe Bild 10.12).

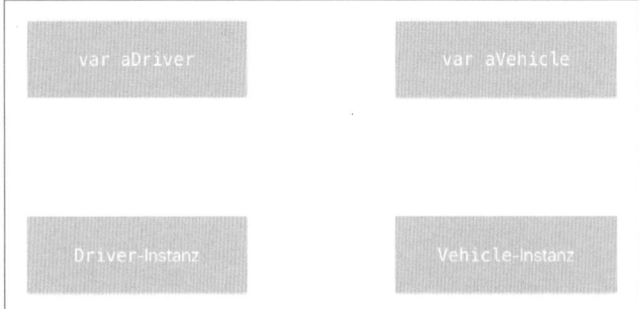

Bild 10.12 Alle Strong References sind aufgelöst und entsprechend verbleiben keine Instanzen mehr im Speicher.

Übrigens wäre dieses Verhalten genauso aufgetreten, wenn zuerst der Verweis der Variablen `aDriver` durch Zuweisung von `nil` entfernt worden wäre. In diesem Fall wäre die `Driver`-Instanz umgehend aus dem Speicher verschwunden, da `aDriver` die einzige Strong Reference auf diese Instanz besitzt, und es wäre nur noch die Variablen `aVehicle` mit der zugehörigen `Vehicle`-Instanz übrig geblieben (siehe Bild 10.13 und Bild 10.14).

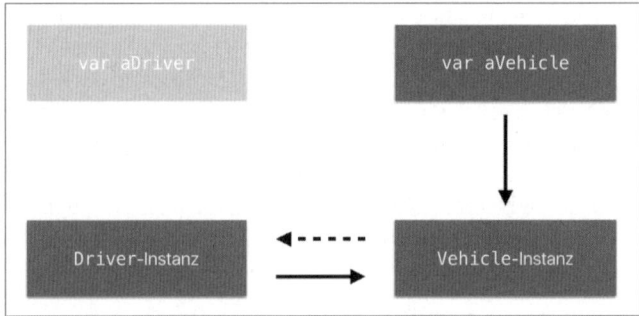

Bild 10.13 Wenn zunächst die einzige Strong Reference auf die Driver-Instanz wegfällt, verschwindet diese umgehend aus dem Speicher.

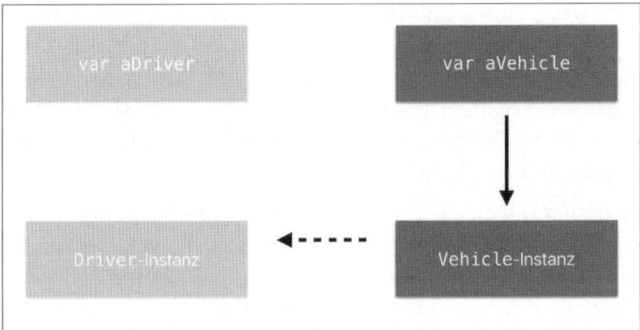

Bild 10.14 Es bleibt dann nur noch die Vehicle-Instanz übrig.

Die Eigenschaften und Funktionen von Strong und Weak References in Swift lassen sich daher wie folgt zusammenfassen:

- Eine Weak Reference erhöht nicht den Referenzzähler der Instanz, die ihr zugewiesen wird.
- Verweisen keine Strong References mehr auf eine Instanz, verschwindet diese aus dem Speicher (selbst wenn noch Weak References auf sie zeigen).

Im Beispiel verweist die Property `driver` der `Vehicle`-Instanz in der gezeigten Konstellation nicht länger auf die zuvor zugewiesene `Driver`-Instanz (diese existiert schließlich nicht mehr), sondern auf `nil` (so wie es Bild 10.14 illustriert). Eine Weak Reference kann daher zu jeder Zeit plötzlich `nil` entsprechen, da sie keinen Einfluss darauf hat, zu welchem Augenblick alle Strong References der zugrunde liegenden Instanz verschwinden. Aus diesem Grund müssen als Weak References deklarierte Properties immer die folgenden zwei Bedingungen erfüllen:

- Sie müssen als Variable deklariert sein.
- Sie müssen als Optional deklariert sein.

Da sich der Wert einer Weak Reference jederzeit durch externe Faktoren ändern und sie zwangsläufig auch `nil` entsprechen kann, müssen Weak References immer als Optional und als Variable deklariert sein.

10.1.2 Unowned References

Neben den Weak References stehen in Swift auch sogenannte *Unowned References* zur Vermeidung von Strong Reference Cycles zur Verfügung. Ihr Verhalten entspricht im Grunde den von Weak References: Auch Unowned References erhöhen den Referenzzähler einer ihnen zugewiesenen Instanz nicht und halten diese Instanz somit nicht im Speicher. Ihr Unterschied besteht allerdings darin, dass Unowned References – im Gegensatz zu Weak References – nicht als Optionals ausgelegt sind, sondern immer über einen ihnen zugewiesenen Wert verfügen. Sie sind also für Verweise auf Instanzen gedacht, die zwar nicht stark im Speicher gehalten werden sollen, aber dennoch immer über einen validen Wert verfügen. Eine Unowned Reference wird mithilfe des Schlüsselworts `unowned` deklariert.

Sinn und Einsatzzweck dieser Unowned References soll einmal anhand eines Beispiels erläutert werden. Gegeben sind eine Klasse `Person` und eine Klasse `CreditCard`. Beide verweisen mit jeweils einer passenden Property auf eine Instanz der anderen Klasse. Eine Person kann über eine Kreditkarte verfügen und gleichzeitig ist eine Kreditkarte immer eindeutig einer Person zugeordnet; in dieser Konstellation besteht also durchaus erneut die Gefahr eines Strong Reference Cycle.

Spannend ist in diesem Fall die Beziehung der Klasse `CreditCard` zur Klasse `Person`. Einer Kreditkarte muss immer eine Person zugewiesen sein, die entsprechende Property zum Verweis auf diese Person darf also niemals optional und damit möglicherweise `nil` sein. Gleichzeitig sollten aber Personen unabhängig von ihrer Kreditkarte existieren und auch dann noch vorhanden sein, wenn sie ihre Kreditkarte gekündigt haben. Aufgrund dieser Konstellation macht es also Sinn, diesen potenziellen Strong Reference Cycle nicht mithilfe einer Weak Reference, sondern einer Unowned Reference zu lösen. In Listing 10.10 sehen Sie die entsprechende Deklaration der beiden Klassen. Die Properties der Klasse `CreditCard` sind dabei als Konstanten deklariert, damit sie nach der erstmaligen Initialisierung nicht mehr geändert werden können.

Listing 10.10 Deklaration der Klassen **Person** und **CreditCard**

```
class Person {
    var name: String
    var creditCard: CreditCard?
    init(name: String) {
        self.name = name
    }
}

class CreditCard {
    unowned let cardOwner: Person
    let cardNumber: UInt
    init(cardOwner: Person, cardNumber: UInt) {
        self.cardOwner = cardOwner
        self.cardNumber = cardNumber
    }
}
```

Betrachten wir nun anhand eines Beispiels einmal, wie die Unowned Reference der cardOwner-Property der Klasse `CreditCard` einen Strong Reference Cycle an dieser Stelle verhindert. Dazu wird in Listing 10.11 eine Instanz der Klasse `Person` erstellt und dieser Instanz direkt eine passende Kreditkarte zugewiesen. Die dabei erzeugte Kreditkarte wird nur in der creditCard-Property der Person-Instanz referenziert und sonst an keiner anderen Stelle. Dadurch ergibt sich die in Bild 10.15 illustrierte Situation.

Listing 10.11 Erstellen einer **Person**-Instanz und Zuweisung einer Kreditkarte

```
var myPerson: Person? = Person(name: "Thomas Sillmann")
myPerson!.creditCard = CreditCard(cardOwner: myPerson!, cardNumber: 1122334455667788)
```

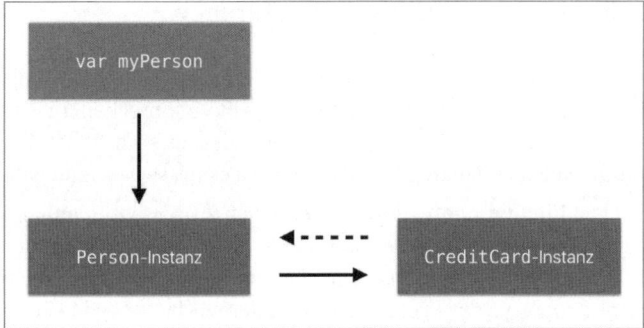

Bild 10.15 Die neu erzeugte Person-Instanz verweist direkt auf eine ebenfalls neu erstellte Kredit-karte, letztere wiederum besitzt eine Unowned Reference auf die Person.

Sollte der Variablen myPerson nun nil zugewiesen werden, verschwindet die einzige Strong Reference auf die im Speicher befindliche Person-Instanz. Das hat zur Folge, dass nur noch die CreditCard-Instanz im Speicher zurückbleibt. Da es auf diese dann aber ebenfalls keine Strong References mehr durch den Wegfall der Person-Instanz gibt, wird auch die CreditCard-Instanz letztlich aus dem Speicher entfernt. In Bild 10.16 und Bild 10.17 ist dieser Vorgang Schritt für Schritt illustriert.

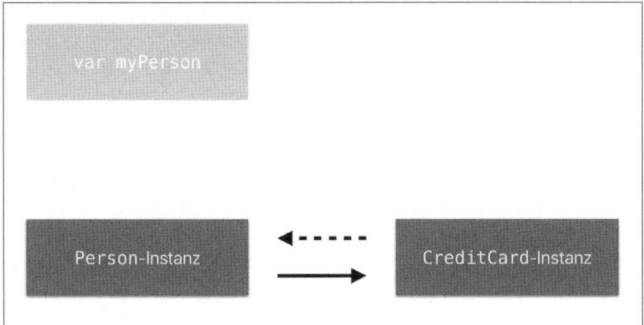

Bild 10.16 Wenn myPerson auf nil gesetzt wird, existiert keine Strong Reference mehr auf die zu-grunde liegende Person-Instanz.

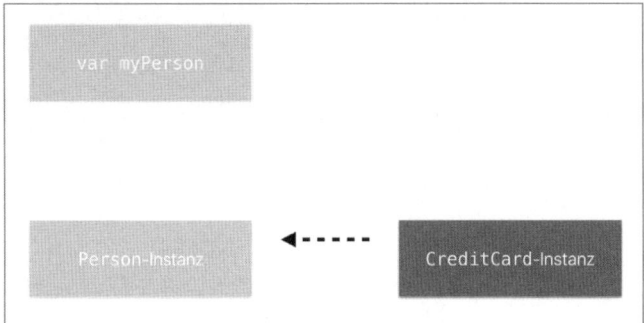

Bild 10.17 Damit wird auch die Person-Instanz aus dem Speicher entfernt, gefolgt von der Credit-Card-Instanz, auf die ebenfalls keine Strong Reference mehr verweist.

10.1.3 Weak Reference vs. Unowned Reference

Sowohl Weak References als auch Unowned References haben die Aufgabe, den in Abschnitt 10.1 vorgestellten Strong Reference Cycle zu durchbrechen. In diesem Abschnitt möchte ich nun noch einmal auf die Frage eingehen, wann es sinnvoll ist, Weak References einzusetzen, und in welchen Fällen Unowned References besser geeignet sind.

Weak References sind immer dann sinnvoll, wenn sich zwei Klassen anhand entsprechender Properties gegenseitig referenzieren und beide `nil` entsprechen können. Dazu haben wir in Abschnitt 10.1.1 ein Beispiel mit den Klassen `Driver` und `Vehicle` gesehen. Beide verfügen über eine Property vom Typ der jeweils anderen Klasse, und beide Properties sind optional und können auch auf `nil` verweisen. Solch ein Szenario lässt sich am besten mit Weak References auflösen.

Unowned References hingegen werden am besten dann eingesetzt, wenn sich zwei Klassen mittels entsprechender Properties gegenseitig referenzieren, allerdings nur eine von ihnen optional ist und so `nil` entsprechen kann, während die andere immer über einen validen Wert verfügen soll. Ein Beispiel dazu hat Abschnitt 10.1.2 anhand der beiden Klassen `Person` und `CreditCard` gezeigt, wobei jede Kreditkarte immer explizit einer bestimmten Person zugewiesen ist, eine Person aber nicht zwingend über eine Kreditkarte verfügen muss.

11 Weiterführende Sprachmerkmale von Swift

In diesem Kapitel stelle ich Ihnen einige besondere und mächtige Sprachmerkmale von Swift vor, die Ihnen in spezifischen Anwendungsfällen bei der täglichen Arbeit eine große Hilfe sein können. Neben den Nested Types, die das Verschachteln von Typen in Swift erlauben, gehe ich auch im Detail auf die sogenannten Extensions und Protokolle ein. Sie erfahren, wie diese Elemente funktionieren, wie Sie sie implementieren und in welchen Anwendungsfällen sich ihr Einsatz lohnt.

■ 11.1 Nested Types

In Swift ist es möglich, Typen innerhalb anderer Typen zu deklarieren und zu implementieren. Somit kann ein Typ also nicht nur Properties, Methoden, Subscripts und Initializer beinhalten, sondern auch selbst noch weitere Typen definieren. Man spricht hierbei auch von den sogenannten *Nested Types*.

Um einen Nested Type zu erstellen, reicht es aus, diesen einfach innerhalb der geschweiften Klammern zu definieren, parallel zu den sonstigen Eigenschaften und Funktionen dieses Typs. Listing 11.1 zeigt ein Beispiel dazu. Dort wird eine Structure Story definiert, innerhalb derer ein weiterer Typ namens Kind implementiert wird. Letzterer dient dazu, die Art von Geschichte zu definieren, der eine Instanz der Structure Story entsprechen kann. Da Kind direkt mit Story verbunden ist, macht ein Nested Type an dieser Stelle Sinn, um die Zusammengehörigkeit eindeutig festzulegen.

Listing 11.1 Deklaration eines Nested Types innerhalb eines Typs

```
struct Story {

    enum Kind {
        case novel
        case shortStory
        case poem
        case screenplay
    }
```

```
    var title: String
    var author: String
    var kind: Kind

    func printInfo() {
        switch kind {
        case .novel:
            print("Roman '\(title)' von \(author)")
        case .shortStory:
            print("Kurzgeschichte '\(title)' von \(author)")
        case .poem:
            print("Gedicht '\(title)' von \(author)")
        case .screenplay:
            print("Drehbuch '\(title)' von \(author)")
        }
    }
}
```

Innerhalb der Structure Story kann Kind wie jeder andere Typ auch verwendet werden, wie beispielsweise bei der Deklaration der Property kind sehr gut zu sehen ist; dieser wird der Typ Kind wie jeder andere Typ auch zugewiesen.

Dennoch ist Kind außerhalb der Structure Story nicht direkt ansprechbar. Möchte man außerhalb von Story auf Kind zugreifen, muss man den Weg über Story gehen. Das ist vergleichbar mit dem Verknüpfen mehrerer Eigenschaften hintereinander. So ist Kind außerhalb von Story als Typ Story.Kind definiert und kann darüber angesprochen und verwendet werden. Listing 11.2, in dem zwei Konstanten vom Typ Story.Kind außerhalb der Structure Story erstellt werden, verdeutlicht das.

Listing 11.2 Zugriff auf einen Nested Type außerhalb des Typs, in dem der Nested Type deklariert wurde

```
let aNovel = Story.Kind.novel
let aShortStory = Story.Kind.shortStory
```

Beim Erstellen einer Instanz vom Typ Story mittels Memberwise Initializer kann übrigens auch für den kind-Parameter direkt der gewünschte Wert übergeben werden, da der verschachtelte Typ Story.Kind automatisch korrekt abgeleitet wird (siehe Listing 11.3).

Listing 11.3 Erstellen von Instanzen mit einem Nested Type

```
let it = Story(title: "Es", author: "Stephen King", kind: .novel)
let room1408 = Story(title: "1408", author: "Stephen King", kind: .shortStory)
it.printInfo()
room1408.printInfo()
// Roman 'Es' von Stephen King
// Kurzgeschichte '1408' von Stephen King
```

 Nested Types lassen sich beliebig tief verschachteln

Nested Types können in Swift beliebig tief verschachtelt werden. Ein Nested Type kann also selbst auch wieder einen Nested Type enthalten und so weiter.

◼ 11.2 Extensions

Mithilfe von Extensions ist es möglich, bestehende Typen in Swift um zusätzliche neue Eigenschaften und Funktionen zu erweitern. Besonders spannend sind Extensions im Zusammenhang mit der Erweiterung von Typen, auf deren Implementierung man selbst keinen Zugriff hat (beispielsweise weil der Typ innerhalb eines Frameworks deklariert ist). Extensions können auf jeden verfügbaren Typ in Swift angewendet werden, auch im Zusammenspiel mit Protokollen können sie eingesetzt werden (mehr zu Protokollen erfahren Sie in Abschnitt 11.3, mehr zum Zusammenspiel von Protokollen und Extensions in Abschnitt 11.3.2).

Eine neue Extension wird in Swift mithilfe des Schlüsselworts `extension` deklariert, gefolgt vom Namen des Typs, der um neue Eigenschaften und Funktionen erweitert werden soll. Innerhalb anschließend folgender geschweifter Klammern findet dann die entsprechende Implementierung dieser neuen Eigenschaften und Funktionen statt. Listing 11.4 stellt diesen grundlegenden Aufbau einer Extension dar.

Listing 11.4 Aufbau einer Extension

```
extension <NAME DES ZU ERWEITERNDEN TYPS> {
    <IMPLEMENTIERUNG DER NEUEN EIGENSCHAFTEN UND FUNKTIONEN>
}
```

Mithilfe von Extensions können Sie einen bestehenden Typ um die folgenden Eigenschaften und Funktionen ergänzen:

- Computed Properties
- Methoden
- Initializer
- Subscripts
- Nested Types

Das Erstellen von Extensions mit all den genannten Elementen wird in den folgenden Abschnitten nacheinander im Detail vorgestellt.

11.2.1 Computed Properties

Extensions erlauben das Erweitern eines bestehenden Typs um Computed Properties; Stored Properties können einem Typ mittels einer Extension nicht hinzugefügt werden. Computed Properties können dabei sowohl mit Getter und Setter als auch als Read-Only Computed Properties mit lediglich einem Getter umgesetzt werden.

In Listing 11.5 sehen Sie ein Beispiel für eine Extension des Typs `Int`. Diesem wird eine Read-Only Computed Property namens `stringValue` hinzugefügt, die den Wert des Integers als `String` zurückliefert.

Listing 11.5 Erweiterung des Typs `Int` um eine Computed Property zur Rückgabe des Zahlenwerts als `String`

```
extension Int {
    var stringValue: String {
        return "\(self)"
    }
}

let myInteger = 19
print("myInteger.stringValue = \(myInteger.stringValue)")
// myInteger.stringValue = 19
```

Genauso wenig, wie Extensions um Stored Properties ergänzt werden können, können Sie übrigens auch nicht um Property Observer erweitert werden.

11.2.2 Methoden

Mithilfe von Extensions können Sie jeden beliebigen bestehenden Typ um neue Methoden ergänzen. Dazu deklarieren Sie die gewünschte Methode innerhalb des entsprechenden Typs und können sie anschließend direkt verwenden. Dabei werden sowohl Instance Methods als auch Type Methods von Extensions unterstützt.

In Listing 11.6 sehen Sie ein Beispiel dazu. Dort wird der Typ `String` um eine neue Methode namens `countLetter(_:)` ergänzt. Die Methode erwartet als Parameter einen `Character` und prüft anschließend, wie oft sich dieser Character innerhalb der zugrunde liegenden `String`-Instanz befindet. Diese Anzahl wird anschließend zurückgegeben.

Listing 11.6 Erweiterung des Typs `String` um eine Methode zum Zählen der Anzahl eines spezifischen `Character`

```
extension String {
    func countLetter(_ letter: Character) -> Int {
        var letterCount = 0
        for currentLetter in self {
            if currentLetter == letter {
                letterCount += 1
            }
        }
        return letterCount
    }
}

let myName = "Thomas Sillmann"
let countOfLetterA = myName.countLetter("a")
print("Anzahl des Buchstabens 'a' in '\(myName)': \(countOfLetterA)")
// Anzahl des Buchstabens 'a' in 'Thomas Sillmann': 2
```

Verändern von self in Value Types mittels mutating

Wenn Sie mithilfe einer Extension einen Value Type erweitern und diesem so eine Methode hinzufügen, der die zugrunde liegende Instanz dieses Value Types verändert, dann müssen Sie diese Methode mit dem `mutating`-Keyword deklarieren. Nur damit können Sie innerhalb einer Methode eines Value Types die eigentliche Instanz verändern.

In Listing 11.7 sehen Sie ein Beispiel dazu. Dort wird der Value Type `Int` um eine Methode namens `multiplyWith(_:)` erweitert, die dazu dient, den bestehenden Wert des Integers um die übergebene Anzahl zu multiplizieren; es wird also mit dieser Methode die zugrunde liegende Instanz dieses Value Types verändert. Daher muss die Methode zwingend als `mutating` deklariert werden, andernfalls kommt es zu einem Compiler-Fehler.

Listing 11.7 Erweiterung des Value Types `Int` um eine `mutating`-Methode zum Verändern des zugrunde liegenden Werts

```
extension Int {
    mutating func multiplyWith(_ value: Int) {
        self *= value
    }
}

var myInteger = 19
myInteger.multiplyWith(99)
print("myInteger = \(myInteger)")
// myInteger = 1881
```

11.2.3 Initializer

Eine Extension erlaubt Ihnen das Erweitern bestehender Typen um neue Initializer. Bei Reference Types gilt es dabei zu beachten, dass Sie diese nur um Convenience Initializer und nicht um Designated Initializer erweitern können. Gleiches gilt für Deinitializer; diese beiden müssen in jedem Fall direkt in der eigentlichen Implementierung des entsprechenden Typs umgesetzt werden.

Ein Beispiel für die Erweiterung eines bestehenden Typs um einen neuen Initializer zeigt Listing 11.8. Dort wird der Typ `Int` um einen neuen Initializer ergänzt, der eine beliebige Anzahl an Integer-Werten entgegennimmt, diese miteinander addiert und anschließend `self` zuweist, um so die neue `Int`-Instanz zu erstellen.

Listing 11.8 Erweiterung des Typs `Int` um einen neuen Initializer

```
extension Int {
    init(values: Int...) {
        var newValue = 0
        for value in values {
            newValue += value
        }
```

```
            self = newValue
        }
    }

    let myInteger = Int(values: 19, 99, 1881)
    print("myInteger = \(myInteger)")
    // myInteger = 1999
```

Beim Hinzufügen von Initializern zu einem bestehenden Typ mittels Extension gelten die gleichen Regeln wie für alle anderen Initializer auch, was bedeutet, dass am Ende des Initializers die zugrunde liegende Instanz vollständig einsatzbereit sein muss und allen nicht-optionalen Properties ein Wert zugewiesen ist (mehr zum Thema Initialisierung erfahren Sie in Kapitel 8, „Initialisierung").

 Default und Memberwise Initializer von Value Types in Extensions

Wenn Sie einen Value Type mittels einer Extension um neue Initializer erweitern und dieser Value Type über einen Default und/oder Memberwise Initializer verfügt, dann können Sie diese Initializer auch innerhalb der Initializer aufrufen, die Sie über die Extension neu hinzufügen.

Ein Beispiel soll dieses Verhalten verdeutlichen. Dazu sehen Sie zunächst in Listing 11.9 die Deklaration einer Structure namens Car, die über drei Properties verfügt. Einer von diesen drei Properties ist bereits ein Standardwert zugewiesen. Aufgrund ihrer Deklaration verfügt diese Structure automatisch über den Memberwise Initializer init(manufacturuer:maximumSpeed:currentSpeed:), über den automatisch neue Instanzen vom Typ Car erstellt werden können.

Listing 11.9 Deklaration einer Structure Car mit drei Properties

```
struct Car {
    var manufacturer: String
    var maximumSpeed: Int
    var currentSpeed = 0
}
```

Mithilfe einer Extension soll nun ein zusätzlicher Initializer für diesen Typ ergänzt werden, der lediglich Parameter für die Properties manufacturer und maximumSpeed erwartet und den Standardwert für currentSpeed beibehält. Die typische Umsetzung einer solchen Extension mitsamt passendem Initializer sehen Sie in Listing 11.10.

Listing 11.10 Ergänzen eines Initializers für die Structure Car

```
extension Car {
    init(manufacturer: String, maximumSpeed: Int) {
        self.manufacturer = manufacturer
        self.maximumSpeed = maximumSpeed
    }
}
```

Da Initializer aber, wie beschrieben, innerhalb einer Extension für einen Value Type auch auf mögliche Default und Memberwise Initializer zugreifen können, können Sie die Extension auch, wie in Listing 11.11 gezeigt, implementieren, indem Sie aus dem neu erstellten Initializer heraus den bereits vorhandenen Memberwise Initializer aufrufen und diesem alle passenden Werte übergeben.

Listing 11.11 Aufrufen des Memberwise Initializers aus einem Initializer einer Extension heraus

```
extension Car {
    init(manufacturer: String, maximumSpeed: Int) {
        self.init(manufacturer: manufacturer, maximumSpeed:
maximumSpeed, currentSpeed: 0)
    }
}
```

Dieses Verhalten ist ausschließlich Extensions vorbehalten und kann so in Structures nicht direkt implementiert werden, da dort sowohl Default als auch Memberwise Initializer umgehend überschrieben würden, würde man einem solchen Value Type direkt einen eigenen Initializer hinzufügen.

11.2.4 Subscripts

Auch Subscripts können jedem beliebigen Typ mithilfe von Extensions hinzugefügt werden. Die Syntax zur Erstellung eines entsprechenden Subscripts ändert sich dabei auch nicht.

So zeigt Listing 11.12 ein entsprechendes Beispiel zum Hinzufügen eines Subscripts zu einem bestehenden Typ mithilfe einer Extension. Dabei wird der Typ Int um ein Subscript erweitert, das dazu genutzt wird, den aktuellen Wert der zugrunde liegenden Instanz mit einem übergebenen Integer-Wert zu addieren und dieses Ergebnis zurückzuliefern.

Listing 11.12 Erweiterung eines bestehenden Typs um ein Subscript

```
extension Int {
    subscript(value: Int) -> Int {
        return self + value
    }
}

let myValue = 19
let anotherValue = myValue[99]
print("anotherValue = \(anotherValue)")
// anotherValue = 118
```

11.2.5 Nested Types

Jeder beliebige Typ in Swift kann mithilfe von Extensions auch um Nested Types erweitert werden. Dazu zeigt Listing 11.13 ein Beispiel. Dort wird der Typ String um einen Nested Type namens Kind erweitert, der darüber Aufschluss geben soll, ob es sich bei dem zugrunde liegenden String um einen leeren String, ein einzelnes Zeichen, ein Wort oder einen ganzen Satz handelt. Diese vier Möglichkeiten werden mithilfe einer Enumeration abgedeckt, die als Nested Type nun Teil des Typs String ist.

Darüber hinaus enthält diese Erweiterung eine Computed Property namens kind, die mittels verschiedener Abfragen den zugehörigen Typ für einen zugrunde liegenden String ermittelt. Ist der String leer, wird empty zurückgegeben, verfügt er lediglich über ein Zeichen, ist der Rückgabewert letter. Zur Unterscheidung von Sätzen und Wörtern werden alle Zeichen des zugrunde liegenden Strings durchlaufen und geprüft, ob dieser ein Leerzeichen enthält. Ist das der Fall, wird sentence zurückgegeben, andernfalls word.

Listing 11.13 Erweiterung von String um einen Nested Type Kind mitsamt passender Computed Property

```swift
extension String {
    enum Kind {
        case empty
        case letter
        case word
        case sentence
    }
    var kind: Kind {
        if self == "" {
            return .empty
        } else if self.count == 1 {
            return .letter
        } else {
            for character in self {
                if character == " " {
                    return .sentence
                }
            }
            return .word
        }
    }
}
```

■ 11.3 Protokolle

Mit Protokollen werden Eigenschaften und Funktionen definiert, ohne für diese eine zugehörige Implementierung anzubieten. Ein Protokoll enthält somit lediglich Deklarationen für Properties, Methoden, Subscripts und Initializer. Damit dienen Protokolle als eine Art Blaupause, mit der Sie definieren, welche Eigenschaften und Funktionen bestimmte Elemente besitzen sollen. Ein solches Protokoll können Sie dann beliebigen anderen Typen in Ihrem

Swift-Projekt zuweisen, um so anzugeben, dass diese Typen *konform* zu dem entsprechenden Protokoll sind. Das bedeutet, dass diese Typen alle im Protokoll definierten Eigenschaften und Funktionen implementieren müssen.

Ein neues Protokoll erstellen Sie in Swift mithilfe des Schlüsselworts `protocol`, gefolgt von einem von Ihnen gewählten Namen für das Protokoll. Genau wie bei der Deklaration von Enumerations, Structures oder Classes sollte der Name eines Protokolls immer mit einem Großbuchstaben beginnen. Anschließend folgt innerhalb geschweifter Klammern die Deklaration der gewünschten Eigenschaften und Funktionen, die dieses Protokoll definieren soll. In Listing 11.14 ist dieser grundlegende Aufbau zur Deklaration eines Protokolls zusammengefasst.

Listing 11.14 Deklaration eines Protokolls

```
protocol <NAME DES PROTOKOLLS> {
    <DEKLARATION DER EIGENSCHAFTEN UND FUNKTIONEN>
}
```

Um einem Typ ein Protokoll zuzuweisen, zu dem er konform sein soll, muss das Protokoll nach einem Doppelpunkt am Ende des Typ-Namens aufgeführt werden. Dazu zeigt Listing 11.15 ein Beispiel. Dort wird schlicht ein Protokoll `AProtocol` ohne jegliche Eigenschaften und Funktionen deklariert, ebenso wie eine Structure `AStruct` und eine Klasse `AClass`. `AStruct` und `AClass` sind konform zum Protokoll `AProtocol`, da dieses nach einem Doppelpunkt am Ende des jeweiligen Typ-Namens aufgeführt ist.

Listing 11.15 Zuweisen eines Protokolls zu einem Typ

```
protocol AProtocol {
}

struct AStruct: AProtocol {
}

class AClass: AProtocol {
}
```

Einem Typ können sogar mehrere Protokolle zugewiesen werden, zu all denen er dann konform sein muss. Dazu werden die gewünschten Protokolle kommasepariert voneinander aufgeführt. In Listing 11.16 ist ein einfaches Beispiel dazu zu sehen.

Listing 11.16 Zuweisung mehrerer Protokolle zu einem Typ

```
protocol FirstProtocol {
}

protocol SecondProtocol {
}

struct AnotherStruct: FirstProtocol, SecondProtocol {
}
```

Protokolle und Vererbung in Klassen

Protokolle werden somit auf die gleiche Art und Weise zugewiesen, wie auch eine Superklasse einer Subklasse zugewiesen wird. Dennoch ist es möglich, einer Subklasse, die von einer anderen Klasse abgeleitet ist, ebenfalls ein oder mehrere Protokolle zuzuweisen, zu dem oder zu denen sie konform sein soll. Dazu werden die gewünschten Protokolle im Anschluss an die Angabe der Superklasse durch Komma getrennt voneinander angegeben. In Listing 11.17 ist ein einfaches Beispiel dazu zu sehen.

Listing 11.17 Zuweisung eines Protokolls nach Angabe einer Superklasse

```
protocol AnotherProtocol {
}

class ASuperclass {
}

class ASubclass: ASuperclass, AnotherProtocol {
}
```

Auf diese Art und Weise können auch beliebig viele weitere Protokolle durch Komma getrennt zugewiesen werden. Wichtig ist lediglich, dass in solch einem Fall nach dem Doppelpunkt zunächst immer die Superklasse und dann erst die gewünschten Protokolle stehen.

In den folgenden Abschnitten erfahren Sie im Detail, wie Sie Eigenschaften und Funktionen in einem Protokoll deklarieren und wie Sie diese Eigenschaften und Funktionen innerhalb von Enumerations, Structures und Classes passend implementieren.

11.3.1 Deklaration von Eigenschaften und Funktionen

In einem Protokoll können sowohl Properties, Methoden und Subscripts wie auch Initializer deklariert werden. Da die entsprechenden Elemente in einem Protokoll prinzipiell über keine Implementierung verfügen, gibt es bei der reinen Deklaration von Elementen in einem Protokoll ein paar Details zu beachten.

Im Folgenden zeige ich Ihnen, wie Sie die genannten Elemente innerhalb eines Protokolls deklarieren und umsetzen und was es dabei zu beachten gibt.

11.3.1.1 Properties

Properties werden in Protokollen zunächst einmal genauso definiert wie Stored Properties, Sie vergeben somit also einen eindeutigen Namen und weisen per Type Annotation einen festen Typ zu. Lediglich die Deklaration mittels var ist in Protokollen Pflicht; Properties können dort niemals mittels let deklariert werden.

Darüber hinaus müssen für jede Property eines Protokolls sogenannte Anforderungen fest-gelegt werden. Diese Anforderungen definieren, ob es ausreicht, dass eine Property gelesen werden kann, oder ob sie darüber hinaus auch zwingend veränderbar sein muss. Diese Anforderungen werden mithilfe der Schlüsselwörter `get` und `set` innerhalb geschweifter Klammern nach der Deklaration einer Property innerhalb eines Protokolls definiert. Dabei bedeutet `get`, dass es reicht, wenn bei der Implementierung der betreffenden Property auf diese lesend zugegriffen werden kann, während die zusätzliche Option `set` es notwendig macht, dass diese Property auch im zugrunde liegenden Typ geändert werden kann. `get` muss in jedem Fall gesetzt sein, `set` ist optional. Daraus ergib sich, dass am Ende jeder Property-Deklaration eines Protokolls entweder entsprechend { `get` } oder { `get set` } steht.

Properties können innerhalb eines Protokolls sowohl als Instance Properties wie auch als Type Properties deklariert werden. Bei einer Deklaration als Type Property ist zu beachten, dass diese im Falle eines Protokolls **immer** mit dem Schlüsselwort `static` deklariert wird, niemals mit dem Schlüsselwort `class`.

Was die Implementierung einer Property aus einer Protokoll-Deklaration innerhalb eines spezifischen Typs betrifft, so spielt es keine Rolle, ob diese dort als Stored Property oder als Computed Property umgesetzt wird. Wichtig ist nur, dass die gestellten Anforderungen erfüllt werden, egal ob dabei ein Wert für die Property im entsprechenden Typ fest in Form einer Stored Property gespeichert oder dynamisch anhand einer Computed Property ermit-telt wird.

In Listing 11.18 sehen Sie ein Beispiel dazu. Dort wird ein Protokoll `Story` definiert, das grundlegende Eigenschaften für Geschichten definieren soll und das entsprechend über zwei Properties verfügt: `author` und `title`, beide vom Typ `String`. `author` ist mit { `get` } konfiguriert, was bedeutet, dass diese Property bei einer entsprechenden Implementierung wenigstens einen Wert zurückgeben muss, `title` hingegen muss gleichzeitig auch das Set-zen eines neuen Werts aufgrund der { `get set` }-Konfiguration erlauben.

Listing 11.18 Deklaration des Protokolls `Story` mit zwei Properties

```
protocol Story {
    var author: String { get }
    var title: String { get set }
}
```

Im nächsten Schritt wird nun in Listing 11.19 eine Structure namens `Book` definiert. Diese soll dazu dienen, einzelne Bücher abzubilden, weshalb ihr entsprechend das Protokoll `Story` zugewiesen wird, damit die Structure in jedem Fall wenigstens die grundlegendsten Eigenschaften zu einer Geschichte abbildet. Entsprechend verfügt die Structure `Book` über die beiden Properties `author` und `title`, wie sie auch im Protokoll `Story` deklariert sind. Da `Book` konform zu `Story` ist, muss es diese Eigenschaften aus dem Protokoll auf jeden Fall enthalten. Die Property `author` ist als Konstante deklariert, was erlaubt ist, da das Protokoll lediglich definiert, dass diese Property einen Wert zurückgeben muss. Anders hingegen sieht es bei `title` aus; diese Property muss zwingend als Variable deklariert werden, da sie im Protokoll auch mit der Option `set` konfiguriert wurde und entsprechend änderbar sein muss.

Darüber hinaus enthält die Structure `Book` noch weitere Eigenschaften und Funktionen, die nicht im Protokoll `Story` definiert sind. Dazu gehört die Property `numberOfPages` zur Angabe der Seitenzahl eines Buches sowie die Methode `printInfo()` zur Ausgabe einer Information zu einer `Book`-Instanz.

Listing 11.19 Deklaration der Structure `Book`, die konform zum Protokoll `Story` ist

```
struct Book: Story {
    let author: String
    var title: String
    var numberOfPages: UInt
    func printInfo() {
        print("'\(title)' von \(author), \(numberOfPages) Seiten.")
    }
}
```

In dem gezeigten Beispiel sind die beiden Properties des Protokolls `Story` als Stored Properties innerhalb der Structure `Book` implementiert. Ein alternatives Beispiel dazu zeigt Listing 11.20. Dort ist die Property `author` als Computed Property umgesetzt, die sich aus den beiden eigens in der Structure `Book` implementierten Properties `firstName` und `lastName` zusammensetzt. Die Property `title` wird indes weiterhin als Stored Property umgesetzt.

Listing 11.20 Implementierung von Properties eines Protokolls als Computed und als Stored Property

```
struct Book: Story {
    var author: String {
        return "\(firstName) \(lastName)"
    }
    var firstName: String
    var lastName: String
    var title: String
    var numberOfPages: UInt
    func printInfo() {
        print("'\(title)' von \(author), \(numberOfPages) Seiten.")
    }
}
```

Am Ende dieses Abschnitts noch eine Anmerkung zu den Property-Anforderungen in Form von Getter und Setter: Ein Fehlen der Anforderung `set` in der Deklaration einer Property innerhalb eines Protokolls bedeutet nicht, dass die entsprechende Property innerhalb der Implementierung eines Typs nicht trotzdem auch gesetzt werden kann; es ist lediglich keine Voraussetzung für die Implementierung dieser Property. Entsprechend kann die in Listing 11.19 implementierte Stored Property `author` dort auch mittels `var` als Variable deklariert werden. Die im Protokoll gesetzte Anforderung `{ get }` oder `{ get set }` stellt somit lediglich eine *Mindestanforderung* dar, die in der eigentlichen Implementierung auch überschritten werden kann.

11.3.1.2 Methoden

Protokolle können sowohl Instance als auch Type Methods definieren, die dann entsprechend von den Typen implementiert werden müssen, die konform zu dem Protokoll sind. Die Deklaration einer solchen Methode innerhalb eines Protokolls ist identisch zu der inner-

halb von Structures oder Classes, lediglich die geschweiften Klammern mit der entsprechenden Implementierung der Methode fallen in einem Protokoll weg. Ebenso gilt es zu
beachten, dass möglichen Parametern von Methoden in Protokollen kein Standardwert
zugewiesen werden kann. Darüber hinaus werden Type Methods in Protokollen immer mit
dem Schlüsselwort `static` deklariert, niemals mit `class`.

In Listing 11.21 sehen Sie eine Erweiterung des Protokolls Story aus Abschnitt 11.3.1.1.
Neben den beiden Properties `author` und `title` enthält es nun auch eine Methode namens
`printInfo()`, die in zugehörigen Implementierungen dazu dienen soll, eine passende Info
zu der zugrunde liegenden Geschichte auszugeben.

Listing 11.21 Deklaration des Protokolls Story mit zwei Properties und einer Methode

```
protocol Story {
    var author: String { get }
    var title: String { get set }
    func printInfo()
}
```

Passend dazu werden in Listing 11.22 zwei Structures deklariert: Book und Audiobook.
Beide sind konform zum eben gezeigten Protokoll Story und bringen somit jeweils eine
eigene Implementierung für die beiden Properties `author` und `title` sowie für die Methode
`printInfo()` mit. Im Anschluss an die Deklaration der beiden Structures werden je eine
Instanz von Book und Audiobook erstellt und auf ihnen die jeweils unterschiedlich implementierte Methode `printInfo()` aufgerufen.

Listing 11.22 Implementierung des Protokolls Story in den Structures Book und Audiobook

```
struct Book: Story {
    var author: String
    var title: String
    var numberOfPages: UInt
    func printInfo() {
        print("'\(title)' von \(author), \(numberOfPages) Seiten.")
    }
}

struct Audiobook: Story {
    var author: String
    var title: String
    var durationInHours: UInt
    func printInfo() {
        print("'\(title)' von \(author), \(durationInHours) Stunden Spielzeit.")
    }
}

let it = Book(author: "Stephen King", title: "Es", numberOfPages: 1536)
let theStand = Audiobook(author: "Stephen King", title: "The Stand: Das letzte
Gefecht", durationInHours: 54)

it.printInfo()
theStand.printInfo()
// 'Es' von Stephen King, 1536 Seiten.
// 'The Stand: Das letzte Gefecht' von Stephen King, 54 Stunden Spielzeit.
```

Verändern von self in Value Types mittels mutating

Value Types können innerhalb einer Methode die zugrunde liegende Instanz mittels self nur dann verändern, wenn die entsprechende Methode mit dem Schlüsselwort mutating deklariert ist. Dieses Verhalten muss auch bei Protokollen beachtet werden. Soll so beispielsweise eine in einem Protokoll deklarierte Methode in ihrer Implementierung in der Lage sein, die zugrunde liegende Instanz eines Value Types zu ändern, muss diese Methode bereits im Protokoll mit dem Schlüsselwort mutating deklariert sein. Listing 11.23 stellt das beispielhaft dar, indem dort ein einfaches Protokoll namens ProtocolWithMutatingMethod erstellt und in ihm eine einzige Methode mit dem Schlüsselwort mutating deklariert wird.

Listing 11.23 Protokoll mit mutating-Methode

```
protocol ProtocolWithMutatingMethod {
    mutating func mutatingMethod()
}
```

Ist ein Value Type nun konform zu solch einem Protokoll, kann bei der Implementierung frei festgelegt werden, ob die Methode ebenfalls als mutating implementiert wird oder nicht. Fehlt das Schlüsselwort mutating allerdings bei der Deklaration im Protokoll, dann ist es in jedem Fall unmöglich, eine solche Methode als mutating zu implementieren.

In Listing 11.24 ist dieses Verhalten beispielhaft verdeutlicht. Darin werden zwei Value Types erstellt, die beide konform zum Protokoll ProtocolWithMutatingMethod sind. Der eine Value Type implementiert die einzige Methode dieses Protokolls als mutating, der andere nicht.

Listing 11.24 Implementierung einer mutating-Methode aus einem Protokoll

```
struct MutatingStruct: ProtocolWithMutatingMethod {
    mutating func mutatingMethod() {
        // Instanz kann verändert werden.
    }
}

struct NonMutatingStruct: ProtocolWithMutatingMethod {
    func mutatingMethod() {
        // Instanz kann nicht verändert werden.
    }
}
```

Es spielt übrigens keine Rolle, ob eine Methode in einem Protokoll als mutating deklariert ist, wenn ein Reference Type (sprich: eine Klasse) konform zu einem solchen Protokoll ist. Da mutating bei Reference Types keine Rolle spielt, kann das Schlüsselwort bei der Implementierung einer solchen Methode in einer Klasse einfach ignoriert werden (siehe Listing 11.25).

Listing 11.25 Implementierung einer `mutating`-Methode aus einem Protokoll in einer Klasse

```
class MutatingClass: ProtocolWithMutatingMethod {
    func mutatingMethod() {
        // Schlüsselwort mutating wird nicht benötigt.
    }
}
```

11.3.1.3 Subscripts

Subscripts werden in Protokollen ganz ähnlich umgesetzt wie Properties (siehe dazu auch den Abschnitt 11.3.1.1). Zunächst einmal ist die grundlegende Deklaration identisch zu der innerhalb von Enumerations, Structures oder Classes, lediglich die geschweiften Klammern mit der Implementierung des Subscripts fallen innerhalb eines Protokolls weg (genauso wie bei Methoden auch). Zusätzlich müssen aber pro Subscript die gleichen Anforderungen definiert werden, die auch für Properties gelten. Soll ein Subscript also gleichermaßen zum Auslesen sowie zum Setzen eines Werts verwendet werden können, müssen die Optionen `get` und `set` gesetzt werden, andernfalls nur `get`. Diese Optionen werden dabei innerhalb geschweifter Klammern nach der Deklaration des Subscripts angegeben.

In Listing 11.26 sehen Sie ein Beispiel für ein solches Protokoll mitsamt Subscript. Das dort definierte Protokoll `Writer` definiert Eigenschaften und Funktionen für einen Autor, darunter die beiden Properties `name` und `books`. `name` verweist auf den Namen eines Autors, während `books` ein Array aus Büchern ist, die diesem Autor zugeordnet sind. Dazu ist zuvor auch der entsprechende Typ `Book` in einfacher Form als Structure definiert.

Darüber hinaus enthält das Protokoll ein Subscript, dem ein `String` übergeben wird und das eine optionale Instanz vom Typ `Book` zurückliefert. Dieses Subscript soll dazu genutzt werden, einen Buchtitel zu übergeben und anschließend die zugehörige `Book`-Instanz zu erhalten (sofern eine solche existiert).

Listing 11.26 Deklaration eines Protokolls `Writer` mit Subscript-Deklaration

```
struct Book {
    var author: String
    var title: String
}

protocol Writer {
    var name: String { get set }
    var books: [Book] { get set }
    subscript(title: String) -> Book? { get set }
}
```

In Listing 11.27 wird das Protokoll `Writer` dann praktisch angewendet. Dazu wird eine neue Structure namens `ReferenceBookAuthor` erstellt, die einen Fachbuchautor repräsentieren soll. Die Structure ist konform zum genannten Protokoll `Writer` und muss entsprechend eine Implementierung für die beiden Properties `author` und `books` sowie für das Subscript anbieten.

Das Subscript durchläuft in seinem Getter alle Titel der zugrunde liegenden Reference-BookAuthor-Instanz und liefert das passende Book zurück, sofern eines mit dem übergebenen Titel gefunden wird. Der Setter erstellt eine neue Book-Instanz mit dem übergebenen Titel und fügt sie dem books-Array hinzu.

Listing 11.27 Implementierung der Structure ReferenceBookAuthor

```
struct ReferenceBookAuthor: Writer {
    var name: String
    var books: [Book]
    var field: String
    subscript(title: String) -> Book? {
        get {
            for book in books {
                if book.title == title {
                    return book
                }
            }
            return nil
        }
        set {
            let newBook = Book(author: name, title: title)
            books.append(newBook)
        }
    }
}
```

11.3.1.4 Initializer

Initializer werden in Protokollen genauso deklariert wie in Enumerations, Structures und Classes, lediglich die geschweiften Klammern mitsamt deren zugehöriger Implementierung fallen weg. Auch ist es nicht möglich, in einem Protokoll einen Convenience Initializer zu definieren, das Schlüsselwort convenience findet entsprechend innerhalb eines Protokolls niemals Verwendung.

In Listing 11.28 ist ein einfaches Beispiel für ein Protokoll Story mit den zwei Properties author und title sowie dem Initializer init(author:title:) zu sehen, das dazu dienen soll, Geschichten abzubilden. Jeder Typ, der konform zum Protokoll Story ist, muss somit eine passende Implementierung für die beiden Properties sowie für den deklarierten Initializer anbieten.

Listing 11.28 Deklaration eines Initializers in einem Protokoll

```
protocol Story {
    var author: String { get set }
    var title: String { get set }
    init(author: String, title: String)
}
```

Bei der Implementierung eines Initializers aus einer Protokoll-Deklaration heraus gibt es nun aber Unterschiede zwischen Value Types und Reference Types zu beachten. Bei Value Types ist die Implementierung sehr simpel und erfolgt genauso, wie der Initializer auch innerhalb des Protokolls selbst deklariert ist. Dazu zeigt Listing 11.29 ein Beispiel, in dem eine Structure Audiobook deklariert wird, die konform zum eben gezeigten Story-Protokoll ist. Die Structure bildet die beiden Properties `author` und `title` als Stored Properties ab und verfügt darüber hinaus über eine eigene dritte optionale Property namens `durationInHours`. Daneben verfügt sie über zwei Initializer: `init(author:title:)` muss zwingend implementiert werden, da dieser aus dem zugeordneten `Story`-Protokoll abgeleitet ist, zusätzlich verfügt die Structure `Audiobook` aber auch noch über den Initializer `init(author:title:durationInHours:)`.

Listing 11.29 Implementierung eines Initializers aus einem Protokoll bei Value Types

```
struct Audiobook: Story {
    var author: String
    var title: String
    var durationInHours: UInt?
    init(author: String, title: String, durationInHours: UInt) {
        self.author = author
        self.title = title
        self.durationInHours = durationInHours
    }
    init(author: String, title: String) {
        self.author = author
        self.title = title
        durationInHours = nil
    }
}
```

Bei Reference Types müssen bei der Implementierung eines Initializers aus einem Protokoll heraus zusätzlich ein paar Dinge beachtet werden. Zunächst einmal müssen alle Initializer, die aufgrund einer Protokoll-Deklaration in einem Reference Type implementiert werden, zwingend mit dem Schlüsselwort `required` gekennzeichnet werden. Das hängt damit zusammen, dass Subklassen einer Klasse, die konform zu einem Protokoll mit deklariertem Initializer ist, diesen Initializer auch zwingend implementieren müssen, was durch das Schlüsselwort `required` gewährleistet ist.

 Ausnahme für required-Deklaration: final

Für die eben vorgestellte Regel zur Deklaration eines jeden Initializers in einem Reference-Type mit dem Schlüsselwort `required` gibt es eine Ausnahme: Ist die entsprechende Klasse, die konform zu einem Protokoll mit Initializer ist, als `final` deklariert, kann auf die Verwendung des Schlüsselworts `required` bei der Implementierung des entsprechenden Initializers verzichtet werden. Das liegt daran, dass eine solche Klasse sowieso über keine weitere Subklasse mehr verfügen wird, weshalb die Deklaration als Required Initializer nicht notwendig ist.

In Listing 11.30 sehen Sie ein Beispiel dazu. Dort wird eine Klasse `Book` deklariert, die ebenfalls konform zum `Story`-Protokoll ist. Auch diese Klasse implementiert die beiden Properties `author` und `title` als Stored Properties und definiert selbst eine weitere optionale Property namens `numberOfPages`. Ebenso definiert die Klasse einen eigenen passenden Initializer names `init(author:title:numberOfPages:)`.

Daneben muss aber auch zwingend der Initializer `init(author:title:)` aus dem Story-Protokoll implementiert werden. Dazu ist es aufgrund dessen, dass die Implementierung innerhalb eines Reference Types erfolgt, notwendig, diesen mit dem Schlüsselwort `required` zu deklarieren. Im Übrigen kann der Initializer wie gewohnt implementiert werden.

Listing 11.30 Implementierung eines Initializers aus einem Protokoll bei Reference Types

```
class Book: Story {
    var author: String
    var title: String
    var numberOfPages: UInt?
    init(author: String, title: String, numberOfPages: UInt?) {
        self.author = author
        self.title = title
        self.numberOfPages = numberOfPages
    }
    required init(author: String, title: String) {
        self.author = author
        self.title = title
        numberOfPages = nil
    }
}
```

Eine weitere Besonderheit bei der Implementierung von Initializern eines Protokolls in einem Reference Type ist, dass Sie bei der Implementierung selbst festlegen, ob es sich bei dem entsprechenden Initializer um einen Designated oder einen Convenience Initializer handelt. Es ist vollkommen Ihnen überlassen, für welche Art von Initializer sie sich entscheiden, solange der entsprechende Initializer nur innerhalb des Reference Types implementiert wird. So zeigt Listing 11.31 eine entsprechende alternative Version der Book-Klasse aus Listing 11.30, in der der Initializer `init(author:title:)` des Story-Protokolls statt als Designated als Convenience Initializer implementiert wird (das Schlüsselwort `required` muss nichtsdestoweniger zwingend mit aufgeführt werden).

Listing 11.31 Implementierung eines Initializers aus einem Protokoll als Convenience Initializer

```
class Book: Story {
    var author: String
    var title: String
    var numberOfPages: UInt?
    init(author: String, title: String, numberOfPages: UInt?) {
        self.author = author
        self.title = title
        self.numberOfPages = numberOfPages
    }
    required convenience init(author: String, title: String) {
        self.init(author: author, title: title, numberOfPages: nil)
    }
}
```

Ansonsten müssen aus Protokollen implementierte Initializer die gleichen Anforderungen erfüllen wie alle anderen Initializer auch, sprich: Am Ende der Ausführung eines Initializers muss eine voll funktionsfähige Instanz des entsprechenden Typs stehen, deren nicht-optionale Properties alle über einen passenden Wert verfügen.

Identische Implementierung eines Initializers in Protokoll und Superklasse

Es kann vorkommen, dass eine Subklasse einen Initializer aus einem ihr zugewiesenen Protokoll implementieren muss, der gleichzeitig in der gleichen Form in einer Superklasse deklariert wurde. Listing 11.32 zeigt dazu ein Beispiel.

Listing 11.32 Identische Deklaration eines Initializers in Protokoll und Superklasse

```
protocol AProtocol {
    init()
}

class ASuperclass {
    init() {
        print("Ein Designated Initializer.")
    }
}

class ASubclass: ASuperclass, AProtocol {
    <IMPLEMENTIERUNG VON init()>
}
```

In diesem Beispiel erbt die Klasse ASubclass von ASuperclass, wobei ASuperclass über einen Initializer namens init() verfügt. Darüber hinaus ist ASubclass aber auch noch konform zum Protokoll AProtocol, das als Vorgabe ebenfalls einen Initializer names init() definiert.

Bei der Implementierung dieses Initializers init() innerhalb von ASubclass müssen nun also zwei Dinge beachtet werden:

- Der Initializer wird aus der Superklasse ASuperclass überschrieben, muss also entsprechend in ASubclass mit dem Schlüsselwort override deklariert werden.

- Der Initializer wird aus einem Protokoll adaptiert, muss also zwingend mit dem Schlüsselwort required deklariert werden.

Entsprechend müssen bei der Implementierung von init() innerhalb von ASubclass aufgrund der gezeigten Konstellation beide Schlüsselwörter – required und override – verwendet werden, so wie in Listing 11.33 zu sehen.

Listing 11.33 Implementierung eines überschriebenen und gleichzeitig adaptierten Initializers

```
class ASubclass: ASuperclass, AProtocol {
    required override init() {
        print("Ein überschriebener und vom Protokoll adaptierter
Designated Initializer.")
    }
}
```

Die Reihenfolge der beiden Schlüsselwörter spielt keine Rolle, Sie können also auch override vor required aufführen.

11.3.2 Der Typ eines Protokolls

Auch wenn Protokolle über keine Implementierung verfügen und stattdessen der Deklaration bestimmter Eigenschaften und Funktionen dienen, definieren sie in Swift nichtsdestoweniger einen eigenen Typ. Ein Protokoll kann also ebenfalls beispielsweise als Parameter oder Rückgabewert für eine Methode oder als Typ für eine Variable, Konstante oder Property verwendet werden. Ein über ein Protokoll definierter Typ kann also genauso verwendet werden wie jeder andere Typ in Swift auch, sei es nun ein Typ aus der Swift Standard Library oder ein eigens mithilfe einer Enumeration, Structure oder Class definierter Typ.

Eine große Rolle spielt ein solcher Protokoll-Typ insbesondere bei der sogenannten *Delegation* (siehe dazu auch den Abschnitt 11.3.8). Es gibt aber noch weitere Anwendungsfälle, in denen der Protokoll-Typ von Vorteil ist und eine wichtige Rolle spielt. Im Folgenden schildere ich Ihnen ein Beispiel, in dem die Vorteile zur Verwendung eines Protokoll-Typs zum Tragen kommen.

Als Basis für dieses Beispiel dient das in Listing 11.34 deklarierte Protokoll Story sowie die beiden Structures Book und Audiobook, die konform zu Story sind. Das Protokoll definiert mit den beiden Properties author und title zwei grundlegende Eigenschaften, über die jede Geschichte verfügen soll, und diese werden entsprechend von den beiden Structures Book und Audiobook passend implementiert, zusammen mit je einer weiteren Property, die nur zum jeweiligen Typ passt (im Falle von Book ist das numberOfPages, im Falle von Audiobook ist es durationInHours).

Listing 11.34 Deklaration des Protokolls Story sowie der Structures Book und Audiobook

```
protocol Story {
    var author: String { get set }
    var title: String { get set }
}

struct Book: Story {
    var author: String
    var title: String
    var numberOfPages: UInt
}

struct Audiobook: Story {
    var author: String
    var title: String
    var durationInHours: UInt
}
```

Möchte man nun eine Funktion schreiben, die zu einer beliebigen Geschichte sowohl den zugehörigen Autor als auch den Titel ausgibt, müsste man für die Typen Book und Audiobook prinzipiell jeweils eine eigene Funktion mit einem passenden Parameter erstellen, wobei beide Funktionen im Prinzip ein- und dasselbe tun würden. In Listing 11.35 ist das einmal beispielhaft demonstriert.

Listing 11.35 Implementierung zweier fast identischer Methoden mit unterschiedlichem Parametertyp

```
func printInformationForBook(_ book: Book) {
    print("'\(book.title)' von \(book.author)")
}

func printInformationForAudibook(_ audiobook: Audiobook) {
    print("'\(audiobook.title)' von \(audiobook.author)")
}
```

Noch umständlicher würde das Ganze, wenn noch weitere Structures dazu kämen, die weitere Geschichten definieren und dabei konform zum Protokoll Story sind. Man müsste auf diese Art und Weise für jeden Typ eine eigene Funktion schreiben, um grundlegende Informationen zur Geschichte zu erhalten und auszugeben.

Da aber in Swift jedes Protokoll einen eigenen Typ definiert, lässt sich das beschriebene Problem deutlich einfacher lösen. Da für die Funktion alle benötigten Informationen innerhalb des Protokolls definiert werden, kann auch für den Parameter der entsprechende Protokoll-Typ Story verwendet werden. Über den so erstellten Parameter kann dann innerhalb der Funktion auf alle Eigenschaften zugegriffen werden, die im Protokoll selbst deklariert sind. Da sonstige Informationen der spezifischen Typen wie Book oder Audiobook nicht benötigt werden, ist dieser Fall für das beschriebene Szenario absolut ausreichend. Listing 11.36 zeigt eine entsprechend abgewandelte Funktion, für die gleichermaßen Parameter vom Typ Book wie auch Audiobook übergeben werden können (da diese beiden konform zum Protokoll Story sind).

Listing 11.36 Verwendung des Protokoll-Typs Story als Funktionsparameter

```
func printInformationForStory(_ story: Story) {
    print("'\(story.title)' von \(story.author)")
}

let it = Book(author: "Stephen King", title: "Es", numberOfPages: 1536)
let theStand = Audiobook(author: "Stephen King", title: "The Stand", durationInHours:
54)

printInformationForStory(it)
printInformationForStory(theStand)
// 'Es' von Stephen King
// 'The Stand: Das letzte Gefecht' von Stephen King
```

Der Einsatz von Protokoll-Typen ist somit immer dann sinnvoll, wenn der zugrunde liegende Typ für einen Funktionsparameter oder eine Property nicht relevant ist, solange die entsprechende Instanz nur konform zu einem bestimmten Protokoll ist. Die in Listing 11.36 übergebenen Parameter it und theStand sind zwar von einem unterschiedlichen Typ (namentlich einmal Book und einmal Audiobook), da sie aber beide konform zum Protokoll Story sind, ist klar, dass – egal, wie sie letztlich implementiert sind – diese beiden unterschiedlichen Typen in jedem Fall über die Properties author und title verfügen müssen, und genau das nutzt die Funktion printInformationForStory(_:) für sich.

11.3.3 Protokolle und Extensions

Protokolle und Extensions können in Swift zusammen eingesetzt werden, um entweder bestehende Typen um zusätzliche Protokolle oder bestehende Protokolle um zusätzliche Funktionen oder Standardimplementierungen zu ergänzen. Beide Möglichkeiten werden in den kommenden beiden Abschnitten jeweils im Detail vorgestellt.

11.3.3.1 Bestehenden Typ mittels Extension um Protokoll ergänzen

In Swift können Protokolle dazu verwendet werden, bestehenden Typen mithilfe von Extensions zugewiesen zu werden (mehr zu Extensions erfahren Sie in Abschnitt 11.2). Selbst wenn somit beispielsweise der Zugriff auf die Implementierung eines bestimmten Typs fehlt (zum Beispiel für die Typen aus der Swift Standard Library wie String oder Array), so können diesen dennoch mithilfe von Extensions Protokolle zugewiesen werden, zu denen sie konform sein müssen.

Um einem Typ ein oder mehrere Protokolle mittels einer Extension zuzuweisen, gehen Sie prinzipiell genauso vor wie bei der direkten Zuweisung eines Protokolls zu einem Typ. Setzen Sie nach der Deklaration der Extension mithilfe des Schlüsselworts extension gefolgt vom Namen des zu erweiternden Typs einen Doppelpunkt und führen Sie anschließend (durch Komma voneinander getrennt) die gewünschten Protokolle auf, zu denen der zu erweiternde Typ konform sein muss.

In Listing 11.37 sehen Sie ein Beispiel dazu. Dort wird zunächst ein Protokoll namens Information erstellt, das eine einzige Methode namens printInfo() deklariert. Es soll dazu dienen, zu zugewiesenen Typen Informationen zu erhalten, indem diese Typen die genannte Methode passend implementieren.

Anschließend wird eine Extension für den Typ String erstellt und dabei diesem Typ das Protokoll Information zugewiesen. Damit ist String konform zu diesem Protokoll und muss entsprechend die Methode printInfo() implementieren. Anschließend kann nun auf jeden String problemlos die Methode printInfo() aufgerufen werden.

Listing 11.37 Erweiterung eines bestehenden Typs um ein Protokoll mithilfe einer Extension

```
protocol Information {
    func printInfo()
}

extension String: Information {
    func printInfo() {
        print("Das ist ein String mit dem Wert '\(self)'.")
    }
}

let myString = "Ein String"
myString.printInfo()
// Das ist ein String mit dem Wert 'Ein String'.
```

Zuweisung eines Protokolls, wenn Protokoll-Bedingungen bereits erfüllt sind

Sie können eine Extension auch dazu nutzen, einem Typ ein Protokoll zuzuweisen, der alle Eigenschaften und Funktionen dieses Protokolls bereits in
passender Form implementiert hat. Das kann immer dann sinnvoll sein,
wenn Sie den entsprechenden Typ auch mithilfe des so zugewiesenen Protokoll-Typs ansprechen und verwenden möchten. Dazu reicht es aus, eine
„leere" Extension zu erstellen, die selbst keine Implementierung besitzt, über
die aber das gewünschte Protokoll dem zu erweiternden Typ zugewiesen wird.

In Listing 11.38 sehen Sie ein Beispiel dazu. Dort werden ein Protokoll
Vehicle und eine Klasse Car deklariert. Beide sind an dieser Stelle unabhän-
gig voneinander, dennoch implementiert Car bereits alle Eigenschaften und
Funktionen, die innerhalb des Protokolls Vehicle deklariert sind.

Listing 11.38 Deklaration eines Protokolls Vehicle und einer Klasse Car

```
protocol Vehicle {
    var manufacturer: String { get set }
    var maximumSpeed: Int { get set }
    var currentSpeed: Int { get set }
    func startDriving()
    func stopDriving()
}

class Car {
    var manufacturer: String
    var maximumSpeed: Int
    var currentSpeed: Int
    var numberOfDoors: Int
    func startDriving() {
        print("Auto fährt los.")
    }
    func stopDriving() {
        print("Auto hält an.")
    }
    init(manufacturer: String, maximumSpeed: Int, currentSpeed: Int,
numberOfDoors: Int) {
        self.manufacturer = manufacturer
        self.maximumSpeed = maximumSpeed
        self.currentSpeed = currentSpeed
        self.numberOfDoors = numberOfDoors
    }
}
```

Soll nun der Klasse Car nachträglich das Protokoll Vehicle zugewiesen
werden, so ist es nicht notwendig, noch irgendwelche Eigenschaften und
Funktionen dieses Protokolls in Car zu implementieren, da eine passende
Implementierung ja bereits vorhanden ist. Die Zuordnung des Protokolls
Vehicle zur Klasse Car kann daher in Form einer Extension, so wie in Listing
11.39 gezeigt, erfolgen.

Listing 11.39 Zuweisung eines Protokolls zu einem bestehenden Typ, der alle Eigenschaften und Funktionen des Protokolls bereits implementiert

```
extension Car: Vehicle {}
```

Damit können Instanzen der Klasse Car nun auch an Stellen verwendet werden, an denen eine Instanz vom Protokoll-Typ Vehicle verlangt wird.

11.3.3.2 Protokoll mittels Extension um neue Funktionen und Standardimplementierung erweitern

Da Protokolle in Swift einen eigenen Typ definieren (siehe dazu auch den Abschnitt 11.3.2), ist es auch möglich, Protokolle selbst mittels einer Extension um zusätzliche Eigenschaften und Funktionen zu erweitern. Dabei kann es sich gleichermaßen um gänzlich neue Eigenschaften oder um eine Standardimplementierung für die Eigenschaften des Protokolls selbst handeln.

Betrachten wir zunächst einmal die Implementierung neuer Funktionen für ein Protokoll mithilfe einer Extension. Dazu wird in Listing 11.40 ein Protokoll Story mit zwei Properties deklariert. Darüber hinaus soll dieser neu definierte Typ Story über eine Methode namens printStoryInfo() verfügen, die den Titel sowie den Autor der jeweiligen Geschichte ausgibt. Zu diesem Zweck wird im Anschluss eine Extension für den Protokoll-Typ Story erstellt und darin die gewünschte Methode implementiert.

Listing 11.40 Erweiterung eines Protokolls mithilfe einer Extension

```
protocol Story {
    var author: String { get set }
    var title: String { get set }
}

extension Story {
    func printStoryInfo() {
        print("'\(title)' von \(author)")
    }
}
```

In Listing 11.41 werden nun die beiden Structures Book und Audiobook deklariert, die jeweils beide konform zum Protokoll Story sind. Anschließend wird von diesen beiden Structures je eine Instanz erstellt und darauf die Methode printStoryInfo() der Extension von Story aufgerufen.

Listing 11.41 Aufruf der Methode eines Protokolls aus einer Protokoll-Extension

```
struct Book: Story {
    var author: String
    var title: String
    var numberOfPages: UInt
}

struct Audiobook: Story {
    var author: String
    var title: String
```

```
    var durationInHours: UInt
}

let it = Book(author: "Stephen King", title: "Es", numberOfPages: 1536)
let theStand = Audiobook(author: "Stephen King", title: "The Stand: Das letzte
Gefecht", durationInHours: 54)

it.printStoryInfo()
theStand.printStoryInfo()
// 'Es' von Stephen King
// 'The Stand: Das letzte Gefecht' von Stephen King
```

Neben gänzlich neuen Funktionen wie der eben gezeigten printStoryInfo()-Methode können Extensions aber auch dazu genutzt werden, Standardimplementierungen für die Eigenschaften und Funktionen von Protokollen anzubieten. Dazu implementiert eine Extension ein oder mehrere Eigenschaften und Funktionen des entsprechenden Protokolls, womit diese nicht mehr zwingend bei den Typen implementiert werden müssen, die konform zu dem Protokoll sind. Bieten diese Typen keine eigene Implementierung für die Eigenschaften und Funktionen an, werden automatisch diejenigen aus der Extension aufgerufen und verwendet.

In Listing 11.42 ist dazu ein Beispiel zu sehen. Dort wird ein Protokoll Vehicle mit drei Properties und zwei Methoden deklariert. Im Anschluss wird für die beiden Methoden des Protokolls mithilfe einer Extension eine Standardimplementierung umgesetzt. Das hat zur Folge, dass nun Typen, die konform zum Vehicle-Protokoll sind, diese Methoden nicht mehr selbst implementieren müssen, wenn Sie diese Standardimplementierung der Extension verwenden möchten. Andernfalls kann für die Typen natürlich immer noch eine eigene Implementierung angeboten werden.

Listing 11.42 Ergänzen einer Standardimplementierung für ein Protokoll mithilfe einer Extension

```
protocol Vehicle {
    var manufacturer: String { get set }
    var maximumSpeed: Int { get set }
    var currentSpeed: Int { get set }
    func startDriving()
    func stopDriving()
}

extension Vehicle {
    func startDriving() {
        print("Auto fährt los.")
    }
    func stopDriving() {
        print("Auto hält an.")
    }
}
```

Das beschriebene Verhalten ist in Listing 11.43 zu sehen. Dort wird eine Structure Class deklariert, die konform zum zuvor gezeigten Protokoll Vehicle ist. Dabei bietet diese Structure für die beiden Methoden startDriving() und stopDriving() selbst keine passende Implementierung an, was an dieser Stelle vollkommen legitim ist, da in diesem Fall auf die jeweilige Standardimplementierung aus der Extension für den Protokoll-Typ zurückge-griffen wird. Das beweist die am Ende erstellte Konstante `myCar`, auf der beide Methoden je einmal aufgerufen werden.

Listing 11.43 Verwenden der Standardimplementierung eines Protokolls

```
struct Car: Vehicle {
    var manufacturer: String
    var maximumSpeed: Int
    var currentSpeed: Int
    var numberOfDoors: Int
    init(manufacturer: String, maximumSpeed: Int, currentSpeed: Int, numberOfDoors:
Int) {
        self.manufacturer = manufacturer
        self.maximumSpeed = maximumSpeed
        self.currentSpeed = currentSpeed
        self.numberOfDoors = numberOfDoors
    }
}

let myCar = Car(manufacturer: "Opel", maximumSpeed: 180, currentSpeed: 0,
numberOfDoors: 5)
myCar.startDriving()
myCar.stopDriving()
// Auto fährt los.
// Auto hält an.
```

Somit erlaubt es das Erweitern von Protokollen mittels Extensions, auf Wunsch Standardim-plementierung sowie zusätzliche Eigenschaften und Funktionen auch für einen Protokoll-Typ zu definieren und zu verwenden.

11.3.4 Vererbung in Protokollen

Neben Klassen können auch Protokolle in Swift voneinander erben, ein Protokoll kann somit die Eigenschaften und Funktionen eines anderen Protokolls oder sogar *mehrerer* anderer Protokolle übernehmen. Dazu gibt man bei der Deklaration eines Protokolls nach dem Namen des Protokoll-Typs einen Doppelpunkt an, gefolgt von den Namen der Proto-kolle, deren Eigenschaften und Funktionen das neu deklarierte Protokoll ebenfalls besitzen soll (mehrere Protokolle werden dabei durch ein Komma voneinander getrennt). Typen, die zu solch einem Protokoll konform sind, müssen dann sowohl die Eigenschaften und Funk-tionen des jeweiligen Protokolls selbst als auch aller Protokolle implementieren, von denen geerbt wird.

In Listing 11.44 sehen Sie ein einfaches Beispiel dazu. Dort wird zunächst ein Protokoll `Text` mit den zwei Properties `author` und `title` deklariert, um darüber grundlegende Eigenschaften abzubilden, die für jeden Text gelten. Im Anschluss daran wird ein weiteres Protokoll `Story` deklariert, welches zunächst von `Text` erbt und somit die beiden Properties dieses Protokolls übernimmt. Darüber hinaus definiert `Story` drei weitere, für Geschichten spezifische Properties.

Listing 11.44 Vererbung in Protokollen

```
protocol Text {
    var author: String { get set }
    var title: String { get set }
}

protocol Story: Text {
    var kind: String { get set }
    var essay: String { get set }
    var plot: String { get set }
}
```

Ist nun ein Typ konform zum Protokoll Story, so muss er neben den drei innerhalb dieses Protokolls definierten Properties kind, essay und plot auch eine Implementierung für die beiden Properties author und title des Text-Protokolls anbieten, da Story eben diese Eigenschaften erbt. Ein passendes Beispiel dazu sehen Sie in Listing 11.45. Dort wird eine Structure Book erstellt, die konform zum Story-Protokoll ist und so für alle genannten Eigenschaften eine passende Implementierung anbieten muss.

Listing 11.45 Implementierung aller Eigenschaften und Funktionen der Protokoll-Hierarchie

```
struct Book: Story {
    var author: String
    var title: String
    var kind: String
    var essay: String
    var plot: String
}
```

 Mehrfachvererbung

Wie bereits beschrieben, können Protokolle nicht nur von einem, sondern von *beliebig vielen* anderen Protokollen erben; dies wird auch als *Mehrfachvererbung* bezeichnet. Damit unterscheiden sie sich von Klassen, die maximal über eine Superklasse verfügen können.

11.3.5 Class-only-Protokolle

Soll ein Protokoll ausschließlich für Reference Types adaptierbar sein (sprich für Klassen), dann lassen sich für diesen Zweck in Swift sogenannte *Class-only-Protokolle* erstellen (auch als *Class-Protocol* beziehungsweise *Klassenprotokoll* bezeichnet).

Um ein solches Klassenprotokoll zu erstellen, fügen Sie nach der Deklaration des Protokolls im Anschluss an den Namen des Protokoll-Typs einen Doppelpunkt, gefolgt vom Schlüsselwort class, an. Von der Syntax her sieht es also so aus, als würde das Protokoll von class erben (siehe dazu auch den Abschnitt 11.3.4).

Listing 11.46 zeigt ein Beispiel dazu. Dort wird ein Protokoll Story auf die beschriebene Art und Weise als Klassenprotokoll deklariert, wodurch es nur noch Klassen zugewiesen werden kann; Enumerations und Structures können somit nicht konform zum Story-Protokoll sein. Der Versuch, einem solchen Value Type ein Klassenprotokoll zuzuweisen, endet umgehend in einem Compiler-Fehler.

Listing 11.46 Deklaration eines Klassenprotokolls

```
protocol Story: class {
    var author: String { get set }
    var title: String { get set }
}
```

Setzen Sie daher Klassenprotokolle immer dann ein, wenn das zugrunde liegende Protokoll ausschließlich für die Verwendung innerhalb von Reference Types (und damit Klassen) ausgelegt ist.

Klassenprotokolle und Vererbung

Soll ein Protokoll sowohl als Klassenprotokoll deklariert werden und gleichzeitig von einem oder mehreren anderen Protokollen erben, so deklarieren Sie das entsprechende Protokoll zunächst immer mit dem Schlüsselwort class, so wie in Listing 11.46 zu sehen. Anschließend können Sie – durch Komma getrennt – die Namen der Protokolle aufführen, von denen geerbt werden soll.

Ein entsprechendes Beispiel dazu zeigt Listing 11.47. Dort wird das Protokoll Story als Klassenprotokoll deklariert, gleichzeitig erbt es noch die Eigenschaften des Protokolls Text.

Listing 11.47 Deklaration eines Klassenprotokolls mit Vererbung

```
protocol Text {
    var author: String { get set }
    var title: String { get set }
}

protocol Story: class, Text {
    var kind: String { get set }
    var essay: String { get set }
    var plot: String { get set }
}
```

Übrigens wird bei der Vererbung von Protokollen auch die Deklaration als Klassenprotokoll ebenfalls vererbt. Das Protokoll Story wäre also auch dann ein Klassenprotokoll, wenn es nicht explizit mittels class als Klassenprotokoll deklariert wird, es aber diese Eigenschaft von Text übernimmt, so wie in Listing 11.48 zu sehen.

Listing 11.48 Vererbung der Klassenprotokoll-Eigenschaft

```
protocol Text: class {
    var author: String { get set }
    var title: String { get set }
}
```

```
protocol Story: Text {
    var kind: String { get set }
    var essay: String { get set }
    var plot: String { get set }
}
```

11.3.6 Optionale Eigenschaften und Funktionen

Eigenschaften und Funktionen, die innerhalb eines Protokolls deklariert werden, können in Swift auch als optional gekennzeichnet werden. Optional bedeutet dabei, dass ein Typ, der zu einem entsprechenden Protokoll konform ist, diese optionalen Eigenschaften und Funktionen nicht zwingend zu implementieren braucht; deren Implementierung ist eben *optional*.

Bei der Verwendung solcher optionaler Eigenschaften und Funktionen müssen allerdings einige Besonderheiten beachtet werden. So müssen Protokolle, die über wenigstens eine optionale Eigenschaft oder Funktion verfügen, mithilfe des Schlüsselworts @objc deklariert werden. Ohne diese Kennzeichnung können Protokollen keine optionalen Eigenschaften und Funktionen zugewiesen werden. Allerdings hat die Verwendung von @objc auf ein Protokoll zur Folge, dass dieses Protokoll nur auf Klassen angewendet werden kann, Enumerations und Structures hingegen können zu solch einem Protokoll niemals konform sein; eine entsprechende Zuweisung würde umgehend zu einem Compiler-Fehler führen.

Foundation-Framework notwendig

Um das Schlüsselwort @objc verwenden zu können, muss in der jeweiligen Swift-Datei zwingend Apples Foundation-Framework importiert werden, wodurch optionale Eigenschaften und Funktionen für Protokolle bisher ausschließlich auf Apple-Plattformen zur Verfügung stehen. Das Foundation-Framework können Sie über den Befehl import Foundation in einer Swift-Datei einbinden. Mehr zur Arbeit mit Frameworks in Swift erfahren Sie in Kapitel 15, „Dateien und Interfaces".

Sind diese Grundlagen erfüllt, ist es möglich, jede einzelne Eigenschaft und Funktion eines Protokolls mithilfe eines vorangestellten @objc optional als optional zu kennzeichnen. In Listing 11.49 sehen Sie ein Beispiel dazu. Dort wird das Protokoll Vehicle mit einer nicht-optionalen Property manufacturer, einer optionalen Property maximumSpeed und den zwei optionalen Methoden startDriving() und stopDriving() deklariert.

Listing 11.49 Deklaration des Protokolls Vehicle mit einer optionalen Property und zwei optionalen Methoden

```
@objc protocol Vehicle {
    var manufacturer: String { get set }
    @objc optional var maximumSpeed: UInt { get set }
    @objc optional func startDriving()
    @objc optional func stopDriving()
}
```

Eine Klasse, die nun konform zum eben vorgestellten `Vehicle`-Protokoll ist, braucht nur ausschließlich die `manufacturer`-Property zwingend zu implementieren, die restlichen Eigenschaften und Funktionen können weggelassen werden. Das ist in Listing 11.50 zu sehen, in dem eine Klasse `Car` erstellt wird, die konform zum `Vehicle`-Protokoll ist und lediglich die `manufacturer`-Property implementiert.

Listing 11.50 Verzicht auf Implementierung der optionalen Eigenschaften und Funktionen eines Protokolls

```
class Car: Vehicle {
    var manufacturer: String
    init(manufacturer: String) {
        self.manufacturer = manufacturer
    }
}
```

11.3.6.1 Umgang mit Protokoll-Type

Aufgrund dessen, dass ein Typ nicht die optionalen Eigenschaften und Funktionen eines ihm zugewiesenen Protokolls implementieren muss, verändert sich aber auch der Umgang mit dem zugrunde liegenden Protokoll-Typ. Betrachten wir dazu zunächst einmal die Deklaration einer neuen Variablen `myVehicle`, der mittels Type Annotation der Protokoll-Typ `Vehicle` und eine neue Instanz der Klasse `Car` zugewiesen wird (siehe Listing 11.51). Grundlage für das `Vehicle`-Protokoll und die `Car`-Klasse sind die im vorherigen Abschnitt 11.3.6 vorgestellten Beispiele.

Listing 11.51 Erstellen einer Instanz der Klasse `Car` und Zuweisung zu einer Variablen vom Protokoll-Typ `Vehicle`

```
var myVehicle: Vehicle = Car(manufacturer: "Opel")
```

Die gezeigte Deklaration ist technisch vollkommen korrekt und erlaubt es, der Variablen `myVehicle` jedes beliebige Fahrzeug zuzuweisen, solange der zugrunde liegende Typ nur konform zum `Vehicle`-Protokoll ist.

Nun bringt aber die gezeigte Konstellation ein Problem mit sich: Es ist vollkommen unklar, ob und welche der optionalen Eigenschaften und Funktionen des `Vehicle`-Protokolls über die Variable `myVehicle` zur Verfügung stehen. Da es jedem Typ, der konform zu `Vehicle` ist, freisteht, ob er diese optionalen Eigenschaften und Funktionen implementiert, können sie nicht einfach über die Instanz `myVehicle` aufgerufen werden.

Zur Lösung dieses Problems wandelt Swift intern alle optionalen Eigenschaften und Funktionen eines Protokolls in tatsächliche Optionals um. So ist deutlich, dass die entsprechenden Elemente womöglich beim aufzurufenden Ziel nicht existieren und daher auch nicht verwendet werden können.

Um also beispielsweise auf die Property `maximumSpeed` des `Vehicle`-Protokolls über die `myVehicle`-Instanz zuzugreifen, macht es Sinn, diese mithilfe der `if let`-Syntax zu überprüfen und die Property nur zu verwenden, wenn sie tatsächlich im zugrunde liegenden Typ implementiert ist und somit zur Verfügung steht, so wie in Listing 11.52 zu sehen.

> **Listing 11.52** Prüfen und Abfragen einer optionalen Property eines Protokolls
>
> ```
> if let maximumSpeed = myVehicle.maximumSpeed {
>     print("Die Höchstgeschwindigkeit beträgt \(maximumSpeed).")
> }
> ```

In diesem Beispiel wird das innerhalb der if-Abfrage implementierte print()-Statement nicht ausgeführt, da die Property myVehicle über keine Angabe zu maximumSpeed verfügt; die zugrunde liegende Klasse Car der myVehicle-Instanz hat diese Eigenschaft des Vehicle-Protokolls nicht implementiert.

Genauso verhält es sich im Übrigen auch mit Methoden. Auch diese werden im Falle einer Deklaration von @objc optional im zugrunde liegenden Protokoll als Optional umgesetzt. So entspricht beispielsweise der Function Type der Methode startDriving() nicht () -> Void, sondern (() -> Void)? (man beachte die Zusammenfassung des Function Type mithilfe runder Klammern als Optional). Entsprechend sollte man solch eine Methode über eine Variable wie myVehicle niemals direkt aufrufen, da sie möglicherweise beim Ziel gar nicht implementiert ist (genauso, wie es in diesem Beispiel ja auch tatsächlich der Fall ist). Listing 11.53 zeigt, wie sich so mittels Optional Binding und einer if let-Abfrage prüfen lässt, ob die Methode startDriving() über die Variable myVehicle zur Verfügung steht, und diese nur aufgerufen wird, wenn dem so ist.

> **Listing 11.53** Prüfen und Abfragen einer optionalen Methode eines Protokolls
>
> ```
> if let startDriving = myVehicle.startDriving {
>     startDriving()
> }
> ```

11.3.7 Protocol Composition

Mithilfe der sogenannten Protocol Composition ist es in Swift möglich, kurzzeitig einen temporären Typ zu definieren, der sich aus zwei oder noch mehr Protokollen zusammensetzt. Das ist immer dann sinnvoll, wenn Sie beispielsweise einen Funktionsparameter oder eine Variable deklarieren möchten, der beziehungsweise die konform zu *mehreren* verschiedenen Protokollen ist. Mithilfe der Protocol Composition lassen sich genau solche Konstellationen abbilden und Typen definieren, die konform zu mehreren verschiedenen Protokollen sind.

Der Typ einer Protocol Composition setzt sich aus den gewünschten Protokoll-Typen zusammen, die durch ein & voneinander getrennt werden. Zu sehen ist das beispielhaft in Listing 11.54. Dort werden ein Protokoll Person (zur Abbildung von Namen und Alter einer Person) sowie ein Protokoll Address (zur Abbildung einer Anschrift mit Straße, Postleitzahl und Ort) deklariert. Die anschließend implementierte Funktion printPersonAndAddress-Information(_:) soll sowohl die innerhalb des Person- wie auch die innerhalb des Address-Protokolls deklarierten Informationen mithilfe von print() ausgeben. Der Parameter dieser Funktion muss also sowohl konform zum Typ Person wie auch zum Typ Address sein. Genau dieses Verhalten wird mithilfe der Protocol Composition umgesetzt, indem als Typ für den Parameter der Funktion Person & Address angegeben wird.

Listing 11.54 Deklaration eines Funktionsparameters mittels Protocol Composition

```
protocol Person {
    var name: String { get set }
    var age: UInt { get set }
}

protocol Address {
    var street: String { get set }
    var postalCode: String { get set }
    var city: String { get set }
}

func printPersonAndAddressInformation(_ information: Person & Address) {
    print("Name: \(information.name)")
    print("Alter: \(information.age)")
    print("Straße: \(information.street)")
    print("Postleitzahl: \(information.postalCode)")
    print("Stadt: \(information.city)")
}
```

Dadurch steht fest, dass der Parameter information auf alle Eigenschaften und Funktionen der beiden Protokolle Person und Address zugreifen kann. Gleichzeitig müssen alle Parameter, die dieser Funktion übergeben werden, zu **beiden** Protokollen konform sein. Dazu wird in Listing 11.55 eine neue Structure namens Writer erstellt, die beide Protokolle adaptiert. Eine Instanz dieser Structure kann dann problemlos an die Funktion printPersonAndAddressInformation(_:) übergeben werden, da sie die genannten Anforderungen an den Parameter erfüllt.

Listing 11.55 Nutzen eines passenden Parameters für eine Protocol Composition

```
struct Writer: Person, Address {
    var name: String
    var age: UInt
    var street: String
    var postalCode: String
    var city: String
}

let aWriter = Writer(name: "Thomas Sillmann", age: 28, street: "Kettererstraße 6",
postalCode: "63739", city: "Aschaffenburg")
printPersonAndAddressInformation(aWriter)
// Name: Thomas Sillmann
// Alter: 28
// Straße: Kettererstraße 6
// Postleitzahl: 63739
// Stadt: Aschaffenburg
```

Wie viele Protokolle Sie mittels einer Protocol Composition zusammenfassen, ist Ihnen überlassen, es gibt hier keinerlei Limitierungen.

11.3.8 Delegation

Bei der Delegation handelt es sich um ein sogenanntes *Design Pattern* in der Programmierung mit Swift. Es beschreibt keine neue Funktion der Programmiersprache, sondern stattdessen ein Vorgehen in der Programmierung zum Lösen bestimmter Probleme. Da die Basis der Delegation die Protokolle sind, wird sie auch in diesem Abschnitt entsprechend im Detail vorgestellt und erläutert.

Bei der Delegation geht es darum, dass eine Structure oder eine Klasse einen Teil ihrer Funktionalität an einen sogenannten *Delegate* auslagert (die Funktionalität also an eine andere Stelle *delegiert*). Dabei interessiert die Structure oder Klasse gar nicht der konkrete Typ, an den diese Aufgaben ausgelagert werden. Es kann sich dabei um jeden beliebigen Typ handeln, solange dieser Typ nur die benötigte Funktionalität implementiert. Und genau diese Funktionalität wird in Form eines Protokolls definiert und bestimmt. Dieses Protokoll wird dann als Typ für den Delegate verwendet, wodurch es sich beim Delegate im Grunde um eine beliebige Instanz eines beliebigen Typs handeln kann, der lediglich die im Protokoll gestellten Anforderungen erfüllen muss.

Anhand eines Beispiels soll das Design Pattern der Delegation einmal veranschaulicht werden. Dazu werden in Listing 11.56 ein Protokoll Vehicle sowie eine Structure Driver deklariert. Das Protokoll Vehicle deckt dabei alle grundlegenden Eigenschaften und Funktionen für ein beliebiges Fahrzeug ab, während die Structure Driver über eine Property name sowie eine Property vehicle vom Protokoll-Typ Vehicle verfügt. Letztere ermöglicht es, einem Fahrer jedes beliebige Fahrzeug zuzuweisen, solange es nur konform zum Protokoll Vehicle ist.

Darüber hinaus implementiert die Structure Driver zwei Methoden: startRace() und stopRace(). Darüber soll der Start eines Rennens simuliert werden. Theoretisch könnte hier nun die Structure Driver selbst eine passende Implementierung anbieten, um das zugeordnete Vehicle für den Start passend zu konfigurieren (beispielsweise durch Setzen einer passenden Höchstgeschwindigkeit). Doch woher soll Driver wissen, um welche Art von Fahrzeug es sich handelt? Ein Rennauto beschleunigt nun einmal ganz anders als ein Rennrad.

Aus diesem Grund wird diese Funktionalität an die vehicle-Property der Driver-Structure ausgelagert, sprich: *delegiert*. Dazu definiert das Vehicle-Protokoll zwei passende Methoden startDriving() und stopDriving(), die nun innerhalb von startRace() beziehungsweise stopRace() aufgerufen werden.

Listing 11.56 Nutzen eines Protokolls zur Delegation von Funktionen an eine andere Instanz

```
protocol Vehicle {
    var manufacturer: String { get set }
    var maximumSpeed: UInt { get }
    var currentSpeed: UInt { get set }
    mutating func startDriving()
    mutating func stopDriving()
}

struct Driver {
    var name: String
    var vehicle: Vehicle
```

```
    mutating func startRace() {
        print("Starte ein Rennen ...")
        vehicle.startDriving()
    }
    mutating func stopRace() {
        print("Stoppe das Rennen ...")
        vehicle.stopDriving()
    }
}
```

Je nachdem, um was für eine Art von Fahrzeug es sich nun handelt, fällt die auszuführende Implementierung der Methoden `startRace()` und `stopRace()` unterschiedlich aus. Das verdeutlicht Listing 11.57, in dem die zwei Structures `Car` und `Bicycle` deklariert werden, die jeweils beide konform zum `Vehicle`-Protokoll sind (und somit Instanzen beider Structures potenziell für die Property `vehicle` der Structure `Driver` verwendet werden können).

Listing 11.57 Deklaration zweier potenzieller Delegate-Typen für die `vehicle`-Property der `Driver`-Structure

```
struct Car: Vehicle {
    var manufacturer: String
    var maximumSpeed: UInt
    var currentSpeed: UInt
    mutating func startDriving() {
        print("Der Motor heult auf ...")
        currentSpeed = 50
    }
    mutating func stopDriving() {
        print("Die Bremse wird durchgetreten ...")
        currentSpeed = 0
    }
}

struct Bicycle: Vehicle {
    var manufacturer: String
    var maximumSpeed: UInt {
        return 30
    }
    var currentSpeed: UInt
    mutating func startDriving() {
        print("Das Fahrrad fährt los ...")
        currentSpeed = 10
    }
    mutating func stopDriving() {
        print("Das Fahrrad rollt aus ...")
        currentSpeed = 5
    }
}
```

Beide Structures besitzen jeweils eine unterschiedliche Implementierung der Methoden `startDriving()` und `stopDriving()`, ebenso setzt die Structure `Bicycle` für die Höchstgeschwindigkeit einen festen Wert in Form einer Computed Property.

In Listing 11.58 werden nun auf Basis dieser beiden Structures passende Instanzen erstellt. Anschließend erfolgt die Erstellung einer `Driver`-Instanz, der zuerst die zuvor erstellte `Car`- und anschließend die `Bicycle`-Instanz als `vehicle` zugewiesen werden. Die anschließenden

Aufrufe der Methoden startRace() und stopRace() fördern nun – je nach zugewiesenem Fahrzeug – ein anderes Ergebnis zutage.

Listing 11.58 Unterschiedliche Ergebnisse von Funktionen aufgrund verschiedener Delegates

```
var aCar = Car(manufacturer: "Opel", maximumSpeed: 180, currentSpeed: 0)
var aBicycle = Bicycle(manufacturer: "Alpina", currentSpeed: 0)

var theDriver = Driver(name: "Thomas", vehicle: aCar)
theDriver.startRace()
theDriver.stopRace()

theDriver.vehicle = aBicycle
theDriver.startRace()
theDriver.stopRace()

// Starte ein Rennen ...
// Der Motor heult auf ...
// Stoppe das Rennen ...
// Die Bremse wird durchgetreten ...

// Starte ein Rennen ...
// Das Fahrrad fährt los ...
// Stoppe das Rennen ...
// Das Fahrrad rollt aus ...
```

Somit ist es mithilfe von Protokollen und die durch sie definierten Protokoll-Typen möglich, bestimmte Funktionen an eine beliebige andere Instanz auszulagern, unabhängig davon, welcher Typ dieser Instanz letztlich zugrunde liegt, solange dieser nur konform zum gewünschten Protokoll ist.

12 Type Checking und Type Casting

Swift ist durch und durch als eine sehr typsichere Sprache konzipiert. Jeder Variablen und Konstanten, jedem Funktionsparameter und Rückgabewert und allen anderen Elementen, mit denen man in Swift arbeitet, ist ein eindeutiger Typ zugeordnet. Damit ist sichergestellt, dass immer nur die Eigenschaften und Funktionen auf eine Instanz aufgerufen werden können, die genau dem zugeordneten Typ entsprechen.

Es gibt allerdings Situationen, in denen der Typ einer Instanz nicht eindeutig ist. Um das zu verdeutlichen, demonstriere ich diese Problematik anhand eines Beispiels. Dazu zeigt Listing 12.1 zunächst einmal die Basis für dieses Beispiel. Es werden eine Klasse Story sowie die beiden Klassen Book und Audiobook erstellt, bei denen es sich jeweils um eine Subklasse von Story handelt. In allen Klassen werden passende Properties deklariert und ein passender Initializer eingebunden.

Listing 12.1 Deklaration einer Klasse Story und zweier Subklassen Book und Audiobook

```
class Story {
    var author: String
    var title: String
    init(author: String, title: String) {
        self.author = author
        self.title = title
    }
}

class Book: Story {
    var numberOfPages: UInt
    init(author: String, title: String, numberOfPages: UInt) {
        self.numberOfPages = numberOfPages
        super.init(author: author, title: title)
    }
}

class Audiobook: Story {
    var reader: String
    var durationInHours: UInt
    init(author: String, title: String, reader: String, durationInHours: UInt) {
        self.reader = reader
        self.durationInHours = durationInHours
        super.init(author: author, title: title)
    }
}
```

Im nächsten Schritt (siehe Listing 12.2) werden zwei Instanzen der Klasse Book und eine Instanz der Klasse Audiobook erstellt und passenden Konstanten zugewiesen. Diese Konstanten werden dann dazu verwendet, ein neues Array namens stories zu befüllen. Dieses Array soll dazu dienen, verschiedene Geschichten zusammenzufassen, genauso, wie es bei den drei zugewiesenen Instanzen der Fall ist.

Listing 12.2 Erstellen von Book- und Audiobook-Instanzen und Zuweisung dieser Instanzen zu einem Array

```
let it = Book(author: "Stephen King", title: "Es", numberOfPages: 1536)
let theStand = Book(author: "Stephen King", title: "The Stand – Das letzte Gefecht",
numberOfPages: 1712)
let theBundle = Audiobook(author: "Sebastian Fitzek", title: "Das Paket", reader:
"Simon Jäger", durationInHours: 7)

let stories = [it, theStand, theBundle]
```

Nun geschieht jedoch Folgendes: Dem Array stories wird mittels Type Inference von Swift automatisch der Typ [Story] zugewiesen. Das liegt daran, dass das die gemeinsame Superklasse aller Elemente innerhalb dieses Arrays ist. Wäre es als ein Array vom Typ [Book] deklariert, könnte die Audiobook-Instanz theBundle nicht hinzugefügt werden, und wäre das Array wiederum vom Typ [Audiobook], könnten die beiden Book-Instanzen it und theStand dort nicht untergebracht werden. Der Typ Story ist in dieser Konstellation gewissermaßen der „kleinste gemeinsame Nenner" der dem Array hinzugefügten Elemente.

An und für sich ist das gar kein Problem und auch absolut legitim gelöst und umgesetzt. Allerdings kommt es nun zu einem Problem, wenn man auf die Elemente dieses Arrays zugreift und deren Eigenschaften und Funktionen verwenden möchte. Laut der Array-Deklaration sind alle Elemente des Arrays stories vom Typ Story, was zum Teil stimmt (schließlich sind alle Elemente als *Subklasse* von Story deklariert), doch es bedeutet, dass bei der Verwendung dieser Elemente nur die Eigenschaften und Funktionen zur Verfügung stehen, die innerhalb der Klasse Story deklariert sind, also ausschließlich die beiden Properties author und title. Außerdem verfügen die Elemente it und theStand aber noch zusätzlich über eine Eigenschaft numberOfPages, während theBundle noch über die zwei zusätzlichen Properties reader und durationInHours verfügt; diese können aber nicht genutzt werden.

Genau an solchen Stellen greifen das sogenannte *Type Checking* und *Type Casting*. *Type Checking* bezeichnet eine Technik, einen Wert gegen einen bestimmten Typ zu prüfen. Auf das Beispiel des Arrays stories abgebildet, erlaubt Type Checking die Prüfung jedes Elements dieses Arrays gegen den Typ Book beziehungsweise Audiobook. Dabei erhält man einen booleschen Wert, der true entspricht, wenn der Wert dem abgefragten Typ entspricht, oder false, falls dies nicht der Fall ist.

Type Checking prüft die gesamte Klassenhierarchie

Type Checking gibt bei Klassen übrigens nicht nur dann true zurück, wenn ein Wert exakt dem verglichenen Typ entspricht, sondern auch dann, wenn der vergleichende Typ wenigstens Teil der Klassenhierarchie dieses Werts ist. Würde man so beispielsweise eine Book-Instanz gegen den Typ Story prüfen, so würde auch das `true` zurückliefern. Schließlich bringt die Book-Instanz alle Eigenschaften und Funktionen der Klasse `Story` mit. Umgekehrt würde aber die Prüfung einer `Story`-Instanz gegen `Book` oder `Audiobook` als Ergebnis `false` zurückgeben, da die Klassenhierarchie dieser Instanz nicht so tief reicht.

Type Casting geht noch einen Schritt weiter. Es erlaubt das Umwandeln des Typs eines Werts in einen anderen. So kann beispielsweise ein Element aus dem `stories`-Array vom Typ `Story` in den Typ `Book` oder den Typ `Audiobook` umgewandelt werden, um so die spezifischen Eigenschaften dieser Typen auf das zugehörige Element anwenden zu können. Dieses Vorgehen wird auch als *Downcasting* bezeichnet, da der Typ eines Elements in einer zugehörigen Klassenhierarchie in einen Typ einer tieferen Ebene dieser Hierarchie umgewandelt wird.

Allerdings erlaubt Type Casting nicht das beliebige Ändern eines Typs eines Elements. Type Casting ist nur dann erfolgreich, wenn das entsprechende Element auch zu diesem Typ (oder zu einer seiner Superklassen) konform ist. Wenn man noch einmal das Beispiel des Arrays `stories` betrachtet, dann können zwar die Elemente `it` und `theStand` daraus von `Story` nach `Book` umgewandelt werden, aber nicht nach `Audiobook`; da die Instanzen diesem Typ nicht entsprechen, ist auch ein entsprechender Downcast unmöglich.

Instanz wird durch Type Casting nicht verändert

Es ist wichtig, zu verstehen, dass zu keiner Zeit eine erstellte Instanz durch Type Casting verändert wird. So sind die Instanz `it` und `theStand` zu jeder Zeit vom Typ `Book`, und daran ändert sich auch nichts. Durch das gezeigte Beispiel landeten sie jedoch in einem Array vom Typ `[Story]`, was technisch möglich und korrekt ist, aber zur Folge hat, dass bei dem Zugriff auf die Elemente dieses Arrays nur Instanzen vom Typ `Story` zurückgeliefert werden. Nichtsdestoweniger entsprechen die erstellten Instanzen auch dann noch immer ihrem ursprünglichen Typ, nur muss dieser in diesem Beispiel mittels Type Casting erst wieder gesetzt werden, um alle Eigenschaften und Funktionen dieses Typs verwenden zu können.

Beide Vorgehensweisen – Type Checking und Type Casting – werden in den folgenden beiden Abschnitten im Detail vorgestellt.

Type Checking und Type Casting mit Any und AnyObject

Type Checking und Type Casting spielen vor allen Dingen im Zusammenspiel mit den Typen `Any` und `AnyObject` eine wichtige Rolle. Da diese prinzipiell jedem anderen Typ entsprechen können, sind Type Checking und Type Casting bei der Verwendung von Instanzen dieser Typen notwendig, um herauszufinden, welcher konkrete Type dahintersteckt und um dann entsprechende Eigenschaften und Funktionen zu nutzen.

■ 12.1 Type Checking mit „is"

Mithilfe von Type Checking kann geprüft werden, ob eine Instanz einem bestimmten Typ entspricht oder nicht. Dabei kommt der sogenannte *Type Check Operator* is zum Einsatz. Mithilfe dieses Operators prüft man eine Instanz gegen einen Typ und erhält als Ergebnis einen booleschen Wert – true, wenn die Instanz dem verglichenen Typ entspricht, oder false, falls dies nicht der Fall ist.

Dazu sehen Sie in Listing 12.3 ein konkretes Beispiel (dieses Beispiel baut auf den Listings aus dem vorherigen Abschnitt auf). Dort wird das zuvor in Listing 12.2 deklarierte stories-Array mithilfe einer for-in-Schleife durchlaufen. Dabei soll für jedes Element dieses Arrays geprüft werden, ob es konform zum Typ Book beziehungsweise Audiobook ist, und anschließend eine entsprechende Meldung mittels print() ausgegeben werden.

Zum Prüfen des Typs wird eine if-Abfrage verwendet, die zunächst mittels story is Book überprüft, ob das gerade durchlaufene Element aus dem stories-Array dem Typ Book entspricht. Anschließend wird in einem ergänzenden else if-Block auf die gleiche Art und Weise das durchlaufene Element gegen Audiobook geprüft. Die beiden Book-Instanzen it und theStand durchlaufen dabei die erste Abfrage erfolgreich, während die Audiobook-Instanz theBundle in den else if-Zweig springt.

Listing 12.3 Type Checking mittels is

```
for story in stories {
    if story is Book {
        print("'\(story.title)' von \(story.author) ist ein Buch.")
    } else if story is Audiobook {
        print("'\(story.title)' von \(story.author) ist ein Hörbuch.")
    }
}

// 'Es' von Stephen King ist ein Buch.
// 'The Stand – Das letzte Gefecht' von Stephen King ist ein Buch.
// 'Das Paket' von Sebastian Fitzek ist ein Hörbuch.
```

Type Checking verändert aber – im Gegensatz zu dem im folgenden Abschnitt 12.2 vorgestellten Type Casting – nicht den Typ der geprüften Instanz. Entsprechend kann in dem Beispiel aus Listing 12.3 auch nur auf die Eigenschaften der story-Elemente zugegriffen werden, die in der Klasse Story deklariert sind. Soll auch auf die spezifischen Eigenschaften der Klasse Book beziehungsweise Audiobook zugegriffen werden, so muss der Typ mittels Type Casting entsprechend umgewandelt werden. Type Checking mit is führt nur eine Prüfung durch, keine Umwandlung.

 Type Checking funktioniert auch mit Protokoll-Typen

Type Checking kann auch dazu verwendet werden, die Konformität einer Instanz zu einem Protokoll zu prüfen. Dazu geben Sie als Typ nach dem Schlüsselwort is einfach den gewünschten Protokoll-Typ an. Ist die abgefragte Instanz konform zu dem Protokoll, erhalten Sie true zurück, andernfalls false.

■ 12.2 Type Casting mit „as"

Um den Typ einer Instanz mittels Type Casting so zu ändern, dass man auf die Eigenschaften und Funktionen des gewünschten Typs zugreifen kann, steht in Swift der sogenannte *Type Cast Operator* as bereit. Dieser wird immer in einer der folgenden Formen verwendet:

- as?

- as!

Das Type Casting erfolgt ähnlich wie das Type Checking. Zunächst wird der Name der Instanz gesetzt, deren Typ geändert werden soll, gefolgt von dem Schlüsselwort as? oder as! (zu den Unterschieden der beiden gleich mehr) und dem gewünschten Ziel-Typ. Als Ergebnis erhält man entweder eine Instanz, die der ursprünglichen Instanz entspricht, aber vom gesetzten Ziel-Typ abgeleitet ist (und so über die Eigenschaften und Funktionen dieses Ziel-Typs verfügt) oder nil, wenn ein Type Casting nicht möglich war.

Die beiden Type Cast-Operatoren as? und as! unterscheiden sich dabei wie folgt: Bei der Verwendung von as? wird immer ein Optional des Ziel-Typs zurückgeliefert, selbst wenn das Type Casting erfolgreich durchgeführt wird. Diese Variante ist relativ sicher, da andernfalls nil zurückgeliefert wird, ohne dass es zu einem Absturz der Anwendung kommt.

Anders sieht es hingegen bei der Verwendung von as! für das Type Casting aus. Ein so durchgeführter Type Cast liefert kein Optional zurück, was bei einem erfolgreichen Type Casting bedeutet, dass die so zurückgelieferte Instanz direkt verwendet werden kann, ohne sie mittels ! entpacken zu müssen. Sollte der Type Cast allerdings fehlschlagen, dann führt die Verwendung von as! zum Absturz der zugrunde liegenden Anwendung.

 Verwendung von „as?" und „as!"

Beim Type Casting sollten Sie as! nur dann verwenden, wenn Sie sich absolut sicher sind, dass das Type Casting funktionieren wird, da Sie andernfalls einen möglichen Absturz Ihrer Anwendung provozieren. Wenn Sie also beispielsweise zuvor mittels Type Checking sichergestellt haben, dass die von Ihnen geprüfte Instanz dem gewünschten Typ entspricht, können Sie diese direkt mit as! umwandeln. In allen anderen Fällen aber sollte immer as? für das Type Casting verwendet werden.

Ein Beispiel für Type Casting sehen Sie in Listing 12.4. Dort wird die for-Schleife aus Listing 12.3 um Type Casting ergänzt. Dazu wird jedes Element des Arrays stories aus Listing 12.2 durchlaufen und zunächst mittels Type Checking der Typ jedes Elements gegen Book beziehungsweise Audiobook geprüft. Nach dem Type Checking erfolgt nun ein Type Casting, um darüber eine Instanz des entsprechenden Typs Book oder Audiobook zu erhalten und so die spezifischen Eigenschaften dieser Typen nutzen zu können. Dabei wird für das Type Casting der as!-Operator verwendet, da zuvor ja durch das durchgeführte Type Checking bereits sichergestellt ist, dass ein Type Casting nur dann erfolgt, wenn es auch tatsächlich möglich ist. Das Ergebnis dieses Type Castings ist entweder eine nicht-optionale Instanz vom Typ Book oder vom Typ Audiobook.

Listing 12.4 Type Checking und anschließendes Type Casting mittels as!

```
for story in stories {
    if story is Book {
        let book = story as! Book
        print("'\(book.title)' von \(book.author) ist ein Buch mit
            \(book.numberOfPages) Seiten.")
    } else if story is Audiobook {
        let audiobook = story as! Audiobook
        print("'\(audiobook.title)' von \(audiobook.author) ist ein Hörbuch mit
            einer Spieldauer von \(audiobook.durationInHours) Stunden.")
    }
}

// 'Es' von Stephen King ist ein Buch mit 1536 Seiten.
// 'The Stand – Das letzte Gefecht' von Stephen King ist ein Buch mit 1712 Seiten.
// 'Das Paket' von Sebastian Fitzek ist ein Hörbuch mit einer Spieldauer
// von 7 Stunden.
```

Eine alternative Syntax zu diesem Beispiel des Type Castings sehen Sie in Listing 12.5. Dort wird mithilfe von Optional Binding und Type Casting jedes Element des Arrays stories gegen die Typen Book und Audiobook geprüft. Dabei wird für das Optional Binding der as?-Operator verwendet, da an den entsprechenden Stellen nicht klar ist, ob das jeweilige Element aus dem stories-Array Book oder Audiobook entspricht.

Listing 12.5 Type Casting mittels as? und Optional Binding

```
for story in stories {
    if let book = story as? Book {
        print("'\(book.title)' von \(book.author) ist ein Buch mit \(book.
numberOfPages) Seiten.")
    } else if let audiobook = story as? Audiobook {
        print("'\(audiobook.title)' von \(audiobook.author) ist ein Hörbuch mit einer
Spieldauer von \(audiobook.durationInHours) Stunden.")
    }
}

// 'Es' von Stephen King ist ein Buch mit 1536 Seiten.
// 'The Stand – Das letzte Gefecht' von Stephen King ist ein Buch mit 1712 Seiten.
// 'Das Paket' von Sebastian Fitzek ist ein Hörbuch mit einer Spieldauer
// von 7 Stunden.
```

Type Casting kann im Übrigen auch mit Protokoll-Typen durchgeführt werden. Allerdings gilt es dabei zu beachten, dass bei solch einem Type Casting dann auf die entstandene Instanz auch nur die Eigenschaften und Funktionen des jeweiligen Protokolls aufgerufen werden können.

13 Error Handling

In manchen Fällen hat man es bei der Programmierung mit Swift mit Funktionen, Methoden oder Initializern zu tun, deren zugrunde liegende Funktionalität möglicherweise fehlschlägt oder nicht durchgeführt werden kann. Ein Beispiel hierfür wäre eine Funktion, die ein Bild aus dem Internet laden soll. Sollte es – aus welchen Gründen auch immer – keine Internetverbindung bei Aufruf der Funktion geben, dann kann diese Funktion auch nicht korrekt durchgeführt werden. Ein anderes Beispiel wäre eine Funktion, über die auf eine Datei im Dateisystem zugegriffen werden soll; existiert die Datei dort nicht, kann diese Funktion ebenfalls nicht korrekt ausgeführt werden.

In derartigen Fällen, wenn eine Funktion, Methode oder ein Initializer einen oder mehrere mögliche Fehler durchlaufen kann, bietet Swift das sogenannte *Error Handling* an, um die Fehler abzufangen und eine passende Lösung für ein Problem im eigenen Code anzubieten.

Grundlage des Error Handling in Swift ist das sogenannte Error-Protokoll. Mithilfe dieses Protokolls erstellt man typischerweise für jede mögliche Fehlerquelle eine passende Enumeration, die pro möglichem Fehler über einen passenden Case verfügt. Kommt es nun bei der Durchführung einer Funktion, Methode oder eines Initializers zu einem Fehler, dann wird der entsprechende Wert der zugehörigen Error-Enumeration zurückgegeben, und der Aufrufer der entsprechenden Funktion, Methode oder des entsprechenden Initializers hat die Möglichkeit, auf den entstandenen Fehler zu reagieren.

In den folgenden Abschnitten wird die Arbeit mit Error Handling in Swift im Detail vorgestellt. Abschnitt 13.1 geht zunächst auf die Deklaration möglicher Fehler mittels des genannten Error-Protokolls ein, während in Abschnitt 13.2 die Möglichkeiten zur Reaktion auf einen (möglichen) Fehler aufgeführt werden.

■ 13.1 Deklaration und Feuern eines Fehlers

Wie einleitend beschrieben, ist das Error-Protokoll die Grundlage für einen jeden Fehler im Error Handling in Swift. Anhand eines Beispiels soll die typische Verwendung dieses Protokolls sowie die Deklaration möglicher Fehler einmal demonstriert werden.

Basis ist dabei eine Structure `Car`, die über verschiedene Methoden wie das Starten eines Autos, das Erhöhen der aktuellen Geschwindigkeit sowie das Anhalten verfügt. Beim Verwenden dieser Methoden kann es zu möglichen Fehler kommen, die mithilfe des Error Handling abgefangen werden sollen. Diese möglichen Fehler werden zunächst in einer Enumeration namens `CarError` zusammengefasst, die vom `Error`-Protokoll abgeleitet ist. Als mögliche Fehler für die genannten Methoden wurden in diesem Beispiel die folgenden ausgemacht:

- Kein Losfahren möglich, falls Treibstoff leer ist.
- Kein erneutes Losfahren möglich, wenn ein Auto bereits fährt.
- Kein Überschreiten der Höchstgeschwindigkeit eines Autos möglich.
- Kein Anhalten möglich, wenn ein Auto gar nicht fährt.

Die genannten Fehler werden in der `CarError`-Enumeration wie in Listing 13.1 zu sehen definiert. Besonders interessant sind die beiden möglichen Fehler `alreadyDriving` und `speedToHigh`, da diese noch einen Associated Value mitbringen, der die zugehörigen Methoden mit passenden Informationen befüllen kann, sollte es zu den entsprechenden Fehlern kommen. Im Falle von `alreadyDriving` kann die aktuelle Geschwindigkeit übermittelt werden, während `speedToHigh` die Höchstgeschwindigkeit des jeweiligen Autos zurückgeben kann.

Listing 13.1 Deklaration einer `Error`-Enumeration

```
enum CarError: Error {
    case noFuel
    case alreadyDriving(currentSpeed: UInt)
    case speedToHigh(maximumSpeed: UInt)
    case notDriving
}
```

Auf die gezeigte Art und Weise werden also in einem ersten Schritt mögliche Fehler definiert und in einer passenden Enumeration zusammengetragen. Nun geht es darum, diese Fehler an der passenden Stelle auszulösen.

Damit eine Funktion, eine Methode oder ein Initializer überhaupt einen Fehler feuern kann, müssen sie entsprechend gekennzeichnet werden. Hier kommt das Schlüsselwort `throws` ins Spiel. Jede Funktion, Methode und jeder Initializer, deren Ausführung zu einem Fehler führen kann, muss mit diesem Schlüsselwort deklariert werden. Die Deklaration mit `throws` erfolgt immer **nach** dem runden Klammernpaar, das die optionalen Parameter enthält und **vor** der Deklaration eines optionalen Rückgabewerts. Listing 13.2 zeigt dies.

Listing 13.2 Verwendung von `throws`

```
func functionWithThrowingError() throws {
    // Implementierung der Funktion
}

func functionWithThrowingErrorAndReturnValue() throws -> Int {
    // Implementierung der Funktion
}
```

Ohne eine Deklaration mittels `throws` kann keine Funktion, Methode und kein Initializer einen Fehler zurückgeben, dazu braucht es zwingend dieses Schlüsselwort. Um nun im

Fehlerfall innerhalb einer solchen Funktion, Methode oder eines solchen Initializers einen Fehler zu feuern, braucht es wiederum das Schlüsselwort throw. Das wird innerhalb der Implementierung an den Stellen verwendet, an denen ein Fehler auftritt. Es ist vergleichbar mit return, da es ebenso zum umgehenden Verlassen der entsprechenden Funktion führt. Dabei wird nach dem Schlüsselwort throw der zugehörige Fehler aus der passenden Error-Enumeration angegeben.

Wie die Umsetzung von Methoden, die einen oder mehrere Fehler zurückgeben können, aussehen kann, sehen Sie in Listing 13.3. Dort ist die Implementierung der zu Beginn dieses Abschnitts beschriebenen Structure Car aufgeführt, die über insgesamt drei Methoden verfügt, die allesamt einen Fehler auslösen können.

Listing 13.3 Deklaration der Structure Car mit drei Methoden, die Fehler zurückgeben können

```
struct Car {
    var currentSpeed: UInt
    var maximumSpeed: UInt
    var hasFuel: Bool
    mutating func startDriving() throws {
        guard hasFuel else {
            throw CarError.noFuel
        }
        guard currentSpeed == 0 else {
            throw CarError.alreadyDriving(currentSpeed: currentSpeed)
        }
        print("Fahre los ...")
        currentSpeed = 30
    }
    mutating func increaseCurrentSpeed(_ increaseSpeed: UInt) throws -> UInt {
        let updatedSpeed = currentSpeed + increaseSpeed
        guard updatedSpeed <= maximumSpeed else {
            throw CarError.speedToHigh(maximumSpeed: maximumSpeed)
        }
        currentSpeed = updatedSpeed
        print("Geschwindigkeit auf \(currentSpeed) km/h erhöht.")
        return updatedSpeed
    }
    mutating func stopDriving() throws {
        guard currentSpeed > 0 else {
            throw CarError.notDriving
        }
        print("Halte an ...")
        currentSpeed = 0
    }
}
```

Als Erstes ist da die Methode startDriving(). In dieser wird zunächst geprüft, ob die boolesche Property hasFuel dem Wert true entspricht (und damit die zugrunde liegende Instanz der Structure Car überhaupt über Treibstoff verfügt, um losfahren zu können). Die Prüfung erfolgt mithilfe einer guard-Abfrage. Schlägt sie fehl, wird ein erster Fehler aus der zuvor erstellten CarError-Enumeration gefeuert: noFuel. Im Anschluss daran erfolgt direkt eine zweite Prüfung mittels guard, um mithilfe der Abfrage currentSpeed == 0 festzustellen, ob das zugrunde liegende Auto womöglich bereits fährt (currentSpeed also größer als 0 ist). Ist das der Fall, ist ein erneutes Losfahren nicht möglich, was zum Feuern des Fehlers alreadyDriving aus der CarError-Enumeration führt. Dieser Fehler erwartet einen

Associated Value, wie der Deklaration dieses Werts der `CarError`-Enumeration aus Listing 13.1 zu entnehmen ist. Mit dem Fehler wird die aktuelle Geschwindigkeit der `Car`-Instanz übermittelt, und er kann von der Stelle, an der er zurückgeliefert wird, entsprechend ausgewertet werden.

Tritt keiner dieser beiden möglichen Fehler auf, folgt die eigentliche Funktion der Methode `startDriving()`. Sie gibt ein `print()`-Statement aus und setzt den Wert der Property `currentSpeed` auf 30.

Als Nächstes folgt die Methode `increaseCurrentSpeed(_:)`. Diese dient dazu, die aktuelle Geschwindigkeit einer `Car`-Instanz (die in der Property `currentSpeed` gespeichert ist) um einen übergebenen Wert zu erhöhen. Die daraus neu entstehende Höchstgeschwindigkeit wird dabei noch einmal zusätzlich von der Methode als `UInt` zurückgegeben. Aber auch hierbei kann es zu einem Fehler kommen, nämlich dann, wenn die Erhöhung von `currentSpeed` um den übergebenen Wert dazu führt, dass `currentSpeed` plötzlich größer ist als die mögliche Höchstgeschwindigkeit der zugrunde liegenden `Car`-Instanz (diese ist in der Property `maximumSpeed` gespeichert). Und genau das wird zu Beginn innerhalb der Methode `increaseCurrentSpeed(_:)` überprüft. Dazu wird die neu entstehende aktuelle Geschwindigkeit zunächst berechnet und innerhalb der temporären Konstanten `updatedSpeed` gespeichert. Anschließend wird mithilfe einer `guard`-Abfrage geprüft, ob `updatedSpeed` größer ist als der Wert der Property `maximumSpeed`. Ist das der Fall, wird der Fehler `speedToHigh` aus der `CarError`-Enumeration mittels `throw` gefeuert und dabei als Associated Value die zulässige Höchstgeschwindigkeit der jeweiligen `Car`-Instanz zurückgeliefert. Andernfalls wird der Property `currentSpeed` die aktualisierte Geschwindigkeit aus der Konstanten `updatedSpeed` zugewiesen, ein passendes `print()`-Statement ausgegeben und die aktuelle Geschwindigkeit mittels `return` zurückgegeben.

Bleibt zu guter Letzt noch die Methode `stopDriving()`. Diese prüft zunächst mithilfe einer `guard`-Abfrage, ob die zugrunde liegende `Car`-Instanz überhaupt fährt, sprich der Wert der Property `currentSpeed` größer als 0 ist. Ist das der Fall, wird ein passendes `print()`-Statement ausgegeben und der Wert von `currentSpeed` auf 0 gesetzt, andernfalls aber wird der Fehler `notDriving` aus der `CarError`-Enumeration zurückgegeben, um darauf aufmerksam zu machen, dass das entsprechende Auto gar nicht fährt und somit auch nicht angehalten werden kann.

Damit wurden die beiden grundlegenden Elemente zur Deklaration sowie zum Auslösen von Fehlern mittels Error Handling in Swift im Detail vorgestellt. Mithilfe des `Error`-Protokolls werden Enumerations erstellt, die einen oder mehrere thematisch zusammenhängende Fehler abbilden, während Funktionen, Methoden und Initializer, die einen solchen Fehler auslösen können, mittels des Schlüsselworts `throws` deklariert werden und einen Fehler letztlich mithilfe von `throw` feuern und diesen zurückgeben.

 Das Auslösen eines Fehlers ist optional

Auch wenn Sie eine Funktion, Methode oder einen Initializer mittels `throws` so deklariert haben, dass diese einen Fehler zurückgeben können, so muss innerhalb der entsprechenden Implementierung nicht zwingend auch nur an einer Stelle ein Fehler mittels `throw` zurückgegeben werden. Umgekehrt kann aber keine Funktion, Methode und kein Initializer mittels `throw` einen Fehler feuern, wenn sie nicht mit dem Schlüsselwort `throws` deklariert ist.

Dennoch sollten Sie eine Funktion, Methode oder einen Initializer immer nur dann mittels `throws` deklarieren, wenn in der zugehörigen Implementierung auch wenigstens potenziell ein Fehler zurückgegeben werden kann, andernfalls nicht.

■ 13.2 Reaktion auf einen Fehler

Im vorherigen Abschnitt 13.1 wurde gezeigt, wie Fehler mittels Error Handling definiert und ausgelöst werden können. In diesem Abschnitt geht es nun um die Frage, wie aufgrund dessen auf einen möglicherweise ausgelösten Fehler reagiert werden kann.

Swift bietet insgesamt vier Möglichkeiten, um mit Funktionen, Methoden und Initializern umzugehen, die aufgrund ihrer Deklaration mit dem Schlüsselwort `throws` potenziell Fehler auslösen können. Diese sind:

- Auswerten eines möglichen Fehlers mittels `do-catch`
- Umwandeln eines möglichen Fehlers in ein Optional
- Weitergabe eines möglichen Fehlers an eine andere Stelle
- Ignorieren eines möglichen Fehlers

Gemein ist all diesen möglichen Vorgehensweisen, dass eine Funktion, die möglicherweise einen Fehler zurückgibt, mit einem vorangestellten `try` (oder den davon abgeleiteten Varianten `try?` und `try!`) aufgerufen werden muss. Fehlt dieses Schlüsselwort beim Aufruf einer Funktion, die mit `throws` deklariert ist, kommt es zu einem Compiler-Fehler; die Verwendung von `try` ist in diesen Fällen beim Aufruf also Pflicht. Worin sich die Verwendung von `try`, `try?` und `try!` unterscheidet und wann welches dieser drei Schlüsselwörter zum Einsatz kommt, erfahren Sie im Laufe der folgenden Abschnitte. In Listing 13.4 sehen Sie beispielhaft den typischen Aufruf einer Funktion, die mittels `throws` deklariert ist, mithilfe des Schlüsselworts `try`.

Listing 13.4 Verwendung des Schlüsselworts `try` zum Aufruf einer mit **throws** deklarierten Funktion

```
try functionWhichMayCauseAnError()
```

Die genannten vier Möglichkeiten zum Umgang mit Fehlern mittels `try` werden im Folgenden in jeweils einem eigenen Abschnitt vorgestellt.

13.2.1 Mögliche Fehler mittels do-catch auswerten

Um in Swift einen durch eine Funktion, Methode oder durch einen Initializer zurückgegebenen Fehler explizit auszuwerten, gibt es nur eine einzige Möglichkeit, und die führt über einen sogenannten `do-catch`-Block. `do-catch` ist ein wenig vergleichbar mit einer `if`-Abfrage und dient dazu, einen zurückgegebenen Fehler auszuwerten und entsprechend darauf zu reagieren (beispielsweise durch Ausgabe einer entsprechenden Fehlermeldung an den Nutzer).

Ein do-catch-Block wird immer mit dem Schlüsselwort do eingeleitet, gefolgt von geschweiften Klammern. Innerhalb dieser geschweiften Klammern erfolgt der Aufruf der Funktion, die möglicherweise einen Fehler zurückgibt, wobei die entsprechende Funktion immer mit einem vorangestellten try aufgerufen wird. Die restliche Implementierung des do-Blocks enthält die Befehle, die ausgeführt werden sollen, sollte der Fehlerfall **nicht** eintreten. Im Falle eines Fehlers ist es an einem catch-Block, diesen auszuwerten und entsprechend darauf zu reagieren.

Genau hier kommen wir damit auch zum zweiten Teil eines do-catch-Blocks. Nach Abschluss von do wird im Anschluss an die geschlossene geschweifte Klammer des do-Blocks das Schlüsselwort catch gesetzt, gefolgt vom Wert des Fehlers aus einer zugehörigen Error-Enumeration, auf den im Fehlerfall reagiert werden soll. Innerhalb geschweifter Klammern folgt dann der Code, der ausgeführt werden soll, wenn der zuvor spezifizierte Fehlerfall eintritt.

Auf dieser Basis kann ein do-catch-Block über beliebig viele catch-Blöcke verfügen, vergleichbar mit den else if-Blöcken einer if-Abfrage, wobei in jedem catch-Block auf einen anderen spezifischen Fehler eingegangen werden kann.

Es kann auch maximal ein reiner catch-Block (ohne Angabe eines auszuwertenden Fehlers) ganz am Ende (oder auch als einziger catch-Block) angegeben werden. Der Code innerhalb dieses Blocks wird dann ausgelöst, wenn ein anderer als einer der möglicherweise zuvor geprüften Fehler eingetreten ist. Ein solcher catch-Block kann sehr gut mit einem else-Block einer if-Abfrage verglichen werden.

In Listing 13.5 sehen Sie die grundlegende Deklaration eines solchen do-catch-Blocks in Swift.

Listing 13.5 Aufbau eines do-catch-Blocks

```
do {
    <AUFRUF EINER FUNKTION, DIE MÖGLICHERWEISE EINEN FEHLER FEUERT>
    <IMPLEMENTIERUNG DER BEFEHLE, FALLS KEIN FEHLER EINTRITT>
} catch <ZU PRÜFENDER FEHLER> {
    <AUSZUFÜHRENDE BEFEHLE, FALLS DER GEPRÜFTE FEHLER EINTRITT>
} catch <ANDERER ZU PRÜFENDER FEHLER> {
    <AUSZUFÜHRENDE BEFEHLE, FALLS DER ANDERE GEPRÜFTE FEHLER EINTRITT>
} catch {
    <AUSZUFÜHRENDE BEFEHLE, FALLS EIN ANDERER ALS DIE ZUVOR GEPRÜFTEN FEHLER
EINTRITT>
}
```

In Listing 13.6 sehen Sie ein erstes Beispiel zur Verwendung von do-catch zum Abfangen möglicher Fehler. Als Basis für dieses Beispiel dient die CarError-Enumeration aus Listing 13.1 sowie die Structure Car aus Listing 13.3, die beide im vorherigen Abschnitt 13.1 vorgestellt wurden. In diesem Beispiel wird zu Beginn eine neue Instanz von Car erstellt und dann mithilfe eines do-catch-Blocks die Methode startDriving() aufgerufen. Dabei werden mithilfe zweier catch-Blöcke explizit die beiden möglichen Fehler noFuel und alreadyDriving abgefangen, um in solch einem Fehlerfall passend reagieren zu können. Im Falle von alreadyDriving wird zudem mittels Value Binding der übergebene Parameter dieses Fehlers einer temporären Konstanten `currentSpeed` zugewiesen, um so den Fehler entsprechend auswerten zu können.

Die anderen beiden potenziellen Fehler, die Teil des `CarError`-Typs sind, werden am Ende im finalen `catch`-Block behandelt. Für diese findet sich somit keine spezialisierte Implementierung und es wird stattdessen angedeutet, dass ein anderer Fehler aufgetreten ist, den wir passend behandeln müssen. Dieser letzte `catch`-Block ist wichtig, da wir ohne ihn nicht alle Fehler behandeln, die in `CarError` definiert sind, was wiederum zu einem Compiler-Fehler führen würde. Mit `do-catch` müssen entsprechend entweder alle potenziell auftretenden Fehler explizit behandelt oder am Ende ein generischer `catch`-Block definiert werden, um sicherzustellen, dass im Fehlerfall passender Code in unserer Anwendung ausgeführt wird.

Listing 13.6 Aufruf der Methode `startDriving()` und Abfangen der möglichen Fehler

```
var myCar = Car(currentSpeed: 50, maximumSpeed: 180, hasFuel: false)

do {
    try myCar.startDriving()
} catch CarError.noFuel {
    print("Du musst erst noch auftanken!")
    myCar.hasFuel = true
} catch CarError.alreadyDriving(let currentSpeed) {
    print("Das Auto fährt bereits mit einer Geschwindigkeit von \(currentSpeed)
km/h.")
    myCar.currentSpeed = 0
} catch {
    print("Ein anderer Fehler ist aufgetreten.")
}

// Du musst erst noch auftanken!
```

Im Beispiel wird der Fehler `noFuel` ausgelöst, da die Property `hasFuel` der erstellten `myCar`-Instanz `false` entspricht. Bei diesem Fehler wird ein entsprechendes `print()`-Statement ausgegeben, ebenso wird die Property `hasFuel` von `myCar` auf `true` gesetzt.

Bei einem anschließenden erneuten Ausführen des do-catch-Blocks würde dann aber der Fehler `alreadyDriving` gefeuert, da die Property `currentSpeed` dem Wert 50 und nicht 0 entspricht. Auch in diesem Fehlerfall wird ein passendes `print()`-Statement ausgegeben und anschließend die Property `currentSpeed` von `myCar` auf 0 gesetzt.

Eine abgespeckte Alternative zu diesem Beispiel sehen Sie in Listing 13.7. Dort gibt es nur einen einzigen `catch`-Block, der auch keinen spezifischen Fehler abfragt und somit bei jedem gefeuerten Fehler ausgelöst wird.

Listing 13.7 Abfangen aller möglichen Fehler mit einem einzigen `catch`-Block

```
do {
    try myCar.startDriving()
} catch {
    print("Es ist ein Fehler aufgetreten.")
}

// Es ist ein Fehler aufgetreten.
```

Zum Abschluss zeigt Listing 13.8 eine etwas abgewandelte Verwendung des try-Befehls. Dort wird innerhalb eines neuen do-Blocks eine temporäre Konstante currentSpeed erstellt, der das Ergebnis der Methode increaseCurrentSpeed(_:) zugewiesen werden soll. Da die Methode einen Fehler zurückgeben kann, muss sie mittels try aufgerufen werden, wobei dieses Schlüsselwort erneut erst wieder vor dem entsprechenden Methodenaufruf aufgeführt wird. Kann die Methode erfolgreich ausgeführt werden, wird das print()-Statement innerhalb des do-Blocks aufgerufen und der Konstanten currentSpeed der von der Methode zurückgelieferte Wert zugewiesen. Andernfalls erhält die temporäre Konstante currentSpeed keinen Wert und es wird stattdessen das print()-Statement des catch-Blocks ausgeführt.

Listing 13.8 Zuweisung des Ergebnisses einer Methode, die möglicherweise einen Fehler zurückliefert

```
do {
    let currentSpeed = try myCar.increaseCurrentSpeed(200)
    print("Aktuelle Geschwindigkeit beträgt \(currentSpeed) km/h.")
} catch {
    print("Geschwindigkeit konnte nicht erhöht werden.")
}

// Geschwindigkeit konnte nicht erhöht werden.
```

Auf die gezeigte Art und Weise ist es somit mithilfe von do-catch möglich, Funktionen auszuführen, die mittels throws deklariert sind und so möglicherweise einen Fehler zurückgeben, und gleichzeitig auf derartige Fehler zu reagieren.

catch-Block mit where-Statement

Die Ausführung eines spezifischen catch-Blocks kann nicht nur von dem jeweils zugewiesenen Fehler abhängig gemacht werden, sondern auch von einer optionalen Bedingung. Solch eine Bedingung kann nach dem Schlüsselwort where angebracht werden, das nach dem zu prüfenden Fehler eines catch-Blocks aufgeführt wird. Listing 13.9 zeigt diese grundlegende Deklaration zum Setzen einer Bedingung für einen catch-Block.

Listing 13.9 Prüfen einer zusätzlichen Bedingung für einen catch-Block mittels where

```
do {
    <AUFRUF EINER FUNKTION, DIE MÖGLICHERWEISE EINEN FEHLER FEUERT>
    <IMPLEMENTIERUNG DER BEFEHLE, FALLS KEIN FEHLER EINTRITT>
} catch <ZU PRÜFENDER FEHLER> where <BEDINGUNG> {
    <AUSZUFÜHRENDE BEFEHLE, FALLS DER GEPRÜFTE FEHLER EINTRITT>
} catch {
    <AUSZUFÜHRENDE BEFEHLE, FALLS EIN ANDERER ALS DIE ZUVOR GEPRÜFTEN
FEHLER EINTRITT>
}
```

Dadurch wird der zugehörige catch-Block nur dann ausgeführt, wenn sowohl der zu prüfende Fehler als auch die mittels where zugeordnete Bedingung erfüllt sind.

13.2.2 Mögliche Fehler in Optionals umwandeln

Wenn ein Fehler in einer Funktion ausgelöst wird und es für Sie keine Rolle spielt, um welche Art von Fehler es sich konkret handelt, gibt es in Swift die Möglichkeit, das Ergebnis einer solchen Funktion in ein Optional umzuwandeln. Dazu dient das Schüsselwort `try?`. Es erfüllt zunächst die gleiche Aufgabe wie `try` und dient dazu, Funktionen aufzurufen, die möglicherweise fehlschlagen können. Allerdings wandelt `try?` den Rückgabewert einer solchen Funktion automatisch in ein Optional um. Das hat zur Folge, dass der zurückgelieferte Wert dieser Methode `nil` entspricht, sollte ein Fehler auftreten. Kommt es zu keinem Fehler, dann erhält man darüber den eigentlichen Wert zurück, der aber nichtsdestoweniger als Optional umgesetzt ist.

In Listing 13.10 sehen Sie ein konkretes Beispiel dazu. Basis dieses Beispiels sind erneut die `CarError`-Enumeration sowie die `Car`-Structure aus Abschnitt 13.1. Es wird eine `Car`-Instanz erstellt und der Variablen `myCar` zugewiesen, anschließend wird eine Variable `updatedCurrentSpeed` erstellt. Dieser zweiten Variablen soll das Ergebnis der Methode `increaseCurrentSpeed(_:)` der Structure `Car` zugewiesen werden. Da diese möglicherweise einen Fehler zurückliefert, muss sie mittels `try` aufgerufen werden, wobei in diesem Fall das alternative Schlüsselwort `try?` verwendet wird. Dadurch wird nun schlicht und einfach `nil` zurückgegeben, sollte die Methode einen Fehler zurückliefern. Dieses Verhalten wird durch zwei entsprechende Aufrufe der besagten Methode demonstriert. Der erste Aufruf läuft noch fehlerfrei durch, wobei `updatedSpeed` ein passender Wert zugewiesen wird. Beim zweiten Aufruf aber kommt es schließlich zu einem Fehler, weshalb `updatedSpeed` stattdessen `nil` zugewiesen wird.

Listing 13.10 Umwandlung eines möglichen Fehlers in ein Optional

```
var myCar = Car(currentSpeed: 50, maximumSpeed: 180, hasFuel: false)
var updatedSpeed = try? myCar.increaseCurrentSpeed(50)
print("updatedSpeed = \(updatedSpeed)")

updatedSpeed = try? myCar.increaseCurrentSpeed(100)
print("updatedSpeed = \(updatedSpeed)")

// updatedSpeed = Optional(100)
// updatedSpeed = nil
```

Beim Verwenden von `try?` gilt es zu beachten, dass der Rückgabewert einer so aufgerufenen Funktion **immer** ein Optional ist. Die Variable `updatedSpeed` wird daher mittels Type Inference von Swift nicht auf den Typ `UInt` gesetzt (was dem Rückgabewert der Methode `increaseCurrentSpeed(_:)` entspräche), sondern auf `UInt?`.

13.2.3 Mögliche Fehler weitergeben

Wenn innerhalb einer Funktion eine andere Funktion aufgerufen wird, die einen Fehler zurückliefern kann, so kann dieser Fehler einfach weitergegeben werden. Statt den Fehler also selbst auszuwerten, kann die Funktion, die den Fehler erhält, diesen einfach an ihren Aufrufer zurückgeben, womit dieser sich um die weitere Verarbeitung des entsprechenden Fehlers kümmern muss.

Das Umsetzen dieser Technik ist relativ simpel. Dazu muss lediglich die Funktion, die möglicherweise einen Fehler zurückerhält, ebenfalls mit dem Schlüsselwort throws deklariert werden, damit sie dadurch imstande ist, den Fehler weiterzuleiten. Demonstriert ist das Ganze einmal in Listing 13.11. Dort wird auf Basis der Structure Car aus Abschnitt 13.1 eine neue Structure namens Driver mit zwei Stored Properties namens name und car deklariert. Darüber hinaus besitzt sie eine Methode namens startRace(), mit der ein Rennen gestartet werden soll. Zu diesem Zweck soll diese Methode wiederum die Methode startDriving() der zugehörigen car-Property aufrufen. Die Methode startDriving() kann aber möglicherweise einen Fehler zurückgeben. Die Methode startRace() soll diesen Fehler nicht verarbeiten, sondern einfach an den Aufrufer von startRace() zurückgeben. Aus diesem Grund wird startRace() ebenfalls mit dem Schlüsselwort throws deklariert (um damit zu kennzeichnen, dass auch diese Methode einen Fehler zurückliefern kann). Um nun den potenziellen Fehler der Methode startDriving() zurückzugeben, muss startRace() diese lediglich unter Verwendung des Schlüsselworts try aufrufen. Sollte es zu einem Fehler kommen, wird dieser automatisch an den Aufrufer von startRace() weitergereicht (selbst ohne innerhalb von startRace() explizit das Schlüsselwort throw zum Feuern eines Fehlers zu verwenden).

Listing 13.11 Weiterleitung eines möglichen Fehlers

```
struct Driver {
    var name: String
    var car: Car
    mutating func startRace() throws {
        print("Fahrer bereitet sich auf den Start vor ...")
        try car.startDriving()
    }
}
```

So können auf die gezeigte Art und Weise mögliche Fehler einfach weitergereicht werden, ohne sie selbst zu behandeln. In Listing 13.12 ist zu sehen, wie die Methode startRace() über eine zuvor erstellte Driver-Instanz aufgerufen wird und den von der Methode zurückgelieferten Fehler in Form eines do-catch-Blocks auswertet.

Listing 13.12 Auswerten eines weitergeleiteten Fehlers

```
var myCar = Car(currentSpeed: 0, maximumSpeed: 180, hasFuel: false)
var myDriver = Driver(name: "Thomas", car: myCar)
do {
    try myDriver.startRace()
} catch {
    print("Rennen konnte nicht gestartet werden.")
}

// Fahrer bereitet sich auf den Start vor ...
// Rennen konnte nicht gestartet werden.
```

13.2.4 Mögliche Fehler ignorieren

Die letzte der vier Möglichkeiten zum Umgang mit Fehlern im Error Handling in Swift ist, mögliche Fehler einfach vollständig zu ignorieren. Dazu ruft man eine solche Methode mithilfe des Schlüsselworts `try!` auf, wodurch diese ohne weitere Fehlerüberprüfung ausgeführt wird.

Die Verwendung von `try!` ist zu vergleichen mit der von `try?` aus Abschnitt 13.2.2. Statt eines Optionals liefert `try!` aber immer einen konkreten Wert zurück, allerdings nur dann, wenn die aufgerufene Funktion keinen Fehler feuert. Sollte es zu einem Fehler bei der Verwendung von `try!` kommen, so hat dies umgehend einen Absturz der eigenen Anwendung zur Folge. Entsprechend sollte das Ignorieren von möglichen Fehlern und die Verwendung von `try!` nur dann zum Zuge kommen, wenn man sich absolut sicher ist, dass der Aufruf einer entsprechenden Methode zu keinem Fehler führen wird.

In Listing 13.13 sehen Sie ein Beispiel für die Verwendung von `try!` auf Basis der Car-Structure aus Abschnitt 13.1. Dort wird über eine Car-Instanz die Methode `increaseCurrentSpeed(_:)` mithilfe von `try!` aufgerufen, da an dieser Stelle klar ist, dass es nicht zu einem Fehler kommen wird. Entsprechend wird der Variablen `updatedSpeed` direkt das passende Ergebnis der Methode zugewiesen, wohingegen es bei der Verwendung von `try?` in ein Optional verpackt würde.

Listing 13.13 Ignorieren möglicher Fehler mittels `try!`

```swift
var myCar = Car(currentSpeed: 0, maximumSpeed: 180, hasFuel: true)
var updatedSpeed = try! myCar.increaseCurrentSpeed(50)
print("updatedSpeed = \(updatedSpeed)")
// updatedSpeed = 50
```

14 Generics

Generics stellen eines der mächtigsten und gleichermaßen komplexesten Sprachmerkmale von Swift dar, weshalb Sie hier in einem eigenen Kapitel behandelt werden.

In der Theorie dienen Generics dazu, einen bestimmten Typ erst dynamisch zur Laufzeit einer Anwendung zu bestimmen und so deutlich flexibleren Code zu schreiben. Statt also an bestimmten Stellen einen festen statischen Typ anzugeben (wie es ja bei Swift aufgrund seiner Typsicherheit an quasi jeder Stelle der Fall ist), kann mithilfe von Generics ein Platzhalter verwendet werden, der dann bei Nutzung einer bestimmten Funktion oder eines bestimmten Typs dynamisch durch einen passenden Typ ergänzt wird.

Um besser zu verstehen, was Generics genau tun und wo insbesondere die Vorteile von Generics liegen, soll zu Beginn dieses Abschnitts ein Beispiel aufgeführt werden. Dazu ist in Listing 14.1 eine Funktion namens swapTwoInts(_:_:) deklariert, deren Aufgabe darin besteht, zwei übergebene Parameter vom Typ Int miteinander zu vertauschen. Ein beispielhafter Aufruf am Ende verdeutlicht den Sinn und Zweck dieser Funktion.

Listing 14.1 Funktion zum Vertauschen zweier Werte vom Typ Int

```
func swapTwoInts(_ firstValue: inout Int, _ secondValue: inout Int) {
    let storedFirstValue = firstValue
    firstValue = secondValue
    secondValue = storedFirstValue
}

var firstInt = 19
var secondInt = 99
swapTwoInts(&firstInt, &secondInt)
print("firstInt = \(firstInt)")
print("secondInt = \(secondInt)")
// firstInt = 99
// secondInt = 19
```

Doch was ist nun, wenn man auf die gleiche Art und Weise zwei Werte vom Typ String miteinander vertauschen möchte? Man könnte entsprechend eine Funktion namens swapTwoStrings(_:_:) erstellen, so wie in Listing 14.2 zu sehen. Diese würde dann das Vertauschen zweier Strings erlauben.

Listing 14.2 Funktion zum Vertauschen zweier Werte vom Typ `String`

```
func swapTwoStrings(_ firstValue: inout String, _ secondValue: inout String) {
    let storedFirstValue = firstValue
    firstValue = secondValue
    secondValue = storedFirstValue
}

var firstString = "Thomas"
var secondString = "Sillmann"
swapTwoStrings(&firstString, &secondString)
print("firstString = \(firstString)")
print("secondString = \(secondString)")
// firstString = Sillmann
// secondString = Thomas
```

Betrachtet man nun die beiden Funktionen `swapTwoInts(_:_:)` und `swapTwoStrings(_:_:)`, so fällt auf, dass beide exakt die gleiche Implementierung besitzen. Die jeweils durchgeführten Befehle sind also in beiden Fällen vollkommen identisch, lediglich der Typ der Parameter unterscheidet sich.

Letzten Endes spielt es bei dieser Funktion sogar keine Rolle, um welchen Typ es sich bei den beiden Parametern handelt, solange sie nur von ein- und demselben Typ sind. Ob hier nun zwei Werte vom Typ `Int`, `Double`, `String`, `Bool`, `Array` oder einem eigens definierten Typ vertauscht werden, spielt für die Implementierung der Funktion selbst überhaupt keine Rolle, sie würde immer wieder gleich ausfallen. Und genau hier kommen Generics ins Spiel.

Generics setzen genau bei diesem Problem an, indem sie in den gezeigten Methoden die jeweils feste Typzuweisung von einmal `Int` und einmal `String` durch einen dynamischen Typ ersetzen. In den folgenden Abschnitten erfahren Sie alle Details über die Möglichkeiten und die Funktionsweise von Generics.

■ 14.1 Generic Functions

Die erste Möglichkeit zur Arbeit mit Generics ist in Form einer sogenannten *Generic Function*. Wie der Name bereits andeutet, geht es hierbei um Funktionen, die durch Verwendung eines dynamischen Typs optimiert werden. Ein passendes Beispiel für solch eine Funktion wurde bereits in den Listings im vorherigen Abschnitt vorgestellt. So besaßen `swapTwoInts(_:_:)` und `swapTwoStrings(_:_:)` zwar jeweils die gleiche Implementierung, bezogen sich aber auf je einen anderen Typ (einmal `Int`, einmal `String`). Dabei spielt dieser konkrete Typ für die beiden genannten Funktionen überhaupt keine Rolle, da sie ihre Aktionen und Befehle unabhängig vom Typ ausführen können. Damit sind sie ideal geeignet für eine Umsetzung als Generic Function.

Die Deklaration einer Generic Function unterscheidet sich in einem kleinen Detail von dem einer „herkömmlichen" Funktion. Um das einmal zu demonstrieren, wird in Listing 14.3 die bereits bekannte Funktion `swapTwoInts(_:_:)` mit einer Variante in Form einer Generic Function namens `swapTwoValues(_:_:)` verglichen. Die Unterschiede von `swapTwoValues(_:_:)` im Vergleich zu `swapTwoInts(_:_:)` sind fett hervorgehoben.

Listing 14.3 Deklaration einer Generic Function

```
func swapTwoInts(_ firstValue: inout Int, _ secondValue: inout Int) {
    let storedFirstValue = firstValue
    firstValue = secondValue
    secondValue = storedFirstValue
}

func swapTwoValues<T>(_ firstValue: inout T, _ secondValue: inout T) {
    let storedFirstValue = firstValue
    firstValue = secondValue
    secondValue = storedFirstValue
}
```

Damit eine Generic Function funktionieren kann, müssen Sie einen oder mehrere sogenannter *Platzhalter-Typen* (im Englischen: *Placeholder Types*) deklarieren. Diese Deklaration
erfolgt innerhalb eines Kleiner- < und Größer-Zeichens > direkt nach dem Namen der jeweiligen Funktion. In diesem Beispiel wird ein einziger solcher Placeholder Type namens T
deklariert (die Bezeichnung eines solchen Placeholder Types können Sie frei wählen).

Placeholder Types unterscheiden sich von konkreten Typen wie Int, String oder jeden
selbst definierten Typ in Swift dahingehend, dass es keinerlei Rolle spielt, welchem konkreten Typ sie entsprechen. Ein Placeholder Type ist – wie der Name bereits sagt – schlicht ein
Platzhalter für einen beliebigen anderen konkreten Typ. Um welchen konkreten Typ es sich
dabei letztlich handelt, wird beim Aufruf der jeweiligen Funktion bestimmt.

Weiterhin ist in der Deklaration der neuen Funktion swapTwoValues(_:_:) zu sehen, dass
der deklarierte Placeholder Type T für die beiden Parameter firstValue und secondValue
verwendet wird. Diese Deklaration sagt somit aus, dass beide Parameter einem beliebigen
konkreten Typ entsprechen können, solange es nur exakt der gleiche ist. Sollte T also beispielsweise dem konkreten Typ Int entsprechen, dann bedeutet das, dass auch firstValue
und secondValue dem Typ Int entsprechen.

Welcher konkrete Typ für den Placeholder Type T verwendet wird, entscheidet sich dynamisch bei jedem Aufruf der Generic Function und hängt von den konkreten Typen ab, die
für die Parameter verwendet werden. firstValue ist der erste Parameter vom Placeholder
Type T, was bedeutet, dass T automatisch dem konkreten Typ der übergebenen Instanz für
diesen Parameter entsprechen wird. Gleichzeitig bedeutet das auch, dass der zweite
Parameter für secondValue dem gleichen Typ entsprechen muss wie der erste Parameter
firstValue, da Swift intern T an dieser Stelle bereits in den konkreten Typ dieses ersten
Parameters umgewandelt hat.

Zur Verdeutlichung der Verwendung einer solchen Generic Function zeigt Listing 14.4
einmal ein paar Beispiele zum Aufrufen der Funktion swapTwoValues(_:_:). Solange die
beiden übergebenen Parameter dem gleichen konkreten Typ entsprechen, können der
Funktion Instanzen jedes beliebigen Typs übergeben werden.

Listing 14.4 Verschiedene Aufrufe einer Generic Function

```
firstInt = 19
secondInt = 99
swapTwoValues(&firstInt, &secondInt)
print("firstInt = \(firstInt)")
```

```
print("secondInt = \(secondInt)")

var firstDouble = 19.99
var secondDouble = 99.19
swapTwoValues(&firstDouble, &secondDouble)
print("firstDouble = \(firstDouble)")
print("secondDouble = \(secondDouble)")

firstString = "Thomas"
secondString = "Sillmann"
swapTwoValues(&firstString, &secondString)
print("firstString = \(firstString)")
print("secondString = \(secondString)")

// firstInt = 99
// secondInt = 19

// firstDouble = 99.19
// secondDouble = 19.99

// firstString = Sillmann
// secondString = Thomas
```

Beim Aufruf einer Generic Function müssen somit keine Besonderheiten beachtet und es muss auch keine spezielle Syntax angewendet werden. Wichtig ist nur sicherzustellen, dass allen Parametern des gleichen Placeholder Types auch Instanzen eines jeweils identischen konkreten Typs zugewiesen werden. So können aber nun mithilfe der Generic Function swapTwoValues(_:_:) zwei Instanzen von einem beliebigen Typ miteinander vertauscht werden, ohne für jeden konkreten Typ ein und dieselbe Funktion mehrmals schreiben zu müssen (wie es zu Beginn mit swapTwoInts(_:_:) und swapTwoStrings(_:_:) der Fall war).

Verwenden mehrerer Placeholder Types in einer Generic Function

Es ist problemlos möglich, mehr als einen Placeholder Type pro Generic Function zu verwenden. Dazu werden die gewünschten Placeholder Types innerhalb des Kleiner- und Größer-Zeichens durch Komma getrennt voneinander angegeben, so wie beispielhaft in Listing 14.5 zu sehen. Dort definiert die Funktion genericFunctionWithTwoPlaceholderTypes(_:_:) zwei Placeholder Types namens T und V. Dem ersten Parameter firstParam wird der Placeholder Type T zugeordnet, während der zweite Parameter secondParam dem Placeholder Type V entspricht.

Listing 14.5 Deklaration einer Generic Function mit zwei Placeholder Types

```
func genericFunctionWithTwoPlaceholderTypes<T, V>(_ firstParam: T, _
secondParam: V) {
    // Implementierung der Generic Function
}
```

Das bedeutet, dass für beide Parameter beim Aufruf dieser Methode je ein anderer konkreter Typ verwendet werden kann und diese nicht miteinander identisch sein müssen (aber können).

Type Parameters

Die vorgestellten Placeholder Types einer Generic Function werden in Swift auch als sogenannte *Type Parameter* bezeichnet (da der konkrete Wert für diesen Typ eben wie ein Parameter dynamisch übermittelt und zugewiesen wird). Für solche Type Parameter gelten die gleichen Regeln wie für alle konkreten Typen in Swift auch. So sollten deren Bezeichner beispielsweise immer mit einem Großbuchstaben beginnen.

Darüber hinaus können Type Parameter nicht nur bei der Deklaration der Parameter einer Generic Function verwendet werden, sondern **überall** innerhalb der Implementierung der entsprechenden Generic Function. Sie können einen Type Parameter somit auch als Typ für den Rückgabewert einer Funktion verwenden oder innerhalb einer Generic Function neue Variablen und Konstanten vom Typ eines Type Parameters erstellen. Letzteres war sogar bereits in der Funktion swapTwoValues(_:_:) aus Listing 14.3 der Fall; der dort erstellten temporären Konstanten storedFirstValue wurde mittels Type Inference automatisch der Placeholder Type T zugewiesen.

■ 14.2 Generic Types

Mithilfe von Generic Types ist es möglich, einen konkreten Typ in Swift mit einem dynamischen Typ zu koppeln. Das ist immer dann interessant, wenn ein Typ explizit im Zusammenspiel mit einem anderen Typ verwendet werden soll, dieser letztere Typ aber dynamisch ist. Ein sehr gutes Beispiel für solch einen Generic Type ist der Typ Array aus der Swift Standard Library. Ein Array kann sich aus Strings, Integern oder jedem anderen verfügbaren Typ zusammensetzen und bietet immer die gleichen Funktionen an. Ohne Generic Types müsste man je einen eigenen Array-Typ pro Typ anlegen, mit dem das Array umgehen können soll, beispielsweise also einen Int-Array- oder String-Array-Typ.

Um Generic Types einmal anschaulich zu verdeutlichen, zeigt Listing 14.6 ein Beispiel zweier Structures zum Stapeln von Instanzen. Ein Stapel dient dazu, Instanzen eines bestimmten Typs aufzunehmen und in einem Array zu speichern. Zu diesem Zweck bringt ein Stapel auch passende Methoden mit, um dem Stapel ein neues Element hinzuzufügen sowie das oberste Element eines Stapels wieder zu entfernen. Die Structures IntStack und StringStack bilden je solch einen Stapel ab, wobei IntStack Instanzen vom Typ Int stapelt und StringStack Instanzen vom Typ String.

Listing 14.6 Deklaration zweier Stapel-Structures IntStack und StringStack

```
struct IntStack {
    var items = [Int]()
    mutating func addItem(_ item: Int) {
        items.append(item)
    }
}
```

```
    mutating func removeLastItem() {
        items.removeLast()
    }
}

struct StringStack {
    var items = [String]()
    mutating func addItem(_ item: String) {
        items.append(item)
    }
    mutating func removeLastItem() {
        items.removeLast()
    }
}
```

Betrachtet man die beiden Structures `IntStack` und `StringStack`, so fällt auf, dass deren Implementierung nahezu identisch ist. Der einzige Unterschied besteht in den Typen, die einerseits für das jeweilige `items`-Array sowie für die Funktion `addItem(_:)` verwendet werden; bei `IntStack` ist es jeweils der Typ `Int`, bei `StringStack` ist es `String`.

Tatsächlich spielt der eigentliche Typ bei der Implementierung von `IntStack` und `StringStack` aber überhaupt keine Rolle. Die Funktionen beider Structures können unabhängig vom Typ ausgeführt werden, und genau hier kommen Generic Types ins Spiel.

Generic Types werden – ähnlich wie Type Parameter einer Generic Function (siehe dazu auch den Abschnitt 14.1) – im Zusammenspiel mit einer Enumeration, Structure oder Class deklariert und dynamisch bei Verwendung durch einen konkreten Typ ersetzt. Dazu weist man einer solchen Enumeration, Structure oder Class bei ihrer Deklaration einen oder mehrere Generic Types zu und verwendet diese an allen benötigten Stellen innerhalb der zugehörigen Implementierung. Ein solcher Generic Type wird direkt nach dem Namen des Typs der Enumeration, Structure oder Class innerhalb eines Kleiner- und Größer-Zeichens aufgeführt. Der Bezeichner für einen Generic Type kann selbst gewählt und definiert werden.

Zur Verdeutlichung zeigt Listing 14.7 eine Structure namens `Stack`, die die gleiche Funktion erfüllt wie die zuvor vorgestellten Structures `IntStack` und `StringStack`, aber statt eines fest definierten Typs wie `Int` oder `String` einen Generic Type verwendet, der in diesem Beispiel mit dem Bezeichner `Item` deklariert ist. Die Unterschiede dieser neuen Structure `Stack` im Vergleich zu `IntStack` und `StringStack` sind fett hervorgehoben.

Listing 14.7 Deklaration einer Structure mit Generic Type

```
struct Stack<Item> {
    var items = [Item]()
    mutating func addItem(_ item: Item) {
        items.append(item)
    }
    mutating func removeLastItem() {
        items.removeLast()
    }
}
```

Der definierte Generic Type `Item` kann jedem beliebigen Typ entsprechen und wird innerhalb der Implementierung der Structure `Stack` an jeder Stelle verwendet, an der zuvor ein fest deklarierter Typ angegeben war. Welchem konkreten Typ `Item` entspricht, wird bei der

Erstellung einer Instanz eines solchen Generic Types entschieden. Dieses Verhalten kennt man bereits von den Typen `Array` oder `Dictionary` aus der Swift Standard Library, bei denen es sich ebenfalls um Generic Types handelt und bei denen man den Typ aller Elemente (`Array`) beziehungsweise den Typ der Schlüssel und der Werte (`Dictionary`) beim Erstellen einer zugehörigen Instanz mit angeben muss.

Daher ist es beim Erstellen einer Instanz eines solchen Generic Types wie `Stack` notwendig, innerhalb eines Kleiner- und Größer-Zeichens nach dem Namen des Typs den konkreten Typ anzugeben, der für `Item` verwendet werden soll. Dazu zeigt Listing 14.8 ein paar beispielhafte Erstellungen solcher Instanzen vom Typ `Stack`.

Listing 14.8 Erstellen verschiedener Instanzen des Generic Types `Stack`

```
var intStack = Stack<Int>()
var doubleStack = Stack<Double>()
var stringStack = Stack<String>()
```

Die Variable `intStack` ist funktional identisch zur in Listing 14.6 erstellten Structure `IntStack`, ebenso wie die Variable `stringStack` zur Structure `StringStack`, da diese beiden eine Instanz der Structure `Stack` einmal mit Integern und einmal mit Strings verwenden. Zusätzlich zeigt die Variable `doubleStack` die Verwendung von `Stack` mit Fließkommazahlen.

Die Structure `Stack` ist somit nicht auf einen spezifischen Typ festgelegt, sondern kann dynamisch mit jedem beliebigen Typ verwendet werden. Dazu muss beim Erstellen einer Instanz der Structure `Stack` lediglich der gewünschte Typ angegeben werden, der für die jeweilige Instanz verwendet werden soll.

Genau wie bei Generic Functions können innerhalb des Kleiner- und Größer-Zeichens bei der Deklaration einer Enumeration, Structure oder Class mehrere Typen angegeben werden, denen dann dynamisch bei der Erstellung einer zugehörigen Instanz ein passender konkreter Typ zugewiesen wird.

 Generic Types und Extensions

Generic Types können wie alle anderen Typen auch mittels Extensions erweitert werden. Dabei können die Type Placeholder eines Generic Types innerhalb der Extension genauso verwendet werden wie im eigentlichen Generic Type auch. Im Falle der `Stack`-Structure kann eine Extension von `Stack` dementsprechend in ihrer Implementierung auch auf den Typ `Item` zugreifen und diesen verwenden.

■ 14.3 Type Constraints

Mithilfe von Type Constraints können zusätzliche Bedingungen und Voraussetzungen für einen Type Parameter definiert werden. So erlauben es Type Constraints, einem Parameter Type eine spezifische Superklasse oder ein Protokoll zuzuweisen. Damit behält man einerseits die Flexibilität, verschiedene Typen für eine Generic Function oder einen Generic Type verwenden zu können, während gleichzeitig Grundvoraussetzungen festgelegt werden, die ein Type Parameter erfüllen muss. Die Syntax zum Zuweisen einer Superklasse oder eines oder mehrerer Protokolle ist die gleiche wie für jeden anderen Typ auch.

Ein konkretes Beispiel dazu sehen Sie in Listing 14.9. Dort werden ein Protocol `Product` sowie eine Structure `ShoppingBasket` deklariert. `ShoppingBasket` soll einen Warenkorb abbilden, in dem die verschiedensten Waren abgelegt und zusammengefasst werden können. Der konkrete Typ dieser Waren ist dabei irrelevant, solange sie nur konform zum Protokoll `Product` sind. Entsprechend wird bei der Deklaration von `ShoppingBasket` ein Type Parameter namens `Item` definiert, der konform zum Protokoll `Product` ist. Damit können nur noch Typen, die ebenfalls konform zu `Product` sind, als Type Parameter für `Item` verwendet werden.

Listing 14.9 Verwendung von Type Constraints bei einem Generic Type

```
protocol Product {
    var description: String { get }
    var price: Double { get }
    var barcode: String { get }
}

struct ShoppingBasket<Item: Product> {
    var items = [Item]()
    mutating func addItem(_ item: Item) {
        items.append(item)
    }
}
```

■ 14.4 Associated Types

Mithilfe von sogenannten Associated Types ist es möglich, innerhalb eines Protokolls einen Platzhalter für einen Typ zu definieren, der dynamisch pro Implementierung des jeweiligen Protokolls gesetzt werden kann. Das erlaubt es, innerhalb eines solchen Protokolls Eigenschaften und Funktionen im Zusammenspiel mit diesem Platzhalter zu definieren, ohne dass der konkrete Typ für diesen Platzhalter feststeht. Dieser wird erst von den Typen gesetzt, die konform zu dem Protokoll sind und deren Eigenschaften und Funktionen implementieren.

Ein Beispiel soll den Sinn und Zweck dieser Associated Types verdeutlichen. Basis ist dabei die Abbildung eines Stapels, so wie es mithilfe der Structure `Stack` in Listing 14.7 umgesetzt wurde. Dazu soll ein Protokoll definiert werden, das grundlegende Eigenschaften und Funktionen eines solchen Stapels deklariert. Dazu gehört die Rückgabe des ersten sowie des letzten Elements eines Stapels sowie die Entfernung eines Elements für einen spezifischen Index. Bei Letzterem soll das entfernte Element auch zurückgegeben werden.

In Listing 14.10 sind zwei solche Protokolle – `IntStackContainer` und `StringStack Container` – definiert, die die beschriebenen Eigenschaften und Funktionen einmal für Integer und einmal für Strings abbilden. Dabei sind alle Rückgabewerte als Optionals deklariert, da es prinzipiell ja auch möglich ist, dass ein Stapel leer ist und es somit keine Elemente zum Abrufen oder Entfernen gibt.

Listing 14.10 Deklaration zweier Protokolle `IntStackContainer` und `StringStackContainer`

```
protocol IntStackContainer {
    var firstElement: Int? { get }
    var lastElement: Int? { get }
    mutating func removeElementAtIndex(_ index: Int) -> Int?
}

protocol StringStackContainer {
    var firstElement: String? { get }
    var lastElement: String? { get }
    mutating func removeElementAtIndex(_ index: Int) -> String?
}
```

Beide Protokolle verfügen über eine nahezu identische Deklaration an Eigenschaften und Funktionen, einziger Unterschied besteht im Typ des Rückgabewerts der beiden deklarierten Properties und der Methode. Letzten Endes spielt dieser Typ für das Protokoll auch gar keine Rolle, da es schlicht von dem Typ, der konform zu einem solchen Protokoll ist, abhängt, welchem Typ die Elemente eines Stapels entsprechen. Und genau darum ist die Umsetzung dieses Protokolls ideal für einen Associated Type geeignet.

Ein Associated Type ist vergleichbar mit einem Type Parameter einer Generic Function oder eines Generic Types. Er definiert einen Platzhalter, dem zu einem späteren Zeitpunkt – nämlich dann, wenn das Protokoll in einer Enumeration, Structure oder Class implementiert wird – ein konkreter Typ zugewiesen wird.

Ein Associated Type wird mithilfe des Schlüsselworts `associatedtype` deklariert, anschließend folgt direkt der gewünschte Bezeichner für den Platzhalter.

In Listing 14.11 sehen Sie eine dynamischere Alternative zu den beiden Protokollen `IntStackContainer` und `StringStackContainer` aus Listing 14.10. Zu Beginn der Deklaration des Protokolls `StackContainer` wird mithilfe des Befehls `associatedtype Element` ein Platzhalter namens `Element` definiert, der für einen beliebigen Typ stehen kann. Welcher Typ das ist, wird bei der Implementierung einer entsprechenden Enumeration, Structure oder Class festgelegt, die konform zu diesem Protokoll ist. Die verschiedenen Eigenschaften und Funktionen des Protokolls verwenden dafür nun diesen eigens definierten Platzhalter-Typ `Element` an allen Stellen, an denen zu einem späteren Zeitpunkt stattdessen der konkrete Typ gesetzt werden soll. Die Unterschiede zwischen dem `StackContainer`- sowie dem `IntStackContainer`- und `StringStackContainer`-Protokoll sind fett hervorgehoben.

Listing 14.11 Deklaration eines Protokolls mit Associated Type

```
protocol StackContainer {
    associatedtype Element
    var firstElement: Element? { get }
    var lastElement: Element? { get }
    mutating func removeElementAtIndex(_ index: Int) -> Element?
}
```

Ist nun eine Enumeration, Structure oder Class konform zu solch einem Protokoll mit Associated Type, so muss sie innerhalb ihrer Implementierung einen konkreten Typ für diesen Associated Type angeben. Das geschieht in Form eines Type Alias, durch den dem Associated Type ein konkreter Typ zugewiesen wird.

Demonstriert wird das Ganze in Listing 14.12. Dort wird die bereits aus Listing 14.7 bekannte Structure Stack mit ihren ebenfalls bekannten Eigenschaften und Funktionen deklariert, zusätzlich ist sie aber an dieser Stelle auch konform zum Protokoll StackContainer und implementiert entsprechend alle Eigenschaften und Funktionen dieses Protokolls. Zur besseren Übersicht sind diese beiden Abschnitte der Structure Stack in Listing 14.12 durch einen jeweiligen Kommentar voneinander getrennt (zu Beginn die bereits bekannte Implementierung von Stack aus Listing 14.7, gefolgt von der Implementierung der Eigenschaften und Funktionen des StackContainer-Protokolls).

Listing 14.12 Implementierung eines Protokolls mit Associated Type

```
struct Stack<Item>: StackContainer {

    // Klassische Implementierung von Stack

    var items = [Item]()

    mutating func addItem(_ item: Item) {
        items.append(item)
    }

    mutating func removeLastItem() {
        items.removeLast()
    }

    // Implementierung der Eigenschaften und Funktionen von StackContainer

    typealias Element = Item

    var firstElement: Element? {
        if items.isEmpty {
            return nil
        }
        return items[0]
    }

    var lastElement: Element? {
        if items.isEmpty {
            return nil
        }
        return items[items.count - 1]
    }
```

```
    mutating func removeElementAtIndex(_ index: Int) -> Element? {
        if items.count < index {
            return nil
        }
        let itemToRemove = items.remove(at: index)
        return itemToRemove
    }
}
```

Besonders spannend ist hier der Befehl `typealias Element = Item` zu Beginn der Implementierung des `StackContainer`-Protokolls. Dieser legt fest, dass für den Associated Type `Element` von `StackContainer` innerhalb der Implementierung von `Stack` der Typ `Item` verwendet werden soll. An jeder Stelle, an der somit innerhalb von `Stack` der Typ `Element` verwendet wird, wird dieser automatisch durch `Item` ersetzt. Jeder andere Typ, der ebenfalls konform zum `StackContainer`-Protokoll ist, kann hier einen anderen Typ definieren, der stattdessen für `Element` verwendet werden soll.

Dank Swifts Type Inference lässt sich die Implementierung von `Stack` aus Listing 14.12 sogar noch ein wenig abkürzen. Der `typealias`-Befehl kann nämlich dann weggelassen werden, wenn einfach bei der Implementierung der Eigenschaften und Funktionen des `StackContainer`-Protokolls direkt der zu verwendende Typ für den Associated Type gesetzt wird. In Listing 14.13 ist diese Änderung einmal zu sehen. Dort fehlt der `typealias`-Befehl nun komplett und stattdessen wird der Typ für die beiden Properties und den Rückgabewert der Methode von `Element` auf `Item` geändert. Daraus kann Swift selbsttätig ableiten, dass offensichtlich `Item` als Typ für den Associated Type `Element` verwendet werden soll. Die entsprechenden Änderungen sind fett hervorgehoben.

Listing 14.13 Implementierung eines Protokolls mit Associated Type mittels Type Inference

```
struct Stack<Item>: StackContainer {

    // Klassische Implementierung von Stack

    var items = [Item]()

    mutating func addItem(_ item: Item) {
        items.append(item)
    }

    mutating func removeLastItem() {
        items.removeLast()
    }

    // Implementierung der Eigenschaften und Funktionen von StackContainer

    var firstElement: Item? {
        if items.isEmpty {
            return nil
        }
        return items[0]
    }

    var lastElement: Item? {
        if items.isEmpty {
```

```
            return nil
        }
        return items[items.count - 1]
    }

    mutating func removeElementAtIndex(_ index: Int) -> Item? {
        if items.count < index {
            return nil
        }
        let itemToRemove = items.remove(at: index)
        return itemToRemove
    }
}
```

15 Dateien und Interfaces

Im Gegensatz zu anderen Programmiersprachen, in denen bisweilen zwischen Interface und Implementierung unterschieden wird, wird Swift-Code immer in einer einzigen Datei umgesetzt. Das hat aber zur Folge, dass prinzipiell jede geschriebene Eigenschaft und Funktion für jedermann zur Verfügung steht. Allerdings gibt es in der Programmierung Situationen, in denen bestimmte Eigenschaften und Funktionen nur in bestimmten Teilen einer Anwendung verfügbar sein sollen.

In diesem Kapitel erfahren Sie daher, was der Unterschied zwischen den sogenannten Modules und Source Files in Swift ist und wie Sie mithilfe der Access Control den Zugriff auf Eigenschaften und Funktionen in Swift steuern können.

■ 15.1 Modules und Source Files

Bei der Entwicklung von Anwendungen in Swift wird zwischen zwei verschiedenen Arten von Elementen unterschieden, mit denen man es zu tun hat: *Modules* und *Source Files*.

Ein *Source File* entspricht einer einzelnen Swift-Datei. Eine solche Datei besitzt die Endung *.swift* und kann beliebigen Swift-Code enthalten. In Swift-Dateien wird der eigentliche Quellcode einer Anwendung geschrieben und somit beispielsweise Klassen und Structures mit deren zugehörigen Properties und Methoden deklariert und implementiert.

Auf der anderen Seite existieren in Swift darüber hinaus noch die sogenannten *Modules* (zu Deutsch: *Module*). Ein Module fasst ein oder mehrere Source Files zusammen und stellt damit ein logisches Gesamtpaket von Quellcode-Dateien dar. So stellt beispielsweise eine in Xcode entwickelte iOS-App ein einzelnes Swift-Module dar. Auch Frameworks werden in Swift in Form von Modules abgebildet.

Um in Swift den Code und die Funktionen, die innerhalb eines Modules definiert sind, in eigenen Projekten und Source Files verwenden zu können, müssen die entsprechenden Module importiert werden. Dazu steht der Befehl import bereit. Möchten Sie somit beispielsweise die Funktionen eines Frameworks MyFramework innerhalb eines Source Files verwenden, das nicht Teil dieses Moduls ist, müssen Sie zu Beginn des entsprechenden Source Files den in Listing 15.1 gezeigten Befehl ausführen.

Listing 15.1 Verwenden des `import`-Befehls

```
import MyFramework
```

Auf die gezeigte Art und Weise werden so beispielsweise in der iOS-Entwicklung Frameworks wie `Foundation` oder `UIKit` in eigenen Source Files importiert, um sie anschließend verwenden zu können.

■ 15.2 Access Control

Die Access Control dient in Swift dazu, den Zugriff auf Typen sowie auf deren Eigenschaften und Funktionen zu regeln. Sie können darüber beispielsweise festlegen, dass eine Property nur innerhalb des Typs genutzt werden kann, in dem sie deklariert wurde, oder dass ein Typ auch außerhalb des Moduls, in dem er erstellt wurde, zur Verfügung steht.

In den folgenden Abschnitten erfahren Sie alles über die Access Control und wie Sie sie in ihren eigenen Programmen nutzen.

15.2.1 Access Level

Die verschiedenen Zugriffsmöglichkeiten der Access Control auf Typen und deren Eigenschaften und Funktionen regeln die sogenannten *Access Level*. Derer gibt es in Swift fünf verschiedene, die regeln, in welchem Umfang auf einen Typ beziehungsweise auf Eigenschaften und Funktionen eines Typs zugegriffen werden kann.

Um einem Typ beziehungsweise einer Eigenschaft oder Funktion einen Access Level zuzuweisen, wird dieser mit seinem zugehörigen Bezeichner dem jeweiligen Typ beziehungsweise der Eigenschaft oder Funktion vorangestellt (konkrete Beispiele dazu sehen wir gleich).

Im Folgenden stelle ich Ihnen diese fünf Access Level nacheinander vor.

15.2.1.1 Private Access

Private Access ist der strikteste aller Access Level. Er wird mithilfe des Schlüsselworts `private` umgesetzt. Eine Eigenschaft oder Funktion, die mittels `private` gekennzeichnet ist, kann nur innerhalb des Typs verwendet werden, in dem sie deklariert wurde. Außerhalb des entsprechenden Typs kann sie nicht verwendet werden. Listing 15.2 zeigt ein Beispiel dazu.

Listing 15.2 Verwenden des Access Levels `private`

```
struct AStruct {
    private var privateProperty: String
    init() {
        privateProperty = "Private property"
    }
}
```

```
private let myStruct = AStruct()
myStruct.privateProperty
// Fehler: privateProperty steht außerhalb der Implementierung von AStruct
// nicht zur Verfügung.
```

Die Property `privateProperty` der Structure `AStruct` ist als `private` deklariert, weshalb sie nur innerhalb der Implementierung von `AStruct` verwendet werden kann (so wie beispielsweise im Initializer `init()`). Der Versuch, über eine Instanz dieser Structure auf die entsprechende Eigenschaft zuzugreifen, endet in einem Compiler-Fehler.

Deklarieren Sie daher Eigenschaften und Funktionen immer dann als `private`, wenn sie nur innerhalb des entsprechenden Typs verwendet werden und nicht nach außen hin zur Verfügung stehen sollen.

15.2.1.2 File-private Access

Die nächsthöhere Stufe zum Private Access ist der sogenannte *File-private Access*. Dieser limitiert den Zugriff auf einen so deklarierten Typ, eine Eigenschaft oder Funktion auf das Source File, innerhalb derer das entsprechende Element deklariert ist; außerhalb dieses Source Files steht es nicht zur Verfügung. Zur Deklaration wird das Schlüsselwort `fileprivate` verwendet.

In Listing 15.3 sehen Sie ein Beispiel dazu, in dem in einem Source File namens *A.swift* eine Structure `AStruct` mit dem Schlüsselwort `fileprivate` deklariert wird. Innerhalb dieser Datei kann problemlos an jeder beliebigen Stelle auf dieses Structure zugegriffen und Instanzen davon erstellt werden, so wie es bei der Erstellung der Konstanten `myStruct` der Fall ist. Außerhalb dieses Source Files aber steht `AStruct` nicht zur Verfügung, weshalb die Erstellung der Instanz `anotherStruct` in Datei *B.swift* fehlschlägt.

Listing 15.3 Verwenden des Access Levels `internal`

```
// Datei A.swift
fileprivate struct AStruct {}
fileprivate let myStruct = AStruct()

// Datei B.swift
fileprivate let anotherStruct = AStruct()
// Fehler: AStruct steht außerhalb der Datei A.swift nicht zur Verfügung.
```

15.2.1.3 Internal Access

Internal Access ist der Standard-Access Level, der immer dann gilt, wenn nicht explizit ein anderer Level bei der Deklaration eines Typs oder einer Eigenschaft beziehungsweise Funktion angegeben wurde. Mithilfe des Schlüsselworts `internal` kann ein Element aber auch explizit mit dem Internal Access Level versehen werden.

Der Internal Access legt fest, dass die entsprechende Eigenschaft oder Funktion innerhalb des Moduls zur Verfügung steht, in dem sie deklariert wurde. Damit ist die Verwendung auch über mehrere Source Files hinweg möglich, solange sich diese nur innerhalb ein und desselben Moduls befinden. Wird dieses Modul aber stattdessen an einer anderen Stelle importiert, können die mittels `internal` deklarierten Typen, Eigenschaften und Funktionen an dieser anderen Stelle nicht verwendet werden.

In Listing 15.4 sehen Sie ein Beispiel zur Verwendung des Internal Access Level. Dort wird innerhalb eines Moduls *A* in einer Datei *A.swift* eine Structure AStruct als internal deklariert (wobei diese Deklaration auch weggelassen werden könnte, da sie sowieso der Standard ist). Innerhalb dieses Moduls kann die Structure an jeder beliebigen Stelle genutzt werden, so auch in anderen Source Files, solange sich diese innerhalb von Modul *A* befinden. Die Verwendung der Structure AStruct innerhalb des Moduls *B* führt jedoch zu einem Fehler, da sie dort aufgrund der Deklaration in Modul *A* mittels internal nicht verwendet werden kann.

Listing 15.4 Verwenden des Access Levels internal

```
// Modul A
// Datei A.swift
internal struct AStruct {}
let firstStruct = AStruct()

// Datei B.swift
let secondStruct = AStruct()

// Modul B
// Datei C.swift
let thirdStruct = AStruct()
// Fehler: AStruct steht außerhalb des Moduls A nicht zur Verfügung.
```

15.2.1.4 Public Access

Der *Public Access* erlaubt das Verwenden so deklarierter Typen, Eigenschaften und Funktionen auch außerhalb des Moduls, in dem sie deklariert wurden. Dazu wird das Schlüsselwort public verwendet. Es spielt eine wichtige Rolle bei der Erstellung von Frameworks, da diese typischerweise wenigstens einen Teil ihrer Funktionen auch für andere Module (in denen sie importiert werden) verfügbar machen müssen. Für genau diese Elemente ist Public Access der richtige Access Level.

Im Zusammenspiel mit Klassen gibt es allerdings ein wichtiges Detail zu beachten: Eine Klasse, die als public deklariert ist, steht zwar auch außerhalb des Moduls zur Verfügung, in dem sie deklariert ist, es können aber von ihr keine Subklassen außerhalb dieses Moduls erstellt werden. Auch können keine als public deklarierten Eigenschaften und Funktionen einer Klasse außerhalb ihres Ursprungsmoduls überschrieben werden; das ist beides nur innerhalb des Moduls möglich, in dem die entsprechende Klasse beziehungsweise eine ihrer Eigenschaften oder Funktionen erstellt wurde. Für diesen Zweck wird *Open Access* benötigt (siehe dazu den folgenden Abschnitt 15.2.1.5).

15.2.1.5 Open Access

Open Access ist der höchste der fünf Access Level und damit gleichzeitig der Level mit den wenigsten Restriktionen. Er wird mithilfe des Schlüsselworts open umgesetzt. Er entspricht in weiten Teilen dem zuvor in Abschnitt 15.2.1.4 vorgestellten Public Access, bringt aber noch ein paar zusätzliche Möglichkeiten im Zusammenspiel mit Klassen mit sich.

Ist beispielsweise eine Klasse in einem Modul mittels open deklariert, können von ihr auch außerhalb dieses Moduls Subklassen erstellt werden; mit einer Deklaration als public wäre das außerhalb des Ursprungsmoduls der jeweiligen Klasse nicht möglich. Ebenso können

Eigenschaften und Funktionen einer Klasse, die mittels open deklariert sind, in einem anderen Modul überschrieben werden (auch das wäre bei einer Deklaration mittels public nicht möglich).

15.2.1.6 Zusammenfassung und Übersicht

Im Folgenden gibt eine kleine Zusammenfassung einen groben Überblick über die wichtigsten Eigenschaften und den Funktionsbereich der in den vorherigen Abschnitten vorgestellten fünf Access Level:

- Private Access (private): Restriktivster aller Access Level, beschränkt den Zugriff auf eine Eigenschaft auf die Implementierung innerhalb des Typs, in dem die entsprechende Eigenschaft deklariert wurde.

- File-private Access (fileprivate): Beschränkt den Zugriff auf eine Eigenschaft auf das Source File, in dem sie deklariert wurde.

- Internal Access (internal): Beschränkt den Zugriff auf eine Eigenschaft auf das Modul, in dem sie deklariert wurde.

- Public Access (public): Erlaubt den Zugriff auf eine Eigenschaft auch außerhalb des Moduls, in dem sie deklariert wurde. Klassen können dabei nicht außerhalb des Moduls, in dem sie erstellt wurden, überschrieben werden. Auch das Erstellen von Subklassen ist außerhalb des jeweiligen Moduls nicht möglich.

- Open Access (open): Entspricht Public Access, erlaubt darüber hinaus aber das Überschreiben von Klassen außerhalb des Moduls, in dem sie deklariert wurden. Auch können so Subklassen von Klassen erstellt werden, die in einem anderen Modul als open deklariert wurden.

Bild 15.1 zeigt noch einmal die verschiedenen Access Level und den jeweiligen Wirkungsbereich, den sie besitzen. private beschränkt sich auf die Deklaration innerhalb eines Typs, fileprivate auf ein Source File und internal auf ein Modul. open und public gewähren von jeder beliebigen Stelle aus Zugriff auf entsprechend deklarierte Typen, Eigenschaften und Funktionen.

```
open

public

    internal                                  Module

        fileprivate                    Source File

            private          Typ-Deklaration
```

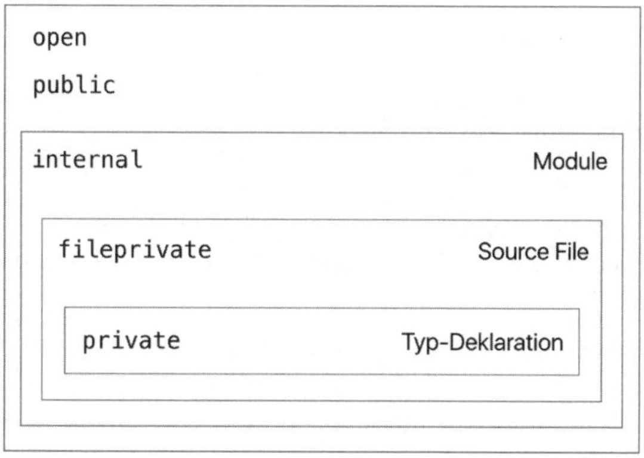

Bild 15.1 Der Wirkungsbereich der verschiedenen Access Level in Swift

Die Reihenfolge der Access Level aus Bild 15.1 kann durchaus als Hierarchie angesehen werden: `private` ist der *tiefste* aller Access Level und befindet sich am unteren Ende, während `open` der *höchste* aller Access Level ist.

15.2.2 Explizite und implizite Zuweisung eines Access Levels

Die Access Level lassen sich auf zwei verschiedene Arten einem Typ beziehungsweise einer Eigenschaft oder Funktion zuweisen: explizit oder implizit.

Für die *explizite* Zuweisung wird immer das Schlüsselwort für den gewünschten Access Level vorangestellt und so ganz klar gekennzeichnet, welchem Access Level ein bestimmtes Element entspricht.

Dementgegen steht die *implizite* Zuweisung. Dabei wird der Access Level automatisch von Swift abgeleitet und gesetzt, ohne dass man selbst ein entsprechendes Schlüsselwort setzt.

Standardmäßig verwendet Swift für die implizite Zuweisung den Internal Access Level, während alle anderen Access Level explizit angegeben werden müssen. In Listing 15.5 sehen Sie einige Beispiele dazu, wobei mithilfe von Kommentaren verdeutlicht wird, ob es sich um eine explizite beziehungsweise um eine implizite Zuweisung handelt.

Listing 15.5 Explizite und implizite Zuweisungen der Access Level

```
// Explizite Deklaration als public
public struct PublicStruct {

    // Explizite Deklaration als public
    public var publicProperty: String

    // Implizite Deklaration als internal
    var firstInternalProperty: String

    // Explizite Deklaration als internal
    internal var secondInternalProperty: String

    // Explizite Deklaration als fileprivate
    fileprivate var fileprivateProperty: String

    // Explizite Deklaration als private
    private var privateProperty: String
}
```

Allen Elementen bis auf die Property `firstInternalProperty` wird explizit ein Access Level zugewiesen. Der Access Level von `firstInternalProperty` wird implizit auf `internal` gesetzt.

Bei der impliziten Zuweisung eines Access Levels gibt es aber ein wichtiges Detail zu beachten: Der implizit verwendete Access Level für eine Eigenschaft oder Funktion ist immer **höchstens** `internal`, aber **niemals höher** als der Access Level des Typs, in dem die jeweilige Eigenschaft oder Funktion deklariert ist. Ist also ein Typ als `fileprivate` deklariert, wird allen Eigenschaften und Funktionen innerhalb dieses Typs implizit ebenfalls immer der Access Level `fileprivate` zugewiesen. Ist ein Typ als `private` gekennzeichnet, so entspricht der implizite Typ aller Eigenschaften und Funktionen dieses Typs ebenfalls `private`. Listing 15.6 zeigt dieses Verhalten.

Listing 15.6 Implizite Deklaration als `fileprivate` und `private`

```
// Explizite Deklaration als fileprivate
fileprivate struct FileprivateStruct {

    // Implizite Deklaration als fileprivate
    var fileprivateProperty: String

    // Explizite Deklaration als private
    private var privateProperty: String
}

// Explizite Deklaration als private
private struct PrivateStruct {

    // Implizite Deklaration als private
    var privateProperty: String
}
```

15.2.3 Besonderheiten

Die Access Level können auf alle Typen, Eigenschaften und Funktionen in Swift angewendet werden. Dabei gibt es bei den verschiedenen Elementen wie Enumerations, Properties oder Funktionen ein paar Details zu beachten, auf die ich in den folgenden Abschnitten eingehen werde.

15.2.3.1 Variablen und Konstanten

Variablen und Konstanten können nur Instanzen von Typen zugewiesen werden, deren Access Level **mindestens so hoch** ist wie das der Variablen oder Konstanten selbst. Einer als `public` deklarierten Property können somit nur Instanzen von Typen zugewiesen werden, die entweder auch als `public` oder als `open` deklariert sind; als `internal`, `fileprivate` oder `private` deklarierte Typen können stattdessen nicht mit solch einer Variablen oder Konstanten verwendet werden. In Listing 15.7 wird das verdeutlicht.

Listing 15.7 Zuweisung von Typen verschiedener Access Level zu Konstanten mit dem Access Level `public`

```
open class OpenClass {}
fileprivate class FileprivateClass {}
private class PrivateClass {}

public let firstPublicConstant = OpenClass()
// Erfolg: Access Level open des Typs OpenClass ist mindestens so hoch
// wie der Access Level public der Konstanten firstPublicConstant.

public let secondPublicConstant = FileprivateClass()
// Fehler: Access Level fileprivate des Typs FileprivateClass ist niedriger
// als der Access Level public der Konstanten secondPublicConstant.
```

```
public let thirdPublicConstant = PrivateClass()
// Fehler: Access Level private des Typs PrivateClass ist niedriger
// als der Access Level public der Konstanten thirdPublicConstant.
```

15.2.3.2 Tuples

Einem Tuple wird niemals explizit ein Access Level zugewiesen. Der Access Level eines Tuples leitet sich stattdessen automatisch (und somit implizit) aus dem **niedrigsten** Access Level aller Typen ab, die als Teil des Tuples verwendet werden.

Ein Beispiel dazu zeigt Listing 15.8. Dort werden zwei Tuples mit je zwei Parametern deklariert. Im ersten Fall (fileprivateTuple) besitzt der erste Parameter den Access Level open und der zweite den Access Level fileprivate, entsprechend wird auch das Tuple implizit mit dem Access Level fileprivate versehen. Im zweiten Fall (privateTuple) besitzt der erste Parameter ebenfalls den Access Level open, da der zweite Parameter aber dem Access Level private entspricht, wird das gesamte Tuple als private deklariert.

Listing 15.8 Implizite Zuweisung eines Access Levels zu einem Tuple

```
open class OpenClass {}
fileprivate class FileprivateClass {}
private class PrivateClass {}

fileprivate let fileprivateTuple = (OpenClass(), FileprivateClass())
private let privateTuple = (OpenClass(), PrivateClass())
```

15.2.3.3 Type Aliase

Einem Type Alias können nur Access Level zugewiesen werden, die **maximal so hoch** sind wie der Typ, für den das Type Alias erstellt werden soll. Soll beispielsweise ein Type Alias für einen Typ mit dem Access Level internal erstellt werden, so kann dieses Type Alias die Access Level internal, fileprivate und private annehmen, aber keinen Access Level der höher als internal ist. Listing 15.9 zeigt ein Beispiel dazu.

Listing 15.9 Zuweisung eines Access Levels zu einem Type Alias

```
internal typealias Open = OpenClass
// Erfolg: Der Access Level internal des Type Alias ist maximal so hoch
// wie der des zugewiesenen Access Levels open des Typs OpenClass.

public typealias Private = PrivateClass
// Fehler: Der Access Level public des Type Alias ist höher
// als der zugewiesene Access Level private des Typs PrivateClass.
```

15.2.3.4 Funktionen

Der Access Level einer Funktion kann **niemals höher** sein als der **höchste** Access Level der Parameter beziehungsweise des Rückgabetyps. Verfügt eine Funktion beispielsweise über einen Parameter eines fileprivate-Typs und einen weiteren Parameter eines private-Typs, so kann die Funktion höchstens als fileprivate deklariert werden; die Access Level open, public oder internal stehen dann nicht zur Verfügung. Alternativ kann die Funktion aber auch als private gekennzeichnet werden. Listing 15.10 zeigt ein Beispiel dazu.

Listing 15.10 Zuweisung eines Access Levels zu einer Funktion

```
fileprivate class FileprivateClass {}
private class PrivateClass {}

fileprivate func fileprivateFunction(_ param: PrivateClass) -> FileprivateClass {
    return FileprivateClass()
}
// Funktion kann höchstens als fileprivate deklariert werden,
// da dies der höchste Access Level des Rückgabetyps der Funktion ist.
```

15.2.3.5 Enumerations

Alle Cases einer Enumeration erhalten implizit immer den gleichen Access Level wie die Enumeration selbst, ihnen können keine eigenen Access Level zugewiesen werden. Anders sieht es hingegen bei Raw und Associated Values aus. Diese können einem anderen Access Level entsprechen, solange dieser **mindestens so hoch** ist wie der Access Level der Enumeration selbst. Ist eine Enumeration beispielsweise als fileprivate deklariert, können deren Raw und Associated Values durchaus auch explizit als internal oder public deklariert werden, nicht aber als private.

15.2.3.6 Properties

Der Access Level einer Property kann **maximal so hoch** sein wie der Access Level des Typs, in dem sie deklariert ist. Ist ein Typ also beispielsweise als fileprivate deklariert, dann können Properties innerhalb dieses Typs lediglich den Access Level fileprivate und private annehmen, keine höheren als fileprivate.

15.2.3.7 Subscripts

Für den Access Level eines Subscripts gelten zunächst einmal die gleichen Regeln wie für Properties. Darüber hinaus kann der Access Level eines Subscripts aber auch nur **maximal so hoch** sein wie der höchste Access Level seiner Parameter und seines Rückgabetyps. Das entspricht den gleichen Regeln, wie sie auch für Funktionen gelten (siehe den Abschnitt 15.2.3.4).

15.2.3.8 Getter und Setter

Für die Getter und Setter, wie sie für Variablen, Konstanten, Properties und Subscripts gesetzt werden können, gelten in Bezug auf die Access Level ebenfalls besondere Regeln. So werden Getter und Setter zunächst einmal standardmäßig immer mit dem gleichen Access Level versehen, das auch dem zugrunde liegenden Element (also der Variablen, Konstanten, Property oder dem Subscript) zugeordnet ist. Dabei kann der Access Level für den Getter auch niemals verändert werden.

Allerdings ist es möglich, dem Setter alternativ einen **niedrigeren** Access Level als den des zugehörigen Elements zuzuweisen. Dazu wird für das jeweilige Element ein Access Level in der Form <ACCESS LEVEL>(set) gesetzt, also beispielsweise internal(set), fileprivate(set) oder private(set).

Listing 15.11 zeigt ein Beispiel dazu. Dort wird eine Structure InternalStruct mit dem Access Level internal deklariert, die über eine einzige Property namens fileprivate

PropertyWithPrivateSetter verfügt. Diese Property entspricht ebenfalls dem Access Level internal, allerdings wird ausschließlich für den Setter dieser Property der Access Level private mithilfe der Syntax private(set) definiert. Das bedeutet, dass beim lesenden Zugriff auf die Property der Access Level internal gilt, beim Schreiben aber private. Entsprechend kann diese Property nur innerhalb der Deklaration der Structure InternalStruct geändert werden, so wie es mithilfe der Methode updateFileprivate PropertyWithValue(_:) umgesetzt ist. Außerhalb davon ist ein Ändern der Property nicht möglich (ein Auslesen aber schon).

Listing 15.11 Zuweisung eines Access Levels zu einem Setter

```
struct InternalStruct {
    private(set) var fileprivatePropertyWithPrivateSetter: String
    mutating func updateFileprivatePropertyWithValue(_ value: String) {
        fileprivatePropertyWithPrivateSetter = value
    }
}

var myInternalStruct = InternalStruct(fileprivatePropertyWithPrivateSetter:
"Property")

print("Property value: \(myInternalStruct.fileprivatePropertyWithPrivateSetter)")
// Property value: Property

myInternalStruct.fileprivatePropertyWithPrivateSetter = "Neue Property"
// Fehler: Property kann aufgrund des Setter-Access Levels nur innerhalb von
// InternalStruct geändert werden.
```

Übrigens schließt die Deklaration eines Access Levels für einen Setter nicht aus, zusätzlich einen herkömmlichen Access Level für den Getter einer Variablen, Konstanten, Property oder eines Subscripts zu setzen. Dazu führt man den gewünschten Access Level einfach vor dem Access Level für den Setter an. Das ist beispielhaft in Listing 15.12 zu sehen, in dem der Setter der Property fileprivatePropertyWithPrivateSetter weiterhin private entspricht, der Getter aber auf fileprivate gesetzt wird.

Listing 15.12 Zuweisung eines Access Levels für Getter und Setter

```
struct InternalStruct {
    fileprivate private(set) var fileprivatePropertyWithPrivateSetter: String
    mutating func updateFileprivatePropertyWithValue(_ value: String) {
        fileprivatePropertyWithPrivateSetter = value
    }
}
```

15.2.3.9 Initializer

Für die Access Level eines Initializers gelten mehrere Regeln. Zunächst einmal können Initializer nur **dem gleichen oder einem niedrigeren** Access Level als dem des Typs entsprechen, in dem sie deklariert sind. Einzige Ausnahme stellt ein Required Initializer dar. Dieser muss über den gleichen Access Level verfügen wie die Klasse, in der er ursprünglich deklariert wurde.

Darüber hinaus gelten für Initializer die gleichen Regeln wie für Funktionen (siehe dazu auch den Abschnitt 15.2.3.4). Der Access Level eines Initializers kann also **niemals höher** sein als der höchste Access Level der verfügbaren Parameter.

Eine weitere Besonderheit betrifft die Default Initializer. Solange der zugrunde liegende Typ dem Access Level `internal` oder einem niedrigeren Access Level (also `fileprivate` oder `private`) entspricht, wird den Default Initializern exakt der gleiche Access Level wie für diesen Typ zugewiesen. Ist der Access Level eines Typs allerdings höher (sprich `open` oder `public`), dann wird der Access Level eines Default Initializers dennoch auf `internal` gesetzt. Möchte man in diesem Fall einen entsprechenden `open`- oder `public`-Initializer anbieten, muss man diesen selbst für den entsprechenden Typ implementieren.

Memberwise Initializer bei Structures

Da es sich bei dem Memberwise Initializer, wie er Structures zur Verfügung steht, ebenfalls um einen Default Initializer handelt, gelten für diesen die gleichen Regeln wie eben beschrieben. Allerdings kommt hier noch eine weitere dazu: Entspricht wenigstens eine Stored Property einer Structure dem Access Level `fileprivate`, so wird auch implizit der Memberwise Initializer als `fileprivate` deklariert, und entspricht wenigstens eine Stored Property einer Structure dem Access Level `private`, dann wird auch implizit der Memberwise Initializer vollständig als `private` deklariert.

15.2.3.10 Vererbung

Access Level von Klassen und deren Eigenschaften und Funktionen können in Subklassen und beim Überschreiben verändert werden. Hier gibt es jedoch zwei Regeln zu beachten:

- Der Access Level einer Subklasse kann **niemals höher** sein als der Access Level der zugrunde liegenden Superklasse.

- Der Access Level einer überschriebenen Eigenschaft oder Funktion in einer Subklasse kann **niemals niedriger** sein als der Access Level der zugrunde liegenden Eigenschaft oder Funktion aus der Superklasse.

Ein Beispiel in Listing 15.13 soll diese beiden Regeln verdeutlichen. Dort wird zunächst eine Klasse `ASuperclass` mit dem Access Level `public` deklariert. Außerdem verfügt sie über eine Methode `aMethod` mit dem Access Level `fileprivate`.

Beim Überschreiben dieser Superklasse kann nun maximal der Access Level `public` für Subklassen verwendet werden; der Access Level `open` steht nicht zur Verfügung, da er höher als `public` ist. Der so deklarierten Subklasse `ASubclass` wird entsprechend der niedrigere Access Level `internal` zugewiesen. Darüber hinaus überschreibt diese Subklasse aber auch die Methode `aMethod` aus der Superklasse `ASuperclass`. Dabei kann kein niedrigerer Access Level als `fileprivate` verwendet werden; `private` steht somit beim Überschreiben dieser Methode als Access Level nicht zur Verfügung. Stattdessen wird in der Subklasse für die Methode der Access Level `internal` verwendet.

Listing 15.13 Zuweisung eines Access Levels bei der Vererbung

```
public class ASuperclass {
    fileprivate func aMethod() {}
}

internal class ASubclass: ASuperclass {
    internal override func aMethod() {}
}
```

Bei der Vererbung von Protokollen gelten im Übrigen die gleichen Regeln wie für Klassen. Erbt somit ein Protokoll von einem anderen, kann dessen Access Level **niemals höher** sein als der des Protokolls, von dem es erbt.

15.2.3.11 Extensions

Generell übernehmen Extensions die Access Level des Typs, der erweitert werden soll. Zusätzlich können Sie aber auch eine Extension mit einem Access Level versehen. Das ist beispielsweise dann sinnvoll, wenn alle Eigenschaften und Funktionen einer Extension als `private` deklariert werden sollen. In diesem Fall können Sie einfach die gesamte Extension auf `private` setzen, womit allen Eigenschaften und Funktionen dieser Extension standardmäßig der Access Level `private` zugewiesen wird (ohne, dass Sie diesen selbst für jedes Element setzen müssen).

15.2.3.12 Protokolle

Allen Eigenschaften und Funktionen eines Protokolls wird automatisch der gleiche Access Level zugewiesen, der für das entsprechende Protokoll gesetzt wurde. Darüber hinaus können diesen Eigenschaften und Funktionen auch keine eigenen Access Level explizit zugewiesen werden, sie entsprechen immer dem Access Level des zugrunde liegenden Protokolls.

Teil II:
Xcode

16 Grundlagen, Aufbau und Einstellungen von Xcode

Wenn es um die Entwicklung von Apps für macOS, iOS, watchOS und tvOS geht, führt an *Xcode* kein Weg vorbei. Xcode ist Apples *IDE* (Kurzform für *Integrated Development Environment*) für die Softwareentwicklung von Apps für alle Apple-Plattformen. Es bietet alles, was Sie als Entwickler benötigen, um professionelle und innovative Anwendungen für die iOS-Familie, für den Mac, die Apple Watch oder das Apple TV zu erstellen.

Xcode selbst ist ebenfalls eine App, die exklusiv für macOS erhältlich ist. Sie können Xcode bequem über den Mac App Store Ihres Mac kostenlos herunterladen und installieren (siehe Bild 16.1). Falls Sie Mitglied im Apple Developer Program sind, können Sie über die Entwickler-Website von Apple auch zur Verfügung stehende Vorabversionen von Xcode herunterladen und auf Ihrem Mac installieren. Mehr zum Apple Developer Program erfahren Sie in Teil 6, „Veröffentlichung von Apps".

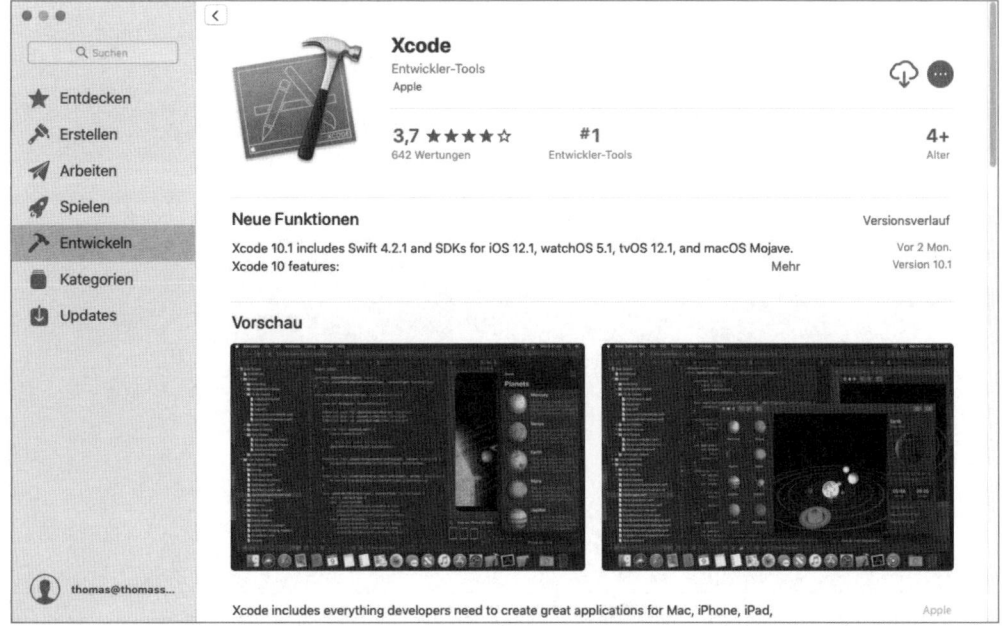

Bild 16.1 Die aktuellste Version von Xcode können Sie bequem aus dem Mac App Store herunterladen und installieren.

■ 16.1 Über Xcode

Wie eingangs bereits beschrieben, ist Xcode Apples IDE zur Entwicklung von Apps für macOS, iOS, watchOS und tvOS. Es bringt all das mit, was Sie für Ihre tägliche Entwicklerarbeit benötigen und um die nächste großartige App zu entwickeln. Neben einer Oberfläche zum Schreiben Ihres Codes gehören dazu mächtige Werkzeuge zum Debugging Ihrer Anwendung, Simulatoren zur Ausführung und zum Testen Ihrer Apps sowie eine ausführliche Dokumentation mit kompletter API-Übersicht für die verschiedenen Frameworks von Apple. Gerade Letzteres ist ein unerlässlicher Teil für Ihre Arbeit, denn die komplette Dokumentation von Xcode kann kaum ein Fachbuch abdecken, dafür behandelt sie viel zu viele verschiedene Themen und Frameworks, liefert darüber hinaus noch jede Menge Beispielcode zu einzelnen Bereichen und ist nicht zuletzt immer up to date, da Updates der Dokumentation vonseiten Apple für Sie direkt ersichtlich sind. Mehr über die in Xcode integrierte Dokumentation erfahren Sie in Kapitel 18, „Dokumentation, Devices und Organizer".

Neben dem Editor zum Schreiben und Bearbeiten Ihres Quellcodes bringt Xcode auch noch eine Vielzahl weiterer Bestandteile mit. Einer der wichtigsten hiervon ist der sogenannte *Interface Builder*. Mit ihm können Sie grafische Oberflächen für Ihre Apps mittels Drag-anddrop erstellen und anschließend in Ihrem Code laden (siehe Bild 16.2).

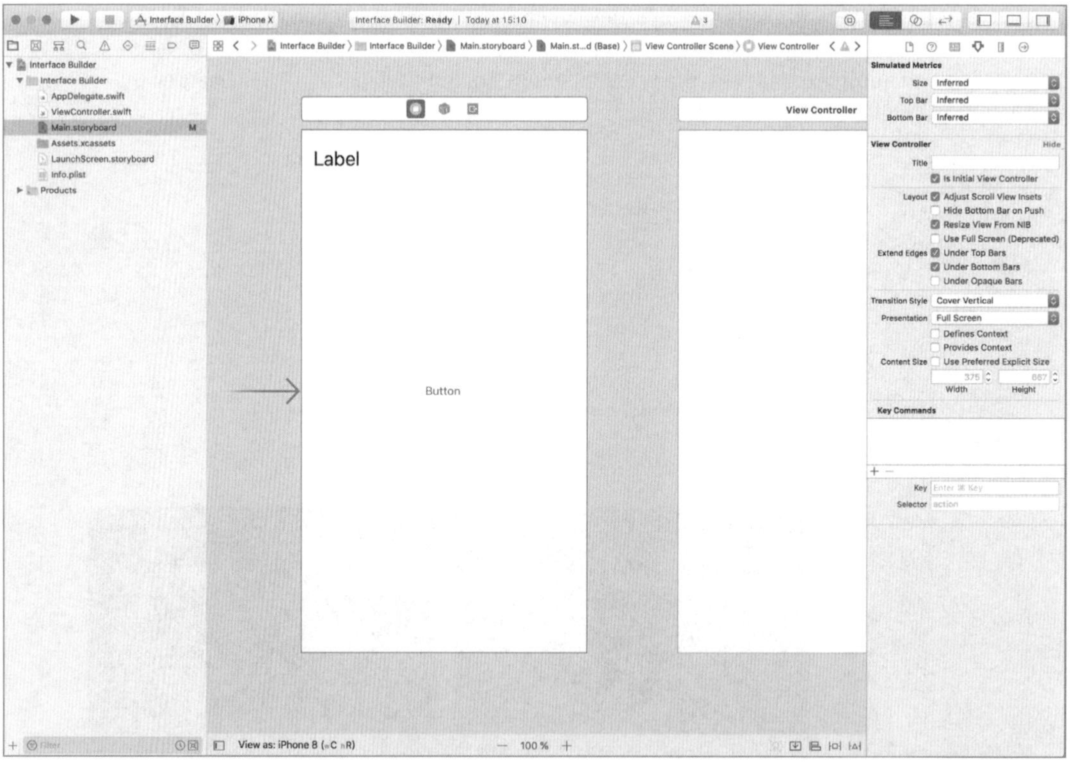

Bild 16.2 Der Interface Builder ist Bestandteil von Xcode und erlaubt das bequeme Erstellen und Bearbeiten von Ansichten Ihrer Apps.

Im Laufe dieses Kapitels lernen Sie nach und nach alle wichtigen und essenziellen Bestand-teile von Xcode kennen und wie Sie sie bestmöglich und effektiv bei ihrer täglichen Arbeit einsetzen.

■ 16.2 Arbeiten mit Xcode

Bei der Arbeit mit Xcode kommen einige unterschiedliche Elemente zum Einsatz, mit denen Sie bei Ihrer Tätigkeit quasi ständig zu tun haben. Außerdem gibt es einige grundlegende Aktionen, die für ein erfolgreiches Verwenden von Xcode unabdingbar sind, wie beispiels-weise das Hinzufügen neuer Dateien und Ordner zu einem Projekt.

Die folgenden Abschnitte geben einen Überblick über diese Themen und vermitteln so die Grundlagen, die für die Arbeit mit Xcode wichtig sind.

16.2.1 Dateien und Formate eines Xcode-Projekts

Wenn Sie Apps für die verschiedenen Plattformen von Apple entwickeln, spielen drei Ele-mente in diesem Zusammenhang eine wichtige Rolle: *Projekte*, *Targets* und *Schemes*. Alle drei stelle ich Ihnen im Folgenden vor.

16.2.1.1 Projekte

In einem Xcode-Projekt werden alle Informationen und Dateien zusammengefasst, die Sie zum Erstellen und Entwickeln Ihrer Apps benötigen. Ein Projekt ist sozusagen das große Ganze, in dem all Ihre App-Dateien verwaltet und zusammengefasst werden. So verwalten Sie in einem Projekt Ihre Quelltextdateien als auch jede weitere Art von Datei wie Bilder oder Videos, die Sie für Ihre App benötigen. Alle folgenden vorgestellten Dateien und For-mate sind ebenfalls Teile eines Xcode-Projekts.

Workspaces

Neben Projekten erlaubt Xcode auch die Arbeit mit sogenannten *Workspaces*. Dabei werden in einem Workspace mehrere Xcode-Projekte zusammengefasst. Das macht zum Beispiel dann Sinn, wenn Sie neben Ihrem App-Projekt auch noch eine separate Library pflegen und entwickeln, die nicht direkt etwas mit dem eigentlichen App-Projekt zu tun hat.

Ein neues Xcode-Projekt können Sie direkt nach dem Starten von Xcode erstellen; klicken Sie dazu im *Welcome to Xcode*-Fenster auf die Schaltfläche *Create a new Xcode project* (siehe Bild 16.3). Alternativ können Sie auch über das Xcode-Menü den Punkt *File → New → Pro-ject…* auswählen.

Daraufhin öffnet sich die Template-Ansicht von Xcode, in der Sie aus einer Auswahl an verschiedenen Projektvorlagen eine wählen können (siehe Bild 16.4). Dort finden Sie am oberen Rand zunächst eine Plattformauswahl. Abhängig davon, für welches Betriebssystem (macOS, iOS, watchOS oder tvOS) Sie eine App entwickeln möchten, wählen Sie den passenden Punkt aus. Unter *Cross-platform* finden Sie zusätzlich Templates, die universell für alle vier Plattformen eingesetzt werden können, darunter eine Vorlage für Spiele.

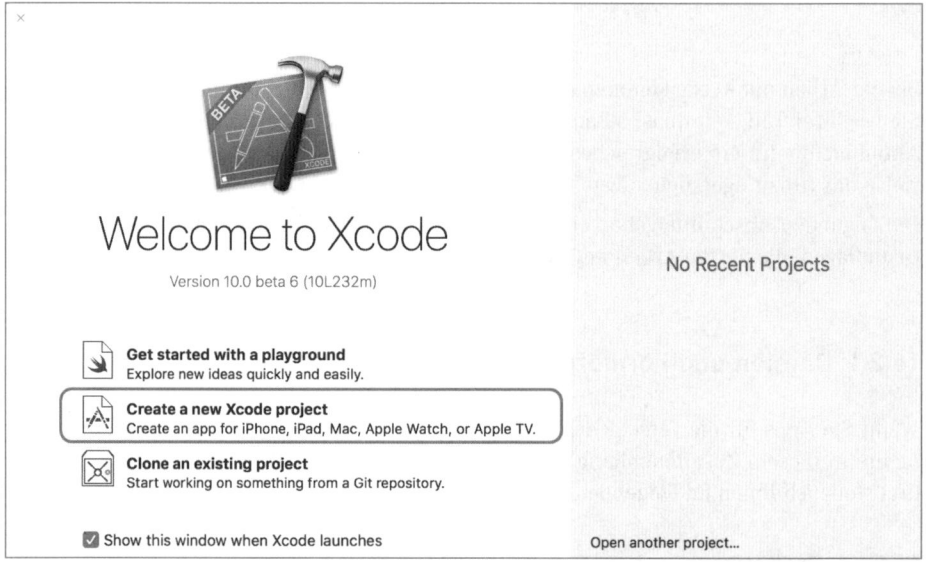

Bild 16.3 Über die Schaltfläche „Create a new Xcode project" erstellen Sie aus dem Startfenster heraus ein neues Xcode-Projekt.

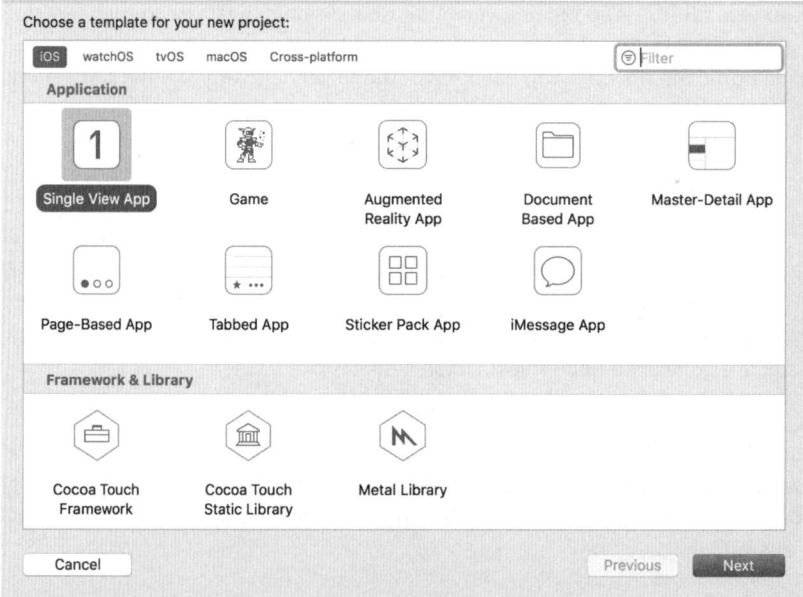

Bild 16.4 Mithilfe diverser Templates erleichtert Apple den Einstieg in die Entwicklung eines neuen App-Projekts oder Frameworks.

In der App-Entwicklung finden Sie anschließend im Abschnitt *Application* passende Vorlagen, mit denen Sie ein neues App-Projekt beginnen können. Unter *iOS* steht so beispielsweise eine *Single View App*-Vorlage bereit, über die ein neues Xcode-Projekt generiert wird, das eine erste leere Ansicht enthält.

Nach Auswahl eines passenden Templates und einem Klick auf die Schaltfläche *Next* müssen Sie erste grundlegende Informationen über das neue Projekt angeben. Die hier verfügbaren Felder variieren mitunter je nach Auswahl des zuvor gewählten Templates, die folgenden Felder müssen Sie aber in jedem Fall ausfüllen (siehe Bild 16.5):

- *Product Name:* Der Name des neuen Projekts, typischerweise der Name der App oder eines zu erstellenden Frameworks.

- *Team:* Hier können Sie einen bei Apple registrierten Entwickler-Account auswählen, den Sie zur Entwicklung für Ihr neues Projekt verwenden möchten. Wie man Entwickler-Accounts in Xcode hinzufügt erfahren Sie in Abschnitt 16.4.2, „Accounts".

- *Organization Name:* Hier ist der Platz für den Namen Ihrer Firma oder für Ihren eigenen Namen, sollten Sie als selbstständiger Entwickler tätig sein.

- *Organization Identifier:* Der Organization Identifier ist ein umgekehrter Domain-Name. Bei einer Firma könnte er beispielsweise *com.firmenname* lauten, bei einer Privatperson wie mir hingegen *de.thomassillmann*.

- *Bundle Identifier:* Der Bundle Identifier ist der eindeutige Identifier für Ihre App. Dieses Feld wird automatisch ausgefüllt anhand des von Ihnen festgelegten Organization Identifiers und des Product Name. Sie können den Bundle Identifier aber jederzeit später noch ändern und anpassen.

- *Language:* Hier können Sie wählen, welche Programmiersprache Sie standardmäßig für Ihr Projekt verwenden möchten. Hier stehen immer mindestens Swift und Objective-C zur Auswahl, je nach gewähltem Template können aber noch weitere erscheinen.

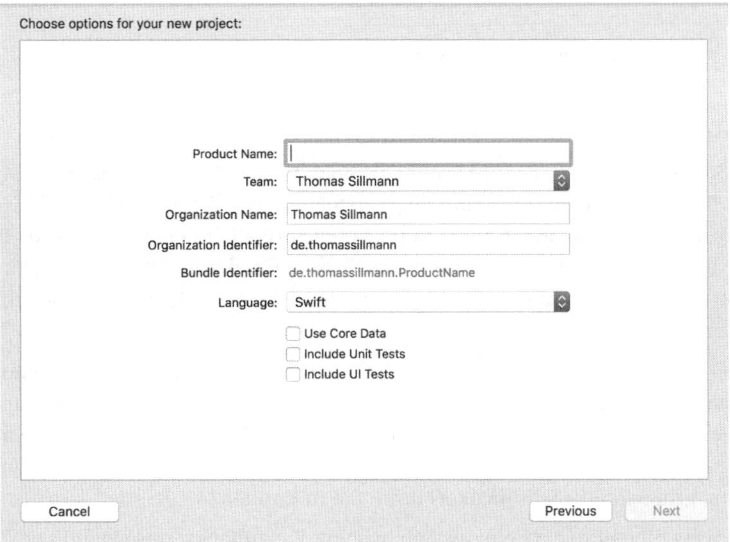

Bild 16.5 Nach der Auswahl eines Templates geht es weiter mit der Angabe der grundlegenden Projektinformationen.

Ihre Eingaben bestätigen Sie abschließend mit einem Klick auf die Schaltfläche *Next*. Zum Abschluss wählen Sie noch einen Speicherort für das neue Projekt aus und schließen die Erstellung dann per Klick auf *Create* ab. Xcode öffnet dann direkt das Projekt und Sie können mit der Bearbeitung loslegen (siehe Bild 16.6).

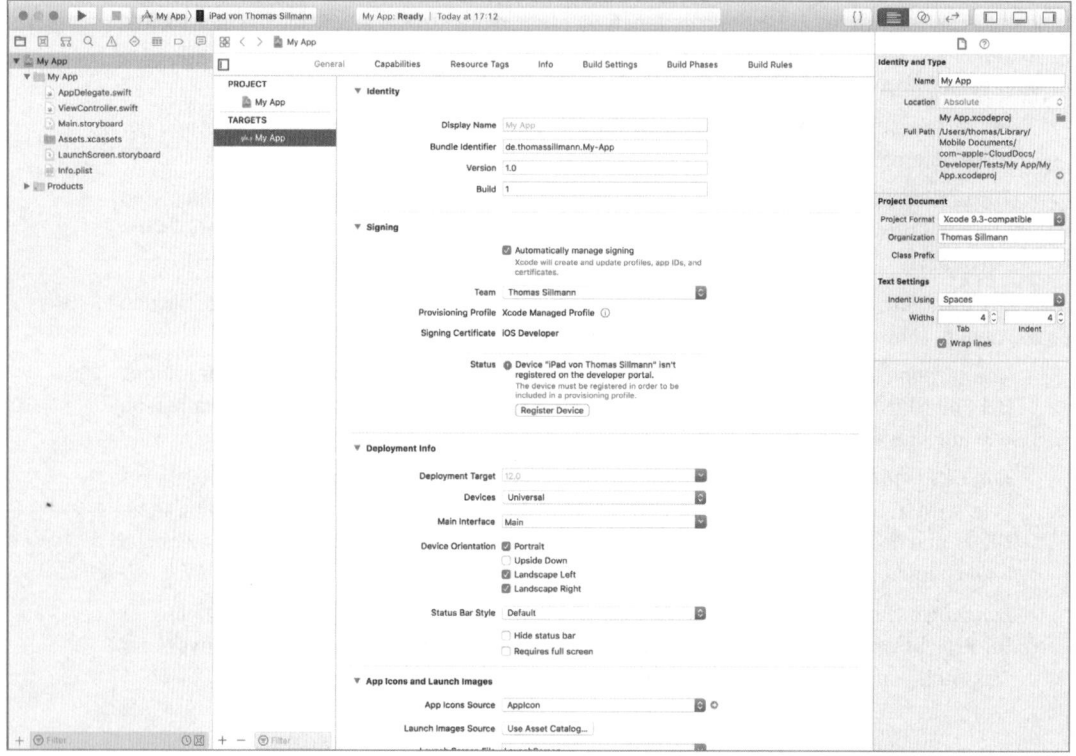

Bild 16.6 Xcode öffnet direkt ein neu erstelltes Projekt.

16.2.1.2 Targets

Bei *Targets* handelt es sich um ein Produkt, das Sie innerhalb eines Xcode-Projekts anlegen und dann erstellen können. Ein typisches Beispiel für ein Target in einem Projekt ist das eigentliche Target zum Erstellen Ihrer App. Dieses Target können Sie mit Xcode bauen lassen und erhalten so ein Binary Ihrer App, das Sie unter anderem für den Upload in den App Store verwenden können (mehr dazu erfahren Sie in Kapitel 34, „Veröffentlichung im App Store").

Ein Xcode-Projekt kann eine beliebige Anzahl an Targets enthalten und verwalten. Das ist zum Beispiel in einem Projekt sinnvoll, aus dem heraus Sie eine App parallel für verschiedene Apple-Plattformen entwickeln möchten und so ein Teil Ihres Codes sehr wahrscheinlich für alle Plattformen übergreifend identisch sein wird. Auch bei Tests spielen separate Targets eine große Rolle, mehr dazu erfahren Sie in Kapitel 34, „Testing".

Um die Targets eines Projekts einzusehen, wählen Sie zunächst das eigentliche Projekt im linken Bereich aus (zu erkennen an dem blauen Dokument-Symbol). In der erscheinenden

Ansicht werden dann die Targets am linken Rand angezeigt (siehe Bild 16.7). Sollte diese Target-Übersicht bei Ihnen nicht zu sehen sein, wird das daran liegen, dass die Schaltfläche *Show project and targets lists* am oberen linken Rand nicht aktiviert ist. Neben der Schaltfläche wird dann ein Auswahlmenü angezeigt, das den Titel des aktuell gewählten Projekts beziehungsweise Targets aufführt (siehe Bild 16.8). Per Klick darauf können Sie dann zwischen den verschiedenen Projekten und Targets wechseln.

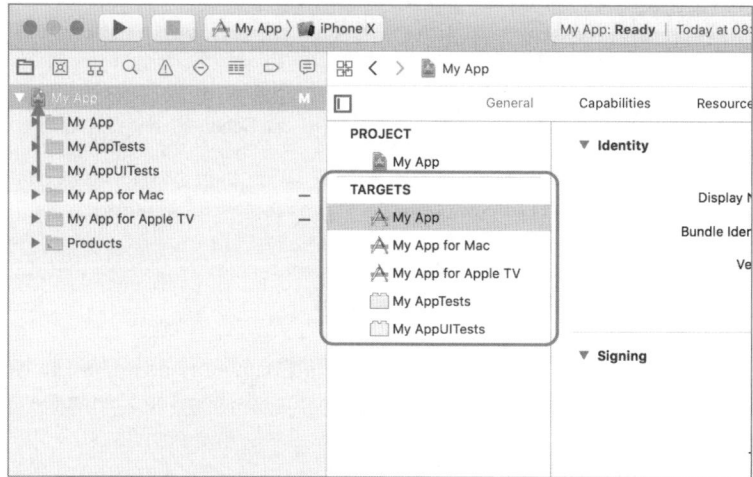

Bild 16.7 Jedes Projekt verfügt über ein oder mehrere Targets, die verschiedene „Produkte" darstellen, die Sie über ein Projekt generieren. In diesem Beispiel gibt es ein solches Target unter anderem für eine iOS-, macOS- und tvOS-App, die alle über dasselbe Projekt verwaltet werden.

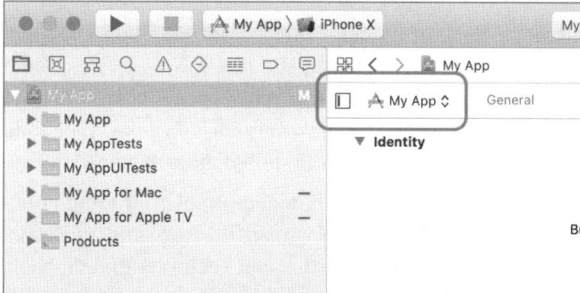

Bild 16.8 Sollten die Targets nicht angezeigt werden, liegt das an der nicht aktiven Schaltfläche „Show project and targets lists", im markierten Bereich links zu sehen.

16.2.1.3 Schemes

Mithilfe eines Schemes definieren Sie, was Xcode tun soll, wenn Sie beispielsweise eine App im Simulator ausführen oder für den Upload in den App Store vorbereiten möchten. Jedes Target verfügt typischerweise über ein eigenes Scheme (Ausnahmen sind unter anderem Test-Targets, siehe dazu auch Kapitel 33, „Testing"). Darüber können Sie dann beispielsweise Ihre App starten oder Tests durchführen.

Die Schemes finden Sie rechts neben der *Stop the running scheme or application*-Schaltfläche am oberen linken Rand von Xcode (siehe Bild 16.9). Sie werden in Form des zugehörigen Target-Symbols und eines Namens angezeigt. Per Klick darauf gelangen Sie in die Übersicht der verfügbaren Schemes des zugrunde liegenden Projekts und haben Zugriff auf diverse Einstellungen und Optionen. Mehr dazu erfahren Sie in Abschnitt 16.5.3, „Einstellungen am Scheme".

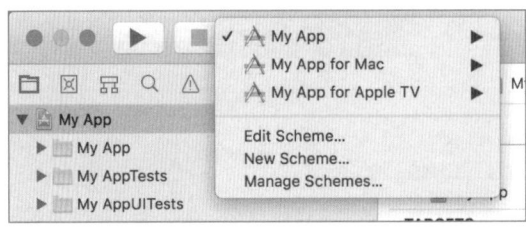

Bild 16.9
Die Schemes eines Projekts erreichen Sie über die Schaltfläche rechts vom „Stop the running scheme or application"-Button.

16.2.2 Umgang mit Dateien und Ordnern

In diesem Abschnitt zeige ich Ihnen den Umgang mit Dateien und Ordnern in Xcode und wie Sie grundlegende Aktionen wie das Erstellen oder Löschen von Elementen in Apples IDE durchführen.

16.2.2.1 Dateien in Xcode hinzufügen

Auf der linken Seite von Xcode – innerhalb des sogenannten *Project Navigator* (dazu später mehr) – werden alle Ordner und Dateien eines Xcode-Projekts angezeigt. Hierüber können Sie auch neue Dateien und Ordner erstellen.

Ausgangspunkt für neue Dateien ist das Fenster zum Erstellen eines neuen Files. Sie erreichen es entweder über das Xcode-Menü über *File → New → File...* oder per Rechtsklick auf einen Ordner im Project Navigator und anschließende Auswahl von *New File...* (siehe Bild 16.10). Wichtig hierbei: Die neue Datei wird innerhalb des Verzeichnisses angelegt, das gerade markiert ist, wenn das Fenster zum Erstellen einer neuen Datei aufgerufen wird.

Der Dialog zum Erstellen einer neuen Datei bietet am oberen Rand eine Filtermöglichkeit nach der gewünschten Zielplattform (*iOS, watchOS, tvOS* und *macOS*). Viele Arten von Dateien sind aber auf mehreren dieser Plattformen vertreten und tauchen daher öfters auf. Details zu den verschiedenen Vorlagen erfahren Sie an entsprechenden Stellen im Buch.

Um das Erstellen einer neuen Datei abzuschließen, wählen Sie die passende Vorlage aus und klicken auf die Schaltfläche *Next*. In vielen Fällen brauchen Sie anschließend nur noch einen Namen zu vergeben und einen Speicherort auszuwählen, teilweise erfragt Xcode aber noch zusätzlich notwendige Informationen abhängig vom gewählten Dateityp.

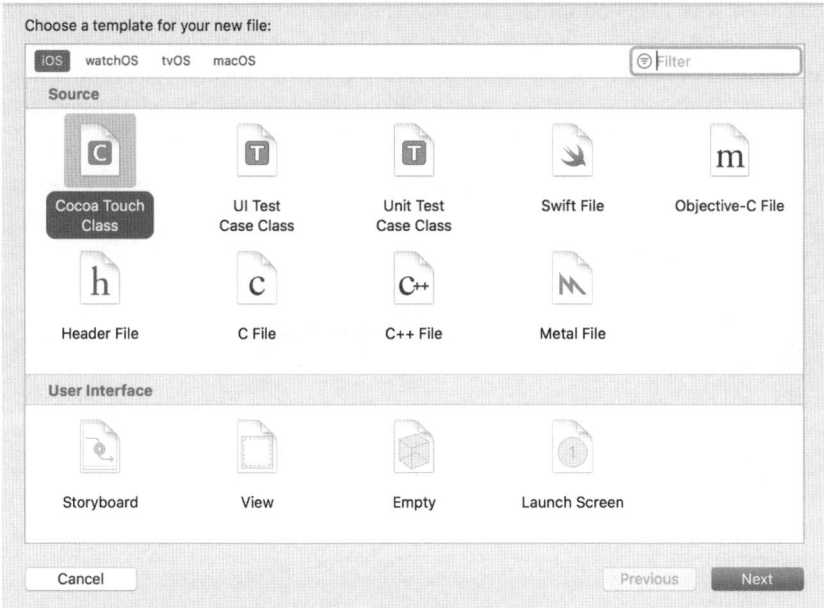

Bild 16.10 Xcode bietet eine Vielzahl unterschiedlicher Dateien, die Sie Ihrem Projekt hinzufügen können.

16.2.2.2 Ordner in Xcode hinzufügen

Neben Dateien können Sie auch neue Ordner Ihrem Xcode-Projekt hinzufügen. Dazu markieren Sie zunächst das Projekt-File oder einen bereits bestehenden Ordner, in dem der neue Ordner eingefügt werden soll, und rufen anschließend über das Xcode-Menü den Punkt *File → New → Group* auf. Alternativ führen Sie einen Rechtsklick auf den entsprechenden Ordner aus und wählen im sich öffnenden Kontextmenü den Eintrag *New Group*. Anschließend müssen Sie nur noch einen passenden Namen für den neuen Ordner eintippen und die Erstellung mittels Return abschließen (siehe Bild 16.11).

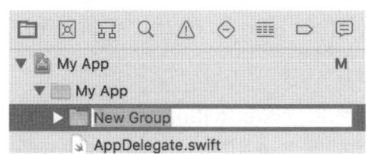

Bild 16.11
Nach Eingabe des gewünschten Titels und Bestätigung per Return ist der neue Ordner bereits erstellt.

16.2.2.3 Bereits vorhandene Dateien einem Xcode-Projekt hinzufügen

Bestimmte bereits vorhandene Ressourcen müssen bisweilen ebenso einem Xcode-Projekt hinzugefügt werden wie neue Quellcode-Dateien. Dazu gehören beispielsweise Grafiken, Videos oder PDFs, möglicherweise aber auch Swift-Dateien, die Sie bereits in einem anderen Projekt eingesetzt haben und wiederverwenden möchten.

Um bereits vorhandene Dateien in einem Xcode-Projekt hinzuzufügen, wählen Sie zunächst das Projekt beziehungsweise den Ordner aus, in dem die gewünschten Dateien eingefügt werden sollen. Anschließend wählen Sie entweder über das Xcode-Menü *File → Add Files to „<Name des Projekts>"* oder Sie führen einen Rechtsklick auf den zugrunde liegenden Ordner aus; im erscheinenden Kontextmenü können Sie sodann ebenfalls den Punkt *Add Files to „<Name des Projekts>"* auswählen. Anschließend öffnet sich ein neues Fenster, über das Sie auf die Dateien Ihres Mac zugreifen können (siehe Bild 16.12).

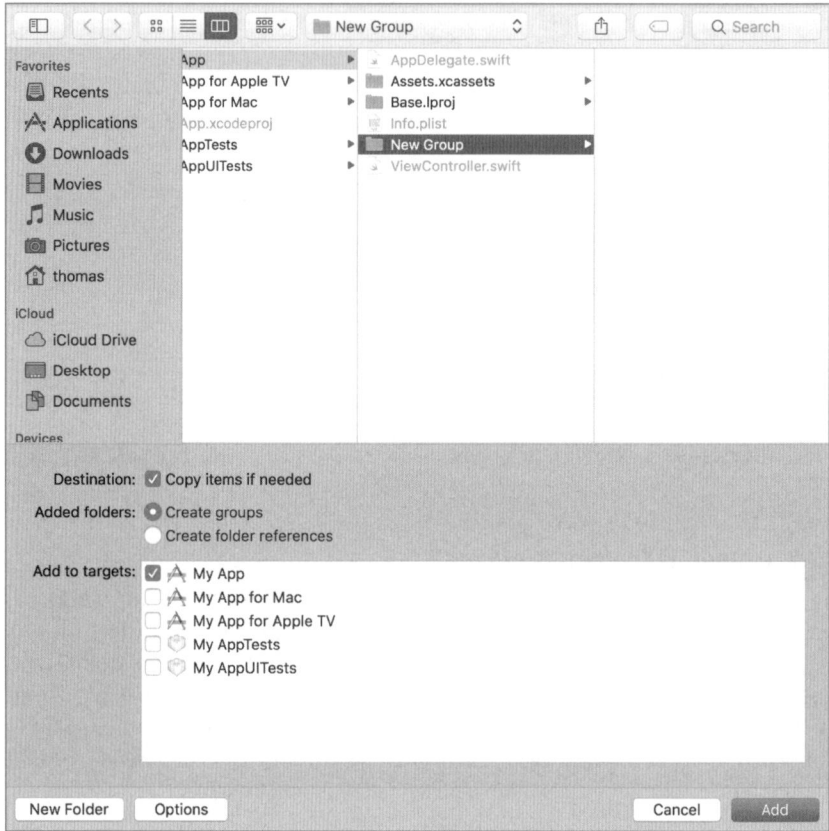

Bild 16.12 Es lassen sich beliebige Dateien einem Xcode-Projekt hinzufügen. Wichtig ist, beim Hinzufügen auf die Optionen und die korrekt gewählten Targets zu achten.

Im oberen Bereich des Fensters wählen Sie die Datei beziehungsweise die Dateien aus, die Sie Ihrem Xcode-Projekt hinzufügen möchten. Per anschließendem Klick auf *Add* landen sie dann direkt in Ihrem Projekt. Bevor Sie allerdings diese Schaltfläche betätigen, sollten Sie noch einen genauen Blick auf die Optionen werfen, die Ihnen in der unteren Hälfte des Fensters angeboten werden. Falls Sie diese nicht sehen sollten, klicken Sie auf die zugehörige Schaltfläche *Options*:

- *Destination:* Ist die Checkbox *Copy items if needed* gesetzt, werden die gewählten Dateien in das zugrunde liegende Xcode-Projekt *kopiert* (sollten die Dateien nicht bereits innerhalb des Xcode-Projekts abgelegt worden sein). Ist diese Checkbox nicht aktiviert, wird im Projekt lediglich eine *Referenz* auf diese Dateien erzeugt. Das bedeutet, dass Xcode nicht länger auf diese Dateien zugreifen kann, sollten sie beispielsweise gelöscht oder das

Projekt auf einem anderen Mac ausgeführt werden, bei dem die entsprechenden Dateien nicht an exakt derselben Position abgelegt sind. Nach meiner Erfahrung sollten Sie im Zweifel diese Checkbox lieber aktiviert lassen, um sicherzustellen, dass die gewünschten Dateien fester Bestandteil des Xcode-Projekts werden und darin immer zur Verfügung stehen.

- *Added folders:* Falls Sie nicht nur einzelne Dateien, sondern ganze Ordner einem Xcode-Projekt hinzufügen, können Sie über diese Option festlegen, wie mit diesen Ordnern umgegangen werden soll. *Create groups* sorgt dafür, dass Xcode selbst eigene Ordner innerhalb des Projekts erzeugt. Mit *Create folder references* hingegen legen Sie nur einen *Verweis* auf die Ordner an; sie werden also nicht direkt Bestandteil des Xcode-Projekts. Falls Sie die Ordner dann von Ihrer ursprünglichen Position entfernen oder umbenennen, kann auch Xcode in diesem Fall nicht länger darauf zugreifen. Im Zweifel sollten Sie sich an dieser Stelle für *Create groups* entscheiden.

- *Add to targets:* Dateien innerhalb eines Xcode-Projekts werden ein oder mehreren Targets zugewiesen. Der Grund dahinter ist simpel: Nicht jede Datei soll in jedes Target eingebunden werden. Hierzu ein Beispiel: Nehmen wir an, Sie haben ein Projekt für eine iOS- und macOS-App. Für beide setzen Sie zwei unterschiedliche App-Icons ein. Nun wäre es wenig sinnvoll, das App-Icon der macOS-App in dem iOS-Target einzubinden und umgekehrt; das würde nur unnötigen Speicherplatz fressen.

  Ähnlich verhält es sich mit Tests (mehr dazu erfahren Sie in Kapitel 33, „Testing"). Die sind zwar für Sie während der Entwicklung wichtig, brauchen aber nicht im finalen Produkt mit ausgeliefert zu werden. Aus diesem Grund packt man Tests typischerweise in ein eigenes Test-Target.

  Wenn Sie nun eine Datei in Xcode hinzufügen, müssen Sie im Abschnitt *Add to targets* wählen, in welche Targets Sie die Datei einbinden möchten. Nur in diesen Targets können Sie dann auf diese Datei zugreifen und sie verwenden. Diese Einstellung können Sie aber auch problemlos zu einem späteren Zeitpunkt noch anpassen (siehe Kasten „Target-Zuordnung ändern").

 Target-Zuordnung ändern

Sie können die Targets, denen eine Datei innerhalb eines Xcode-Projekts zugewiesen ist, jederzeit ändern. Wählen Sie dazu die gewünschte Datei aus und wechseln Sie im rechten Bereich der IDE (den sogenannten *Inspectors*, dazu später mehr) zum sogenannten *File Inspector*. Dort finden Sie einen Abschnitt namens *Target Membership*, in dem alle Targets Ihres Projekts aufgeführt sind (siehe Bild 16.13). Die Checkbox vor dem Namen jedes Targets verrät, ob die Datei Teil davon ist oder nicht. Darüber können Sie diese Einstellung auch jederzeit ändern.

Mehr über die verschiedenen Bereiche von Xcode und deren Funktionen erfahren Sie in Abschnitt 16.3, „Der Aufbau von Xcode".

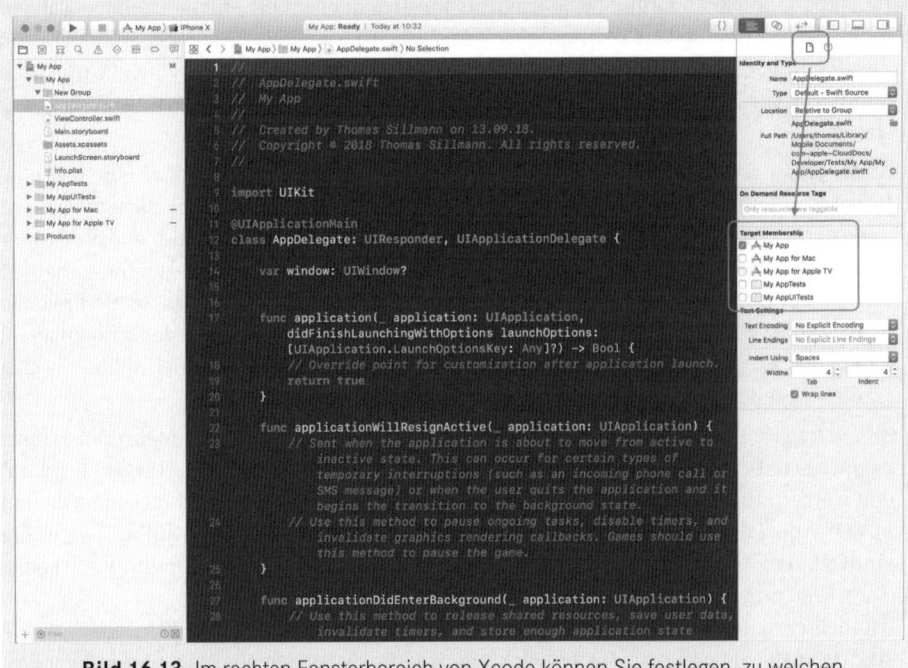

Bild 16.13 Im rechten Fensterbereich von Xcode können Sie festlegen, zu welchen Targets eine Datei gehört.

16.2.2.4 Dateien und Ordner löschen

Alle Dateien und Ordner eines Xcode-Projekts können zu jedem Zeitpunkt gelöscht werden. Markieren Sie dazu zunächst die zu löschenden Elemente und wählen Sie anschließend über das Xcode-Menü den Punkt *Edit → Delete* aus. Alternativ können Sie auch einen Rechtsklick auf die gewünschten Dateien ausführen und aus dem Kontextmenü den Eintrag *Delete* wählen.

Xcode blendet daraufhin einen Dialog ein, in dem Sie den Löschvorgang nochmals bestätigen müssen (siehe Bild 16.14). *Move to Trash* löscht die Dateien von Ihrem Mac und verschiebt sie in den Papierkorb, während *Remove Reference* die Dateien lediglich aus dem Xcode-Projekt entfernt, sie aber noch auf der Festplatte belässt. Mittels *Cancel* können Sie die Löschaktion abbrechen.

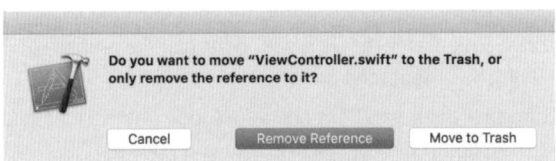

Bild 16.14 Xcode fragt beim Löschen von Ordnern und Dateien, ob nur die Referenz in Xcode oder auch die Dateien selbst entfernt und gelöscht werden sollen.

16.3 Der Aufbau von Xcode

Xcode unterteilt sich in verschiedene Bereiche, die alle für unterschiedliche Aufgaben und Aktionen vorgesehen sind:

- Toolbar
- Navigator
- Editor
- Inspectors
- Debug Area

In den folgenden Abschnitten stelle ich Ihnen all diese Bereiche im Detail vor und erläutere, in welchen Fällen Sie mit ihnen zu tun haben.

16.3.1 Toolbar

Am oberen Bildschirmrand von Xcode befindet sich die Toolbar. Diese bietet grundlegende Optionen, um Ihre App zu bauen und die einzelnen Bereiche der IDE anzupassen (siehe Bild 16.15).

Bild 16.15 Die Toolbar von Xcode gibt Zugriff auf grundlegende Konfigurationen und Statusinformationen.

Zunächst finden Sie am linken äußeren Rand Schaltflächen zum Bauen und Ausführen Ihrer App. Über den *Build and then run the current scheme*-Button wird Ihre App gebaut und auf dem ausgewählten Gerät beziehungsweise Simulator gestartet, der *Stop the running scheme or application*-Button beendet eine laufende Ausführung (siehe Bild 16.16).

Bild 16.16
Über diese beiden Schaltflächen steuern Sie die Ausführung einer App.

Rechts neben diesen beiden Schaltflächen finden Sie die Schema-Auswahl. Ein Klick auf das Schema öffnet die Schema-Übersicht, in der alle vorhandenen Schemas angezeigt werden. Ebenfalls können an dieser Stelle neue Schemas erstellt oder vorhandene bearbeitet werden (mehr dazu erfahren Sie in Abschnitt 16.5.3, „Einstellungen am Scheme").

Je nach den Einstellungen innerhalb des ausgewählten Schemas kann dann auch die Simulator- beziehungsweise Geräte-Auswahl variieren (siehe Bild 16.17). Abhängig davon, welches Target ein Scheme ausführt, können Sie hier Ihren Mac, ein iOS-, watchOS- oder tvOS-Gerät auswählen. Dazu gehören sowohl Simulatoren als auch mit dem Mac gekoppelte Endgeräte. Diese müssen lediglich die Anforderungen des Targets (zum Beispiel eine bestimmte Betriebssystemversion) erfüllen, um in dieser Ansicht zu erscheinen.

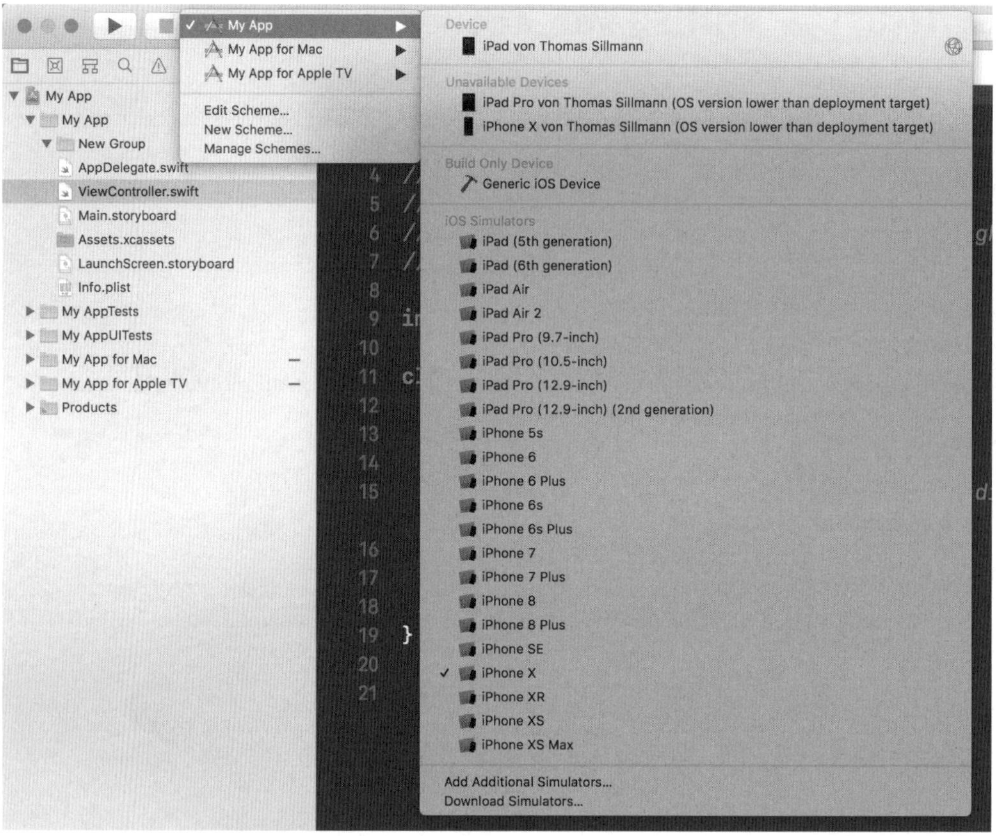

Bild 16.17 Über die Auswahl des Schemes können Sie festlegen, in welchem Simulator oder auf welchem Endgerät Sie Ihre App ausführen möchten.

In der Mitte der Toolbar befindet sich die Statusanzeige (siehe Bild 16.18). Diese zeigt Ihnen unterschiedliche Informationen an, beispielsweise Datum und Uhrzeit des letzten erfolgreichen Builds und eventuelle Warnungen oder Fehlerausgaben des Compilers. Auch wird an dieser Stelle ein Fortschrittsbalken angezeigt, wenn Sie Ihre App mit Xcode bauen oder wenn Sie zusätzliche Simulatoren herunterladen.

Bild 16.18 Die Statusanzeige gibt unter anderem Informationen über das Erstellen und Ausführen Ihrer App wieder.

Am rechten Rand der Toolbar befinden sich abschließend noch drei weitere Blöcke mit Schaltflächen. Der erste stellt nur einen einzelnen Button dar und erlaubt entweder den Zugriff auf die *Snippets* oder auf die *Objects Library* von Xcode (siehe Bild 16.19). Welche dieser beiden Optionen angezeigt wird, hängt von der aktuell gewählten Datei in Xcode ab. Standard ist der Verweis auf die Snippets Library, während die Objects Library bei der Arbeit mit grafischen Oberflächen im Interface Builder erscheint.

Bild 16.19
Abhängig von der aktuell ausgewählten Datei können Sie mittels dieser Schaltflächen auf die Snippets beziehungsweise auf die Objects Library von Xcode zugreifen.

Mehr zur Snippets Library erfahren Sie in Kapitel 20, „Tipps und Tricks für das effiziente Arbeiten mit Xcode". Weitere Details zur Objects Library finden Sie in Kapitel 17, „Arbeiten mit dem Interface Builder".

Mithilfe des zweiten Schaltflächenblocks lässt sich die Ansicht der Editor Area konfigurieren. Dazu kann zwischen dem sogenannten *Standard Editor*, dem *Assistant Editor* und dem *Version Editor* gewechselt werden (siehe Bild 16.20). Details zu diesen drei verschiedenen Editor-Ansichten erfahren Sie in Abschnitt 16.3.3, „Editor".

Bild 16.20
Über die verschiedenen Editor-Schaltflächen können Sie die Ansicht des Editors anpassen.

Am äußersten rechten Rand schließlich finden sich Schaltflächen zum Ein- und Ausblenden des *Navigators*, der *Debug Area* und der *Inspectors* (siehe Bild 16.21). Möchte man sich beispielsweise komplett auf den Editor konzentrieren, lassen sich so alle drei genannten Bereiche (temporär) ausblenden.

Bild 16.21
Über diese Schaltflächen können Sie den Navigator, die Debug Area und die Inspectors ein- und ausblenden.

16.3.2 Navigator

Beim sogenannten *Navigator* handelt es sich um den Bereich in Xcode, der am linken Rand neben dem Editor angezeigt wird (siehe Bild 16.22). Der Navigator kann mittels der entsprechenden Area-Schaltfläche oben rechts in der Toolbar ein- und ausgeblendet werden (siehe Abschnitt 16.3.1, „Toolbar").

Der Navigator verfügt am oberen Rand über neun verschiedene Schaltflächen, über die die angezeigten Inhalte des Navigators angepasst werden können. Standardmäßig ist die erste Schaltfläche zur Anzeige des sogenannten *Project Navigator* aktiv. In diesem werden alle Projektdateien aufgeführt. Hier können Sie die Quellcode-, Projekt- und sonstige Dateien (wie Bilder oder Audio-Files) Ihres Projekts verwalten und Ihren Wünschen entsprechend anordnen. Dazu verfügt der Project Navigator über Drag-and-drop-Möglichkeiten zum Verschieben und Verschachteln von Dateien und Ordnern.

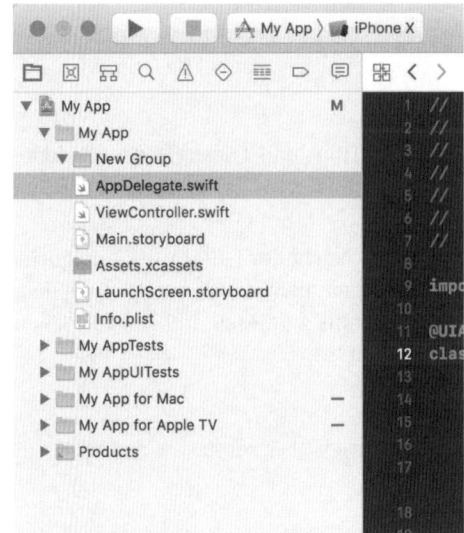

Bild 16.22
Der Project Navigator listet alle Dateien
und Ordner Ihres Projekts auf.

Neben dem Button zur Anzeige des Project Navigator befindet sich eine Auswahlschaltfläche für den sogenannten *Source Control Navigator* (siehe Bild 16.23). Darin werden alle Branches, Tags und Remotes des zugrunde liegenden Projekts aufgeführt. Darüber können Sie unter anderem den aktuellen Branch wechseln oder neue Branches und Tags erstellen. Natürlich ist dieser Navigator nur dann für Sie interessant, wenn Sie auch Versionskontrolle in Ihrem Projekt einsetzen. Mehr dazu erfahren Sie in Kapitel 32, „Source Control".

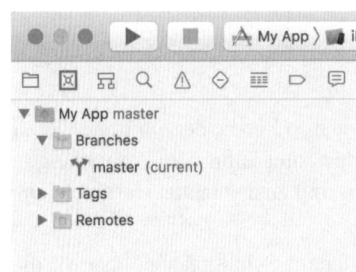

Bild 16.23
Der Source Control Navigator liefert Zugriff auf die verschiedenen Branches, Tags und Remotes eines Projekts.

Der nächste Navigator ist der sogenannte *Symbol Navigator* (siehe Bild 16.24). Dieser listet alle Typen sowie deren Properties und Methoden in einer hierarchischen Struktur auf und gibt so eine Übersicht über die verschiedenen Elemente eines Projekts über alle Targets hinweg. Durch Auswahl eines Eintrags landen Sie direkt in der zugehörigen Quellcode-Datei.

Bild 16.24
Der Symbol Navigator listet alle Typen Ihres Projekts mitsamt deren Eigenschaften und Funktionen in einer hierarchischen Struktur auf.

Über die nächste Schaltfläche gelangen Sie zum *Find Navigator* (siehe Bild 16.25). Mit dessen Hilfe können Sie ein Projekt durchsuchen und sich alle passenden Ergebnisse anzeigen lassen. Auch eine Suche-und-Ersetzen-Funktion ist in diesem Navigator integriert. Wenn Sie eines der gefundenen Suchergebnisse auswählen, landen Sie direkt in der entsprechenden Datei im Editor.

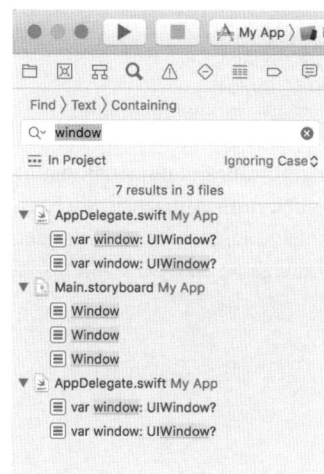

Bild 16.25
Mithilfe des Find Navigator können Sie Ihr Projekt durchsuchen.

Sollte es zu Warnungen oder Fehlern in Ihrem Xcode-Projekt kommen, werden diese im sogenannten *Issue Navigator* aufgeführt (siehe Bild 16.26). Nach Klick auf einen der Einträge werden Sie direkt in die entsprechende Datei weitergeleitet und können dort sodann das Problem beheben.

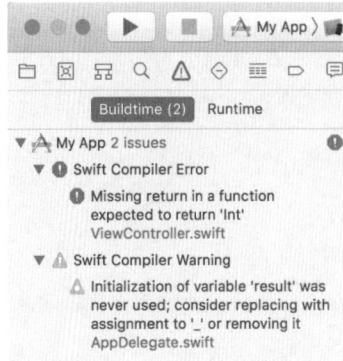

Bild 16.26
Fehler und Warnungen werden im Issue Navigator
aufgelistet.

Der *Test Navigator* listet all Ihre im Projekt erstellten Unit-, Performance- und UI-Tests auf
(siehe Bild 16.27). Doch nicht nur das: Wählen Sie einen Test aus, landen Sie umgehend an
der entsprechenden Stelle in Ihrem Code und können sogar Tests direkt aus dem Test Navigator heraus starten, indem Sie auf den Play-Button neben einem Test drücken. Mehr zu
Tests erfahren Sie in Kapitel 33, „Testing".

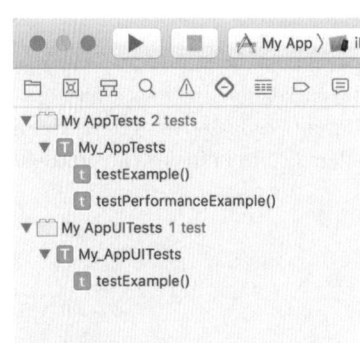

Bild 16.27
Im Test Navigator haben Sie Zugriff auf alle Unit-, Per-
formance- und UI-Tests eines Projekts und können diese
komfortabel direkt aus dem Navigator heraus starten.

Als Nächstes folgt der *Debug Navigator* (siehe Bild 16.28). Er gibt während der Ausführung
einer App unter anderem Aufschluss über den Speicherverbrauch Ihrer App sowie die Netz-
werkkommunikation und listet einen Stack Trace über die zuletzt aufgerufenen Methoden
auf. Mehr zum Debugging im Allgemeinen und zum Debug Navigator im Speziellen erfahren Sie in Kapitel 19, „Debugging und Refactoring".

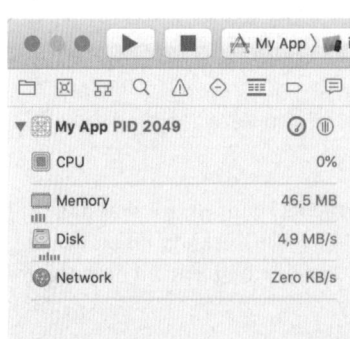

Bild 16.28
Der Debug Navigator gibt Aufschluss über die Aktivitäten
Ihrer App während der Ausführung.

Eine Übersicht aller von Ihnen erstellten Breakpoints gibt der *Breakpoint Navigator* (siehe Bild 16.29). Über ihn können Sie Ihre Breakpoints verwalten, anpassen und filtern. Mehr zu Breakpoints erfahren Sie ebenfalls in Kapitel 19, „Debugging und Refactoring".

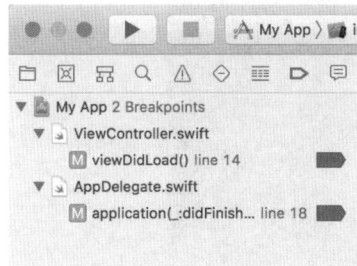

Bild 16.29
Der Breakpoint Navigator führt alle in einem Projekt gesetzten Breakpoints auf.

Zu guter Letzt findet sich noch eine Schaltfläche für den sogenannten *Report Navigator* (siehe Bild 16.30). Dieser gibt eine Übersicht über die letzten Builds und Tests Ihrer App und informiert im Detail über eventuell aufgetretene Fehler oder Probleme.

Bild 16.30
Informationen zu den letzten Builds und Tests Ihrer App gibt der Report Navigator.

16.3.3 Editor

Der *Editor* befindet sich im mittleren Bereich von Xcode und dort werden Sie als App-Entwickler wohl die meiste Zeit Ihrer Arbeit verbringen (siehe Bild 16.31). Der Editor passt sich dynamisch der im Navigator ausgewählten Datei an. Wählen Sie also beispielsweise eine Quellcode-Datei, erscheint im Editor ein Code-Editor, in dem Sie den Quelltext der Datei bearbeiten können. Wählen Sie hingegen eine Interface-Datei aus, so öffnet sich der Interface Builder (mehr zum Interface Builder und zur Arbeit mit Interface-Dateien erfahren Sie in Kapitel 17, „Arbeiten mit dem Interface Builder").

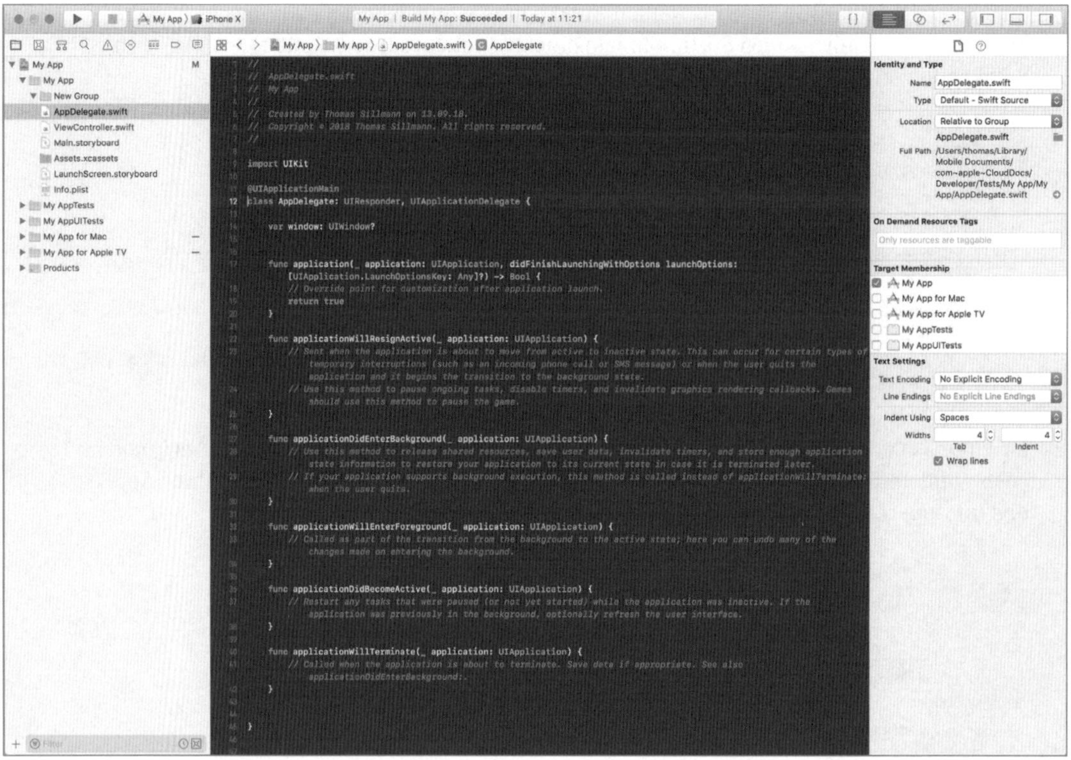

Bild 16.31 Der Editor im mittleren Bereich von Xcode ist das Herzstück der IDE, hier findet Ihre eigentliche Arbeit statt.

Wie bereits zuvor in Abschnitt 16.3.1, „Toolbar", erwähnt, können Sie den Editor über drei entsprechende Schaltflächen in der Toolbar anpassen (siehe Bild 16.32). Sie befinden sich am oberen rechten Rand von Xcode und bestimmen, wie der Editor aufgebaut ist und welche Informationen er anzeigt.

Bild 16.32
Das Aussehen und der Aufbau des Editors können über diese Schaltflächen gesteuert werden.

Standardmäßig ist die erste Schaltfläche links aktiv. Über sie blendet man den sogenannten *Standard Editor* ein. Dabei handelt es sich um die einfache Ansicht der von Ihnen ausgewählten Datei.

Die zweite Schaltfläche in der Mitte aktiviert den sogenannten *Assistant Editor*. Der teilt den Editor in zwei separate Fenster auf, die nebeneinander angezeigt werden (siehe Bild 16.33). Das erlaubt es Ihnen, zwei Dateien aus Ihrem Projekt nebeneinander zu betrachten und zu bearbeiten. Das spielt insbesondere bei der Arbeit mit dem Interface Builder eine große Rolle. Mehr dazu erfahren Sie in Kapitel 17, „Arbeiten mit dem Interface Builder".

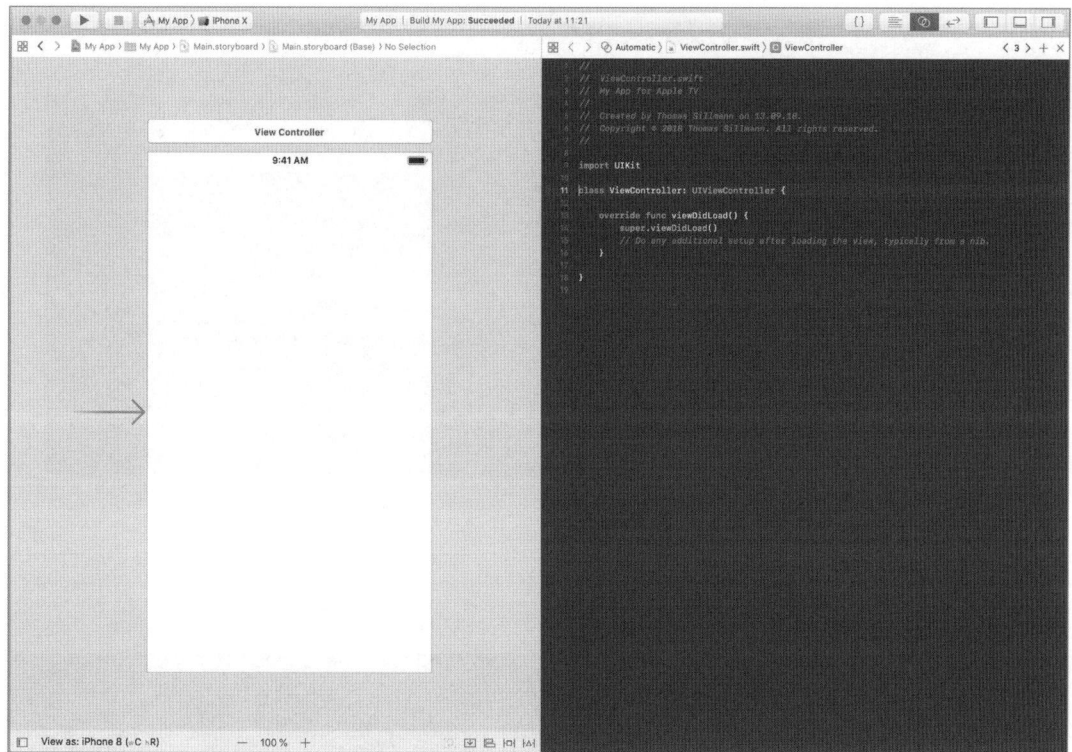

Bild 16.33 Mithilfe des Assistant Editors teilt sich der Editor in zwei voneinander unabhängige Fenster, über die Sie gleichzeitig zwei verschiedene Dateien anzeigen lassen und bearbeiten können.

Standardmäßig wird im linken Fenster des Assistant Editors die Datei angezeigt, die Sie im Navigator auswählen. Xcode versucht sodann automatisch, für das zweite Fenster des Assistant Editors eine passende Datei auszuwählen und dort anzuzeigen (zum Beispiel die Quellcode-Datei zu einem Interface). Aber nicht immer ist diese automatische Auswahl korrekt oder gewollt. Daher können Sie über die Navigationsleiste oberhalb des zweiten Editor-Fensters (der sogenannten *Jump Bar*) die gewünschte Datei auswählen und darüber durch Ihr Projekt navigieren (siehe Bild 16.34).

Zu guter Letzt findet sich noch eine Schaltfläche für den sogenannten Version Editor in der Toolbar von Xcode. Dieser zeigt Ihnen die Änderungen an einer Datei im Laufe der Zeit an (siehe Bild 16.35). Ähnlich wie beim Assistant Editor wird dazu der Editor in zwei separate Bereiche aufgeteilt. Das linke Fenster zeigt die von Ihnen im Navigator gewählte Datei, während Sie rechts dieselbe Datei zu verschiedenen Zeitpunkten betrachten können. Darüber können Sie verschiedene Zustände und Versionen Ihrer Datei vergleichen und so möglichen Fehlern oder ungewollten Anpassungen auf die Spur kommen. Xcode hebt dabei auch immer die Unterschiede und Änderungen zwischen den zwei Zuständen der Datei hervor.

Der Version Editor spielt in der Versionsverwaltung mit Xcode eine große Rolle. Mehr dazu erfahren Sie in Kapitel 32, „Source Control".

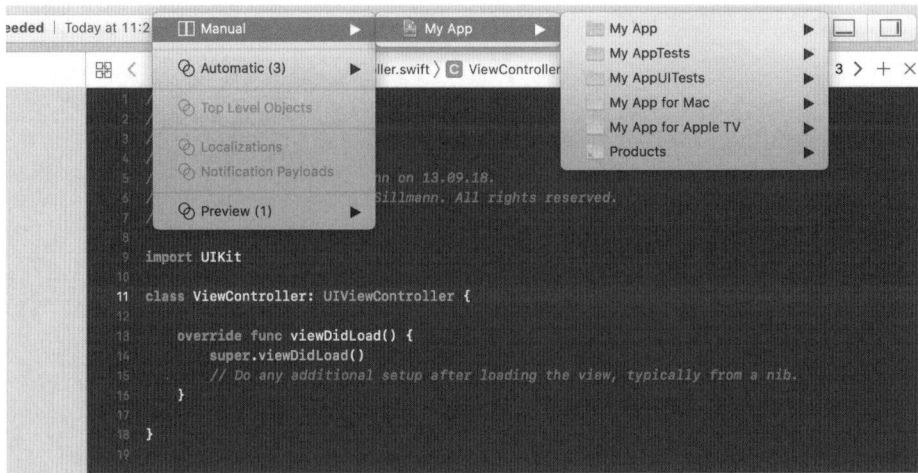

Bild 16.34 Mithilfe der Jump Bar können Sie die im zweiten Fenster des Assistant Editors angezeigte Datei ändern.

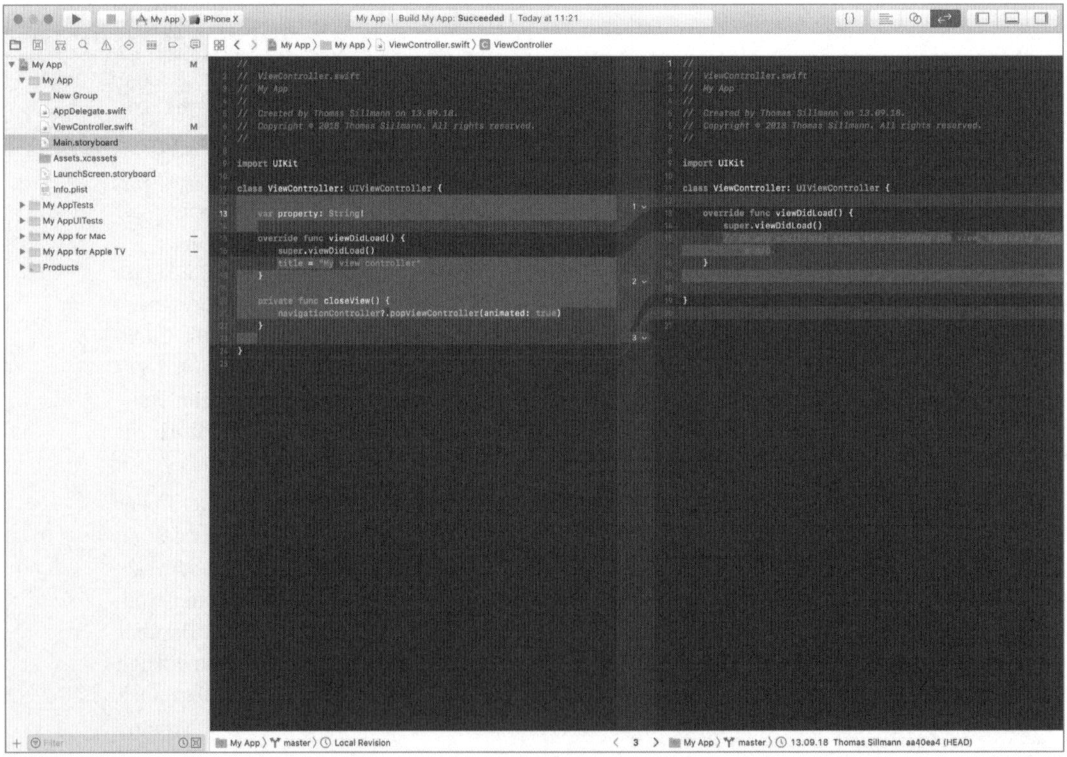

Bild 16.35 Über den Version Editor können verschiedene Versionen einer Datei miteinander verglichen werden.

16.3.4 Inspectors

Die sogenannten *Inspectors* führen Informationen zu der von Ihnen im Navigator ausgewählten Datei auf und verteilen sich über mehrere Reiter, die sich je nach gewählter Dateiart unterscheiden. Sie befinden sich am oberen Rand der Inspectors-Ansicht, die im rechten Bereich von Xcode angezeigt wird (siehe Bild 16.36). Neben der Anzeige von allgemeinen Informationen zur Datei erlauben Ihnen die Inspectors auch, die Datei in einzelnen Teilen anzupassen und zu verändern. Welche Möglichkeiten Ihnen hier geboten werden, hängt immer vom ausgewählten Dateityp ab. In Kapitel 17, „Arbeiten mit dem Interface Builder", lernen Sie einige dieser Funktionen kennen. Generell spielen die Inspectors gerade bei der Arbeit mit Interfaces eine wichtige Rolle, wie Sie im genannten Kapitel noch erfahren werden.

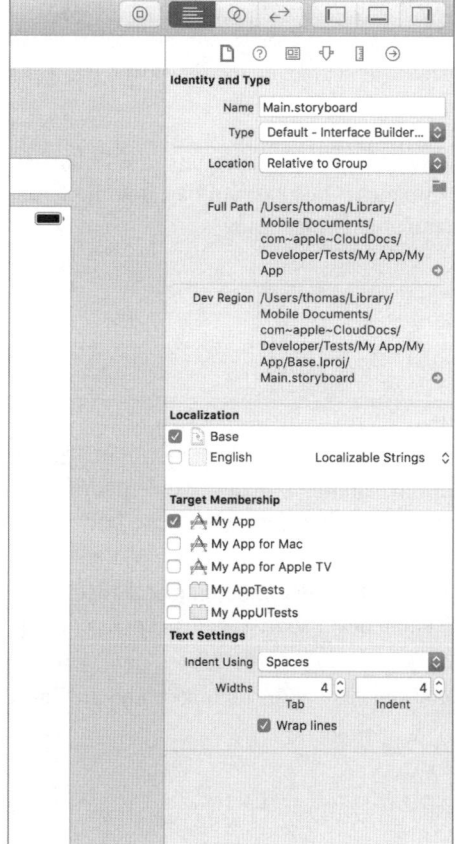

Bild 16.36
In der Inspectors-Ansicht können Sie auf diverse Informationen zur gewählten Datei und – abhängig vom Dateityp – auf weitere Funktionen und Einstellungen zugreifen.

16.3.5 Debug Area

Der letzte große Bereich von Xcode ist die sogenannte *Debug Area*. Sie befindet sich unterhalb des Editors und verfügt über zwei verschiedene Bestandteile: die *Variables Views* und die *Konsole* (siehe Bild 16.37).

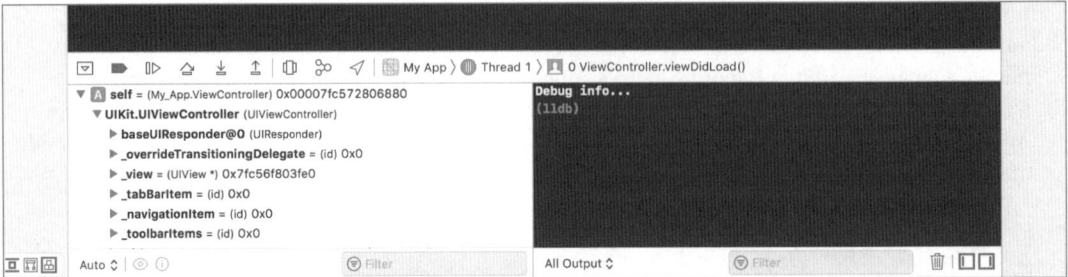

Bild 16.37 Die Debug Area befindet sich am unteren Bildschirmrand und unterstützt uns beim Debuggen von Apps.

Wie der Name bereits andeutet, ist die Debug Area ein wichtiges Element zum Debuggen unserer Anwendungen. Entsprechend erfahren Sie mehr über den Aufbau und die Funktionsweise der Debug Area in Kapitel 19, „Debugging und Refactoring".

■ 16.4 Einstellungen

Sie können Xcode mithilfe der Einstellungen in bestimmten Bereichen Ihren eigenen Bedürfnissen anpassen, um es so optimal auf Ihre Arbeitsweise zuzuschneiden. Auch können Sie darüber beispielsweise zusätzliche Simulatoren herunterladen oder Entwickler-Accounts hinzufügen.

Die Einstellungen von Xcode erreichen Sie genauso wie bei jeder anderen macOS-App auch: Entweder gehen Sie über das Xcode-Menü und wählen dort *Xcode → Preferences...* oder Sie nutzen das Tastaturkürzel **cmd+,**.

Im Folgenden stelle ich Ihnen die einzelnen Reiter der Xcode-Einstellungen und die darin befindlichen Anpassungsmöglichkeiten vor.

16.4.1 General

Im Reiter *General* können Sie diverse Basiseinstellungen setzen. Dazu gehört beispielsweise, ob Warnungen und Fehler direkt während des Schreibens von Code eingeblendet werden sollen oder ob eine App im Falle von Fehlern trotzdem weitergebaut werden soll (siehe Bild 16.38). Sie können außerdem Einstellungen für parallel ausgeführte Tests sowie den Detailgrad von Elementen innerhalb des Find und Issue Navigator festlegen.

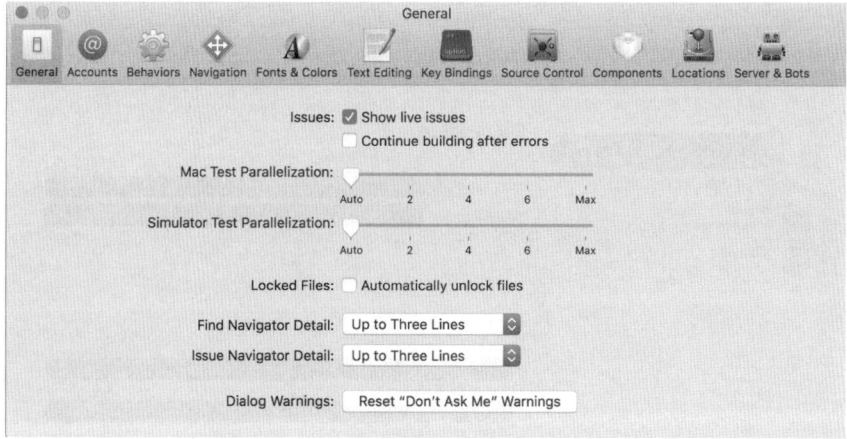

Bild 16.38 Allgemeine Einstellungen zu Xcode setzen Sie im Reiter „General".

16.4.2 Accounts

Wie der Name bereits sagt, dreht sich im Reiter *Accounts* alles um diverse Konten, die für Sie als App-Entwickler wichtig sind (siehe Bild 16.39). An oberster Stelle steht hierbei der eigene Apple Developer-Account. Um den in Xcode hinzuzufügen, wechseln Sie auf diesen Reiter und klicken auf die Plus-Schaltfläche am unteren linken Rand. Es öffnet sich eine neue Ansicht, über die Sie die Art von Account wählen können, die Sie in Xcode hinzufügen möchten (siehe Bild 16.40). Wählen Sie darin *Apple ID* und geben Sie im Anschluss die Anmeldeinformationen für Ihren Developer-Account an, um diesen direkt in Xcode einzubinden. Wenn Sie den Account anschließend in diesem Reiter auswählen, können Sie über die Schaltfläche *Download Manual Profiles* Ihre Provisioning Profiles herunterladen und über *Manage Certificates...* Ihre Entwickler-Zertifikate einsehen und darüber auch neue erstellen.

Neben Developer-Accounts unterstützt Xcode auch weitere Services. So können Sie beispielsweise Ihre GitHub-, GitLab- und Bitbucket-Konten hinzufügen und haben so direkt aus Xcode heraus Zugriff auf all Ihre dort gespeicherten und favorisierten Projekte. Mehr dazu erfahren Sie in Kapitel 32, „Source Control".

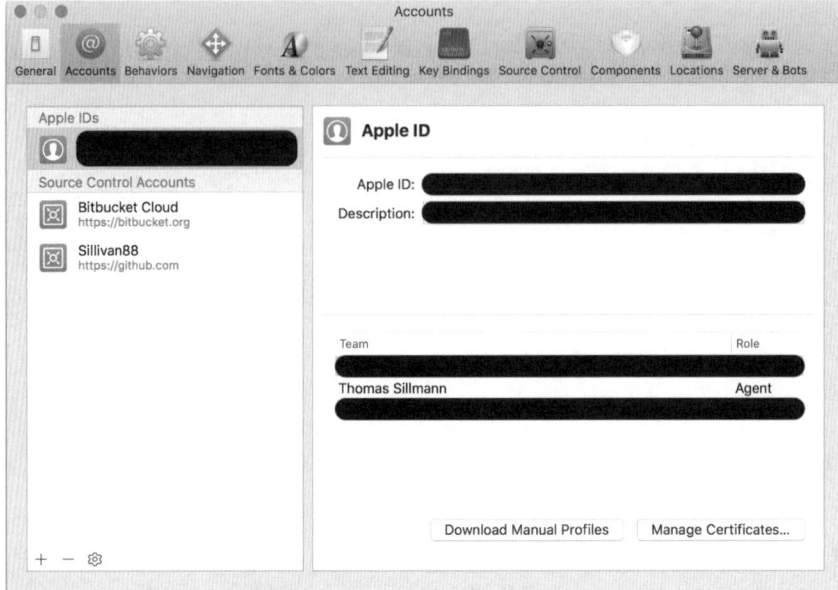

Bild 16.39 Im Reiter „Accounts" verwalten Sie Ihren Entwickler-Account sowie die Zugriffe für andere Services.

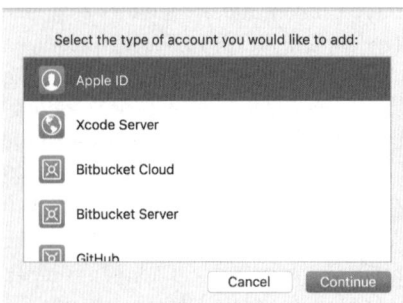

Bild 16.40
Ein neuer Account lässt sich einfach über die Plus-Schaltfläche am unteren linken Rand hinzufügen.

16.4.3 Behaviors

Im Reiter *Behaviors* finden Sie diverse Einstellungsmöglichkeiten, über die Sie das Verhalten von Xcode bei bestimmten Ereignissen anpassen können. So können Sie beispielsweise beim Fehlschlagen eines Builds einer App einen Sound ausgeben oder Notifications von Xcode ein- und ausschalten (siehe Bild 16.41).

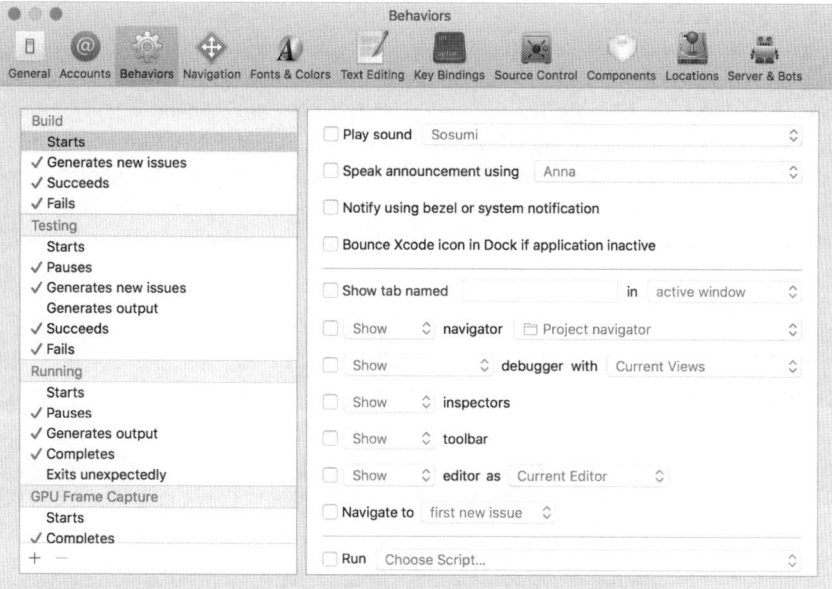

Bild 16.41 Egal ob Töne oder Nachrichten zu bestimmten Events: Unter „Behaviors" können Sie das Verhalten von Xcode individuell verändern und anpassen.

16.4.4 Navigation

Unter *Navigation* können Sie das Verhalten der Editor-Steuerung anpassen und dort beispielsweise festlegen, ob neue geöffnete Fenster oder Tabs automatisch aktiv werden (und damit den Fokus erhalten). Auch können Sie die Aktionen für bestimmte Eingaben wie den Doppelklick auf eine Datei Ihren Bedürfnissen anpassen. Am unteren Rand der Ansicht werden dazu verschiedene Tastaturkürzel aufgeführt, die Ihnen zeigen, welche Einstellungen momentan gesetzt sind (siehe Bild 16.42).

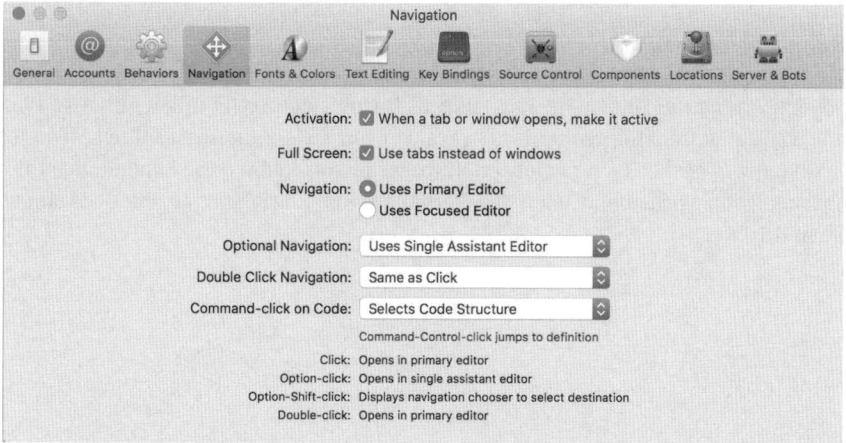

Bild 16.42 Den Umgang mit Fenstern und Tabs des Editors legen Sie im Reiter „Navigation" fest.

16.4.5 Fonts & Colors

Xcode bietet diverse Designs, durch die Sie die verschiedenen Farben und Schriftarten der IDE anpassen können; diese finden Sie im Reiter *Fonts & Colors* (siehe Bild 16.43). Links finden Sie die Auswahl vorhandener Themes, rechts die genauen Einstellungen dazu (inklusive Vorschau sowohl für den Editor als auch für die Konsole). Die verschiedenen Werte für Farben und Schrift können Sie allesamt jederzeit ändern, auch können Sie über die Plus-Schaltfläche unten links eigene Themes hinzufügen oder über die Minus-Schaltfläche löschen.

Bild 16.43 Im Abschnitt „Fonts & Colors" haben Sie die Möglichkeit, das optische Erscheinungsbild des Editors Ihren eigenen Bedürfnissen anzupassen.

16.4.6 Text Editing

Im Bereich *Text Editing* finden Sie eine Fülle an Texteinstellungen für den Editor von Xcode. Gerade das standardmäßig deaktivierte Anzeigen von Zeilennummern sollten Sie in jedem Fall aktivieren (Checkbox *Line numbers*). Darüber hinaus können Sie Einstellungen für die Code Completion vornehmen oder das Verhalten von Einrückungen im Code anpassen (siehe Bild 16.44).

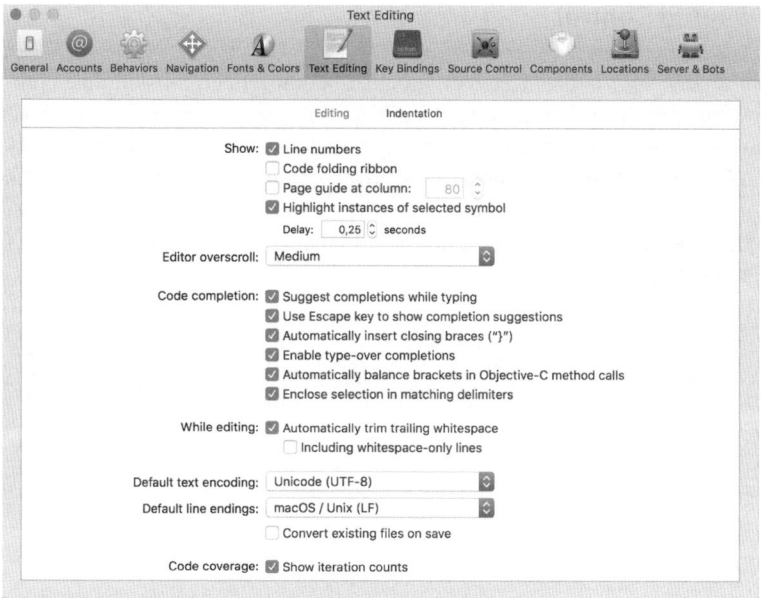

Bild 16.44 Im Reiter „Text Editing" können Sie diverse Texteinstellungen für den Editor festlegen beziehungsweise verändern.

16.4.7 Key Bindings

Unter *Key Bindings* finden Sie eine umfangreiche Liste an Aktionen, die Sie mithilfe von Tastaturkurzbefehlen ausführen können (siehe Bild 16.45). Sie können hier die Befehle einsehen und auch verändern.

Bild 16.45 Eine Übersicht der Aktionen, die Sie in Xcode mittels Tastaturkurzbefehlen aufrufen können, finden Sie im Reiter „Key Bindings".

16.4.8 Source Control

Der Reiter *Source Control* bietet Zugriff auf alle grundlegenden Einstellungen, die die Versionsverwaltung in Xcode betreffen (siehe Bild 16.46). Sie können darüber festlegen, ob Sie diese Funktionen überhaupt nutzen möchten und falls ja, ob Xcode automatisch Aktualisierungen in Bezug auf geänderte Dateien oder diverse Status durchführen soll. Auch können Sie steuern, ob Änderungen im Editor optisch hervorgehoben werden sollen. Zusätzlich können Sie hier auch Ihren Namen und die E-Mail-Adresse hinterlegen, die für Commits verwendet werden sollen.

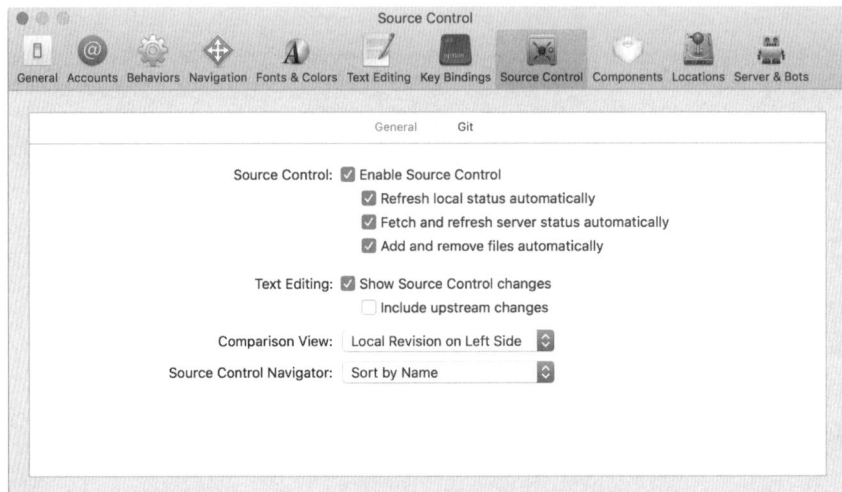

Bild 16.46 Alle Einstellungen zur Versionsverwaltung in Xcode verwalten Sie über den Reiter „Source Control".

16.4.9 Components

Wenn Sie Xcode frisch installiert haben, enthält es lediglich ein kleines Set an Simulatoren für die jeweils aktuellste Betriebssystemversion von iOS, watchOS und tvOS. Möchten Sie eine App aber auch unter älteren Systemversionen testen, müssen Sie die entsprechenden Simulatoren zuvor erst noch herunterladen. Genau das geschieht über den Reiter *Components* (siehe Bild 16.47). Dort werden Ihnen fehlende Simulatoren zum Download angeboten, per Klick auf die zugehörige Pfeil-Schaltfläche starten Sie den Download und die anschließende Installation.

Da die Simulatoren ziemlich viel Speicherplatz beanspruchen, sollten Sie idealerweise nur diejenigen installieren, die Sie auch tatsächlich für Tests benötigen.

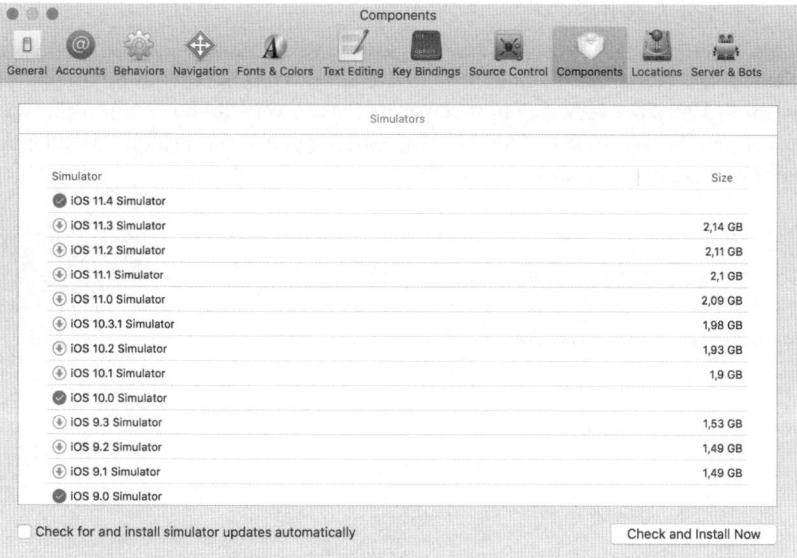

Bild 16.47 Simulatoren für ältere Betriebssystemversionen können Sie über den Reiter „Components" herunterladen und installieren.

16.4.10 Locations

Im Abschnitt *Locations* werden die Speicherorte auf der Festplatte Ihres Mac für verschiedene Dateien, die von Xcode verwaltet werden, festgelegt, beispielsweise für die erzeugten Archives Ihrer App-Projekte. Diese Speicherorte können Sie in diesem Reiter entsprechend den eigenen Bedürfnissen anpassen (siehe Bild 16.48).

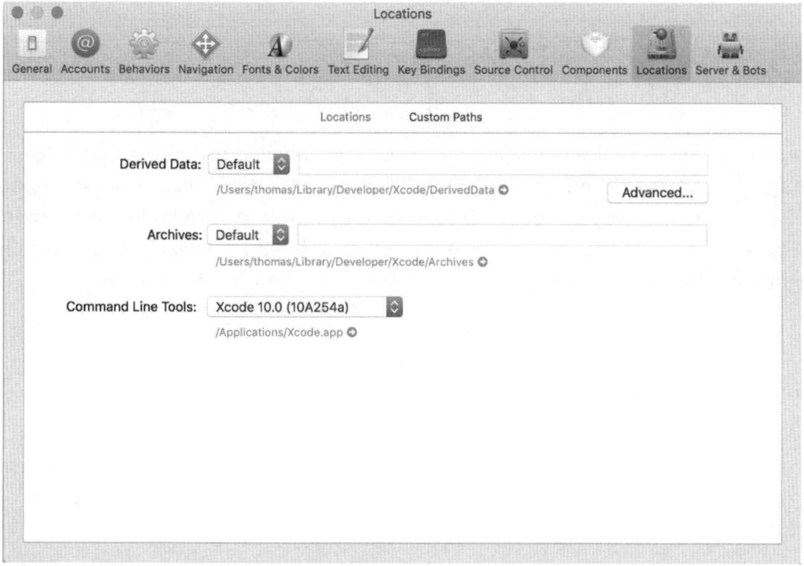

Bild 16.48 Den Standard-Ablageort verschiedener Xcode-Dateien können Sie im Reiter „Locations" anpassen.

16.4.11 Server & Bots

Über den Reiter *Server & Bots* können Sie einen lokalen Xcode Server auf Ihrem Mac aktivieren und Ihren Mac dazu verwenden, sogenannte *Bots* zu verwalten und auszuführen (siehe Bild 16.49). Den Server können Sie über den Switch am oberen rechten Rand der Ansicht aktivieren beziehungsweise deaktivieren.

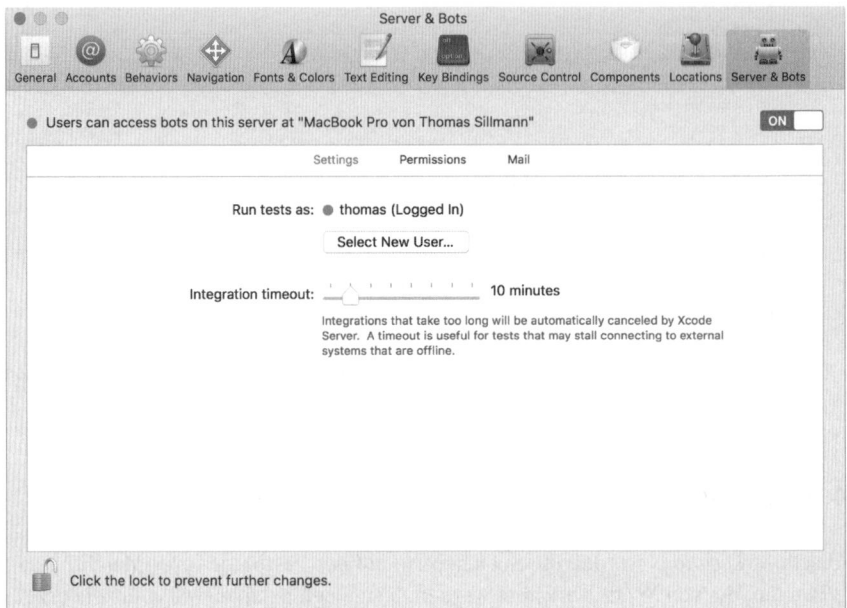

Bild 16.49 Unter „Server & Bots" können Sie Ihren Mac als lokalen Xcode Server konfigurieren.

■ 16.5 Projekteinstellungen

Die grundlegenden Einstellungen für ein Projekt legen Sie bereits beim Anlegen fest (wie in Abschnitt 16.2, „Arbeiten mit Xcode", beschrieben). Innerhalb des Projekts können Sie diese Einstellungen aber noch jederzeit ändern sowie weitere vornehmen. Ausgangspunkt zum Anpassen eines Projekts ist die Auswahl desselbigen im Navigator. Anschließend erscheint eine Übersicht aller Projekteinstellungen im Editor (siehe Bild 16.50).

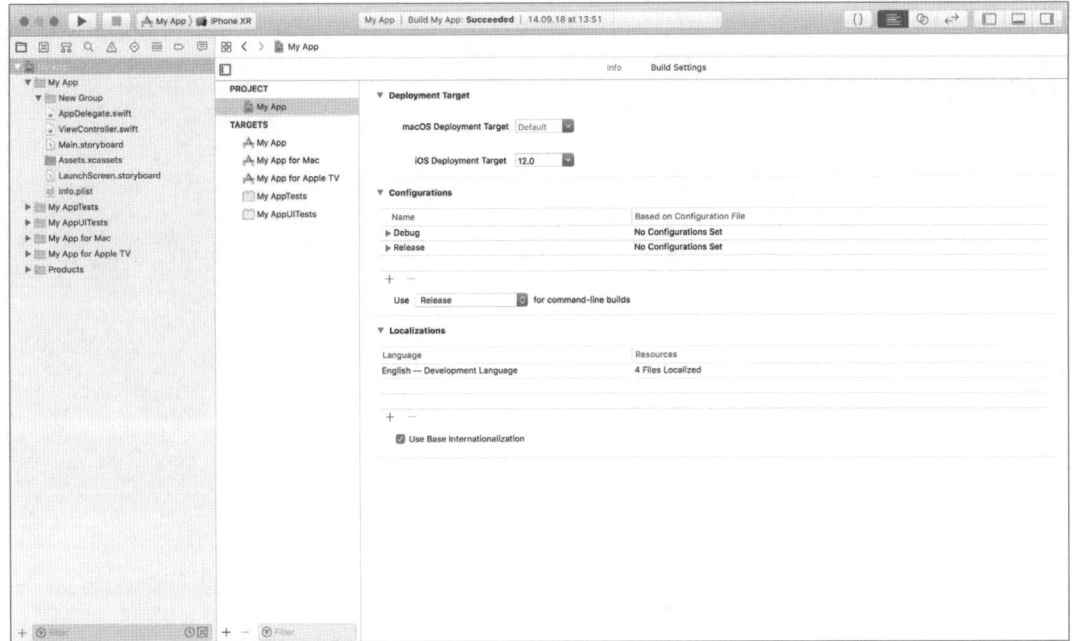

Bild 16.50 Nach Auswahl eines Projekts erhalten Sie Zugriff auf die zugrunde liegenden Projekt-einstellungen.

Die Editor Area teilt sich hierbei in zwei Bereiche: Links werden die Projekte und Targets aufgeführt. Hier können Sie dasjenige Element auswählen, dessen Einstellungen Sie ändern möchten. Auch können Sie diese Ansicht mittels des darüberliegenden Buttons ein- und ausblenden. Rechts daneben werden die zugehörigen Einstellungen für das zuvor gewählte Element angezeigt und können dort geändert und angepasst werden.

 Unterschied zwischen Projekt- und Target-Einstellungen

Vielleicht wundern Sie sich über die Differenzierung von Projekten und Targets. Das liegt daran, dass Sie für ein Projekt allgemeine Einstellungen festlegen, die für alle zugehörigen Targets gelten. Bei Targets können Sie sodann noch einmal differenziertere und auf das jeweilige Target zugeschnittene Einstellungen vornehmen.

16.5.1 Einstellungen am Projekt

Haben Sie ein Projekt ausgewählt, können Sie Einstellungen in zwei verschiedenen Reitern anpassen: *Info* und *Build Settings* (siehe Bild 16.51).

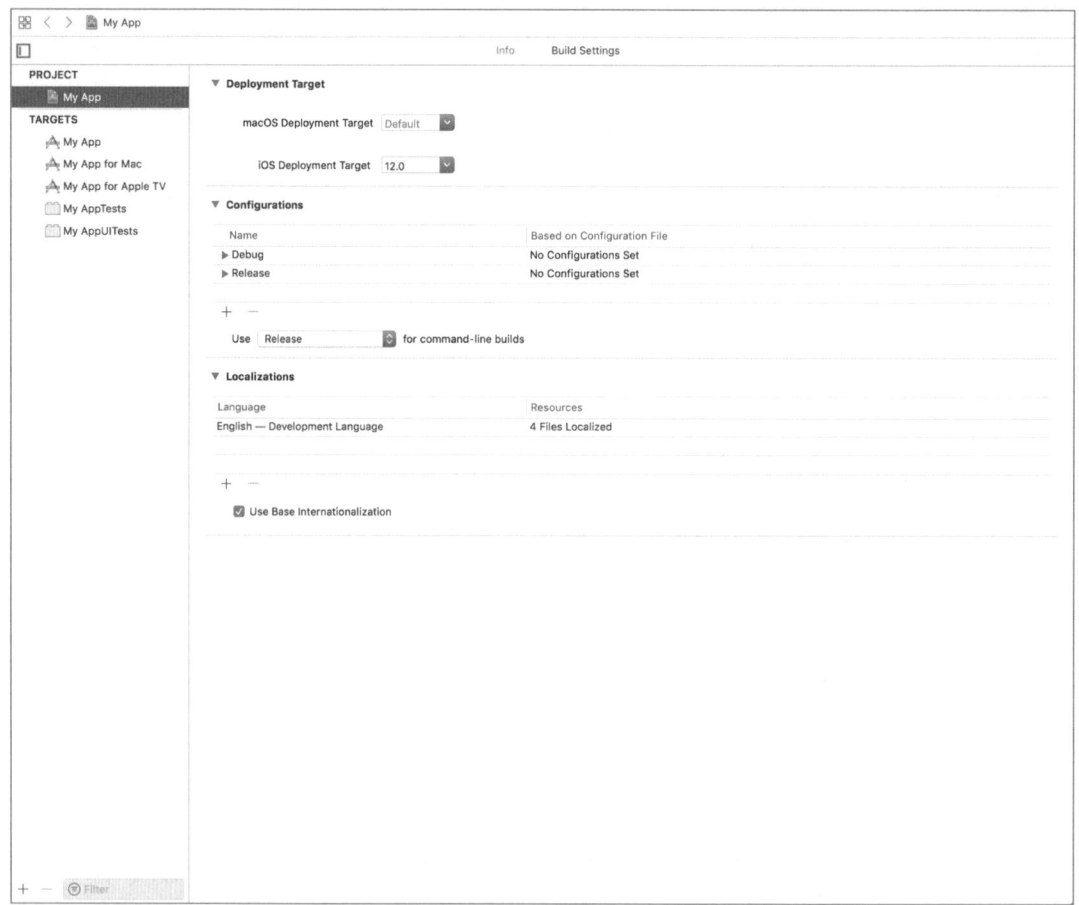

Bild 16.51 Die Projekteinstellungen unterteilen sich in die beiden Reiter „Info" und „Build Settings".

Unter Info können Sie zunächst im Abschnitt *Deployment Target* festlegen, für welche Betriebssystemversionen das Projekt ausgelegt ist. Welche Plattformen Ihnen hier angeboten werden, ist davon abhängig, über welche Targets das entsprechende Projekt verfügt.

Diese Einstellung gilt projektübergreifend, kann aber für jedes einzelne Target angepasst werden. Letztendlich gilt für die minimal unterstützte Betriebssystemversion die Angabe aus dem Target.

Unter *Configurations* finden Sie zwei standardmäßig von Xcode angelegte Konfigurationen: *Debug* und *Release*. Innerhalb der Build Settings (dazu gleich mehr) können Sie für einzelne Einstellungen unterschiedliche Werte pro verfügbarer Konfiguration festlegen. Innerhalb der Schemes können Sie dann die zu nutzenden Konfigurationen auswählen und so die gesetzten Einstellungen nutzen, ohne hierfür ständig die Build Settings zu ändern (mehr zu Schemes erfahren Sie in Abschnitt 16.5.3, „Einstellungen am Scheme"). Über die Plus-Schaltfläche können Sie auf Wunsch noch weitere Konfigurationen hinzufügen und vorhandene nach Auswahl und anschließendem Klick auf die Minus-Schaltfläche löschen.

Im Abschnitt *Localizations* verwalten Sie letztlich alle Sprachen, die Sie in Ihrer App unterstützen möchten. Standardmäßig ist Englisch bereits immer gesetzt. Über die Plus-Schaltfläche fügen Sie weitere Sprachen hinzu und wählen hierbei gleich, welche vorhandenen STRINGS- und Interface-Dateien Sie übersetzen möchten. Mehr zur Lokalisierung von Apps erfahren Sie in Kapitel 28, „Cross-Platform".

Über den Reiter *Build Settings* können Sie diverse projektübergreifende Einstellungen festlegen. Diese beziehen sich auf verschiedenste Bereiche wie die eingesetzte Version der Programmiersprache Swift, das Verhalten des Compilers oder Einstellungen zum Code Signing (siehe Bild 16.52).

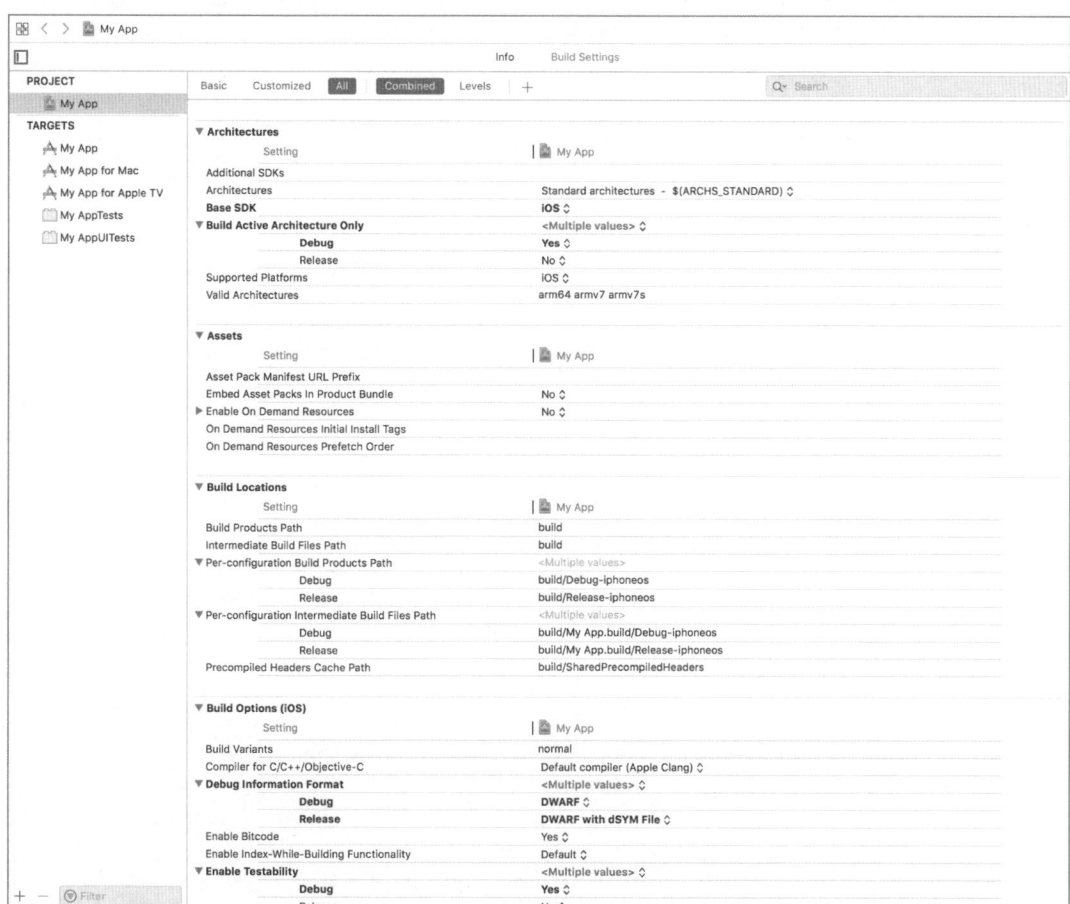

Bild 16.52 In den Build Settings legen Sie diverse Einstellungen für Ihr Projekt fest.

Alle Einstellungen, die Sie hier definieren, gelten als Standard für alle neu hinzukommenden Targets. Jedes Target selbst verfügt seinerseits noch einmal über eigene Build Settings, in denen die hier definierten Projekteinstellungen überschrieben werden können. Am Ende gelten für das Target diejenigen Einstellungen, die auch direkt im Target festgelegt wurden (mehr dazu erfahren Sie in Abschnitt 16.5.2, „Einstellungen am Target").

Diverse Optionen, die Ihnen in den Build Settings angeboten werden, werden an passender Stelle im Buch erläutert.

16.5.2 Einstellungen am Target

Targets verfügen über verschiedene Einstellungen, die davon abhängig sind, welche Art von Target Sie auswählen (siehe Bild 16.53). Ein iOS-App-Target bietet andere Einstellungen als ein Test-Target, und ein macOS-App-Target unterscheidet sich ebenfalls von einem für watchOS oder tvOS. Dennoch gibt es einige Gemeinsamkeiten und Ähnlichkeiten, auf die ich in diesem Abschnitt eingehen möchte.

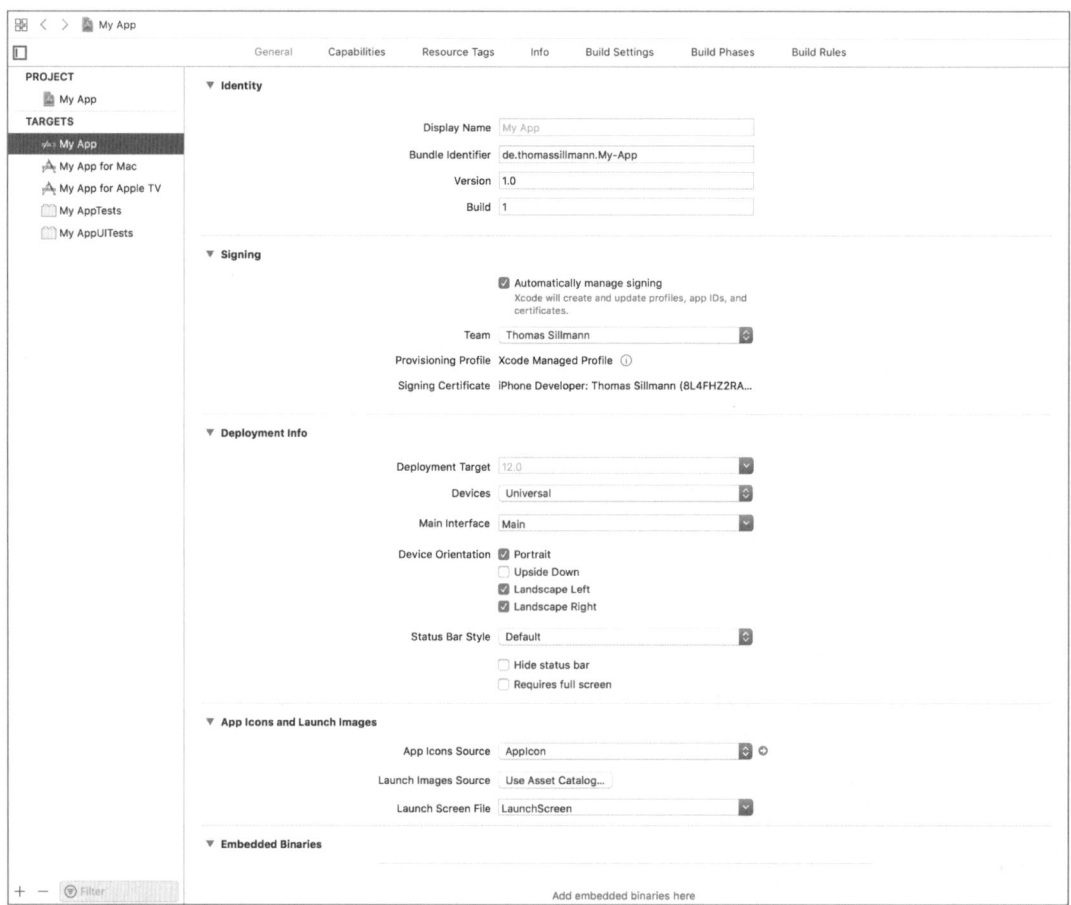

Bild 16.53 Wenn Sie ein Target auswählen, können Sie explizit Einstellungen für dieses Element festlegen.

Wenn Sie ein Target ausgewählt haben, stehen Ihnen am oberen Rand diverse Reiter zur Verfügung, über die Sie zwischen den verschiedenen Arten von Einstellungen wechseln können. Im Folgenden erläutere ich die Möglichkeiten, die sich hinter diesen Reitern verbergen, und welche Einstellungen Sie dort jeweils vornehmen können.

16.5.2.1 General

In diesem Bereich legen Sie grundlegende Einstellungen für ein Target fest. Dazu gehören unter anderem der Display Name, der Bundle Identifier, die Versions- und Build-Nummer sowie die Code Signing-Einstellungen. Bei App-Targets legen Sie zudem einige App-spezifische Informationen fest, beispielsweise die älteste unterstützte Betriebssystemversion der jeweiligen Plattform oder der Asset Catalog, in dem das App-Icon abgelegt wird.

Die meisten dieser Infos sind bereits mit sinnvollen Standardwerten belegt, können an dieser Stelle aber jederzeit noch problemlos angepasst werden. Falls Sie in der App-Entwicklung Frameworks von Dritt-Entwicklern (oder eigene Frameworks) einsetzen, können Sie diese über die Bereiche *Embedded Binares* und *Linked Frameworks and Libraries* Ihrem Projekt hinzufügen.

16.5.2.2 Capabilities

Im *Capabilities*-Reiter können Sie verschiedene Services für das zugrunde liegende App-Target aktivieren beziehungsweise deaktivieren (siehe Bild 16.54). Falls Sie zum Beispiel auf die iCloud zugreifen oder In-App-Käufe anbieten möchten, müssen Sie die jeweiligen Services erst an dieser Stelle auf aktiv setzen. Xcode kümmert sich dann um die grundlegende Konfiguration und die Erstellung beziehungsweise Einbindung aller erforderlichen Dateien und Frameworks, damit Sie direkt mit der Entwicklung beginnen können.

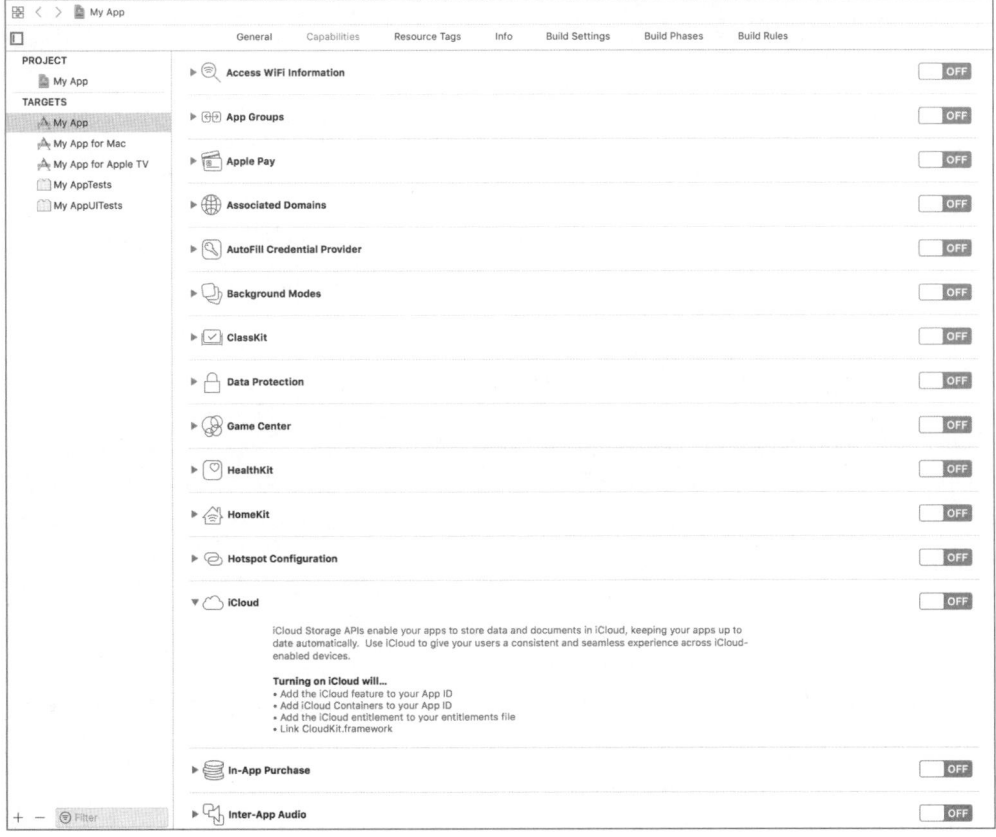

Bild 16.54 Die verschiedenen unterstützten Services eines App-Targets verwalten Sie im Capabilities-Reiter.

Mehr über die einzelnen Capabilities erfahren Sie an den jeweils entsprechenden Stellen im Buch.

16.5.2.3 Resource Tags

Resource Tags sind dazu gedacht, zusammenhängende Dateien mittels eines frei wählbaren Tags zusammenzufassen. Hierbei ist zu beachten, dass derartige Tags nur bei Dateien gesetzt werden können, bei denen es sich nicht um Quellcode- oder Interface-Dateien handelt (eben reine Ressourcen wie Bilder, Videos, STRINGS-Files et cetera). Bei jeder unterstützten Datei kann dazu innerhalb des File Inspectors im Abschnitt *On Demand Resource Tags* ein entsprechendes Tag gesetzt werden (siehe Bild 16.55). Alle existierenden Tags werden im Reiter *Resource Tags* des Targets mitsamt ihren zugehörigen Dateien aufgeführt (siehe Bild 16.56).

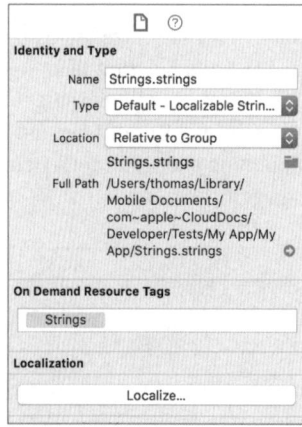

Bild 16.55
Innerhalb des File Inspectors findet sich bei unterstützten Dateien der Abschnitt „On Demand Resource Tags", über den Sie Dateien mit beliebigen Tags versehen können.

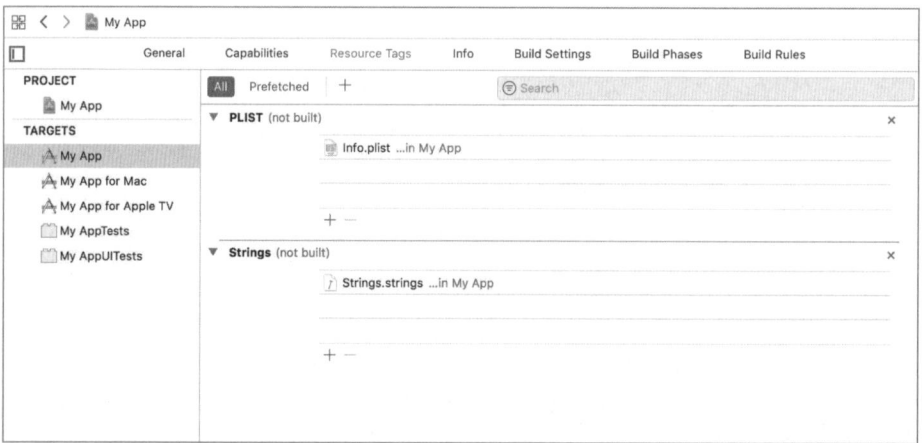

Bild 16.56 Der Reiter „Resource Tags" listet alle Tags sowie die darüber zugeordneten Dateien eines Targets auf.

Die Nutzung von Resource Tags ist komplett optional und Ihnen überlassen. Es bietet weitere Vorteile, beispielsweise das Laden aller Ressourcen eines bestimmten Tags, was beispielsweise bei aufwendigen Apps wie Spielen sinnvoll sein kann, um darüber schnell und einfach alle Grafiken und sonstigen Dateien zu einem bestimmten Level zu laden.

16.5.2.4 Info

Im Reiter *Info* wird Ihnen der Inhalt der *Info.plist*-Datei angezeigt (siehe Bild 16.57). Diese Ansicht ist damit im Grunde nichts anderes als eine Verlinkung auf die entsprechende Datei. Es macht keinen Unterschied, ob Sie Änderungen im Reiter *Info* vornehmen oder direkt in *Info.plist*; sie werden beide Male entsprechend in der PLIST-Datei geändert. Mehr zu *Info.plist* erfahren Sie in den einzelnen Kapiteln zur Entwicklung für macOS, iOS, watchOS und tvOS.

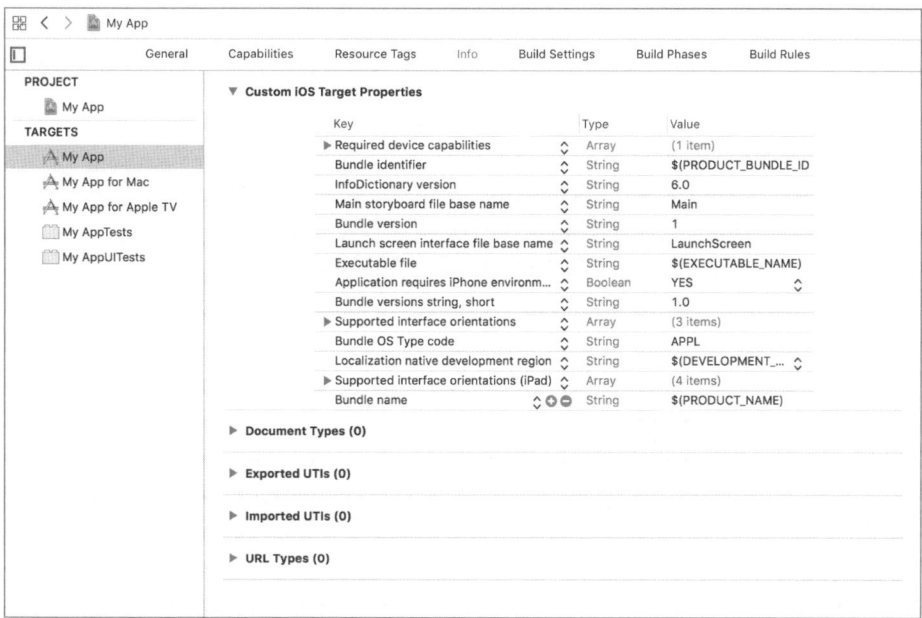

Bild 16.57 Der Info-Reiter erlaubt Zugriff auf die Info.plist-Datei eines Targets.

16.5.2.5 Build Settings

Die *Build Settings* für das Target verhalten sich genauso wie die für ein Projekt, nur dass die Einstellungen an dieser Stelle eben speziell auf das gewählte Target angewendet werden (siehe Bild 16.58). Diese Einstellungen haben höhere Priorität als die Build Settings des Projekts.

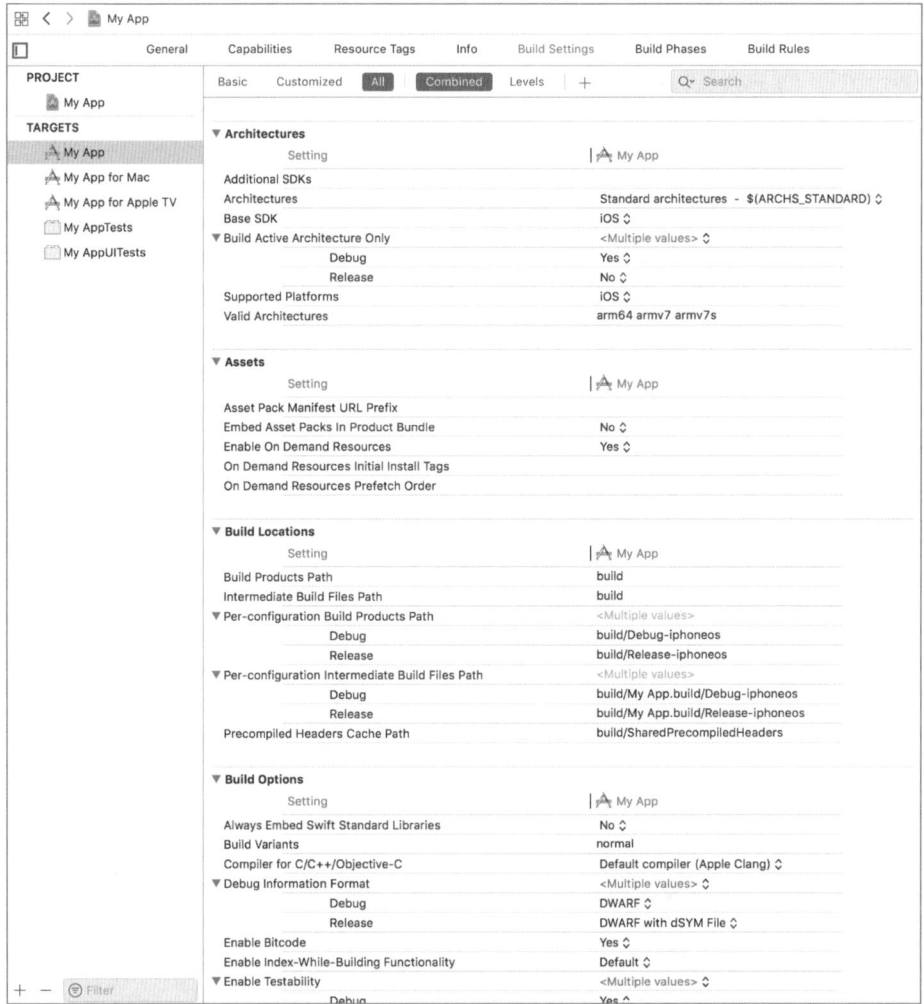

Bild 16.58 Die Build Settings des Targets erlauben vom Projekt differenzierte Einstellungen.

16.5.2.6 Build Phases

Über den Reiter *Build Phases* haben Sie Zugriff auf alle Dateien und Frameworks, die beim Kompilieren des Targets involviert sind. Hierzu sind diese Elemente in verschiedene Abschnitte untergliedert (siehe Bild 16.59). Sie sehen die zu kompilierenden Quellcode-Dateien sowie Resources wie Images oder Interface-Files, die Teil des Targets sind. Darüber können sie auch einzelne Elemente entfernen oder hinzufügen.

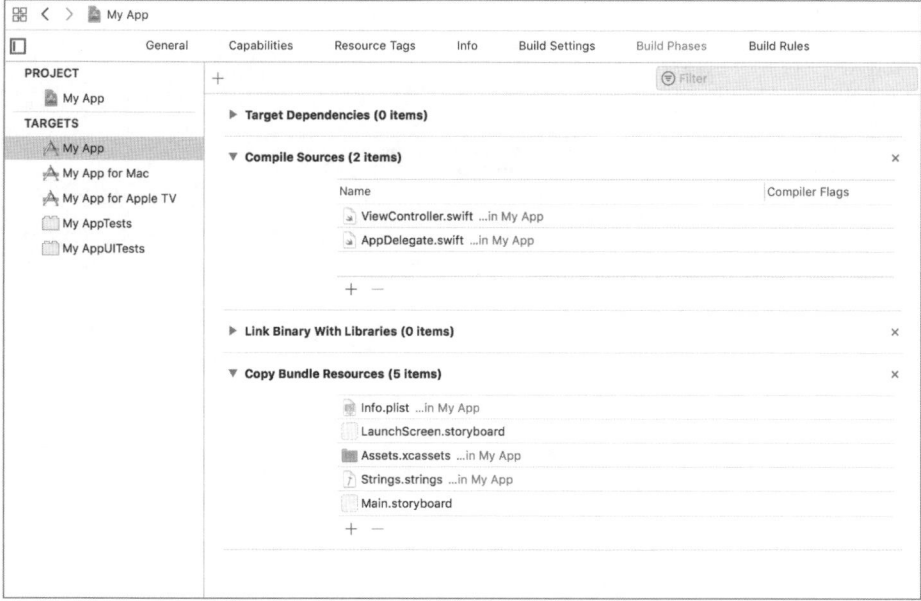

Bild 16.59 In den „Build Phases" werden alle Dateien und Frameworks zusammengefasst, die für das Target kompiliert werden.

Standardmäßig kümmert sich Xcode selbst sehr gut darum, beispielsweise neue Quellcode-Dateien oder Resources automatisch in die Build Phases zu integrieren. Falls Sie aber beispielsweise lediglich eine Referenz auf eine Datei in Xcode gesetzt haben und diese Datei verschwindet, wird das auch in den Build Phases entsprechend farblich hervorgehoben.

16.5.2.7 Build Rules

Zu guter Letzt steht noch der Reiter *Build Rules* zur Verfügung. Darüber können Sie für bestimmte Aktionen des Compilers eigene Befehle hinterlegen und ausführen lassen (siehe Bild 16.60). Klicken Sie dazu bei der gewünschten Aktion auf den Button *Copy to Target*, im Anschluss können Sie dafür Ihr eigenes Skript hinterlegen.

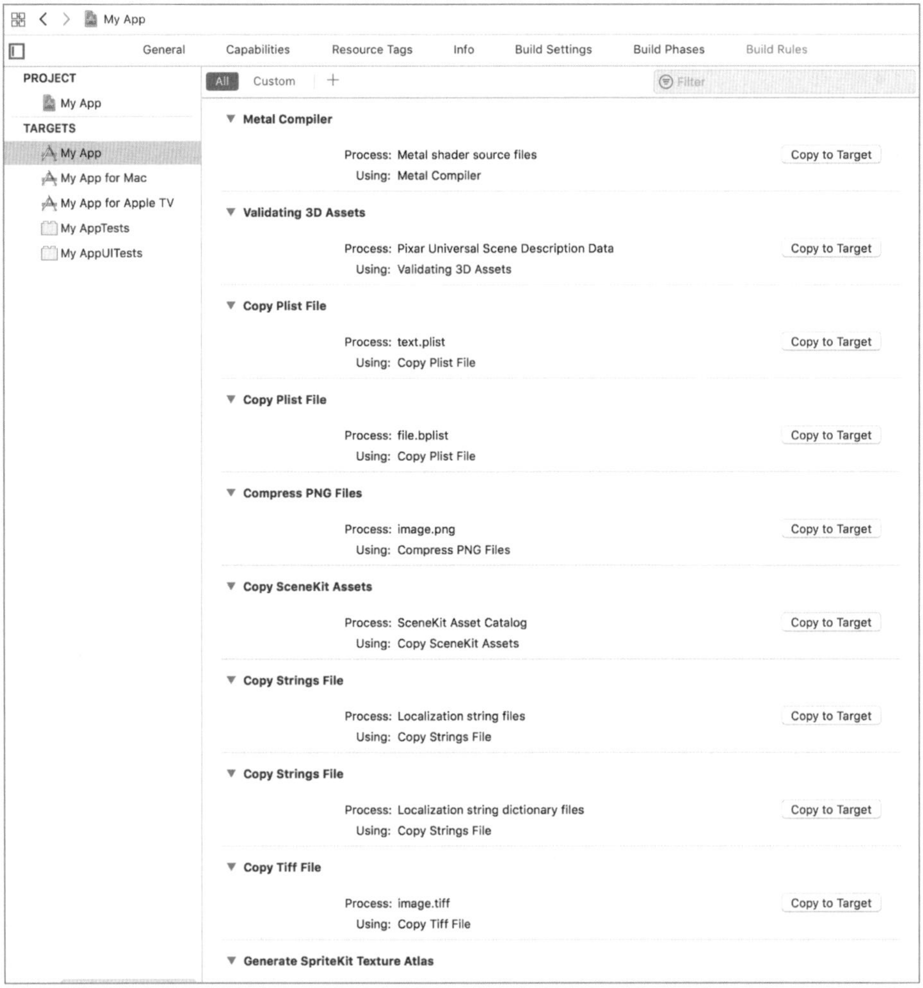

88 < > 🔲 My App						
☐	General	Capabilities	Resource Tags	Info	Build Settings	Build Phases	Build Rules

PROJECT
  🔲 My App

All   Custom   +   🔘 Filter

TARGETS

  △ My App
  △ My App for Mac
  △ My App for Apple TV
  🔲 My AppTests
  🔲 My AppUITests

▼ **Metal Compiler**
      Process: Metal shader source files   Copy to Target
          Using: Metal Compiler

▼ **Validating 3D Assets**
      Process: Pixar Universal Scene Description Data   Copy to Target
         Using: Validating 3D Assets

▼ **Copy Plist File**
      Process: text.plist   Copy to Target
         Using: Copy Plist File

▼ **Copy Plist File**
      Process: file.bplist   Copy to Target
         Using: Copy Plist File

▼ **Compress PNG Files**
      Process: image.png   Copy to Target
         Using: Compress PNG Files

▼ **Copy SceneKit Assets**
      Process: SceneKit Asset Catalog   Copy to Target
         Using: Copy SceneKit Assets

▼ **Copy Strings File**
      Process: Localization string files   Copy to Target
         Using: Copy Strings File

▼ **Copy Strings File**
      Process: Localization string dictionary files   Copy to Target
         Using: Copy Strings File

▼ **Copy Tiff File**
      Process: image.tiff   Copy to Target
         Using: Copy Tiff File

▼ **Generate SpriteKit Texture Atlas**

Bild 16.60 Über den Reiter „Build Rules" können Sie für bestimmte Aktionen beim Kompilieren eigene auszuführende Skripte hinterlegen.

16.5.3 Einstellungen am Scheme

Die Schemes eines Xcode-Projekts verwalten Sie über die zugehörige Scheme-Auswahlschaltfläche links neben dem *Stop the running scheme or application*-Button (siehe Bild 16.61). Wenn Sie darauf klicken, gelangen Sie in die Scheme-Übersicht, in der alle vorhandenen Schemes aufgelistet werden (siehe Bild 16.62).

Bild 16.61
Über die markierte Schaltfläche gelangen Sie in die Scheme-Übersicht eines Projekts.

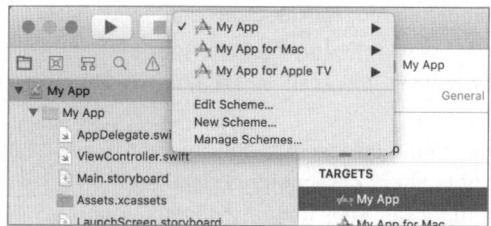

Bild 16.62 Alle Schemes werden in einer Liste aufgeführt, am unteren Rand befinden sich Schaltflächen zur Bearbeitung der Schemes.

Um das aktuell aktive Scheme (zu erkennen an dem Checkmark-Symbol links vom Namen)
zu bearbeiten, wählen Sie innerhalb dieser Liste die Schaltfläche *Edit Scheme…* aus. Im
Anschluss öffnet sich das Bearbeitungsfenster für Schemes (siehe Bild 16.63).

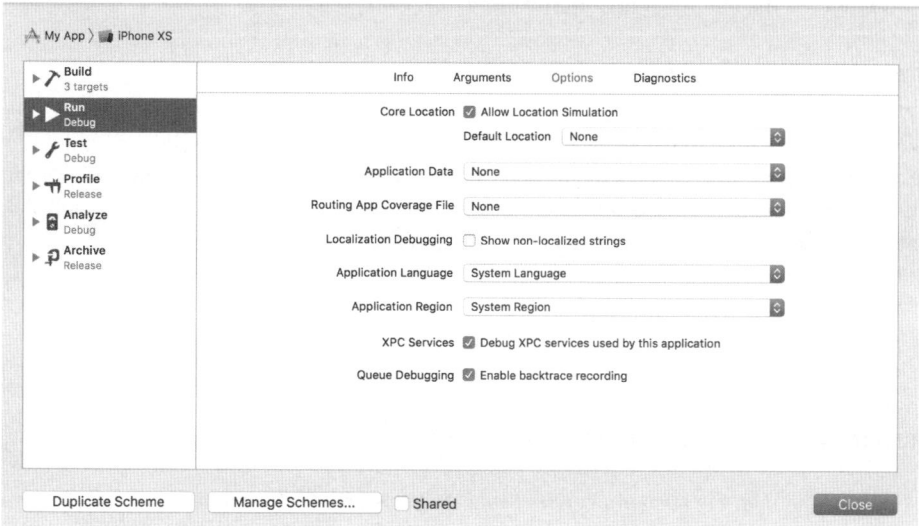

Bild 16.63 Im Bearbeitungsfenster eines Schemes können Sie diverse Einstellungen für die verschiedenen Vorgänge beim Ausführen eines Targets setzen und anpassen.

Das Bearbeitungsfenster unterteilt sich am linken Rand in verschiedene Bereiche, über die
Sie unterschiedliche Konfigurationen am Scheme vornehmen können. Jeder dieser Bereiche
bezieht sich auf einen bestimmten Vorgang beim Ausführen eines Targets:

- *Build:* Hierüber definieren Sie, welche Targets bei einem Build dieses Schemes kompiliert
  werden. Oftmals findet sich hier ein spezifisches App-Target und zusätzlich weitere Test-
  Targets (wobei letztere auch nur bei der Ausführung von Tests kompiliert werden).

- *Run:* Hier finden Einstellungen Platz, die beim Ausführen des Schemes beachtet werden
  sollen. Hier definieren Sie beispielsweise die zu verwendende Build Configuration oder
  das auszuführende Target. Auch haben Sie zusätzlich die Möglichkeit, während der Entwicklung hilfreiche Anpassungen vorzunehmen, beispielsweise die Ausführungssprache
  (temporär) zu ändern (mehr dazu erfahren Sie an entsprechender Stelle in diesem Buch).

- *Test:* Hier können Sie definieren, welche Build Configuration bei der Durchführung von Tests verwendet und welche Test-Targets ausgeführt werden sollen. Sie können sogar einzelne Unit-, Performance- und UI-Tests für ein Scheme aktivieren beziehungsweise deaktivieren.

- *Profile:* Wenn Sie ein Profiling einer App mithilfe von Instruments ausführen, können Sie unter diesem Punkt die gewünschte Build Configuration sowie weitere Optionen festlegen. Mehr zum Profiling von Apps und Instruments erfahren Sie in Kapitel 19, „Debugging und Refactoring".

- *Analyze:* Hier wählen Sie die zu verwendende Build Configuration bei der Durchführung eines Analyze des Schemes. Mehr dazu erfahren Sie in Abschnitt 16.5.3.3, „Ausführungsmöglichkeiten eines Schemes".

- *Archive:* Hier legen Sie die gewünschte Build Configuration und den Namen des Archivs fest, die verwendet werden, wenn Sie ein Archive erzeugen. Mehr dazu erfahren Sie in Kapitel 34, „Veröffentlichung im App Store".

16.5.3.1 Neues Scheme erstellen

Wenn Sie ein neues Scheme erzeugen möchten, gibt es hierfür zwei Möglichkeiten. Der erste Weg führt über die Scheme-Übersicht (siehe Bild 16.62) und den dortigen Punkt *New Scheme...*. Xcode fragt Sie anschließend, auf welchem Target das neue Scheme basieren und welchen Namen es erhalten soll (siehe Bild 16.64). Nach einem anschließenden Klick auf *OK* wird das neue Scheme erstellt und direkt aktiviert.

Bild 16.64 Wählen Sie das Target und einen Namen, um ein neues Scheme zu erzeugen.

Alternativ können Sie auch ein bereits bestehendes Scheme mitsamt dessen Einstellungen duplizieren und alle gewünschten Änderungen in dieser Kopie durchführen. Öffnen Sie dazu zunächst die Bearbeitungsansicht des Schemes, das Sie kopieren möchten, und klicken Sie anschließend auf die *Duplicate Scheme*-Schaltfläche am unteren linken Rand. Daraufhin wird umgehend das neue Scheme erstellt und Sie können direkt mit der Bearbeitung beginnen.

16.5.3.2 Schemes verwalten

Um Ihre vorhandenen Schemes zu verwalten, wählen Sie entweder aus der Scheme-Übersicht (siehe Bild 16.62) oder dem Editierungsfenster eines Schemes (siehe Bild 16.63) den Punkt *Manage Schemes...* aus. Daraufhin öffnet sich ein neues Fenster, in dem all Ihre Schemes aufgeführt sind (siehe Bild 16.65). Hier können Sie über die Plus- und Minus-Schaltflächen am unteren linken Rand neue Schemes hinzufügen beziehungsweise bestehende löschen. Außerdem können Sie die Namen der Schemes in diesem Fenster editieren und anpassen. Die *Shared*-Checkbox pro Scheme bestimmt, ob ein Scheme Teil der Versionsverwaltung ist oder nicht.

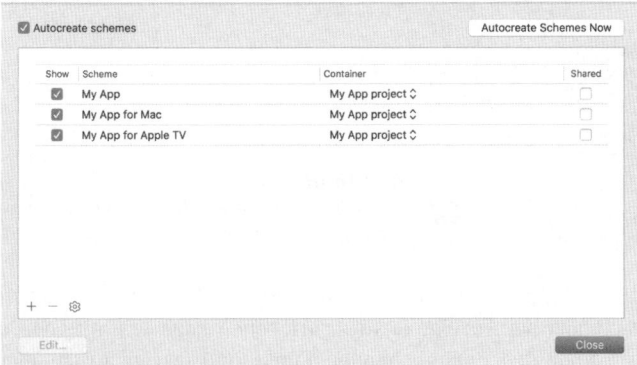

Bild 16.65 In dieser Ansicht können Sie die Schemes eines Projekts verwalten.

Ist die Checkbox *Autocreate schemes* gesetzt, wird Xcode automatisch beim Hinzufügen neuer Targets zu einem Projekt selbsttätig dafür passende Schemes erzeugen. Über die Schaltfläche *Autocreate Schemes Now* am oberen rechten Rand können Sie Xcode zudem augenblicklich alle Schemes erzeugen lassen, die in den Augen der IDE eingesetzt werden sollten. Sollten bereits alle diese Schemes vorhanden sein, geschieht bei Betätigen dieser Schaltfläche schlicht nichts.

Das Verwaltungsfenster für Schemes können Sie jederzeit über die *Close*-Schaltfläche am unteren rechten Rand wieder schließen.

16.5.3.3 Ausführungsmöglichkeiten eines Schemes

Über die *Build and then run the current scheme*-Schaltfläche am oberen linken Rand in der Toolbar von Xcode können Sie zwischen verschiedenen Ausführungsmodi eines Schemes wechseln. Standard ist *Build and Run*, das durch die Play-Grafik symbolisiert wird. Damit führen Sie beispielsweise ein App-Target im Simulator oder auf einem Endgerät aus.

Wenn Sie allerdings die linke Maustaste auf dieser Schaltfläche gedrückt halten, öffnet sich ein Menü, in dem Sie zwischen weiteren Ausführungsmöglichkeiten wählen können (siehe Bild 16.66). Neben dem Standard Run stehen Ihnen noch die folgenden Optionen zur Verfügung:

- *Test:* Hierüber führen Sie die Testkonfiguration des zugehörigen Schemes aus. Dadurch werden die entsprechenden Test-Targets mitsamt deren Unit-, Performance- und UI-Tests gestartet.

- *Profile:* Über diese Schaltfläche starten Sie die App Instruments und können darüber diverse Tests und Prüfungen an einem App-Target durchführen. Mehr zu Instruments erfahren Sie in Kapitel 19, „Debugging und Refactoring".

- *Analyze:* Hierüber führt Xcode eine genaue Code-Analyse des zugehörigen Targets durch und weist unter anderem auf mögliche Speicherprobleme hin. Dieser Vorgang kann als eine Art abgespeckte Variante des zuvor beschriebenen *Profile* gesehen werden.

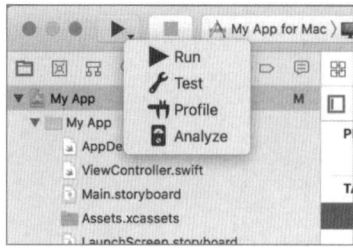

Bild 16.66
Für Schemes stellt Xcode verschiedene Ausführungsmöglichkeiten bereit.

Um eine der zur Verfügung stehenden Ausführungsmöglichkeiten eines Schemes zu starten, fahren Sie einfach bei Anzeige des beschriebenen Popovers mit gedrückt gehaltener
linker Maustaste über den entsprechenden Punkt und lassen anschließend los. Xcode
ändert daraufhin das Icon dieses Buttons zu dem der gewählten Option. Solange Sie nun
den Button einfach mittels Linksklick betätigen, führen Sie immer die zugehörige Option
aus, bis Sie erneut einen Wechsel auf die beschriebene Art und Weise durchführen.

17 Arbeiten mit dem Interface Builder

Mithilfe des in Xcode integrierten Interface Builders können Sie die Benutzeroberflächen Ihrer Apps auf Basis eines grafischen Editors erstellen (siehe Bild 17.1). Sie erfahren viel über die Arbeit und die zur Verfügung stehenden User Interface-Elemente (wie beispielsweise Schaltflächen oder Schalter) in den verschiedenen Kapiteln zur App-Entwicklung für die diversen Apple-Plattformen, während dieses Kapitel Ihnen einen allgemeinen Überblick über den Interface Builder und dessen grundlegende Funktionen zur Verfügung stellt.

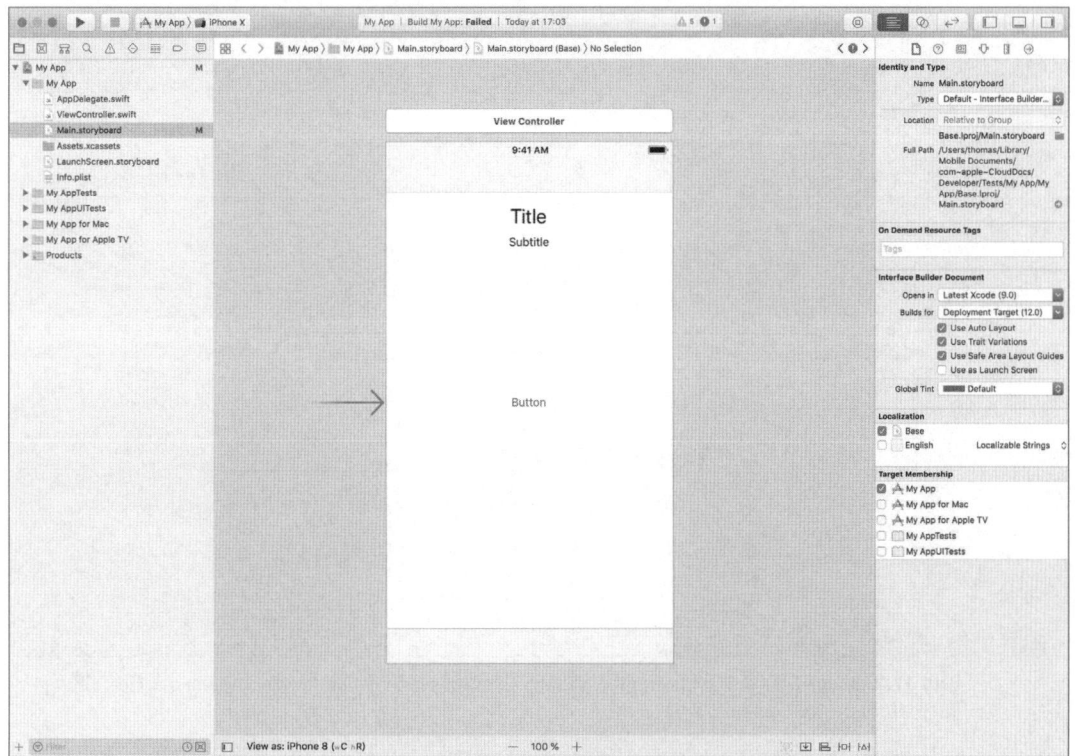

Bild 17.1 Mithilfe des Interface Builders lassen sich auf komfortable Weise grafische Oberflächen für Apps erstellen.

■ 17.1 Grundlegende Nutzung des Interface Builders

Der Interface Builder öffnet sich automatisch im Editor, sobald Sie eine Interface-Datei in Ihrem Projekt auswählen. Häufig kommen hierbei sogenannte *Storyboards* zum Einsatz. Mehr zu den verschiedenen Arten von Interface-Dateien erfahren Sie in Abschnitt 17.4, „Arten von Interface-Dateien".

Die Interfaces gestalten Sie mithilfe der sogenannten *Objects Library*. Darin finden sich diverse View-Controller und Views, die Sie auf Ihr Interface ziehen und es so gestalten können. Die Objects Library rufen Sie per Klick auf die zugehörige Schaltfläche in der Toolbar auf (siehe Bild 17.2). Sie legt sich in Form eines kleinen Fensters über die IDE und listet alle zur Verfügung stehenden Interface-Elemente auf. Welche hierbei angezeigt werden, ist davon abhängig, für welche Zielplattform (macOS, iOS, watchOS oder tvOS) Sie ein Interface entwerfen.

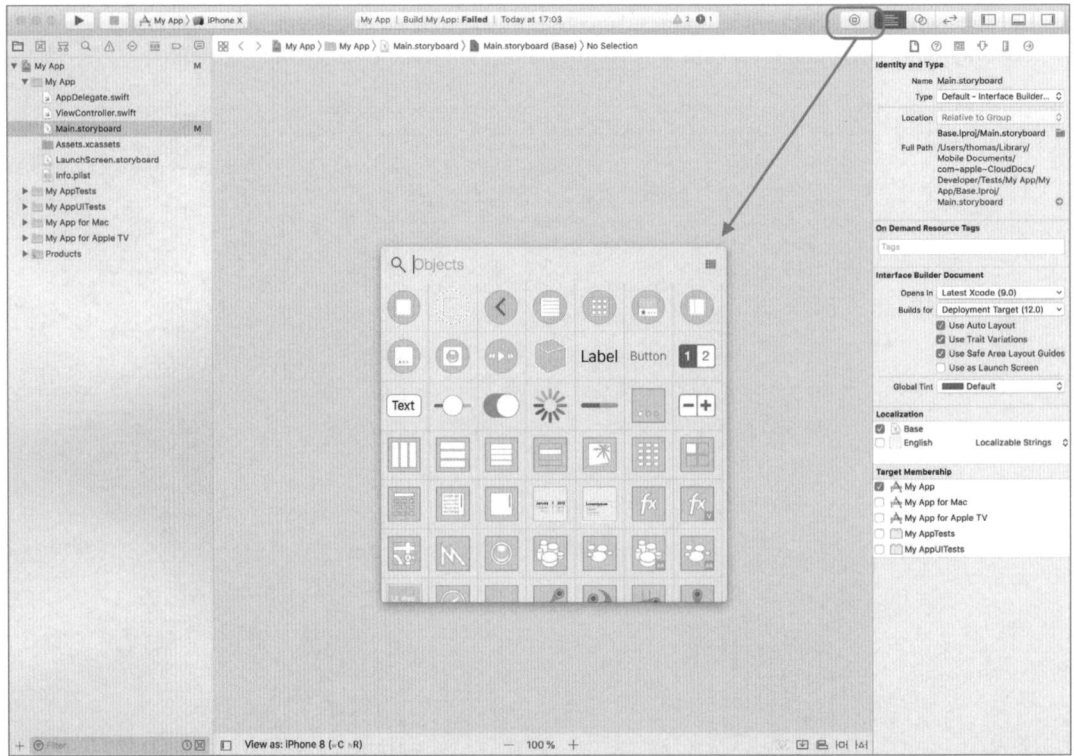

Bild 17.2 In der Objects Library finden Sie alle User Interface-Elemente, die Sie bei der Gestaltung Ihrer Interfaces verwenden können.

Über die Schaltfläche oben rechts in der Objects Library können Sie zwischen zwei verschiedenen Ansichten umschalten. Die Kachelansicht (zu sehen in Bild 17.2) listet alle Elemente übersichtlich, aber ohne nähere Beschreibung auf. Die Listenansicht hingegen nimmt mehr Platz in Anspruch, liefert aber zusätzlich zu jedem Interface-Element eine kurze Beschreibung, was bisweilen sehr hilfreich sein kann (siehe Bild 17.3). Zusätzlich können Sie noch das Suchfeld am oberen Rand des Fensters verwenden, um gezielt nach speziellen Interface-Elementen zu suchen und die angezeigten Ergebnisse danach zu filtern.

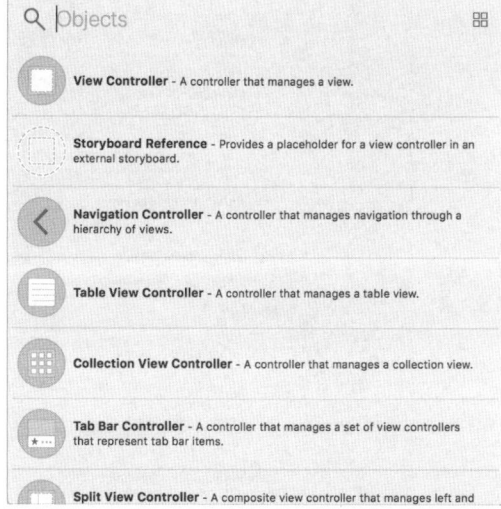

Bild 17.3
Sie können in der Objects Library zwischen einer Kachel- und einer Listen-ansicht mithilfe der Schaltfläche oben rechts umschalten.

Um ein Interface-Element Ihrer Interface-Datei hinzuzufügen, klicken Sie es mit der linken Maustaste an, halten diese gedrückt und ziehen sie anschließend aufs Interface. Die Objects Library verschwindet dann automatisch und gibt so den Platz auf die Interface-Datei frei, wo Sie das gewählte Element beliebig platzieren können.

Allerdings gibt es beim Platzieren der Elemente bisweilen bestimmte Regeln zu beachten. So werden View-Controller auf einer freien Fläche innerhalb der Interface-Datei abgelegt, während Views nur *innerhalb* von View-Controllern platziert werden können. Mehr zum Umgang und dem Einsatz verschiedener Interface-Elemente erfahren Sie in den Kapiteln zu den verschiedenen Apple-Plattformen in diesem Buch.

■ 17.2 Interfaces mithilfe der Inspectors optimieren

Wenn Sie mit dem Interface Builder arbeiten, spielt der Inspectors-Bereich von Xcode eine große Rolle. Darin haben Sie Zugriff auf verschiedene Bereiche, um Ihre Interfaces zu konfigurieren und anzupassen (siehe Bild 17.4). Im Folgenden stelle ich Ihnen die wichtigsten Inspectors im Zusammenspiel mit dem Interface Builder vor.

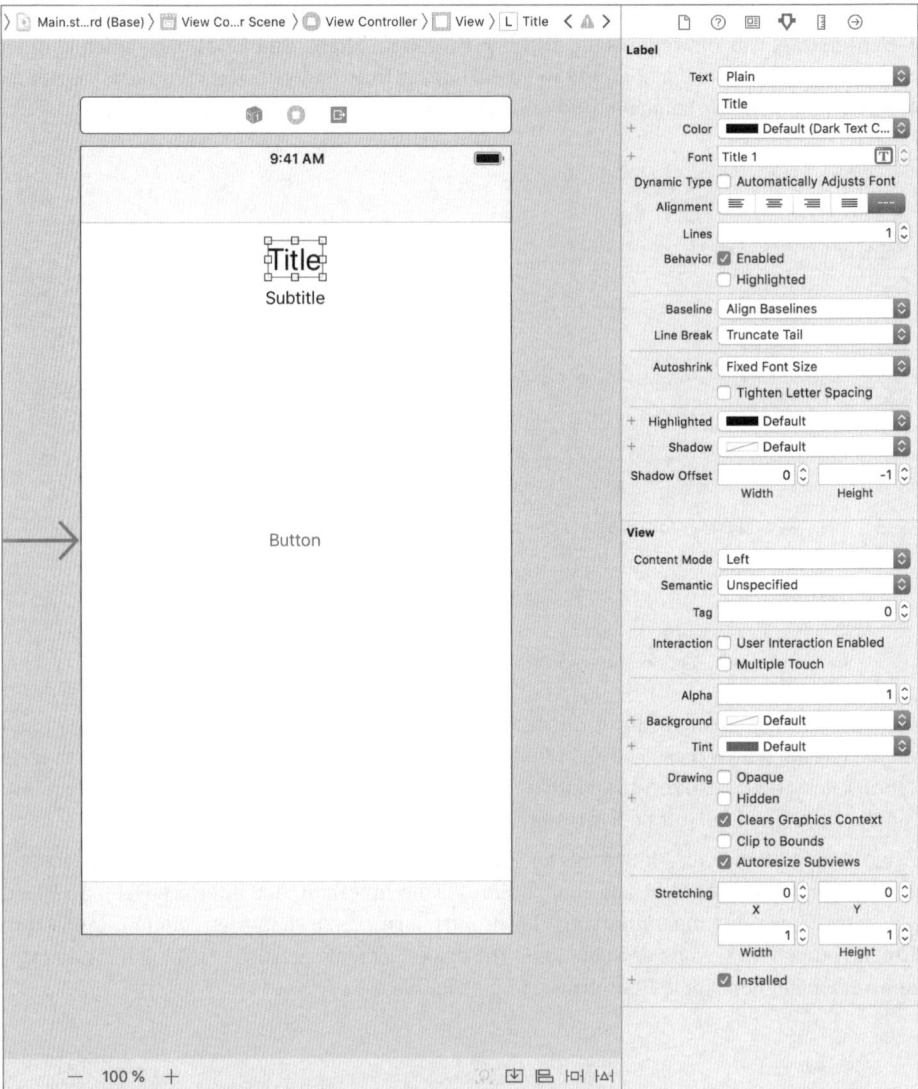

Bild 17.4 Die Inspectors am rechten Rand von Xcode unterstützen Sie bei der Gestaltung eines Interfaces.

17.2.1 Identity Inspector

Der *Identity Inspector* liefert Informationen über das gewählte Interface-Element (siehe Bild 17.5). Besonders wichtig ist hierbei das Feld *Class*. Darin können Sie eine eigene Klasse innerhalb Ihres Projekts eintragen und damit festlegen, dass das entsprechende Interface-Element auf dieser Klasse basiert. Wichtig hierbei: Die eingegebene Klasse muss eine Subklasse des Interface-Elements sein. Im Falle eines View-Controllers unter iOS muss die in diesem Feld zugewiesene Klasse entsprechend von `UIViewController` abgeleitet sein.

Bild 17.5
Mithilfe des Identity Inspectors schaffen Sie eine
Verbindung zwischen Interface-Element und Code.

Ebenfalls wichtig ist die *Storyboard ID*. Hier können Sie einen beliebigen Identifier vergeben, mit dessen Hilfe Sie im Code auf das zugehörige Interface-Element zugreifen können.
Mehr dazu erfahren Sie in den Plattform-Kapiteln dieses Buchs.

17.2.2 Attributes Inspector

Der *Attributes Inspector* ist für die Konfiguration und Anpassung eines Interface-Elements
verantwortlich (siehe Bild 17.6). Darin werden – abhängig von der Art des ausgewählten
Interface-Elements – verschiedene Einstellungsmöglichkeiten zur Verfügung gestellt. Dazu
gehören beispielsweise die Farbe, Textgröße oder Schriftart.

Auch hier verraten die verschiedenen Plattformkapitel mehr Details über die zur Verfügung
stehenden Möglichkeiten dieses Inspectors.

Bild 17.6
Im Attributes Inspector verwalten Sie diverse Einstellungen
zu einem gewählten Interface-Element.

17.2.3 Size Inspector

Im *Size Inspector* haben Sie Zugriff auf die Größeninformationen sowie die Positionierung
eines Interface-Elements (siehe Bild 17.7). Sie können die Daten zu X- und Y-Koordinate
sowie zu Breite und Höhe einsehen und verändern. Sobald Sie Constraints gesetzt haben,
tauchen auch diese im Size Inspector auf (mehr zu diesen Themen folgt in den Plattform-
kapiteln).

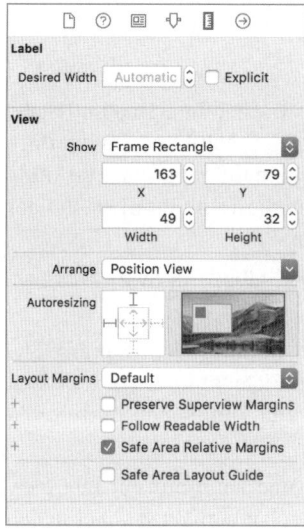

Bild 17.7
Der Size Inspector liefert Informationen zu Größe und
Position eines Interface-Elements.

17.2.4 Connections Inspector

Der *Connections Inspector* führt alle Verbindungen des gewählten Interface-Elements zum
Code auf, sowohl Outlets als auch Actions (siehe Bild 17.8). Außerdem zeigt er diejenigen
Outlets und Actions an, die zwar innerhalb des Interface-Elements definiert wurden, aber
nicht mit dem Interface gekoppelt sind. Bestehende Verbindungen lassen sich durch Klick
auf die zugehörige *X*-Schaltfläche jederzeit wieder aufheben.

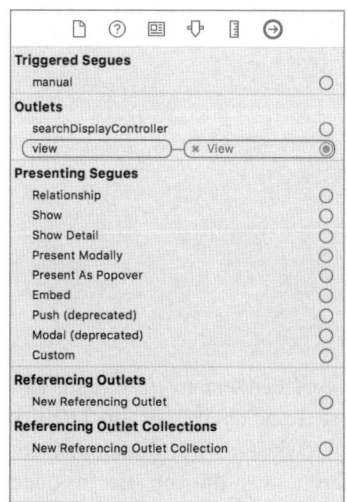

Bild 17.8
Der Connections Inspector führt alle Verknüpfungen eines
Interface-Elements mit dem Code auf.

Auch die praktischen Details zu diesem Inspector werden in den Plattformkapiteln praxisnah behandelt. Mehr zur Kopplung zwischen Interface und Code erfahren Sie in Abschnitt 17.3, „Interface und Code koppeln".

■ 17.3 Interface und Code koppeln

Eine der großen Stärken von Xcode ist die direkte Kopplung zwischen Interface und Code. Das erlaubt es beispielsweise, ein Interface-Element, wie z. B. eine Schaltfläche, im Interface Builder zu gestalten und anschließend im Code mit einer passenden Property zu verknüpfen. Greift man im Code auf diese Property zu, erhält man eben dieses im Interface Builder gestaltete Element mit all seinen dort gesetzten Eigenschaften.

Um ein Interface-Element mit dem Code verbinden zu können, gibt es in Swift zwei passende Schlüsselwörter:

- `@IBOutlet`: Dieses Schlüsselwort bezeichnet eine *Property*. Wenn Sie ein Interface-Element als Outlet im Code verknüpfen, können Sie auf dieses Element im Code zugreifen und alle darüber zur Verfügung stehenden Eigenschaften und Funktionen nutzen und aufrufen.

- `@IBAction`: Dieses Schlüsselwort bezeichnet eine *Methode* und kann nur auf Interface-Elemente angewendet werden, die auch eine Aktion auslösen können. Dazu gehören beispielsweise Buttons oder Switches, aber keine Labels. Diese Verknüpfung sorgt dann dafür, dass bei Auslösen der zugehörigen Aktion des Interface-Elements (beim Button beispielsweise die Betätigung der Schaltfläche) die zugeordnete Methode im Code aufgerufen wird.

In Listing 17.1 finden Sie ein Beispiel hierzu. Es zeigt eine von `UIViewController` abgeleitete Klasse mit einer Property und zwei Methoden. Die Property und eine der beiden Methoden ist mit dem Schlüsselwort `@IBOutlet` beziehungsweise `@IBAction` deklariert und kann somit mit dem Interface gekoppelt werden.

Listing 17.1 Deklaration eines View-Controllers mit Outlet und Action

```
class ViewController: UIViewController {

    @IBOutlet var label: UILabel!

    @IBAction func pushButton() {
        changeLabelTextToHelloWorld()
    }

    func changeLabelTextToHelloWorld() {
        label.text = "Hello world"
    }

}
```

Wenn innerhalb einer Interface-Datei einem passenden Interface-Element (in diesem Fall einem `UIViewController`) nun die eigens kreierte Klasse `ViewController` im Identity Inspector (siehe Abschnitt 17.2.1, „Identity Inspector") zugewiesen wird, finden sich im Connections Inspector dieses View-Controllers unter anderem auch die von uns im Code deklarierten Outlets und Actions (siehe Bild 17.9). Um diese nun mit dem Interface zu verbinden, klickt man mit gedrückt gehaltener linker Maustaste auf das Kreissymbol am äußeren rechten Rand des gewünschten Eintrags und zieht anschließend eine Verbindung auf das zugehörige Element im Interface (siehe Bild 17.10). Sobald Sie die Maustaste wieder loslassen, ist die Verknüpfung hergestellt, was auch im Connections Inspector hervorgehoben wird.

Wichtig ist hierbei, dass die im Code definierten Outlets und Actions auch mit dem zugewiesenen Interface-Element „zusammenpassen". So muss beispielsweise ein `UILabel`-Outlet auch mit einem Label verbunden werden; eine Verknüpfung mit einem Button oder einem Schalter ist nicht möglich.

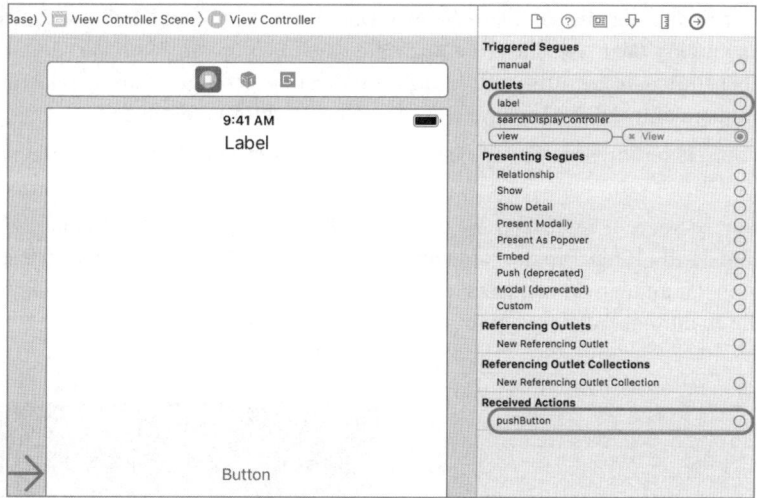

Bild 17.9 Der Connections Inspector listet alle Outlets und Actions des gewählten Interface-Elements auf, auch unsere eigens mithilfe von @IBOutlet und @IBAction kreierten.

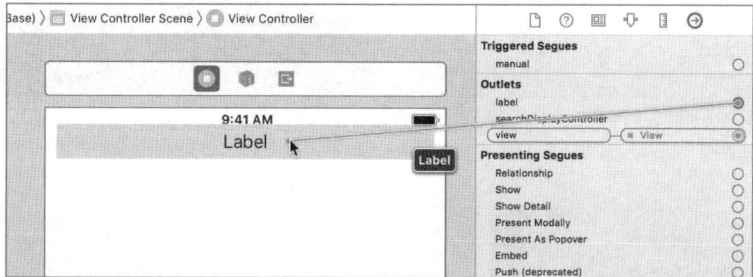

Bild 17.10 Um ein Outlet beziehungsweise eine Action mit dem Interface zu verknüpfen, zieht man eine Verbindung von dem Kreissymbol in das gewünschte Interface-Element hinein.

Das beschriebene Vorgehen funktioniert wunderbar, wenn Sie alle Outlets und Actions, die Sie mit einem Interface verbinden möchten, in Ihrem Code passend mit den Schlüsselwörtern @IBOutlet beziehungsweise @IBAction deklarieren. Xcode bietet aber darüber hinaus auch eine komfortable Möglichkeit, um Outlets und Actions automatisch im Code zu generieren und in diesem Zuge direkt mit Ihrem Interface zu koppeln.

Basis für diese Funktion ist der Assistant Editor. Wenn Sie sich über ihn sowohl eine Interface-Datei als auch eine zugehörige Code-Datei (beispielsweise für einen View-Controller) anzeigen lassen, können Sie bei gedrückt gehaltener rechter Maustaste direkt eine Verbindung von einem Interface-Element in die zugehörige Code-Datei ziehen. Daraufhin erscheinen blaue Hilfslinien, die Ihnen zeigen, wo Xcode das passende Outlet beziehungsweise die passende Action einfügen wird (siehe Bild 17.11). Sobald Sie die Maustaste wieder loslassen, öffnet sich ein kleines Popup-Fenster, über das Sie die Art der Verbindung und alle notwendigen Informationen zur Verbindung eintragen (siehe Bild 17.12). Dazu gehören unter anderem:

- *Connection:* Die Art der Verbindung. In der Regel steht Ihnen hier immer wenigstens *Outlet* zur Erstellung eines entsprechenden Outlets zur Verfügung. Bei Interface-Elementen wie Buttons oder Switches, die auch die Ausführung von Methoden unterstützen, steht ebenso *Action* zur Auswahl. Je nach Connection erzeugt Xcode für das Interface-Element dann eine `@IBOutlet`-Property oder eine `@IBAction`-Methode.
- *Name:* Der Name im Code für das zu erstellende Outlet beziehungsweise die zu erstellende Action.
- *Type:* Der zu verwendende Typ für das Outlet beziehungsweise die Action. Bei Outlets geben Sie darüber den Typ der zu erzeugenden Property an. Bei Actions wird standardmäßig ein Parameter erzeugt, der das zugrunde liegende Interface-Element übergibt; *Type* gibt in diesem Fall den Typ für diesen Parameter an.

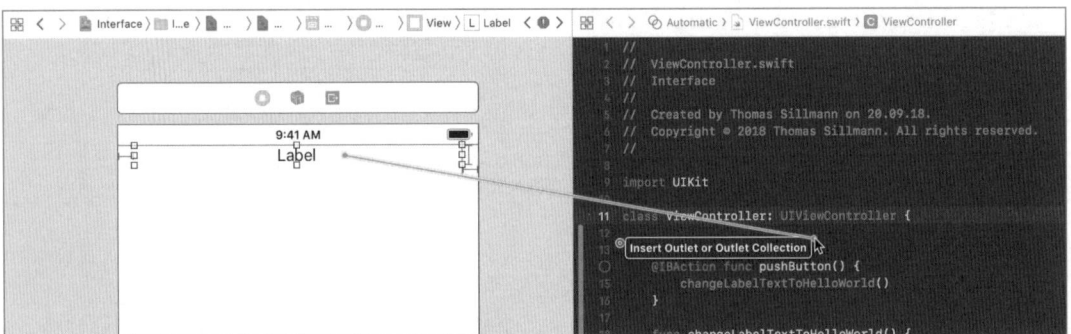

Bild 17.11 Sie können Outlets und Actions direkt durch Ziehen einer Verbindung vom Interface in den Code erzeugen.

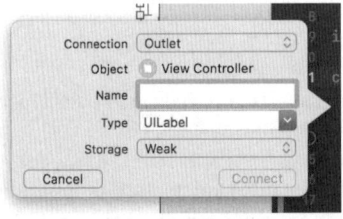

Bild 17.12
Alle wichtigen Informationen zur Verbindung legen Sie über dieses Popup-Fenster fest.

Im Anschluss erzeugen Sie das neue Outlet beziehungsweise die neue Action per Klick auf die Schaltfläche *Connect*. Xcode erzeugt daraufhin automatisch den passenden Eintrag im Code (so wie in Listing 17.1 zu sehen) und stellt die Verknüpfung zum Interface her.

■ 17.4 Arten von Interface-Dateien

In der App-Entwicklung für die verschiedenen Plattformen von Apple gibt es zwei Arten von Interface-Dateien:

- Storyboards
- XIB-Files

Die grundlegende Arbeit mit beiden Arten von Dateien ist identisch. Sie können in ihnen die Objects Library öffnen, Interface-Elemente hinzufügen und diese über die verschiedenen Inspectors bearbeiten. Die Unterschiede liegen primär in ihren jeweiligen Einsatzgebieten.

17.4.1 Storyboards

Die sogenannten *Storyboards* sind der moderne Weg, User-Interfaces für die verschiedenen Plattformen von Apple zu gestalten. Ihr großer Vorteil besteht darin, dass Sie in ihnen Verknüpfungen zwischen verschiedenen View-Controllern mittels sogenannter *Segues* herstellen können (siehe Bild 17.13). Dabei handelt es sich um Verbindungen, mit deren Hilfe Sie eine Art hierarchische App-Struktur allein mithilfe des Interfaces gestalten können. So kann das Betätigen eines Buttons zur Anzeige eines weiteren View-Controllers führen, während diese Beziehung einzig und allein im Interface (also dem Storyboard) definiert ist (und somit keine einzige Zeile Code dafür geschrieben werden muss). Treibt man dieses Prinzip auf die Spitze, könnte man alle Ansichten einer App in einer einzigen Storyboard-Datei unterbringen und darüber alle Verknüpfungen zwischen diesen Ansichten abbilden.

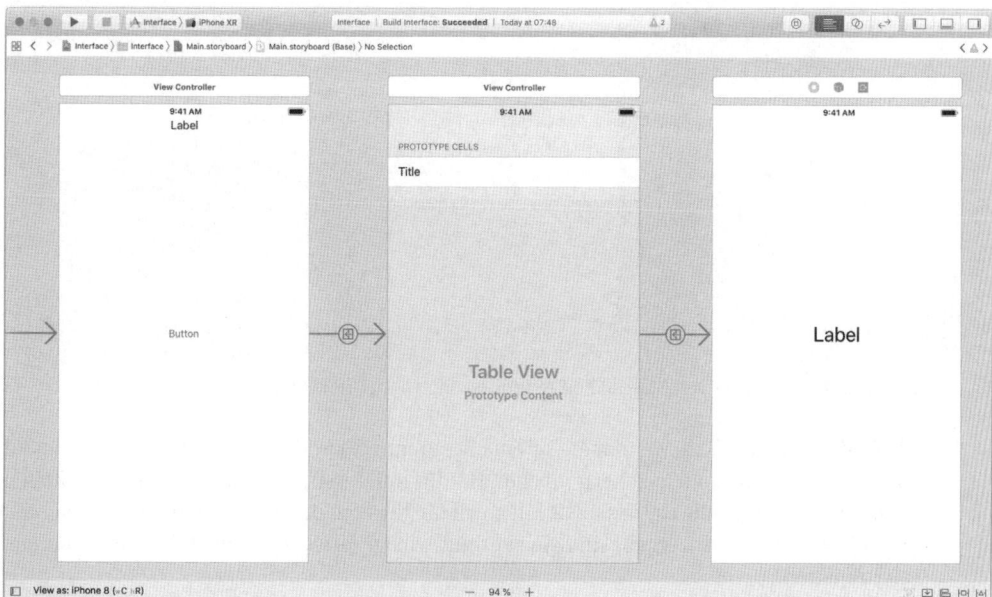

Bild 17.13 Storyboards erlauben das Abbilden ganzer App-Strukturen auf Basis eines grafisch generierten Interfaces.

Genau in diesen potentiellen Möglichkeiten liegt bisweilen aber auch der größte Nachteil von Storyboards. Die darin angelegten Interfaces sind in der Regel nur auf ein spezifisches Projekt zugeschnitten und lassen sich so nur schwer bis gar nicht an anderer Stelle wiederverwenden. Auch können sehr große und umfangreiche Storyboards mit einer Vielzahl an View-Controllern zu Problemen bei der Versionsverwaltung führen. Arbeiten mehrere Entwickler parallel an einem Storyboard – selbst wenn sie sich ganz unterschiedlichen Ansichten widmen – ist es schwer, derartige Änderungen am Ende zusammenzuführen.

Mehr über die Arbeit mit Storyboards und Segues erfahren Sie im Detail in den verschiedenen Plattformkapiteln in diesem Buch.

17.4.2 XIB-Files

Eine heutzutage eher selten betrachtete Form zum Erstellen von Interfaces mithilfe des Interface Builders sind die sogenannten *XIB*-Dateien. Statt mehrerer verschiedener View-Controller enthalten XIB-Files in der Regel eine einzige Ansicht, die mit einer bestimmten Klasse gekoppelt ist (siehe Bild 17.14). Entsprechend gibt es dort auch keine Interface-Verknüpfungen wie bei Storyboards.

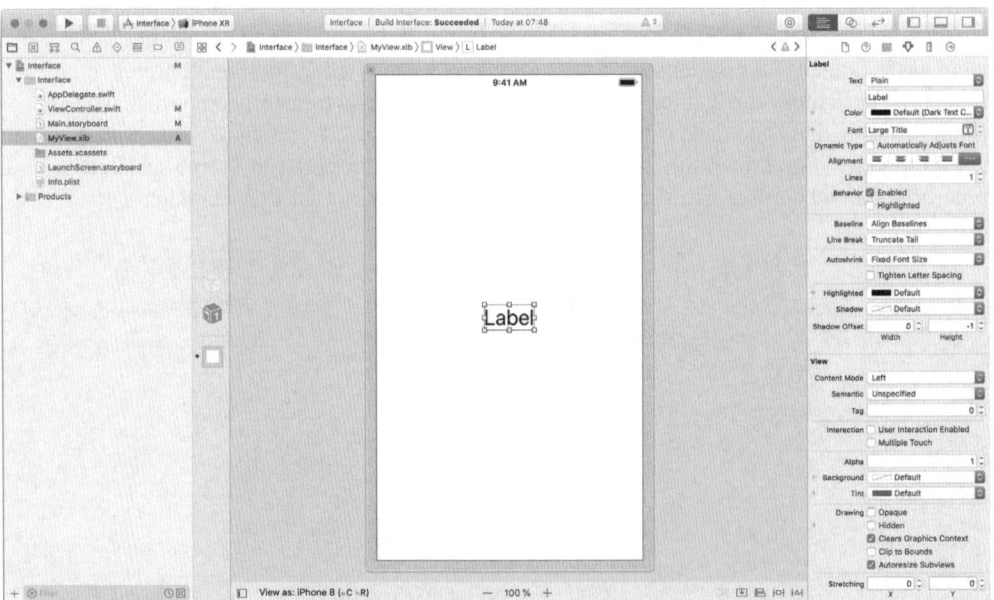

Bild 17.14 Die Inhalte von XIB-Dateien reduzieren sich in der Regel auf eine einzige Ansicht.

XIB-Files sind praktisch, wenn man für eine bestimmte View deren Oberfläche abgeschottet vom Rest gestalten und speichern möchte. Häufig nutzt man das beispielsweise für Zellen einer Table-View. Dadurch, dass XIB-Files primär für einzelne und voneinander unabhängige Views eingesetzt werden, sind sie sehr gut wiederverwendbar, auch in gänzlich anderen Projekten.

XIB oder NIB?

Beim Zugriff auf XIB-Dateien im Code wird Ihnen häufig statt XIB die Bezeichnung *NIB* begegnen. XIBs basieren auf einer XML-Struktur und werden zur Laufzeit in die sogenannten *NIB*-Dateien umgewandelt. Diese sind es, die von System-funktionen aufgerufen und verwendet werden, nicht die von uns im Interface Builder bearbeiteten XIB-Dateien. Daher kommt diese Unterscheidung.

17.4.3 Neue Interface-Dateien erstellen

Um neue Interface-Dateien zu erstellen, rufen Sie zunächst die Template-Auswahl für neue Dateien in Xcode auf. Bei jeder der vier Plattformen von Apple finden Sie darin einen Abschnitt *User Interface*, in dem diverse Vorlagen für die jeweilige Plattform zum Erstellen eines neuen Storyboards oder XIB-Files untergebracht sind (siehe Bild 17.15). Der Punkt *Storyboard* dient – wie der Name bereits sagt – zum Erstellen eines neuen Storyboards. Mithilfe der meisten anderen Elemente in diesem Abschnitt wie *View*, *Empty* oder *Window* (letzteres nur unter macOS) erstellen Sie hingegen XIB-Files. Unter watchOS stehen Ihnen übrigens ausschließlich Storyboards zur Erstellung der grafischen Oberfläche zur Verfügung.

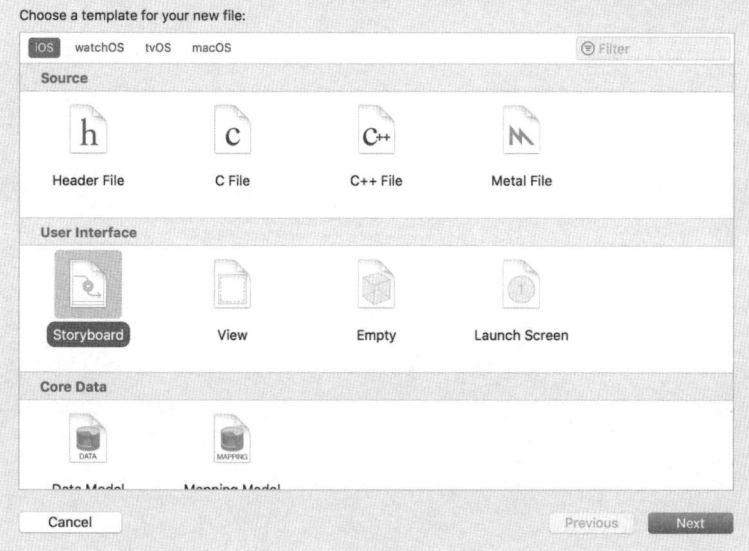

Bild 17.15 Im Abschnitt „User Interface" finden Sie diverse Vorlagen zum Erstellen einer neuen User Interface-Datei.

18 Dokumentation, Devices und Organizer

Xcode bietet diverse Funktionen für die Organisation und Dokumentation. In diesem Kapitel erfahren Sie alle Details darüber und wie Sie diese Funktionen aufrufen und nutzen können.

■ 18.1 Dokumentation

Dokumentation ist ein extrem wichtiger Grundstein in der Programmierung. Wann immer Sie sich in neue Themen einarbeiten oder die Funktionen eines neuen Frameworks kennenlernen möchten, brauchen Sie eine Dokumentation, die Ihnen erklärt, welche Typen und Methoden Ihnen zur Verfügung stehen, welche Aufgaben diese erfüllen und wie Sie sie idealerweise einsetzen.

Was die Programmiersprache Swift und all die verschiedenen Frameworks von Apple selbst betrifft, bringt Xcode alles mit, was Sie brauchen, um nähere Informationen zu bestimmten Funktionen einzuholen. Die IDE bringt hierfür einen eigenen Dokumentationsbereich mit, der fester Bestandteil der Entwicklungsumgebung ist und nach der Installation von Xcode automatisch lokal auf Ihrem Mac vorliegt. Sie können Sie über das Xcode-Menü über *Window → Developer Documentation* öffnen (siehe Bild 18.1).

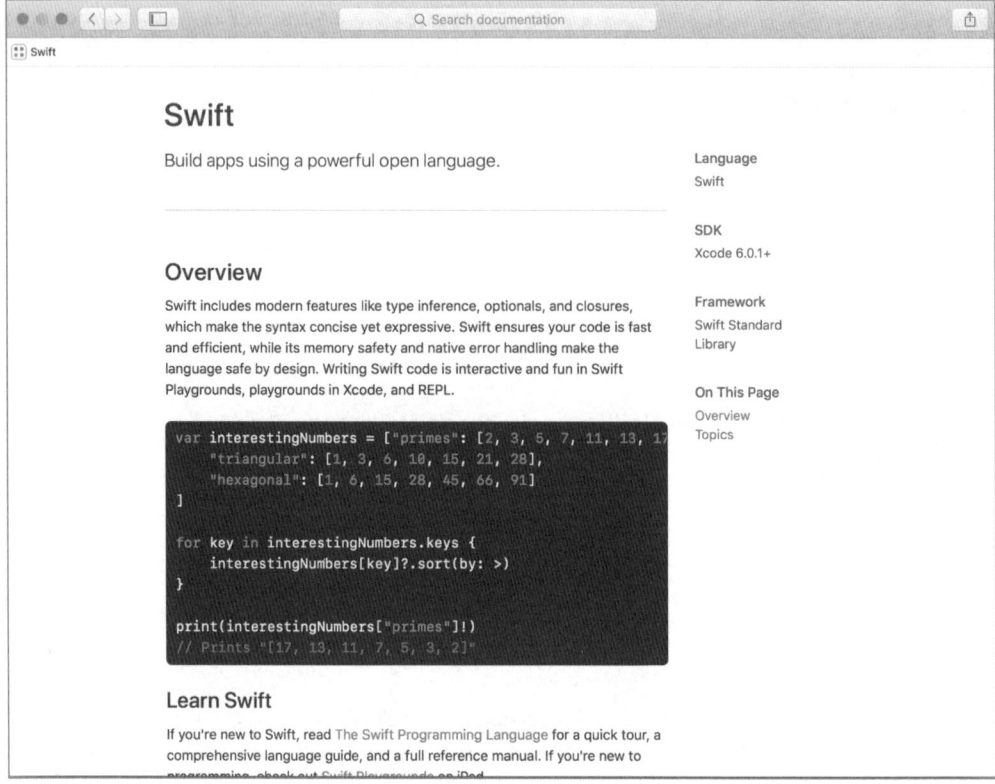

Bild 18.1 Die Dokumentation ist zentraler Bestandteil der Entwicklungsumgebung Xcode.

18.1.1 Aufbau und Funktionsweise

Die Dokumentation baut auf einer Vielzahl verschiedener Artikel auf, seien es nun Framework-, Klassen- oder Methodenbeschreibungen. Zu jedem Element finden sich im Abschnitt *Overview* allgemeine Informationen, gefolgt von der eigentlichen Eigenschafts- und Funktionsübersicht im Abschnitt *Topics*. Durch Klick auf einen Link gelangen Sie zu dem gewählten Element, beispielsweise der Beschreibung einer Methode.

Am oberen rechten Rand jedes Artikels finden Sie allgemeine Informationen zu dem gewählten Element, beispielsweise die Plattformen mitsamt Version, unter der sie zur Verfügung stehen oder zu welchem Framework sie gehören. Gerade Letzteres kann bisweilen eine hilfreiche Information sein, falls man eine Funktion zwar genauso umsetzt wie in der Dokumentation beschrieben, aber nicht das notwendige Framework importiert hat.

Über die Suchleiste am oberen Rand können Sie nach allen Elementen, die innerhalb der Dokumentation behandelt werden, suchen (siehe Bild 18.2). Xcode aktualisiert die Suchergebnisse mit jeder Eingabe.

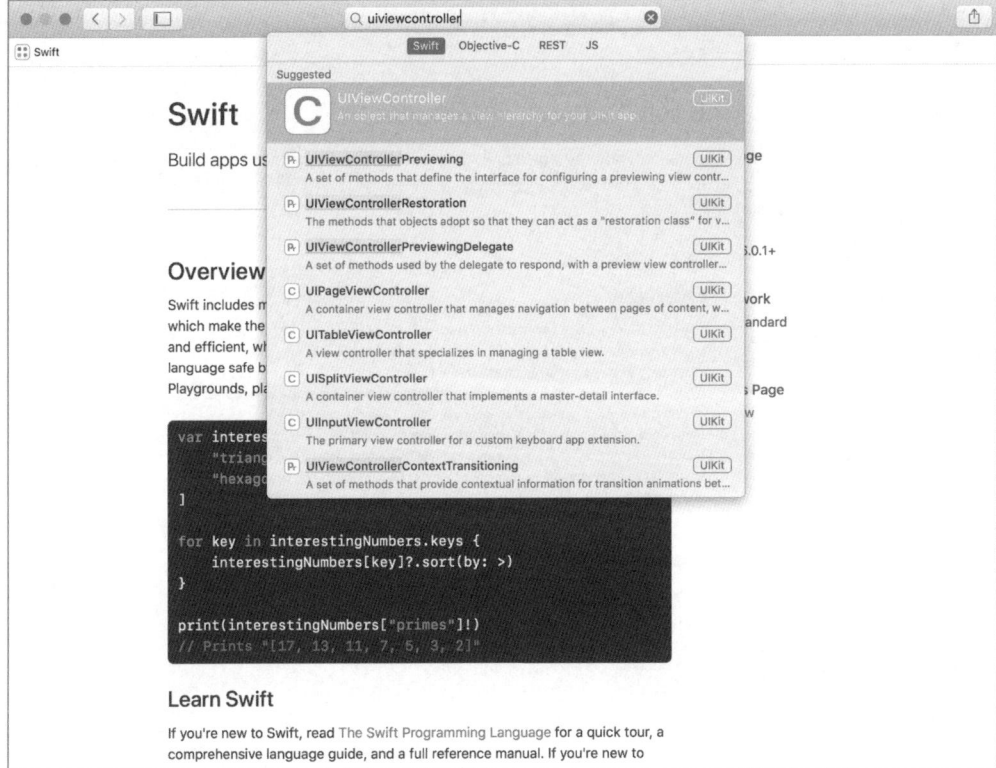

Bild 18.2 Mithilfe der Suchleiste am oberen Bildschirmrand können Sie nach passenden Artikeln auf Basis von Schlagwörtern suchen und diese aufrufen.

Über die beiden Pfeil-Schaltflächen oben links können Sie – wie bei einem Browser – zwischen den aufgerufenen Artikeln hin- und herspringen und so beispielsweise zu zuvor aufgerufenen Artikeln zurückkehren. Die Schaltfläche rechts daneben dient zum Ein- und Ausblenden des sogenannten Navigators. Ist er aktiv, erweitert sich das Dokumentationsfenster um einen zusätzlichen Bereich am linken Rand, über den Sie zwischen verschiedenen Programmiersprachen und Frameworks navigieren können (siehe Bild 18.3).

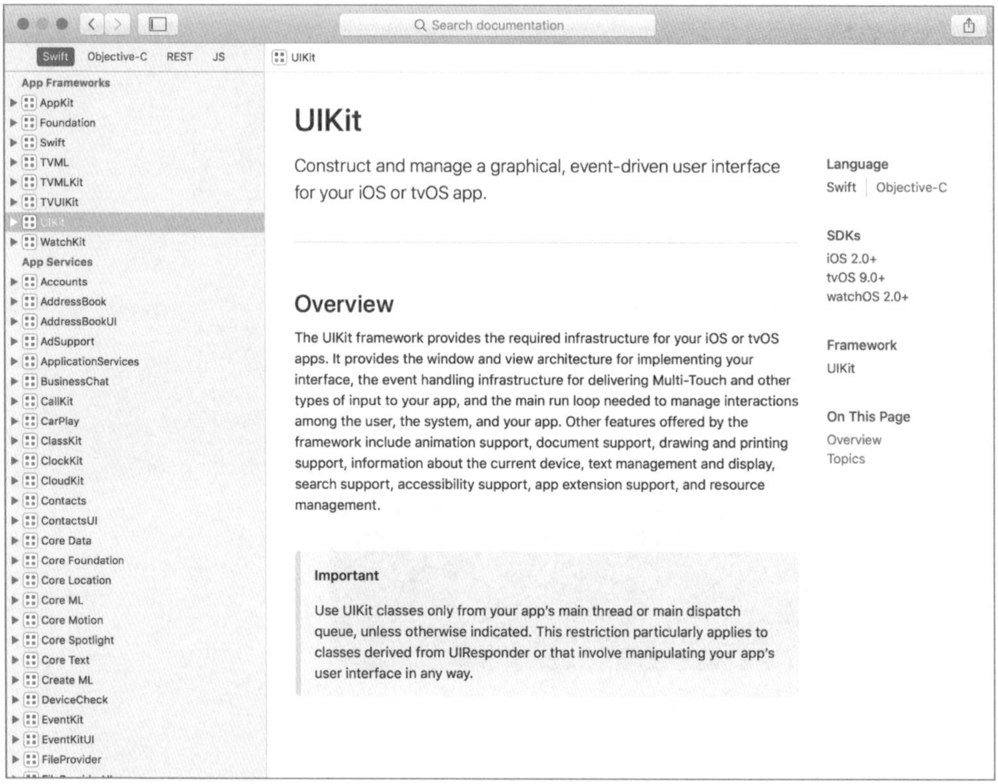

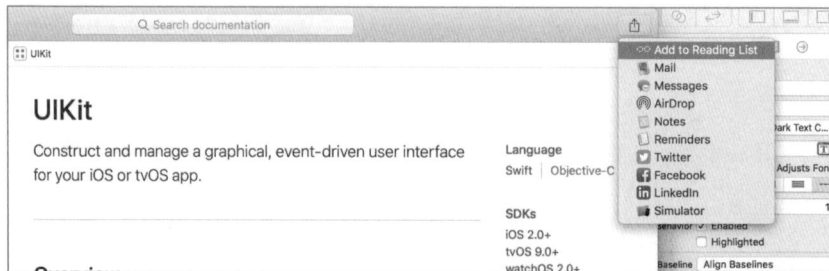

Bild 18.3 Mithilfe des Navigators navigieren Sie direkt durch eine Liste der verschiedenen System-Frameworks von Apple und greifen darauf zu.

Falls Sie sich übrigens eine Funktion zum Setzen von Lesezeichen wünschen, um bestimmte Artikel an einer zentralen Sammelstelle zu verwalten, muss ich Sie enttäuschen: Eine solche Funktion war zwar in früheren Versionen von Xcode enthalten, ist inzwischen aber nicht mehr Teil der IDE. Stattdessen müssen Sie einen Umweg über die Action-Schaltfläche am oberen rechten Rand gehen und im nach einem Klick erscheinenden Popup-Menü den Eintrag *Add to Reading List* wählen (siehe Bild 18.4). Xcode speichert dann den Link auf diesen Artikel im Safari-Browser Ihres Mac, sodass Sie darüber ebenfalls auf den Artikel zugreifen können.

Bild 18.4 Interessante Artikel aus der Dokumentation können Sie zur Speicherung der Reading List von Safari hinzufügen.

Die Dokumentation im Web

Unter der Webadresse *https://developer.apple.com/documentation* können Sie ebenfalls auf die Dokumentation von Apple zugreifen (siehe Bild 18.5).

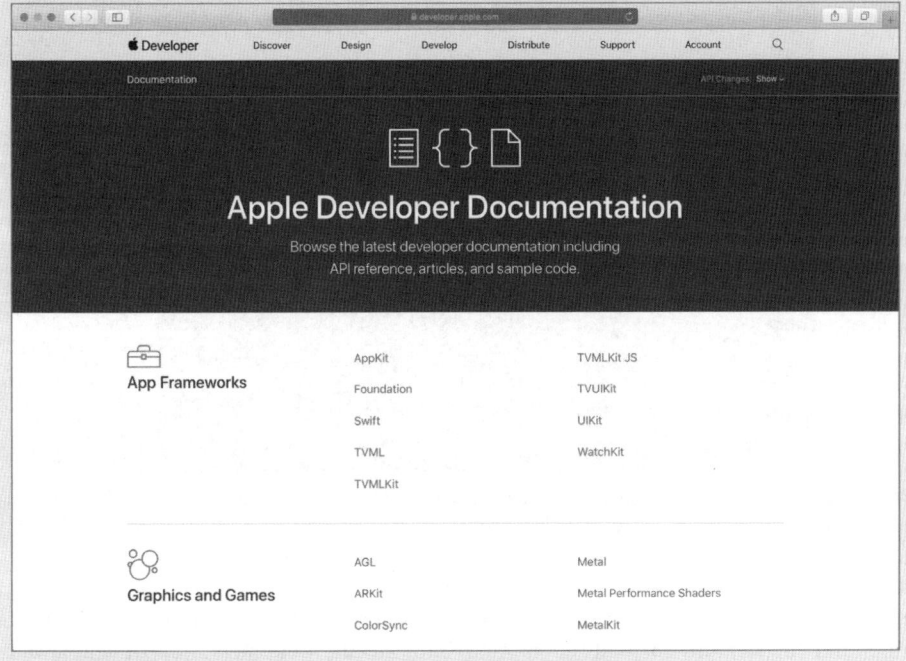

Bild 18.5 Die Dokumentation von Apple kann auch online abgerufen werden.

Sie bietet Zugriff auf dieselben Inhalte und ist besonders dann praktisch, falls Sie einmal von unterwegs über iPhone oder iPad etwas nachschlagen möchten und Xcode gerade nicht zur Hand haben.

18.1.2 Direktzugriff im Editor

Neben dem separaten Dokumentationsfenster können Sie auf bestimmte Teile der Xcode-Dokumentation auch direkt aus dem Editor heraus zugreifen. Erste Anlaufstelle hierbei ist der sogenannte *Quick Help Inspector* im Inspectors-Bereich von Xcode. Er zeigt die Dokumentation zu einem markierten Typ beziehungsweise einer markierten Property oder Methode in abgespeckter Form an (siehe Bild 18.6). Das ist sehr nützlich, um schnell einen Überblick über das ausgewählte Element zu erhalten und beispielsweise Details zu den Parametern einer Methode zu erfahren. Über den Link *Open in Developer Documentation* am Ende jedes Beitrags können Sie sich dann den vollständigen Artikel dazu in der Dokumentation von Xcode anzeigen lassen.

Bild 18.6 Der Quick Help Inspector zeigt die Dokumentation zum aktuell gewählten Element, wie z. B. zu einem Typ, einer Property oder einer Methode, an.

Alternativ ist es auch möglich, einen Rechtsklick bei gedrückt gehaltener Control-Taste auf einen Typ, eine Property oder eine Methode auszuführen. Daraufhin öffnet sich direkt im Editor ein Popover, das ebenfalls einen Ausschnitt aus der Dokumentation zu dem jeweiligen Element zeigt (siehe Bild 18.7).

Zwar erhalten Sie auf diesen zwei gezeigten Wegen meist nicht so viele und übersichtliche Informationen wie im separaten Dokumentationsfenster von Xcode, dafür müssen Sie aber auch nicht den Editor verlassen.

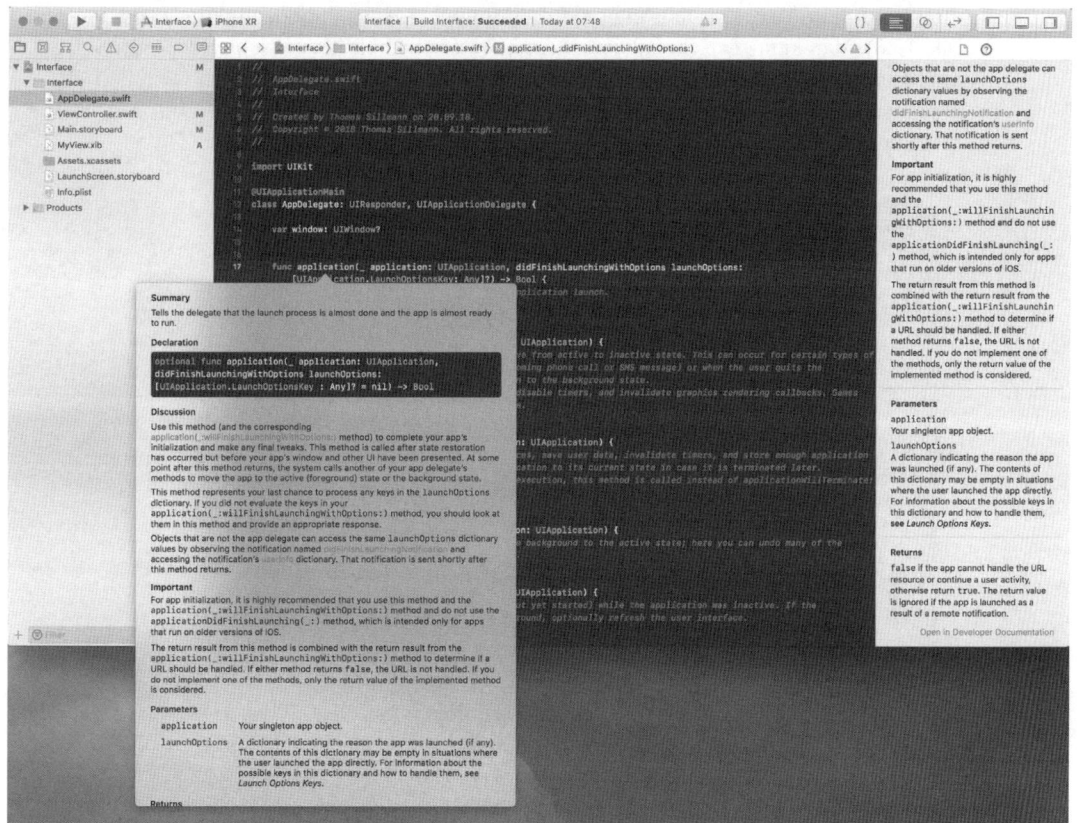

Bild 18.7 Mithilfe eines Linksklicks bei gedrückt gehaltener Control-Taste auf einen Typ, eine Property oder Methode können Sie die zugehörige Dokumentation für dieses Element in einem Popover einblenden lassen.

■ 18.2 Devices und Simulatoren

Ein wichtiger Bestandteil bei der Entwicklung von Apps ist das regelmäßige Ausführen und Testen derselbigen. Hierfür stehen uns zwei Möglichkeiten offen:

- Tests über Devices: Wir können eine App auf einem „echten" Endgerät wie iPhone, iPad oder Apple Watch installieren und darauf testen.

- Tests über Simulatoren: Wir können eine App in einem sogenannten Simulator ausführen und hierbei Zielplattform und Betriebssystemversion frei festlegen. Das gilt selbstredend nur für iOS-, watchOS- und tvOS-Geräte; macOS-Apps werden immer direkt auf dem zugrunde liegenden Mac ausgeführt und gestartet.

Beide Elemente haben Ihre Vor- und Nachteile. Simulatoren sind besonders während der Entwicklung eine große Hilfe, um schnell und unkompliziert iOS-, watchOS- und tvOS-Apps direkt auf dem Mac, auf dem man sie programmiert, auszuführen und zu testen (siehe Bild 18.8). Man kann zwischen diversen Endgeräten (beim iPhone beispielsweise zwischen Simulatoren für ein iPhone 7 oder iPhone 8 Plus bis hin zum iPhone Xs Max) und Betriebssystemversionen (beispielsweise von iOS 10 bis iOS 12) unterscheiden, womit sich viele Testfälle schnell und einfach abdecken lassen.

Bild 18.8
Mithilfe des Simulators führen Sie iOS-, watchOS- und tvOS-Apps direkt auf Ihrem Mac aus.

Spätestens zum Ende des Entwicklungsprozesses hin ist es aber zwingend notwendig, die eigene App auch auf einem „echten" Endgerät auszuführen und zu testen. Das hängt unter anderem damit zusammen, dass dem Simulator die gesamte Hardware-Power des zugrunde liegenden Mac zur Verfügung steht. Wenn Sie also beispielsweise an einem iMac Pro mit 32 GB Arbeitsspeicher und einem Acht-Kern-Prozessor arbeiten, verfügt ein simuliertes iPhone X ebenfalls über diese Hardware; und das hat natürlich nichts mit der Realität zu tun. So kann es schon einmal vorkommen, dass eine App im Simulator flüssig und ohne Probleme läuft, auf einem Endgerät aber ins Ruckeln gerät oder gar abstürzt. Aus diesem Grund sind Tests Ihrer App auf einem Endgerät schlicht unumgänglich, bevor Sie sie veröffentlichen. Mehr zur Verwendung des Simulators erfahren Sie in den Grundlagen-Kapiteln zur Programmierung für iOS, watchOS und tvOS.

Ihre Geräte und Simulatoren können Sie in Xcode mithilfe der Funktion *Devices and Simulators* verwalten. Sie rufen das zugehörige Fenster über das Xcode-Menü durch Auswahl des Punktes *Window → Devices and Simulators* auf (siehe Bild 18.9).

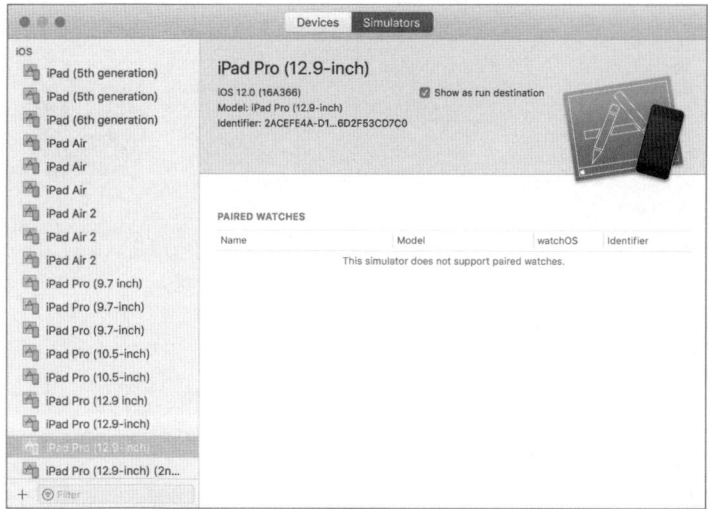

Bild 18.9 Im Fenster „Devices and Simulators" verwalten Sie Ihre Endgeräte und Simulatoren.

Über das Segmented Control am oberen Rand können Sie zwischen Ihren Endgeräten und den installierten Simulatoren hin- und herwechseln.

18.2.1 Simulatoren

Im Bereich *Simulators* werden am linken Rand alle auf Ihrem Mac installierten und eingerichteten Simulatoren angezeigt, gruppiert nach Zielplattform (*iOS* und *tvOS*); watchOS-Simulatoren sind Teil von iOS, weshalb sie nicht separat aufgeführt werden (dazu gleich mehr).

Wenn Sie Xcode installieren oder neue Simulatoren über die Einstellungen herunterladen (siehe hierzu auch Kapitel 16, „Grundlagen, Aufbau und Einstellungen von Xcode"), erstellt Xcode automatisch eine Reihe passender Simulatoren. Im Bereich „Simulators" können Sie diese verwalten und auch neue hinzufügen.

Wenn Sie einen Simulator auswählen, erhalten Sie weitere Informationen dazu, unter anderem das simulierte Modell sowie das darauf laufende Betriebssystem. Bei iPhone-Simulatoren werden zusätzlich damit gekoppelte Apple Watch-Simulatoren aufgeführt (siehe Bild 18.10).

Bild 18.10 Nach Auswahl eines Simulators erhalten Sie Details dazu und sehen – im Falle des iPhone – mögliche gekoppelte Apple Watch-Simulatoren.

Um einen bestehenden Simulator zu bearbeiten, führen Sie einen Rechtsklick auf den zugehörigen Eintrag in der linken Tabelle aus. In dem erscheinenden Kontextmenü können Sie den Simulator sodann mittels *Rename* umbenennen oder durch Auswahl von *Delete* löschen. Über die Checkbox *Show as run destination* legen Sie fest, ob der gewählte Simulator zur Ausführung Ihrer App verwendet werden kann oder nicht. Standardmäßig ist dieses Element immer aktiv.

Neue Simulatoren fügen Sie über die Plus-Schaltfläche am unteren linken Rand hinzu. Es öffnet sich daraufhin ein Fenster, in dem Sie einen frei wählbaren Namen, das zu simulierende Gerät sowie die gewünschte Betriebssystemversion angeben, die Sie verwenden möchten (siehe Bild 18.11). Im Falle des iPhone steht Ihnen in diesem Fenster auch noch die Checkbox *Paired Apple Watch* zur Verfügung. Wenn Sie diese aktivieren, müssen Sie im nächsten Schritt noch einmal die gleichen Informationen für eine mit diesem Simulator zu koppelnde Apple Watch eingeben. Diese Kombination aus iPhone- und Apple Watch-Simulator benötigen Sie, falls Sie eine watchOS-App im Simulator ausführen möchten. Per abschließendem Klick auf die Schaltfläche *Create* wird der neue Simulator erzeugt und der Liste am linken Rand hinzugefügt.

Sie können alle aufgeführten Simulatoren zur Ausführung Ihrer App-Projekte verwenden, solange Zielsystem und -version mit den Vorgaben Ihres Projekts übereinstimmen (eine iOS-App, die beispielsweise erst ab iOS 12 lauffähig ist, können Sie nicht in einem vorhandenen iOS 11-Simulator ausführen).

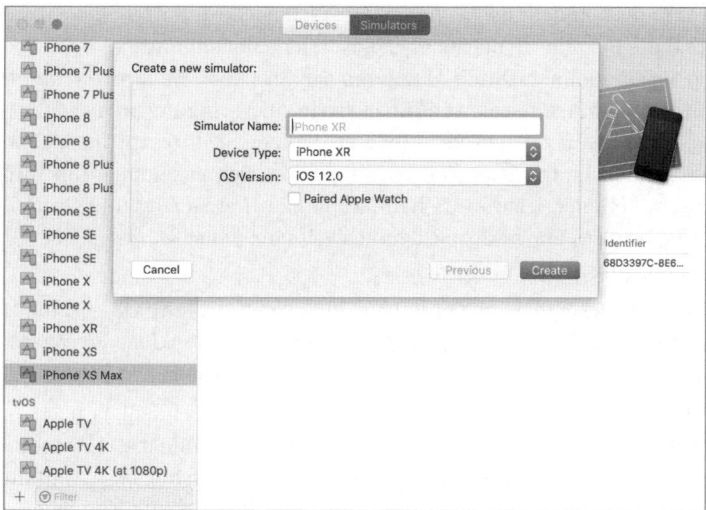

Bild 18.11 Sie können in Xcode beliebige weitere Simulatoren hinzufügen.

18.2.2 Devices

Im Bereich *Devices* haben Sie Zugriff auf all die Endgeräte, die Sie für die Entwicklung einsetzen (siehe Bild 18.12). Sie werden in der Tabelle am linken Rand aufgeführt und in die Bereiche *Connected* und *Disconnected* gruppiert. Ihre Apps können Sie nur auf denjenigen Endgeräten ausführen, die auch mit Xcode verbunden sind.

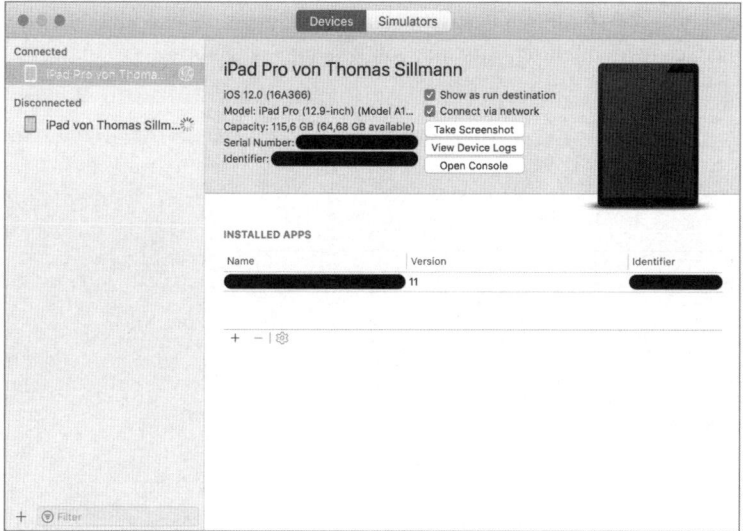

Bild 18.12 Im Bereich „Devices" verwalten Sie Ihre Endgeräte für die App-Entwicklung.

Nach Auswahl eines Endgeräts können Sie verschiedene Informationen dazu einsehen, unter anderem die installierte Betriebssystemversion, Modellinformationen, Speicherkapazität und die Seriennummer. Durch Aktivieren der Checkbox *Show as run destination* steht das Endgerät zur Ausführung von Apps über Xcode zur Verfügung (andernfalls nicht). Falls Sie die Checkbox *Connect via network* aktivieren, können Sie Ihre App auch über WLAN auf dem entsprechenden Endgerät ausführen, solange es sich zusammen mit Ihrem Mac im selben Netzwerk befindet. Über die Schaltflächen *View Device Logs* und *Open Console* können Sie sich Reports des Endgeräts beziehungsweise die Konsole anzeigen lassen; Letzteres kann beim Debugging enorm hilfreich sein.

Sehr praktisch – insbesondere bei der Entwicklung von Apps für tvOS – ist die Möglichkeit, Screenshots der aktuellen Bildschirmausgabe über den Button *Take Screenshot* anzufertigen. Diese werden sodann auf dem Desktop des Mac gespeichert.

Im unteren Bereich mit dem Titel *Installed Apps* finden Sie schließlich noch eine Liste an installierten Anwendungen, die nicht über den App Store, sondern via Xcode auf diesem Gerät eingespielt wurden. Über die Minus-Schaltfläche können Sie diese Apps direkt wieder von dem jeweiligen Gerät deinstallieren oder über die Plus-Schaltfläche neue Apps hinzufügen. Diese müssen Sie zuvor mit Xcode archiviert und exportiert haben (mehr dazu erfahren Sie in Kapitel 34, „Veröffentlichung im App Store").

■ 18.3 Organizer

Mithilfe des sogenannten *Organizer* erhalten Sie Zugriff auf die von Ihnen erstellten App-Archive, aus dem App Store eingegangene Crash Reports sowie mögliche Logs über den Energieverbrauch der von Ihnen vertriebenen Anwendungen (siehe Bild 18.13). Sie öffnen ihn über das Xcode-Menü durch Auswahl von *Window → Organizer*.

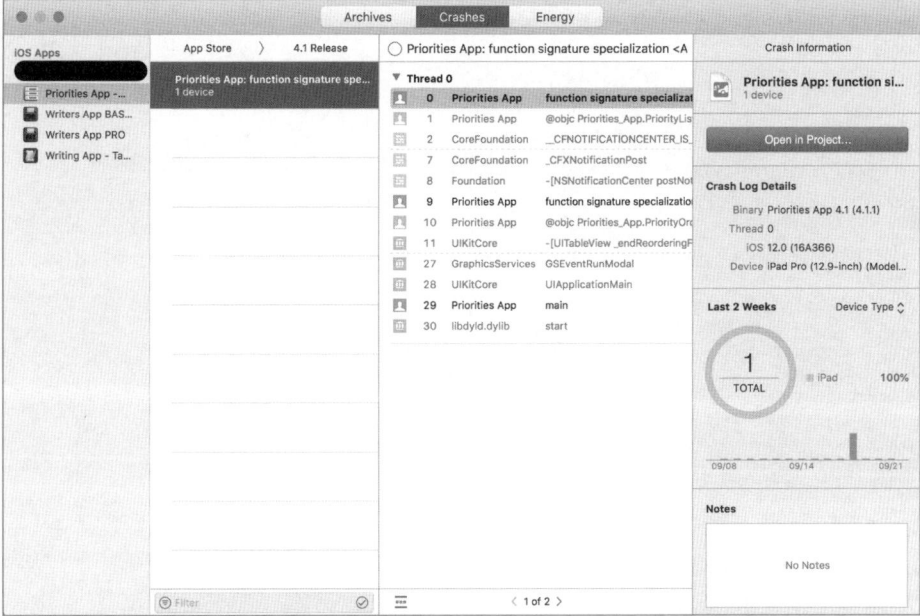

Bild 18.13 Mithilfe des Organizer greifen Sie unter anderem auf verschiedene Informationen der von Ihnen über den App Store vertriebenen App-Projekte zu.

Über das Segmented Control am oberen Rand des Fensters navigieren Sie zwischen den drei genannten Bereichen *Archives*, *Crashes* und *Energy*. Im Folgenden stelle ich Ihnen die drei Abschnitte kurz vor:

- *Archives:* Hier tauchen alle von Ihnen archivierten App-Projekte auf, um sie von dort aus in den App Store hochzuladen oder als sogenannte *IPA*-Dateien zu exportieren. Bei IPA-Dateien handelt es sich um Binaries, die Sie auf Ihren Endgeräten installieren können. Mehr zum Erstellen eines Archives einer App erfahren Sie in Kapitel 34, „Veröffentlichung im App Store".

- *Crashes:* Wenn die Nutzer der von Ihnen über den App Store vertriebenen Apps zugestimmt haben, deren Crash Logs mit Ihnen zu teilen, werden diese von Xcode automatisch an dieser Stelle heruntergeladen. Hier können Sie den Verlauf eines Crashs nachverfolgen und die zugehörige Stelle sogar mithilfe der Schaltfläche *Open in Project...* in Xcode öffnen. Darüber hinaus erfahren Sie, auf welcher Art von Endgerät und unter welcher Betriebssystemversion es zu dem Absturz kam und wie häufig er auftrat.

- *Energy:* Sollten die von Ihnen über den App Store vertriebenen Apps einen hohen Energiebedarf aufweisen, erhalten Sie in diesem Bereich entsprechende Reports dazu. So können Sie nachverfolgen, welche Funktionen besonders viele Ressourcen fressen, und möglicherweise entsprechend nachbessern.

19 Debugging und Refactoring

Debugging und Refactoring sind beides wichtige Vorgehensweisen, um Ihre App-Projekte stabil, sicher und up to date zu halten. In diesem Kapitel erfahren Sie, wie Xcode Sie in diesen beiden Bereichen unterstützt und wie Sie damit Ihre Effizienz während der Entwicklung von Apps steigern können.

■ 19.1 Debugging

Mithilfe des Debuggings analysieren Sie Ihre App, überprüfen Abläufe und Methodenaufrufe und kommen so möglichen Abstürzen oder anderen Problemen auf die Spur.

Herzstück des Debuggings in Xcode ist die sogenannte *Debug Area*. Sie befindet sich unterhalb des Editors und teilt sich in zwei Bereiche auf: die Variables View und die Konsole (siehe Bild 19.1, dazu gleich mehr). Sollte die Debug Area nicht angezeigt werden, können Sie sie über die *Hide or show the Debug area*-Schaltfläche am oberen rechten Rand von Xcode einblenden (siehe Bild 19.2). Durch ein erneutes Betätigen dieses Buttons blenden Sie die Debug Area wieder aus.

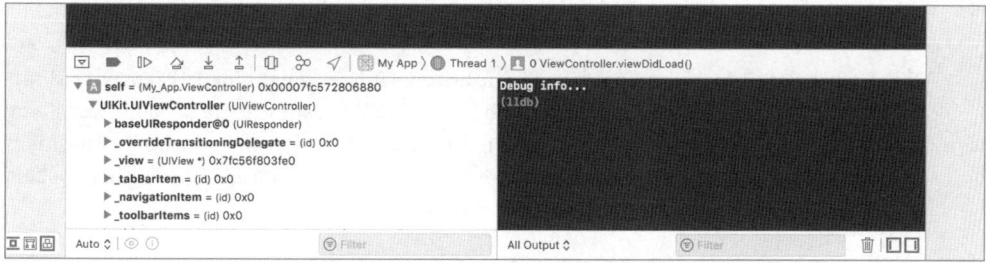

Bild 19.1 Die Debug Area befindet sich unterhalb des Editors und teilt sich in zwei Bereiche.

Bild 19.2
Über die mittlere dieser drei Schaltflächen am oberen rechten Rand in der Toolbar von Xcode können Sie die Debug Area ein- und ausblenden.

Wie eben bereits erwähnt, unterteilt sich die Debug Area in die beiden Bereiche Variables View und Konsole. Welche dieser Bereiche sichtbar ist, können Sie über die beiden Schaltflächen am unteren rechten Rand der Debug Area steuern (siehe Bild 19.3). Die linke von den beiden ist für die Anzeige der Variables View, der rechte für die der Konsole verantwortlich. Sie können steuern, dass entweder beide Bereiche parallel oder nur einer von beiden angezeigt werden.

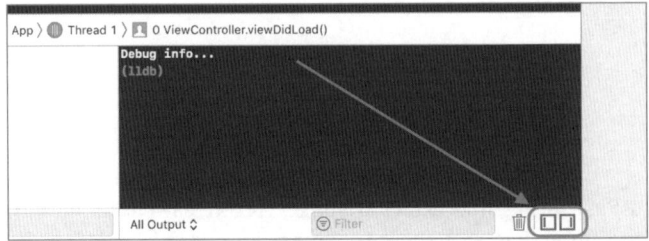

Bild 19.3 Über diese beiden Schaltflächen am unteren rechten Rand der Debug Area können Sie Variables View und Konsole ein- beziehungsweise ausblenden.

Die Debug Area unterstützt Sie bei zwei Arten von Aufgaben: Einerseits können Sie zur Ausführungszeit Ihrer App Informationen auf der Konsole ausgeben und auswerten (beispielsweise um den Wert einer Variablen auszulesen oder den Aufruf einer bestimmten Funktion zu protokollieren). Andererseits können Sie eine Anwendung während der Ausführung an bestimmten Punkten mithilfe sogenannter Breakpoints anhalten und anschließend den aktuellen Zustand analysieren.

In den folgenden Abschnitten stelle ich Ihnen beide Techniken im Detail vor und zeige Ihnen, wie Sie effizient mit der Debug Area in Xcode arbeiten.

19.1.1 Konsolenausgaben

Wann immer in Ihren Projekten zur Ausführung die print-Funktion aufgerufen wird, schreibt Xcode den darin übergebenen String in die Konsole. Das erlaubt es Ihnen nicht nur, statischen Text an bestimmten Stellen in Ihrem Code, sondern auch die Werte von Variablen, Konstanten und Properties mittels String Interpolation zur Laufzeit auszugeben.

Ein einfaches Beispiel hierfür sehen Sie in Listing 19.1. Es zeigt eine UIViewController-Subklasse, die innerhalb der überschriebenen viewDidLoad()-Methode eine Konstante erzeugt, die dem aktuellen Datum entspricht. Der Wert dieser Konstanten wird im Anschluss zusammen mit einem statischen Text mittels print auf der Konsole ausgegeben, sobald dieser Befehl ausgeführt wird (siehe Bild 19.4).

Listing 19.1 Ausführung einer Konsolenausgabe mittels print

```
class ViewController: UIViewController {

    override func viewDidLoad() {
        super.viewDidLoad()
        let currentDate = Date()
```

```
        print("Aktuelles Datum: \(currentDate)")
    }

}
```

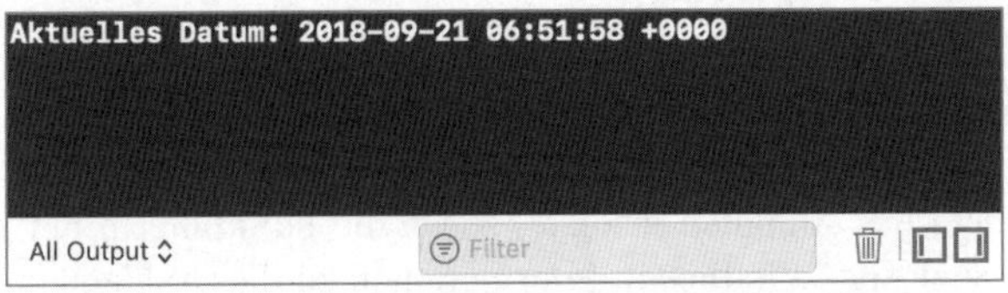

Bild 19.4 Nach Aufruf einer print-Funktion wird deren String direkt in der Konsole ausgegeben.

Über das Papierkorb-Icon unten rechts können Sie den aktuellen Inhalt der Konsole jederzeit löschen.

19.1.2 Arbeiten mit Breakpoints

Mithilfe eines Breakpoints unterbrechen Sie die Ausführung einer App an der markierten Stelle. Das weist sie nicht nur darauf hin, wann ein bestimmter Befehl aufgerufen wird, sondern erlaubt es Ihnen auch, den dann gegenwärtigen Zustand Ihrer App zu prüfen und beispielsweise die aktuellen Werte von Variablen auszulesen. Darüber hinaus stellt Ihnen Xcode diverse weitere Funktionen bereit, um Ihre Breakpoints anzupassen und beispielsweise an bestimmte Bedingungen zu koppeln.

19.1.2.1 Breakpoints setzen und aktivieren

Einen Breakpoint können Sie an jeder beliebigen Stelle innerhalb Ihres Codes setzen. Klicken Sie dazu an den Rand links der Zeile, bei der die Ausführung Ihrer App angehalten werden soll. Daraufhin wird der Breakpoint direkt gesetzt und in Form eines blauen Pfeils dargestellt (siehe Bild 19.5). Die Zeile, die durch den Breakpoint markiert wurde, wird bei Erreichen dieses Breakpoints zur Ausführungszeit *nicht* mit ausgeführt.

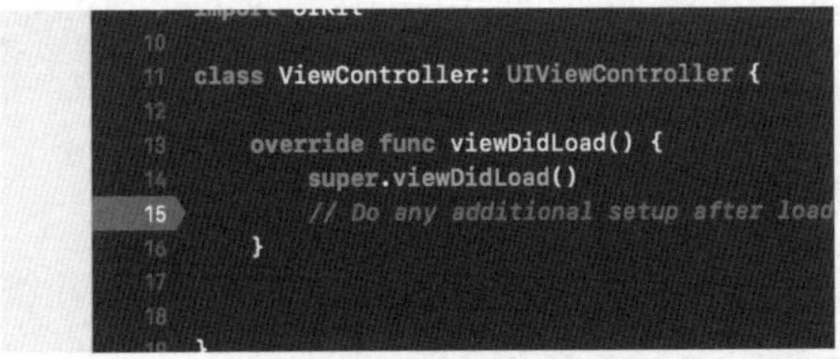

Bild 19.5 Einen Breakpoint setzen Sie durch einen Klick am linken Rand der entsprechenden Zeile.

Wenn Sie einen Klick auf den Breakpoint selbst durchführen, wechselt dieser zwischen einem aktiven und inaktiven Status. Beim inaktiven Status ist der Breakpoint nur halbtransparent. Ihre Anwendung wird dann an der betreffenden Stelle nicht angehalten, sobald sie erreicht wird. Nur aktive Breakpoints sorgen für ein Anhalten Ihrer App.

Um einen Breakpoint endgültig zu löschen, ziehen Sie ihn einfach bei gedrückt gehaltener linker Maustaste aus dem linken Seitenbereich. Dann löst er sich im wahrsten Sinne des Wortes in Luft auf.

19.1.2.2 Variables View einsetzen

Sobald die Ausführung Ihrer App zur Laufzeit angehalten wurde, schlägt die Stunde der sogenannten *Variables View* der Debug Area. In ihr werden alle Variablen, Konstanten und Properties passend zum Kontext des Breakpoints angezeigt. Kontext bezieht sich hierbei auf den Typ, in dem das Anhalten erfolgte, sowie die Funktion, in der man sich gerade befindet. Alle im Speicher befindlichen Informationen zu diesen Elementen werden in der Variables View aufgeführt (siehe Bild 19.6).

Bild 19.6 Die Variables View zeigt bei Anhalten der Ausführung einer App alle aktuellen Variablen, Konstanten und Properties an.

Wenn möglich, zeigt die Variables View bereits eine Vorschau des Inhalts der Variablen und Konstanten, beispielsweise bei Zahlenwerten oder Strings. Alternativ können Sie ein Element in der Variables View auch auswählen und anschließend dessen Beschreibung durch Klick auf die Info-Schaltfläche am unteren linken Rand in der Konsole ausgeben.

Besonders spannend ist darüber hinaus noch die Funktion *Quick Look*. Typen, die diese Technik unterstützen, bieten eine grafische Vorschau ihres aktuellen Werts über die Variables View an. Damit lässt sich beispielsweise eine Grafik auf Basis eines UIImage anzeigen, die einer Variablen oder Konstanten zugewiesen ist (siehe Bild 19.7).

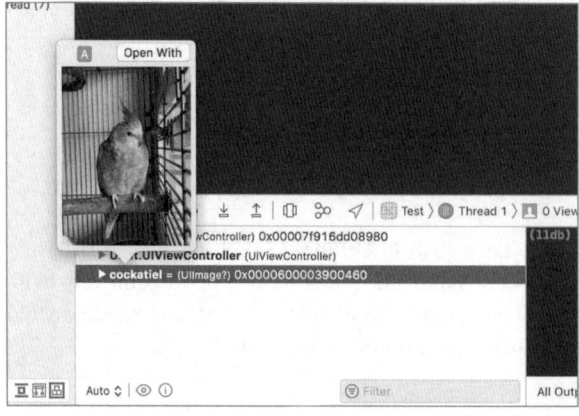

Bild 19.7
Mithilfe von Quick Look können Werte bestimmter Typen zur Laufzeit grafisch dargestellt werden.

Um Quick Look zu nutzen, wählen Sie das gewünschte Element aus der Variables View aus und klicken im unteren linken Bereich der Variables View auf die Schaltfläche, die wie ein Augensymbol aussieht.

19.1.2.3 Ausführung der App fortsetzen

Wurde die Ausführung Ihrer App angehalten, können Sie mithilfe diverser Buttons oberhalb der Debug Area die Ausführung fortsetzen. Die entsprechenden Buttons habe ich in Bild 19.8 markiert. Im Folgenden erläutere ich deren Funktion, beginnend mit dem Button ganz links:

- *Continue program execution:* Die Anwendung Ihrer App wird ganz normal fortgesetzt. Sie wird erst wieder bei Erreichen eines Breakpoints angehalten.

- *Step over:* Sie führen die Befehle der aktuellen Zeile aus und springen dann automatisch zum nächsten Befehl. Auf diese Art und Weise können Sie Ihre App schrittweise fortsetzen. Das Verhalten ist vergleichbar wie wenn Sie in mehreren Zeilen hintereinander einen Breakpoint gesetzt hätten; dann würde auch die Anwendung in jeder neuen Zeile angehalten werden.

- *Step into:* Hierüber springen Sie in die Funktion hinein, die in der aktuellen Zeile aufgerufen wird. Dadurch kann es auch passieren, dass Sie den aktuellen Typ verlassen und in eine andere Code-Datei springen.

- *Step out:* Hierüber verlassen Sie die Funktion, in der sich das Programm momentan befindet, und springen stattdessen an die Stelle, von der aus die Funktion aufgerufen wurde.

Bild 19.8
Über diese Schaltflächen können Sie eine angehaltene Anwendung fortsetzen.

19.1.2.4 Breakpoints konfigurieren

Sie können Breakpoints mit Bedingungen verknüpfen und um zusätzliche Aktionen erweitern. Dazu führen Sie zunächst einen Rechtsklick auf einen Breakpoint aus, den Sie konfigurieren möchten, und wählen im erscheinenden Kontextmenü den Eintrag *Edit Breakpoint…* aus. Anschließend öffnet sich ein Popover zur Konfiguration des Breakpoints (siehe Bild 19.9). Ihnen stehen hierbei die folgenden Möglichkeiten zur Verfügung:

- *Condition:* In dieses Feld können Sie eine Bedingung eintragen (so wie die Bedingungen, die Sie beispielsweise auch für if-Abfragen verwenden). Nur wenn diese Bedingung erfüllt ist, stoppt der entsprechende Breakpoint beim Erreichen die Ausführung Ihrer App. Das können Sie dazu nutzen, um beispielsweise den Wert einer Variablen oder eines Parameters auszuwerten und Ihre Anwendung nur dann zu pausieren, wenn diese beziehungsweise dieser einen entsprechenden Wert besitzt. Auch UND- und ODER-Verknüpfungen sind hier möglich.

- *Ignore:* Hier definieren Sie die Anzahl der Aufrufe des Breakpoints, bei denen Ihre App noch nicht angehalten wird. Tragen Sie hier beispielsweise den Wert 3 ein, pausiert der Breakpoint erst beim vierten Aufruf Ihre Anwendung.

- *Actions:* Über den *Add Action*-Button können Sie Ihren Breakpoint mit zusätzlichen Aktionen versehen. Diese reichen vom Schreiben einer Log-Nachricht in die Konsole über das Ausführen eines Shell Commands oder von Apple Script bis hin zum Abspielen eines Sounds. Sie können einem Breakpoint hierbei auch mehrere verschiedene Actions auf einmal zuweisen.

- *Options:* Durch Aktivieren der Checkbox *Automatically continue after evaluating actions* wird Ihre App bei Erreichen dieses Breakpoints nicht angehalten, selbst wenn er aktiv ist. Allerdings führt er in letzterem Fall trotzdem alle ihm zugewiesenen Actions aus.

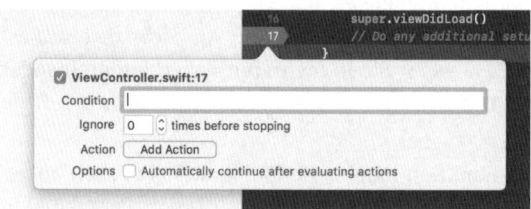

Bild 19.9
Über dieses Popover können Sie die Breakpoints in Ihrem Projekt noch zusätzlich anpassen.

Übrigens: Verfügt Ihr Breakpoint über wenigstens eine abgewandelte Konfiguration, wird dessen Symbol entsprechend angepasst. Innerhalb der blauen Pfeilspitze des Breakpoints taucht dann ein zusätzliches kleineres weißes Pfeilsymbol auf.

19.1.2.5 Breakpoints vollständig deaktivieren

Möchten Sie – zumindest temporär – alle Breakpoints innerhalb Ihres Projekts deaktivieren, klicken Sie dazu auf die *Deactivate breakpoints*-Schaltfläche am oberen linken Rand der Debug Area (siehe Bild 19.10). Damit bleiben all Ihre Breakpoints erhalten, sorgen aber nicht länger für das Anhalten Ihrer Anwendung während der Ausführung.

Bild 19.10
Über diesen Button können Sie Ihre Breakpoints vollständig deaktivieren.

Um Ihre Breakpoints wieder zu aktivieren, klicken Sie einfach erneut auf die Schaltfläche.

19.1.2.6 Breakpoint Navigator

Der Breakpoint Navigator ist Teil des Navigators von Xcode und listet alle Breakpoints innerhalb Ihres Projekts auf (siehe Bild 19.11). Sie können die Breakpoints per Klick auf das entsprechende Breakpoint-Symbol deaktivieren beziehungsweise aktivieren und sie aus der Liste entfernen. Wenn Sie einen Breakpoint auswählen, wird der dazugehörige Code in der Editor Area eingeblendet.

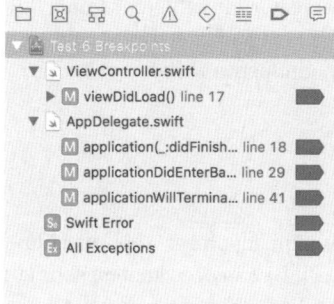

Bild 19.11
Der Breakpoint Navigator listet alle gesetzten
Breakpoints in Ihrem Projekt auf.

Die Ansicht des Breakpoint Navigators können Sie darüber hinaus noch dahingehend filtern, dass nur die aktuell aktivierten und/oder nur mit zusätzlichen Konfigurationen versehenen Breakpoints dort aufgeführt werden. Klicken Sie dazu auf die *Show only enabled breakpoints-* beziehungsweise *Show only modified breakpoints*-Schaltfläche am unteren rechten Rand des Breakpoint Navigators (siehe Bild 19.12).

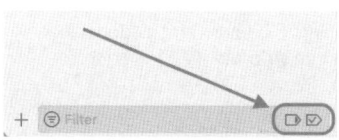

Bild 19.12
Mithilfe dieser Schaltfläche können Sie die im Breakpoint
Navigator aufgeführten Breakpoints filtern.

Über die Plus-Schaltfläche unten links innerhalb des Breakpoint Navigators haben Sie die Möglichkeit, weitere Breakpoints zu Ihrem Projekt hinzuzufügen (siehe Bild 19.13). Bei diesen Breakpoints handelt es sich aber nicht um diejenigen, die Sie an einer bestimmten Stelle in Ihrem Code platzieren, um die Ausführung Ihrer App an der entsprechenden Stelle anzuhalten. Stattdessen können Sie hier Breakpoints für bestimmte Sonderfälle hinzufügen.

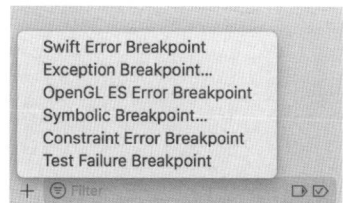

Bild 19.13
Ein neuer Breakpoint lässt sich über die Plus-Schaltfläche am
unteren linken Rand des Breakpoint Navigators hinzufügen.

Diese Breakpoints werden nicht an einer bestimmten Stelle in Ihrem Code, sondern beim Eintreten einer bestimmten Situation in Ihrer App ausgeführt. Besonders hervorheben möchte ich hierbei den *Exception Breakpoint*, der über den Punkt *Exception Breakpoint...* einem Projekt hinzufügt werden kann.

Sobald dieser Breakpoint Ihrem Projekt hinzugefügt wurde, hält er Ihre App an, kurz bevor sie aufgrund eines Fehlers abstürzt und beendet wird. Das Hervorragende an diesem Exception Breakpoint ist, dass Sie nicht einfach nur mitbekommen, dass Ihre App aufgrund eines Fehlers abstürzt, sondern auch genau den entsprechenden Code angezeigt bekommen, der letztlich den Absturz Ihrer App verursacht. Das ist generell das Großartige an all den Breakpoints, die Sie über die Plus-Schaltfläche im Breakpoint Navigator hinzufügen können: Sie werden bei einem bestimmten Ereignis und nicht an einer festen Stelle ausgelöst und sind daher beim Debuggen von Fehlern in Ihrer Anwendung eine immense Hilfe.

19.1.3 Debug Navigator

Der sogenannte *Debug Navigator* gibt Ihnen während der Ausführung Ihrer App Aufschluss über deren CPU-, Speicher- und Netzwerkauslastung (siehe Bild 19.14). Sie können sehr gut verfolgen, wie stark Ihre App die Hardware des jeweiligen Endgeräts oder das Netzwerk beansprucht.

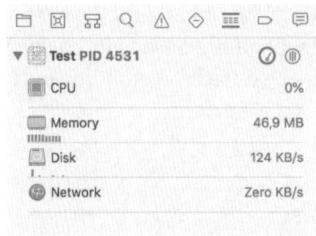

Bild 19.14
Der Debug Navigator informiert Sie über verschiedene Systemauslastungen durch Ihre App wie die CPU oder den Arbeitsspeicher.

Sobald Sie auf eines dieser Elemente klicken, öffnet sich innerhalb des Editors eine Detailansicht, in der Sie tiefergehende Informationen zum gewählten Element und der damit einhergehenden Auslastung erhalten (siehe Bild 19.15). Xcode erlaubt Ihnen sogar von hier aus direkt den Sprung in das Analysetool Instruments, indem Sie einfach auf die jeweilige Schaltfläche *Profile in Instruments* im oberen rechten Bereich klicken.

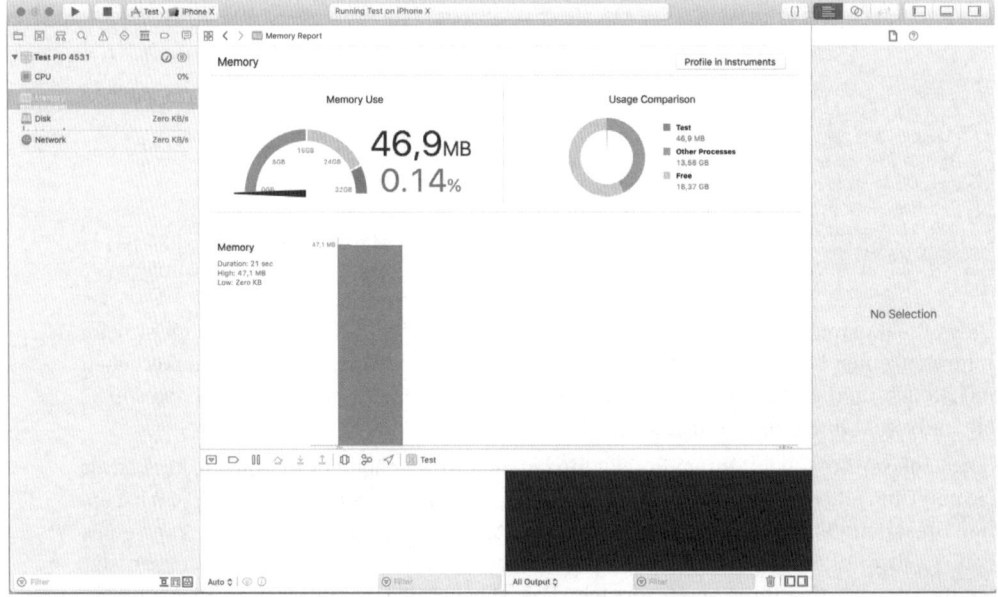

Bild 19.15 Zu den einzelnen Bereichen des Debug Navigator lassen sich detaillierte Informationen anzeigen.

Erreicht Ihre App einen Breakpoint, listet der Debug Navigator darüber hinaus noch den Stack der letzten Aktionen auf den unterschiedlichen Threads auf. Das erlaubt Ihnen zu analysieren, was Ihre App genau als Letztes getan hat. Neben Ihren eigenen Methoden werden dort auch die Aufrufe von Methoden aus Apples System-Frameworks aufgeführt (siehe Bild 19.16).

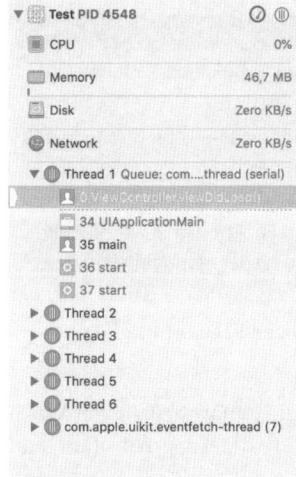

Bild 19.16
Im Stack Trace erscheinen alle zuletzt ausgeführten Methoden.

■ 19.2 Refactoring

Mithilfe des Refactorings können Sie Ihren bereits geschriebenen Code im Nachhinein noch – falls nötig – aufräumen und optimieren. Dazu bringt Xcode diverse Refactoring-Funktionen mit, die Sie allesamt über das Xcode-Menü unter *Editor → Refactor* finden (siehe Bild 19.17). Sie erreichen dieses Menü alternativ auch nach Markierung der zu überarbeitenden Stellen im Code und anschließendem Wechsel in das Kontextmenü mithilfe eines Rechtsklicks.

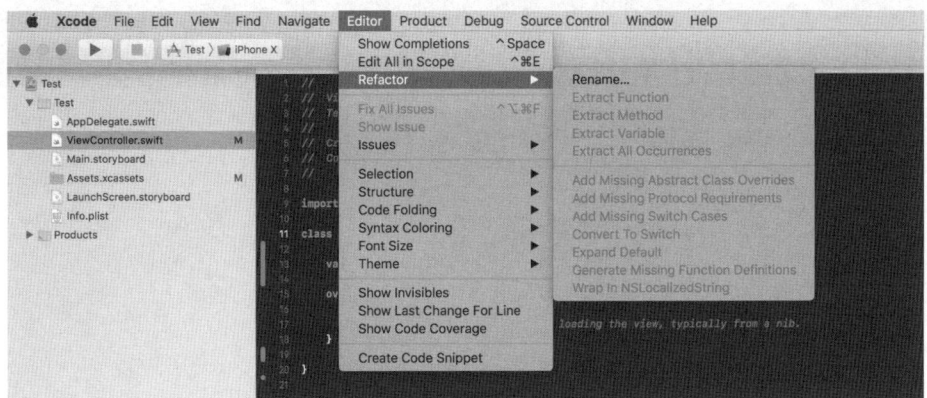

Bild 19.17 Die Refactoring-Funktionen von Xcode sind in einem eigenen Menü zusammengefasst.

Welche Refactoring-Funktionen Ihnen zur Verfügung stehen, hängt davon ab, an welcher Stelle im Code sich gerade Ihr Cursor befindet beziehungsweise welchen Teil Ihres Codes Sie markiert haben. In Tabelle 19.1 finden Sie einen Auszug der verfügbaren Refactoring-Funktionen und was sie bewirken.

Tabelle 19.1 Refactoring-Funktionen in Xcode

Refactoring-Funktion	Beschreibung
Rename	Benennt das markierte Element um, ganz gleich ob Variable, Konstante, Property oder Typ.
Extract Method	Verschiebt den markierten Code in eine neue eigene Methode und ruft diese von der Stelle aus auf, an der sich der ursprüngliche Code befand.
Add Missing Protocol Requirements	Fügt einem Typ alle Eigenschaften und Funktionen der Protokolle hinzu, zu denen er konform ist und die bisher nicht eingebunden wurden.
Wrap In NSLocalizedString	Verpackt einen markierten String in einen NSLocalizedString.

Sobald Sie eine Refactoring-Funktion aufrufen, verändert sich die Editor-Ansicht von Xcode und zeigt Ihnen alle Stellen in Ihrem Projekt an, die von Ihrer Änderung betroffen sind (siehe Bild 19.18).

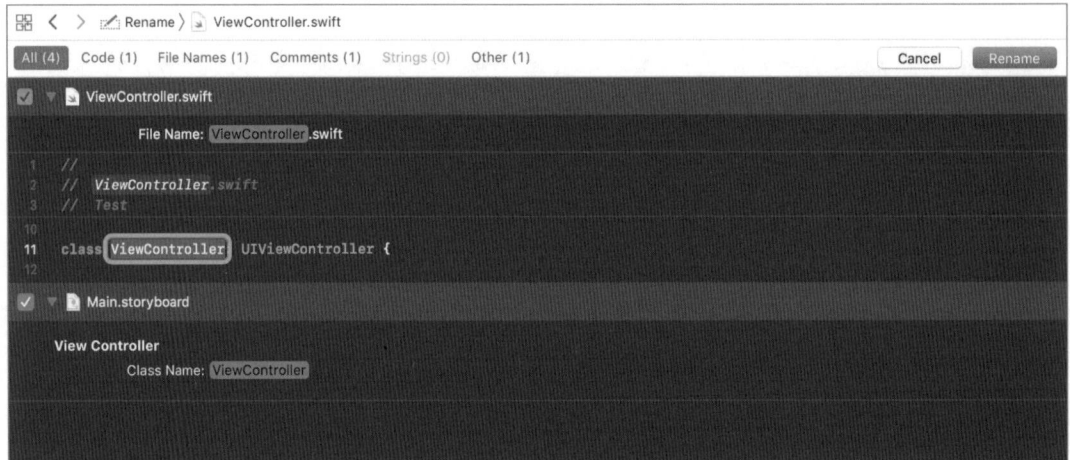

Bild 19.18 In der Refactoring-Ansicht nehmen Sie die gewünschten Änderungen vor und erhalten eine Vorschau, an welchen Stellen in Ihrem Projekt Ihre Änderung erfolgt.

■ 19.3 Instruments

Instruments ist ein mächtiges Werkzeug, um Ihre App zu analysieren und beispielsweise auf Speicherprobleme oder starke Auslastungen hin zu überprüfen. Zwar haben Sie bereits über den Debug Navigator in Xcode Zugriff auf einige grundlegende Informationen zur Performance Ihrer App, Instruments geht aber noch einen Schritt weiter und erlaubt es Ihnen, Ihre Anwendung auf Basis verschiedener vorhandener Templates zu prüfen und zu untersuchen (siehe Bild 19.19).

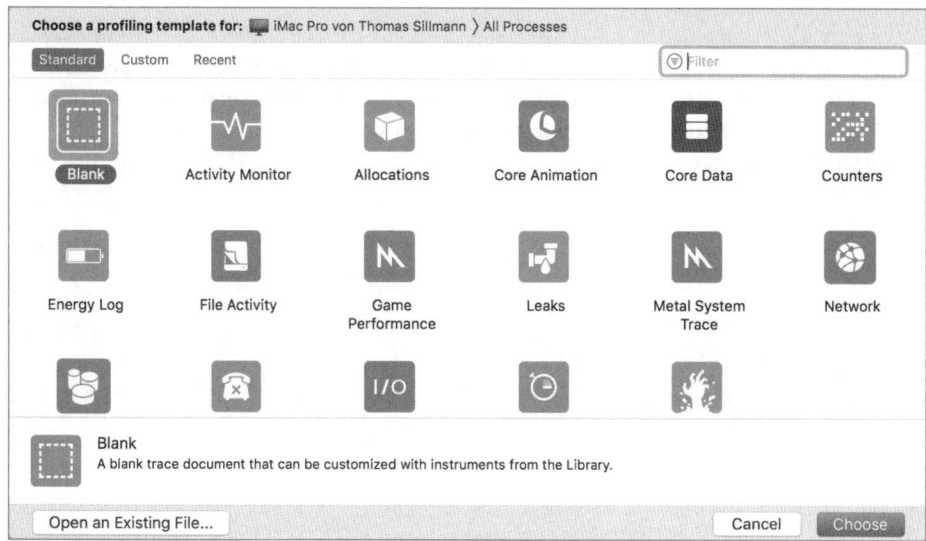

Bild 19.19 Instruments bringt eine Vielzahl an Funktionen mit, um die Performance und Stabilität Ihrer App zu testen und zu untersuchen.

Instruments ist eine unabhängige Anwendung und wird automatisch parallel zu Xcode installiert. Nichtsdestotrotz starten Sie Instruments in der Regel aus einer Ihrer Xcode-Projekte heraus. Hierfür gibt es zwei Möglichkeiten:

- Halten Sie die Schaltfläche zum Starten Ihrer App am oberen linken Rand in Xcode mit der linken Maustaste länger gedrückt, sodass sich das Menü mit den verschiedenen Ausführungsfunktionen öffnet. Darin befindet sich ein Punkt namens *Profile*. Nach einem Klick darauf wird Ihre App zusammen mit Instruments gestartet. Alternativ können Sie dieselbe Funktion mit dem Tastaturkürzel **cmd+I** aufrufen.

- Wird Ihre App bereits ausgeführt, können Sie innerhalb des Debug Navigators auf verschiedene Basisinformationen zur Auslastung Ihrer App zugreifen. In jeder dieser Auslastungsansichten gibt es eine Schaltfläche mit dem Titel *Profile in Instruments*, über die Instruments mit der passenden Oberfläche direkt zum aktuellen Ausführungsstand der App gestartet wird.

Wenn Sie die zweite Variante verwenden, wird Instruments automatisch dasjenige Diagnosetool starten, das zu den Details passt, die Sie zuvor in Xcode ausgewählt und von wo aus Sie Instruments gestartet haben (also zum Beispiel die Netzwerkauslastung oder der Speicherverbrauch). Im ersteren Fall öffnet sich Instruments mit der Template-Auswahl (wie in Bild 19.19 zu sehen ist). Hieraus können Sie dann die Vorlage wählen, anhand derer Sie Ihre App überprüfen möchten. Die Auswahl ist hierbei sehr groß und nicht alle Templates machen für jede Art von App Sinn; eine Analyse der Game Performance ist beispielsweise für Standardanwendungen, die lediglich UI-Elemente aus dem UIKit-Framework verwenden, nicht unbedingt zielführend. ☺

Typisch für die Analyse mit Instruments sind unter anderem Templates wie *Activity Monitor*, *Allocations*, *Energy Log* oder *Leaks*. Diese können Ihnen dabei helfen, die Systemauslastung Ihrer App zu prüfen und Speicherfehler ausfindig zu machen. Auch *System Usage* und *Time Profiler* können Ihnen bei der Verbesserung und Optimierung Ihrer App unter die Arme greifen.

Um eine Analyse mit Instruments zu starten, nachdem Sie dieses aus Xcode heraus über die Profile-Funktion gestartet haben, reichen die Auswahl des gewünschten Templates und ein Klick auf die Schaltfläche *Choose*. Im Anschluss öffnet sich das Instruments-Fenster, in dem – passend zum gewählten Template – alle passenden Informationen aufgeführt werden (siehe Bild 19.20).

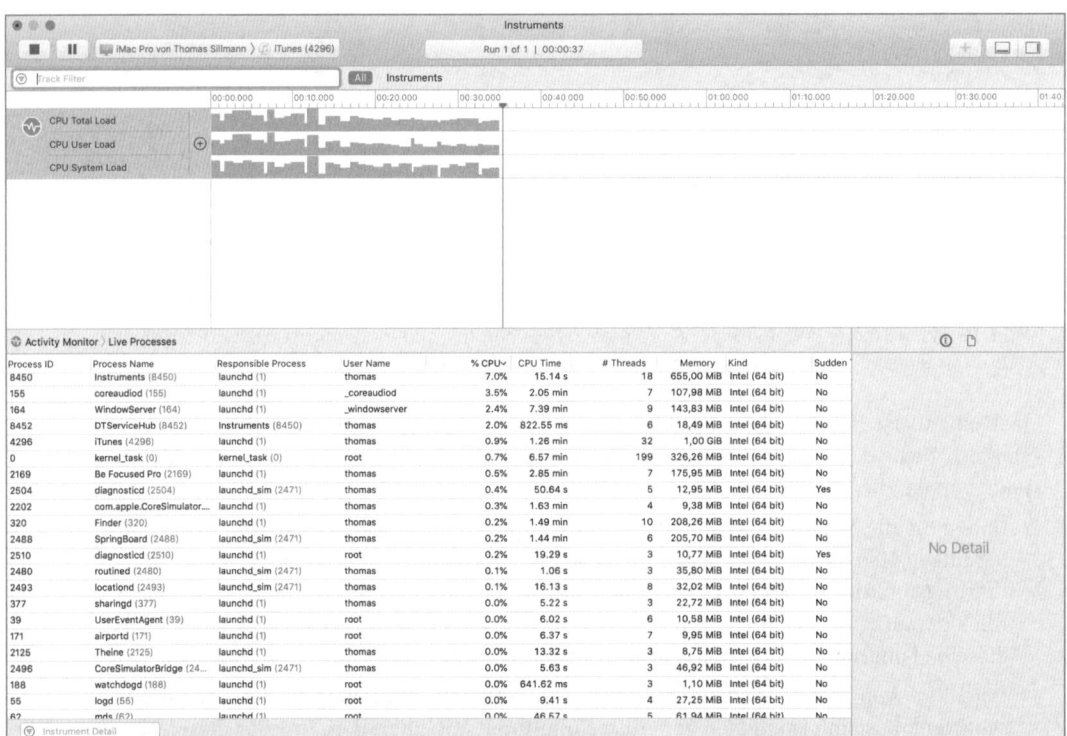

Bild 19.20 Das Instruments-Fenster nach Wahl eines Templates und Start der Analyse. Die angezeigten Inhalte variieren je nach gewähltem Template.

Mit dem Start von Instruments startet aber noch nicht automatisch die Analyse Ihrer App; hierfür müssen Sie erst noch auf den roten Record-Button am oberen linken Fensterrand von Instruments klicken. Anschließend beginnt die eigentliche Arbeit mit Instruments, und diese sieht typischerweise wie folgt aus: Sie nutzen Ihre App entweder ganz allgemein (wenn Sie zum Beispiel generell wissen möchten, wie sich Ihre App verhält) oder Sie rufen spezielle Funktionen Ihrer Anwendung auf (um eben zu erfahren, inwieweit diese das System belasten oder Fehler verursachen), und Instruments zeichnet während dieser Nutzung alle dem Template entsprechenden Informationen auf. Innerhalb einer Timeline können Sie dann ganz genau verfolgen, zu welchem Zeitpunkt welche Ereignisse eingetreten sind, ob ein Fehler vorlag oder wie hoch die Auslastung des Systems war. Über einen entsprechenden Stopp-Button oben links können Sie die Aufzeichnung jederzeit komplett anhalten oder pausieren.

 Nächste Schritte

Mit diesem grundlegenden Basiswissen ist es sinnvoll, einmal verschiedene Templates auszuprobieren und sich mit deren unterschiedlichen Oberflächen und Informationen vertraut zu machen und in Ruhe zu analysieren, wie sich eigene Anwendungen verhalten und welche Informationen Instruments zu ihrem Verhalten liefert. Denn Instruments ist ein wahrlich mächtiges Analysewerkzeug und kann sehr hilfreich sein, wenn es beispielsweise enorme Performance-Probleme in einer App gibt.

Es sei hier aber auch direkt gesagt, dass die Nutzung von Instruments generell nur dann sinnvoll ist, wenn Sie tatsächlich Probleme mit Ihrer App haben, die Sie anhand der Warnungen oder Fehler in Xcode nicht beheben können (weil beispielsweise eine bestimmte Funktion zwar korrekt funktioniert, aber dafür das System enorm auslastet) oder wenn Sie nach Abschluss eines Projekts einfach einen grundlegenden Check Ihrer Anwendung durchführen möchten. Während der Entwicklung – gerade wenn alles einwandfrei funktioniert – mag die Nutzung von Instruments in den meisten Fällen vergeudete Liebesmüh sein. Und optimieren Sie Ihre App nicht einfach um des Optimierens willen, denn eine Zeitersparnis beim Ausführen einer Funktion von 0,001 Sekunden kann wahnsinnig viel Arbeit bedeuten, aber keinerlei Nutzen für den Anwender bringen.

20 Tipps und Tricks für das effiziente Arbeiten mit Xcode

Xcode ist ein immens mächtiges Programm und auch ich lerne regelmäßig Neues über Apples IDE (natürlich einmal ganz zu schweigen von den alljährlichen Neuerungen, die Apple Xcode und seinen Betriebssystemen spendiert). Im Laufe der Zeit hat sich dadurch ein kleiner Fundus an Tipps für die tägliche Arbeit angesammelt, die ich – wo immer es sinnvoll ist – in diesem Buch unterbringe und Ihnen direkt vorstelle. Es gibt aber ein paar spezielle Themen, die sich in den anderen Kapiteln nicht so recht an einer passenden Stelle erörtern ließen und die ich Ihnen aber dennoch nicht vorenthalten möchte, weshalb ich sie in diesem Kapitel zusammenfasse. Wenn Sie eine der aufgeführten Funktionen noch nicht kannten und von nun an effektiver mit Xcode arbeiten können, dann hat dieses Kapitel seinen Zweck voll und ganz erfüllt. ☺

◼ 20.1 Code Snippets

Xcode verfügt über eine sogenannte *Snippets Library*. In dieser finden sich Code-Schnipsel (Code Snippets), die Sie via Drag-and-drop direkt in Ihr Projekt ziehen können und die Ihnen so die Schreibarbeit für verschiedene, immer wiederkehrende Funktionen abnehmen. Diese Library enthält bereits eine große Auswahl an Snippets, um so beispielsweise switch-Abfragen oder einen Initializer in Ihren Code einzufügen.

Sie erreichen die Snippets Library über die entsprechende Schaltfläche am oberen rechten Rand in der Toolbar von Xcode (siehe Bild 20.1). Damit die Schaltfläche zu sehen ist, darf keine Interface-Datei ausgewählt sein; ansonsten taucht an ihrer Stelle der Button zum Einblenden der Objects Library auf.

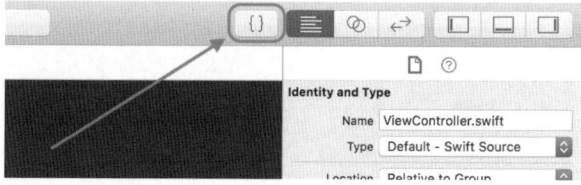

Bild 20.1 Über diese Schaltfläche blenden Sie die Snippets Library in Xcode ein.

In der Snippets Library finden Sie eine Vielzahl an Vorlagen, mit deren Hilfe Sie schnell passende Code-Schnipsel in Ihren Quelltext einfügen können (siehe Bild 20.2). Es gibt unter anderem Vorlagen zum Erstellen von Protokollen, Option Sets, Structures oder switch-Abfragen. Zu beachten ist lediglich, dass es nicht nur Code-Schnipsel für Swift, sondern auch Objective-C gibt. Um beispielsweise ausschließlich Swift-Vorlagen zu erhalten, können Sie in das Suchfeld am oberen Rand „Swift" eingeben und so die zur Verfügung stehende Auswahl an Vorlagen eingrenzen. Natürlich können Sie auch nach jedem anderen Begriff in der Snippets Library suchen.

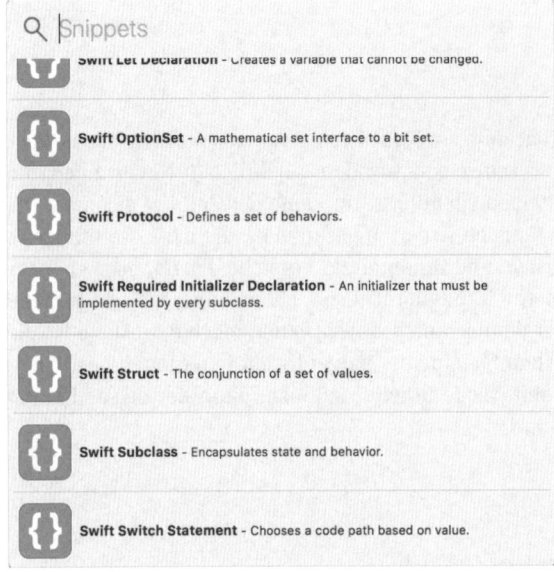

Bild 20.2
In der Snippets Library finden Sie diverse Vorlagen, um Ihren Code um bestimmte Funktionen zu erweitern.

Um ein Snippet Ihrem Code hinzuzufügen, klicken Sie es einfach mit der linken Maustaste an und ziehen es anschließend an die gewünschte Stelle in Ihrem Quelltext (vergleichbar mit den Interfaces, die Sie aus der Objects Library einem Storyboard hinzufügen). Abschließend müssen Sie nur noch mögliche Platzhalter ersetzen (bei einer switch-Abfrage zum Beispiel den zu prüfenden Wert) und den Rest Ihrer eigenen Implementierung ergänzen.

Wenn Sie vor dem Einfügen eines Snippets wissen möchten, welcher Code hinter dem gewünschten Element steckt, können Sie es per einfachem Linksklick auswählen. Kurz darauf erscheint ein weiteres Popover, dass Ihnen eine Vorschau des einzufügenden Codes zeigt (siehe Bild 20.3).

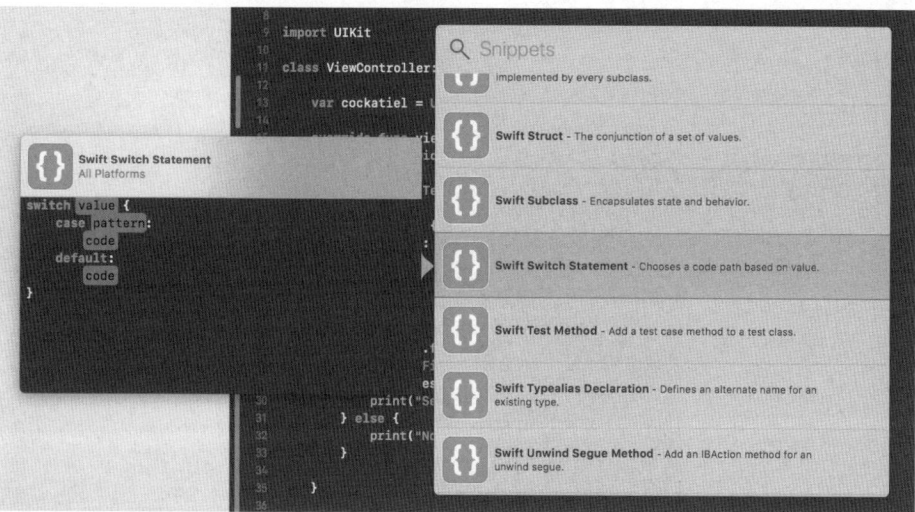

Bild 20.3 Per Linksklick auf ein Snippet können Sie einsehen, welchen Code Sie über das gewählte Element einbinden.

Es gibt darüber hinaus auch noch die Möglichkeit, eigene Snippets zu erstellen und der Snippets Library hinzuzufügen. Wählen Sie dafür zunächst im Xcode-Menü den Punkt *Editor → Create Code Snippet* aus. Im Anschluss öffnet sich die Snippets Library mit einer Bearbeitungsmaske für ein eigenes Code Snippet (siehe Bild 20.4). Darin können Sie die folgenden Informationen für Ihr Snippet hinterlegen:

- *Title:* Der Titel Ihres Code Snippets, wie er auch in der Snippets Library angezeigt wird.
- *Summary:* Ein Beschreibungstext zu Ihrem Snippet.
- *Platform:* Die Plattform von Apple, unter der das Snippet lauffähig ist und verwendet werden kann. Zur Wahl stehen *All, iOS, macOS, tvOS* und *watchOS*.
- *Language:* Die Programmiersprache, auf der das Code Snippet basiert.
- *Completion Shortcut:* Ein Kurzbefehl, über den Sie das Code Snippet in Ihrem Code einfügen können. Die Zeichenkette, die Sie in dieses Feld eintragen, können Sie direkt im Editor von Xcode eingeben und den zugehörigen Snippet-Code dann direkt aus der Auto Completion heraus auswählen und per Return hinzufügen (siehe Bild 20.5).
- *Completion Scopes:* Hier tragen Sie den eigentlichen Code Ihres Snippets ein. Falls Sie Platzhalter verwenden möchten, die nach dem Einfügen des Codes noch gesetzt werden müssen, schreiben Sie diese mithilfe der folgenden Syntax: <#Parameter#>. Ersetzen Sie Parameter hierbei durch den gewünschten Namen.

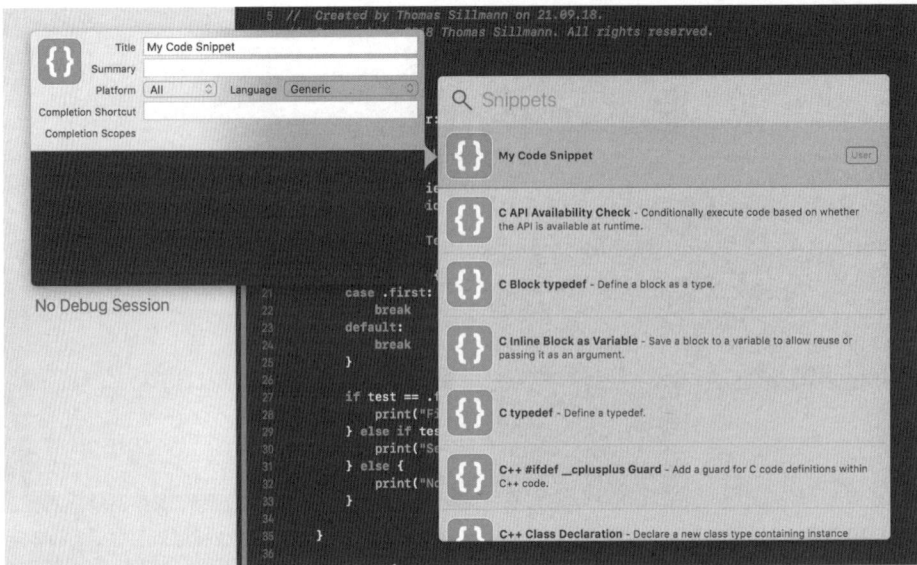

Bild 20.4 Sie können der Snippets Library auch eigene Code-Schnipsel hinzufügen.

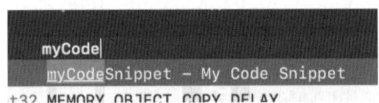

Bild 20.5 Wenn Sie für Ihr Snippet einen „Completion Shortcut" definiert haben, können Sie darüber direkt im Editor auf das Snippet zugreifen und dessen Code einfügen.

So erstellte Snippets erkennen Sie in der Snippets Library an dem Zusatz *User* am rechten Rand. Wenn Sie ein eigenes Snippet wieder löschen möchten, wählen Sie es aus und betätigen die Backspace-Taste auf Ihrer Tastatur.

■ 20.2 Open Quickly

Mit der Funktion *Open Quickly* können Sie schnell und einfach Dateien in Ihrem Projekt suchen und öffnen. Drücken Sie dazu die Tastenkombination **cmd+Umschalt+O** und es öffnet sich ein Textfeld, das sich mittig über Xcode legt (siehe Bild 20.6). Tippen Sie nun einfach den Namen der Datei ein, die Sie öffnen möchten, und Open Quickly zeigt Ihnen umgehend alle zur Suche passenden Dateien an. Wählen Sie die gewünschte aus und bestätigen Sie mittels der **Return**-Taste, um sie zu öffnen.

Bild 20.6
Mittels Open Quickly können Sie schnell die Dateien eines Projekts durchsuchen und öffnen.

■ 20.3 Related Items

Manchmal möchte man gerne wissen, in welcher Beziehung ein Typ, eine Property oder eine Methode zu anderen Elementen in einem Projekt steht. Beispielsweise ist es in bestimmten Situationen hilfreich zu wissen, von welchen Stellen aus eine Methode in einem Projekt überall aufgerufen wird.

Zu diesem Zweck können Sie in Xcode auf die Funktion *Related Items* zurückgreifen. Sie erreichen sie über die gleichnamige Schaltfläche am oberen linken Rand des Editors (siehe Bild 20.7). Wenn Sie darauf klicken, öffnet sich ein Popover, das – abhängig vom im Code markierten Element wie z. B. einem Typ, einer Property oder einer Methode – damit in Zusammenhang stehende Dateien und Verweise aufführt (siehe Bild 20.8). Diese können Sie darüber aufrufen und so in die zugehörige Datei wechseln.

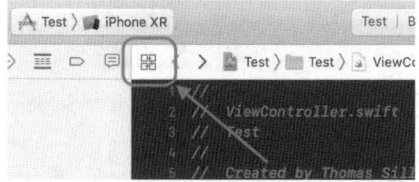

Bild 20.7
Die „Related Items"-Schaltfläche listet alle Dateien, die im Zusammenhang mit dem markierten Code stehen, auf.

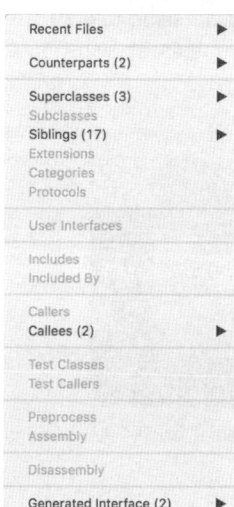

Bild 20.8
Aus dem „Related Items"-Menü können Sie unter anderem ermitteln, an welcher Stelle in Ihrem Projekt eine Methode aufgerufen wird.

20.4 Navigation über die Jump Bar

Oberhalb des Editors befindet sich die sogenannte *Jump Bar*. Sie zeigt Ihnen nicht nur den Pfad der aktuell geöffneten Datei an, sondern erlaubt auch eine Navigation durch das Projekt. Klicken Sie dazu einfach auf die passende Stelle in der Jump Bar, von der aus Sie die Navigation starten möchten, und Xcode öffnet ein passendes Popover (siehe Bild 20.9). Darüber können Sie die aktuell gewählte Datei ebenfalls ändern.

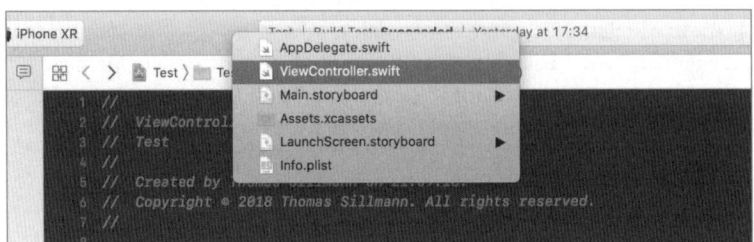

Bild 20.9 Über die Jump Bar am oberen Rand des Editors können Sie ebenfalls durch Ihr Projekt navigieren.

Besonders praktisch: Wenn Sie eine Code-Datei geöffnet haben, können Sie über das letzte Element der Jump Bar alle Eigenschaften und Funktionen anzeigen lassen, die sich in dieser Datei befinden und per Klick direkt an die gewünschte Stelle springen (siehe Bild 20.10). Sie können sogar während der Anzeige des Popovers Text eingeben und darüber die angezeigten Elemente noch weiter filtern.

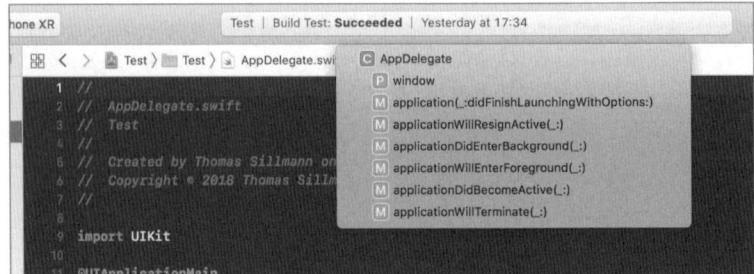

Bild 20.10 Die Jump Bar führt auch alle Eigenschaften und Funktionen einer Code-Datei auf und erlaubt deren direkte Filterung durch Eingabe von Text.

20.5 MARK, TODO und FIXME

Die Schlüsselwörter MARK, TODO und FIXME können Sie im Zusammenspiel mit Kommentaren verwenden, um Ihren Code noch besser zu strukturieren. Mit MARK untergliedern Sie eine Code-Datei in verschiedene Abschnitte, TODO verweist auf zu erledigende Aufgaben und FIXME auf noch zu behebende Bugs. Ein Beispiel zur Anwendung dieser Schlüsselwörter sehen Sie in Listing 20.1.

Listing 20.1 Einsatz der Schlüsselwörter MARK, TODO und FIXME in Kommentaren

```
class ViewController: UIViewController {

    // MARK: - Methods

    // MARK: Superclass methods

    override func viewDidLoad() {
        super.viewDidLoad()
        // TODO: Implement.
    }

    // MARK: Own methods

    private func backgroundImage() -> UIImage? {
        // FIXME: Return correct background image.
        return nil
    }

}
```

Das Besondere an diesen Schlüsselwörtern: Sie werden von der Übersicht der Eigenschaften und Funktionen innerhalb einer Code-Datei in der Jump Bar hervorgehoben. Mittels MARK markieren Sie so verschiedene Abschnitte und heben mit TODO und FIXME Stellen hervor, bei denen es noch etwas zu tun gibt (siehe Bild 20.11).

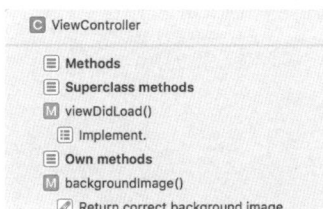

Bild 20.11
Die beschriebenen Schlüsselwörter werden in der Jump Bar in entsprechende Kommentare umgewandelt.

Falls Sie übrigens nach MARK noch ein Minuszeichen setzen, wird vor dem Kommentar in der Jump Bar eine ergänzende Trennlinie eingefügt.

■ 20.6 Shortcuts für den Navigator

Um schnell durch die verschiedenen Navigatoren von Xcode zu navigieren, können Sie auch passende Tastenkombinationen verwenden. Halten Sie dazu die **cmd**-Taste gedrückt und klicken Sie anschließend auf die *1* für den Project Navigator, auf die *2* für den Source Control Navigator, auf die *3* für den Symbol Navigator und so weiter. So können Sie jeden der verfügbaren Navigatoren direkt über die Tastatur aufrufen.

■ 20.7 Clean Build

Gerade wenn Sie viel mit Ressourcen wie Grafiken, 3D-Modellen oder Videos arbeiten, kommt es bisweilen vor, dass bereits vorhandene Ressourcen während der Entwicklung ausgetauscht werden oder verschwinden. Hierbei kann es aber bei mehrmaligem Build Ihres Projekts dazu führen, dass noch alte Ressourcen verwendet werden oder auf gar nicht mehr vorhandene Ressourcen referenziert wird. Stehen Sie vor einem solchen Problem, sollten Sie einen sogenannten *Clean Build* anstoßen. Einen solchen lösen Sie über das Xcode-Menü über *Product → Clean Build Folder* aus.

Teil III:
Apple-Plattformen

macOS – Grundlagen

macOS ist das Betriebssystem von Apples kompletter Mac-Sparte. Egal ob MacBook, iMac oder Mac mini, allen diesen Geräten liegt macOS als Betriebssystem zugrunde (siehe Bild 21.1).

Bild 21.1 macOS ist das Betriebssystem aller von Apple angebotenen Macs. (Bild: *http://www.apple. com*)

macOS ist ein ausgewachsenes Desktop-Betriebssystem und die älteste heute noch von Apple unterstützte Plattform (iOS und Co. kamen erst Jahre später zum Produktportfolio hinzu). Im Laufe der Jahre hat sie sich massiv weiterentwickelt und verändert. Darüber hinaus haben sich die verschiedenen Plattformen von Apple im Laufe der Zeit sowohl was Funktionsumfang als auch Bedienung betrifft immer weiter angenähert. Das heißt zwar mitnichten, dass macOS beispielsweise mit iOS gleichgesetzt werden kann, aber es bedeutet, dass es für uns App-Entwickler deutlich mehr Schnittstellen und Gemeinsamkeiten gibt als noch vor einigen Jahren.

■ 21.1 Über macOS

macOS läuft sowohl auf stationären Desktop-Computern wie auch auf Notebooks. Es wird ausschließlich mithilfe von Maus und Tastatur bedient, als Alternative zur Maus (beispielsweise beim MacBook und MacBook Pro) kann auch ein Touchpad zum Einsatz kommen.

Die Produktpalette des Mac ist deutlich umfangreicher und reicht vom einfachen MacBook mit Intel Core m3-Prozessor bis hin zum ausgewachsenen iMac Pro mit 128 GB Arbeitsspeicher und einem Prozessor mit 18 Kernen.

Ähnlich gravierende Unterschiede gibt es auch bei den zum Einsatz kommenden Displays. Während die Mac-Notebooks Display-Größen zwischen 11" und 15" besitzen, kommt ein ausgewachsener iMac auf satte 27".

Diese immense Spannbreite der Produktpalette stellt uns App-Entwickler vor besondere Herausforderungen. Unsere Apps sollen möglichst auf allen verschiedenen Macs ohne Probleme lauffähig und sowohl auf einem kleinen 12"-MacBook-Display als auch einem 27"-iMac-Monitor gut bedienbar sein (siehe Bild 21.2). Daneben können Macs auch an externe Monitore oder Beamer angeschlossen werden, was den zur Verfügung stehenden Displayplatz erneut verändert.

Bild 21.2 Apps sollen unter macOS vom kleinen 12"-MacBook bis zum riesigen 27"-iMac lauffähig sein.

Erfreulicherweise unterstützen uns die für die macOS-Entwicklung zur Verfügung stehenden Frameworks und Techniken wie Auto Layout dabei, unsere Apps bestmöglich für die verschiedenen Mac-Formate bereitzustellen (wie wir noch im Detail erfahren werden).

Der Mac selbst stellt das ideale Arbeitsgerät dar, auf dem sich alle möglichen Arten von Aufgaben bewältigen lassen. Egal ob Text- oder Bildverarbeitung, Videoschnitt, Gaming oder Programmierung: Von allen Apple-Plattformen stellt der Mac die flexibelste und leistungsstärkste dar. Und dank der integrierten Vertriebsplattform in Form des App Store ist es heutzutage verhältnismäßig einfach, eigene Anwendungen für den Mac einer riesigen weltweiten potentiellen Nutzergruppe zur Verfügung zu stellen.

Darüber hinaus ist Apple sehr bemüht, sowohl Mac- als auch iOS-Geräte immer stärker im Business-Umfeld zu platzieren und ging hierbei beispielsweise bereits eine Partnerschaft mit IBM ein. Auch wenn insgesamt momentan die Entwicklung für iOS sowohl vonseiten Apples als auch in Hinsicht auf angebotene Projekte populärer erscheint, sollte man den Mac als potentielle Zielplattform für eigene Apps nicht unterschätzen. Er deckt insgesamt ein deutlich größeres Spektrum an potentiellen Anwendungen ab und hat sich inzwischen im Markt etabliert und gefestigt. Und mit leistungsstarken Geräten wie dem iMac Pro macht Apple klar, dass es ihnen mit dieser Produktpalette auch in Zukunft sehr ernst ist (und sie nicht durch iOS verdrängt werden wird).

■ 21.2 Funktionsweise einer macOS-App

Am Anfang der App-Entwicklung für macOS steht die Frage nach der grundlegenden Funktionsweise einer App und deren Aufbau. Die folgenden Abschnitte beschreiben, aus welchen Dateien sich eine App für macOS standardmäßig immer zusammensetzt, welche Aufgaben diese Dateien besitzen und welches Framework für die Entwicklung von macOS-Anwendungen essenziell ist.

21.2.1 Bestandteile einer macOS-App

Jedes moderne macOS-Projekt setzt sich wenigstens aus den folgenden Bestandteilen beziehungsweise Dateien zusammen:

- App Delegate
- Window
- View-Controller
- Main-Storyboard
- Asset Catalog
- Info.plist
- Entitlements File

In den folgenden Abschnitten stelle ich Ihnen jedes dieser Bestandteile in deren jeweiligen Grundzügen vor und erläutere die Aufgabe, die sie im Zusammenspiel mit der Entwicklung von Apps für macOS besitzen.

21.2.1.1 App Delegate

Jede macOS-App besitzt einen sogenannten *App Delegate*. Er basiert auf dem `NSApplicationDelegate`-Protokoll und wird bei diversen System-Events automatisch aufgerufen. Dazu gehört beispielsweise das Starten oder Beenden einer App.

Innerhalb des App Delegate – der standardmäßig durch eine Klasse namens `AppDelegate` in einem macOS-Projekt abgebildet wird – können Sie die Methoden für die für Sie relevanten System-Events überschreiben und passend implementieren.

Sie können den App Delegate gewissermaßen als den Dreh- und Angelpunkt jeder macOS-App betrachten. Eine Instanz dieses Elements wird beim Starten einer App erzeugt und steht dann die gesamte Laufzeit der App zur Verfügung.

Mehr über den App Delegate und seine Funktionsweise erfahren Sie sowohl in Abschnitt 21.2.2, „App-Start", wie auch in Abschnitt 21.4, „Der NSApplicationDelegate".

21.2.1.2 Window

Vergleicht man Apps für macOS mit denen für iOS, sticht – abgesehen von den unterschiedlichen Bedienkonzepten – insbesondere ein Detail in den Fokus: Apps für iOS laufen vollständig in einem einzigen Fenster, während Apps für macOS mitunter mehrere Fenster parallel anzeigen können. Beispiele hierfür sind Pages oder Word. Mit ihnen lassen sich mehrere Dokumente parallel in verschiedenen Fenstern öffnen und bearbeiten, die Fenster können nebeneinander oder jeweils im Vollbildmodus angezeigt werden.

Um es einmal bildlich auszudrücken: Jedes Programmfenster, das Sie während der Arbeit mit einer macOS-App sehen, basiert auf einem zugrunde liegenden *Window*. Windows in macOS basieren auf der Klasse NSWindow und werden von einem NSWindowController gemanagt. Windows nehmen dadurch in macOS eine größere Rolle ein als unter iOS.

Eine typische macOS-App startet mit einem Window mitsamt zugehörigem Window-Controller. Der Inhalt, der innerhalb eines Fensters zu sehen ist, wird von View-Controllern und deren Views definiert (siehe hierzu auch Abschnitt 21.2.1.3, „View-Controller"). Das Window selbst ist lediglich der „Rahmen" für den eigentlichen Inhalt einer Anwendung und definiert die Größe und einige grundlegende Funktionen für jedes Programmfenster.

Mehr über die Funktionsweise und Verwendung von Windows in macOS erfahren Sie in Abschnitt 21.5, „NSWindow und NSWindowController im Detail".

21.2.1.3 View-Controller

View-Controller besitzen in macOS eine ganz ähnliche Funktion wie die View-Controller in iOS. Sie dienen dazu, das eigentliche User Interface einer App darzustellen und enthalten so beispielsweise Textfelder, Schaltflächen, Schalter und alle anderen möglichen Arten von verfügbaren View-Elementen.

View-Controller sind das zentrale Bindeglied zwischen einer spezifischen Ansicht einer App (zum Beispiel eine Ansicht zum Regeln von bestimmten Einstellungen) und der Logik in Form des Codes. So wird beispielsweise beim Betätigen eines Buttons eine im zugrunde liegenden View-Controller definierte Aktion ausgelöst.

View-Controller werden bei der Programmierung für macOS durch die Klasse NSViewController abgebildet. Die Ansicht, die ein View-Controller anzeigt (und die mit dem Code des View-Controllers gekoppelt wird) ist vom Typ NSView. Mehr über diese beiden Elemente und die Arbeit mit ihnen erfahren Sie in Abschnitt 21.6, „NSViewController im Detail".

21.2.1.4 Main-Storyboard

Mithilfe einer Storyboard-Datei gestalten Sie die grafische Oberfläche Ihrer macOS-App. Darüber können Sie Windows, View-Controller und Views organisieren und Verbindungen zwischen den verschiedenen Elementen aufbauen (siehe Bild 21.3).

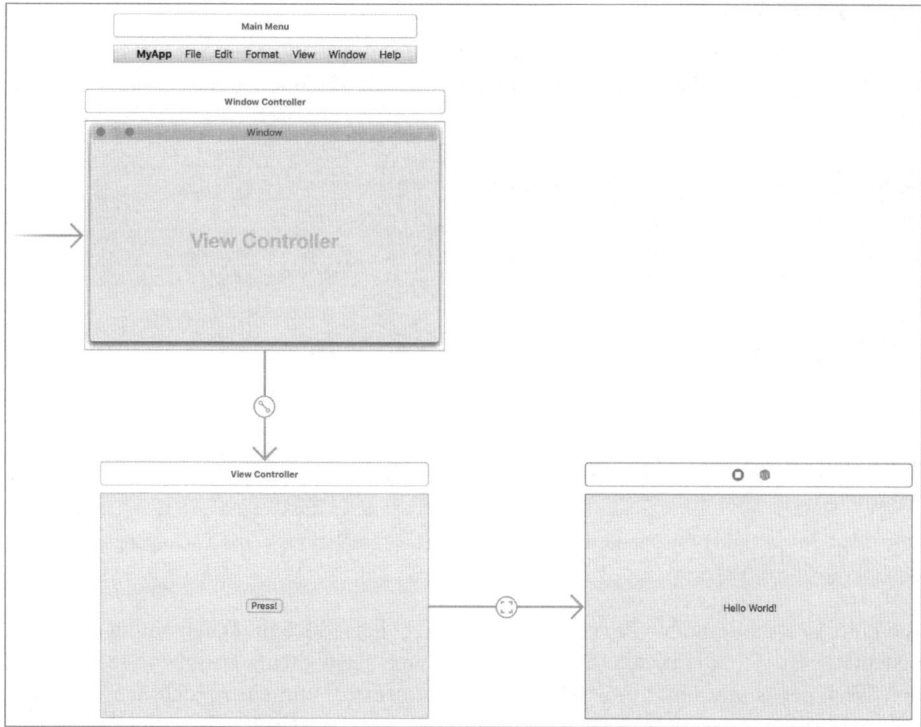

Bild 21.3 Die Main.storyboard-Datei stellt den Startpunkt für das optische Erscheinungsbild einer macOS-App dar.

Wenn Sie ein neues macOS-Projekt auf Basis von Storyboards erstellen (was heutzutage der moderne Weg ist), erhalten Sie automatisch ein ebensolches Storyboard, das als Startpunkt für Ihre App fungiert. Es trägt den Namen *Main* und enthält bereits ein Window mitsamt zugehörigem View-Controller. Hier starten Sie somit mit der Gestaltung Ihrer macOS-App.

Mehr über die Funktionsweise und die Arbeit mit Storyboards erfahren Sie in Abschnitt 21.2.2, „App-Start", sowie in Abschnitt 21.6, „NSViewController im Detail".

21.2.1.5 Asset Catalog

Mithilfe von Asset Catalogs verwalten Sie die verschiedenen Grafiken, die Sie innerhalb Ihres Projekts verwenden möchten. Dazu gehört unter anderem auch das App-Icon.

Alle im Asset Catalog hinterlegten Elemente lassen sich einfach im Code ansprechen und können in verschiedenen Varianten für Retina- und Non-Retina-Auflösungen hinterlegt werden.

Mehr zum App-Icon einer macOS-App erfahren Sie in Abschnitt 21.8, „App-Icon". Weitere Informationen zu Asset Catalogs und ihren funktionalen Möglichkeiten finden Sie in Kapitel 28 zur Cross-Platform-Entwicklung.

21.2.1.6 Info.plist

Die *Info.plist*-Datei enthält einige grundlegende Informationen und Einstellungen zu Ihrer App. Dazu gehören beispielsweise die Versions- und Build-Nummer sowie eine Copyright-Angabe (siehe Bild 21.4).

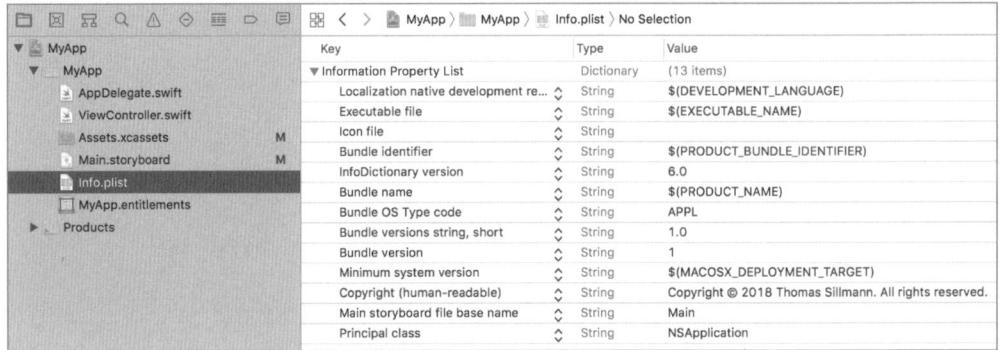

Bild 21.4 In der Info.plist-Datei werden grundlegende Informationen und Einstellungen zu einer macOS-App festgelegt.

Die Datei ist als sogenannte *Property List* umgesetzt (daher auch die Dateiendung *plist*). Das bedeutet, dass sich alle Inhalte dieser Datei aus zwei Elementen zusammensetzen: Einem Schlüssel, der beschreibt, um welche Eigenschaft es geht, und ein zugehöriger Wert. Ein Beispiel für einen Schlüssel in der *Info.plist*-Datei einer macOS-App ist „Bundle versions string, short", worüber Sie die Versionsnummer definieren; ein passender Wert wäre beispielsweise „1.0 oder 1.1".

Viele der Informationen, die innerhalb der *Info.plist*-Datei hinterlegt sind, lassen sich komfortabler an einer anderen Stelle im Projekt einsehen und verändern. Mehr dazu erfahren Sie an den entsprechenden Stellen im Buch, unter anderem in Abschnitt 21.9, „Target-Einstellungen".

21.2.1.7 Entitlements File

Mithilfe einer sogenannten *Entitlements*-Datei regeln Sie spezifische Zugriffe Ihrer App auf bestimmte Systemfunktionen oder Services von Apple. Eine solche Datei benötigen Sie beispielsweise, wenn Ihre App In-App-Käufe anbieten oder Push Notifications empfangen können soll (mehr zu diesen spezifischen Themen in der Programmierung für die verschiedenen Apple-Plattformen erfahren Sie in den entsprechenden Kapiteln).

Wenn Sie ein neues macOS-Projekt erstellen, erhalten Sie automatisch eine erste solche Entitlements-Datei, die den Namen Ihrer App trägt. Darin wird die sogenannte *App Sandbox* automatisch aktiviert. Damit definieren Sie, dass die App standardmäßig nur auf einen für sie geschützten Bereich zugreifen kann und es ihr nicht möglich ist, nach Belieben auf andere Verzeichnisse innerhalb von macOS zuzugreifen.

Mehr über die App Sandbox erfahren Sie in Kapitel 22, „macOS – App-Entwicklung".

21.2.2 App-Start

Wenn Sie ein macOS-Projekt ausführen, werden verschiedene Schritte durchlaufen, die letztlich dazu führen, dass das Programmfenster Ihrer App erscheint und Sie mit ihr arbeiten können. Im Folgenden gebe ich Ihnen eine Übersicht darüber, welche Dateien und Funktionen bei modernen macOS-Apps für den Startvorgang wichtig sind und wie Sie alle wichtigen Elemente (wie beispielsweise den App Delegate) erzeugen.

21.2.2.1 Erzeugen der NSApplication und des App Delegate

Das Herzstück einer jeden macOS-App ist eine Instanz der Klasse `NSApplication`. Sie kümmert sich um die Verwaltung aller zentralen Events, die Ihre App betreffen, wie beispielsweise den Start oder das Beenden der App. Eine wichtige Aufgabe beim Starten einer Anwendung liegt also darin, genau eine solche `NSApplication`-Instanz zu erzeugen.

Die `NSApplication`-Instanz ist aber nicht alles, was sie brauchen. Für die eigentliche App-Entwicklung bedeutend wichtiger ist der sogenannte *App Delegate* (siehe hierzu auch Abschnitt 21.2.1.1, „App Delegate"). Dieser verfügt über die Methoden, die vom System zu gegebener Zeit aufgerufen werden (zum Beispiel dann, wenn eine Anwendung startet). Wir Entwickler implementieren die von uns gewünschten Methoden und können so mit eigenen Befehlen auf die jeweiligen Ereignisse reagieren.

Der App Delegate ist direkt mit der `NSApplication`-Instanz verbandelt. Hierzu verfügt `NSApplication` über eine Property namens `delegate`, die konform zum `NSApplicationDelegate`-Protokoll ist. Dieses Protokoll muss vom App Delegate adaptiert werden. Beim App Delegate selbst kann es sich um jede beliebige Klasse handeln, deren einzige Verpflichtung darin besteht, konform zum `NSApplicationDelegate`-Protokoll zu sein.

Beim Start einer macOS-App sind also zunächst immer die folgenden zwei Dinge zu tun:

1. Erzeugen einer `NSApplication`-Instanz.

2. Erzeugen eines App Delegate und Zuweisung zur `delegate`-Property von `NSApplication`.

Erfreulicherweise lassen sich diese beiden Schritte ganz leicht mithilfe des Schlüsselworts `@NSApplicationMain` umsetzen. Deklarieren Sie damit die Klasse, die Sie als App Delegate verwenden möchten (und die entsprechend konform zum `NSApplicationDelegate`-Protokoll ist), und das System kümmert sich um den gesamten Rest.

In Listing 21.1 sehen Sie ein Beispiel für die Implementierung einer einfachen App Delegate-Klasse mit dem Namen `AppDelegate`. Durch Deklaration mit dem Schlüsselwort `@NSApplicationMain` weiß Xcode, dass es sich hierbei um den Startpunkt Ihrer App handelt und es werden automatisch eine Instanz der Klasse `NSApplication` sowie der von Ihnen angegebenen App Delegate-Klasse erzeugt.

Listing 21.1 Implementierung einer App Delegate-Klasse als Startpunkt einer macOS-App

```
@NSApplicationMain
class AppDelegate: NSObject, NSApplicationDelegate {
    // Implementierung des App Delegate
}
```

Die eigentliche Implementierung des App Delegate braucht uns an dieser Stelle noch nicht zu interessieren, mehr darüber erfahren Sie in Abschnitt 21.4, „Der NSApplicationDelegate".

21.2.2.2 Laden des initialen Window-Controllers

Mit NSApplication und App Delegate besitzen wir nun bereits einmal die essenziellen Bestandteile, die eine macOS-App zur Ausführung benötigt. Das alleine reicht aber noch nicht aus, um dem Nutzer auch ein Anwendungsfenster anzuzeigen, über das er dann unsere eigentliche App bedienen kann. Hierfür brauchen wir einen Window-Controller, der initial beim Starten der App geladen und angezeigt wird. Die Ansicht dieses Window-Controllers bekommt der Nutzer dann als Erstes zu Gesicht.

Wenn Sie mit Storyboards arbeiten, lässt sich dieser Schritt sehr elegant und einfach lösen. Hierzu definieren Sie einfach einen der Window-Controller des Storyboards als initialen Window-Controller und geben anschließend in den Target-Einstellungen der macOS-App an, dass dieses zugrunde liegende Storyboard die gewünschte Startansicht enthält.

Um einen Window-Controller im Storyboard als initialen Window-Controller zu deklarieren, wählen Sie diesen einfach aus und wechseln anschließend in den Attributes Inspector. Dort finden Sie eine Checkbox mit dem Titel *Is Initial Controller* (siehe Bild 21.5). Ist sie aktiviert, erscheint neben dem Controller zusätzlich ein Pfeil am linken Rand und Sie haben den Controller als Startpunkt Ihres User Interface definiert.

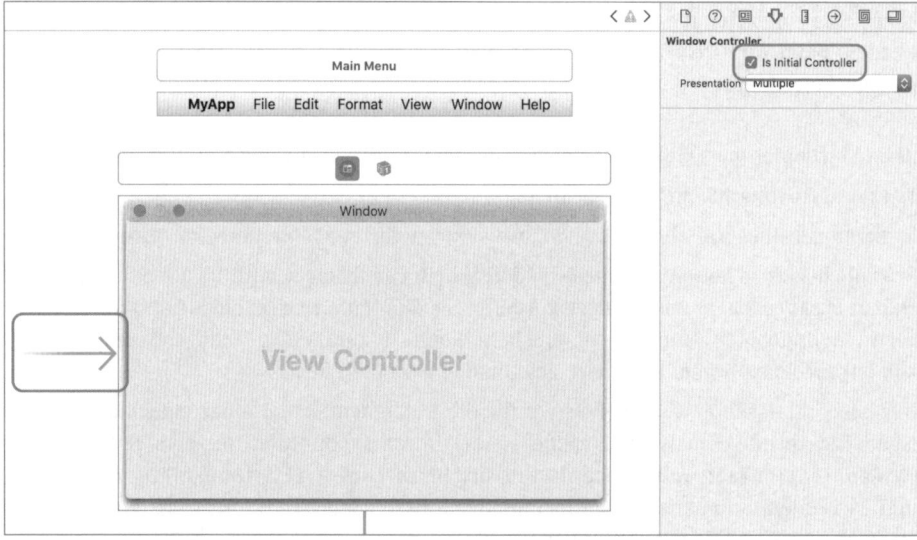

Bild 21.5 Über ein Storyboard können Sie einen sogenannten initialen Controller festlegen, der automatisch beim Start einer macOS-App geladen und angezeigt werden kann.

Abschließend müssen Sie nur noch in den Target-Einstellungen der App festlegen, aus welcher Storyboard-Datei der darin definierte initiale Window-Controller beim Start geladen und angezeigt werden soll (schließlich kann ein Projekt mehr als nur eine Storyboard-Datei enthalten). Klicken Sie hierfür auf das Projekt Ihrer macOS-App und wählen Sie anschließend das zugehörige Target aus. Dort finden Sie im Abschnitt *Deployment Info* eine Auswahlbox mit dem Titel *Main Interface* (siehe Bild 21.6). Darin geben Sie den Namen der Storyboard-Datei an, dessen initialer Window-Controller beim Starten geladen und angezeigt werden soll.

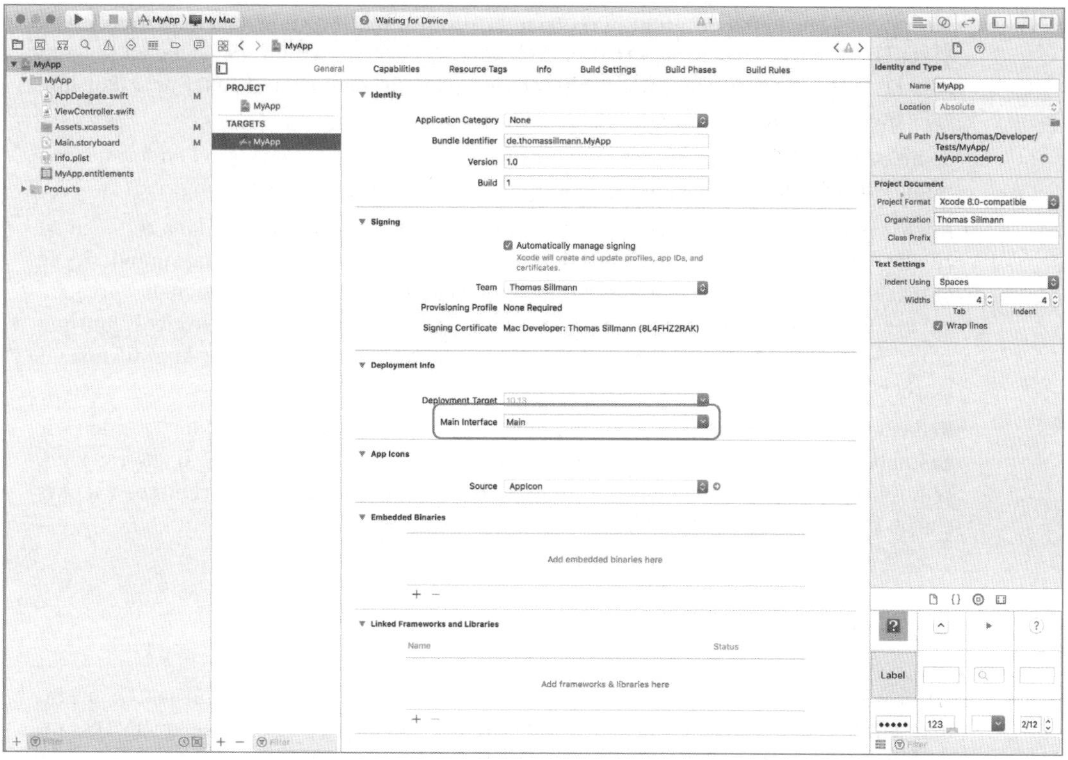

Bild 21.6 Tragen Sie in den Target-Einstellungen im Feld „Main Interface" den Namen der Storyboard-Datei ein, deren initialer Window-Controller beim Starten der App angezeigt werden soll.

> **Auch View-Controller können als Startpunkt dienen**
>
> Bisher habe ich immer davon gesprochen, einen der *Window*-Controller eines Storyboards als Startpunkt zu definieren. Sie können aber auch jeden zur Verfügung stehenden *View*-Controller ebenfalls als initialen Controller in einem Storyboard festlegen.

Damit wissen Sie nun, welche zwei zentralen Schritte beim Starten einer macOS-App ausgeführt werden. Erfreulicherweise müssen wir uns selbst nur wenig bis gar nicht darum kümmern, um ein neu erstelltes macOS-Projekt mit diesen Konfigurationen zum Laufen zu bekommen; Xcode nimmt uns hier bereits den größten Teil der Arbeit ab, wie wir in Abschnitt 21.3, „Ein erstes macOS-Projekt", in der Praxis sehen werden.

21.2.3 Das AppKit-Framework

Die Basis für die Entwicklung von Apps für macOS ist das sogenannte *AppKit*-Framework. Es enthält alle spezifischen Klassen und Funktionen, die notwendig sind, um Anwendungen für macOS Leben einzuhauchen. Die Klassen zur Verwaltung der verschiedenen Controller wie `NSWindowController` und `NSViewController` sind darin genauso definiert wie `NSApplication` und das `NSApplicationDelegate`-Protokoll und die verschiedenen Klassen zum Erstellen von Ansichten wie `NSButton` (für Schaltflächen) oder `NSTextField` (zur Eingabe und Darstellung von Text).

Somit ist AppKit auch der zentrale Unterschied von macOS zu den anderen Plattformen von Apple wie iOS oder watchOS (dort steht AppKit nämlich nicht zur Verfügung).

AppKit blickt auf eine sehr lange Historie zurück und hat sich im Laufe der Zeit – nicht zuletzt durch die starke Popularität von iOS – auch architektonisch ein wenig verändert. Die Entwicklung von Apps für den Mac ist heute in vielerlei Hinsicht ähnlich zu dem Vorgehen bei der Programmierung für iOS. Dennoch müssen sich Entwickler, die bereits Erfahrung mit iOS gesammelt haben, auf dem Mac erst einmal umstellen und sich mit AppKit vertraut machen.

In den folgenden Abschnitten sowie in Kapitel 22, „macOS – App-Entwicklung" werden wir ausschließlich mit Klassen und Funktionen arbeiten, die Teil des AppKit-Frameworks sind. Wir werden die verschiedenen Controller-Klassen kennenlernen und erfahren, wie wir eigene User Interfaces entwerfen.

21.2.4 Arten von macOS-Apps

Bevor wir uns ins Getümmel stürzen und mit der Entwicklung von Apps für macOS beginnen, möchte ich noch einen grundlegenden Aspekt ansprechen, der bei der macOS-Entwicklung eine große Rolle spielt: die verschiedenen Arten von Apps.

Aufgrund der Flexibilität, die macOS als Plattform zur Verfügung stellt, lassen sich alle möglichen Arten von Apps für dieses Betriebssystem programmieren. Aus architektonischer Sicht unterscheidet man zwischen drei verschiedenen Kategorien, in die macOS-Anwendungen eingeordnet werden können:

- Single Window Utility App
- Single Window „Shoebox" App
- Multiwindow Document-Based App

Im Folgenden stelle ich Ihnen alle drei Arten einmal im Detail vor und nenne Ihnen Beispiele, welche Apps in die jeweilige Kategorie hineinpassen.

Single Window Utiltiy App

Eine *Single Window Utility App* basiert primär auf einem einzigen Fenster, in dem alle Funktionen der App zur Verfügung stehen. Die native Notizen- oder Erinnerungen-App von macOS sind schöne Beispiele für diese Art von Applikation. Zwar können solche Apps im Prinzip auch weitere Fenster anzeigen (zum Beispiel für die Einstellungen), doch der Fokus liegt ausschließlich auf einem einzigen Anwendungsfenster (siehe Bild 21.7).

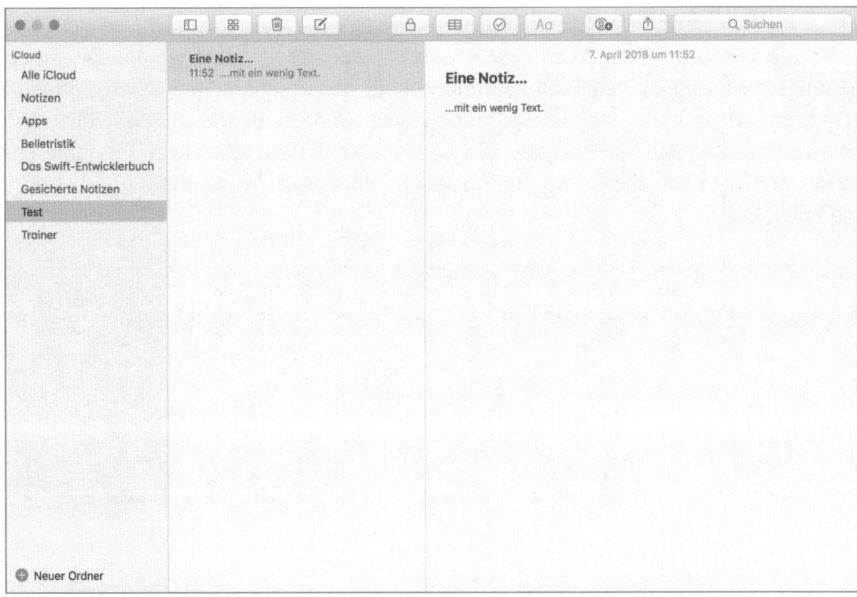

Bild 21.7 Eine Single Window Utility App basiert ausschließlich auf einem einzigen Fenster, in dem der Nutzer alle Aufgaben der App erfüllt.

Single Window „Shoebox" App

Eine *Single Window „Shoebox" App* ist in ihren Grundzügen zunächst einmal einer Single Window Utility App sehr ähnlich. Auch sie basiert ausschließlich auf einem einzigen Fenster, dient aber primär zur Organisation von diversen Inhalten. Ein Beispiel hierfür ist die native Fotos-App von macOS (siehe Bild 21.8). Ihre Aufgabe besteht darin, Fotos zu organisieren und zu verwalten, wofür ebenfalls ausschließlich ein einziges Fenster zum Einsatz kommt.

Bild 21.8 Eine Single Window „Shoebox" App basiert ebenfalls auf einem einzigen Fenster, dient aber als Oberfläche zur Verwaltung unterschiedlicher Inhalte.

Multiwindow Document-Based App

Eine *Multiwindow Document-Based App* basiert auf der Arbeit mit einzelnen Dokumenten beziehungsweise Dateien. Jede Datei wird hierbei in einem separaten Fenster geöffnet. Solche Apps benötigen in der Regel kein Hauptfenster, sondern dienen ausschließlich der Bearbeitung einzelner Dateien. Beispiele für Apps dieser Art sind die iWork-Produkte Pages, Numbers und Keynote, ebenso wie die Microsoft Office-Apps Word, Excel und PowerPoint (siehe Bild 21.9).

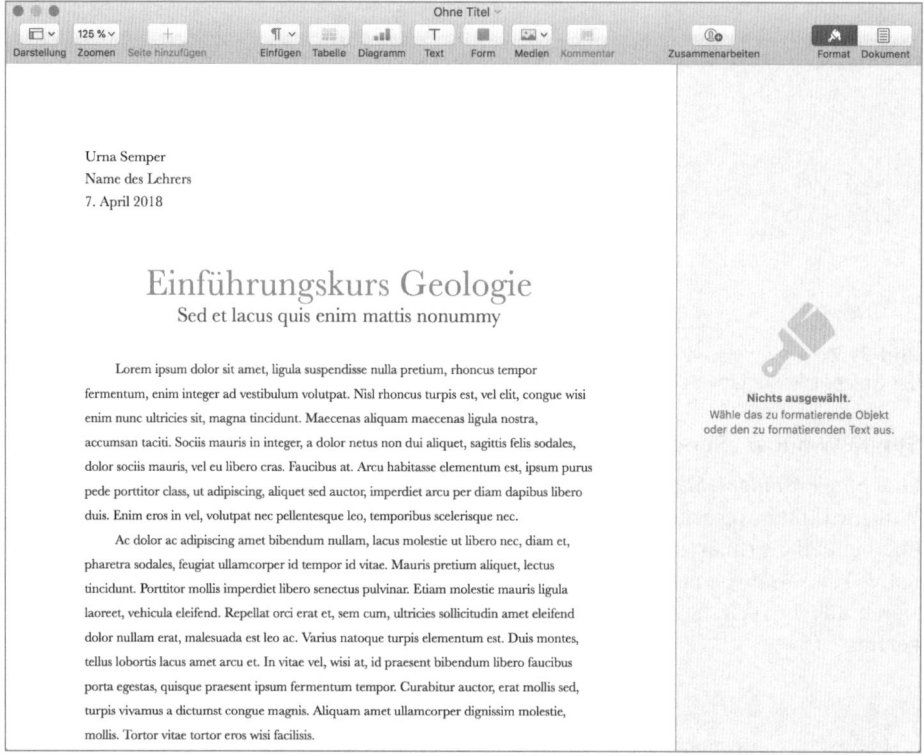

Bild 21.9 Eine Multiwindow Document-Based App kümmert sich um die Bearbeitung verschiedener Dateien, wobei für jede Datei ein eigenes Fenster geöffnet wird.

Generell sollten Sie sich – bevor Sie aktiv mit der Entwicklung einer App für macOS beginnen – gut überlegen, welche der genannten drei Arten am besten für Ihr individuelles Anwendungsszenario passt. Zwar spricht generell nichts dagegen, diese App-Arten zu mischen, aber um das einheitliche Verhalten des gesamten Systems zu wahren und dem Nutzer das bestmögliche Erlebnis zu bieten, empfehle ich Ihnen, sich im Vorhinein für eine Art zu entscheiden und die App-Entwicklung darauf entsprechend zuzuschneiden.

■ 21.3 Ein erstes macOS-Projekt

Nach diesen grundlegenden Worten über macOS, seinen Aufbau und die wichtigsten Dateien eines Projekts starten wir nun so richtig durch und erstellen unser erstes einfaches macOS-Projekt ☺. Dadurch lernen wir die grundlegenden Abläufe bei der App-Entwicklung für macOS und machen mit ersten Dateien Bekanntschaft.

Das Ziel der App ist hierbei sehr simpel: Sie soll einfach ein einzelnes Fenster anzeigen, in dem der Text „Hello World!" ausgegeben wird. In diesem Sinne: Packen wir's an! ☺

21.3.1 Auswahl einer Template-Vorlage

Los geht's mit dem Starten von Xcode. Um ein neues macOS-Projekt zu erstellen, klicken Sie entweder im Begrüßungsfenster der Entwicklungsumgebung auf die Schaltfläche *Create a new Xcode project* (siehe Bild 21.10) oder gehen den Weg über das Xcode-Menü: *File → New → Project…*

Bild 21.10 Über das Begrüßungsfenster von Xcode können Sie ein neues Projekt erstellen.

Im Anschluss öffnet sich die Template-Auswahl zum Erstellen eines neuen Xcode-Projekts. Wählen Sie dort zunächst in der oberen Reihe den Reiter *macOS* aus. Anschließend erhalten Sie eine Übersicht über alle möglichen Startpunkte zum Erzeugen von Anwendungen für macOS (siehe Bild 21.11). Diese Startpunkte sind in verschiedene Bereiche unterteilt. Für uns als App-Entwickler ist die erste Kategorie mit dem Titel *Application* in der Regel am interessantesten. Die Vorlagen, die wir darin finden, hören auf die Namen *Cocoa App*, *Game* und *Command Line Tool*. Bei einem Command Line Tool handelt es sich um eine Konsolen-anwendung, die ohne jegliche Fenster auskommt und gänzlich über die Konsole bedient wird. In diesem Buch werden wir dieser Vorlage keine größere Beachtung schenken. Sie ist aber nicht nur interessant, wenn man eine konkrete Konsolenanwendung umsetzen möchte. Auch zum Testen von Code und zum Ausprobieren bestimmter Funktionen kann sich das schnelle Erstellen einer Konsolenanwendung anbieten, da sie kaum Overhead mitbringt und man sich voll und ganz auf das Programmieren konzentrieren kann.

Die Vorlagen *Cocoa App* und *Game* erstellen beide ein vollwertiges macOS-Projekt auf Basis einer grafischen Oberfläche, wobei Game zusätzlich spezielle Gaming-Frameworks wie *SpriteKit* oder *SceneKit* in das neu erstellte Projekt importiert und einige zusätzliche Dateien speziell für Games enthält. Alle in diesem Buch erzeugten Beispiele basieren auf der Cocoa App-Vorlage (es sei denn, es wird explizit etwas anderes genannt).

Neben dem *Application*-Bereich finden Sie in diesem Vorlagenfenster auch noch die Bereiche *Framework & Library* (zum Erstellen von wiederverwendbaren Frameworks für macOS-Apps) und *Other*. In letzterem finden Sie beispielsweise Startpunkte für diverse Plug-ins und Treiber sowie eine Option zum Erstellen eines Bildschirmschoners.

Um unsere erste macOS-App zu erzeugen, wählen Sie in diesem Fenster den Punkt *Cocoa App* aus und klicken anschließend auf die Schaltfläche *Next*.

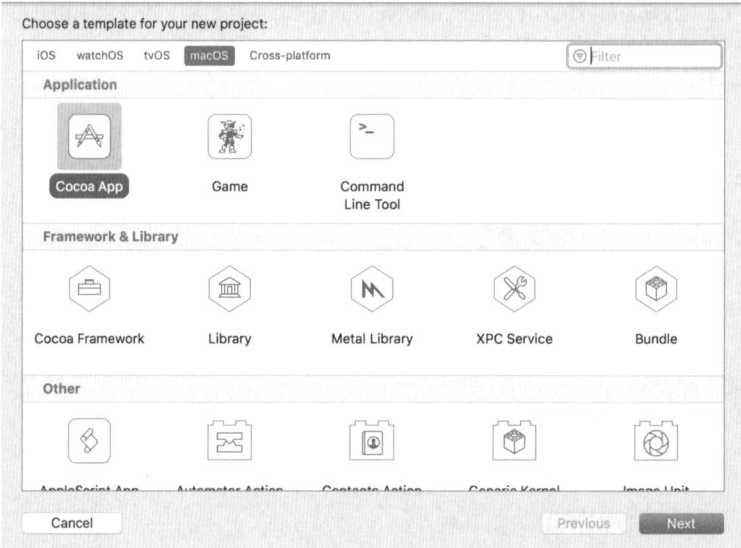

Bild 21.11 Im Reiter „macOS" finden Sie diverse Vorlagen, die Sie zum Erstellen eines neuen macOS-Projekts verwenden können.

In der anschließend erscheinenden Ansicht legen Sie einige Grundeinstellungen für das neue macOS-Projekt fest (siehe Bild 21.12). Dazu gehören unter anderem der *Product Name*, das *Entwickler-Team* und der *Organization Identifier*.

Der *Product Name* stellt den eigentlichen Namen für die zu erstellende App dar. In diesem Beispiel verwenden wir hierfür den Titel „Hello World". Falls Sie in Xcode bereits einen oder mehrere Apple Developer-Accounts hinterlegt haben, können Sie unter *Team* den gewünschten auswählen, der für das neue Projekt verwendet werden soll. Andernfalls wählen Sie an dieser Stelle nichts aus.

Der *Organization Name* entspricht dem Namen der Firma, die diese Anwendung entwickelt oder für die sie entwickelt werden soll. Falls Sie an eigenen Projekten arbeiten und diese persönlich und nicht über eine Firma vertreiben, setzen Sie hier Ihren eigenen Namen ein.

Beim *Organization Identifier* handelt es sich um einen umgekehrten Domain-Namen, der Sie als Entwickler eindeutig identifiziert. Dieser Identifier setzt sich in der Regel immer aus einer Länderkennung gefolgt von einem zusammengeschriebenen Organization Name zusammen. Mein persönlicher Organization Identifier beispielsweise lautet „de.thomassillmann", bei einer Firma könnte es „com.mycompany" heißen.

Aus Organization Identifier und Product Name setzt sich der sogenannte *Bundle Identifier* zusammen. Der dient zur eindeutigen Kennzeichnung einer App über den gesamten App Store hinweg. Jede veröffentlichte App besitzt somit einen anderen solchen Bundle Identifier. Xcode setzt diesen automatisch für uns zusammen und wir können ihn an dieser Stelle auch nicht ändern, sondern nur einsehen. Möchten wir einen anderen Bundle Identifier nutzen, können wir diesen erst nach Fertigstellung des Projekts konfigurieren.

Über das Auswahlmenü *Language* legen Sie fest, welche Programmiersprache Sie für die App-Entwicklung einsetzen möchten. Zur Wahl steht neben *Swift* auch noch *Objective-C*. Da wir uns in diesem Buch mit der Programmierung in Swift auseinandersetzen, werden wir uns immer für diese Sprache entscheiden.

Damit haben Sie die wichtigsten Einstellungen in dieser Ansicht kennengelernt. Sie können zu einem späteren Zeitpunkt, nachdem das Xcode-Projekt bereits erstellt wurde, alle getätigten Eingaben wieder ändern.

Zusätzlich haben Sie über diverse Checkboxen die Chance, das neu zu erstellende Projekt im Vorhinein noch weiter anzupassen. Hierbei empfehle ich Ihnen immer das Setzen des Hakens bei *Use Storyboards*. Storyboards dienen in modernen macOS-Apps dazu, die Oberflächen zu gestalten und Verbindungen zwischen verschiedenen Ansichten einer App herzustellen, ohne dafür Code schreiben zu müssen. Diese Technik werde ich bei der Entwicklung von macOS-Apps in diesem Buch immer einsetzen (sofern ich nicht explizit etwas anderes erwähne).

Durch Aktivieren der Checkbox *Create Document-Based Application* weisen Sie Xcode darauf hin, dass Sie eine Multiwindow Document-Based App erstellen möchten (siehe hierzu auch Abschnitt 21.2.4, „Arten von macOS-Apps"). Zu diesem Zweck werden einige zusätzliche Dateien erstellt und Konfigurationen vorgenommen, die für diese Art von App sinnvoll sind. Da wir uns in diesem Buch hauptsächlich mit den Single Window-Apps beschäftigen werden, können Sie diese Checkbox ignorieren, solange nicht explizit etwas anderes von mir erwähnt wird.

Mit *Use Core Data* können Sie direkt das *Core Data*-Framework von Apple in Ihr neues Projekt einbinden. Dabei handelt es sich um eine Sammlung von Typen und Funktionen, um Zugriffe auf Datenbanken mithilfe von Objekten abzubilden.

Über die Checkboxen *Include Unit Tests* und *Include UI Tests* haben Sie abschließend die Möglichkeit, direkt passende Test-Targets für Unit- beziehungsweise UI-Tests in dem neuen Xcode-Projekt einzubinden. Für die Umsetzung der Beispiele aus dem Buch können Sie darauf verzichten, Sie sollten aber bei „echten" Produktiv-Apps über die Verwendung von Tests definitiv nachdenken. Mehr zu Tests erfahren Sie in Kapitel 33, „Testing".

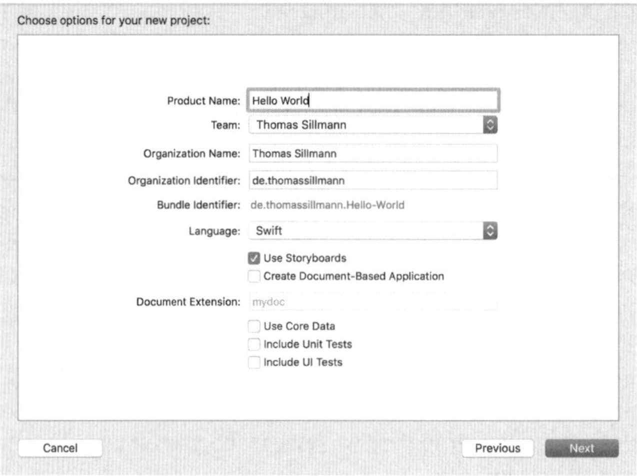

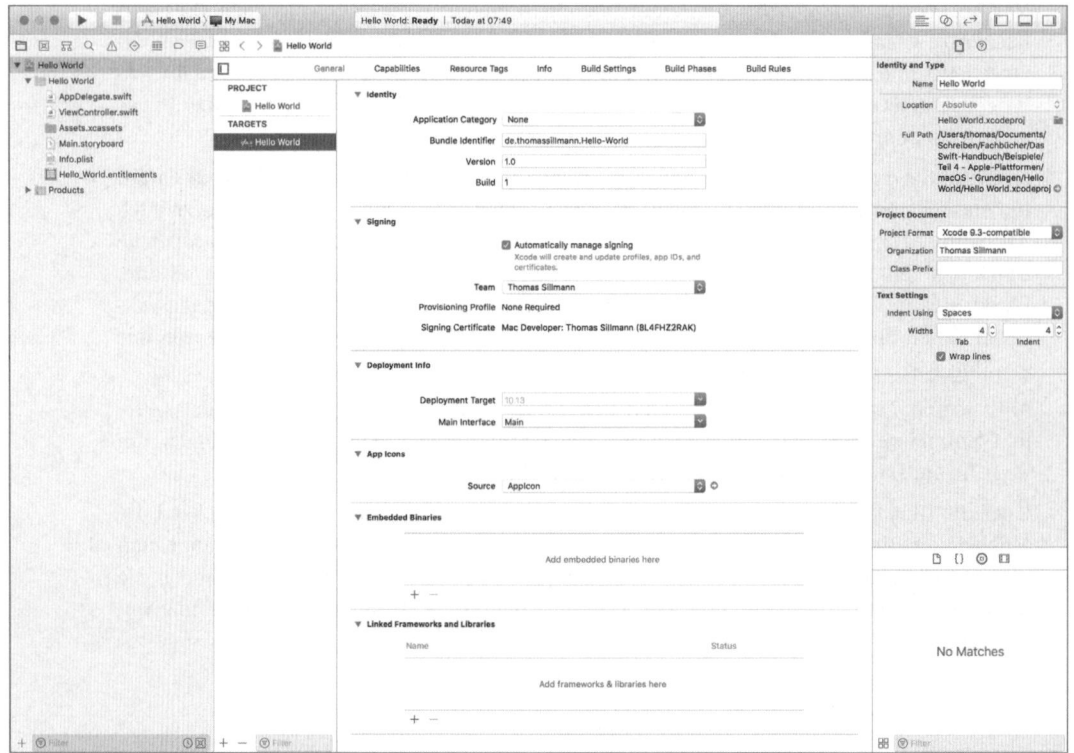

Bild 21.12
Beim Erstellen eines neuen macOS-Projekts hinterlegen Sie bereits einige grundlegende Informationen.

Haben Sie die Konfiguration des neuen macOS-Projekts dann soweit abgeschlossen, klicken Sie auf die Schaltfläche *Next*. Abschließend fragt Xcode Sie noch nach dem gewünschten Speicherort. Per Klick auf *Create* wird das Projekt schließlich erzeugt und es wird direkt in Xcode geöffnet (siehe Bild 21.13).

Bild 21.13 Unser erstes macOS-Projekt erstrahlt in Xcode. ☺

21.3.2 Rundgang durch die erstellten Dateien

Bevor wir nun mit dem Programmieren loslegen und unsere erste macOS-App umsetzen, möchte ich mit Ihnen einen Blick auf die Dateien werfen, die Xcode automatisch mitsamt dem neuen Projekt erzeugt hat. Diese finden Sie im linken Bereich von Xcode, der soge-nannten *Navigator Area* (siehe Bild 21.14). Im Folgenden stelle ich Ihnen diese Elemente einzeln und im Detail vor und erläutere, welche Aufgaben Sie in der Entwicklung für macOS erfüllen.

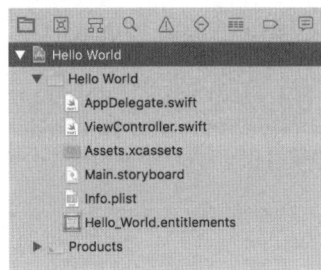

Bild 21.14
In der Navigator Area werden alle von Xcode erzeugten Dateien für das neue Projekt aufgeführt.

AppDelegate.swift

Die Datei *AppDelegate.swift* enthält die standardmäßig erzeugte `AppDelegate`-Klasse, die in jedem macOS-Projekt eine wichtige Rolle spielt. Sie dient als Einstiegspunkt der App und ist gleichermaßen Dreh- und Angelpunkt für alle systemrelevanten Ereignisse. So wird der App Delegate beispielsweise aufgerufen, wenn die App gestartet oder beendet wird oder in den Hintergrund wechselt (es gibt noch eine Vielzahl weiterer Ereignisse, dieser kleine Umriss soll für den Moment aber erst einmal genügen).

Basis für all diese Systemfunktionen ist das `NSApplicationDelegate`-Protokoll. Es defi-niert eine Vielzahl an Methoden, die automatisch vom System zu bestimmten Ereignis-sen aufgerufen werden. Beispielsweise können Sie so die Methode `applicationDid FinishLaunching(_:)` implementieren, um zusätzliche Aktionen nach dem erfolgreichen Start Ihrer App auszuführen.

Mit dem `NSApplicationDelegate`-Protokoll beschäftigen wir uns in Abschnitt 21.4, „Der NSApplicationDelegate", im Detail. Dort erfahren Sie mehr über dessen Funktionen und Einsatzgebiete.

Doch gehen wir noch einmal zurück zur erzeugten `AppDelegate`-Klasse. Diese ist konform zum `NSApplicationDelegate`-Protokoll, was bedeutet, dass Sie in ihr alle gewünschten Methoden dieses Protokolls unterbringen können. Bei neu erstellten Projekten enthält diese Klasse bereits standardmäßig eine Implementierung für die `NSApplicationDelegate`-Methoden `applicationDidFinishLaunching(_:)` sowie `applicationWillTerminate(_:)`. In Listing 21.2 sehen Sie ein Beispiel, wie die eine automatisch von Xcode mit einem neuen Projekt erzeugte `AppDelegate`-Klasse implementiert sein kann.

Listing 21.2 Standardimplementierung der `AppDelegate`-Klasse unter macOS

```
@NSApplicationMain
class AppDelegate: NSObject, NSApplicationDelegate {
```

```
    func applicationDidFinishLaunching(_ aNotification: Notification) {
        // Insert code here to initialize your application
    }

    func applicationWillTerminate(_ aNotification: Notification) {
        // Insert code here to tear down your application
    }

}
```

Die eigentliche Implementierung der Klasse selbst enthält einfach die Rümpfe für die beiden genannten Methoden. Wenn Sie sie für Ihre Anwendung nicht benötigen, spricht nichts dagegen, Sie aus der Klasse zu entfernen.

Spannend bei der Implementierung der `AppDelegate`-Klasse ist aber das Schlüsselwort `@NSApplicationMain`, mit dem sie deklariert ist. Dieses Keyword sorgt dafür, dass in der damit verbundenen Klasse mehrere Aufgaben durchgeführt werden.

- Es erzeugt eine Instanz der Klasse `NSApplication`.
- Es weist der erzeugten `NSApplication`-Instanz die zugrunde liegende Klasse (in diesem Fall AppDelegate) als Delegate-Objekt zu.
- Es signalisiert den Startpunkt einer App.

Bei der Klasse `NSApplication` handelt es sich um ein Singleton, das die Basis jeder macOS-App darstellt. In der Regel hat man als Entwickler nicht unbedingt viel mit diesem Element zu tun, kann darüber aber beispielsweise die Anwendung aus dem Code heraus beenden oder auf die Fenster zugreifen, die zur eigenen App gehören. Darüber hinaus besitzt die Klasse eine Property namens `delegate` vom Typ `NSApplicationDelegate`. Durch Einsatz des Schlüsselworts `@NSApplicationMain` sorgen Sie so nicht nur dafür, dass die zwingend benötigte `NSApplication`-Instanz erzeugt wird, sondern auch, dass sie die der Deklaration zugrunde liegende Klasse als Delegate nutzt (im Standardfall also die Klasse `AppDelegate`).

Dieses Wissen über die grundlegende Funktionsweise des App Delegate und die Aufgabe des damit verbundenen Schlüsselworts `@NSApplicationMain` reicht an dieser Stelle für den Moment aus. Weitere Details zum App Delegate erfahren Sie in Abschnitt 21.4, „Der NSApplicationDelegate".

Main.storyboard

Eine Storyboard-Datei dient zum Erstellen der grafischen Benutzeroberfläche einer macOS-App. Ein neues macOS-Projekt bringt standardmäßig ein solches Storyboard mit dem Dateinamen *Main.storyboard* mit. Dessen Inhalt setzt sich standardmäßig aus drei Bestandteilen zusammen (siehe Bild 21.15):

- dem Menü der App,
- einem Window-Controller,
- einem View-Controller.

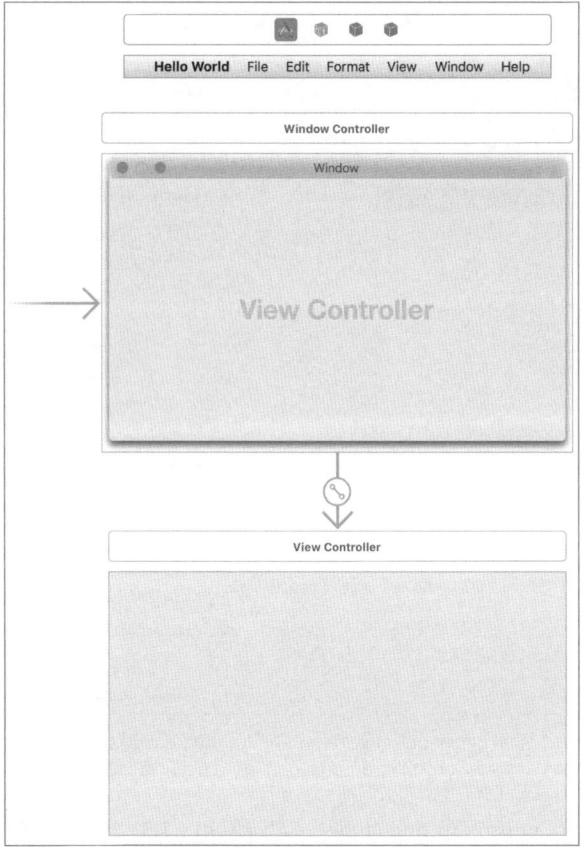

Bild 21.15 Der Standardinhalt der Main.storyboard-Datei eines neuen macOS-Projekts enthält das App-Menü sowie einen initialen Window- mit zugehörigem View-Controller.

Sie können diese Elemente nutzen, um die Interfaces und den Menüaufbau für Ihre App zu gestalten. Interessant ist noch der Pfeil, der sich am linken Rand des Window-Controllers befindet. Er signalisiert, dass es sich bei diesem Fenster um das Startfenster der Applikation handelt. Wenn man also das Projekt ausführt, wird der sogenannte *initiale* Window-Controller automatisch geladen und angezeigt. Dafür sorgt eine Einstellung im macOS-Target, die standardmäßig gesetzt ist und sich finden lässt, wenn Sie im Project Navigator erst das eigentliche Projekt und anschließend das „Hello World"-Target auswählen (siehe Bild 21.16). Dort findet sich im Abschnitt *Deployment Info* eine Auswahlbox mit dem Titel *Main Interface*. Ist hier der Dateiname eines Storyboards hinterlegt (was bei neuen macOS-Projekten, wie beschrieben, der Standard ist), wird beim Starten der App in jenem Storyboard (in diesem Fall *Main.storyboard*) nach dem initialen Window-Controller gesucht und dieser geladen und angezeigt. Sie brauchen somit keine einzige Zeile Code zu schreiben, um eine macOS-App mit einem Fenster zu starten und auszuführen.

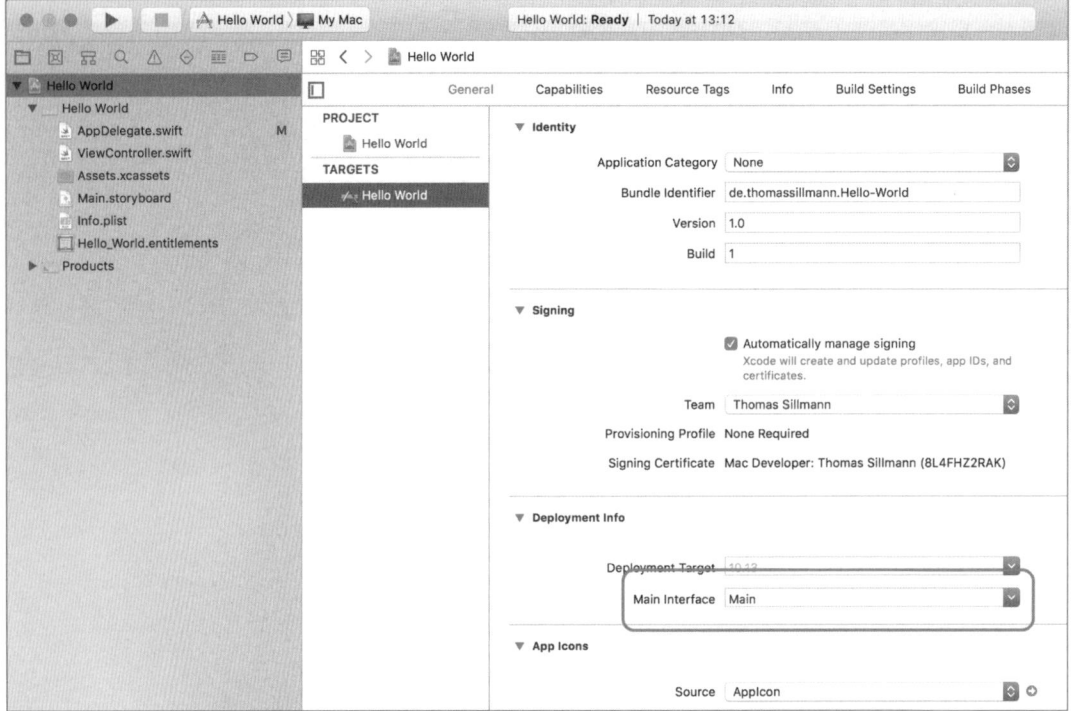

Bild 21.16 Das unter „Main Interface" angegebenen Storyboard wird beim Starten einer macOS-App nach dessen initialem Window-Controller durchsucht, um diesen zu laden und anzuzeigen.

Details zu Window-Controllern finden Sie in Abschnitt 21.5, „NSWindow und NSWindow-Controller im Detail", weitere Informationen zu View-Controllern liefert Abschnitt 21.6, „NSViewController im Detail".

Weitere Dateien

Neben *AppDelegate.swift* und *Main.storyboard* bringt ein neues macOS-Projekt noch weitere Dateien mit sich, die ich Ihnen im Folgenden kurz vorstellen möchte.

Die Datei *ViewController.swift* enthält die Deklaration einer `ViewController`-Klasse, die mit dem View-Controller aus dem Main-Storyboard gekoppelt ist (zu einer solchen Kopplung später mehr). Sie bringen darin also alle Befehle, Eigenschaften und Funktionen unter, die im Zusammenhang mit dieser ersten Ansicht eines macOS-Projekts stehen.

Bei *Assets.xcassets* handelt es sich um einen sogenannten Asset Catalog. Der dient dazu, statische Grafiken, die Sie für Ihre App benötigen, unterzubringen und in passender Form zu speichern. Dazu gehört auch das App-Icon. Speziell über die Erstellung und Einbindung von diesem erfahren Sie mehr im gleichnamigen Abschnitt 21.8. Sonstige weitere Informationen zu Asset Catalogs finden Sie in Kapitel 28, „Cross-Platform".

Die *Info.plist*-Datei enthält grundlegende Informationen und Einstellungen zu einem macOS-Projekt (darunter jene wie beispielsweise der Bundle Identifier oder der Name der Storyboard-Datei, dessen initialer Window-Controller beim Starten der App geladen und angezeigt werden soll). Viele der darin enthaltenen Einstellungen können an anderer Stelle in Xcode – beispielsweise im Target – angepasst werden und werden anschließend direkt in der *Info.plist*-Datei abgebildet. Mehr zu den Einstellungen, die Sie im Zusammenspiel mit einem macOS-Target vornehmen können, erfahren Sie in Abschnitt 21.9, „Target-Einstellungen".

Zu guter Letzt erhält jedes macOS-Projekt von Beginn an eine sogenannte *Entitlements*-Datei. Darin werden verschiedene Systemfunktionen oder Services angegeben, die die App nutzen möchte oder soll. Bei neuen macOS-Projekten ist hierin standardmäßig die *App Sandbox* aktiviert, sodass eine macOS-App standardmäßig nur auf einen eigenen Ordner-bereich zugreifen kann (siehe Bild 21.17). Viele der in solchen Entitlements-Dateien hinter-legten Informationen hängen mit den sogenannten Capabilities zusammen, die Sie für eine macOS-App aktivieren können (tatsächlich handelt es sich auch bei der App Sandbox um eine davon, die standardmäßig aktiviert ist). Mehr über die verfügbaren Capabilities einer macOS-App erfahren Sie in Abschnitt 21.9, „Target-Einstellungen".

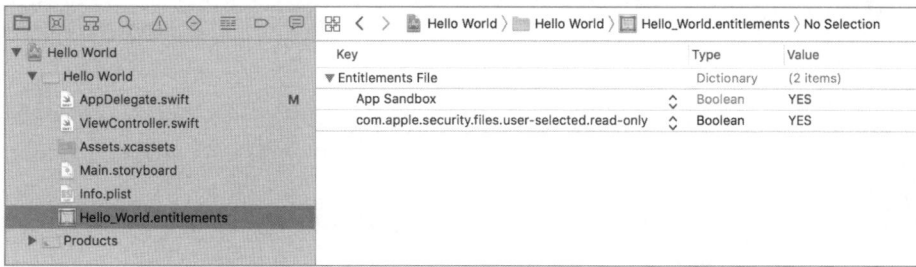

Bild 21.17 Ein Entitlements-File enthält Informationen über die von einer App genutzten und unter-stützten Services.

21.3.3 Hello World

Nach diesem kleinen Rundgang durch die uns zur Verfügung stehenden Dateien wagen wir uns nun ohne weitere Umschweife an die Erstellung unserer ersten macOS-App. ☺ Wie anfangs erwähnt, soll diese lediglich den Text „Hello World" auf dem Bildschirm ausgeben.

Um das umzusetzen, rufen wir zunächst die *Main.storyboard*-Datei auf. Wie wir wissen, enthält diese das Interface unserer App. Im ersten Schritt werden wir dieses Interface um ein sogenanntes Label ergänzen, das schlussendlich unseren gewünschten Text ausgeben und anzeigen soll. Klicken Sie hierzu auf die Library-Schaltfläche oben links. Damit blenden Sie die sogenannte *Objects Library* ein (siehe Bild 21.18). Diese enthält verschiedene Ele-mente, die Sie einem Storyboard hinzufügen können. Viele davon werden Sie im Laufe dieses Buches nach und nach kennenlernen.

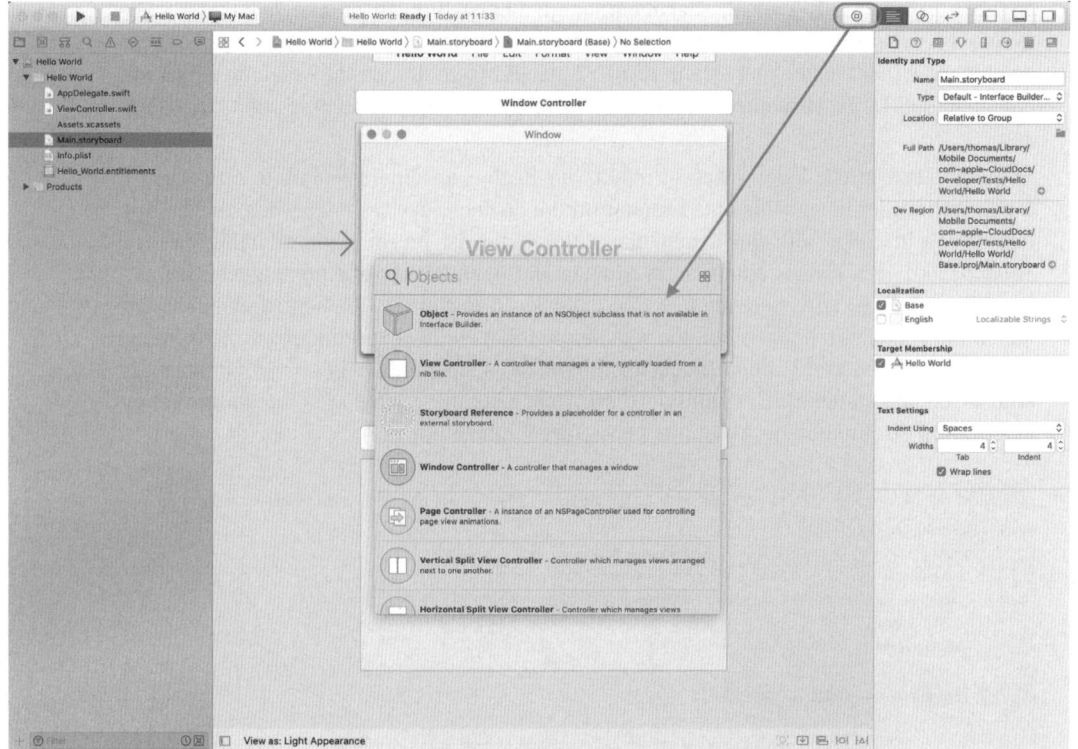

Bild 21.18 Die Objects Library bietet eine Vielzahl an Elementen, die Sie in einem Storyboard ergänzen können.

Um unser „Hello World"-Beispiel umsetzen zu können, suchen Sie innerhalb der Objects Library nach einem Element namens *Label* (siehe Bild 21.19). Es dient zur Darstellung von einfachem Text innerhalb einer macOS-App, und genau ein solches wollen wir verwenden, um darüber in unserem Programm den Text „Hello World" auszugeben.

Label   **Label** - Displays static text.

Bild 21.19 Ein Label dient zur Anzeige eines einfachen Textes innerhalb einer macOS-App.

Wir wissen bereits, dass beim Starten unserer App der als initial markierte Window-Controller geladen und angezeigt wird, dort sollten wir also für die Platzierung unseres Labels ansetzen. Genauer gesagt platzieren wir das Label aber nicht im Window, sondern in einer View. Sie sehen auch, dass dem initialen Window-Controller bereits ein View-Controller zugeordnet ist (zu erkennen an der Pfeilverbindung zwischen den beiden Elementen, so wie sie bereits in Bild 21.18 zu sehen ist). Zum jetzigen Zeitpunkt müssen Sie sich noch keine Gedanken darüber machen, warum das so ist und worin der Unterschied zwischen Window und View liegt; das klären die nachfolgenden Abschnitte dieses Kapitels. Es reicht für Sie zu wissen, dass wir das Label an dieser Stelle auf dem View-Controller platzieren, um dafür zu sorgen, dass es nach dem Starten der App angezeigt wird.

Und genau das tun wir jetzt! Klicken Sie dazu auf das *Label*-Element in der Objects Library, halten Sie die linke Maustaste gedrückt und ziehen Sie eine Verbindung in den View-Controller hinein (siehe Bild 21.20). Hierbei wird der View-Controller blau hervorgehoben und der Mauszeiger mit einem grünen Plus-Symbol versehen, was Ihnen signalisiert, dass sie das gewählte Element (in diesem Fall das Label) an dieser Stelle ablegen können. Lassen Sie daher innerhalb des View-Controllers die linke Maustaste wieder los, um das Label an der entsprechenden Position innerhalb der View abzulegen (siehe Bild 21.21). Sie können sich hierbei idealerweise an den blauen Hilfslinien orientieren, die erscheinen, wenn Sie ein Element an den Rand oder in die Mitte bewegen (siehe Bild 21.22). Dadurch stellen Sie sicher, dass Sie Elemente auf eine für macOS bestmögliche Art und Weise platzieren. Achten Sie also darauf, an den Rändern nicht über die blauen Hilfslinien hinweg Elemente anzuordnen.

Übrigens: Sie können Elemente natürlich nach Hinzufügen aus der Objects Library jederzeit auswählen und durch Drag-and-drop an einer anderen Position wieder ablegen.

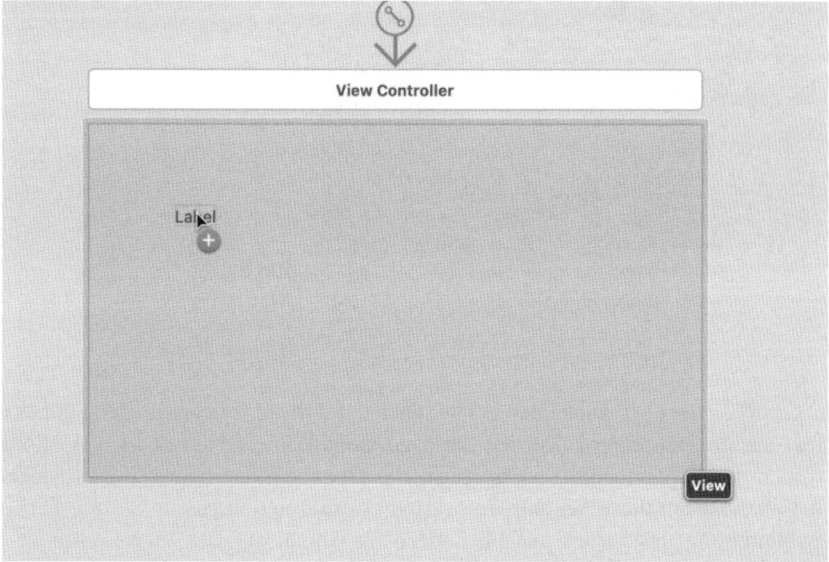

Bild 21.20 Sie können das Label einfach aus der Objects Library ziehen, um es anschließend dem View-Controller hinzuzufügen.

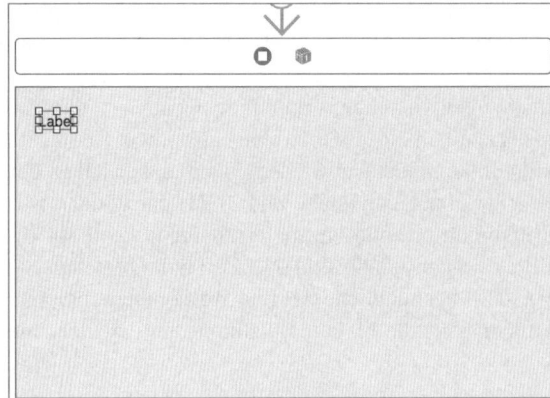

Bild 21.21
Das Label taucht an der von Ihnen
gewählten Position im Interface des
View-Controllers auf.

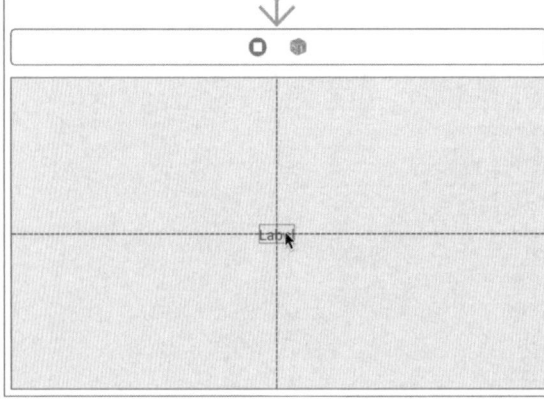

Bild 21.22
Blaue Hilfslinien helfen Ihnen bei
der Positionierung von Elementen
in einem Storyboard.

Ist das Label platziert (ich habe mich in meinem Fall für die Mitte entschieden), gilt es noch,
den Text passend zu ändern. Klicken Sie dazu einmal doppelt auf das Label. Hierdurch
ändert sich das Element und es ermöglicht die Eingabe eines neuen Textes (siehe Bild
21.23). Geben Sie auf diese Art und Weise „Hello World" an und passen Sie gegebenenfalls
die Positionierung des Labels anschließend noch einmal an. Der View-Controller Ihrer
Main.storyboard-Datei könnte dann in etwa so aussehen wie in Bild 21.24.

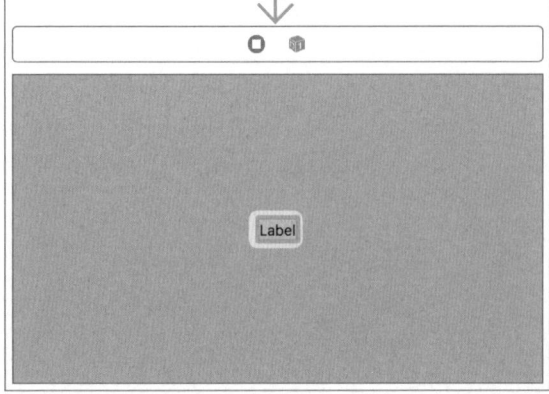

Bild 21.23
Nach einem Doppelklick auf das
Label können Sie dessen Text
verändern.

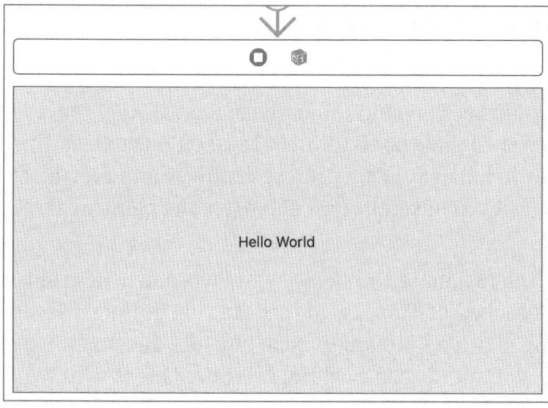

Bild 21.24
So sieht der fertige View-Controller
unserer ersten Beispiel-App aus.

Nun müssen wir nur noch unsere App testen und sehen, ob das Ergebnis dem entspricht, was wir uns erwartet haben. Dazu klicken wir einmal im oberen linken Bereich von Xcode auf die Run-Schaltfläche (die aussieht wie der Play-Button bei einem Musikplayer, siehe Bild 21.25). Daraufhin kompiliert Xcode das Projekt und führt es auf Ihrem Mac aus. Das Ergebnis sollte ein Fenster sein, das das von Ihnen platzierte Label mit dem Text „Hello World" anzeigt (siehe Bild 21.26).

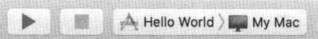

Bild 21.25 Über die Schaltfläche links außen starten Sie die Anwendung.

Bild 21.26
Unsere erste macOS-App läuft und wird erfolgreich ausgeführt; herzlichen Glückwunsch! ☺

Ich gratuliere: Hiermit haben Sie erfolgreich Ihr erstes macOS-Projekt erstellt und ausgeführt. ☺ In den kommenden Abschnitten erfahren Sie mehr über die Grundlagen der Entwicklung für Apples Mac-Betriebssystem.

■ 21.4 Der NSApplicationDelegate

Eine NSApplication-Singleton-Instanz ist das Herzstück einer jeden macOS-App. Diese Instanz besitzt einen Delegate, der konform zum NSApplicationDelegate-Protokoll ist. Über diesen Delegate informiert NSApplication über verschiedene systemrelevante Ereignisse, die wir anschließend mithilfe des Delegates in unseren Apps abfangen und passend darauf reagieren können.

Um sowohl die zentrale NSApplication-Instanz zu erstellen als auch einen passenden Delegate zuzuweisen, kommt das Schlüsselwort @NSApplicationMain zum Einsatz. Es stellt den Einstiegspunkt einer macOS-App dar und kümmert sich um die Erzeugung des NSApplication-Singleton. Die Klasse, die mit diesem Schlüsselwort deklariert wird, wird zusätzlich automatisch als Delegate für NSApplication eingesetzt, entsprechend muss diese Klasse konform zum NSApplicationDelegate-Protokoll sein.

In Xcode neu erzeugte macOS-Projekte enthalten standardmäßig bereits eine solche Klasse mit einer passenden @NSApplicationMain-Deklaration. Diese hört auf den Namen AppDelegate. In Listing 21.3 ist die typische Deklaration (ohne Implementierung) dieser Klasse zu sehen.

Listing 21.3 Standarddeklaration eines App Delegate

```
@NSApplicationMain
class AppDelegate: NSObject, NSApplicationDelegate {

    // Implementierung des App Delegate

}
```

Im Folgenden stelle ich Ihnen einige der Methoden vor, die innerhalb des NSApplicationDelegate-Protokolls deklariert sind und die Sie so in der AppDelegate-Klasse implementieren können (wenn benötigt und gewünscht).

Start der App

Wenn die App gestartet wird, werden nacheinander zwei Methoden des NSApplicationDelegate-Protokolls aufgerufen:

- applicationWillFinishLaunching(_:) wird aufgerufen, kurz bevor die App vollständig initialisiert ist und gestartet wurde.

- applicationDidFinishLaunching(_:) wird aufgerufen, nachdem die App erfolgreich gestartet wurde.

Status der App

Während eine macOS-App ausgeführt wird, wechselt sie in der Regel ständig zwischen einem aktiven und inaktiven Status. Aktiv bedeutet, dass die App sich gerade im Vordergrund befindet und Befehle entgegennimmt. Inaktiv wiederum bedeutet, dass die App zwar auf dem Mac ausgeführt wird, allerdings gerade nicht den Fokus besitzt – „nicht den Fokus" meint hierbei, dass eine andere App zum Beispiel gerade Tastatureingaben entgegennimmt.

Ein Beispiel hierzu sehen Sie in Bild 21.27. Dort ist ein Finder-Fenster sowie die „Hello World"-App zu sehen. Das Finder-Fenster befindet sich aktuell im Vordergrund und ist daher aktiv, während die „Hello World"-App zwar ebenfalls ausgeführt wird, aber inaktiv ist.

Bild 21.27 Die „Hello World"-App wird zwar ausgeführt, besitzt aber nicht den Fokus (dieser gebührt dem Finder-Fenster), weshalb die App inaktiv ist.

Diesen Wechsel zwischen aktivem und inaktivem Status einer App können Sie mithilfe der folgenden Methoden des NSApplicationDelegate-Protokolls abfangen und entsprechend darauf reagieren. Spiele könnten sich diese Information beispielsweise zunutze machen, um die laufende Sitzung zu pausieren, sobald die App in den inaktiven Status wechselt.

- applicationWillBecomeActive(_:): Die App wechselt gerade in den aktiven Status, ist aber noch nicht aktiv.
- applicationDidBecomeActive(_:): Die App ist in den aktiven Status gewechselt.
- applicationWillResignActive(_:): Die App wechselt in den inaktiven Status, ist aber noch aktiv.
- applicationDidResignActive(_:): Die App ist in den inaktiven Status gewechselt.

Weitere Methoden

Das NSApplicationDelegate-Protokoll stellt noch eine Vielzahl weiterer Methoden für unterschiedliche Systemereignisse zur Verfügung, beispielsweise für das Öffnen neuer Dateien oder zur Ausgabe von Fehlern. Wo sie benötigt werden, werden sie zu gegebener Zeit in diesem Buch noch näher vorgestellt. Ansonsten erhalten Sie eine entsprechende Übersicht über die Dokumentation (siehe Bild 21.28).

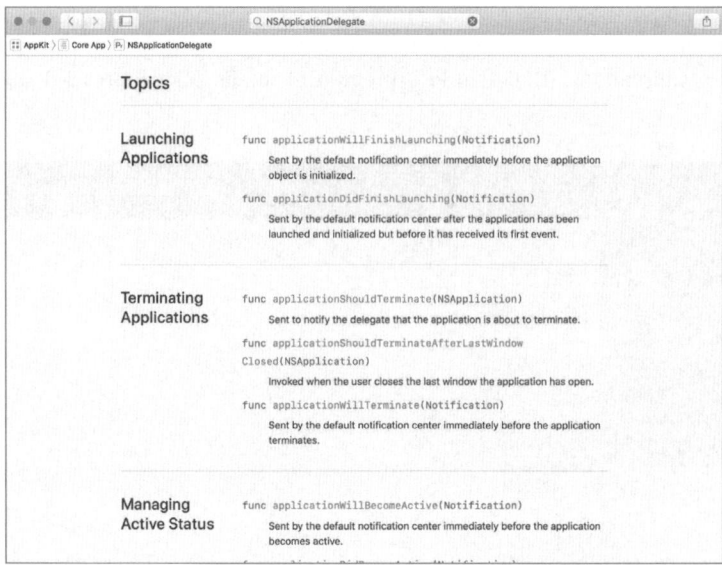

Bild 21.28 In der Dokumentation des NSApplicationDelegate-Protokolls finden Sie alle zur Verfügung stehenden Methoden, die Sie in Ihrem App Delegate implementieren können, um so über die entsprechenden Ereignisse informiert zu werden.

■ 21.5 NSWindow und NSWindowController im Detail

Wenn es aus App-Entwickler-Sicht einen großen Unterschied zwischen macOS und iOS gibt (von den verschiedenen Eingabeverfahren einmal abgesehen), dann ist das wohl der Umgang mit Fenstern. iOS ist in dieser Hinsicht sehr simpel gehalten, Anwendungen enthalten in der Regel nur ein einziges Fenster, in dem dann die gesamte App und deren Architektur abgebildet wird.

Zwar ist es auch unter macOS durchaus möglich, derartige Anwendungen auf Basis eines Fensters umzusetzen (siehe hierzu auch Abschnitt 21.2.4, „Arten von macOS-Apps"), generell können Apps unter macOS aber über eine beliebige Anzahl von Fenstern verfügen. Dieser Umstand hat dementsprechend auch Auswirkungen auf den Aufbau und die Verwaltung von Ansichten unter macOS.

Basis für die reine Darstellung eines einzelnen Fensters sind die Klassen NSWindowController und NSWindow. Deren Aufgaben und Zusammenspiel stelle ich Ihnen im Folgenden im Detail vor.

21.5.1 NSWindow

Mithilfe der Klasse NSWindow wird ein einzelnes Fenster in einer macOS-App abgebildet. Es besitzt primär zwei essenzielle Aufgaben:

- Es stellt einen Bereich zur Verfügung, über das die Views (sprich die eigentlichen Ansichten innerhalb eines Fensters) platziert werden können.
- Es leitet mit dem Fenster zusammenhängende Events wie Maus- und Tastatureingaben an diese Views weiter.

Die View (sprich die eigentliche Ansicht) eines Windows wird in modernen macOS-Apps mithilfe der Klasse NSViewController abgebildet; zu ihr erfahren Sie mehr in Abschnitt 21.6, „NSViewController im Detail". Mithilfe des Initializers init(contentViewController:) erzeugen Sie eine neue NSWindow-Instanz auf Basis eines solchen NSViewController.

Über NSWindow haben Sie Zugriff auf die Eigenschaften eines Fensters wie dessen Hintergrundfarbe oder Alpha-Wert (Transparenz). Auch auf die Größe des Fensters haben Sie Zugriff und können sie verändern. Für all diese und weitere Zwecke stellt die Klasse NSWindow passende Properties und Methoden bereit. Sie alle vorzustellen würde den Rahmen dieses Buches sprengen, weshalb wir uns entsprechende Eigenschaften und Funktionen an gegebener Stelle im Buch anhand konkreter Beispiele näher ansehen. Wenn Sie aber vor einem konkreten Szenario sitzen, bei der es um die Anpassung eines Fensters geht, sollten Sie einmal einen entsprechenden Blick in die Dokumentation der Klasse NSWindow werfen (siehe Bild 21.29).

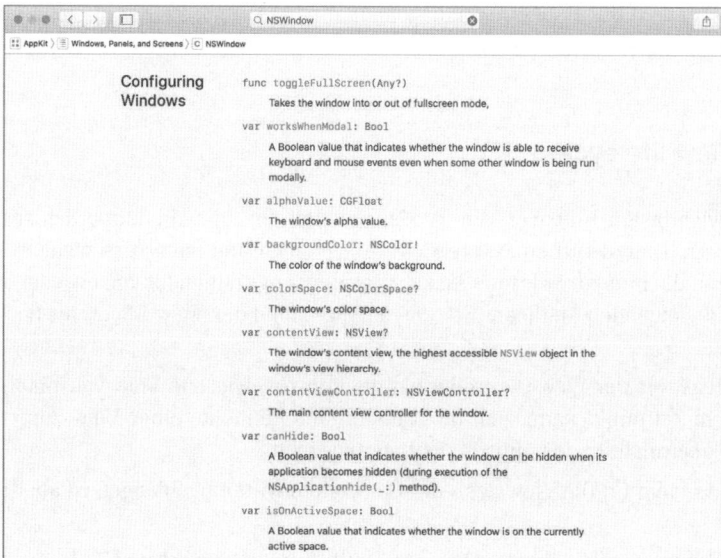

Bild 21.29 In der Dokumentation von NSWindow finden Sie alle Eigenschaften und Funktionen, die Ihnen im Zusammenspiel mit Fenstern von macOS-Apps zur Verfügung stehen.

21.5.2 NSWindowController

Die Klasse `NSWindowController` dient zum Management eines `NSWindow`. Über solch eine Controller-Klasse lässt sich ein Fenster laden und auch wieder schließen, außerdem kann darüber ein Titel für ein Fenster festgelegt werden.

Damit hat `NSWindowController` keinen direkten Einfluss auf die eigentlichen Eigenschaften eines zugeordneten Fensters, dafür aber auf dessen gesamte Erscheinung.

21.5.3 Zusammenspiel

Ein `NSWindowController` bietet einen *Rahmen* für ein unabhängiges `NSWindow`, fungiert somit in gewisser Weise als *Container*. Er sorgt dafür, dass ein Window geladen und angezeigt wird und es über einen passenden Titel verfügt. Das Window wiederum kümmert sich um die eigentliche Anzeige der Views und leitet Maus- und Tastatureingaben an diese Elemente weiter.

■ 21.6 NSViewController im Detail

Ein `NSViewController` dient zum Management einer View, also einer Ansicht, die der Nutzer innerhalb eines Windows zu sehen bekommt.

21.6.1 View life cycle

Eine der wichtigsten Aufgaben dieses Managements ist die Abbildung des sogenannten *View life cycle*. Hierzu ruft ein `NSViewController` nach und nach verschiedene Methoden auf, während die ihm zugewiesene Ansicht geladen, angezeigt oder auch wieder ausgeblendet wird. Die folgenden Methoden werden entsprechend des View life cycles nacheinander aufgerufen:

- `viewDidLoad()`: Der View-Controller hat die ihm zugewiesene View vollständig geladen. Zu diesem Zeitpunkt kann man im Code auf alle Elemente einer View zugreifen, noch wird sie aber nicht in der App als sichtbar angezeigt.
- `viewWillAppear()`: Die View des View-Controllers wird eingeblendet, ist aber noch nicht sichtbar.
- `viewDidAppear()`: Die View des View-Controllers wurde eingeblendet.
- `viewWillDisappear()`: Die View des View-Controllers wird ausgeblendet, ist aber noch sichtbar.
- `viewDidDisappear()`: Die View des View-Controllers wurde ausgeblendet.

In eigenen Subklassen von `NSViewController` können diese Methoden überschrieben werden, um auf die spezifischen Events zu reagieren. So könnte man beispielsweise `viewDidLoad()` überschreiben, um bestimmte View-Elemente im Code zu übersetzen oder direkt Änderungen an einer Ansicht vorzunehmen. Falls man eine Timer-App erstellt hat, könnte man den Timer bei Aufruf der Methode `viewWillDisappear()` anhalten, genau wie man diese Methode auch dazu nutzen kann, ein laufendes Spiel automatisch zu pausieren. Wichtig hierbei: Wenn Sie eine oder mehrere dieser Methoden implementieren, rufen Sie unbedingt auch mittels `super` die zugehörige Implementierung der Superklasse auf (siehe Listing 21.4).

Listing 21.4 Aufruf von `super` in Methoden des Lebenszyklus eines View-Controllers

```
override func viewDidLoad() {
    super.viewDidLoad()
    // Eigene Implementierung der Methode
}
```

21.6.2 Einblenden neuer View-Controller

Eine weitere wichtige Aufgabe der `NSViewController`-Klasse besteht im Einblenden neuer View-Controller. Hierfür stellt die Klasse diverse Methoden bereit, mit deren Hilfe Sie einen neuen View-Controller als Popover, als überlagerndes Sheet oder in Form eines neuen unabhängigen Fensters anzeigen lassen können. Im Folgenden stelle ich Ihnen diese Methoden und ihren jeweiligen Einsatzzweck kurz vor:

- `presentViewControllerAsModalWindow(_:)`: Mit dieser Methode blenden Sie ein neues Window ein, das den als Parameter übergebenen View-Controller enthält und anzeigt. Das ursprüngliche Window bleibt so lange inaktiv und nimmt keine Maus- und Tastatureingaben entgegen, wie das neue Window aktiv ist und sich im Vordergrund befindet.

- `presentViewControllerAsSheet(_:)`: Mit dieser Methode wird ein neuer View-Controller über das aktuelle Fenster gelegt und verhindert einen Zugriff auf die Inhalte und Funktionen des ursprünglichen View-Controllers.

- `presentViewController(_:asPopoverRelativeTo:of:preferredEdge:behavior:)`: Hiermit blenden Sie ein Popover ein, das sich an einer von Ihnen definierten Position und in einer eigens festgelegten Größe über das aktuelle Fenster legt.

Im Folgenden finden Sie ein Beispiel einer App, die die genannten drei Methoden nutzt, um einen neuen View-Controller einzublenden. Dazu werden dem initialen View-Controller innerhalb der *Main.storyboard*-Datei insgesamt drei Buttons hinzugefügt, von denen jeder eine der genannten Methoden aufrufen soll. Um dem View-Controller einen einzelnen Button hinzuzufügen, suchen Sie innerhalb der Objects Library nach dem *Push Button*-Element und ziehen es mit gedrückt gehaltener linker Maustaste auf den View-Controller, bis Sie die insgesamt drei Buttons ergänzt haben (siehe Bild 21.30). Um die Titel der verschiedenen Buttons wie im Screenshot gezeigt zu ändern, klicken Sie einen nach dem anderen jeweils doppelt an und geben anschließend den passenden Text ein.

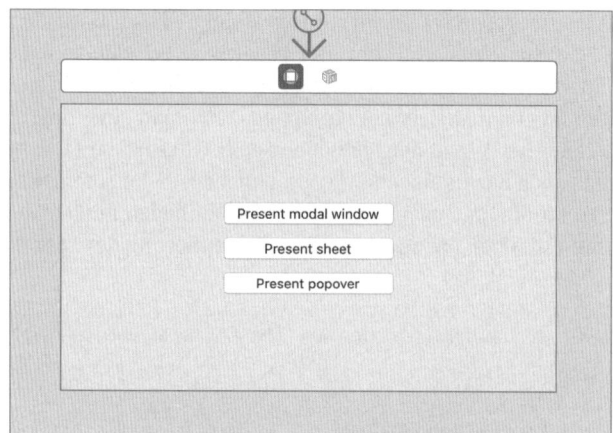

Bild 21.30 Fügen Sie dem initialen View-Controller drei Elemente vom Typ „Push Button" hinzu.

Im nächsten Schritt fügen wir dem Storyboard den View-Controller hinzu, der über alle drei Schaltflächen eingeblendet werden soll. Suchen Sie hierzu in der Objects Library nach dem *View Controller*-Element und ziehen Sie es irgendwo auf die freie Fläche des Storyboards (nicht auf den bestehenden Window- oder View-Controller). Anschließend fügen Sie diesem View-Controller ebenfalls einen *Push Button* mit dem Titel „Dismiss" hinzu (siehe Bild 21.31). Dieser soll dazu dienen, den eingeblendeten View-Controller auch wieder auszublenden.

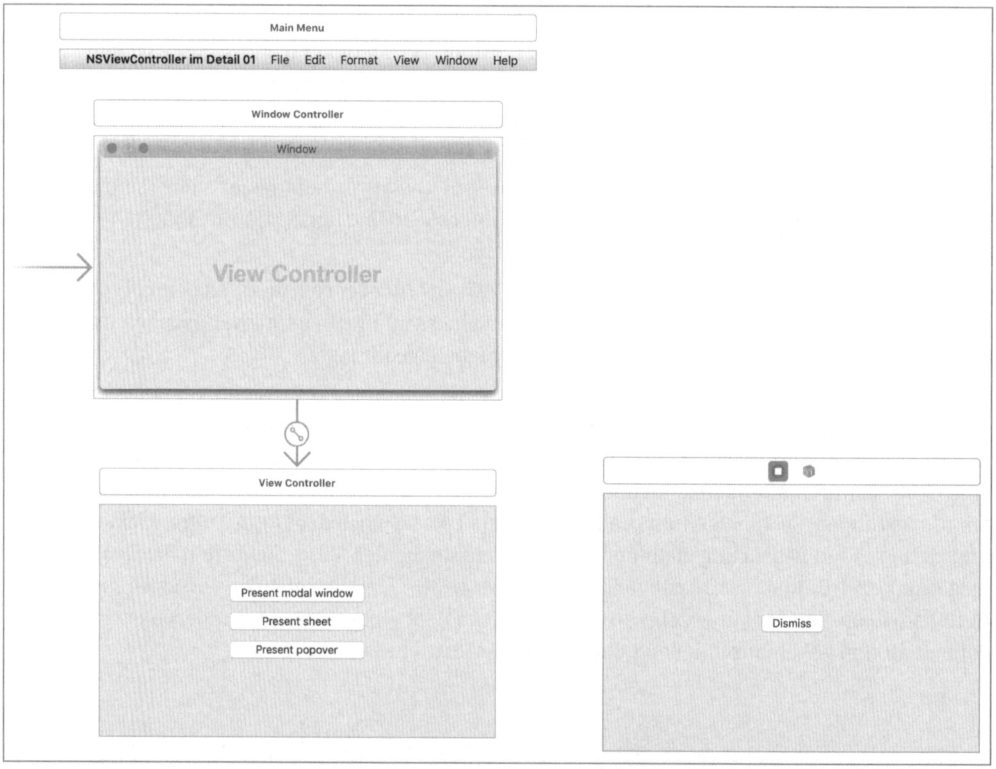

Bild 21.31 So sieht das fertige Storyboard der Beispiel-App aus.

Bevor wir uns nun dem Code widmen, müssen wir noch eine abschließende Konfiguration vornehmen, um Zugriff auf den anzuzeigenden View-Controller zu erhalten; der ist schließlich im Moment ein frei schwebendes Objekt innerhalb unseres Storyboards und kann von nichts und niemandem angesprochen werden.

Um das zu ändern, wählen wir den anzuzeigenden View-Controller mit der „Dismiss"-Schaltfläche aus (dazu klickt man am besten auf das blaue View-Controller-Symbol oberhalb der entsprechenden Ansicht) und wechseln in den Identity Inspector. Dort tragen wir in das Feld *Storyboard ID* einen eigenen eindeutigen Bezeichner ein, über den wir später diesen View-Controller im Code laden und erstellen können. Ich wähle in diesem Fall den Bezeichner „Destination" (siehe Bild 21.32).

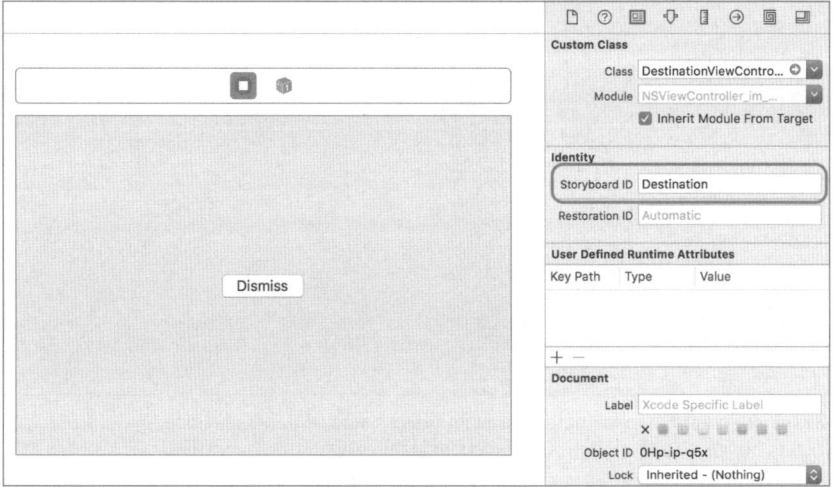

Bild 21.32 Wählen Sie den anzuzeigenden View-Controller mit der „Dismiss"-Schaltfläche aus und weisen Sie ihm eine passende Storyboard ID zu. Diese brauchen wir gleich, um im Code den View-Controller ansprechen zu können.

Sind diese Vorbereitungen abgeschlossen, widmen wir uns der eigentlichen Implementierung. Hierzu wählen wir im ersten Schritt den initialen View-Controller aus und wechseln in den Assistant Editor. Im zweiten Editor-Fenster blenden wir den Code der automatisch mit dem Projekt erzeugten `ViewController`-Klasse ein (siehe Bild 21.33). Diese ist dem initialen View-Controller im Storyboard zugeordnet, sodass wir darin die Action-Methoden für die drei Schaltflächen implementieren können. Dafür ziehen wir nach und nach bei gedrückt gehaltener rechter Maustaste eine Verbindung von jedem der Buttons in die Implementierung der `ViewController`-Klasse, bis eine blaue Einfügelinie angezeigt wird (siehe Bild 21.34). Lassen Sie anschließend die rechte Maustaste los, um an der entsprechenden Stelle eine Action-Methode zu erzeugen. Hierfür öffnet sich ein kleines Popover-Fenster, in dem Sie zwischen der Erstellung eines Outlets und einer Action über den Punkt *Connection* auswählen können; an dieser Stelle entscheiden Sie sich für *Action* (siehe Bild 21.35).

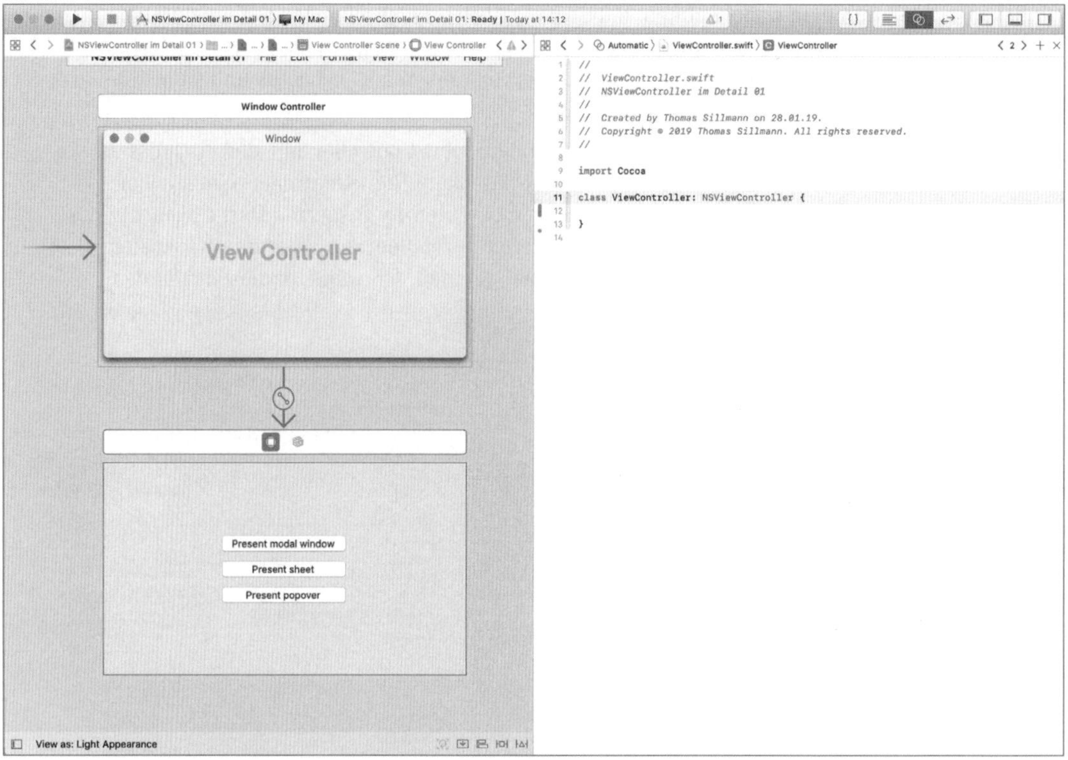

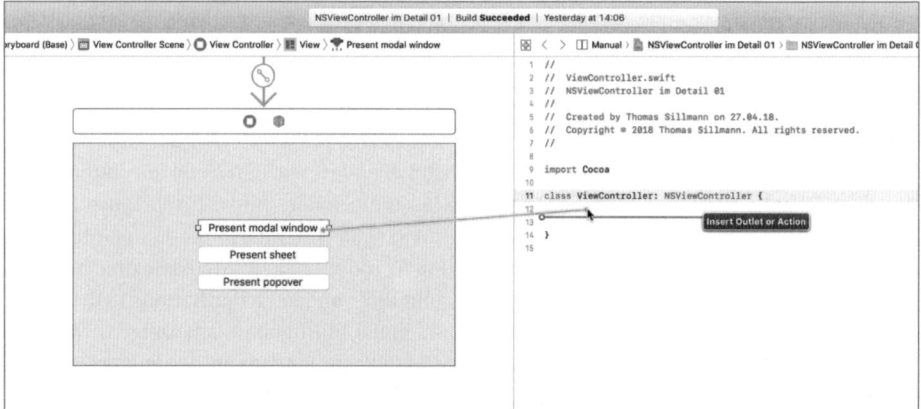

Bild 21.33 Blenden Sie mithilfe des Assistant Editors sowohl den initialen View-Controller als auch dessen zugehörige ViewController-Klasse nebeneinander ein.

Bild 21.34 Ziehen Sie eine Verbindung von jedem der Buttons in den Code des View-Controllers, um so eine zugehörige Action-Methode zu erzeugen.

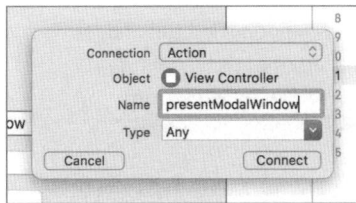

Bild 21.35
Unter „Connection" wählen Sie für jeden der drei Buttons den Punkt „Action" aus, um den Buttons eine passende Methode im Code zuzuweisen, die immer dann ausgeführt wird, wenn der jeweilige Button angeklickt wird.

Anschließend müssen Sie noch unter *Name* einen passenden Namen für die zu erstellende Methode hinterlegen. Ich entscheide mich hierbei für die drei Schaltflächen für die folgenden Bezeichner:

- *Present modal window:* `presentModalWindow`
- *Present sheet:* `presentSheet`
- *Present popover:* `presentPopover`

Wenn Sie das erledigt haben, sollte die Implementierung Ihrer `ViewController`-Klasse zu diesem Zeitpunkt so ähnlich aussehen wie in Listing 21.5 gezeigt.

Listing 21.5 Hinzufügen der Action-Methoden zur `ViewController`-Klasse

```
class ViewController: NSViewController {

    @IBAction func presentModalWindow(_ sender: Any) {
    }

    @IBAction func presentSheet(_ sender: Any) {
    }

    @IBAction func presentPopover(_ sender: Any) {
    }

}
```

 Parameter sender

Xcode fügt automatisch jeder der Methoden einen Parameter namens `sender` hinzu. Hierbei handelt es sich typischerweise um den Aufrufer der jeweiligen Action-Methode, in diesem Beispiel also um den zugrunde liegenden Button. Über diesen Parameter können Sie weitere Informationen zum Aufrufer auslesen oder auf ihm weitere Aktionen ausführen.

Standardmäßig ist der `sender`-Parameter vom Typ Any, was von Vorteil ist, wenn die Methoden nicht nur durch die zugrunde liegende View (in unserem Fall einen der Buttons), sondern auch durch andere Stellen aufgerufen werden. Dann kann man beliebige `sender`-Parameter übergeben und im Code auswerten. Umgekehrt gestaltet sich der Typ Any aber als nervig, wenn Sie wissen, dass die Action-Methode immer nur durch die zugewiesene View ausgelöst wird. In unserem Fall müssten wir beispielsweise immer ein Type Casting zur Klasse NSButton durchführen, um über den `sender`-Parameter Informationen der zugrunde liegenden Schaltfläche zu erhalten. Da wäre es sinnvoller, dem `sender`-Parameter direkt den Typ NSButton zuzuweisen.

Genau das können Sie bei der Erstellung der Action-Methode auch tun, indem Sie das Drop-down-Menü *Type* öffnen und dort statt *Any* den passenden Typ der View auswählen, die die jeweilige Methode auslöst (siehe Bild 21.36). Dann wird Xcode genau diesen Typ für den sender-Parameter einsetzen, wenn die Action-Methode im Code erzeugt wird.

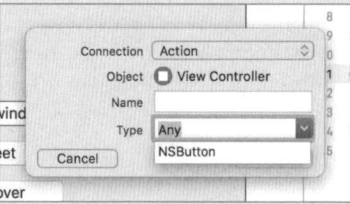

Bild 21.36
Sie können den Typ des sender-Parameters beim Erstellen der Action über das Type-Drop-down-Menü verändern.

Bevor wir uns nun an die Implementierung der drei neu erstellten Action-Methoden machen und darin unseren im Storyboard kreierten Ziel-View-Controller einblenden, brauchen wir eine Instanz dieses Ziel-View-Controllers. Die erzeugen wir innerhalb der `ViewController`-Klasse in Form einer Property.

Um den View-Controller auszulesen, nutzen wir die Klasse `NSStoryboard`. Mit ihr ist es uns möglich, im Code auf ein Storyboard zuzugreifen und die darin befindlichen Controller auszulesen und Instanzen von ihnen zu erstellen; also genau das, was wir für unseren Ziel-View-Controller brauchen, um ihn anschließend über die drei Action-Methoden einblenden zu können.

Eine neue Instanz der Klasse `NSStoryboard` erstellen Sie mithilfe des Initializers `init(name:bundle:)`. Der Parameter name ist vom Typ `NSStoryboard.Name` und erwartet den Namen der Storyboard-Datei, von der Sie auf einen View-Controller zugreifen möchten, als String. Wichtig: Diesen String müssen Sie über die Structure `NSStoryboard.Name` initialisieren. In unserem Fall, da wir auf die *Main.storyboard*-Datei zugreifen möchten, lautet der Parameter für den Namen wie folgt:

`NSStoryboard.Name(rawValue: `**`"Main"`**`)`

Hat man erfolgreich eine Instanz der `NSStoryboard`-Klasse erstellt, geht es noch darum, den gewünschten Controller aus dem zugrunde liegenden Storyboard zu initialisieren. Hierfür stehen zwei Methoden parat:

- `instantiateInitialController()`: Erstellt eine neue Instanz des als initial gekennzeichneten Controllers.
- `instantiateController(withIdentifier:)`: Erstellt eine Instanz des Controllers mit dem übergebenen Identifier.

In unserem Fall benötigen wir die zweite Methode, da wir nicht den initialen Window-Controller, sondern eine Instanz eines separat erstellten View-Controllers benötigen. Wir erinnern uns: Diesem Ziel-View-Controller haben wir in der *Main.storyboard*-Datei den Identifier „Destination" verpasst. Genau diesen String müssen wir der Methode `instantiateController(withIdentifier:)` als Parameter übergeben, um eine Instanz des View-Controllers als Ergebnis zu erhalten.

Hierbei gibt es aber zwei wichtige Dinge zu beachten:

- Die Methode erwartet einen Parameter vom Typ `NSStoryboard.SceneIdentifier`. Entsprechend müssen wir unsere ID („Destination") in eine Instanz dieses Typs verpacken. Das erzielt man mit folgendem Aufruf: `NSStoryboard.SceneIdentifier(rawValue: "Destination")`

- Beide Methoden liefern eine Instanz vom Typ Any zurück. Das liegt daran, dass in einem Storyboard einer macOS-App sowohl `NSWindowController` als auch `NSViewController` mithilfe der beiden Methoden angesprochen und ausgelesen werden können. Entsprechend müssen wir uns selbst darum kümmern, ein passendes Type Casting durchzuführen, um eine Instanz mit dem gewünschten Typ zu erhalten. In diesem Fall wissen wir, dass der Controller mit dem Identifier „Destination" dem Typ `NSViewController` entspricht, entsprechend muss auch das Type Casting ausfallen.

In Listing 21.6 finden Sie passend zu dem beschriebenen Vorgehen die Implementierung einer `destinationViewController`-Property innerhalb der `ViewController`-Klasse. Diese Property verweist auf unseren im Storyboard erzeugten zusätzlichen Ziel-View-Controller. Wir können sie im nächsten Schritt dazu verwenden, den View-Controller über drei zuvor generierte Action-Methoden auf jeweils unterschiedliche Art und Weise einzublenden.

Listing 21.6 Erzeugen der `destinationViewController`-Property

```
private let destinationViewController: NSViewController = {
    let mainStoryboard = NSStoryboard(name: NSStoryboard.Name(rawValue: "Main"),
bundle: nil)
    let destinationViewController = mainStoryboard.instantiateController(withIdentifi
er: NSStoryboard.SceneIdentifier(rawValue: "Destination")) as! NSViewController
    return destinationViewController
}()
```

In Listing 21.7 finden Sie die vollständige Implementierung der `ViewController`-Klasse inklusive der drei Action-Methoden. Sie enthält zusätzlich ein Outlet für den „Present popover"-Button, der für die Anzeige des Ziel-View-Controllers als Popover wichtig ist (dazu gleich mehr). Das Outlet können Sie analog zur Action-Methode für den Button erstellen, indem Sie im Auswahlfeld *Connection* den Punkt *Outlet* auswählen.

Listing 21.7 Vollständige Implementierung der `ViewController`-Klasse zum Einblenden eines neuen View-Controllers

```
class ViewController: NSViewController {

    @IBOutlet weak var popoverButton: NSButton!

    private let destinationViewController: NSViewController = {
        let mainStoryboard = NSStoryboard(name: NSStoryboard.Name(rawValue: "Main"),
bundle: nil)
        let destinationViewController = mainStoryboard.instantiateController(withIden
tifier: NSStoryboard.SceneIdentifier(rawValue: "Destination")) as! NSViewController
        return destinationViewController
    }()

    @IBAction func presentModalWindow(_ sender: Any) {
        presentViewControllerAsModalWindow(destinationViewController)
    }
```

```
    @IBAction func presentSheet(_ sender: Any) {
        presentViewControllerAsSheet(destinationViewController)
    }

    @IBAction func presentPopover(_ sender: Any) {
        let popoverSize = NSRect(x: 0, y: 0, width: 300, height: 300)
        presentViewController(destinationViewController, asPopoverRelativeTo:
popoverSize, of: view, preferredEdge: .maxX, behavior: .applicationDefined)
    }

}
```

Die Action-Methoden `presentModalWindow(_:)` und `presentSheet(_:)` rufen einfach die passende Methode zum Einblenden des neuen View-Controllers auf und übergeben hierbei die `destinationViewController`-Instanz als Parameter.

Etwas komplizierter gestaltet sich die Implementierung der Methode `presentPopover(_:)`, über die der Ziel-View-Controller als Popover angezeigt werden soll. Hier braucht es noch mehr Parameter als nur den anzuzeigenden View-Controller. Im Folgenden finden Sie eine Übersicht aller Informationen, die Sie der Methode `presentViewController(_:asPopover RelativeTo:of:preferredEdge:behavior:)` übergeben müssen:

- `viewController`: Der als Popover anzuzeigende View-Controller (in unserem Fall die `destinationViewController`-Instanz).
- `positioningRect`: Die Größe des Popovers in Form einer `NSRect`-Instanz.
- `positioningView`: Die View, zu der das Popover ausgerichtet werden soll. In unserem Fall wäre das der Button mit dem Titel „Present popover", da dieser für die Anzeige des Popovers verantwortlich ist.
- `preferredEdge`: Hier wählen Sie, an welcher Stelle das Popover optimalerweise ausgerichtet werden soll. Zu diesem Zweck kommt eine Instanz der Enumeration `NSRectEdge` zum Einsatz. Der Wert `minX` blendet das Popover am linken Rand ein, `maxX` am rechten, `minY` oberhalb und `maxY` unterhalb der `positioningView`.
- `behavior`: Über diesen Parameter bestimmen Sie das Verhalten des Popovers. Er ist vom Typ `NSPopover.Behavior`, der über insgesamt drei mögliche Optionen verfügt:
  - `transient` sorgt dafür, dass das Popover automatisch wieder ausgeblendet wird, sobald Sie an irgendeine andere Stelle außerhalb des Popovers klicken.
  - Mit `semitransient` erzielen Sie einen ähnlichen Effekt wie mit `transient`, nur dass das Popover hier nur dann ausgeblendet wird, wenn Sie an eine beliebige Stelle innerhalb der `positioningView` klicken. Klicken Sie mit der Maus an eine andere Stelle – zum Beispiel auf den möglicherweise im Hintergrund befindlichen Desktop – geschieht nichts und das Popover bleibt weiterhin sichtbar.
  - Alternativ steht noch der Wert `applicationDefined` zur Verfügung. Dadurch wird das Popover niemals automatisch ausgeblendet und Sie sind selbst dafür verantwortlich, es zu einem gegebenen Zeitpunkt oder durch Ausführung einer bestimmten Aktion wieder verschwinden zu lassen (zum Ausblenden von View-Controllern gleich mehr).

Wie Sie im Beispiel in Listing 21.7 gesehen haben, wurde als Verhalten für das Popover `applicationDefined` festgelegt. Das bedeutet, dass der Ziel-View-Controller nur dann wieder verschwindet, wenn eine entsprechende Aktion explizit im Code ausgeführt wird. Zu diesem Zweck kümmern wir uns nun noch um eine passende Implementierung dieses Ziel-View-Controllers.

21.6.3 Ausblenden eines View-Controllers

Hierzu fügen wir unserem Xcode-Projekt zunächst eine neue Klasse namens `DestinationViewController` hinzu, die von `NSViewController` abgeleitet ist. Wählen Sie hierzu aus der Vorlagenübersicht zum Erstellen einer neuen Datei zunächst im oberen Bereich den Reiter *macOS* und darin den Punkt *Cocoa Class* aus (siehe Bild 21.37). Nach einem Klick auf die Schaltfläche *Next* tragen Sie den gewünschten Klassennamen („Destination ViewController") im Feld *Class* ein und wählen in *Subclass of* den Wert „NSViewControl-ler" aus. Den Haken der Checkbox bei *Also create XIB file for user interface* können Sie entfernen (siehe Bild 21.38). Nach einem weiteren Klick auf *Next* wählen Sie noch den Speicherort für die neue Datei und erstellen sie anschließend mit einem finalen Klick auf *Create*.

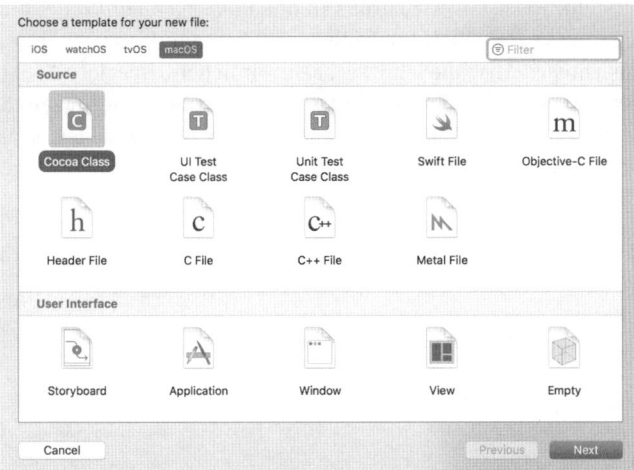

Bild 21.37 Wählen Sie Cocoa Class als Vorlage zur Erstellung einer neuen Klasse auf Basis von NS-ViewController.

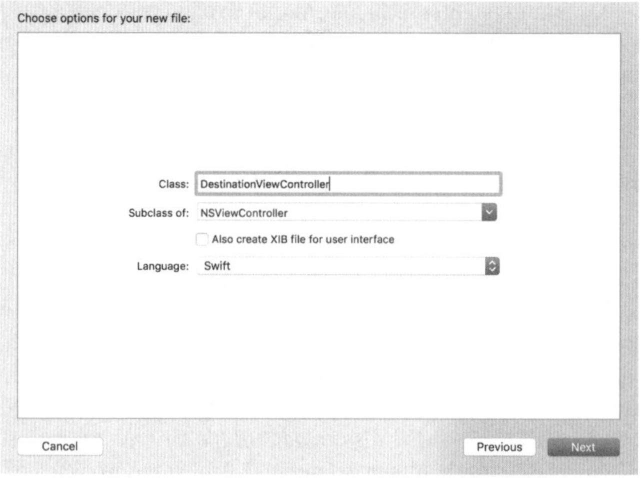

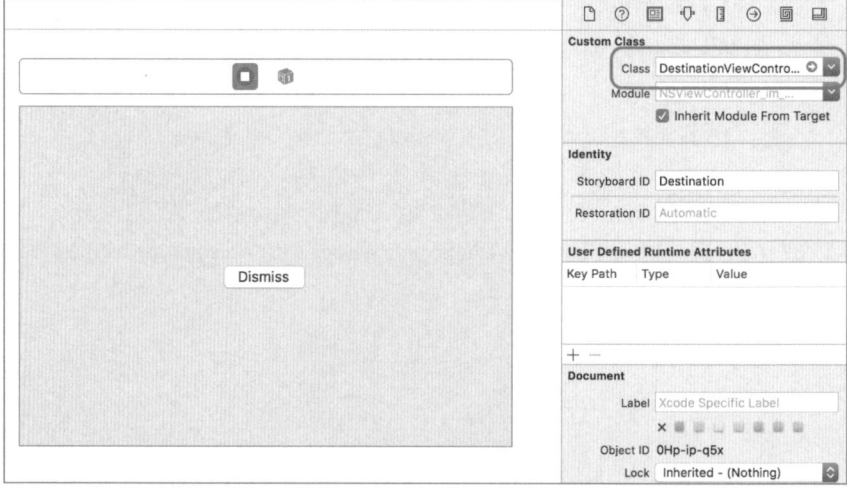

Bild 21.38 Geben Sie den gewünschten Namen für die neue Klasse ein und geben Sie die Superklasse an.

Ist die Klasse erstellt, wechseln wir zurück in die *Main.storyboard*-Datei und wählen dort
unseren zu Beginn erstellten View-Controller per Klick auf das zugehörige blaue Symbol
oberhalb der Ansicht aus. Anschließend wechseln wir in der Inspectors Area in den Identity
Inspector, in dem wir zuvor die Storyboard ID definiert haben, und tragen dort in das Feld
Class den Namen „DestinationViewController" unserer neu erstellten Klasse ein (siehe
Bild 21.39). Hierdurch wird der View-Controller aus dem Storyboard mit unserer
`DestinationViewController`-Klasse gekoppelt.

Bild 21.39 Durch Zuweisen unserer neu erstellten DestinationViewController-Klasse zum Ziel-View-
Controller im Storyboard werden Code und Ansicht miteinander gekoppelt.

Ist dieser Schritt erledigt, öffnen Sie anschließend den Assistant Editor und lassen sich Storyboard sowie den Code der `DestinationViewController`-Datei nebeneinander anzeigen. Ziehen Sie anschließend bei gedrückt gehaltener rechter Maustaste eine Verbindung vom „Dismiss"-Button in die Implementierung der `DestinationViewController`-Klasse, bis erneut blaue Hilfslinien erscheinen und Sie durch Loslassen eine Action-Methode für die Schaltfläche erzeugen können (so wie Sie es zuvor für die Schaltflächen des initialen View-Controllers getan haben, siehe Bild 21.40). Wählen Sie in dem erscheinenden Popover den *Connection*-Type *Action* und tragen Sie als Namen für die Methode den Wert „dismiss" ein. Sie wird immer dann aufgerufen, wenn der Button betätigt wird, und soll dafür sorgen, dass der View-Controller wieder ausgeblendet wird.

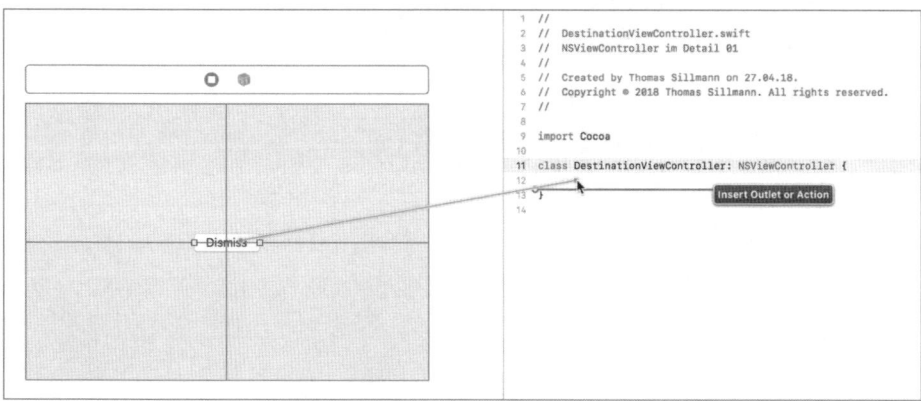

Bild 21.40 Ziehen Sie eine Verbindung vom Button des Ziel-View-Controllers in dessen zugrunde liegende Code-Datei, um eine passende Action-Methode für die Schaltfläche zu generieren.

Um einen View-Controller auszublenden, können Sie die Methode `dismissViewController(_:)` benutzen. Sie ist Teil der `NSViewController`-Klasse und kann somit problemlos aus jedem View-Controller heraus aufgerufen werden. Als Parameter erwartet sie den View-Controller, der ausgeblendet werden soll. In diesem Beispiel übergeben wir als Parameter entsprechend `self`, da wir den Ziel-View-Controller selbst bei Betätigen des „Dismiss"-Schaltknopfs wieder ausblenden möchten. In Listing 21.8 finden Sie die vollständige Implementierung der `DestinationViewController`-Klasse.

Listing 21.8 Ausblenden eines View-Controllers bei Betätigen eines Buttons

```
class DestinationViewController: NSViewController {

    @IBAction func dismiss(_ sender: Any) {
        dismissViewController(self)
    }

}
```

Wenn Sie das beschriebene Projekt nun ausführen und die verschiedenen Schaltflächen betätigen, sehen Sie, wie der Ziel-View-Controller jeweils auf ganz unterschiedliche Art und Weise eingeblendet wird. „Present modal window" öffnet ein gänzlich neues Fenster, während „Present sheet" die Ansicht über den initialen View-Controller einblendet und fest mit diesem verankert. „Present popover" schließlich stellt den Ziel-View-Controller als Popover dar. Bild 21.41 zeigt die unterschiedlichen Darstellungsarten des Ziel-View-Controllers. Um den Ziel-View-Controller wieder auszublenden, klicken Sie einfach auf die „Dismiss"-Schaltfläche.

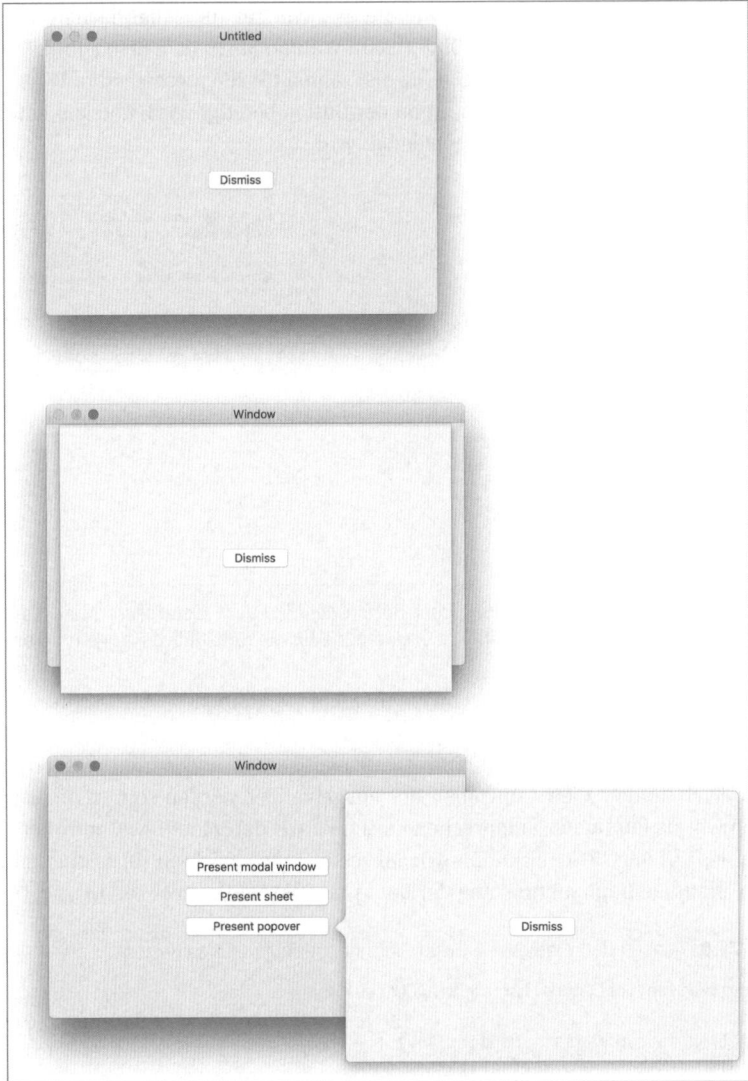

Bild 21.41 Oben sehen Sie das Einblenden des neuen View-Controllers als modales Fenster, darunter als Sheet und zu guter Letzt in Form eines Popovers.

21.6.4 Verknüpfen von View-Controllern mittels Segue

Eine Alternative zu dem gezeigten Vorgehen zum Einblenden neuer View-Controller stellen die sogenannten *Segues* dar. Sie sind Verbindungen zwischen verschiedenen Controllern eines Storyboards und sorgen unter anderem dafür, bei Auslösen bestimmter Aktionen (zum Beispiel dem Klick auf eine Schaltfläche) einen neuen Controller einzublenden.

Um einen Segue zu erstellen, ziehen Sie bei gedrückt gehaltener rechter Maustaste eine Verbindung von dem Element, dass die Aktion auslösen soll (in unserem Fall ist das ein Button), hin zu dem anzuzeigenden Ziel-View-Controller. Ein Beispiel hierzu sehen Sie in Bild 21.42. Von einem View-Controller mit insgesamt drei Schaltflächen wird von einer eine Verbindung zu einem anzuzeigenden View-Controller gezogen, woraufhin dieser farblich hervorgehoben wird. Wenn Sie nun die rechte Maustaste loslassen, öffnet sich ein kleines Popup-Menü, in dem Sie die Art von Verbindung definieren können (siehe Bild 21.43). Mit *Modal* sorgen Sie dafür, dass der Ziel-View-Controller in einem neuen modalen Fenster erscheint, während Sie ihn über *Popover* als Popover einblenden oder als *Sheet* über das ursprüngliche Fenster legen.

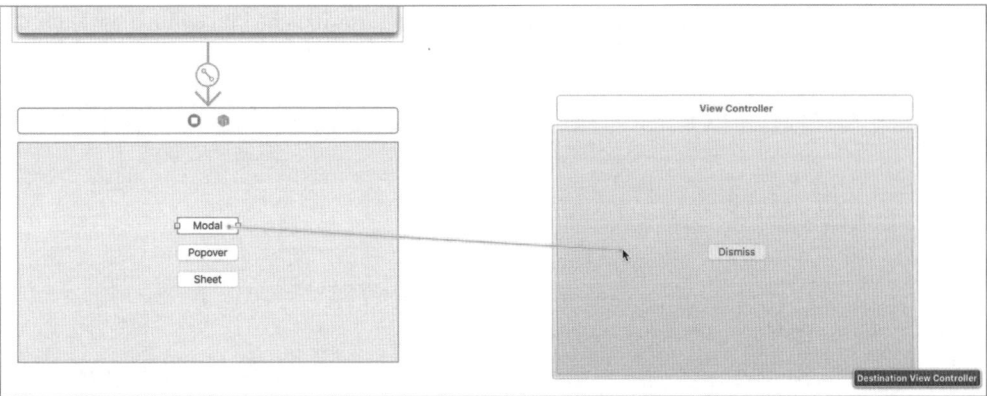

Bild 21.42 Ziehen Sie eine Verbindung von einem Button zu einem anderen View-Controller, um letzteren so durch Klick auf die Schaltfläche mithilfe eines Segues einblenden zu lassen.

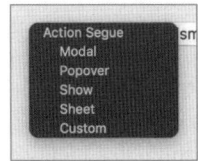

Bild 21.43
Sie können zwischen verschiedenen Arten von Segues wählen.

Erstellen Sie auf die beschriebene Art und Weise für jede der drei zur Verfügung stehenden Schaltflächen eine Verbindung zum neu hinzugefügten View-Controller und wählen Sie jeweils den passenden Action Segue aus (für den Button „Modal" ist das *Modal*, für „Popover" *Popover* und für „Sheet" *Sheet*). Jede Verbindung wird durch einen zugehörigen Pfeil symbolisiert. Haben Sie erfolgreich alle drei Verbindungen gesetzt, sollte das Storyboard in etwa so aussehen wie in Bild 21.44.

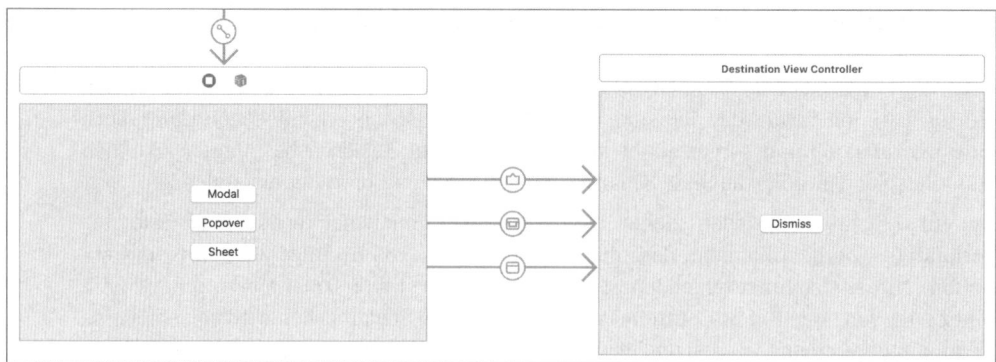

Bild 21.44 Von jedem der drei Schaltflächen des initialen View-Controllers wurde eine Verbindung zum neu hinzugefügten Ziel-View-Controller gesetzt.

Wenn Sie einen der Pfeile auswählen und in den Attributes Inspector wechseln, finden Sie nähere Informationen zu dem gesetzten Segue. Besonders praktisch ist das für den in diesem Beispiel verwendeten *Popover*-Segue. Für diesen können Sie im Attributes Inspector – so wie wir es zuvor auch direkt im Code getan haben – zusätzliche Einstellungen wie für die Position und das Verhalten des Popovers setzen (siehe Bild 21.45).

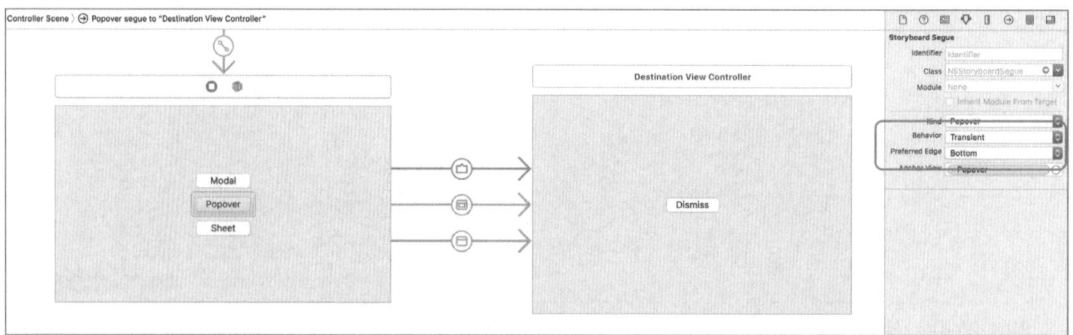

Bild 21.45 Nach Auswahl eines Segues können Sie im Attributes Inspector nähere Informationen zu diesem Element einsehen und – im Falle eines Popovers – das Verhalten anpassen.

Um das Beispiel abzurunden, müssen wir noch – genau wie im Beispiel aus Abschnitt 21.6.3, „Ausblenden eines View-Controllers“, beschrieben – eine passende Klasse für den Ziel-View-Controller mit der „Dismiss“-Schaltfläche erstellen, um ihn nach Betätigen dieses Buttons wieder auszublenden. Hierfür erstellen wir dieselbe Klasse wie bereits in Listing 21.8 gezeigt und weisen sie dem Ziel-View-Controller im Storyboard mithilfe des Identity Inspectors zu. Wenn Sie das Projekt anschließend ausführen, werden Sie feststellen, dass Sie dasselbe Verhalten erzielt haben, welches zuvor programmatisch umgesetzt wurde.

■ 21.7 Oberflächen gestalten mit NSView

Views stellen die eigentlichen Ansichten einer jeden macOS-App dar, sie werden allesamt von der Klasse NSView abgeleitet. Eine View ist zunächst ein einfaches Anzeigenelement wie ein Label, eine Schaltfläche oder ein Schalter. Es gibt aber auch die Möglichkeit, eine View auf Basis mehrerer verschiedener Views zu generieren. So kann sich eine View (sprich eine Ansicht) beispielsweise aus mehreren Buttons zusammensetzen.

21.7.1 View-Hierarchien

In den vorangegangenen Abschnitten, in denen es um die Arbeit mit der Klasse NSViewController ging, haben wir mit solchen zusammengesetzten Views bereits gearbeitet, oder besser gesagt, sie selbst *erstellt*. Betrachten Sie einmal die View-Controller-Ansicht aus einer Storyboard-Datei in Bild 21.46. Dort sehen Sie eine Ansicht, die sich aus insgesamt drei Schaltflächen zusammensetzt. Jede Schaltfläche für sich genommen stellt eine View dar, ebenso wie die Kombination aus allen drei Elementen zusammen.

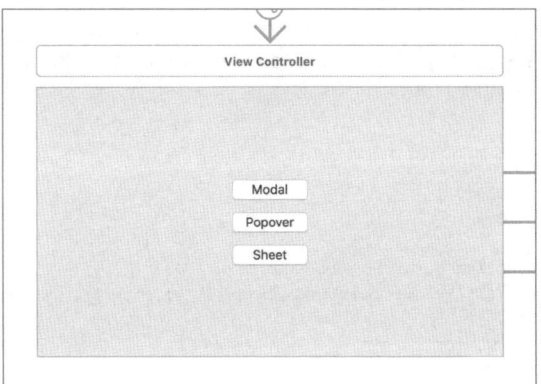

Bild 21.46 Eine View kann sich auch aus mehreren Views zusammensetzen. Dieses Prinzip ist die Grundlage bei der Arbeit mit View-Controllern.

Eine solche Zusammensetzung bezeichnet man als *View-Hierarchie*. Wenn Sie mit einer Storyboard-Datei arbeiten und in einem View-Controller unterschiedliche View-Elemente platzieren (wie in dem gezeigten Beispiel die drei Schaltflächen), bilden Sie gleichzeitig eine entsprechende View-Hierarchie ab. Basis hierfür ist die zugrunde liegende graue View des View-Controllers. Sie enthält weitere Views und wird daher in diesem Kontext auch als *Superview* bezeichnet. Views, die Teil einer anderen View sind, bezeichnet man hingegen im jeweiligen Kontext als *Subview*. In Bild 21.47 wird dieses Prinzip visuell dargestellt.

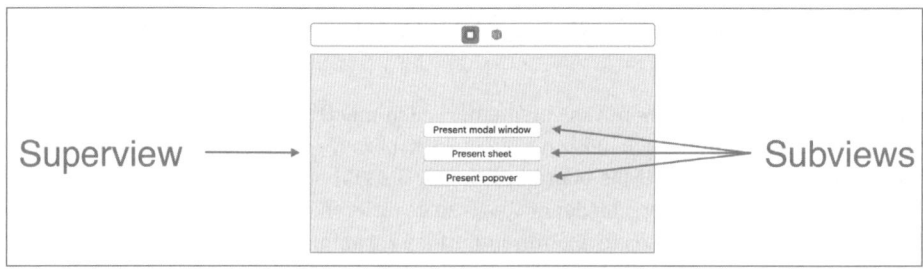

Bild 21.47 Werden einer View weitere View-Elemente zugewiesen, bezeichnet man sie als Super-view. Die zugewiesenen Views werden in diesem Kontext als Subviews bezeichnet.

Neben dem Storyboard, in dem es ganz natürlich erscheint, View-Elemente auf die gezeigte Art und Weise in Form von Superviews und Subviews zu arrangieren, gibt es in macOS auch die Möglichkeit, solche Hierarchien im Code abzubilden. Basis hierfür sind die Metho-den addSubview(_:) und removeFromSuperview(), beide sind innerhalb der Klasse NSView deklariert.

Mithilfe von addSubview(_:) können Sie einer bestehenden View – wie der Name bereits andeutet – eine Subview hinzufügen. Diese übergeben Sie der Methode als Parameter. Lis-ting 21.9 zeigt dazu ein Beispiel. Darin wird innerhalb der viewDidLoad()-Methode eines NSViewController ein Label programmatisch erzeugt und anschließend der zugrunde lie-genden View des View-Controllers über dessen view-Property als Subview hinzugefügt. Das Ergebnis sehen Sie in Bild 21.48.

Listing 21.9 Programmatisches Hinzufügen einer Subview

```
override func viewDidLoad() {
    super.viewDidLoad()

    // Erstellung und Konfiguration des Labels
    let myLabel = NSTextField(frame: NSRect(x: 10, y: view.frame.height - 10 - 44,
width: 100, height: 44))
    myLabel.backgroundColor = .red
    myLabel.isEditable = false
    myLabel.stringValue = "My Label"

    // Hinzufügen des Labels als Subview
    view.addSubview(myLabel)
}
```

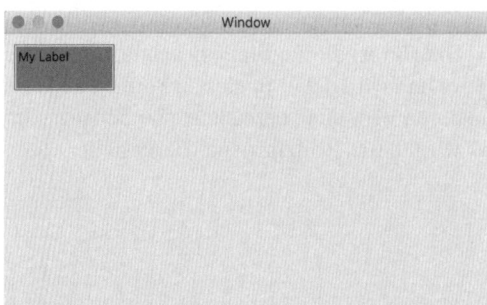

Bild 21.48
Das Label am oberen linken Rand wurde programmatisch als Subview der zugrunde liegenden View des View-Controllers hinzugefügt.

Grundlagen zu Views und Frames

Lassen Sie sich von den Details der Konfiguration des Labels aus Listing 21.9 an dieser Stelle nicht verunsichern; Sie erfahren mehr über die Details der verschiedenen View-Elemente in Abschnitt 21.7.3, „Verfügbare NSView-Sub-klassen". Dennoch möchte ich an dieser Stelle auf ein grundlegendes Detail bei der programmatischen Erstellung von Views eingehen, und das ist der sogenannte *Frame*.

Der Frame bestimmt Größe und Position einer View. Wann immer Sie im Code ein neues View-Element erzeugen, können Sie hierfür den in NSView definierten Initializer init(frame:) nutzen, um der neuen View gleich die passenden Werte für diese Information mit auf den Weg zu geben.

Der Frame selbst basiert auf dem Typ NSRect. Hierbei handelt es sich um ein Type Alias für die Structure CGRect aus dem *Core Graphics*-Framework. Es stehen verschiedene Initializer zur Verfügung, um auf Basis von NSRect einen neuen Frame zu erzeugen. Bei der in Listing 21.9 gezeigten Variante kam init(x:y:width:height:) zum Einsatz. Die ersten beiden Parameter dieses Initializers nehmen die X- beziehungsweise Y-Koordinate für die View entgegen. Diese orientieren sich an der Superview, der die neue View als Subview hinzugefügt werden soll, in unserem Beispiel also an der View des zugrunde liegenden View-Controllers.

Beachten Sie hierbei, dass die Y-Koordinate am *unteren Fensterrand* beginnt und dort den Wert 0 besitzt. In dieser Hinsicht unterscheidet sich macOS von iOS, in letzterem beginnt die Y-Koordinate am *oberen* Fensterrand. Deswegen erfolgte in Listing 21.9 auch eine so aufwendige Berechnung der Y-Koordinate, da das Label ja direkt unterhalb des oberen Fensterrands platziert werden sollte. Um den passenden Y-Wert zu ermitteln, wurde also zunächst die Höhe der zugrunde liegenden View des View-Controllers ausgelesen (view.frame.height), deren Wert den höchsten Punkt der Y-Koordinate am oberen Fenster-rand darstellte. Davon wurden dann noch die Höhe des Labels selbst (44) sowie der gewünschte Abstand zum oberen Rand (10) abgezogen.

Zum besseren Verständnis sehen Sie in Listing 21.10 noch einmal eine detail-lierte Erstellung des Labels aus Listing 21.9, bei der zusätzlich auch einige Hilfskonstanten zum Einsatz kommen.

Listing 21.10 Detaillierte Erstellung einer View in macOS

```
let labelWidth = 100
let labelHeight = 44
let distanceToBorder = 10
let xValue = distanceToBorder
let yValue = view.frame.height - labelHeight - distanceToBorder
let labelFrame = NSRect(x: xValue, y: yValue, width: labelWidth, height:
labelHeight)
let myLabel = NSTextField(frame: labelFrame)
```

Um eine bestehende View wieder zu entfernen und somit auch auszublenden, kommt die bereits genannte Methode `removeFromSuperview()` zum Einsatz. Diese wird auf der View aufgerufen, die entfernt werden soll. Soll also beispielsweise das Label aus Listing 21.9 wieder verschwinden, würde man hierfür den folgenden Befehl ausführen:

```
myLabel.removeFromSuperview()
```

21.7.2 Anpassen von Views im Attributes Inspector

Sie können Views auf zwei verschiedene Arten konfigurieren und anpassen: Entweder nutzen Sie hierfür die für das jeweilige Element zur Verfügung stehenden Properties und Methoden im Code (so wie wir es beispielsweise bei der Konfiguration des Labels in Listing 21.9 gesehen haben) oder Sie passen eine View mithilfe des Attributes Inspectors an. Letzteres steht Ihnen nur zur Verfügung, wenn Sie eine View in einer Interface-Datei wie einem Storyboard erstellt haben und dort auswählen können. Klicken Sie zur Konfiguration das entsprechende Element an, um dessen Eigenschaften im Attributes Inspector einsehen und bearbeiten zu können, so wie in Bild 21.49 gezeigt.

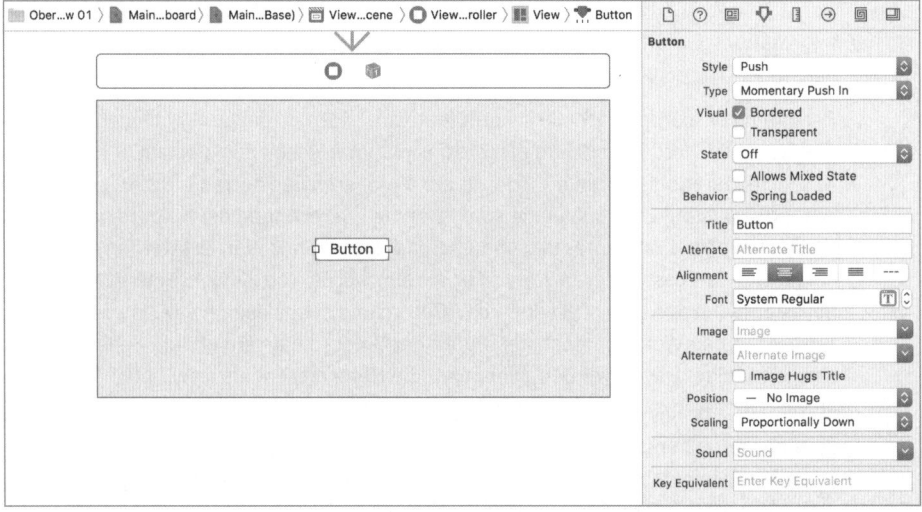

Bild 21.49 Nach Auswahl einer View werden im Attributes Inspector die zur Verfügung stehenden Konfigurationsmöglichkeiten angezeigt.

Die zur Verfügung stehenden Konfigurationsmöglichkeiten unterscheiden sich von View zu View. Bei Buttons und Labels können Sie beispielsweise den angezeigten Text verändern, während Sie für ein Segmented Control die Anzahl der Segmente definieren können.

Im folgenden Abschnitt 21.7.3, „Verfügbare NSView-Subklassen", stelle ich Ihnen einige der in macOS zur Verfügung stehenden Views und deren Funktionen vor. Darin beschreibe ich auch die jeweiligen Konfigurationsmöglichkeiten, sowohl über den Interface Builder als auch über den Code.

21.7.3 Verfügbare NSView-Subklassen

Alle View-Elemente in macOS sind von der Klasse NSView abgeleitet. Sie können sie sowohl im Code als auch – sofern dort verfügbar – direkt in einer Interface-Datei wie einem Storyboard erstellen und konfigurieren.

Views dienen zur Anzeige von Informationen oder zur Interaktion mit dem Benutzer. Es gibt Views zur Ausgabe von Text (zum Beispiel Labels) oder zum Durchführen von Aktionen (zum Beispiel Buttons). Aus diesen Elementen setzen Sie die verschiedenen Oberflächen Ihrer View-Controller und damit Ihrer App zusammen.

In den folgenden Abschnitten stelle ich Ihnen einige dieser View-Elemente vor, erläutere deren spezifische Aufgabe und zeige Ihnen, wie Sie sie sowohl im Code als auch im Storyboard erstellen und konfigurieren können.

21.7.3.1 Label/Textfelder

Textfelder dienen zur Darstellung sowie zur Bearbeitung von Text. Eine Sonderform eines Textfelds ist ein sogenanntes Label, das lediglich Text ausgibt, der nicht verändert werden kann. Während in iOS diese zwei Elemente grundsätzlich voneinander getrennt werden und für sich stehen, werden in macOS Label und Textfelder über dieselbe Klasse abgebildet: NSTextField.

In der Objects Library stehen Ihnen gleich mehrere verschiedene Objekte zur Verfügung, um eine View um ein Label beziehungsweise Textfeld zu ergänzen. Sie finden sie am einfachsten, indem Sie in das Suchfeld oberhalb der Objects Library den String „NSTextField" eingeben (siehe Bild 21.50). Sie tragen Bezeichner wie *Label*, *Text Field*, *Wrapping Label* und *Wrapping Text Field*. Mit ihnen erstellen Sie immer ein NSTextField, lediglich die grundlegende Konfiguration der Elemente unterscheidet sich voneinander. Es ist aber im Prinzip kein Problem, einer View ein *Text Field*-Element hinzuzufügen und letztlich in das Verhalten eines Labels umzuwandeln.

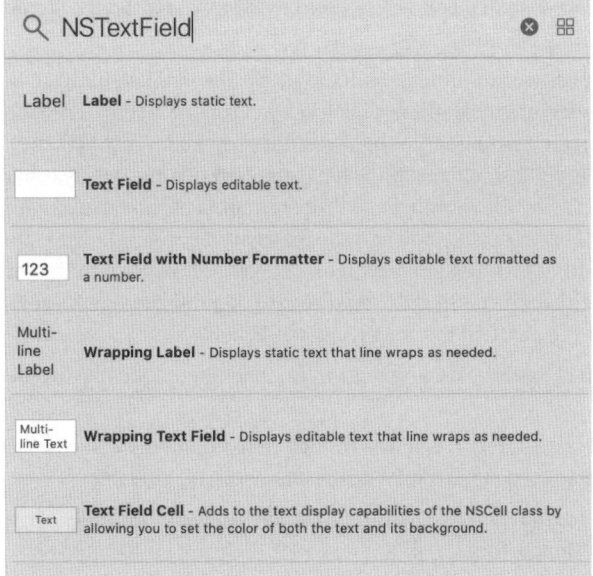

Bild 21.50
Die Objects Library bietet diverse vorkonfigurierte Textfelder zum Hinzufügen über den Interface Builder an.

In Bild 21.51 sehen Sie die für ein Textfeld zur Verfügung stehenden Konfigurationsmöglichkeiten im Attributes Inspector, in diesem Beispiel auf Basis des *Label*-Elements aus der Objects Library. Im Folgenden finden Sie eine Beschreibung verschiedener Anpassungsmöglichkeiten:

- *Title:* Der angezeigte Text innerhalb des Textfelds. Im Code können Sie diesen über die Property `stringValue` auslesen und setzen.

- *Placeholder:* Ein Platzhaltertext, der in einem leichten Grau angezeigt wird, solange das Textfeld keinen *Title* besitzt. Das kann dazu verwendet werden, den Sinn eines Textfelds hervorzuheben, beispielsweise indem man für eine Passworteingabe den Placeholder „Passwort" verwendet. Im Code können Sie diesen Wert über die Property `placeholderString` auslesen und setzen.

- *Alignment:* Hiermit legen Sie die Ausrichtung des Textes innerhalb des Textfelds fest. Sie haben die Wahl zwischen linksbündig, zentriert, rechtsbündig und Blocksatz. Der letzte Punkt, der standardmäßig aktiv ist, sorgt für eine automatische Ermittlung der Textausrichtung. Hierbei wird die Systemsprache des zugrunde liegenden Mac herangezogen. Handelt es sich bei deren zugehöriger Schrift um eine, die von links nach rechts gelesen wird (wie Deutsch), wird der Text linksbündig ausgerichtet. Bei Sprachen, deren Schrift hingegen von rechts nach links gelesen wird (wie beispielsweise Arabisch), wird der Text rechtsbündig gesetzt.

  Im Code wird diese Information über die Property `alignment` vom Enumeration-Typ `NSTextAlignment` abgebildet. Analog zu den zur Verfügung stehenden Einstellungen im Interface Builder stellt er die Werte `left`, `center`, `right`, `justified` sowie `natural` zur Verfügung.

- *Border:* Hierüber können Sie einen Rahmen für das Textfeld festlegen. Von links nach rechts können Sie wählen zwischen keinem Rahmen, einem viereckigen schwarzen Rahmen, einem einfachen viereckigen grauen Rahmen und einem abgerundeten grauen Rahmen. Die beiden letzteren kommen typischerweise zum Einsatz, wenn man über ein Textfeld nicht nur statische und unveränderliche Informationen ausgeben möchte (wie es beim Einsatz als Label typischerweise der Fall ist), da durch diese beiden Styles signalisiert wird, dass hier eine Texteingabe möglich ist.

  Im Code kommen mehrere Properties zum Einsatz, mit denen Sie diese Einstellung steuern und anpassen können. So bestimmen Sie mit der booleschen Property `isBordered`, ob das Textfeld über einen viereckigen schwarzen Rahmen verfügt (`true`) oder nicht (`false`). Über `isBezeled` hingegen legen Sie fest, ob der einfache graue Rahmen für das Textfeld verwendet werden soll (falls ja, setzen Sie hierzu diese Property auf `true`, andernfalls auf `false`). Mit `bezelStyle` legen Sie zusätzlich – sofern `isBezeled` auf `true` gesetzt ist – die Darstellung der grauen Umrandung fest. Die zur Verfügung stehenden Werte sind in der Enumeration `NSTextField.BezelStyle` definiert. `squareBezel` kommt für ein Viereck zum Einsatz, `roundedBezel` für ein Textfeld mit abgerundeten Ecken.

- *Text Color:* Hierüber legen Sie die Textfarbe des Texts fest. Im Code nutzen Sie hierfür die `textColor`-Property.

- *Background:* Hier definieren Sie die Hintergrundfarbe für das Textfeld. Im Code bilden Sie diese Information mithilfe der `backgroundColor`-Property ab.

- *Font:* Hierüber bestimmen Sie Schriftart und Schriftgröße für das Textfeld. Die zugehörige Property im Code hört auf den Namen `font`.

- *Behavior:* Ein Textfeld kann entweder statischen Text anzeigen (wodurch es dem Verhalten nach einem Label entspricht) oder bearbeitet werden. Das gewünschte Verhalten legen Sie über diese Auswahlbox fest. Mit *Editable* geben Sie an, dass der Text des Textfelds bearbeitet werden kann. *Selectable* erlaubt lediglich das Markieren des Textes, aber keine Änderung. Das ist beispielsweise nützlich, wenn der Anwender die Möglichkeit haben soll, einen statischen Text aus einer macOS-App heraus zu kopieren. Die letzte Konfigurationsmöglichkeit lautet *None* und bedeutet, dass der Text des entsprechenden Textfelds weder verändert noch ausgewählt werden kann.

Im Code steuern Sie diese Einstellungen mithilfe zweier boolescher Properties. isEditable legt fest, ob der Text eines Textfelds editiert werden kann (true) oder nicht (false), während isSelectable analog dazu steuert, ob der Text selektiert werden kann oder nicht. Stehen beide Properties auf false, entspricht das der Auswahl von *None* im Attributes Inspector.

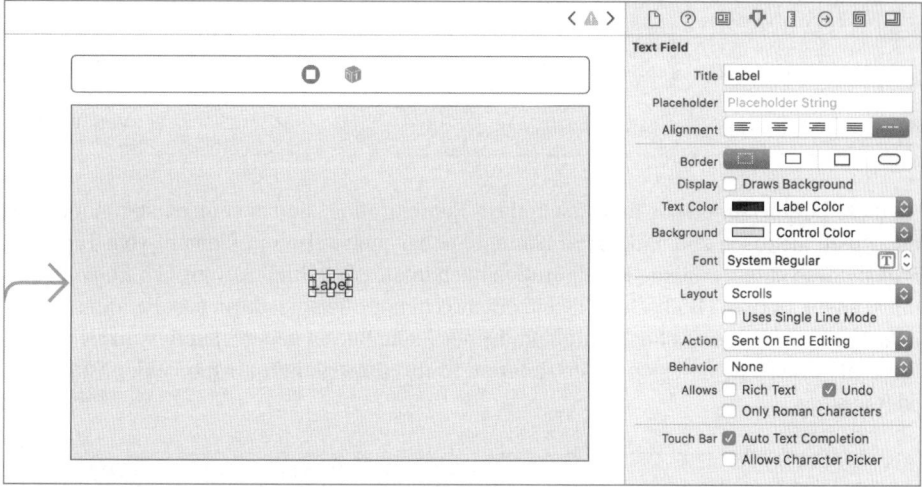

Bild 21.51 Nach Auswahl eines Textfelds stehen Ihnen verschiedene Konfigurationsmöglichkeiten im Attributes Inspector zur Verfügung.

21.7.3.2 Button

Schaltflächen dienen zum Auslösen von Aktionen in macOS-Apps. Sie kommen in einer Vielzahl an Formen daher und bringen teilweise auch nicht nur ein unterschiedliches Aussehen, sondern auch unterschiedliche Verhaltensweisen mit sich. Gleich ist ihnen jedoch allen, dass sie von der Klasse NSButton abgeleitet sind. Eine entsprechende Suche danach in der Objects Library fördert bereits eine ganze Menge passender Elemente zutage, die wir uns im Folgenden einmal näher ansehen werden (siehe Bild 21.52).

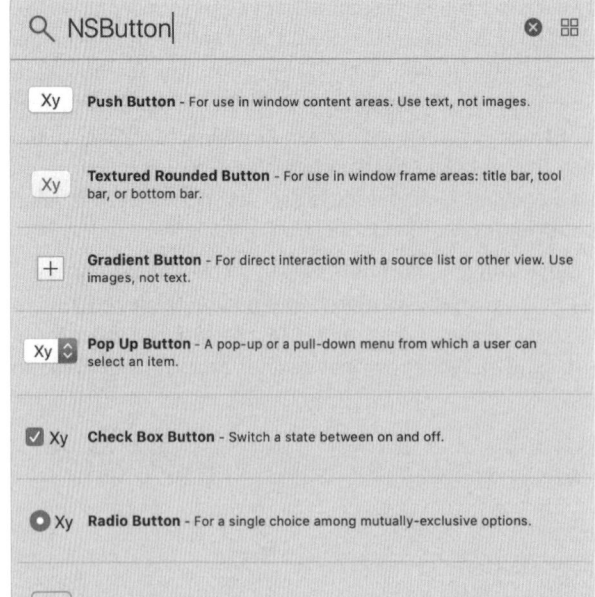

Bild 21.52
In der Objects Library finden sich bei der Suche nach „NSButton" eine Vielzahl an zur Verfügung stehenden Elementen.

All diese Buttons unterscheiden sich in ihrer Konfiguration, sind aber ansonsten funktional prinzipiell identisch zueinander. So können Sie beispielsweise ein Element vom Typ *Push Button* durch entsprechende Konfiguration auch in eine Schaltfläche vom Typ *Radio Button* umwandeln. In Bild 21.53 sehen Sie ein entsprechendes Beispiel dazu, das die unterschiedliche Konfiguration eines Push Button und eines Radio Button nebeneinander anzeigt. Beide Elemente unterscheiden sich unter anderem in ihren Attributen für die Felder *Style, Type* oder *Position*.

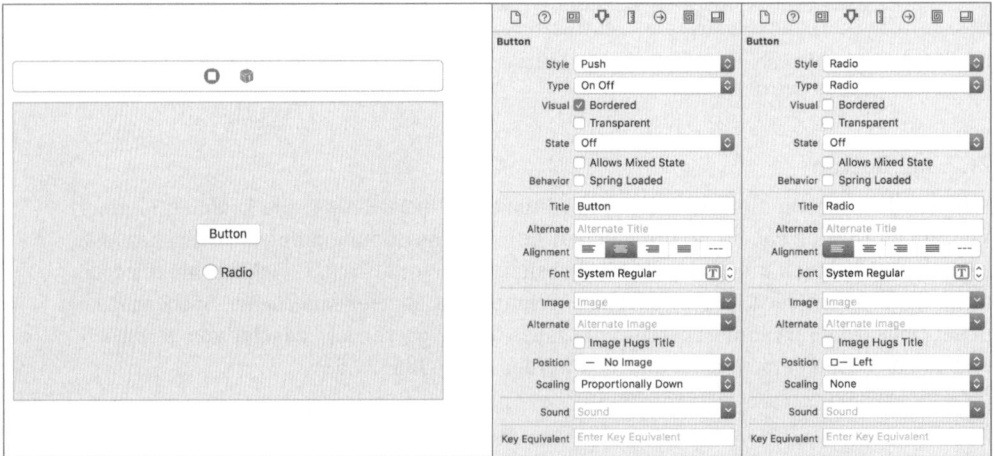

Bild 21.53 Die verschiedenen NSButton-Elemente aus der Objects Library unterscheiden sich lediglich in ihrer Basiskonfiguration voneinander und sind darüber hinaus vollkommen identisch.

Im Folgenden stelle ich Ihnen einige der Konfigurationsmöglichkeiten vor, mit denen Sie einen Button im Interface Builder anpassen können. Ebenfalls weise ich hier auf die entsprechenden Anpassungsmöglichkeiten im Code hin.

- *Style:* Hierüber legen Sie den eigentlichen Style des Buttons fest. Es steht Ihnen eine große Auswahl zur Verfügung, um das Aussehen der Schaltfläche zu verändern. Neben dem einfachen Button können Sie unter anderem Checkboxen, Radio Buttons oder Help Buttons sowie viereckige Schaltflächen umsetzen (siehe Bild 21.54).

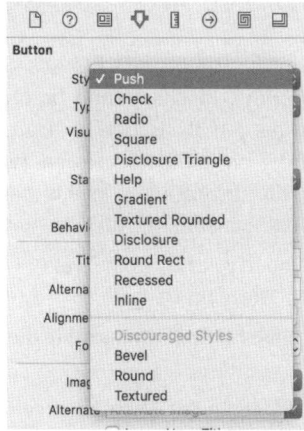

Bild 21.54
Die Style-Auswahl bei Buttons ist unter macOS sehr umfangreich.

Im Code bestimmt der zum Erstellen eines `NSButton` verwendete Initializer über den grundlegenden Style des Buttons. Mit `init(checkboxWithTitle:target:action:)` erhalten Sie eine Checkbox, mit `init(radioButtonWithTitle:target:action:)` einen Radio Button. Andere Initializer erlauben es Ihnen, einen „einfachen" Button zu kreieren (`init(title:target:action:)`) oder mit einer passenden Grafik zu versehen (`init(image:target:action:)` oder `init(title:image:target:action:)`).

Gemein ist all diesen Initializern, dass sie neben einem Titel beziehungsweise einer Grafik ein Ziel (Target) sowie eine Action-Methode als Parameter erwarten. Die Action-Methode wird aufgerufen, wenn der Button angeklickt wird. Mehr zu diesem Thema erfahren Sie in Abschnitt 21.7.4, „Views und Actions".

- *Type:* Über diesen Bereich legen Sie die eigentliche *Funktion* eines Buttons fest (im Gegensatz zu *Style*, in der Sie ausschließlich das *Aussehen* definieren). Eine herkömmliche Schaltfläche basiert auf der Option *Momentary Push In*, Checkboxen auf *Switch* und Radio Buttons auf *Radio* (siehe Bild 21.55).

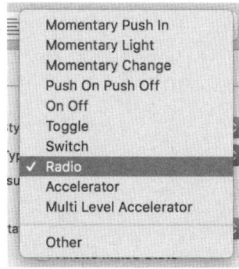

Bild 21.55
Über den Typ definieren Sie die Funktion eines Buttons in macOS.

Im Code wird diese Information mithilfe der Enumeration NSButton.ButtonType abgebildet. Um den Typ eines Buttons zu setzen, rufen Sie die Methode setButtonType(_:) auf der entsprechenden NSButton-Instanz auf und übergeben den gewünschten Wert.

- *Bordered:* Ist diese Checkbox aktiviert, wird die Schaltfläche in einen Rahmen gefasst und mit einem passenden Hintergrund versehen. Das ist der Standard für „herkömmliche" Schaltflächen, bei Checkboxen oder Radio Buttons hingegen kommt ein solcher Border eher nicht zum Einsatz. Im Code steuert die Property isBordered diese Einstellung.

- *Title:* Hierüber geben Sie den anzuzeigenden Titel für die Schaltfläche an. Im Code greifen Sie hierfür auf die Property title zu.

- *Alignment:* Über diesen Bereich steuern Sie die Ausrichtung des Titels eines Buttons. Sie haben die Wahl zwischen linksbündig, zentriert, rechtsbündig, Blocksatz und *Natural*. Letzteres ermittelt automatisch die Ausrichtung des Textes auf Basis der im macOS zugrunde liegenden Systemsprache. Wird diese von links nach rechts gelesen (wie Deutsch), wird der Text linksbündig ausgerichtet. Wird sie hingegen von rechts nach links gelesen (wie zum Beispiel bei Arabisch), wird der Text rechtsbündig ausgerichtet.

  Im Code steuern Sie diese Einstellung über die Property alignment vom Typ NSTextAlignment; diese Enumeration bildet die genannten Werte im Code ab.

- *Font:* Die Schriftart und Schriftgröße für den Titel des Buttons. Im Code steuern Sie diese Einstellung über die Property font.

- *Sound:* Sie können hier einen Sound auswählen, der beim Betätigen des Buttons ausgelöst werden soll. Im Code steuern Sie diese Option mithilfe der Property sound vom Typ NSSound. Darüber haben Sie auch die Möglichkeit, beliebige eigene Sounds auszuwählen und zu verwenden.

21.7.3.3 Segmented Control

Ein Segmented Control ist eine View, die sich aus mehreren Buttons zusammensetzt, die direkt nebeneinander angeordnet angezeigt werden (siehe Bild 21.56). Standardmäßig ist nur eine der Schaltflächen aktiv, wodurch sich Segmented Controls gut zur Optionsauswahl eignen. Dieses Verhalten kann aber auch umgestellt werden, sodass eine Mehrfachauswahl möglich ist. Abgebildet wird ein Segmented Control im Code durch die zugehörige Klasse NSSegmentedControl.

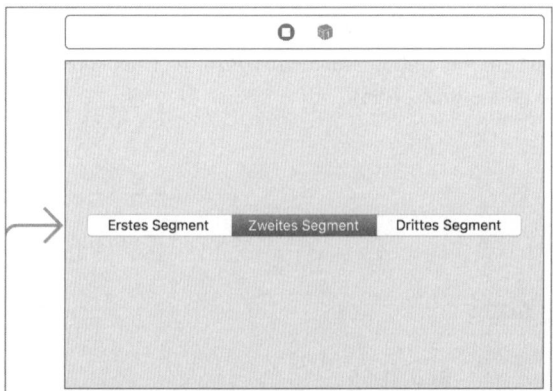

Bild 21.56 Ein Segmented Control setzt sich aus mehreren nebeneinander angeordneten Schaltflächen zusammen.

Um ein Segmented Control im Interface Builder zu erstellen, fügen Sie einem View-Controller das entsprechende *Segmented Control*-Element aus der Objects Library hinzu (siehe Bild 21.57). Anschließend können Sie mithilfe des Attributes Inspectors die gewünschte Konfiguration vornehmen, indem Sie zuvor das neu hinzugefügte Segmented Control auswählen (siehe Bild 21.58). Im Folgenden stelle ich Ihnen einige der Einstellungen vor, die Sie zur Konfiguration eines Segmented Controls im Interface Builder vornehmen können:

- *Style:* Über dieses Drop-down-Menü können Sie das Aussehen des Segmented Controls auf Basis verschiedener vorgegebener Einstellungen anpassen. So können Sie statt abgerundeter Ecken das Segmented Control auch in Form eines Vierecks umsetzen oder die einzelnen Schaltflächen ein wenig voneinander separieren, um es weniger wie eine einzige View erscheinen zu lassen (siehe Bild 21.59).

Im Code steuern Sie diese Einstellung über die Property `segmentStyle` vom Enumeration-Typ `NSSegmentedControl.Style`. Darüber stehen die analogen Werte wie im Attributes Inspector zur Verfügung (beispielsweise der Standardwert `rounded` oder die separierte Darstellung mittels `separated`).

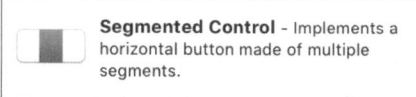

Bild 21.57
Nutzen Sie das „Segmented Control"-Element aus der Objects Library, um eine entsprechende View über den Interface Builder hinzuzufügen.

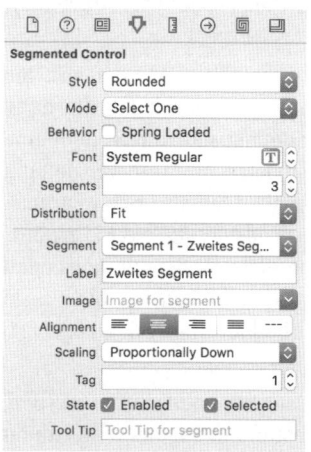

Bild 21.58
Im Attributes Inspector stehen Ihnen nach Auswahl eines Segmented Controls diverse Konfigurationsmöglichkeiten zur Verfügung.

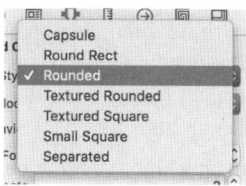

Bild 21.59
Style-Optionen für ein Segmented Control.

- *Mode:* Über den Mode steuern Sie das Verhalten eines Segmented Controls. Der Standard ist *Select One*, was bedeutet, dass von allen Segmenten immer nur eines gleichzeitig aktiv sein kann. Wählt der Nutzer ein anderes aus, wird das zuvor aktive automatisch inaktiv. Demgegenüber steht die Einstellung *Select Any*, mit der beliebig viele Segmente parallel ausgewählt und aktiviert werden können (theoretisch auch alle). Welche Option für Sie die passende ist, hängt immer von der gewünschten Funktionalität und dem zugrunde liegenden Kontext ab.

Im Code ist die `trackingMode`-Property für diese Einstellung verantwortlich. Sie entspricht dem Typ `NSSegmentedControl.SwitchTracking`, in dem die gleichen Werte abgebildet sind wie diejenigen, die im Interface Builder zur Auswahl stehen.

- *Font:* Hierüber legen Sie Schriftart und Schriftgröße für die Elemente des Segmented Controls fest. Im Code steuern Sie diese Information mithilfe der `font`-Property.

- *Segments:* Hier geben Sie die Anzahl der Segmente an, über die das Segmented Control verfügen soll. Im Code ist die Property `segmentCount` für diese Einstellung zuständig.

- *Segment:* Im Interface Builder nutzen Sie dieses Drop-down-Menü, um jedes der Segmente auswählen und anschließend mithilfe der nachfolgenden Einstellungsmöglichkeiten konfigurieren zu können.

- *Label:* Hierüber definieren Sie den Text für das ausgewählte Segment. Im Code setzen Sie hierfür die Methode `setLabel(_:forSegment:)` ein. Sie erwartet als ersten Parameter den gewünschten Text, gefolgt von dem Index des zugehörigen Segments. Die Indexe eines Segmented Controls beginnen hierbei immer bei 0. Das erste Segment hat somit den Index 0, das zweite den Index 1, das dritte den Index 2 und so weiter. Um den aktuell gesetzten Text eines Segments auszulesen, nutzen Sie die Methode `label(forSegment:)`, der Sie den Index für das gewünschte Segment als Parameter übergeben.

- *Alignment:* Hierüber legen Sie die Textausrichtung für das gewählte Segment fest. Sie haben die Wahl zwischen linksbündig, zentriert, rechtsbündig und Blocksatz. Alternativ können Sie auch den Punkt *Natural* auswählen, über den automatisch vom System eine passende Textausrichtung vorgenommen wird. Im Code steuern Sie diese Einstellung über die Methode `setAlignment(_:forSegment:)`. Ihr übergeben Sie als ersten Parameter die gewünschte Ausrichtung in Form des passenden Werts aus der `NSTextAlignment`-Enumeration, gefolgt vom Index des Segments, auf das Sie diese Änderung anwenden möchten. Um die aktuell gesetzte Textausrichtung eines Segments auszulesen, nutzen Sie die Methode `alignment(forSegment:)` und übergeben hierbei den Index des zugehörigen Segments.

- *Enabled:* Ist diese Checkbox aktiv, kann das entsprechende Segment ausgewählt werden, andernfalls nicht. Sie können diese Option dazu nutzen, bestimmte Segmente nur dann zur Auswahl anzubieten, wenn bestimmte Voraussetzungen erfüllt sind. Nicht aktive Segmente werden durch eine hellgraue Schrift kenntlich gemacht.

  Im Code kommen Sie zum Setzen dieser Einstellung mithilfe der Methode `setEnabled(_:forSegment:)` ans Ziel. Sie erwartet als ersten Parameter einen booleschen Wert, der entscheidet, ob das Segment aktiv ist (`true`) oder nicht (`false`). Für den zweiten Parameter übergeben Sie den Index des anzupassenden Segments.

  Wenn Sie den aktuellen Enabled-Status eines Segments auslesen möchten, verwenden Sie hierfür die Methode `isEnabled(forSegment:)`, die als Parameter den Index des gewünschten Segments erwartet und einen passenden booleschen Wert zurückliefert.

- *Selected:* Diese Checkbox bestimmt, ob das gewählte Segment aktiv und damit ausgewählt ist oder nicht. Falls Sie unter *Mode* „Select One" ausgewählt haben, kann immer nur ein Segment gleichzeitig selected sein. Sobald Sie diese Checkbox dann bei einem anderen Segment aktivieren, wird die Auswahl für ein zuvor aktives Segment automatisch aufgehoben. Im *Mode* „Select Any" können Sie umgekehrt aber natürlich so viele Segmente auswählen, wie Sie mögen.

  Im Code ändern Sie diesen Selected-Status mithilfe der Methode `setSelected(_:forSegment:)`. Der erste Parameter bestimmt, ob das gewünschte Segment ausgewählt wird (`true`) oder nicht (`false`). Über den zweiten Parameter geben Sie den Index des zugehörigen Segments an.

  Um den Selected-Status auszulesen, nutzen Sie die Methode `isSelected(forSegment:)`, der Sie ebenfalls als Parameter den Index des gewünschten Segments übergeben.

- *Tool Tip:* Der hier hinterlegte Text wird angezeigt, wenn Sie mit der Maus über das entsprechende Segment fahren und dort innehalten (siehe Bild 21.60). Sie können ihn nutzen, um dem Anwender darüber weitere Informationen zu dem entsprechenden Segment und den damit verbundenen Funktionen anzuzeigen.

  Im Code setzen Sie einen solchen Tool Tip pro Segment mithilfe der Methode `setToolTip(_:forSegment:)`. An erster Stelle übergeben Sie hierbei den gewünschten Tool Tip-Text, gefolgt vom Index des Segments, für das Sie den Tool Tip setzen möchten. Um den aktuell gesetzten Tool Tip eines Segments auszulesen, setzen Sie die Methode `toolTip(forSegment:)` ein, der Sie als Parameter den Index des gewünschten Segments übergeben.

Bild 21.60
Mithilfe eines Tool Tips können Sie Nutzern zusätzliche Informationen in Textform zu einem Segmented Control ausgeben.

Um ein Segmented Control vollständig im Code zu erstellen, steht der Initializer `init(labels:trackingMode:target:action:)` zur Verfügung. Über den ersten Parameter übergeben Sie ein Array an Strings, bei denen es sich um die Titel der verschiedenen Segmente handelt. Die Anzahl der Elemente dieses Arrays spiegelt gleichzeitig auch die Anzahl von Segmenten des Segmented Controls wider. Der zweite Parameter steuert den *Mode* des Segmented Controls, `target` und `action` dienen zur Definition eines Ziels, das aufgerufen wird, sobald der Nutzer ein Segment per Mausklick auswählt. Mehr über das Reagieren auf die Auswahl eines Segments innerhalb eines Segmented Controls erfahren Sie in Abschnitt 21.7.4, „Views und Actions".

In Listing 21.11 sehen Sie ein einfaches Beispiel zum Erstellen eines `NSSegmentedControl` im Code mit drei Segmenten, von denen immer nur eines gleichzeitig aktiv und somit ausgewählt werden kann. Aus Gründen der Übersichtlichkeit wird auf ein Target und eine Action verzichtet.

Listing 21.11 Erstellen eines `NSSegmentedControl` im Code

```
let mySegmentedControl = NSSegmentedControl(labels: ["First", "Second", "Third"],
trackingMode: .selectOne, target: nil, action: nil)
```

21.7.3.4 Slider

Mithilfe von Slidern setzen Sie Schiebregler in macOS-Apps um. Hier stehen Ihnen insgesamt drei Designs zur Wahl:

- Horizontal
- Vertikal
- Rund

Sie finden die passenden vorgefertigten Elemente direkt in der Objects Library; suchen Sie einfach nach „NSSlider" (siehe Bild 21.61).

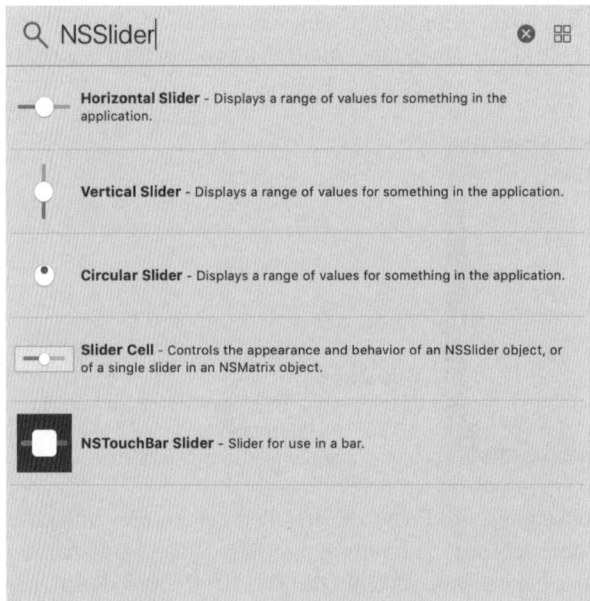

Bild 21.61
Slider gibt es unter macOS in insgesamt drei verschiedenen Formen, nämlich als Horizontal Slider, Vertical Slider und Circular Slider.

Für einen Slider definieren Sie einen Wertebereich, der über das Element abgedeckt werden soll. Bei einem zu einem Storyboard neu hinzugefügten Slider reicht der Wertebereich standardmäßig von 0 bis 100. Befindet sich der Steuerungsknopf des Sliders demnach in der Mitte, repräsentiert das den Wert 50, während die äußeren Ränder 0 beziehungsweise 100 entsprechen. Dazwischen rechnet der Slider automatisch den jeweils passenden Wert herunter. Slider eignen sich so beispielsweise zum Setzen verschiedener Einstellungen wie der

Helligkeit oder der Lautstärke, können aber natürlich noch für beliebige andere Zwecke eingesetzt werden.

Im Code werden Slider durch die Klasse `NSSlider` abgebildet. Mithilfe der beiden Initializer `init(target:action:)` sowie `init(value:minValue:maxValue:target:action:)` können Sie neue Instanzen dieser Klasse erstellen. Hierbei übergeben Sie immer einen `target`- und einen `action`-Parameter, über die Sie die Methode definieren, die aufgerufen werden soll, sobald sich der Wert eines Sliders ändert. Im zuletzt genannten Initializer müssen Sie zusätzlich noch die folgenden Informationen setzen:

- `value`: Der aktuelle Wert des Sliders.
- `minValue`: Der Mindestwert des Sliders.
- `maxValue`: Der Maximalwert des Sliders.

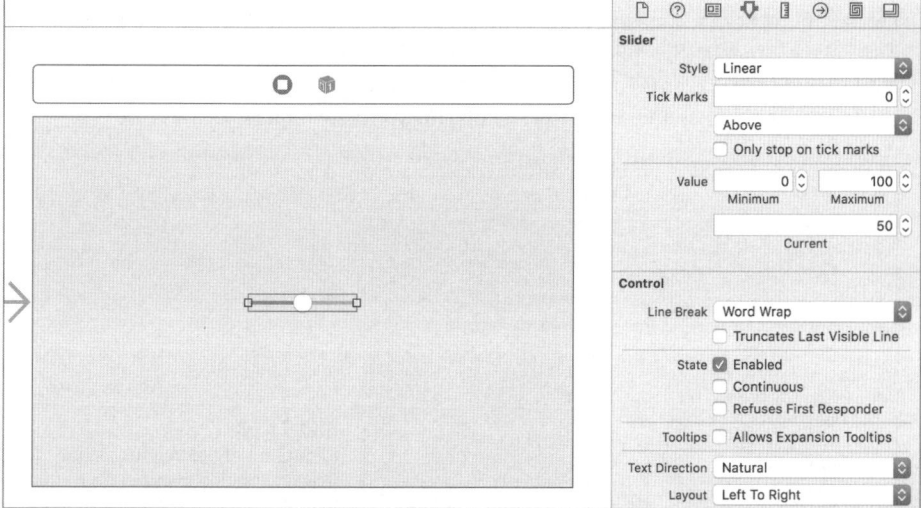

Bild 21.62 Nach Auswahl eines Sliders stehen Ihnen im Attributes Inspector diverse Konfigurationsmöglichkeiten zur Verfügung.

Zusätzlich können Sie noch weitere Konfigurationen an einem Slider vornehmen, die ich Ihnen im Folgenden vorstelle. Sie basieren auf den zur Verfügung stehenden Optionen nach Auswahl eines Sliders in einer Storyboard-Datei, die Ihnen dann im Attributes Inspector angeboten werden (siehe Bild 21.62).

- *Style:* Über dieses Auswahlmenü bestimmen Sie das grundlegende Aussehen des Sliders. Zur Wahl stehen die Werte *Linear* (für einen horizontalen oder vertikalen Slider) sowie *Circular* (für die runde Variante).

  Im Code setzen Sie diese Einstellung mithilfe der Property `sliderType` vom Typ `NSSlider.SliderType`. Zur Wahl stehen – analog zum Style-Menü im Attributes Inspector – die Werte `linear` und `circular`.

- *Tick Marks:* Standardmäßig lässt sich der Wert eines Sliders beliebig durch Drehen des zugehörigen Knöpfchens verändern. Etwas mehr Kontrolle können Sie hier mithilfe der sogenannten *Tick Marks* hineinbringen. Sobald Sie einem Slider wenigstens ein solches

Tick Mark hinzufügen, verändert er sich optisch und erhält – je nach gesetzter Anzahl von Tick Marks – eine entsprechende Anzahl von Strichen, die sich gleichmäßig über den Slider verteilen (siehe Bild 21.63). Das gilt allerdings nur für den Linear-Style eines Sliders, bei Circula erscheint lediglich ein kleiner Strich oberhalb der View (egal, wie viele Tick Marks gesetzt wurden).

Tick Marks sind zunächst nur eine optische Ergänzung, um für den Nutzer verschiedene Werte des Sliders übersichtlich hervorzuheben. Über das darunterliegende Auswahlmenü im Interface Builder können Sie zusätzlich noch bestimmen, wo die Tick Marks angezeigt werden sollen (allerdings nur bei der linearen und nicht bei der runden Variante). Bei einem horizontalen Slider haben Sie hier die Wahl zwischen *Above* (oberhalb des Sliders) und *Below* (unterhalb des Sliders), bei einem vertikalen Slider hingegen können Sie zwischen *Left* (links des Sliders) und *Right* (rechts des Sliders) wählen.

Die Anzahl der Tick Marks eines Sliders im Code bestimmen Sie mithilfe der Property `numberOfTickMarks`; weisen Sie ihr einfach den gewünschten Wert zu. Die Position der Tick Marks regeln Sie über die zusätzliche Property `tickMarkPosition` vom Typ `NSSlider.TickMarkPosition`. Zur Wahl stehen `above` und `below` (für horizontale Slider) sowie `leading` (links) und `trailing` (rechts, für vertikale Slider).

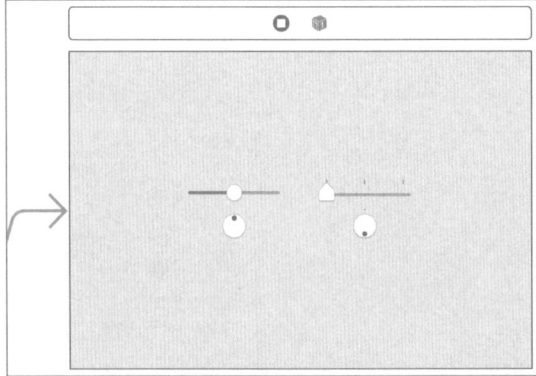

Bild 21.63
Slider im Vergleich: Links sieht man jeweils die lineare und runde Variante ohne Tick Marks, rechts die gleiche View mit Tick Marks.

- *Only stop on tick marks:* Ist diese Checkbox gesetzt, kann der Wert des Sliders nicht länger komplett flüssig bestimmt werden. Stattdessen springt beim Schieben des Slider-Knopfes dieser direkt von einem Tick Mark zum nächsten; mögliche Werte, die zwischen den Tick Marks liegen, werden dann nicht länger abgerufen.

  Im Code steuern Sie diese Option mithilfe der booleschen Property `allowTickMark ValuesOnly`. Bei einem Wert von `true` werden nur die Tick Marks beim Ändern des Slider-Wertes angesprungen, während bei `false` der Slider flüssig jeden in seinem Wertebereich zur Verfügung stehenden Wert annehmen kann.

- *Minimum:* Hierüber definieren Sie den kleinstmöglichen Wert, den der Slider abdeckt. Im Code greifen Sie hierfür auf die Property `minValue` zurück.

- *Maximum:* Hierüber definieren Sie den größtmöglichen Wert, den der Slider abdeckt. Im Code greifen Sie hierfür auf die Property `maxValue` zurück.

- *Current:* Hierüber setzen Sie den aktuell aktiven Wert des Sliders. Dieser muss zwischen dem von Ihnen angegebenen Minimal- und Maximalwert liegen. Im Code können Sie den

aktuellen Wert des Sliders mithilfe der Property `doubleValue` auslesen und auch verändern.

Übrigens: Ob ein linearer Slider horizontal oder vertikal ausgerichtet ist, bestimmen Sie im
Code mithilfe der Property `isVertical`. Ist sie `true`, wird der Slider vertikal ausgerichtet,
andernfalls horizontal.

21.7.3.5 Image View

Mithilfe einer Image View können Sie Bilder in Ihre macOS-Apps einbinden und anzeigen
lassen. Basis hierfür ist die Klasse `NSImageView`. Über den Interface Builder können Sie
eine solche Image View über das gleichnamige *Image View*-Element einer View hinzufügen
(siehe Bild 21.64).

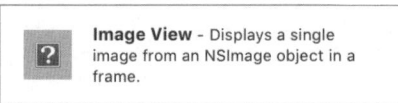

Bild 21.64 Mit dem Image View-Element aus der Objects Library können Sie Ihre macOS-Apps um
die Darstellung eigener Bilder ergänzen.

Basis einer jeden Image View ist naturgemäß eine Grafik, die in ihr dargestellt werden soll.
Wenn Sie eine Image View im Interface Builder konfigurieren, können Sie direkt aus einer
Vielzahl vorgefertigter Systemgrafiken wählen, die Sie innerhalb der Image View anzeigen.
Klicken Sie dazu das von Ihnen hinzugefügte Image View-Element an und wechseln Sie in
den Attributes Inspector. Über das Feld *Image* können Sie aus allen verfügbaren Grafiken
wählen (siehe Bild 21.65). Neben den diversen Systemgrafiken werden hier auch Bilder
aufgeführt, die Sie als Teil eines Asset Catalogs in Ihrer macOS-App eingebunden haben.

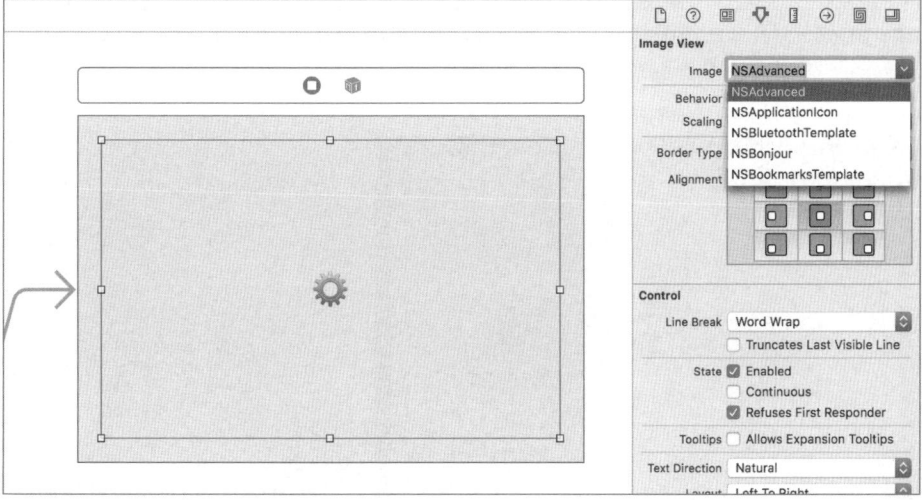

Bild 21.65 Im Interface Builder können Sie mithilfe des Attributes Inspectors einer Image View direkt
die gewünschte Grafik zuweisen und hierbei auch aus einer Vielzahl vorgefertigter Systemgrafiken
wählen.

Im Code weisen Sie einer `NSImageView`-Instanz eine Grafik mithilfe der `image`-Property zu. Diese ist vom Typ `NSImage`, der dazu dient, Bilder und Grafiken in Objekten abzubilden. Die Klasse bietet verschiedene Initializer, um passende Instanzen zu erstellen und hierbei gleichzeitig die gewünschte Grafik für die Anzeige zu übergeben. Dazu gehören unter anderem `init(contentsOf:)`, über die Sie die URL zur gewünschten Datei übergeben, oder `init(data:)`, bei der Sie eine Data-Instanz zur Abbildung des Bildes verwenden.

Auf Wunsch können Sie einstellen, dass das Bild einer Image View bearbeitet – sprich durch eine neue Grafik ersetzt – werden kann. Dazu aktivieren Sie entweder die *Editable*-Checkbox im Interface Builder (siehe Bild 21.66) oder Sie setzen die `isEditable`-Property der entsprechenden `NSImageView`-Instanz auf `true`. Dann können Sie ganz einfach mittels Drag-and-drop eine andere Grafik auf eine Image View ziehen und damit die Anzeige verändern (siehe Bild 21.67 und Bild 21.68).

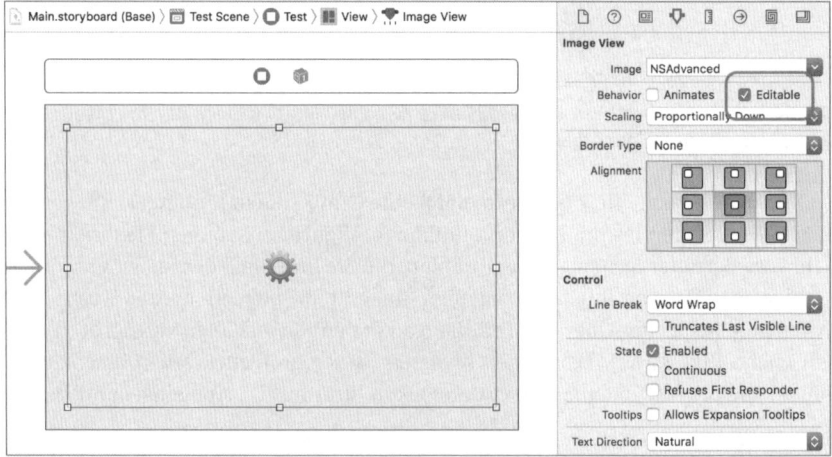

Bild 21.66 Durch Aktivieren der Editable-Checkbox können Sie die Grafik einer Image View zur Laufzeit einer App verändern.

Bild 21.67
Ziehen Sie einfach eine neue Grafik auf die Image View ...

Bild 21.68
... und sie wird an der entsprechenden
Stelle angezeigt.

Image Views in macOS können übrigens auch mit animierten GIF-Dateien umgehen. Um diese mitsamt ihrer vollständigen Animation in einer Image View anzuzeigen, müssen Sie die Checkbox *Animates* im Interface Builder aktivieren (siehe Bild 21.69) oder die `animates`-Property einer `NSImageView`-Instanz im Code auf `true` setzen. Ohne Aktivieren dieser Option werden GIFs ansonsten nur mit einer statischen Grafik dargestellt.

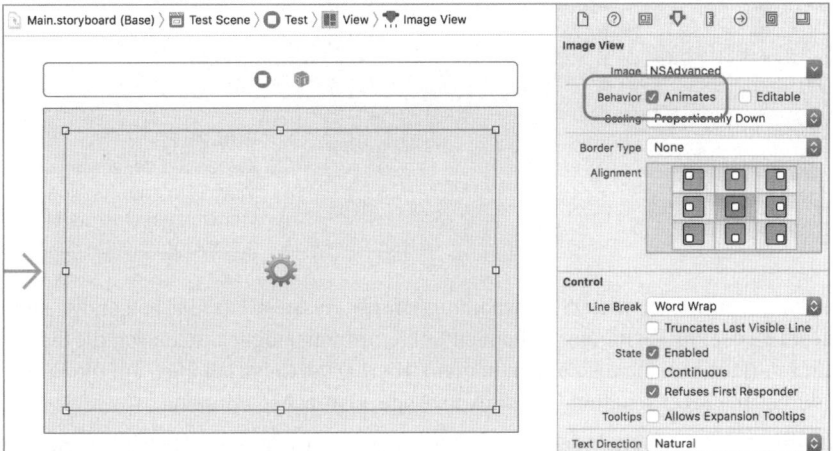

Bild 21.69 Mithilfe der Checkbox „Animates" können Sie in einer Image View auch animierte Grafiken wie beispielsweise GIF-Dateien darstellen.

21.7.3.6 Boxen

Mithilfe von Boxen können Sie Views einer macOS-App zusammenfassen und strukturieren. Optional können Sie auch einen zusätzlichen Titel vergeben (siehe Bild 21.70). In einer Interface-Datei können Sie anschließend mithilfe von Drag-and-drop die gewünschten View-Elemente, die Teil einer Box sein sollen, in die jeweilige Box ziehen und dort so ablegen und platzieren (siehe Bild 21.71). Wenn Sie anschließend die Position einer Box im zugrunde liegenden View-Controller verändern, bleibt die Anordnung der Views innerhalb einer Box davon unberührt. Sie können sogar Boxen in weitere Boxen schachteln.

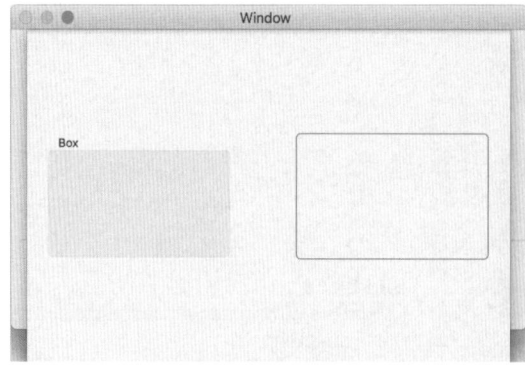

Bild 21.70
Zwei unterschiedliche Arten von Boxen
in einer macOS-App.

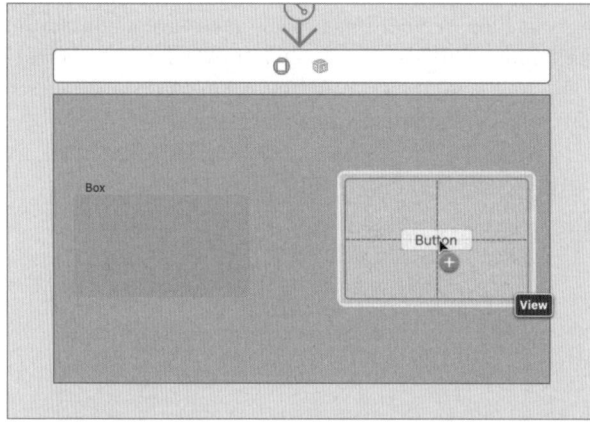

Bild 21.71
Ziehen Sie die gewünschten
View-Elemente für eine Box einfach aus der Objects Library in
die entsprechende Box hinein.

Basis der Boxen in der macOS-Entwicklung ist die Klasse NSBox. Im Folgenden stelle ich Ihnen einige der zur Verfügung stehenden Konfigurationsmöglichkeiten vor, die Sie für eine Box im Interface Builder vornehmen können. Hierbei verweise ich auch auf die Properties, über die Sie die Eigenschaften einer Box im Code ansprechen können.

- *Title:* Ein optionaler Titel, der im Zusammenspiel mit der Box angezeigt wird. Im Code steuern Sie diese Eigenschaft über die Property title.

- *Title Font:* Die Schriftart des Titels einer Box. Im Code steuern Sie diese Eigenschaft über die Property titleFont.

- *Title Position:* Über dieses Auswahlmenü steuern Sie die Position, an der der optionale Titel einer Box eingeblendet werden soll. Hierfür stehen Ihnen verschiedene Anpassungsmöglichkeiten zur Verfügung, mit *None* blenden Sie die Anzeige des Titels aus.

  Im Code steuern Sie diese Eigenschaft über die Property titlePosition. Sie ist vom Typ NSBox.TitlePosition und besitzt analoge Werte zu den auswählbaren Punkten im Interface Builder, beispielsweise atTop für den oberen Rand beziehungsweise atBottom für den unteren Rand.

- *Transparent:* Ist diese Checkbox gesetzt, werden sowohl Hintergrundfarbe als auch Titel der Box transparent dargestellt. Im Code steuern Sie diese Eigenschaft über die boolesche Property isTransparent.

- *Box Type:* Hierüber können Sie das Aussehen einer Box durch verschiedene vorgefertigte Typen anpassen. Im Code steuern Sie diese Eigenschaft über die Property boxType vom Typ NSBox.BoxType.

- *Border Metrics:* Dieser Auswahlpunkt steht nur zur Verfügung, wenn Sie unter *Box Type* den Wert *Custom* ausgewählt haben. Über die beiden zur Verfügung stehenden Textfelder steuern Sie einerseits die Breite des Box-Rahmens *(Width)* und andererseits den Faktor zur Abrundung der Ecken *(Radius)*. Im Code steuern Sie die genannten beiden Eigenschaften über die Properties borderWidth und cornerRadius.

- *Border Color:* Dieser Auswahlpunkt steht nur zur Verfügung, wenn Sie unter *Box Type* den Wert *Custom* ausgewählt haben. Hierüber legen Sie die Farbe des Box-Rahmens fest. Im Code steuern Sie diese Eigenschaft über die Property borderColor.

- *Fill Color:* Dieser Auswahlpunkt steht nur zur Verfügung, wenn Sie unter *Box Type* den Wert *Custom* ausgewählt haben. Hierüber legen Sie die Hintergrundfarbe der Box fest. Im Code steuern Sie diese Eigenschaft über die Property fillColor.

In Listing 21.12 sehen Sie ein Beispiel zur Erstellung einer NSBox-Instanz im Code. Es zeigt eine View-Controller-Klasse, in deren viewDidLoad()-Methode die NSBox erzeugt und anschließend als Subview hinzugefügt wird. Das Ergebnis ist in Bild 21.72 zu sehen.

Listing 21.12 Erstellen einer NSBox-Instanz im Code

```
class ViewController: NSViewController {

    override func viewDidLoad() {
        super.viewDidLoad()

        // Box erstellen und konfigurieren
        let myBox = NSBox(frame: NSRect(x: 10, y: 10, width: 100, height: 100))
        myBox.boxType = .custom
        myBox.borderWidth = 2
        myBox.cornerRadius = 5
        myBox.borderColor = .red
        myBox.fillColor = .green

        // Box als Subview hinzufügen
        view.addSubview(myBox)
    }

}
```

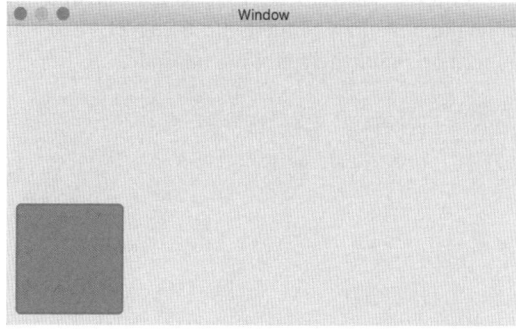

Bild 21.72
Die gezeigte NSBox-Instanz am unteren linken Rand der View wurde komplett im Code erzeugt und hinzugefügt.

21.7.3.7 Vertical und Horizontal Line

Eine besondere Art von View-Element sind die sogenannten Vertical und Horizontal Lines (siehe Bild 21.73). Sie besitzen keine spezielle Funktion und dienen lediglich dazu, das Interface Ihrer macOS-App besser zu strukturieren und zu unterteilen, indem Sie an den passenden Stellen eine vertikale beziehungsweise horizontale Linie einfügen. Wie deren praktischer Einsatz aussehen kann, zeigt Bild 21.74. Dort wird eine Ansicht mit einem Label und zwei Buttons abgebildet. Mithilfe der vertikalen und horizontalen Linien erhält das Interface mehr Struktur und wirkt übersichtlicher und aufgeräumter. Ziehen Sie einfach das gewünschte View-Element auf ein Interface, um es zu verwenden und anschließend in der Größe anzupassen.

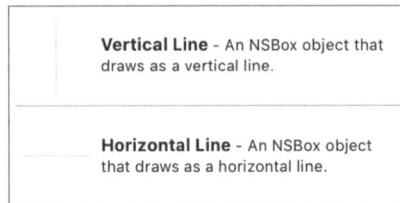

Bild 21.73
Die Vertical Line- und Horizontal Line-Elemente dienen dazu, das Interface Ihrer macOS-App zu strukturieren.

Bild 21.74
Mithilfe der vertikalen und horizontalen Linien können Sie ansonsten eher frei schwebende Elemente einen eindeutigeren Fokus geben.

Im Code werden diese Trennlinien mithilfe der Klasse NSBox abgebildet. NSBox dient im Allgemeinen zur Darstellung von Kästen, um damit zusammengehörige Views miteinander zu gruppieren (siehe hierzu auch Abschnitt 21.7.3.6, „Boxen"). Wenn Sie allerdings den Wert der boxType-Property auf separator setzen, erhalten Sie ebenfalls eine der gezeigten Trennlinien. Ob diese horizontal oder vertikal verläuft, hängt davon ab, ob die Breite (horizontal) oder die Höhe (vertikal) größer ist. Der jeweils andere Wert wird ignoriert und auf das Minium herabgesetzt, um die Trennlinie darstellen zu können. In Listing 21.13 sehen Sie ein einfaches Beispiel zum Erstellen einer horizontalen Trennlinie im Code.

Listing 21.13 Erstellen einer einfachen Trennlinie im Code

```
let myBox = NSBox(frame: NSRect(x: 10, y: 10, width: 100, height: 1))
myBox.boxType = .separator
```

21.7.4 Views und Actions

Ein Großteil der Views in macOS können mit einer Action-Methode gekoppelt werden. Diese wird immer dann ausgelöst, wenn eine entsprechende Aktion auf der View durchgeführt wird. Bei einer Schaltfläche wäre das beispielsweise ein Klick, bei einem Segmented Control die Auswahl eines Segments und so weiter.

Ob eine View mit einer Action-Methode gekoppelt werden kann, können Sie an Ihrer jeweiligen Superklasse erkennen. Erbt eine View von NSControl, ist das das eindeutige Zeichen, dass diese View zusätzliche Aktionen über Ihren Code ausführen kann.

> **NSControl**
>
> In der macOS-Entwicklung stellt NSControl die Basisklasse dar, wenn es um die Umsetzung des Target-Action-Patterns geht. Jede View, die eine Aktion im Code auslösen können soll, erbt von dieser Klasse. So können Sie einerseits sehr schnell anhand der Dokumentation prüfen, ob eine View über diese Technik verfügt, und andererseits bei der Erstellung eigener Views, die zusätzliche Aktionen ausführen sollen, diese von NSControl ableiten.

Damit das Ganze funktioniert und eine View eine passende Action-Methode aufrufen kann, benötigt sie zwei Informationen:

- **Target:** Die Instanz, auf der die gewünschte Aktion ausgelöst werden soll.
- **Action:** Die Methode, die auf dem Target zur Durchführung der gewünschten Aktion aufgerufen werden soll.

Für beide Werte bringt die Klasse NSControl passende Properties mit: target und action. Der Property target können Sie jedes beliebige Objekt übergeben, während action einen Selektor mit Verweis auf die auszuführende Methode erwartet.

21.7.4.1 Umsetzung im Code

Views mit einer passenden Action zu koppeln, ist in vielen Fällen sehr einfach umzusetzen, da ein Großteil der von NSControl abgeleiteten View-Klassen dafür bereits passende Initializer mitbringen. Beispiele hierfür sind unter anderem die Klassen NSButton und NSSegmentedControl. Deren Initializer erwarten allesamt einen target- sowie einen action-Parameter, die den genannten Properties zugewiesen werden. Dennoch können Sie diese Properties jederzeit verwenden, um Target und Action zu einem späteren Zeitpunkt zu verändern.

In Listing 21.14 sehen Sie ein Beispiel zum Zuweisen eines Targets und einer Action zu einer View, genauer gesagt einem Textfeld. In der viewDidLoad()-Methode eines View-Controllers wird eine Instanz eines solchen Textfelds erzeugt und als Target der View-Controller selbst zugewiesen (zusammen mit einer passenden Action-Methode namens updatedTextFieldValue(_:)). Diese Action-Methode wird von dem Textfeld immer dann aufgerufen, wenn die Return-Taste betätigt wird, während das Textfeld aktiv ist. In dem gezeigten Beispiel wird dann einfach der aktuelle Wert des Textfelds einem Label zugewiesen. Das Label wurde hierbei dem View-Controller im Storyboard hinzugefügt und als Outlet mit dem Code verknüpft.

Listing 21.14 Zuweisen von Target und Action im Code

```
class ViewController: NSViewController {

    @IBOutlet weak var label: NSTextField!

    override func viewDidLoad() {
        super.viewDidLoad()

        let myTextField = NSTextField(frame: NSRect(x: 20, y: view.frame.height - 50,
width: 300, height: 25))
        myTextField.target = self
        myTextField.action = #selector(updatedTextFieldValue(_:))

        view.addSubview(myTextField)
    }

    @objc private func updatedTextFieldValue(_ textField: NSTextField) {
        label.stringValue = textField.stringValue
    }

}
```

Jeder Text, der nun in das Textfeld eingetragen wird, wird dem Label zugewiesen, sobald die Return-Taste betätigt wird, so wie in Bild 21.75 zu sehen.

Bild 21.75
Target und Action wurden im Code für das Textfeld gesetzt und weisen den eingetragenen Text dem Label zu, sobald die Return-Taste betätigt wird.

21.7.4.2 Umsetzung im Storyboard

Meist lassen sich Target und Action einer View schneller, einfacher und komfortabler mithilfe des Storyboards setzen. Nutzen Sie dazu den Assistant Editor, um das gewünschte Storyboard und den Code eines zugrunde liegenden View-Controllers parallel zueinander anzuzeigen. Ziehen Sie nun mit gedrückt gehaltener rechter Maustaste eine Verbindung von dem View-Element im Storyboard, dem Sie eine Action zuweisen möchten, in den Code des zugehörigen View-Controllers. Es erscheinen blaue Hilfslinien, die Ihnen die Position zeigen, an der bei Loslassen der rechten Maustaste eine Action-Methode für die View im Code eingebunden wird (siehe Bild 21.76). Der View-Controller dient dann automatisch als Target und die neu erstellte Methode wird direkt als Action-Methode für die View zugewiesen. Wählen Sie nach Loslassen der rechten Maustaste in dem erscheinenden Popover unter *Connection* den Wert *Action* aus (siehe Bild 21.77), andernfalls wird eine Property in Form eines Outlets für diese View im Code erzeugt.

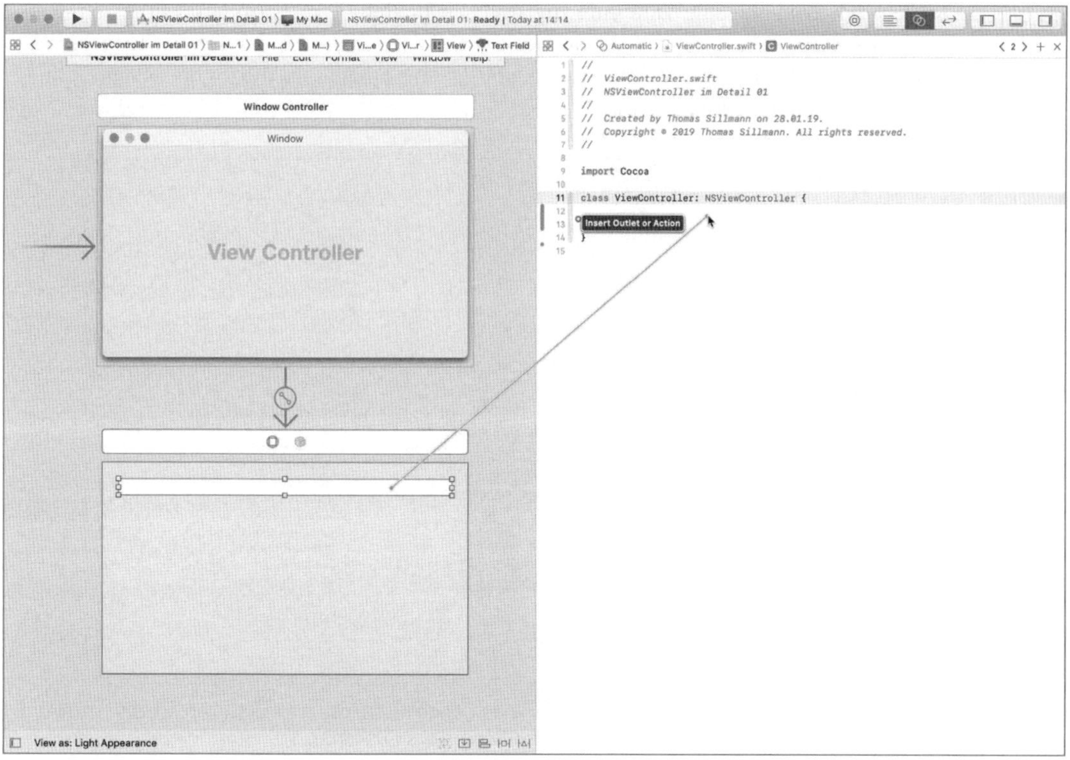

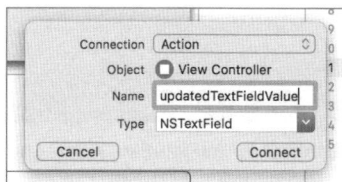

Bild 21.76 Durch Ziehen einer Verbindung von einer View in den zugrunde liegenden Code des View-Controllers können Sie einfach und schnell eine neue Action-Methode für die View erzeugen.

Bild 21.77
Wichtig zum Erstellen einer Action-Methode ist, unter „Connection" den Punkt „Action" auszuwählen.

Die neu erzeugte Action-Methode wird von Xcode mit dem Schlüsselwort `@IBAction` deklariert. Das weist darauf hin, dass die Methode mit einer View in einem Storyboard gekoppelt ist.

> **View mit bestehender Action-Methode koppeln**
>
> Sie können eine View auf die beschriebene Art und Weise auch mit einer bestehenden Action-Methode koppeln. Dazu muss die gewünschte Methode bereits im zugehörigen View-Controller deklariert und mit dem Schlüsselwort `@IBAction` versehen sein. Dann ist es möglich, von der View aus eine Verbindung direkt auf die Action-Methode zu ziehen und so die Verbindung aufzubauen.

Die Verbindungen, die eine View zum zugrunde liegenden View-Controller besitzt, können Sie übrigens jederzeit über den sogenannten *Connections Inspector*, der Teil der Inspectors Area ist, auslesen. Hier werden alle Outlets und Actions aufgeführt, die für die ausgewählte View existieren (siehe Bild 21.78).

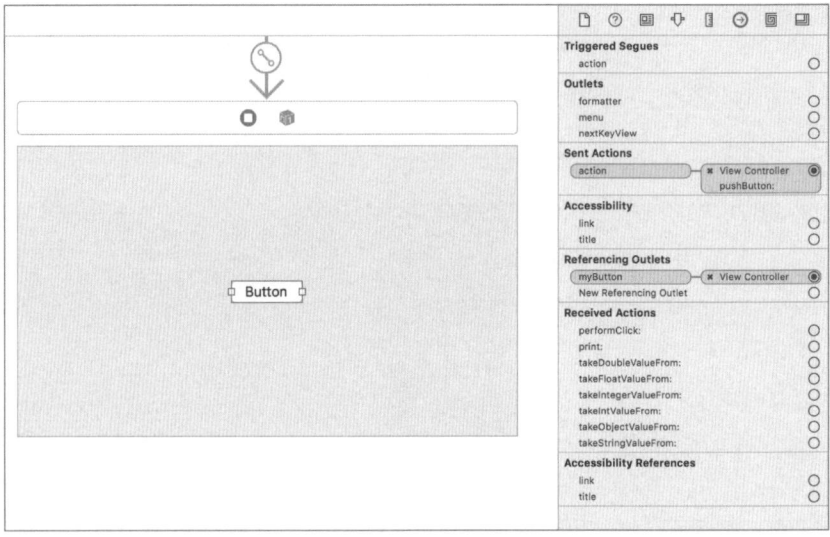

Bild 21.78 Nach Auswahl einer View können Sie im Connections Inspector einsehen, welche Verbindungen zum Code des zug runde liegenden View-Controllers existieren.

■ 21.8 App-Icon

Wie bei jeder anderen Plattform von Apple auch, dient das App-Icon als optisches Aushängeschild für Ihre App. Es wird im Dock angezeigt, sobald Ihre App ausgeführt wird, und repräsentiert Ihre Anwendung auch im Programme-Ordner sowie im Launchpad.

Die Grafik für Ihr App-Icon pflegen Sie über den Asset Catalog ein, der Teil einer jeden macOS-App ist. Dieser verfügt standardmäßig bereits über einen ersten Eintrag mit dem Titel „AppIcon" (siehe Bild 21.79). Darin können Sie das App-Icon Ihrer Anwendung in verschiedenen Größen unterbringen.

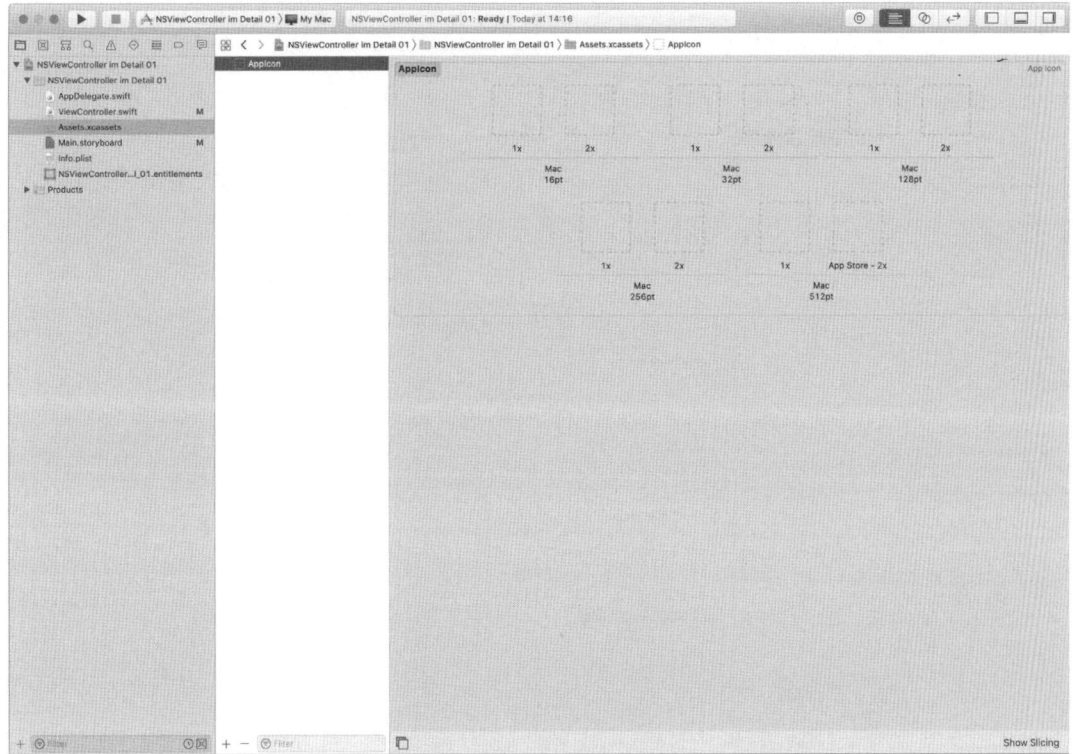

Bild 21.79 Das App-Icon einer macOS-App pflegen Sie über den Asset Catalog ein.

Die verschiedenen Größen zielen auf die verschiedenen Bereiche ab, in denen das App-Icon angezeigt wird. Das reicht von einer kleinen Auflösung in Höhe von 16 × 16 Pixeln und geht bis zur Darstellung für den App Store mit einer Auflösung von 1024 × 1024 Pixeln. Wenigstens für die letztere sollten Sie in jedem Fall eine passende Grafik innerhalb des Asset Catalogs bereitstellen.

■ 21.9 Target-Einstellungen

Ihnen stehen verschiedene Optionen und Einstellungen zur Verfügung, über die Sie die Informationen Ihres Targets (sprich Ihrer macOS-App) anpassen können. Diese erreichen Sie nach einem Klick auf das eigentliche Projekt in der Navigation Area und einem anschließenden Wechsel auf das macOS-Target (siehe Bild 21.80).

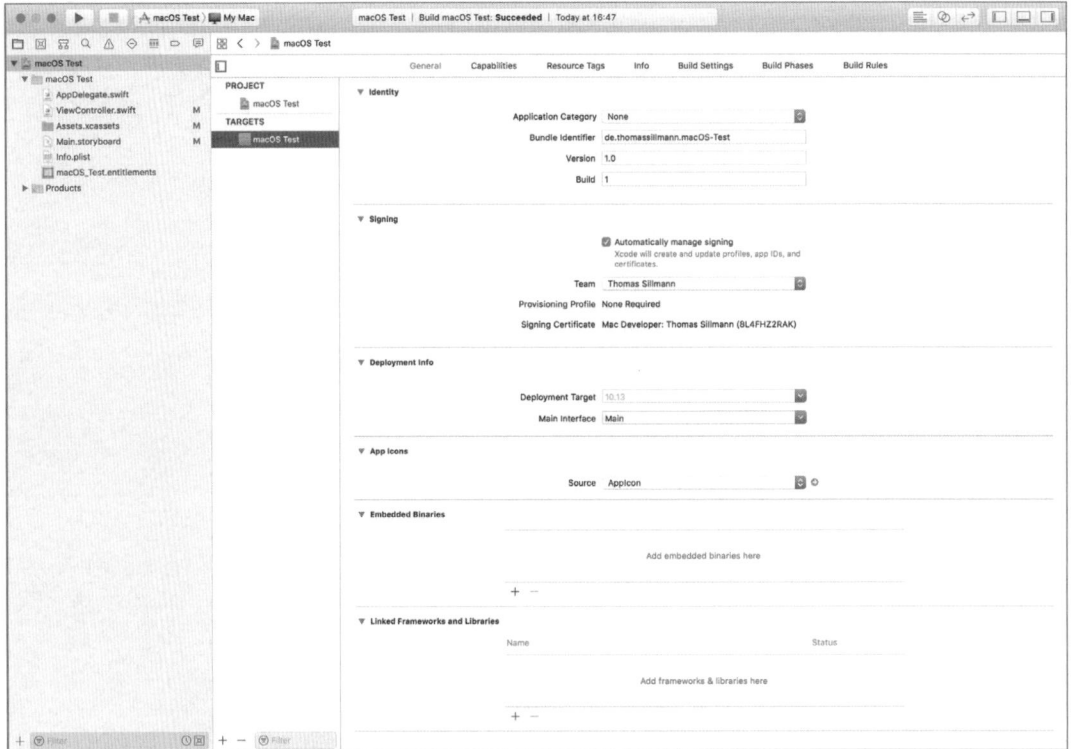

Bild 21.80 In den Target-Einstellungen können Sie unter anderem den Bundle Identifier und die Versionsnummer Ihrer macOS-App setzen.

Im Folgenden stelle ich Ihnen einige der Einstellungen vor, die Sie im Reiter *General* an Ihrem Target vornehmen können:

Abschnitt „Identity"

- *Application Category:* Aus diesem Drop-down-Menü können Sie die Kategorie wählen, in der Ihre macOS-App einzuordnen ist. Es handelt sich hierbei um die Kategorien, die im Mac App Store zur Auswahl zur Verfügung stehen.
- *Bundle Identifier:* Der Bundle Identifier Ihrer macOS-App. Standardmäßig setzt dieser sich aus Ihrem Organization Identifier und dem Product Name zusammen und wird dementsprechend automatisch von Xcode generiert. An dieser Stelle können Sie den Bundle Identifier aber auf einen beliebigen Wert ändern.
- *Version:* Hier geben Sie die Versionsnummer Ihrer App an.
- *Build:* Hier geben Sie die Build-Nummer Ihrer App an.

Abschnitt „Signing"

Hier steuern Sie die Einstellungen zum digitalen Signieren Ihrer macOS-App. Dazu wählen Sie ein passendes Developer-Team sowie ein Provisioning Profile und Zertifikat aus. Mehr zu diesem Thema erfahren Sie in Kapitel 34, „Veröffentlichung im App Store".

Deployment Info

- *Deploymen Target:* Das Deployment Target entspricht der macOS-Version, die Ihre App maximal unterstützt. Auf älteren Versionen des Betriebssystems kann die App nicht installiert und ausgeführt werden.

- *Main Interface:* Hier tragen Sie den Namen des Storyboards ein, dessen initialer Controller als Einstiegspunkt für Ihre App dient. Standardmäßig wird hier bei neuen Projekten auf die *Main.storyboard*-Datei verwiesen. Die Dateiendung *(.storyboard)* geben Sie in diesem Feld nicht an, lediglich den Namen des Storyboards.

App-Icons

In diesem Abschnitt geben Sie die Quelle für Ihr App-Icon an (siehe hierzu auch den Abschnitt 21.8, „App-Icon"). Standardmäßig wird hier ein Asset Catalog angegeben, in dem Sie das App-Icon für Ihre Anwendung in allen benötigten Größen hinterlegen.

Embedded Binaries

In diesem Abschnitt können Sie Frameworks (und sonstige Binaries) in Ihrem Projekt einbinden, um so auf deren Funktionen zugreifen zu können. Das ist notwendig für alle Arten von Binaries, deren Funktionen Sie in Ihrem Projekt nutzen möchten, die gleichzeitig aber nicht Teil des Betriebssystems sind. Für letzteren Fall nutzen Sie stattdessen den im Folgenden beschriebenen Abschnitt „Linked Frameworks and Libraries".

Linked Frameworks and Libraries

Hierüber können Sie bereits vorhandene Frameworks in Ihren Apps „verlinken", sprich in Ihrem eigenen Code auf deren APIs und Funktionen zugreifen. Über diesen Abschnitt haben Sie unter anderem Zugriff auf die verschiedenen Frameworks von Apple, die Ihnen für die App-Entwicklung zur Verfügung stehen.

Weitere Einstellungen

Darüber hinaus gibt es aber noch weitere Einstellungen, die Sie an Ihrem macOS-Target vornehmen können. Für spezifische Anwendungsfälle sehr wichtig ist hierbei der Reiter *Capabilities* (siehe Bild 21.81). Dort können Sie verschiedene Services aktivieren, die Ihnen Apple bei der App-Entwicklung zur Verfügung stellt. Dazu gehören beispielsweise die sogenannten App Groups, die Unterstützung von Game Center, die Nutzung von iCloud oder der Einsatz von In-App-Käufen.

All diese Optionen nutzen unterschiedliche Services von Apple, weshalb sie nicht ohne weiteres in eigenen Apps integriert werden können. Durch Aktivieren eines dieser Features kümmert sich Xcode darum, alle notwendigen grundlegenden Einstellungen vorzunehmen, um den jeweiligen Service in Ihrer App nutzen zu können. Dazu gehört beispielsweise das Integrieren entsprechender Frameworks oder das Erzeugen zusätzlicher Dateien.

Mehr über die im *Capabilities*-Tab zur Verfügung stehenden Elemente erfahren Sie an entsprechender Stelle im Buch, sobald der zugrunde liegende Service näher beschrieben wird.

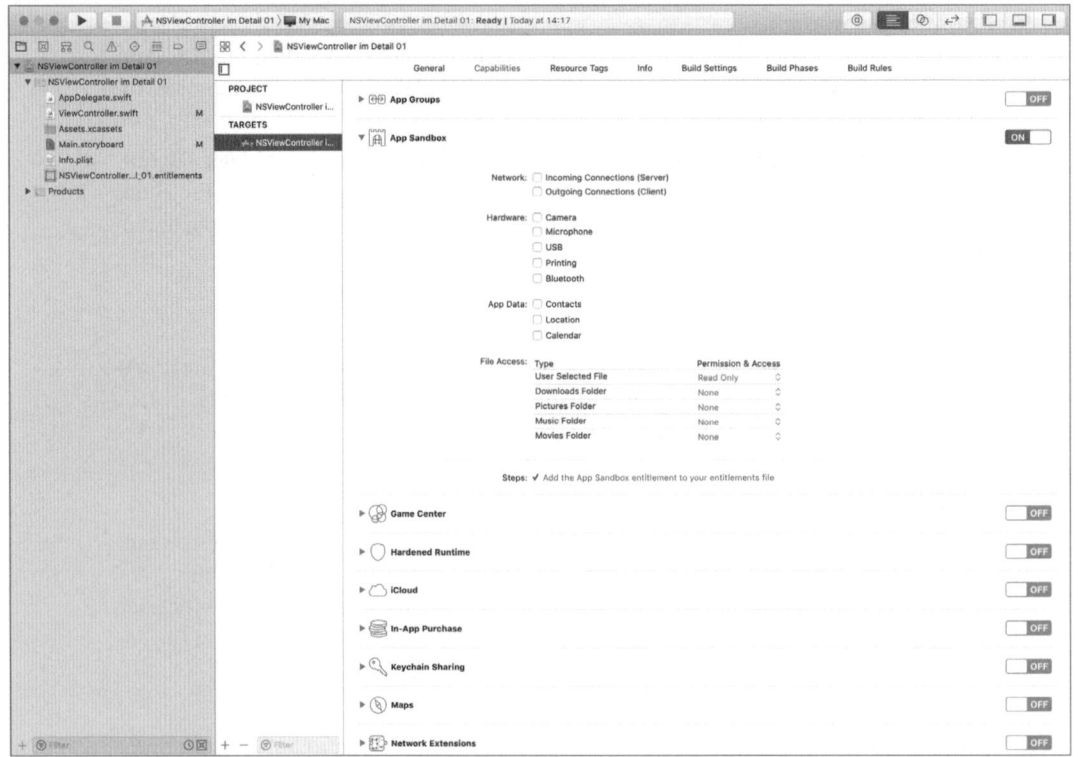

Bild 21.81 Im Capabilities-Tab können Sie die Unterstützung für unterschiedliche Services für Ihre macOS-App aktivieren.

22 macOS – App-Entwicklung

In diesem Kapitel betrachten wir diverse Themen, die für die Entwicklung moderner macOS-Apps sehr häufig relevant sind. Hierbei schicke ich voraus, dass natürlich auch dieses Kapitel nicht alle Facetten der App-Entwicklung für macOS abdecken kann; dafür ist diese Plattform schlicht viel zu umfangreich und zu komplex. Das soll aber auch gar nicht Sinn der Sache sein. Schließlich liefert Ihnen die Dokumentation von Xcode selbst Zugriff auf alle verfügbaren Frameworks und damit im Zusammenhang stehende Funktionen, die Sie brauchen, um Ihre macOS-Apps zu entwickeln.

Vielmehr möchte ich Ihnen in diesem Kapitel eine Handvoll der meiner Meinung nach wichtigsten sowie spannendsten Themen vorstellen, die es Ihnen erlauben, Ihre macOS-Apps zu verbessern oder in bestimmten Details anzupassen. Dazu gehört beispielsweise das Erstellen von Tabellen, das Umsetzen verschiedener Navigationsstrukturen, das Anpassen des App-Menüs am oberen Bildschirmrand oder der Einsatz der Touch Bar auf modernen Macs. Die Inhalte dieses Kapitels sind so aufgebaut, dass Sie sich jedes beliebige Thema selbst heraussuchen und direkt einsteigen können, ohne zuvor eines der anderen Themen gelesen zu haben.

Ich empfehle Ihnen allerdings, die Grundlagen zur App-Entwicklung für macOS verinnerlicht zu haben, ehe Sie sich den Themen dieses Kapitels zuwenden (siehe hierzu Kapitel 21, „macOS – Grundlagen“; in diesem Kapitel erfahren Sie alles über den grundlegenden Aufbau von macOS-Apps sowie die typische Arbeit mit Controllern, Views und dem Editor).

■ 22.1 Tabellen erstellen

Tabellen gehören zu den am häufigsten eingesetzten User Interface-Elementen in der Entwicklung von Apps für macOS. Gleichzeitig sind sie im Vergleich zu „herkömmlichen" Views wie Labels, Buttons oder Segmented Controls deutlich komplexer zu konfigurieren. Im Vergleich zur iOS-Entwicklung sind in macOS auch tatsächlich von Haus aus „richtige" Tabellen möglich. Wo sich unter iOS standardmäßig nur Listen mit einer einzigen Spalte erstellen lassen, können unter macOS tatsächlich Tabellen erzeugt werden, die über mehrere Reihen *und* Spalten verfügen (siehe Bild 22.1).

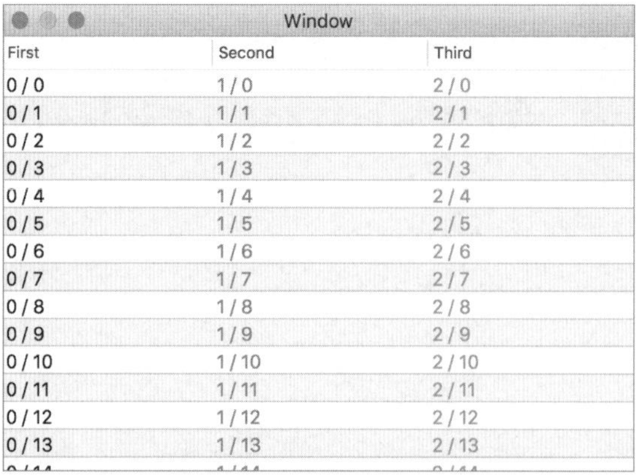

First	Second	Third
0 / 0	1 / 0	2 / 0
0 / 1	1 / 1	2 / 1
0 / 2	1 / 2	2 / 2
0 / 3	1 / 3	2 / 3
0 / 4	1 / 4	2 / 4
0 / 5	1 / 5	2 / 5
0 / 6	1 / 6	2 / 6
0 / 7	1 / 7	2 / 7
0 / 8	1 / 8	2 / 8
0 / 9	1 / 9	2 / 9
0 / 10	1 / 10	2 / 10
0 / 11	1 / 11	2 / 11
0 / 12	1 / 12	2 / 12
0 / 13	1 / 13	2 / 13

Bild 22.1 Tabellen in macOS setzen sich aus Reihen und Spalten zusammen, deren Zellen individuelle Inhalte darstellen können.

Aus diesem Grund erfahren Sie in den folgenden Abschnitten alle grundlegenden Details, die Sie kennen müssen, um Tabellen in macOS erstellen und gestalten zu können.

22.1.1 Grundlegende Infos

Bevor wir in die Praxis einsteigen und unsere ersten eigenen Tabellen erstellen, möchte ich Ihnen ein paar grundlegende Informationen zum Aufbau von Tabellen in der macOS-Entwicklung geben sowie wichtige Elemente vorstellen.

Ganz am Anfang steht die Klasse `NSTableView`. Sie bringt die gesamte Logik mit, um Tabellen erstellen und konfigurieren zu können. Hierbei wird sie durch eine zusätzliche Data Source- und Delegate-Instanz unterstützt. Diese werden in bestimmten Situationen automatisch von der Table-View aufgerufen, beispielsweise um die Inhalte der Tabelle zu laden oder um auf eine Auswahl zu reagieren. Der Data Source muss hierfür konform zum `NSTableViewDataSource`-Protokoll sein, der Delegate muss das `NSTableViewDelegate`-Protokoll adaptieren.

Tabellen setzen sich in macOS aus Spalten und Reihen zusammen. Jede Spalte wird mithilfe eines eindeutigen Identifiers identifiziert. Darüber können Sie prüfen, für welche Spalte die Tabelle gerade Informationen anfragt. Zusätzlich erhalten Sie hierbei den Index der Zeile, für die Inhalte für die Table-View gesetzt werden sollen. Aus der Kombination von Spalte und Zeile können Sie so jede einzelne Zelle innerhalb der Tabelle auswerten und konfigurieren.

Zellen werden heutzutage typischerweise in Form von Views umgesetzt. Der große Vorteil daran: Sie können jeder Zelle eine beliebige View zuweisen, solange diese nur in oberster Instanz von der Klasse `NSView` abgeleitet ist. Es spielt somit keine Rolle, ob Sie in einer Zelle ein Label, einen Button, ein Segmented Control oder ein gänzlich eigenes View-Element anzeigen; hier steht Ihnen größtmögliche Flexibilität offen!

Die Klasse NSCell

Vor OS X 10.7 war es nicht möglich, beliebige eigene Views als Inhalte für die Zellen einer Table-View zu verwenden. Stattdessen kam für diesen Zweck eine separate Klasse namens NSCell zum Einsatz. NSCell ist von NSObject abgeleitet (nicht von NSView) und somit prinzipiell deutlich leichtgewichtiger, gleichzeitig aber auch eingeschränkter, was die zur Verfügung stehenden Konfigurationsmöglichkeiten für Zellen einer Table-View betrifft.

Es gibt diverse Subklassen von NSCell, um verschiedene Zellinhalte abbilden zu können. Um beispielsweise ein Segmented Control in einer Zelle zu verwenden, setzt man die NSSegmentedCell-Klasse ein. Diese Elemente finden Sie auch in der Objects Library, wenn Sie als Suchbegriff „Cell" eingeben (siehe Bild 22.2). Solange in der Beschreibung der erscheinenden Elemente nicht die Rede von einer NSTableCellView-Klasse ist, handelt es sich um Views, die auf NSCell basieren.

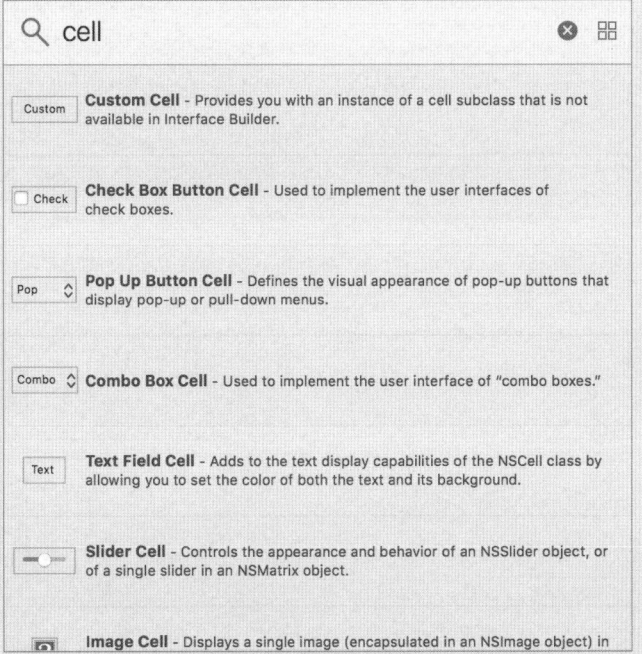

Bild 22.2 In der Objects Library finden Sie die diversen Subklassen von NSCell.

Bei der Arbeit mit der Klasse NSTableView müssen Sie sich entscheiden, welche Art von Zellen Sie verwenden möchten; entweder die sogenannte *View Based*-Variante, mit der Sie beliebige Zellen auf Basis von NSView erstellen können, oder *Cell Based*, womit Sie Zellen nur mittels NSCell und dessen Subklassen einsetzen können.

Da Apple selbst den Einsatz von *View Based*-Tabellen präferiert und diese Variante aktueller und flexibler ist, stelle ich Ihnen in diesem Buch ausschließlich die Umsetzung solcher Table-Views vor. Wenn Sie mehr über den Cell Based-Ansatz erfahren möchten, empfehle ich Ihnen, einen Blick in die Dokumentation der NSCell-Klasse zu werfen.

22.1.2 Erstellen und Konfigurieren einer Table-View

Am einfachsten erstellt man eine neue Table-View mithilfe eines Storyboards. Suchen Sie nach dem *Table View*-Element in der Objects Library (siehe Bild 22.3) und ziehen Sie es auf einen View-Controller. Daraufhin erscheint die neu eingefügte Tabelle, die standardmäßig über zwei Spalten verfügt (siehe Bild 22.4).

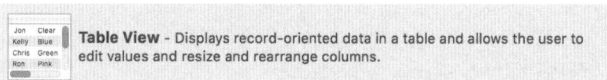

Bild 22.3 Das Table View-Element aus der Objects Library dient als Basis, um einer View eine neue Tabelle hinzuzufügen.

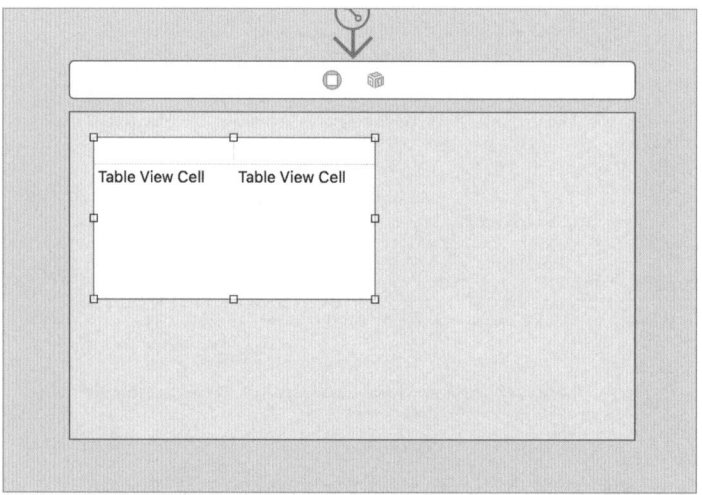

Bild 22.4 Eine neu hinzugefügte Tabelle verfügt standardmäßig über zwei Spalten.

Bevor wir uns nun damit beschäftigen, eine solche Tabelle mit Leben und passenden Zellinhalten zu füllen (siehe hierzu stattdessen Abschnitt 22.1.3, „Erstellen von Zellen"), zeige ich Ihnen im Folgenden, welche grundlegenden Konfigurationen Sie an einer Tabelle im Storyboard vornehmen können.

Hier betrachten wir zunächst einmal den Aufbau, den solch eine Table-View mit sich bringt. Der ist nämlich deutlich komplexer und umfangreicher als bei „herkömmlichen" View-Elementen. Selektieren Sie die Table-View und wechseln Sie anschließend in die Document

Outline Area. Dort sehen Sie, dass sich eine Table-View aus einer Vielzahl von Elementen zusammensetzt, die von der Table-View selbst über die verschiedenen Spalten bis hin zu den eigentlichen Views einer Zelle reichen (siehe Bild 22.5).

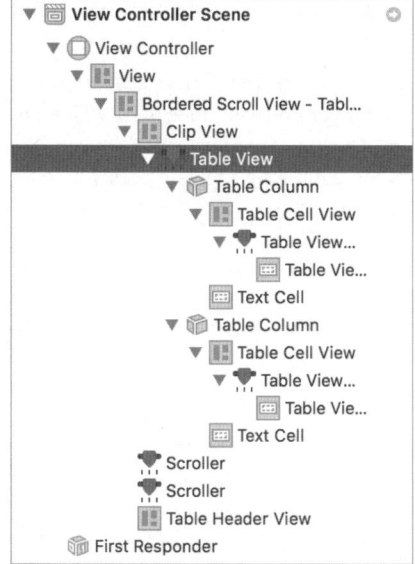

Bild 22.5
Die Document Outline Area verrät den komplexen Aufbau einer Table-View.

Für uns relevant sind die Elemente ab „Table View" (siehe hierzu auch die markierte Stelle in Bild 22.5). Hierzu möchte ich Ihnen ein paar grundlegende Informationen zu den wichtigsten Bestandteilen geben:

- *Table View:* Hierbei handelt es sich um den Verweis auf die eigentliche Tabelle, sprich die NSTableView-Instanz. Diese befindet sich innerhalb einer Scroll-View, die sich aus den beiden darüberliegenden Elementen *Bordered Scroll View* und *Clip View* zusammensetzt. Diese sorgen dafür, dass man problemlos in einer Table-View sowohl horizontal als auch vertikal scrollen kann, sollte der Bildschirmplatz nicht ausreichen, um alle Inhalte der Tabelle darstellen zu können. Für diese Funktionalität müssen wir nichts weiter tun und erhalten sie somit out of the box. Wann immer Sie Änderungen an der Table-View selbst vornehmen möchten, wählen Sie dieses Element in der Document Outline Area aus (dazu gleich mehr).

- *Table Column:* Jede Spalte einer Tabelle wird durch ein solches *Table Column*-Element repräsentiert. Hierüber legen Sie unter anderem den Titel für eine Spalte fest. Darüber hinaus können (und sollten!) Sie jede Table Column mit einem eindeutigen Identifier versehen. Dieser wird benötigt, um die verschiedenen Spalten einer Tabelle im Code unterscheiden zu können. Diese Information ist wichtig, damit Sie wissen, in welche Spalte Sie welche Information schreiben. Wenn Sie beispielsweise eine Tabelle zum Abbilden eines Namens erstellen und hierfür die Spalten „Vorname" und „Nachname" anbieten, müssen Sie im Code auf die jeweils passende Spalte zugreifen können, um an der jeweils richtigen Stelle den Vornamen und den Nachnamen zu setzen. Genau das gelingt mithilfe des beschriebenen Identifiers (auch dazu später mehr).

- *Table Cell View:* Die *Table Cell View* ist Ihr Einstiegspunkt, um die Ansicht der Zellen, die innerhalb einer Spalte angezeigt werden, anzupassen. Darin können Sie alle beliebigen Views unterbringen, die durch die jeweilige Zelle angezeigt werden sollen. Standardmäßig fügt Xcode hier ein Textfeld ein, um einfachen Text in der Tabelle auszugeben, Sie können aber an dieser Stelle auch jede andere beliebige View einfügen und wie gewohnt konfigurieren.

Im Folgenden betrachten wir die genannten Elemente einmal im Detail. Los geht's mit der *Table View*. Alle grundlegenden Einstellungen zur Tabelle können Sie über dieses Element steuern. Wählen Sie dazu *Table View* in der Document Outline Area aus und wechseln Sie anschließend in den Attributes Inspector. Dort finden Sie dann eine Vielzahl verschiedener Konfigurationsmöglichkeiten für Ihre Tabelle (siehe Bild 22.6).

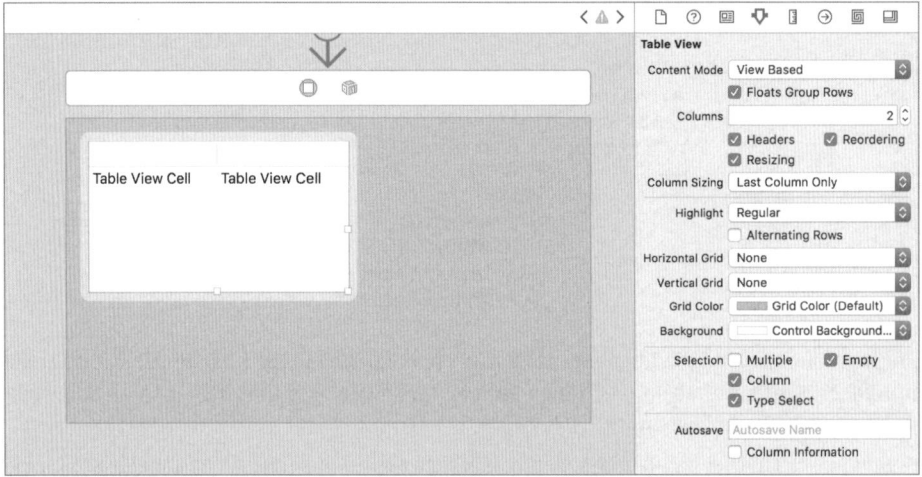

Bild 22.6 Über den Attributes Inspector können Sie diverse Einstellungen an einer Table-View vornehmen.

 Nutzen Sie die Document Outline Area

Ich habe im vorigen Absatz beschrieben, dass Sie die Document Outline Area nutzen sollen, um die Table-View auszuwählen. Womöglich fragen Sie sich, warum Sie nicht einfach auf das Table-View-Element im Storyboard klicken können, so wie man es typischerweise bei anderen View-Elemente wie Buttons oder Labels macht.

Das liegt an der komplexen Struktur einer Table-View. Wie wir gesehen haben, ist eine Tabelle Teil einer Scroll-View und bildet gleichzeitig die verschiedenen Spalten, Zellen und Views in jeweils eigenen separaten Elementen ab. Wenn Sie nun einmalig auf eine Table-View im Storyboard klicken, werden Sie in der Regel nicht die Table-View selbst, sondern die darüberliegende Scroll-View auswählen (siehe **Bild 22.7**). So kann es leicht passieren, dass man das falsche Elemente für die Konfiguration auswählt.

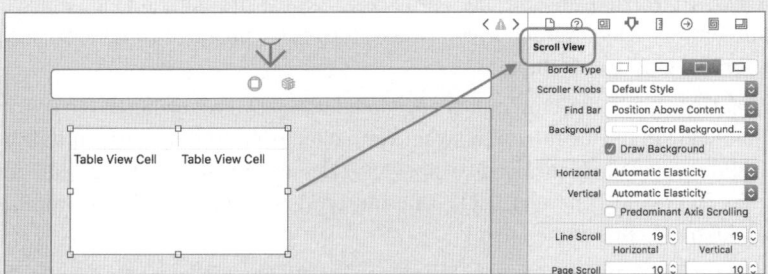

Bild 22.7 Ein einfacher Klick auf eine Table-View im Storyboard selektiert zunächst nicht die eigentliche Tabelle, sondern die darüberliegende Scroll-View.

Wenn Sie dagegen die Document Outline Area zur Auswahl des zu konfigurierenden Elements Ihrer Tabelle verwenden, können Sie sich sicher sein, immer das gewünschte Objekt ausgewählt zu haben. Das gilt nicht nur für die Table-View, sondern auch für die Spalten und Zellen der Tabelle.

Table-View

Im Folgenden stelle ich Ihnen einige der Konfigurationsmöglichkeiten einer Table-View im Detail vor:

- *Content Mode:* Über diese Auswahlbox können Sie festlegen, welche Arten von Zellen die Table-View anzeigen soll. Standard ist das moderne *View Based* (siehe hierzu auch Abschnitt 22.1.1, „Grundlegende Infos"). Alternativ können Sie sich hier auch für *Cell Based* entscheiden. Die Beispiele in diesem Buch werden als Basis immer *View Based* verwenden.

- *Columns:* Hierüber legen Sie die Anzahl der Spalten fest, über die Ihre Tabelle verfügen soll. Zusätzlich können Sie einige weitere Einstellungen mithilfe diverser Checkboxen festlegen. So regelt *Headers* beispielsweise die Anzeige der Kopfzeilen einer jeden Spalte. Ist sie deaktiviert, werden keine Kopfzeilen angezeigt. Darüber hinaus können Sie festlegen, ob die Spalten in ihrer Reihenfolge verschoben *(Reordering)* und in ihrer Breite verändert werden können *(Resizing)*. Beides ist möglich, wenn die jeweils in Klammern genannten Checkboxen aktiv sind, andernfalls nicht.

- *Alternating Rows:* Ist diese Checkbox aktiviert, werden für die Zeilen der Table-View abwechselnd zwei verschiedene Farben verwendet (siehe Bild 22.8). Die einzelnen Zeilen lassen sich dadurch besser voneinander unterscheiden und die Tabelle wirkt ein wenig aufgeräumter.

- *Horizontal Grid:* Über dieses Drop-down-Menü können Sie auf Wunsch eine horizontale Trennlinie zwischen allen Reihen einfügen. Mit *Solid* setzen Sie eine durchgezogene Trennlinie, *Dashed* fügt hingegen eine punktierte Trennlinie ein (siehe Bild 22.9). Der Standard ist *None*.

- *Vertical Grid:* Analog zu *Horizontal Grid* können Sie über das Auswahlmenü *Vertical Grid* eine vertikale Trennlinie zwischen den verschiedenen Spalten Ihrer Tabelle definieren. Hierfür steht allerdings – neben *None* – lediglich *Solid* zur Verfügung, sprich eine durchgezogene Trennlinie (siehe Bild 22.10).

- *Grid Color:* Hierüber legen Sie die Farbe fest, die für die horizontalen und vertikalen Trennlinien verwendet werden sollen (sofern Sie solche über *Horizontal Grid* beziehungsweise *Vertical Grid* gesetzt haben).

- *Selection:* Über die in diesem Bereich angebotenen Checkboxen können Sie das Verhalten der Table-View in Bezug auf die Auswahl von Zellen beeinflussen. Mit *Multiple* beispielsweise können Sie eine Mehrfachauswahl von Zellen der Tabelle erlauben. Hält der Nutzer dann die Command-Taste gedrückt, während er verschiedene Zellen auswählt, werden alle selektiert (nicht nur die letzte).

Durch Aktivieren von *Empty* sorgen Sie dafür, dass nicht zwingend eine Zeile in der Table-View selektiert sein muss. Umgekehrt ist durch Deaktivieren dieser Checkbox sichergestellt, dass immer mindestens ein Element der Tabelle ausgewählt ist. Hierbei wird standardmäßig immer die erste Zeile automatisch vom System markiert.

Ist *Column* aktiv, können Sie die Kopfzeilen der Spalten auswählen, und durch Setzen von *Type Select* haben Sie die Möglichkeit, zu einer bestimmten Zeile durch passende Tastatureingaben zu springen.

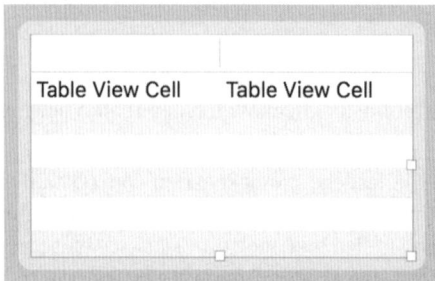

Bild 22.8
Durch Aktivieren der Checkbox „Alternating Rows" wechselt die Table-View die Hintergrundfarbe zwischen den verschiedenen Reihen.

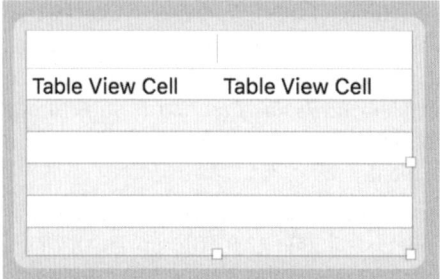

Bild 22.9
Über das Auswahlmenü „Horizontal Grid" können Sie eine horizontale Trennlinie für die verschiedenen Reihen einer Table-View definieren.

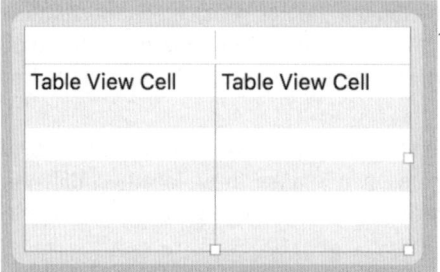

Bild 22.10
Über „Vertical Grid" können Sie eine vertikale Trennlinie zwischen den verschiedenen Spalten Ihrer Tabelle hinzufügen.

Um die Größe der Table-View sowie die Höhe der einzelnen Zeilen anzupassen, wechseln Sie in den Size Inspector (siehe Bild 22.11). Dort können Sie über *Row Height* die Zeilenhöhe anpassen und über die Breiten- und Höheneinstellung unter *Cell Spacing* zusätzlich feste Abstände zwischen den verschiedenen Zellen definieren.

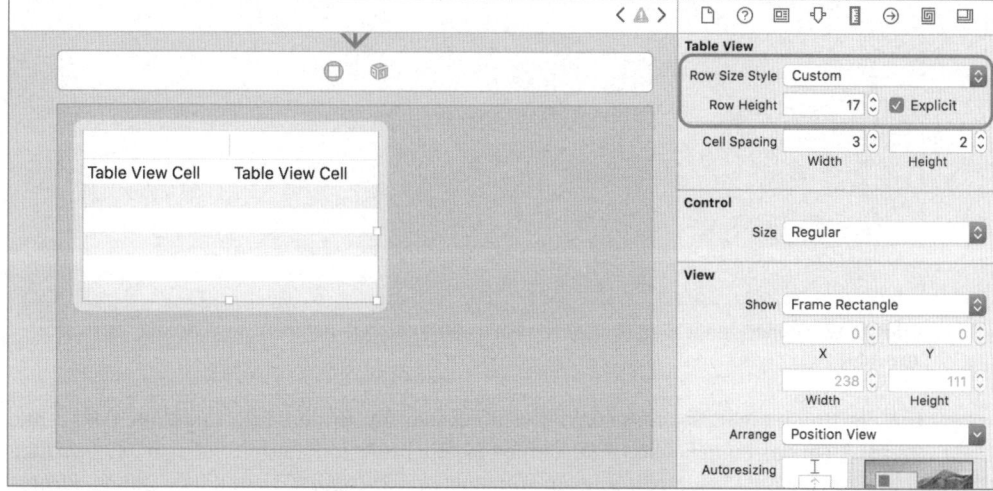

Bild 22.11 Die Höhe der Zellen einer Tabelle können Sie im Size Inspector nach Auswahl der Table-View festlegen.

Table Column

Jede Spalte einer Tabelle wird durch eine Table Column repräsentiert. Um diese anzupassen, wählen Sie sie am besten über die Document Outline Area aus (genau wie bei der Table-View auch) und wechseln anschließend in den Attributes Inspector. Dort können Sie diverse Anpassungen für eine Spalte vornehmen (siehe Bild 22.12). Dazu gehören:

- *Title:* Hier tragen Sie den Titel der Spalte für die Kopfzeile ein.
- *Alignment:* Hier legen Sie die Ausrichtung des Titels der Kopfzeile fest.
- *Title Font:* Hier legen Sie die Schriftart des Titels der Kopfzeile fest. Die Schriftgröße ist unveränderbar.
- *Hidden:* Ist diese Checkbox aktiviert, wird die Spalte (wenigstens temporär) ausgeblendet und ist nicht länger sichtbar.

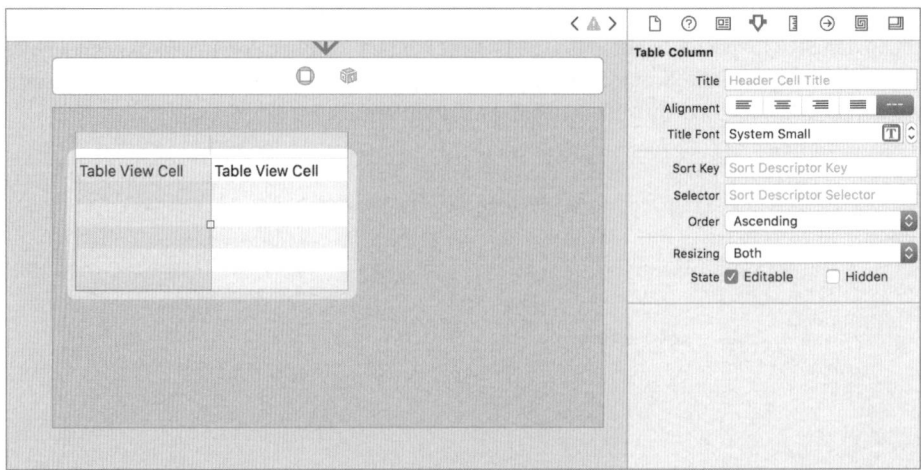

Bild 22.12 Grundlegende Einstellungen an einer Tabellenspalte nehmen Sie über den Attributes Inspector vor.

Um die Breite einer Spalte anzupassen, wechseln Sie in den Size Inspector (siehe Bild 22.13). Über das Eingabefeld *Width* können Sie die Breite in Punkten festlegen. Zu beachten sind dabei aber die beiden Einträge in *Minimum* und *Maximum*. Über diese können Sie eine Mindest- sowie eine Maximalbreite pro Spalte festlegen. Die in *Width* eingetragene Breite kann diese Werte nicht unter- beziehungsweise überschreiten.

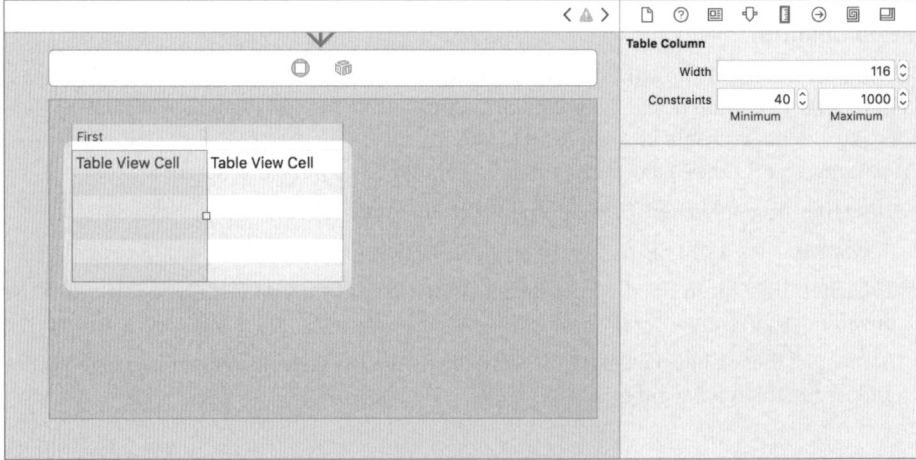

Bild 22.13 Einstellungen zur Breite einer Tabellenspalte regeln Sie über den Size Inspector.

Zu guter Letzt gibt es noch eine finale Einstellung, die Sie sehr wahrscheinlich in jedem Fall individuell setzen werden. Hierbei handelt es sich um den sogenannten *Identifier*. Dieser wird im Code benötigt, um auf eine Spalte zugreifen und ihr so die passenden Inhalte zuweisen zu können. Solange Ihre Tabelle nicht nur über eine einzige Spalte verfügt, sollten Sie diesen Wert in jedem Fall pro Spalte individuell anpassen (wie man den Identifier im Code nutzt und auswertet, erfahren Sie in Abschnitt 22.1.3, „Erstellen von Zellen“).

Um den Identifier für eine Spalte zu setzen, wechseln Sie in den Identity Inspector. Dort finden Sie das passende Textfeld mit dem Titel *Identifier* (siehe Bild 22.14). Sie können dort einen beliebigen Wert eintragen, der idealerweise (zumindest grob) den Sinn und Zweck der jeweiligen Spalte beschreibt.

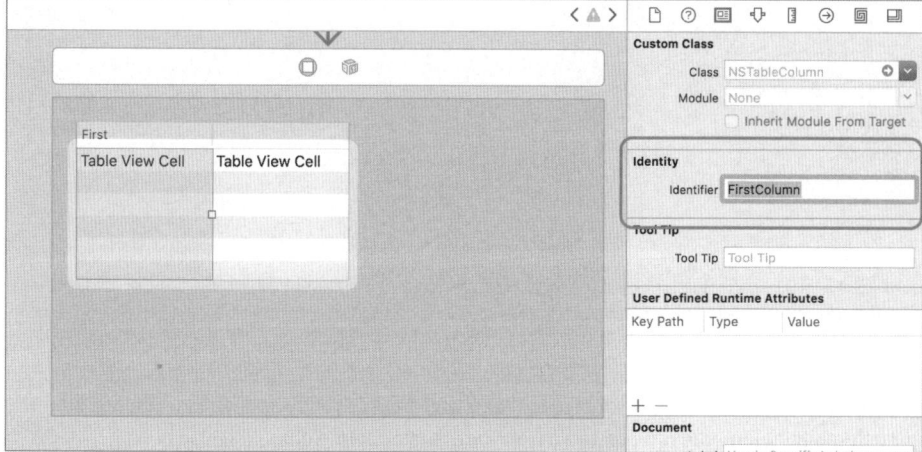

Bild 22.14 Der Identifier einer Spalte ist immens wichtig, um über den Code auf die jeweilige Spalte zugreifen zu können.

Table Cell View

Das letzte wichtige Konfigurationselement einer jeden Tabelle ist die Table Cell View. Sie repräsentiert die Ansicht aller Zellen innerhalb der zugehörigen Spalte. Für jede Zeile einer Tabelle wird somit pro Spalte die hier konfigurierte Table Cell View verwendet und muss im Code noch passend angepasst werden, um dynamische Inhalte pro Zeile anzuzeigen (mehr dazu erfahren Sie in Abschnitt 22.1.3, „Erstellen von Zellen").

Die Table Cell View selbst können Sie nach Belieben anpassen und um alle View-Elemente ergänzen, die Sie für die Darstellung der jeweiligen Zelle benötigen; genau das ist der immens große Vorteil von *View Based*-Table-Views. Nutzen Sie hingegen eine Cell Based-Table-View, können Sie „nur" die von NSCell abgeleiteten Elemente als Basis für die Table Cell View verwenden und einsetzen (siehe hierzu auch Abschnitt 22.1.1, „Grundlegende Infos").

Um Ihre Table Cell View anzupassen, ziehen Sie einfach die gewünschten und benötigten View-Elemente aus der Objects Library in die Table Cell View hinein. Sie tauchen dann in der Document Outline Area innerhalb des jeweiligen *Table Cell View*-Elements auf (siehe Bild 22.15). Wie Sie die jeweiligen Views konfigurieren, ist an dieser Stelle voll und ganz Ihnen überlassen.

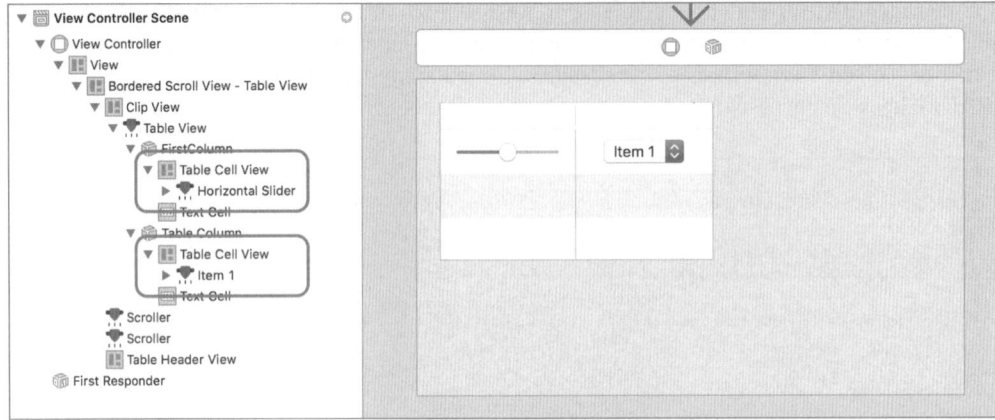

Bild 22.15 In diesem Beispiel wird für die Zellen der ersten Spalte ein Slider, für die der zweiten eine Auswahlbox verwendet. Beide Views sind jeweils Teil der zugehörigen Table Cell View.

Übrigens: Die Table Cell View wird im Code über die Klasse `NSTableCellView` abgebildet. Sie verfügt über die beiden Properties `imageView` und `textField`, was Sie dazu nutzen können, derartige View-Elemente mit der Table Cell View zu koppeln. Sollten Sie also beispielsweise in einer Zelle eine Image-View und/oder ein Textfeld anzeigen wollen, können Sie diese Elemente wie beschrieben der Table Cell View hinzufügen und sie anschließend mit den genannten Properties koppeln. Im Code können Sie dann direkt auf die `NSTableCellView`-Instanz zugreifen und über die `imageView`- und `textField`-Properties auf die Views zugreifen, ohne sich selbst um eine entsprechende Logik für den Zugriff kümmern zu müssen (mehr dazu erfahren Sie in Abschnitt 22.1.3, „Erstellen von Zellen").

Bei neu hinzugefügten Table-Views im Storyboard ist das beschriebene Verhalten übrigens in Bezug auf das Textfeld bereits genauso umgesetzt. Jede Table Cell View enthält dann nämlich standardmäßig ein Textfeld, das von Haus aus mit der `textField`-Property gekoppelt ist. Wenn Sie also in einer Zelle einfach nur Text anzeigen möchten, müssen Sie sich um gar nichts weiter kümmern.

Damit kennen Sie nun alle grundlegenden Konfigurationen und Einstellungen, die Sie an einer Table-View vornehmen können. Das ist die Basis, um eine Tabelle im nächsten Schritt mit Leben zu füllen und die gewünschten Zellen zu erzeugen und anzuzeigen. Mehr dazu erfahren Sie im kommenden Abschnitt 22.1.3, „Erstellen von Zellen".

 Erstellung und Konfiguration einer Tabelle im Code

Selbstverständlich haben Sie auch die Möglichkeit, eine `NSTableView` vollständig im Code zu erzeugen und zu konfigurieren. Für alle genannten Einstellungen gibt es passende Methoden und Properties der zugehörigen Elemente, mit denen Sie ebenfalls ans Ziel kommen (einige werden Sie auch in den kommenden Abschnitten zur Programmierung einer Table-View näher kennenlernen).

> Allerdings spare ich mir die Details hierzu an dieser Stelle aus, da gerade Table-Views – die zu den komplexesten View-Elementen in der macOS-Entwicklung gehören – in der Regel über eine Interface-Datei wie ein Storyboard erstellt werden.
>
> Wenn Sie mehr über die komplett programmatische Erstellung einer Tabelle erfahren möchten, empfehle ich Ihnen, einen Blick in die Dokumentation der Klassen NSTableView, NSTableColumn (Klasse zur Abbildung einer Spalte) und NSTableCellView (Klasse zur Abbildung einer Table Cell View) zu werfen.

22.1.3 Erstellen von Zellen

Um eine Tabelle mit Leben zu füllen und dynamisch um Zellen zu ergänzen, braucht man zunächst einmal einen Data Source und einen Delegate für die Table-View. Diese kümmern sich darum, die gewünschten Zellen zu erstellen und anzuzeigen. Beide können Sie auf zwei Arten setzen:

- Über den Code
- Über ein Storyboard

Im Code verwenden Sie die beiden Properties dataSource und delegate der NSTableView-Klasse, um die gewünschten Elemente einer Tabelle zuzuweisen. Im Storyboard ziehen Sie schlicht eine Verbindung von der Table-View zum gewünschten Data Source beziehungsweise zum Delegate. Oftmals wird der zugrunde liegende View-Controller für diese Aufgabe verwendet. Beachten Sie aber beim Herstellen der Verbindung über das Storyboard, dass Sie idealerweise die Document Outline Area verwenden, um die Table-View auszuwählen; andernfalls erwischen Sie möglicherweise die darüberliegende Scroll-View (siehe Bild 22.16 und Bild 22.17).

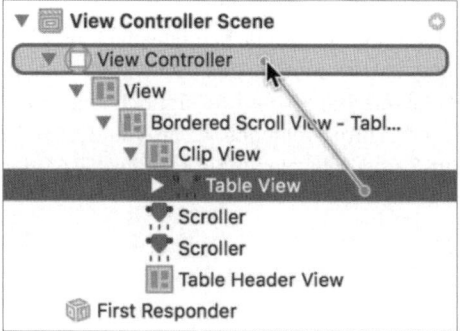

Bild 22.16 Nutzen Sie am besten die Document Outline Area, um Delegate und Data Source für eine Table-View zu setzen.

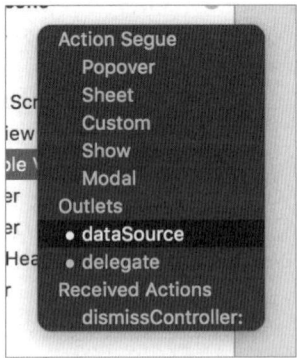

Bild 22.17 Mithilfe der beiden Outlets „dataSource" und „delegate" definieren Sie die entsprechenden Elemente für die Table-View.

Der Data Source einer Tabelle muss konform zum `NSTableViewDataSource`-Protokoll sein. Dieses Protokoll definiert verschiedene Methoden, um die gewünschten Daten für die Table-View bereitzustellen (beispielsweise die Anzahl der anzuzeigenden Zeilen). Der Delegate hingegen muss das `NSTableViewDelegate`-Protokoll adaptieren, welches vorrangig dazu dient, das Verhalten einer Tabelle abzufragen oder zu verändern. Beispielsweise lässt sich über den Delegate auf die Auswahl von Zeilen reagieren.

Essenziell, um eine Tabelle mittels Data Source und Delegate mit Leben zu füllen, sind jeweils eine Methode aus den beiden genannten Protokollen:

- `numberOfRows(in:)`: Diese Methode ist im `NSTableViewDataSource`-Protokoll definiert. Sie erwartet als Rückgabewert einen Integer, der der Anzahl der Zeilen entspricht, die die Table-View anzeigen soll.

- `tableView(_:viewFor:row:)`: Diese Methode ist im `NSTableViewDelegate`-Protokoll definiert. Sie wird für alle Zellen aufgerufen, die sich aufgrund der in der Table-View konfigurierten Spalten sowie der Anzahl der Zeilen ergeben. Als Rückgabewert erwartet sie eine `NSView`, die zur Anzeige für den Zelleninhalt eingesetzt wird. Somit steuert man über diese Methode den konkreten Inhalt jeder einzelnen Zelle einer Tabelle.

Mithilfe eines ersten kleinen und sehr einfachen Beispiels soll die Funktionsweise der beiden Methoden einmal demonstriert werden. Basis hierfür ist eine App, deren initialer View-Controller über eine Tabelle mit drei Spalten verfügt (ich habe die Spalten schlicht mit den Titeln „First", „Second" und „Third" versehen, siehe Bild 22.18). Der View-Controller fungiert ebenso als Data Source und Delegate für die Tabelle; diese Information wurde über das Storyboard gesetzt.

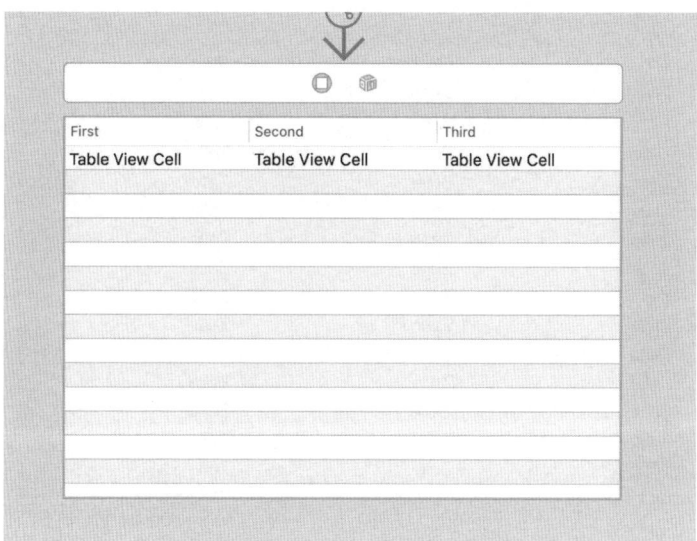

Bild 22.18 Die Beispiel-App verfügt über eine einfache Tabelle mit drei Spalten. Die Identifier der Columns sowie die Views der Table Cell Views spielen hier noch keine Rolle.

Diese erste Tabelle soll nun lediglich einhundert Zeilen mit immer demselben Zelleninhalt anzeigen. Bei letzterem soll es sich um ein Label mit dem statischen Text „Zelle" handeln. In Listing 22.1 sehen Sie die dafür notwendige Implementierung innerhalb der ViewController-Klasse. Das Ergebnis dieses Beispiels zeigt Bild 22.19.

Listing 22.1 Einfaches Füllen einer Tabelle mit 100 Zellen

```
class ViewController: NSViewController, NSTableViewDataSource, NSTableViewDelegate {

    // MARK: - NSTableViewDataSource

    func numberOfRows(in tableView: NSTableView) -> Int {

        // Die Tabelle soll 100 Zellen anzeigen.
        return 100
    }

    // MARK: - NSTableViewDelegate

    func tableView(_ tableView: NSTableView, viewFor tableColumn: NSTableColumn?,
row: Int) -> NSView? {

        // Anzuzeigendes Label für die Zellen erstellen, konfigurieren und
zurückgeben.
        let label = NSTextField(string: "Zelle")
        label.backgroundColor = NSColor.clear
        label.isBordered = false
        label.isEditable = false
        return label
    }

}
```

● ● ●	Window	
First	Second	Third
Zelle	Zelle	Zelle
Zelle	Zelle	Zelle
Zelle	Zelle	Zelle
Zelle	Zelle	Zelle
Zelle	Zelle	Zelle
Zelle	Zelle	Zelle
Zelle	Zelle	Zelle
Zelle	Zelle	Zelle
Zelle	Zelle	Zelle
Zelle	Zelle	Zelle
Zelle	Zelle	Zelle
Zelle	Zelle	Zelle
Zelle	Zelle	Zelle
Zelle	Zelle	Zelle

Bild 22.19 Die Tabelle listet insgesamt 100 Zeilen auf, deren Zellen allesamt dieselbe View anzeigen.

Auch wenn dieses Beispiel funktioniert, ist es natürlich bei Weitem noch nicht perfekt, schließlich werden beim Erstellen der Zellen weder die Spalte noch die Zeile berücksichtigt, um individuelle Inhalte zurückzuliefern. Auch wird nicht die im Storyboard konfigurierte Table Cell View zur Darstellung der Zellen genutzt, sondern ein komplett neues Label erstellt und zurückgegeben. Wie man diese Dinge optimieren und eine Table-View komplett dynamisch gestalten kann, erkläre ich Ihnen an einem weiteren Beispiel.

Dieses Mal soll erneut eine Tabelle mit insgesamt drei Spalten und 100 Zeilen erstellt werden, doch dabei kommen die folgenden Unterschiede zum Tragen:

- Wir nutzen die im Storyboard erzeugte Table Cell View, um die Inhalte einer Zelle zu gestalten. Hierzu passen wir die jeweilige View pro Spalte zusätzlich an, um die Unterschiede klar erkennen zu können.
- Wir unterscheiden dynamisch zwischen den Spalten und Zeilen und liefern so eine individuelle Info pro Zelle zurück. Jede Zelle zeigt damit einen komplett anderen Inhalt an.

Betrachten wir zunächst die Basis für dieses Beispiel, zu sehen in Bild 22.20. Der initiale View-Controller der Beispiel-App verfügt über eine Table-View mit insgesamt drei Spalten, die die Titel „First", „Second" und „Third" tragen. Die Table Cell Views basieren alle direkt auf Instanzen von NSTableCellView und zeigen ein Label an, das pro Spalte eine andere Farbe besitzt; in der ersten Spalte ist der Text schwarz, in der zweiten rot und in der dritten blau. Hierbei wird direkt das Label verwendet, das bei einer neu erstellten Table-View der Table Cell View zugewiesen wird. Der View-Controller fungiert darüber hinaus erneut als Data Source und Delegate für die Table-View, zusätzlich wurde bereits im Voraus ein Outlet für die Tabelle im zugrunde liegenden View-Controller erstellt (wofür wir das Outlet benötigen, sehen wir gleich).

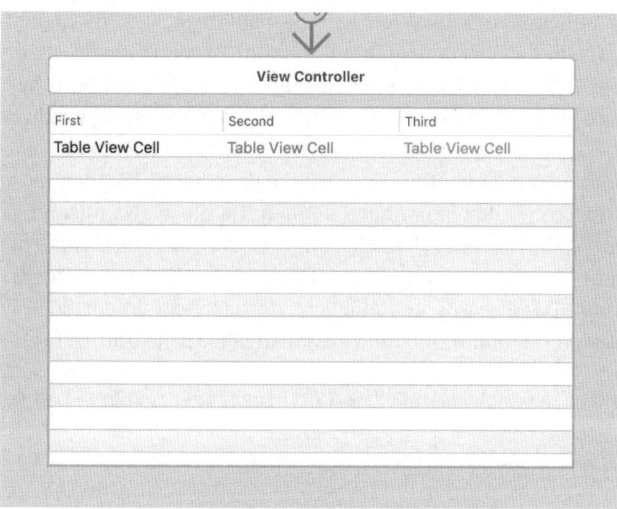

Bild 22.20 Das zweite Beispiel basiert erneut auf einer Tabelle mit drei Spalten, dieses Mal unterscheiden sich aber die Views der Spalten optisch voneinander.

Ziel dieser App soll es sein, in jeder Zelle die zugehörige Position mithilfe von Indexen wiederzugeben. Dieser Index setzt sich zusammen aus der Spalte und der Zeile. Die allererste Zelle oben links besitzt somit den Index 0/0, die letzte Zelle in der ersten Zeile den Index 2/0 und die zweite Zelle in der dritten Zeile den Index 1/2. Der erste Wert verweist auf die Nummer der Spalte, der zweite auf die Nummer der Zelle (beide beginnend mit 0). Die unterschiedlichen Farbkonfigurationen der Zellen pro Spalte sollen hierbei beibehalten werden. Das bedeutet, dass wir im Code genau die Views für die Zellen laden müssen, die wir im Storyboard erzeugt haben. Und genau mit diesem Schritt beginnen wir auch.

Die Klasse `NSTableView` bringt eine Methode namens `makeView(withIdentifier:owner:)` mit. Darüber können wir die Views für die Zellen auslesen, die wir im Storyboard pro Spalte gestaltet haben. Damit das aber funktioniert, müssen wir explizit eine Information angeben: den Identifier der Spalte, dessen Zellen-View wir laden möchten. Schließlich ist jede View pro Spalte anders gestaltet. Zusätzlich benötigen wir noch den Index der Spalte und der Zeile, um den passenden Text für die Zelle konfigurieren zu können.

Aus diesem Grund beginnen wir damit, in unserer `ViewController`-Klasse eine entsprechende Hilfsmethode zu erstellen, die `makeView(withIdentifier:owner:)` aufruft und die so erhaltene Zellen-View passend konfiguriert und anschließend als Ergebnis zurückgibt. Damit das funktioniert, müssen wir über diese Hilfsmethode drei Parameter erhalten:

- den Identifier der Column (um die passende View mittels `makeView(withIdentifier:owner:)` zu laden),
- den Index der Spalte,
- den Index der Zeile.

In Listing 22.2 sehen Sie, wie diese Hilfsmethode implementiert werden kann. Sie hört auf den Namen `cellView(forColumnWithIdentifier:column:row:)` und liefert die vollständig konfigurierte Zellen-View zurück. Hierbei möchte ich noch ein wenig den Aufruf der `NSTableView`-Methode `makeView(withIdentifier:owner:)` erläutern (wegen der wir übrigens das Outlet auf unsere Table-View-Instanz benötigen, um die genannte Methode in unserer Hilfsmethode darüber aufrufen zu können). Diese erwartet als ersten Parameter den Identifier der Column in Form einer `NSUserInterfaceItemIdentifier`-Instanz. Dabei handelt es sich um eine Structure, die einfach den passenden String bei ihrer Initialisierung erwartet. Darüber hinaus liefert `makeView(withIdentifier:owner:)` immer eine `NSView` zurück, was damit zusammenhängt, dass wir in *View Based*-Tabellen jede beliebige View zur Gestaltung unserer Zellen verwenden können. Da die Views unserer Zellen in diesem Beispiel auf dem Typ `NSTableCellView` beruhen, findet ein Type Casting statt, um entsprechend Zugriff auf alle Eigenschaften und Funktionen dieser konkreten Subklasse von `NSView` zu erhalten. Damit ist es uns möglich, auf das Textfeld der Zelle zuzugreifen und dessen Wert passend mit den Index-Informationen von Spalte und Zeile zu setzen.

Listing 22.2 Aufruf der Methode `makeView(withIdentifier:owner:)` und Konfiguration der Zelle

```
class ViewController: NSViewController {

    @IBOutlet private weak var tableView: NSTableView!

    private func cellView(forColumnWithIdentifier columnIdentifier: String, column:
Int, row: Int) -> NSView {
        let cellView = tableView.makeView(withIdentifier: NSUserInterfaceItemIdentifier
(columnIdentifier), owner: self) as! NSTableCellView
        cellView.textField?.stringValue = "\(column) / \(row)"
        return cellView
    }

}
```

Mit unserer eigens geschriebenen Hilfsmethode können wir nun zwar die korrekte View für unsere Zellen auslesen und sie anschließend passend konfigurieren, doch was nun fehlt, ist ein korrekter Aufruf der Methode. Hierfür benötigen wir den Delegate unserer Tabelle, genauer gesagt die Methode `tableView(_:viewFor:row:)`. Diese wird für jede zu erstellende Zelle von der Tabelle aufgerufen und übergibt einerseits die zugehörige Spalte in Form einer `NSTableColumn`-Instanz sowie den Index der Zeile.

Damit haben wir bereits zwei Informationen, die wir zum Aufruf unserer Hilfsmethode benötigen: den Identifier der Spalte (den können wir über die Property `identifier` des `NSTableColumn`-Parameters auslesen) sowie den Index der Zeile. Fehlt somit noch der Index der Spalte. Den müssen wir leider komplett selbst ermitteln, eine entsprechende Property steht über `NSTableColumn` nicht zur Verfügung.

 Wichtig: Setzen Sie den Identifier für jede Spalte!

Damit das beschriebene Vorgehen funktioniert, muss jede Spalte der Tabelle im Storyboard über einen eindeutigen Identifier verfügen. Diesen setzen Sie nach Auswahl des jeweiligen Table Column-Elements im Identity Inspector (siehe Bild 22.21). In diesem Beispiel setze ich für die erste Spalte den Identifier „FirstColumn", für die zweite „SecondColumn" und für die dritte „ThirdColumn".

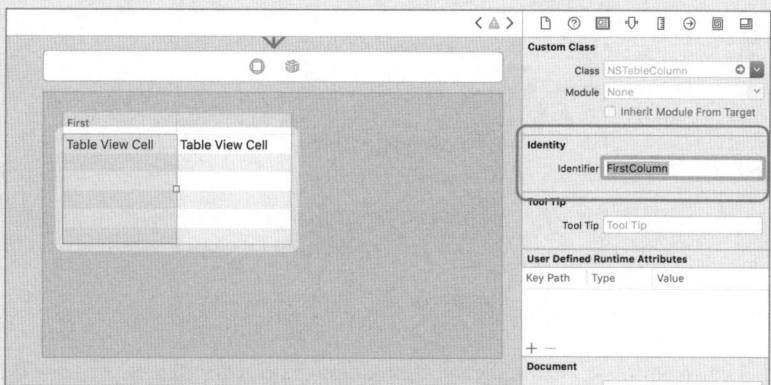

Bild 22.21 Setzen Sie unbedingt die Identifier pro Spalte im Storyboard, um auf die zugehörigen Zellen-Views im Code zugreifen zu können.

Nur wenn die Identifier pro Spalte gesetzt sind, ist es möglich, auf die erstellten Zellen-Views im Code zuzugreifen (dazu gleich mehr).

Aus diesem Grund durchlaufen wir die identifier-Property des NSTableColumn-Parameters in einer switch-Abfrage und prüfen deren Wert. Im Falle von „FirstColumn" handelt es sich um die erste Spalte mit dem Index 0, weshalb wir entsprechend unsere Hilfsmethode aufrufen. Analog gehen wir vor, wenn es sich bei dem Identifier um „SecondColumn" beziehungsweise „ThirdColumn" handelt (hierbei übergeben wir jeweils den Spalten-Index 1 beziehungsweise 2). Den Identifier können wir direkt als String übergeben, der Zeilenindex steht uns sowieso zur Verfügung.

Die entsprechende vollständige Implementierung des Table-View-Delegate finden Sie in Listing 22.3. Aus Gründen der Übersichtlichkeit wird die Implementierung des Delegate in eine eigene Extension ausgelagert. Übrigens: Der identifier-Parameter der NSTableColumn-Klasse ist auch vom Typ NSUserInterfaceItemIdentifier, weshalb wir zum Zugriff auf den zugrunde liegenden String über die Property rawValue gehen müssen.

Listing 22.3 Ermitteln der Spalte einer Zelle und Laden der korrekten View

```
extension ViewController: NSTableViewDelegate {

    func tableView(_ tableView: NSTableView, viewFor tableColumn: NSTableColumn?,
row: Int) -> NSView? {

        // Prüfen des Column-Identifier
        switch tableColumn?.identifier.rawValue {

        // Zelle für erste Spalte erstellen
        case "FirstColumn":
            return cellView(forColumnWithIdentifier: "FirstColumn", column: 0,
row: row)

        // Zelle für zweite Spalte erstellen
        case "SecondColumn":
```

```
            return cellView(forColumnWithIdentifier: "SecondColumn", column: 1,
row: row)

        // Zelle für dritte Spalte erstellen
        case "ThirdColumn":
            return cellView(forColumnWithIdentifier: "ThirdColumn", column: 2,
row: row)
        default:
            return nil
        }
    }

}
```

Um dieses Beispielprojekt abzuschließen, fehlt nun nur noch der Data Source der Table-View mit der Methode `numberOfRows(in:)`. Auch dessen Implementierung setze ich in diesem Fall aus Gründen der Übersichtlichkeit in einer separaten Extension der `ViewController`-Klasse um, den entsprechenden Code zeigt Listing 22.4. Erneut werden insgesamt 100 Zeilen für die Table-View geladen und angezeigt.

Listing 22.4 Laden von 100 Zeilen für die Table-View

```
extension ViewController: NSTableViewDataSource {

    func numberOfRows(in tableView: NSTableView) -> Int {
        return 100
    }

}
```

Führt man dieses Projekt aus, erhält man eine komplett dynamisch generierte Table-View, in der jede Zelle einen anderen Inhalt anzeigt (siehe Bild 22.22). Auch optisch unterscheiden sich die Zellen in den verschiedenen Spalten voneinander, einfach aufgrund dessen, da sie als Basis jeweils eine anders konfigurierte View einsetzen.

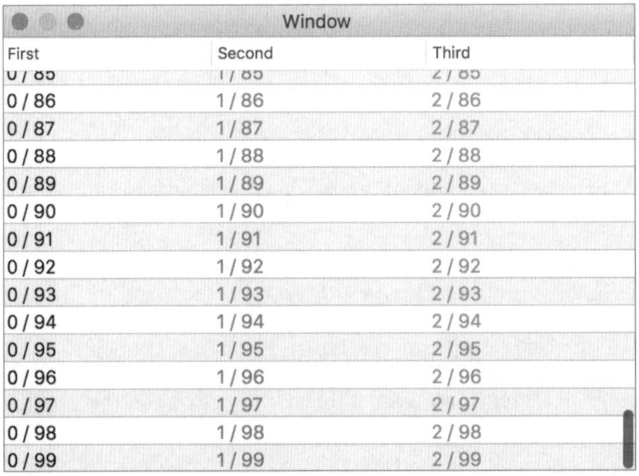

First	Second	Third
0 / 85	1 / 85	2 / 85
0 / 86	1 / 86	2 / 86
0 / 87	1 / 87	2 / 87
0 / 88	1 / 88	2 / 88
0 / 89	1 / 89	2 / 89
0 / 90	1 / 90	2 / 90
0 / 91	1 / 91	2 / 91
0 / 92	1 / 92	2 / 92
0 / 93	1 / 93	2 / 93
0 / 94	1 / 94	2 / 94
0 / 95	1 / 95	2 / 95
0 / 96	1 / 96	2 / 96
0 / 97	1 / 97	2 / 97
0 / 98	1 / 98	2 / 98
0 / 99	1 / 99	2 / 99

Bild 22.22 Die Tabelle zeigt komplett dynamisch generierte Zellen auf Basis der Views aus dem Storyboard an.

22.1.4 Zellen hinzufügen und entfernen

In bestimmten Situationen wird eine Tabelle nicht nur initial mit bestimmten Daten gefüllt, sondern auch zur Laufzeit verändert, indem weitere Zeilen in einer Tabelle eingefügt oder bestehende daraus entfernt werden.

Für diese beiden Szenarien bringt die `NSTableView`-Klasse passende Methoden mit. Mithilfe von `insertRows(at:withAnimation:)` fügen Sie einer Tabelle neue Zeilen hinzu, während Sie mittels `removeRows(at:withAnimation:)` Zeilen entfernen. Beide Methoden erwarten die folgenden zwei Parameter:

- `indexes`: Über den ersten Parameter geben Sie die Zeilen-Indexe an, an deren Position Zeilen eingefügt beziehungsweise deren Zeilen aus der Tabelle gelöscht werden sollen. Diese Indexe übergeben Sie in Form einer `IndexSet`-Instanz.

- `animationOptions`: Hierüber bestimmen Sie die durchzuführende Animation beim Hinzufügen beziehungsweise Entfernen von Zellen. Die zur Verfügung stehenden Werte werden über die Structure `NSTableView.AnimationOptions` abgebildet.

Beim Entfernen von Zellen werden diese direkt aus der Tabelle entfernt. Nach dem Hinzufügen neuer Zellen über `insertRows(at:withAnimation:)` wird zusätzlich die Delegate-Methode `tableView(_:viewFor:row:)` aufgerufen, über die direkt die passenden Views für die neuen Zellen zurückgegeben werden können.

Generell gilt es beim Einsatz beider Methoden darauf zu achten, die verwendete Datenbasis parallel zum Einfügen beziehungsweise Entfernen von Zellen zu pflegen. Ein etwas aufwendigeres Beispiel hierzu zeigt Listing 22.5. Darin wird eine einfache Tabelle mit Kontaktdaten erstellt, wobei die anzuzeigenden Kontaktdaten in einem Array `contacts` abgerufen werden. Wird nun ein neuer Kontakt hinzugefügt oder ein bestehender entfernt, ist es wichtig, auch das Array zu aktualisieren und nicht nur die Anzeige in der Table-View. Die Oberfläche dieser Beispiel-App ist in Bild 22.23 zu sehen. Im Folgenden gebe ich noch ein paar zusätzliche Informationen zum Code des Projekts.

Listing 22.5 Komplexes App-Beispiel einer Table-View.

```
class ViewController: NSViewController {

    // MARK: - Enumerations

    // Abbilden der Identifier der Spalten in einer Enumeration
    private enum ContactTableViewColumn: String {

        case firstName = "FirstNameColumn"
        case lastName = "LastNameColumn"
        case street = "StreetColumn"
        case city = "CityColumn"

    }

    // MARK: - Properties

    private var contacts = [Contact]()

    @IBOutlet private weak var tableView: NSTableView!
```

```
@IBOutlet weak var deleteContactsButton: NSButton!

// MARK: - Methods

// Initiale Konfiguration der Kontakte und der View
override func viewDidLoad() {
    super.viewDidLoad()
    loadInitialContacts()
    configureDeleteContactsButton()
}

// Erstellen der ersten Kontakte
private func loadInitialContacts() {
    contacts.append(Contact(firstName: "Thomas", lastName: "Sillmann", street:
"Kettererstraße 6", city: "Aschaffenburg"))
    contacts.append(Contact(firstName: "Michaela", lastName: "Sillmann", street:
"Kettererstraße 6", city: "Aschaffenburg"))
    contacts.append(Contact(firstName: "Max", lastName: "Mustermann", street:
"Musterstraße 1", city: "Musterstadt"))
}

// Prüfen, ob Zellen ausgewählt sind -> Falls ja, Löschen-Button aktivieren,
andernfalls deaktivieren
private func configureDeleteContactsButton() {
    if tableView.selectedRowIndexes.count > 0 {
        deleteContactsButton.isEnabled = true
    } else {
        deleteContactsButton.isEnabled = false
    }
}

// Zurückgeben des Kontakts passend zur übergebenen Zeile
private func contact(forRow row: Int) -> Contact {
    return contacts[row]
}

// Erstellen der Zellen-View auf Basis von Column Identifier und anzuzeigendem
Text
private func cellView(inColumnWithIdentifier columnIdentifier: String, withText
text: String) -> NSView {
    let cellView = tableView.makeView(withIdentifier: NSUserInterfaceItemIdentifier
(columnIdentifier), owner: self) as! NSTableCellView
    cellView.textField?.stringValue = text
    return cellView
}

// Hilfsmethode zum Entfernen von Kontakten auf Basis mehrerer Indexe
private func removeContacts(withIndexes indexes: [Int]) {
    var contactsRemoved = 0
    for index in indexes {
        let indexToRemove = index - contactsRemoved
        contacts.remove(at: indexToRemove)
        contactsRemoved += 1
    }
}

// MARK: - Actions

// Hinzufügen eines neuen Kontakts
@IBAction private func addNewContact(_ sender: Any) {
```

```
        let contact = Contact(firstName: "Max", lastName: "Mustermann", street:
"Musterstraße 1", city: "Musterstadt")
        contacts.append(contact)
        tableView.insertRows(at: IndexSet(arrayLiteral: contacts.count - 1),
withAnimation: .effectGap)
    }

    // Entfernen der selektierten Kontakte
    @IBAction private func deleteSelectedContacts(_ sender: Any) {
        removeContacts(withIndexes: tableView.selectedRowIndexes.sorted())
        tableView.removeRows(at: tableView.selectedRowIndexes, withAnimation:
.effectFade)
    }

}

// MARK: - NSTableViewDataSource

extension ViewController: NSTableViewDataSource {

    // Anzahl Zeilen entspricht Anzahl der Kontakte.
    func numberOfRows(in tableView: NSTableView) -> Int {
        return contacts.count
    }

}

// MARK: - NSTableViewDelegate

extension ViewController: NSTableViewDelegate {

    // Rückgabe einer passenden Zelle pro Spalte und Zeile
    func tableView(_ tableView: NSTableView, viewFor tableColumn: NSTableColumn?,
row: Int) -> NSView? {
        let contact = self.contact(forRow: row)
        switch tableColumn?.identifier.rawValue {
        case ContactTableViewColumn.firstName.rawValue:
            return cellView(inColumnWithIdentifier: ContactTableViewColumn.firstName.
rawValue, withText: contact.firstName)
        case ContactTableViewColumn.lastName.rawValue:
            return cellView(inColumnWithIdentifier: ContactTableViewColumn.lastName.
rawValue, withText: contact.lastName)
        case ContactTableViewColumn.street.rawValue:
            return cellView(inColumnWithIdentifier: ContactTableViewColumn.street.
rawValue, withText: contact.street)
        case ContactTableViewColumn.city.rawValue:
            return cellView(inColumnWithIdentifier: ContactTableViewColumn.city.
rawValue, withText: contact.city)
        default:
            return nil
        }
    }

    // Aktualisieren des Status des Löschen-Buttons bei Änderung der Zeilenauswahl
    func tableViewSelectionDidChange(_ notification: Notification) {
        configureDeleteContactsButton()
    }

}
```

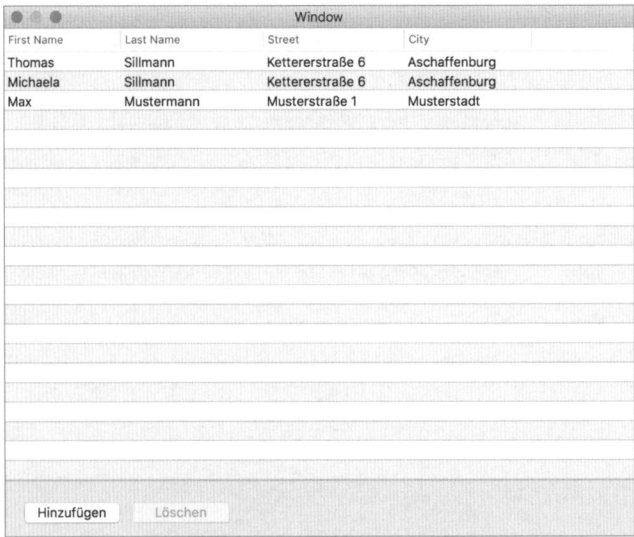

Bild 22.23 Die kleine Beispiel-App zeigt Kontaktinformationen auf Basis eines Arrays an. Über Schaltflächen am unteren Rand können neue Kontakte hinzugefügt und bestehende wieder entfernt werden.

Hilfs-Enumeration zum Abbilden der Column Identifier

Um die Column Identifier nicht immer wieder an mehreren Stellen im Code eintragen zu müssen, sind diese in der Enumeration `ContactTableViewColumn` zusammengefasst. Jedem Case dieser Enumeration ist der passende Column Identifier zugewiesen, sodass dieser Identifier ganz einfach über die Enumeration im Code angesprochen werden kann (siehe Listing 22.6).

Listing 22.6 Enumeration zum Abbilden der Column Identifier einer Table-View

```
private enum ContactTableViewColumn: String {

    case firstName = "FirstNameColumn"
    case lastName = "LastNameColumn"
    case street = "StreetColumn"
    case city = "CityColumn"

}
```

Properties

Der View-Controller verfügt über die folgenden Properties:

- `contacts`: Hierüber werden alle Kontakte, die innerhalb der Tabelle der App angezeigt werden sollen, gespeichert. Die Kontakte entsprechen dem eigens kreierten Typ `Contact`, der in einer separaten Swift-Datei des Projekts implementiert wurde (siehe Listing 22.7). Diese Klasse definiert vier Properties namens `firstName`, `lastName`, `street` und `city`, die dazu dienen, die Informationen zu einem Kontakt abzubilden. Die Spalten der Tabelle verweisen auf diese Eigenschaften der `Contact`-Klasse.

- tableView: Hierbei handelt es sich um den Verweis auf die Table-View, die im Storyboard erzeugt wurde. Die Property wird gebraucht, um auch außerhalb von Data Source und Delegate auf die Table-View zugreifen zu können (um beispielsweise Zellen hinzuzufügen oder daraus zu entfernen).

- deleteContactsButton: Hierbei handelt es sich um ein Outlet des Löschen-Buttons, mit dessen Hilfe in der Tabelle ausgewählte Kontakte entfernt werden können. Das Outlet wird benötigt, um dynamisch den Wert der isEnabled-Property des Buttons zu verändern. So soll der Button nur dann aktiv sein, wenn mindestens eine Zeile in der Table-View selektiert wurde, die dann somit gelöscht werden kann. Geprüft und aktualisiert wird dieser Status über die Hilfsmethode configureDeleteContactsButton() (siehe Listing 22.8). Darin wird auf die selectedRowIndexes-Property der Table-View zugegriffen und die Anzahl der in ihr enthaltenen Elemente gezählt. Diese Property enthält die Indexe aller Zeilen, die aktuell in der Table-View ausgewählt sind. Ist sie größer 0, soll der Löschen-Button somit aktiv sein, andernfalls nicht.

Listing 22.7 Implementierung der Contact-Klasse

```
class Contact {

    var firstName: String

    var lastName: String

    var street: String

    var city: String

    init(firstName: String, lastName: String, street: String, city: String) {
        self.firstName = firstName
        self.lastName = lastName
        self.street = street
        self.city = city
    }

}
```

Listing 22.8 Hilfsmethode zum Ändern des Status des Löschen-Buttons

```
private func configureDeleteContactsButton() {
    if tableView.selectedRowIndexes.count > 0 {
        deleteContactsButton.isEnabled = true
    } else {
        deleteContactsButton.isEnabled = false
    }
}
```

Laden der View und initialer Kontakte

Beim Laden der View werden innerhalb von viewDidLoad() zwei Hilfsmethoden aufgerufen. Die erste lautet loadInitialContacts() und dient dazu, erste Dummy-Kontakte dem contacts-Array und damit der Tabelle hinzuzufügen (siehe Listing 22.9). Das dient dazu, die Tabelle direkt zu Beginn mit einigen Daten zu füllen.

Listing 22.9 Laden initialer Kontakte

```
private func loadInitialContacts() {
    contacts.append(Contact(firstName: "Thomas", lastName: "Sillmann", street:
"Kettererstraße 6", city: "Aschaffenburg"))
    contacts.append(Contact(firstName: "Michaela", lastName: "Sillmann", street:
"Kettererstraße 6", city: "Aschaffenburg"))
    contacts.append(Contact(firstName: "Max", lastName: "Mustermann", street:
"Musterstraße 1", city: "Musterstadt"))
}
```

Die zweite Methode ist die zuvor vorgestellte Hilfsmethode configureDeleteContactsButton(), um den Löschen-Button beim Starten korrekt zu konfigurieren (siehe Listing 22.8). Zu diesem Zeitpunkt sind in der Table-View noch keine Zeilen selektiert, weshalb der Aufruf der Methode dazu führt, dass der Löschen-Button zunächst deaktiviert wird.

Hilfsmethode zum Zuordnen von Zeilen und Kontakten

Über die Hilfsmethode contact(forRow:) ist es ganz einfach, die Contact-Instanz für eine spezifische Zeile zu erhalten. Man übergibt lediglich den Index der Zeile als Parameter und die Methode gibt den passenden Kontakt aus dem contacts-Array zurück (siehe Listing 22.10).

Listing 22.10 Hilfsmethode zum Ermitteln eines Kontakts für eine Zeile

```
private func contact(forRow row: Int) -> Contact {
    return contacts[row]
}
```

Erstellen und Formatieren der Zellen

Mithilfe der Methode cellView(inColumnWithIdentifier:withText:) werden die Zellen erzeugt, die innerhalb der Tabelle angezeigt werden. Dazu wird mithilfe des übergebenen Column Identifier die passende Zellen-View aus dem Storyboard geladen und ihr der übergebene Text zugewiesen (siehe Listing 22.11). Die Methode wird vom Delegate der Table-View aus aufgerufen, um die benötigten Zellen zu erstellen und zu laden (dazu später mehr).

Listing 22.11 Erstellen und Konfigurieren der Zellen-Views

```
private func cellView(inColumnWithIdentifier columnIdentifier: String, withText text:
String) -> NSView {
    let cellView = tableView.makeView(withIdentifier: NSUserInterfaceItemIdentifier(col
umnIdentifier), owner: self) as! NSTableCellView
    cellView.textField?.stringValue = text
    return cellView
}
```

Hinzufügen einer neuen Zelle

Die Hinzufügen-Schaltfläche dieses Beispielprojekts ist mit der Action-Methode addNew-Contact(_:) verknüpft (siehe Listing 22.12). Darin geschehen zwei Dinge: Zunächst wird eine neue Contact-Instanz erzeugt und dem contacts-Array des View-Controllers hinzugefügt. Hierbei wird ein Standardkontakt ohne weitere Konfiguration kreiert (hierfür kann man sich aber selbst eine passende Lösung basteln, indem man den Nutzer auffordert, passende Kontaktdaten einzugeben und diese dann zum Erstellen der neuen `Contact`-Instanz verwendet). Anschließend wird an das Ende der Table-View mithilfe der Methode `insertRows(at:withAnimation:)` eine neue Zeile eingefügt, die den neu erstellten Kontakt widerspiegelt. Hierbei wird als Index die Anzahl der Elemente des `contacts`-Arrays gezählt und um eins verringert.

Listing 22.12 Erstellen und Hinzufügen eines neuen Kontakts

```
@IBAction private func addNewContact(_ sender: Any) {
    let contact = Contact(firstName: "Max", lastName: "Mustermann", street:
"Musterstraße 1", city: "Musterstadt")
    contacts.append(contact)
    tableView.insertRows(at: IndexSet(arrayLiteral: contacts.count - 1),
withAnimation: .effectGap)
}
```

Löschen selektierter Zellen

Hat der Nutzer wenigstens eine Zeile in der Table-View ausgewählt, wird der Löschen-Button aktiv (warum das so ist, erfahren Sie gleich im folgenden Abschnitt „Delegate"). Klickt der Nutzer dann auf diese Schaltfläche, wird die damit gekoppelte Action-Methode `delete-SelectedContacts(_:)` aufgerufen (siehe Listing 22.13). Diese kümmert sich darum, die gewählten Kontakte aus dem `contacts`-Array zu entfernen und die zugehörigen Zeilen der Table-View zu löschen. Bei Letzterem kommt die `NSTableView`-Methode `removeRows (at:withAnimation:)` zum Einsatz. Um die selektierten Zeilen zu ermitteln, greift man auf die `selectedRowIndexes`-Property der Table-View zurück. Der große Vorteil dabei: Hat man in der Table-View die Funktion aktiviert, mehrere Zeilen gleichzeitig selektieren zu können, liefert die `selectedRowIndexes`-Property alle Indexe der entsprechenden Zeilen zurück.

Listing 22.13 Action-Methode zum Löschen von selektierten Kontakten

```
@IBAction private func deleteSelectedContacts(_ sender: Any) {
    removeContacts(withIndexes: tableView.selectedRowIndexes.sorted())
    tableView.removeRows(at: tableView.selectedRowIndexes, withAnimation:
.effectFade)
}
```

Zusätzlich ruft die genannte Action-Methode noch eine Hilfsmethode namens `removeContacts(withIndexes:)` auf. Dieser wird ein Array der Indexe der selektierten Zellen übergeben und sie kümmert sich darum, alle entsprechenden `Contact`-Instanzen aus dem `contacts`-Array zu entfernen (siehe Listing 22.14). Dazu wird eine Hilfsvariable namens `contactsRemoved` erzeugt und mit dem Wert 0 initialisiert. Für jeden Kontakt, der dann aus dem `contacts`-Array gelöscht wird, wird diese Variable um eins erhöht. Der Index für den zu entfernenden Kontakt ergibt sich dann aus dem Index, der Teil des übergebenen Arrays ist, abzüglich der Hilfsvariable. Das ist wichtig, da sich beim Entfernen eines Elements aus dem Array die Indexe aller nachfolgenden Elemente um eins verringern und somit die übergebenen Indexe nicht länger auf die korrekten zu löschenden Kontakte verweisen.

Listing 22.14 Hilfsmethode zum Löschen selektierter Kontakte aus dem `contacts`-Array

```
private func removeContacts(withIndexes indexes: [Int]) {
    var contactsRemoved = 0
    for index in indexes {
        let indexToRemove = index - contactsRemoved
        contacts.remove(at: indexToRemove)
        contactsRemoved += 1
    }
}
```

Delegate

Der Delegate der Table-View wurde in eine Extension der `ViewController`-Klasse ausgelagert und ist sehr überschaubar (siehe Listing 22.15). Es wird lediglich die bereits bekannte Methode `numberOfRows(in:)` implementiert, die die Anzahl der Zeilen der Table-View zurückgibt. Diese richtet sich nach der Anzahl der Elemente innerhalb des `contacts`-Arrays.

Listing 22.15 Anzahl der Tabellenzeilen ermitteln

```
extension ViewController: NSTableViewDataSource {

    func numberOfRows(in tableView: NSTableView) -> Int {
        return contacts.count
    }

}
```

Data Source

Genau wie der Delegate wird auch der Data Source der Table-View in einer separaten Extension für die `ViewController`-Klasse umgesetzt (siehe Listing 22.16). Darin findet sich zunächst die bereits bekannte Methode `tableView(_:viewFor:row:)`, die dazu verwendet wird, die benötigten Zellen zu erstellen. Dazu ruft sie auch unsere Hilfsmethode `cellView` `(inColumnWithIdentifier:withText:)` auf (siehe Listing 22.11).

Listing 22.16 Erstellen der Zellen und Aktualisieren des Löschen-Buttons

```
extension ViewController: NSTableViewDelegate {

    func tableView(_ tableView: NSTableView, viewFor tableColumn: NSTableColumn?,
row: Int) -> NSView? {
        let contact = self.contact(forRow: row)
        switch tableColumn?.identifier.rawValue {
        case ContactTableViewColumn.firstName.rawValue:
            return cellView(inColumnWithIdentifier: ContactTableViewColumn.firstName.
rawValue, withText: contact.firstName)
        case ContactTableViewColumn.lastName.rawValue:
            return cellView(inColumnWithIdentifier: ContactTableViewColumn.lastName.
rawValue, withText: contact.lastName)
        case ContactTableViewColumn.street.rawValue:
            return cellView(inColumnWithIdentifier: ContactTableViewColumn.street.
rawValue, withText: contact.street)
        case ContactTableViewColumn.city.rawValue:
```

```
                return cellView(inColumnWithIdentifier: ContactTableViewColumn.city.
        rawValue, withText: contact.city)
            default:
                return nil
            }
        }

        func tableViewSelectionDidChange(_ notification: Notification) {
            configureDeleteContactsButton()
        }

    }
```

Zusätzlich implementiert der Delegate dieses Mal noch eine weitere Methode namens `tableViewSelectionDidChange(_:)`. Diese wird immer dann aufgerufen, wenn sich die Selektierung der Zeilen innerhalb der Table-View ändert. So kann man umgehend den Löschen-Button aktivieren beziehungsweise deaktivieren, passend zur aktuellen Selektierung innerhalb der Tabelle.

22.1.5 Auf Doppelklick reagieren

Unter macOS ist es gang und gäbe, Inhalte einer Tabelle mittels Doppelklick auszuwählen. Damit kann man beispielsweise die Editierung des gewählten Elements einleiten oder eine Detailansicht einblenden.

Damit eine Table-View Doppelklicks auf eine Zeile verarbeiten kann, müssen Sie zwei Properties der entsprechenden `NSTableView`-Instanz setzen:

- `doubleAction`: Hierbei handelt es sich um eine Action-Methode, die Sie in Form eines Selektors übergeben. Diese Methode wird von der Table-View aufgerufen, sobald ein Doppelklick auf eine Zeile ausgeführt wird. Als Parameter erhält diese Action-Methode die `NSTableView`-Instanz, auf der der Doppelklick ausgeführt wurde.

- `target`: Hier weisen Sie die Instanz zu, die die `doubleAction` implementiert und auf der die `doubleAction` aufgerufen werden soll, sobald die Table-View einen Doppelklick erkennt.

Um die Implementierung des Doppelklicks auf eine Zeile einmal zu demonstrieren, erweitere ich im Folgenden das umfangreiche Beispiel aus Listing 22.5 ein wenig. Dazu implementieren wir die Möglichkeit, eine Zeile aus der Kontaktübersicht per Doppelklick auszuwählen, woraufhin ein Alert eingeblendet wird, der nochmals die Details zum gewählten Kontakt aufzeigt.

Betrachten wir hierbei zunächst die Methode, die wir `doubleAction` zuweisen, um auf einen Doppelklick auf eine Zeile zu reagieren (siehe Listing 22.17). Diese Methode trägt den Namen `showContactDetails(_:)` und erhält als Parameter die zugrunde liegende Table-View. Zunächst ermitteln wir den ausgewählten Kontakt. Dazu greifen wir auf die `selectedRow`-Property der Tabelle zu, die uns den entsprechenden Index zurückliefert. Darüber finden wir den passenden Kontakt. Anschließend basteln wir uns einen Alert, in dessen Nachricht wir noch einmal die passenden Kontaktinfos in formatierter Form ausgeben. Diesen Alert blenden wir am Ende der Methode mittels Aufruf von `runModal()` ein. Das Ergebnis zeigt beispielhaft Bild 22.24.

Listing 22.17 Anzeigen von Kontaktdetails in einem Alert nach Doppelklick

```swift
@objc private func showContactDetails(_ sender: NSTableView) {

    // Ausgewählten Kontakt ermitteln
    let selectedContactIndex = sender.selectedRow
    let selectedContact = contact(forRow: selectedContactIndex)

    // Alert erstellen
    let contactInfoAlert = NSAlert()

    // Alert konfigurieren
    contactInfoAlert.messageText = "Kontaktinfo"
    contactInfoAlert.informativeText = "\(selectedContact.firstName) \(selectedContact.
lastName) wohnt in \(selectedContact.street) in \(selectedContact.city)."
    contactInfoAlert.alertStyle = .informational

    // Alert einblenden
    contactInfoAlert.runModal()
}
```

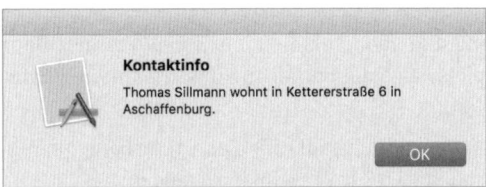

Bild 22.24 Der erstellte Alert blendet die Infos des gewählten Kontakts nach einem Doppelklick in formatierter Form ein.

 Alerts

Mehr zum Thema Alerts, ihrer genauen Konfiguration und weiterer Einsatzmöglichkeiten erfahren Sie im Detail in Abschnitt 22.3, „Alerts einblenden".

Nun müssen wir nur noch die Table-View darüber informieren, dass Sie die neu erstellte Methode nach einem Doppelklick auf eine Zeile aufrufen soll. Hierfür implementieren wir eine Hilfsmethode namens `configureTableView()`, in der die beiden Properties `doubleAction` und `target` der Table-View gesetzt werden (siehe Listing 22.18). Das Target entspricht in diesem Fall dem zugrunde liegenden View-Controller selbst, da dieser auch die Hilfsmethode `configureTableView()` implementiert.

Listing 22.18 Konfiguration der Table-View zur Reaktion auf einen Doppelklick

```swift
private func configureTableView() {
    tableView.doubleAction = #selector(showContactDetails(_:))
    tableView.target = self
}
```

Alles, was jetzt noch fehlt, ist, die neue Hilfsmethode `configureTableView()` nach dem Laden des View-Controllers aufzurufen. Entsprechend packen wir den Aufruf mit in `viewDidLoad()` hinein (siehe Listing 22.19).

Listing 22.19 Konfiguration der Tabelle über `viewDidLoad()`

```
override func viewDidLoad() {
    super.viewDidLoad()
    loadInitialContacts()
    configureTableView()
    configureDeleteContactsButton()
}
```

■ 22.2 Menü anpassen

macOS-Apps verfügen in der Regel über ein Menü, das am oberen Bildschirmrand angezeigt wird. Bei diesem Menü handelt es sich um einen essenziellen Bestandteil des Betriebssystems macOS, der immer sichtbar ist und dessen Inhalt sich dynamisch verändert, abhängig davon, welche App und welches Fenster sich gerade im Vordergrund befinden (siehe Bild 22.25).

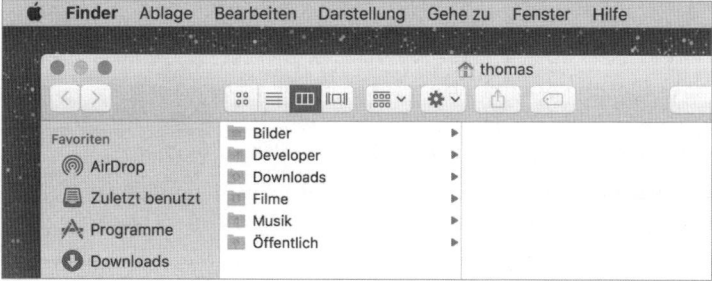

Bild 22.25 Das Menü am oberen Bildschirmrand von macOS ist immer sichtbar und ändert sich dynamisch abhängig von der aktiven App.

Jede macOS-App verfügt automatisch über ein solches App-Menü. Sie finden es in der *Main. storyboard*-Datei als Teil der sogenannten *Application Scene* (siehe Bild 22.26). Sie können jeden aufgeführten Menüpunkt auswählen und sich so durch die gesamte Menüstruktur hangeln. In der Document Outline Area wird hierbei die Hierarchie und der Aufbau der verschiedenen Menüs widergespiegelt (siehe Bild 22.27).

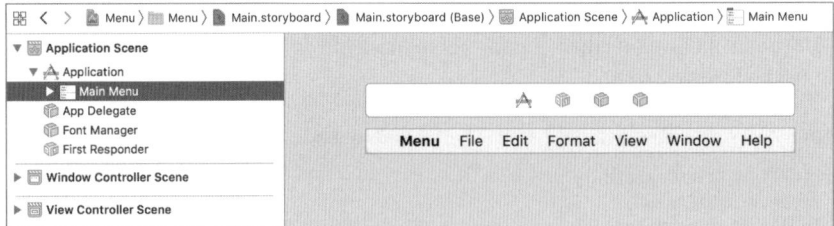

Bild 22.26 Über die Main.storyboard-Datei können Sie auf das zusammen mit jeder neuen macOS-App angelegte Hauptmenü zugreifen und es konfigurieren.

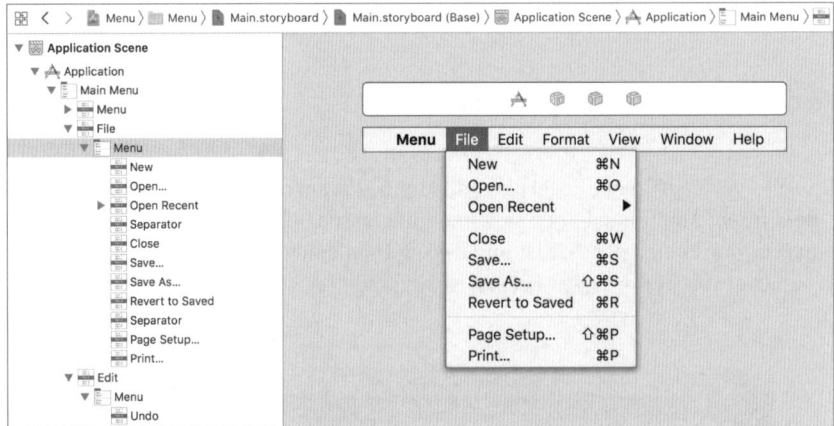

Bild 22.27 In der Document Outline Area haben Sie Zugriff auf den vollständigen Aufbau der Menüs.

Die Menüs in macOS setzen sich aus zwei Bestandteilen zusammen:

- *Menu Item* (abgeleitet von der Klasse `NSMenuItem`): Ein Menu Item entspricht einem einzelnen Auswahlpunkt innerhalb eines Menüs.
- *Menu* (abgeleitet von der Klasse `NSMenu`): Ein Menu fasst ein oder mehrere Menu Items zusammen.

Die Menüs können Sie sowohl im Storyboard als auch im Code erstellen. Was das Hauptmenü der App am oberen Bildschirmrand betrifft, so nehmen Sie in der Regel die grundlegenden Arbeiten im Storyboard vor und kümmern sich nur noch, wenn nötig, um dynamische Anpassungen des Menüs im Code.

 Aufbau des Hauptmenüs

Wenn Sie Änderungen am Hauptmenü vornehmen, sollten Sie einige grundlegende Richtlinien beim Design beachten. Zunächst wären da die Standard-Menüs zu nennen, die Sie als Teil vieler macOS-Apps finden (und möglicherweise selbst für Ihre eigenen Anwendungen nutzen möchten):

- App-Menü
- File-Menü

- Edit-Menü
- Format-Menü
- View-Menü
- Window-Menü
- Help-Menü

Das App-Menü erscheint ganz links und trägt in fett formatierter Schrift den Namen Ihrer App. Das Menü mit dem Apfel-Symbol, mit dem Sie beispielsweise einen Mac ausschalten oder den Benutzer wechseln, können Sie nicht beeinflussen; es ist immer sichtbar.

Sollten Sie spezifische Menüs für Ihre App nicht benötigen, können Sie sie entfernen. Natürlich können Sie auch ganz eigene Menüs hinzufügen, die es standardmäßig gar nicht gibt. Diese sollten Sie aber immer zwischen dem View- und dem Window-Menü unterbringen; dieser Bereich ist laut Human Interface Guidelines von Apple für App-spezifische Menüs vorgesehen.

22.2.1 Hauptmenü über das Storyboard aktualisieren

Um bestehende Elemente des Hauptmenüs im Storyboard zu editieren, wählen Sie sie einfach aus. Anschließend haben Sie im Attributes Inspector Zugriff auf verschiedene Eigenschaften (siehe Bild 22.28). Bei Menu Items können Sie den Titel ändern sowie eine Tastenkombination festlegen, die dieselbe Aktion auslöst. Auch können Sie mithilfe der *Enabled*-Checkbox ein Menu Item aktivieren beziehungsweise deaktivieren oder eine Grafik für das Menu Item festlegen. Um ein Menu beziehungsweise Menu Item vollständig zu entfernen, wählen Sie es aus und drücken die Entfernen-Taste auf Ihrer Tastatur. Alternativ können Sie das gewünschte Menü beziehungsweise Menu Item auch über die Document Outline Area auswählen und darüber entfernen.

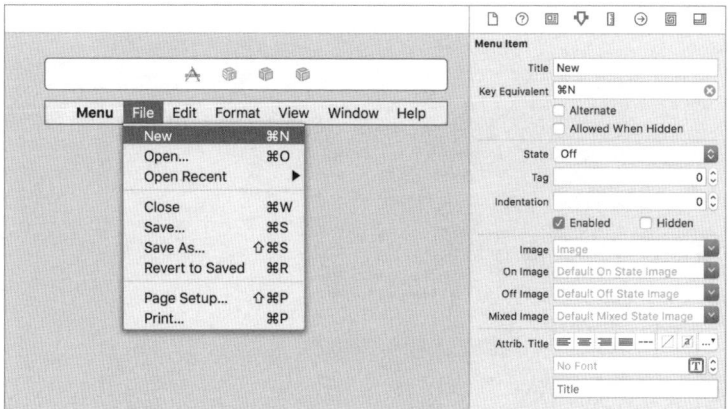

Bild 22.28 Die Menüs und Menu Items können Sie komfortabel mithilfe des Attributes Inspectors aktualisieren und anpassen.

Um neue Menüs und Menu Items hinzuzufügen nutzen Sie die Objects Library. Suchen Sie dort beispielsweise nach „Menu", um alle für das Hauptmenü relevanten Elemente zu finden (siehe Bild 22.29). Mithilfe von *Menu Item* erzeugen Sie ein neues Menu Item innerhalb eines bereits vorhandenen Menüs; ziehen Sie dazu dieses Element einfach an die gewünschte Stelle im Storyboard (siehe Bild 22.30). Mit *Submenu Menu Item* erzeugen Sie ebenfalls ein neues Menu Item, allerdings enthält dieses ein sogenanntes *Sub Menu* (sprich Untermenü), in dem Sie weitere Menu Items unterbringen können. Auf diese Art und Weise können Sie Ihre Menüs verschachteln und übersichtlicher gestalten.

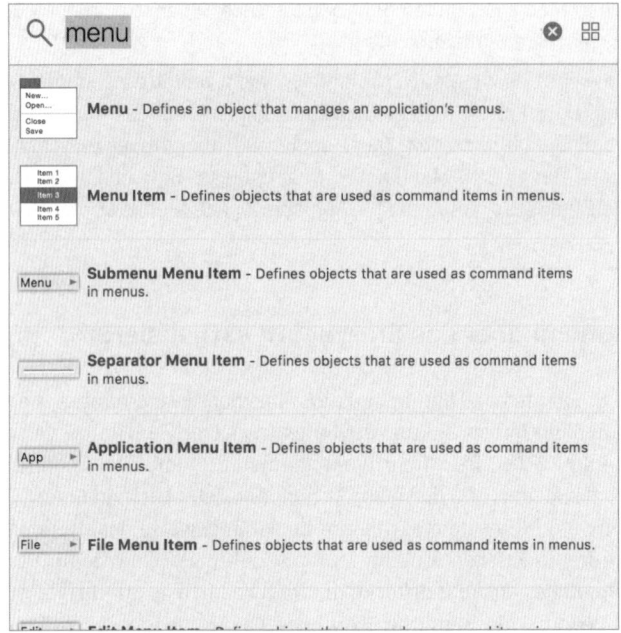

Bild 22.29 Mithilfe der Objects Library können Sie das Hauptmenü Ihrer App ganz leicht anpassen.

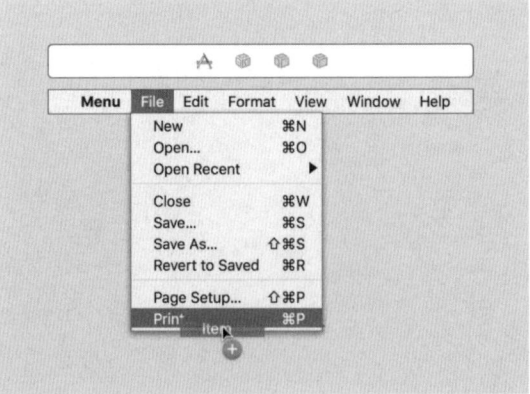

Bild 22.30 Sie können einem Menü aus der Objects Library heraus ein neues Menu Item hinzufügen.

Ebenfalls interessant ist das *Separator Menu Item*. Es dient ausschließlich dazu, innerhalb eines Menüs an einer von Ihnen definierten Stelle eine Trennlinie einzufügen. Auch das ist ein adäquates Mittel, um Menüs übersichtlicher zu gestalten und besser zu strukturieren.

Darüber hinaus finden Sie noch eine Vielzahl an verschiedenen Standard-Menüs, die Sie einbinden können (beispielsweise weil Sie eines der Standard-Menüs zuvor gelöscht haben und es nun doch benötigen). Die jeweiligen Elemente tragen die Namen des zugehörigen Menüs. So gibt es unter anderem ein *File Menu Item* (für das File- beziehungsweise Datei-Menü) und ein *Edit Menu Item* (für das Edit- beziehungsweise Bearbeiten-Menü).

Jedes Menu Item verknüpfen Sie mit einer Action-Methode, die aufgerufen wird, sobald das jeweilige Element vom Nutzer ausgewählt wird. Da das Hauptmenü nicht an einen einzelnen Window- beziehungsweise View-Controller gekoppelt ist, sondern stattdessen App-übergreifend zur Verfügung steht, werden auch die Methoden für die verschiedenen Elemente des Hauptmenüs typischerweise im App Delegate implementiert (hier bietet es sich möglicherweise an, eine Extension des App Delegate zu erstellen, in der man dann die entsprechenden Action-Methoden für die Elemente des Hauptmenüs unterbringt).

Die Verknüpfung an sich ist nicht weiter kompliziert. Sie ist identisch mit dem Erstellen und Zuweisen von Action-Methoden für Buttons und andere von `NSControl` abgeleitete Views. Öffnen Sie hierfür den Assistant Editor von Xcode und ziehen Sie eine Verbindung von einem Menu Item in die Implementierung des App Delegate, um so die gewünschte Action-Methode zu erstellen (siehe Bild 22.31).

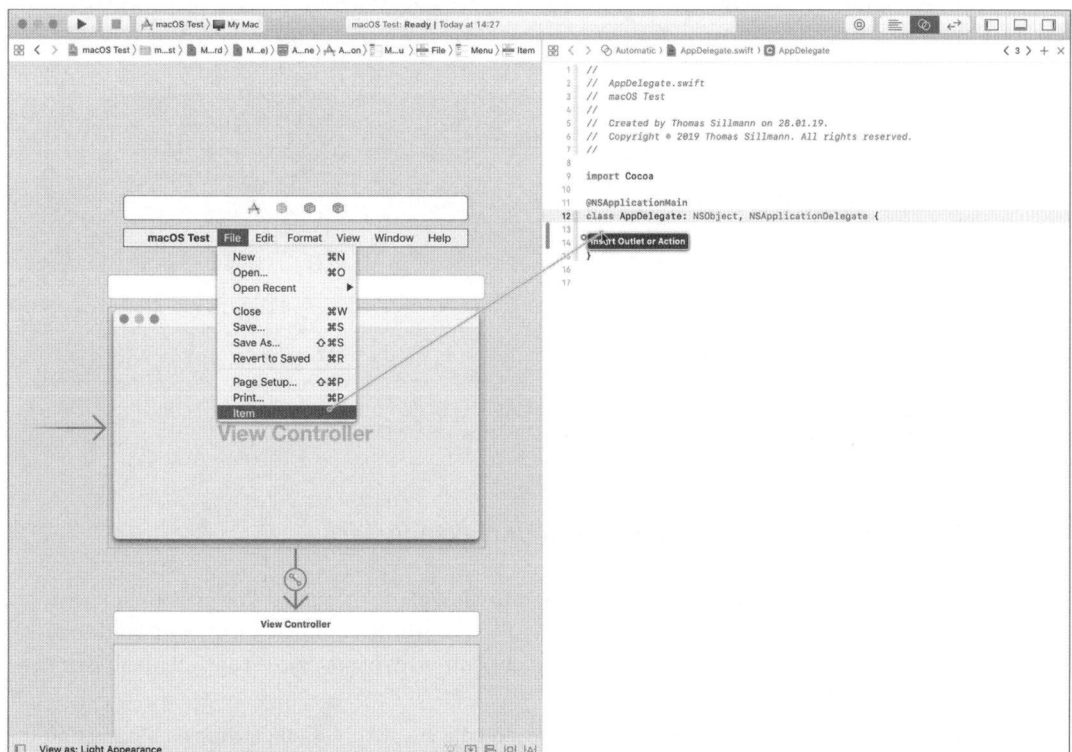

Bild 22.31 Action-Methoden für Menu Items erstellen Sie auf die gleiche Art und Weise wie für Buttons und andere Action-Elemente.

macOS definiert eine Vielzahl an Funktionen, die beispielsweise zum Öffnen und Schließen von Dokumenten oder zum Ausschneiden und Einfügen von Text verwendet werden. Diese können Sie einsehen, wenn Sie oberhalb des Hauptmenüs im Storyboard das Icon für den *First Responder* auswählen und anschließend in den Connections Inspector wechseln (siehe Bild 22.32). Dort werden auch alle von Ihnen definierten Methoden gelistet, die mit dem Keyword @IBAction deklariert wurden. Somit ist es auf diesem Weg möglich, Menu Items auch mit Methoden zu verknüpfen, die nicht innerhalb des App Delegate implementiert sind.

Beachten Sie hierbei aber Folgendes: Diese Menu Items sind nur dann aktiv, wenn sich auch der entsprechende Window- und View-Controller, mit dessen Action-Methode sie gekoppelt sind, im Vordergrund befindet. Andernfalls ist das Menu Item zwar weiterhin über die Menüs zu sehen, wird aber automatisch vom System auf inaktiv gesetzt.

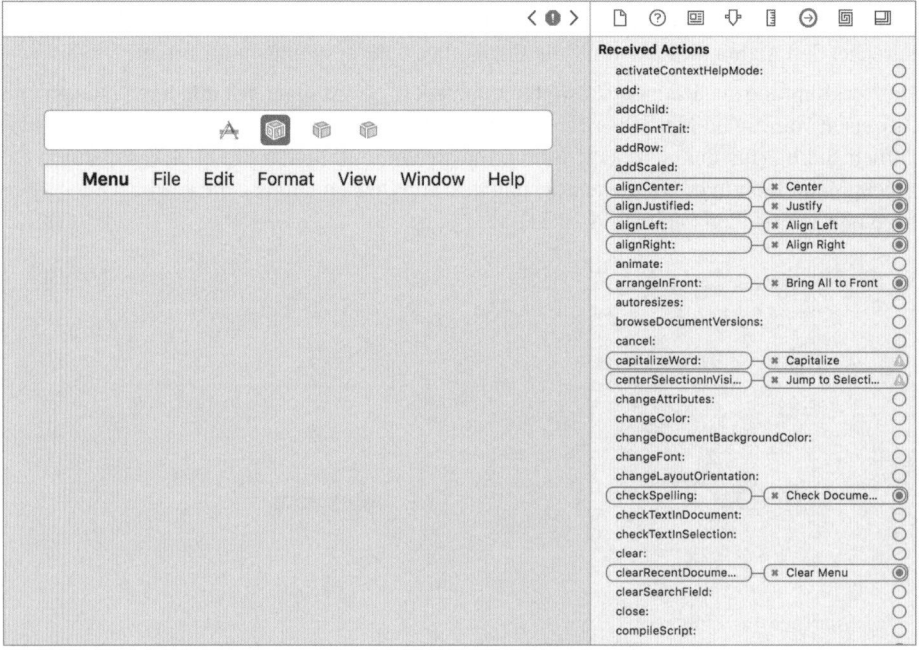

Bild 22.32 Alle für die Menu Items zur Verfügung stehenden Methoden können Sie über den First Responder im Connections Inspector einsehen.

22.2.2 Menüs im Code anpassen und aktualisieren

Auch wenn das Storyboard sicherlich der bevorzugte Weg sein sollte, das Hauptmenü zumindest grundlegend zu erstellen und mit den wichtigsten Funktionen in Form von Menu Items zu belegen, kommt man manchmal nicht umhin, dynamisch zur Laufzeit Menu Items zu ergänzen oder zu entfernen.

Bei der Arbeit mit dem Hauptmenü im Code sind die zuvor vorgestellten Klassen NSMenu und NSMenuItem essenziell. Das Hauptmenü selbst entspricht einer Instanz der Klasse NSMenu, auf die Sie über die Property mainMenu des NSApplication-Singletons zugreifen können:

```
NSApplication.shared.mainMenu
```

Ein gänzlich neues `NSMenu` können Sie mithilfe des Initializers `init(title:)` erstellen, wobei Sie einen selbst gewählten Titel für das neue Menü als Parameter übergeben.

Um einem `NSMenu` ein neues `NSMenuItem` zuzuweisen, können Sie verschiedene Methoden der `NSMenu`-Klasse nutzen:

- `insertItem(_:at:)` erwartet eine `NSMenuItem`-Instanz und fügt sie an der übergebenen Index-Position ein. Das erste Element dieses Index ist das App-Menü, das in fett formatierter Schrift den App-Namen als Titel enthält.

- `addItem(_:)` fügt das übergebene `NSMenuItem` an das Ende des jeweiligen Menüs ein.

Beide Methoden verfügen jeweils noch über eine zusätzliche Variante, die als Parameter kein `NSMenuItem` erwartet. Stattdessen übergeben Sie alle relevanten Informationen wie Name und aufzurufende Action-Methode direkt in der jeweiligen Methode. Diese kümmert sich dann darum, daraus ein passendes `NSMenuItem` zu generieren:

- `insertItem(withTitle:action:keyEquivalent:at:)` fügt das zu erstellende `NSMenuItem` an der übergebenen Index-Position ein. Neben Titel und Action-Methode können Sie hier auch direkt die Zeichen definieren, mit denen die Funktion über einen Tastaturkurzbefehl aufgerufen werden kann (dazu gleich mehr).

- `addItem(withTitle:action:keyEquivalent:)` fügt das zu erstellende `NSMenuItem` am Ende des zugrunde liegenden Menüs ein. Auch hier definieren Sie neben Titel und Action-Methode auf Wunsch noch einen Tastaturkurzbefehl zum Aufruf des Menu Items.

Wichtig bei beiden Initializern: Für den `keyEquivalent`-Parameter kann nicht `nil` übergeben werden. Selbst wenn das zu erstellende Menu Item also nicht mittels Tastaturkurzbefehl aufrufbar sein soll, müssen Sie einen String übergeben; in diesem Fall reicht ein einfacher leerer String.

 Tastaturkurzbefehle

Die Tastaturkurzbefehle für Menu Items setzen sich aus zwei Bestandteilen zusammen, die in einer jeweils passenden Property gespeichert werden:

- `keyEquivalent`: Hierbei handelt es sich um die Zeichen, die auf der Tastatur betätigt werden müssen, um das entsprechende Menu Item aufzurufen. Diese Eingabe bezieht sich nur auf „herkömmliche" Tasten wie Zahlen und Buchstaben.

- `keyEquivalentModifierMask`: Jede Tastenkombination muss zwingend über mindestens eine Sondertaste verfügen, die zum Auslösen der zugrunde liegenden Aktion notwendig ist. Diese Sondertasten (beispielsweise Shift, Command, Option oder Control) werden in dieser Property als Option Set abgebildet. Die zur Verfügung stehenden Sondertasten fasst Apple in einer `Structure` namens `NSEvent.ModifierFlags` zusammen.

Über die zuvor genannten Initializer definieren Sie somit lediglich die Zeichen, die zum Ausführen eines Menu Items über die Tastatur notwendig sind. Soll beispielsweise ein Menu Item mittels **cmd**+**alt**+**B** ausgeführt werden, entspricht das keyEquivalent dem String „B". Die beiden zusätzlich benötigten Sondertasten Command und Option landen stattdessen in keyEquivalentModifierMask. Listing 22.20 zeigt, wie eine entsprechende einfache Konfiguration eines Menu Items im Code aussehen kann.

Listing 22.20 Setzen des Tastaturkommandos eines Menu Items

```
// myMenuItem ist eine Instanz der Klasse NSMenuItem
myMenuItem.keyEquivalent = "B"
boldMenuItem.keyEquivalentModifierMask = [.command, .option]
```

In Listing 22.21 finden Sie ein vollständiges Beispiel, in dem das Hauptmenü einer einfachen macOS-App um einen neuen Eintrag ergänzt wird. Dieser Eintrag trägt den Titel „Formatting" und verweist seinerseits auf ein Sub-Menü, in dem die drei Aktionen „Bold", „Italic" und „Underline" zur Verfügung stehen. Jede dieser drei Aktionen ist mit einer Action-Methode verbunden, die eine passende Info auf der Konsole ausgibt. Gleichzeitig sind alle drei Aktionen zusätzlich auch mithilfe eines Tastaturkurzbefehls aufrufbar.

Das Ganze wird wie folgt im Code umgesetzt: Zunächst wird das finale Formatting-Menü mit den drei beschriebenen Aktionen erstellt. Im Anschluss wird ein weiteres Menu Item mit dem Titel „Formatting" erzeugt, das innerhalb des Hauptmenüs eingebunden werden soll und als Sub-Menü das zuvor erstellte Formatting-Menü enthält. Dieses Menu Item wird dann dem Hauptmenü an der Index-Position nach dem View-Menü hinzugefügt. Das Ergebnis sehen Sie in Bild 22.33.

Listing 22.21 Programmatisches Anpassen des Hauptmenüs im Code

```
class ViewController: NSViewController {

    override func viewDidLoad() {

        super.viewDidLoad()

        // Formatting-Menü erstellen
        let formattingMenu = NSMenu(title: "Formatting")

        // Aktionen für das Formatting-Menü erstellen
        let boldMenuItem = NSMenuItem(title: "Bold", action: #selector(setBold),
keyEquivalent: "B")
        boldMenuItem.keyEquivalentModifierMask = [.command, .shift]
        let italicMenuItem = NSMenuItem(title: "Italic", action:
#selector(setItalic), keyEquivalent: "I")
        italicMenuItem.keyEquivalentModifierMask = [.command, .shift]
        let underlineMenuItem = NSMenuItem(title: "Underline", action:
#selector(setUnderline), keyEquivalent: "U")
        underlineMenuItem.keyEquivalentModifierMask = [.command, .shift]

        // Aktionen zum Formatting-Menü hinzufügen
        formattingMenu.addItem(boldMenuItem)
        formattingMenu.addItem(italicMenuItem)
        formattingMenu.addItem(underlineMenuItem)

        // Menu Item für das Formatting-Menü erstellen
```

```
        let formattingMenuItem = NSMenuItem(title: "Formatting", action: nil,
keyEquivalent: "")
        formattingMenuItem.submenu = formattingMenu

        // Menu Item des Formatting-Menüs im Hauptmenü einbinden
        NSApplication.shared.mainMenu?.insertItem(formattingMenuItem, at: 5)

    }

    @objc private func setBold() {
        print("Bold formatting selected")
    }

    @objc private func setItalic() {
        print("Italic formatting selected")
    }

    @objc private func setUnderline() {
        print("Underline formatting selected")
    }

}
```

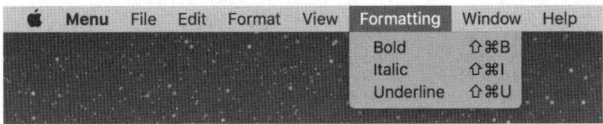

Bild 22.33 Das Hauptmenü wurde programmatisch um neue Einträge ergänzt.

 Menu Items entfernen

Bereits bestehende Menu Items können jederzeit wieder aus einem Menü entfernt werden. Zu diesem Zweck stehen Ihnen insgesamt drei Methoden der Klasse NSMenu zur Verfügung:

- removeItem(_:): Übergeben Sie dieser Methode die gewünschte NSMenuItem-Instanz, die Sie aus dem zugrunde liegenden Menü entfernen möchten.

- removeItem(at:): Übergeben Sie dieser Methode den Index des Menu Items, das Sie aus dem zugrunde liegenden Menü entfernen möchten.

- removeAllItems(): Hiermit entfernen Sie alle Menu Items des zugrunde liegenden Menüs.

22.2.3 Tooltip definieren

Bei einem *Tooltip* handelt es sich um eine zusätzliche Information in Textform, die dazu dient, dem Nutzer eine spezifische Funktion näher zu erläutern. Sie haben die Möglichkeit, ein Menu Item mit einem solchen Tooltip zu versehen. Dieser taucht dann auf, wenn der Nutzer mit der Maus länger über dem Eintrag eines Menu Items stehen bleibt. Um das Ganze umzusetzen, weisen Sie der `tooltip`-Property des entsprechenden Menu Items einfach den gewünschten anzuzeigenden Text zu.

In Listing 22.22 habe ich hierfür ein Beispiel aufgeführt, das aus einem Code-Ausschnitt aus Listing 22.21 basiert. Darin werden insgesamt drei Menu Items programmatisch erzeugt. Jedem dieser Menu Items wird anschließend ein jeweils passender Tooltip zugewiesen. Das Ergebnis sehen Sie in Bild 22.34.

Listing 22.22 Ergänzen eines Menu Items um einen Tooltip

```
let boldMenuItem = NSMenuItem(title: "Bold", action: #selector(setBold),
keyEquivalent: "B")
boldMenuItem.keyEquivalentModifierMask = [.command, .shift]
boldMenuItem.toolTip = "Formatiere den Text fett."
let italicMenuItem = NSMenuItem(title: "Italic", action: #selector(setItalic),
keyEquivalent: "I")
italicMenuItem.keyEquivalentModifierMask = [.command, .shift]
italicMenuItem.toolTip = "Formatiere den Text kursiv."
let underlineMenuItem = NSMenuItem(title: "Underline", action:
#selector(setUnderline), keyEquivalent: "U")
underlineMenuItem.keyEquivalentModifierMask = [.command, .shift]
underlineMenuItem.toolTip = "Unterstreiche den Text"
```

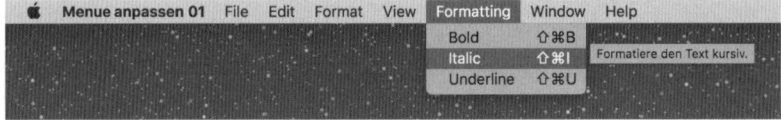

Bild 22.34 Fährt man mit der Maus über ein Menu Item und wartet, erscheint nach kurzer Zeit der zugehörige Tooltip (sofern vorhanden).

22.2.4 Kontextmenü umsetzen

Neben dem Hauptmenü stellen eine zweite wichtige Form von Menüs in macOS die sogenannten *Kontextmenüs* dar. Hierbei handelt es sich um Menüs, die in der Regel durch einen Klick mit der rechten Maustaste auf eine bestimmte Ansicht aufgerufen werden. Allgemein ist unter macOS der Klick mit der sogenannten *sekundären* Maustaste zum Aufruf eines Kontextmenüs notwendig, dieser wird aber oft mit der rechten Maustaste umgesetzt.

Ein Beispiel für ein solches Kontextmenü sehen Sie in Bild 22.35. Es wird eingeblendet, nachdem man einen Sekundärklick auf den Desktop ausgeführt hat.

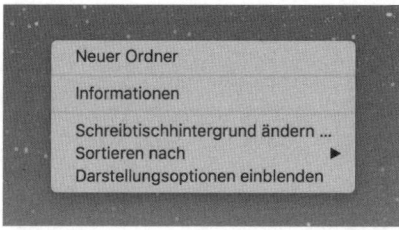

Bild 22.35 Mithilfe eines Kontextmenüs kann der Nutzer spezifische Aktionen für ein bestimmtes Element abrufen.

Bei der Entwicklung von macOS-Apps können wir jeder View ein solches Kontextmenü zuweisen, das immer dann erscheint, wenn der Nutzer auf genau dieses Element einen Sekundärklick ausführt. Das Kontextmenü wird hierbei genauso aufgebaut wie das Hauptmenü einer App am oberen Bildschirmrand auch. Es handelt sich also zunächst um eine Instanz der Klasse NSMenu, der ein oder mehrere NSMenuItem-Elemente zugewiesen werden. Ein solches Menü weisen Sie anschließend der menu-Property der gewünschten View zu. Bei einem Sekundärklick auf dieses Element blendet das System dann das eigens erstellte Menü ein.

In Listing 22.23 finden Sie ein konkretes Beispiel zur Umsetzung eines Kontextmenüs für die View eines View-Controllers. Hierbei wird innerhalb der Methode viewDidLoad() zunächst ein Menü mit insgesamt drei Einträgen erzeugt und anschließend der menu-Property der View zugewiesen. Die Einträge selbst verweisen der Einfachheit wegen schlicht auf jeweils eine Methode, die eine Meldung auf der Konsole ausgibt. Führt man dieses Projekt anschließend aus, wird durch einen Sekundärklick auf die View das erstellte Kontextmenü eingeblendet (siehe Bild 22.36).

Listing 22.23 Erstellen eines Kontextmenüs für eine View

```
class ViewController: NSViewController {

    override func viewDidLoad() {

        super.viewDidLoad()

        // Formatting-Menü erstellen
        let formattingMenu = NSMenu(title: "Formatting")

        // Aktionen für das Formatting-Menü erstellen
        let boldMenuItem = NSMenuItem(title: "Bold", action: #selector(setBold),
keyEquivalent: "")
        let italicMenuItem = NSMenuItem(title: "Italic", action:
#selector(setItalic), keyEquivalent: "")
        let underlineMenuItem = NSMenuItem(title: "Underline", action:
#selector(setUnderline), keyEquivalent: "")

        // Aktionen zum Formatting-Menü hinzufügen
        formattingMenu.addItem(boldMenuItem)
        formattingMenu.addItem(italicMenuItem)
        formattingMenu.addItem(underlineMenuItem)

        // Formatting-Menü als Kontextmenü der View setzen
```

```
        view.menu = formattingMenu

    }

    @objc private func setBold() {
        print("Bold formatting selected")
    }

    @objc private func setItalic() {
        print("Italic formatting selected")
    }

    @objc private func setUnderline() {
        print("Underline formatting selected")
    }

}
```

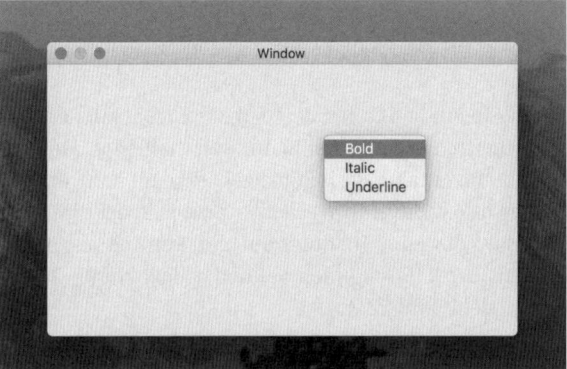

Bild 22.36 Nach einem Sekundärklick auf die View wird das zuvor erstellte Kontextmenü eingeblendet.

Sie können ein solches Kontextmenü auf die gleiche Art und Weise konfigurieren wie das
Hauptmenü auch. Sie können also Menu Items deaktivieren sowie weiter verschachteln,
indem Sie Einträge für Sub-Menüs ergänzen.

■ 22.3 Alerts einblenden

Alerts sind ein wichtiger Bestandteil von Apps bei der Kommunikation mit dem Nutzer. Sie
dienen dazu, mögliche Fehler präsent anzuzeigen oder auf andere Informationen aufmerksam zu machen (beispielsweise ein neues Update, das für die App vorliegt oder die Frage,
ob ein bestimmter Vorgang tatsächlich durchgeführt werden soll). Sie enthalten in der Regel
nur wenig Text und dienen dazu, den Nutzer schnell zu informieren oder um eine Entscheidung zu bitten. Ein Beispiel für einen solchen Alert ist der Dialog zum Entleeren des Papierkorbs (siehe Bild 22.37).

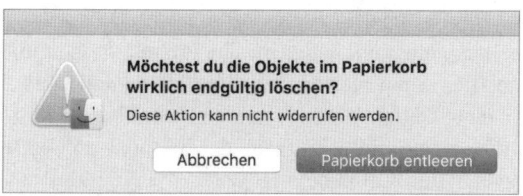

Bild 22.37 Bei dem macOS-Dialog zum Entleeren des Papierkorbs handelt es sich um einen typischen Alert.

Solche Alerts werden in macOS mithilfe der Klasse NSAlert umgesetzt. Sie erstellen typischerweise eine Instanz dieser Klasse, konfigurieren sie passend anhand der gestellten Anforderungen und blenden sie anschließend ein. Hierfür kommen unter anderem die folgenden Properties der NSAlert-Klasse zum Einsatz:

- messageText: Hierbei handelt es sich um den Titel des Alerts. Dieser wird am oberen Rand in fett formatierter Schrift angezeigt. Der Titel sollte möglichst knappgehalten und nicht umfangreicher als ein Satz sein (so wie in Bild 22.37 zu sehen).

- informativeText: Hierbei handelt es sich um einen ergänzenden Informationstext des Alerts. Je nach Art des Alerts kann dieser unterschiedlich umfangreich ausfallen, abhängig davon, wie detailliert die zusätzlichen Informationen sind. Sie können diesen Text nutzen, um Aktionen, die durch den Alert ausgelöst werden, näher zu erläutern oder um dem Nutzer weiteres Feedback zu geben.

- alertStyle: Hierüber legen Sie die Art (und auch minimal das Aussehen) eines Alerts fest. Die zur Verfügung stehenden Werte sind in der Enumeration NSAlert.Style abgebildet. Zwischen informational und warning besteht (zumindest zum jetzigen Zeitpunkt) kein optischer Unterschied. Beide zeigen links innerhalb des Alerts standardmäßig Ihr App-Icon an, rechts daneben folgen der eben vorgestellte Titel sowie der ergänzende Informationstext. Wählen Sie informational, falls Sie den Nutzer lediglich über etwas informieren wollen, und warning, falls der Nutzer eine Aktion durchführen möchte, durch die beispielsweise Daten entfernt werden und bei der Sie ausdrücklich eine nochmalige Bestätigung des Nutzers wünschen.

Darüber hinaus steht in der NSAlert.Style-Enumeration noch der Wert critical zur Verfügung. Wie der Name andeutet, ist dieser vor allen Dingen für kritische Fehler oder Aktionen gedacht, die das Verhalten oder den Datenbestand einer App massiv beeinflussen können. Dieser Style verändert auch das Standardaussehen des Alerts ein wenig. Als Icon wird hier links ein gelbes Ausrufezeichen eingeblendet, an das im unteren rechten Bereich klein das App-Icon angeheftet wird. In Bild 22.38 sehen Sie beide Style-Arten einmal beispielhaft im direkten Vergleich.

Bild 22.38 Links sehen Sie den Standard-Style eines Alerts, den Sie über die Werte „informational" und „warning" realisieren können. Rechts sehen Sie im Vergleich den „critical"-Style, bei dem ein gelbes Ausrufezeichen primär in den Vordergrund rückt.

Das folgende Beispiel zeigt einmal, wie ein solcher Alert in macOS praktisch umgesetzt wird. Basis für dieses Beispiel ist ein neues macOS-Projekt, dessen initialem View-Controller ein Button mit dem Titel „Show alert" hinzugefügt wird (siehe Bild 22.39). Dieser Button wird anschließend mit einer Action-Methode namens showAlert(_:) im Code des zugrunde liegenden View-Controllers verknüpft. Aufgabe der Methode soll es sein, einen einfachen Alert einzublenden, sobald der Button betätigt wird.

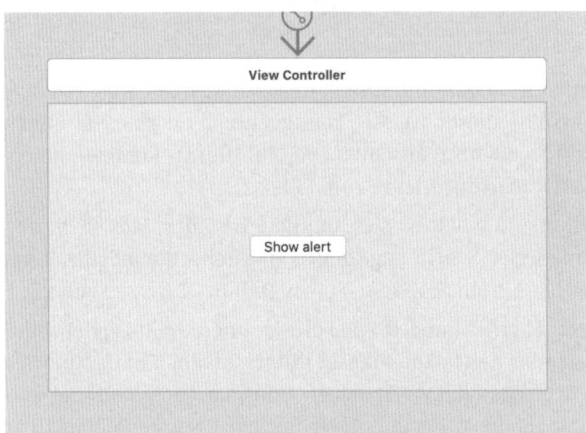

Bild 22.39 Die Beispiel-App verfügt über einen einzigen Button, über den ein Alert eingeblendet werden soll.

In Listing 22.24 sehen Sie die entsprechende Implementierung dieser View-Controller-Klasse und der Methode showAlert(_:). Zunächst wird eine neue NSAlert-Instanz erstellt und dieser anschließend der informational-Style zugewiesen. Im nächsten Schritt werden noch ein Titel und eine Nachricht für den Alert definiert und über die beiden vorgestellten Properties messageText und informativeText gesetzt. Damit ist der Alert bereits vollständig konfiguriert.

Bleibt noch die Frage, wie man den Alert einblenden kann. Hierbei kommt die Methode runModal() der NSAlert-Klasse zum Einsatz. Wenn Sie diese Methode auf einem Alert aufrufen, wird dieser eingeblendet. Das Ergebnis sehen Sie in Bild 22.40.

Listing 22.24 Anzeigen eines Alerts

```
class ViewController: NSViewController {

    @IBAction func showAlert(_ sender: Any) {

        // Alert erstellen
        let alert = NSAlert()

        // Style festlegen
        alert.alertStyle = .informational

        // Titel und Nachricht setzen
        alert.messageText = "Alert"
        alert.informativeText = "This is an alert."
```

```
            // Alert anzeigen
            alert.runModal()

     }

}
```

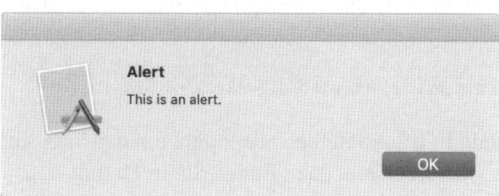

Bild 22.40 Ein einfacher von uns erstellter und eingeblendeter Alert

Interessant hierbei: Der Alert erhält bereits standardmäßig eine „OK"-Schaltfläche, über die der Alert jederzeit wieder ausgeblendet werden kann. Wie man einen Alert um eigene weitere Action-Buttons ergänzt, erfahren Sie im folgenden Abschnitt 22.3.1, „Action-Buttons ergänzen".

22.3.1 Action-Buttons ergänzen

In vielen Fällen sollen Alerts neben einem informativen Hinweistext auch diverse Aktionen anbieten, zwischen denen der Nutzer wählen kann. Diese Aktionen werden in Form von NSButton-Instanzen umgesetzt, die Sie einem Alert ganz leicht mithilfe der Methode addButton(withTitle:) hinzufügen können. Jeder Aufruf dieser Methode auf einem Alert fügt diesem eine Schaltfläche hinzu. Als Titel für den Button wird der String verwendet, der der Methode als Parameter übergeben wird. In Listing 22.25 sehen Sie ein paar Beispiele zum Hinzufügen von Buttons zu einem Alert.

Listing 22.25 Hinzufügen von Buttons zu einem Alert

```
alert.addButton(withTitle: "Hallo Welt")
alert.addButton(withTitle: "Test")
alert.addButton(withTitle: "Abbrechen")
```

Bei jedem Aufruf der Methode addButton(withTitle:) wird eine passende NSButton-Instanz für die neue Schaltfläche durch NSAlert erstellt und zurückgegeben, in der Regel müssen Sie an diesem Element aber keinerlei Änderungen vornehmen. Wie aber reagiert man auf die Auswahl eines spezifischen Buttons durch den Nutzer? Schließlich fehlen bis dato ein passendes Target sowie eine passende Action für die erzeugten Buttons.

Hier kommt die bereits in Abschnitt 22.3, „Alerts einblenden", vorgestellte Methode runModal() ins Spiel. Diese zeigt nämlich nicht nur den gewünschten Alert an, sondern liefert gleichzeitig auch eine Information darüber zurück, welche Aktion der Nutzer ausgewählt hat. Diese Information wird in Form einer Instanz vom Typ NSApplication.ModalResponse abgebildet. Für die ersten drei Schaltflächen eines Alerts bringt diese Structure einen passenden Wert mit, um zu ermitteln, welche der Schaltflächen der Nutzer angeklickt hat:

- `alertFirstButtonReturn`: Der Nutzer hat den ersten Button des Alerts angeklickt (dieser wird standardmäßig am äußeren rechten Rand angezeigt).

- `alertSecondButtonReturn`: Der Nutzer hat den zweiten Button des Alerts angeklickt.

- `alertThirdButtonReturn`: Der Nutzer hat den dritten Button des Alerts angeklickt.

Jeder dieser Werte wird intern durch einen Integer repräsentiert, auf dessen Wert Sie mittels `rawValue` zugreifen können. Den Integer-Wert für `alertThirdButtonReturn` erhalten Sie daher wie folgt:

```
NSApplication.ModalResponse.alertThirdButtonReturn.rawValue
```

Die daraus resultierende Info können Sie verwenden, um den vom Nutzer betätigten Button auszuwerten. Ein konkretes Beispiel dazu finden Sie in Listing 22.26. Es zeigt einen View-Controller, dessen Interface über einen Button verfügt. Dieser ist mit einer Action-Methode namens `showAlert(_:)` gekoppelt, die einen Alert mit drei verschiedenen Aktionen einblendet: „Hallo Welt", „Test" und „Abbrechen". Nach dem Einblenden des Alerts mithilfe der Methode `runModal()` wird das Ergebnis in einer Konstanten namens `response` gespeichert und anschließend in einer switch-Abfrage ausgewertet. Handelt es sich um den ersten Button („Hallo Welt") oder den zweiten („Test"), wird der entsprechende Text in der Konsole ausgegeben, andernfalls geschieht nichts. Den so erzeugten Alert sehen Sie in Bild 22.41.

Listing 22.26 Auswerten der gewählten Aktion eines Alerts

```
class ViewController: NSViewController {

    @IBAction func showAlert(_ sender: Any) {

        let alert = NSAlert()

        alert.messageText = "Konsolenausgabe"
        alert.informativeText = "Welche Meldung möchten Sie auf der Konsole
ausgeben?"

        alert.addButton(withTitle: "Hallo Welt")
        alert.addButton(withTitle: "Test")
        alert.addButton(withTitle: "Abbrechen")

        let response = alert.runModal()

        switch response {
        case .alertFirstButtonReturn:
            print("Hallo Welt")
        case .alertSecondButtonReturn:
            print("Test")
        default:
            break
        }

    }

}
```

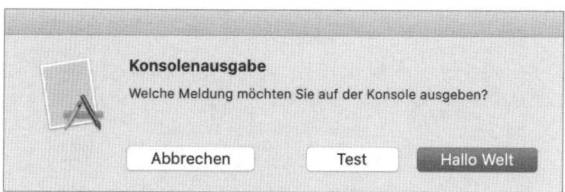

Bild 22.41 Der erstellte Alert verfügt über insgesamt drei Schaltflächen, die von rechts nach links nebeneinander angeordnet werden.

Folgende Details gibt es bei der Arbeit mit Aktionen zu beachten:

- Der erste Button eines Alerts, der mithilfe der Methode `addButton(withTitle:)` erstellt wird, wird blau hervorgehoben und kann auch durch Betätigen der Return-Taste ausgelöst werden.

- Der standardmäßige „OK"-Button eines Alerts verschwindet, sobald Sie wenigstens einen Button über die `addButton(withTitle:)`-Methode hinzugefügt haben.

 Zugriff auf mehr als drei Buttons

Sie haben gesehen, dass Sie mithilfe der Structure `NSApplication.ModelResponse` auf die verschiedenen Aktionen zurückgreifen können, die ein Nutzer über einen Alert auslesen kann. `alertFirstButtonReturn` verweist auf den ersten Button des Alerts, `alertSecondButtonReturn` auf den zweiten und `alertThirdButtonReturn` auf den dritten. Doch was ist, wenn Ihr Alert mehr als drei Action-Buttons besitzt? Wie erfahren Sie, dass der Nutzer einen von diesen ausgewählt hat?

Hierbei sollten Sie das Raw-Value von `alertThirdButtonReturn` für jeden weiteren Button um eins erhöhen. Mit dem so erhaltenen Wert initialisieren Sie dann die benötigte `NSApplication.ModelResponse`-Instanz. Beide Schritte sind im folgenden Befehl beispielhaft zusammengefasst, um auf den vierten Button eines Alerts zurückzugreifen (sprich das Raw-Value von `alertThirdButtonReturn` um genau eins zu erhöhen:

```
NSApplication.ModelResponse.init(NSApplication.ModelResponse.
alertThirdButtonReturn.rawValue + 1)
```

Übrigens können Sie alle Buttons, die Sie in einem Alert definiert haben, über die Property `buttons` auslesen. Hierbei handelt es sich um ein passendes Array mit je einer `NSButton`-Instanz pro zur Verfügung stehender Aktion.

22.3.2 Hilfe-Button einbinden

Alerts können standardmäßig mit einem zusätzlichen Hilfe-Button versehen werden. Dabei handelt es sich um eine kreisrunde Schaltfläche, in der ein Fragezeichen angezeigt wird. Es erscheint unterhalb des Icons des Alerts (siehe Bild 22.42).

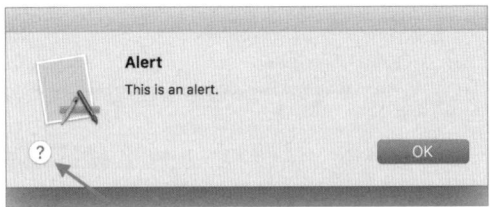

Bild 22.42 Alerts können um eine zusätzliche Hilfe-Schaltfläche ergänzt werden.

Um diesen Button einzublenden, müssen Sie lediglich die showsHelp-Property der NSAlert-Klasse auf true setzen. Allerdings geschieht dann noch nichts, wenn die Schaltfläche betätigt wird. Hierfür müssen Sie einen Delegate für Ihren Alert definieren, der konform zum NSAlertDelegate-Protokoll ist. Dieses Protokoll definiert exakt eine Methode namens alertShowHelp(_:), die als Parameter jene NSAlert-Instanz übergibt, deren Hilfe-Button betätigt wurde. Darin können Sie nun alle gewünschten Befehle zum Einblenden einer Hilfe ausführen.

Ein einfaches abstraktes Beispiel zur Umsetzung eines Alerts mitsamt Hilfe-Button finden Sie in Listing 22.27. Es basiert auf einem View-Controller, der über einen Button verfügt, der mit der Action-Methode showAlert(_:) gekoppelt ist. Der Alert erhält einen einfachen Titel sowie einen Nachrichtentext, darüber hinaus wird ihm als Delegate die View-Controller-Klasse selbst zugewiesen und der Hilfe-Button mittels der showsHelp-Property eingeblendet. Die Implementierung des Delegates erfolgt aus Gründen der besseren Übersicht in einer separaten Extension.

Listing 22.27 Einblenden eines Hilfe-Buttons in einem Alert

```
class ViewController: NSViewController {

    @IBAction func showAlert(_ sender: Any) {

        // Alert erstellen
        let alert = NSAlert()

        // Delegate setzen
        alert.delegate = self

        // Alert konfigurieren
        alert.messageText = "Alert"
        alert.informativeText = "This is an alert."

        // Hilfe-Button aktivieren
        alert.showsHelp = true

        alert.runModal()

    }

}

// MARK: - NSAlertDelegate

extension ViewController: NSAlertDelegate {
```

```
        func alertShowHelp(_ alert: NSAlert) -> Bool {
            // Hilfe anzeigen...
            return true
        }

    }
```

22.3.3 Zusätzliche View in Alert einbinden

Manchmal genügen die gegebenen Möglichkeiten zur Konfiguration eines Alerts nicht vollumfänglich den eigenen Anforderungen. Möglicherweise möchte man den angezeigten Infotext aufwendiger formatieren oder zusätzliche Eingabemöglichkeiten in Form weiterer Buttons wie Checkboxen erlauben. Mit den in den vorherigen Abschnitten vorgestellten Standardkonfigurationen eines Alerts kann man dann nicht arbeiten.

Abhilfe schafft in diesem Fall aber erfreulicherweise die Property accessoryView der Klasse NSAlert. Hierbei handelt es sich um eine NSView, der sie eine beliebige Ansicht zuweisen können. Diese wird dann unterhalb des Informationstextes und oberhalb der Action-Buttons des Alerts eingefügt. Welche Inhalte Sie in dieser View anzeigen und wie diese konfiguriert sind, ist voll und ganz Ihnen überlassen.

Ein simples Beispiel für den Einsatz einer solchen Accessory-View finden Sie in Listing 22.28. Darin wird ein einfacher zusätzlicher Button erstellt und als Accessory-View für einen Alert definiert. Die gesamte Konfiguration erfolgt hierbei innerhalb der eigens definierten Methode showAlert(_:) eines View-Controllers, die mit einem entsprechenden Button im Storyboard gekoppelt ist. Das sorgt dafür, dass bei Betätigen dieses Buttons immer der im Code definierte Alert eingeblendet wird. Den so erstellten Alert mitsamt Accessory-View sehen Sie in Bild 22.43.

Listing 22.28 Erweitern eines Alerts um eine zusätzliche Accessory-View

```
class ViewController: NSViewController {

    @IBAction func showAlert(_ sender: Any) {

        // Alert erstellen
        let alert = NSAlert()

        // Alert konfigurieren
        alert.messageText = "Alert"
        alert.informativeText = "This is an alert."

        // Accessory-View erstellen und zuweisen
        let additionalButton = NSButton(title: "Additional button", target: nil,
action: nil)
        alert.accessoryView = additionalButton

        // Alert anzeigen
        alert.runModal()

    }

}
```

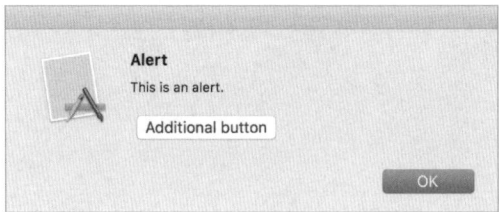

Bild 22.43 Die Accessory-View, die man nach Belieben konfigurieren und anpassen kann, wird zwischen Alert-Text und Action-Schaltflächen eingefügt.

■ 22.4 Touch Bar verwenden

2016 führte Apple erstmals in seinen MacBook Pro-Modellen die sogenannte *Touch Bar* ein. Dabei handelt es sich um eine Multi-Touch-Leiste aus Glas, die als Ersatz der F-Tasten oberhalb der Tastatur verwendet wird. Ihr großer Vorteil besteht darin, dass Sie dynamisch und abhängig von verwendeter App und Kontext verschiedene Inhalte darstellen kann. So kann man beispielsweise in der Fotos-App durch Wischen schnell zwischen den verschiedenen Bildern eines Albums wechseln, bei Textverarbeitungen Formatierungen wie kursiv umsetzen und in Xcode den Kompiliervorgang starten (siehe Bild 22.44).

Bild 22.44 Die Touch Bar befindet sich oberhalb der Tastatur und dient als zusätzliches wie gleichermaßen dynamisches Eingabeelement (Bild: Apple).

Mithilfe neuer Klassen und APIs können auch wir App-Entwickler die Touch Bar nutzen und so unsere Apps um dynamische Funktionen erweitern. Hierfür steht uns ein spezifischer Bereich innerhalb der Touch Bar zur Verfügung, der sich zwischen der Escape-Taste am linken Rand und dem sogenannten *Control Strip* am rechten Rand befindet (siehe Bild 22.45). Darin finden alle Elemente Platz, die wir über die Touch Bar anbieten.

Bild 22.45 In dem Bereich zwischen der Escape-Schaltfläche links und dem Control Strip rechts können unsere eigenen Aktionen untergebracht werden.

Bevor man aber mit der Implementierung der Touch Bar in eigenen macOS-Apps beginnt, sollte man sich folgender Punkte bewusst sein:

- Die Touch Bar ist ein zusätzlicher Teil der Tastatur und dadurch auch als Eingabegerät konzipiert. Die Touch Bar sollte nicht verwendet werden, um zusätzliche Informationen anzuzeigen, sondern zum Kontext passende Aktionen zur Verfügung zu stellen.

- Die Funktionen, die Sie über die Touch Bar anbieten, sollten den Nutzer nicht unnötig ablenken. Statt einer Vielzahl möglicher Optionen in der Touch Bar unterzubringen, sollten Sie sich immer auf das Wesentliche konzentrieren und die Funktionsweise Ihrer App mithilfe der Touch Bar sinnvoll ergänzen.

- Nicht jeder Mac verfügt über eine Touch Bar. Darum ist es essenziell, dass Sie in der Touch Bar nur Funktionen unterbringen, die der Nutzer auch auf alternativen Wegen aufrufen kann. Exklusiv in der Touch Bar zur Verfügung stehende Funktionen sind ein absolutes No-Go und sorgen nur dafür, dass Sie einen (wahrscheinlich sehr großen Teil) Ihrer Kundschaft von diesen Funktionen ausschließen.

Nachdem das geklärt ist, betrachten wir nun einmal, wie man die Touch Bar in eigenen macOS-Apps anpasst und konfiguriert. ☺

22.4.1 Programmatische Bestandteile der Touch Bar

Bei der Programmierung mit der Touch Bar haben Sie primär mit zwei Klassen aus dem AppKit-Framework zu tun:

- `NSTouchBar`: Diese Klasse repräsentiert ein Set an Funktionen, die Sie in der Touch Bar anzeigen. Sie legen darüber die Elemente fest, die Teil der Touch Bar sind, und definieren die dem Nutzer zur Verfügung stehenden Konfigurationsmöglichkeiten.

- `NSTouchBarItem`: Jedes Element innerhalb der Touch Bar wird durch eine Instanz dieser Klasse repräsentiert. Die Instanzen werden einer `NSTouchBar` zugewiesen, um so die gewünschte eigene Touch Bar-Ansicht umzusetzen. Es gibt diverse Subklassen von `NSTouchBarItem`, die dazu dienen, verschiedene Arten von Buttons und Aktionen in der Touch Bar umzusetzen (mehr zu den verschiedenen Klassen erfahren Sie in Abschnitt 22.4.4, „Touch Bar Items im Detail").

22.4.2 Touch Bar anpassen

Um die Ansicht der Touch Bar an einer beliebigen Stelle in Ihrer macOS-App anzupassen, benötigen Sie eine `NSTouchBar`-Instanz. Diese generieren und konfigurieren Sie vollständig selbst. Bei der Konfiguration benötigen Sie mindestens zwei Dinge:

1. *Default Item Identifiers:* Hierbei handelt es sich um ein Array von Identifiern, die Sie selbst festlegen und auf der Structure `NSTouchBarItem.Identifier` basieren. Für jedes Element, das Sie standardmäßig in der Touch Bar anzeigen möchten, müssen Sie auch einen passenden Identifier generieren und als Default Item Identifier setzen.

2. *Touch Bar Items:* Wie bereits im vorigen Abschnitt erklärt, werden die Elemente innerhalb der Touch Bar durch Instanzen der Klasse `NSTouchBarItem` abgebildet. Diese Instanzen müssen Sie generieren und der Touch Bar bereitstellen.

Betrachten wir diese beiden Schritte einmal in der Praxis. Dazu finden Sie eine beispielhafte und vollständige Konfiguration einer Touch Bar in Listing 22.29. Es beginnt mit der Erstellung einer `NSTouchbar`-Instanz und der Identifier, die in Form der gewünschten Elemente für die Touch Bar benötigt werden. Dieses Beispiel soll die Touch Bar um eine Plus- und eine Minus-Schaltfläche ergänzen, weshalb die beiden hierfür benötigten Identifier entsprechend benannt werden. Die Identifier werden dann der Touch Bar über die Property `defaultItemIdentifiers` zugewiesen.

Im Anschluss werden die eigentlichen Touch Bar Items erzeugt, also jene Instanzen, die am Ende auf der Touch Bar zu sehen sein werden. In diesem Fall nutzen wir die `NSTouchBarItem`-Subklasse `NSCustomTouchBarItem`, um ein beliebiges Touch Bar Item generieren zu können. Dem Touch Bar Item wird hierbei der passende Identfier zugewiesen, anschließend erfolgt die Konfiguration.

Das Spannende bei der Konfiguration dieser Touch Bar Items: Die Klasse `NSTouchBarItem` verfügt über eine Property namens `view`, der Sie eine beliebige `NSView`-Instanz zuweisen können. Apples Frameworks kümmern sich darum, diese View dann grafisch optimal für die Touch Bar aufzubereiten. So erstellen wir in dem gezeigten Beispiel zwei einfache `NSButton`-Instanzen und weisen diese dem jeweiligen Touch Bar Item zu. Damit entsprechen beide Touch Bar Items Schaltflächen, die der Nutzer betätigen kann. Mehr zu Touch Bar Items und deren Konfiguration erfahren Sie in Abschnitt 22.4.4, „Touch Bar Items im Detail".

Zu guter Letzt werden die beiden Touch Bar Items der Touch Bar über die Property `templateItems` zugewiesen. Interessant hierbei: Bei `templateItems` handelt es sich um ein Set, kein Array. Somit spielt es keine Rolle, in welcher Reihenfolge Sie die Touch Bar Items übergeben, denn die Reihenfolge für die Anzeige in der Touch Bar wird durch das `defaultItemIdentifiers`-Array geregelt.

Listing 22.29 Erstellen und Konfigurieren einer Touch Bar

```
// Touch Bar erstellen
let myTouchBar = NSTouchBar()

// Identifier setzen
let plusIdentifier = NSTouchBarItem.Identifier("Plus")
let minusIdentifier = NSTouchBarItem.Identifier("Minus")
myTouchBar.defaultItemIdentifiers = [plusIdentifier, minusIdentifier]

// Touch Bar Items erstellen
let plusTouchBarItem = NSCustomTouchBarItem(identifier: plusIdentifier)
plusTouchBarItem.view = NSButton(title: "+", target: nil, action: nil)
```

```
let minusTouchBarItem = NSCustomTouchBarItem(identifier: minusIdentifier)
minusTouchBarItem.view = NSButton(title: "-", target: nil, action: nil)

// Touch Bar Items zuweisen
myTouchBar.templateItems = [plusTouchBarItem, minusTouchBarItem]
```

Damit haben Sie nun eine Touch Bar erstellt und mit passenden Items versehen und konfiguriert. Um sie aber anzeigen zu können, muss die View oder der Controller, der für die
Touch Bar verantwortlich ist, Teil der Responder Chain sein. Entsprechend bringt die Klasse
NSResponder hierfür eine passende Methode namens makeTouchBar() mit, die als Rückga-
bewert eine NSTouchBar für die Anzeige auf der Touch Bar erwartet. Stellen Sie sicher, dass
Sie diese Methode an der gewünschten Stelle überschreiben – egal ob View oder Control-
ler – und darin dann Ihre Touch Bar zurückliefern. In Listing 22.30 sehen Sie hierzu ein
Beispiel, in dem die Methode in einem View-Controller überschrieben und darin die Touch
Bar aus Listing 22.29 zurückgegeben wird.

Listing 22.30 Bereitstellen einer Touch Bar mithilfe von NSResponder

```
class ViewController: NSViewController {

    override func makeTouchBar() -> NSTouchBar? {

        // Touch Bar erstellen
        let myTouchBar = NSTouchBar()

        // Identifier setzen
        let plusIdentifier = NSTouchBarItem.Identifier("Plus")
        let minusIdentifier = NSTouchBarItem.Identifier("Minus")
        myTouchBar.defaultItemIdentifiers = [plusIdentifier, minusIdentifier]

        // Touch Bar Items erstellen
        let plusTouchBarItem = NSCustomTouchBarItem(identifier: plusIdentifier)
        plusTouchBarItem.view = NSButton(title: "+", target: nil, action: nil)

        let minusTouchBarItem = NSCustomTouchBarItem(identifier: minusIdentifier)
        minusTouchBarItem.view = NSButton(title: "-", target: nil, action: nil)

        // Touch Bar Items zuweisen
        myTouchBar.templateItems = [plusTouchBarItem, minusTouchBarItem]

        return myTouchBar

    }

}
```

Übrigens können Sie auch alternativ zur Zuweisung der Touch Bar Items zu einer Touch
Bar einen Delegate verwenden. Dieser muss konform zum NSTouchBarDelegate-Proto-
koll sein und die einzige im Protokoll definierte Methode namens touchBar(_:makeItem
ForIdentifier:) implementieren. Die Touch Bar ruft diesen Delegate automatisch für jeden
Identifier auf, den Sie über die defaultItemIdentifiers-Property zugewiesen haben, und
unsere Aufgabe besteht anschließend darin, für den übergebenen Identifier eine passende
NSTouchBarItem-Instanz zurückzuliefern.

In Listing 22.31 sehen Sie die entsprechende Implementierung aus Listing 22.30 auf Basis eines solchen Delegates (wobei der zugrunde liegende View-Controller selbst in diesem Fall als Delegate fungiert). Mithilfe einer switch-Abfrage wird der Identifier geprüft, den die Delegate-Methode touchBar(_:makeItemForIdentifier:) übergibt, und passend dazu entweder das Plus- oder das Minus-Touch-Bar-Item erzeugt und zurückgegeben.

Übrigens werden in diesem Beispiel die beiden Identifier als Properties der View-Controller-Klasse definiert, damit sie nicht nur innerhalb der makeTouchBar()-Methode, sondern auch im Delegate zur Verfügung stehen.

Listing 22.31 Konfiguration der Touch Bar mittels Delegate

```
class ViewController: NSViewController {

    // Deklaration der Identifier als Properties
    let plusIdentifier = NSTouchBarItem.Identifier("Plus")
    let minusIdentifier = NSTouchBarItem.Identifier("Minus")

    override func makeTouchBar() -> NSTouchBar? {

        // Touch Bar erstellen
        let myTouchBar = NSTouchBar()

        // Setzen des Touch Bar Delegates
        myTouchBar.delegate = self

        // Identifier setzen
        myTouchBar.defaultItemIdentifiers = [plusIdentifier, minusIdentifier]

        return myTouchBar

    }
}

extension ViewController: NSTouchBarDelegate {

    func touchBar(_ touchBar: NSTouchBar, makeItemForIdentifier identifier:
NSTouchBarItem.Identifier) -> NSTouchBarItem? {
        switch identifier {
        case plusIdentifier:
            let plusTouchBarItem = NSCustomTouchBarItem(identifier: plusIdentifier)
            plusTouchBarItem.view = NSButton(title: "+", target: nil, action: nil)
            return plusTouchBarItem
        case minusIdentifier:
            let minusTouchBarItem = NSCustomTouchBarItem(identifier: minusIdentifier)
            minusTouchBarItem.view = NSButton(title: "-", target: nil, action: nil)
            return minusTouchBarItem
        default:
            return nil
        }

    }

}
```

Das Ergebnis dieses vollständigen Code-Beispiels sehen Sie in Bild 22.46. Das Ergebnis ist das gleiche, vollkommen unabhängig davon, ob Sie die Touch Bar Items direkt der Touch Bar über die `templateItems`-Property zugewiesen oder sie mittels eines Delegates erzeugt und zurückgegeben haben. Die Plus- und Minus-Schaltflächen erscheinen am linken Rand der Touch Bar neben der Escape-Schaltfläche und lösen dort die Aktionen aus, die Ihnen – wie bei jedem anderen Button auch – mittels Target-Action zugewiesen wurden. In diesem simplen Beispiel führen die beiden Schaltflächen keine separate Aktion aus.

Bild 22.46 Die App zeigt eine eigens kreierte Plus- und eine Minus-Schaltfläche nebeneinander an.

Einblenden der Touch Bar über die Responder Chain

Jedes Element, das von NSResponder abgeleitet ist, kann eine Touch Bar zurückliefern, die dann entsprechend angezeigt wird. Wenn Sie aber ein ganz frisches macOS-Projekt starten und in Ihrem View-Controller die makeTouchBar()-Methode auf die gezeigte Art und Weise überschreiben, werden Sie feststellen, dass keine Elemente in der Touch Bar angezeigt werden. Der Grund hierfür ist, dass der View-Controller in dieser Konstellation nicht Teil der Responder Chain ist.

Um das zu ändern, müssen Sie eine eigene Klasse für den Window-Controller erstellen, in dem sich Ihr View-Controller befindet. In dieser Klasse überschreiben Sie ebenfalls die Methode makeTouchBar() und leiten den Aufruf darüber an den View-Controller weiter. Eine konkrete beispielhafte Implementierung hierfür finden Sie in Listing 22.32.

Listing 22.32 Weiterreichen des `makeTouchBar()`-Aufrufs von einem Window- zu einem View-Controller

```
class WindowController: NSWindowController {

    override func makeTouchBar() -> NSTouchBar? {
        guard let viewController = contentViewController as?
ViewController else {
            return nil
        }
        return viewController.makeTouchBar()
    }

}
```

Denken Sie bei diesem Vorgehen aber unbedingt daran, die eigens erstellte Window-Controller-Klasse in Ihrem Storyboard auch dem zugehörigen Window-Controller-Element zuzuweisen. Andernfalls greift der geschriebene Code nicht bei der Ausführung Ihrer App (siehe Bild 22.47).

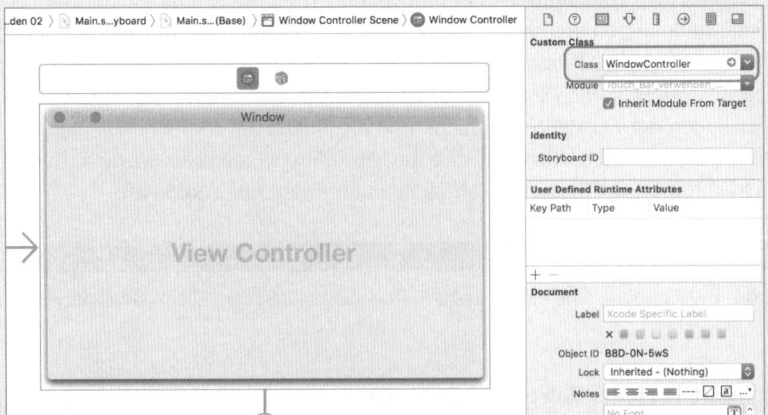

Bild 22.47 Wenn Sie eine eigene Klasse für Ihren Window-Controller erstellen, denken Sie daran, diesen auch im Storyboard zu setzen und so zuzuweisen.

Touch Bar im Simulator testen

Nicht jeder von uns besitzt ein aktuelles MacBook Pro mit Touch Bar oder arbeitet ausschließlich damit. Gerade App-Entwickler nutzen auch gerne Geräte wie den iMac (Pro) oder arbeiten an einem externen Monitor mitsamt separater Maus und Tastatur, ebenfalls ohne Touch Bar. Doch wie soll man in diesen Fällen die eigens entwickelten Funktionen für die Touch Bar testen und prüfen?

Abhilfe schafft hier Xcode. Über dessen Menü können Sie jederzeit eine simulierte Touch Bar einblenden, die sich als eigenes Fenster in macOS einbettet und für alle Apps zur Verfügung steht, nicht nur für die eigens entwickelten. Wählen Sie dazu *Window → Show Touch Bar* aus (oder betätigen Sie alternativ die Tastenkombination **cmd+Umschalt+5**) und die simulierte Touch Bar erscheint (siehe Bild 22.48). Je nach gewählter Anwendung zeigt sie dann die passenden Inhalte an. Auch lassen sich die Elemente wie auf einem echten Endgerät bedienen, um so die korrekte Funktionalität sicherstellen zu können.

Bild 22.48 Die simulierte Touch Bar steht als eigenes Fenster unter macOS zur Verfügung.

Möchten Sie diese simulierte Touch Bar wieder ausblenden, schließen Sie entweder einfach das Touch Bar-Fenster oder wählen Sie im Xcode-Menü den Punkt *Window → Hide Touch Bar* aus.

22.4.3 Konfigurationsmöglichkeiten der Touch Bar

Es gibt verschiedene Möglichkeiten, die Touch Bar und die in ihr angezeigten Elemente weiter anzupassen. Im Folgenden stelle ich Ihnen einige dieser Konfigurationsmöglichkeiten vor, erkläre deren Zweck und wie Sie sie selbst in eigenen macOS-Apps umsetzen.

22.4.3.1 Elemente der Touch Bar anpassbar machen

Der große Vorteil der Touch Bar liegt in ihrer Dynamik. Je nach ausgewählter View oder aktivem Controller können andere Elemente auf der Touch Bar angezeigt und so abhängig vom Kontext die zur Verfügung stehenden Funktionen geändert werden.

Sofern eine App das unterstützt, besteht sogar für den Nutzer die Möglichkeit, die Elemente der Touch Bar zu verändern. So können beispielsweise bestehende Touch Bar Items entfernt und neue hinzugefügt oder schlicht die Reihenfolge der Elemente angepasst werden.

Um eine solche Dynamik zu erreichen, müssen Sie im allerersten Schritt die Instance Property `isAutomaticCustomizeTouchBarMenuItemEnabled` der Klasse `NSApplication` auf `true` setzen. Am einfachsten gelingt das, indem Sie über die globale Variable `NSApp` auf die `NSApplication`-Singleton-Instanz Ihrer App zugreifen und darüber der Property den gewünschten Wert zuweisen, beispielsweise innerhalb der Methode `applicationDid FinishLaunching(_:)` des App Delegate. Ein entsprechendes Beispiel hierzu finden Sie in Listing 22.33.

Listing 22.33 Aktivieren der Anpassungsmöglichkeit der Touch Bar

```
@NSApplicationMain
class AppDelegate: NSObject, NSApplicationDelegate {

    func applicationDidFinishLaunching(_ aNotification: Notification) {
        NSApp.isAutomaticCustomizeTouchBarMenuItemEnabled = true
    }

}
```

Im nächsten Schritt müssen nun diverse Vorkehrungen getroffen werden, um die Anpassbarkeit der Touch Bar ermöglichen zu können. Dazu gehört zunächst das Definieren eines passenden *Customization Identifier* vom Typ `NSTouch.CustomizationIdentifier`. Dieser wird benötigt, um eine Touch Bar konfigurieren zu können, und er wird von Ihnen selbst festgelegt. Typischerweise kommt hierbei ein umgekehrter Domain-Name zum Einsatz, der sich aus dem Bundle Identifier der App, gefolgt von einem passenden Bezeichner für die zu konfigurierende Touch Bar, zusammensetzt. Ein Customization Identifier zur Anpassung der Einstellungen einer App mittels Touch Bar könnte beispielsweise wie folgt lauten:

```
com.myCompany.myApp.settings
```

Abschließend müssen Sie noch ein letztes Detail festlegen: Welche Touch Bar Items stehen zur Anpassung der Touch Bar zur Verfügung? Zwischen welchen Items kann der Nutzer wählen und sie der Touch Bar hinzufügen oder aus ihr entfernen?

Diese Information legen Sie mithilfe der `customizationAllowedItemIdentifiers`-Property der Klasse `NSTouchBar` fest. Genau wie bei der `defaultItemIdentifiers`-Property handelt es sich hierbei um ein Array von `NSTouchBarItem.Identifier`-Instanzen. Allerdings legen

Sie darin statt der anzuzeigenden Touch Bar Items **alle** Elemente fest, die der Nutzer frei auf der Touch Bar konfigurieren kann. So können Sie beispielsweise in `defaultItemIdentifiers` ein Set mit den wichtigsten Touch Bar Items hinterlegen und in `customizationAllowedItemIdentifiers` zusätzlich alle Elemente unterbringen, die der Nutzer auf Wunsch verwenden kann. Letztere Liste kann so naturgemäß deutlich umfangreicher sein als die in `defaultItemIdentifiers` hinterlegten Werte.

Einen Code-Auszug zur Verwendung der beiden vorgestellten Properties finden Sie in Listing 22.34. Die verwendeten Identifier `plusIdentifier` und `minusIdentifier` stammen aus dem Beispiel aus Listing 22.31. Eine vollständige beispielhafte Implementierung einer anpassbaren Touch Bar sehen Sie in Listing 22.35. Es basiert auf dem Beispiel aus Listing 22.31 und erweitert es um zwei zusätzliche Touch Bar Items mit den Identifiern `startIdentifier` und `endIdentifier`. Diese werden allerdings nicht als Default Identifier gesetzt, sondern zur Anpassung der Touch Bar über die `customizationAllowedItemIdentifiers`-Property angeboten.

Listing 22.34 Auszug zum Anpassen einer Touch Bar

```
myTouchBar.customizationIdentifier = NSTouchBar.CustomizationIdentifier("de.
thomassillmann.touchbarexample.test")
myTouchBar.customizationAllowedItemIdentifiers = [plusIdentifier, minusIdentifier]
```

Listing 22.35 Implementierung eines View-Controllers zur Anpassung der Touch Bar

```
class ViewController: NSViewController {

    // Deklaration der Identifier als Properties
    let plusIdentifier = NSTouchBarItem.Identifier("Plus")
    let minusIdentifier = NSTouchBarItem.Identifier("Minus")
    let startIdentifier = NSTouchBarItem.Identifier("Start")
    let endIdentifier = NSTouchBarItem.Identifier("End")

    override func makeTouchBar() -> NSTouchBar? {

        // Touch Bar erstellen
        let myTouchBar = NSTouchBar()

        // Setzen des Touch Bar Delegates
        myTouchBar.delegate = self

        // Identifier setzen
        myTouchBar.defaultItemIdentifiers = [plusIdentifier, minusIdentifier]

        // Touch Bar anpassbar machen
        myTouchBar.customizationIdentifier = NSTouchBar.CustomizationIdentifier("de.
thomassillmann.touchbarexample.test")
        myTouchBar.customizationAllowedItemIdentifiers = [plusIdentifier,
minusIdentifier, startIdentifier, endIdentifier]

        return myTouchBar

    }
}

extension ViewController: NSTouchBarDelegate {
```

```
    func touchBar(_ touchBar: NSTouchBar, makeItemForIdentifier identifier:
NSTouchBarItem.Identifier) -> NSTouchBarItem? {
        switch identifier {
        case plusIdentifier:
            let plusTouchBarItem = NSCustomTouchBarItem(identifier: plusIdentifier)
            plusTouchBarItem.view = NSButton(title: "+", target: nil, action: nil)
            return plusTouchBarItem
        case minusIdentifier:
            let minusTouchBarItem = NSCustomTouchBarItem(identifier: minusIdentifier)
            minusTouchBarItem.view = NSButton(title: "-", target: nil, action: nil)
            return minusTouchBarItem
        case startIdentifier:
            let startTouchBarItem = NSCustomTouchBarItem(identifier: startIdentifier)
            startTouchBarItem.view = NSButton(title: "Start", target: nil, action:
nil)
            return startTouchBarItem
        case endIdentifier:
            let endTouchBarItem = NSCustomTouchBarItem(identifier: endIdentifier)
            endTouchBarItem.view = NSButton(title: "End", target: nil, action: nil)
            return endTouchBarItem
        default:
            return nil
        }
    }

}
```

Wenn Sie dieses Beispiel ausführen, finden Sie standardmäßig im *View*-Menü der macOS-App einen Punkt namens *Customize Touch Bar...* (beziehungsweise im Deutschen *Touch Bar anpassen ...*, siehe Bild 22.49). Wenn Sie diesen auswählen, öffnet sich automatisch ein System-Menü, in dem alle Touch Bar Items aufgeführt werden, deren Identifier Sie im customizationAllowedItemIdentifiers-Array übergeben haben (siehe Bild 22.50). Auch sehen Sie das sogenannte *Default Set* für die Touch Bar, das durch die in der defaultItem Identifiers-Property gesetzten Identifier definiert wird. Sie können nun die neuen Touch Bar Items mit dem Titel „Start" und „End" hinzufügen, die Plus- und Minus-Schaltflächen entfernen sowie die Reihenfolge der Elemente verändern.

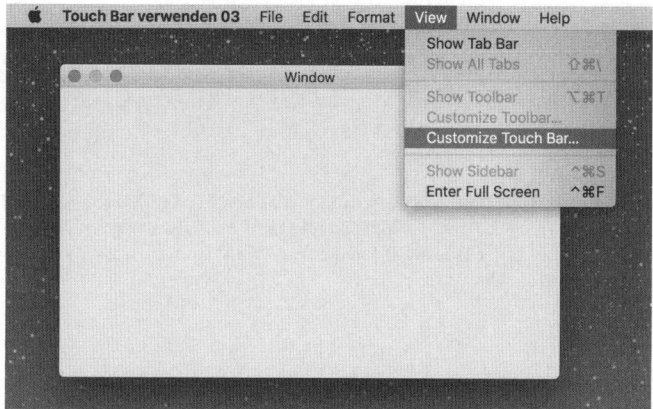

Bild 22.49 Über die Schaltfläche „Customize Touch Bar..." kann die Touch Bar angepasst werden, sofern sie eine Anpassung unterstützt.

Bild 22.50 Die Elemente der Touch Bar können nun nach Belieben angepasst werden.

Customization Label ergänzen

Wie Sie in Bild 22.50 sehen, erscheint unter jedem verfügbaren Touch Bar Item der Hinweis „MISSING LABEL". Das weist darauf hin, dass eine optionale Beschreibung für diese Elemente fehlt, die auch nur in dieser Anpassungsansicht angezeigt wird. Um hier einen validen Wert einzublenden, müssen Sie für jedes Touch Bar Item der Property `customizationLabel` einen passenden String zuweisen. Genau dieser String wird dann unterhalb des jeweiligen Elements in der Anpassungsansicht aufgeführt.

In Listing 22.36 finden Sie eine entsprechende Aktualisierung der `ViewController`-Extension aus Listing 22.35, in der jedem Touch Bar Item zusätzlich ein solches Customization Label zugewiesen wird. Die so geänderte Ansicht bei der Anpassung der Touch Bar sehen Sie in Bild 22.51.

Listing 22.36 Ergänzung eines Customization Labels für jedes Touch Bar Item

```
extension ViewController: NSTouchBarDelegate {

    func touchBar(_ touchBar: NSTouchBar, makeItemForIdentifier identifier:
NSTouchBarItem.Identifier) -> NSTouchBarItem? {
        switch identifier {
        case plusIdentifier:
            let plusTouchBarItem = NSCustomTouchBarItem(identifier: plusIdentifier)
            plusTouchBarItem.view = NSButton(title: "+", target: nil, action: nil)
            plusTouchBarItem.customizationLabel = "Plus"
            return plusTouchBarItem
        case minusIdentifier:
            let minusTouchBarItem = NSCustomTouchBarItem(identifier: minusIdentifier)
            minusTouchBarItem.view = NSButton(title: "-", target: nil, action: nil)
            minusTouchBarItem.customizationLabel = "Minus"
            return minusTouchBarItem
        case startIdentifier:
            let startTouchBarItem = NSCustomTouchBarItem(identifier: startIdentifier)
            startTouchBarItem.view = NSButton(title: "Start", target: nil, action: nil)
            startTouchBarItem.customizationLabel = "Start"
            return startTouchBarItem
        case endIdentifier:
            let endTouchBarItem = NSCustomTouchBarItem(identifier: endIdentifier)
            endTouchBarItem.view = NSButton(title: "End", target: nil, action: nil)
            endTouchBarItem.customizationLabel = "End"
            return endTouchBarItem
        default:
            return nil
        }
    }

}
```

Bild 22.51 Durch Setzen der customizationLabel-Property erhält jedes Touch Bar Item einen ergänzenden Informationstext.

Customization Label erscheint nur in Anpassungsansicht

Das Customization Label eines Touch Bar Items wird tatsächlich nur dann benötigt, wenn Sie dem Nutzer erlauben, die Elemente der Touch Bar selbst anzupassen. An anderer Stelle taucht der Text aus der `customizationLabel`-Property nicht auf. Falls Sie also keine Konfigurationsmöglichkeit für Ihre Touch Bar zur Verfügung stellen, müssen Sie diese Info in Ihren Touch Bar Items auch nicht ergänzen.

Zwingend benötigte Elemente definieren

So praktisch es für den Nutzer auch sein kann, die Elemente der Touch Bar den eigenen Bedürfnissen anzupassen, gibt es mitunter Situationen, in denen Sie ein oder mehrere Touch Bar Items zwingend auf der Touch Bar anzeigen möchten und die der Nutzer somit nicht entfernen kann.

Dieses Verhalten können Sie mithilfe der `customizationRequiredItemIdentifiers`-Property der Klasse `NSTouchBar` umsetzen. Alle Touch Bar Identifier, die Sie in diesem Array definieren, müssen immer zwingend Teil der Touch Bar sein und können vom Nutzer auch bei Anpassung der Touch Bar nicht entfernt werden.

Ein Beispiel zur Verwendung dieser Property finden Sie in Listing 22.37. Es zeigt einen angepassten Ausschnitt aus Listing 22.35, in dem im Abschnitt „Touch Bar anpassbar machen" ein Zugriff auf die `customizationRequiredItemIdentifiers`-Property erfolgt, um darüber das Touch Bar Item für die Plus-Schaltfläche zuzuweisen. Dieses Touch Bar Item kann somit nicht aus der Touch Bar entfernt werden und ist immer Teil davon.

Listing 22.37 Setzen zwingend benötigter Elemente einer Touch Bar

```
// Touch Bar anpassbar machen
myTouchBar.customizationIdentifier = NSTouchBar.CustomizationIdentifier("de.
thomassillmann.touchbarexample.test")
myTouchBar.customizationAllowedItemIdentifiers = [plusIdentifier, minusIdentifier,
startIdentifier, endIdentifier]
myTouchBar.customizationRequiredItemIdentifiers = [plusIdentifier]
```

22.4.3.2 Touch Bar Item mittig platzieren

Möchten Sie ein spezifisches Touch Bar Item in der Mitte der Touch Bar ausrichten, weisen Sie dessen Identifier der Property `principalItemIdentifier` der Klasse `NSTouchBar` zu. „Mitte" bezeichnet hierbei übrigens die exakte Mitte der Touch Bar selbst und nicht des Bereichs, der Ihrer App zur Verfügung steht, um Elemente in der Touch Bar zu platzieren (siehe hierzu auch Bild 22.45 aus Abschnitt 22.4, „Touch Bar verwenden").

Ein vollständiges Beispiel zur Verwendung der `principalItemIdentifier`-Property finden Sie in Listing 22.38. Innerhalb eines View-Controllers wird darin eine Touch Bar erstellt und konfiguriert, die lediglich über ein einziges Touch Bar Item verfügt, das mittig ausgerichtet wird. Das Ergebnis dieses Beispiels sehen Sie in Bild 22.52.

Listing 22.38 Mittige Ausrichtung eines Touch Bar Items

```
class ViewController: NSViewController {

    override func makeTouchBar() -> NSTouchBar? {

        // Touch Bar Item erstellen und konfigurieren
        let centeredTouchBarItemIdentifier = NSTouchBarItem.Identifier("Center")
        let centeredTouchBarItem = NSCustomTouchBarItem(identifier:
centeredTouchBarItemIdentifier)
        centeredTouchBarItem.view = NSButton(title: "Centered", target: nil, action:
nil)

        // Touch Bar erstellen und konfigurieren
        let myTouchBar = NSTouchBar()
        myTouchBar.defaultItemIdentifiers = [centeredTouchBarItemIdentifier]
        myTouchBar.principalItemIdentifier = centeredTouchBarItemIdentifier
        myTouchBar.templateItems = [centeredTouchBarItem]

        return myTouchBar

    }

}
```

Bild 22.52 Das Touch Bar Item wird genau in der Mitte der Touch Bar angezeigt.

22.4.3.3 Escape-Taste überschreiben

Auf Wunsch können Sie die standardmäßig am äußeren linken Rand sichtbare Escape-Schaltfläche der Touch Bar ausblenden und stattdessen ein eigenes Touch Bar Item zum Abbrechen einer Aktion definieren. Hierfür weisen Sie der Property `escapeKeyReplacement ItemIdentifier` der Klasse `NSTouchBar` den gewünschten Identifier zu, der dem Touch Bar Item entspricht, das Sie anstelle der Escape-Taste verwenden möchten.

Ein konkretes Beispiel hierzu finden Sie in Listing 22.39. Darin wird innerhalb eines View-Controllers eine Touch Bar mit genau einem Touch Bar Item umgesetzt, das gleichzeitig als Ersatz für die Escape-Taste dient. Wichtig hierbei: Es wird auf die Definition der Default Item Identifier für die Touch Bar verzichtet. Grund hierfür ist, dass es nur ein Touch Bar Item gibt, das gleichzeitig anstelle der Escape-Taste angezeigt werden soll. Da die Default

Item Identifier aber auf Elemente verweisen, die *zwischen* Escape-Taste und Control Strip angezeigt werden, brauchen wir diese Information in diesem Beispiel nicht.

Listing 22.39 Ersetzen der Escape-Taste durch eigenes Touch Bar Item

```
class ViewController: NSViewController {

    override func makeTouchBar() -> NSTouchBar? {

        // Escape Touch Bar Item erstellen und konfigurieren
        let cancelTouchBarItemIdentifier = NSTouchBarItem.Identifier("Cancel")
        let cancelTouchBarItem = NSCustomTouchBarItem(identifier:
cancelTouchBarItemIdentifier)
        cancelTouchBarItem.view = NSButton(title: "Cancel", target: nil, action: nil)

        // Touch Bar erstellen und konfigurieren
        let myTouchBar = NSTouchBar()
        myTouchBar.escapeKeyReplacementItemIdentifier = cancelTouchBarItemIdentifier
        myTouchBar.templateItems = [cancelTouchBarItem]

        return myTouchBar

    }

}
```

Das Ergebnis dieses Beispiels sehen Sie in Bild 22.53. Statt Escape-Key wird hier das eigens definierte Touch Bar Item mit dem Titel „Cancel" angezeigt.

Bild 22.53 Die standardmäßig links angezeigte Escape-Schaltfläche wurde durch ein eigenes Touch Bar Item ersetzt.

Übrigens: Sollten Sie den gleichen Identifier, den Sie der Property escapeKeyReplacement ItemIdentifier zugewiesen haben, zusätzlich auch als Default Item Identifier setzen, wird an der Stelle der Escape-Schaltfläche am linken Rand schlicht gar nichts angezeigt. Stattdessen erscheint das zugehörige Element im „normalen" Bereich, der für Ihre Touch Bar Items reserviert ist (siehe Bild 22.54).

Bild 22.54 Taucht der Identifier für die Escape-Schaltfläche auch in der Liste der Default Item Identifier der Touch Bar auf, ändert sich die Darstellung in der Touch Bar.

22.4.4 Touch Bar Items im Detail

Ein Touch Bar Item repräsentiert genau ein Element innerhalb der Touch Bar. Hierbei kann es sich um alle möglichen Arten von Views handeln, beispielsweise Labels, Buttons oder Segmented Controls. Mittels Target-Action legen Sie fest, was bei Auswahl der jeweiligen View in Ihrer App geschehen soll, genauso wie Sie das auch mit allen View-Elementen tun, die Teil Ihrer eigentlichen macOS-App sind.

Die Touch Bar Items sind von der Klasse `NSTouchBarItem` abgeleitet. Apple stellt uns Entwicklern ein sehr großes Set an Funktionen und Subklassen zur Verfügung, mit denen wir diese Touch Bar Items möglichst flexibel konfigurieren und verschiedene Formen der Eingabe über die Touch Bar realisieren können.

In den folgenden Abschnitten stelle ich Ihnen einen Teil der zur Verfügung stehenden Subklassen und Funktionen vor, mit denen Sie Ihre Touch Bar Items für die Touch Bar erstellen und anpassen können.

22.4.4.1 NSCustomTouchBarItem

Bei diesem Element (das auch in den vorangegangenen Beispielen dieses Abschnitts immer wieder eingesetzt wurde) handelt es sich um die flexibelste `NSTouchBarItem`-Subklasse, um Elemente für die Touch Bar zu erstellen. Sie verfügt über eine `view`-Property, über die Sie beliebige Views zum Einsatz auf der Touch Bar verwenden können, beispielsweise Labels, Buttons oder Segmented Controls.

Die Erstellung solcher Touch Bar Items sehen Sie in Listing 22.40. Darin werden beispielhaft ein `NSButton` sowie ein `NSSegmentedConrol` als Elemente für die Touch Bar verwendet, beide auf Basis einer `NSTouchBarItem`-Instanz. Das Ergebnis sehen Sie in Bild 22.55.

Listing 22.40 Erstellen von Custom Touch Bar Items auf Basis eines Buttons und eines Segmented Controls

```
// Button
let buttonIdentifier = NSTouchBarItem.Identifier("Button")
let button = NSCustomTouchBarItem(identifier: buttonIdentifier)
button.view = NSButton(title: "Action", target: nil, action: nil)

// Segmented Control
let segmentedControlIdentifier = NSTouchBarItem.Identifier("SegmentedControl")
let segmentedControlButton = NSCustomTouchBarItem(identifier:
segmentedControlIdentifier)
segmentedControlButton.view = NSSegmentedControl(labels: ["First", "Second",
"Third"], trackingMode: .selectOne, target: nil, action: nil)
```

Bild 22.55 Die Touch Bar wurde um einen Button sowie ein Segmented Control ergänzt.

22.4.4.2 NSPopoverTouchBarItem

Möchte man viele Funktionen in der Touch Bar unterbringen, reicht der vorhandene Platz möglicherweise nicht vollständig aus. Bevor man nun wichtige Funktionen weglässt, kann man möglicherweise mit einem `NSPopoverTouchBarItem` Abhilfe schaffen. Diese besondere Form eines Touch Bar Items hat eine spezifische Aufgabe: Wird es ausgewählt, verschwinden alle vorigen Elemente der Touch Bar und werden durch eine komplett neue Touch Bar ersetzt. Ein `NSPopoverTouchBarItem` verweist zu diesem Zweck auf eine solche zweite Touch Bar.

Das Popover Touch Bar Item wird relativ simpel formatiert: Es erhält entweder eine eigene View, eine Grafik oder einen Titel, der für die Anzeige verwendet wird. Das Popover Touch Bar Item stellt immer einen schlichten Button dar, bei dessen Betätigung die zweite dem Popover zugewiesene Touch Bar eingeblendet wird. Eine eigene View für das Popover setzen Sie mithilfe der Property `collapsedRepresentation`, eine Grafik mit `collapsedRepresentation Image` und einen Titel mittels `collapsedRepresentationLabel`. Die Touch Bar, die bei Betätigen des Popovers eingeblendet werden soll, weisen Sie über die `popoverTouchBar`-Property zu.

Ein praktisches Beispiel zur Verwendung eines solchen Popovers finden Sie in Listing 22.41. Dort bietet ein View-Controller Textformatierungen wie *Fett*, *Kursiv* und *Unterstrichen* in Form einer Touch Bar an. Diese wird aber erst sichtbar, wenn der Nutzer zuvor in der Touch Bar den Popover-Button „Format" ausgewählt hat.

Um das umzusetzen, müssen zwei Touch Bars erstellt werden:

- Die erste Touch Bar enthält die Formatierungsmöglichkeiten für den Text.
- Die zweite Touch Bar enthält das Popover, das auf die erste Touch Bar verweist und standardmäßig angezeigt wird.
- Als Basis für dieses Beispiel dient ein View-Controller, der sich um die Darstellung dieses Touch Bar-Konstrukts kümmert.

Listing 22.41 Erstellen eines Popover Touch Bar Items

```
class ViewController: NSViewController {

    override func makeTouchBar() -> NSTouchBar? {

        // Segmented Control zur Textformatierung erstellen
        let formatSegmentedControlIdentifier = NSTouchBarItem.Identifier("FormatSegment
edControl")
        let formatSegmentedControl = NSCustomTouchBarItem(identifier:
formatSegmentedControlIdentifier)
        formatSegmentedControl.view = NSSegmentedControl(labels: ["Bold", "Italic",
"Underline"], trackingMode: .selectAny, target: nil, action: nil)

        // Touch Bar für Textformatierung erstellen
        let formatTouchBar = NSTouchBar()
        formatTouchBar.defaultItemIdentifiers = [formatSegmentedControlIdentifier]
        formatTouchBar.templateItems = [formatSegmentedControl]

        // Popover für Textformatierung erstellen
        let formatPopoverIdentifier = NSTouchBarItem.Identifier("Format")
        let formatPopover = NSPopoverTouchBarItem(identifier: formatPopoverIdentifier)
        formatPopover.collapsedRepresentationLabel = "Format"
        formatPopover.popoverTouchBar = formatTouchBar

        // Main Touch Bar mit Popover erstellen
        let mainTouchBar = NSTouchBar()
        mainTouchBar.defaultItemIdentifiers = [formatPopoverIdentifier]
        mainTouchBar.templateItems = [formatPopover]

        return mainTouchBar

    }

}
```

Das Ergebnis dieses Beispiels ist in Bild 22.56 zu sehen. Zunächst erscheint in der Touch Bar der Popover-Button mit dem Titel „Format". Wird er betätigt, wird die Touch Bar durch jene ersetzt, die dem Popover zugewiesen wurde, in diesem Fall also diejenige mit dem Segmented Control. Statt der Escape-Schaltfläche erscheint daraufhin am linken Rand ein Schließen-Symbol in Form eines X. Wird es betätigt, wird die aktive Touch Bar automatisch wieder ausgeblendet und zur vorherigen Touch Bar zurückgekehrt.

Bild 22.56 Mithilfe eines Popovers können Sie eine Touch Bar einblenden lassen.

 Schließen-Symbol ausblenden

Möglicherweise möchten Sie nicht, dass Nutzer eine durch ein Popover eingeblendete Touch Bar einfach wieder über die automatisch eingeblendete Schließen-Schaltfläche verlassen können, beispielsweise weil Sie dann zwingend eine der angebotenen Aktionen durchführen müssen. In diesem Fall können Sie durch Setzen der Property showsCloseButton auf false in der entsprechenden NSPopoverTouchBarItem-Instanz festlegen, dass diese Schließen-Schaltfläche nicht angezeigt wird. Dann aber müssen Sie umgekehrt dafür sorgen, dass die durch das Popover eingeblendete Touch Bar anderweitig wieder ausgeblendet wird. Dazu müssen Sie auf der NSPopoverTouchBarItem-Instanz an passender Stelle in Ihrem Code die Methode dismissPopover(_:) aufrufen, um wieder zur ursprünglichen Touch Bar zurückkehren zu können.

22.4.4.3 NSSliderTouchBarItem

Wie der Name schon andeutet, können Sie mit einem NSSliderTouchBarItem der Touch Bar einen eigens für dieses Eingabeelement optimierten Slider hinzufügen. Er baut auf einem NSSlider auf, auf den Sie mithilfe der Property slider zugreifen können. Das ist nötig, wenn Sie Eigenschaften wie den Start- und Endwert festlegen möchten. Mithilfe der Property label können Sie den Slider zusätzlich um eine Textinfo ergänzen, die links vom Label eingeblendet wird. Darüber hinaus können Sie mithilfe der minimumValueAccessory- und maximumValueAccessory-Properties Grafiken festlegen, die am linken beziehungsweise rechten Rand des Sliders angezeigt werden und dazu dienen, den Wert des Sliders zu verringern beziehungsweise zu erhöhen. Target und Action setzen Sie über die beiden Properties target und action.

Ein vollständiges Beispiel zur Verwendung eines NSSliderTouchBarItem finden Sie in Listing 22.42. Darin wird eine solche Instanz mit einem Maximalwert von 100 erstellt, die – wenn immer sich der Wert des Sliders verändert – eine Action-Methode innerhalb des zugrunde liegenden View-Controllers aufruft. Das Ergebnis dieses Codes sehen Sie in Bild 22.57.

Listing 22.42 Erstellen eines Touch Bar Sliders

```
class ViewController: NSViewController {

    override func makeTouchBar() -> NSTouchBar? {

        // Slider erstellen
        let touchBarItemSliderIdentifier = NSTouchBarItem.Identifier("Slider")
        let touchBarItemSlider = NSSliderTouchBarItem(identifier:
touchBarItemSliderIdentifier)
        touchBarItemSlider.slider.maxValue = 100
        touchBarItemSlider.label = "Slider"
        touchBarItemSlider.target = self
        touchBarItemSlider.action = #selector(printTouchBarItemSliderValue(_:))

        // Touch Bar erstellen
        let mainTouchBar = NSTouchBar()
        mainTouchBar.defaultItemIdentifiers = [touchBarItemSliderIdentifier]
        mainTouchBar.templateItems = [touchBarItemSlider]

        return mainTouchBar

    }

    @objc private func printTouchBarItemSliderValue(_ touchBarItemSlider:
NSSliderTouchBarItem) {
        print("Slider value: \(touchBarItemSlider.slider.integerValue)")
    }

}
```

Bild 22.57 Die Touch Bar wurde um einen Slider ergänzt.

22.4.4.4 NSGroupTouchBarItem

Mithilfe eines `NSGroupTouchBarItem` können Sie mehrere andere Touch Bar Items in einem einzigen Touch Bar Item zusammenfassen. Das ist insbesondere eine spannende Funktion, wenn Sie Ihren Nutzern erlauben, die Touch Bar zu konfigurieren. Mithilfe einer solchen Group können Sie dann zwingend zusammengehörende Funktionen vereinen und dafür sorgen, dass sie immer zusammen verwendet werden. Auch können Touch Bar Items innerhalb einer Gruppe nur in dieser Gruppe verschoben werden; in andere Gruppen können sie nicht übertragen werden.

Wie jedes andere Touch Bar Item benötigt auch ein `NSGroupTouchBarItem` zwingend einen Identifier. Darüber hinaus weisen Sie diesem Element alle anderen Touch Bar Items zu, die Teil der jeweiligen Gruppe werden sollen.

Ein konkretes Beispiel für den Einsatz eines `NSGroupTouchBarItem` finden Sie in Listing 22.43. Darin werden zunächst drei einfache Touch Bar Items auf Basis eines Buttons erstellt, die verschiedene Textformatierungen wie *Fett*, *Kursiv* und *Unterstrichen* abbilden sollen. Im Anschluss wird ein `NSGroupTouchBarItem` erstellt, dem neben einem passenden Identifier alle zuvor erstellten Formatierungs-Buttons zugewiesen werden. Hierfür wird der Initializer init(identifier:items:) verwendet. Der eigentlichen Touch Bar wird dann zur Anzeige nur der Group-Button zugewiesen. Das Ergebnis sehen Sie in Bild 22.58.

Listing 22.43 Erstellen eines NSGroupTouchBarItem

```
class ViewController: NSViewController {

    override func makeTouchBar() -> NSTouchBar? {

        // Bold button
        let boldButtonIdentifier = NSTouchBarItem.Identifier("BoldButton")
        let boldButton = NSCustomTouchBarItem(identifier: boldButtonIdentifier)
        boldButton.view = NSButton(title: "Bold", target: nil, action: nil)

        // Italic button
        let italicButtonIdentifier = NSTouchBarItem.Identifier("ItalicButton")
        let italicButton = NSCustomTouchBarItem(identifier: italicButtonIdentifier)
        italicButton.view = NSButton(title: "Italic", target: nil, action: nil)

        // Underline button
        let underlineButtonIdentifier = NSTouchBarItem.Identifier("UnderlineButton")
        let underlineButton = NSCustomTouchBarItem(identifier:
underlineButtonIdentifier)
        underlineButton.view = NSButton(title: "Underline", target: nil, action: nil)

        // Group button
        let formatGroupButtonIdentifier = NSTouchBarItem.Identifier("FormatGroup")
        let formatGroupButton = NSGroupTouchBarItem(identifier:
formatGroupButtonIdentifier, items: [boldButton, italicButton, underlineButton])
        formatGroupButton.customizationLabel = "Format"

        // Touch bar
        let mainTouchBar = NSTouchBar()
        mainTouchBar.defaultItemIdentifiers = [formatGroupButtonIdentifier]
        mainTouchBar.customizationIdentifier = NSTouchBar.CustomizationIdentifier("Form
atCustimization")
        mainTouchBar.customizationAllowedItemIdentifiers = [formatGroupButtonIdentifier]
        mainTouchBar.templateItems = [formatGroupButton]
        return mainTouchBar

    }

}
```

Bild 22.58 Optisch ist eine Group innerhalb der Touch Bar nicht zu erkennen, die ihr zugehörigen Schaltflächen sehen wie voneinander unabhängige Elemente aus.

Das NSGroupTouchBarItem rückt optisch in den Hintergrund und es ist nicht zu erkennen, ob die drei Buttons direkt der Touch Bar hinzugefügt wurden oder – wie in unserem Fall – zu einer gemeinsamen Gruppe gehören. Das wird deutlich, sobald man in den Anpassungs-modus der Touch Bar wechselt (siehe Bild 22.59). Dort können die drei Formatierungs-schaltflächen nicht einzeln, sondern nur gemeinsam in einer Gruppe verwaltet werden.

Bild 22.59 Durch Zusammenfassen der Buttons in einer Gruppe können die drei Formatierungs-schaltflächen nur als Einheit in der Touch Bar verwendet werden.

22.4.4.5 Weitere Items

Es gibt noch weitere `NSTouchBarItem`-Subklassen, mit deren Hilfe Sie die Touch Bar um passende Elemente ergänzen können. Dazu gehört beispielsweise das `NSColorPicker TouchBarItem`, mit dem Sie eine Farbauswahl auf der Touch Bar durchführen können. Das `NSSharingServicePikcerTouchBarItem` erlaubt das Umsetzen von Teilen-Funktionen (beispielsweise für Dokumente und Bilder) und mithilfe von `NSScrubber` können Sie horizontal scrollbare Listen umsetzen (beispielsweise zum Wischen zwischen den Bildern einer Fotogalerie).

22.4.5 Touch Bar im Interface Builder erzeugen

Eine alternative Möglichkeit, Window-Controller, View-Controller und Views um eine Touch Bar-Ansicht zu erweitern, ist der Interface Builder. Innerhalb eines Storyboards können Sie aus der Objects Library heraus auf verschiedene Elemente zugreifen, um eine Touch Bar zu erstellen. Am einfachsten finden Sie all diese Elemente, indem Sie im Suchfeld der Objects Library nach „Touch Bar" suchen (siehe Bild 22.60).

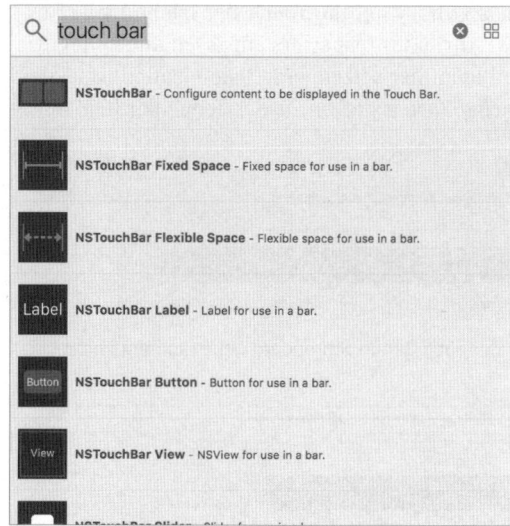

Bild 22.60
In der Objects Library finden Sie eine Vielzahl von Elementen, um eine Touch Bar auch über das Storyboard erstellen zu können.

Zunächst müssen Sie hierbei immer mit dem *NSTouchBar*-Element starten. Ziehen Sie es auf den Window- oder View-Controller beziehungsweise die View, mit der Sie die zu erstellende Touch Bar koppeln möchten, und lassen Sie anschließend los. Die hinzugefügte Touch Bar wird anschließend an passender Stelle im Storyboard eingefügt (siehe Bild 22.61). Sobald das jeweilige Element zum First Responder wird, wird auch die zugewiesene Touch Bar aktiv, ohne dass Sie dafür noch eine zusätzliche Zeile Code schreiben müssen.

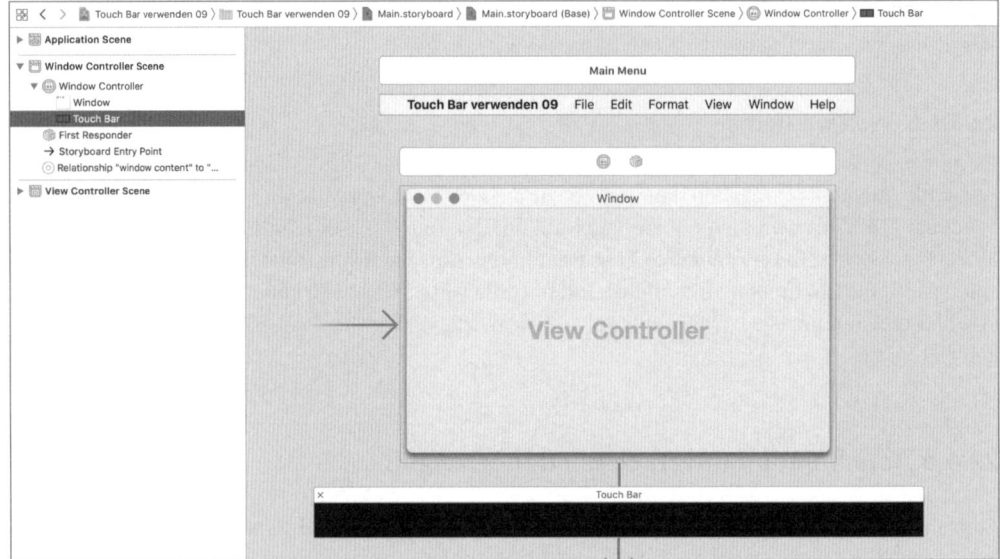

Bild 22.61 Einem Window-Controller wurde eine Touch Bar über das Storyboard hinzugefügt.

Einer solchen Touch Bar können Sie nun mithilfe der Objects Library zusätzlich noch weitere Elemente wie Labels, Buttons oder Segmented Controls hinzufügen. Ziehen Sie dazu das entsprechende Element aus der Objects Library auf die Touch Bar (siehe Bild 22.62). Anschließend können Sie diese mithilfe des Attributes Inspectors anpassen und konfigurieren (siehe Bild 22.63). Sie können so einen Identifier setzen, ein Customization Label definieren sowie mithilfe der Checkbox *Is Principal Item* festlegen, ob das Touch Bar Item mittig platziert werden soll oder nicht.

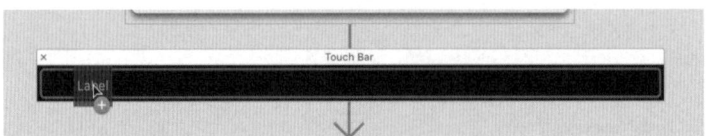

Bild 22.62 Mittels Drag-and-drop fügen Sie der Touch Bar im Storyboard neue Elemente hinzu.

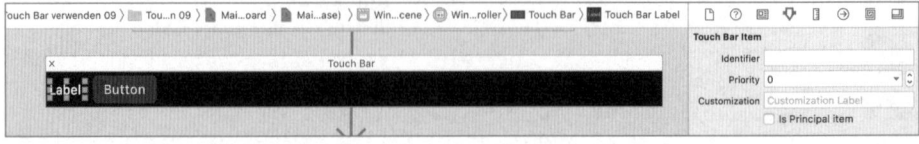

Bild 22.63 Über den Attributes Inspector können Sie die Touch Bar Items einer Touch Bar anpassen und konfigurieren.

22.4.6 Prototyping im Playground

Eine gute Möglichkeit, Touch Bars zu testen, sind Playgrounds. Xcode erlaubt den Zugriff auf Touch Bars mithilfe von Quick Look, was es Ihnen ermöglicht, direkt im Playground zu sehen, ob die Touch Bar so konfiguriert wurde, wie Sie sich das vorstellen. In Bild 22.64 sehen Sie, wie das Ganze in der Praxis aussehen kann. Dort wird der Wert einer zuvor konfigurierten NSTouchBar-Instanz direkt im Playground ausgegeben, der die konfigurierten Elemente anzeigt. Lediglich ein Testen der Logik in Form von Ausführung der verschiedenen Action-Buttons einer Touch Bar ist im Playground nicht möglich.

Bild 22.64 Im Playground können Sie sich die von Ihnen konfigurierte Touch Bar direkt im Editor anzeigen lassen.

23 iOS – Grundlagen

iOS ist Apples mobiles Betriebssystem für iPhone, iPad und iPod touch (siehe Bild 23.1). Die erste Version erschien zusammen mit dem Ur-iPhone im Jahr 2007 und hat sich seit dieser Zeit massiv weiterentwickelt. Features wie iCloud, Siri, Continuity und Handoff eröffnen Apps ganz neue Möglichkeiten und fügen sich perfekt in das bestehende Apple-Ökosystem ein. Darüber hinaus wurde auch die Hardware stets verbessert, wodurch iPhone und iPad stets zu den leistungsstärksten Geräten ihrer jeweiligen Produktkategorie zählen.

Bild 23.1 iOS ist das Betriebssystem für iPhone, iPad und iPod touch.

iPhone und iPad sind heute in mannigfaltigen Szenarien im Einsatz. Neben dem Privatanwender halten iOS-Geräte auch immer stärker Einzug in verschiedene Business-Bereiche und kommen so unter anderem in der Logistik sowie dem Fern- und Nahverkehr zum Einsatz. Dieses starke Wachstum ist neben dem Unternehmen Apple selbst, das diese Produktfamilie aufmerksam pflegt und stetig weiterentwickelt, all den App-Entwicklern zu verdanken, die mit kreativen und innovativen Lösungen ganz neue Anwendungsbereiche für iPhone und iPad erschlossen haben. Egal ob Schreiben, Malen, Filme machen – der App Store bietet für fast jeden Anwendungszweck eine passende Lösung. Und jeden Tag kommen neue spannende Produkte hinzu.

In diesem Kapitel stelle ich Ihnen das Betriebssystem iOS aus Entwicklersicht im Detail vor und zeige Ihnen, wie iOS-Apps funktionieren, wie sie aufgebaut sind, über welche Bestandteile sie verfügen und wie der Start einer App abläuft. Darüber hinaus lernen Sie alle essenziellen Grundlagen, um Apps für iOS entwickeln zu können. So erfahren Sie beispielsweise, was es mit View-Controllern auf sich hat und wie sie funktionieren, welche User-Interface-Elemente Ihnen von Haus aus bei der App-Entwicklung zur Verfügung stehen und wie Sie eigene Oberflächen für Ihre Apps entwerfen und testen.

In den folgenden Abschnitten erfahren Sie so alle essenziellen Grundlagen, die für die Entwicklung eigener iOS-Apps wichtig sind. Das folgende Kapitel 24, „iOS – App-Entwicklung", baut anschließend darauf auf und stellt weitere Konzepte und tiefergehende Möglichkeiten in der App-Entwicklung für iOS vor. Wenn Sie bereits erste Erfahrungen in der iOS-Entwicklung gesammelt haben und mit den Grundlagen der Programmierung für diese Plattform vertraut sind, können Sie auch direkt in das genannte Kapitel springen um mehr über die iOS-Entwicklung zu erfahren.

■ 23.1 Über iOS

Ganz allgemein betrachtet handelt es sich bei iPhone und iPad (und dem von Apple nicht mehr allzu aufwendig gepflegten iPod touch) um Mobilgeräte, deren Bedienung ausschließlich über einen Touchscreen erfolgt. Das ist durchaus ein besonderes und gerade bei der App-Entwicklung sehr wichtiges Merkmal. Benutzeroberflächen müssen aufgrund dessen ohne Probleme mit dem Finger zu bedienen sein. Das bedeutet, dass Schaltflächen und alle sonstigen auswählbaren Elemente groß genug sein müssen und auch nicht zu nah beieinander liegen dürfen. Wo der Mac eine pixelgenaue Auswahl mithilfe einer Maus beziehungsweise eines Trackpads erlaubt, ist eine derartig exakte Bedienung unter iOS nicht möglich.

Da iOS ausschließlich auf Mobilgeräten läuft, ist der schonende Umgang mit Ressourcen ebenfalls ein wichtiges Thema, um den Akku nicht unnötig zu belasten. Stromfressende Apps sind für den Endnutzer durchaus ein Grund, sich von diesen zu trennen und nach passenden Alternativen zu suchen. Erfreulicherweise unterstützt Sie das System hier bereits von Haus aus bestmöglich dabei, unnötig Ressourcen zu verschwenden.

Auch wenn es unter iOS inzwischen möglich ist, immens komplexe und aufwendige Apps zu kreieren, sollten Sie bei der App-Entwicklung nie den eigentlichen Fokus Ihrer App aus den Augen verlieren. Es kommt bei erfolgreichen iOS-Apps nicht darauf an, Feature über Feature in das Produkt hineinzupacken; das kann Nutzer womöglich eher überfordern und die benötigten Ressourcen einer iOS-App unnötig vergrößern. Achten Sie stattdessen darauf, sich auf *eine spezifische Aufgabe* zu konzentrieren, die Ihre App lösen soll, und lassen Sie alles Unnötige und Überflüssige weg. Unter iOS kann dieser Ansatz maßgeblich zum Erfolg Ihrer App beitragen. Der Grund hierfür ist, dass iPhone und iPad – im Gegensatz zum Mac – meist eine kürzere Nutzungsdauer besitzen (das gilt insbesondere für das iPhone). Sie werden verwendet, um sich einer spezifischen Aufgabe anzunehmen (Mails checken, einen Post in sozialen Netzwerken absetzen, ein Foto schießen), und für genau diese Aufgabe soll eine passende App eine schnelle und unkomplizierte Lösung anbieten (siehe Bild 23.2). Lassen Sie im Zweifel also lieber Features weg, die dem Hauptzweck Ihrer Anwendung im Wege stehen könnten.

Bild 23.2 Egal ob Wetter-, Telefon-, Fotos- oder Notizen-App: Unter iOS widmet sich jede App standardmäßig einer zentralen Aufgabe, auf die der Nutzer sich fokussieren kann.

■ 23.2 Funktionsweise einer iOS-App

Die wichtigste Basis zur Entwicklung von Apps für iOS liegt im Verständnis der grundlegenden Funktionsweise einer jeden App. In den kommenden Abschnitten erfahren Sie, aus welchen Bestandteilen und Dateien sich eine moderne iOS-App zusammensetzt, was beim Starten einer App passiert und mit welchem Framework wir es die meiste Zeit über bei der iOS-Entwicklung zu tun haben. Im Anschluss geht es weiter mit dem Erstellen eines ersten einfachen iOS-Projekts.

23.2.1 Bestandteile einer iOS-App

Jedes moderne iOS-Projekt setzt sich aus verschiedenen Bestandteilen und Dateien zusammen, die gemeinsam das Fundament und die Basis einer iOS-App bilden. Dazu gehören:

- App Delegate
- View-Controller
- Main-Storyboard

- Asset Catalog
- Info.plist

In den folgenden Abschnitten stelle ich Ihnen jedes dieser Elemente ausführlich vor und erkläre seine jeweilige Bedeutung. Im weiteren Verlauf dieses Kapitels werden Sie an passender Stelle noch mehr über sie erfahren.

23.2.1.1 App Delegate

Beim sogenannten *App Delegate* handelt es sich um eine Instanz, die zum `UIApplicationDelegate`-Protokoll konform ist. Die Methoden dieses Protokolls werden automatisch zu einem gegebenen Zeitpunkt vom System aufgerufen und informieren über verschiedene Events im Zusammenspiel mit der Nutzung einer App. So gibt es beispielsweise Methoden, die über den Start und das Beenden einer App informieren. Sie können diese Methoden implementieren, um zu den entsprechenden Events eigene Aktionen auszuführen.

Der App Delegate stellt damit in gewisser Weise den Dreh- und Angelpunkt einer iOS-App dar. Er wird als Erstes aktiv, sobald eine App gestartet wird, und informiert anschließend über alle Events, die in Bezug auf die App auftreten. Mehr über den App Delegate und die Methoden, die er bereitstellt, erfahren Sie in Abschnitt 23.2.2, „App-Start" und Abschnitt 23.4, „Der UIApplicationDelegate".

23.2.1.2 View-Controller

Ein *View-Controller* entspricht einer Ansicht, die ein Nutzer beim Verwenden einer iOS-App auf dem Display zu Gesicht bekommt. Er enthält die verschiedenen Bedienelemente wie Schaltflächen, Switches oder Tabellen, mit denen Apps gesteuert werden und über die sie Informationen für den Nutzer anzeigen.

Jede iOS-App besitzt wenigstens einen solchen View-Controller, in der Regel sind es aber deutlich mehr (eben für jede Art von Ansicht, die eine App zur Verfügung stellt). Ein großer Teil der Arbeit als App-Entwickler besteht im Erstellen und Gestalten solcher View-Controller. Mehr über dieses Element erfahren Sie in Abschnitt 23.5, „UIViewController im Detail".

23.2.1.3 Main-Storyboard

Mithilfe sogenannter *Storyboards* bilden Sie Benutzeroberflächen Ihrer iOS-App mithilfe eines grafischen Editors (dem sogenannten *Interface Builder*) ab. In einem Storyboard können Sie ein oder mehrere View-Controller erstellen und mit den gewünschten Interface-Elementen wie Schaltflächen, Texten, Tabellen und so weiter versehen. Statt Ihre App-Oberflächen aufwendig händisch zu programmieren, kann Ihnen ein Storyboard hier viel Arbeit abnehmen und dank der grafischen Oberfläche direkt ein Gefühl dafür vermitteln, wie Ihre App tatsächlich bei der Ausführung aussehen wird.

Jedes neu erstellte iOS-Projekt bringt von Haus aus ein solches Storyboard mit dem Namen *Main* mit. Das können Sie direkt nutzen, um die verschiedenen View-Controller und Oberflächen für Ihre App zu gestalten und sie miteinander zu verbinden. Dieses Main-Storyboard dient gleichzeitig als Einstiegspunkt für Ihre App, indem das System einen der View-Controller daraus automatisch beim App-Start lädt und anzeigt. Mehr über den Start einer iOS-App erfahren Sie in Abschnitt 23.2.2, „App-Start", weitere Informationen zur Arbeit mit Storyboards in der iOS-Entwicklung liefert Abschnitt 23.5, „UIViewController im Detail".

23.2.1.4 Asset Catalog

Asset Catalogs dienen in der Entwicklung für die verschiedenen Apple-Plattformen zur Speicherung von Grafiken und Bildern, die Sie innerhalb einer App verwenden möchten. Unter iOS werden sie in jedem Fall dazu eingesetzt, das App-Icon einer Anwendung in allen benötigten Größen für die verschiedenen Geräteklassen (iPhone, iPad) einzubinden. Mehr zu Asset Catalogs und dem App-Icon einer iOS-App erfahren Sie in Abschnitt 23.8, „App-Icon".

23.2.1.5 Info.plist

In der *Info.plist*-Datei werden verschiedene grundlegende Informationen und Einstellungen zu einer iOS-App gespeichert. Dazu gehören beispielsweise der Name der App, der Bundle Identifier und die Versionsnummer. Viele dieser Informationen werden bereits beim Erstellen eines neuen iOS-Projekts festgelegt, sie können aber jederzeit später noch angepasst und geändert werden.

Mehr zu den Einstellungsmöglichkeiten einer iOS-App und der *Info.plist*-Datei erfahren Sie in Abschnitt 23.9, „Target-Einstellungen".

23.2.2 App-Start

Einer der wichtigsten Prozesse bei der Verwendung einer App ist deren Start. Hier werden alle grundlegenden Einstellungen festgelegt und die erste Ansicht geladen, über die der Nutzer mit der Bedienung der App startet.

Beim Start einer iOS-App spielen zwei Elemente eine entscheidende Rolle: der App Delegate und das Main-Storyboard. Zunächst wird eine Instanz des App Delegate vom System erstellt, anschließend wird im Main-Storyboard nach dem sogenannten *initialen View-Controller* gesucht. Hierbei handelt es sich um einen View-Controller innerhalb des Main-Storyboards, der beim Start einer App erstellt, geladen und auf dem Display angezeigt werden soll. Dieser initiale View-Controller stellt somit den Startpunkt einer App für den Nutzer dar.

Doch wie kommt es dazu? Wie wird eine App Delegate-Instanz automatisch vom System erzeugt, und woher weiß iOS, welchen View-Controller es laden und anzeigen soll? Beide Fragen werden in den kommenden beiden Abschnitten beantwortet.

23.2.2.1 Erzeugen des App Delegate

Der App Delegate wird in jedem iOS-Projekt mittels einer eigenen Klasse abgebildet. Diese hört standardmäßig auf den Namen `AppDelegate` und ist konform zum `UIApplicationDelegate`-Protokoll. Die standardmäßige Deklaration dieser Klasse in einem iOS-Projekt sehen Sie in Listing 23.1.

Listing 23.1 Deklaration der `AppDelegate`-Klasse

```
@UIApplicationMain
class AppDelegate: UIResponder, UIApplicationDelegate {
    // Implementierung des App Delegate
}
```

Auffällig bei dieser Klassendeklaration ist das vorangestellte Schlüsselwort @UIApplicationMain. Eine damit gekennzeichnete Klasse wird beim Start der App vom System automatisch als App Delegate initialisiert. Es ist daher gar nicht notwendig, selbst eine Instanz dieser AppDelegate-Klasse zu erzeugen, um sie verwenden zu können, sobald sie nur mit dem Keyword @UIApplicationMain versehen ist.

UIApplication und UIResponder

Der Befehl @UIApplicationMain erzeugt nicht nur eine Instanz des App Delegate, sondern auch der Klasse UIApplication. Hierbei handelt es sich um ein Singleton, das zentral für Kontrolle und Koordination von unter iOS ausgeführten Apps verantwortlich ist. In gewisser Weise ist eine Instanz der UIApplication-Klasse somit das zentrale Herzstück einer jeden iOS-App.

Der App Delegate ist direkt mit der Singleton-Instanz von UIApplication verknüpft. Diese besitzt eine Property namens delegate vom Typ UIApplicationDelegate (also jenem Protokoll, zu dem der App Delegate konform ist). Der Befehl @UIApplicationMain erzeugt nicht nur Instanzen von UIApplication und der projektspezifischen App Delegate-Klasse, sondern weist die App Delegate-Instanz auch noch der delegate-Property von UIApplication zu. Es wird also durch @UIApplicationMain unmittelbar eine Kopplung zwischen UIApplication und App Delegate hergestellt.

In Listing 23.1 ist Ihnen darüber hinaus womöglich aufgefallen, dass die AppDelegate-Klasse von der Klasse UIResponder abgeleitet ist. Es handelt sich hierbei um eine abstrakte Klasse, die für das Event-Handling in iOS verantwortlich ist. Wo immer Events auftreten können (beispielsweise durch Tastatureingaben oder Tippen auf einen Button) spielt UIResponder eine entscheidende Rolle. Jedes Element einer iOS-App, das auf mögliche Events reagieren kann, ist von dieser Klasse abgeleitet. Mehr zu UIResponder und Event-Handling erfahren Sie unter anderem in Abschnitt 23.6, „Oberflächen gestalten mit UIView", sowie in den weiteren Abschnitten, in denen es um das Reagieren auf Nutzereingaben und -aktionen geht.

23.2.2.2 Laden des initialen View-Controllers

Jede iOS-App benötigt einen sogenannten *initialen View-Controller*. Es handelt sich dabei um eine Klasse, die der Startansicht einer App entspricht. Sie ist das, was der Nutzer nach Starten einer App als Erstes zu sehen bekommt.

Um einen solchen initialen View-Controller zu erstellen, kommt in der Regel das Main-Storyboard zum Einsatz. Darin wird ein View-Controller erstellt, der als initialer View-Controller deklariert wird. Um diese Deklaration durchzuführen, wählt man im Storyboard zunächst den View-Controller aus, der beim Starten der App geladen und angezeigt werden soll, und wechselt anschließend in den Attributes Inspector. Dort findet sich eine Checkbox mit dem Titel *Is Initial View Controller*. Sie muss aktiviert sein, damit ein View-Controller als initialer View-Controller des zugrunde liegenden Storyboards deklariert wird. Dieser View-Controller wird parallel dazu noch mit einem Pfeilsymbol am linken Rand gekennzeichnet, um darüber zusätzlich zu signalisieren, welcher View-Controller der initiale ist (siehe Bild 23.3). Pro Storyboard-Datei kann nur ein View-Controller als initial gekennzeichnet sein.

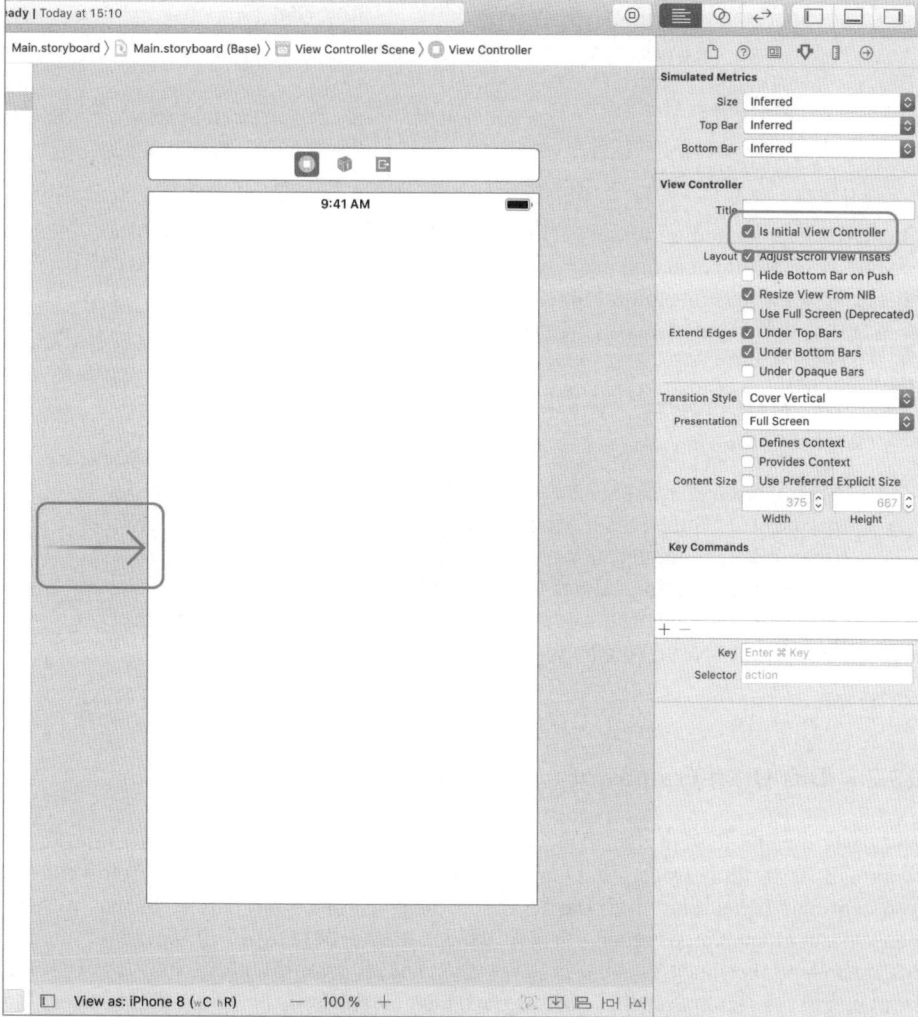

Bild 23.3 Mithilfe der Checkbox „Is Initial View Controller" definiert man im Storyboard, welcher View-Controller initial geladen und angezeigt werden soll.

Abschließend muss in den Einstellungen der iOS-App noch festgelegt werden, *welches* Storyboard als Einstiegspunkt dient und dessen initialer View-Controller beim Start geladen und angezeigt wird. Dazu wählt man das iOS-Target im Xcode-Projekt aus und scrollt zum Bereich *Deployment Info*. Dort findet man ein Feld *Main Interface*, in das der Name der gewünschten Storyboard-Datei eingetragen werden muss (siehe Bild 23.4).

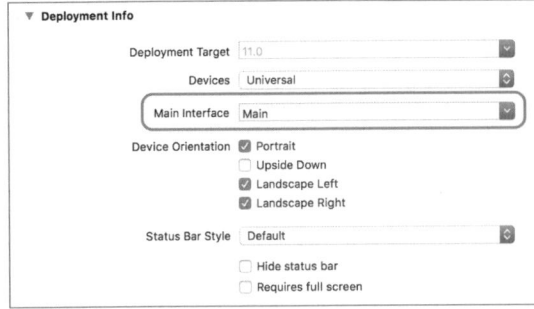

Bild 23.4
In den Target-Einstellungen der
iOS-App geben Sie im Feld „Main
Interface" den Namen des Storyboards
an, dessen initialer View-Controller
beim Starten der App geladen und
angezeigt werden soll.

Standardmäßig kommt an dieser Stelle immer das Main-Storyboard zum Einsatz. Solange
Sie dieses nicht umbenennen oder weitere Storyboard-Dateien hinzufügen, von denen Sie
eines stattdessen als Startpunkt für Ihre App verwenden möchten, brauchen Sie an diesen
Standardeinstellungen nichts zu ändern.

 Das erste Projekt

Falls Ihnen an dieser Stelle noch nicht klar ist, wie die Arbeit mit dem Main-
Storyboard und dem initialen View-Controller in der Praxis funktioniert, ist
das nicht schlimm. Dieser Abschnitt soll zunächst einmal einen theoretischen
Überblick über den Ablauf bieten, den eine iOS-App beim Starten durchläuft.
In Abschnitt 23.3, „Ein erstes iOS-Projekt", betrachten wir die beschriebenen
Elemente noch einmal in der Praxis und ich verdeutliche noch einmal die
eben beschriebene Funktionsweise.

23.2.3 Das UIKit-Framework

Die Basis für alle iOS-spezifischen Aktionen, Klassen und Typen stellt das *UIKit*-Frame-
work dar. Darin finden sich alle Elemente, die speziell für die Entwicklung von iOS-Apps
von zentraler Bedeutung sind. Dazu gehören beispielsweise die bereits in den vorherigen Abschnitten vorgestellten Typen `UIApplicationDelegate`, `UIApplication` und
`UIResponder`. Aber auch Typen wie `UIViewController` (zum Abbilden von View-Controllern) und `UIView` (zum Erstellen von Interface-Elementen) sowie eine Vielzahl weiterer sind
im UIKit-Framework untergebracht. In diesem Kapitel sowie auch im folgenden Kapitel 24,
„iOS – App-Entwicklung", werden ausschließlich die Typen und Funktionen des UIKit-
Frameworks im Fokus stehen.

Aufgrund seiner Wichtigkeit in der iOS-Entwicklung wird UIKit an allen Stellen importiert,
an denen Zugriff auf die entsprechenden Elemente des Frameworks benötigt wird (so zum
Beispiel im App Delegate oder jeder View-Controller-Klasse). In den folgenden Abschnitten
sowie in Kapitel 24, „iOS – App-Entwicklung", werden Sie eine Vielzahl von Typen kennenlernen, die das UIKit-Framework für iOS-Entwickler zur Verfügung stellt.

■ 23.3 Ein erstes iOS-Projekt

In diesem Abschnitt führe ich Sie durch das Erstellen eines ersten simplen iOS-Projekts, um Sie mit den zuvor beschriebenen Elementen vertraut zu machen und Ihnen ein Gefühl für die Entwicklung von iOS-Apps zu vermitteln. Die Beispiel-App, die wir zu diesem Zweck erstellen, gibt schlicht den Text *Hello World!* auf dem Bildschirm aus. Das mag noch nicht sonderlich komplex sein, gibt Ihnen aber einen ersten guten Überblick über die Bestandteile eines iOS-Projekts und die Arbeit mit Xcode. Packen wir's an. ☺

23.3.1 Auswahl einer Template-Vorlage

Starten Sie Xcode und wählen Sie im Begrüßungsfenster *Create a new Xcode project* aus (siehe Bild 23.5). Alternativ können Sie auch im Xcode-Menü *File → New → Project...* wählen oder das Tastaturkürzel **Shift+cmd+N** verwenden.

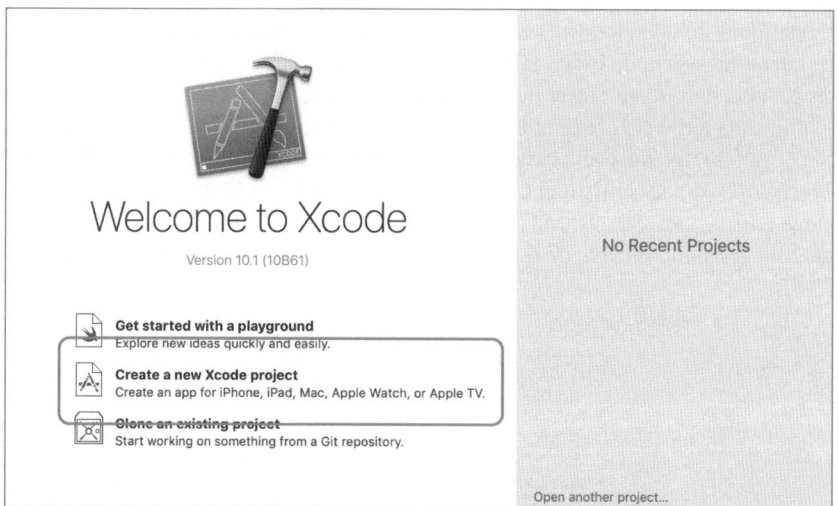

Bild 23.5 Über das Begrüßungsfenster von Xcode können Sie ein neues Projekt erstellen.

Im Anschluss öffnet sich die Template-Auswahl zur Erstellung eines neuen Projekts. Wählen Sie dort zunächst im oberen Reiter als Plattform *iOS* aus. Im Abschnitt *Application* finden Sie anschließend alle Vorlagen, die Sie zum Erstellen eines neuen iOS-Projekts verwenden können (siehe Bild 23.6). Wählen Sie für dieses erste Beispiel den Punkt *Single View App* aus. Diese Vorlage bietet sich generell für alle Arten von Projekten an, bei denen Sie nur mit den grundlegendsten Elementen beginnen und bei der weiteren Gestaltung Ihrer App die größtmögliche Flexibilität genießen möchten.

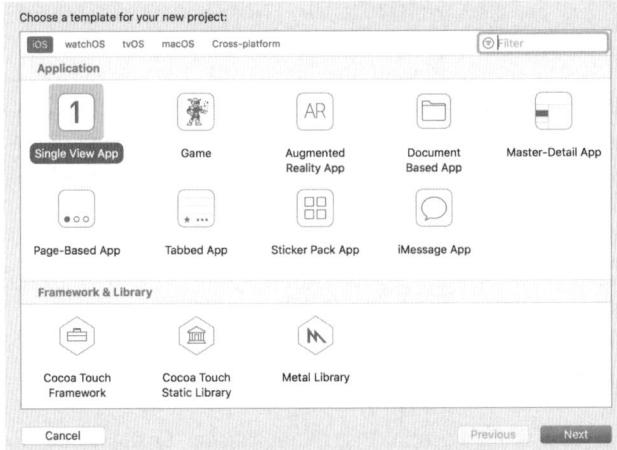

Bild 23.6 Im Abschnitt „Application" des Reiters „iOS" finden Sie alle Vorlagen, um mit der Entwicklung einer neuen iOS-App beginnen zu können.

Nach einem anschließenden Klick auf *Next* legen Sie im nächsten Fenster die grundlegenden Optionen für das neue Projekt fest. Dazu gehört vor allen Dingen der *Product Name*, bei dem es sich um den Namen Ihrer neuen App handelt (in diesem Beispiel gebe ich dort *Hello World* ein). Haben Sie sich bereits mit einem Entwickler-Account in Xcode registriert, können Sie diesen in der Auswahlbox unter dem Titel *Team* auswählen. Zusätzlich können Sie den *Organization Name* sowie den *Organization Identifier* für Ihre App festlegen. Im Bereich *Language* entscheiden Sie sich für *Swift* (siehe Bild 23.7). Die Checkboxen *Use Core Data*, *Include Unit Tests* und *Include UI Tests* können Sie für dieses Beispiel-Projekt deaktivieren.

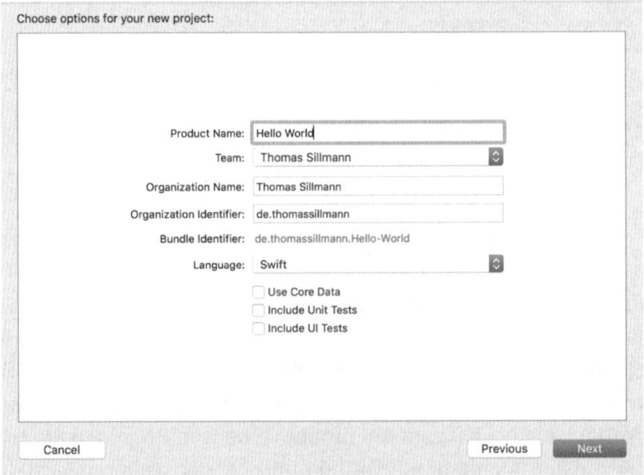

Bild 23.7 In diesem Fenster geben Sie die grundlegenden Informationen zu Ihrem neuen iOS-Projekt ein.

Das Erstellen des Projekts schließen Sie anschließend mit einem Klick auf die Schaltfläche *Next* ab. Zum Schluss wählen Sie noch den gewünschten Speicherort für das Xcode-Projekt auf Ihrem Mac aus und bestätigen diese Auswahl per Klick auf die Schaltfläche *Create* (siehe Bild 23.8). Daraufhin begrüßt Sie das Projektfenster von Xcode (siehe Bild 23.9).

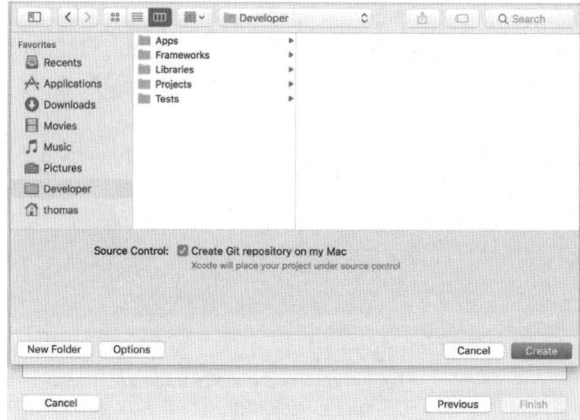

Bild 23.8 Wählen Sie einen Speicherort für das neue Xcode-Projekt und bestätigen Sie die Auswahl mithilfe der Schaltfläche „Create". Die standardmäßig aktive Checkbox „Create Git repository on my Mac" können Sie aktiviert lassen.

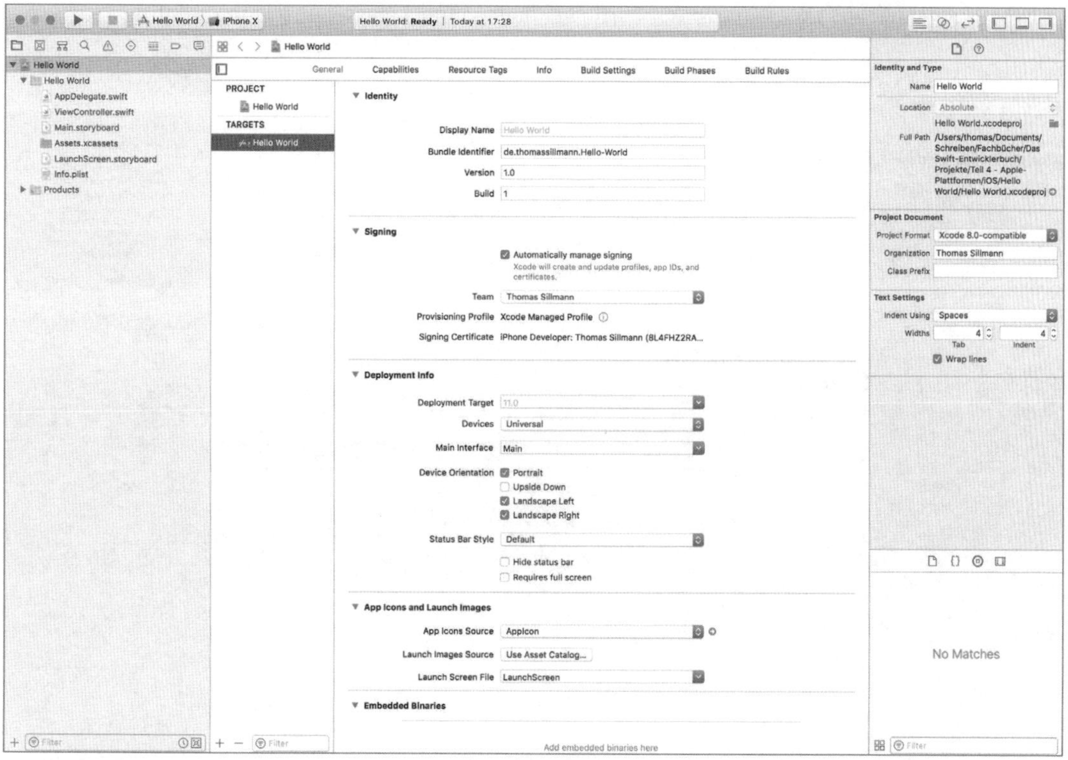

Bild 23.9 Nach dem erfolgreichen Erstellen des neuen Projekts wird es direkt von Xcode geöffnet.

23.3.2 Rundgang durch die erstellten Dateien

Betrachten wir nun zunächst einmal die verschiedenen Dateien, die Xcode automatisch mitsamt diesem ersten neuen iOS-Projekt erstellt hat. Diese werden im linken Bereich – der
sogenannten *Navigator Area* – innerhalb des Project Navigators aufgeführt. In Bild 23.10
sehen Sie eine Detailansicht des entsprechenden Ausschnitts.

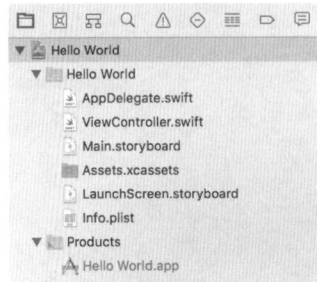

Bild 23.10
Hier sehen Sie die Dateien des neu erstellten
iOS-Xcode-Projekts.

AppDelegate.swift

Zunächst ist da die *AppDelegate.swift*-Datei. Wählt man diese im Project Navigator aus, wird
im mittleren Bereich von Xcode – der sogenannten *Editor Area* – der zugehörige Code angezeigt (siehe Bild 23.11). Dieser dürfte bei Ihnen ähnlich aussehen wie in Listing 23.2.

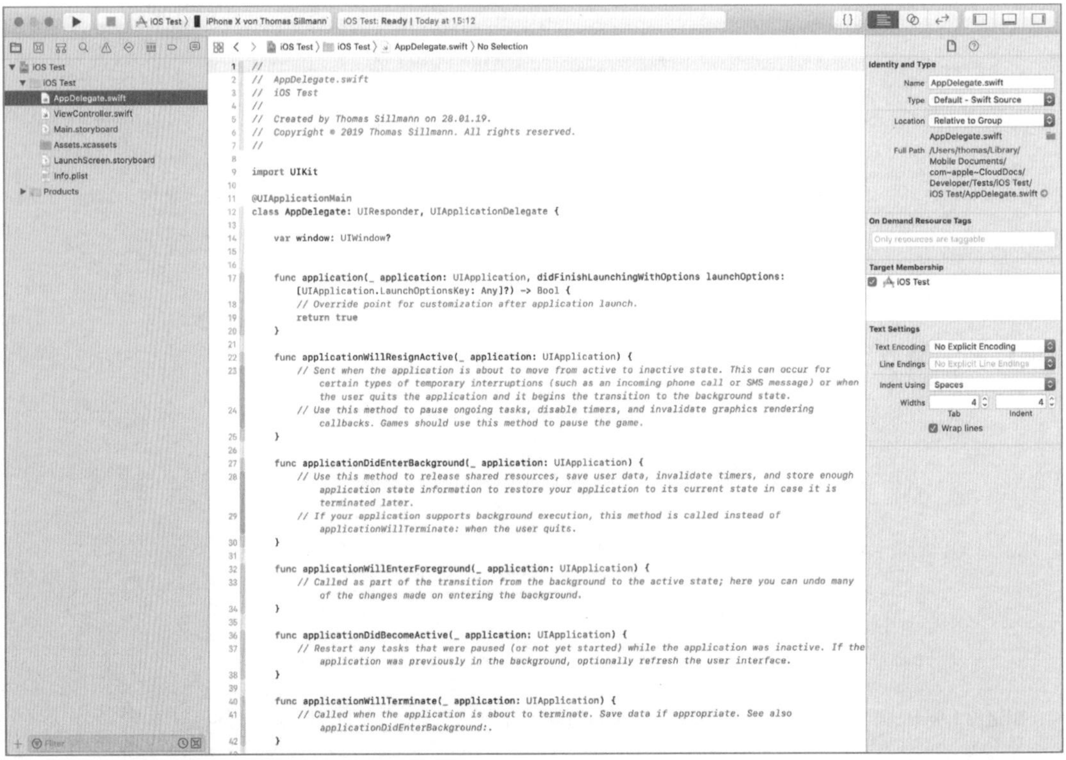

Bild 23.11 Nach Auswahl der AppDelegate.swift-Datei wird im mittleren Editor-Bereich der zugehörige Quelltext angezeigt.

Listing 23.2 Standard-Code der `AppDelegate`-Klasse

```
import UIKit

@UIApplicationMain
class AppDelegate: UIResponder, UIApplicationDelegate {

    var window: UIWindow?

    func application(_ application: UIApplication, didFinishLaunchingWithOptions
    launchOptions: [UIApplicationLaunchOptionsKey: Any]?) -> Bool {
        // Override point for customization after application launch.
        return true
    }

    func applicationWillResignActive(_ application: UIApplication) {
        // Sent when the application is about to move from active to inactive state.
    // This can occur for certain types of temporary interruptions (such as an incoming
    // phone call or SMS message) or when the user quits the application and it begins the
    // transition to the background state.
        // Use this method to pause ongoing tasks, disable timers, and invalidate
    // graphics rendering callbacks. Games should use this method to pause the game.
    }

    func applicationDidEnterBackground(_ application: UIApplication) {
        // Use this method to release shared resources, save user data, invalidate
    // timers, and store enough application state information to restore your application to
    // its current state in case it is terminated later.
        // If your application supports background execution, this method is called
    // instead of applicationWillTerminate: when the user quits.
    }

    func applicationWillEnterForeground(_ application: UIApplication) {
        // Called as part of the transition from the background to the active state;
    // here you can undo many of the changes made on entering the background.
    }

    func applicationDidBecomeActive(_ application: UIApplication) {
        // Restart any tasks that were paused (or not yet started) while the
    // application was inactive. If the application was previously in the background,
    // optionally refresh the user interface.
    }

    func applicationWillTerminate(_ application: UIApplication) {
        // Called when the application is about to terminate. Save data if
    // appropriate. See also applicationDidEnterBackground:.
    }

}
```

In dieser von Xcode standardmäßig generierten Klasse fallen mehrere Dinge auf. Zunächst ist die Klasse mit dem in Abschnitt 23.2.2.1, „Erzeugen des App Delegate", vorgestellten `@UIApplicationMain`-Schlüsselwort versehen, was bedeutet, dass es sich bei ihr sowohl um den Einstiegspunkt der App wie auch um den Delegate des `UIApplication`-Singleton handelt. Letzteres wird auch durch die Zuweisung des `UIApplicationDelegate`-Protokolls bei der Klassendeklaration deutlich. Neben einer `window`-Property wurden auch bereits verschiedene Methoden des `UIApplicationDelegate`-Protokolls innerhalb der `AppDelegate`-Klasse implementiert und mit passenden Kommentaren versehen. Das soll dabei helfen, die wichtigsten dieser Methoden kennenzulernen und zu verstehen, wofür sie gut sind. Beispielsweise findet sich hier die Methode `applicationWillResignActive(_:)`, die immer dann vom System aufgerufen wird, wenn die App inaktiv wird (weil zum Beispiel ein eingehender Anruf die Anwendung unterbricht oder der Nutzer auf den Home-Bildschirm zurückkehrt). Mehr zu den verfügbaren Methoden des App Delegate und ihrem jeweiligen Anwendungszweck erfahren Sie in Abschnitt 23.4, „Der UIApplicationDelegate".

Die window-Property

Alle Ansichten einer iOS-App, die in Form von View-Controllern abgebildet und umgesetzt werden, werden in einer `UIWindow`-Instanz eingefügt und darin angezeigt. Ein `UIWindow` stellt somit die eigentliche Basis für die Anzeige einer iOS-App dar, ohne ein `UIWindow` kann eine App nicht auskommen.

Im Gegensatz zu macOS setzen Apps unter iOS meist nur auf eine einzige `UIWindow`-Instanz. Deren Inhalt wird über die View-Controller definiert, die innerhalb dieses Fensters eingeblendet werden. Möchte man beispielsweise eine neue Ansicht laden, stellt man diese in der Regel über einen View-Controller bereit, den man dann auf dem bereits existierenden Fenster einblendet. Entsprechend hat man es in der iOS-Entwicklung so gut wie nie direkt mit der Manipulation von `UIWindow`-Instanzen zu tun.

Durch die Verwendung von Storyboards wird für den initialen View-Controller auch automatisch vom System eine passende `UIWindow`-Instanz erzeugt, in die dieser View-Controller eingebunden wird; wir selbst brauchen dafür nicht das Geringste zu tun. Dieser View-Controller, der direkt zur Anzeige innerhalb eines `UIWindow` verwendet wird, wird auch als *Root-View-Controller* bezeichnet. Im Code kann er über die `rootViewController`-Property einer `UIWindow`-Instanz ausgelesen und gesetzt werden (siehe Bild 23.12).

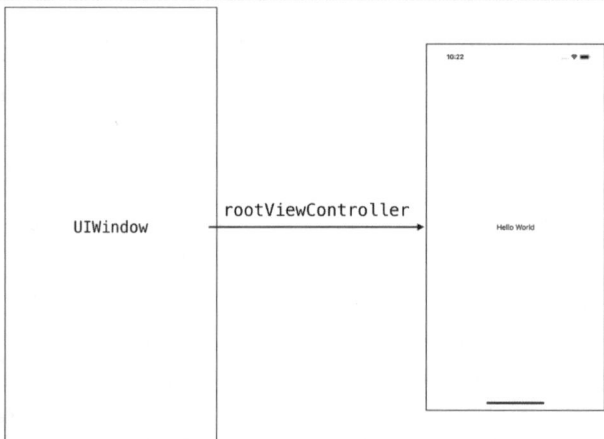

Bild 23.12 Der initiale View-Controller wird mithilfe von Storyboards automatisch als Root-View-Controller für die ebenfalls automatisch erzeugte `UIWindow`-Instanz gesetzt.

Bei der Verwendung von Storyboards wird der initiale View-Controller automatisch dem zugrunde liegenden UIWindow als Root-View-Controller zugewiesen. Die UIWindow-Instanz selbst wird in diesem Fall an den App Delegate gekoppelt, weshalb sich beim Erstellen eines neuen iOS-Projekts eine entsprechende window-Property in der AppDelegate-Klasse findet; sie verweist auf die UIWindow-Instanz.

Verzichtet man auf Storyboards, muss man beim Start der App selbst dafür sorgen, dass eine UIWindow-Instanz erzeugt und ein Root-View-Controller geladen wird. Das tut man typischerweise innerhalb der AppDelegate-Methode application(_:didFinishLaunchingWithOptions:) (mehr zu den verschiedenen Methoden des App Delegate erfahren Sie in Abschnitt 23.4, „Der UIApplicationDelegate"). In Listing 23.3 sehen Sie ein Beispiel, das alle notwendigen programmatischen Schritte zum Erzeugen und Anzeigen eines UIWindow aufführt.

Listing 23.3 Programmatisches Erstellen und Laden einer UIWindow-Instanz

```
func application(_ application: UIApplication,
didFinishLaunchingWithOptions launchOptions:
[UIApplicationLaunchOptionsKey: Any]?) -> Bool {

    // Erstellen einer Instanz des Root-View-Controller.
    let rootViewController = UIViewController()

    // Erstellen der UIWindow-Instanz und Zuweisung zur window-Property.
    window = UIWindow(frame: UIScreen.main.bounds)

    // Zuweisen des Root-View-Controller zum UIWindow.
    window?.rootViewController = rootViewController

    // Anzeigen des UIWindow.
    window?.makeKeyAndVisible()

    return true
}
```

Hier noch ein paar Anmerkungen zum Code aus Listing 23.3:

Bei der Initialisierung einer UIWindow-Instanz kommt der Initializer init(frame:) zum Einsatz. Dieser erwartet als Parameter die Größe und Position des Fensters für die App. Im gezeigten Beispiel wurden hier die Ausmaße des zugrunde liegenden Displays übergeben (UIScreen.main.bounds). Mehr zum Erstellen von Ansichten und zur Arbeit mit Größen in der iOS-Entwicklung erfahren Sie in Abschnitt 23.6, „Oberflächen gestalten mit UIView".

Um ein Fenster einzublenden, müssen Sie auf der entsprechenden UIWindow-Instanz die Methode makeKeyAndVisible() aufrufen. In dem gezeigten Beispiel geschieht das, nachdem die UIWindow-Instanz erzeugt, der window-Property zugewiesen und ein Root-View-Controller erstellt und konfiguriert wurde.

Bei der Arbeit mit Storyboards werden Ihnen all diese Schritte bereits im Vorhinein abgenommen.

Den vorgegebenen Code kann man prinzipiell so stehen lassen, da er keinerlei eigene Logik enthält und so keine Auswirkungen auf die Funktionsweise der neu erstellten App hat. Ich persönlich würde Ihnen aber empfehlen, alle Methoden konsequent zu löschen, die Sie nicht implementieren und somit auch nicht benötigen. Für dieses Beispiel ist dieses Vorgehen aber irrelevant.

ViewController.swift

Als Nächstes betrachten wir die *ViewController.swift*-Datei, innerhalb derer die `View Controller`-Klasse deklariert wird. Der Code darin dürfte in etwa so aussehen wie der in Listing 23.4 gezeigte. Die Klasse ist von `UIViewController` abgeleitet und es werden die beiden Methoden `viewDidLoad()` und `didReceiveMemoryWarning()` dieser Superklasse darin überschrieben. Auch hier gilt, dass Sie für den Moment theoretisch beide Methoden aus der Klasse entfernen können, da diese in der `ViewController`-Subklasse keine eigene Logik mit sich bringen. Xcode fügt sie lediglich vorab bereits ein, davon ausgehend, dass Sie sie möglicherweise selbst implementieren.

Listing 23.4 Standard-Code der `ViewController`-Klasse

```
class ViewController: UIViewController {

    override func viewDidLoad() {
        super.viewDidLoad()
        // Do any additional setup after loading the view, typically from a nib.
    }

    override func didReceiveMemoryWarning() {
        super.didReceiveMemoryWarning()
        // Dispose of any resources that can be recreated.
    }

}
```

Die `ViewController`-Klasse ist in diesem neuen iOS-Projekt bereits als initialer View-Controller konfiguriert. Der Code, der in dieser Klasse implementiert ist, wird somit im Zusammenspiel mit der Startansicht der App ausgeführt. Entsprechend werden darin alle Properties und Methoden untergebracht, die für die Startansicht relevant sind. Gleichzeitig wird die `ViewController`-Klasse als Root-View-Controller für die `window`-Property des App Delegate gesetzt (siehe hierzu auch den vorherigen Abschnitt „AppDelegate.swift").

Warum der View-Controller als Startpunkt dient und an welcher Stelle diese Konfiguration festgelegt ist, erfahren Sie im folgenden Abschnitt „Main.storyboard".

Main.storyboard

Innerhalb der *Main.storyboard*-Datei wird das Interface der neu erstellten App auf Basis einer grafischen Oberfläche abgebildet. Ruft man diese Datei auf, wird innerhalb der Editor Area ein Fenster für einen einzelnen View-Controller angezeigt, der auf der linken Seite mit einem Pfeil versehen ist (siehe Bild 23.13). Wie Sie bereits erfahren haben, handelt es sich hierbei um den initialen View-Controller dieses Storyboards. Wählt man nun diesen View-Controller per Klick in die obere schmale Leiste (in der *View Controller* steht) aus und wechselt in der Inspectors Area von Xcode in den Identitiy Inspector, sieht man, dass diesem View-Controller die `ViewController`-Klasse aus der *ViewController.swift*-Datei zugewiesen ist (siehe Bild 23.14). Dieses Interface ist somit bereits direkt mit der in „ViewController. swift" vorgestellten Klasse verknüpft.

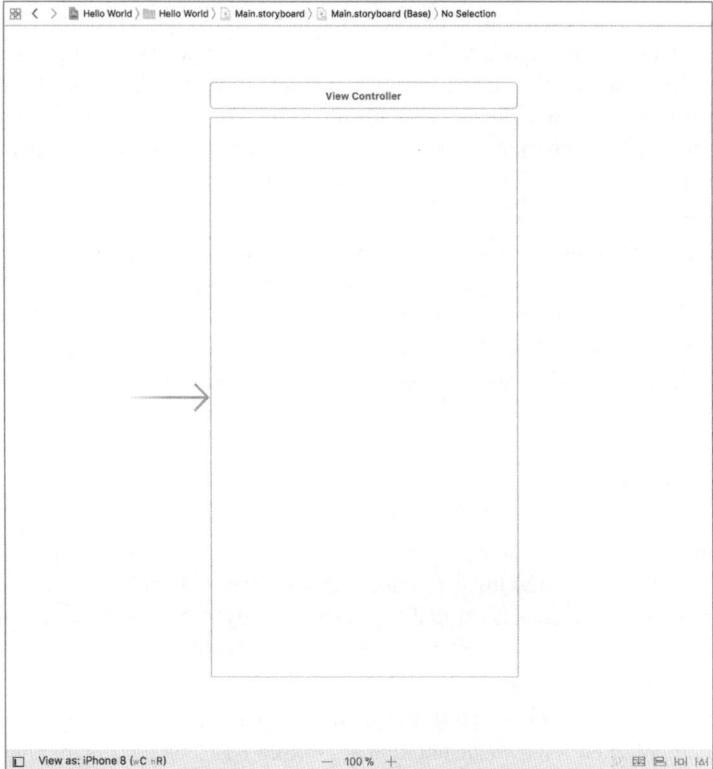

Bild 23.13 Die Main.storyboard-Datei enthält einen ersten initialen View-Controller, der beim Start der App geladen und angezeigt wird.

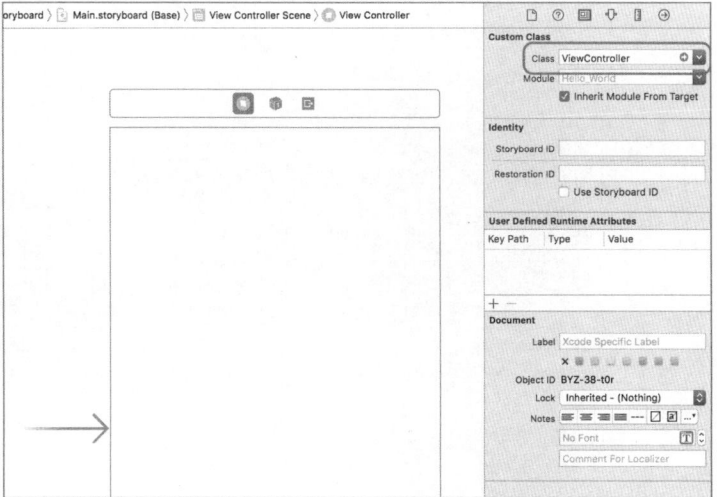

Bild 23.14 Das View-Controller-Interface in der Main.storyboard-Datei ist bereits mit der ViewController-Klasse verknüpft.

Weitere Dateien

Daneben verfügt das neu erstellte Xcode-Projekt noch über einige weitere Dateien. *Assets. xcassets* in ein sogenannter Asset Catalog und dient zum Speichern von Bildern, die innerhalb der App genutzt werden sollen, und zur Erstellung eines App-Icons. Die Datei *Launch. storyboard* enthält ebenfalls einen View-Controller, der beim Starten der App angezeigt wird (also noch bevor der initiale View-Controller aus der *Main.storyboard*-Datei geladen und angezeigt wird). Er dient als Lückenfüller für die Zeit zwischen dem Starten der App und deren eigentlicher Verfügbarkeit. Und in der *Info.plist*-Datei werden verschiedene Informationen zur App gespeichert, beispielsweise der Product Name oder die Versionsnummer. Diese Elemente werden an gegebener Stelle im Buch noch genauer vorgestellt.

Das letzte Element des neu erstellten iOS-Xcode-Projekts befindet sich im Ordner *Products* und trägt den gleichen Namen, der bei der Erstellung des Projekts als Product Name definiert wurde, mit der Dateiendung *.app*. Diese Datei wird erzeugt, sobald das Xcode-Projekt das erste Mal erfolgreich gebaut wurde, und braucht uns in der Regel nicht weiter zu interessieren. Sie ist in gewisser Weise ein Verweis auf die von uns erstellte App.

23.3.3 Hello World

Kommen wir nun zur eigentlichen Aufgabe und kreieren unsere erste iOS-App, die den Text „Hello World!" auf dem Bildschirm ausgibt. Dazu müssen wir keine einzige Zeile Code schreiben. Stattdessen wechseln wir in die Datei *Main.storyboard* und rufen dort die *Objects Library* von Xcode über die entsprechende Schaltfläche am oberen rechten Rand von Xcode auf (siehe Bild 23.15).

Die Objects Library verfügt über zwei Ansichtsmodi, zwischen denen Sie über die Schaltfläche am oberen linken Rand wechseln können. In Bild 23.15 ist die sogenannte *Icon View* zu sehen, Bild 23.16 zeigt die alternative (und standardmäßig in Xcode aktive) *List View*.

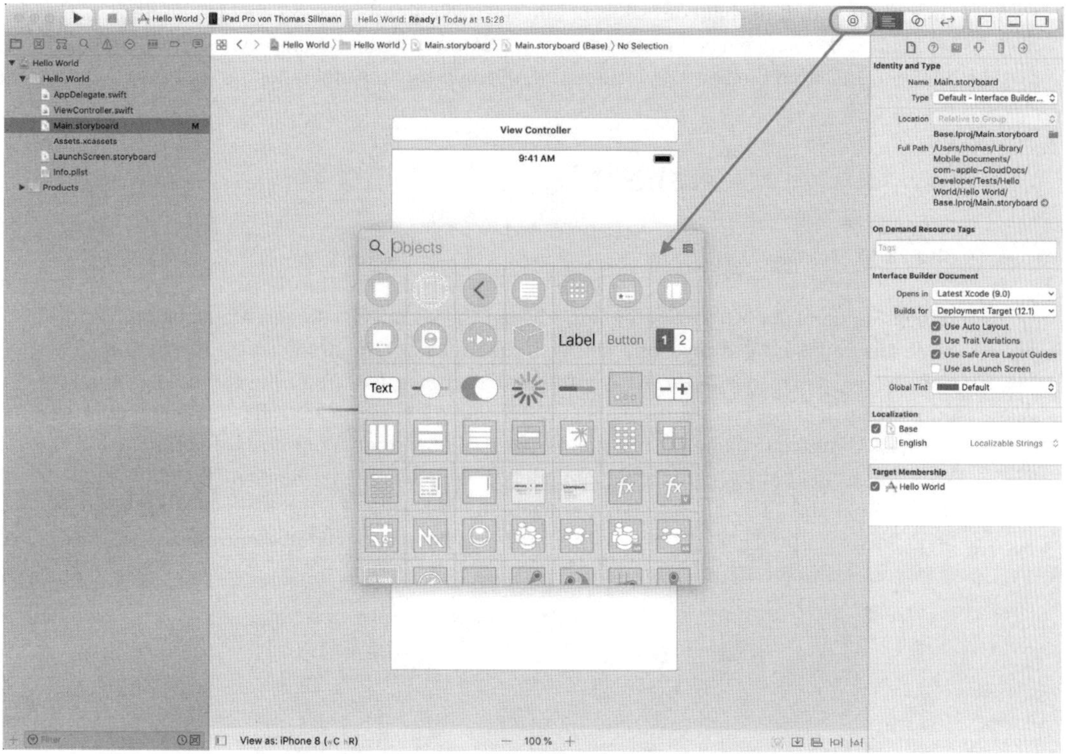

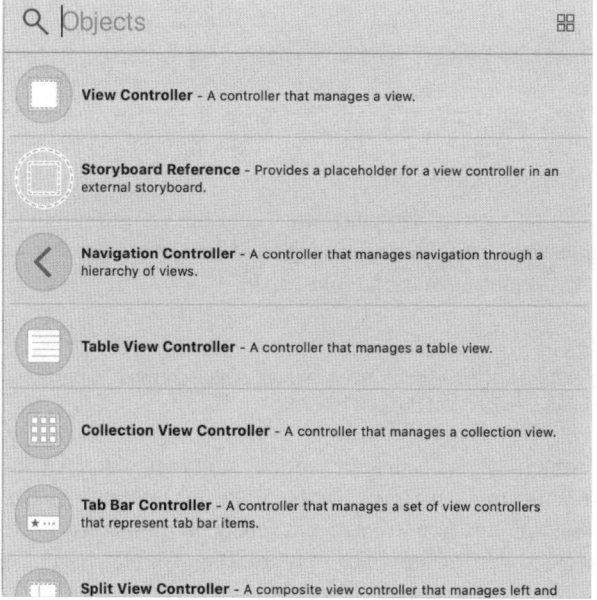

Bild 23.15 Die Objects Library blenden Sie über die gekennzeichnete Schaltfläche am oberen rechten Rand von Xcode ein.

Bild 23.16 Über die Schaltfläche oben rechts lässt sich der Ansichtsmodus der Objects Library wechseln. Auf diesem Screenshot ist die sogenannte „List View" aktiv.

Suchen Sie nun innerhalb der Objects Library nach dem Element *Label* (siehe Bild 23.17). Sie können dazu auch das Suchfeld am oberen Rand der Objects Library benutzen, um nach dem gewünschten Element zu suchen und alle anderen auszublenden.

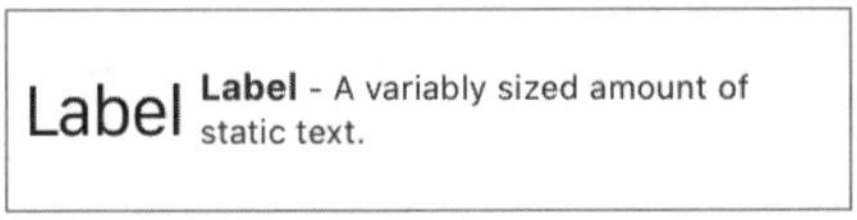

Label **Label** - A variably sized amount of static text.

Bild 23.17 Das Label-Element wird in Form eines einfachen Textes in der Objects Library dargestellt.

Haben Sie das Label-Objekt gefunden, klicken Sie es mit der linken Maustaste an, halten diese anschließend gedrückt und bewegen die Maus auf die große weiße Fläche des View-Controllers, der in der *Main.storyboard*-Datei zu sehen ist. Wenn Sie die linke Maustaste nun wieder loslassen, wird das Label an der Stelle im View-Controller platziert, über der sich der Mauszeiger befindet. Sie können anschließend jederzeit das Label-Objekt frei im View-Controller bewegen und an einer anderen Stelle positionieren. Blaue Hilfslinien helfen Ihnen dabei, das Element optimal auszurichten (siehe Bild 23.18). Platzieren Sie für diese erste Beispiel-App das Label in etwa im mittleren Bereich des View-Controllers.

Bild 23.18 Die blauen Hilfslinien helfen bei der optimalen Positionierung des Labels.

Das so platzierte Label ist nun Teil der Ansicht, die beim Starten dieser App angezeigt wird. Bleibt zum Abschluss nur noch das Ändern des Textes des Labels. Das können Sie auf zwei verschiedene Arten durchführen.

Möglichkeit eins besteht darin, das platzierte Label im View-Controller doppelt anzuklicken. Anschließend können Sie den gewünschten Text für das Label – in diesem Beispiel „Hello World!" – direkt eintragen (siehe Bild 23.19).

Bild 23.19
Den Text des Labels können Sie direkt im View-Controller ändern, indem Sie das Element doppelt anklicken.

Alternativ dazu wählen Sie das Label-Element aus und öffnen den Attributes Inspector in der Inspectors Area. Dort finden Sie an zweiter Stelle ein Textfeld, das den Text des Labels enthält. Ändern Sie ihn dort und drücken anschließend die Return-Taste oder klicken an eine andere Stelle, wird der Text des Labels entsprechend aktualisiert (siehe Bild 23.20).

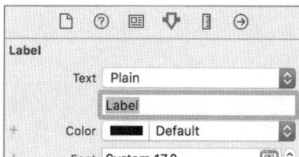

Bild 23.20
Der Text eines Labels kann auch innerhalb des Attributes
Inspector geändert werden.

Nutzen Sie eine der genannten Möglichkeiten, um den Text des Labels so zu „Hello World!"
zu ändern. Anschließend können Sie noch einmal die Position des Labels mithilfe der
blauen Hilfslinien verschieben und optimieren.

Damit wäre unsere erste einfache iOS-App bereits vollständig fertiggestellt! Um das Ergebnis einmal live zu betrachten, führen wir die App in einem der verfügbaren iOS-Simulatoren
aus. Klicken Sie dazu im oberen linken Bereich von Xcode auf die Schaltfläche neben dem
Namen Ihrer App. Anschließend öffnet sich eine Liste, in der im Bereich *iOS Simulators* alle
in Xcode eingerichteten Simulatoren aufgeführt werden, in denen die App ausgeführt werden kann (siehe Bild 23.21).

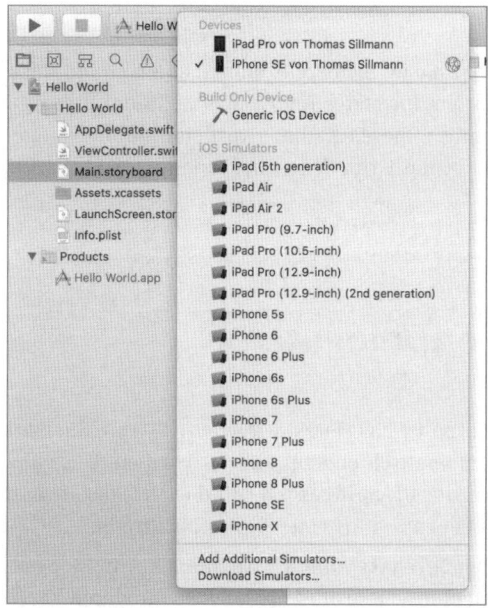

Bild 23.21
Xcode führt im Bereich „iOS Simulators"
alle installierten und eingerichteten
Simulatoren auf, in denen eine iOS-App
ausgeführt werden kann.

Wählen Sie in diesem Fenster einen der verfügbaren Simulatoren und klicken Sie anschlie-
ßend auf die Run-Schaltfläche links oben (der Button sieht aus wie der Play-Button in einer
Video- oder Musik-App). Anschließend „baut" Xcode die App, startet den ausgewählten
Simulator und darin die App (siehe Bild 23.22). Dieser Vorgang kann – je nach Hardware-
Konfiguration des zugrunde liegenden Mac – durchaus einen Moment dauern (gerade das
Starten der Simulatoren kann etwas Zeit in Anspruch nehmen).

Bild 23.22
Unsere erste iOS-App läuft im Simulator!

Herzlichen Glückwunsch! Bis zu diesem Punkt haben Sie bereits einmal einen ersten Blick auf die Bestandteile eines iOS-Projekts geworfen, Ihr erstes Interface erstellt und Ihre App erfolgreich ausgeführt. Die folgenden Abschnitte dieses Kapitels vertiefen die hier ange-schnittenen Themen und führen Sie weiter in die Grundlagen der App-Entwicklung für iOS ein.

■ 23.4 Der UIApplicationDelegate

Die Singleton-Instanz der Klasse UIApplication ist das Herzstück jeder iOS-App. Sie wird mithilfe des Befehls @UIApplicationMain automatisch erzeugt und ihr wird ein Delegate-Objekt zugewiesen, der sogenannte *App Delegate*. UIApplication ruft diesen Delegate auf, sobald wichtige Ereignisse in Bezug auf den Lebenszyklus einer iOS-App auftreten.

Jedes neu erstellte iOS-Projekt besitzt mit AppDelegate eine Klasse, die als App Delegate des UIApplication-Singleton fungiert. Damit eine Klasse als App Delegate fungieren kann, muss sie zwei Anforderungen erfüllen:

▪ Sie muss konform zum UIApplicationDelegate-Protokoll sein.

▪ Sie muss mit dem Schlüsselwort @UIApplicationMain versehen werden.

Beides ist bei neu erstellten Projekten bei der Deklaration der AppDelegate-Klasse der Fall, so wie in Listing 23.5 zu sehen.

Listing 23.5 Deklaration eines App Delegates

```
@UIApplicationMain
class AppDelegate: UIResponder, UIApplicationDelegate {
```

```
    <Implementierung der Klasse>

}
```

Wie beschrieben, ruft das automatisch erzeugte `UIApplication`-Singleton diesen App Delegate nun auf, wenn bestimmte Ereignisse im Lebenszyklus einer iOS-App auftreten. Doch was genau bedeutet das? Was ist der *Lebenszyklus* einer iOS-App? Und wie sieht der genau aus?

23.4.1 Lebenszyklus einer iOS-App

Der Lebenszyklus einer iOS-App beschreibt diverse Ereignisse, die während der Verwendung einer App auftreten (können). Beispiele für solche Ereignisse sind das Starten einer App, das Beenden einer App, das Wechseln einer App in den Hintergrund oder das Unterbrechen einer laufenden App. Für jedes dieser Ereignisse (und noch einige mehr) definiert das `UIApplicationDelegate`-Protokoll entsprechende Methoden, die automatisch vom `UIApplication`-Singleton aufgerufen werden, sobald sie eintreten. Möchten Sie somit auf ein bestimmtes Ereignis reagieren (beispielsweise beim Beenden der App noch ungesicherte Daten speichern), können Sie die passende `UIApplicationDelegate`-Methode in Ihrer App Delegate-Klasse implementieren und darin die gewünschten Befehle unterbringen.

Bevor wir uns einmal verschiedene Methoden des `UIApplicationDelegate`-Protokolls ansehen, zeige ich Ihnen in Bild 23.23, welche Ereignisse im Lebenszyklus einer iOS-App typischerweise auftreten. Im Folgenden finden Sie eine Beschreibung der verschiedenen Zustände, die eine iOS-App während ihres Lebenszyklus annehmen kann:

- *Not running:* Die App wird nicht ausgeführt und ist auch nicht im Hintergrund aktiv.

- *Inactive:* Die App wird ausgeführt und befindet sich im Vordergrund (sprich sie wird auf dem Bildschirm angezeigt), nimmt augenblicklich aber keine Ereignisse wie Touch-Eingaben entgegen. Dieser Status kann beispielsweise eintreten, wenn ein Telefonanruf während der Verwendung der App eingeht. Spiele können diesen Zustand nutzen, um das aktuelle Geschehen anzuhalten und zu pausieren.

- *Active:* Die App wird ausgeführt und befindet sich im Vordergrund. Sie kann in vollem Umfang verwendet werden.

- *Background:* Die App führt Code aus, befindet sich aber nicht im Vordergrund. Dieser Zustand ist beispielsweise aktiv, wenn die App vom Vordergrund durch Wechseln auf den Home-Bildschirm in den Hintergrund wechselt. Ihr steht dann eine kurze Zeitspanne zur Verfügung, um abschließende Befehle durchzuführen, ehe sie in den Suspended-Status wechselt (beispielsweise um noch nicht gesicherte Informationen zu speichern).

Darüber hinaus gibt es noch weitere Situationen, in denen iOS eine App im Hintergrund starten kann, um sie Aktionen durchführen zu lassen (ohne dass die App dazu in den Vordergrund wechselt). Dazu gehören das Abschließen von im Hintergrund durchgeführten Downloads oder das Reagieren auf eine empfangene Push Notification. Mehr zu diesen spezifischen Hintergrundaktionen erfahren Sie an entsprechenden Stellen im Buch, die diese Themen behandeln.

- *Suspended:* Die App befindet sich noch im Speicher, führt aber keinen Code aus. Von diesem Status aus kann die App jederzeit vom System beendet werden, um Platz für andere Apps zu schaffen. Sie wechselt dann zurück in den ursprünglichen *Not running*-Status.

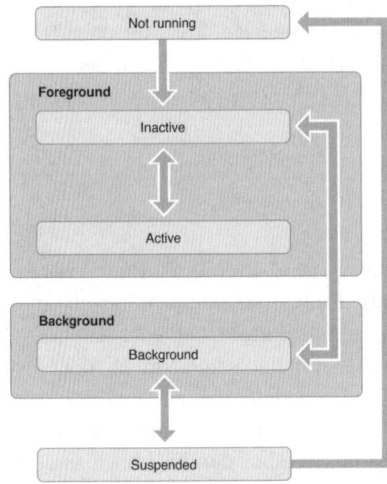

Bild 23.23
Der Lebenszyklus einer iOS-App
(Bild: Xcode-Dokumentation).

Wie eingangs beschrieben, werden diese verschiedenen Zustände des Lebenszyklus einer iOS-App sowie der Wechsel zwischen ihnen in Form von Methoden abgebildet, die im `UIApplicationDelegate`-Protokoll definiert sind. Im Folgenden stelle ich Ihnen diese Methoden vor und erläutere, wann sie vom System aufgerufen werden:

- Start einer App
  - `application(_:willFinishLaunchingWithOptions:)`: Diese Methode wird aufgerufen, sobald eine App startet, der Startvorgang aber gerade erst begonnen hat und somit noch nicht abgeschlossen ist.
  - `application(_:didFinishLaunchingWithOptions:)`: Diese Methode wird aufgerufen, nachdem der Startvorgang einer App vollständig abgeschlossen ist.
- Wechsel in den Vordergrund
  - `applicationDidBecomeActive(_:)`: Diese Methode wird aufgerufen, sobald sich eine App im Vordergrund befindet und auf dem Bildschirm des iOS-Geräts angezeigt wird.
- Wechsel in den Inaktiv-Status
  - `applicationWillResignActive(_:)`: Diese Methode wird aufgerufen, wenn eine aktive App in den inaktiven Zustand wechselt.
- Wechsel in den Hintergrund
  - `applicationDidEnterBackground(_:)`: Diese Methode wird aufgerufen, sobald eine App vom Inaktiv-Status in den Hintergrund wechselt. Sie wird dann nicht länger auf dem Bildschirm des iOS-Geräts angezeigt.
- Wechsel zurück in den Vordergrund
  - `applicationWillEnterForeground(_:)`: Diese Methode wird aufgerufen, wenn sich eine App im Hintergrund befindet und währenddessen wieder zurück in den Vordergrund wechselt.

- Beenden einer App
  - `applicationWillTerminate(_:)`: Diese Methode wird aufgerufen, sobald eine App komplett beendet wird. Diese Methode wird nicht aus dem Suspended-Zustand heraus aufgerufen.

Betrachtet man einmal den Code der `AppDelegate`-Klasse eines neu erstellten iOS-Projekts in Xcode, so stellt man fest, dass für einen Großteil der hier aufgeführten Methoden bereits Platzhalter existieren (siehe Listing 23.6). Diese enthalten zusätzlich kurze Beschreibungstexte in Form von Kommentaren, die ebenfalls noch einmal erläutern, wofür diese Methoden gut sind und wann sie vom System aufgerufen werden.

Listing 23.6 Standardimplementierung der `AppDelegate`-Klasse

```
@UIApplicationMain
class AppDelegate: UIResponder, UIApplicationDelegate {

    var window: UIWindow?

    func application(_ application: UIApplication, didFinishLaunchingWithOptions
launchOptions: [UIApplicationLaunchOptionsKey: Any]?) -> Bool {
        // Override point for customization after application launch.
        return true
    }

    func applicationWillResignActive(_ application: UIApplication) {
        // Sent when the application is about to move from active to inactive state.
This can occur for certain types of temporary interruptions (such as an incoming
phone call or SMS message) or when the user quits the application and it begins the
transition to the background state.
        // Use this method to pause ongoing tasks, disable timers, and invalidate
graphics rendering callbacks. Games should use this method to pause the game.
    }

    func applicationDidEnterBackground(_ application: UIApplication) {
        // Use this method to release shared resources, save user data, invalidate
timers, and store enough application state information to restore your application to
its current state in case it is terminated later.
        // If your application supports background execution, this method is called
instead of applicationWillTerminate: when the user quits.
    }

    func applicationWillEnterForeground(_ application: UIApplication) {
        // Called as part of the transition from the background to the active state;
here you can undo many of the changes made on entering the background.
    }

    func applicationDidBecomeActive(_ application: UIApplication) {
        // Restart any tasks that were paused (or not yet started) while the
application was inactive. If the application was previously in the background,
optionally refresh the user interface.
    }

    func applicationWillTerminate(_ application: UIApplication) {
        // Called when the application is about to terminate. Save data if
appropriate. See also applicationDidEnterBackground:.
    }

}
```

Sie können diese Platzhalter nutzen, um bei den gewünschten Methoden Ihre eigene Logik zu implementieren, oder – falls Sie sie (noch) nicht brauchen – sie einfach aus der AppDelegate-Klasse löschen. Eine fehlende Implementierung einer der beschriebenen Methoden teilt dem System lediglich mit, dass Sie bei einem Wechsel in den entsprechenden Zustand selbst keine zusätzlichen Befehle ausführen möchten (was vollkommen in Ordnung ist). Ich persönlich empfehle Ihnen, nur dann Methoden des UIApplicationDelegate in Ihrem App Delegate zu implementieren, wenn Sie sie auch tatsächlich benötigen und eigenen Code darin ausführen. Andernfalls können Sie den Code der AppDelegate-Klasse soweit reduzieren, dass nur noch die Deklaration und die window-Property übrig bleibt (siehe Listing 23.7).

Listing 23.7 Reduzierte Version der AppDelegate-Klasse

```
@UIApplicationMain
class AppDelegate: UIResponder, UIApplicationDelegate {

    var window: UIWindow?

}
```

23.4.2 Die window-Property

Bei der Verwendung von Storyboards zum Laden des initialen View-Controllers wird automatisch eine Instanz der Klasse UIWindow erzeugt. Diese Klasse wird in iOS-Apps genutzt, um darin die Inhalte von View-Controllern anzuzeigen und auf dem Bildschirm eines iOS-Geräts einzublenden. Der window-Property des App Delegate wird hierbei automatisch jene UIWindow-Instanz zugewiesen, die durch die Verwendung von Storyboards vom System erzeugt wurde. Sie können somit diese Property nutzen, um auf die Informationen des UIWindow zuzugreifen.

In der Regel brauchen Sie sich in der iOS-Entwicklung nur wenig bis gar nicht mit der Klasse UIWindow zu beschäftigen, da die angezeigten Oberflächen ausschließlich über View-Controller und deren Logik abgebildet werden. Mehr zu View-Controllern erfahren Sie in Abschnitt 23.5, „UIViewController im Detail".

23.4.3 Einsatzzweck des App Delegate

Theoretisch können Sie iOS-Projekte umsetzen, ohne auf die beschriebenen Funktionen des App Delegate zurückzugreifen. Wenn Sie sich weder für Statusänderungen beim Lebenszyklus Ihrer App interessieren, noch auf die window-Property zugreifen müssen, brauchen Sie die App Delegate-Klasse in Ihrem Projekt nicht weiter zu beachten. Die Hauptaufgabe des App Delegate besteht darin, Sie über Ereignisse ausgehend vom System zu informieren, und wenn Sie diese Information nicht benötigen, brauchen Sie sich auch keine Gedanken um eine mögliche Implementierung des App Delegate zu machen (und das ist dann auch vollkommen in Ordnung).

Aus eigener Erfahrung kann ich Ihnen aber sagen, dass in eigentlich jeder App wenigstens ein Teil der Methoden des UIApplicationDelegate-Protokolls benötigt wird. Sei es, dass beim Starten der App einige grundlegende Einstellungen gesetzt oder beim Beenden ungesicherte Daten gespeichert werden sollen, oft führt für diese Aufgaben kein Weg am App Delegate vorbei. Welche Methoden Sie hierbei für Ihre individuellen Zwecke nutzen, hängt davon ab, bei welchem Ereignis Sie einschreiten und eigene Befehle implementieren wollen.

■ 23.5 UIViewController im Detail

Die Klasse UIViewController gehört zu den wichtigsten Klassen in der iOS-Entwicklung. Wie der Name bereits andeutet, handelt es sich bei ihr um ein Controller-Element, das mit einer View verknüpft ist. Sie dient dazu, dem Nutzer eine Ansicht einer App zu präsentieren und deren Inhalte dynamisch anzupassen oder auf Nutzereingaben zu reagieren (beispielsweise die Betätigung eines Buttons). Die erste Ansicht, die dem Nutzer beim Starten einer App präsentiert wird, ist dementsprechend ebenfalls direkt ein solcher View-Controller.

Die Klasse UIViewController dient als Basisklasse für alle Ansichten, die dem Nutzer während der Verwendung einer App präsentiert werden. Es gibt noch diverse spezifischere Subklassen, die für spezielle Aufgaben ausgelegt sind (beispielsweise das Darstellen einer Tabelle oder die Umsetzung einer Navigationsstruktur); diese werden in separaten Abschnitten in Kapitel 24, „iOS – App-Entwicklung“, im Detail beleuchtet. An dieser Stelle soll es nur um die Klasse UIViewController und deren grundlegende Funktionsweise gehen, da das Verständnis darüber essenziell ist, um professionelle Apps für iOS entwickeln zu können.

23.5.1 Aufbau

Jede UIViewController-Instanz besitzt eine Property view vom Typ UIView. Hierbei handelt es sich um die eigentliche Ansicht, die der Nutzer zu sehen bekommt, wenn ein View-Controller geladen und angezeigt wird. Wir können die Hintergrundfarbe dieser View ändern oder sie um zusätzliche Subviews (sprich andere View-Elemente, die wir auf einer View platzieren) ergänzen. Letzteres haben wir beispielhaft in Abschnitt 23.3.3, „Hello World“, durchgeführt, als wir ein Label auf der View des View-Controllers platziert haben; das Label stellte dort eine Subview dar.

Views

Views sind in der iOS-Entwicklung ein Thema für sich. Mehr zu den verschiedenen Views, die in der Programmierung zur Verfügung stehen, sowie die Arbeit mit ihnen erfahren Sie in Abschnitt 23.6, „Oberflächen gestalten mit UIView“.

Dieser Aufbau kann sehr schön im Interface Builder von Xcode nachvollzogen werden. Öffnen Sie dazu ein bestehendes iOS-Projekt oder erstellen Sie ein neues auf Basis einer *Single View App*. Greifen Sie darin anschließend auf die *Main.storyboard*-Datei zu und klicken Sie den initialen View-Controller an einer beliebigen Stelle an. Werfen Sie nun einen Blick in die *Document Outline Area*. Es handelt sich hierbei um eine zusätzliche Ansicht im linken Bereich des Interface Builders. Sollte diese nicht angezeigt werden, können Sie sie über die Schaltfläche am unteren linken Rand des Editor-Fensterns ein- und ausblenden (siehe Bild 23.24).

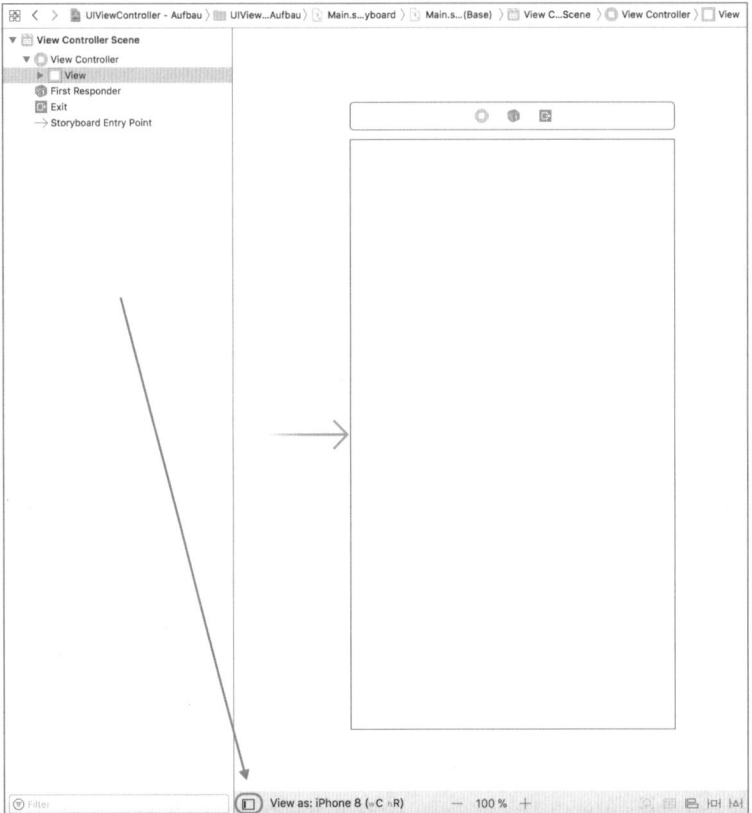

Bild 23.24 Die links angezeigte Document Outline Area kann über die Schaltfläche am unteren linken Rand des Editor-Fensters ein- und ausgeblendet werden.

In der Document Outline Area sehen Sie nun den Aufbau des ausgewählten View-Controllers (siehe Bild 23.25). Hier ist zu sehen, dass jeder View-Controller ein View-Element besitzt. Bei der View handelt es sich standardmäßig um die große weiße Fläche, die zusammen mit dem View-Controller im Storyboard angezeigt wird. Das bestätigt auch ein Blick in die Inspectors Area und den Identity Inspector, nachdem man die weiße Fläche mit der linken Maustaste angeklickt hat. Dort findet sich dann ganz oben im Feld *Class* die Information, dass es sich bei diesem Element um eine UIView handelt (siehe Bild 23.26).

Bild 23.25
Die Document Outline Area zeigt den Aufbau eines View-Controllers. Hier ist zu sehen, dass eine View direkt dem View-Controller zugeordnet ist.

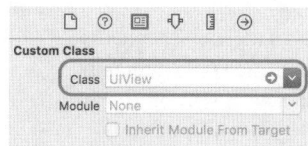

Bild 23.26
Die Inspectors Area verrät, dass es sich bei dem im
Interface Builder angezeigten Element eines View-Controllers
um eine UIView handelt.

Die Verknüpfung dieser UIView-Ansicht im Interface Builder mit der view-Property der
UIViewController-Klasse kann ebenfalls konkret nachvollzogen werden. Dazu klickt man
auf das gelbe Symbol für den View-Controller (entweder in der Symbolleiste über der View
oder in der Document Outline Area) und wechselt anschließend in den Connections Inspector der Inspectors Area. Dort ist im Abschnitt *Outlets* zu sehen, dass die View mit der
view-Property des View-Controllers verknüpft ist (siehe Bild 23.27).

Bild 23.27
Der Connections Inspector eines View-Controllers verdeutlicht
die Verknüpfung mit der angezeigten View.

Der View-Controller kümmert sich darum, dass beim Laden und Einblenden die zugrunde
liegende View mit all ihren Subviews auf dem Bildschirm angezeigt wird. Sobald ein
View-Controller vollständig geladen ist, wird die Methode viewDidLoad() der UIView
Controller-Klasse aufgerufen.

In vielen Szenarien in der iOS-Entwicklung wird diese Methode in eigenen UIView
Controller-Subklassen überschrieben, um zusätzliche Initialisierungen im Zusammenspiel mit dem View-Controller durchzuführen (beispielsweise das Übersetzen von einem
auf der View angezeigten Label oder das Laden aktueller Inhalte von einem Webservice).
Die Methode wird auch standardmäßig beim Erstellen einer neuen UIViewController
-Subklasse in Xcode hinzugefügt, wie in Listing 23.4 in Abschnitt 23.3.2, „Rundgang durch
die erstellten Dateien", bereits zu sehen war.

Mehr über die Methode viewDidLoad() und den Lebenszyklus eines View-Controllers
erfahren Sie in Abschnitt 23.5.4, „Lebenszyklus eines View-Controllers".

 View-Controller programmatisch erstellen

In der Regel werden View-Controller auf Basis einer Nib- oder Storyboard-
Datei erstellt. Ist das der Fall, wird der view-Property des View-Controllers
automatisch die View aus der entsprechenden Interface-Datei zugewiesen.

Möchte man aber stattdessen einen View-Controller komplett im Code
erzeugen, ohne dass es für diesen eine zugehörige Interface-Datei gibt, ist
es wichtig, in der Implementierung dieses View-Controllers die Methode
loadView() zu überschreiben. Diese Methode wird automatisch aufgerufen,
sobald ein View-Controller versucht, auf seine view-Property zuzugreifen
und dabei feststellt, dass diese noch keinen Wert besitzt. Selbst aufrufen
sollte man die Methode loadView() niemals.

In der eigenen `UIViewController`-Subklasse erzeugt man sodann innerhalb der Methode `loadView()` die gewünschte `UIView`-Instanz, die im Zusammenspiel mit dem View-Controller angezeigt werden soll, und weist sie der `view`-Property zu. Der Aufruf von `super` innerhalb von `loadView()` sollte vermieden werden.

Mehr über Views in der iOS-Entwicklung erfahren Sie in Abschnitt 23.6, „Oberflächen gestalten mit UIView".

23.5.2 Ansicht eines View-Controllers anpassen

Die Ansicht, die jeder View-Controller mit sich bringt, kann individuell angepasst werden. Im einfachsten Fall geschieht diese Gestaltung über eine Interface-Datei wie ein Storyboard. Darüber kann die Ansicht mit allen Elementen in der gewünschten Anordnung kreiert werden.

Herzstück hierbei ist die *Objects Library* von Xcode. Sie lässt sich über eine gleichnamige Schaltfläche am oberen rechten Rand von Xcode einblenden (siehe Bild 23.28).

Innerhalb der Objects Library finden sich Vorlagen für verschiedene View-Controller und Views, die in einem Interface platziert werden können. Um ein Element dem Interface hinzuzufügen, ziehen Sie es einfach aus der Objects Library auf die gewünschte Stelle. Auf diese Art und Weise können Sie Ihren View-Controller beispielsweise um Schaltflächen, Schalter, Labels, Textfelder und vieles mehr ergänzen.

In der Objects Library wird primär zwischen zwei Arten von Interface-Elementen unterschieden:

- *View-Controller:* Diese Elemente werden zu Beginn innerhalb der Objects Library aufgelistet und sind in Form von gelbfarbigen Elementen umgesetzt. Der initiale View-Controller einer Storyboard-Datei ist beispielsweise ein solches Element. Sie dienen dazu, in einem Interface mehr als einen View-Controller zu gestalten, wofür für jeden zu gestaltenden View-Controller ein entsprechendes View-Controller-Element im Interface platziert werden muss.

  View-Controller können ausschließlich auf einer freien Fläche innerhalb der Interface-Datei und nicht innerhalb eines bestehenden View-Controllers platziert werden.

- *Views:* Mit diesen Elementen gestalten Sie das Aussehen eines View-Controllers. Sie können ausschließlich in der freien Fläche eines View-Controllers und an sonst keiner anderen Stelle einer Interface-Datei platziert werden. Der Großteil der Elemente in der Objects Library gehört zu dieser Kategorie. Dazu zählen beispielsweise Labels, Schaltflächen und Slider.

 Views

Mehr zu den verschiedenen in iOS verfügbaren Views und ihrer Funktionsweise erfahren Sie in Abschnitt 23.6, „Oberflächen gestalten mit UIView".

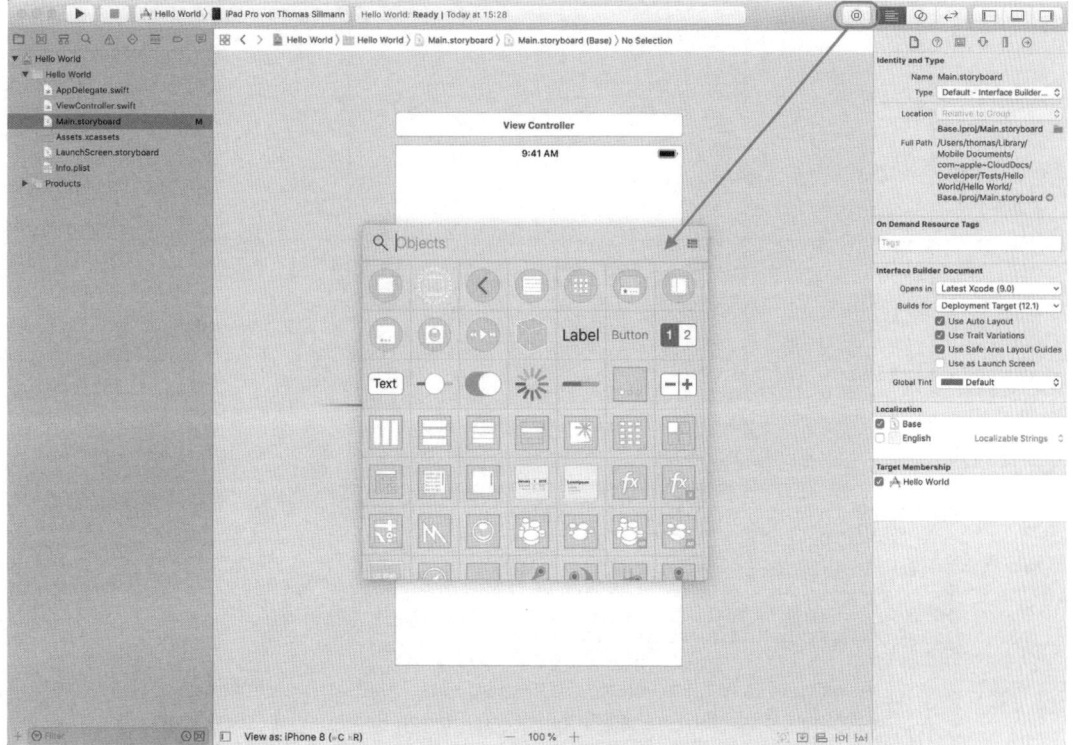

Bild 23.28 Die Objects Library erreicht man über die gekennzeichnete Schaltfläche am oberen rechten Rand von Xcode.

Festlegen der View-Positionierung mit Auto Layout

Mithilfe von *Auto Layout* legen Sie fest, wie die Views eines View-Controllers positioniert werden sollen. Das ist unter iOS deshalb so wichtig, weil es eine Vielzahl unterschiedlicher Geräte mit verschiedenen Displaygrößen und Seitenverhältnissen gibt. Möchten Sie beispielsweise ein Label mittig platzieren, befindet sich der Mittelpunkt bei einem iPhone X an einer anderen Stelle als bei einem iPhone SE oder einem iPad Pro (siehe Bild 23.29). Hinzu kommt die Möglichkeit, iOS-Geräte drehen und so zwischen einem Portrait- und Landscape-Modus wechseln zu können. Auch hier ändert sich das zugrunde liegende Koordinatensystem, in dem eine Ansicht in iOS aufgebaut wird, und die Mitte rückt an eine andere Position.

Bild 23.29 Mitte ist nicht gleich Mitte; je nach Device und Orientierung ändern sich die Abstände zu einer bestimmten Position auf dem Display.

 Das Koordinatensystem in iOS

Views werden mithilfe von X- und Y-Koordinaten platziert. Hierbei ist zu beachten, dass die Y-Achse unter iOS am oberen Rand beginnt. Eine View mit der Y-Koordinate 0 wird somit ganz oben platziert (siehe Bild 23.30).

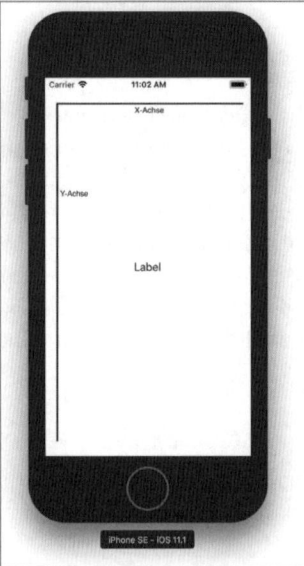

Bild 23.30
Im Koordinatensystem von iOS beginnt die Y-Achse am oberen Rand, nicht am unteren.

Auto Layout hilft dabei, für jede einzelne View Regeln für die korrekte Positionierung festzulegen, um sie auf unterschiedlichen Geräten in unterschiedlichen Ausrichtungen immer korrekt anzuzeigen. Dazu kommen sogenannte *Constraints* zum Einsatz. Ein Constraint entspricht einer solchen Regel, zum Beispiel: Richte die View horizontal zentriert aus. Zusammen mit einem zweiten Constraint zum vertikalen Zentrieren einer View hat man die nötigen Regeln definiert, um ein Element mittig zu platzieren. Es gibt noch eine Vielzahl weiterer Regeln für Constraints. Dazu gehören:

- Festlegen der Abstände einer View zum oberen, unteren, linken und rechten Rand
- Festlegen von Breite und Höhe einer View
- Festlegen des Abstands zu einem umgebenden View-Element

Wie Sie solche Auto Layout-Constraints in Storyboards setzen, soll anhand mehrerer praktischer Beispiele demonstriert werden. Das Grundvorgehen ist hierbei immer identisch. Sobald Sie also das grundlegende Prinzip einmal verstanden haben, können Sie selbst mit den verschiedenen Arten von Constraints experimentieren, um Ihre Views optimal auszurichten.

Beginnen wir zunächst mit dem Erstellen eines neuen Xcode-Projekts auf Basis einer *Single View App*. Anschließend rufen wir die Datei *Main.storyboard* auf und platzieren dort ein Label am oberen rechten Rand. Die blauen Hilfslinien helfen dabei, die optimale Position für das Label zu finden (siehe Bild 23.31).

Bild 23.31
Dem initialen View-Controller der Main.storyboard-Datei
wird ein Label am oberen rechten Rand hinzugefügt.

Dieses Label ist nun ideal für das Gerät positioniert, das als Basis für das Layout des Storyboards verwendet wird. Welches Gerät das ist, können sie am unteren linken Rand des Editors sehen. Dort steht die Meldung *View as*, gefolgt vom entsprechenden Gerätenamen (siehe Bild 23.32).

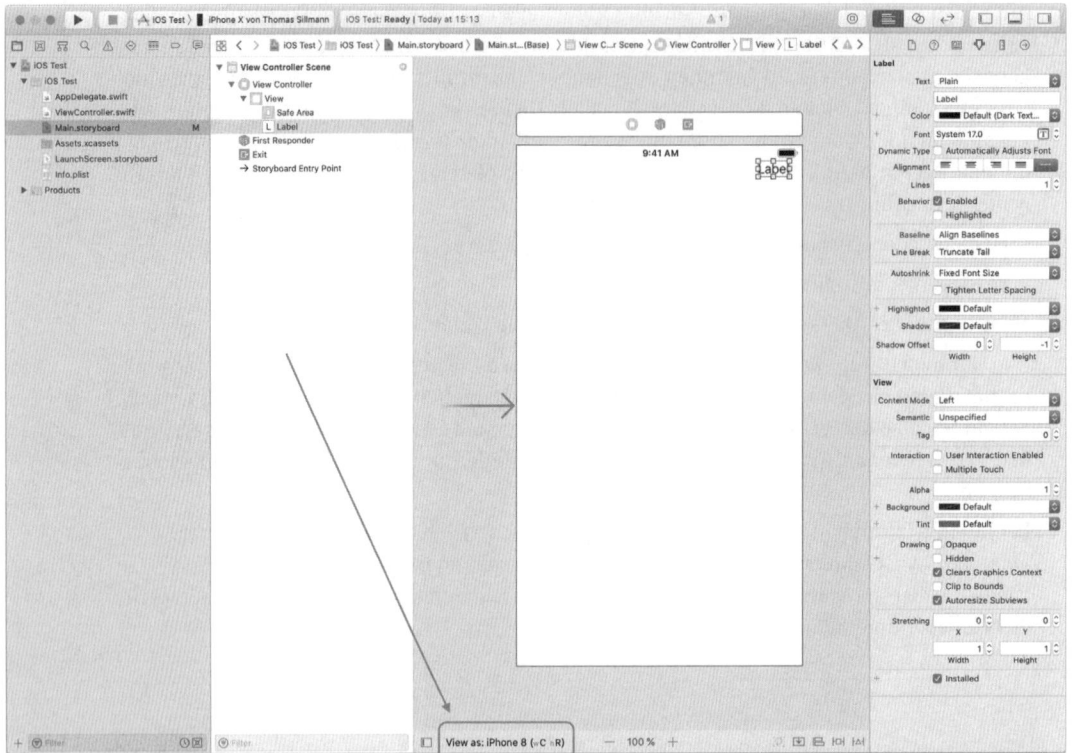

Bild 23.32 Am unteren Rand der Editor-Ansicht können Sie sehen, welches iOS-Gerät als Basis für die View-Controller des angezeigten Storyboards dient; in diesem Fall handelt es sich um das iPhone SE.

Führen Sie die App nun in dem für dieses Gerät passenden Simulator aus, werden Sie feststellen, dass das eingefügte Label perfekt und wie gewünscht am oberen rechten Rand angezeigt wird. Das liegt daran, dass die für die View festgelegte Position für das Gerät optimiert ist. Ein Test in einem anderen Simulator für ein Gerät mit einem anderen Display dürfte hingegen schnell Ernüchterung bringen; dort wird das Label sich entweder zu sehr Richtung Mitte oder sogar außerhalb des sichtbaren Bereichs befinden (siehe Bild 23.33).

Doch warum ist das so? Bis jetzt wurde das Label schlicht an einer bestimmten Stelle im Interface Builder platziert. Wird nun die entsprechende Ansicht auf einem Endgerät geladen, werden exakt die für die Platzierung des Elements verwendeten X- und Y-Koordinaten zur Positionierung genutzt. In dem gezeigten Beispiel ist der Wert der X-Achse das Problem. Während auf einem kleinen iPhone SE ein geringer Wert bereits dafür sorgt, dass eine View am rechten Rand angezeigt wird, braucht es bei einem größeren Gerät wie dem iPhone 8 Plus schon einen deutlichen höheren Wert.

Bild 23.33 Im iPhone SE-Simulator wird das platzierte Label perfekt angezeigt, im iPhone 8 Plus-Simulator hingegen ist der Abstand zum rechten Rand deutlich größer.

 Größe und Position einer View anzeigen und bearbeiten

Wählt man eine View im Interface Builder aus, lassen sich Informationen zu Größe und Position des Elements in der Inspectors Area auslesen und verändern. Dazu ruft man über die entsprechende Schaltfläche den sogenannten *Size Inspector* auf (siehe Bild 23.34). Dort finden sich im Abschnitt *View* die gesetzten Werte für die X- und Y-Koordinaten sowie die Breite und Höhe.

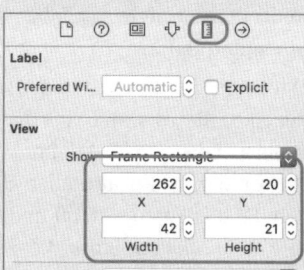

Bild 23.34
Größe und Position einer View können im Size Inspector eingesehen und bearbeitet werden.

Möchte man die Werte für diese Eigenschaften punktgenau festlegen, bietet es sich an, sie direkt an den entsprechenden Stellen im Size Inspector einzutragen anstatt die View möglicherweise aufwendig im View-Controller zu verschieben oder mithilfe der Maus die Größe zu ändern.

An dieser Stelle kommt das sogenannte *Auto Layout* ins Spiel, um das beschriebene Problem zu lösen. Es muss für das Label eine Regel definiert werden, die besagt, dass der Abstand zum rechten Rand immer gleich groß sein soll. Das sorgt dafür, dass das Label an diesem Rand „kleben" bleibt und nicht – wie im iPhone 8 Plus-Simulator in Bild 23.33 zu sehen – mitten in der Ansicht schwebt.

Um einen passenden Constraint für diese Regel zu setzen, gehen Sie wie folgt vor: Wählen Sie das Label im Interface Builder aus und ziehen Sie anschließend von dort mit gedrückt gehaltener rechter Maustaste eine Verbindung zum rechten Rand der zugrunde liegenden View, so wie in Bild 23.35 zu sehen. Lassen Sie nun die rechte Maustaste los, sobald die zugrunde liegende View blau hervorgehoben wird und ein Pop-up-Menü erscheint (siehe Bild 23.36).

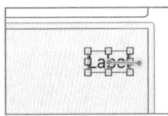

Bild 23.35
Ziehen Sie eine Verbindung von einer View zu einem anderen View-Element (in diesem Fall die zugrunde liegende View des View-Controllers), um Auto Layout-Constraints zu setzen.

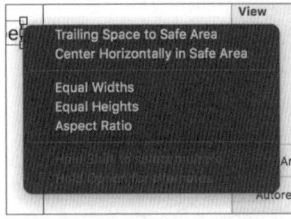

Bild 23.36
Über das Pop-up-Menü können Sie einen passenden Constraint auswählen.

Dieses Pop-up-Menü bietet Ihnen verschiedene Constraints, die Sie im Zusammenspiel zwischen der View, mit dem die gezogene Verbindung gestartet wurde (dem Label), und der View, mit der die Verbindung beendet wurde (der zugrunde liegenden View des View-Controllers), setzen können. Dabei wird auch die gewählte Richtung berücksichtigt. Da die Verbindung zum rechten Rand der View des View-Controllers erfolgte, beziehen sich die angezeigten Constraints auch primär auf genau diesen rechten Rand.

In diesem Pop-up-Menü steht beispielsweise an erster Stelle der Punkt *Trailing Space to Safe Area* zur Verfügung. Wird dieser ausgewählt, wird der aktuelle Abstand vom Label zum rechten Rand der zugrunde liegenden View als fix definiert, sodass das Label immer genau diesen Abstand zum rechten Rand besitzt; genau das, was wir in der aktuellen Situation benötigen! Wenn Sie diesen Punkt auswählen, verschwindet das Pop-up-Menü und der entsprechende Constraint wird gesetzt. Diesen erkennen Sie an der blauen Linie, die erscheint, sobald Sie das Label im Interface Builder auswählen (siehe Bild 23.37).

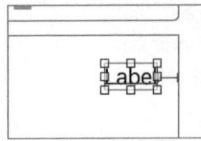

Bild 23.37
Die blaue Linie, die vom rechten Rand des Labels ausgeht, stellt den soeben gesetzten Constraint dar.

Auf diese Art und Weise lassen sich dem Label weitere Constraints hinzufügen, beispielsweise durch Ziehen einer Verbindung an den *oberen* Rand und Auswahl des Punkts *Top Space to Safe Area*. Das legt fest, dass der Abstand des Labels zum oberen Rand ebenfalls immer gleich groß bleibt.

Mit diesen beiden Regeln ist sichergestellt, dass das Label immer am oberen rechten Rand angezeigt wird, egal wie groß oder klein das Display ist, auf dem die App ausgeführt wird (siehe Bild 23.38).

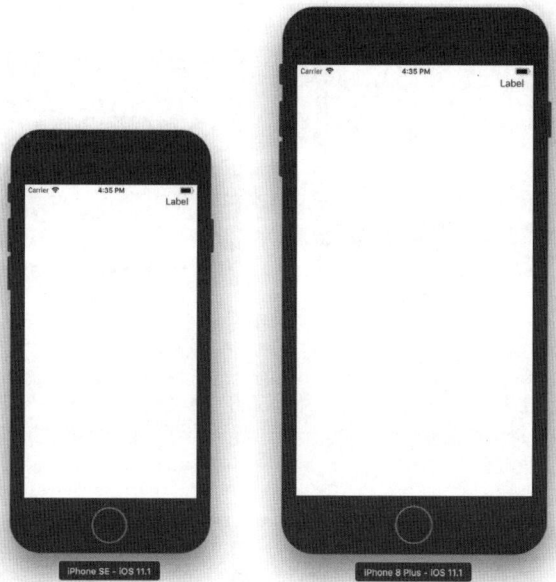

Bild 23.38 Das Label wird nach Setzen der Auto Layout-Constraints korrekt in der oberen rechten Ecke angezeigt, egal bei welcher Display-Größe und -Orientierung.

 Safe Area

Die sogenannte *Safe Area* spielt seit der Einführung des iPhone X in iOS eine wichtige Rolle. Da dessen Display über abgerundete Ecken verfügt und somit die Gefahr besteht, dass View-Elemente wie Labels in diesen abgerundeten Bereichen untergehen, muss eine Lösung her, die derartige Probleme verhindert. Hierzu definiert die Safe Area für das iPhone X-Display einen viereckigen Bereich, innerhalb dessen man problemlos View-Elemente platzieren kann (siehe Bild 23.39). Durch das Setzen von Constraints in Bezug auf diese Safe Area stellt man sicher, dass die View-Elemente auch auf einem iPhone X mit abgerundetem Display korrekt angezeigt werden. Bild 23.40 verdeutlicht das hierbei zugrunde liegende Problem.

Bild 23.39 Die Safe Area ist ein von Apple für das Display eines iOS-Geräts fest-gelegter optimaler Bereich, in dem View-Elemente platziert werden sollten. Sie stellt sicher, dass gerade auf Geräten mit abgerundetem Display wie dem iPhone X alle Views korrekt platziert und nicht aus Versehen in den Ecken abgeschnitten werden.

Bild 23.40 Werden View-Elemente auf einem Gerät mit abgerundetem Display wie dem iPhone X nicht an der Safe Area ausgerichtet, verschieben sie sich möglicher-weise in die Randbereiche, wo sie meist schlecht lesbar sind oder abgeschnitten werden.

Ob die Safe Area bei der Arbeit mit Auto Layout zum Einsatz kommt, verrät die Checkbox *Safe Area Layout Guide* im Size Inspector der Inspectors Area. Um deren aktuellen Status zu sehen, klicken Sie auf die zugrunde liegende View des gewünschten View-Controllers, für den Sie den Wert der Checkbox prüfen möchten, und rufen anschließend den Size Inspector auf. Ist der Haken für *Safe Area Layout Guide* gesetzt, wird die Safe Area beim Setzen von Constraints berücksichtigt, andernfalls nicht (siehe Bild 23.41). Bei neuen Projekten ist dieser Haken standardmäßig aktiviert.

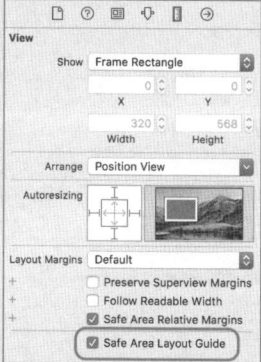

Bild 23.41
Die Checkbox „Safe Area Layout Guide" bestimmt, ob beim Setzen von Constraints für einen View-Controller die Safe Area berücksichtigt wird oder nicht.

In der Regel sollten Sie immer Gebrauch von der Safe Area machen. Das Verhalten der Constraints bei iOS-Geräten ohne abgerundetem Display bleibt unverändert, gleichzeitig unterstützen Sie mit Beachtung der Safe Area auch direkt neue Geräte wie das iPhone X.

Das nächste Beispiel soll die Positionierung eines View-Elements in der Mitte eines iOS-Geräts demonstrieren. Fügen Sie dazu einem View-Controller erneut ein Label hinzu und fixieren Sie es mithilfe der blauen Linien genau in der Mitte der Ansicht (siehe Bild 23.42). Ziehen Sie anschließend eine Verbindung vom Label zum oberen Rand, bis die zugrunde liegende View des View-Controllers wieder blau hervorgehoben wird. Wenn Sie nun die rechte Maustaste loslassen, erscheint erneut das Pop-up-Menü zum Setzen von Constraints. Wählen Sie dort den Punkt *Center Vertically in Safe Area* aus (siehe Bild 23.43). Ziehen Sie anschließend eine Verbindung vom Label zum rechten oder linken Rand der zugrunde liegenden View des View-Controllers, lassen Sie dann die rechte Maustaste los und wählen Sie aus dem Pop-up-Menü *Center Horizontally in Safe Area* aus.

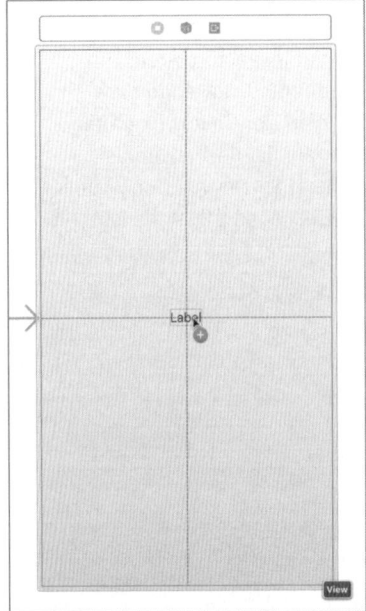

Bild 23.42
Platzieren Sie ein Label genau in der
Mitte der View eines View-Controllers.

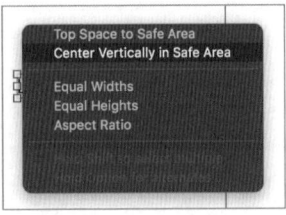

Bild 23.43
Mithilfe der Center-Constraints können Sie
View-Elemente mittig platzieren.

Wenn Sie die App nun auf verschiedenen iOS-Geräten und Display-Ausrichtungen testen, werden Sie feststellen, dass das Label immer zentriert an der von Ihnen definierten Stelle angezeigt wird (siehe Bild 23.44).

Bild 23.44 Egal ob iPhone SE, iPhone X oder iPad Pro im Landscape-Modus: Das Label wird immer zentriert auf dem Bildschirm angezeigt.

Auf die beispielhaft skizzierte Art und Weise können Sie allen Views eines View-Controllers passende Constraints zuweisen, um zu definieren, wie diese zueinander stehen und positioniert werden sollen. Die Möglichkeiten hierbei sind vielfältig. Beispielsweise lässt sich über Constraints auch definieren, dass verschiedene View-Elemente immer die gleiche Höhe oder Breite besitzen sollen.

Mehr über Auto Layout, den Umgang mit Constraints und die verschiedenen zur Verfügung stehenden Möglichkeiten zur Positionierung von Views erfahren Sie in Kapitel 28, „Cross-Platform".

 Übung macht den Meister

Ich empfehle Ihnen, mit Auto Layout und den verschiedenen Constraints in Ruhe zu experimentieren und sich dabei immer eine spezifische Aufgabe zu stellen. Betrachten Sie eine View und überlegen Sie, wie diese positioniert werden und sich im Verhältnis zu den anderen View-Elementen des entsprechenden View-Controllers verhalten soll. Planen Sie aufgrund dessen die passenden Constraints und setzen Sie diese anschließend um.

Mehr Informationen zu Auto Layout erhalten Sie in Kapitel 28, „Cross-Platform".

23.5.3 Verbindung zwischen Interface und Code

Das Erstellen und Gestalten der Interfaces einer App ist selbstredend eine wichtige Aufgabe bei der Entwicklung von iOS-Apps. Das Interface allein nützt aber in der Regel nicht viel, wenn es nicht mit einer passenden Logik – sprich dem *Code* – gekoppelt wird.

Doch was bedeutet diese Kopplung, und wozu ist sie gut? Nehmen wir als Beispiel ein Label, das Sie – wie in den Beispielen aus den vorherigen Abschnitten gezeigt – einem View-Controller hinzufügen. Dieses Label soll eine Info über einen angestoßenen Download ausgeben, indem es den Download-Fortschritt in Prozent anzeigt.

Bisher haben wir Views wie das Label lediglich einem View-Controller hinzugefügt und dort platziert, ohne diese Elemente dynamisch zu verändern. So behält ein Label die gesamte Zeit über den Text, den wir ihm im Storyboard zugewiesen haben. Die Anwendungen enthielten bisher keine zugehörige Logik, mit der man auf ein solches Label vom Code aus zugreift und dynamisch den gewünschten Wert setzt. Genau ein solches dynamisches Vorgehen macht aber jede App aus und ist der Grundstein für die Programmierung von Apps.

Um also ein statisches Interface wie einen in einer Storyboard-Datei kreierten View-Controller dynamisch über den Code konfigurieren und anpassen zu können, müssen diese beiden Elemente – Interface und Code – miteinander verbunden werden. Damit solch eine Verbindung möglich ist, braucht es zwei Dinge:

- `UIViewController`-*Subklasse:* Sie benötigen eine eigene Subklasse von `UIViewController`, die Ihren eigenen Code enthält und über die Sie das Verhalten Ihrer eigenen View-Controller bestimmen.
- *Interface:* Mithilfe eines Interfaces eines View-Controllers, wie Sie es beispielsweise in einem Storyboard erstellen können, gestalten Sie das Aussehen und den Aufbau eines View-Controllers und bestimmen, welche View-Elemente er enthält und anzeigt.

Haben Sie ein neues iOS-Projekt auf Basis einer *Single View App* erstellt, sind diese beiden Elemente bereits vorhanden. In der Datei *ViewController.swift* ist eine `UIViewController`-Subklasse `ViewController` definiert, die *Main.storyboard*-Datei enthält das zugehörige Interface für diesen View-Controller.

Doch wie genau sind diese beiden Elemente nun miteinander verbunden? Das verrät ein Blick in die *Main.storyboard*-Datei. Wählen Sie dort den initialen View-Controller aus, indem Sie in die obere Leiste und anschließend auf das runde gelbe Symbol links außen klicken (siehe Bild 23.45).

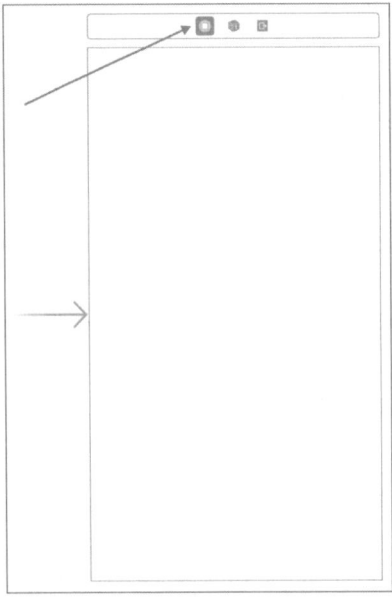

Bild 23.45
Einen View-Controller wählen Sie im Storyboard über das runde Symbol am oberen linken Rand aus.

Wechseln Sie dann in den Identity Inspector der Inspectors Area. Dort finden Sie ein Textfeld mit dem Titel *Class*. Darin wird die Klasse eines Elements aus dem Storyboard definiert. Da Sie den View-Controller ausgewählt haben, zeigt Ihnen der Identity Inspector in diesem Feld entsprechend den Namen der zugehörigen View-Controller-Klasse an. Dort ist *ViewController* eingetragen (siehe Bild 23.46).

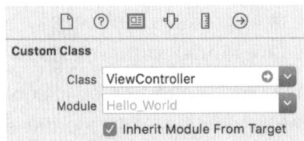

Bild 23.46
Der Identity Inspector verrät, welche Klasse dem ausgewählten Storyboard-Element zugewiesen ist.

Durch die Information im Textfeld *Class* wird die Verbindung zwischen Interface (dem View-Controller, den Sie in der Storyboard-Datei ausgewählt haben) und dem Code (jener Klasse, die Sie im Identity Inspector für das ausgewählte Element eintragen) hergestellt. Bei neuen Projekten auf Basis einer Single View App nimmt Xcode also bereits die Arbeit der Kopplung von Interface und Code für uns ab, indem es die `ViewController`-Klasse aus der *ViewController.swift*-Datei dem initialen View-Controller im Main-Storyboard zuweist.

Wenn Sie selbst für eine neue Ansicht eine weitere `UIViewController`-Subklasse sowohl im Code als auch im Storyboard erstellen, müssen Sie das beschriebene *Class*-Feld nutzen, um die beiden Elemente miteinander zu koppeln. Fehlt diese Verbindung, kann man im Code nicht auf die im Storyboard erstellten Views des View-Controllers zugreifen und das Interface verfügt umgekehrt über keine Logik, um dynamische Befehle auszuführen.

Die folgenden Abschnitte 23.5.3.1, „Outlets", und Abschnitt 23.5.3.2, „Actions", zeigen, was Ihnen die Verbindung von Interface und Code konkret bringt und wie Sie diese Kopplung in Ihren Apps nutzen können.

 Das Interface ist optional

View-Controller müssen nicht zwingend über ein Storyboard gestaltet werden, sondern können auch vollständig im Code erstellt werden. Views wie Labels oder Buttons können also auch direkt im Code einem View-Controller hinzugefügt werden, ohne dass dafür eine Gestaltung über ein Storyboard zwingend notwendig ist (so wie es in den bisherigen Beispielen dieses Kapitels gezeigt wurde).

Wenn Sie einen View-Controller auf diese Art und Weise vollständig im Code erstellen und gestalten, braucht es selbstredend auch nicht die beschriebene Kopplung mit einem Interface im Storyboard; das gibt es dann schließlich nicht. Mehr über das programmatische Generieren von Views erfahren Sie in Abschnitt 23.6, „Oberflächen gestalten mit UIView".

23.5.3.1 Outlets

Ein *Outlet* beschreibt die Verbindung einer View aus einer Interface-Datei (wie einem Storyboard) mit dem Code. Eine solche Kopplung sorgt dafür, dass Sie von Ihrem Code aus auf die View zugreifen, sie auslesen und verändern können.

Betrachten wir als Beispiel ein Label, dass Sie in einer Storyboard-Datei einem View-Controller hinzugefügt haben. Das Label ist damit Teil des View-Controllers und wird bei Ausführung der App auch angezeigt, aber Sie haben keine Möglichkeit, dieses Label im Code Ihrer zugehörigen View-Controller-Klasse (siehe den vorherigen Abschnitt 23.5.3, „Verbindung zwischen Interface und Code") anzusprechen, um beispielsweise den Text oder die Farbe zu ändern; dafür brauchen Sie ein Outlet.

Um ein Outlet zu erstellen, haben Sie zwei Möglichkeiten. Ich möchte Ihnen zu Beginn die „aufwendigere" Variante vorstellen, da durch sie deutlicher wird, wie diese Kopplung von View und View-Controller zustande kommt.

Demonstrieren möchte ich dieses Vorgehen direkt an einem Beispiel auf Basis einer neuen *Single View App*. Fügen Sie zunächst dem initialen View-Controller in der *Main.storyboard*-Datei ein Label hinzu und positionieren Sie es an einer beliebigen Position (siehe Bild 23.47). Ziel dieser Beispiel-App soll es sein, beim Laden des View-Controllers den Text des Labels in „Outlet" zu ändern.

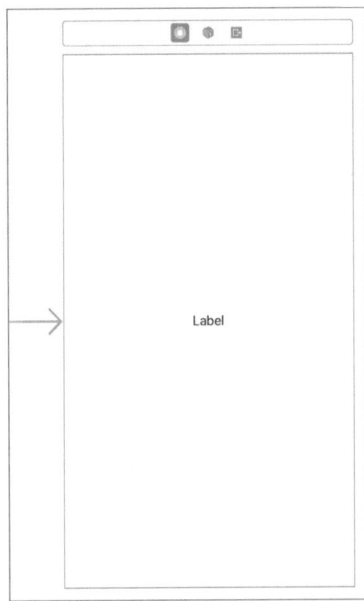

Bild 23.47
Dem initialen View-Controller der Beispiel-App
fügen Sie ein Label hinzu, für das ein Outlet im
Code erstellt werden soll.

Damit das gelingt, müssen wir im Code der ViewController-Klasse auf das Label zugreifen können; wir benötigen also ein *Outlet* des Labels. Um ein solches Outlet zu erstellen, deklariert man zunächst eine Property vom Typ der Outlet-View. In diesem Beispiel geht es um ein Label, dass dem Typ UILabel entspricht (mehr zu den verfügbaren Views in iOS und deren Klassen erfahren Sie in Abschnitt 23.6, „Oberflächen gestalten mit UIView").

Beachten Sie bei der Deklaration einer solchen Outlet-Property zwei Dinge:

- Weisen Sie das Schlüsselwort weak für eine Weak-Reference zu. Jeder View-Controller besitzt eine view-Property, bei der es sich um eine Strong-Reference handelt (siehe hierzu auch Abschnitt 23.5.1, „Aufbau"). Da jede weitere View, die Sie einem View-Controller in einem Storyboard hinzufügen, der view-Property als sogenannte Subview hinzugefügt wird, brauchen Sie diese nicht nochmals stark zu referenzieren. Solange die view-Property existiert (und das tut sie, solange auch der View-Controller aktiv ist), existieren auch alle ihre Subviews (mehr zu Views und Subviews erfahren Sie in Abschnitt 23.6, „Oberflächen gestalten mit UIView").

- Deklarieren Sie die Property als Implicitly Unwrapped Optional. Der Grund hierfür ist, dass bei Initialisierung eines View-Controllers die zugrunde liegende View noch nicht erstellt ist und somit nil entspricht. Das Gleiche gilt auch für alle Subviews, die Sie über das Storyboard einem View-Controller hinzufügen. Erst mit Erstellen der View werden auch die Subviews erzeugt und stehen dann uneingeschränkt zur Verfügung; darum die Deklaration als Implicitly Unwrapped Optional.

In Listing 23.8 sehen Sie die passende Implementierung der ViewController-Klasse aus der *ViewController.swift*-Datei (der von Xcode erzeugte Standard-Code der Klasse wurde von mir entfernt, da er aktuell nicht gebraucht wird). Sie enthält die Deklaration einer UILabel-Property namens label, die als Verbindung zu dem Label aus dem Storyboard dienen soll. Wie eben beschrieben, ist sie mit dem Schlüsselwort weak sowie als Implicitly Unwrapped Optional deklariert.

Listing 23.8 Deklaration einer Property für ein geplantes `UILabel`-Outlet

```
class ViewController: UIViewController {

    weak var label: UILabel!

}
```

Diese Property können Sie nun nutzen, um innerhalb Ihrer View-Controller-Klasse auf die Label-Instanz zuzugreifen und sie zu verändern. Doch bisher handelt es sich bei der Property um nichts weiter als eben das: eine einfache Property. Auch wenn sie vom Typ `UILabel` ist, ist sie bisher noch nicht mit dem Label gekoppelt, das wir für den View-Controller im Storyboard erstellt haben. Damit das so ist, müssen wir eine Verbindung zwischen der Property und dem Label im Storyboard herstellen.

Wie gehen wir hierfür vor? Zunächst müssen wir die Deklaration unserer `label`-Property noch minimal anpassen und ihr das Schlüsselwort `@IBOutlet` voranstellen (siehe Listing 23.9). Zunächst hat dieses Schlüsselwort keinerlei Auswirkungen auf die Funktionsweise der Property an sich. Es gibt lediglich an, dass die Property mit einem Element aus einer Interface-Datei (wie einem Storyboard) verbunden werden kann.

Listing 23.9 Deklaration einer Property als Outlet

```
class ViewController: UIViewController {

    @IBOutlet weak var label: UILabel!

}
```

Ist dieses Schlüsselwort gesetzt, fällt auch direkt eine Änderung im Editor-Fenster auf: Am linken Rand des Editors auf Höhe der Property erscheint ein Kreis (siehe Bild 23.48). Dieser weist darauf hin, dass die Property mit einer Interface-Datei verbunden werden kann.

```
 9  import UIKit
10
11  class ViewController: UIViewController {
12
 ○      @IBOutlet weak var label: UILabel!
14
15  }
16
```

Bild 23.48
Am rechten Rand auf Höhe der Property-Deklaration erscheint ein Kreis, sobald wir das Schlüsselwort @IBOutlet hinzufügen.

Mit dieser Deklaration der ViewController-Klasse wechseln wir zurück in die *Main.storyboard*-Datei und wählen den initialen View-Controller aus, indem wir in die obere Leiste und dann auf das View-Controller-Symbol klicken (siehe hierzu auch Abschnitt 23.5.3, „Verbindung zwischen Interface und Code"). Anschließend rufen wir den sogenannten Connections Inspector in der Inspectors Area auf (siehe Bild 23.49). Dort findet sich im Abschnitt *Outlets* ein Eintrag namens *label*. Der ist dort nicht zufällig aufgetaucht, sondern es handelt sich um die `label`-Property, die wir im Code des zugehörigen View-Controllers mithilfe des Schlüsselworts `@IBOutlet` deklariert haben. Ohne dieses Schlüsselwort würde das Label nicht in dieser Liste auftauchen.

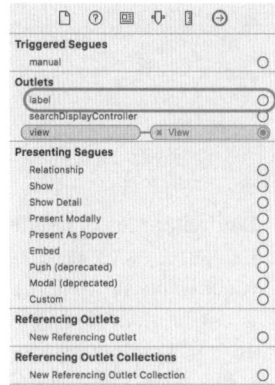

Bild 23.49
Aufgrund der Deklaration der label-Property als @IBOutlet taucht ein Verweis auf diese Property im Connections Inspector des View-Controllers auf.

Diesen *label*-Eintrag im Connections Inspector können Sie nun nutzen, um von dem Kreis am rechten Rand bei gedrückt gehaltener linker Maustaste eine Verbindung zu dem Label-Element im Interface des View-Controllers zu ziehen (siehe Bild 23.50). Sobald Sie mit der Maus über dem Label-Element sind, wird dieses blau hervorgehoben. Damit wird signalisiert, dass Sie das `label`-Outlet mit diesem Interface-Element koppeln können.

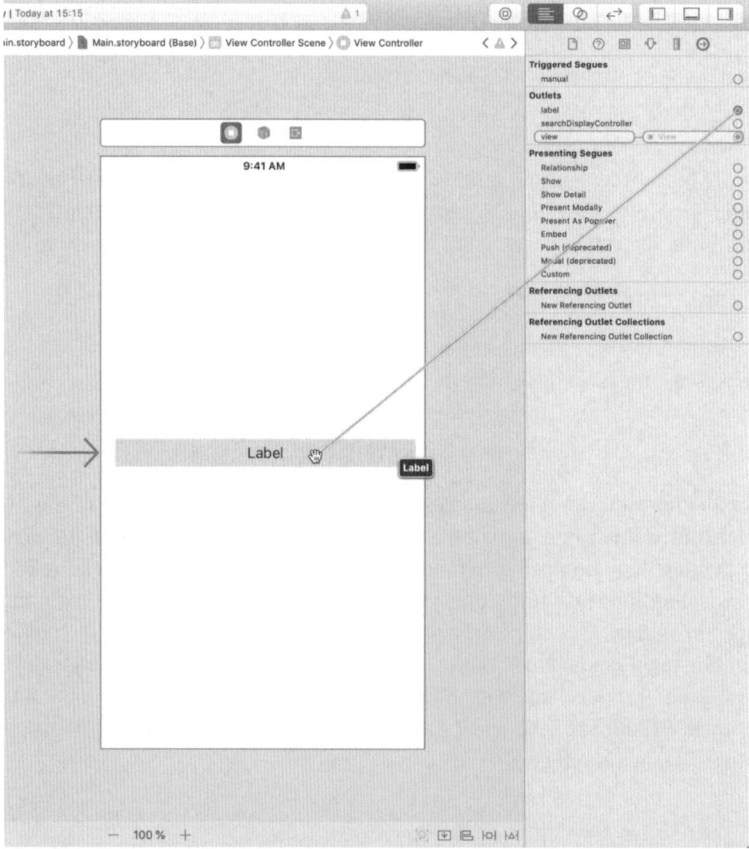

Bild 23.50 Ziehen Sie vom Connections Inspector eine Verbindung zum Label, um die label-Property mit dem Interface-Element zu verbinden.

Diese Kopplung ist nur möglich, weil Sie die `label`-Property als `@IBOutlet` deklariert haben und es sich bei der Property wie auch dem Interface-Element um ein und denselben Typ (nämlich `UILabel`) handelt.

Sobald Sie die linke Maustaste über dem Label-Element im Storyboard loslassen, stellt Xcode die Verbindung zwischen diesen beiden Elementen her. Das ist auch sehr schön im Connections Inspector zu sehen. Darin ist das *label*-Outlet nun hervorgehoben und der Kreis am rechten Rand ist gefüllt, was auf eine bestehende Verbindung von Outlet (sprich Code) und Interface hinweist (siehe Bild 23.51). Auch im Code der `ViewController`-Klasse ist der zugehörige Kreis der `label`-Property nun ausgefüllt, um auf eine bestehende Verbindung mit dem Interface hinzuweisen (siehe Bild 23.52).

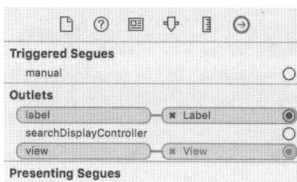

Bild 23.51
Die bestehende Verbindung zwischen Code und Interface ist sowohl im Connections Inspector ...

```
 9   import UIKit
10
11   class ViewController: UIViewController {
12
         @IBOutlet weak var label: UILabel!
14
15   }
16
```

Bild 23.52
... als auch in der Implementierung der ViewController-Klasse zu sehen.

Wenn Sie nun im Code der `ViewController`-Klasse auf die `label`-Property zugreifen, greifen Sie auf das im Storyboard hinzugefügte Label zu. Um das zu demonstrieren und, wie eingangs beschrieben, den Text des Labels nach Laden des View-Controllers in „Outlet" zu ändern, überschreiben wir die `viewDidLoad()`-Methode in der Implementierung der View-Controller-Klasse (mehr über die Methode `viewDidLoad()` und den Lebenszyklus eines View-Controllers erfahren Sie in Abschnitt 23.5.4, „Lebenszyklus eines View-Controllers"). Um den Text des Labels zu ändern, greifen wir auf die `text`-Property der Klasse `UILabel` zu. Die passende vollständige Implementierung der ViewController-Klasse finden Sie in Listing 23.10.

Listing 23.10 Ändern des Label-Textes nach Laden des View-Controllers

```swift
class ViewController: UIViewController {

    @IBOutlet weak var label: UILabel!

    override func viewDidLoad() {
        super.viewDidLoad()
        label.text = "Outlet"
    }

}
```

Wenn Sie das Projekt nun ausführen, stellen Sie fest, dass das Label nach Starten der App statt des vorgegebenen Textes aus dem Storyboard den String „Outlet" anzeigt (siehe Bild 23.53).

Bild 23.53
Nach dem Laden der Beispiel-App entspricht der Wert des Labels dem, der im Code der ViewController-Klasse gesetzt wurde.

Komfortablere Erstellung von Outlets

Wie eingangs erwähnt, handelt es sich bei dem gezeigten Verfahren um das „aufwendigere" zur Erstellung von Outlets. Mithilfe von Xcode geht das Ganze auch deutlich einfacher und schneller vonstatten. Dazu gehen Sie wie folgt vor: Öffnen Sie zunächst die *Main.storyboard*-Datei und wählen Sie den View-Controller aus, für den ein Outlet erstellt werden soll. Öffnen Sie anschließend den Assistant Editor von Xcode per Klick auf die entsprechende Schaltfläche am oberen rechten Rand. Wählen Sie – falls nicht bereits standardmäßig der Fall – für die rechte Hälfte des Assistant Editor-Fensters den Code der ViewController-Klasse aus, sodass Interface und Code nebeneinander angezeigt werden (siehe Bild 23.54).

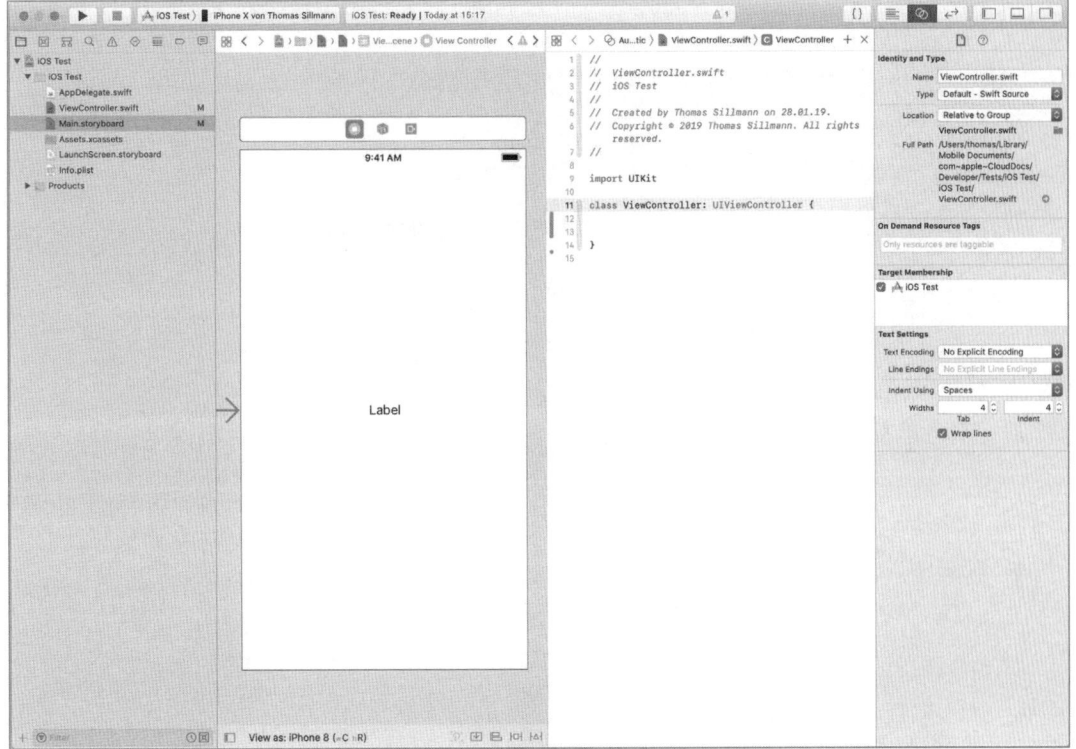

Bild 23.54 Zeigen Sie mithilfe des Assistant Editors Interface und Code nebeneinander an.

Klicken Sie nun im Storyboard auf die View, für die Sie im View-Controller-Code ein Outlet erzeugen möchten (in unserem Beispiel also für das Label), halten Sie die rechte Maustaste gedrückt und ziehen Sie eine Verbindung zur Implementierung der View-Controller-Klasse. Es erscheinen daraufhin blaue Hilfslinien, die Ihnen anzeigen, wo Xcode ein Outlet für die View im Code erstellen wird, sobald Sie die rechte Maustaste loslassen (siehe Bild 23.55).

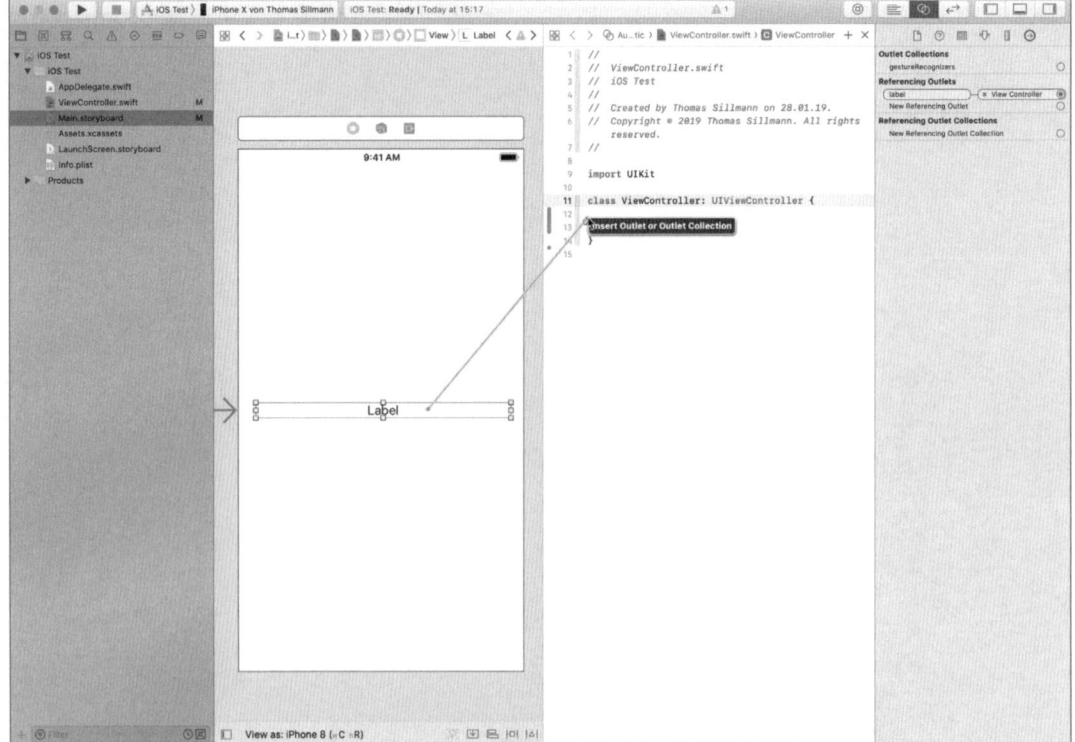

Bild 23.55 Ziehen Sie mit gedrückt gehaltener rechter Maustaste eine Verbindung vom Label in den Code, um so automatisch ein Outlet zu erstellen.

Wenn Sie die rechte Maustaste losgelassen haben, öffnet sich ein Pop-up-Menü, in dem Sie einige Informationen für das zu erstellende Outlet eingeben (siehe Bild 23.56). Dazu gehören:

- *Connection:* Die Art von Verbindung, die Sie von der View im Code erzeugen möchten. Für Outlets wählen Sie hier den gleichnamigen Punkt *Outlet* aus.

- *Object:* Hier wird Ihnen das Objekt angezeigt, für das die Verbindung hergestellt werden soll, in diesem Fall der *View Controller*.

- *Name:* Hier tragen Sie den gewünschten Namen für die Outlet-Property ein, beispielsweise *label*.

- *Type:* Hier bestimmen Sie den Typ der Outlet-Property. Dieses Feld ist mit dem Typ des gewählten View-Elements (in diesem Fall UILabel) vorbelegt und muss in der Regel nicht geändert werden.

- *Storage:* Wählen Sie hier die Regel zur Speicherverwaltung für das Outlet aus. Für Weak-References wählen Sie den Punkt *Weak*.

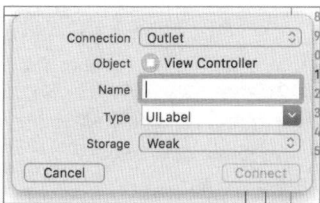

Bild 23.56
Mithilfe dieses Pop-up-Menüs deklarieren Sie
das zu erstellende Outlet, das Xcode dem Code
des View-Controllers hinzufügen soll.

Sind alle Informationen hinterlegt, klicken Sie auf die Schaltfläche *Connect*. Xcode erzeugt anschließend automatisch den Code für das gewünschte Outlet und fügt es der Klasse hinzu (siehe Bild 23.57).

```
9   import UIKit
10
11  class ViewController: UIViewController {
12
⊙       @IBOutlet weak var label: UILabel!
14
15  }
16
```

Bild 23.57
Xcode hat das Outlet automatisch für uns erzeugt.

Neben dem Outlet hat Xcode auch gleich die Verbindung zwischen Code und Interface gesetzt. Mit diesem einfachen Schritt spart man sich somit die eigene Deklaration einer Outlet-Property sowie das gegenseitige Verbinden der Elemente aus Code und Interface.

 Outlets für alle Arten von Views verfügbar

In diesem Beispiel wurde das Erstellen von Outlets auf Basis eines Labels demonstriert. Auf genau die gleiche Art und Weise können aber auch Outlets für alle anderen verfügbaren Arten von Views erzeugt werden, ganz gleich ob Buttons, Switches, Image-Views oder Tabellen. Wann immer Sie vom Code eines View-Controllers aus auf eine im Interface erstellte View zugreifen möchten, kreieren Sie ein Outlet dafür.

23.5.3.2 Actions

Mithilfe bestimmter View-Elemente löst ein Nutzer typischerweise Ereignisse aus. Ein Beispiel hierfür ist ein Button. Es handelt sich hierbei – genau wie bei einem Label – um eine View, allerdings zeigt ein Button nicht einfach nur etwas an. Nutzer können auf ihn tippen, woraufhin passende Befehle von der App ausgeführt werden sollen.

Ähnlich wie bei einem Outlet (siehe Abschnitt 23.5.3.1, „Outlets") muss zu diesem Zweck eine Verbindung zwischen dem Button, der Teil des Interfaces ist, und dem Code der View-Controller-Klasse hergestellt werden. Allerdings basiert diese Verbindung nicht darauf, auf die Eigenschaften des Buttons zuzugreifen (Outlet), sondern darauf, das Tippen auf den Button durch den Nutzer abzufangen und darauf zu reagieren. Dieses Vorgehen wird als sogenannte *Action* bezeichnet.

Welche Views verfügen über eine Action?

Nicht jede in der iOS-Entwicklung zur Verfügung stehende View kann eine Action auslösen. Als Beispiel kann hierfür ein Label herhalten: Es zeigt etwas auf dem Bildschirm an, kann aber sonst keine weiteren Aktionen auslösen. Entsprechend kann für ein Label auch keine Action erzeugt werden.

Um zu überprüfen, ob eine View mit einer Action versehen werden kann, hilft ein Blick in die Dokumentation von Xcode. Klassen, die von `UIControl` abgeleitet sind, können auch mit einer Action gekoppelt werden (siehe Bild 23.58). Dazu gehören unter anderem die Klassen `UIButton` (für Schaltflächen), `UISwitch` (für Schalter) oder `UIStepper` (zum Verändern eines Werts).

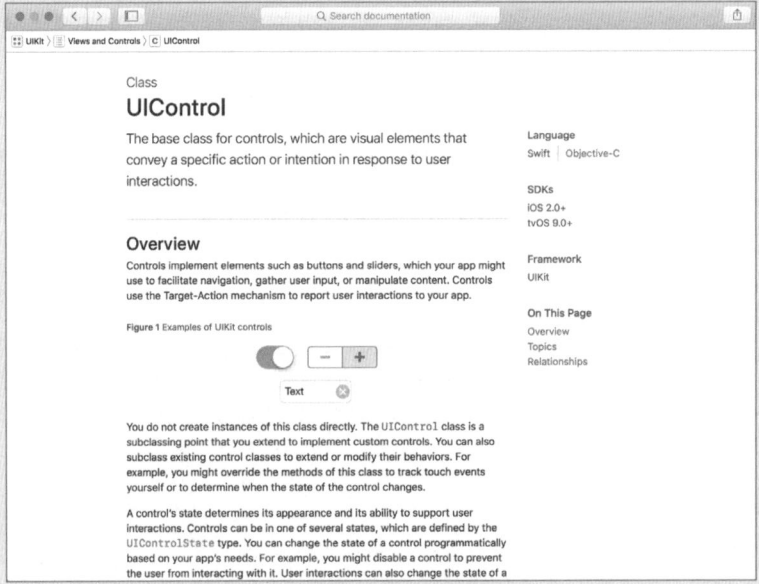

Bild 23.58 Die Klasse UIControl ist die Basisklasse für alle Views, die mit einer Action versehen werden können (wie zum Beispiel Buttons, Switches, Slider).

Mehr über `UIControl` und die verschiedenen zur Verfügung stehenden Views in der iOS-Entwicklung erfahren Sie in Abschnitt 23.6, „Oberflächen gestalten mit UIView".

Eine Action entspricht einer Methode, die mit dem Schlüsselwort `@IBAction` deklariert ist. Eine solche Methode kann – analog zu Outlets – mit View-Elementen verbunden werden (sofern diese von `UIControl` abgeleitet sind und somit mit Actions umgehen können). Das folgende Beispiel soll die Verwendung von Actions beispielhaft demonstrieren. Erstellen Sie zu diesem Zweck zunächst ein neues iOS-Projekt auf Basis einer *Single View App* und fügen Sie dem initialen View-Controller an beliebiger Stelle ein Label und einen Button hinzu (siehe Bild 23.59). Das Label verknüpfen Sie – so wie in Abschnitt 23.5.3.1, „Outlets", gezeigt – als Outlet-Property mit dem Code des zugrunde liegenden View-Controllers.

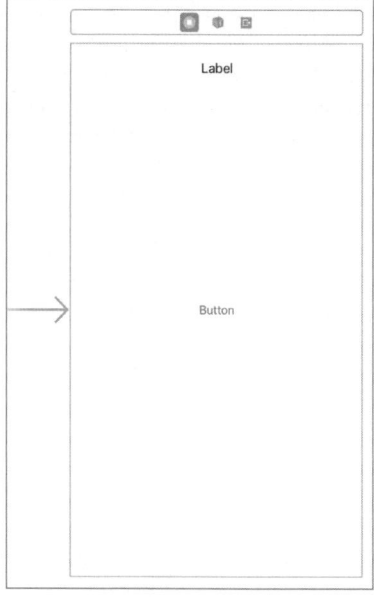

Bild 23.59
Die Beispiel-App verfügt über ein Label und
einen Button. Das Label wird mithilfe eines Outlets
mit dem Code verbunden.

Wann immer der Button der Beispiel-App betätigt wird, soll der Text des Labels zu „Button pressed!" geändert werden. Um dieses Verhalten zu erreichen, müssen wir eine entsprechende Action für den Button umsetzen. Dazu gehen wir ganz ähnlich vor wie beim Erstellen eines Outlets: Zunächst öffnen wir die *Main.storyboard*-Datei und wechseln anschließend in den Assistant Editor. Im rechten Fensterbereich des Editors wird dann der Code der View-Controller-Klasse zur Anzeige ausgewählt (falls er nicht bereits automatisch angezeigt wird, siehe Bild 23.60).

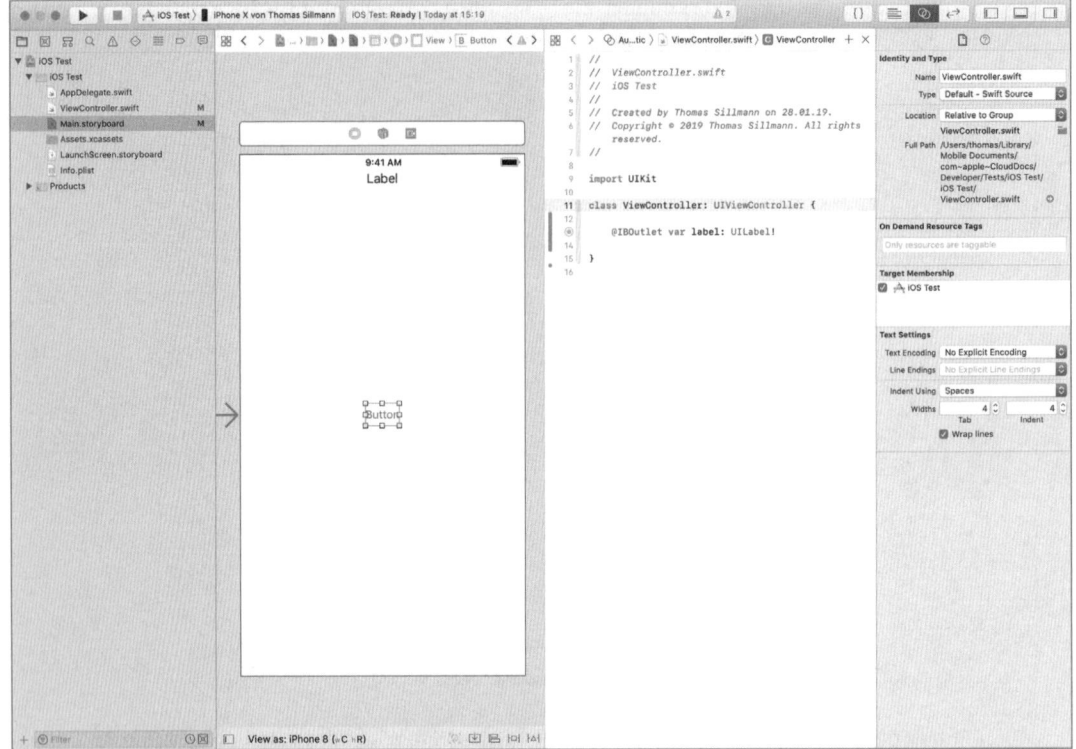

Bild 23.60 Zeigen Sie Interface und Code mithilfe des Assistant Editors nebeneinander an, um eine Action für den Button zu erstellen.

Klicken Sie dann auf den Button und ziehen Sie bei gedrückt gehaltener rechter Maustaste eine Verbindung in die Implementierung der View-Controller-Klasse (siehe Bild 23.61). Es erscheinen blaue Hilfslinien, die Ihnen zeigen, wo der Code für die Action eingefügt wird. Haben Sie sich für die passende Stelle entschieden, lassen Sie die rechte Maustaste wieder los, woraufhin das bereits von den Outlets bekannte Pop-up-Menü erscheint (siehe Bild 23.62).

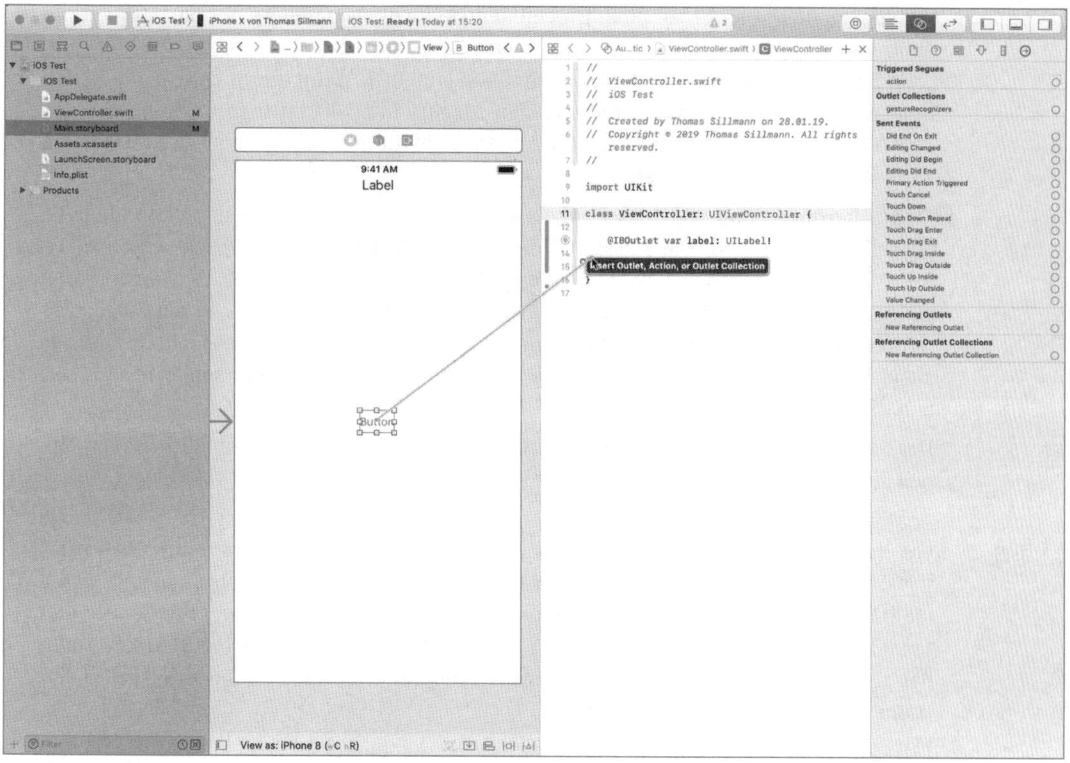

Bild 23.61 Ziehen Sie eine Verbindung vom Button in den Code, um eine Action zu erstellen.

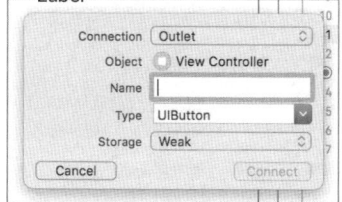

Bild 23.62
Es erscheint erneut das Pop-up-Menü, über das Sie die
zu erstellende Verbindung des Buttons zwischen Interface
und Code definieren.

Da für den Button kein Outlet, sondern eine Action erstellt werden soll, müssen Sie im ersten Schritt innerhalb des Pop-up-Menüs unter Connection den Punkt *Action* auswählen. Daraufhin verändert sich der Aufbau des Menüs ein wenig (siehe Bild 23.63). Die folgenden Einstellungen können Sie zur Konfiguration der zu erstellenden Action vornehmen:

- *Name:* Hier geben Sie den Namen für die zu erstellende Action-Methode ein, beispielsweise *buttonTapped*.

- *Type:* Hier definieren Sie den Typ, den die zu erstellende Action-Methode als Parameter erwartet. Standardmäßig handelt es sich bei dem Parameter um die View, die die Action auslöst – in diesem Fall also um die UIButton-Instanz, die wir dem Interface hinzugefügt haben. Den Parameter können Sie verwenden, um auf die UIButton-Instanz zuzugreifen und sie zu verändern oder weitere Informationen auszulesen. Der vorgegebene Standardwert an dieser Stelle ist Any, sprich bei dem Parameter kann es sich um jede beliebige

Instanz handeln. Das ist vor allen Dingen dann sinnvoll, wenn diese Action-Methode von mehreren verschiedenen Views ausgelöst wird (siehe hierzu auch den folgenden Abschnitt „Mehrere Views mit ein und derselben Action koppeln"). Wenn die zu erstellende Action hingegen ausschließlich von einer einzigen spezifischen View (wie in unserem Fall von dem Button) ausgelöst werden soll, dann können Sie für diese Option auch den passenden Typ (UIButton) direkt auswählen.

- *Event:* Hierüber wählen Sie das Ereignis aus, zu dem die zu erstellende Action-Methode ausgelöst werden soll. Die Klasse UIControl definiert für diesen Zweck verschiedene Ereignisse, beispielsweise ob der Button betätigt wurde *(Touch Up Inside)*, ob ein Tippen auf den Button abgebrochen wurde *(Touch Cancel)* oder ob der Nutzer in der Fläche des Buttons mit dem Finger umherfährt *(Touch Drag Inside)*. Sie können also nicht nur auf das standardmäßige Betätigen des Buttons mit einer Action reagieren, sondern auch auf andere Ereignisse.

Das Standard-Event zum Umgang mit Buttons ist *Touch Up Inside*. Es entspricht dem Tippen auf den Button zum Auslösen einer Aktion.

- *Arguments:* Über diese Option definieren Sie die Parameter, die für die Action-Methode von Xcode generiert werden sollen. Der Standard lautet *Sender*, was sich auf einen Parameter für den Auslöser der Action-Methode bezieht (in diesem Fall also standardmäßig die UIButton-Instanz aus dem Interface). Alternativ können Sie hier auch *Sender and Event* auswählen, wodurch die Methode einen zweiten Parameter vom Typ UIEvent erhält, der zusätzlich darüber informiert, welches Ereignis die Action-Methode ausgelöst hat (siehe den vorherigen Punkt *Event*).

Falls für Sie die Parameter bei Durchführung der Action keine Rolle spielen, können Sie auch *None* auswählen (was ich für dieses Beispiel auch tue).

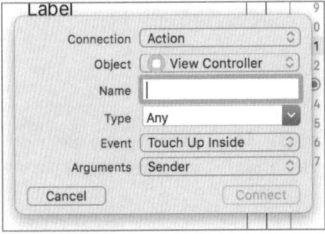

Bild 23.63
Zur Konfiguration einer zu erstellenden Action-Methode müssen Sie diverse Informationen angeben.

Haben Sie die Konfiguration der Action auf die gewünschte Art und Weise abgeschlossen, klicken Sie auf die Schaltfläche *Connect*. Daraufhin erzeugt Xcode eine Methode im Code des View-Controllers, die den von Ihnen definierten Namen trägt und die von Ihnen ausgewählten Parameter besitzt (siehe Bild 23.64).

```
 9  import UIKit
10
11  class ViewController: UIViewController {
12
       @IBOutlet weak var label: UILabel!
14
       @IBAction func buttonTapped() {
16       }
17
18  }
19
```

Bild 23.64
Zusätzlich zum Outlet haben wir über Xcode eine Action-Methode erstellt.

Diese Methode ist genauso deklariert wie jede andere Methode in Swift auch, besitzt aber zusätzlich das Schlüsselwort @IBAction. Nur Methoden, die mit diesem Schlüsselwort versehen sind, können mit Views im Interface gekoppelt werden. Der ausgefüllte runde Punkt am linken Rand der Methodendeklaration zeigt darüber hinaus, dass die erstellte Action-Methode bereits mit dem Interface gekoppelt ist (nämlich mit der UIButton-Instanz). Diese Verbindung kann auch über den Connections Inspector im Storyboard nachvollzogen werden, nachdem man entweder den View-Controller oder den Button ausgewählt hat. Dort wird dann ebenfalls die Kopplung zwischen Interface und Code sichtbar (siehe Bild 23.65).

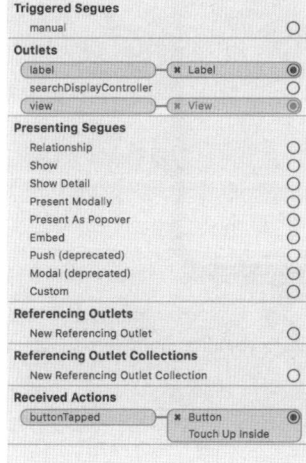

Bild 23.65
Der Connections Inspector des View-Controllers zeigt, dass das Label in Form eines Outlets und der Button in Form einer Action-Methode mit dem Code verbunden sind.

Um das Beispiel nun zu vollenden muss noch die neu erstellte Action-Methode buttonTapped() im Code der View-Controller-Klasse passend implementiert werden. Mithilfe der Property text wird darin der Text des Labels auf „Button pressed!" geändert. Die vollständige Implementierung der ViewController-Klasse finden Sie in Listing 23.11.

Listing 23.11 Implementierung der Action-Methode des Buttons

```
class ViewController: UIViewController {

    @IBOutlet weak var label: UILabel!

    @IBAction func buttonTapped() {
        label.text = "Button pressed!"
    }

}
```

Wenn Sie nun dieses Beispielprojekt ausführen und den Button betätigen, ändert sich der Text des Labels von dem Standardwert, der im Storyboard definiert ist, zu „Button pressed!" (siehe Bild 23.66).

Bild 23.66 Nach Betätigen des Buttons ändert sich der Text des Labels vom Standardwert aus dem Storyboard zu „Button pressed!".

Mehrere Views mit ein und derselben Action koppeln

Es ist möglich, dass mehrere Views ein und dieselbe Action-Methode auslösen. Das kann in Fällen sinnvoll sein, in denen sich die Action verschiedener Views nur minimal voneinander unterscheidet. Statt mehrerer Action-Methoden, die im Grunde dann sehr ähnlich sind, kann man auch nur eine Action-Methode implementieren und abhängig von der Instanz, die die Action ausgelöst hat, die auszuführende Logik anpassen.

Das folgende Beispiel zeigt, wie sich mehreren Views ein und dieselbe Action-Methode zuweisen lässt. Basis ist ein neues iOS-Projekt auf Basis einer *Single View App*, dessen initialer View-Controller über ein Label und drei Buttons verfügt (siehe Bild 23.67). Die Buttons werden mit den Titeln *Button 1*, *Button 2* und *Button 3* versehen. Für das Label wird ein Outlet erstellt und für den ersten der drei Buttons eine Action-Methode mit Namen buttonTapped(_:). Wichtig bei der Erstellung der Action-Methode ist, dass diese den Sender-Parameter erhält, sprich die aufrufende View bei Auslösen der Methode mit übergibt. Als Typ für diesen Parameter wird statt Any wieder UIButton ausgewählt. Diesen abgeschlossenen ersten Zwischenstand zeigt Bild 23.68.

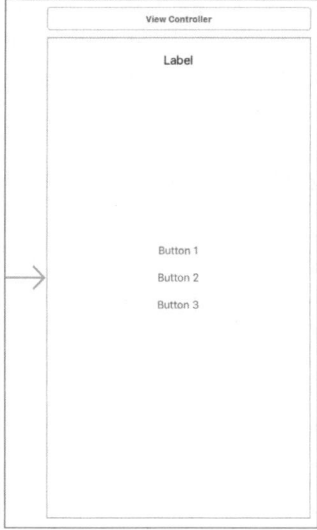

Bild 23.67
Die Beispiel-App verfügt über ein Label und drei Buttons,
die mit den Titeln „Button 1", „Button 2" und „Button 3"
versehen sind.

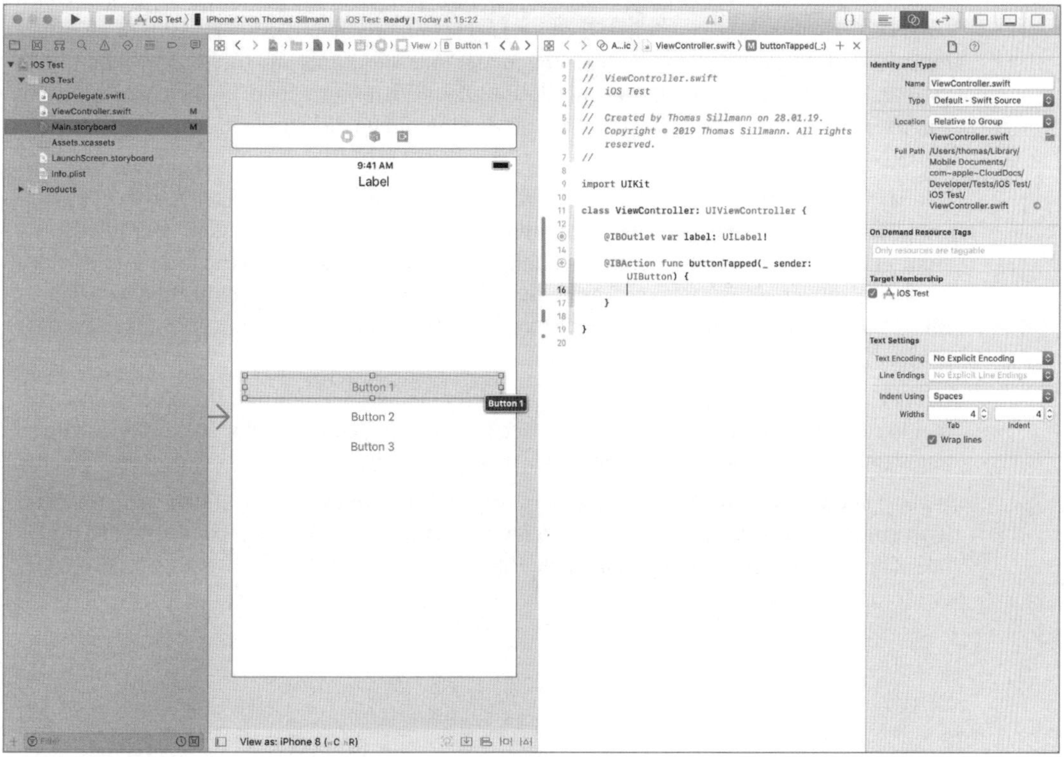

Bild 23.68 Für das Label wird ein Outlet im Code erzeugt und der erste Button wird mit einer Action-Methode namens „buttonTapped(_:)" verknüpft, die über einen Sender-Parameter vom Typ „UIButton" verfügt.

Die Action-Methode `buttonTapped(_:)` soll den Titel des Buttons, der die Methode ausgelöst hat, auslesen und dem Label als Text zuweisen. Damit kann das Label – abhängig vom betätigten Button – den Text *Button 1*, *Button 2* oder *Button 3* annehmen.

Den Titel eines Buttons kann man über die Property `titleLabel.text` auslesen. Zugriff auf den Button, der die Action-Methode auslöste, erhält man über den `sender`-Parameter. Listing 23.12 zeigt, wie die `ViewController`-Klasse vollständig implementiert werden muss, um die gewünschte Logik umzusetzen.

Listing 23.12 Ändern des Labels auf Basis des betätigten Buttons

```
class ViewController: UIViewController {

    @IBOutlet weak var label: UILabel!

    @IBAction func buttonTapped(_ sender: UIButton) {
        let buttonTitle = sender.titleLabel?.text
        label.text = buttonTitle
    }

}
```

Mit diesem Zwischenstand lässt sich das Projekt bereits ausführen und bei Betätigen von *Button 1* wird auch tatsächlich der Text des Labels entsprechend geändert. Allerdings sind *Button 2* und *Button 3* noch mit keiner Action-Methode verknüpft und tun entsprechend bei Betätigung nichts. Da die Funktion, die diese Buttons ausführen sollen, identisch ist mit der bereits vorhandenen Action-Methode, macht es Sinn, ihnen dieselbe Action-Methode zuzuweisen.

Um das zu tun, ruft man zunächst die *Main.storyboard*-Datei auf und wechselt in den Assistant Editor, um parallel den Code der View-Controller-Klasse anzuzeigen. Anschließend zieht man von dem bereits gefüllten Punkt links von der Action-Methode mit gedrückt gehaltener linker Maustaste eine Verbindung zu *Button 2* und lässt anschließend los (siehe Bild 23.69). Damit ist auch der zweite Button mit der Action-Methode verknüpft. Analog geht man dann noch einmal für *Button 3* vor.

Damit rufen nun alle drei Buttons ein und dieselbe Action-Methode auf. Da in deren Implementierung der Titel des Buttons dynamisch ausgelesen und dem Label zugewiesen wird, hat man mit wenig Code eine effiziente Lösung entwickelt.

Wählt man nun im Storyboard den View-Controller aus und wechselt in den Connections Inspector, kann man darüber ebenfalls erkennen, dass die Action-Methode `buttonTapped(_:)` mit allen drei Buttons verknüpft ist (siehe Bild 23.70).

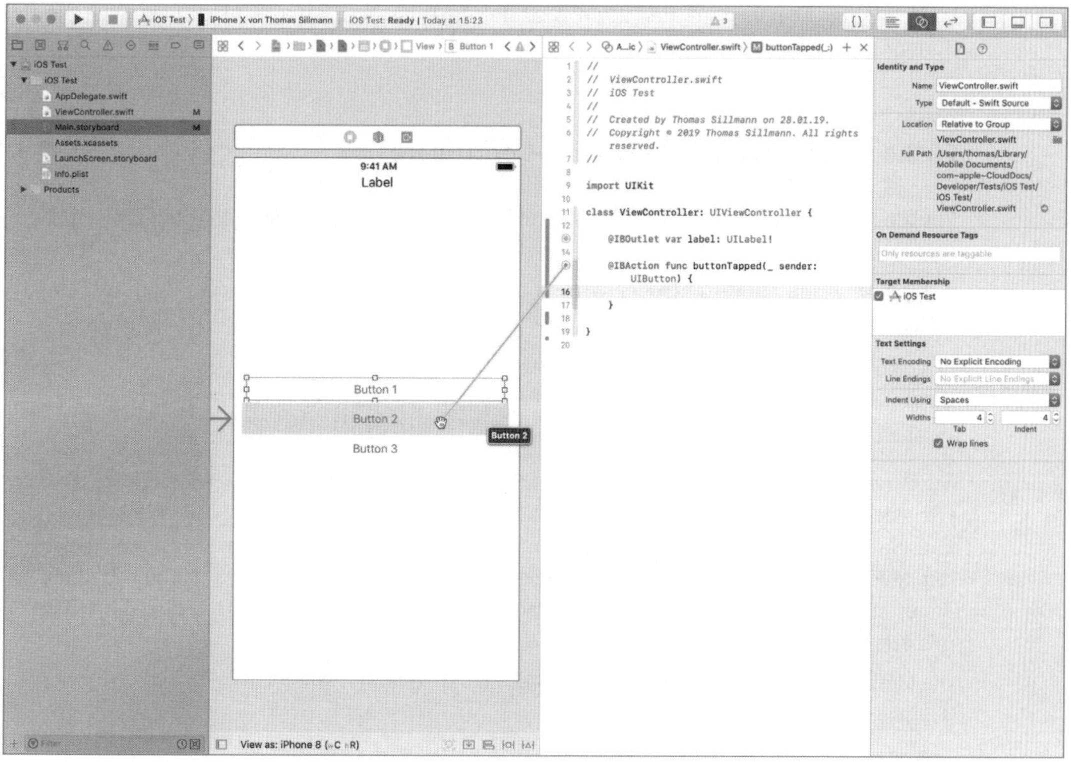

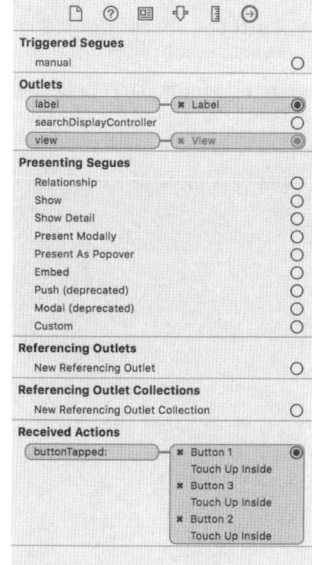

Bild 23.69 Ziehen Sie von der bereits erstellten und verknüpften Action-Methode im Code nacheinander eine Verbindung zu den beiden weiteren Buttons, die ebenfalls diese Methode aufrufen sollen.

Bild 23.70
Im unteren Bereich „Received Actions" ist zu sehen, dass alle drei Buttons mit ein und derselben Action-Methode verknüpft sind.

Wenn Sie das Projekt nun ausführen wird der Text des Labels passend zu dem Titel des Buttons geändert, den Sie auswählen.

23.5.4 Lebenszyklus eines View-Controllers

Ein View-Controller kennt vier verschiedene Zustände, die seinen sogenannten *Lebenszyklus* bestimmen:

- *Appearing:* Ein View-Controller wird gerade eingeblendet, ist aber noch nicht auf dem Display zu sehen.
- *Appeard:* Ein View-Controller wurde eingeblendet und wird angezeigt.
- *Disappearing:* Ein View-Controller wird ausgeblendet, ist aber noch auf dem Display zu sehen.
- *Disappeared:* Ein View-Controller wurde ausgeblendet und wird nicht länger angezeigt.

Für jede dieser vier Phasen bringt die Klasse `UIViewController` eine passende Methode mit, die in Subklassen überschrieben werden kann, um auf das jeweilige Event zu reagieren. Möchte man beispielsweise bei Erscheinen eines View-Controllers automatisch einen Timer starten, kann man die passende Methode für den *Appearing*-Status überschreiben und mit genau dieser Logik füllen.

Die Methoden zum Abfangen der genannten Zustände lauten wie folgt:

- *Appearing:* `viewWillAppear(_:)`
- *Appeared:* `viewDidAppear(_:)`
- *Disappearing:* `viewWillDisappear(_:)`
- *Disappered:* `viewDidDisappear(_:)`

Sie werden nacheinander aufgerufen und können – wie bereits erwähnt – überschrieben werden, um in jeder der Phasen eigenen Code für einen View-Controller auszuführen. Listing 23.13 zeigt die beispielhafte Implementierung einer View-Controller-Klasse, die über ein Label-Outlet verfügt und alle vier genannten Methoden überschreibt. Der Text des Labels wird hierbei jedes Mal entsprechend angepasst.

Listing 23.13 Implementierung der Methoden des Lebenszyklus eines View-Controllers

```
class ViewController: UIViewController {

    @IBOutlet weak var label: UILabel!

    override func viewWillAppear(_ animated: Bool) {
        super.viewWillAppear(animated)
        label.text = "View will appear"
    }

    override func viewDidAppear(_ animated: Bool) {
        super.viewDidAppear(animated)
        label.text = "View did appear"
    }

    override func viewWillDisappear(_ animated: Bool) {
```

```
        super.viewWillDisappear(animated)
        label.text = "View will disappear"
    }

    override func viewDidDisappear(_ animated: Bool) {
        super.viewDidDisappear(animated)
        label.text = "View did disappear"
    }

}
```

Da die genannten Methoden allesamt von der Klasse `UIViewController` abgeleitet sind, müssen Sie in eigenen Subklassen mithilfe des `override`-Keywords überschrieben werden. Ebenso sollten Sie innerhalb Ihrer eigenen Implementierung die zugehörige Methode mittels `super` aufrufen, damit auch alle Superklassen ihre jeweils eigene Logik für diese Methoden aufrufen und ausführen können.

Methode viewDidLoad()

Die in vorherigen Beispielen verwendete Methode `viewDidLoad()` stellt einen Sonderfall dar und gehört nicht direkt zum beschriebenen Lebenszyklus eines View-Controllers. Sie wird einmalig aufgerufen, wenn ein View-Controller erstellt und dessen View zum ersten Mal geladen wird. Damit wird sie bereits vor `viewWillAppear(_:)` ausgelöst.

Solange ein View-Controller sich aber nun im Speicher befindet, wird `viewDidLoad()` nicht erneut aufgerufen; die View ist schließlich vollständig geladen und braucht nicht erneut erstellt zu werden.

Im Gegensatz dazu stehen die vorgestellten Methoden des Lebenszyklus eines View-Controllers. Diese werden immer und immer wieder aufgerufen, wenn das zugrunde liegende Ereignis eintritt.

Bei der Frage, welche der verfügbaren Methoden Sie für Ihre eigene Implementierungen nutzen, müssen Sie sich daher die Frage stellen, zu welchen Ereignissen Sie Ihre Befehle ausführen müssen. `viewDidLoad()` wird typischerweise für ergänzende Arbeiten zum vollständigen Erstellen eines View-Controllers verwendet (beispielsweise um allen Labels einen passenden Text zuzuweisen). Die Methoden des Lebenszyklus hingegen sollten sie für immer wiederkehrende Aufgaben einsetzen, die im Zusammenhang mit dem Erscheinen und Ausblenden eines View-Controllers stehen. Wenn Sie beispielsweise in einem View-Controller einen Timer laufen lassen, der nur dann aktiv sein soll, während der View-Controller angezeigt wird, können Sie `viewDidDisappear(_:)` zum Deaktivieren und `viewDidAppear(_:)` zum Aktivieren des Timers nutzen.

23.5.5 Neuen View-Controller einblenden

Eine der in fast allen iOS-Projekten anzutreffenden Aufgaben besteht darin, im Laufe einer App weitere View-Controller einzublenden. Hierfür gibt es verschiedene Vorgehensweisen, die stark von dem grundlegenden Aufbau und der Navigationsstruktur einer App abhängen.

In diesem Abschnitt stelle ich Ihnen die einfachste und grundlegendste Möglichkeit vor, um unter iOS einen neuen View-Controller einzublenden. Dabei wird ein solcher neuer View-Controller über einen anderen gelegt, wodurch dieser andere nicht länger sichtbar ist. In Kapitel 24, „iOS – App-Entwicklung", stelle ich Ihnen dann weitere Möglichkeiten zur Strukturierung und zum Ein- und Ausblenden von View-Controllern vor.

Um in iOS einen neuen View-Controller anzuzeigen, gibt es generell zwei verschiedene Wege: Entweder nutzen Sie ein Storyboard oder Sie führen den Vorgang mithilfe passender Befehle der `UIViewController`-Klasse im Code aus. Die folgenden Abschnitte beschreiben beide Vorgehensweisen im Detail.

23.5.5.1 Über das Storyboard

Storyboards sind ein beliebtes und bequemes Mittel, um einen neuen View-Controller in iOS-Apps einzublenden. Generell muss man dazu wenigstens die folgenden Schritte durchführen:

1. Erstellen des neuen View-Controllers im Storyboard.
2. Laden des Storyboards über eine Action-View (beispielsweise einen Button) mithilfe eines Segues.

Um das Vorgehen einmal praktisch zu demonstrieren, stelle ich Ihnen im Folgenden ein kleines passendes Beispiel vor. Erstellen Sie ein neues iOS-Projekt auf Basis einer *Single View App* und rufen Sie anschließend die *Main.storyboard*-Datei auf. Wechseln Sie in die Objects Library und suchen Sie nach dem *View Controller*-Element (es wird über ein gelbes, kreisrundes Symbol mit einem weißen Viereck in der Mitte dargestellt, siehe Bild 23.71). Klicken Sie mit der linken Maustaste darauf und ziehen Sie so eine Instanz dieses Elements auf das Storyboard. Beachten Sie hierbei, dass Sie dieses Element nicht wie Views auf dem bestehenden initialen View-Controller platzieren, sondern irgendwo auf der freien Fläche des Storyboards. Der Grund hierfür ist einfach: Sie wollen ja nicht den bestehenden View-Controller anpassen, sondern einen ganz neuen View-Controller erstellen.

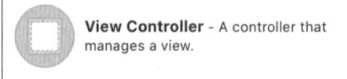

Bild 23.71
View-Controller werden in der Objects Library über dieses Symbol abgebildet.

Haben Sie das erledigt, werden in Ihrem Storyboard zwei View-Controller angezeigt (siehe Bild 23.72). Derjenige mit dem Pfeil an der linken Seite ist der automatisch von Xcode erzeugte initiale View-Controller, der beim Starten der App geladen und angezeigt wird. Der andere ist Ihr neu hinzugefügter View-Controller.

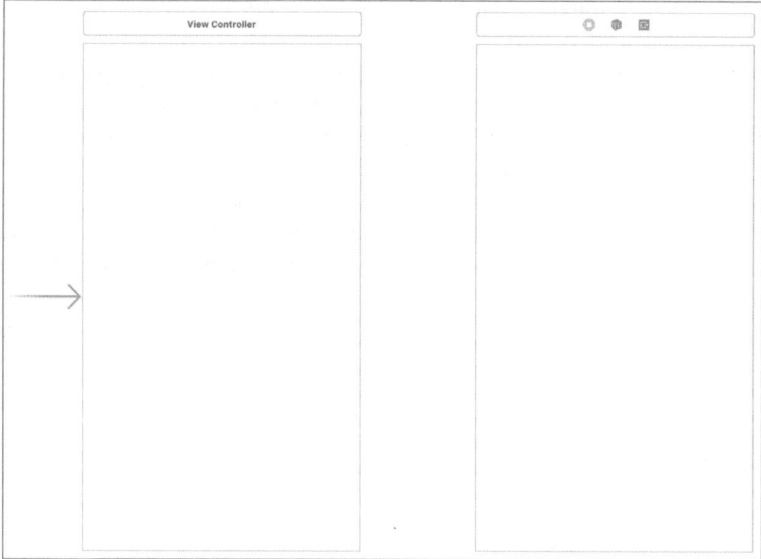

Bild 23.72 Das Storyboard verfügt nun über zwei verschiedene View-Controller (auch wenn diese noch nicht recht unterschiedlich aussehen).

Die Beispiel-App soll nun einen Button im initialen View-Controller anbieten, über den der zweite View-Controller eingeblendet werden kann. Dazu wird zunächst dem initialen View-Controller an einer beliebigen Stelle ein solcher Button mit dem Titel „Show second view controller" hinzugefügt. Zur besseren Unterscheidung der beiden View-Controller erhält der zweite ein beliebig platziertes Label mit dem Text „Second view controller". Das so grundlegend konfigurierte Storyboard zeigt Bild 23.73.

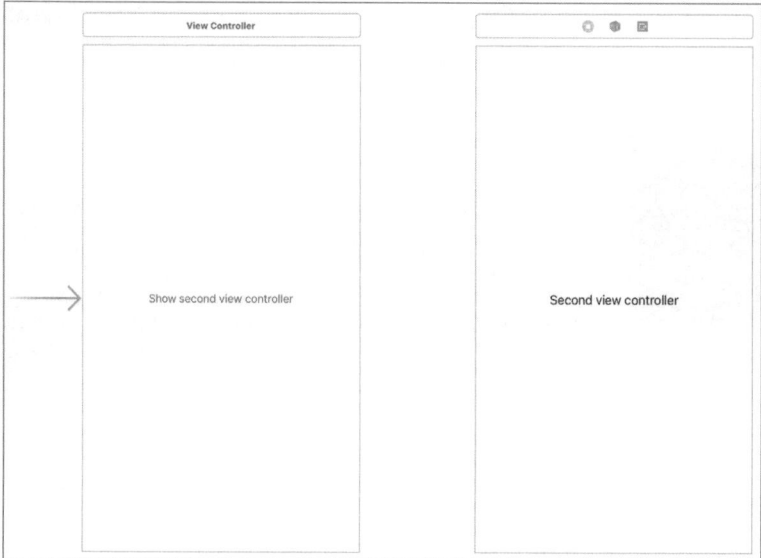

Bild 23.73 Der erste View-Controller erhält einen Button, der zweite ein Label.

Bleibt nun noch die Verbindung der beiden, um durch Betätigen des Buttons den zweiten View-Controller aufzurufen. Dazu wählen Sie den Button im initialen View-Controller aus, halten die rechte Maustaste gedrückt und ziehen eine Verbindung zu dem zweiten View-Controller, bis dieser blau hervorgehoben wird (siehe Bild 23.74). Lassen Sie anschließend die rechte Maustaste wieder los. Es erscheint daraufhin ein Pop-up-Menü, über das Sie bestimmen können, wie der Button mit dem zweiten View-Controller verbunden werden soll (siehe Bild 23.75). Um den zweiten View-Controller nach Tippen auf den Button einzublenden, wählen Sie im Abschnitt *Action Segue* den Punkt *Show* aus. Daraufhin verschwindet das Pop-up-Menü und es wird im Storyboard eine Verbindung in Form eines Pfeils zwischen den beiden View-Controllern angezeigt (siehe Bild 23.76).

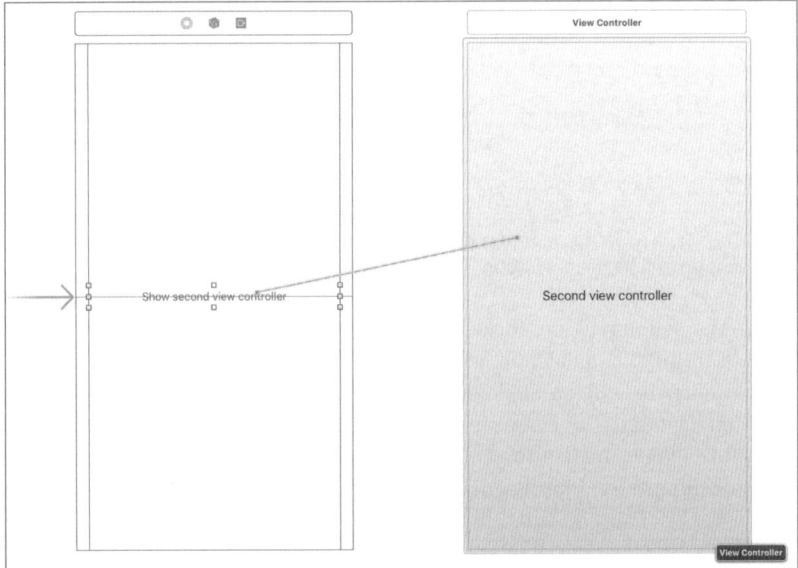

Bild 23.74 Ziehen Sie zunächst eine Verbindung von dem Button zum zweiten View-Controller.

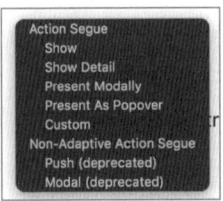

Bild 23.75
In dem erscheinenden Pop-up-Menü wählen Sie „Show", um bei Tippen auf den Button den zweiten View-Controller einzublenden.

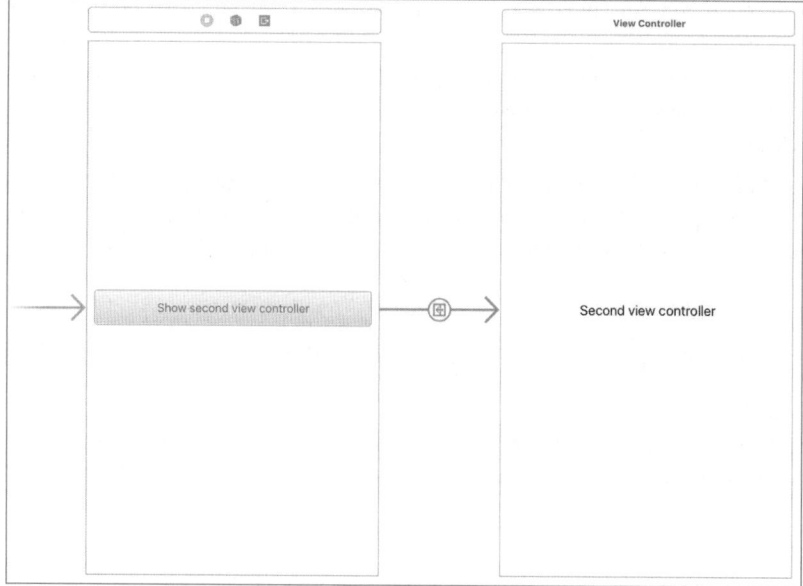

Bild 23.76 Die hergestellte Verbindung der beiden View-Controller wird im Storyboard auf Basis eines Pfeil-Symbols grafisch hervorgehoben.

Damit ist es geschafft! Ohne eine einzige Zeile Code zu schreiben blendet die App bei Tippen auf den Button den zweiten View-Controller ein. Sie können das selbst testen, indem Sie das Projekt kompilieren und ausführen (siehe Bild 23.77).

Bild 23.77 Nach Tippen auf den Button wird der zweite View-Controller eingeblendet – und das, ohne eine einzige Zeile Code schreiben zu müssen!

Das Verwenden von Storyboards zum Einblenden eines neuen View-Controllers hat zwei große Vorteile:

- Es ist einfach: Es braucht keine einzige Zeile Code, um den neu anzuzeigenden View-Controller zu erstellen und einzublenden. Um all diese Prozesse kümmert sich das Storyboard.

- Es ist übersichtlich: Ein Blick in das Storyboard verrät, wie die verschiedenen View-Controller einer App miteinander verknüpft sind. Das ist meist deutlich einfacher nachzuvollziehen und übersichtlicher, als im Code die entsprechenden Aufrufbefehle nachzuvollziehen.

Verknüpfung beliebig vieler View-Controller

Über ein Storyboard können Sie eine beliebige Anzahl von View-Controllern erstellen und miteinander verknüpfen. Beispielsweise könnte der zweite View-Controller aus dem gezeigten Beispiel wiederum einen dritten View-Controller laden und anzeigen und so weiter.

Segue

Die im gezeigten Beispiel hergestellte Verbindung zwischen Button und zweitem View-Controller wird als sogenannter *Segue* bezeichnet. Storyboards bieten verschiedene Arten von Segues, die aber letztlich immer der Verbindung von View-Controllern dienen.

In Kapitel 24, „iOS – App-Entwicklung", werden Sie noch weitere Formen von Segues kennenlernen.

Informationen an neuen View-Controller übergeben

Beim Laden eines neuen View-Controllers möchte man in vielen Fällen zusätzliche Informationen übergeben. Nehmen wir als Beispiel eine To-do-App, die in einem View-Controller eine Liste von Aufgaben aufführt und nach Auswahl einer Aufgabe einen neuen View-Controller lädt, der Details zu eben dieser Aufgabe anzeigt. Damit der zweite View-Controller die richtigen Details anzeigen kann, muss er wissen, für welche Aufgabe er sie einblenden soll.

Zu diesem Zweck stellt die Klasse UIViewController eine Methode namens prepare(for:sender:) zur Verfügung. Sie wird aufgerufen, sobald ein View-Controller einen Segue auslöst – in dem gezeigten Beispiel also bei Tippen auf den Button. Somit lässt sich diese Methode nutzen, um auf den ausgelösten Segue zu reagieren und zusätzliche Befehle auszuführen – beispielsweise das Übergeben von Informationen an den anzuzeigenden Ziel-View-Controller.

Betrachten wir die Verwendung der Methode prepare(for:sender:) einmal in der Praxis. Dazu erstellen wir zunächst ein neues Projekt auf Basis einer *Single View App,* das genauso aufgebaut ist wie das aus dem vorherigen Abschnitt. Wir fügen also im ersten Schritt einen weiteren View-Controller in der *Main.storyboard*-Datei hinzu, versehen diesen mit einem Label und ergänzen einen Button im initialen View-Controller, von dem aus wir einen *Show*-Segue zum zweiten View-Controller erstellen.

Nun ergänzen wir aber zusätzlich ein Textfeld im initialen View-Controller. Es handelt sich hierbei um ein View-Element vom Typ `UITextField`. Bild 23.78 zeigt, wie das zugehörige Element in der Objects Library aussieht. Platzieren Sie ein solches Textfeld an einer beliebigen Stelle im initialen View-Controller, sodass das Interface Ihrer App in etwa so aussieht wie in Bild 23.79 gezeigt.

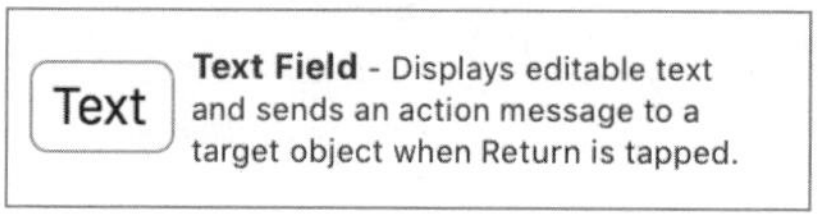

Text
Text Field - Displays editable text and sends an action message to a target object when Return is tapped.

Bild 23.78
Ein Textfeld ist ein View-Element, mit dem Nutzer Text in einer App eingeben können.

View Controller
Show second view controller
Label

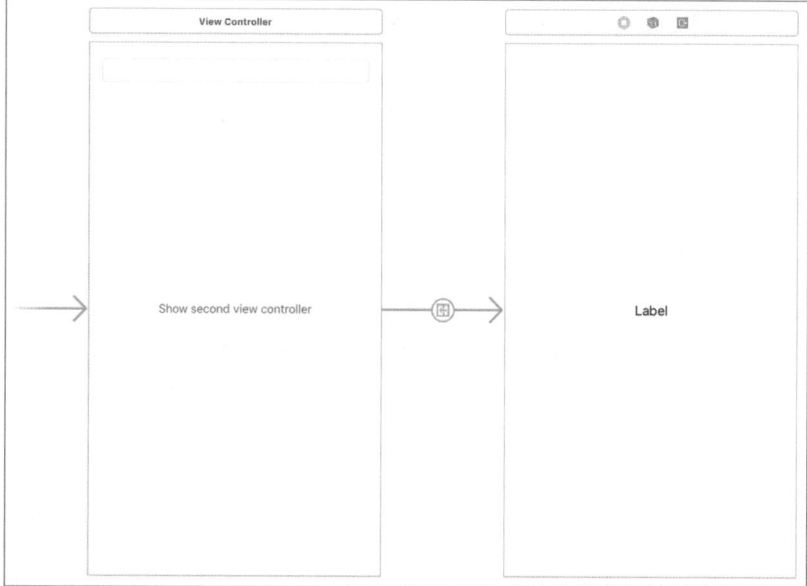

Bild 23.79 Das Interface der Beispiel-App besteht aus einem initialen View-Controller mit einem Textfeld und einem Button sowie einem zweiten View-Controller mit einem Label. Der Button ist mittels Show-Segue mit dem zweiten View-Controller verbunden.

Ziel dieser Beispiel-App soll es sein, den Text, der im Textfeld des initialen View-Controllers steht, an den zweiten View-Controller zu übergeben und dort im Label anzuzeigen. Wir übergeben also eine Information in Form eines Texts von einem View-Controller an den nächsten. Auf die gleiche Art und Weise lassen sich so beliebige weitere Informationen übertragen.

Bevor wir mit der Implementierung der Methode `prepare(for:sender:)` beginnen, müssen wir zunächst eine `UIViewController`-Subklasse für den zweiten View-Controller erstellen. Das ist notwendig, weil wir nur über eine solche Klasse die passende Logik implementieren können, um den Text des Labels dynamisch zu verändern.

Fügen wir also dem Projekt eine neue Klasse auf Basis von `UIViewController` hinzu und nennen sie `LabelViewController` (siehe Bild 23.80). Anschließend wechseln wir zurück in die *Main.storyboard*-Datei und wählen den zweiten View-Controller aus. Im Identity Inspector tragen wir sodann im Feld *Class* den Namen der eben erstellten `LabelViewController`-Klasse ein, um Interface und Code dieses View-Controllers miteinander zu koppeln (siehe Bild 23.81).

Bild 23.80
Erstellen Sie eine Klasse für den zweiten View-Controller, um dynamisch den Text des Labels verändern zu können.

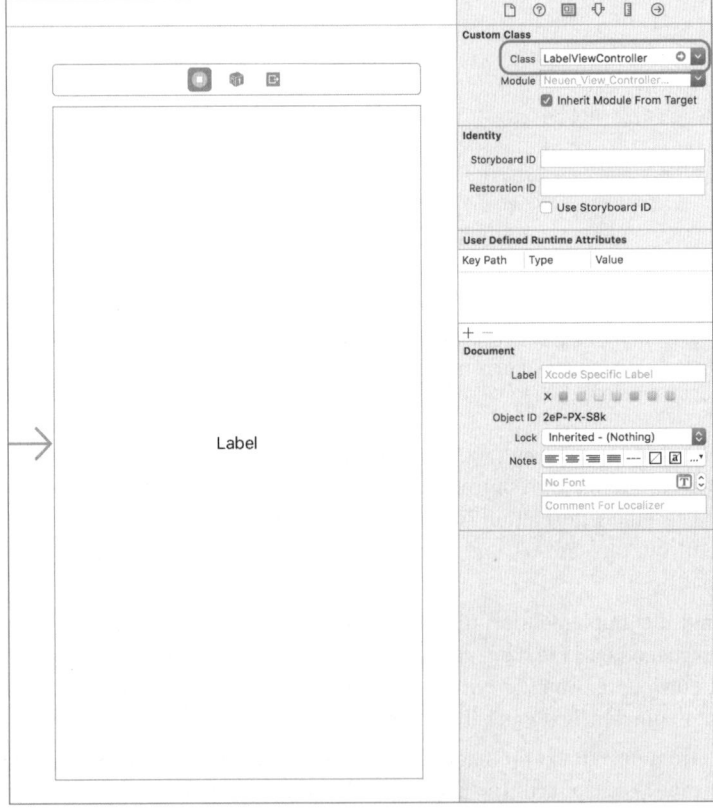

Bild 23.81 Weisen Sie dem zweiten View-Controller im Storyboard die neu erstellte UIViewController-ler-Subklasse zu, um Interface und Code miteinander zu koppeln.

Um die Konfiguration der neuen `LabelViewController`-Klasse abzuschließen, müssen wir noch ein Outlet für das Label im Code erstellen. Wählen Sie dazu den zweiten View-Controller im Storyboard aus und öffnen Sie den Assistant Editor von Xcode. Blenden Sie im zweiten Editor-Fenster den Code der `LabelViewController`-Klasse ein (falls dieser nicht bereits automatisch angezeigt wird) und ziehen Sie eine Verbindung vom Label in den Code, um das Outlet zu erstellen. Ich nenne das Outlet in diesem Beispiel `label`.

Fügen Sie der Implementierung der `LabelViewController`-Klasse zusätzlich noch eine Property namens `text` vom Typ `String!` hinzu (beachten Sie das Ausrufezeichen, es handelt sich hierbei um ein Implicitly Unwrapped Optional). Diese Property nutzen wir, um den im initialen View-Controller eingegebenen Text an den zweiten View-Controller zu übergeben. Zusätzlich überschreiben wir in der `LabelViewController`-Klasse die Methode `viewWillAppear(_:)` und weisen darin der `label`-Property den Wert der `text`-Property zu. Die vollständige Implementierung von `LabelViewController` finden Sie in Listing 23.14.

Listing 23.14 Implementierung der `LabelViewController`-Klasse

```
class LabelViewController: UIViewController {

    var text: String!

    @IBOutlet weak var label: UILabel!

    override func viewWillAppear(_ animated: Bool) {
        super.viewWillAppear(animated)
        label.text = text
    }

}
```

Bleibt nun noch die Implementierung des initialen View-Controllers, der bereits über die von Xcode erzeugte `ViewController`-Klasse abgebildet und mit dem Interface gekoppelt ist. Im ersten Schritt benötigen wir ein Outlet für das Textfeld, um den eingegebenen Text auslesen und an den zweiten View-Controller übergeben zu können. Der zweite Schritt besteht darin, die genannte Methode `prepare(for:sender:)` zu überschreiben. Sie wird aufgerufen, sobald über den zweiten View-Controller ein Segue ausgelöst wird. Aktuell gibt es nur einen solchen Segue, über den der zweite View-Controller eingeblendet wird.

Die Methode `prepare(for:sender:)` übergibt uns zwei Informationen:

- Eine `UIStoryboardSegue`-Instanz: Der erste Parameter ist vom Typ `UIStoryboardSegue` und hilft uns dabei, Informationen über den ausgelösten Segue zu erhalten. Dazu gehört beispielsweise die Property `destination`, die auf die Instanz des Ziel-View-Controllers verweist (in unserem Fall also auf eine Instanz der `LabelViewController`-Klasse). Da `destination` vom Typ `UIViewController` ist, um alle Arten von View-Controllern darstellen zu können, ist ein Type Casting notwendig, wenn man auf spezifische Informationen des Ziel-View-Controllers zugreifen möchte (so wie in unserem Fall der Zugriff auf die `text`-Property, die exklusiv in `LabelViewController` enthalten ist).

- Den Auslöser des Segues: Der zweite Parameter ist vom Typ `Any` und verweist auf die Instanz, über die der Segue ausgelöst wurde (in unserem Beispiel also die `UIButton`-Instanz). Sie können diesen Parameter nutzen, falls Sie beim Auslösen eines Segues abhängig vom Sender zusätzliche Befehle ausführen oder weitere Informationen auslesen möchten.

In unserer Implementierung der Methode `prepare(for:sender:)` nutzen wir die `destination`-Property des `segue`-Parameters, um auf die Instanz des Ziel-View-Controllers zuzugreifen. Diese casten wir nach `LabelViewController`, da wir wissen, dass es sich bei dem Ziel-View-Controller um eine Instanz dieses Typs handelt. Anschließend weisen wir der `text`-Property des Ziel-View-Controllers den Wert zu, den das Textfeld enthält. Die Klasse `UITextField` stellt zu diesem Zweck ebenfalls eine sogenannte `text`-Property bereit. Die vollständige Implementierung der `ViewController`-Klasse finden Sie in Listing 23.15.

Listing 23.15 Implementierung der `ViewController`-Klasse

```
class ViewController: UIViewController {

    @IBOutlet weak var textField: UITextField!

    override func prepare(for segue: UIStoryboardSegue, sender: Any?) {
        let labelViewController = segue.destination as! LabelViewController
        labelViewController.text = textField.text
    }

}
```

Das war's! Wann immer nun der Segue des initialen View-Controllers ausgeführt wird, wird auch automatisch die überschriebene Methode `prepare(for:sender:)` aufgerufen, die dafür sorgt, den eingegebenen Text an den Ziel-View-Controller zu übergeben (siehe Bild 23.82).

Bild 23.82 Der Text innerhalb des Textfelds wird nun bei Betätigen des Buttons für das Label des Ziel-View-Controllers eingesetzt.

Segue mittels Identifier unterscheiden

In dem gezeigten Beispiel verfügt der initiale View-Controller lediglich über einen Segue. Es gibt allerdings auch Situationen, in denen von einem View-Controller mehr als nur ein Segue ausgeht. Das wäre beispielsweise dann der Fall, wenn ein View-Controller drei unterschiedliche Buttons besitzt und jeder davon einen anderen View-Controller lädt.

Das Problem hierbei ist aber, dass, ganz gleich, *welcher* Segue konkret in einem View-Controller ausgelöst wird, immer nur die Methode perform(for:sender:) aufgerufen wird. Das ist insoweit ein Problem, als dass abhängig vom jeweiligen Segue ganz andere Befehle ausgeführt werden müssen und ganz unterschiedliche Ziel-View-Controller zum Einsatz kommen.

Um somit innerhalb der Methode perform(for:sender:) unterscheiden zu können, welcher Segue genau ausgelöst wurde, stellt der segue-Parameter die Property identifier bereit. Sie enthält einen Identifier-String, den man für jeden Segue im Storyboard definieren kann. Um einen solchen Identifier zu setzen, wählen Sie einen Segue (sprich den verbindenden Pfeil) im Storyboard aus und wechseln anschließend in den Identity Inspector. Dort finden Sie ein Feld namens *Identifier*, in dem Sie einen beliebigen String zur eindeutigen Identifikation eines Segues eintragen können (siehe Bild 23.83).

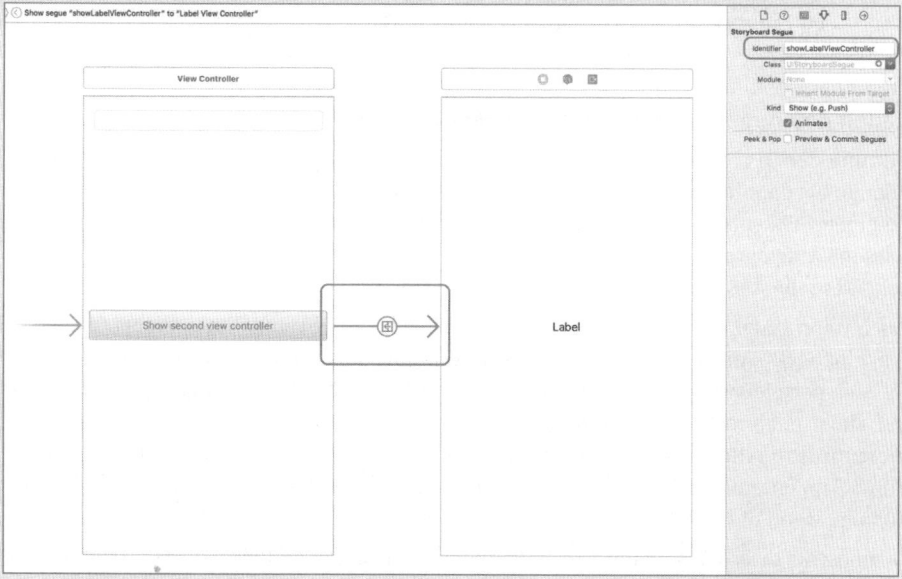

Bild 23.83 Nach Auswahl eines Segues im Storyboard können Sie im Attributes Inspector einen eigenen Identifier dafür festlegen.

Diesen Identifier können Sie nun in der Implementierung der Methode prepare(for:sender:) nutzen, um zwischen den verschiedenen Segues eines View-Controllers zu unterscheiden und abhängig davon die passenden Befehle auszuführen. Listing 23.16 zeigt beispielhaft die Implementierung von prepare(for:sender:) aus Listing 23.15 mit zusätzlicher Prüfung des ausgelösten Segues. Dazu wurde im Storyboard für diesen Segue der Identifier *showLabelViewController* festgelegt.

Listing 23.16 Prüfen des Identifiers eines ausgelösten Segues

```
override func prepare(for segue: UIStoryboardSegue, sender: Any?) {
    if segue.identifier == "showLabelViewController" {
        let labelViewController = segue.destination as!
LabelViewController
        labelViewController.text = textField.text
    }
}
```

Das Casten des Ziel-View-Controllers nach LabelViewController und die Übergabe des im Textfeld eingegebenen Textes erfolgen nun nur, wenn tatsächlich der dafür passende Segue im initialen View-Controller ausgelöst wurde.

Generell empfehle ich Ihnen, jeden Segue mit einem solchen eindeutigen Identifier zu versehen und mittels Abfrage beim Auslösen eines Segues zu prüfen, selbst wenn Sie nur einen Segue für einen View-Controller einsetzen. Dann sind Sie bereits optimal gerüstet, sollten langfristig bei der Weiterentwicklung einer App noch weitere Segues hinzukommen.

Laden des neuen View-Controller (temporär) verhindern

Mithilfe der UIViewController-Methode shouldPerformSegue(withIdentifier:sender:) können Sie definieren, ob ein Segue tatsächlich ausgelöst werden soll oder nicht. Sie erwartet einen Rückgabewert vom Typ Bool, wobei true bedeutet, dass der Segue die ihm zugewiesene Aufgabe ausführt (zum Beispiel das Laden eines neuen View-Controllers), während mit false die Ausführung des Segues verhindert wird.

Auch wenn standardmäßig gesetzte Segues selbstverständlich auch ausgeführt werden sollen, gibt es Situationen, in denen ein Segue zumindest temporär inaktiv sein sollte. Stellen Sie sich beispielsweise eine Login-Maske vor, die erst dann den Login-Prozess nach Tippen auf einen entsprechenden Button auslösen soll, wenn der Nutzer auch einen sinnvollen Wert in die Textfelder für Benutzername und Passwort eingetragen hat. Der Segue, der durch Tippen auf den Button gefeuert wird, soll entsprechend nur dann genutzt werden können, wenn diese Rahmenbedingungen erfüllt sind.

Demonstriert werden soll diese Technik anhand eines kleinen Beispiels. Die grundlegende Basis ist identisch mit der der vorangegangenen Beispiele: Ein neues iOS-Projekt auf Basis der *Single View App*-Vorlage erhält einen zweiten View-Controller mit einem statischen Label (Text: „Second view controller"). Der initiale View-Controller erhält einen Button mit dem Titel „Show second view controller", der mittels eines *Show*-Segues mit dem zweiten View-Controller verbunden wird. Der Segue erhält zusätzlich den Identifier „showSecond-ViewController".

Anschließend fügen Sie dem initialen View-Controller noch an einer beliebigen Stelle einen Switch hinzu. Ein Switch basiert auf der Klasse UISwitch und stellt einen Schalter dar, der nur zwei Zustände kennt: an oder aus. Bild 23.84 zeigt, wie das Switch-Element in der Objects Library aussieht. Und Bild 23.85 zeigt, wie das Interface dieser Beispiel-App am Ende in etwa aussehen könnte.

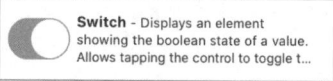

Bild 23.84
Ein Switch stellt ein View-Element in Form eines Schalters dar.

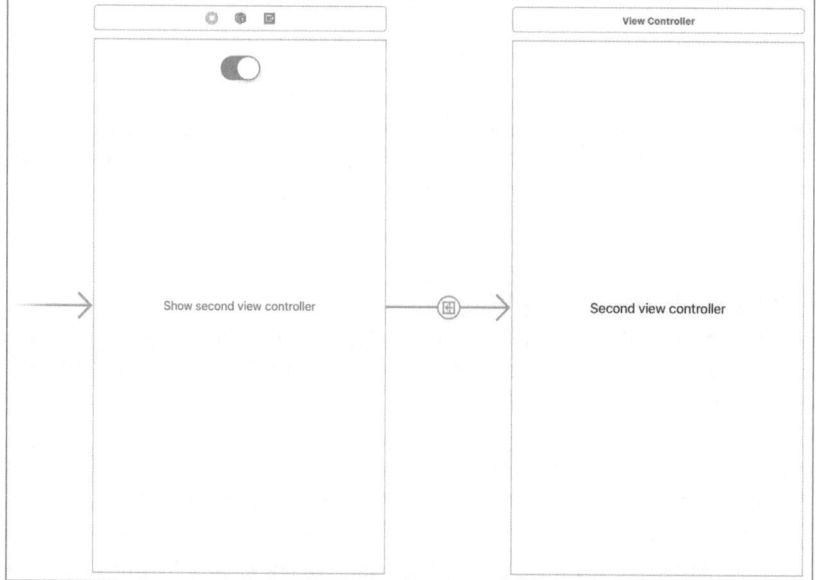

Bild 23.85 Die Beispiel-App verfügt über zwei View-Controller, die mit einem Segue miteinander verbunden sind. Ein Switch im initialen View-Controller soll steuern, ob der Segue aktiv ist oder nicht.

Die Implementierung der Klasse des initialen View-Controllers soll bei Durchführung des Segues nun prüfen, ob der Switch aktiv ist oder nicht. Nur wenn er aktiv ist, soll der Segue wie gewohnt ausgeführt werden, andernfalls nicht. Dazu muss zunächst ein Outlet für die UISwitch-Instanz erzeugt und anschließend die vorgestellte Methode shouldPerformSegue (withIdentifier:sender:) überschrieben werden. Innerhalb dieser Methode prüfen wir zunächst mithilfe des identifier-Parameters, ob es sich bei dem ausgelösten Segue um den mit dem von uns gesetzten Identifier „showSecondViewController" handelt. Ist das der Fall, prüfen wir mithilfe der Property isOn, ob der Switch aktiv ist (true) oder nicht (false). Ist er nicht aktiv, liefern wir in der Methode false zurück und geben damit an, dass der Segue nicht ausgeführt werden darf. In jedem anderen Fall (auch falls ein anderer Segue ausgelöst werden sollte) liefern wir true zurück. Die vollständige Implementierung der ViewController-Klasse finden Sie in Listing 23.17.

Listing 23.17 Prüfung, ob Segue ausgeführt werden soll oder nicht

```
class ViewController: UIViewController {

    @IBOutlet weak var segueSwitch: UISwitch!

    override func shouldPerformSegue(withIdentifier identifier: String, sender: Any?)
-> Bool {
        if identifier == "showSecondViewController" {
            if !segueSwitch.isOn {
                return false
            }
        }
        return true
    }

}
```

Probieren Sie es selbst einmal aus! Solange der Schalter nicht aktiv ist, wird auch keine Aktion bei Betätigen des Buttons ausgeführt; es ist, als wäre der Segue gar nicht da. Erst wenn der Switch aktiviert ist, lässt sich der Segue durch Betätigen des Buttons wie gewohnt auslösen.

Segue programmatisch ausführen

Segues besitzen den großen Vorteil, dass sie einmalig über ein Storyboard konfiguriert werden und dann automatisch im passenden Kontext (zum Beispiel durch Betätigen eines Buttons wie in den vorangegangenen Beispielen) ausgelöst werden. In manchen Fällen reicht es aber nicht, die mit dem Segue verbundene Aktion auf diesen einen Kontext zu beschränken. Es kann noch weitere Ereignisse geben, die möglicherweise auch nichts mit dem Interface zu tun haben, dennoch aber dieselbe Aktion auslösen sollen.

Zu diesem Zweck stellt die `UIViewController`-Klasse die Methode `performSegue(withIdentifier:sender:)` zur Verfügung. Sie kann von einem View-Controller aufgerufen werden, um einen Segue mit einem spezifischen Identifier auszuführen. Dieser Identifier wird in Form des ersten Parameters der Methode übergeben. Zusätzlich kann man noch mithilfe des `sender`-Parameters die Instanz übergeben, die den Segue ausgelöst hat, muss das aber nicht.

Anhand eines einfachen Beispiels soll der Einsatz der Methode `performSegue(withIdentifier:sender:)` praktisch verdeutlicht werden. Die Basis ist erneut eine *Single View App*, deren *Main.storyboard*-Datei über zwei View-Controller verfügt. Der initiale View-Controller besitzt einen Button mit dem Titel „Show second view controller", der mit einem *Show*-Segue mit dem zweiten View-Controller verbunden ist. Dieser Segue erhält den Identifier „showSecondViewController". Der zweite View-Controller besitzt ein Label mit dem Titel „Second view controller". Bild 23.86 zeigt diesen grundlegenden Aufbau der Beispiel-App.

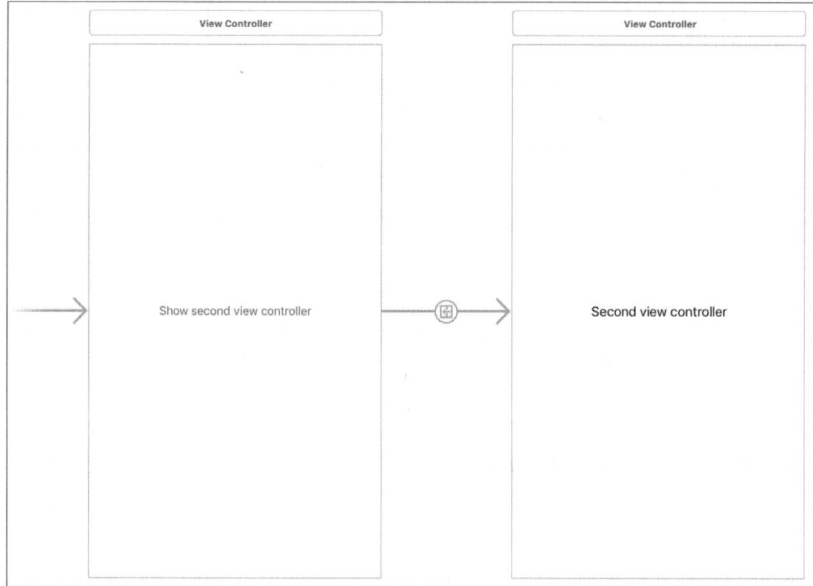

Bild 23.86 Die Beispiel-App setzt sich erneut aus zwei View-Controllern zusammen, die mithilfe eines Show-Segues mit dem Identifier „showSecondViewController" miteinander verbunden sind.

Um die Verwendung der Methode performSegue(withIdentifier:sender:) zu demonstrieren, soll direkt nach Erscheinen des initialen View-Controllers der zweite View-Controller eingeblendet werden. Zu diesem Zweck überschreiben wir in der Implementierung der ViewController-Klasse die Methode viewDidAppear(_:) und rufen darin die genannte Methode auf. Als identifier-Parameter übergeben wir „showSecondViewController", was dem gewünschten Segue-Identifier entspricht. Der sender-Parameter spielt für dieses Beispiel keine Rolle und wird daher auf nil gesetzt. Die vollständige Implementierung der ViewController-Klasse finden Sie in Listing 23.18.

Listing 23.18 Programmatische Ausführung eines Segues

```
class ViewController: UIViewController {

    override func viewDidAppear(_ animated: Bool) {
        super.viewDidAppear(animated)
        performSegue(withIdentifier: "showSecondViewController", sender: nil)
    }

}
```

Wenn Sie dieses Projekt nun ausführen, wird direkt nach Erscheinen des initialen View-Controllers automatisch der im Storyboard definierte Segue ausgeführt und der zweite View-Controller eingeblendet.

23.5.5.2 Über den Code

Auch wenn das Einblenden neuer View-Controller über das Storyboard ein komfortabler Weg ist, ist er in manchen Situationen nicht dynamisch und flexibel genug. Manchmal bestimmen zusätzliche Umstände, ob und welcher View-Controller angezeigt werden soll, und die statische Lösung der Storyboards passt nicht mehr.

Aus diesem Grund ist es problemlos möglich, mithilfe passender Methoden jederzeit aus dem Code heraus einen neuen View-Controller einzublenden. Dazu müssen Sie aber im ersten Schritt überhaupt eine Instanz eines solchen View-Controllers im Code besitzen. Eine solche erhalten Sie auf zwei möglichen Wegen:

- Erzeugen einer `UIViewController`-Instanz (oder einer `UIViewController`-Subklasse) im Code
- Auslesen eines in einem Storyboard erzeugten View-Controllers

Bevor wir uns damit beschäftigen, *wie* man einen View-Controller aus dem Code heraus lädt und anzeigt, stelle ich Ihnen zunächst die beiden genannten Möglichkeiten zum Erzeugen neuer View-Controller im Code vor.

Erzeugen einer UIViewController-Instanz

`UIViewController` ist die Klasse, zu der alle View-Controller in der iOS-Entwicklung gehören. Auch eigene View-Controller sollten immer von `UIViewController` abgeleitet sein.

Möchten Sie in Ihrem Projekt einen neuen View-Controller im Code erzeugen, ist die Vorgehensweise an sich sehr simpel: Sie nutzen den Default Initializer von `UIViewController` und erhalten eine voll nutzbare View-Controller-Instanz. Diese können Sie dann Ihren Wünschen entsprechend konfigurieren, beispielsweise um die Hintergrundfarbe der zugrunde liegenden View zu verändern. Listing 23.19 zeigt genau dieses Beispiel.

Listing 23.19 Erzeugen einer `UIViewController`-Instanz und verändern der Hintergrundfarbe

```
let myViewController = UIViewController()
myViewController.view.backgroundColor = .red
```

Auslesen eines View-Controllers aus dem Storyboard

Auch wenn die View-Controller eines Storyboards direkt mithilfe von Segues miteinander verbunden werden können, ist es in manchen Situationen sinnvoll, eine Instanz eines in einem Storyboard erstellten View-Controllers im Code zu erzeugen. Nehmen wir als Beispiel einen View-Controller zur Abbildung einer Anmeldemaske, um auf zusätzliche Services einer App zugreifen zu können. Womöglich führt von den Einstellungen aus direkt ein Segue zu diesem View-Controller, um sich anmelden zu können, aber derselbe View-Controller soll auch geladen und angezeigt werden, wenn der Nutzer in der App einen Service auswählt, für den eine Authentifizierung notwendig ist. In diesem Fall kann man beim Aufruf des entsprechenden Service prüfen, ob der Nutzer angemeldet ist, und falls nicht, den passenden View-Controller für die Anmeldung laden und programmatisch einblenden.

Um einen View-Controller aus einem Storyboard im Code zu laden und zu initialisieren, muss man zunächst eine Instanz der gewünschten Storyboard-Datei selbst erzeugen. Das erfolgt mithilfe der Klasse `UIStoryboard` und des Initializers `init(name:bundle:)`. Der erste Parameter des Initializers erwartet den Namen der Storyboard-Datei, die den gewünschten View-Controller enthält. Der zweite Parameter verweist auf das Bundle, zu dem das Storyboard gehört. Handelt es sich hierbei – wie das standardmäßig der Fall ist – um das Main Bundle, kann für diesen Parameter schlicht `nil` übergeben werden (mehr zum Thema Bundle erfahren Sie in Kapitel 28, „Cross-Platform").

Auf dieser UIStoryboard-Instanz können nun zwei Methoden aufgerufen werden, um einen View-Controller daraus zu laden und zu initialisieren. Die erste lautet instantiate InitialViewController() und liefert eine neue Instanz des initialen View-Controllers zurück. Die zweite Methode hört auf den Namen instantiateViewController(with Identifier:) und wird benötigt, sobald sie einen anderen als den initialen View-Controller eines Storyboards laden und erzeugen möchten. Die Methode erwartet einen identifier-Parameter, über den Sie definieren, *welchen* View-Controller aus dem zugrunde liegenden Storyboard Sie laden möchten. Einen solchen Identifier legen Sie selbst fest, indem Sie im Storyboard einen View-Controller auswählen und anschließend in den Identity Inspector wechseln. Dort finden Sie ein Textfeld mit dem Titel *Storyboard ID* (siehe Bild 23.87). Den Wert, den Sie in dieses Feld eintragen, nutzen Sie, um den entsprechenden View-Controller mithilfe der Methode instantiateViewController(withIdentifier:) im Code zu laden.

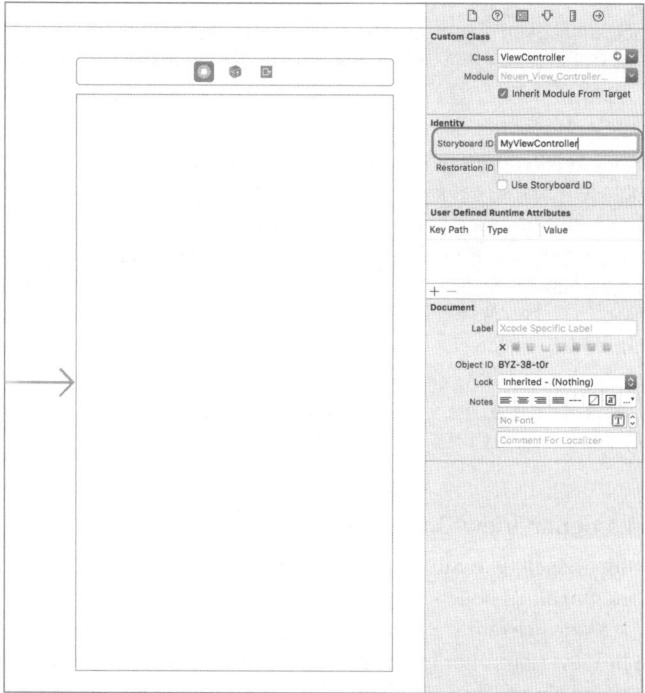

Bild 23.87 Dem hier gezeigten View-Controller wurde der Identifier MyViewController zugewiesen.

In Listing 23.20 sehen Sie ein Beispiel zur Verwendung von UIStoryboard. Dort wird eine Instanz für die *Main.storyboard*-Datei erzeugt und anschließend ein View-Controller mit dem Identifier MyViewController geladen und initialisiert.

Listing 23.20 Laden und Erzeugen eines View-Controllers aus dem Storyboard heraus

```
let mainStoryboard = UIStoryboard(name: "Main", bundle: nil)
let myViewController = mainStoryboard.instantiateViewController(withIdentifier:
"MyViewController")
```

Type Casting beachten

Bei dem gezeigten Laden und Erzeugen von View-Controllern mithilfe der Klasse UIStoryboard müssen Sie ein wichtiges Detail beachten: Sowohl die Methode instantiateInitialViewController() als auch die Methode inst antiateViewController(withIdentifier:) liefern eine Instanz der Klasse UIViewController zurück. In den meisten Fällen möchte man aber eine explizite Subklasse ansprechen, die man dem entsprechenden View-Controller im Identity Inspector des Storyboards zugewiesen hat. So entspricht bei neu erstellten iOS-Projekten auf Basis einer *Single View App* der initiale View-Controller der Klasse ViewController, die von UIViewController abgeleitet ist und über zusätzliche Eigenschaften und Funktionen verfügen kann, die UIViewController nicht besitzt.

Um solch zusätzliche Eigenschaften und Funktionen nutzen zu können, ist es in diesen Fällen daher notwendig, die erhaltene UIViewController-Instanz in den gewünschten Typ zu casten. Listing 23.21 zeigt ein Beispiel dazu, in dem ein View-Controller mit dem Identifier *LabelViewController* aus dem Main-Storyboard geladen wird. Dieser View-Controller entspricht einem Typ der gleichnamigen Klasse LabelViewController. Um alle Eigenschaften und Funktionen dieser Klasse nutzen zu können, muss das erhaltene Ergebnis der Methode instantiateViewController(withIdentifier:) entsprechend gecastet werden.

Listing 23.21 Casten eines über ein Storyboard geladenen View-Controllers

```
let mainStoryboard = UIStoryboard(name: "Main", bundle: nil)
let labelViewController = mainStoryboard.instantiateViewController(with
Identifier: "LabelViewController") as! LabelViewController
```

Anzeigen eines neuen View-Controllers im Code

Nachdem Sie nun wissen, wie Sie View-Controller im Code erzeugen können, betrachten wir das Vorgehen, um einen neuen View-Controller aus dem Code heraus anzuzeigen. Basis hierfür ist die Methode present(_:animated:completion:) der Klasse UIViewController. Sie blendet einen View-Controller modal ein (sprich sie legt ihn über den aktuell sichtbaren View-Controller) und entspricht damit dem, was wir zuvor im Storyboard mithilfe des *Show*-Segues umgesetzt haben. Die Methode erwartet die folgenden drei Parameter:

- viewControllerToPresent: Die UIViewController-Instanz, die angezeigt werden soll.
- flag: Ein boolescher Wert, der bestimmt, ob der View-Controller animiert eingeblendet werden soll (true) oder nicht (false).
- completion: Ein Closure, das ausgeführt wird, sobald der Ziel-View-Controller eingeblendet wurde. Es erlaubt es Ihnen, zusätzliche Befehle auszuführen (falls gewünscht). Alternativ können Sie auch nil für diesen Parameter übergeben.

Betrachten wir einmal die praktische Verwendung der Methode present(_:animated: completion:) auf Basis eines neuen iOS-Projekts mit der *Single View App*-Vorlage. Diesem wird zunächst im initialen View-Controller an einer beliebigen Stelle ein Button mit dem

Titel „Show second view controller" hinzugefügt und mit einer Action-Methode namens showSecondViewController() im Code der ViewController-Klasse gekoppelt (die Methode braucht in diesem Beispiel weder einen sender- noch einen events-Parameter, siehe Bild 23.88).

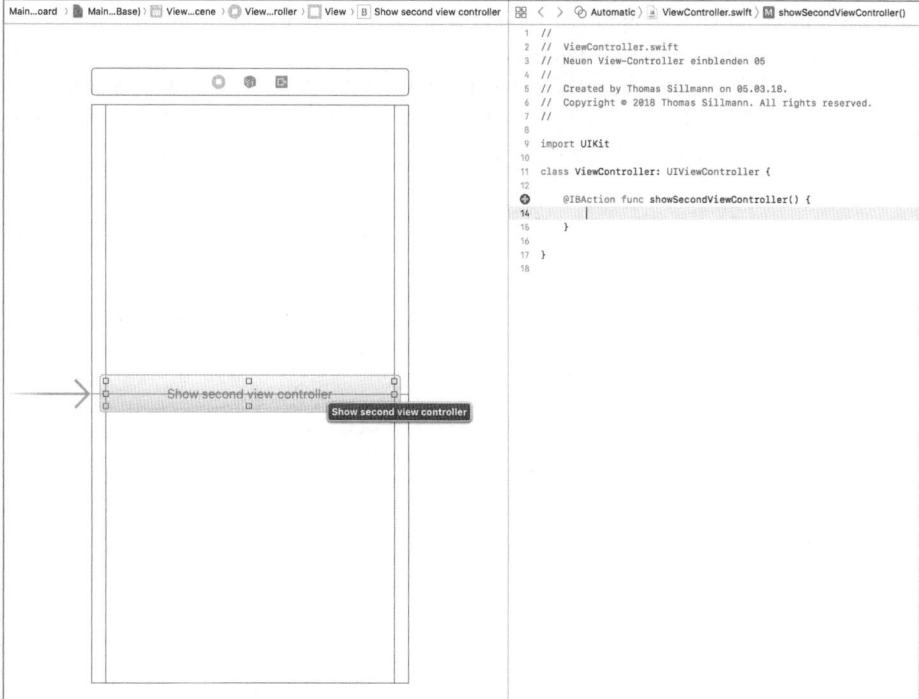

Bild 23.88 Der initiale View-Controller der Beispiel-App verfügt über einen Button, der mit einer Action-Methode namens „showSecondViewController()" mit dem Code gekoppelt ist.

Innerhalb der Methode showSecondViewController() wird nun eine neue UIView Controller-Instanz erzeugt und deren View ein blauer Hintergrund zugewiesen. Anschließend wird diese Instanz mithilfe der Methode present(_:animated:completion:) eingeblendet, wenn der Button betätigt wird. Die vollständige Implementierung der Methode showSecondViewController() finden Sie in Listing 23.22.

Listing 23.22 Einblenden eines neuen View-Controllers

```
@IBAction func showSecondViewController() {
    let blueBackgroundViewController = UIViewController()
    blueBackgroundViewController.view.backgroundColor = .blue
    present(blueBackgroundViewController, animated: true, completion: nil)
}
```

Wenn Sie das Projekt nun ausführen und den Button betätigen, wird ein neuer View-Controller mit blauem Hintergrund geladen und angezeigt.

Betrachten wir alternativ dazu noch ein Beispiel, in dem ein View-Controller aus einem Storyboard geladen und angezeigt wird. Erstellen Sie hierfür ein weiteres neues iOS-Projekt auf Basis einer *Single View App* und gehen Sie zunächst genauso vor wie beim vorangegangenen Beispiel: Fügen Sie dem initialen View-Controller einen Button mit dem Titel „Show second view controller" hinzu und verknüpfen Sie ihn mit der Action-Methode `showSecondViewController()` mit dem Code der `ViewController`-Klasse (verzichten Sie aber noch auf die Implementierung dieser Methode).

Fügen Sie anschließend der *Main.storyboard*-Datei einen zweiten View-Controller hinzu und versehen Sie diesen an einer beliebigen Stelle mit einem Label, das den Text „Second view controller" anzeigt. Wählen Sie diesen neuen View-Controller anschließend aus und wechseln Sie in den Identity Inspector. Tragen Sie dort in das Feld *Storyboard ID* den Wert *MyViewController* ein (siehe Bild 23.89).

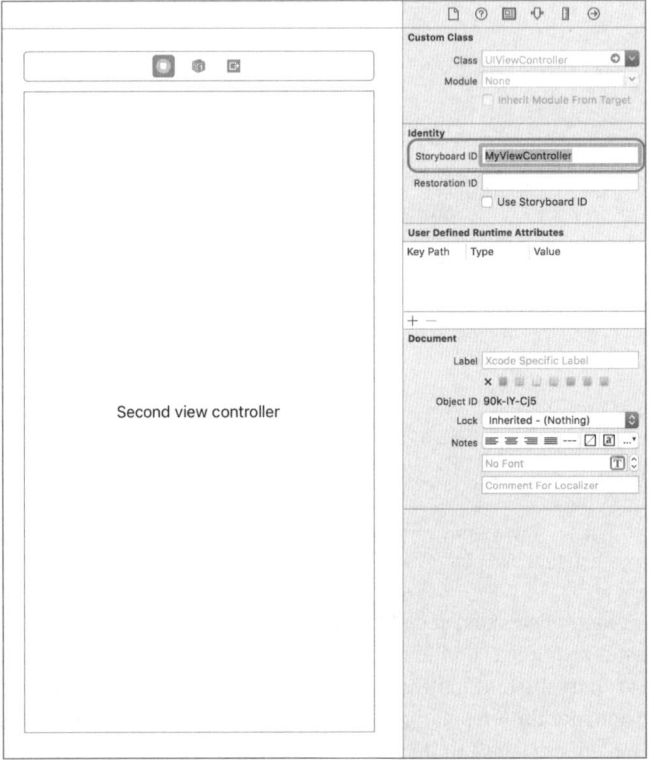

Bild 23.89 Weisen Sie dem neu hinzugefügten View-Controller einen passenden Identifier zu, um ihn so aus dem Code heraus ansprechen zu können.

Damit befinden sich in der *Main.storyboard*-Datei nun zwei View-Controller, die aber nicht durch einen Segue miteinander verbunden sind (siehe Bild 23.90).

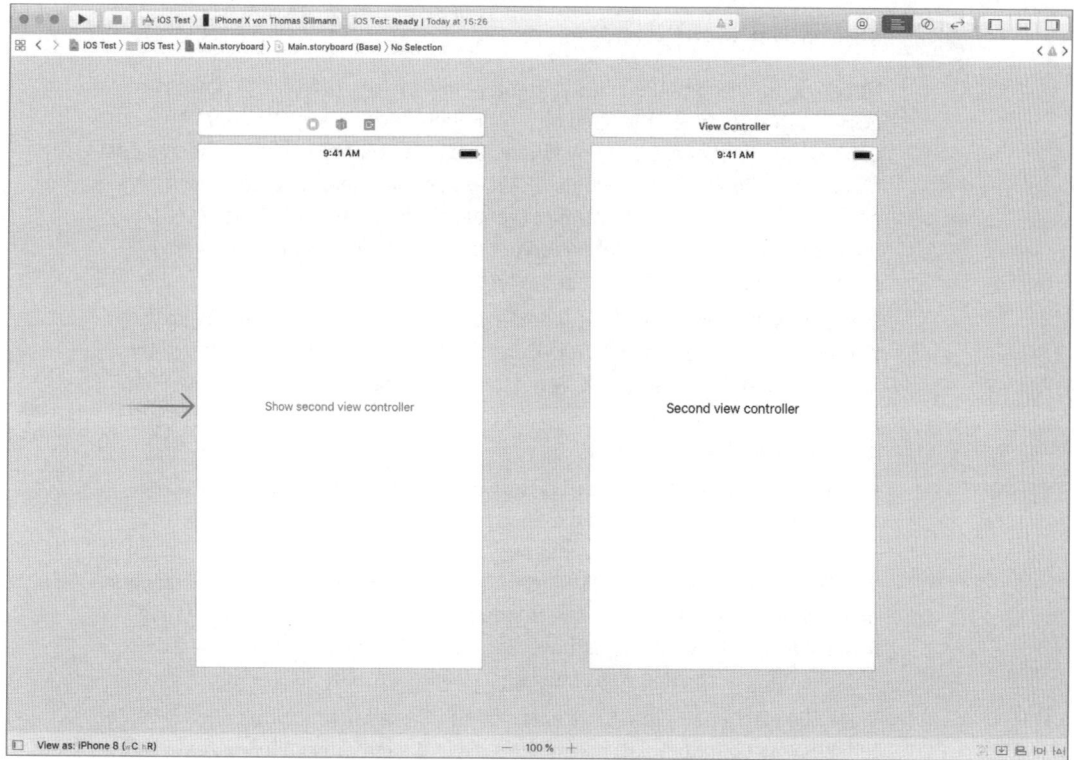

Bild 23.90 Die Beispiel-App verfügt über zwei voneinander unabhängige und nicht miteinander verbundene View-Controller.

Mit diesen getroffenen Vorkehrungen kehren wir in den Code der `ViewController`-Klasse und zur Implementierung der `showSecondViewController()`-Methode zurück. Unsere Aufgabe besteht nun darin, den zweiten im Storyboard erstellten View-Controller mit dem Identifier *MyViewController* im Code zu laden und mithilfe der Methode present (`_:animated:completion:`) einzublenden. Dazu erstellen wir zunächst eine `UIStory board`-Instanz auf Basis der *Main.storyboard*-Datei und nutzen anschließend die Methode `instantiateViewController(withIdentifier:)`, um eine Instanz des zweiten View-Controllers zu erhalten und diese anzuzeigen. Die passende Implementierung der Methode `showSecondViewController()` finden Sie in Listing 23.23.

Listing 23.23 Laden und Anzeigen eines View-Controllers aus einem Storyboard

```
@IBAction func showSecondViewController() {
    let mainStoryboard = UIStoryboard(name: "Main", bundle: nil)
    let secondViewController = mainStoryboard.instantiateViewController
(withIdentifier: "MyViewController")
    present(secondViewController, animated: true, completion: nil)
}
```

Alternative: show(_:sender:)

Neben der in diesem Abschnitt vorgestellten Methode present(_:animated: completion:) können Sie auch die – ebenfalls in der Klasse UIView Controller implementierte – Methode show(_:sender:) zum Anzeigen eines neuen View-Controllers verwenden. Als ersten Parameter übergeben Sie den anzuzeigenden Ziel-View-Controller (genau wie bei present(_:animated: completion:) auch) und definieren optional noch einen Sender – sprich Aufrufer – der Methode in Form des zweiten Parameters.

Der Unterschied von show(_:sender:) besteht darin, dass sie abhängig vom Kontext die Anzeige des Ziel-View-Controllers nicht modal, sondern auf alternative Art und Weise realisiert. Wenn Sie diese Methode beispielsweise über einen UINavigationController aufrufen, wird der Ziel-View-Controller auf dem Navigation Stack gepusht.

View-Controller-Klassen wie UINavigationController überschreiben diese Methode und implementieren die gewünschte Art, wie neue View-Controller in ihrem Kontext standardmäßig angezeigt werden sollen. Man muss sich dann bei Verwendung von show(_:sender:) keine Gedanken mehr darüber machen, ob ein View-Controller nun besser modal eingeblendet oder auf einem möglichen Navigation Stack gepusht werden soll; anhand des Kontexts wird diese Entscheidung durch den zugrunde liegenden View-Controller gefällt.

Wenn Sie also einen View-Controller definitiv *immer* modal einblenden möchten (unabhängig vom Kontext), müssen Sie die in diesem Abschnitt vorgestellte Methode present(_:animated:completion:) verwenden.

Mehr über weitere verfügbare View-Controller wie UINavigationController und die Arbeit mit ihnen erfahren Sie in Kapitel 24, „iOS – App-Entwicklung".

23.5.5.3 View-Controller ausblenden

In den vorherigen Abschnitten haben Sie die unterschiedlichen Vorgehensweisen kennengelernt, mit denen man einen neuen View-Controller in der iOS-Entwicklung einblenden kann. Zum Abschluss möchte ich Ihnen nun noch zeigen, wie Sie einen View-Controller wieder *ausblenden* können. Denn wie Ihnen womöglich in den letzten Beispielen aufgefallen ist, konnten Sie zwar immer einen neuen View-Controller anzeigen, hatten dann aber keine Chance mehr, zum ursprünglichen View-Controller zurückzukehren, ohne die App komplett zu beenden und anschließend wieder neu zu starten.

Das Ausblenden von View-Controllern können Sie ausschließlich über den Code steuern; aus einem Storyboard heraus können Sie eine solche Aktion nicht auslösen. Basis zum Ausblenden eines View-Controllers ist die Methode dismiss(animated:completion:) der Klasse UIViewController. Sie wird auf der View-Controller-Instanz aufgerufen, die Sie ausblenden möchten. Der erste Parameter vom Typ Bool bestimmt hierbei, ob das Ausblenden des View-Controllers animiert erfolgen soll (true) oder nicht (false). Beim zweiten Parameter handelt es sich um ein Closure, das ausgeführt wird, sobald der View-Controller ausgeblendet wurde. Er ist optional und kann somit auch nil entsprechen.

Ein Beispiel soll die Verwendung von dismiss(animated:completion:) praktisch verdeutlichen. Ausgangspunkt hierfür ist ein neues iOS-Projekt auf Basis der *Single View App*-Vorlage. Erstellen Sie zunächst einen zweiten View-Controller in der *Main.storyboard*-Datei und fügen Sie diesem an einer beliebigen Stelle einen Button mit dem Titel „Dismiss" hinzu. Fügen Sie anschließend noch dem initialen View-Controller ebenfalls einen Button mit dem Titel „Show" hinzu und setzen Sie von dort aus einen *Show*-Segue auf den zweiten View-Controller, sodass per Tippen auf diesen Button der zweite View-Controller eingeblendet wird.

Die Aufgabe des „Dismiss"-Buttons besteht darin, den zweiten View-Controller wieder auszublenden. Da das – wie eingangs beschrieben – nur über den Code mithilfe der Methode dismiss(animated:completion:) möglich ist, erstellen wir zunächst eine neue UIView Controller-Subklasse namens DismissViewController, die wir im Storyboard dem zweiten View-Controller im Identity Inspector zuweisen (siehe Bild 23.91).

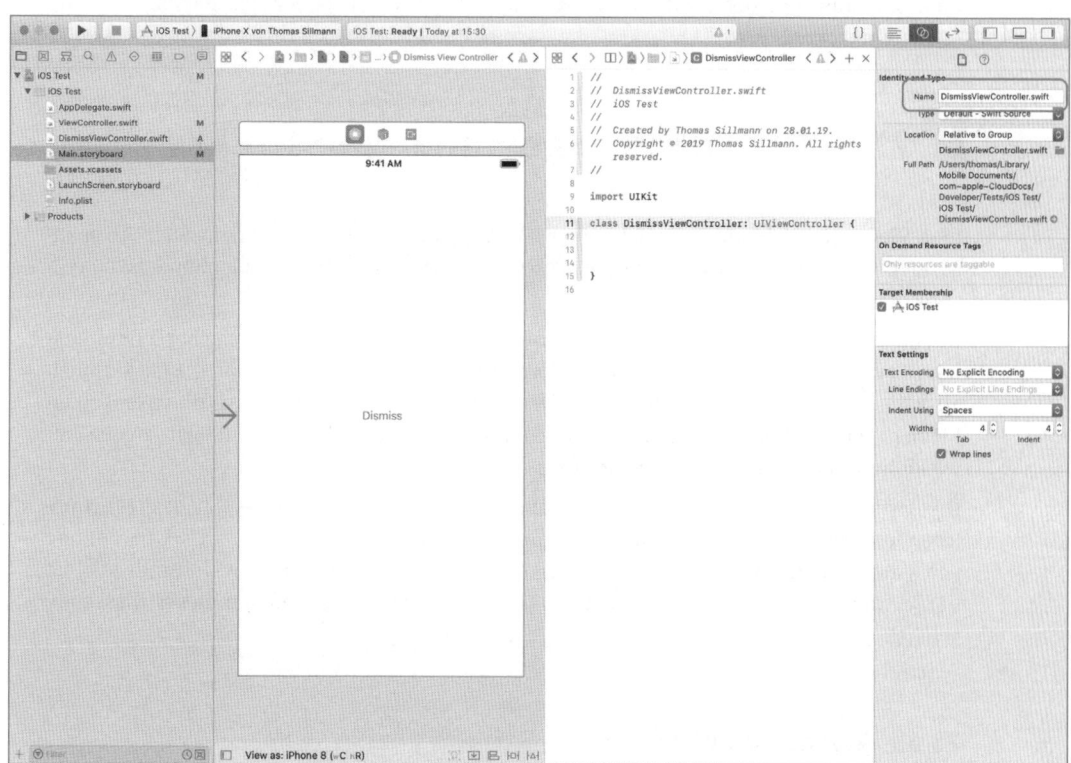

Bild 23.91 Erstellen Sie eine neue Klasse namens DismissViewController und weisen Sie sie dem zweiten View-Controller im Storyboard zu.

Wechseln Sie anschließend in den Assistant Editor und lassen Sie Storyboard und den Code der DismissViewController-Klasse nebeneinander anzeigen (so wie in Bild 23.91 zu sehen). Erstellen Sie dann eine Action-Methode namens dismiss() für den Button und rufen Sie darin dismiss(animated:completion:) auf. Das sorgt dafür, dass der zweite, modal eingeblendete View-Controller wieder ausgeblendet wird, sobald der „Dismiss"-

Button betätigt wird. Die vollständige Implementierung der `DismissViewController`-Klasse finden Sie in Listing 23.24.

Listing 23.24 Ausblenden eines View-Controllers mithilfe der Methode `dismiss(animated:completion:)`

```
class DismissViewController: UIViewController {

    @IBAction func dismiss() {
        dismiss(animated: true, completion: nil)
    }

}
```

Mithilfe der Methode `dismiss(animated:completion:)` können Sie somit einen modal angezeigten View-Controller wieder ausblenden. Falls Sie die Methode auf einen View-Controller aufrufen, der nicht modal angezeigt wird, passiert schlicht gar nichts.

■ 23.6 Oberflächen gestalten mit UIView

Eine View entspricht einer Ansicht einer iOS-App, die dem Nutzer auf dem Bildschirm angezeigt wird. Sowohl der gesamte Bildschirminhalt wie auch einzelne Elemente davon entsprechen einer View.

In den vorangegangenen Abschnitten haben wir bereits verschiedene solcher Views kennengelernt: Es gibt Labels, um Textinformationen darzustellen, Buttons, um Aktionen auszulösen und Schalter, die man aktivieren oder deaktivieren kann. All diese einzelnen Elemente sind Views, und es gibt im UIKit-Framework noch viele mehr, die wir bei der Entwicklung von iOS-Apps einsetzen können.

Die Basis aller Views in der iOS-Entwicklung stellt die Klasse `UIView` dar. Sie besitzt grundlegende Eigenschaften und Funktionen, die zwingend für die Arbeit und die Verwendung von Views benötigt werden. Was die Klasse `UIViewController` für View-Controller ist, ist `UIView` für Views. Alle View-Elemente wie Labels oder Buttons sind von dieser Klasse abgeleitet.

23.6.1 Aufbau von Views

Eine View stellt eine bestimmte Ansicht dar. Eine solche Ansicht wiederum kann selbst weitere Views beinhalten – sogenannte *Subviews*. Eine solche Komposition aus einer View und ihren Subviews kann ganz individuelle und einzigartige Ansichten zutage fördern.

Ein gutes Beispiel für derartige Kompositionen sind die bereits in vorherigen Abschnitten vorgestellten View-Controller. Die Basis eines jeden View-Controllers ist eine View, die alle Inhalte und Elemente des jeweiligen View-Controllers anzeigt. Über die Property `view` – die dem Typ `UIView` entspricht – kann man bei jedem View-Controller auf dessen Ansicht zugreifen (beispielsweise um die Hintergrundfarbe dieser View zu verändern).

Bei der Arbeit mit Storyboards haben wir eine solche View eines View-Controllers bereits angepasst, indem wir zusätzliche *Subviews* hinzugefügt haben – meist Labels oder Buttons. Sie waren Teil der eigentlichen View des View-Controllers und wurden *auf ihr* platziert. Anders ausgedrückt handelte es sich in diesen Szenarios bei den Labels und Buttons um *Subviews* der View des View-Controllers. Umgekehrt handelt es sich bei der View des View-Controllers aus Sicht von Label oder Button um deren *Superview*, also um diejenige View, der sie hinzugefügt wurden. In Bild 23.92 ist dieser grundlegende Aufbau von Views zum besseren Verständnis illustriert.

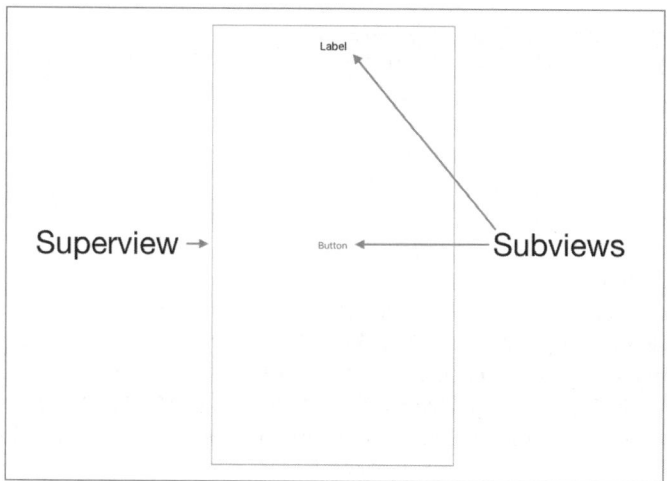

Bild 23.92 Die umgebende View ist die Superview, die in ihr platzierten Elemente (in diesem Fall ein Label und ein Button) stellen deren Subviews dar.

23.6.2 Erstellen von Views

Bisher haben wir Views immer direkt über das Storyboard erstellt, um das Aussehen und den Aufbau eines View-Controllers zu definieren. Zu diesem Zweck stellt uns jeder View-Controller in einem Storyboard die zugehörige Superview bereit, auf der wir dann nach Belieben die benötigten Subviews positionieren und anordnen können.

Alternativ dazu können Views aber auch jederzeit dynamisch im Code erzeugt werden. Dazu erstellt man eine Instanz der gewünschten View und fügt sie an der Stelle ein, wo man sie haben möchte. Das kann entweder eine andere View oder die Superview eines View-Controllers sein.

Wichtig beim Erstellen einer jeden View ist der sogenannte *Frame*. Er definiert zwei essenzielle Angaben für jede View:

- X- und Y-Koordinate: Die Koordinaten bestimmten die Position der View im Verhältnis zu ihrer Superview.
- Breite und Höhe: Sie bestimmen die Größe der View.

Ein solcher Frame wird in der iOS-Entwicklung mithilfe des Typs CGRect abgebildet. Beim Erstellen einer Instanz dieses Typs gibt man die Informationen zu X- und Y-Koordinate sowie Höhe und Breite an. Bei der Initialisierung der eigentlichen View nutzt man dann diese Information, um Größe und Position der View festzulegen. Die Klasse UIView bringt bereits einen Initializer namens init(frame:) mit, der einen solchen Frame in Form einer CGRect-Instanz als Parameter erwartet.

In Listing 23.25 sehen Sie ein Beispiel zur Erstellung eines Frames und einer View. Der View wird hierbei eine Größe von 200 × 200 Punkten und eine X- und Y-Koordinate mit dem Wert 50 zugewiesen.

Listing 23.25 Erstellen einer View im Code

```
// Erstellen des Frames für die zu erzeugende View.
let myViewFrame = CGRect(x: 50, y: 50, width: 200, height: 200)

// Erstellen einer View.
let myView = UIView(frame: myViewFrame)
```

 Punkte vs. Pixel

Die Größen- und Koordinatenangaben in Form eines CGRect werden intern in Form von Punkten abgebildet. Je nach zugrunde liegendem Endgerät und Display kann ein Punkt ein oder mehrere Pixel enthalten. Würde man sich demzufolge bei der Berechnung von Größen auf Pixel verlassen, würden Views auf einem höher auflösenden Gerät verhältnismäßig kleiner erscheinen als auf einem Device mit niedrigerer Bildschirmauflösung. Damit Ansichten von iOS-Apps aber auf allen aktuellen und kommenden Geräten möglichst identisch aussehen, setzt CGRect auf Punkte, die den für den Nutzer sichtbaren Bildschirminhalt widerspiegeln.

Möchte man eine so erzeugte View einer anderen View als Subview hinzufügen, kommt hierfür die Methode addSubview(_:) der UIView-Klasse zum Einsatz. Sie wird auf der View aufgerufen, der eine Subview mit Position und Größe des definierten Frames hinzugefügt werden soll. Diese Subview wird als Parameter übergeben.

Ein kleines Beispiel soll das Erstellen und Hinzufügen von Views im Code einmal praktisch verdeutlichen. Ausgangspunkt ist ein iOS-Projekt auf Basis einer *Single View App*. Wechseln Sie darin in die standardmäßig erzeugte ViewController-Klasse und überschreiben Sie in dieser die Methode viewDidLoad(). Innerhalb der Methode erstellen wir nun eine neue View namens redCube, die eine Größe von 200 x 200 Punkten besitzt und deren X- und Y-Koordinate 50 entspricht. Der so erzeugten View wird eine rote Hintergrundfarbe zugewiesen. Abschließend wird die neu erstellte redCube-View der zugrunde liegenden View des View-Controllers als Subview hinzugefügt.

Die vollständige Implementierung der ViewController-Klasse finden Sie in Listing 23.26.

Listing 23.26 Erstellen und Hinzufügen einer View im Code

```
class ViewController: UIViewController {

    override func viewDidLoad() {
```

```
    super.viewDidLoad()

    // Erstellen des Frames für die neue Subview
    let redCubeFrame = CGRect(x: 50, y: 50, width: 200, height: 200)

    // Erstellen der View auf Basis des zuvor erzeugten Frames.
    let redCube = UIView(frame: redCubeFrame)

    // Setzen einer roten Hintergrundfarbe für die neue View
    redCube.backgroundColor = .red

    // Hinzufügen der neuen View zur zugrunde liegenden View des View-Controllers
    view.addSubview(redCube)
    }

}
```

Wenn Sie das fertige Projekt ausführen, wird beim Laden des initialen View-Controllers der Code innerhalb der Methode `viewDidLoad()` ausgeführt. Dann wird somit die neue View (`redCube`) erzeugt und der View des View-Controllers als Subview zugewiesen. Das Ergebnis im iPhone X-Simulator sehen Sie in Bild 23.93.

Bild 23.93
Im Code wurde eine neue View erstellt und dem View-Controller programmatisch hinzugefügt.

Views entfernen

Views können nicht nur auf die gezeigte Art und Weise hinzugefügt, sondern auch wieder entfernt werden. Hierfür kommt die Methode `removeFromSuperview()` der `UIView`-Klasse zum Einsatz. Die View, auf der sie aufgerufen wird, wird entfernt und damit ausgeblendet.

Um dieses Verhalten zu demonstrieren, erweitern wir das zuvor erstellte Beispiel um einen Button mit dem Titel „Hide red cube", der im Storyboard am unteren Rand des initialen View-Controllers platziert wird (siehe Bild 23.94). Bei Tippen auf diesen Button soll die

View des roten Würfels wieder vom View-Controller entfernt werden. Dazu erstellen wir im ersten Schritt eine Action-Methode für diesen Button im View-Controller, die den Namen hideRedCube() trägt.

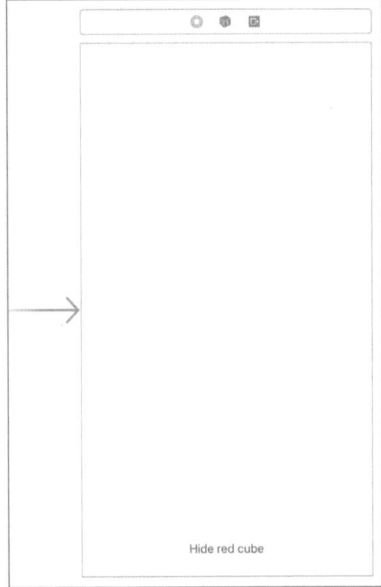

Bild 23.94
Das Beispielprojekt erhält einen Button am unteren Bildschirmrand, über den die im Code hinzugefügte View des roten Würfels wieder entfernt wird.

Um das gewünschte Verhalten nun im Code umzusetzen, muss zunächst die bestehende Implementierung der ViewController-Klasse ein wenig angepasst werden. Schließlich hat die neu erstellte Action-Methode hideRedCube() keine Referenz auf die View des roten Würfels, die sie ausblenden soll. Aus diesem Grund wird die View in Form einer Property im View-Controller erzeugt und viewDidLoad() nur noch mithilfe der Methode addSubview(_:) hinzugefügt. Dann kann innerhalb der Methode hideRedCube() auf diese Property die Methode removeFromSuperview() aufgerufen werden, um die View wieder zu entfernen. Die so aktualisierte und vollständige Implementierung der ViewController-Klasse finden Sie in Listing 23.27.

Listing 23.27 Hinzufügen und Entfernen von Views

```
class ViewController: UIViewController {

    var redCube: UIView = {
        let redCubeFrame = CGRect(x: 50, y: 50, width: 200, height: 200)
        let redCube = UIView(frame: redCubeFrame)
        redCube.backgroundColor = .red
        return redCube
    }()

    override func viewDidLoad() {
        super.viewDidLoad()
        view.addSubview(redCube)
    }
```

```
    @IBAction func hideRedCube() {
        redCube.removeFromSuperview()
    }

}
```

Führt man dieses aktualisierte Projekt nun aus, verschwindet die in `viewDidLoad()` hinzugefügte View, sobald der Button „Hide red cube" betätigt wird.

 Hinzufügen über Superview, Entfernen über Subview

Wie Sie am letzten Beispiel gesehen haben, verfolgen das Hinzufügen einer Subview und das Entfernen derselbigen zwei verschiedene Ansätze.

Neue Subviews werden immer über die Superview hinzugefügt, zu der sie gehören sollen (in dem gezeigten Beispiel war das die View des View-Controllers). Auf dieser Superview wird `addSubview(_:)` aufgerufen und ihr die neue Subview als Parameter übergeben.

Möchte man hingegen eine Subview wieder entfernen, verwendet man dazu nicht ebenfalls die Superview, sondern die Subview selbst, die verschwinden soll, und ruft direkt auf ihr die Methode `removeFromSuperview()` auf.

23.6.3 Grundlegende Eigenschaften aller Views

In den vorangegangenen Abschnitten haben wir eine Eigenschaft von Views bereits einige Male verwendet: die Hintergrundfarbe in Form der Property `backgroundColor`. Es gibt aber noch eine Vielzahl mehr davon, und in diesem Abschnitt möchte ich Ihnen einige der in meinen Augen wichtigsten und interessantesten vorstellen. All diese Eigenschaften sind innerhalb der Klasse `UIView` deklariert, was bedeutet, dass sie auch für alle anderen Arten von Views, wie sie zum Teil in Abschnitt 23.6.4, „Verfügbare UIView-Subklassen", aufgeführt sind, zur Verfügung stehen. Eine Übersicht *aller* Eigenschaften und Funktionen der Klasse `UIView` finden Sie in der Dokumentation von Xcode (siehe Bild 23.95).

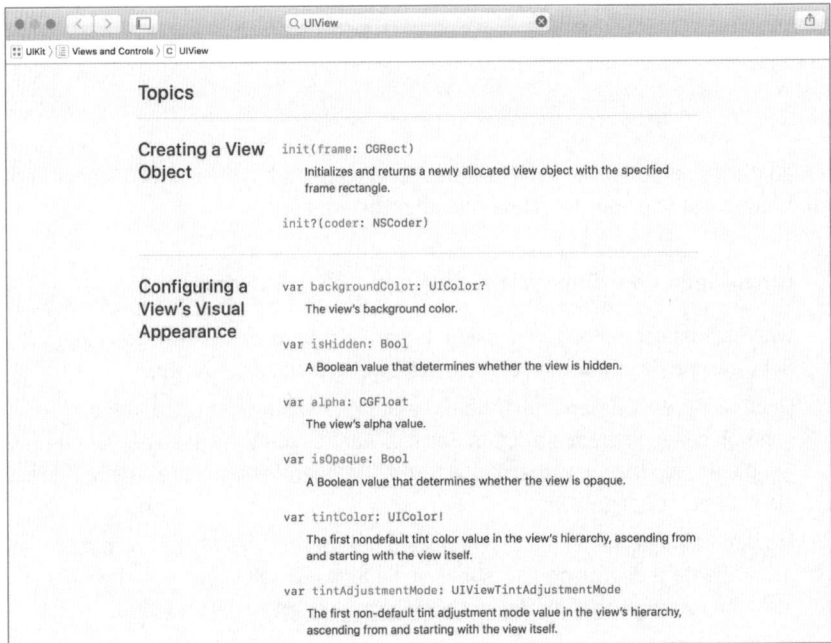

Bild 23.95 In der Xcode-Dokumentation zu UIView finden sie alle Eigenschaften und Funktionen, die diese Klasse zur Verfügung stellt.

23.6.3.1 Optische Anpassungen

Die im Folgenden vorgestellten Eigenschaften der Klasse UIView dienen allesamt dazu, das Aussehen einer View zu verändern.

backgroundColor

Mithilfe der Property backgroundColor bestimmen sie die Hintergrundfarbe einer View. Sie ist vom Typ UIColor. UIColor bringt für eine Vielzahl von Farben bereits passende Klassenvariablen mit, über die Sie schnell und einfach eine bestimmte Farbe im Code erzeugen können, beispielsweise black, red oder blue. Darüber hinaus können Sie mithilfe passender Methoden und Initializer auch ganz individuelle Farben erzeugen. Beispielsweise können Sie den Initializer init(red:green:blue:alpha:) dazu verwenden, um eine Farbe auf Basis von RGB-Werten zu erstellen. Pro RGB-Wert geben Sie eine Zahl zwischen 0 (keine Verwendung der Farbe) und 1 (volle Verwendung der Farbe) an. Der letzte Parameter – alpha – bestimmt die Transparenz der Farbe (0 bedeutet volle Transparenz, 1 keine Transparenz).

Listing 23.28 zeigt einige Beispiele zur Verwendung der Klasse UIColor. Alle darin erzeugten Instanzen können direkt einer View als Hintergrundfarbe mithilfe der Property backgroundColor zugewiesen werden.

Listing 23.28 Erstellen von Farben mithilfe von `UIColor`

```
// Rot
let redColor = UIColor.red

// Grün
let greenColor = UIColor.green

// Blau
let blueColor = UIColor.blue

// Weiß
let whiteColor = UIColor.white

// Schwarz
let blackColor = UIColor.black

// Braun
let brownColor = UIColor.brown

// Orange
let orangeColor = UIColor.orange

// Lila
let purpleColor = UIColor.purple

// Hellblau
let lightBlueColor = UIColor(red: 0.8, green: 0.9, blue: 1, alpha: 1)
```

Ein Beispiel zur praktischen Veränderung der Hintergrundfarbe finden Sie in Listing 23.27 in Abschnitt 23.6.2, „Erstellen von Views".

isHidden

Mithilfe der booleschen Property `isHidden` regeln Sie, ob eine View sichtbar ist (`true`) oder nicht (`false`). Im Gegensatz zu der Methode `removeFromSuperview()`, die eine View vollständig aus einer Ansicht entfernt, ändert `isHidden` nur die Sichtbarkeit einer View. Sie können diese Property nutzen, um bestimmte Elemente nur unter gewissen Voraussetzungen anzuzeigen.

Ein kleines Beispiel zur Verwendung der Property `isHidden` zeigt das folgende Projekt. Es basiert auf einer *Single View App*, der initiale View-Controller verfügt über einen Schalter und ein Label (siehe Bild 23.96). Das Label ist mithilfe eines Outlets mit dem Code der zugrunde liegenden `ViewController`-Klasse verknüpft, der Switch ist einer Action-Methode namens `updateLabelVisibility(_:)` zugewiesen.

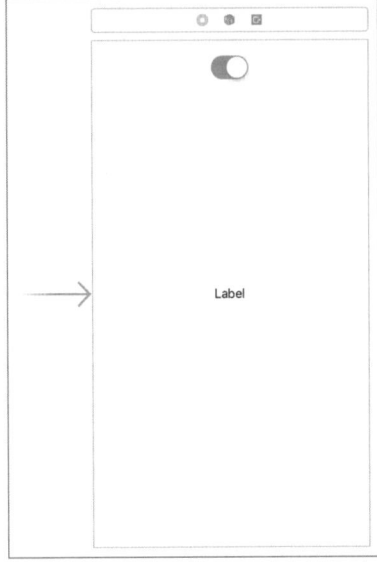

Bild 23.96
Wann immer der Switch des Beispielprojekts inaktiv ist,
soll das Label ausgeblendet werden.

Innerhalb der Action-Methode wird der Status des Schalters mithilfe der zugehörigen Property `isOn` überprüft. Ist er inaktiv, wird das Label ausgeblendet, indem die Property `isHidden` des Labels auf `false` gesetzt wird. Umgekehrt wird `isHidden` der Wert `true` zugewiesen, sollte der Schalter wieder aktiviert werden. Die zugehörige Implementierung der `ViewController`-Klasse finden Sie in Listing 23.29.

Listing 23.29 Ein- und Ausblenden eines Labels auf Basis eines Switches

```
class ViewController: UIViewController {

    @IBOutlet weak var label: UILabel!

    @IBAction func updateLabelVisibility(_ sender: UISwitch) {
        label.isHidden = !sender.isOn
    }

}
```

Mehr zur Klasse `UISwitch` und weiteren View-Elementen erfahren Sie in Abschnitt 23.6.4, „Verfügbare UIView-Subklassen".

alpha

Mithilfe der `alpha`-Property steuern Sie die Transparenz einer View. Ein Wert von 1 bedeutet volle Sichtbarkeit (dies ist der Standard), ein Wert von 0 bedeutet volle Transparenz.

Das folgende Beispiel verdeutlicht die Funktionsweise der `alpha`-Property. Es basiert auf einer *Single View App*, der initiale View-Controller verfügt über einen Slider (Klasse `UISlider`) und ein Label (siehe Bild 23.97). Der Slider verfügt über einen Wertebereich von 0 bis 1 und soll den Alpha-Wert des Labels darstellen. Wird der Wert des Sliders geändert, soll entsprechend auch der Alpha-Wert des Labels geändert werden.

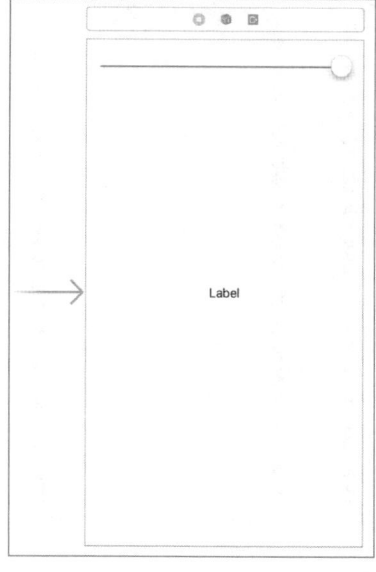

Bild 23.97
In der Beispiel-App steuert ein Slider den Alpha-Wert
des Labels.

Zu diesem Zweck wird das Label mithilfe eines Outlets mit dem Code verbunden. Der Slider
wird mit einer Action-Methode namens updateLabelTransparency(_:) mit der zugrunde
liegenden ViewController-Klasse verknüpft. Diese Action-Methode wird immer dann
aufgerufen, wenn sich der Wert des Sliders ändert. Über die Property value der Klasse
UISlider kann der aktuelle Wert ausgelesen werden. In der Implementierung von
updateLabelTransparency(_:) wird er direkt der alpha-Property des Labels zugewiesen.
Die entsprechende Implementierung der ViewController-Klasse finden Sie in Listing
23.30.

Listing 23.30 Verändern des Alpha-Werts eines Labels auf Basis eines Sliders

```
class ViewController: UIViewController {

    @IBOutlet weak var label: UILabel!

    @IBAction func updateLabelTransparency(_ sender: UISlider) {
        label.alpha = CGFloat(sender.value)
    }

}
```

Je nachdem, an welcher Position sich der Slider befindet (und welchem Wert er somit entspricht), verändert sich auch der Alpha-Wert des Labels (siehe Bild 23.98).

Bild 23.98 Mithilfe des Sliders wird der Alpha-Wert des Labels verändert.

 CGFloat

Der Typ der alpha-Property entspricht CGFloat. Es handelt sich um eine Structure aus dem *Core Graphics*-Framework, die zur Abbildung von Fließkommazahlen verwendet wird. Bei der Programmierung mit Swift wird CGFloat intern automatisch als Float genutzt, sollte eine App auf einem 32-Bit-Prozessor ausgeführt werden. Bei Geräten mit 64-Bit-Prozessor entspricht eine CGFloat-Instanz hingegen automatisch einem Double.

In vielen Fällen ist dieser Umstand für uns nicht weiter relevant. Einer CGFloat-Property kann problemlos ein Wert wie 19.99 zugewiesen werden; dieser wird dann automatisch in ein CGFloat umgewandelt.

Anders liegt der Fall allerdings im gezeigten Beispiel aus Listing 23.30. Die value-Property der Klasse UISlider liefert eine Instanz vom Typ Float zurück, und diese kann nicht einfach einem CGFloat zugewiesen werden. Hier ist ein explizites Type Casting von Float nach CGFloat notwendig.

Ein solches Casting ist erfreulicherweise sehr einfach: Die Structure CGFloat bringt für verschiedenste Zahlen-Typen wie Int, Float und Double einen passenden Initializer mit, der den übergebenen Wert in einen CGFloat umwandelt. Genau das ist auch in Listing 23.30 geschehen.

23.6.3.2 Verändern der Größe und Position

Was die Größe und die Position einer View betrifft, so wird in der iOS-Entwicklung zwischen *Frame* und *Bounds* unterschieden. Beide sind vom Typ CGRect und fassen somit die X- und Y-Koordinaten einer View sowie deren Höhe und Breite zusammen. Doch worin liegt der Unterschied zwischen den beiden?

Der *Frame* einer View bezieht sich auf die Position und Größe der View im Verhältnis zu ihrer *Superview*. Die *Bounds* hingegen beziehen sich auf die Position und Größe einer View innerhalb ihres *eigenen Koordinatensystems*.

Am verständlichsten erläutern lässt sich der Unterschied zwischen Frame und Bounds anhand eines Beispiels. Betrachten Sie dazu einmal die Grafik in Bild 23.99. Sie stellt eine Superview dar, der ein blaues Rechteck als Subview hinzugefügt wurde.

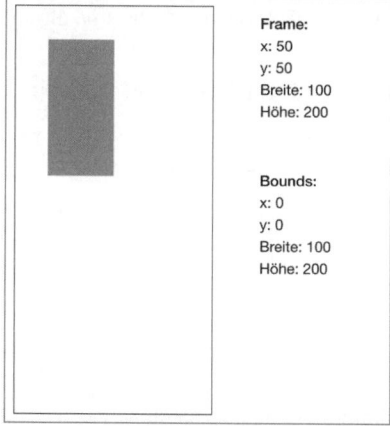

Bild 23.99
Frame und Bounds des Rechtecks innerhalb der Superview unterscheiden sich voneinander.

Der Frame bezieht sich auf die Position des blauen Rechtecks aus Sicht der *Superview*, in der sie eingebettet ist. Daher unterscheiden sich die Werte für die X- und Y-Koordinaten im Vergleich zu Bounds, die sich auf das Koordinatensystem *innerhalb* des blauen Rechtecks beziehen.

Noch deutlicher wird der Unterschied, wenn die View des blauen Rechtecks *rotiert* wird, so wie in Bild 23.100 zu sehen. Auch in diesem Fall bleiben die Bounds unverändert, da sich *innerhalb* des Rechtecks erneut nichts geändert hat. Der Frame hingegen, der die View aus Sicht der Superview betrachtet, hat sich sehr wohl geändert, was mithilfe der roten Linie symbolisiert wird. Der Frame beschreibt die Fläche, in der sich das blaue Rechteck befindet, und durch die Rotation nahmen sowohl Höhe als auch Breite in dieser Hinsicht zu.

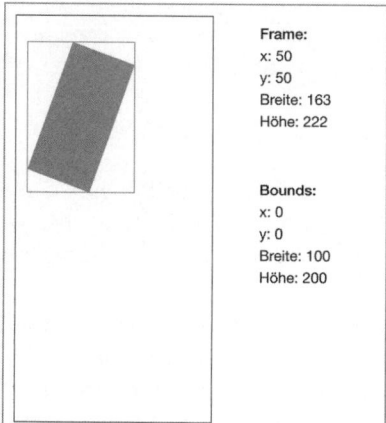

Bild 23.100
Durch die Rotation des blauen Rechtecks haben sich Breite und Höhe des Frames stark verändert (symbolisiert durch den roten Kasten).

Frame und Bounds sind beide über entsprechende Properties der Klasse UIView abrufbar und veränderbar: frame liefert den Frame, bounds liefert die Bounds. Ihr jeweils zugrunde liegender Typ ist CGRect und stammt – genau wie CGFloat – aus dem *Core Graphics*-Framework von Apple. Eine CGRect-Instanz besteht aus zwei Bestandteilen:

- origin: Bei origin handelt es sich um eine Instanz vom Typ CGPoint. Sie dient dazu, Koordinaten abzubilden. In Verbindung mit Frame und Bounds einer View wird sie verwendet, um die X- und Y-Koordinate der View zu definieren.

- size: Die Property size spiegelt die Größe einer View auf Basis von Höhe und Breite wider. Sie wird mithilfe des Typs CGSize abgebildet.

In Listing 23.31 sehen Sie ein Beispiel zur Erstellung einer CGRect-Instanz auf Basis eines CGPoint und einer CGSize.

Listing 23.31 Erstellen einer CGRect-Instanz

```
let point = CGPoint(x: 50, y: 50)
let size = CGSize(width: 100, height: 200)
let frame = CGRect(origin: point, size: size)
```

Frame vs. Bounds: Wann nimmt man was?

Sie haben in diesem Abschnitt erfahren, was Frame und Bounds sind und dass sie dem Typ CGRect entsprechen. Über die Properties frame und bounds einer UIView können Sie darauf zugreifen und entweder ihren aktuellen Wert auslesen oder einen neuen Wert setzen.

Doch wann sollte man Frame und wann Bounds einsetzen?

Die Antwort auf diese Frage hängt letzten Endes immer vom zugrunde liegenden Kontext ab. Wenn Sie einer Superview eine Subview hinzufügen möchten, konfigurieren Sie in der Regel den *Frame* dieser Subview. Der Grund hierfür ist, dass die Subview sich in Sachen Position und Größe in diesem Szenario an ihrer Superview orientieren soll; genau das leistet der Frame.

Bounds hingegen sollten Sie verwenden, wenn Sie die zugrunde liegende View selbst verändern (zum Beispiel deren Größe anpassen) oder sich darin orientieren möchten, um eine passende Position für mögliche Subviews zu ermitteln.

23.6.4 Verfügbare UIView-Subklassen

Die Klasse UIView stellt *die Mutter aller Views* in der iOS-Entwicklung dar. Sie enthält alle essenziellen Eigenschaften und Funktionen, die jede View ausmachen und verfügt über die Techniken, um Views zu verschachteln und mithilfe von Sub- und Superviews komplexe Ansichten umzusetzen.

Innerhalb des *UIKit*-Frameworks finden sich neben der Klasse UIView aber eine Vielzahl weiterer Klassen, die von UIView abgeleitet sind. Diese UIView-Subklassen stellen essenzielle Elemente dar, mit denen wir unseren Apps Leben einhauchen und unser User Interface gestalten können.

Einige dieser Subklassen haben wir bereits in den vorangegangenen Abschnitten dieses Kapitels kennengelernt: Labels, Buttons, Switches und Slider kamen bereits zum Einsatz. All diese Elemente sind Subklassen von UIView und verfügen daher über all die Eigenschaften und Funktionen, die zuvor vorgestellt wurden.

In diesem Abschnitt möchte ich Ihnen eine Auswahl verschiedener Elemente vorstellen, mit denen Sie Ihr User Interface in der iOS-Entwicklung gestalten können. Dabei gehe ich sowohl auf die jeweilige Funktionsweise der View ein als auch darauf, wie Sie sie in eigenen Projekten einsetzen und welche Eigenschaften sie besitzen.

Betrachtung „einfacher" View-Elemente

Dieser Abschnitt widmet sich den „einfacheren" UIView-Subklassen. „Einfacher" meint hierbei, dass die Funktionsweise dieser Elemente auf genau eine Aufgabe beschränkt ist und keine komplexen Konfigurationen möglich sind. Solch komplexere Views wie beispielsweise Tabellen oder Picker werden ausführlich in Kapitel 24, „iOS – App-Entwicklung" behandelt.

23.6.4.1 Label

Ein Label dient zur Darstellung eines einfachen Texts (siehe Bild 23.101). Es wird im Code mithilfe der Klasse UILabel abgebildet. Innerhalb des Interface Builders stehen Ihnen unter anderem die folgenden Konfigurationsmöglichkeiten zur Verfügung (siehe Bild 23.102):

- *Text:* Der Text, den das Label anzeigt.
- *Color:* Die Farbe des Labels.
- *Font:* Die Schriftart und -größe des Labels.
- *Alignment:* Die Ausrichtung (linksbündig, zentriert, rechtsbündig) des Labels.
- *Lines:* Die Anzahl der Zeilen, die das Label maximal besitzen kann. Ist der verwendete Text zu lang für das Label, wird er mittels dreier Punkte am Ende („...") abgeschnitten. Wenn Sie hier als Wert 0 einsetzen, erhält das Label so viele Zeilen wie es braucht, um den gegebenen Text darzustellen.

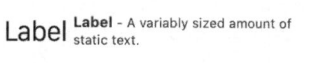

Bild 23.101
Mithilfe von Labels stellen Sie einfache Texte in iOS-Apps dar.

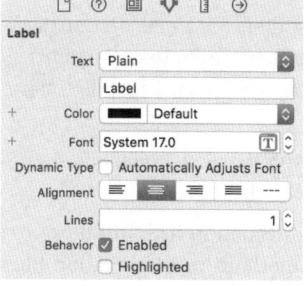

Bild 23.102
Innerhalb des Interface Builders können Sie verschiedene Einstellungen eines Labels wie den anzuzeigenden Text oder die Farbe verändern.

Konfiguration im Code

Zur Anpassung oder Erstellung eines Labels im Code stellt Ihnen die Klasse `UILabel` ein Set an passenden Eigenschaften und Funktionen zur Verfügung.

So ändern Sie beispielsweise mithilfe der Property `text` den anzuzeigenden Text des Labels, mit `textColor` die Textfarbe.

Schriftart und -größe werden mithilfe des Typs `UIFont` innerhalb der Property `font` abgebildet. Die Ausrichtung eines Labels (linksbündig, zentriert etc.) ist in der Property `textAlignment` vom Typ `NSTextAlignment` definiert. Es handelt sich bei diesem Typ um eine Enumeration, die passende Werte wie `left`, `right` und `center` zur Konfiguration zur Verfügung stellt.

Die Anzahl der Zeilen eines Labels wird über die Property `numberOfLines` abgebildet.

23.6.4.2 Button

Mithilfe eines Buttons (siehe Bild 23.103) können Aktionen von Ihrem User Interface im Code ausgelöst werden. Dazu wird ein Button mit einer passenden Action-Methode im zugrunde liegenden View-Controller gekoppelt. Im Code werden Buttons mithilfe der Klasse `UIButton` abgebildet. Über den Interface Builder können Sie Eigenschaften wie den anzuzeigenden Text, die Textfarbe oder alternativ eine Grafik für einen Button festlegen (siehe Bild 23.104).

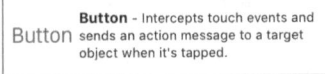

Bild 23.103
Mithilfe von Buttons können Sie eine einfache Aktion in Ihrer App auslösen.

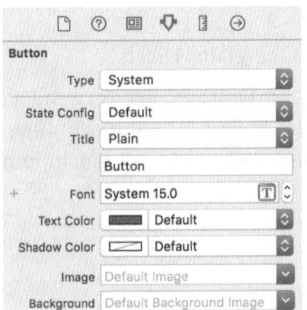

Bild 23.104
Sie können über den Interface Builder unter anderem die Farbe und den Text sowie eine optionale Grafik für einen Button festlegen.

Konfiguration im Code

Wenn Sie eine neue `UIButton`-Instanz im Code erzeugen, sollten Sie dazu den spezialisierten Initializer `init(type:)` einsetzen. Er erwartet als Parameter eine Instanz vom Typ `UIButtonType`, die den grundlegenden Style einer Schaltfläche definiert. Diese Enumeration verfügt über die folgenden Werte:

- `custom`: Es wird kein spezifischer Style festgelegt und Sie kümmern sich vollständig um die passende Konfiguration des Buttons.
- `system`: Hierbei handelt es sich um den Standard für Schaltflächen in iOS. Auf diese Art und Weise sind beispielsweise Buttons konfiguriert, die innerhalb von Navigation Bars

oder Toolbars platziert sind. Die Textfarbe wird hier automatisch angepasst, um einen Button nicht möglicherweise mit einem statischen Label ohne Aktion zu verwechseln.

- `infoLight`: Der Button wird so konfiguriert, dass er ein kleines „i", umgeben von einem runden Kreis, anzeigt. Diese Konfiguration dient dazu, komfortabel einen Informations-Button zu erstellen (siehe Bild 23.105).

- `contactAdd`: Bei diesem Style wird der Button als Plus-Schaltfläche konfiguriert, um zu signalisieren, dass darüber ein Element (egal welcher Art) hinzugefügt werden kann (siehe Bild 23.105).

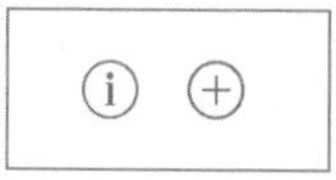

Bild 23.105
Die Styles infoLight und contactAdd verändern umgehend das optische Erscheinungsbild eines Buttons und sind ausschließlich für spezifische Einsatzzwecke interessant.

Listing 23.32 zeigt beispielsweise die Erstellung einer neuen `UIButton`-Instanz im Code auf Basis des `infoLight`-Styles. Möchten Sie einen „frischen" `UIButton` ohne jedwede vorausgehende optische Konfiguration erstellen, müssen Sie den Style `custom` einsetzen.

Listing 23.32 Erstellen einer `UIButton`-Instanz auf Basis eines Styles

```
let infoButton = UIButton(type: .infoLight)
```

Was Größe und Position eines im Code erzeugten Buttons betrifft, müssen Sie diese nach der Erstellung der Instanz mithilfe der `frame`-Property festlegen, indem Sie dieser einen passenden Wert zuweisen.

Was die sonstige Konfiguration eines Buttons im Code betrifft, so kommen hierfür primär verschiedene Methoden zum Einsatz. Den Titel eines Buttons beispielsweise ändern Sie mithilfe der Methode `setTitle(_:for:)`. Neben dem neuen Titel erwartet diese Methode auch eine Information darüber, für welchen *Zustand* (*State*) dieser Titel gilt. Hintergrund hierbei ist, dass Sie für unterschiedliche Zustände eines Buttons auch verschiedene Titel vergeben können.

Die Zustände werden in Form der Structure `UIControlState` abgebildet. Sie verfügt unter anderem über die folgenden Werte:

- `normal`: Der „Normalzustand" eines Buttons. Verwenden Sie diesen State auch immer dann, wenn Sie nur einen Titel (unabhängig vom Zustand) für einen Button setzen möchten. Wenn Sie dann für keinen der anderen Zustände einen separaten Titel übergeben, wird immer der von Ihnen für den `normal`-Zustand gesetzte Titel für den Button angezeigt.

- `highlighted`: Dieser Zustand wird erreicht, wenn der Button ausgewählt wird, sprich in iOS mit dem Finger berührt wird.

- `disabled`: Sollte der Button deaktiviert sein, wird der Titel angezeigt, den Sie für diesen Zustand gesetzt haben. Ein Button wird vom System dann als inaktiv angesehen, wenn dessen `isEnabled`-Property `false` entspricht.

Wie Sie so beispielsweise den Titel eines Buttons für die beschriebenen Zustände verändern, sehen Sie in Listing 23.33.

Listing 23.33 Ändern des Titels eines Buttons für verschiedene Zustände

```
let myButton = UIButton(type: .custom)
myButton.setTitle("Normal", for: .normal)
myButton.setTitle("Highlighted", for: .highlighted)
myButton.setTitle("Disabled", for: .disabled)
```

Neben dem Titel können Sie mithilfe der Methode `setTitleColor(_:for:)` auch die Textfarbe eines Buttons verändern. Ähnlich verhält es sich bei einer (Hintergrund-)Grafik; hierfür stehen Ihnen die Methoden `setImage(_:for:)` und `setBackgroundImage(_:for:)` zur Verfügung (mehr über den Umgang mit Grafiken erfahren Sie in Abschnitt 23.6.4.6, „Image View").

23.6.4.3 Segmented Control

Ein Segmented Control basiert auf der Klasse `UISegmentedControl` und ist in seiner Funktionsweise dem eines Buttons sehr ähnlich (siehe Bild 23.106). Es verfügt über mehrere sogenannte *Segmente* (mindestens zwei), zwischen denen der Nutzer auswählen kann. Genau wie bei einem Button löst eine solche Auswahl eines Segments eine eigens definierte Action-Methode im Code des zugrunde liegenden View-Controllers aus. Innerhalb dieser Action-Methode kann man dann überprüfen, welches Segment ausgewählt wurde, und entsprechende Befehle ausführen. Mehr als ein Segment kann nie in einem Segmented Control aktiv sein.

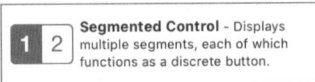

Bild 23.106 Ein Segmented Control stellt eine Leiste mit zwei oder mehr Schaltflächen dar, zwischen denen der Nutzer wählen kann. Es ist aber immer nur maximal eine Schaltfläche aktiv.

Es gibt verschiedene Einsatzzwecke für ein solches Segmented Control. Ein Beispiel wäre eine Filterfunktion von Aufgaben. Ein Segmented Control kann hierzu Buttons wie „Titel", „Deadline" oder „Erstellungsdatum" anbieten, die eine Liste von Aufgaben entsprechend sortieren. Ein anderes Beispiel ist die Auswahl einer Priorität für eine Aufgabe, für die ein Segmented Control eine Auswahl zwischen „Normal", „Wichtig" und „Dringend" anbieten kann.

Innerhalb des Interface Builders haben Sie verschiedene Konfigurationsmöglichkeiten für ein Segmented Control (siehe Bild 23.107). Die folgende Auflistung stellt Ihnen einige davon im Detail vor:

- *Segments:* Hier geben Sie die Anzahl der Segmente ein, über die das Segmented Control verfügen soll (das Minimum ist zwei).
- *Segment:* In diesem Dropdown-Menü können Sie auf jedes Segment des Segmented Controls zugreifen. Wie viele Elemente hier angezeigt werden, hängt davon ab, welche Anzahl an Segmenten Sie unter *Segments* definiert haben.

  Die Auswahl dient zur Konfiguration des jeweiligen Elements mithilfe der unter *Segment* aufgeführten Optionen. Um also ein Segment zu konfigurieren, wählen Sie es an dieser Stelle aus und passen anschließend die darunter aufgeführten Optionen an.

- *Title:* Hier legen Sie den Titel für das unter *Segment* ausgewählte Segment fest.

- *Image:* Hier können Sie optional ein Hintergrundbild für das unter *Segment* ausgewählte Segment setzen.

- *Selected:* Ist diese Checkbox aktiv, ist das unter *Segment* ausgewählte Segment standardmäßig aktiv und ausgewählt. Es kann immer nur ein Segment eines Segmented Controls aktiv sein. Wenn Sie diese Checkbox bei einem Segment aktivieren, wird eine mögliche Aktivierung eines anderen Segments umgehend aufgehoben.

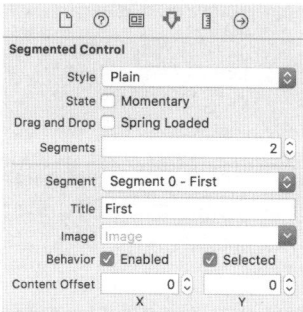

Bild 23.107
Mithilfe des Interface Builders können Sie die Segmente eines Segmented Controls konfigurieren.

Konfiguration im Code

Wenn Sie ein `UISegmentedControl` im Code erzeugen, kommt hierfür der Initializer `init(items:)` zum Einsatz. Er erwartet ein Array, in dem Sie entweder den Titel für die gewünschten Segmente des Segmented Controls oder die Hintergrundbilder (in Form von `UIImage`-Instanzen) übergeben (mehr zum Umgang mit Bildern erfahren Sie in Abschnitt 23.6.4.6, „Image View"). Ein Element dieses Arrays entspricht hierbei einem Segment des zu erstellenden Segmented Controls. Listing 23.34 zeigt hierzu ein Beispiel, in dem ein neues Segmented Control mit drei Segmenten erzeugt wird.

Listing 23.34 Erstellen eines Segmented Controls im Code
```
let mySegmentedControl = UISegmentedControl(items: ["First", "Second", "Third"])
```

Um die Hintergrundgrafik oder den Titel eines Segments zu ändern, stehen Ihnen die Methoden `setImage(_:forSegmentAt:)` und `setTitle(_:forSegmentAt:)` zur Verfügung. Neben dem jeweiligen Element (Grafik oder Titel) erwarten die Methoden zusätzlich noch den Index des Segments, das Sie ändern möchten. Das erste Segment beginnt mit dem Index 0, das zweite besitzt entsprechend den Index 1, das dritte 2 und so weiter.

Sie können einem Segment auch neue Segmente mithilfe der Methoden `insertSegment (withTitle:at:animated:)` (für Segmente auf Basis eines Titels) und `insertSegment (with:at:animated:)` (für Segmente auf Basis einer Grafik) hinzufügen. Neben dem jeweiligen Element (Titel oder Grafik) übergeben Sie noch die gewünschte Index-Position, an der das Segment im bestehenden Segmented Control eingefügt werden soll, und definieren im letzten Parameter, ob das Einfügen animiert erfolgen soll (`true`) oder nicht (`false`).

Sie können auch jederzeit Segmente aus einem Segmented Control wieder entfernen. Nutzen Sie hierfür entweder die Methode `removeSegment(at:animated:)` (um ein einzelnes Segment zu entfernen) oder `removeAllSegments()` (um alle Segmente zu entfernen). In letzterem Fall sollten Sie anschließend passende neue Segmente erstellen oder das Segmented Control ausblenden beziehungsweise entfernen (da es ja nicht länger benötigt wird, wenn es keine Segmente mehr besitzt). Beim Entfernen eines einzelnen Segments geben Sie den Index des Segments an, das Sie entfernen möchten, und eine Information, ob das Entfernen animiert erfolgen soll (`true`) oder nicht (`false`).

Die praktische Verwendung der Methoden zum Hinzufügen neuer und Entfernen bestehender Segmente sehen Sie beispielhaft in Listing 23.35.

Listing 23.35 Hinzufügen neuer und Entfernen bestehender Elemente in einem Segmented Control

```
let mySegmentedControl = UISegmentedControl(items: ["First", "Second", "Third"])
mySegmentedControl.insertSegment(withTitle: "Fourth", at: 3, animated: false)
mySegmentedControl.removeSegment(at: 0, animated: true)
```

Abschließend möchte ich Ihnen noch die sehr wichtige Property `selectedSegmentIndex` vorstellen. Sie liefert den Index des Segments zurück, das aktuell ausgewählt ist. Darüber hinaus können Sie die Property dazu verwenden, ein anderes Segment als aktiv auszuwählen, indem Sie ihr den Index des zugehörigen Segments zuweisen.

Diese Property ist beispielsweise wichtig, um bei der einem Segmented Control zugeordneten Action-Methode zu ermitteln, welches Segment gerade aktiv ist und somit ausgewählt wurde. Praktisch demonstriert wird dieses Prinzip in Listing 23.36. Darin finden Sie die Implementierung einer `ViewController`-Klasse, die über ein Label und ein Segmented Control verfügt. Das Label ist mithilfe eines Outlets mit dem View-Controller verknüpft. Dem Segmented Control ist eine Action-Methode namens `changeSegment(_:)` zugewiesen, die als `sender`-Parameter die Referenz auf das Segmented Control liefert.

Wann immer nun ein Segment innerhalb des Segmented Controls ausgewählt wird, wird dem Label der Text dieses Segmented Controls zugewiesen (siehe Bild 23.108). Zu diesem Zweck kommt die Methode `titleForSegment(at:)` zum Einsatz, die den Titel für das Segment des übergebenen Index zurückliefert (oder `nil`, falls das Segment nicht existiert beziehungsweise keinen Titel besitzt).

Listing 23.36 Reaktion auf die Auswahl eines Segments innerhalb eines Segmented Controls

```
class ViewController: UIViewController {

    @IBOutlet weak var label: UILabel!

    @IBAction func changeSegment(_ sender: UISegmentedControl) {
        let selectedSegment = sender.selectedSegmentIndex
        let selectedSegmentTitle = sender.titleForSegment(at: selectedSegment)!
        label.text = selectedSegmentTitle
    }

}
```

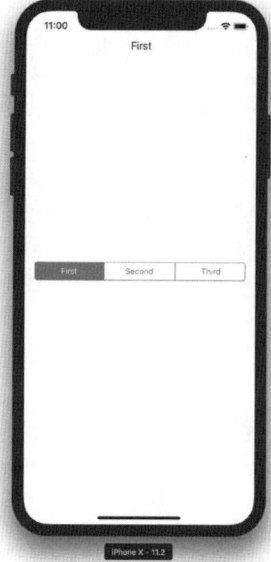

Bild 23.108
Der Titel des Labels entspricht dem des ausgewählten
Segments des Segmented Controls.

23.6.4.4 Switch

Switches basieren auf der Klasse UISwitch und kennen nur zwei Zustände: an oder aus
(siehe Bild 23.109). Sie eignen sich ideal für bestimmte Einstellungen, bei denen der Nutzer
lediglich entscheiden kann, ob er ein bestimmtes Feature (beispielsweise den Erhalt von
Notifications oder die Verwendung von iCloud) nutzen möchte oder nicht. Um über Änderungen beim Status eines Switches informiert zu werden, verbinden Sie diesen mit einer
passenden Action-Methode im zugrunde liegenden View-Controller.

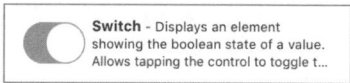

Bild 23.109 Mithilfe eines Switches können Sie Schalter in Ihre iOS-Apps einbauen, die nur zwei
Zustände kennen: an oder aus.

Zur Konfiguration eines Switches stehen Ihnen im Interface Builder die folgenden Optionen
zur Verfügung (siehe Bild 23.110):

- *State:* Der Ausgangszustand des Switches (*On* oder *Off*).
- *On Tint:* Die Farbe des Switches, wenn er aktiv ist. Standardmäßig wird hierfür ein in Bild
  23.110 gezeigtes Grün verwendet, das Sie über diese Option ändern können.
- *Thumb Tint:* Hierüber legen Sie die Farbe für den Knopf des Schalters fest.

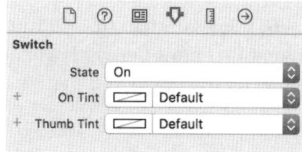

Bild 23.110
Im Interface Builder können Sie den Status und das
optische Aussehen eines Switches verändern.

Konfiguration im Code

Die wichtigste Property einer UISwitch-Instanz ist isOn. Sie liefert true zurück, wenn der Schalter aktiv ist, und andernfalls false. Sie kann auch dazu verwendet werden, den Zustand des Schalters programmatisch zu ändern, indem man ihr den gewünschten Wert zuweist.

Alternativ zum Ändern des Status eines Switches können Sie auch die Methode setOn(_:animated:) aufrufen, die einen zusätzlichen animated-Parameter erwartet. Ist dieser true, wird das Ändern des Status animiert dargestellt, andernfalls nicht. Das direkte Ändern der isOn-Property entspricht übrigens dem Aufruf der Methode setOn(_:animated:) mit deaktivierter Animation.

In Listing 23.37 finden Sie ein Beispiel zur Verwendung der isOn-Property sowie der setOn(_:animated:)-Methode.

Listing 23.37 Programmatisches Ändern des Status eines Switches

```
// mySwitch verweist auf eine UISwitch-Instanz.
mySwitch.isOn = false
mySwitch.setOn(true, animated: true)
```

Um darüber informiert zu werden, wenn ein Nutzer einen Switch betätigt und somit den Status von *On* zu *Off* (und umgekehrt) ändert, müssen Sie den Switch im zugrunde liegenden View-Controller mit einer Action-Methode verbinden. Ein Beispiel hierfür finden Sie in Listing 23.38. Darin wird eine View-Controller-Klasse implementiert, die über ein Label und einen Switch verfügt. Wann immer der Schalter betätigt wird, wird eine Action-Methode namens switchChanged(_:) ausgelöst, die die zugrunde liegende UISwitch-Instanz als Referenz übergibt. Diese wird dazu verwendet, den Status des Schalters mithilfe der isOn-Property zu prüfen und dem Label einen entsprechend passenden Text zuzuweisen.

Listing 23.38 Reaktion auf Betätigung eines Switches

```
class ViewController: UIViewController {

    @IBOutlet weak var label: UILabel!

    @IBAction func switchChanged(_ sender: UISwitch) {
        if sender.isOn {
            label.text = "Is on"
        } else {
            label.text = "Is off"
        }
    }

}
```

23.6.4.5 Activity Indicator View

Eine Activity Indicator View stellt eine animierte Ladeansicht dar, die sich ideal in Situationen einblenden lässt, in denen länger andauernde Aktionen ausgeführt oder beispielsweise neue Inhalte einer News-App aus dem Internet geladen werden (siehe Bild 23.111). Die View basiert auf der Klasse UIActivityIndicatorView.

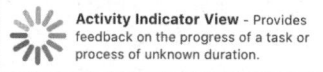

Bild 23.111
Eine Activity Indicator View stellt eine animierte Ladeansicht dar.

Im Interface Builder können Sie die folgenden Konfigurationen für eine Activity Indicator View vornehmen (siehe Bild 23.112).

- *Style:* Hierüber bestimmen Sie das Aussehen der Activity Indicator View. Sie können zwischen verschiedenen vorgegebenen Farben und Größen wählen. Unabhängig von der hier getroffenen Auswahl können Sie die Farbe einer Activity Indicator View mithilfe des folgenden Punkts *Color* beliebig anpassen.

- *Color:* Die Farbe, die Sie für die Activity Indicator View verwenden möchten.

- *Animating:* Ist diese Checkbox aktiviert, wird die Activity Indicator View animiert dargestellt und simuliert eine Art Drehbewegung. Andernfalls wird die View statisch und ohne Bewegung angezeigt.

- *Hides When Stopped:* Ist diese Checkbox aktiv, wird die Activity Indicator View nur dann eingeblendet und angezeigt, wenn sie eine Animation ausführt (siehe den vorherigen Punkt *Animating*).

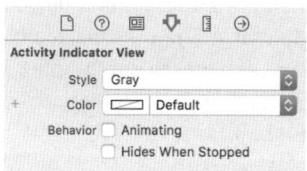

Bild 23.112
Im Interface Builder legen Sie das Aussehen und das Verhalten einer Activity Indicator View fest.

Konfiguration im Code

Im Code erstellen Sie neue Instanzen der Klasse `UIActivityIndicatorView` mithilfe des Initializers `init(activityIndicatorStyle:)`. Als Parameter erwartet dieser eine Instanz vom Typ `UIActivityIndicatorViewStyle`, bei dem es sich um eine Enumeration handelt, die dieselben Styles für eine Activity Indicator View abbildet, die auch im Interface Builder zur Auswahl stehen:

- `whiteLarge`: Eine große Activity Indicator View in weißer Farbe.
- `white`: Eine normalgroße Activity Indicator View in weißer Farbe.
- `gray`: Eine normalgroße Activity Indicator View in grauer Farbe.

Listing 23.39 zeigt beispielhaft die Erstellung einer `UIActivityIndicatorView`-Instanz auf Basis des `whiteLarge`-Styles.

Listing 23.39 Erzeugen einer `UIActivityIndicatorView`-Instanz im Code

```
let myActivityIndicatorView = UIActivityIndicatorView(activityIndicatorStyle:
.whiteLarge)
```

Mithilfe der Methoden `startAnimating()` beziehungsweise `stopAnimating()` können Sie den Animationsvorgang einer Activity Indicator View starten beziehungsweise stoppen. Der boolesche Parameter `isAnimating` liefert `true` zurück, wenn eine Activity Indicator View gerade animiert wird, andernfalls `false`. Und die Property `hidesWhenStopped` ist das

Gegenstück zur Checkbox *Hides When Stopped* aus dem Interface Builder; entspricht sie `true`, wird die Activity Indicator View nur angezeigt, wenn sie auch gerade animiert wird.

Die Farbe einer Activity Indicator View können Sie jederzeit mithilfe der `color`-Property auslesen und verändern.

Listing 23.40 zeigt ein paar Beispiele zur Verwendung der vorgestellten Properties und Methoden.

Listing 23.40 Beispielhafte Arbeit mit einer `UIActivityIndicatorView`-Instanz

```
// myActivityIndicatorView entspricht einer UIActivityIndicatorView-Instanz.
myActivityIndicatorView.color = .blue
myActivityIndicatorView.hidesWhenStopped = true
if myActivityIndicatorView.isAnimating {
    myActivityIndicatorView.stopAnimating()
}
```

23.6.4.6 Image View

Mithilfe von Image Views können Sie Grafiken und Bilder in iOS-App anzeigen (siehe Bild 23.113). Die Klasse, die zu diesem Zweck zum Einsatz kommt, lautet `UIImageView`. Sie kennt zwei Zustände: *Default* und *Highlighted*. Im Code können Sie zwischen den beiden wechseln und pro Zustand eine andere Grafik festlegen, die die Image View anzeigen soll. Sie können somit einer Image View mehrere Bilder zuweisen und dynamisch durch Ändern des Zustands zwischen ihnen wechseln. Im Interface Builder können Sie unter anderem die folgenden Einstellungen für dieses Element anpassen (siehe Bild 23.114):

- *Image:* Hier tragen Sie den Namen der Grafik ein, die Sie innerhalb der Image View anzeigen möchten. Die Grafik muss Teil des Main Bundles und damit des zugrunde liegenden iOS-Projekts sein, um sie hierüber auswählen zu können. Dabei spielt es keine Rolle, ob die Grafik direkt dem Xcode-Projekt als Datei hinzugefügt wurde oder Teil eines Asset Catalogs ist.

- *Highlighted:* Sie können optional einer Image View ein zweites Bild als *Highlighted Image* zuweisen. Abhängig davon, in welchem Zustand sich eine Image View befindet (Highlighted oder nicht), zeigt sie die jeweils zugewiesene Grafik an. Den Zustand einer Image View können Sie jederzeit im Code dynamisch verändern (siehe hierzu den folgenden Abschnitt „Konfiguration im Code").

- *State:* Hier steht Ihnen die Checkbox *Highlighted* zur Verfügung. Sie dient innerhalb des Interface Builders zum Testen, ob die Image View – abhängig von ihrem Zustand – die korrekte Grafik anzeigt. Ist sie aktiviert, wird der *Highlighted*-Zustand simuliert und entsprechend die Highlighted-Grafik angezeigt (siehe den vorherigen Punkt *Highlighted*). Ist sie hingegen deaktiviert, wird das unter *Image* zugewiesene Bild angezeigt.

Die Checkbox hat keine Auswirkungen auf den *tatsächlichen* Zustand einer Image View. Dieser kann *ausschließlich* im Code geändert werden (siehe den folgenden Abschnitt „Konfiguration im Code"). Sie dient einzig und allein zu Testzwecken. Entsprechend blendet Xcode eine Warnung ein, sobald die *Highlighted*-Checkbox aktiviert ist, um Sie über genau diesen Umstand zu informieren.

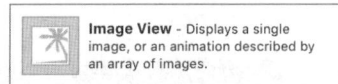

Bild 23.113 Mithilfe einer Image View können Sie Grafiken und Bilder in Ihrer iOS-App darstellen.

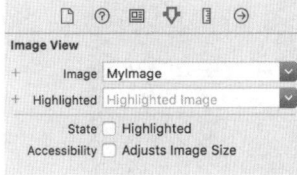

Bild 23.114
Im Interface Builder weisen Sie einer Image View eine Grafik
zu (optional auch für den Highlighted-Zustand).

Eine weitere wichtige Einstellung in Bezug auf Image Views betrifft den sogenannten *Content Mode*. Dieser bestimmt, wie die Grafik innerhalb der Image View positioniert und in welcher Größe sie eingefügt wird (siehe Bild 23.115).

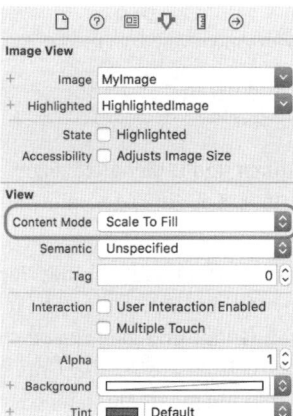

Bild 23.115
Über den Content Mode definieren Sie, wie ein Bild innerhalb
einer Image View positioniert und angezeigt wird.

Standardmäßig kommt hierbei der Content Mode *Scale To Fill* zum Einsatz Mit ihm wird das Bild exakt auf die Ausmaße und die Größe der Image View skaliert. Entsprechen Bild und Image View nicht demselben Seitenverhältnis, kann diese Einstellung zu Verzerrungen des Bildes führen.

Anders verhält es sich mit dem Content Mode *Aspect Fit*. Dieser fügt das Bild mit seinem Original-Seitenverhältnis in die Image View ein, wodurch es zu keinen Verzerrungen des Bildes kommt. Stattdessen bleibt die verbleibende freie Fläche der Image View leer.

Den Mittelweg der beiden vorgestellten Lösungen geht die Option *Aspect Fill*. Das Bild wird darüber – genau wie bei *Aspect Fit* – ebenfalls nicht verzerrt, dennoch aber die volle Fläche der Image View ausgefüllt, indem soweit wie dafür nötig in das Bild hineingezoomt wird.

Bild 23.116 zeigt zum besseren Verständnis anhand eines Beispiels, wie sich die verschiedenen Content Modi in der Praxis auswirken.

Scale To Fill	Aspect Fit	Aspect Fill

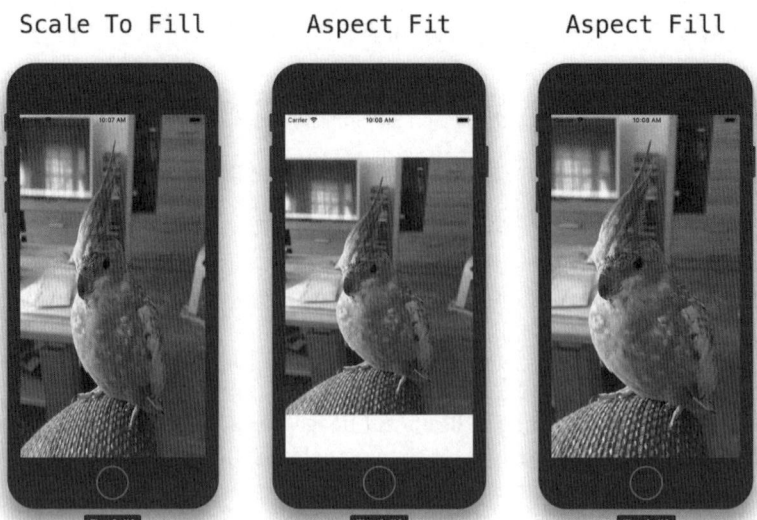

Bild 23.116 Abhängig vom Content Mode wird das Bild einer Image View unterschiedlich positioniert und skaliert.

Konfiguration im Code

Eine `UIImageView` nutzt Instanzen der Klasse `UIImage`, um Grafiken und Bilder anzuzeigen. Jedes Bild, das man somit innerhalb einer `UIImageView` in einer App anzeigen möchte, muss zuvor in ein `UIImage` gepackt werden.

Es gibt verschiedene Möglichkeiten, um eine neue `UIImage`-Instanz zu erstellen. Einer der einfachsten Wege besteht in der Verwendung des Initializers `init(named:)`. Dieser erwartet den Namen einer innerhalb des Main Bundles gespeicherten Grafik und generiert daraus die passende `UIImage`-Instanz. Main Bundle bedeutet hierbei, dass sich die Grafik innerhalb des Xcode-Projekts der App befindet (entweder als direkt hinzugefügte Datei oder als Teil eines Asset Catalogs).

 Dateiendung nicht vergessen

Wenn Sie bei der Arbeit mit `UIImage` auf eine PNG-Grafik zurückgreifen, können Sie sich bei der Angabe des Dateinamens die Dateiendung sparen. Bei allen anderen Formaten müssen Sie zwingend den vollen Dateinamen (inklusive Dateiendung) mit angeben.

In Listing 23.41 sehen Sie ein Beispiel zur Erstellung einer `UIImage`-Instanz auf Basis einer PNG-Grafik namens *MyImage*, die Teil des Main Bundles der zugrunde liegenden App ist. Beachten Sie hierbei, dass es sich bei `init(named:)` um einen Failable Initializer handelt, der also ein Optional oder `nil` zurückliefert. Da in dem Beispiel in Listing 23.41 sichergestellt ist, dass die gewünschte Grafik tatsächlich existiert, wird das vom Initializer zurückgelieferte Optional direkt entpackt.

Listing 23.41 Erstellen einer `UIImage`-Instanz

```
let myImage = UIImage(named: "MyImage")!
```

Auf Basis einer so erzeugten `UIImage`-Instanz können Sie nun wiederum auch eine `UIImageView` im Code mithilfe des Initializers `init(image:)` erzeugen. Ein Beispiel dazu finden Sie in Listing 23.42.

Listing 23.42 Erzeugen einer `UIImageView`-Instanz im Code

```
let myImage = UIImage(named: "MyImage")!
let myImageView = UIImageView(image: myImage)
```

Alternativ steht Ihnen auch der Initializer `init(image:highlightedImage:)` zur Verfügung, mit dem Sie zusätzlich eine zweite `UIImage`-Instanz für den Highlighted-Zustand der Image View übergeben können.

Apropos Highlighted: Wie zuvor bereits bei der Konfiguration einer Image View im Interface Builder erwähnt, erfolgt der Wechsel zwischen Default- und Highlighted-Zustand einer Image View ausschließlich im Code, und zwar mithilfe der booleschen Property `isHighlighted`. Darüber können Sie festlegen, ob sich die Image View im Default- (`false`) oder Highlighted-Zustand (`true`) befindet, indem Sie einfach den passenden Wert zuweisen.

Die einer Image View zugewiesene Default-Grafik kann jederzeit über die `image`-Property ausgelesen und geändert werden. Für den Zugriff auf die Highlighted-Grafik kommt die `highlightedImage`-Property zum Einsatz.

23.6.4.7 Weitere Views

Die iOS-Entwicklung hat noch weitere View-Elemente als diejenigen zu bieten, die in den vorangegangenen Abschnitten im Detail vorgestellt wurden. Im Folgenden stelle ich Ihnen eine Auswahl weiterer nützlicher `UIView`-Subklassen vor und erkläre Ihnen, welche Aufgabe sie erfüllen und wie Sie sie in eigenen iOS-Projekten nutzen können. Weitere View-Klassen werden dann ausführlich in Kapitel 24, „iOS – App-Entwicklung", vorgestellt.

23.6.4.7.1 Slider

Mithilfe eines Sliders (basierend auf der Klasse `UISlider`) setzen Sie einen Schieberegler in Ihren iOS-Apps um (siehe Bild 23.117). Hierfür legen Sie mithilfe eines Minimal- und eines Maximalwerts den Wertebereich fest, den der Slider abbildet. Wird der Slider vom Nutzer bewegt, wird eine Action-Methode ausgelöst, in der Sie den aktuellen Wert des Sliders mithilfe der Property `value` auslesen können. Sie können die Property auch dazu verwenden, programmatisch einen neuen Wert für den Slider festzulegen.

Bild 23.117
Mit einem Slider setzen Sie einen Schiebregler in Ihrer iOS-App um.

23.6.4.7.2 Stepper

Ein Stepper hat eine ähnliche Aufgabe wie der in Abschnitt 23.6.4.7.1 vorgestellte Slider (siehe Bild 23.118). Er basiert auf der Klasse `UIStepper` und erlaubt es, mithilfe einer Plus- und einer Minus-Schaltfläche einen zugrunde liegenden Wert zu erhöhen beziehungsweise zu verringern. Dazu legen Sie einen Minimal- und einen Maximalwert fest, in dem sich der Stepper bewegt und den er nicht unter- beziehungsweise überschreiten darf. Den aktuellen Wert des Steppers können Sie mithilfe der Property `value` auslesen oder auch selbst neu setzen.

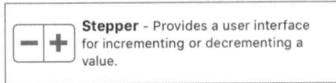

Bild 23.118 Mithilfe eines Steppers können Sie einen zugrunde liegenden Wert dynamisch durch den Nutzer vergrößern beziehungsweise verkleinern lassen.

Wie viele „Schritte" der Stepper bei Tippen auf die Plus- beziehungsweise Minus-Schaltfläche springt, können Sie ebenfalls sowohl im Interface Builder als auch im Code über die Property `stepValue` selbst definieren. Wann immer eine der beiden Schaltflächen betätigt wird, wird auch eine möglicherweise zugeordnete Action-Methode des Steppers ausgelöst.

23.6.4.7.3 Progress View

Mithilfe einer Progress View (basierend auf der Klasse `UIProgressView`) können Sie in iOS-Apps einen Fortschrittsbalken umsetzen (siehe Bild 23.119). Den Fortschritt regeln Sie dabei mit der `value`-Property. Ein Wert von 0 bedeutet, dass der Fortschrittsbalken ganz am Anfang steht, ein Wert von 1 füllt ihn vollständig aus. Um also einen Fortschritt (beispielsweise während eines Dateidownloads) in Ihrer App darzustellen, müssen Sie diesen auf einen passenden Wert zwischen 0 und 1 herunterrechnen und der `value`-Property zuweisen.

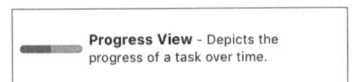

Bild 23.119 Fortschrittsbalken können Sie komfortabel mithilfe einer Progress View in Ihren iOS-Apps einbinden.

23.6.4.7.4 Stack Views

Mithilfe von Stack Views können Sie beliebige View-Elemente in einer Stapelansicht zusammenfassen (siehe Bild 23.120). Die Views innerhalb einer Stack View können entweder horizontal oder vertikal angeordnet werden, die Stack View kümmert sich anschließend selbsttätig um die korrekte Ausrichtung und Positionierung der Elemente. Auch feste Abstände zwischen den Views innerhalb einer Stack View können definiert werden.

Bild 23.120
Mithilfe von Stack Views können Sie beliebige View-Elemente direkt horizontal oder vertikal nebeneinander anordnen.

Eine Stack View hat in diesem Sinne also keine besondere Funktion für den Nutzer, sondern soll uns App-Entwicklern das Leben ein wenig erleichtern. Intern werden die einer Stack View zugewiesenen View-Elemente automatisch mittels Auto Layout arrangiert. Ihr großer Vorteil besteht darin, dass man sich selbst bei der Verwendung von Stack Views keinerlei Gedanken über Constraints und die korrekte Positionierung der Views machen muss; all das übernimmt die Stack View für uns.

Möchte man also eine Ansicht erstellen, in der einfach verschiedene Views entweder neben- oder untereinander platziert werden, erspart einem die Verwendung einer passenden Stack View die aufwendige Konfiguration mittels Auto Layout.

23.6.4.8 Übersicht über Einsatz und Verwendungszweck von Views: UIKit Catalog

In den vorherigen Abschnitten wurde eine Vielzahl von verschiedenen View-Elementen mitsamt ihrer jeweiligen Aufgabe und Funktionsweise im Detail vorgestellt. Wer sich darüber hinaus einmal ein Bild darüber machen möchte, welche UIView-Subklassen so alle in der iOS-Entwicklung zur Verfügung stehen und wie sie sich verwenden und konfigurieren lassen, dem empfehle ich einen Blick auf ein Beispielprojekt von Apple: *UIKit Catalog*.

UIKit Catalog ist eine iOS-App, die zu einer Vielzahl von verfügbaren UI-Elementen eine Vorschau mitsamt unterschiedlicher Konfigurationen enthält. Mit ihrer Hilfe erhält man schnell einen Überblick, welche Arten von Views man von Haus aus in eigenen iOS-Apps umsetzen kann und welche Konfigurationsmöglichkeiten sie mit sich bringen (siehe Bild 23.121).

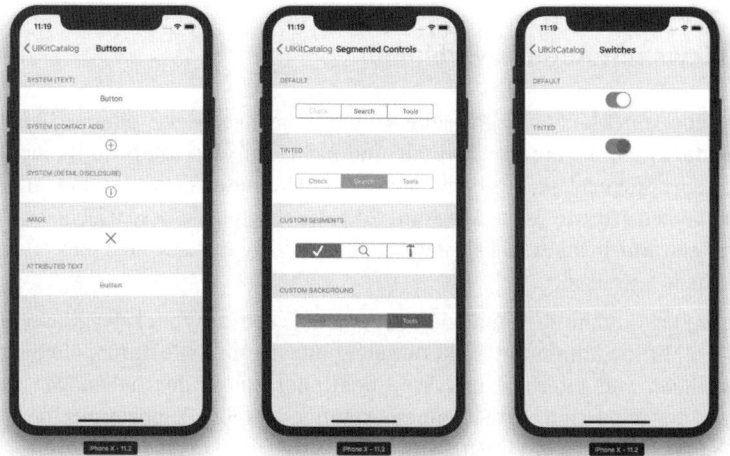

Bild 23.121 Die Beispiel-App „UIKit Catalog" gibt einen Überblick über die verfügbaren View-Elemente in der iOS-Entwicklung und ihre individuellen Konfigurationsmöglichkeiten.

Mit das Beste an UIKit Catalog ist aber nicht nur die Übersicht verfügbarer View-Elemente, sondern auch die Kopplung mit dem zugrunde liegenden Code. Innerhalb der App finden Sie Verweise auf die Klassen des Projekts, die den jeweiligen Code einer Ansicht beinhalten. So können Sie direkt nachprüfen, wie ein bestimmtes View-Element erstellt und konfiguriert wurde (siehe Bild 23.122).

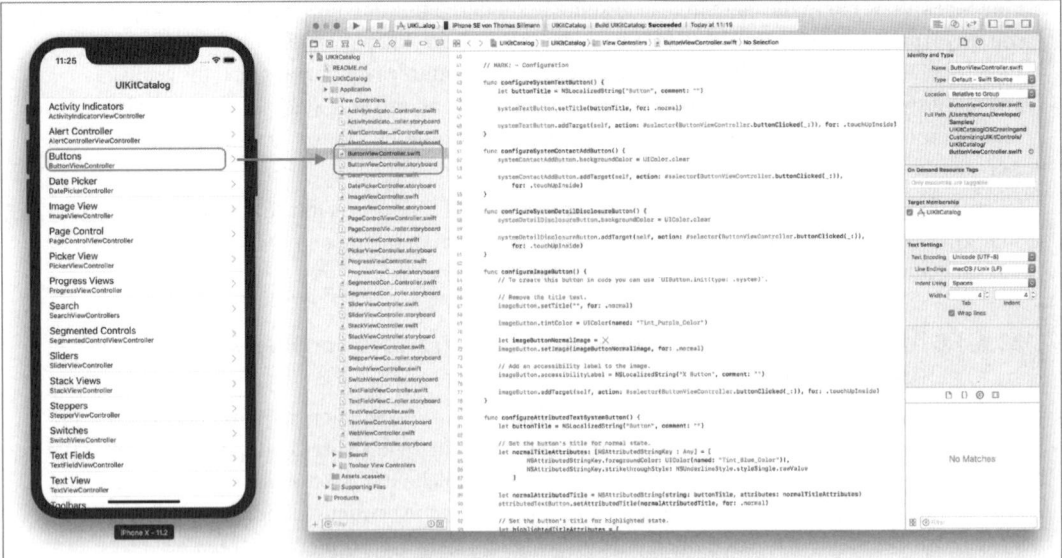

Bild 23.122 Wie wurden die Buttons in UIKit Catalog konfiguriert? Die App gibt Aufschluss darüber und verweist auf die passende Klasse im Code.

UIKit Catalog können Sie über die folgende Website herunterladen: *https://developer.apple. com/library/content/samplecode/UICatalog/Introduction/Intro.html*

23.6.5 Views mit Actions verbinden

Wenn Sie eine von `UIControl` abgeleitete View – beispielsweise einen `UIButton`, einen `UISwitch` oder einen `UISlider` – im Code und nicht über den Interface Builder erzeugen, haben Sie keine Möglichkeit, aus dem Interface Builder heraus eine Action-Methode für die View zu erzeugen (so wie es in Abschnitt 23.5.3.2, „Actions", beschrieben wurde). Stattdessen müssen Sie in diesem Fall der jeweiligen View-Instanz im Code eine passende Action-Methode zuweisen.

Zu diesem Zweck kommt die Methode `addTarget(_:action:for:)` der Klasse `UIControl` zum Einsatz. Mit ihr führen Sie exakt dieselbe Aufgabe im Code durch, die Sie ansonsten durch Verbinden von Interface und View-Controller ausgeführt haben. Sie rufen diese Methode auf den Views auf, die Sie mit einer Action-Methode koppeln möchten, und übergeben dabei die folgenden Parameter:

- `target`: Hierbei handelt es sich um die Instanz, auf der die Action-Methode ausgelöst werden soll. In vielen Fällen wird es sich dabei um die zugrunde liegende View-Controller-Klasse handeln, in der die jeweilige View erstellt und hinzugefügt wurde.

- `action`: Dieser Parameter verweist in Form einer Selector-Instanz auf die Action-Methode, die im Zusammenspiel mit der View aufgerufen werden soll (bei einem Button beispielsweise durch dessen Betätigung). Die hier übergebene Action-Methode muss innerhalb des zuvor übergebenen Targets implementiert sein.

- `controlEvents`: Hierbei handelt es sich um ein Option Set vom Typ `UIControlEvents`. Es enthält verschiedene Optionen, die die zur Verfügung stehenden Ereignisse definieren, unter denen eine View die ihr zugewiesene Action auslösen kann. Die Option `touchUpInside` beispielsweise entspricht dem Standardwert zur Reaktion auf das Tippen auf einen Button. Die Option `valueChanged` kommt vor allen Dingen für View-Elemente wie Switches, Segmented Controls oder Slider zum Einsatz, die intern einen Wert speichern. Das Ereignis `valueChanged` wird immer dann ausgelöst, wenn sich eben dieser Wert ändert (zum Beispiel indem ein Switch aktiviert beziehungsweise deaktiviert oder ein anderes Segment in einem Segmented Control ausgewählt wird).

Entsprechend übergeben Sie für diesen Parameter alle Events, die zur Ausführung der Action-Methode führen sollen. Eine komplette Aufstellung aller weiteren Events inklusive Beschreibung finden Sie in der Dokumentation zu `UIControlEvents` (siehe Bild 23.123).

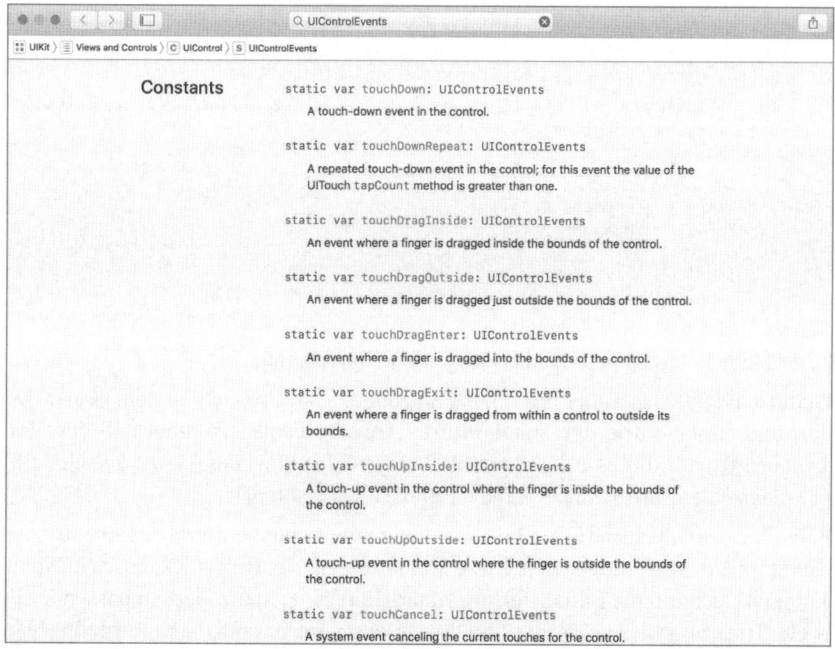

Bild 23.123 In der Dokumentation zu UIControlEvents finden Sie eine Auflistung aller verfügbaren Ereignisse, die eine Action-Methode auslösen können.

Anhand eines kleinen Beispiels möchte ich die Verwendung der beschriebenen Methode `addTarget(_:action:for:)` einmal praktisch demonstrieren. Ziel ist das Erstellen einer kleinen App, die über ein Label und einen Button verfügt. Beide werden dieses Mal direkt im Code und nicht im Storyboard erzeugt. Der Button wird mit einer Action-Methode verknüpft, die den Standardtext des Labels („Label") in „Update" ändert. Die vollständige Implementierung der View-Controller-Klasse für dieses Beispiel finden Sie in Listing 23.43.

Listing 23.43 Umsetzung einer Action-Methode für einen Button im Code

```
class ViewController: UIViewController {

    private var label: UILabel = {
        let label = UILabel(frame: CGRect(x: 44, y: 44, width: 300, height: 44))
        label.text = "Label"
        return label
    }()

    override func viewDidLoad() {
        super.viewDidLoad()
        view.addSubview(label)
        createActionButton()
    }

    private func createActionButton() {
        let button = UIButton(type: .system)
        button.frame = CGRect(x: 44, y: 88, width: 300, height: 44)
        button.setTitle("Update label", for: .normal)
        button.addTarget(self, action: #selector(updateLabel), for: .touchUpInside)
        view.addSubview(button)
    }

    @objc private func updateLabel() {
        label.text = "Update"
    }

}
```

An dieser Stelle noch ein paar Anmerkungen zur Umsetzung:

Zu Beginn wird für das Label des View-Controllers eine Property erstellt. Darin werden Position und Größe sowie der Standardtext („Label") festgelegt. Innerhalb der Methode `viewDidLoad()` wird dieses Label dann als Subview der View des View-Controllers hinzugefügt (andernfalls wäre sie nicht auf dem Bildschirm sichtbar).

Ebenfalls in `viewDidLoad()` wird eine eigens implementierte Methode namens `createActionButton()` aufgerufen. Diese Methode stellt das Herzstück dieses Beispiels dar und kümmert sich um die Initialisierung einer `UIButton`-Instanz, der ein passender Frame sowie ein Titel zugewiesen werden. Im Anschluss wird darauf die vorgestellte Methode `addTarget(_:action:for:)` aufgerufen und dabei die folgenden Informationen übergeben:

- `target`: Als Ziel für die Action des Buttons wird der zugrunde liegende View-Controller selbst verwendet, weshalb hierfür `self` als Parameter übergeben wird.
- `action`: Als aufzurufende Methode bei Verwendung des Buttons soll `updateLabel()` verwendet werden. Der Verweis auf diese Methode wird mithilfe der `#selector`-Syntax umgesetzt.
- `controlEvents`: Die Methode `updateLabel()` soll immer dann aufgerufen werden, wenn der Button betätigt wird. Dieses Ereignis entspricht dem Control Event `touchUpInside`.

Durch die Angabe, dass der Button als Action-Methode `updateLabel()` aufrufen soll, muss abschließend natürlich noch eine entsprechende Methode implementiert werden. Damit diese mittels `#selector`-Syntax angesprochen werden kann, muss sie mit dem `@objc`-Schlüsselwort deklariert werden. Die Methode selbst führt schließlich die gewünschte Aufgabe durch und ändert den Text des Labels zu „Update" (siehe Bild 23.124).

Bild 23.124
Das komplett im Code erzeugte Interface nutzt eine
ebenfalls im Code zugewiesene Action-Methode im
Zusammenspiel mit dem Button.

■ 23.7 Arbeit mit dem Simulator

Bei der Entwicklung von Apps für iOS spielt der Simulator eine essenzielle Rolle. Er erlaubt
es, die App auf unterschiedlichen Geräten mit unterschiedlichen Displaygrößen und -auf-
lösungen zu testen. Gerade zu Beginn der App-Entwicklung ist das der deutlich schnellere
und komfortablere Weg, als bei jeder kleinen Änderung eine App auf einem „realen" Endgerät zu installieren und auszuprobieren.

Dennoch hat auch der Simulator seine Tücken und ersetzt – wenigstens in letzter Instanz –
niemals die Tests einer App auf echten Endgeräten. Warum das so ist, welche besonderen
Funktionen der Simulator sonst noch mit sich bringt und mit welchen Einschränkungen
man leben muss, erfahren Sie in den folgenden Abschnitten.

23.7.1 Ausführen von Apps im Simulator

Um eine iOS-App in einem passenden Simulator auszuführen, wählen Sie diesen aus der
Liste der verfügbaren Geräte und Simulatoren, die Sie per Klick auf die Schaltfläche rechts
neben der Scheme-Auswahl im oberen linken Bereich von Xcode erreichen (siehe Bild
23.125).

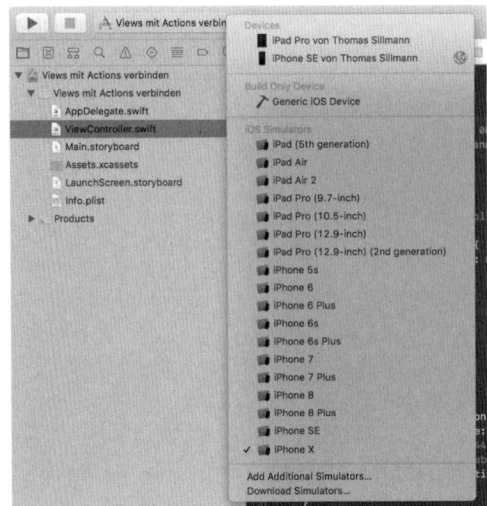

Bild 23.125
Sie können aus einer Liste verfügbarer
Simulatoren wählen, um Ihre iOS-App auf
einem entsprechenden Gerät auszuführen.

Die verfügbaren Simulatoren finden Sie im Abschnitt *iOS Simulators*. Welche Simulatoren
Ihnen hier angeboten werden, hängt von verschiedenen Faktoren ab, darunter:

- Welche Geräte unterstützt Ihre App? Ist sie iPhone-only? Dann werden Ihnen auch nur
  iPhone-Simulatoren angeboten. Das Gleiche gilt umgekehrt für iPad-only-Apps.
- Welche iOS-Versionen unterstützt Ihre App (und welche Simulatoren für ältere iOS-Versionen
  haben Sie heruntergeladen)? Unterstützt Ihre App beispielsweise iOS 11 und 12,
  und Sie haben für beide iOS-Versionen Simulatoren installiert und eingerichtet, werden
  Ihnen in dieser Liste deutlich mehr Simulatoren (pro Gerät und iOS-Version) angeboten
  (mehr über die Verwaltung von Simulatoren erfahren Sie in Abschnitt 23.7.3, „Verwalten
  der Simulatoren").

 Download zusätzlicher Simulatoren

Innerhalb der Einstellungen von Xcode (die Sie entweder über das Tastaturkürzel **cmd+**, oder das Menü *Xcode → Preferences…* erreichen) haben Sie
im Reiter *Components* die Möglichkeit, zusätzliche Simulatoren für verschiedene iOS-Versionen herunterzuladen (siehe Bild 23.126). Standardmäßig
unterstützt Xcode nach der Installation über den App Store nur die zu diesem
Zeitpunkt aktuellste und jüngste iOS-Version. Möchten Sie eine App auch
unter älteren iOS-Versionen testen (sofern Ihre App solche überhaupt unterstützt), müssen Sie dafür zuvor die gewünschten Simulatoren über diesen
Reiter herunterladen.

Sobald eine solche ältere iOS-Version erfolgreich heruntergeladen wurde,
richtet Xcode automatisch auch ein Set neuer Simulatoren ein, die auf dieser
Version basieren; Sie können entsprechend direkt mit dem Testen loslegen.

Mehr über die Verwaltung von iOS-Simulatoren erfahren Sie in Abschnitt
23.7.3, „Verwalten der Simulatoren".

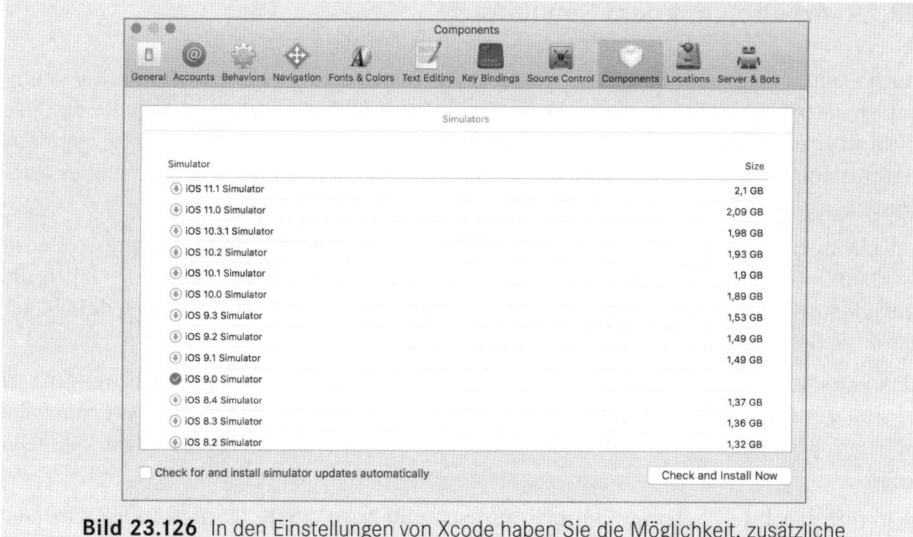

Bild 23.126 In den Einstellungen von Xcode haben Sie die Möglichkeit, zusätzliche Simulatoren zum Testen von iOS-Apps für ältere iOS-Versionen herunterzuladen.

Aus der Liste der verfügbaren Simulatoren können Sie nun das gewünschte Zielgerät auswählen und Ihre App anschließend per Klick auf die Run-Schaltfläche ausführen. Xcode startet daraufhin automatisch den entsprechenden Simulator (sofern noch nicht zuvor geschehen) und führt Ihre App darin aus (siehe Bild 23.127).

Bild 23.127
Eine iOS-App wird im ausgewählten Simulator (hier einem iPhone X) unter der zugehörigen iOS-Version (hier 11.2) ausgeführt.

23.7.2 Arbeiten mit dem Simulator

Auch wenn die verschiedenen iOS-Simulatoren optisch sehr viel Ähnlichkeit mit den entsprechenden Endgeräten besitzen, so ist die Bedienung eine gänzlich andere. Da der Mac nicht über einen Touchscreen verfügt, müssen Sie Apps im Simulator mithilfe von Maus und Tastatur bedienen. Das funktioniert insgesamt auch durchaus gut, jedoch gibt es manche Dinge zu beachten.

Um ein einfaches Tippen auszuführen, klicken Sie schlicht mit der linken Maustaste. Um zu scrollen, klicken Sie an den gewünschten Startpunkt der Geste im Simulator, halten die linke Maustaste gedrückt, und ziehen anschließend die Maus so, wie Sie auch den Finger für diese Geste auf einem Endgerät bewegen würden.

Das Simulieren dieser beiden Gesten erscheint noch relativ eingängig, auch wenn es zu Beginn gewöhnungsbedürftig sein kann, dass man sich nicht durch das herkömmliche Scrollen, wie man es vom Mac gewohnt ist, durch die Ansicht im iOS-Simulator bewegen kann.

Schwieriger wird es schon, wenn man versucht, die sogenannte *Pinch-to-Zoom*-Geste auszuführen. Diese Geste wird beispielsweise verwendet, um Fotos oder einen Kartenausschnitt zu vergrößern beziehungsweise zu verkleinern und es bedarf zu ihrer Anwendung zweier Finger.

Um diese Geste im iOS-Simulator nachzustellen, müssen Sie die **Option**-Taste gedrückt halten. Wenn Sie dann mit der Maus über das Fenster des Simulators fahren, werden Sie feststellen, dass zwei graue Punkte auf dem Display erscheinen (siehe Bild 23.128). Einer befindet sich an der Position des Mauszeigers, der andere an der gegenüberliegenden Position. Wenn Sie anschließend die linke Maustaste gedrückt halten und bewegen, stellen die beiden grauen Punkte zwei Finger dar, über die Sie die Pinch-to-Zoom-Geste nachstellen können.

Bild 23.128
Durch Gedrückthalten der **Option**-Taste können Sie im iOS-Simulator die Pinch-to-Zoom-Geste nachstellen.

Neben diesem allgemeinen Umgang mit dem Simulator gibt es noch eine Vielzahl weiterer Aktionen, die Sie ausführen können. Was ist zum Beispiel, wenn Sie eine App im iPhone X-Simulator mittels Face ID entsperren möchten? Oder wenn Sie Ihre App im Landscape-Modus testen möchten?

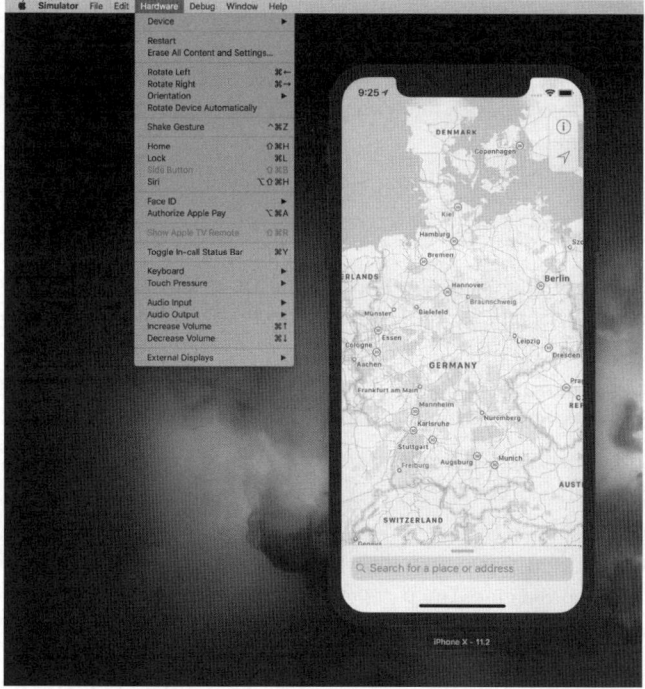

Bild 23.129 Über das Hardware-Menü steuern Sie verschiedene Funktionen des Simulators, die Ihnen ansonsten nur auf einem echten Endgerät zur Verfügung stehen würden.

In all diesen Aufgaben kommt das *Hardware*-Menü des Simulators zum Einsatz (siehe Bild 23.129). Darüber haben Sie die Möglichkeit, verschiedene Aktionen auszulösen, die ansonsten direkt an die Hardware eines iOS-Geräts gekoppelt sind. Im Folgenden finden Sie eine Auswahl der verfügbaren Optionen:

- *Rotate Left/Rotate Right:* Damit drehen Sie das iOS-Geräte in die entsprechende Richtung und wechseln so die Orientierung (Portrait oder Landscape).

- *Shake Gesture:* Da Sie Ihren Mac nicht schütteln können (und *sollten* ☺), können Sie mithilfe dieser Schaltfläche eine Schüttelgeste des iOS-Geräts nachstellen. Falls Ihre App auf ein entsprechendes Ereignis reagiert, können Sie so die korrekte Funktionsweise auch im Simulator überprüfen und testen.

- *Home:* Damit kehren Sie auf den Home-Bildschirm des iOS-Simulators zurück. Alternativ können Sie auch den Home-Button des Simulators betätigen oder – bei iPhone X und neuer – den Home Indicator mit gedrückt gehaltener linker Maustaste nach oben ziehen.

- *Lock:* Damit sperren Sie den iOS-Simulator.

- *Siri:* Mithilfe dieser Schaltfläche starten Sie Siri im Simulator. Das ist sehr hilfreich, um eine Integration von Siri in eigenen Apps zu testen.

- *Touch ID/Face ID:* Unterstützt der aktive Simulator die Entsperrung mittels Touch ID oder Face ID, finden Sie einen entsprechenden Punkt im *Hardware*-Menü. Darüber können Sie zunächst mithilfe von *Enrolled* festlegen, ob der Simulator die jeweilige Technik auch tatsächlich unterstützt. Ist *Enrolled* nicht aktiv, wird der Simulator sich so verhalten, als wäre Touch ID beziehungsweise Face ID nicht eingerichtet. Ist *Enrolled* hingegen aktiv und Ihre App fragt an einer bestimmten Stelle nach der Authentifizierung mittels Touch ID/Face ID, können Sie mithilfe der beiden Punkte *Matching Touch* (bei Touch ID) beziehungsweise *Matching Face* (bei Face ID) und *Non-matching Touch* (bei Touch ID) beziehungsweise *Non-matching Face* (bei Face ID) simulieren, ob die Authentifizierung erfolgreich war oder nicht.

- *Authorize Apple Pay:* Darüber können Sie eine Apple Pay-Autorisierung innerhalb Ihrer App durchführen.

- *Keyboard:* Darüber können Sie festlegen, ob Shortcuts bei aktivem Simulator sich auf macOS beziehen oder auf die Steuerung des Simulators *(Send Menu Keyboard Shortcuts to Device)*. Außerdem können Sie mithilfe des Punkts *Toggle Software Keyboard* steuern, ob die virtuelle Bildschirmtastatur bei Texteingaben angezeigt werden soll oder nicht.

- *Increase Volume/Decrease Volume:* Hierüber erhöhen beziehungsweise verringern Sie die Lautstärke des iOS-Simulators.

Neben diesen Optionen zur Steuerung der simulierten Hardware stehen Ihnen auch noch folgende Optionen zur Verfügung:

- *Device:* Hierüber können Sie aus einer Auswahl der verfügbaren Simulatoren und iOS-Versionen wählen und diese zusätzlich zum bestehenden Simulator starten. Das kann nützlich sein, wenn Sie eine App parallel auf unterschiedlichen Geräten testen möchten (siehe Bild 23.130).

- *Restart:* Über diesen Punkt starten Sie den gewählten iOS-Simulator neu.

- *Erase All Content and Settings…:* Hierüber können Sie den gewählten Simulator komplett zurücksetzen. Das kann insbesondere dann sinnvoll sein, wenn Sie viele verschiedene Tests durchgeführt haben und den Simulator bereinigen wollen, um keine Altlasten mit sich herumzutragen, die sich möglicherweise fälschlich auf das Verhalten Ihrer App auswirken.

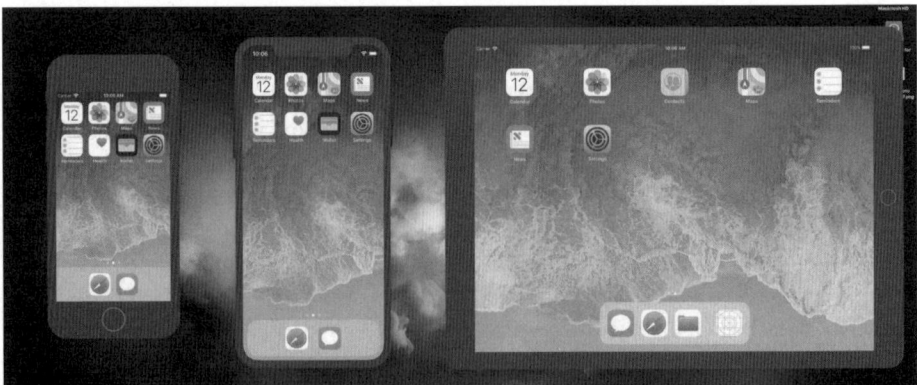

Bild 23.130 Sie können parallel mehrere Simulatoren auf einmal anzeigen und verwenden.

Debugging im Simulator

Über das *Debug*-Menü stehen Ihnen zusätzlich verschiedene Funktionen zum Debuggen von iOS-Apps im Simulator zur Verfügung (siehe Bild 23.131). Mithilfe des Punkts *Slow Animations* können Sie beispielsweise alle Animationen verlangsamt darstellen. Dadurch sehen Sie genau, was Schritt für Schritt während einer Animation geschieht und ob diese korrekt ausgeführt wird. Mittels *Trigger iCloud Sync* können Sie die Synchronisation mit der iCloud anstoßen und über den Punkt *Location* den Ort ändern, den der Simulator als Ihren Standpunkt verwendet (was sehr nützlich ist, wenn Sie mit der Position des Nutzers in eigenen Apps arbeiten). Auch können Sie bestimmte Bereiche Ihrer App einfärben und das System Log aufrufen.

Bild 23.131 Der Simulator bringt verschiedene Optionen für das Debugging einer iOS-App mit.

Neben all diesen Optionen zum Steuern des iOS-Simulators können Sie diesen auch frei bewegen und in seiner Größe verändern. Klicken Sie zum Bewegen des Simulator-Fensters an den Rand oder klicken Sie auf die Bezeichnung, die unterhalb des Simulators steht. Darüber können Sie das Fenster dann mittels gedrückt gehaltener linker Maustaste bewegen. Die Größe verändern Sie, indem Sie die Maus an den oberen linken oder rechten beziehungsweise unteren linken oder rechten Rand bewegen, bis der Mauszeiger einem Symbol mit zwei Pfeilspitzen an jedem Ende entspricht. Halten Sie anschließend die linke Maustaste gedrückt und ziehen Sie das Simulator-Fenster größer oder kleiner.

Übrigens können Sie den Rahmen, der das Fenster des Simulators umgibt und standardmäßig das iOS-Gerät darstellt, dem der Simulator entspricht, auf Wunsch auch ausblenden.

Deaktivieren Sie dazu im *Window*-Menü den Punkt *Show Device Bezels*. Anschließend sehen Sie nur noch das eigentliche Inhaltsfenster des Simulators ohne die Geräteumrisse (siehe Bild 23.132).

Bild 23.132
Auf Wunsch können Sie sich auch nur das Simulator-
Fenster ohne die Umrisse des zugrunde liegenden Geräts
anzeigen lassen.

23.7.3 Verwalten der Simulatoren

Alle in Xcode eingerichteten Simulatoren können Sie sich über das *Devices and Simulators*-Fensters anzeigen lassen und Sie können die Simulatoren dort auch verwalten. Um dieses Fenster einzublenden, klicken Sie entweder im Menü auf *Window → Devices and Simulators* oder Sie führen das Tastaturkürzel **cmd+Umschalt+2** aus (siehe Bild 23.133). Das Fenster unterteilt sich in die zwei Reiter *Devices* und *Simulators*, zwischen denen Sie über eine jeweils passende Schaltfläche am oberen Rand wechseln können. Die in Xcode zur Verfügung stehenden Simulatoren finden Sie wenig überraschend im Reiter *Simulators*.

Jeder Simulator setzt sich aus insgesamt drei Bestandteilen zusammen:

- einem frei wählbaren *Namen*,
- dem *Gerätetyp* (iPhone X, iPad Pro etc.),
- und der *iOS-Version*.

In der Liste der verfügbaren Simulatoren am linken Fensterrand werden die Namen angezeigt, ein Klick auf einen der Simulatoren zeigt eine Detailansicht dazu im Hauptfenster an. Dort finden sich auch die Informationen zum *Gerätetyp* und zur *iOS-Version* des Simulators (siehe Bild 23.134).

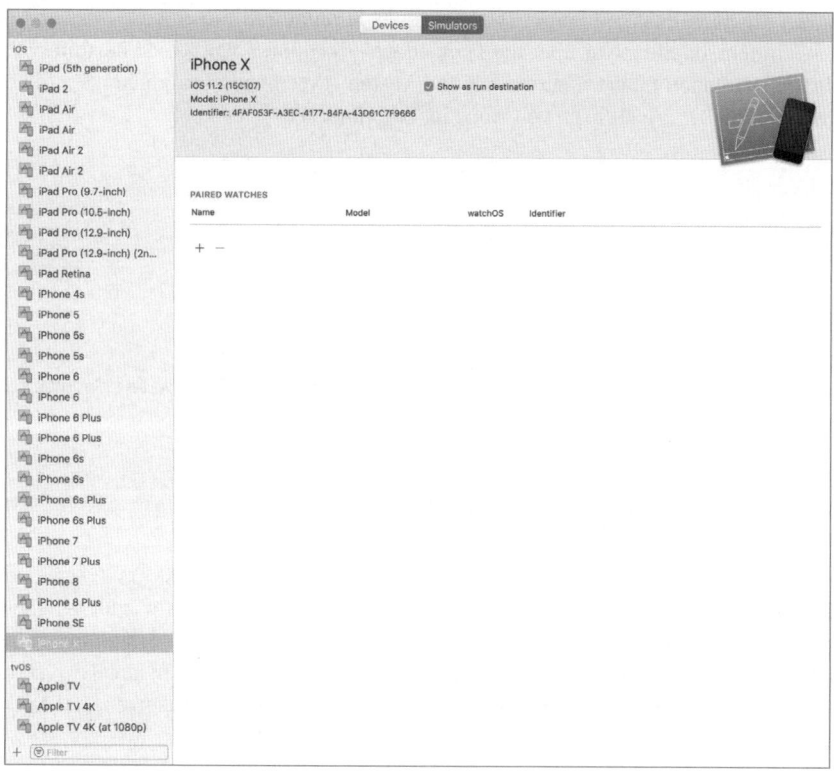

Bild 23.133 Die in Xcode zur Verfügung stehenden Simulatoren finden Sie im Reiter „Simulators".

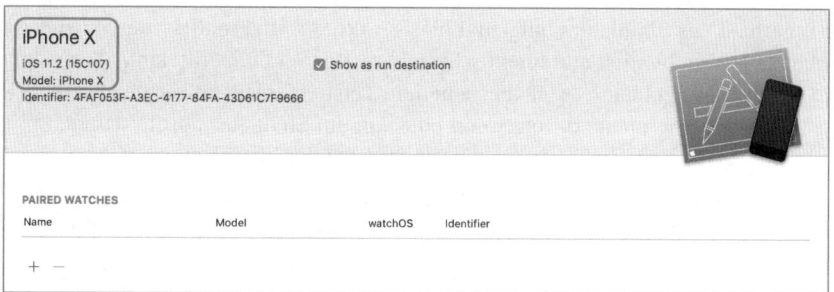

Bild 23.134 Jeder Simulator verfügt über einen Namen, einen Gerätetyp und eine iOS-Version.

Bestehende Simulatoren können Sie per Rechtsklick auf Ihren Namen in der Liste links bearbeiten, zur Auswahl stehen die Optionen *Rename* (zum Ändern des Namens) oder *Delete* (zum Löschen des Simulators).

Neue Simulatoren können Sie mithilfe der Plus-Schaltfläche am unteren linken Fensterrand erstellen. Daraufhin erscheint ein Pop-up, in dem Sie den gewünschten Namen, den Gerätetyp und die iOS-Version des neuen Simulators angeben (siehe Bild 23.135). Per anschließendem Klick auf *Create* wird der neue Simulator erstellt und er steht zum Ausführen Ihrer iOS-Projekte zur Verfügung.

Bedenken Sie aber, dass Sie beim Erstellen neuer Simulatoren nur die iOS-Versionen auswählen können, die Sie zuvor über die *Components*-Einstellung von Xcode heruntergeladen
und installiert haben (siehe hierzu auch den Kasten „Download zusätzlicher Simulatoren"
in Abschnitt 23.7.1, „Ausführen von Apps im Simulator").

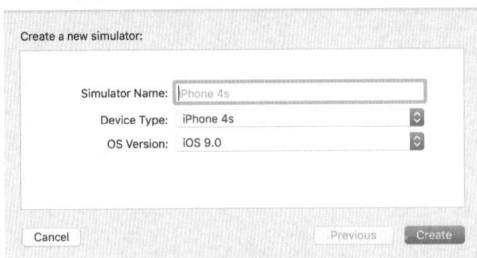

Bild 23.135
Sie können beliebige weitere Simulatoren
in Xcode erstellen.

23.7.4 Einschränkungen des Simulators

So komfortabel und angenehm die Arbeit mit dem Simulator auch ist, so ersetzt er in letzter
Instanz niemals abschließende Tests auf echten Endgeräten. Hierfür gibt es mehrere
Gründe. Der erste liegt in Sachen Performance begründet, denn der Simulator nutzt die
vollständige Hardware des zugrunde liegenden Mac. Wenn Sie also beispielsweise einen
iMac Pro mit Acht-Kern-Prozessor und 32 GByte Arbeitsspeicher einsetzen, hat auch der
iOS-Simulator Zugriff auf diese Ressourcen (siehe Bild 23.136).

„Toll!", werden Sie jetzt womöglich denken und haben dahingehend Recht, dass der Simulator auf modernen Macs eine ordentliche Leistung erzielt, die selbst die des eigentlichen
iOS-Geräts bei weitem übertreffen kann. Aber genau darin liegt das Problem: Eine App
kann innerhalb des Simulators aufgrund dieser weit mächtigeren Ressourcen ruckel- und
problemfrei laufen, bereitet auf einem schwachbrüstigeren Endgerät dann aber möglicherweise unerwartet Probleme, weil die benötigte Leistung nicht abgerufen werden kann.
Schließlich haben Sie nichts davon, wenn eine App im Simulator absolut rundläuft, wenn
sie auf dem eigentlichen Zielgerät Schwierigkeiten bei der Ausführung hat.

Während der Entwicklung ist es durchaus begrüßenswert und sehr angenehm, die vollen
Ressourcen des zugrunde liegenden Mac zu nutzen, aber das spiegelt nun einmal nicht die
Realität wider.

Darüber hinaus verfügt der Simulator nicht über alle Funktionen, die ein echtes Endgerät
mit sich bringt. Ein Beispiel ist der Zugriff auf die Kamera: Im Simulator steht diese Funktion nicht zur Verfügung, Foto- und Videoaufnahmen können Sie also nur auf einem echten
iOS-Gerät testen. Das Gleiche gilt entsprechend für komplexe Augmented Reality-Apps, die
ebenfalls auf den Kamerazugriff angewiesen sind.

Zu guter Letzt kann nur die Nutzung einer App auf einem tatsächlichen Endgerät zeigen, ob
die Bedienung gelungen ist und die App die an sie gestellten Anforderungen erfüllt.

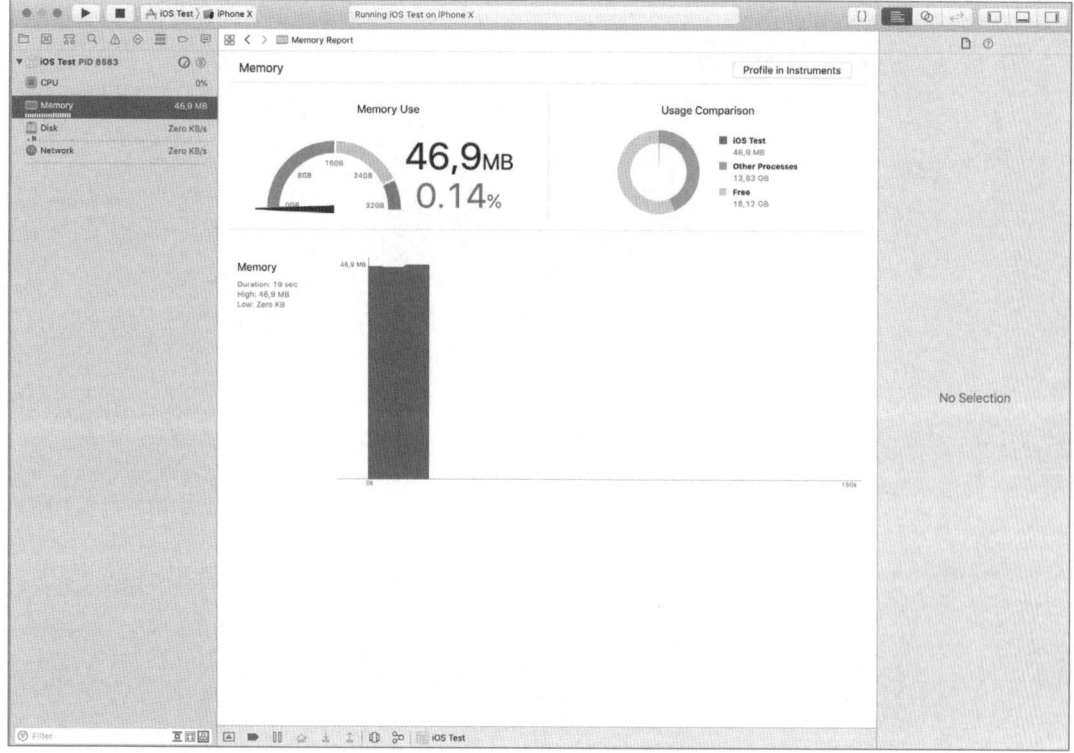

Bild 23.136 Ein iOS-Gerät mit Acht-Kern-Prozessor und 32 GByte Arbeitsspeicher? Im Simulator kein Problem!

◼ 23.8 App-Icon

Das App-Icon stellt das optische Aushängeschild Ihrer Anwendung dar. Auch wenn dieses Buch nicht darauf eingeht, *wie* Sie eine Grafik für ein App-Icon erstellen, erhalten Sie im Folgenden aber alle Informationen zu den Rahmenbedingungen, die ein App-Icon erfüllen muss.

Die Mindestgröße, in der Sie ein App-Icon für Ihre App zur Verfügung stellen müssen, beträgt 1024 × 1024 Pixel. Diese Größe wird für den App Store verwendet. Darüber hinaus sollten Sie für die unterschiedlichen Gerätetypen wie iPad Pro und iPhone ebenfalls passend aufgelöste Varianten Ihres App-Icons zur Verfügung stellen (dazu gleich mehr).

Eingebunden wird das App-Icon über den standardmäßig mit einem neuen iOS-Projekt erzeugten Asset Catalog. Dieser bringt bereits von Haus aus ein Image Set zur Unterbringung des App-Icons mit (siehe Bild 23.137).

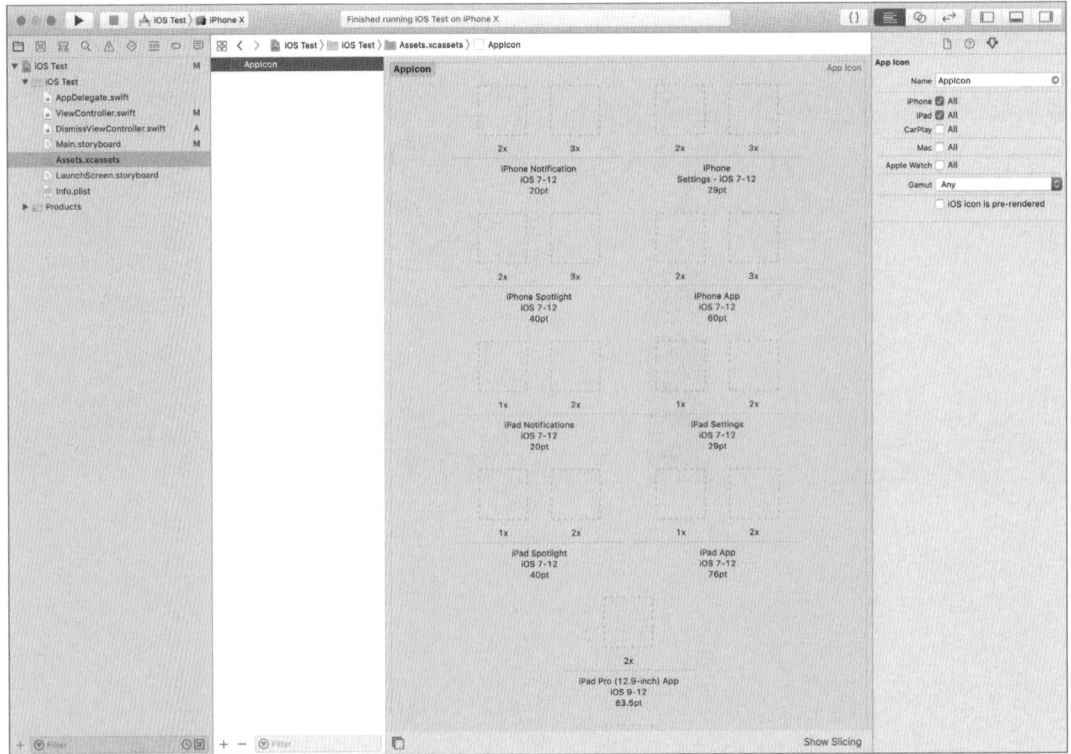

Bild 23.137 Im Asset Catalog Ihres iOS-Projekts bringen Sie das App-Icon in verschiedenen Größen und Auflösungen unter.

Essenziell für den Asset Catalog sind die folgenden Formate und Größen des App-Icons:

- *iPhone App, iOS 7 – 11, 60pt, 3x:* Das App-Icon für das iPhone. Sie müssen es mindestens in dreifacher Pixelgröße bereitstellen, also 180 × 180 Pixel.

- *iPad App, iOS 7 – 11, 76pt, 2x:* Das App-Icon für das iPad (ohne Pro). Sie müssen es mindestens in doppelter Pixelgröße bereitstellen, also 152 × 152 Pixel.

- *iPad Pro App, iOS 9 – 11, 83.5pt, 2x:* Das App-Icon für das iPad Pro. Sie müssen es in doppelter Pixelgröße bereitstellen, also 167 × 167 Pixel.

- *App Store, iOS, 1024pt:* Das App-Icon für den App Store. Sie müssen es in einer Größe von 1024 × 1024 Pixel bereitstellen.

Neben diesen zwingenden Größen und Formaten, in denen Sie ein App-Icon für Ihre iOS-App anbieten müssen, gibt es noch weitere Optionen, ein angepasstes App-Icon bereitzustellen, beispielsweise für Notifications oder die Einstellungen. Auch variieren diese Optionen bisweilen abhängig von der iOS-Version, für die sie angeboten werden.

Wann man verschiedene App-Icons anbieten sollte

Möglicherweise fragen Sie sich, warum Sie ein App-Icon für eine solche Vielzahl an Größen erstellen sollten. Die einfache Antwort lautet: Sie müssen es nicht! Solange Sie wenigstens die vier genannten Varianten anbieten, ist bereits alles gut. Doch es gibt Situationen, in denen es sinnvoll sein kann, gerade für die kleineren Auflösungen ein angepasstes (und nicht einfach nur herunterskaliertes) App-Icon anzubieten.

Das Beispiel in Bild 23.138 soll eine typische Problematik einmal praktisch demonstrieren. Dort ist ein App-Icon in zwei verschiedenen Größen zu sehen: links die am höchsten aufgelöste Variante für den App Store, rechts eine Variante für Notifications.

Wie unschwer zu erkennen ist, ist bei der zweiten Variante kaum noch zu erkennen, was das App-Icon darstellen soll; dafür befinden sich darin zu viele Details. Beim App-Icon für den App Store stört das nicht, da die dafür geforderte Auflösung derartige Details erlaubt.

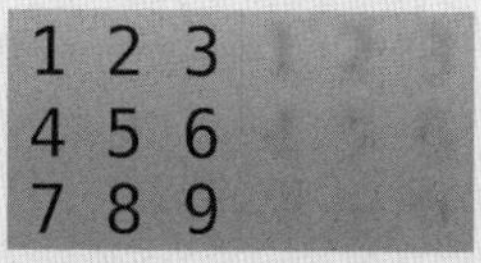

Bild 23.138 Während man im App-Icon für den App Store durchaus viele Details unterbringen kann, gehen diese bei den kleineren Varianten verloren und es wird möglicherweise nicht ersichtlich, um welche App es sich handelt.

Daher bietet sich an dieser Stelle aufgrund des detaillierten App-Icons an, eine abgespeckte Variante für die niedrigeren Auflösungen bereitzustellen (beispielsweise eine mit einer einzigen Ziffer, so wie im Vergleich in Bild 23.139 zu sehen). Damit schafft man einen effektiven Mehrwert für den Nutzer.

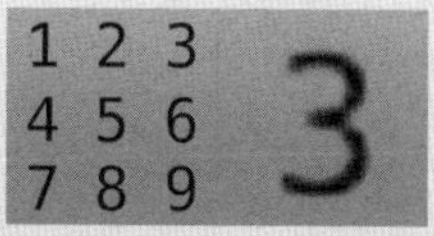

Bild 23.139 Bei sehr detaillierten App-Icons ist es sinnvoll, angepasste Versionen für geringere Auflösungen bereitzustellen.

■ 23.9 Target-Einstellungen

Das Herzstück eines jeden iOS-Projekts ist das zugehörige iOS-Target. In diesem Target werden alle Dateien und Klassen gebündelt, die Sie als Bestandteil Ihrer App ausliefern möchten.

Wenn Sie ein neues Xcode-Projekt auf Basis einer der verschiedenen iOS-Vorlagen erstellen, erhalten Sie automatisch ein solches iOS-Target. Wenn Sie ein bereits bestehendes Projekt für eine andere Plattform (zum Beispiel macOS) oder ein komplett leeres Projekt um eine iOS-App erweitern möchten, müssen Sie selbst ein entsprechendes iOS-Target erstellen. Wählen Sie dazu in Xcode das eigentliche Projekt aus und klicken Sie in der Target-Übersicht auf den unteren Plus-Button (siehe Bild 23.140). Anschließend öffnet sich die Template-Auswahl, in der Sie im Reiter *iOS* im Abschnitt *Application* die passenden Target-Vorlagen für neue iOS-Apps finden und darüber dem Projekt hinzufügen können (siehe Bild 23.141).

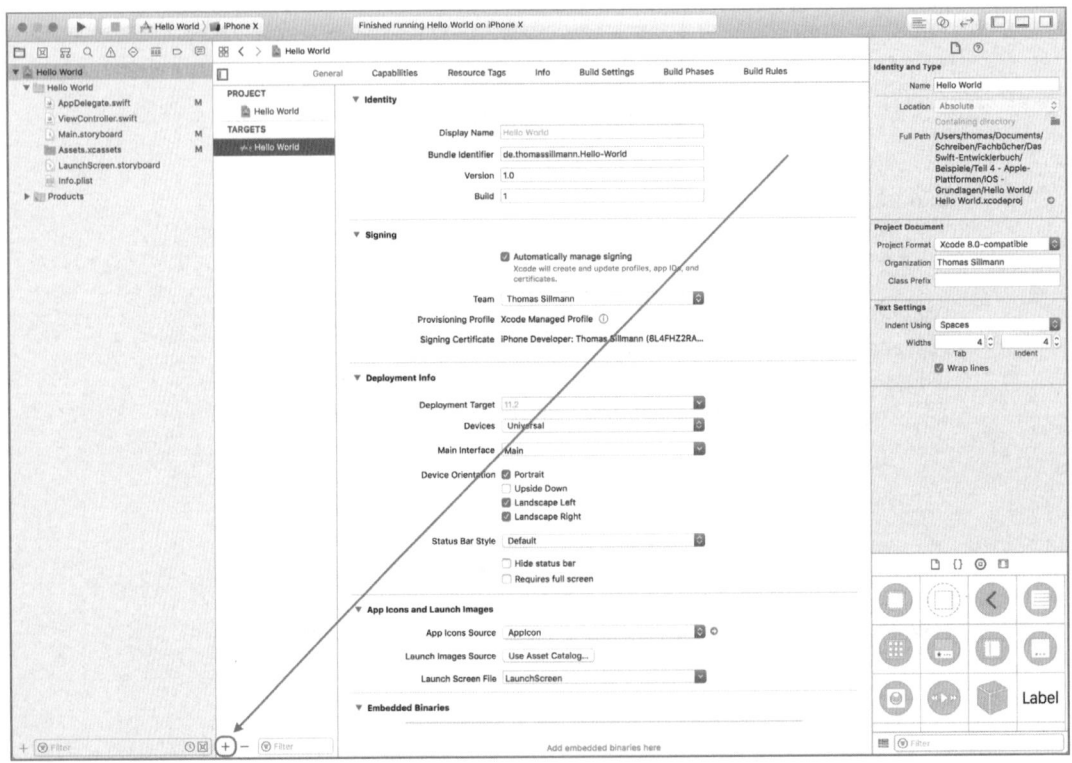

Bild 23.140 In den Projekteinstellungen können Sie ein Xcode-Projekt um ein neues iOS-Target erweitern.

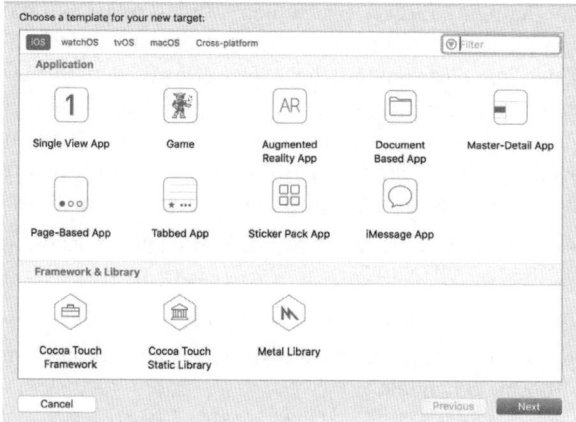

Bild 23.141
Wählen Sie für das neue iOS-Target die passende Vorlage und schließen Sie die Konfiguration ab, um es einem Xcode-Projekt hinzuzufügen.

Über das eigentliche Target selbst können Sie verschiedene grundlegende Einstellungen für Ihre iOS-App vornehmen. Wählen Sie dazu das passende iOS-Target in der Projektübersicht aus (siehe Bild 23.142).

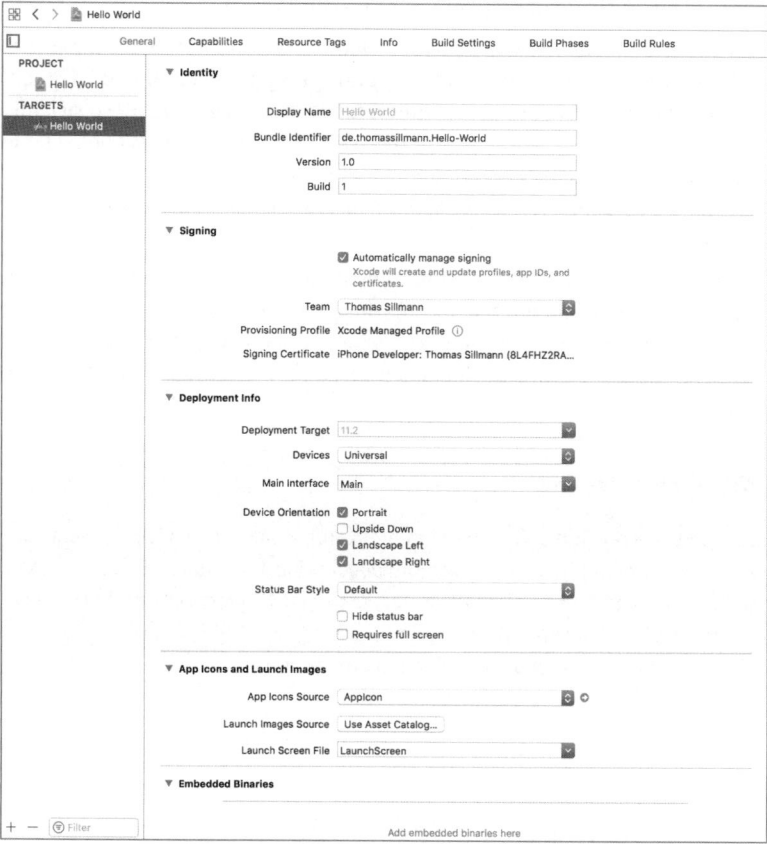

Bild 23.142 Einige grundlegende Einstellungen Ihrer iOS-App werden über das Target festgelegt.

Viele der Einstellungen, die Sie innerhalb des Targets vornehmen, werden intern auf die *Info.plist*-Datei übertragen. Die Target-Einstellungen dienen in diesem Fall lediglich als grafische Oberfläche zum Verändern der *Info.plist*. Das gilt beispielsweise für den *Display Name* (den Namen Ihrer App), den *Bundle Identifier* sowie die *Version*- und *Build*-Nummer, die Sie im Target festlegen können. Diese Werte finden Sie im *General*-Tab im Abschnitt *Identity*. Ebenfalls im *General*-Tab untergebracht sind Informationen zum Code Signing (Abschnitt *Signing*); mehr dazu erfahren Sie in Kapitel 34, „Veröffentlichung im App Store“.

Im Abschnitt *Deployment Info* geben Sie einige grundlegende Informationen zur iOS-App an, darunter:

- *Deployment Target:* Die kleinstmögliche iOS-Version, unter der die App noch lauffähig ist.
- *Devices:* Hier wählen Sie, ob es sich bei Ihrer App um eine iPhone-only, iPad-only oder um eine Universal-App (für beide Plattformen) handelt.
- *Main Interface:* Hier hinterlegen Sie den Namen der Storyboard-Datei, dessen initialer View-Controller beim Start der App geladen und angezeigt werden soll.
- *Device Orientation:* Mithilfe der Checkboxen geben Sie an, welche Geräteorientierungen Ihre App unterstützt.
- *Requires full screen:* Ist diese Checkbox aktiv, kann Ihre App auf dem iPad nur im Vollbildmodus und nicht parallel mit anderen Apps ausgeführt werden.

Im Abschnitt *App Icons and Launch Images* ist der Verweis auf das Image Set innerhalb des Asset Catalogs hinterlegt, in dem das App-Icon für die App untergebracht ist. Ebenfalls findet sich dort ein Verweis auf ein sogenanntes *Launch Image*. Dabei kann es sich entweder – genau wie beim App-Icon – um eine statische Grafik aus dem Asset Catalog oder ein Interface aus einer separaten Storyboard-Datei handeln; letzteres ist der Standard. Das Launch Image wird immer beim Starten einer App angezeigt, bis der initiale View-Controller vollständig geladen ist.

Ebenfalls relevant für einige spezielle Funktionen einer iOS-App ist der Reiter *Capabilities* (siehe Bild 23.143). Dort können Sie spezifische Services aktivieren, die Sie für Ihre App verwenden möchten, beispielsweise der Zugriff auf iCloud oder das Anbieten von In-App-Käufen. Weitere Details zu den verschiedenen Elementen erfahren Sie in den entsprechenden Kapiteln dieses Buches.

 Weitere Einstellungen

Bei den weiteren Tabs, die Ihnen bei der Konfiguration eines iOS-Targets zur Verfügung stehen, handelt es sich um allgemeine Tabs, deren Einstellungen auch auf den anderen App-Plattformen wie macOS oder tvOS zur Verfügung stehen. Mehr über deren Aufgabe und Nutzung lesen Sie in Kapitel 16, „Grundlagen, Aufbau und Einstellungen von Xcode“.

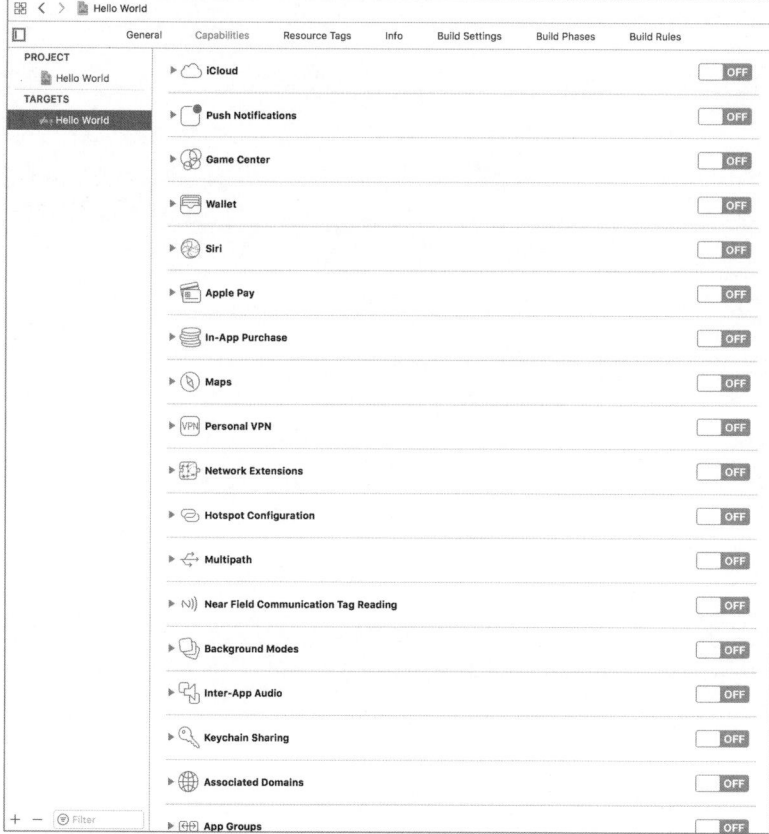

Bild 23.143 Im Capabilities-Tab legen Sie fest, welche zusätzlichen Services Ihre App nutzen soll.

24 iOS – App-Entwicklung

Dieses Kapitel widmet sich voll und ganz den spezifischen Besonderheiten der Entwicklung von Apps für iOS. Hier werden diverse Typen und Funktionen des *UIKit*-Frameworks im Detail beleuchtet und praxisnah gezeigt, wie Sie beispielsweise eine Navigationsstruktur in iOS-Apps umsetzen, Dokumente ausdrucken, Listen erstellen oder Aktionen im Hintergrund durchführen.

Die in diesem Kapitel behandelten Themen setzen das Grundlagenwissen zur Entwicklung von Apps für iOS voraus. Wenn dieses noch nicht sitzt oder Sie bisher noch überhaupt nicht für iOS entwickelt haben, empfehle ich Ihnen, zuvor das Kapitel 23, „iOS – Grundlagen", durchzuarbeiten.

■ 24.1 Aufbau einer Navigationsstruktur

Eine sinnvolle und intuitiv zu bedienende Navigationsstruktur ist für fast jede App essenziell. Mithilfe der Klasse UINavigationController steht im *UIKit*-Framework ein Element bereit, mit dessen Hilfe Sie ganz einfach einen sogenannten *Navigation Stack* für Ihre Apps kreieren können. Dieser „stapelt" verschiedene View-Controller, die nacheinander vom Nutzer aufgerufen und angezeigt werden. Dieses Verhalten kennt man beispielsweise aus der nativen Einstellungen-App von iOS. Wählt man dort eine Zelle aus, wird der zugehörige Ziel-View-Controller – mitsamt passender Zurück-Schaltfläche am oberen linken Rand – eingeblendet (siehe Bild 24.1). Auf diese Art und Weise wird eine verständliche App-Struktur erzeugt, die dank passender Animationen dem Nutzer stets vor Augen führt, was gerade passiert und wie er in dieser Navigationsstruktur eine Ebene vor- und zurückspringen kann.

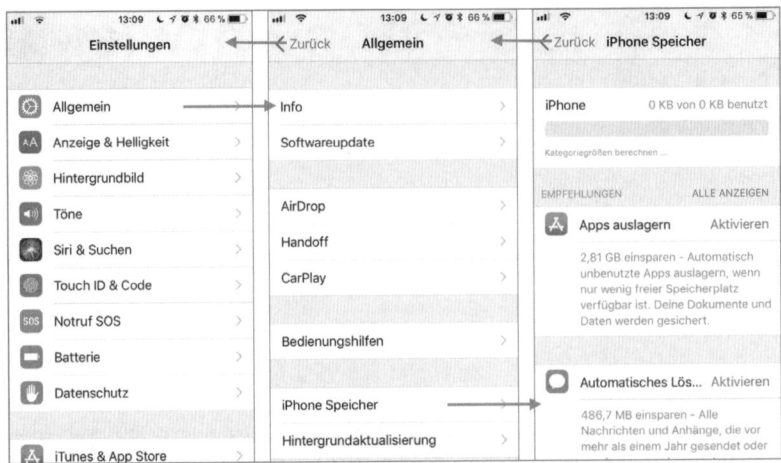

Bild 24.1 Mithilfe eines UINavigationController können Sie eine Navigationsstruktur wie die in der nativen Einstellungen-App umsetzen.

Die Klasse `UINavigationController` ist eine Subklasse von `UIViewController`. Das bedeutet, dass Sie `UINavigationController` wie jeden anderen View-Controller auch verwenden können. Sie können ihn sowohl im Code als auch direkt im Storyboard erstellen. Essenzieller Bestandteil dieses Navigation-Controllers ist der sogenannte *Root-View-Controller*. Als solcher wird der View-Controller bezeichnet, der als Erstes durch den Navigation-Controller angezeigt werden soll. Im Falle der nativen Einstellungen-App von iOS wäre das die Startseite, auf der Sie die verschiedenen Optionen wie *iCloud*, *Batterie* oder *Allgemein* auswählen können. Ein Navigation-Controller braucht zwingend einen solchen Root-View-Controller, von dem aus anschließend der Navigation Stack aufgebaut wird.

Die folgenden Abschnitte (Abschnitt 24.1.1, „UINavigationController im Code erstellen“, und Abschnitt 24.1.2, „UINavigationController im Storyboard erstellen“) zeigen Ihnen, wie Sie mit der `UINavigationController`-Klasse jeweils im Code beziehungsweise im Storyboard arbeiten und welche Besonderheiten es zu beachten gibt.

24.1.1 UINavigationController im Code erstellen

Um eine `UINavigationController`-Instanz zu erzeugen, können Sie den Initializer `init(rootViewController:)` verwenden. Dieser erwartet als Parameter einen `UIView Controller`, der als Startpunkt der Navigation verwendet werden soll (eben als der sogenannte Root-View-Controller).

Um das Erstellen und Anzeigen eines `UINavigationController` zu demonstrieren, sehen Sie im Folgenden ein Beispiel dazu. Basis dafür ist ein neues Xcode-Projekt auf Basis der *Single View App*-Vorlage. In den allgemeinen Target-Einstellungen wird im Abschnitt *Deployment Info* das Main-Storyboard aus der Auswahlbox *Main Interface* entfernt, da der initiale View-Controller der App in diesem Fall direkt im Code der `AppDelegate`-Klasse erzeugt und angezeigt werden soll (siehe Bild 24.2). Die `ViewController`-Klasse kann bleiben, ebenso wie das Interface für den initialen View-Controller im Storyboard. Dort wird lediglich der

Haken bei *Is Initial View Controller* im Attributes Inspector entfernt (siehe Bild 24.3). Wie gesagt, den initialen View-Controller erstellen wir gleich selbst im Code und nicht über das Storyboard. Zusätzlich wird für den View-Controller im Storyboard noch eine *Storyboard ID* im Identitiy Inspector gesetzt, um diesen aus dem Code heraus ansprechen zu können (siehe Bild 24.4). Dieser View-Controller wird dann nämlich als Root-View-Controller für den von uns generierten Navigation-Controller verwendet. Damit ersparen wir es uns, diesen auch noch zusätzlich im Code zu definieren, und wir können dessen Oberfläche bequem im Storyboard gestalten. Welche Storyboard ID sie hierbei vergeben, ist voll und ganz Ihnen überlassen, wichtig ist nur, genau die gleiche ID dann beim Laden des View-Controllers im Code wiederzuverwenden. In diesem Beispiel setze ich die Storyboard ID *RootViewController* ein.

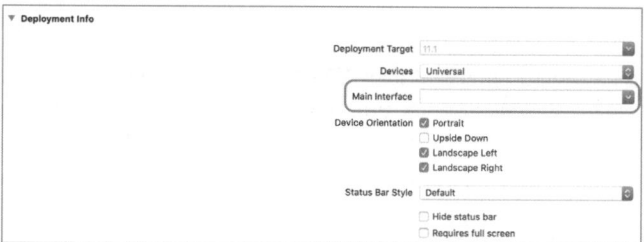

Bild 24.2 In diesem Beispiel wird auf einen Einstiegspunkt mithilfe eines Storyboards verzichtet.

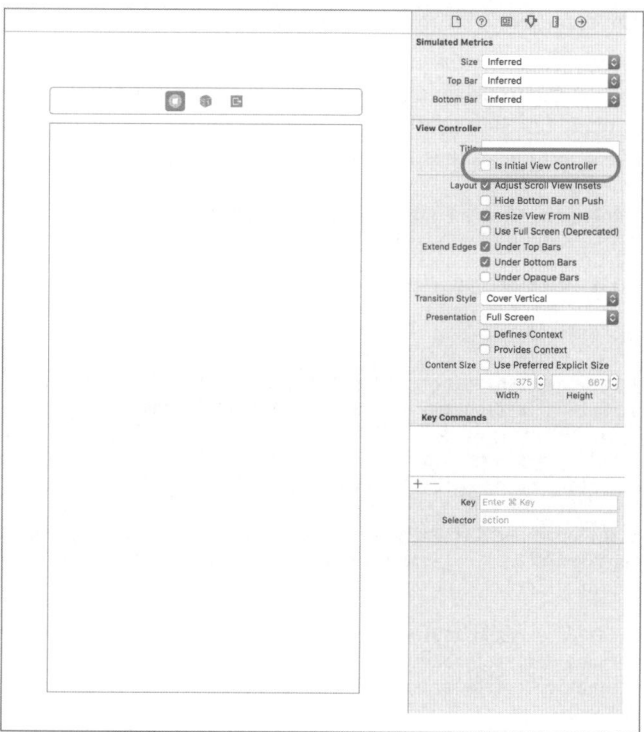

Bild 24.3 Der View-Controller in der Main.storyboard-Datei dient nicht als initialer View-Controller für das neu erstellte Beispielprojekt.

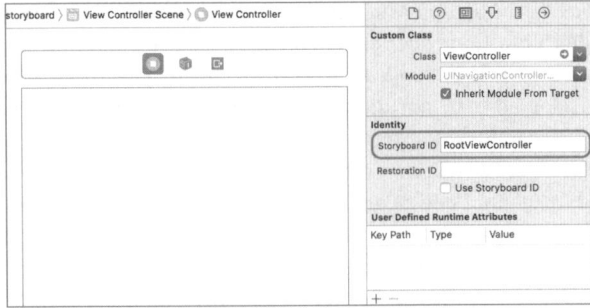

Bild 24.4 Mithilfe der Storyboard ID können wir den View-Controller im Storyboard im Code aufrufen und als Root-View-Controller für den Navigation-Controller verwenden.

Mit diesen Vorkehrungen geht es in die `AppDelegtae`-Klasse, in der nun ein `UINavigation Controller` programmatisch als initialer View-Controller erzeugt und eingeblendet wird. Die entsprechenden Befehle werden innerhalb der Methode `application(_:didFinish LaunchingWithOptions:)` umgesetzt.

Los geht es zunächst mit dem Zugriff auf die *Main.storyboard*-Datei mithilfe einer entsprechenden `UIStoryboard`-Instanz. Über diese greifen wir auf den View-Controller zu, der sich als Einziger im Storyboard befindet. Dazu nutzen wir die Storyboard ID, die wir zuvor für diesen View-Controller vergeben haben. Anschließend nutzen wir den Initializer `init(rootViewController:)` der Klasse `UINavigationController`, um unseren Navigation-Controller zu erzeugen.

Zum Abschluss des Ganzen passen wir noch die `window`-Property an und blenden den erstellten Navigation-Controller ein. Das müssen wir in diesem Fall tun, da der Einstiegspunkt der App über das Storyboard nicht mehr gegeben ist. Den kompletten Code der `AppDelegate`-Klasse für dieses Beispiel sehen Sie in Listing 24.1.

Listing 24.1 Programmatisches Erstellen eines `UINavigationController`

```
@UIApplicationMain
class AppDelegate: UIResponder, UIApplicationDelegate {

    var window: UIWindow?

    func application(_ application: UIApplication, didFinishLaunchingWithOptions
launchOptions: [UIApplicationLaunchOptionsKey: Any]?) -> Bool {

        // Zugriff auf die Main.storyboard-Datei
        let mainStoryboard = UIStoryboard(name: "Main", bundle: nil)

        // Erstellen einer Instanz des View-Controllers aus dem Storyboard
        let rootViewController = mainStoryboard.instantiateViewController(withIdenti
fier: "RootViewController")

        // Erstellen eines UINavigationController. Als Root-View-Controller dient der
View-Controller aus dem Storyboard.
        let navigationController = UINavigationController(rootViewController:
rootViewController)

        // Erstellen und Konfigurieren des UIWindow
```

```
        window = UIWindow(frame: UIScreen.main.bounds)
        window?.rootViewController = navigationController

        // Anzeigen des UIWindow mitsamt Navigation-Controller
        window?.makeKeyAndVisible()

        return true
    }

}
```

Führen wir den gezeigten Code im Simulator aus, fällt nach Starten der App auch direkt eine Veränderung in unserem Interface auf. Während die View des View-Controllers genauso angezeigt wird, wie sie im Storyboard konfiguriert ist, wird am oberen Rand automatisch eine sogenannte *Navigation Bar* angezeigt (siehe Bild 24.5). Das ist das optische Indiz dafür, dass unser UINavigationController erfolgreich erstellt und eingeblendet wurde.

Bild 24.5
Die gräuliche Navigation Bar am oberen Rand ist das optische Indiz dafür, dass wir hier einen Navigation-Controller zu Gesicht bekommen.

 UINavigationController enthält UIViewController

Wie wir gesehen haben, benötigt ein UINavigationController einen soge-nannten Root-View-Controller, den er anzeigen kann. Denn letzten Endes hat ein UINavigationController ausschließlich die Aufgabe, die Navigation Bar am oberen Rand einzublenden und die im Folgenden noch vorgestellten Funk-tionen bereitzustellen, um eine Navigationsstruktur zwischen verschiedenen View-Controllern abzubilden. Die in einem Navigation-Controller angezeigten Inhalte basieren also immer auf anderen View-Controllern, die innerhalb des Navigation-Controllers eingebunden und angezeigt werden. In unserem Fall dient der View-Controller aus dem Storyboard als Basis für unseren Navigation-Controller.

24.1.1.1 Neuen View-Controller auf Navigation Stack pushen

Mithilfe der Methode `pushViewController(_:animated:)` kann ein neuer View-Controller auf dem Navigation Stack „gepusht" werden. Das bedeutet, dass der aktuell sichtbare View-Controller verschwindet und der neue View-Controller in einer Animation eingeblendet wird. Dieser neue View-Controller liegt somit auf der obersten Ebene der Navigation und über eine automatisch vom `UINavigationController` hinzugefügte Zurück-Schaltfläche kann man – ohne selbst entsprechende Befehle programmieren zu müssen – zum vorherigen View-Controller zurückkehren.

Dieses Verhalten soll anhand eines Beispiels demonstriert werden. Zu diesem Zweck wird der bestehende View-Controller des im vorherigen Abschnitt erstellten Projekts um einen Button ergänzt, dem eine Action-Methode im Code hinzugefügt wird (siehe Bild 24.6). Wann immer der Button betätigt und damit die Action-Methode ausgelöst wird, soll ein neuer View-Controller auf dem Navigation Stack gepusht werden.

Bild 24.6 Dem View-Controller wird ein Button hinzugefügt, der mit einer Action-Methode mit dem Code verknüpft wird.

Innerhalb der Action-Methode des Buttons soll nun programmatisch ein neuer View-Controller mit rotem Hintergrund erzeugt werden, der anschließend auf dem Navigation Stack des Navigation-Controllers gepusht wird. Doch wie greift man vom Code des View-Controllers aus auf den zugrunde liegenden Navigation-Controller zu? Wir wissen, dass der View-Controller Teil des Navigation-Controllers ist – das haben wir schließlich innerhalb der `AppDelegate`-Klasse selbst so definiert –, doch der View-Controller selbst weiß davon nichts. Generell ist das auch gut so, schließlich sorgt das dafür, dass der View-Controller selbst vollkommen unabhängig agiert, ganz gleich, ob er nun innerhalb eines Navigation-Controllers oder modal oder auf eine ganz andere Art und Weise angezeigt wird.

Aus diesem Grund bringt die Klasse `UIViewController` eine optionale Property namens `navigationController` mit. Damit lässt sich von jedem View-Controller aus auf einen möglicherweise zugrunde liegenden `UINavigationController` zugreifen, sofern ein solcher existiert. Ist der View-Controller nicht Teil eines Navigation-Controllers, liefert die Property stattdessen `nil` zurück.

Listing 24.2 zeigt nun, wie innerhalb der Action-Methode des Buttons der neue View-Controller erstellt und anschließend auf dem Navigation Stack gepusht wird. Dabei wird mithilfe der `navigationController`-Property auf den zugrunde liegenden `UINavigationController` zugegriffen.

Listing 24.2 Pushen eines View-Controllers auf dem Navigation Stack

```
@IBAction func pushNextViewController(_ sender: Any) {

    // Neuen View-Controller erstellen
    let newViewController = UIViewController()
    newViewController.view.backgroundColor = .red

    // Pushen des neuen View-Controllers auf dem Navigation Stack
    navigationController?.pushViewController(newViewController, animated: true)

}
```

Wird nun die Schaltfläche nach Ausführen der App im Simulator betätigt, findet die vom Navigation-Controller bekannte Animation statt, die den neuen View-Controller mit rotem Hintergrund auf dem Navigation Stack pusht (siehe Bild 24.7). Darüber hinaus fällt auf, dass auch der neu angezeigte View-Controller automatisch über die Navigation Bar am oberen Rand verfügt und diese eine Zurück-Schaltfläche besitzt, über die man problemlos zum vorherigen View-Controller zurückkehren kann.

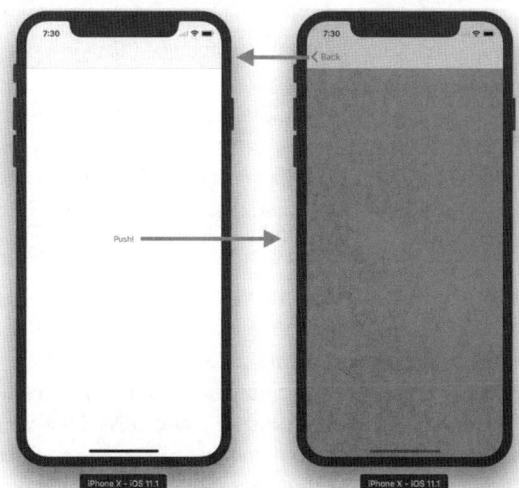

Bild 24.7 Mithilfe einer einzigen Methode pusht man einen neuen View-Controller auf dem Navigation Stack und erhält automatisch eine Zurück-Schaltfläche in der Navigation Bar.

Auf die gezeigte Art und Weise können nun beliebig viele View-Controller auf dem Navigation Stack gepusht werden. Es ist also kein Problem, beispielsweise von dem jüngsten View-Controller mit der roten Hintergrundfarbe einen weiteren View-Controller auf den Navigation Stack zu pushen. Die automatisch vom `UINavigationController` gesetzte Zurück-Schaltfläche am oberen linken Rand in der Navigation Bar wird immer zum jeweils vorherigen View-Controller zurückführen. So lässt sich mit dieser einen Methode eine beliebig lange Kette (und damit Navigation) aus verschiedenen View-Controllern zusammen-setzen.

24.1.1.2 View-Controller im Navigation Stack verlassen

Standardmäßig sorgt ein `UINavigationController` dafür, dass oben links in der Navigation Bar eine Zurück-Schaltfläche eingeblendet wird, über die man automatisch zum vorherigen View-Controller zurückkehren kann. Doch manchmal gibt es Situationen, in denen man entweder zusätzlich oder als Alternative dazu eine eigene Möglichkeit schaffen möchte, um den angezeigten View-Controller zu verlassen und zum vorherigen View-Controller inner-halb des Navigation Stacks zurückzukehren.

Für diese Szenarien stellt die Klasse `UINavigationController` die Methode `popViewController(animated:)` zur Verfügung. Wird sie aufgerufen, wird der aktuell sichtbare View-Controller des Navigation Stacks ausgeblendet und der vorherige angezeigt. Das Ver-halten entspricht also dem Betätigen der automatisch vom `UINavigationController` gesetzten Zurück-Schaltfläche am oberen linken Rand der Navigation Bar.

Aufruf der Methode im Root-View-Controller des Navigation-Controllers

Womöglich fragen Sie sich, was geschieht, wenn Sie die genannte Methode `popViewController(animated:)` innerhalb des Root-View-Controllers – also des View-Controllers, der als Erstes in einem Navigation-Controller angezeigt wird – aufgerufen wird. Schließlich gibt es in diesem Fall ja keinen weiteren View-Controller, zu dem zurückgewechselt werden könnte. Tatsächlich passiert in einem solchen Fall schlicht nichts, Sie müssen also nicht befürchten, durch solch ein Verhalten möglicherweise einen Absturz Ihrer App herbeizuführen. Da der Aufruf von `popViewController(animated:)` in dieser Konstellation aber auch nicht sinnvoll ist, sollten Sie ihn in derartigen Szenarien nichtsdestotrotz auf jeden Fall vermeiden.

Ein Beispiel für die praktische Umsetzung und Verwendung der Methode `popViewController(animated:)` sehen Sie in Listing 24.3. Es basiert auf der App, die bereits in Abschnitt 24.1.1.1, „Neuen View-Controller auf Navigation Stack pushen", erstellt wurde. Dort wurde dem initialen View-Controller – der als Root-View-Controller eines `UINavigationController` definiert ist – im Storyboard ein Button hinzugefügt und dieser im Code mit einer Action versehen, die einen neuen View-Controller erstellt und diesen auf dem Navigation Stack pusht (siehe hierzu auch den zugehörigen Code aus Listing 24.2). Genau der Code dieser Action-Methode wird nun in Listing 24.3 überarbeitet und ergänzt. Dem neu anzuzeigenden View-Controller wird ebenfalls eine Schaltfläche hinzugefügt und diese wird mit dem Titel „Pop" versehen. Als Action-Methode für diesen Button wird `popViewController(animated:)` festgelegt, die über die `navigationController`-Property des neuen View-Controllers aufgerufen wird.

Listing 24.3 Entfernen des aktuell angezeigten View-Controllers aus dem Navigation Stack

```
@IBAction func pushNextViewController(_ sender: Any) {

    // Neuen View-Controller erstellen
    let newViewController = UIViewController()
    newViewController.view.backgroundColor = .red

    // Erstellen und Konfigurieren eines Pop-Buttons
    let popButton = UIButton(type: .custom)
    popButton.frame = CGRect(x: 0, y: 100, width: 100, height: 44)
    popButton.setTitle("Pop", for: .normal)

    // Setzen der Action-Methode des Pop-Buttons
    let popActionTarget = newViewController.navigationController
    let popActionSelector = #selector(popActionTarget?.popViewController(animated:))
    popButton.addTarget(popActionTarget, action: popActionSelector, for:
.touchUpInside)

    // Hinzufügen des Pop-Buttons zum neuen View-Controller
    newViewController.view.addSubview(popButton)

    // Pushen des neuen View-Controllers auf dem Navigation Stack
    navigationController?.pushViewController(newViewController, animated: true)

}
```

Führt man diesen Code nun aus und betätigt die neue „Pop"-Schaltfläche des neu anzuzeigenden View-Controllers, erkennt man denselben Effekt, den man auch durch Betätigen der automatisch vom `UINavigationController` gesetzten Zurück-Schaltfläche am oberen linken Rand in der Navigation Bar erzielt.

 Typische Einsatzgebiete

Der programmatische Aufruf der Methode `popViewController(animated:)` zum Ausblenden des aktuell angezeigten View-Controllers im Navigation Stack ist in verschiedenen Szenarien sinnvoll. Ein Beispiel: Nehmen wir an, Sie haben eine To-do-App und pushen über den Navigation Stack einen View-Controller, der Details zu einer konkreten Aufgabe anzeigt. Aus diesem View-Controller heraus *löschen* Sie nun eben diese Aufgabe. In diesem Fall betätigt der Nutzer nicht explizit die Zurück-Schaltfläche, um nach dem Löschen zur Gesamtübersicht aller To-dos zurückzukehren; das müssen Sie in diesem Fall übernehmen, was Sie mithilfe der Methode `popViewController(animated:)` auch entsprechend lösen können. Ebenfalls kann es vorkommen, dass man in einem bestimmten View-Controller die am oberen Rand standardmäßig sichtbare Navigation Bar explizit ausblendet. In diesem Fall fehlt das Standard-UI-Element zum Zurückkehren zum vorherigen View-Controller, weshalb Sie auch an dieser Stelle eine eigene Lösung anbieten müssen.

Zu Root-View-Controller oder anderem View-Controller des Navigation Stacks zurückkehren

Zu der in diesem Abschnitt vorgestellten Methode zum Verlassen des aktuell angezeigten View-Controllers im Navigation Stack gibt es noch zwei weitere Methoden, die eine ähnliche Funktion besitzen.

Mithilfe von `popToRootViewController(animated:)` wechseln Sie mit einem Schlag zum Root-View-Controller des zugrunde liegenden `UINavigationController`, sprich jenem View-Controller, der ganz zu Beginn als Erstes innerhalb des Navigation Stacks angezeigt wird. Damit sparen Sie sich einen sich wiederholenden Aufruf von `popViewController(animated:)`, bis Sie wieder beim Root-View-Controller angelangt sind.

Möchten Sie hingegen zu einem ganz bestimmten View-Controller innerhalb des Navigation Stacks zurückspringen, können Sie für diesen Zweck die Methode `popToViewController(_:animated:)` einsetzen. Damit wechseln Sie direkt zu demjenigen View-Controller auf dem Navigation Stack zurück, den Sie als Parameter übergeben.

24.1.1.3 Navigation Bar ausblenden

Sie können die am oberen Rand standardmäßig angezeigte Navigation Bar eines `UINavigationController` ganz einfach mithilfe der Methode `setNavigationBarHidden(_:animated:)` ein- und ausblenden. Der erste Parameter gibt an, ob die Navigation Bar angezeigt werden soll (`false`) oder nicht (`true`). Der zweite Parameter bestimmt, ob das Ein- beziehungsweise Ausblenden animiert erfolgen soll.

In Listing 24.4 sehen Sie ein Beispiel für den Aufruf dieser Methode innerhalb eines View-Controllers, der als Root-View-Controller für einen Navigation-Controller gesetzt ist. Der Aufruf erfolgt dort innerhalb der überschriebenen Methode `viewDidLoad()`.

Listing 24.4 Ausblenden der Navigation Bar

```
override func viewDidLoad() {

    super.viewDidLoad()
    navigationController?.setNavigationBarHidden(true, animated: false)

}
```

Wird dieser Code in die `ViewController`-Klasse aus Abschnitt 24.1.1.1, „Neuen View-Controller auf Navigation Stack pushen", und Abschnitt 24.1.1.2, „View-Controller im Navigation Stack verlassen", eingebunden, ändert sich das Aussehen der App entsprechend (siehe Bild 24.8). Die Navigation Bar wird nicht länger angezeigt und für das Zurückkehren zu einem vorherigen View-Controller des Navigation Stacks ist in diesem Fall zwingend eine eigene Implementierung notwendig, die die Methode `popViewController(animated:)` auf dem `UINavigationController` aufruft.

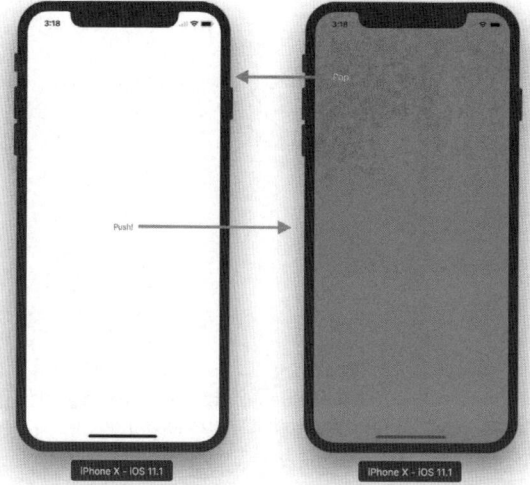

Bild 24.8 Nach Ausblenden der Navigation Bar eines UINavigationController ist man selbst dafür verantwortlich, die passende Logik zur Navigation innerhalb des Navigation Stacks umzusetzen.

 Zugriff auf die Navigation Bar

Wenn Sie direkt auf die Navigation Bar eines UINavigationController zugreifen möchten (beispielsweise um die Hintergrundfarbe der Navigation Bar zu ändern), können Sie dazu die Read-Only-Property navigationBar der UINavigationController-Klasse verwenden (es handelt sich hierbei um eine Instanz des Typs UINavigationBar). Listing 24.5 zeigt einen entsprechenden Zugriff auf diese Property innerhalb der viewDidLoad()-Methode des Root-View-Controllers eines Navigation-Controllers. Das Ergebnis dieses Codes sehen Sie in Bild 24.9.

Listing 24.5 Ändern der Hintergrundfarbe einer Navigation Bar

```
override func viewDidLoad() {

    super.viewDidLoad()
    navigationController?.navigationBar.barTintColor = .blue

}
```

Natürlich stehen Ihnen neben der Änderung der Hintergrundfarbe auch alle anderen Funktionen zur Verfügung, die die Klasse UINavigationBar bereitstellt.

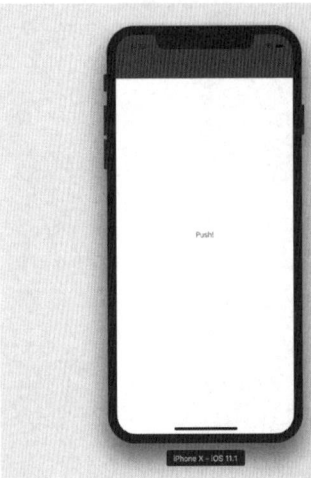

Bild 24.9
Mithilfe des Zugriffs auf die Navigation Bar eines
UINavigationController wurde die Hintergrundfarbe
geändert.

24.1.1.4 Toolbar ein- und ausblenden

Neben einer Navigation Bar, die am oberen Rand des Navigation-Controllers angezeigt wird, können Sie auch mithilfe der Methode `setToolbarHidden(_:animated:)` eine Toolbar innerhalb des Navigation Stacks ein- beziehungsweise ausblenden. Der erste Parameter beim Aufruf dieser Methode bestimmt, ob die Toolbar angezeigt (`false`) oder versteckt werden soll (`true`).

Den Verweis auf die eigentliche `UIToolbar`-Instanz des Navigation-Controllers erhalten Sie über die Property `toolbar`. Darüber können Sie der Toolbar beispielsweise Schaltflächen für Aktionen hinzufügen oder die Hintergrundfarbe verändern; eben all das, was die Klasse `UIToolbar` zur Konfiguration und Anpassung hergibt.

Listing 24.6 zeigt ein Beispiel dazu. Darin wird innerhalb der Methode `viewDidLoad()` des Root-View-Controllers eines Navigation-Controllers die Toolbar eingeblendet und deren Hintergrundfarbe geändert. Das Ergebnis dieses Codes sehen Sie in Bild 24.10.

Listing 24.6 Einblenden und Anpassen der Toolbar eines `UINavigationController`

```
override func viewDidLoad() {
    super.viewDidLoad()
    navigationController?.setToolbarHidden(false, animated: false)
    navigationController?.toolbar.barTintColor = .red
}
```

Bild 24.10
Über einen UINavigationController kann sich direkt eine
Toolbar einblenden und bearbeiten lassen.

24.1.1.5 Auf Elemente des Navigation Stacks zugreifen

Die Klasse UINavigationController bringt diverse Properties mit, um auf die verschiedenen View-Controller eines Navigation Stacks zugreifen und diese verändern zu können. Dieser Abschnitt stellt Ihnen diese Properties und ihre Funktionsweise kurz vor.

Mithilfe von topViewController erhält man Zugriff auf den View-Controller, der sich am *Ende* des Navigation Stacks befindet. Zum besseren Verständnis: Der Root-View-Controller eines Navigation-Controllers stellt den *Startpunkt* des Navigation Stacks dar. Sobald ein neuer View-Controller auf diesem Navigation Stack gepusht wird, handelt es sich bei diesem dann automatisch um den topViewController, bis ein weiteres Element dem Navigation Stack hinzugefügt wird. Das letzte Glied in dieser Kette des Navigation Stacks repräsentiert somit immer den topViewController.

Die Property visibleViewController gibt den View-Controller zurück, der gerade auf dem Navigation Stack angezeigt wird. Und mit der Property viewControllers lassen sich alle View-Controller auslesen, die sich innerhalb des Navigation Stacks des zugrunde liegenden UINavigationController befinden. Dazu werden in dieser Property die Referenzen auf die verschiedenen View-Controller in Form eines Arrays gehalten. Der Root-View-Controller findet sich an der Index-Position 0, anschließend folgen die weiteren View-Controller in der Reihenfolge, in der sie auf dem Navigation Stack gepusht wurden. Der Top-View-Controller kann so mit dem Index *n-1* ausgelesen werden, wobei *n* der Anzahl an View-Controllern innerhalb des Navigation Stacks entspricht.

 View-Controller des Navigation Stacks überschreiben

Es ist übrigens problemlos möglich, dem viewControllers-Array eines UINavigationController einen neuen Wert zuzuweisen. In diesem Fall wird der bestehende Navigation Stack durch die innerhalb eines Arrays übergebenen View-Controller ersetzt.

Dieses Vorgehen ist identisch mit dem Aufruf der Methode setViewControllers(_:animated:), die die Klasse UINavigationController ebenfalls zur Verfügung stellt. Der erste Parameter entspricht dem Array von View-

Controllern, durch die der Navigation Stack ersetzt werden soll, während der zweite Parameter angibt, ob die Aktualisierung des Navigation Stacks animiert erfolgen soll (`true`) oder nicht (`false`). Wenn Sie die `viewControllers`-Property verwenden, um den Navigation Stack zu ändern, entspricht das intern im Übrigen ebenfalls dem Aufruf der Methode `setViewControllers(_: animated:)`, wobei automatisch für den `animated`-Parameter der Wert `false` gesetzt wird. ∎

24.1.2 UINavigationController im Storyboard erstellen

Eine Alternative zum Erstellen eines Navigation Controllers im Code führt über das Storyboard. Darüber können Sie Ihrem Projekt explizit neue Instanzen der Klasse `UINavigationController` hinzufügen und auch einen Teil der Steuerung (beispielsweise das Pushen eines neuen View-Controllers) übernehmen.

Betrachten wir die grundlegende Erstellung eines `UINavigationController` direkt einmal anhand eines passenden kleinen Beispiels. Basis hierfür ist ein neues iOS-Projekt auf Basis der *Single View App*-Vorlage. Rufen Sie darin die *Main.storyboard*-Datei auf und selektieren Sie den View-Controller, der dem Projekt standardmäßig hinzugefügt wurde (Betätigen Sie hierfür die Backspace-Taste); damit ist das Storyboard zunächst einmal leer und enthält keinen einzigen View-Controller (siehe Bild 24.11).

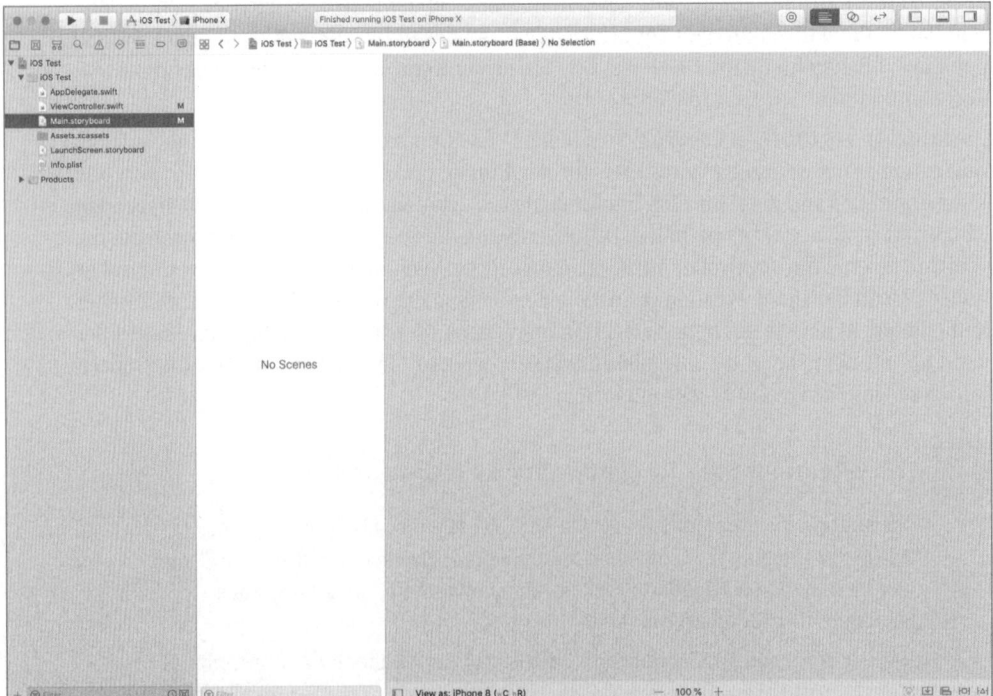

Bild 24.11 Für das Beispiel entfernen Sie den bestehenden initialen View-Controller des neuen iOS-Projekts aus dem Storyboard.

Rufen Sie anschließend die Objects Library von Xcode über die zugehörige Schaltfläche am oberen rechten Rand auf. Dort finden Sie bereits relativ zu Beginn ein Element namens *Navigation Controller*, das in Form eines gelben Kreises mit einem *Kleiner als*-Zeichen (<) dargestellt ist (siehe Bild 24.12). Wählen Sie dieses mit der linken Maustaste aus und ziehen Sie es auf die freie Fläche Ihres Storyboards, um so einen neuen Navigation-Controller zu erzeugen (siehe Bild 24.13).

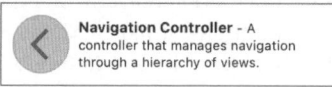

Bild 24.12 Basis zum Erstellen eines Navigation-Controllers im Storyboard ist das „Navigation Controller"-Element aus der Objects Library.

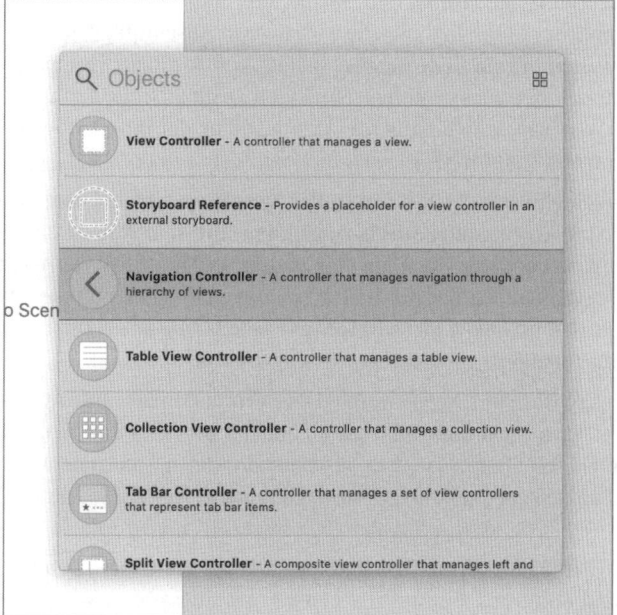

Bild 24.13 Durch Ziehen des „Navigation Controller"-Elements auf das Storyboard fügen Sie Ihrem Projekt einen neuen UINavigationController hinzu.

 View-Controller vs. View

In Kapitel 23, „iOS – Grundlagen", haben wir einem View-Controller auf die gleiche Art und Weise mittels Drag-and-drop verschiedene Views aus der Objects Library hinzugefügt. Views werden immer *innerhalb* eines bereits im Storyboard existierenden View-Controllers hinzugefügt und können nicht frei auf der Storyboard-Fläche platziert werden.

Anders sieht es bei den View-Controllern aus. Diese platzieren Sie in der Regel immer auf einer freien Fläche innerhalb der Storyboard-Datei. Anschließend können Sie den View-Controllern wiederum mithilfe von View-Elementen Leben einhauchen.

Nachdem Sie den Navigation Controller erfolgreich im Storyboard hinzugefügt haben, fällt direkt ein besonderes Detail auf: Statt einem haben Sie *zwei* View-Controller auf einmal erhalten. Linker Hand sehen Sie den eigentlichen `UINavigationController`, der auch mit einem passenden Titel (*Navigation Controller*) innerhalb der Ansicht gekennzeichnet ist, während rechter Hand ein weiterer View-Controller mit dem Titel *Root View Controller* und dem Text *Table View* in der Mitte zu sehen ist. Was hat es damit auf sich?

Betrachten wir zunächst einmal den Navigation-Controller. Hierbei handelt es sich um die `UINavigationController`-Instanz, die wir zuvor in Abschnitt 24.1.1, „UINavigationController im Code erstellen", im Code erzeugt haben. Wie wir aber wissen, nützt uns ein Navigation-Controller alleine nicht viel; wir benötigen zusätzlich noch einen *Root-View-Controller*, sprich einen weiteren unabhängigen View-Controller, der innerhalb des Navigation-Controllers zu Beginn angezeigt wird.

Genau um solch einen Root-View-Controller handelt es sich bei dem zweiten View-Controller-Element, das Xcode automatisch zusammen mit dem Navigation-Controller eingefügt hat. Ganz konkret handelt es sich um eine Instanz der Klasse `UITableViewController`, also um einen View-Controller, der für die Darstellung von Listen optimiert ist (mehr zur Arbeit mit solchen Listen und der Klasse `UITableViewController` erfahren Sie in Abschnitt 24.3, „Erstellen von Tabellen").

Letzten Endes möchte uns Xcode durch dieses Verhalten also nur Arbeit abnehmen, indem es neben dem Navigation-Controller gleich einen passenden und zwingend benötigten Root-View-Controller erstellt. Das ist auch durchaus praktisch, sofern man als Root-View-Controller einen `UITableViewController` einsetzen möchte; was in diesem Beispiel aber nicht der Fall ist. ☺

Aus diesem Grund selektieren wir den zweiten, als Root View Controller betitelten View-Controller und entfernen ihn auf die gleiche Art und Weise, wie wir zuvor den initialen View-Controller des Storyboards gelöscht haben (siehe Bild 24.14). Klicken Sie dazu zunächst irgendwo auf eine freie Fläche innerhalb des Storyboards, da nach dem Hinzufügen des Navigation-Controllers standardmäßig dieser *und* der Root-View-Controller selektiert sind. Durch direktes Betätigen der Backspace-Taste würden Sie also *beide* Elemente wieder entfernen.

Im Anschluss erstellen wir nun unseren eigenen Root-View-Controller, der als Basis für den Navigation-Controller dienen soll, auf Basis einer `UIViewController`-Instanz. Ziehen Sie dazu ein Element des Typs *View Controller* von der Objects Library auf das Storyboard und platzieren sie es rechts neben dem Navigation-Controller, in etwa so wie in Bild 24.15 zu sehen.

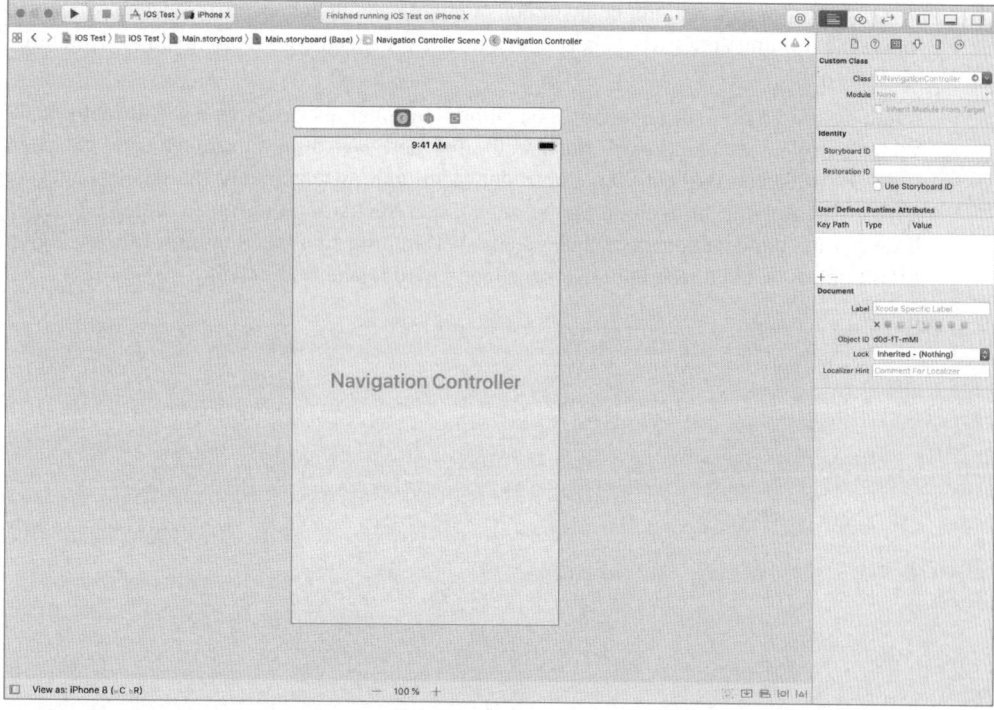

Bild 24.14 Entfernen Sie den standardmäßig mit eingebundenen Root-View-Controller, sodass zunächst einzig und allein der Navigation-Controller im Storyboard vorhanden ist.

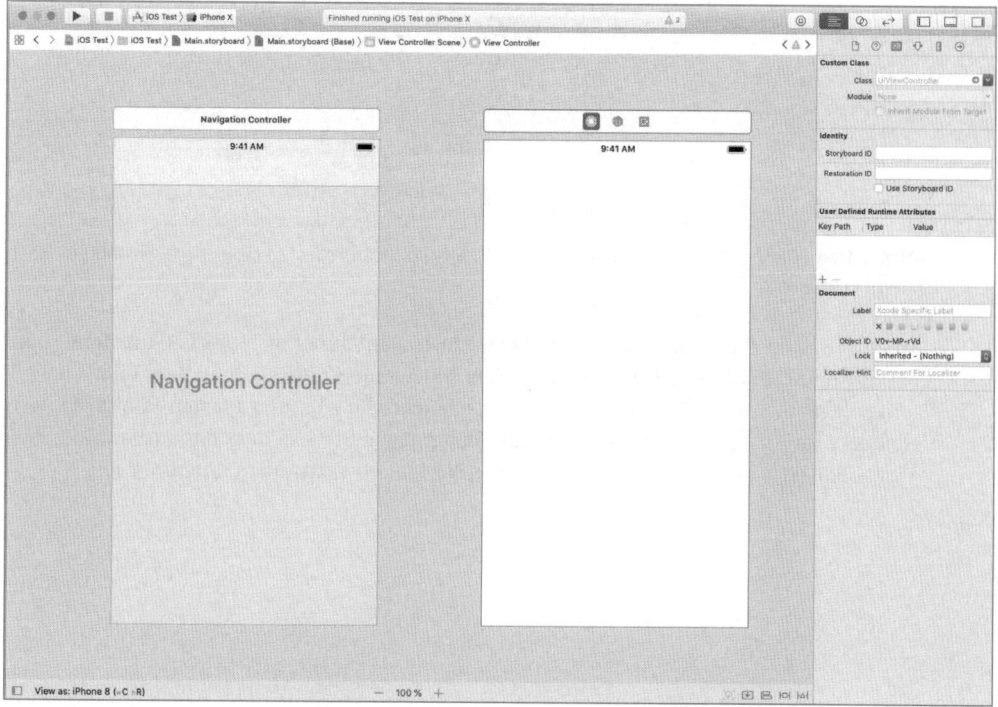

Bild 24.15 Fügen Sie dem Storyboard einen einfachen neuen View-Controller hinzu.

Diesen View-Controller können Sie für den Moment nach Belieben anpassen, beispielsweise indem sie ihn um Views wie Labels oder Buttons ergänzen oder dessen Hintergrundfarbe verändern.

Damit existieren nun sowohl unser Navigation-Controller als auch unser gewünschter Root-View-Controller im Storyboard. Noch weiß aber der Navigation-Controller nicht, welchen View-Controller er als Root-View-Controller laden und anzeigen soll. Um das festzulegen, klicken Sie nun mit der rechten Maustaste auf den Navigation-Controller, halten die Maustaste gedrückt und ziehen anschließend eine Verbindung zu unserem jüngst hinzugefügten View-Controller, bis dieser blau hervorgehoben wird (siehe Bild 24.16).

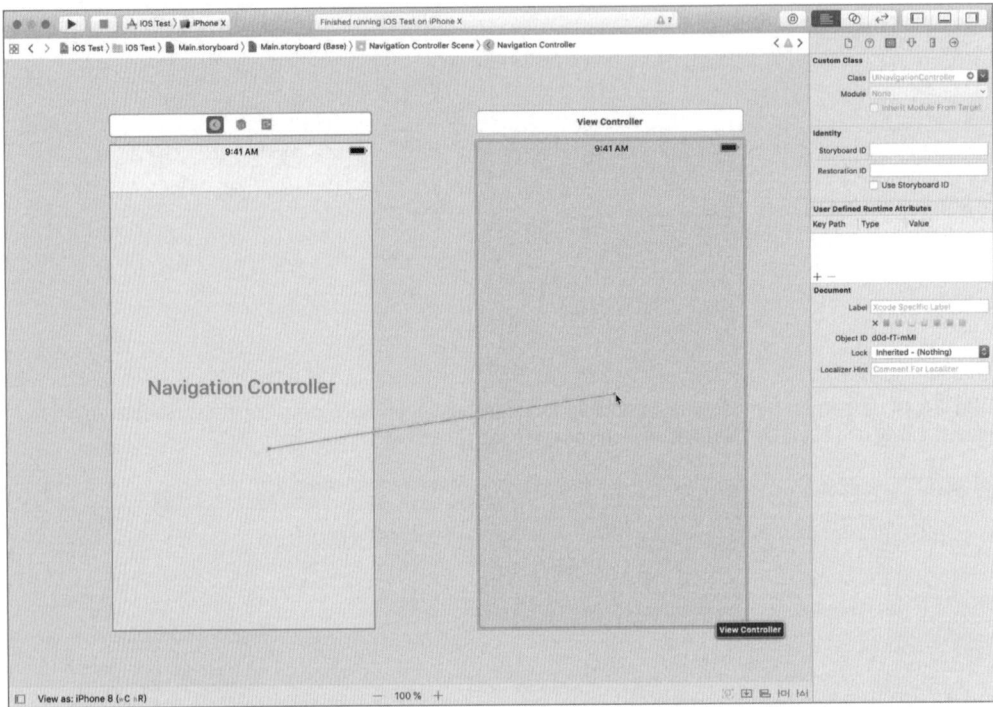

Bild 24.16 Ziehen Sie eine Verbindung vom Navigation-Controller zu dessen gewünschtem Root-View-Controller.

Wenn Sie dann die rechte Maustaste wieder loslassen, öffnet sich ein Pop-up-Menü, über das Sie die Art der Verbindung zwischen dem Navigation-Controller und dem View-Controller festlegen können (siehe Bild 24.17). Entscheiden Sie sich hier für den Punkt *root view controller* im Abschnitt *Relationship Segue*. Damit legen Sie fest, dass der ausgewählte Ziel-View-Controller als Root-View-Controller des Navigation-Controllers fungieren soll.

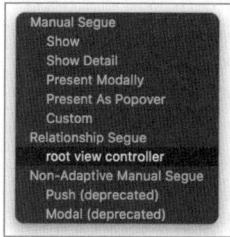

Bild 24.17
Über das Pop-up-Menü können Sie die Art der Verbindung zwischen dem Navigation-Controller und dem View-Controller festlegen.

Anschließend wird die gewünschte Verbindung zwischen den beiden Elementen hergestellt, was durch ein Pfeilsymbol grafisch dargestellt wird (siehe Bild 24.18). Es handelt sich bei dieser Verbindung um einen Segue, der den Ziel-View-Controller als Root-View-Controller des Navigation-Controllers definiert.

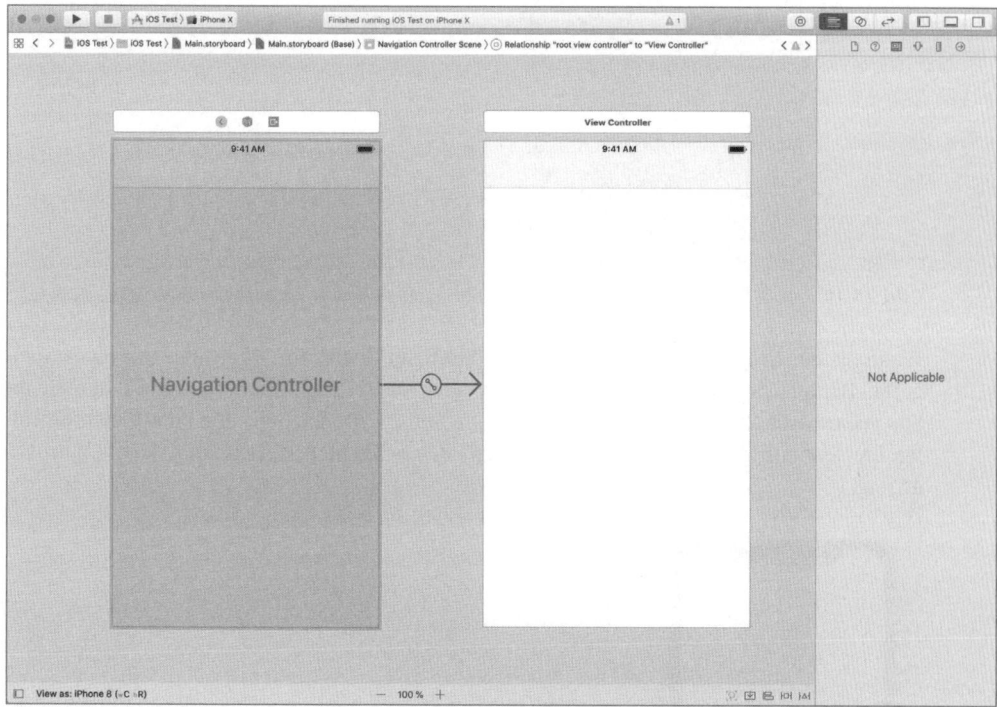

Bild 24.18 Der Segue zwischen den beiden View-Controllern symbolisiert deren Verbindung.

Damit das Beispiel nun vollständig funktionieren kann, muss zum Abschluss noch ein neuer initialer View-Controller festgelegt werden (den ursprünglichen haben wir schließlich zu Beginn gelöscht). In unserem Fall soll es sich dabei um den Navigation-Controller handeln. Wählen Sie daher diesen aus, wechseln Sie in den Attributes Inspector und selektieren Sie die Checkbox mit dem Titel *Is Initial View Controller* (siehe Bild 24.19). Damit sollte auch die letzte noch offene Warnung, die Xcode möglicherweise angezeigt hat, verschwunden sein.

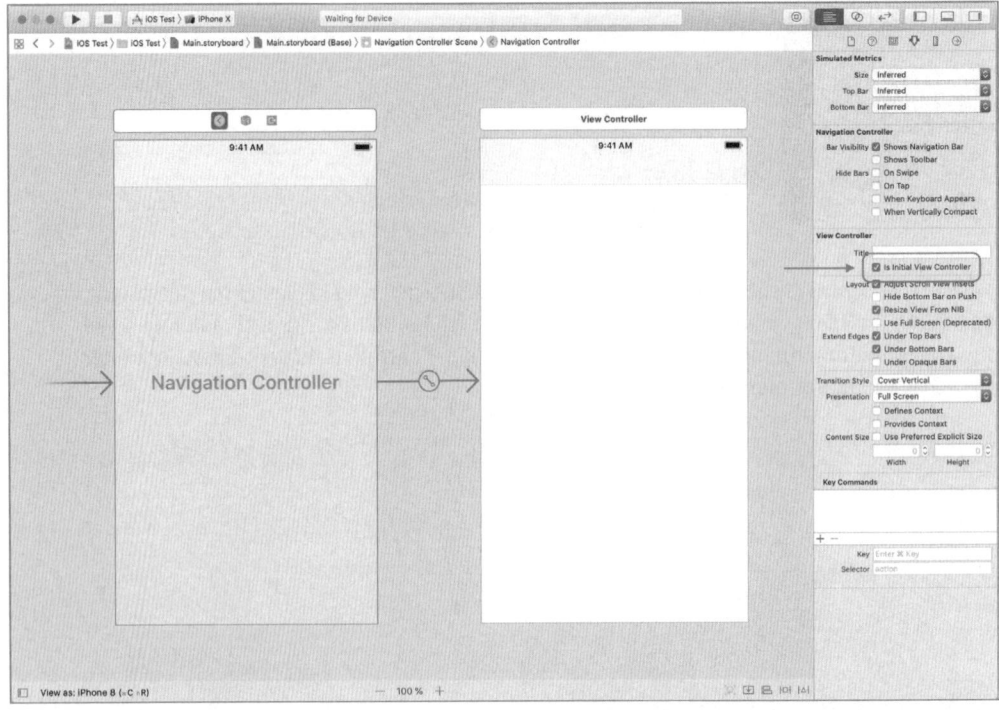

Bild 24.19 Legen Sie den Navigation-Controller als initialen View-Controller des Beispielprojekts fest.

Wenn Sie das Projekt nun ausführen, wird Ihnen ein Navigation-Controller mit einer Navigation Bar am oberen Rand angezeigt, dessen Root-View-Controller derjenige ist, den Sie im Storyboard erstellt und angepasst haben (siehe Bild 24.20). Ich habe den Root-View-Controller um ein mittig platziertes Label ergänzt, das schlicht den Text *Root View Controller* anzeigt.

Bild 24.20
Allein über das Storyboard haben wir einen neuen Navigation-Controller mitsamt zugehörigem Root-View-Controller erzeugt.

24.1.2.1 Neuen View-Controller pushen

Neben dem Erstellen eines Navigation-Controllers (mitsamt Zuweisung des gewünschten Root-View-Controllers) können Sie Storyboards auch dazu nutzen, neue View-Controller auf dem Navigation Stack zu pushen. Um so einen Push-Segue umzusetzen, stellen Sie von einem View-Controller, der Teil eines Navigation-Controllers ist, eine Verbindung zum gewünschten Ziel-View-Controller her.

Betrachten wir dieses Vorgehen direkt einmal in der Praxis. Dazu erweitern wir das eben gezeigte Beispiel um einen zusätzlichen View-Controller, den wir dem Storyboard hinzufügen (und idealerweise rechts vom aktuellen Root-View-Controller platzieren, siehe Bild 24.21).

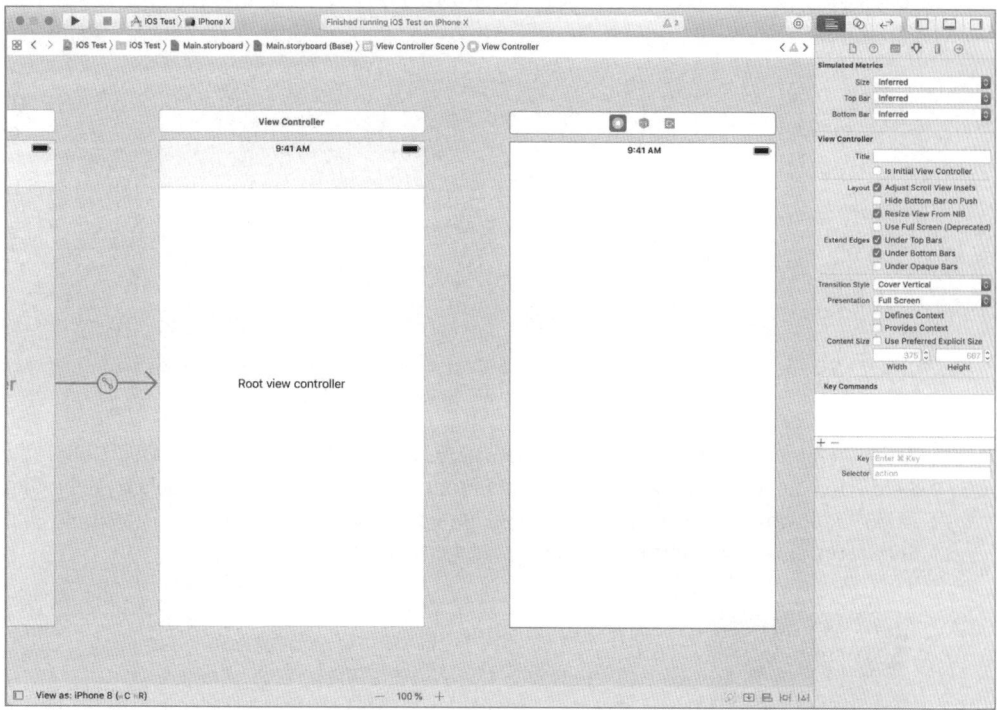

Bild 24.21 Wir fügen dem Storyboard einen dritten View-Controller hinzu, der vom Root-View-Controller aus mittels Push aufgerufen werden soll.

Um nun einen Push auf diesen neuen View-Controller vom Root-View-Controller aus durchführen zu können, benötigen wir ein passendes View-Element innerhalb des Root-View-Controllers, das die entsprechende Action auslöst. Zu diesem Zweck platzieren wir einen Button an einer beliebigen Stelle des Root-View-Controllers und geben ihm den Titel „Push". Anschließend ziehen wir bei gedrückt gehaltener rechter Maustaste eine Verbindung von diesem Button auf den gewünschten Ziel-View-Controller, sodass dieser blau hervorgehoben wird (siehe Bild 24.22).

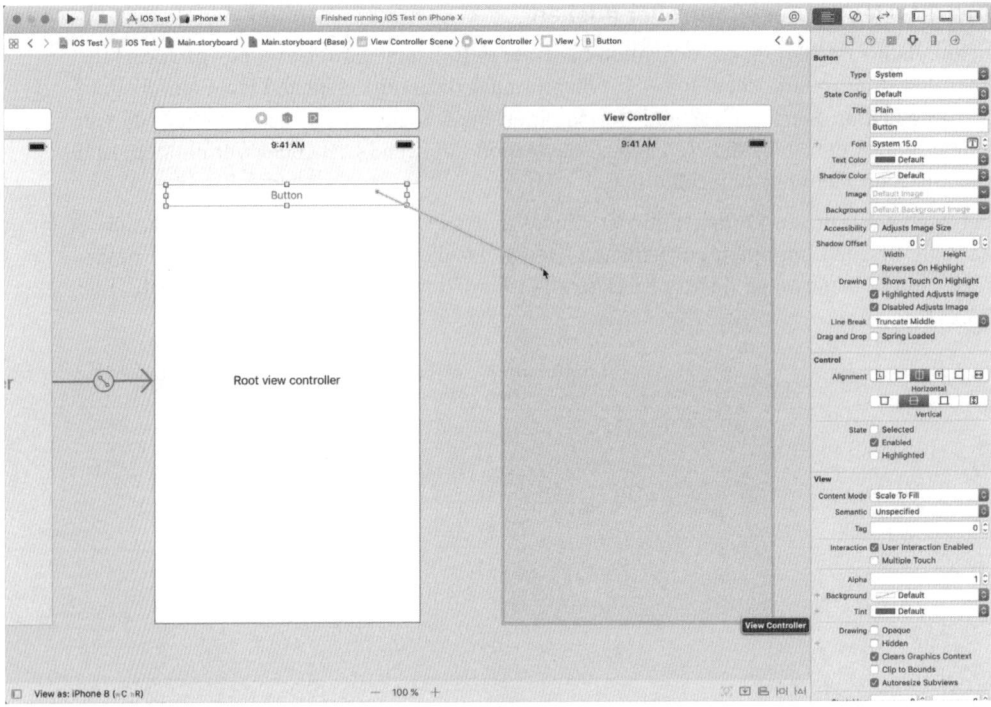

Bild 24.22 Ziehen Sie eine Verbindung vom Button des Root-View-Controllers zum gewünschten Ziel-View-Controller, der mittels Push auf dem Navigation Stack eingeblendet werden soll.

Wenn Sie nun die rechte Maustaste wieder loslassen, erscheint ein Pop-up-Menü, über das Sie die Art der Verbindung zwischen Button und Ziel-View-Controller festlegen (siehe Bild 24.23). Wählen Sie hier den Punkt *Show*, um auszudrücken, dass durch Tippen auf den Button der Ziel-View-Controller eingeblendet werden soll.

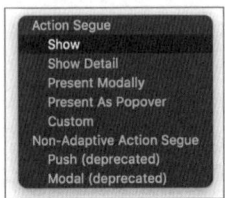

Bild 24.23
Mithilfe des Punkts „Show" legen Sie fest, dass durch Tippen auf den Button der gewählte Ziel-View-Controller eingeblendet werden soll.

Im Anschluss wird die neu erstellte Verbindung zwischen Button und Ziel-View-Controller im Storyboard mithilfe eines Pfeils symbolisiert (siehe Bild 24.24). Wenn Sie das Projekt nun ausführen und den Button des Root-View-Controllers betätigen, wird automatisch der neue View-Controller auf dem zugrunde liegenden Navigation Stack gepusht. Über die automatisch verfügbare Zurück-Schaltfläche am oberen linken Rand können Sie sodann jederzeit wieder zum vorherigen Root-View-Controller zurückspringen.

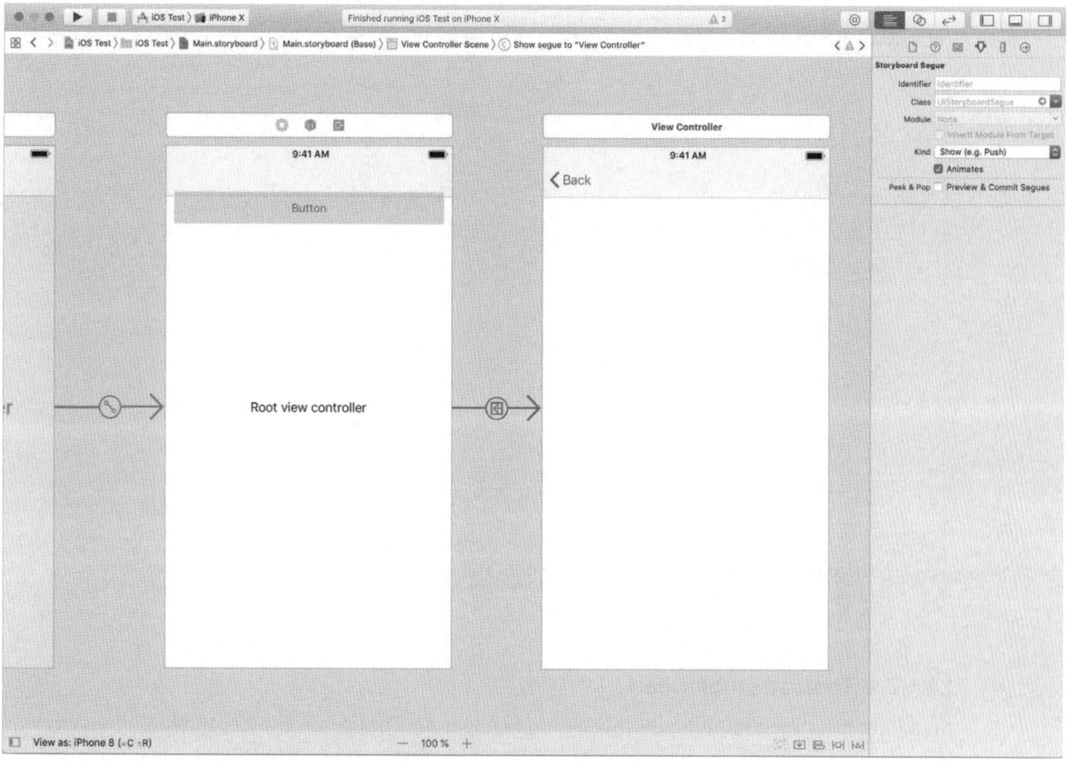

Bild 24.24 Der Pfeil symbolisiert die Verbindung zwischen Button und View-Controller.

Erstellen beliebig langer Hierarchien

Auf die beschriebene Art und Weise können Sie beliebig lange Hierarchien eines Navigation-Controllers im Storyboard abbilden. Jeder View-Controller kann weitere View-Controller auf dem Navigation Stack pushen, sodass eine beliebig lange Kette an miteinander verknüpften View-Controllern entsteht (siehe Bild 24.25).

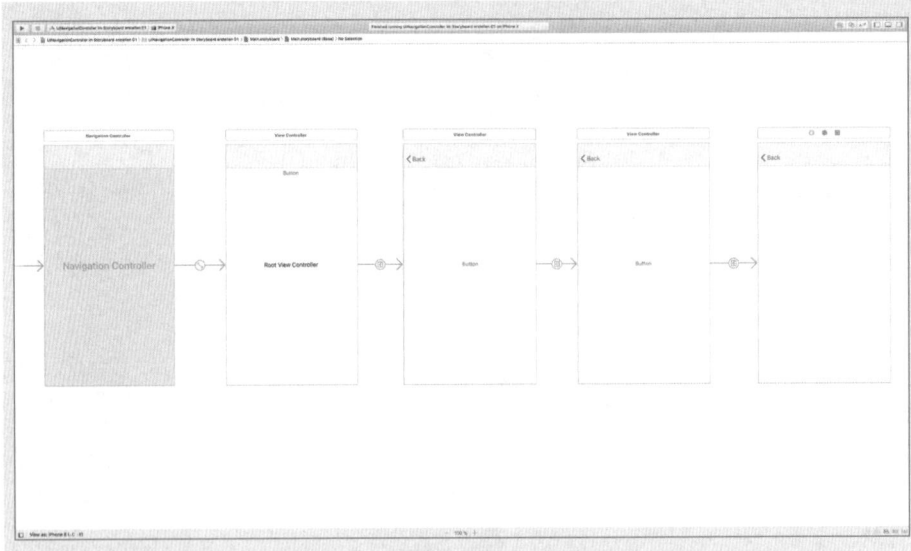

Bild 24.25 Sie können innerhalb eines Storyboards beliebig viele View-Controller miteinander verbinden.

24.1.2.2 Toolbar einblenden

Sie können im Zusammenspiel mit einem Navigation-Controller ganz einfach eine zusätzliche *Toolbar* einblenden, die am unteren Bildschirmrand angezeigt wird und als Äquivalent zur Navigation Bar am oberen Rand dient. Eine solche Toolbar (sie basiert auf der Klasse UIToolbar) können Sie nach Belieben anpassen (beispielsweise durch Ergänzen von Schaltflächen zum Ausführen bestimmter Aktionen). Wenn Sie über den Navigation-Controller eine solche Toolbar einblenden, wird sie standardmäßig für alle View-Controller innerhalb des Navigation Stacks angezeigt (genau wie die Navigation Bar).

Um die Toolbar eines Navigation-Controllers einzublenden, wählen Sie den entsprechenden Navigation-Controller im Storyboard aus und wechseln innerhalb der Inspectors Area in den Attributes Inspector. Dort finden Sie eine Checkbox mit dem Titel *Shows Toolbar*. Ist sie aktiviert, wird zusätzlich zur Navigation Bar auch eine Toolbar für die gesamte Navigationsstruktur in allen zugehörigen View-Controllern eingefügt (siehe Bild 24.26).

 Toolbar für einzelne View-Controller ausblenden

Falls Sie eine über einen Navigation-Controller eingeblendete Toolbar nicht in jedem View-Controller innerhalb des Navigation Stacks anzeigen möchten, müssen Sie diese explizit immer entsprechend über den Code ein- und ausblenden. Nutzen Sie hierfür die Methode setToolbarHidden(_:animated:) beziehungsweise die isToolbarHidden-Property der UINavigationController-Klasse. Innerhalb eines View-Controllers, in dem die Toolbar ausge blendet werden soll, können Sie sodann beispielsweise die Methode view WillAppear(_:) überschreiben und darin die Property

> `isToolbarHidden` des zugrunde liegenden Navigation-Controllers auf `false`
> setzen, während Sie beim Ausblenden des View-Controllers durch Über-
> schreiben der Methode `viewWillDisappear(_:)` diese Property wieder auf
> `true` setzen (und damit die Toolbar wieder einblenden).

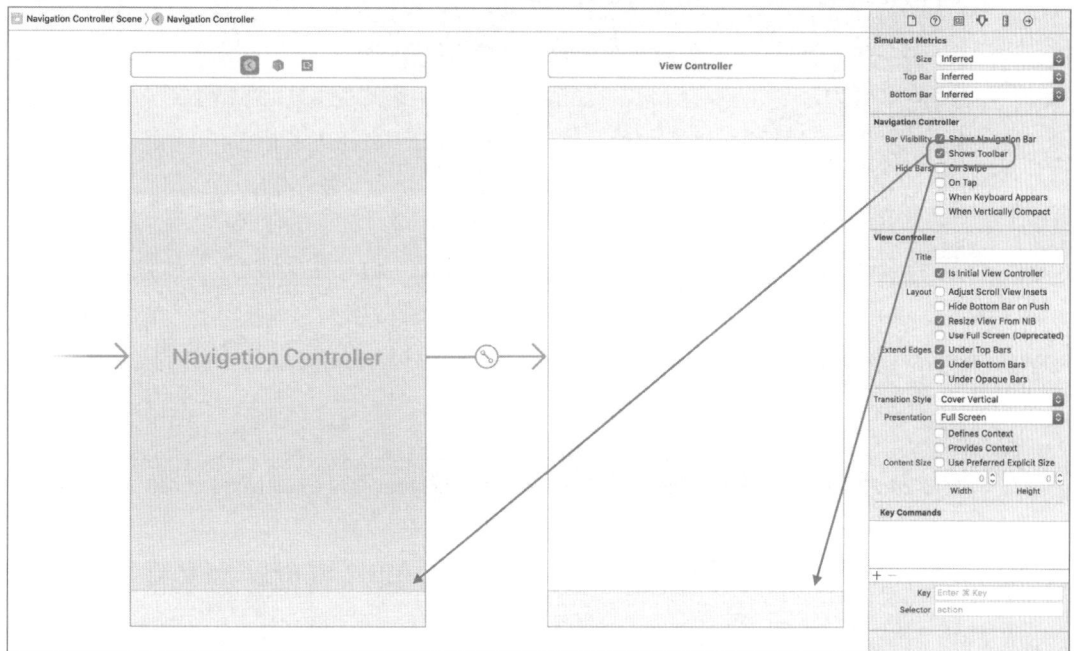

Bild 24.26 Durch Aktivieren der Checkbox „Shows Toolbar" eines UINavigationController blenden
Sie für den gesamten Navigation Stack eine Toolbar am unteren Bildschirmrand ein.

24.1.2.3 Bestehenden View-Controller in Navigation-Controller einbetten

Möchten Sie einen bestehenden View-Controller innerhalb einer Storyboard-Datei in einen
Navigation-Controller einbetten, gibt es dafür ein einfaches und komfortables Vorgehen in
Xcode. Das erspart Ihnen das Hinzufügen eines *Navigation Controller*-Elements aus der
Objects Library inklusive Löschen eines ebenfalls neu erzeugten Root-View-Controllers und
anschließendes Setzen der Verbindung zwischen Navigation- und View-Controller.

Wählen Sie dazu den View-Controller im Storyboard aus, den Sie als Root-View-Controller
innerhalb eines Navigation-Controllers einsetzen möchten, und wählen Sie anschließend
über das Xcode-Menü *Editor → Embed In → Navigation Controller* (siehe Bild 24.27). Daraufhin wird dem Storyboard ein neuer Navigation Controller hinzugefügt und der von Ihnen
gewählte View-Controller als Root-View-Controller dafür festgesetzt (siehe Bild 24.28).

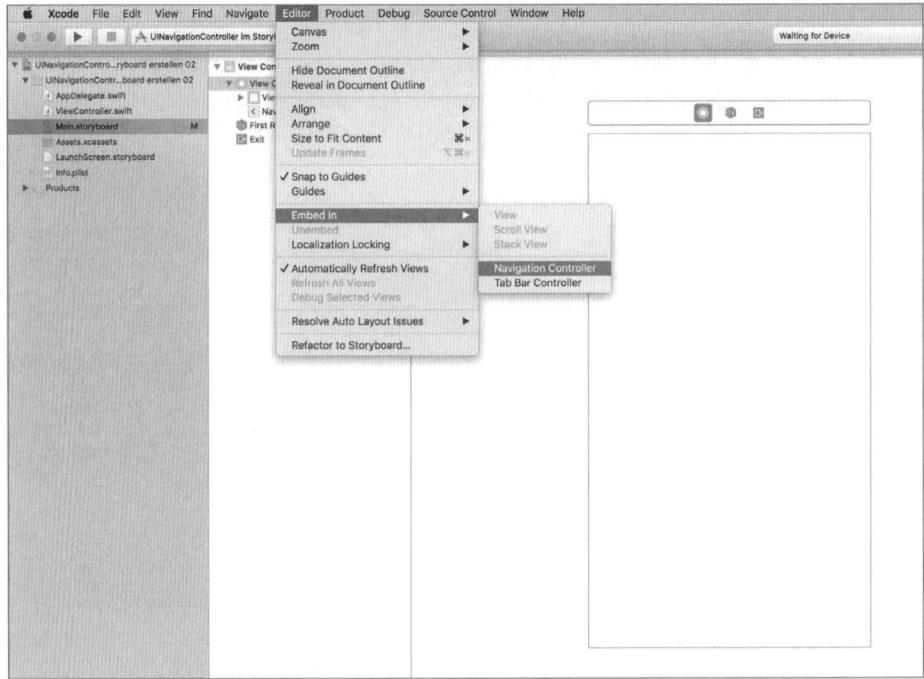

Bild 24.27 Über das Editor-Menü von Xcode können Sie ganz leicht einen bestehenden View-Controller in einen Navigation-Controller packen.

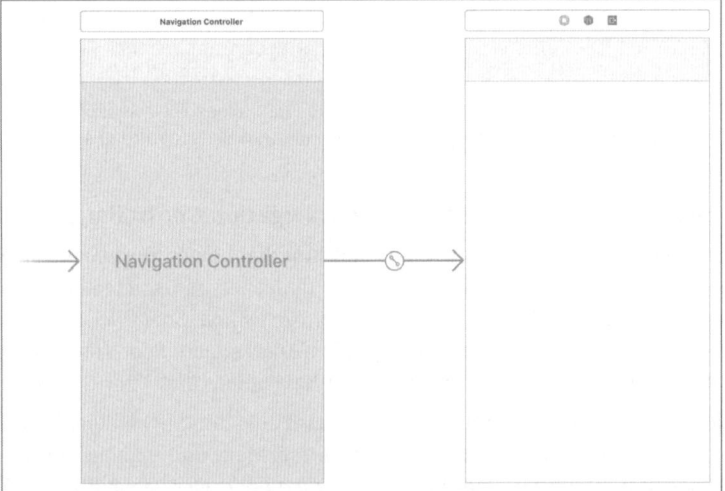

Bild 24.28 Xcode fügt dem Storyboard automatisch einen neuen Navigation-Controller hinzu und definiert den von Ihnen zuvor ausgewählten View-Controller als dessen Root-View-Controller.

Ebenfalls praktisch: War der View-Controller zuvor als initialer View-Controller des Storyboards definiert, wird diese Einstellung von Xcode automatisch auf den neu eingefügten Navigation-Controller übertragen.

■ 24.2 Erstellen einer Tab-Bar

Neben dem Navigation Stack (siehe Abschnitt 24.1, „Aufbau einer Navigationsstruktur") ist die Nutzung einer Tab-Bar ein beliebtes Mittel zur Strukturierung einer App. Eine Tab-Bar befindet sich am unteren Bildschirmrand und ist in der Regel ständig präsent. Sie verfügt über eine beliebige Anzahl von Buttons, die alle auf einen bestimmten View-Controller verweisen. Wählt man einen der verfügbaren Buttons aus, wird vom System der entsprechende View-Controller angezeigt. Ein konkretes Beispiel für eine App, die eine solche Tab-Bar zur Navigation einsetzt, ist die native Uhr-App von iOS (siehe Bild 24.29).

Bild 24.29 Die verschiedenen View-Controller der nativen Uhr-App von iOS können zentral über eine Tab-Bar am unteren Bildschirmrand aufgerufen werden.

Basis einer solchen Navigation ist ein *Tab-Bar-Controller*, basierend auf der Klasse `UITabBarController`. Einer Instanz dieser Klasse weisen Sie die gewünschten View-Controller zu, die durch eine Tab-Bar zusammengefasst werden sollen, und der Tab-Bar-Controller kümmert sich um den Rest.

Genau wie bei einem Navigation-Controller können Sie auch einen Tab-Bar-Controller sowohl über den Code als auch über ein Storyboard erstellen und konfigurieren. In den folgenden Abschnitten werde ich Ihnen beide Vorgehensweisen im Detail vorstellen.

24.2.1 Erstellen einer Tab-Bar im Code

Um einen Tab-Bar-Controller mitsamt Tab-Bar im Code zu erzeugen, braucht es erfreulicherweise nicht viel. Sie erstellen schlicht eine Instanz der Klasse `UITabBarController` und weisen dieser mithilfe der Property `viewControllers` alle View-Controller in Form eines Arrays zu, die er verwalten und anzeigen soll.

In Listing 24.7 finden Sie ein Beispiel dazu, das auf einer neuen *Single View App* basiert (die *Main.storyboard*-Datei sowie die `ViewController`-Klasse werden in diesem Beispiel nicht benötigt). Innerhalb der `AppDelegate`-Klasse werden in der Methode `application(_:did FinishLaunchingWithOptions:)` drei `UIViewController`-Instanzen erzeugt und ihnen jeweils ein eigener Titel und eine passende Hintergrundfarbe zugewiesen (um sie voneinander unterscheiden zu können). Im Anschluss daran wird die `UITabBarController`-Instanz erzeugt und ihr die drei zuvor generierten View-Controller über die Property `view Controllers` zugewiesen. Zu guter Letzt wird noch die `window`-Property passend konfiguriert und der Tab-Bar-Controller als Root-View-Controller definiert, bevor das Fenster angezeigt wird (das ist in diesem Fall nötig, da der initiale View-Controller nicht automatisch über das Storyboard geladen und angezeigt wird).

Listing 24.7 Erstellen eines Tab-Bar-Controllers im Code

```
@UIApplicationMain
class AppDelegate: UIResponder, UIApplicationDelegate {

    var window: UIWindow?

    func application(_ application: UIApplication, didFinishLaunchingWithOptions
launchOptions: [UIApplicationLaunchOptionsKey: Any]?) -> Bool {
        // Erstellen des ersten View-Controllers für die Tab-Bar
        let firstViewController = UIViewController()
        firstViewController.title = "Red"
        firstViewController.view.backgroundColor = .red

        // Erstellen des zweiten View-Controllers für die Tab-Bar
        let secondViewController = UIViewController()
        secondViewController.title = "Green"
        secondViewController.view.backgroundColor = .green

        // Erstellen des dritten View-Controllers für die Tab-Bar
        let thirdViewController = UIViewController()
        thirdViewController.title = "Blue"
        thirdViewController.view.backgroundColor = .blue

        // Erstellen des Tab-Bar-Controllers
        let tabBarController = UITabBarController()

        // Zuweisen der anzuzeigenden View-Controller der Tab-Bar
        tabBarController.viewControllers = [firstViewController, secondViewController,
thirdViewController]

        // Erstellen der UIWindow-Instanz
        window = UIWindow(frame: UIScreen.main.bounds)

        // Zuweisung des Tab-Bar-Controllers als Root-View-Controller
        window?.rootViewController = tabBarController

        // Anzeigen des Fensters
        window?.makeKeyAndVisible()

        return true
    }

}
```

Das Ergebnis dieses Beispiels sehen Sie in Bild 24.30. Für jeden der drei dem Tab-Bar-Controller zugewiesenen View-Controller existiert ein Eintrag in der Tab-Bar am unteren Bildschirmrand, über den der jeweilige View-Controller aufgerufen werden kann. Als Titel für diese Schaltflächen wird automatisch derjenige verwendet, der auch als Titel für den View-Controller definiert wurde.

Bild 24.30
Ein Tab-Bar-Controller mit insgesamt drei View-Controllern
wurde im Code erzeugt.

Alternative zum Setzen der View-Controller einer Tab-Bar

In dem gezeigten Beispiel wurden die View-Controller durch Setzen der
Property viewControllers der UITabBarController-Instanz der Tab-Bar
zugewiesen. Alternativ dazu können Sie auch die Methode
setViewControllers(_:animated:) auf einem UITabBarController
aufrufen. Der erste Parameter dient dazu, die View-Controller, die der Tab-
Bar-Controller anzeigen soll, in Form eines Arrays zu übergeben (analog zum
Zuweisen dieser View-Controller zur viewControllers-Property). Zusätzlich
können Sie über den animated-Parameter definieren, ob das Aktualisieren
der Tab-Bar mit den übergebenen View-Controllern animiert dargestellt werden soll (true) oder nicht (false). Listing 24.8 demonstriert die Verwendung
dieser Methode als Alternative zum Setzen der viewControllers-Property
aus Listing 24.7.

Listing 24.8 Verwenden der Methode setViewControllers(_:animated:)
zum Setzen der View-Controller eines Tab-Bar-Controllers

```
tabBarController.setViewControllers([firstViewController,
secondViewController, thirdViewController], animated: false)
```

Sie können sowohl die viewControllers-Property wie auch die Methode
setViewControllers(_:animated:) dazu verwenden, auch während der
Ausführung einer App die View-Controller einer Tab-Bar zu aktualisieren
und zu verändern.

24.2.1.1 Anpassen der Tab-Bar-Items

Jeder View-Controller wird innerhalb der Tab-Bar durch ein sogenanntes *Tab-Bar-Item* repräsentiert. Das setzt sich zusammen aus einem Titel und einer Grafik (und einem optionalen Badge Value, dazu gleich mehr).

Als Titel für das Tab-Bar-Item wird standardmäßig der Titel des View-Controllers verwendet, so wie das auch im Beispiel aus Listing 24.7 zu sehen war. Möchten Sie diesen Titel – unabhängig vom Titel des View-Controllers – ändern oder das Tab-Bar-Item mit einer zusätzlichen Grafik versehen (was ich Ihnen auf jeden Fall empfehle), müssen Sie auf das Tab-Bar-Item zugreifen und es entsprechend bearbeiten.

Tab-Bar-Items werden im Code durch die Klasse UITabBarItem abgebildet. Jeder UIView Controller besitzt eine Property namens tabBarItem, die diesem Typ entspricht und direkt dem jeweiligen View-Controller zugeordnet ist. Diese Property wird somit für das Tab-Bar-Item des entsprechenden View-Controllers verwendet.

Über die Property title der Klasse UITabBarItem können Sie den in der Tab-Bar angezeigten Titel verändern, über die Property image können Sie eine passende Grafik vom Typ UIImage zuweisen.

In Listing 24.9 sehen Sie ein Beispiel dazu, in dem ein neuer UIViewController erzeugt und anschließend dessen Tab-Bar-Item angepasst wird. Im Anschluss wird dieser View-Controller einem Tab-Bar-Controller zugewiesen und dieser wiederum als Root-View-Controller beim Starten der App angezeigt. Das Ergebnis dieses Codes, das Sie in Bild 24.31 sehen, zeigt deutlich, wie die Konfiguration der tabBarItem-Property im Code sich auf das Tab-Bar-Item des View-Controllers in der Tab-Bar auswirkt.

Auch dieses Beispiel kommt ohne Storyboard und separate ViewController-Klasse aus. Die gesamte Logik steckt in der AppDelegate-Klasse.

Listing 24.9 Konfiguration des Tab-Bar-Items

```
@UIApplicationMain
class AppDelegate: UIResponder, UIApplicationDelegate {

    var window: UIWindow?

    func application(_ application: UIApplication, didFinishLaunchingWithOptions
launchOptions: [UIApplicationLaunchOptionsKey: Any]?) -> Bool {

        // Erstellen des View-Controllers.
        let firstViewController = UIViewController()
        firstViewController.title = "First"
        firstViewController.view.backgroundColor = .white
        firstViewController.tabBarItem.title = "Settings"
        firstViewController.tabBarItem.image = UIImage(named: "Settings")

        // Erstellen des Tab-Bar-Controllers.
        let tabBarController = UITabBarController()
        tabBarController.viewControllers = [firstViewController]

        // Erstellen und Anzeigen des Windows.
        window = UIWindow(frame: UIScreen.main.bounds)
        window?.rootViewController = tabBarController
        window?.makeKeyAndVisible()
```

```
        return true
    }

}
```

Bild 24.31
Durch Zugriff auf die tabBarItem-Property eines
View-Controllers kann das zugehörige Tab-Bar-Item
bearbeitet werden.

Badge Value

Sie können ein Tab-Bar-Item optional mit einem sogenannten *Badge Value*
versehen. Es handelt sich hierbei um einen String, der innerhalb eines roten
Ovals am oberen rechten Rand des Tab-Bar-Items eingeblendet wird. Das
können Sie dazu nutzen, um zusätzliche Informationen zum zugrunde liegenden View-Controller direkt über das Tab-Bar-Item anzuzeigen. Wenn Sie zum
Beispiel einen View-Controller dazu verwenden, Dateien herunterzuladen,
könnten Sie im zugehörigen Badge Value des Tab-Bar-Items die Anzahl der
noch zu herunterladenden Dateien angeben.

In Listing 24.10 sehen Sie den Zugriff auf sowie das Setzen eines Werts für
das Badge Value für den View-Controller aus Listing 24.9. Über die Property
badgeValue der Klasse UITabBarItem können Sie auf diese Information
zugreifen. Das Ergebnis dieser Änderung sehen Sie in Bild 24.32.

Listing 24.10 Setzen eines Badge Value für ein Tab-Bar-Item

```
firstViewController.tabBarItem.badgeValue = "Update"
```

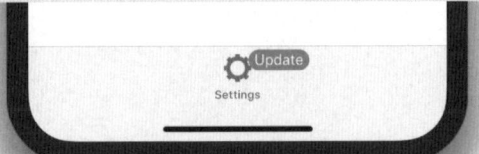

Bild 24.32 Sie können jedes Tab-Bar-Item mit einem zusätzlichen Badge Value versehen.

Wollen Sie kein Badge Value zu einem Tab-Bar-Item mehr anzeigen, setzen Sie den Wert der entsprechenden badgeValue-Property auf seinen Standardwert nil.

24.2.1.2 Programmatisches Auswählen eines View-Controllers

Die Klasse UITabBarController bringt die beiden Properties selectedViewController (vom Typ UIViewController) und selectedIndex (vom Typ Int) mit, mit deren Hilfe Sie einerseits auslesen können, welcher View-Controller der Tab-Bar gerade ausgewählt ist. Andererseits können Sie sie dazu verwenden, programmatisch den aktuell selektierten (und damit auch angezeigten) View-Controller zu ändern. So können Sie also aus dem Programmcode heraus einen anderen View-Controller einer Tab-Bar anzeigen lassen.

Bei der Verwendung der selectedViewController-Property brauchen Sie zu diesem Zweck eine Referenz auf die entsprechende View-Controller-Instanz, die von der Tab-Bar verwaltet wird. In der Regel einfacher geht es über selectedIndex. Für jeden View-Controller, den Sie einem Tab-Bar-Controller zuweisen, existiert ein passender Index, der – genau wie bei einem Array – bei 0 beginnt. Der erste View-Controller einer Tab-Bar besitzt somit den Index 0, der zweite den Index 1, der dritte den Index 2 und so weiter.

Sobald Sie der Property selectedIndex einen Index zuweisen, wird automatisch der View-Controller der betreffenden Index-Position des Tab-Bar-Controllers angezeigt. Alternativ können Sie auch eine passende Referenz auf einen View-Controller der Tab-Bar der Property selectedViewController zuweisen, um so das gleiche Ergebnis zu erzielen.

Das Beispiel in Listing 24.11 verdeutlicht die Verwendung von selectedIndex. Es zeigt die vollständige Implementierung einer App innerhalb der AppDelegate-Klasse, in der zunächst drei View-Controller und anschließend ein Tab-Bar-Controller erstellt werden. Dem Tab-Bar-Controller werden die drei View-Controller zugewiesen, anschließend wird noch die UIWindow-Instanz initialisiert und mitsamt dem Tab-Bar-Controller zur Anzeige gebracht.

Am Ende schließlich wird dem Tab-Bar-Controller als selectedIndex der Wert 2 zugewiesen, sodass die App mit der Anzeige des dritten View-Controllers der Tab-Bar gestartet wird (siehe Bild 24.33).

Listing 24.11 Erstellen eines Tab-Bar-Controllers und Ändern des anzuzeigenden View-Controllers

```
@UIApplicationMain
class AppDelegate: UIResponder, UIApplicationDelegate {

    var window: UIWindow?

    func application(_ application: UIApplication, didFinishLaunchingWithOptions
launchOptions: [UIApplicationLaunchOptionsKey: Any]?) -> Bool {

        // Erstellen des ersten View-Controllers für die Tab-Bar
        let firstViewController = UIViewController()
        firstViewController.title = "Red"
        firstViewController.view.backgroundColor = .red

        // Erstellen des zweiten View-Controllers für die Tab-Bar
        let secondViewController = UIViewController()
        secondViewController.title = "Green"
        secondViewController.view.backgroundColor = .green

        // Erstellen des dritten View-Controllers für die Tab-Bar
        let thirdViewController = UIViewController()
        thirdViewController.title = "Blue"
        thirdViewController.view.backgroundColor = .blue

        // Erstellen des Tab-Bar-Controller.
        let tabBarController = UITabBarController()

        // Zuweisen der anzuzeigenden View-Controllers der Tab-Bar.
        tabBarController.viewControllers = [firstViewController, secondViewController,
thirdViewController]

        // Erstellen der UIWindow-Instanz
        window = UIWindow(frame: UIScreen.main.bounds)

        // Zuweisung des Tab-Bar-Controllers als Root-View-Controller
        window?.rootViewController = tabBarController

        // Anzeigen des Fensters
        window?.makeKeyAndVisible()

        // Programmatische Auswahl des anzuzeigenden View-Controllers
        tabBarController.selectedIndex = 2

        return true
    }

}
```

Bild 24.33
Durch Setzen des gewünschten Index zeigt die Tab-Bar den zugrunde liegenden View-Controller an.

 Ändern der selectedViewController-Property

Statt des Befehls

```
tabBarController.selectedIndex = 2
```

in dem Beispiel Listing 24.11 hätten Sie auch

```
tabBarController.selectedViewController = thirdViewController
```

schreiben können. Das Ergebnis ist in beiden Fällen das gleiche, nur dass Sie einmal den Index des anzuzeigenden View-Controllers und das andere Mal die Referenz auf den View-Controller selbst übergeben.

24.2.2 Erstellen einer Tab-Bar im Storyboard

Um einen Tab-Bar-Controller über das Storyboard zu erzeugen, wählen Sie aus der Objects Library ein Element vom Typ *Tab Bar Controller* aus und ziehen es auf die freie Fläche des Storyboards (siehe Bild 24.34 und Bild 24.35).

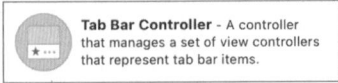

Bild 24.34 Mithilfe des „Tab Bar Controller"-Elements aus der Objects Library können Sie einem Storyboard eine UITabBarController-Instanz hinzufügen.

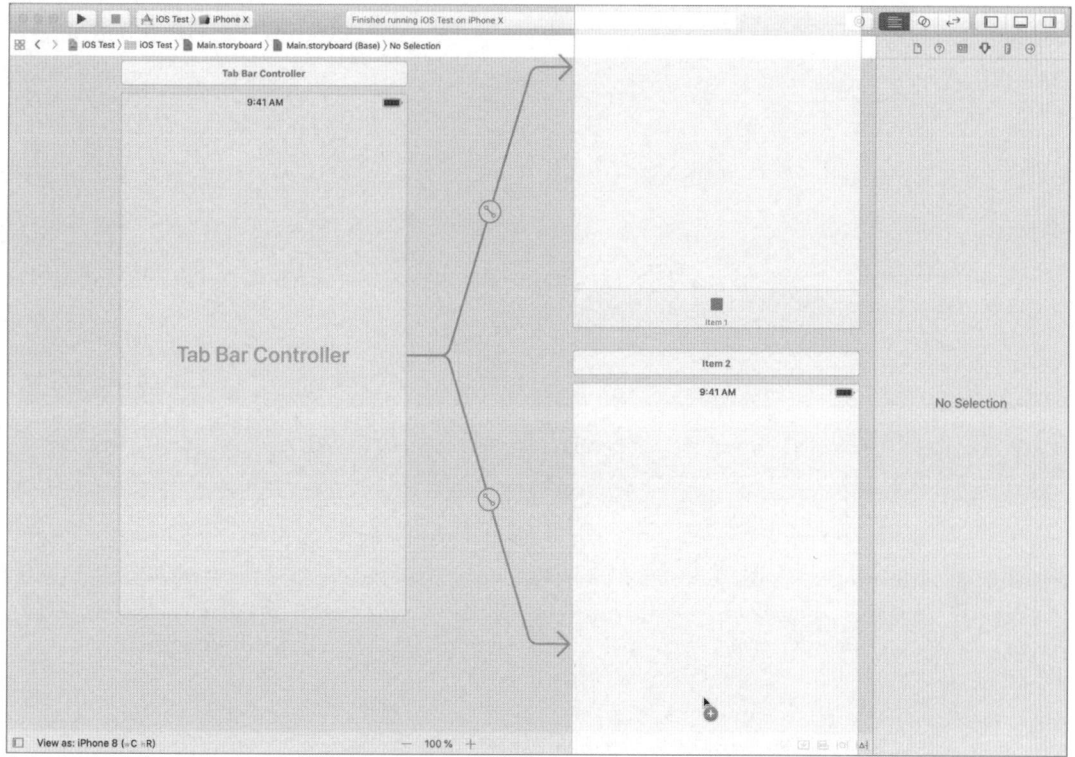

Bild 24.35 Ziehen Sie das „Tab Bar Controller"-Element auf die freie Fläche des Storyboards, um einen neuen Tab-Bar-Controller zu erstellen.

Xcode fügt auf diese Art und Weise Ihrem Storyboard insgesamt drei Elemente hinzu: den eigentlichen Tab-Bar-Controller (den Sie an dem Titel *Tab Bar Controller* in der Mitte und einem leicht gräulichen Hintergrund erkennen) sowie zwei View-Controller. Bei den View-Controllern handelt es sich um zwei erste Elemente, die automatisch der Tab-Bar zugewiesen sind. Die Tab-Bar verfügt somit direkt über zwei Schaltflächen, über die zwischen diesen beiden View-Controllern gewechselt werden kann.

Dieses Verhalten können Sie selbst leicht testen, indem Sie den Tab-Bar-Controller als initialen View-Controller im Storyboard konfigurieren und anschließend ein frisches Projekt auf Basis einer *Single View App* ausführen (den automatisch hinzugefügten initialen View-Controller dieser Projektvorlage können Sie vor Hinzufügen des Tab-Bar-Controllers löschen, da er in diesem Beispiel nicht benötigt wird). Sie werden sehen, dass Sie bereits allein durch das Hinzufügen des *Tab Bar Controller*-Elements über eine voll funktionsfähige App inklusive Tab-Bar mit zwei verschiedenen View-Controllern verfügen (siehe Bild 24.36 und Bild 24.37).

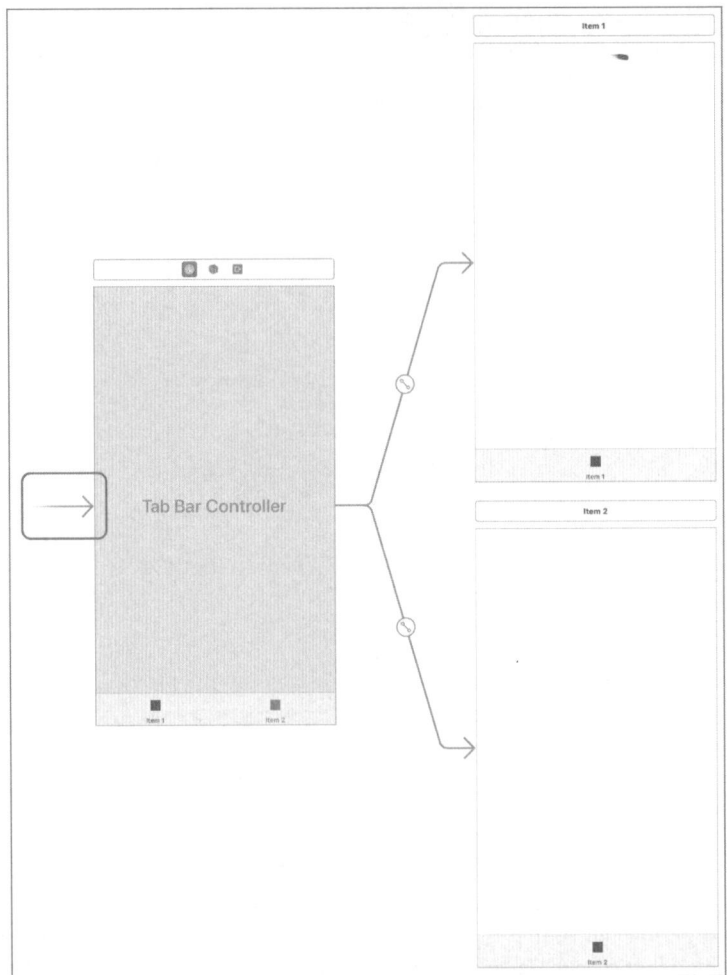

Bild 24.36 Es genügt, das hinzugefügte „Tab Bar Controller"-Element als initialen View-Controller zu deklarieren, . . .

Die View-Controller, die Sie mit einer Tab-Bar verknüpfen möchten, werden im Storyboard mithilfe von Segues mit einem Tab-Bar-Controller verknüpft. Wenn Sie ein neues *Tab Bar Controller*-Element aus der Objects Library auf dem Storyboard hinzufügen, erhalten Sie automatisch zwei erste View-Controller, die jeweils mit solch einem Segue mit dem Tab-Bar-Controller verbunden sind. Sie können diese nach Bedarf löschen (falls Sie zum Beispiel statt `UIViewController` Subklassen wie `UINavigationController` oder `UITable ViewController` als Teil Ihrer Tab-Bar benötigen) und jederzeit weitere View-Controller der Tab-Bar hinzufügen. Dazu fügen Sie zunächst das gewünschte View-Controller-Element dem Storyboard hinzu und ziehen anschließend eine Verbindung vom Tab-Bar-Controller zu diesem View-Controller (bei gedrückt gehaltener rechter Maustaste, siehe Bild 24.38). Wenn Sie anschließend loslassen, erscheint ein Pop-up-Menü, über das Sie die Verbindungsart zwischen Tab-Bar-Controller und View-Controller festlegen (siehe Bild 24.39). Wählen Sie dort den Punkt *view controllers* aus.

Bild 24.37
… um eine voll funktionsfähige App mit Tab-Bar und
zwei zugewiesenen View-Controllern zu erhalten.

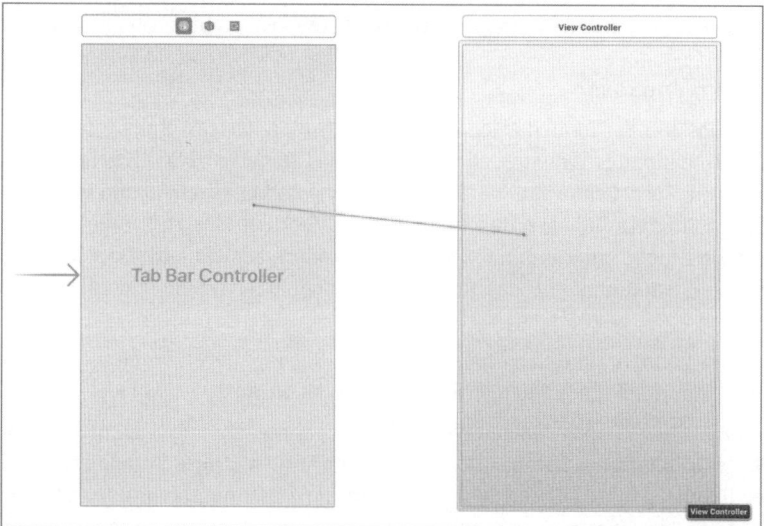

Bild 24.38 Um einem Tab-Bar-Controller einen neuen View-Controller zuzuweisen, ziehen Sie eine
Verbindung vom Tab-Bar-Controller zum View-Controller (bei gedrückt gehaltener rechter Maustaste).

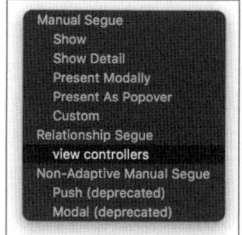

Bild 24.39
Über das Pop-up-Menü wählen Sie den Punkt „view controllers" aus,
um einen View-Controller einem Tab-Bar-Controller zuzuordnen.

Anschließend werden Tab-Bar-Controller und View-Controller mithilfe eines Segues miteinander verknüpft (siehe Bild 24.40). Daraufhin erhält der Ziel-View-Controller automatisch eine Tab-Bar mitsamt Tab-Bar-Item, die beide verdeutlichen, dass der View-Controller Teil eines Tab-Bar-Controllers ist.

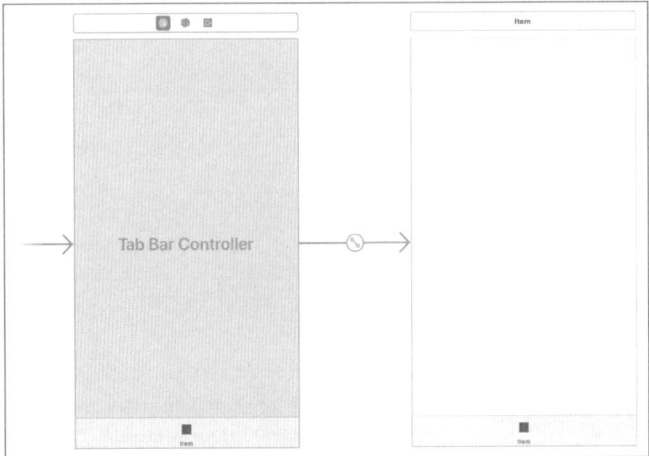

Bild 24.40 Die Verbindung zwischen Tab-Bar-Controller und View-Controller ist sowohl an dem Segue als auch an der im View-Controller auftauchenden Tab-Bar zu erkennen.

Tab-Bar-Item anpassen

Sie können das Tab-Bar-Item, das jedem View-Controller, der Teil eines Tab-Bar-Controllers ist, automatisch hinzugefügt wird, ebenfalls über das Storyboard konfigurieren. Klicken Sie dazu auf das entsprechende Tab-Bar-Item und wechseln Sie anschließend in den Attributes Inspector (wichtig: Sie müssen das Tab-Bar-Item innerhalb des zugrunde liegenden *View-Controllers* und nicht innerhalb des Tab-Bar-Controllers auswählen). Dort können Sie nun verschiedene Einstellungen für das Tab-Bar-Item vornehmen (siehe Bild 24.41), unter anderem:

- *Badge:* Hier können Sie einen String eintragen, der im oberen rechten Bereich des Tab-Bar-Items innerhalb eines roten Ovals eingeblendet wird.

- *System Item:* Hier können Sie aus einer Liste von vorgegebenen Systemgrafiken wählen, die Sie als Grafik für das Tab-Bar-Item verwenden können. Diese Systemgrafiken basieren auf der Enumeration `UITabBarSystemItem`. In der Dokumentation dazu finden Sie eine Übersicht, welche Werte es gibt und welche Grafik pro Wert zum Einsatz kommt (siehe Bild 24.42).

- *Selected Image:* Hier können Sie eine Grafik aus Ihrem Projekt auswählen, die immer dann für das Tab-Bar-Item angezeigt werden soll, wenn es ausgewählt und somit gerade aktiv ist.

- *Title:* Hierbei handelt es sich um den Titel, der für das Tab-Bar-Item angezeigt wird.

- *Image:* Hier legen Sie die Grafik fest, die Sie für das Tab-Bar-Item anzeigen möchten.

- *Enabled*: Ist diese Checkbox deaktiviert, kann das entsprechende Tab-Bar-Item nicht ausgewählt werden.

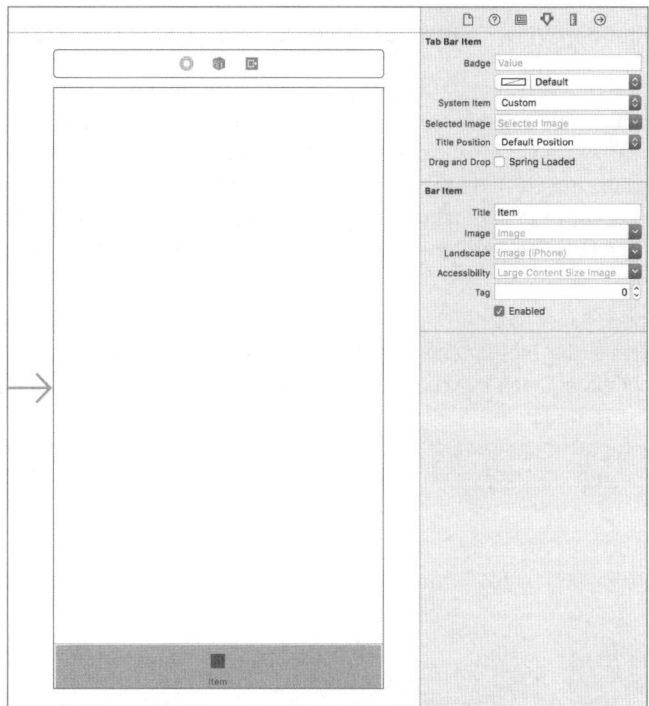

Bild 24.41 Nach Auswahl eines Tab-Bar-Items innerhalb des zugrunde liegenden View-Controllers können sie dieses über den Attributes Inspector anpassen.

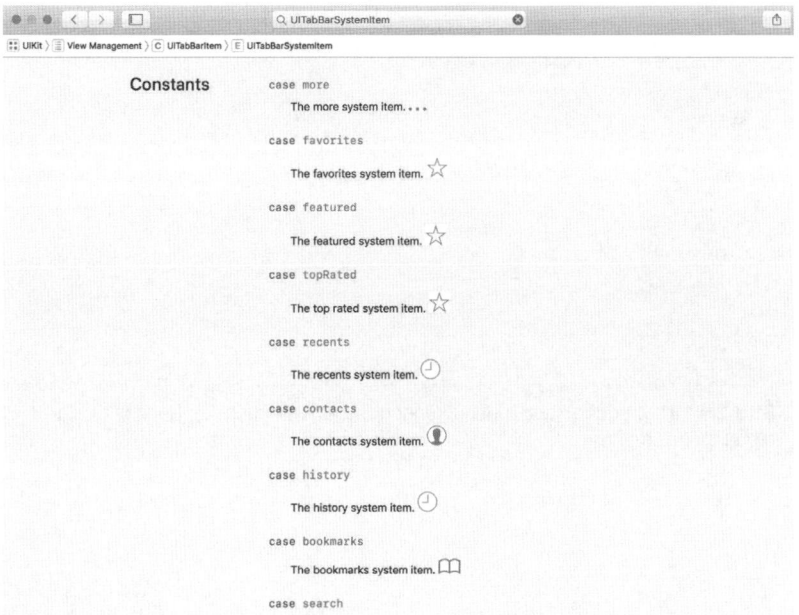

Bild 24.42 In der Dokumentation zur Enumeration UITabBarSystemItem finden Sie eine Übersicht aller verfügbaren Werte und der dazugehörigen Grafiken, die Sie als Systemgrafik für Tab-Bar-Items verwenden können.

Bestehenden View-Controller in Tab-Bar-Controller einbetten

Falls Sie in Ihrem Storyboard bereits ein oder mehrere View-Controller besitzen, die Sie innerhalb eines Tab-Bar-Controllers zusammenfassen möchten, ist das bisher skizzierte Vorgehen zum Hinzufügen eines neuen Tab-Bar-Controllers ein wenig lästig, da Sie in diesem Fall die automatisch ebenfalls neu hinzugefügten beiden View-Controller-Instanzen erst löschen und dann die gewünschten Verbindungen vom Tab-Bar-Controller zu den bestehenden View-Controllern setzen müssen.

In diesem Fall ist es einfacher, zunächst den View-Controller auszuwählen, der als Erstes in der Tab-Bar angezeigt werden soll. Rufen Sie anschließend über das Xcode-Menü den Punkt *Editor → Embed In → Tab Bar Controller* auf (siehe Bild 24.43). Dadurch wird dem Storyboard ein neues Tab-Bar-Controller-Element hinzugefügt und der gewählte View-Controller wird als erstes Element der Tab-Bar gesetzt (siehe Bild 24.44).

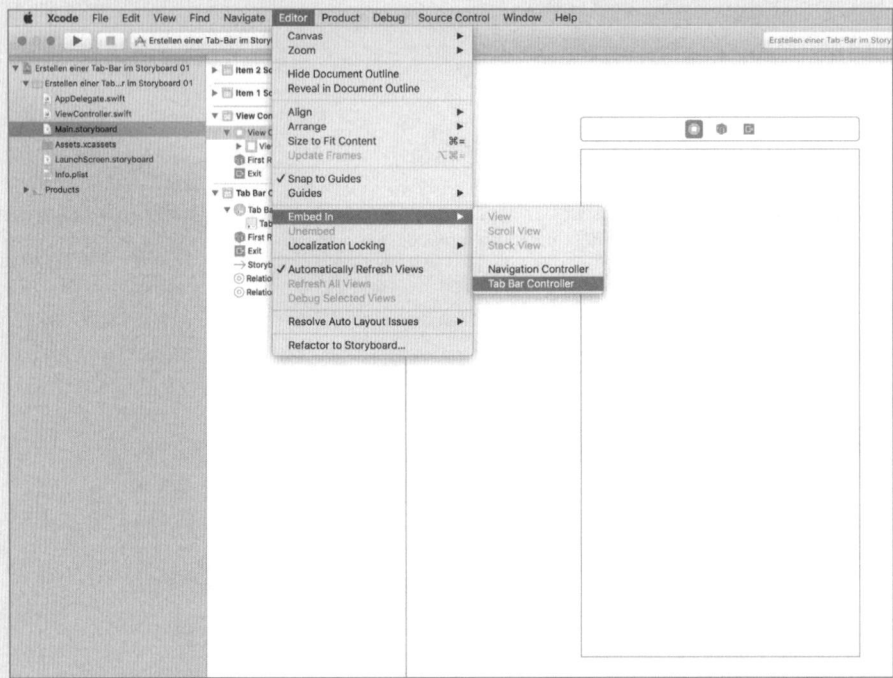

Bild 24.43 Über das Xcode-Menü können Sie einen neuen Tab-Bar-Controller im Storyboard hinzufügen ...

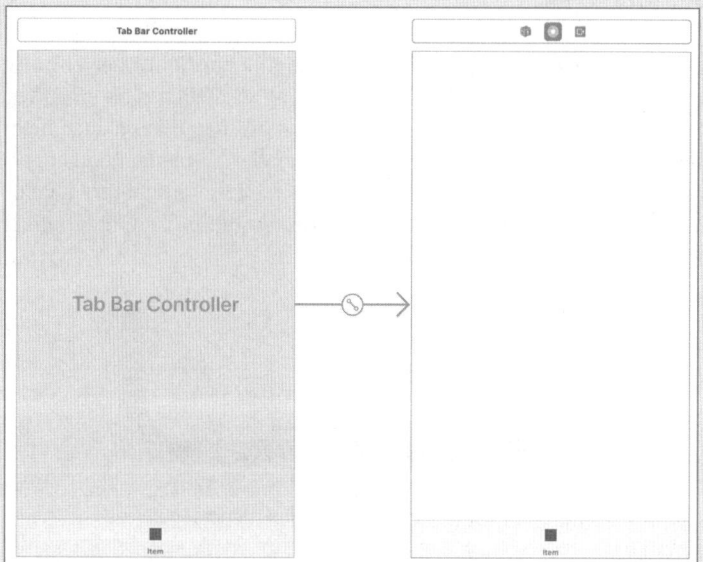

Bild 24.44 . . . und diesen direkt mit dem ausgewählten View-Controller verknüpfen.

 Reihenfolge der Tab-Bar-Items verändern

Um die Reihenfolge der Tab-Bar-Items eines Tab-Bar-Controllers im Storyboard zu ändern, wählen Sie ein Tab-Bar-Item innerhalb des Tab-Bar-Controllers aus und ziehen es an die gewünschte Position (siehe Bild 24.45). Blaue Hilfslinien helfen dabei, zu erkennen, an welcher Position das Tab-Bar-Item abgelegt wird.

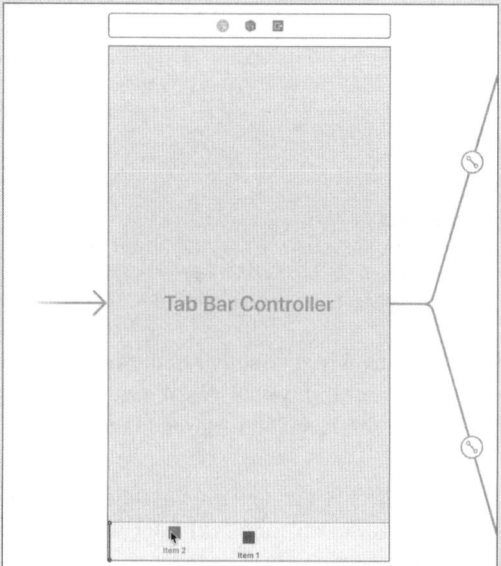

Bild 24.45
Um die Reihenfolge der Tab-Bar-Items im Storyboard zu verändern, ziehen Sie sie einfach an die gewünschte Position.

24.2.3 Der More-Tab

Wenn Sie sechs oder mehr View-Controller einem Tab-Bar-Controller zuweisen, zeigt die Tab-Bar nur noch die ersten vier Tab-Bar-Items und zusätzlich eine *More*-Schaltfläche an (siehe Bild 24.46). Das geschieht vollkommen automatisch und kann auch nicht beeinflusst werden. Alle weiteren View-Controller, die nach dem vierten Element folgen, sind in diesem Tab untergebracht und werden darin innerhalb einer Liste aufgeführt (siehe Bild 24.47). Hieraus können die jeweiligen View-Controller ausgewählt und so innerhalb eines Navigation Stacks aufgerufen und geladen werden.

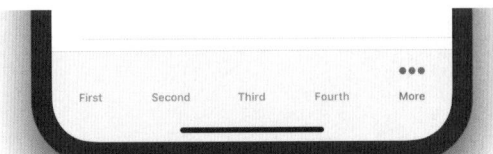

Bild 24.46 Sobald eine Tab-Bar mehr als fünf View-Controller enthält, werden alle View-Controller ab dem fünften abgeschnitten und unter einem More-Tab zusammengefasst.

Bild 24.47
Der More-Tab listet alle View-Controller der Tab-Bar ab dem fünften Element in einer Liste auf. Darüber können sie ausgewählt und angezeigt werden.

In Listing 24.12 finden Sie ein Beispiel, durch das ein Tab-Bar-Controller inklusive *More*-Tab entsteht. Es basiert auf einer *Single View App*, wobei das *Main.storyboard* und die ViewController-Klasse keine Rolle spielen; die komplette Anwendungslogik wird in der AppDelegte-Klasse umgesetzt.

Zunächst werden insgesamt sechs View-Controller erzeugt, die anschließend einem ebenfalls frisch erzeugten Tab-Bar-Controller zugewiesen werden. Dieser wird dann über die UIWindow-Instanz beim Starten der App angezeigt.

Listing 24.12 Erstellen eines Tab-Bar-Controllers mit mehr als fünf Tab-Bar-Elementen

```
@UIApplicationMain
class AppDelegate: UIResponder, UIApplicationDelegate {

    var window: UIWindow?

    func application(_ application: UIApplication, didFinishLaunchingWithOptions
launchOptions: [UIApplicationLaunchOptionsKey: Any]?) -> Bool {

        // Erstellen des ersten View-Controllers für die Tab-Bar
        let firstViewController = UIViewController()
        firstViewController.title = "First"

        // Erstellen des zweiten View-Controllers für die Tab-Bar
        let secondViewController = UIViewController()
        secondViewController.title = "Second"

        // Erstellen des dritten View-Controllers für die Tab-Bar
        let thirdViewController = UIViewController()
        thirdViewController.title = "Third"

        // Erstellen des vierten View-Controllers für die Tab-Bar
        let fourthViewController = UIViewController()
        fourthViewController.title = "Fourth"

        // Erstellen des fünften View-Controllers für die Tab-Bar
        let fifthViewController = UIViewController()
        fifthViewController.title = "Fifth"

        // Erstellen des sechsten View-Controllers für die Tab-Bar
        let sixthViewController = UIViewController()
        sixthViewController.title = "Sixth"

        // Erstellen des Tab-Bar-Controllers
        let tabBarController = UITabBarController()

        // Zuweisen der anzuzeigenden View-Controller der Tab-Bar
        tabBarController.viewControllers = [firstViewController, secondViewController,
thirdViewController, fourthViewController, fifthViewController, sixthViewController]

        // Erstellen der UIWindow-Instanz
        window = UIWindow(frame: UIScreen.main.bounds)

        // Zuweisung des Tab-Bar-Controller als Root-View-Controller
        window?.rootViewController = tabBarController

        // Anzeigen des Fensters
        window?.makeKeyAndVisible()

        return true
    }

}
```

Obwohl sich an dem bisher bekannten Vorgehen nichts geändert hat – es werden noch immer auf die gleiche Art und Weise View-Controller erstellt und einem Tab-Bar-Controller zugewiesen –, erhält die Anwendung automatisch den in Bild 24.47 zu sehenden *More-*

Button. Auch für die dahinterstehende Logik zur Anzeige der weiteren View-Controller der Tab-Bar brauchen wir nichts zu tun; diese liefert uns automatisch die Klasse `UITabBarController`.

Aufruf des More-Tabs aus dem Code heraus

Wenn Sie aus dem Code heraus die Ansicht des *More*-Tabs aufrufen möchten, können Sie nicht über die `selectedIndex`-Property der `UITabBarController`-Klasse gehen. Der Grund hierfür ist, dass sich die verfügbaren Indexe einzig und allein auf die von Ihnen zugewiesenen View-Controller des Tab-Bar-Controllers beziehen, und nicht auf den vom System bereitgestellten More-View-Controller.

Dennoch haben Sie die Möglichkeit, auch diesen View-Controller explizit aufzurufen. Dazu nutzen Sie die `moreNavigationController`-Property der `UITabBarController`-Klasse. Diese liefert die `UINavigationController`-Instanz, mit der die Ansicht des More-Tabs automatisch vom System erzeugt wird. Wenn Sie `moreNavigationController` der `selectedViewController`-Property des Tab-Bar-Controllers zuweisen, können Sie die Ansicht programmatisch einblenden (siehe Listing 24.13).

Listing 24.13 Programmatischer Aufruf des More-Tabs

```
// tabBarController entspricht einer Instanz der Klasse UITabBarController.
tabBarController.selectedViewController = tabBarController.moreNavigationController
```

24.2.4 Zugriff auf zugrunde liegenden Tab-Bar-Controller

Um aus einem beliebigen View-Controller heraus auf die `UITabBarController`-Instanz zuzugreifen, zu der der View-Controller gehört, bringt die `UIViewController`-Klasse die Property `tabBarController` mit. Sie entspricht `nil`, sollte ein View-Controller nicht Teil eines Tab-Bar-Controllers sein, andernfalls liefert Sie die entsprechende `UITabBar Controller`-Instanz zurück.

Somit können Sie die `tabBarController`-Property nutzen, um jederzeit auf einen Tab-Bar-Controller zuzugreifen, ohne dessen Instanz an irgendeiner zentralen Stelle in Ihrer App zu speichern.

Die praktische Verwendung der `tabBarController`-Property möchte ich im Folgenden anhand eines kleinen Beispiels demonstrieren. Basis dafür ist ein neues iOS-Projekt mit der *Single View App*-Vorlage. Wechseln Sie darin zunächst in die *Main.storyboard*-Datei und betten Sie den initialen View-Controller in einen neuen Tab-Bar-Controller ein (siehe den Kasten „Bestehenden View-Controller in Tab-Bar-Controller einbetten" in Abschnitt 24.2.2, „Erstellen einer Tab-Bar im Storyboard"). Fügen Sie anschließend eine zweite View-Controller-Instanz dem Storyboard hinzu und deklarieren Sie diese als zweiten View-Controller innerhalb des zuvor erzeugten Tab-Bar-Controllers. Geben Sie dem Tab-Bar-Item des ersten View-Controllers den Titel „First", dem des zweiten den Titel „Second". Platzieren Sie an einer beliebigen Stelle innerhalb des zweiten View-Controllers ein Label mit dem Text „Second view controller" und fügen Sie dem ersten View-Controller einen Button mit dem Titel „Jump to second view controller" hinzu. Das Storyboard sollte dann in etwa so aussehen wie in Bild 24.48 zu sehen.

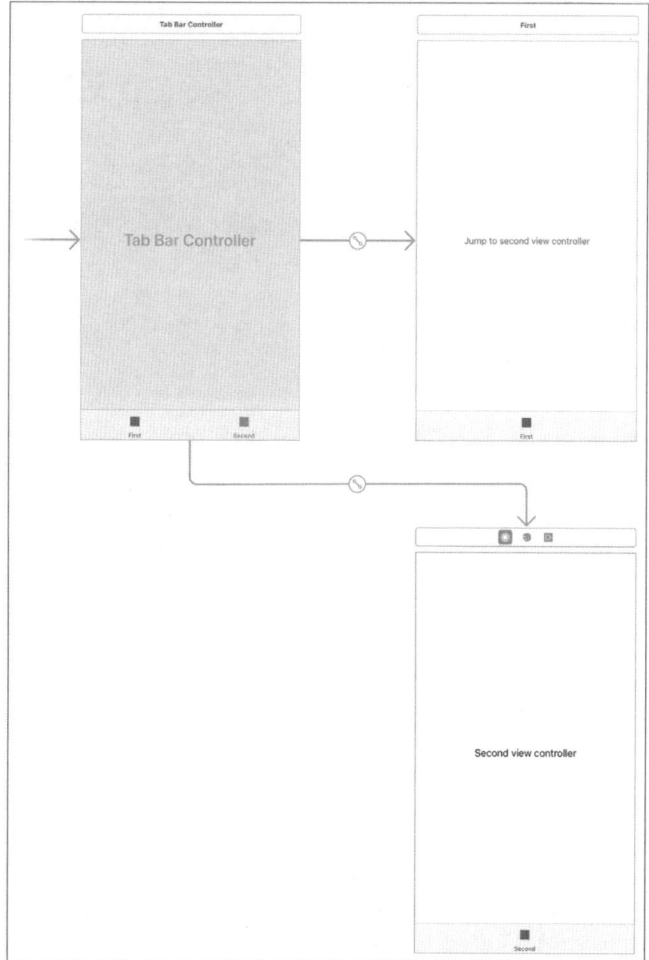

Bild 24.48 Das Storyboard der Beispiel-App besitzt einen Tab-Bar-Controller, dem zwei View-Controller zugewiesen sind.

Wenn Sie bei der Konfiguration des Storyboards wie eben beschrieben vorgegangen sind, ist der erste View-Controller der Tab-Bar der automatisch von Xcode erzeugten Klasse `ViewController` zugewiesen. Sollte das nicht der Fall sein, stellen Sie die Verbindung vom ersten View-Controller zu dieser Klasse noch separat her, indem Sie den View-Controller auswählen und anschließend in den Identity Inspector wechseln, wo Sie die Klasse im Feld *Class* eintragen (siehe Bild 24.49).

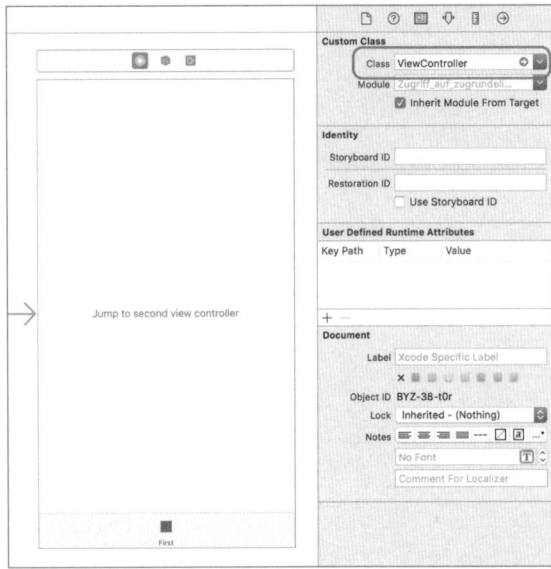

Bild 24.49 Der erste View-Controller mit dem Button soll der ViewController-Klasse zugewiesen sein.

Damit ist die Gestaltung der App-Oberfläche im Storyboard abgeschlossen. Aufgabe der App soll es nun sein, bei Betätigung des Buttons des ersten View-Controllers den zweiten View-Controller einzublenden; wir möchten also selbst aus dem Code heraus einen anderen View-Controller der Tab-Bar anzeigen lassen.

Zu diesem Zweck erstellen wir zunächst eine Action-Methode für den Button innerhalb der `ViewController`-Klasse mit dem Namen `jumpToSecondViewController()` (Parameter werden für diese Action-Methode nicht benötigt). Wie Sie den aktuell sichtbaren View-Controller einer Tab-Bar ändern, haben Sie bereits erfahren. Dazu können Sie entweder die `selectedIndex`- oder die `selectedViewController`-Property der `UITabBarController`-Klasse einsetzen.

Doch wie greifen wir innerhalb der `ViewController`-Klasse überhaupt auf den zugrunde liegenden Tab-Bar-Controller zu, um solch einen View-Controller-Wechsel zu ermöglichen? Hierfür kommt die beschriebene `tabBarController`-Property zum Einsatz, die Teil eines jeden `UIViewController` ist. Sie verweist in diesem Beispiel auf den gemeinsamen Tab-Bar-Controller der beiden View-Controller, sodass wir darüber den Aufruf des zweiten View-Controllers anstoßen können. Die vollständige Implementierung der `ViewController`-Klasse finden Sie in Listing 24.14.

Listing 24.14 Zugriff auf den zugrunde liegenden Tab-Bar-Controller eines View-Controllers

```
class ViewController: UIViewController {

    @IBAction func jumpToSecondViewController() {
        tabBarController?.selectedIndex = 1
    }

}
```

Wenn Sie dieses Beispielprojekt nun ausführen, können Sie durch Betätigen des Buttons „Jump to second view controller" ebenfalls den zweiten View-Controller (mit dem Index 1) des Tab-Bar-Controllers aufrufen und einblenden lassen.

■ 24.3 Erstellen von Tabellen

Wenn es in der iOS-Entwicklung ein View-Element gibt, das gefühlt ständig zum Einsatz kommt und Teil einer fast jeden App ist (von Spielen einmal abgesehen), dann handelt es sich hierbei zweifelsfrei um Tabellen. Sie erlauben es dem Nutzer, durch eine Liste von Einträgen zu scrollen, die entweder statisch oder dynamisch zusammengesetzt sind und darüber diverse Aktionen auszuführen. Häufig findet man derartige Tabellen auch im Zusammenspiel mit einem Navigation-Controller, durch den beim Tippen auf eine Zelle der Tabelle ein neuer View-Controller geladen und angezeigt wird. Die native Einstellungen-App von iOS ist ein gutes Beispiel dafür (siehe Bild 24.50).

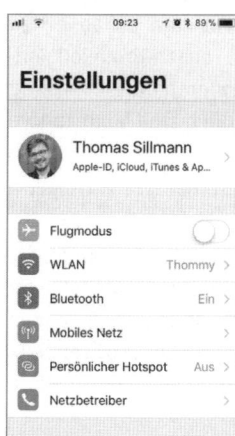

Bild 24.50
Die Einstellungen-App von iOS basiert auf einer Tabellenansicht.

 Tabellen in iOS sind einspaltig

Eigentlich wäre es korrekter, bei dem beschriebenen View-Element statt von einer Tabelle von einer *Liste* zu sprechen. Der Grund hierfür ist, dass Tabellen in iOS immer *einspaltig* sind. Daher werde ich in den folgenden Abschnitten beide Begriffe verwenden.

Basis für Tabellen beziehungsweise Listen in der iOS-Entwicklung ist die Klasse UITable View, zusammen mit den Protokollen UITableViewDataSource und UITableViewDelegate.

Der *Data Source* kümmert sich um den Aufbau der Tabelle. Dazu gehören die Anzahl der Zellen und Sektionen, aus denen sich die Tabelle zusammensetzt, sowie mögliche Titel beziehungsweise Fußzeilen.

Der *Delegate* ist verantwortlich für Aktionen, die über eine Tabelle ausgeführt werden (beispielsweise das Auswählen einer Zelle) und bestimmt zudem die Größe der verschiedenen Zellen und Sektionen einer Tabelle.

Beide Elemente – Data Source und Delegate – werden Sie im Laufe der folgenden Abschnitte noch ausführlicher kennenlernen.

24.3.1 Funktionsweise einer Table-View

Bevor wir mit dem Erstellen von Tabellen in der Praxis beginnen, möchte ich Ihnen die grundlegende Funktionsweise einer Table-View kurz erläutern. Dieses Wissen ist wichtig, um die folgende Implementierung von Tabellen zu verstehen.

Sie konfigurieren eine Table-View in der Regel ausschließlich über den Data Source und den Delegate. Es gibt eine einzige Ausnahme in Form gänzlich statischer Tabellen, die aber im Vergleich sehr speziell ist und explizit in Abschnitt 24.3.12, „Statische Tabellen im Storyboard erstellen", behandelt wird.

Entsprechend müssen wir einer `UITableView`-Instanz einen passenden Data Source beziehungsweise Delegate zuweisen. Der Data Source muss konform zum `UITableView DataSource`-Protokoll sein, der Delegate muss dem `UITableViewDelegate`-Protokoll entsprechen. Oftmals fungiert der View-Controller, der die `UITableView` enthält, gleichzeitig auch als Data Source und Delegate für die Tabelle, aber selbstverständlich sind auch andere Konfigurationen denkbar.

Data Source und Delegate können Sie sowohl über den Code als auch über das Storyboard zuweisen. Im Code kommen dazu die Properties `dataSource` und `delegate` der `UITableView`-Klasse zum Einsatz. Weisen Sie diesen zu einem passenden Zeitpunkt die gewünschte Instanz zu, die als Data Source beziehungsweise Delegate fungieren soll. Gut geeignet hierfür ist beispielsweise die Methode `viewDidLoad()` des zugrunde liegenden View-Controllers. In Listing 24.15 finden Sie ein Beispiel einer `UIViewController`-Subklasse, die eine Table-View als Outlet besitzt und als Data Source und Delegate für diese fungiert.

Listing 24.15 Zuweisen von Data Source und Delegate einer Table-View im Code

```
class ViewController: UIViewController, UITableViewDataSource, UITableViewDelegate {

    @IBOutlet weak var tableView: UITableView!

    override func viewDidLoad() {
        super.viewDidLoad()
        tableView.dataSource = self
        tableView.delegate = self
    }

}
```

Alternativ können Sie – wenn Sie eine Table-View über das Storyboard erzeugen und der zugrunde liegende View-Controller gleichzeitig als Data Source und Delegate fungieren soll – den Data Source und den Delegate auch direkt über das Storyboard zuweisen. Ziehen Sie dazu eine Verbindung von der Table-View zum zugrunde liegenden View-Controller (nutzen Sie dazu beispielsweise die Leiste oberhalb des View-Controllers) und wählen Sie im erscheinenden Pop-up-Menü zuerst *dataSource* und anschließend *delegate* aus (nachdem Sie erneut eine Verbindung von der Table-View zum View-Controller gezogen haben, siehe Bild 24.51 und Bild 24.52). Wie Sie eine Tabelle einem View-Controller im Storyboard zuweisen, erfahren Sie in Abschnitt 24.3.2, „Hinzufügen einer Tabelle zu einem View-Controller".

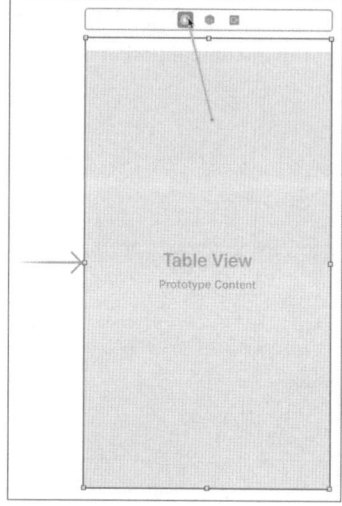

Bild 24.51
Ziehen Sie eine Verbindung von der Table-View zum zugrunde liegenden View-Controller, ...

Bild 24.52
... um den Data Source und den Delegate direkt über das Storyboard zu definieren.

Der Data Source dient dazu, eine Tabelle mit Leben zu füllen. Er bestimmt, wie viele Bereiche eine Tabelle besitzt und wie viele Zellen in jedem dieser Bereiche angezeigt werden. Auch das Laden aller Zellen einer Tabelle wird vom Data Source übernommen.

Zellen innerhalb einer Table-View entsprechen der Klasse `UITableViewCell`. Sie werden dynamisch von einer Table-View geladen, sobald sie benötigt werden. Zellen, die somit aktuell nicht auf dem Display sichtbar sind, existieren auch nicht und es gibt keine entsprechenden `UITableViewCell`-Instanzen von ihnen. Diese werden erst dann erzeugt, wenn man durch die Tabelle scrollt und sie explizit gebraucht werden. Umgekehrt werden Zellen, die zuvor sichtbar waren und durch das Scrollen durch die Liste ausgeblendet wurden, auch wieder freigegeben.

Das Besondere bei diesem Ansatz ist, dass die Table-View Zellen *wiederverwenden* kann. Wenn die Table-View also neue Zellen anzeigen muss, gleichzeitig aber auch welche aus dem Speicher freigibt, kann sie die freizugebenden Zellen als Basis für die neu anzuzeigenden verwenden. Es werden dann lediglich die anzuzeigenden Informationen innerhalb der Zelle geändert, ohne ständig bestehende Zell-Instanzen freizugeben und neue zu erstellen.

Die folgenden Abschnitte verdeutlichen, wie dieses Verhalten von Table-Views funktioniert und wie Sie es selbst in der Praxis umsetzen.

24.3.2 Hinzufügen einer Tabelle zu einem View-Controller

Bevor Sie eine Tabelle verwenden, müssen Sie zunächst das entsprechende View-Element einem View-Controller hinzufügen. Das Vorgehen ist hierbei identisch zu dem, das man verwendet, um andere View-Elemente wie Schaltflächen, Labels oder Schalter einem View-Controller zuzuweisen.

Um beispielsweise einem View-Controller über ein Storyboard eine UITableView hinzuzufügen, nutzen Sie das *Table View*-Element aus der Objects Library (siehe Bild 24.53). Die Table-View wird hierbei zunächst ohne sichtbare Zellen und Inhalte eingebunden und fungiert stattdessen eher als Platzhalter (siehe Bild 24.54).

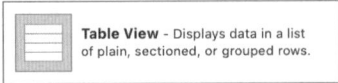

Bild 24.53 Mithilfe des „Table View"-Elements erweitern Sie einen View-Controller innerhalb eines Storyboards um eine neue UITableView-Instanz.

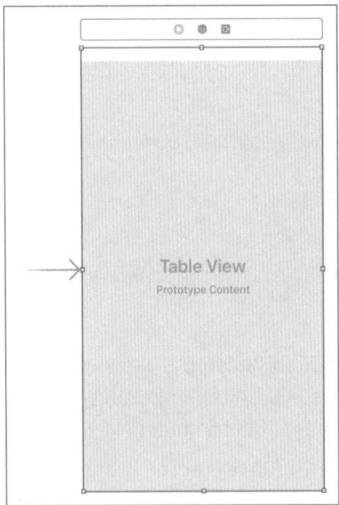

Bild 24.54
Eine einem View-Controller als Subview hinzugefügte UITableView.

24.3.3 Erstellen von Zellen für eine Tabelle

Die Zellen einer Tabelle basieren auf der Klasse UITableViewCell. Sie müssen Instanzen dieser Klasse erstellen und mit den gewünschten Inhalten füllen, um sie anschließend der Table-View zuzuweisen (mehr dazu erfahren Sie in Abschnitt 24.3.4, „Implementieren des Data Source").

Um eine UITableViewCell zu erstellen, nutzen Sie typischerweise den Initializer init(style:reuseIdentifier:). Über den ersten Parameter definieren Sie das Aussehen der Zelle. Sie können auch gänzlich eigene Zellen kreieren, in einigen Fällen reichen aber bereits die von Apple zur Verfügung gestellten Vorlagen aus. Sie können hierbei zwischen den folgenden Styles wählen:

- `default`: Diese Zelle enthält ein Text-Label und eine optionale Image-View.
- `value1`: Diese Zelle enthält ein Text-Label am linken und ein weiteres Text-Label am rechten Rand.
- `value2`: Diese Zelle enthält ein rechtsbündig ausgerichtetes Text-Label am linken Rand und ein linksbündig ausgerichtetes Text-Label daneben.
- `subtitle`: Diese Zelle enthält zwei Text-Labels am linken Rand, die untereinander angeordnet sind.

In Bild 24.55 sind die verschiedenen Styles noch einmal beispielhaft grafisch hervorgehoben.

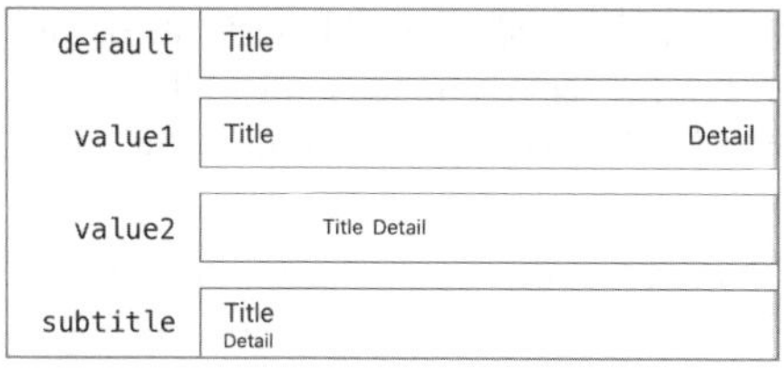

default	Title
value1	Title .... Detail
value2	Title Detail
subtitle	Title Detail

Bild 24.55
Die verschiedenen zur Verfügung stehenden Styles einer UITableViewCell.

Je nach Style stehen Ihnen somit unterschiedliche Elemente zur Konfiguration zur Verfügung. Über die Property `textLabel` greifen Sie auf den Haupttext der Zelle zu. Steht auch ein optionaler weiterer Text für den Style bereit (in Bild 24.55 durch das „Detail"-Label gekennzeichnet), können Sie diesen mithilfe der `detailTextLabel`-Property verändern. Ein Bild setzen Sie über die `imageView`-Property vom Typ `UIImageView`.

Reuse-Identifier

Der zweite Parameter des `UITableViewCell`-Initializers
`init(style:reuseIdentifier)` ist der sogenannte *Reuse-Identifier*. Er wird benötigt, um die Performance der Table-View zu optimieren und im Storyboard gestaltete Zellen im Code zu laden. In den folgenden Abschnitten erfahren Sie mehr darüber.

24.3.4 Implementieren des Data Source

Um eine Table-View mit Leben zu füllen, müssen wir den Data Source der Table-View nutzen. Als Data Source soll in diesem Beispiel derselbe View-Controller dienen, der auch die Table-View enthält. Darum weisen wir zunächst über das Storyboard der Table-View den View-Controller als Data Source zu (siehe hierzu auch Abschnitt 24.3.1, „Funktionsweise einer Table-View").

Im Anschluss wechseln Sie in die Klasse des zugrunde liegenden View-Controllers und weisen diesem das `UITableViewDataSource`-Protokoll zu (schließlich fungiert der ja nun als Data Source für die Table-View und muss entsprechend dieses Protokoll adaptieren). Auf die Zuweisung des Delegate können Sie im Moment noch verzichten, dieser wird im Augenblick noch nicht benötigt.

Sobald Sie das Protokoll dem View-Controller zugewiesen haben, wird Xcode einige Fehler ausgeben, die daher rühren, dass das `UITableViewDataSource`-Protokoll zwei Methoden besitzt, die als *Required* eingestuft sind:

- `tableView(_:numberOfRowsInSection:)`
- `tableView(_:cellForRowAt:)`

Über erstere geben Sie an, wie viele Zellen ein Bereich einer Tabelle enthält. Jede Tabelle besitzt standardmäßig einen Bereich (mehr über die Bereiche einer Tabelle erfahren Sie in Abschnitt 24.3.6, „Table-View um weitere Bereiche ergänzen").

Über die zweite Methode konfigurieren Sie jede einzelne Zelle einer Tabelle und geben sie in Form einer `UITableViewCell`-Instanz zurück. Hierfür erhalten Sie einen Parameter vom Typ `IndexPath`, der Ihnen den Index des Bereichs und der Zelle zurückliefert, für die die Table-View eine Zelle benötigt. Der Bereich (Property `section`) ist in diesem Fall irrelevant, da die Tabelle nur über eine einen einzigen solchen Bereich verfügt. Den Index einer Zelle erhalten wir über die Property `row`.

In Listing 24.16 sehen Sie ein Beispiel für die Implementierung eines View-Controllers, der als Data Source für eine Table-View fungiert. Die Methode `tableView(_:numberOfRowsInSection:)` liefert den Wert 100 zurück. Das bedeutet, dass die Tabelle über insgesamt 100 Zellen verfügt. Innerhalb der Methode `tableView(_:cellForRowAt:)` wird eine `UITableViewCell`-Instanz erstellt und ihr dynamisch ein Text für die `textLabel`-Property zugewiesen, der den Index der jeweiligen Zelle enthält. Als Style für die Zelle kommt `default` zum Einsatz, der Reuse-Identifier wird noch nicht genutzt.

Listing 24.16 Erstellen einer einfachen Tabelle mit 100 Zellen

```
class ViewController: UIViewController, UITableViewDataSource {

    func tableView(_ tableView: UITableView, numberOfRowsInSection section: Int) ->
Int {
        return 100
    }

    func tableView(_ tableView: UITableView, cellForRowAt indexPath: IndexPath) ->
UITableViewCell {
        let cell = UITableViewCell(style: .default, reuseIdentifier: nil)
        cell.textLabel?.text = "Zelle \(indexPath.row)"
        return cell
    }

}
```

Wenn Sie dieses Beispiel ausführen, können Sie durch eine Liste von insgesamt 100 Zellen scrollen (siehe Bild 24.56).

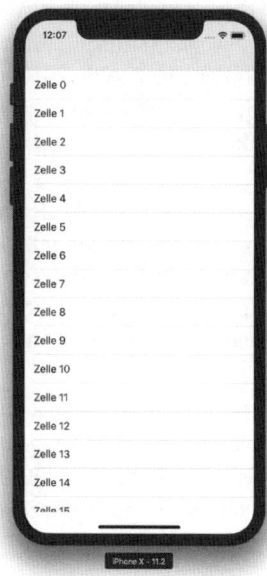

Bild 24.56
Die Beispiel-App verfügt über eine Tabelle mit insgesamt
100 Zellen.

24.3.5 Wiederverwendung von Zellen

Eine der Hauptstärken der Klasse UITableView besteht darin, dass sie zur Laufzeit nur die UITableViewCell-Instanzen lädt und erstellt, die sie gerade benötigt. Bei einer Tabelle mit insgesamt 100 Zellen sind so beispielsweise – abhängig von der Größe des Displays, auf dem die App läuft – nur zehn bis zwanzig UITableViewCell-Instanzen gleichzeitig im Speicher vorhanden. Neue Instanzen werden geladen, sobald sie benötigt werden (zum Beispiel beim Scrollen durch eine Tabelle, wodurch neue Zellen eingeblendet werden).

Um die Performance beim Scrollen durch eine Tabelle zu optimieren, können Zellen von einer Table-View wiederverwendet werden. Basis hierfür ist der sogenannte *Reuse-Identifier*. Hierbei handelt es sich um einen selbst definierten String, der für eine bestimmte Art von Zelle gilt. „Art" bezieht sich hierbei auf die Klasse und das Aussehen einer Zelle.

Nehmen wir beispielsweise einmal eine UITableViewCell auf Basis des Default-Styles (siehe Bild 24.57). Sie entspricht der Klasse UITableViewCell und besitzt ein Label zur Anzeige eines Textes. In dem Beispiel aus Listing 24.16 wurde diese „Art" von Zelle insgesamt 100-mal verwendet. Es wurde also 100-mal immer das gleiche Zellendesign angezeigt, nur der konkrete Inhalt einer Zelle (sprich die Anpassung der zur Verfügung stehenden Elemente, in diesem Fall also das Label) wurde dynamisch für jede Zelle neu festgelegt.

Bild 24.57 Eine UITableViewCell im Default-Style verfügt über ein einzelnes Label zur Anzeige eines Textes.

Solch eine „Art" von Zelle kann man unter einem Reuse-Identifier zusammenfassen. Doch was hat das für technische Auswirkungen?

Lädt eine Table-View eine neue Zelle – zum Beispiel weil durch die Liste der Zellen gescrollt wird und neue Zellen eingeblendet werden – muss eine Table-View standardmäßig immer eine neue Instanz der jeweiligen Zelle erstellen und umgekehrt diejenigen Zell-Instanzen freigeben, die nicht mehr auf dem Display angezeigt (und damit benötigt) werden. Dieser Prozess kann aber – insbesondere bei vielen Zellen und schnellen Scroll-Vorgängen – durchaus aufwendig sein.

Nutzt man hingegen einen Reuse-Identifier, geht die Table-View anders vor. Sobald sie eine neue Zelle benötigt, prüft sie den zugehörigen Reuse-Identifier und vergleicht ihn mit den Reuse-Identifiern der Zellen, die die Table-View eigentlich freigeben würde (weil sie eben nicht länger benötigt werden). Findet sie hier eine Zelle mit demselben Reuse-Identifier, nimmt sie einfach diese für die neue Zelle; es entfällt das Freigeben der alten und das Erstellen einer neuen Zelle, stattdessen wird die alte Zelle einfach *wiederverwendet*.

Im Folgenden zeige ich Ihnen, wie Sie das Beispiel aus Listing 24.16 so umschreiben können, dass Zellen auf Basis eines Reuse-Identifiers wiederverwendet werden können. Los geht es hierbei mit einer Methode, die uns die Klasse `UITableView` zur Verfügung stellt: `deq ueueReusableCell(withIdentifier:)`. Diese Methode liefert eine wiederverwendbare Zelle auf Basis des übergebenen Reuse-Identifiers zurück, die Sie sodann einfach konfigurieren und zur Anzeige in der Table-View verwenden können.

Doch was passiert, wenn es bisher noch keine wiederverwendbare Zelle gibt (zum Beispiel beim erstmaligen Laden der Tabelle)? In diesem Fall liefert die Methode `dequeueReusableC ell(withIdentifier:)` statt eines Werts `nil` zurück, womit Sie wissen, dass Sie sich selbst um die Erstellung einer passenden `UITableViewCell`-Instanz kümmern müssen. Hierbei gehen Sie auf die bereits bekannte Art und Weise vor: Nutzen Sie den Initializer `init(style:reuseIdentifier:)` und übergeben Sie als letzten Parameter den Reuse-Identifier, mit dem Sie die Zelle erstellen möchten.

In diesem Beispiel verwenden wir nur eine Art von Zelle, daher definiere ich über den Initialilzer `init(style:reuseIdentifier:)` für jede Zelle auch denselben Reuse-Identifier mit dem simplen Titel „Cell". Diesen Reuse-Identifier übergebe ich auch der Methode `dequeueR eusableCell(withIdentifier:)`, um so möglicherweise wiederverwendbare Zellen dieses Typs zu erhalten und direkt konfigurieren zu können (ohne sie vorher erstellen zu müssen).

Das typische Vorgehen beim Nutzen des Reuse-Identifiers ist somit das folgende:

1. Prüfung, ob eine wiederverwendbare Zelle bereitsteht; falls ja, weiter zu Schritt 3.
2. Falls keine wiederverwendbare Zelle für den genutzten Reuse-Identifier existiert, erfolgt die „normale" Erstellung der Zelle mit Angabe des gewünschten Reuse-Identifiers.
3. Konfiguration der Zelle.

Listing 24.17 zeigt die Implementierung des Beispiels aus Listing 24.16 unter Verwendung des beschriebenen Reuse-Identifiers.

Listing 24.17 Einsatz eines Reuse-Identifiers zum Wiederverwenden von Zellen.

```
class ViewController: UIViewController, UITableViewDataSource {

    func tableView(_ tableView: UITableView, numberOfRowsInSection section: Int) ->
Int {
        return 100
    }
```

```
    func tableView(_ tableView: UITableView, cellForRowAt indexPath: IndexPath) ->
UITableViewCell {
        // 1. Erstellen einer Table-View-Cell auf Basis des Reuse-Identifiers
        var cell: UITableViewCell! = tableView.dequeueReusableCell(withIdentifier:
"Cell")

        // 2. Prüfen, ob wiederverwendbare Zelle unter 1. zurückgeliefert wurde
        // Falls nicht, neue UITableViewCell-Instanz erstellen
        if cell == nil {
            cell = UITableViewCell(style: .default, reuseIdentifier: "Cell")
        }

        // 3. Konfiguration und Rückgabe der Zelle
        cell.textLabel?.text = "Zelle \(indexPath.row)"
        return cell
    }

}
```

 Einsatz mehrerer Reuse-Identifier

Sie können auch mehrere Reuse-Identifier für verschiedene Arten von Zellen in
einer Tabelle mischen. Das erlaubt es, verschiedene Zell-Designs in ein- und
derselben Tabelle zu verwenden und abhängig davon, welche Zelle von der
Table-View angefragt wird, diejenige mit dem passenden Layout zurückzuliefern.
Nutzen Sie in einem solchen Fall den indexPath-Parameter der Methode
tableView(_:cellForRowAt:), um zu ermitteln, welche Zelle die Table-View
laden möchte. Sie müssen sich selbst um die passende Logik kümmern, um
abhängig von der angefragten Zelle die passende UITableViewCell-Instanz
zurückzuliefern.

24.3.6 Table-View um weitere Bereiche ergänzen

Eine Table-View setzt sich aus einem oder mehreren Bereichen (sogenannten *Sections*)
zusammen. Standardmäßig besitzt eine Table-View exakt eine solche Section, Sie können
aber die Anzahl mithilfe des Data Source auch heraufsetzen. In Bild 24.58 sehen Sie ein
Beispiel einer Tabelle mit insgesamt drei solcher Sections. Diese sind dort mit einem jeweils
passenden Titel versehen („Section 0", „Section 1" und „Section 2"), darunter folgen jeweils
eine unterschiedliche Anzahl von Zellen mit angepasstem Inhalt.

Um die Anzahl der Sections einer Table-View zu ändern, müssen Sie die
UITableViewDataSource-Methode numberOfSections(in:) überschreiben. Der Rückgabewert gibt die Anzahl der Sections der Table-View wieder. Sie brauchen diese Methode nicht
zu implementieren, wenn Sie nur eine Section benötigen; das ist der Standard, von dem
die Table-View in jedem Fall ausgeht, sollten Sie nichts anderes über die Methode
numberOfSections(in:) angeben.

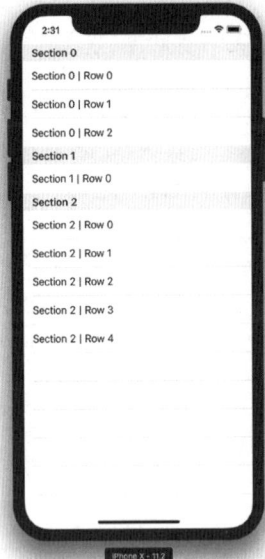

Bild 24.58
Eine Table-View mit mehreren Sections.

In Listing 24.18 finden Sie ein Beispiel, in dem die Anzahl der Sections einer Table-View auf drei geändert wird (so wie auch in Bild 24.58 zu sehen). Basis dieser App ist die im Listing gezeigte ViewController-Klasse. Der wird im Storyboard eine Table-View zugewiesen und dient als Data Source für die Tabelle.

Eine Besonderheit bei diesem Beispiel ist die Anzahl der Zellen pro Section, die über die bereits bekannte Methode tableView(_:numberOfRowsInSection:) bestimmt wird. Mithilfe einer switch-Abfrage wird hier für jede der drei Sections eine andere Anzahl von Zellen definiert.

Listing 24.18 Anzahl der Sections einer Table-View verändern

```
class ViewController: UIViewController, UITableViewDataSource {

    func tableView(_ tableView: UITableView, numberOfRowsInSection section: Int) ->
Int {
        switch section {
        case 0:
            return 3
        case 1:
            return 1
        case 2:
            return 5
        default:
            return 0
        }
    }

    func numberOfSections(in tableView: UITableView) -> Int {
        return 3
    }
```

```
    func tableView(_ tableView: UITableView, cellForRowAt indexPath: IndexPath) ->
UITableViewCell {
        var cell: UITableViewCell! = tableView.dequeueReusableCell(withIdentifier:
"Cell")
        if cell == nil {
            cell = UITableViewCell(style: .default, reuseIdentifier: "Cell")
        }
        cell.textLabel?.text = "Section \(indexPath.section) | Row \(indexPath.row)"
        return cell
    }

    func tableView(_ tableView: UITableView, titleForHeaderInSection section: Int) ->
String? {
        return "Section \(section)"
    }

}
```

 Section- und Row-Index beginnt bei 0

Wie Sie in diesem Beispiel gesehen haben, entspricht die erste Section einer Table-View dem Index 0. Das Gleiche gilt für jede Zelle innerhalb einer Section, auch sie beginnt mit dem Index 0. Jede weitere Section beziehungsweise Zelle erhöht diesen Index um 1.

Die Titel der einzelnen Bereiche können mithilfe der `UITableViewDataSource`-Methode `tableView(_:titleForHeaderInSection:)` definiert werden (das ist ebenfalls bereits in Listing 24.18 zu sehen). Die Methode übergibt als Parameter den Index der Section, für die es einen Titel abfragt, und erwartet einen passenden Titel in Form eines Strings als Rückgabewert. Wenn Sie für einzelne Sections keinen Titel nutzen möchten, liefern Sie über diese Methode schlicht `nil` zurück. Wenn Sie überhaupt keinen Titel für eine Section setzen möchten, können Sie auch komplett auf die Implementierung dieser Data Source-Methode verzichten.

Analog hierzu stellt das `UITableViewDataSource`-Protokoll auch eine Methode namens `tableView(_:titleForFooterInSection:)` bereit. Über sie können Sie einen optionalen Footer für eine Section zurückliefern, der am Ende der jeweiligen Section (nach der letzten Zelle) angezeigt wird. In Listing 24.19 sehen Sie eine beispielhafte Implementierung dieser Methode, in Bild 24.59 sehen Sie das zugehörige Ergebnis (auf Basis des bereits vorhandenen Codes aus Listing 24.18).

Listing 24.19 Erstellen von Footern für Sections einer Table-View

```
func tableView(_ tableView: UITableView, titleForFooterInSection section: Int) ->
String? {
    return "Footer of section \(section)"
}
```

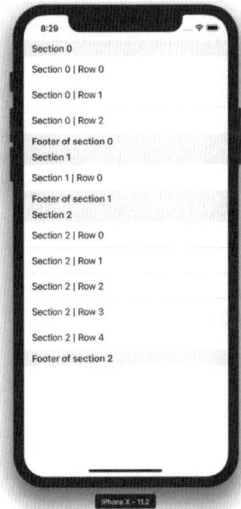

Bild 24.59
Footer werden am Ende einer Section (nach der letzten Zelle)
eingeblendet.

24.3.7 Style einer Table-View verändern

Eine Table-View verfügt über einen von zwei möglichen Styles: *Plain* oder *Grouped*. *Plain* entspricht dem Standard und war in den vorangegangenen Beispielen zu sehen. Es fügt die verschiedenen Sections mitsamt ihrer Zellen direkt untereinander an und schafft so eine Art fließende Listenansicht ohne starke Unterbrechungen.

Anders ist das Ganze beim *Grouped*-Style. Hier werden die einzelnen Sections einer Table-View stärker voneinander separiert, gleichzeitig werden potenzielle Titel und Footer schlichter dargestellt.

Um eine bessere Vorstellung davon zu bekommen, wie sich der *Plain*- und der *Grouped*-Style einer Table-View voneinander unterscheiden, finden Sie beide Varianten in Bild 24.60 gegenübergestellt.

Bild 24.60
Links sehen Sie eine Table-View im standardmäßig aktiven Plain-Style, rechts im Grouped-Style.

Um den Style zu ändern, müssen Sie – abhängig davon, ob Sie die Table-View über ein Storyboard erstellen oder im Code erzeugen – unterschiedlich vorgehen.

Beim Erstellen der Table-View über das Storyboard wählen Sie die Table-View aus und wechseln anschließend in den Attributes Inspector. Dort können Sie über die Auswahlbox mit dem Titel *Style* zwischen *Plain* und *Grouped* wechseln (siehe Bild 24.61).

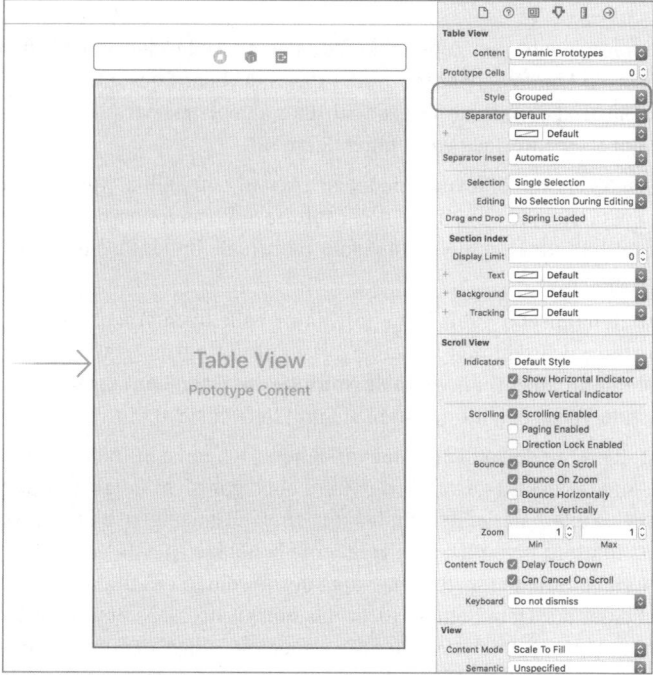

Bild 24.61 Über die Auswahlbox Style können Sie im Storyboard die optische Erscheinung einer Table-View verändern.

Um den Style einer Table-View im Code zu setzen, müssen Sie diesen bei der Initialisierung der entsprechenden `UITableView` als Parameter übergeben. Hierfür kommt der Initializer `init(frame:style:)` zum Einsatz.

Mit dem ersten Parameter `frame` (einer `CGRect`-Instanz) bestimmen Sie Größe und Position der Table-View. Mit dem zweiten Parameter definieren Sie den gewünschten Style. Hierbei handelt es sich um einen Wert vom Typ `UITableViewStyle`, der – analog zur *Style*-Auswahlbox im Storyboard – über die folgenden möglichen Werte verfügt:

- `plain` (für den *Plain*-Style)
- `grouped` (für den *Grouped*-Style)

In Listing 24.20 finden Sie ein Beispiel, in dem eine neue `UITableView`-Instanz auf Basis des *Grouped*-Styles erzeugt wird.

Listing 24.20 Erstellen einer neuen `UITableView`-Instanz im Code

```
let tableViewFrame = CGRect(x: 0, y: 0, width: 300, height: 300)
let tableView = UITableView(frame: tableViewFrame, style: .grouped)
```

Der Style lässt sich zur Laufzeit einer Table-View nicht mehr verändern, Sie können ihn lediglich mithilfe der `UITableView`-Property `style` vom Typ `UITableViewStyle` jederzeit im Code auslesen.

24.3.8 Zellen im Storyboard gestalten

Die verschiedenen „Arten" von Zellen, die Sie in einer Table-View einsetzen möchten, können Sie auf Wunsch komfortabel direkt über das Storyboard gestalten. In vielen Fällen ist das der sinnvollste und einfachste Weg, da Sie über eine Storyboard-Datei deutlich einfacher Anpassungen am User Interface vornehmen können.

Ich schrieb eben etwas von den verschiedenen „Arten" von Zellen. Mit „Art" meine ich eine Vorlage einer Zelle, die alle benötigten User-Interface-Elemente (wie beispielsweise Labels oder Schalter) enthält und die Sie einmal oder mehrmals in der zugrunde liegenden Table-View einsetzen möchten.

Wenn Sie eine dynamische Table-View mit einer beliebigen Anzahl an Zellen gestalten, kreieren Sie im Storyboard immer nur eine Vorlagenzelle, die das gewünschte Aussehen und den gewünschten Aufbau enthält. Im Code (mithilfe des Data Source) laden Sie dann für jede Zelle die passende Vorlage, konfigurieren sie und liefern sie an die Table-View zurück.

Mir ist wichtig, dass Sie diesen Umstand verstehen: Dynamische Table-Views werden nicht Zelle für Zelle im Storyboard gestaltet; das wäre auch gar nicht möglich, wenn Sie gar nicht wissen, wie viele Zellen sie letzten Endes zur Laufzeit anzeigen werden. Nehmen Sie als Beispiel die Kontakte-App von iOS: Sie zeigt eine beliebige Anzahl von Zellen an. Wie viele das sind und welche Inhalte (sprich der Name des jeweiligen Kontakts) pro Zelle angezeigt werden, entscheidet der Data Source, nicht das Storyboard. Das Storyboard kann aber das *Aussehen* der immer und immer wieder verwendeten Zellen definieren (im Fall der Kontakte-App beispielsweise, dass der Nachname im Gegensatz zum Vornamen fett formatiert dargestellt wird).

Betrachten wir das Erstellen und Gestalten von Zellen einmal anhand eines konkreten Beispiels. Dazu braucht es zunächst ein Projekt, dessen initialem View-Controller eine Table-View zugewiesen wird (und der als Data Source für die Table-View agiert, siehe Bild 24.62).

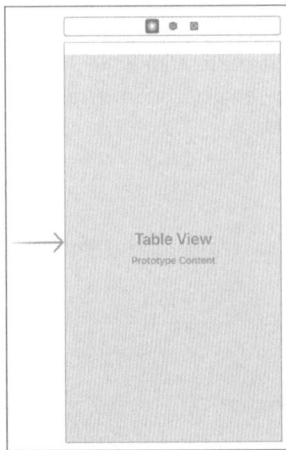

Bild 24.62
Ausgangspunkt zum Erstellen von Zellen über das Storyboard ist ein View-Controller mit Table-View-Instanz.

Wählen Sie anschließend die Table-View im Storyboard aus und wechseln Sie in den Attributes Inspector. Dort finden Sie zu Beginn zwei Eigenschaften: *Content* und *Prototype Cells* (siehe Bild 24.63). Content steht standardmäßig auf *Dynamic Prototypes*, und das ist auch genau, was wir an dieser Stelle brauchen. Im Textfeld *Prototype Cells* geben Sie die Anzahl der Zellvorlagen an, die Sie für Ihre Table-View verwenden möchten.

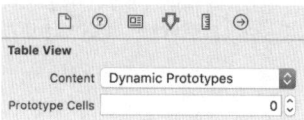

Bild 24.63 Die Anzahl der Vorlagenzellen einer Table-View definieren Sie über das Textfeld „Prototype Cells". Das steht nur zur Verfügung, wenn Sie für Content „Dynamic Prototypes" auswählen.

Setzen Sie im ersten Schritt einmal den Wert von *Prototype Cells* auf 1. Sie werden feststellen, dass der Table-View dadurch eine Zelle im Interface hinzugefügt wurde (siehe Bild 24.64). Diese sogenannte *Prototype Cell* entspricht den zuvor beschriebenen Vorlagenzellen.

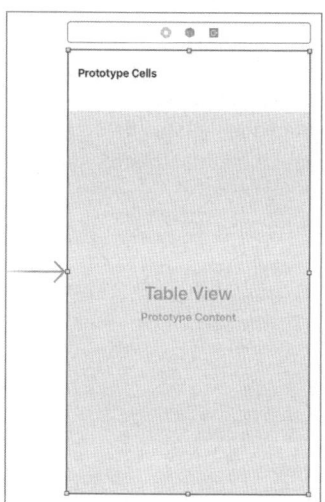

Bild 24.64
Für jede Zelle, die im Textfeld „Prototype Cells" definiert ist, wird eine zugehörige Vorlagenzelle im Interface der Table-View hinzugefügt.

Sie können nun der Zelle nach Belieben View-Elemente aus der Objects Library hinzufügen. In Bild 24.65 sehen Sie ein Beispiel, in dem ich eine neue Vorlagenzelle mit einem roten Label am linken Rand und einem Schalter am rechten Rand erzeugt habe.

Bild 24.65 Eine eigens von mir kreierte Vorlagenzelle mit einem rot eingefärbten Label und einem Schalter.

Eigene Zellenkreationen

Das beschriebene Vorgehen zum Erstellen solcher Prototype Cells ist immer dann sinnvoll, wenn Sie Zellen in Ihrer Table-View verwenden möchten, deren Layout über die verschiedenen Styles hinausgeht, die Ihnen die Klasse UITableViewCell zur Verfügung stellt. Mithilfe der Prototype Cells können Sie jede beliebige Art von Zelle kreieren, die Sie für Ihre Einsatzzwecke benötigen.

Nach der optischen Konfiguration der von Ihnen gewünschten Zelle fehlt noch ein abschließender Schritt: Sie müssen dieser Zelle im Storyboard einen passenden Reuse-Identifier zuweisen, um sie darüber im Code laden zu können. Denn wie bereits eingangs beschrieben: Der Data Source bestimmt, welche und wie viele Zellen letzten Endes zur Laufzeit angezeigt werden. Bisher haben wir nur ein mögliches Zellen-Design entworfen, das wir nun in unserer Tabelle nutzen können, aber nicht müssen.

Um einer Zelle im Storyboard einen Reuse-Identifier zuzuweisen, wählen Sie die entsprechende UITableViewCell aus und wechseln in den Attributes Inspector. Bei der Auswahl der UITableViewCell kann die Document Outline Area behilflich sein, da es ohne diese passieren kann, dass man nur einen Teil der Zelle (in unserem Fall zum Beispiel das Label oder den Switch) auswählt – und dann nur die Anpassungsmöglichkeiten für diese entsprechenden Teile im Attributes Inspector angeboten bekommt (siehe Bild 24.66).

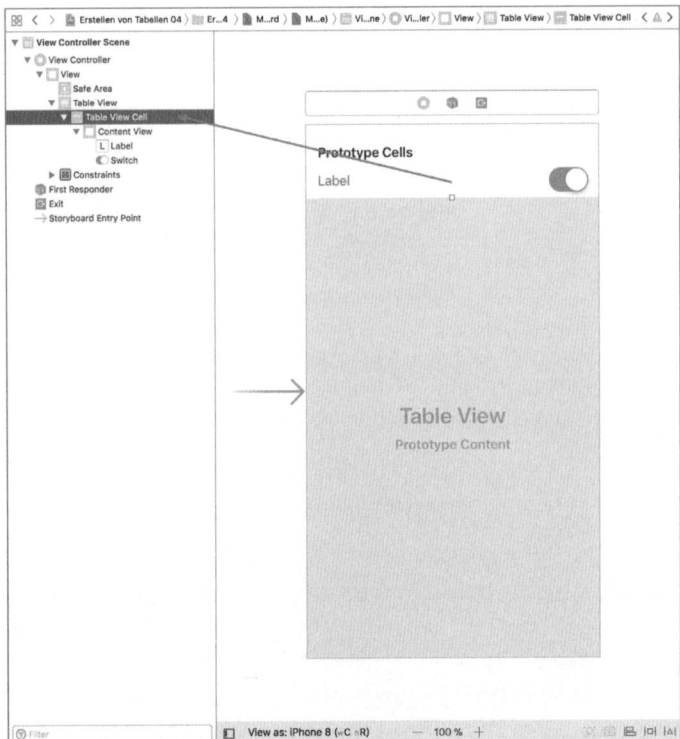

Bild 24.66 Am einfachsten ist es, Prototype Cells mithilfe der Document Outline Area auszuwählen.

Nach Auswahl einer `UITableViewCell` finden Sie im Attributes Inspector ein Textfeld mit dem Titel *Identifier*. Dort tragen Sie den von Ihnen gewünschten Reuse-Identifier für diese Art von Zelle ein; ich verwende in diesem Beispiel „SwitchCell" (siehe Bild 24.67).

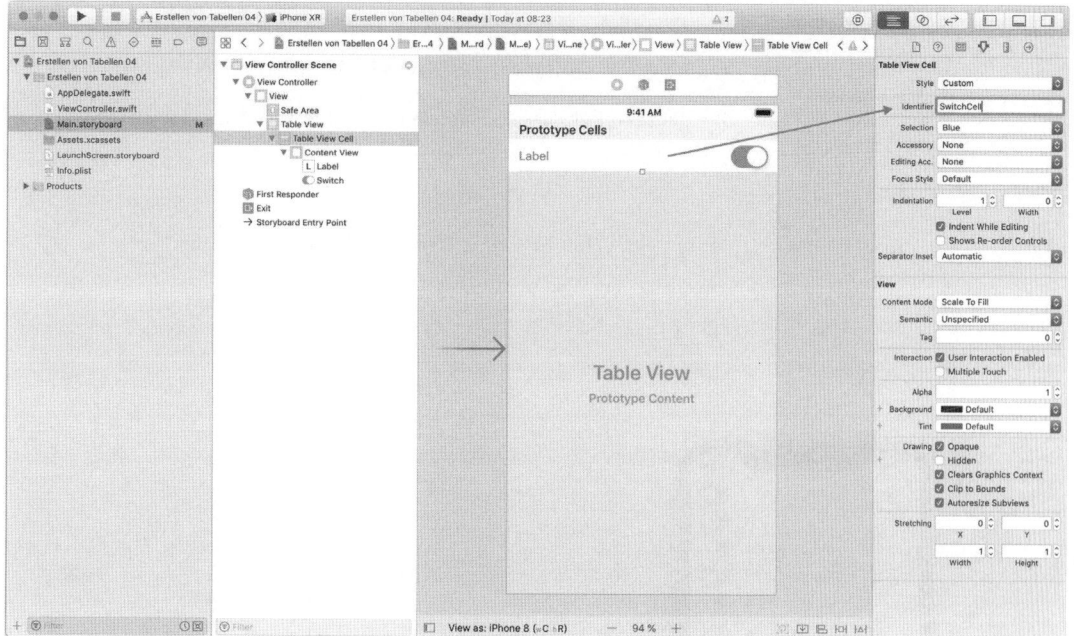

Bild 24.67 Um die im Storyboard erstellte Zelle im Code ansprechen und laden zu können, müssen Sie einen passenden und eindeutigen Reuse-Identifier vergeben.

Damit ist die Erstellung und Gestaltung unserer ganz individuell kreierten Zelle abgeschlossen. ☺ Nun geht es an die Implementierung des Data Source, wofür der zugrunde liegende View-Controller zum Einsatz kommt. In diesem Beispiel soll die Tabelle insgesamt fünf Zellen der von uns erstellten Vorlage anzeigen. Entsprechend liefern wir für die Implementierung der Data Source-Methode `tableView(_:numberOfRowsInSection:)` den statischen Wert 5 zurück.

Bei der Implementierung der Methode `tableView(_:cellForRowAt:)`, die wir zum Erstellen und zur Rückgabe der gewünschten `UITableViewCell`-Instanzen verwenden, greifen wir erneut auf die zugrunde liegende `UITableView` zurück, um mithilfe des Reuse-Identifiers automatisch die passenden Zellen zu laden. Statt der Methode `dequeueReusableCell(with Identifier:)` nutzen wir dieses Mal `dequeueReusableCell(withIdentifier:for:)`. Diese Methode nimmt zusätzlich den Index-Path, an dem die gewünschte Zelle angezeigt werden soll, als Parameter entgegen und stellt sicher, dass immer eine passende Zelleninstanz zurückgeliefert wird. Wir müssen uns also nicht selbst darum kümmern und den Rückgabewert der Methode prüfen, um im Falle von `nil` selbst die gewünschte `UITableViewCell`-Instanz zu erzeugen. Sollte es noch keine wiederverwendbare Zelle für den entsprechenden Reuse-Identifier geben, kümmert sich die `dequeueReusableCell(withIdentifier:for:)`-Methode selbsttätig darum, eine passende zu generieren.

Die passende Implementierung des Data Source des View-Controllers finden Sie in Listing 24.21. Das Ergebnis des kompilierten Projekts zeigt Bild 24.68.

Listing 24.21 Laden und Verwenden von Prototype Cells aus einem Storyboard

```
class ViewController: UIViewController, UITableViewDataSource {

    func tableView(_ tableView: UITableView, cellForRowAt indexPath: IndexPath) ->
UITableViewCell {
        let switchCell = tableView.dequeueReusableCell(withIdentifier: "SwitchCell",
for: indexPath)
        return switchCell
    }

    func tableView(_ tableView: UITableView, numberOfRowsInSection section: Int) ->
Int {
        return 5
    }

}
```

Bild 24.68
Wir haben eine neue Table-View auf Basis der von uns im Storyboard kreierten Prototype Cell erstellt.

 Zellen-Interface ist Pflicht!

Womöglich fragen Sie sich, warum wir in dem Beispiel aus Listing 24.17 nicht bereits die Methode dequeueReusableCell(withIdentifier:for:) eingesetzt haben. Erspart sie uns doch die Prüfung, ob eine wiederverwendbare Zelle des zugehörigen Reuse-Identifiers zur Verfügung steht.

Der Grund hierfür ist, dass die Methode nur im Zusammenspiel mit in einer Table-View *registrierten* UITableViewCell-Instanzen funktioniert. Durch das

Erstellen von Prototype Cells im Storyboard findet eine solche Registrierung statt. Dadurch kann die Table-View selbsttätig Instanzen der zugehörigen Zellen erstellen, sollte keine wiederverwendbare Variante zur Verfügung stehen.

Es gibt noch weitere Möglichkeiten, Zellen in einer Table-View zu registrieren, auf die ich in diesem Buch aber aus Platzgründen nicht im Detail eingehen werde. Dazu gehören die beiden Varianten der Methode `register(_:for CellReuseIdentifier:)` der `UITableView`-Klasse. Sie können ihr entweder einen Verweis auf eine eigens kreierte `UITableViewCell`-Subklasse (für den Fall, dass Sie eigene Zellen als Klassen im Code erzeugt haben) oder auf eine NIB-Datei übergeben, die eine `UITableViewCell` mit dem entsprechenden Reuse-Identifier enthält. Zusätzlich zur Quelle der gewünschten Prototype Cell übergeben Sie der Methode noch den zugehörigen Reuse-Identifier.

Wenn Sie mit diesen Methoden arbeiten, müssen Sie sie auf der Table-View aufrufen, bevor der Data Source mit dem Laden der Zellen beginnt. Innerhalb eines View-Controllers bietet sich hierfür beispielsweise die Methode `viewDidLoad()` an.

Eigens kreierte Zellen anpassen

Ein Problem haben wir nun natürlich bei unserer eigens kreierten Zelle: Wir können den Text des rot eingefärbten Labels nicht anpassen oder den Schaltern der Zellen eine passende Action zuweisen, da wir auf diese Elemente nicht zugreifen können. Unsere Zelle ist im Code eine Instanz der Klasse `UITableViewCell`, und diese weiß nichts über ein rotes Label und einen Schalter.

Um also eigens kreierte Prototype Cells dynamisch im Code anpassen zu können, müssen wir für sie eine passende Klasse erzeugen, die von `UITableViewCell` abgeleitet ist. Diese Klasse weisen wir dann der Prototype Cell im Storyboard zu und können anschließend Outlets für die verschiedenen View-Elemente setzen, die wir im Code konfigurieren wollen.

Betrachten wir dieses Vorgehen einmal anhand des Beispiels der Switch-Cell, die wir zuvor erstellt haben. Beginnen wir damit, zunächst eine `UITableViewCell`-Subklasse namens `SwitchCell` dem Projekt hinzuzufügen (siehe Bild 24.69). Diese Klasse soll als Basis für die im Storyboard generierte Prototype Cell dienen. Dazu wählen wir anschließend die Zelle im Storyboard aus, wechseln in den Identity Inspector und tragen im Feld *Class* den Namen der Klasse, „SwitchCell", ein (siehe Bild 24.70).

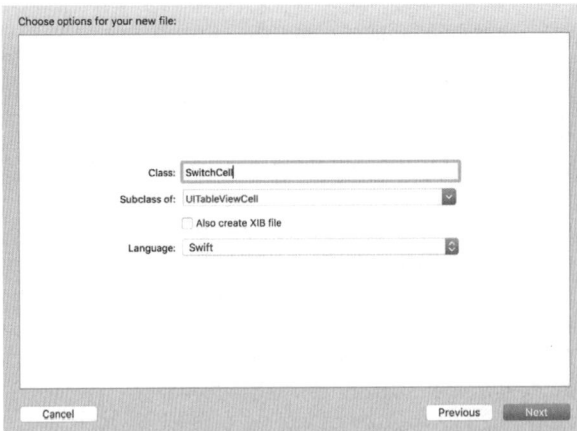

Bild 24.69
Wir erstellen eine eigene
UITableViewCell-Subklasse
für die von uns im Storyboard
erzeugte Prototype Cell ...

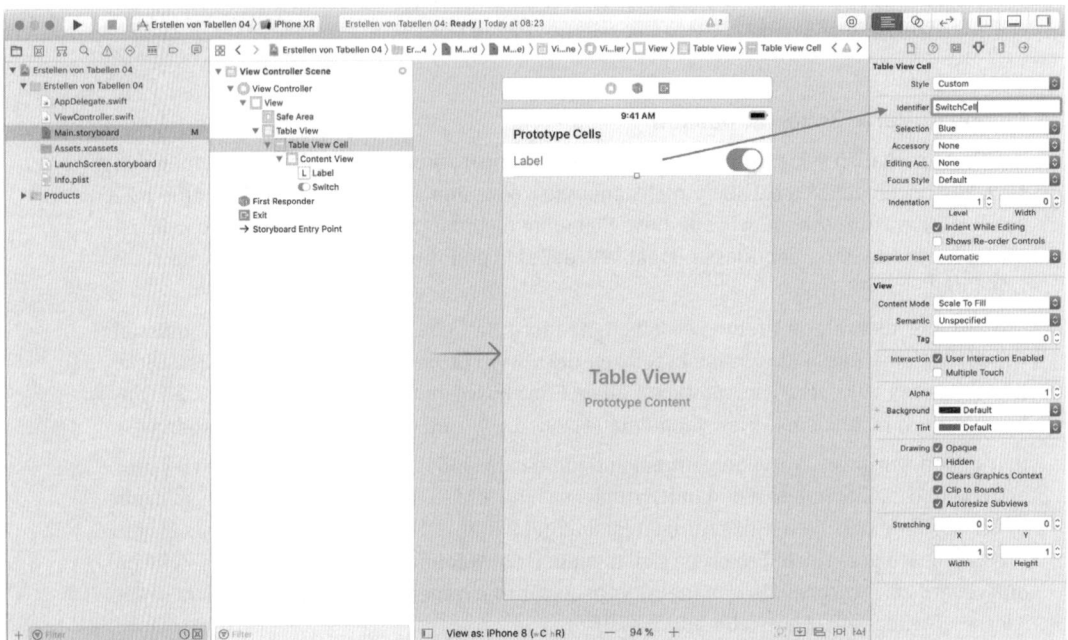

Bild 24.70 ... und koppeln diese anschließend mit dem Interface der Zelle.

Nun können wir mithilfe des Assistant Editors Outlets sowohl für das rot eingefärbte Label als auch für den Switch erstellen. Die vollständige Implementierung der SwitchCell-Klasse finden Sie in Listing 24.22.

Listing 24.22 Implementierung der `SwitchCell`-Klasse

```
class SwitchCell: UITableViewCell {

    @IBOutlet weak var label: UILabel!

    @IBOutlet weak var actionSwitch: UISwitch!

}
```

Widmen wir uns nun noch einmal dem Data Source, genauer gesagt der Methode `table View(_:cellForRowAt:)`. Da wir nun eine eigene Klasse mit passenden Schnittstellen für unsere Prototype Cell haben, können wir diese im Data Source auch individuell konfigurieren.

Dazu müssen wir zunächst beim Erstellen der Zellen-Instanz ein Type Casting nach `SwitchCell` durchführen. Das ist in diesem Fall kein Problem, da wir nur Zellen dieses Typs verwenden und daher sicher sein können, dass das Type Casting immer funktionieren wird. Sollten Sie in einer Tabelle mehrere verschiedene Prototype Cells einsetzen, müssen Sie selbst sicherstellen, für jede Zelle ein Type Casting in die richtige Klasse durchzuführen.

Anschließend können wir auf die `label`- und `actionSwitch`-Property der `SwitchCell`-Klasse zugreifen. Das Label erhält einen einfachen Text, während dem Switch eine ebenfalls in der View-Controller-Klasse implementierte Action-Methode zugewiesen wird. Sie wird immer dann ausgelöst, wenn sich der Zustand eines Buttons verändert. Als Parameter erhält sie den Switch, der aktiviert beziehungsweise deaktiviert wurde. Um zu wissen, zu welcher Zelle ein ausgelöster Switch gehört, wird der `tag`-Property des Switches der Zellen-index zugewiesen. Die vollständige Implementierung der `ViewController`-Klasse inklusive Data Source finden Sie in Listing 24.23, das zugehörige Ergebnis zeigt Bild 24.71.

Listing 24.23 Anpassung einer eigens kreierten Prototype Cell

```
class ViewController: UIViewController, UITableViewDataSource {

    func tableView(_ tableView: UITableView, cellForRowAt indexPath: IndexPath) ->
UITableViewCell {
        let switchCell = tableView.dequeueReusableCell(withIdentifier: "SwitchCell",
for: indexPath) as! SwitchCell
        switchCell.label.text = "Zelle \(indexPath.row)"
        switchCell.actionSwitch.tag = indexPath.row
        switchCell.actionSwitch.addTarget(self, action: #selector(updateSwitch(_:)),
for: .valueChanged)
        return switchCell
    }

    func tableView(_ tableView: UITableView, numberOfRowsInSection section: Int) ->
Int {
        return 5
    }

    @objc private func updateSwitch(_ sender: UISwitch) {
        if sender.isOn {
            print("Schalter von Zelle \(sender.tag) ist aktiviert!")
        } else {
            print("Schalter von Zelle \(sender.tag) ist deaktiviert!")
```

```
        }
    }
}
```

Bild 24.71
Unsere eigens kreierte Prototype Cell wird dynamisch
angepasst.

 UIView-Property tag

Bei tag handelt es sich um eine Property der Klasse UIView, sie ist also
Bestandteil eines jeden View-Elements. Sie dient dazu, Views im Code ein-
deutig zu identifizieren. Dazu kann man ihr einen beliebigen Wert vom Typ
Int zuweisen. In diesem Fall nutzen wir das, um die Zelle zu ermitteln, deren
Switch ausgelöst wurde.

Übrigens ist es durchaus sinnvoll, Prototype Cells auch dann einzusetzen, wenn Sie lediglich einen der Standard-Styles der UITableViewCell-Klasse verwenden. In diesem Fall können Sie nämlich auch direkt die Methode dequeueReusableCell(withIdentifier:for:)
einsetzen, um in jedem Fall im Code eine passende Instanz der Zelle zu erhalten (Sie sparen
sich also die Prüfung gegen nil und das möglicherweise notwendige Erstellen einer eigenen Zellen-Instanz).

Ein Beispiel hierzu sehen Sie in Bild 24.72. Hier wurde eine Prototype Cell mit dem Standard-Style *Right-Detail* erstellt (siehe *Style*-Auswahlbox rechts oben im Attributes Inspector).
Im Storyboard wird eine dazu passende Vorschau der Zelle angezeigt. Durch Setzen eines
passenden Identifiers im gleichnamigen Feld kann so direkt aus dem Data Source heraus
mithilfe der Methode dequeueReusableCell(withIdentifier:for:) eine Instanz dieser
Zelle geladen und anschließend verwendet werden. Einen entsprechenden Auszug aus
einer möglichen Implementierung hierzu finden Sie in Listing 24.24. Basis dafür ist der

Reuse-Identifier „MyCell", der der Prototype Cell im Storyboard zugewiesen wurde. Das Ergebnis des Beispiels zeigt Bild 24.73.

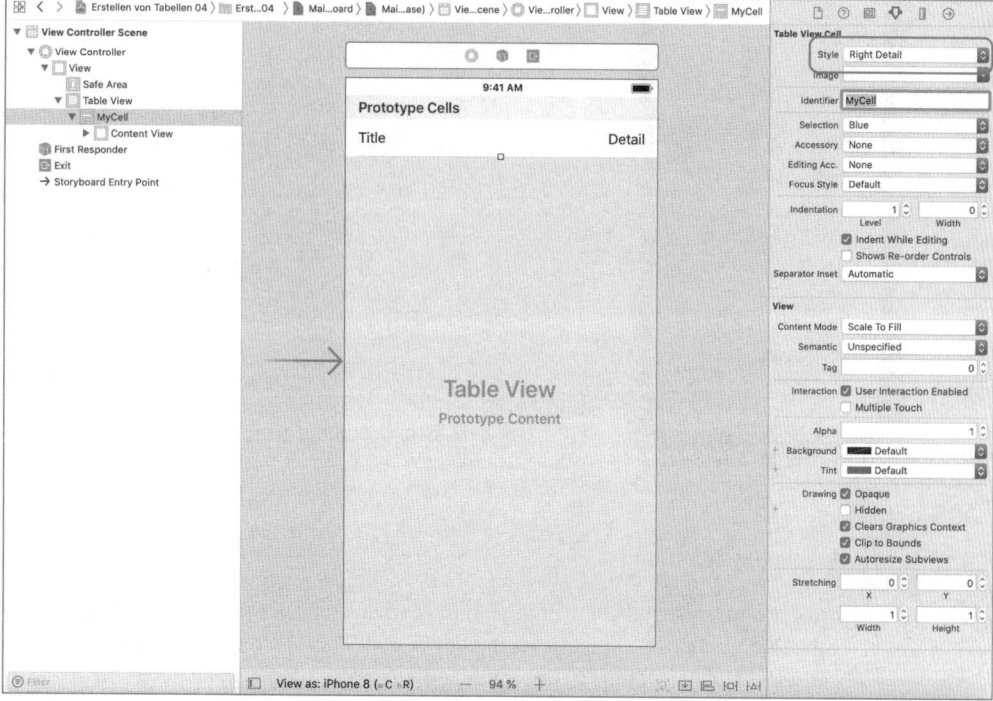

Bild 24.72 Auch die Verwendung von Standard-Styles einer UITableViewCell als Prototype Cell vereinfacht die Implementierung im Data Source.

Listing 24.24 Laden und Verwenden eines Standard-Styles einer `UITableViewCell` als Prototype Cell

```swift
class ViewController: UIViewController, UITableViewDataSource {

    func tableView(_ tableView: UITableView, cellForRowAt indexPath: IndexPath) ->
UITableViewCell {
        let defaultCell = tableView.dequeueReusableCell(withIdentifier: "MyCell", for:
indexPath)
        defaultCell.textLabel?.text = "Zelle \(indexPath.row)"
        defaultCell.detailTextLabel?.text = "Details für Zelle \(indexPath.row)"
        return defaultCell
    }

    func tableView(_ tableView: UITableView, numberOfRowsInSection section: Int) ->
Int {
        return 3
    }

}
```

Bild 24.73
Eines der verfügbaren Standard-Designs von UITableViewCell wurde als Prototype Cell eingesetzt.

 Statische Tabellen

Statt dynamischer Tabellen, deren Inhalt gänzlich vom Data Source einer Table-View abhängig ist, lassen sich mithilfe von Storyboards auch komplett *statische* Tabellen erstellen. Das kann beispielsweise für die Einstellung von Apps sinnvoll sein, die mithilfe von Table-Views umgesetzt werden und immer gleich aufgebaut sind.

Wie man statische Tabellen erstellt, erfahren Sie im Detail in Abschnitt 24.3.12, „Statische Tabellen im Storyboard erstellen".

24.3.9 Größe einer Zelle verändern

Um die Größe der Zellen einer Table-View zu verändern gibt es zwei unterschiedliche Ansätze, die davon abhängig sind, ob alle Zellen einer Table-View exakt dieselbe Größe erhalten sollen oder ob sich die Größe der Zellen voneinander unterscheiden kann.

24.3.9.1 Einheitliche Zellengröße

Um die Größe aller Zellen einer Table-View zu verändern, können Sie die rowHeight-Property der UITableView-Instanz auf den gewünschten Wert (in Punkten) setzen. Dazu benötigen Sie ein Outlet der UITableView im zugrunde liegenden View-Controller.

Im Folgenden wird das Vorgehen anhand eines Beispiels demonstriert. Im Storyboard wurde ein View-Controller mit einer Table-View konfiguriert, die über eine eigens kreierte Prototype Cell verfügt (siehe Bild 24.74). Diese Zelle besitzt ein Label mit dem Standardtext „Password:", darunter befindet sich ein Textfeld. Die Zelle besitzt somit eine Höhe von

81 Punkten. Im Data Source (bei dem es sich um den zugrunde liegenden View-Controller handelt) habe ich exakt eine solche Zelleninstanz erstellt und zeige sie an (als Reuse-Identifier für die Prototype Cell kommt „TextFieldCell" zum Einsatz). Das Ergebnis sehen Sie in Bild 24.75.

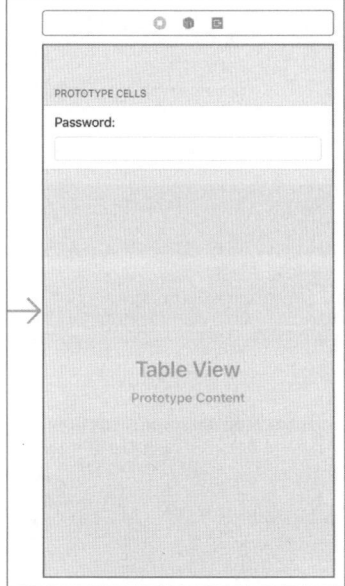

Bild 24.74
Es wurde eine neue Prototype Cell mit einer Höhe von 81 Punkten im Storyboard konfiguriert.

Bild 24.75
Die Prototype Cell wird beim Ausführen der App nicht vollständig angezeigt.

Obwohl die Prototype Cell im Storyboard größer konfiguriert wurde, hat das keine Auswirkungen auf die Ausführung der App. Dazu muss erst wie beschrieben der Wert der rowHeight-Property der Table-View angepasst werden. Dazu erstelle ich ein Outlet der

Table-View im zugrunde liegenden View-Controller und setze in der Methode `viewDidLoad()` den Wert von `rowHeight` auf 81. Die vollständige Implementierung der View-Controller-Klasse (inklusive Data Source) finden Sie in Listing 24.25. Das Ergebnis dieser Überarbeitung zeigt Bild 24.76.

Listing 24.25 Anpassen der Höhe aller Zellen einer Table-View

```
class ViewController: UIViewController, UITableViewDataSource {

    @IBOutlet weak var tableView: UITableView!

    override func viewDidLoad() {
        tableView.rowHeight = 81
    }

    func tableView(_ tableView: UITableView, cellForRowAt indexPath: IndexPath) ->
UITableViewCell {
        let textFieldCell = tableView.dequeueReusableCell(withIdentifier:
"TextFieldCell", for: indexPath)
        return textFieldCell
    }

    func tableView(_ tableView: UITableView, numberOfRowsInSection section: Int) ->
Int {
        return 1
    }

}
```

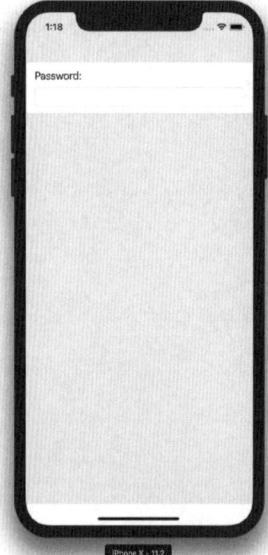

Bild 24.76
Durch Setzen der rowHeight-Property der UITableView wird die größere Zelle korrekt angezeigt.

24.3.9.2 Unterschiedliche Zellengrößen

Wenn die Zellen einer Table-View verschieden groß sind beziehungsweise sein können, funktioniert das Setzen der rowHeight-Property der Table-View nicht mehr. Stattdessen greift man in diesem Fall auf die UITableViewDelegate-Methode tableView(_:height ForRowAt:) zurück. Sie übermittelt als Parameter den Index-Path der Zelle, für die die gewünschte Größe zurückgeliefert werden soll.

Da es sich hierbei um eine Delegate-Methode handelt, muss die Table-View somit auch über einen entsprechenden Delegate verfügen. Im einfachsten Fall verwenden Sie hierfür den zugrunde liegenden View-Controller.

Ein Beispiel zur Verwendung verschiedener Zellengrößen in einer Tabelle zeigt Bild 24.77. Es zeigt eine Table-View innerhalb eines Storyboards, das über zwei Prototype Cells mit unterschiedlicher Größe verfügt. Die obere Zelle besitzt eine Höhe von 44 Punkten, die andere ist 81 Punkte hoch.

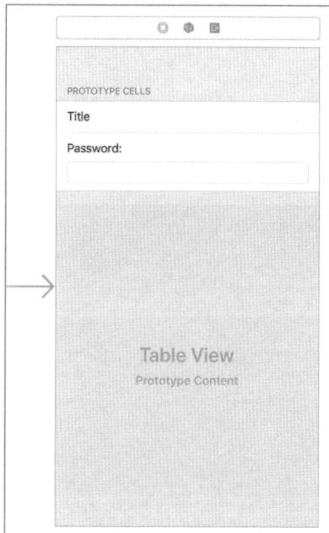

Bild 24.77
In dieser Tabelle werden zwei verschieden große
Prototype Cells eingesetzt.

Der Data Source der App sorgt dafür, dass die Table-View zur Ausführung zwei Zellen anzeigt; zuerst die kleinere, dann die größere. Dieses Wissen nutzen wir, um die Delegate-Methode tableView(_:heightForRowAt:) zu implementieren und abhängig vom erhaltenen Zellen-Index entweder eine Höhe von 44 Punkten (für die erste Zelle mit dem Index 0) oder eine Höhe von 81 Punkten (für die zweite Zelle mit dem Index 1) zurückzuliefern. Die vollständige Implementierung der View-Controller-Klasse hierzu finden Sie in Listing 24.26, das Ergebnis zeigt Bild 24.78.

Listing 24.26 Setzen unterschiedlicher Höhen für verschiedene Zellen einer Table-View

```
class ViewController: UIViewController, UITableViewDataSource, UITableViewDelegate {

    // MARK: Data source
```

```
    func tableView(_ tableView: UITableView, cellForRowAt indexPath: IndexPath) ->
UITableViewCell {
        if indexPath.row == 1 {
            let textFieldCell = tableView.dequeueReusableCell(withIdentifier:
"TextFieldCell", for: indexPath)
            return textFieldCell
        } else {
            let infoCell: UITableViewCell! = tableView.dequeueReusableCell(withIdentif
ier: "InfoCell", for: indexPath)
            infoCell?.textLabel?.text = "Bitte gib dein Passwort ein."
            return infoCell
        }
    }

    func tableView(_ tableView: UITableView, numberOfRowsInSection section: Int) ->
Int {
        return 2
    }

    // MARK: Delegate

    func tableView(_ tableView: UITableView, heightForRowAt indexPath: IndexPath) ->
CGFloat {
        switch indexPath.row {
        case 1:
            return 81
        default:
            return 44
        }
    }

}
```

Bild 24.78
Für beide Zellen wurde jeweils eine eigene Größe definiert.

24.3.10 Auf Auswahl einer Zelle reagieren

In vielen Fällen sollen die Zellen einer Tabelle nicht nur statische Informationen anzeigen, sondern auch eine Aktion auslösen, wenn der Benutzer auf eine tippt. Oft sieht man ein solches Verhalten beispielsweise im Zusammenspiel mit einem Navigation-Controller. Dieser zeigt eine Table-View und per Tipp auf eine Zelle wird ein neuer View-Controller auf dem Navigation Stack gepusht. Die native Einstellungen-App von iOS besitzt genau ein solches Verhalten.

Um über die Auswahl einer Zelle durch den Nutzer in Ihrer Implementierung informiert zu werden, müssen Sie die `UITableViewDelegate`-Methode `tableView(_:didSelectRowAt:)` in Ihrem Delegate einbinden. Diese wird jedes Mal aufgerufen, wenn eine Zelle ausgewählt wird, und sie übergibt Ihnen den Index-Path der entsprechenden Zelle als Parameter.

Im Folgenden zeige ich Ihnen ein einfaches Beispiel zur Implementierung der Methode `tableView(_:didSelectRowAt:)`. Basis ist ein neues iOS-Projekt, das mit der *Single View App*-Vorlage erstellt wurde. Dem initialen View-Controller der *Main.storyboard*-Datei wird eine Table-View zugewiesen, als Data Source und Delegate für die Table-View wird der initiale View-Controller selbst definiert.

Der Data Source der Beispiel-App ist simpel: Es werden zehn einfache Zellen angezeigt, die als Text ihren jeweiligen Index ausgeben (siehe Bild 24.79). Der Delegate soll nun bei Auswahl einer Zelle eine passende Konsolenmeldung ausgeben. Die entsprechende Implementierung der zugrunde liegenden View-Controller-Klasse finden Sie in Listing 24.27.

Bild 24.79
Auf die Auswahl einer Zelle soll in der Beispiel-App
mit einer Konsolenausgabe reagiert werden.

Listing 24.27 Reaktion auf die Auswahl einer Zelle

```
class ViewController: UIViewController, UITableViewDataSource, UITableViewDelegate {

    // MARK: Data source

    func tableView(_ tableView: UITableView, cellForRowAt indexPath: IndexPath) ->
UITableViewCell {
        var simpleCell: UITableViewCell! = tableView.dequeueReusableCell(withIdenti
fier: "SimpleCell")
        if simpleCell == nil {
            simpleCell = UITableViewCell(style: .default, reuseIdentifier:
"SimpleCell")
        }
        simpleCell.textLabel?.text = "Zelle \(indexPath.row)"
        return simpleCell
    }

    func tableView(_ tableView: UITableView, numberOfRowsInSection section: Int) ->
Int {
        return 10
    }

    // MARK: Delegate

    func tableView(_ tableView: UITableView, didSelectRowAt indexPath: IndexPath) {
        print("Auswahl von Zelle \(indexPath.row)")
    }

}
```

Eine andere Möglichkeit, auf die Auswahl einer Zelle zu reagieren, bietet das Storyboard. Sie können darüber von einer Prototype Cell eine Verbindung zu einem anderen View-Controller herstellen und so dafür sorgen, dass beim Tippen auf Zellen dieses Typs dieser Ziel-View-Controller geladen und angezeigt wird.

Ein Beispiel dazu sehen Sie in Bild 24.80. Es zeigt den Inhalt einer *Main.storyboard*-Datei, bei dessen initialem Interface-Controller es sich um einen Navigation-Controller handelt. Dieser enthält einen View-Controller mit einer Table-View und einer Prototype Cell (der Reuse-Identifier in diesem Beispiel lautet schlicht „SimpleCell"). Diese Prototype Cell ist mit einem *Show*-Segue mit einem weiteren View-Controller verbunden, der ein Label enthält (siehe Bild 24.81 und Bild 24.82). Wann immer eine Zelle ausgewählt wird, soll so der Ziel-View-Controller mit dem Label geladen und angezeigt werden. Der Text des Labels soll hierbei dem Text der ausgewählten Zelle angeglichen werden.

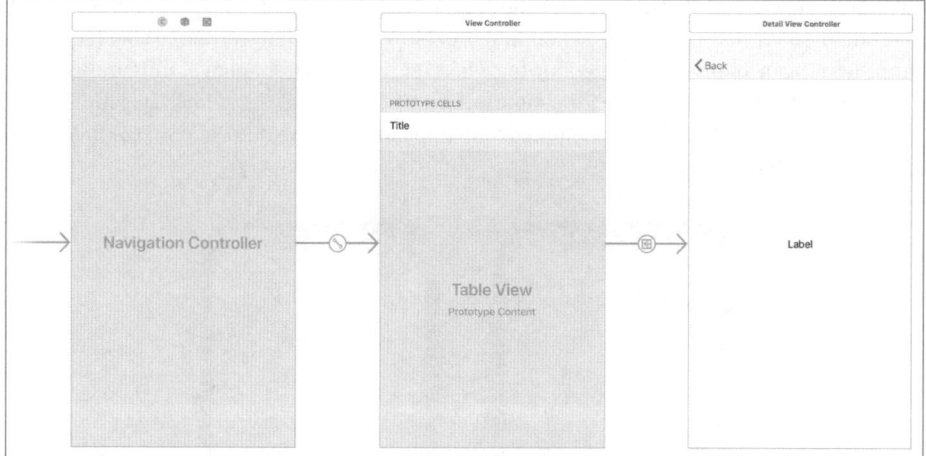

Bild 24.80 Die Prototype Cell der Table-View ist durch einen Segue mit einem View-Controller verbunden.

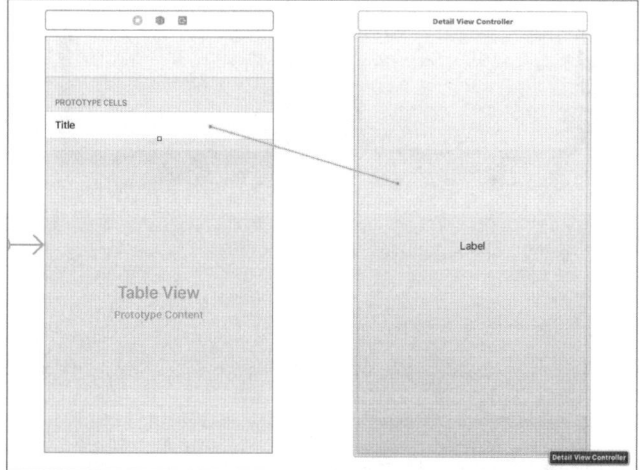

Bild 24.81 Sie können von einer Prototype Cell eine Verbindung zu einem anderen View-Controller aufbauen.

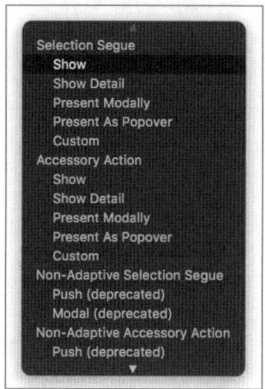

Bild 24.82
Entscheiden Sie sich bei der Verbindung zwischen Prototype Cell und Ziel-View-Controller für einen Show-Segue aus der Kategorie „Selection Segue", um den Ziel-View-Controller nach Auswahl einer Zelle auf dem Navigation Stack zu pushen.

Die Table-View nutzt ihren zugrunde liegenden View-Controller als Data Source. Dieser sorgt dafür, dass insgesamt 100 Zellen in der Table-View geladen werden, wobei jede Zelle ihren jeweiligen Index ausgibt. Wählt man bereits mit dieser simplen Konfiguration eine Zelle aus, wird tatsächlich der View-Controller mit dem Label auf dem Navigation Stack gepusht (siehe Bild 24.83). Die entsprechende Implementierung des Data Source finden Sie in Listing 24.28.

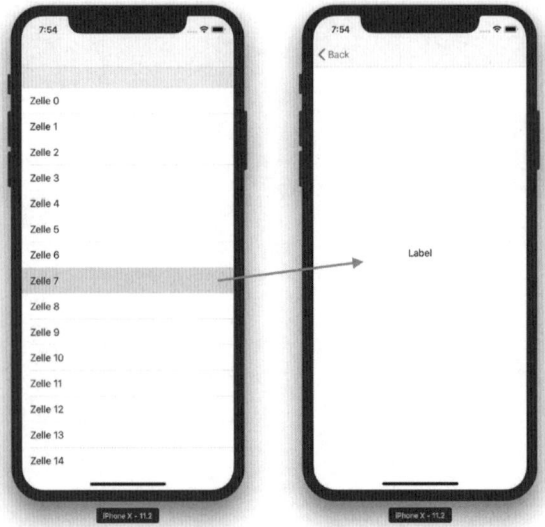

Bild 24.83 Die Beispiel-App zeigt insgesamt 100 Zellen an, nach deren Auswahl ein neuer View-Controller auf dem Navigation Stack gepusht wird.

Listing 24.28 Implementierung des Data Source

```
func tableView(_ tableView: UITableView, cellForRowAt indexPath: IndexPath) ->
UITableViewCell {
    let simpleCell = tableView.dequeueReusableCell(withIdentifier: "SimpleCell", for:
indexPath)
    simpleCell.textLabel?.text = "Zelle \(indexPath.row)"
    return simpleCell
}

func tableView(_ tableView: UITableView, numberOfRowsInSection section: Int) -> Int {
    return 100
}
```

Ohne Implementierung der zuvor genannten Delegate-Methode lässt sich so ein neuer View-Controller nach Auswahl einer Zelle laden und anzeigen. Allerdings fehlt hier bisher die Dynamik: Zwar sehen wir nach dem Tippen auf eine Zelle den gewünschten Ziel-View-Controller, doch der Text des Labels ändert sich nicht.

Wie schaffen wir es also – ohne entsprechende Delegate-Methode, die uns über den Tipp auf eine Zelle informiert –, dem Ziel-View-Controller solche dynamischen Informationen zu übergeben?

Die Antwort liegt im Segue: Da wir einen solchen nutzen, um von der Zelle aus den Ziel-View-Controller zu laden, können wir die Methode prepare(for:sender:) in dem View-Controller der Table-View überschreiben und darin auf den Ziel-View-Controller zugreifen, um ihm den passenden Text zu übermitteln.

Bevor wir das aber tun können, benötigen wir noch eine Klasse für den Ziel-View-Controller, die wir im Code ansprechen können. Hierfür erstellen wir eine UIViewController-Subklasse namens DetailViewController und weisen sie dem Ziel-View-Controller im Storyboard zu. Anschließend nutzen wir den Attributes Inspector, um ein Outlet für das Label im Code der neuen DetailViewController-Klasse zu erzeugen.

Ebenso ergänzen wir den DetailViewController um eine text-Property vom Typ String. Diese nutzen wir in der ViewController-Klasse, um dem DetailViewController den Label-Text der ausgewählten Zelle zuzuweisen. Der Grund: Vom ViewController aus – innerhalb der Methode prepare(for:sender:) – können wir noch nicht auf das Label des DetailViewController zugreifen. Zu diesem Zeitpunkt ist dieser Ziel-View-Controller noch nicht geladen, und entsprechend verweist das Label-Outlet auf nil.

Stattdessen überschreiben wir innerhalb des DetailViewController die viewDidLoad()-Methode und weisen darin den Wert der text-Property dem Label zu. Zu diesem Zeitpunkt können wir nämlich sicher sein, dass das Label zur Verfügung steht. Die vollständige Implementierung der DetailViewController-Klasse zeigt Listing 24.29.

Listing 24.29 Implementierung der DetailViewController-Klasse

```
class DetailViewController: UIViewController {

    @IBOutlet weak var label: UILabel!

    var text: String!

    override func viewDidLoad() {
        super.viewDidLoad()
        label.text = text
    }

}
```

Nun zurück zur ViewController-Klasse und der Table-View. Eine Frage bleibt nämlich noch vorab zu klären, ehe wir die Methode prepare(for:sender:) erfolgreich überschreiben können: Wie ermitteln wir die ausgewählte Zelle aus dieser Methode heraus?

Die Antwort hierauf liefert der sender-Parameter. Er entspricht der Instanz, die den Segue ausgelöst hat; in unserem Fall ist das also eine Instanz der Klasse UITableViewCell. Das alleine hilft in der Regel aber noch nicht weiter. Schließlich wissen wir dadurch nicht, aus welcher Section die Zelle stammt beziehungsweise welchen Row-Index sie besitzt. Diese Informationen sind aber wichtig, um die korrekten Informationen an den jeweiligen Ziel-View-Controller weiterzugeben. In unserem Fall benötigen wir den Row-Index, um den passenden Titel für das Label setzen zu können.

Um den Index-Path einer UITableViewCell zu ermitteln, können Sie die Methode indexPath(for:) auf einer UITableView aufrufen. Sie erwartet als Parameter die Zelle, deren Index-Path Sie erhalten möchten. Damit wir in unserem Fall diese Methode aufrufen können, müssen wir also zusätzlich noch ein Outlet für die Table-View im Code unserer `ViewController`-Klasse erzeugen (wie immer können wir ein solches am einfachsten über das Storyboard mithilfe des Assistant Editors erstellen).

Innerhalb der `prepare(for:sender:)`-Methode gehen wir anschließend wie folgt vor: Zunächst casten wir den `sender`-Parameter nach `UITableViewCell` (schließlich wissen wir, dass es sich in unserem Fall immer um eine `UITableViewCell`-Instanz handeln muss). Ebenso verfahren wir mit dem `segue`-Parameter: Dessen `destination`-Property verweist auf den Ziel-View-Controller, von dem wir wissen, dass er dem Typ `DetailViewController` entspricht. Mithilfe der `UITableView`-Methode `indexPath(for:)` ermitteln wir den Index-Path der ausgewählten Zelle und nutzen diese Information, um der `text`-Property des `DetailViewController` einen passenden Wert zuzuweisen. Die vollständige Implementierung (inklusive Data Source) der `ViewController`-Klasse finden Sie in Listing 24.30.

Listing 24.30 Implementierung der `ViewController`-Klasse

```
class ViewController: UIViewController, UITableViewDataSource {

    // MARK: Outlets

    @IBOutlet weak var tableView: UITableView!

    // MARK: Segue

    override func prepare(for segue: UIStoryboardSegue, sender: Any?) {
        let selectedCell = sender as! UITableViewCell
        let selectedIndexPath = tableView.indexPath(for: selectedCell)!
        let detailViewController = segue.destination as! DetailViewController
        detailViewController.text = "Zelle \(selectedIndexPath.row)"
    }

    // MARK: Data source

    func tableView(_ tableView: UITableView, cellForRowAt indexPath: IndexPath) ->
UITableViewCell {
        let simpleCell = tableView.dequeueReusableCell(withIdentifier: "SimpleCell",
for: indexPath)
        simpleCell.textLabel?.text = "Zelle \(indexPath.row)"
        return simpleCell
    }

    func tableView(_ tableView: UITableView, numberOfRowsInSection section: Int) ->
Int {
        return 100
    }

}
```

Wenn Sie die App nun ausführen, wird nach Auswahl einer Zelle nicht nur der Ziel-View-Controller geladen und angezeigt, sondern zusätzlich dem Label der Text der gewählten Zelle zugewiesen (siehe Bild 24.84).

Bild 24.84 Das Label erhält dynamisch den Text der zuvor ausgewählten Zelle.

Umsetzung des Beispiels mit der Delegate-Methode „tableView(_:didSelectRowAt:)"

Womöglich fragen Sie sich, wie Sie das Beispiel von eben ohne Segue durch Verwendung der Delegate-Methode `tableView(_:didSelectRowAt:)` umgesetzt hätten. In diesem Fall steht Ihnen zwar direkt der Index-Path der ausgewählten Zelle zur Verfügung (den wir bei Verwendung des Segues erst ermitteln mussten), dafür aber fehlt der anzuzeigende Ziel-View-Controller.

Wenn Sie die `tableView(_:didSelectRowAt:)`-Methode nutzen, müssen Sie – wenn Sie einen neuen View-Controller einblenden möchten – sich vollständig selbst um das Erstellen und Anzeigen der entsprechenden View-Controller-Instanz kümmern. In dem gezeigten Beispiel könnte man den Detail-View-Controller ebenfalls im Storyboard anlegen und mit einem Storyboard-Identifier versehen, um so im Code auf ihn zugreifen zu können. Der Push auf dem Navigation Stack kann dann programmatisch mithilfe der Methode `pushViewController(_:animated:)` über die zugrunde liegende `navigationController`-Property ausgelöst werden.

In Listing 24.31 sehen Sie eine entsprechende Implementierung. Hierbei gehe ich davon aus, dass der Detail-View-Controller im Main-Storyboard erstellt wurde und über den Identifier „DetailViewController" angesprochen werden kann.

Listing 24.31 Umsetzung des gezeigten Beispiels mithilfe der Delegate-Methode `tableView(_:didSelectRowAt:)`

```
func tableView(_ tableView: UITableView, didSelectRowAt indexPath:
IndexPath) {
```

```
        let mainStoryboard = UIStoryboard(name: "Main", bundle: nil)
        let detailViewController = mainStoryboard.instantiateViewControl
ler(withIdentifier: "DetailViewController") as! DetailViewController
        detailViewController.text = "Zelle \(indexPath.row)"
        navigationController?.pushViewController(detailViewController,
animated: true)
    }
```

24.3.11 Der UITableViewController

Das *UIKit*-Framework verfügt über eine `UIViewController`-Subklasse namens `UITable
ViewController`. Es handelt sich um einen vorkonfigurierten View-Controller, der auf sei-
ner gesamten zur Verfügung stehenden Fläche eine Table-View anzeigt. Gleichzeitig ist der
Table-View-Controller von Haus aus als Data Source sowie als Delegate für die Table-View
konfiguriert.

Einen Table-View-Controller können Sie einem Storyboard ganz leicht mithilfe des *Table
View Controller*-Elements aus der Objects Library hinzufügen (siehe Bild 24.85). Die sonstige Konfiguration der Table-View ist identisch zu dem Vorgehen, das Sie in den vorangegangenen Abschnitten kennengelernt haben. So können Sie verschiedene Prototype Cells
definieren und von ihnen Verbindungen in Form von Segues zu den gewünschten Ziel-View-
Controllern aufbauen (siehe Bild 24.86).

Bild 24.85 Mithilfe des „Table-View-Controller"-Elements aus der Objects Library fügen Sie Ihrem
Storyboard eine UITableViewController-Instanz hinzu.

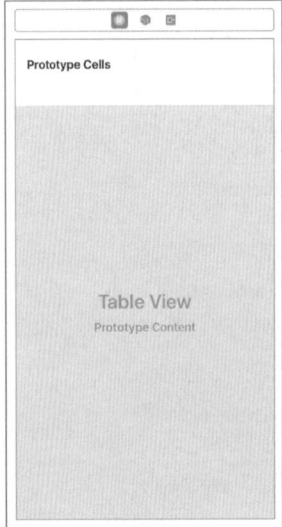

Bild 24.86
Die Table-View eines Table-View-Controllers wird auf die gleiche
Art und Weise angepasst und konfiguriert wie ein herkömmliches
Table-View-Element.

Ein `UITableViewController` besitzt eine `tableView`-Property, die direkt mit der Table-View gekoppelt ist. Sie brauchen also selbst kein Outlet für eine Table-View zu erstellen, um im Code auf sie zugreifen zu können. Daneben verrät ein Blick in den Connections Inspector nach Auswahl eines `UITableViewController` die bereits genannte Verbindung des Table-View-Controllers als Data Source und Delegate der zugrunde liegenden Table-View (siehe Bild 24.87).

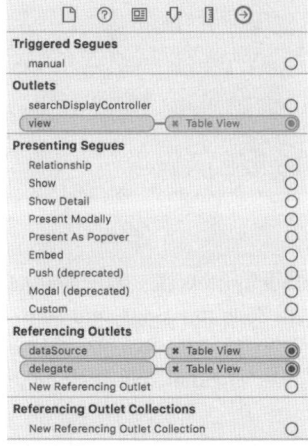

Bild 24.87
Ein UITableViewController bietet direkten Zugriff auf die zugrunde liegende Table-View. Außerdem ist er standardmäßig als Data Source und Delegate der Table-View konfiguriert.

Mit Einsatz eines `UITableViewController` sparen Sie sich die Erstellung und Konfiguration eines eigenen View-Controllers, der auf seiner gesamten Fläche eine Table-View anzeigt. Sie brauchen weder ein Outlet für die Table-View zu erstellen noch den Data Source und Delegate zu setzen. Sie ersparen sich all diese kleinen Schritte, wenn Sie direkt einen `UITableViewController` verwenden.

Sie sollten ihn allerdings nicht einsetzen, wenn Sie in der View des View-Controllers mehr als die Table-View selbst anzeigen möchten. Wenn eine Table-View nur einen kleinen Part einnimmt, bietet es sich stattdessen an – wie in den vorangegangenen Beispielen gezeigt – einen einfachen View-Controller zu erstellen und diesen dann auf die gewünschte Art und Weise zu konfigurieren.

24.3.12 Statische Tabellen im Storyboard erstellen

In manchen Szenarien möchte man lediglich eine statische Table-View mit klar definierten Zellen erzeugen, bei der es keinerlei Dynamik bedarf. Ein gutes Beispiel für solch ein Szenario ist eine Ansicht zum Setzen von diversen App-Einstellungen. Gerne werden für diese Zwecke Table-Views verwendet, um die verschiedenen zur Verfügung stehenden Einstellung aufzuführen. Die native Einstellungen-App von iOS ist genau auf diese Art und Weise organisiert und besteht fast ausschließlich aus Table-Views (siehe Bild 24.88).

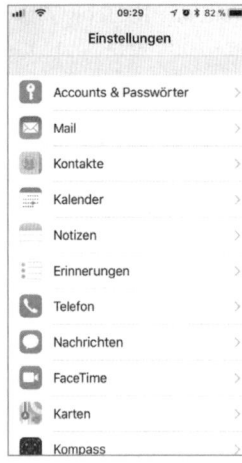

Bild 24.88

Die native Einstellungen-App von iOS setzt sich aus vielen Table-Views zusammen, deren Aufbau in der Regel immer gleich und damit statisch ist.

Solche Ansichten wie die der nativen Einstellungen-App im Code mittels des Data Source einer Table-View umzusetzen, kann enorm aufwendig sein. Jede Zelle muss passend konfiguriert und ihr die gewünschte Aktion zugewiesen werden. Da wäre es viel einfacher, solche Tabellen direkt im Storyboard zu erstellen. Und erfreulicherweise ist genau das auch möglich!

Um eine Table-View mit rein statischen Zellen im Storyboard zu erstellen, müssen Sie zwingend eine Instanz eines UITableViewController verwenden. Wählen Sie anschließend dessen Table-View aus und wechseln Sie in den Attributes Inspector. Betrachten Sie dort die Auswahlbox mit dem Titel *Content*. Standardmäßig enthält sie den Wert *Dynamic Prototypes*, mit dem Sie Vorlagen für die zu verwendenden Zellen innerhalb der Table-View definieren können (wobei die Inhalte der Table-View aber gänzlich dynamisch über den Data Source geregelt werden). Um eine komplett statische Table-View zu erzeugen, wechseln Sie hier zum Eintrag *Static Cells* (siehe Bild 24.89).

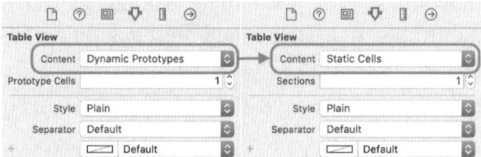

Bild 24.89 Über das Auswahlmenü Content können Sie von einer dynamischen zu einer statischen Table-View wechseln.

Durch diese Änderung verändert sich das Verhalten der Table-View. Statt einfach nur Prototype Cells können Sie nun direkt im Interface die gewünschten Sections und Zellen erstellen, die Sie verwenden möchten. Ausgangspunkt sind die Sections. Die Anzahl der Sections der Table-View regeln Sie über das unterhalb von *Content* auftauchende Textfeld mit dem Titel *Sections*. Für jede Section wird der Table-View ein passendes Section-Element zugewiesen, und jedes Section-Element enthält die zugehörigen Zellen. Über die Document Outline Area können Sie diesen statischen Aufbau sehr gut nachvollziehen (siehe Bild 24.90).

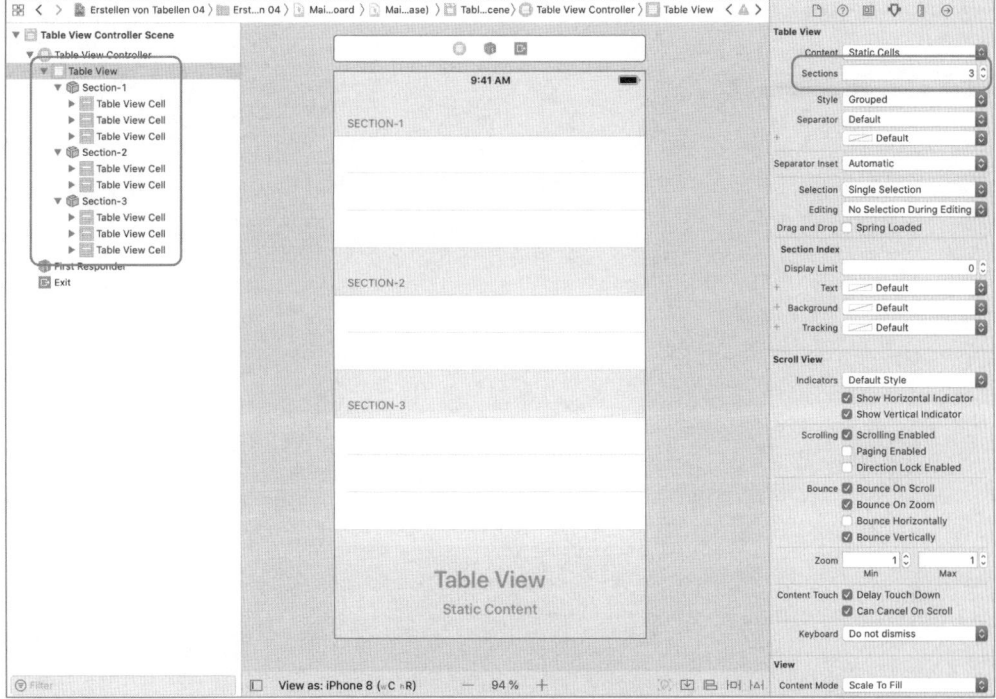

Bild 24.90 Für jede Section erhält die Table-View ein passendes Element, das wiederum die zugehörigen Zellen enthält. Die Document Outline Area gibt Aufschluss über diesen Aufbau.

Um eine Section zu bearbeiten – beispielsweise um die Anzahl der enthaltenen Zellen festzulegen oder den angezeigten Titel zu ändern – wählen Sie sie in der Document Outline Area aus und wechseln in den Attributes Inspector. Dort können Sie genau diese Informationen festlegen (siehe Bild 24.91).

Die einzelnen Zellen können Sie auf die gleiche Art und Weise bearbeiten wie die Prototype Cells. Sie können entweder eines der standardmäßig zur Verfügung stehenden Designs verwenden oder selbst die Zellen durch Hinzufügen beliebiger View-Elemente nach eigenem Gusto kreieren (siehe Bild 24.92).

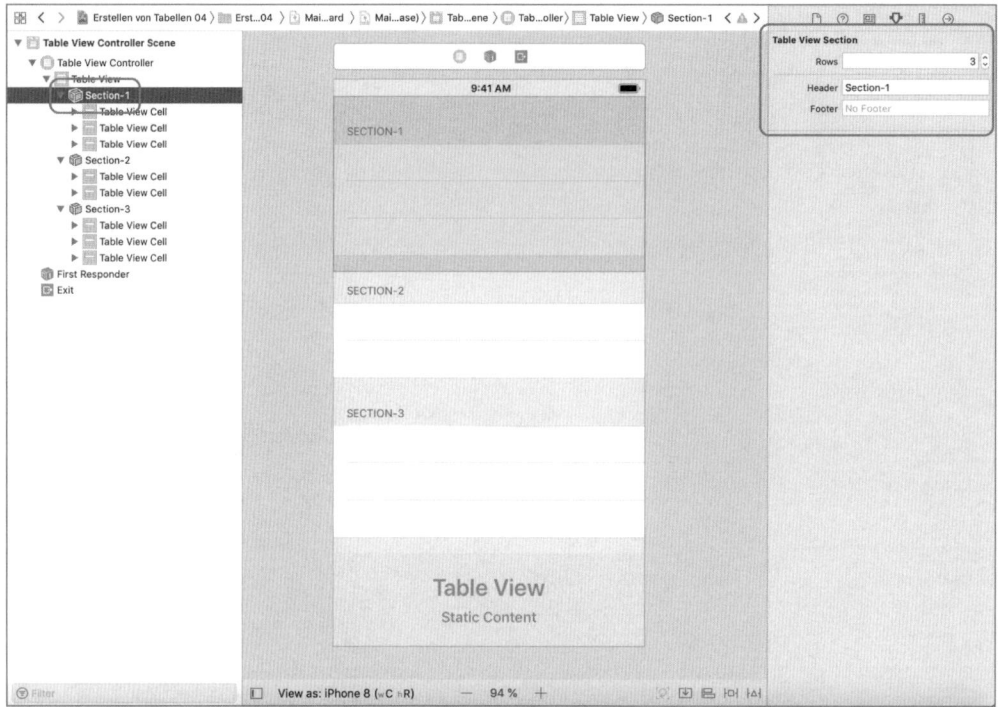

Bild 24.91 Wählen Sie eine Section über die Document Outline Area aus, um ihren Titel, ihren Footer sowie die in ihr enthaltene Anzahl an Zellen zu ändern.

Bild 24.92
Sie können die statischen Zellen frei gestalten.

Auf diese Art und Weise erstellen Sie nach und nach die verschiedenen Sektionen der Tabelle mitsamt den zugehörigen Zellen. Um die Zellen beziehungsweise deren View-Elemente dynamisch im Code anpassen zu können, setzen Sie passende Outlets im Code des zugrunde liegenden View-Controllers. In Bild 24.93 sehen Sie hierzu ein Beispiel, in dem für einen Schalter einer statischen Zelle eine Verbindung zum Code der zugrunde liegenden View-Controller-Klasse gesetzt wird, um eine Action-Methode zu erstellen. Sie müssen also nicht länger den Data Source einer Table-View nutzen, um die Zellen zu konfigurieren, sondern können stattdessen direkt auf passende Outlets zurückgreifen.

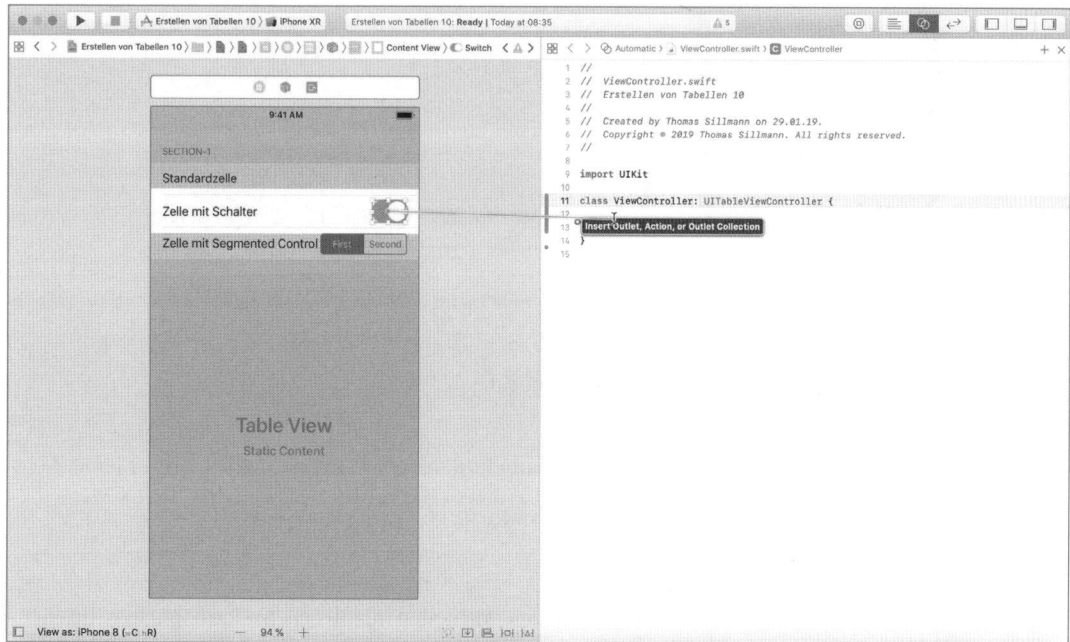

Bild 24.93 Um Outlets und Actions für die Zellen und die ihnen zugeordneten View-Elemente zu erstellen, ziehen Sie einfach eine entsprechende Verbindung von der View in den Code des zugrunde liegenden View-Controllers.

Übrigens können Sie natürlich auch weiterhin Segues von statischen Zellen zu anderen View-Controllern definieren. Das ist immer sinnvoll, wenn ein Tipp auf eine Zelle einen neuen View-Controller laden und anzeigen soll.

Auf die gezeigte Art und Weise lassen sich Table-Views erstellen, die gänzlich ohne Data Source auskommen und deren Inhalt und Aufbau vollständig im Storyboard gestaltet werden (siehe Bild 24.94). Für statische Tabellen ist dieses Vorgehen meist deutlich einfacher und komfortabler, als aufwendig einen Data Source im Code zu implementieren.

Aber beachten Sie eines: Sobald Sie Dynamik in Ihre Tabelle bringen möchten (und sei es nur, dass eine einzige Zelle dynamisch ein- und ausgeblendet werden kann), kommen Sie um die Implementierung eines dynamisch ausgelegten Data Source nicht herum.

Bild 24.94
Mithilfe einer statischen Table-View erstellen Sie schnell
und einfach Tabellen für Ihre iOS-App.

■ 24.4 Eingabe von Text

Um Text in iOS-Apps einzugeben, stehen standardmäßig zwei verschiedene View-Elemente
bereit:

- Einfache Textfelder
- Umfangreiche Textansichten

Deren grundlegende Aufgabe ist in beiden Varianten identisch: Sie ermöglichen Ihren
Benutzern die Eingabe von Text in Ihrer App. Die umfangreichen Textansichten können darüber hinaus auch verwendet werden, um dem Nutzer einen längeren Text anzuzeigen, den
er nicht verändern können soll und für den ein Label nicht groß genug ist beziehungsweise
es nicht genügend Optionen zur Formatierung mitbringt.

24.4.1 Text eingeben über einfache Textfelder

Einfache Textfelder werden in der iOS-Entwicklung durch Elemente der Klasse `UITextField`
abgebildet. Solche Textfelder nutzt man primär zur Eingabe von wenigem Text, der in eine
Zeile hineinpasst. Typische Einsatzgebiete solcher Textfelder sind die Eingabe eines Benut-
zernamens, einer E-Mail-Adresse oder eines Passworts (siehe Bild 24.95).

Bild 24.95
Mithilfe einfacher Textfelder können Sie den Nutzer
einzeiligen Text in Ihrer App eingeben lassen.

Neben der Möglichkeit, eine Instanz der Klasse `UITextField` im Code zu erzeugen und so einer View hinzuzufügen, können Sie einfache Textfelder einem View-Controller auch direkt über ein Storyboard zuweisen. Hierbei kommt das *Text Field*-Element aus der Objects Library zum Einsatz (siehe Bild 24.96). Ziehen Sie es einfach auf die gewünschte Stelle eines View-Controllers, um diesem ein Textfeld hinzuzufügen (siehe Bild 24.97).

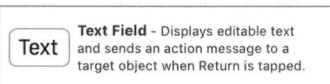

Bild 24.96 Über das „Text Field"-Element aus der Objects Library können Sie Textfelder direkt im Storyboard einem View-Controller zuweisen.

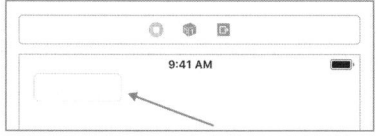

Bild 24.97
So sieht ein einem View-Controller zugewiesenes „Text Field"-Element in einem Storyboard aus.

24.4.1.1 Konfigurationsmöglichkeiten eines einfachen Textfelds

Die Klasse `UITextField` bringt verschiedene Eigenschaften mit, um das Aussehen dieses View-Elements anzupassen. Sie können sowohl Properties im Code als auch Einstellungen im Attributes Inspector zur Konfiguration verwenden.

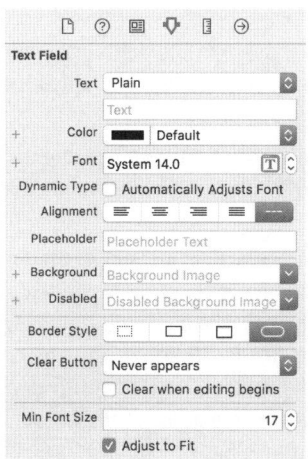

Bild 24.98
Ihnen stehen diverse Konfigurationsmöglichkeiten für ein Textfeld zur Verfügung.

Im Folgenden finden Sie eine Übersicht möglicher Anpassungsmöglichkeiten eines Textfelds, wie Sie Ihnen im Attributes Inspector nach Auswahl eines Textfelds zur Verfügung stehen (siehe Bild 24.98). Wenn es für eine dieser Einstellungen ein passendes Äquivalent im Code gibt, nenne ich auch den Namen der entsprechenden Property und gebe – sofern nötig – zusätzliche Hinweise zur Implementierung im Code.

- *Text:* Über dieses Textfeld können Sie den anzuzeigenden Standardtext des Textfelds verändern. Im Code können Sie die Property `text` nutzen, um diesen Wert auszulesen beziehungsweise zu verändern.

- *Color:* Hierüber legen Sie die Textfarbe fest. Im Code können Sie diese Information über die Property `textColor` auslesen und verändern.

- *Font:* Über dieses Eingabefeld können Sie Schriftart und -größe des im Textfeld angezeigten Texts verändern. Im Code nutzen Sie die Property `font`, um diesen Wert auszulesen oder zu verändern.

- *Alignment:* An dieser Stelle legen Sie fest, wie der Text innerhalb des Textfelds ausgerichtet werden soll. Zur Auswahl stehen (von links nach rechts) die Optionen linksbündig, zentriert, rechtsbündig und Blocksatz. Der äußere rechte Punkt mit den drei horizontal gestrichelten Linien entspricht dem Standardwert und dient dazu, die Ausrichtung des Texts automatisch durch das System bestimmen zu lassen. Hierzulande wird die Ausrichtung hierdurch auf linksbündig gesetzt, da die deutsche Sprache von links nach rechts gelesen wird. Ist im zugrunde liegenden iOS-Gerät aber eine Sprache eingestellt, in der von rechts nach links gelesen wird (beispielsweise Arabisch), sorgt diese Einstellung dafür, dass der Text im Textfeld passend hierzu rechtsbündig formatiert wird.

  Im Code wird diese Einstellung über die Property `textAlignment` vom Typ `NSText Alignment` abgebildet. Sie bringt – analog zu den im Attributes Inspector zur Verfügung stehenden Optionen – die Werte `left`, `center`, `right`, `justified` und `natural` mit.

- *Placeholder:* In diesem Feld können Sie einen Platzhaltertext definieren, der in dezenter grauer Farbe innerhalb des Textfelds angezeigt wird, solange noch kein anderer Text eingegeben wurde (siehe hierzu auch die zuvor beschriebene *Text*-Einstellung). Die Texte innerhalb der Textfelder aus Bild 24.95 entsprechen ebenfalls einem solchen Platzhaltertext. Im Code können Sie die Property `placeholder` nutzen, um auf diesen Wert zuzugreifen oder ihn zu verändern.

- *Background:* Hierüber können Sie eine Hintergrundgrafik für das Textfeld definieren, die hinter dem einzugebenden Text angezeigt wird (allerdings nur, solange das Textfeld aktiv ist). Im Code setzen Sie diese Einstellung mithilfe der `background`-Property.

- *Disabled:* Über diese Option können Sie eine separate Hintergrundgrafik definieren, die immer dann angezeigt wird, wenn das Textfeld inaktiv ist. Die zugehörige Einstellung im Code erreichen Sie über die Property `disabledBackground`.

- *Border Style:* Ein Textfeld bringt verschiedene Optionen mit, um den ihn umgebenden Rahmen anzupassen. Der Standard entspricht einem Rahmen mit leicht abgerundeten Ecken. Daneben können Sie auch einen schlichten viereckigen Rahmen setzen (optional mit leichter Schattierung) oder gänzlich auf einen Rahmen für das Textfeld verzichten. Beachten Sie bei Letzterem, dass das Textfeld dann unter normalen Umständen für den Nutzer kaum noch sichtbar ist. Sie sollten in diesem Fall das Textfeld anderweitig hervorheben, beispielsweise durch eine geeignete Hintergrundgrafik.

  Im Code wird diese Einstellung durch die Property `borderStyle` abgebildet. Sie entspricht der Enumeration `UITextBorderStyle` und besitzt die folgenden Werte: `none` (kein Rahmen), `line` (ein viereckiger Rahmen), `bezel` (ein viereckiger Rahmen mit Schattierung) und `roundedRect` (ein abgerundeter Rahmen).

- *Clear Button:* Beim Clear Button handelt es sich um eine kleine Schaltfläche in Form eines X, die dazu dient, den Inhalt eines Textfelds vollständig zu löschen (siehe Bild 24.99). Über das gleichnamige Auswahlmenü im Attributes Inspector können Sie festlegen, ob und wann der Clear Button im ausgewählten Textfeld angezeigt wird. Zur Wahl stehen die folgenden Optionen: *Never appears* (der Clear Button wird nie angezeigt), *Appears while editing* (der Clear Button wird angezeigt, während der Nutzer Text in das Textfeld eingibt), *Appears unless editing* (der Clear Button wird angezeigt, solange der Nutzer keinen Text in das Textfeld eingibt) und *Is always visible* (der Clear Button wird immer angezeigt).

Im Code steuern Sie diese Eigenschaft mithilfe der `clearButtonMode`-Property vom Enumeration-Typ `UITextFieldViewMode`. Analog zu den Optionen, die Ihnen im Attributes Inspector zur Verfügung stehen, besitzt diese Enumeration die folgenden Werte: `never`, `whileEditing`, `unlessEditing` und `always`.

Bild 24.99 Über den Clear Button am äußeren rechten Rand können Sie den kompletten Inhalt eines Textfelds löschen.

- *Clear when editing begins:* Ist diese Checkbox aktiv, wird der Text innerhalb eines Textfelds gelöscht, sobald das Textfeld aktiv wird und somit Nutzereingaben entgegennimmt. Im Code wird diese Eigenschaft durch die boolesche Property `clearsOnBeginEditing` gesteuert.

- *Min Font Size:* Ist die Checkbox *Adjust to Fit* aktiviert, wird der in ein Textfeld eingegebenen Text, falls nötig, soweit verkleinert, bis er der hinterlegten minimalen Schriftgröße entspricht. Das kann hilfreich sein, um bei einem langen Text, der in ein Textfeld eingegeben wird, noch Inhalte auf Kosten der Schriftgröße anzuzeigen (statt diese abzuschneiden).

Im Code steuern Sie die Option, ob ein Textfeld seinen Text, wenn nötig, automatisch verkleinern soll, mithilfe der booleschen `adjustsFontSizeToFitWidth`-Property. Die minimale Schriftgröße, die das Textfeld in jedem Fall mindestens verwenden soll, definieren Sie über die Property `minimumFontSize`.

24.4.1.2 Auf Texteingaben in einem Textfeld reagieren

Die Klasse `UITextField` bietet zwei Möglichkeiten, um die Eingabe von Text abzufangen: die Implementierung einer oder mehrerer Action-Methoden sowie das Definieren eines Delegate. Beide Varianten werden im Folgenden im Detail vorgestellt.

24.4.1.2.1 Implementierung von Action-Methoden

Die Klasse `UITextField` ist von `UIControl` abgeleitet, was bedeutet, dass Sie einem Textfeld Action-Methoden zuweisen können (genau wie bei Schaltflächen oder Schaltern auch). Bei der Implementierung einer oder mehrerer solcher Action-Methoden gilt es, das Control-Event zu beachten, durch das die jeweilige Methode ausgelöst werden soll. Im Zusammenspiel mit Textfeldern kommen typischerweise die folgenden Ereignisse zum Einsatz:

- `editingDidBegin`: Das Textfeld wurde ausgewählt und es nimmt nun Eingaben des Nutzers entgegen.

- `editingChanged`: Der im Textfeld eingegebene Text hat sich geändert. Eine diesem Event zugewiesene Action-Methode wird bei jeder Eingabe oder Löschung eines Zeichens (sprich jeder noch so kleinen Änderung des Inhalts des Textfelds) aufgerufen.

- editingDidEnd: Das Textfeld nimmt keine Eingaben mehr entgegen, der Inhalt wird nicht länger verändert.

Abhängig davon, auf welche Events Sie reagieren möchten, müssen Sie die passenden Action-Methoden implementieren. Dazu können Sie entweder im Code die von UIControl abgeleitete Methode addTarget(_:action:for:) aufrufen oder – sollte das Textfeld über ein Storyboard erstellt worden sein – die gewünschte Action durch Ziehen einer Verbindung vom Textfeld in den Code des zugrunde liegenden View-Controllers erzeugen (siehe Bild 24.100). Beachten Sie dabei, das passende Event aus dem gleichnamigen Dropdown-Menü auszuwählen, unter dem die Methode aufgerufen werden soll.

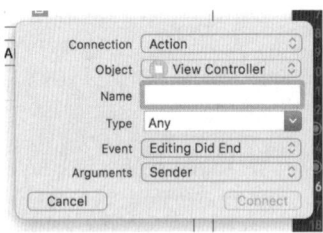

Bild 24.100
Denken Sie bei der Erstellung einer Action-Methode für ein Textfeld über das Storyboard daran, das passende Event auszuwählen.

Im Folgenden zeige ich Ihnen ein kleines Beispiel zur Implementierung von Action-Methoden für ein Textfeld. Basis ist ein neues Xcode-Projekt unter Verwendung der *Single View App*-Vorlage. Der initiale View-Controller der *Main.storyboard*-Datei wird um ein Textfeld und ein Label ergänzt (siehe Bild 24.101). Für das Label wird ein passendes Outlet im Code der ViewController-Klasse erzeugt, während für das Textfeld zwei Action-Methoden generiert werden. Die eine hört auf den Namen textFieldEditingDidBegin(_:) und basiert auf dem *Editing Did Begin*-Event, die andere lautet textFieldEditingChanged(_:) und basiert auf dem *Editing Changed*-Event.

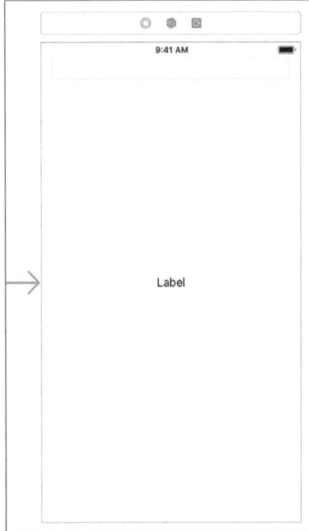

Bild 24.101
Der initiale View-Controller der Beispiel-App verfügt über ein Textfeld und ein Label.

Sobald der Nutzer auf das Textfeld tippt (und damit die Texteingabe ermöglicht wird), soll der Text des Labels auf „Los geht's!" geändert werden. Bei jeder Textänderung innerhalb des Textfelds soll anschließend der Text aus dem Textfeld umgehend dem Label zugewiesen werden. In Listing 24.32 finden Sie hierzu die vollständige Implementierung der ViewController-Klasse.

Listing 24.32 Reaktion auf die Texteingabe in einem Textfeld durch Action-Methoden

```
class ViewController: UIViewController {

    @IBOutlet weak var label: UILabel!

    @IBAction func textFieldEditingDidBegin(_ sender: UITextField) {
        label.text = "Los geht's!"
    }

    @IBAction func textFieldEditingChanged(_ sender: UITextField) {
        label.text = sender.text
    }

}
```

Wenn Sie das Projekt ausführen und Text in das Textfeld eintragen, werden Sie feststellen, dass sich der Text des Labels zunächst zu „Los geht's!" ändert und anschließend dem entspricht, was Sie in das Textfeld eintippen (siehe Bild 24.102).

Bild 24.102 Durch die dem Textfeld zugewiesenen Action-Methoden können Sie direkt auf die Eingaben innerhalb des Textfelds reagieren.

24.4.1.2.2 Definieren eines Delegate

Die Klasse UITextField besitzt eine delegate-Property, die konform zum sogenannten UITextFieldDelegate ist. Wenn Sie dieser Property eine passende Instanz zuweisen, wird diese durch das Textfeld bei verschiedenen Events aufgerufen (beispielsweise wenn die Editierung von Text beginnt oder neuer Text durch den Nutzer eingegeben wird). Darüber hinaus können Sie über diesen Delegate zusätzliche Eigenschaften und Funktionen eines Textfelds steuern.

Im Folgenden finden Sie eine Auflistung der Methoden, die Ihnen über das UITextField Delegate-Protokoll zur Verfügung stehen:

- textFieldShouldBeginEditing(_:): Über diese Methode können Sie steuern, ob der Nutzer über ein Textfeld Text eingeben kann. Dazu liefern Sie true zurück, andernfalls false.

- textFieldDidBeginEditing(_:): Informiert Sie darüber, dass das Bearbeiten eines Textfelds begonnen hat.

- textFieldShouldEndEditing(_:): Hierüber können Sie durch Rückgabe eines entsprechenden booleschen Werts steuern, ob die Bearbeitung eines Textfelds beendet werden kann (true) oder nicht (false).

- textFieldDidEndEditing(_:): Informiert Sie darüber, dass das Bearbeiten eines Textfelds beendet wurde.

- textField(_:shouldChangeCharactersIn:replacementString:): Wird aufgerufen, wenn sich der Text eines Textfelds ändern soll (aber bevor die Änderung durchgeführt wurde). Sie liefern true zurück, wenn die jüngste Eingabe des Nutzers erlaubt ist, andernfalls false. Sie können diese Methode nutzen, um so beispielsweise die Eingabe unerwünschter Zeichen zu verhindern. Der erste Parameter liefert Ihnen hierfür das Textfeld, über das die Eingabe erfolgt und worüber Sie den noch aktuellen Text (ohne die vom Nutzer gewünschte Änderung) auslesen können. Der zweite Parameter range liefert Ihnen den Bereich, in dem die Änderung des Texts erfolgen soll, und string enthält die entsprechende Änderung für diesen Bereich.

- textFieldShouldClear(_:): Diese Methode wird aufgerufen, wenn der Nutzer den Clear Button eines Textfelds betätigt (sofern dieser angezeigt wird). Sie können darüber durch Rückgabe eines booleschen Werts steuern, ob eine Löschung des Inhalts des Textfelds erfolgen soll (true) oder nicht (false). In letzterem Fall wird der Text im Textfeld also selbst dann nicht gelöscht, wenn der Nutzer den Clear Button betätigt.

- textFieldShouldReturn(_:): Diese Methode wird aufgerufen, wenn der Nutzer die Return-Taste auf dem Keyboard betätigt, während das entsprechende Textfeld aktiv ist. Sie können diese Methode nutzen, um entsprechende Befehle für das Betätigen der Return-Taste auszuführen (beispielsweise das Verlassen des Bearbeiten-Modus des Textfelds durch Aufrufen der Methode resignFirstResponder()).

 Arbeiten mit der Methode „textField(_:shouldChangeCharactersIn: replacementString:)"

Die Methode textField(_:shouldChangeCharactersIn:replacement String:) ist ein wenig tückisch. Sie wird aufgerufen, *nachdem* der Nutzer eine Textänderung durchgeführt hat (zum Beispiel durch Auswählen eines Buchstabens auf der Tastatur), aber *bevor* die gewünschte Änderung im Textfeld übernommen wurde. Das Textfeld enthält zu diesem Zeitpunkt also noch den ursprünglichen Text und nicht die vom Nutzer durchgeführte Änderung.

Um zu ermitteln, wie der Inhalt des Textfelds nach der Änderung durch den Nutzer aussieht, müssen Sie sich diese Information mithilfe der erhaltenen Parameter selbst zusammenbauen. Hierfür können Sie die Methode `replacingCharacters(in:with:)` über den aktuellen Wert des Textfelds aufrufen. Als Parameter übergeben Sie dann sowohl die Range als auch den Replacement-String, die Sie durch die Delegate-Methode erhalten. Als Ergebnis wird Ihnen der String zurückgeliefert, den das Textfeld nach Durchführung dieser Änderung anzeigen würde.

Beachten Sie hierbei aber Folgendes: Der range-Parameter der Delegate-Methode ist vom Typ `NSRange`, während die Methode `replacingCharacters (in:with:)` eine Instanz vom Typ Range erwartet. Sie müssen hier also eine entsprechende Umwandlung durchführen. Dazu können Sie den Range-Initializer `init(_:in:)` nutzen. Dieser erwartet als ersten Parameter eine NSRange-Instanz und als zweiten Parameter den ursprünglichen String, auf den sich die Range bezieht (in diesem Fall wäre das der noch aktuelle Text des Textfelds).

In Listing 24.33 sehen Sie eine beispielhafte Implementierung der UIText FieldDelegate-Methode `textField(_:shouldChangeCharactersIn: replacementString:)`. Darin wird der Text, den das Textfeld durch die jüngste Änderung des Nutzers anzeigen wird, auf die beschriebene Art und Weise zusammengesetzt und in einer Variablen namens updatedText gespeichert. Dieser Variablen wird zunächst der Wert des `string`-Parameters zugewiesen, da es sein kann, dass das Textfeld (beispielsweise zu Beginn der Bearbeitung) noch gar keinen Text enthält. Genau das wird mithilfe eines `if let`-Konstrukts geprüft. Nur falls es schon einen Text im Textfeld gibt, wird anschließend der neue Text zusammengebastelt.

Listing 24.33 Ermitteln des neuen Texts bei Aufruf der `UITextField` `Delegate`-Methode `textField(_:shouldChangeCharactersIn: replacementString:)`

```
func textField(_ textField: UITextField, shouldChangeCharactersIn range:
NSRange, replacementString string: String) -> Bool {
    var updatedText = string
    if let currentText = textField.text {
        updatedText = currentText.replacingCharacters(in: Range(range,
in: currentText)!, with: string)
    }
    return true
}
```

Im Folgenden finden Sie ein kleines Beispiel, das einen Teil der genannten Delegate-Methoden nutzt, um verschiedene Funktionen zu demonstrieren. Basis ist ein neues iOS-Projekt anhand der *Single View App*-Vorlage. Dem initialen View-Controller aus der *Main.storyboard*-Datei wird ein Switch sowie ein Textfeld zugewiesen (siehe Bild 24.103). Switch und Label sind beide mit Outlets mit dem Code des zugrunde liegenden View-Controllers verbunden, gleichzeitig dient der View-Controller als Delegate für das Textfeld (er ist entsprechend konform zum UITextFieldDelegate-Protokoll). Ziehen Sie hierfür eine Verbindung vom

Textfeld zum View-Controller-Symbol oberhalb der View-Controller-Ansicht (siehe Bild 24.104) und lassen Sie anschließend die rechte Maustaste wieder los. Wählen Sie dann im erscheinenden Pop-up-Menü unter *Outlets* den Punkt *delegate* aus (siehe Bild 24.105). Den Clear Button des Textfelds stellen Sie auf *Appears while editing*. Dem Schalter wird abschließend noch eine Action-Methode mit dem Namen `changeEditingMode(_:)` im Code des View-Controllers zugewiesen.

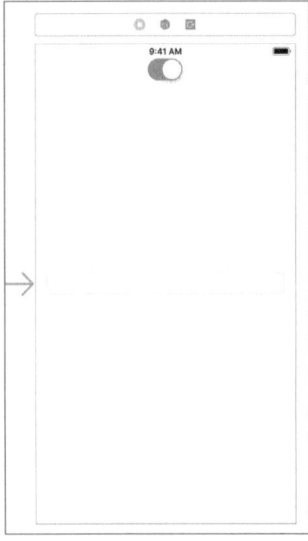

Bild 24.103
Die Beispiel-App verfügt über einen Schalter und ein Textfeld.

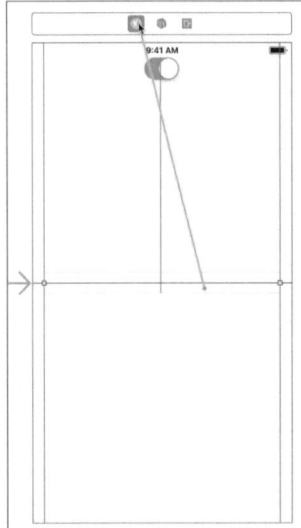

Bild 24.104
Ziehen Sie vom Textfeld aus eine Verbindung zum zugrunde liegenden View-Controller, ...

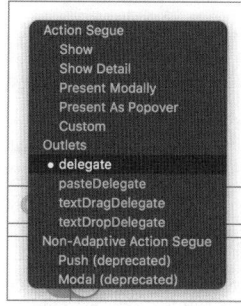

Bild 24.105
… um den View-Controller so als Delegate für das Textfeld
zu definieren.

Die Beispiel-App verfügt nun über verschiedene Mechanismen, um das Verhalten und die Funktionsweise des Textfelds zu steuern. Betrachten wir zunächst einmal den Schalter, der zusätzlich zum Textfeld Teil unseres View-Controllers ist. Das Bearbeiten des Textfelds soll nur dann möglich sein, wenn der Schalter aktiv ist. Dazu implementieren wir die `UITextFieldDelegate`-Methode `textFieldShouldBeginEditing(_:)` und liefern darin den Zustand des Schalters zurück. Damit kann eine Bearbeitung des Textfelds nur begonnen werden, wenn jener Schalter aktiv ist.

Doch was ist, wenn der Nutzer bereits Text in das Textfeld eingegeben und währenddessen den Schalter deaktiviert hat? Hier kommt die Action-Methode `changeEditingMode(_:)` zum Einsatz, die wir für unseren Schalter erstellt haben. Darin prüfen wir, ob das Textfeld gerade bearbeitet wird (das erfahren wir durch die boolesche Property `isFirstResponder`) und ob gleichzeitig der Schalter inaktiv ist. Trifft beides zu, wird das Textfeld durch Aufruf der Methode `resignFirstResponder()` verlassen.

Des Weiteren werden mithilfe des `UITextFieldDelegate` einige weitere Besonderheiten umgesetzt. So stellen wir mithilfe der Methode `textField(_:shouldChangeCaractersIn:replacementString:)` sicher, dass es unmöglich ist, den String „Test" in das Textfeld einzugeben. Wird als String „No clear" eingetragen, sorgen wir mithilfe der Methode `textFieldShouldClear(_:)` dafür, dass der Clear Button des Textfelds keine Funktion mehr besitzt, sprich explizit dieser String nicht gelöscht werden kann. Und wann immer die Return-Taste auf der Tastatur betätigt wird, sorgen wir mithilfe der Methode `textFieldShouldReturn(_:)` dafür, dass das Textfeld verlassen wird.

All die beschriebenen Eigenschaften und Funktionen der `ViewController`-Klasse dieses Beispielprojekts finden Sie in Listing 24.34. Spielen Sie einfach einmal ein wenig mit der App herum. Versuchen Sie beispielsweise, „Test" in das Textfeld einzugeben oder deaktivieren Sie den Schalter, während die Bearbeitung im Textfeld aktiv ist (siehe Bild 24.106).

Listing 24.34 Steuerung eines Textfelds mithilfe des `UITextFieldDelegate`

```
class ViewController: UIViewController, UITextFieldDelegate {

    // MARK: Properties

    @IBOutlet weak var editingSwitch: UISwitch!

    @IBOutlet weak var textField: UITextField!

    // MARK: Action methods
```

```
    @IBAction func changeEditingMode(_ sender: UISwitch) {
        if textField.isFirstResponder && !sender.isOn {
            textField.resignFirstResponder()
        }
    }


    // MARK: Text field delegate

    func textFieldShouldBeginEditing(_ textField: UITextField) -> Bool {
        return editingSwitch.isOn
    }

    func textField(_ textField: UITextField, shouldChangeCharactersIn range: NSRange,
replacementString string: String) -> Bool {
        var updatedText = string
        if let currentText = textField.text {
            updatedText = currentText.replacingCharacters(in: Range(range, in:
currentText)!, with: string)
        }
        if updatedText == "Test" {
            return false
        }
        return true
    }

    func textFieldShouldClear(_ textField: UITextField) -> Bool {
        if textField.text == "No clear" {
            return false
        }
        return true
    }

    func textFieldShouldReturn(_ textField: UITextField) -> Bool {
        textField.resignFirstResponder()
        return true
    }
}
```

Bild 24.106
Man kann versuchen, was man will, die Eingabe des Strings
„Test" wird in dieser Beispiel-App nicht gelingen.

24.4.2 Text eingeben und verwalten über umfangreiche Textansichten

Wenn Sie viel Text auf einmal anzeigen möchten oder der Nutzer die Möglichkeit haben soll, eine große Menge Text in Ihrer App einzugeben (beispielsweise in einer Art Notizen-App), dann reichen die in Abschnitt 24.4.1, „Text eingeben über einfache Textfelder", vorgestellten einfachen Textfelder nicht aus. In diesem Fall benötigen Sie komplexere Textansichten, die sich über mehrere Zeilen erstrecken und durch die man – falls nötig – auch vertikal scrollen kann (siehe Bild 24.107).

Bild 24.107
Umfangreichere Texte können über eine Text-View in iOS-Apps eingebunden und editiert werden.

Die Basis für solch umfangreiche Textansichten in der iOS-Entwicklung stellt die Klasse UITextView dar. Es handelt sich bei ihr um ein View-Element, das Text über mehrere Zeilen hinweg anzeigt und automatisch über Funktionen zum Scrollen des angezeigten Inhalts verfügt.

24.4.2.1 Konfigurationsmöglichkeiten einer umfangreichen Textansicht

Eine Text-View können Sie entweder im Code oder über ein Storyboard erzeugen. Im Code reicht es, eine neue UITextView-Instanz mithilfe des Initializers init(frame:) zu erstellen und diese anschließend der gewünschten Superview hinzuzufügen. Innerhalb eines Storyboards können Sie auf das *Text View*-Element aus der Objects Library zurückgreifen (siehe Bild 24.108). Ziehen Sie es einfach auf einen View-Controller, um diesen um eine UITextView zu ergänzen (siehe Bild 24.109).

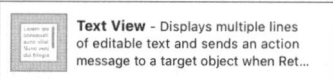

Bild 24.108 Nutzen Sie das „Text View"-Element aus der Objects Library, ...

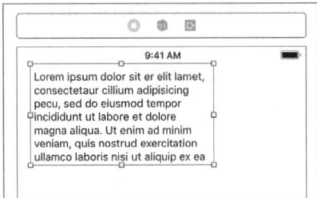

Bild 24.109
… um einem View-Controller im Storyboard eine neue
UITextView-Instanz hinzuzufügen.

Eine Text-View verfügt über verschiedene Einstellungsmöglichkeiten, mit der Sie das Aussehen und Verhalten der View anpassen können. Sie können diese Einstellungen sowohl im Code als auch im Attributes Inspector des Storyboards vornehmen (nachdem Sie ein passendes UITextView-Element ausgewählt haben, siehe Bild 24.110).

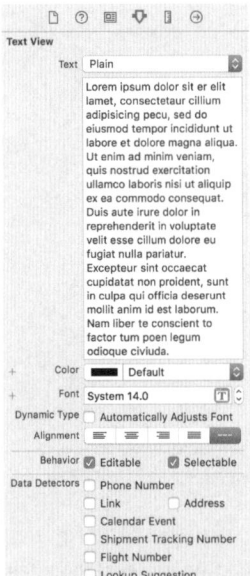

Bild 24.110
Sie können einige Einstellungen einer Text-View anpassen.

Im Folgenden finden Sie eine Übersicht der Einstellungen, die Sie für eine Text-View über den Attributes Inspector verändern können. Falls vorhanden, weise ich auch auf zugehörige Properties hin, über die Sie dieselbe Einstellung im Code auslesen und anpassen können.

- *Text:* In diesem Textfeld tragen Sie den Text ein, den die Text-View anzeigen soll. Alternativ können Sie die Text-View innerhalb des View-Controllers doppelt anklicken, um den Text direkt innerhalb des View-Elements zu ändern. Im Code greifen Sie über die Property text auf diesen Wert zu.

- *Color:* Hierüber legen Sie die Textfarbe fest. Im Code steuern Sie diesen Wert über die Property textColor.

- *Font:* Hierüber legen Sie Schriftart und -größe des anzuzeigenden Texts fest. Im Code steuern Sie diesen Wert über die Property font.

- *Alignment:* Hier wählen Sie die Ausrichtung des Texts. Sie haben die Wahl zwischen linksbündig, zentriert, rechtsbündig und Blocksatz. Über die äußerste rechte Schaltfläche (die standardmäßig aktiv ist) definieren Sie, dass das System automatisch die passende Textausrichtung festlegen soll. Abhängig von der zugrunde liegenden Systemsprache wird so für Sprachen, die von links nach rechts gelesen werden, linksbündig gesetzt, wohingegen für Sprachen, die von rechts nach links gelesen werden (zum Beispiel Arabisch), rechtsbündig festgelegt wird.

Im Code steuern Sie diese Einstellung über die Property `textAlignment`. Sie ist vom Enumeration-Typ `NSTextAlignment` und besitzt – analog zu den genannten Einstellungsmöglichkeiten im Storyboard – die folgenden Werte: `left`, `center`, `right`, `justified` und `natural`.

- *Editable:* Ist diese Checkbox aktiviert, kann der Text innerhalb der Text-View vom Nutzer verändert werden. Ist sie deaktiviert, kann der Nutzer lediglich den Inhalt der Text-View sehen, aber nicht anpassen. Letzter Fall eignet sich gut, wenn Sie dem Nutzer einen umfangreicheren Infotext anzeigen möchten, für den ein Label aufgrund des Umfangs weniger geeignet ist. Im Code steuern Sie diese Einstellung über die boolesche Property `isEditable`.

- *Selectable:* Ist diese Checkbox aktiviert, können Sie den Text innerhalb einer Text-View selektieren (zum Beispiel per doppeltem Tipp auf ein bestimmtes Wort). Dadurch können Sie Systemfunktionen, wie das Kopieren von Text aus einer Text-View heraus, verwenden. Im Code wird diese Einstellung durch die Property `isSelectable` abgebildet.

- *Data Detectors:* In diesem Bereich finden Sie mehrere verschiedene Checkboxen, beispielsweise *Phone Number, Link* oder *Address*. Sind eine oder mehrere davon aktiviert, sucht das System automatisch nach entsprechenden Elementen (wie zum Beispiel Telefonnummern, Web-Links oder Adressen) innerhalb des Texts der Text-View und hebt diese entsprechend hervor. Falls Ihre Text-View beispielsweise einen Link auf eine Website enthält und Sie die Checkbox für *Link* aktiviert haben, wird dieser farblich hervorgehoben und kann sogar aus der Text-View heraus ausgewählt werden, um die entsprechende Website im Safari-Browser zu öffnen (siehe Bild 24.111).

Bild 24.111
Mithilfe von Data Detectors können Sie einzelne Teile einer Text-View hervorheben und mit zusätzlichen Funktionen versehen (beispielsweise dem Öffnen einer URL im Browser).

Im Code legen Sie diese Data Detectors über die Property `dataDetectorTypes` fest. Sie basiert auf der Structure `UIDataDetectorTypes` und stellt analog zu den Checkboxen aus dem Attributes Inspector verschiedene Werte zur Verfügung, um die gewünschten Data Detectors zu setzen (beispielsweise `phoneNumber` für Telefonnummern oder `link` für Web-adressen, siehe Bild 24.112).

Wichtig: Die Data Detectors können nur genutzt werden, wenn die *Editable*-Checkbox *deaktiviert* ist!

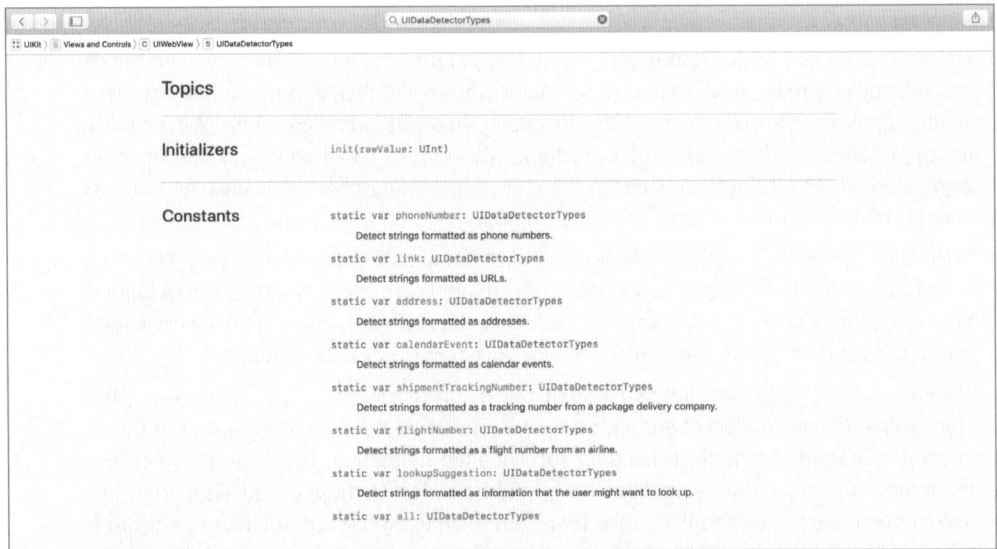

Bild 24.112 In der Dokumentation der UIDataDetectorTypes-Structure finden Sie alle zur Verfügung stehenden Werte für die Data Detectors, die eine Text-View unterstützt.

24.4.2.2 Auf Texteingaben in einer umfangreichen Textansicht reagieren

Die Klasse `UITextView` nutzt einen Delegate, um über Änderungen am Text oder des Status einer Text-View zu informieren. Dieser Delegate ist konform zum `UITextViewDelegate`-Protokoll und wird über die `delegate`-Property der Klasse abgebildet. Sie können die gewünschte Delegate-Instanz somit entweder direkt dieser Property zuweisen oder alternativ das Storyboard verwenden (sofern der zugrunde liegende View-Controller einer Text-View als deren Delegate fungieren soll). In letzterem Fall ziehen Sie eine Verbindung von der Text-View zum zugrunde liegenden View-Controller (nutzen Sie dafür das runde gelbe Symbol, links außen oberhalb des View-Controllers, siehe Bild 24.113), lassen anschließend die Maustaste los und wählen aus dem erscheinenden Pop-up-Menü den Eintrag *delegate* aus (siehe Bild 24.114).

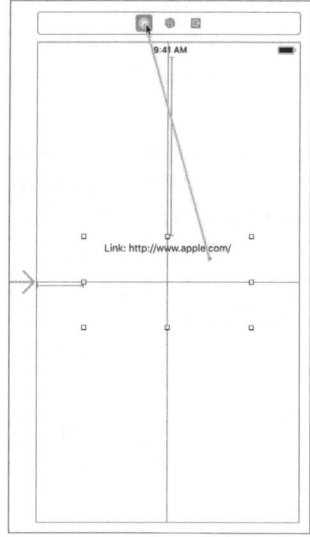

Bild 24.113
Ziehen Sie eine Verbindung von der Text-View zum
zugrunde liegenden View-Controller, ...

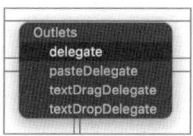

Bild 24.114
... um den View-Controller als Delegate für die Text-View zu deklarieren.

Im Folgenden stelle ich Ihnen einige der Methoden des `UITextViewDelegate`-Protokolls und deren Aufgaben vor:

- `textViewShouldBeginEditing(_:)`: Über diese Methode können Sie steuern, ob der Nutzer mit dem Bearbeiten des Texts einer Text-View beginnen kann. Sie wird immer aufgerufen kurz bevor eine Text-View in den Bearbeitungsmodus wechselt und auf Eingaben der Tastatur reagiert. Standardmäßig sollte man hier `true` zurückliefern. Wenn die Möglichkeit zum Bearbeiten des Texts einer Text-View aber an zusätzliche Bedingungen geknüpft ist, können diese Bedingungen in dieser Methode geprüft und im Zweifelsfall `false` zurückgegeben werden, um die Bearbeitung der Text-View gar nicht erst zu starten.

- `textViewDidBeginEditing(_:)`: Sobald eine Text-View in den Bearbeitungsmodus wechselt und Tastatureingaben zum Ändern des Texts entgegennimmt, wird diese Methode aufgerufen.

- `textViewShouldEndEditing(_:)`: Sobald eine Text-View den Bearbeitungsmodus verlassen möchte, wird diese Methode aufgerufen. Das ist beispielsweise der Fall, wenn der Nutzer den Bearbeitungsmodus für eine andere View aktivieren möchte (zum Beispiel für eine andere Text-View oder ein Textfeld).

Normalerweise liefert man hier `true` zurück, um zu signalisieren, dass das Verlassen des Bearbeitungsmodus der Text-View in Ordnung ist. Sollten Sie jedoch aus bestimmten Gründen das Verlassen der Text-View verhindern wollen, können Sie das dem System durch Rückgabe von `false` an dieser Stelle mitteilen. Beachten Sie aber, dass der Bearbeitungsmodus selbst dann trotzdem verlassen werden kann, beispielsweise wenn die Text-View von ihrer Superview entfernt wird.

- `textViewDidEndEditing(_:)`: Sobald eine Text-View ihren Bearbeitungsmodus verlassen hat, wird diese Methode aufgerufen.

- `textViewDidChange(_:)`: Wann immer der Nutzer den Text innerhalb einer Text-View im Bearbeitungsmodus verändert, wird diese Methode aufgerufen. Sie wird nicht aufgerufen, wenn der Wert der `text`-Property einer Text-View programmatisch verändert wird.

Im Folgenden zeige ich Ihnen ein einfaches Beispiel, in dem die beiden `UITextView` `Delegate`-Methoden `textViewDidBeginEditing(_:)` sowie `textViewDidChange(_:)` zum Einsatz kommen. Es basiert auf einer *Single View App*, deren initialem View-Controller in der *Main.storyboard*-Datei zwei Text-Views zugewiesen werden (siehe Bild 24.115). Die erste Text-View soll zur Eingabe von Text dienen, der in der zweiten Text-View gespiegelt wird. Der Inhalt der zweiten Text-View kann somit nicht editiert werden und soll zusätzlich gefundene Weblinks hervorheben. Dafür aktivieren Sie den entsprechenden *Link*-Data Detector im Attributes Inspector.

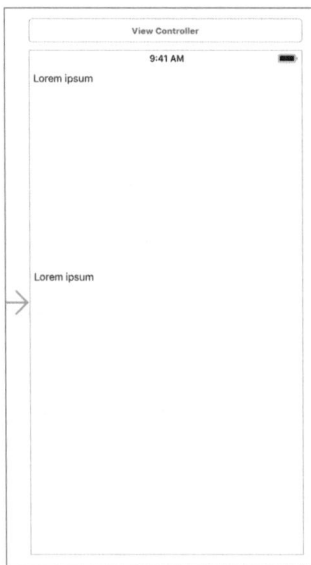

Bild 24.115
Die Beispiel-App verfügt über zwei Text-Views, von denen nur die erste editiert werden kann. Der Inhalt der ersten Text-View soll in der zweiten Text-View gespiegelt werden.

Um den Inhalt der ersten Text-View in der zweiten zu spiegeln, weisen wir ihr den zugrunde liegenden View-Controller als Delegate zu. Außerdem erstellen wir für die zweite Text-View ein passendes Outlet innerhalb des View-Controllers, um deren Text aus dem Code heraus ändern zu können.

Damit der View-Controller als Delegate für die Text-View fungieren kann, muss er konform zum `UITextViewDelegate`-Protokoll sein. Diese Deklaration müssen wir im View-Controller entsprechend ergänzen. Anschließend implementieren wir die beiden Delegate-Methoden `textViewDidBeginEditing(_:)` sowie `textViewDidChange(_:)`. In ersterer setzen wir den Text der zweiten Text-View schlicht auf den String „Los geht's", während wir in der zweiten Methode den aktuellen Text der ersten Text-View der zweiten zuweisen.

Die vollständige Implementierung des View-Controllers finden Sie in Listing 24.35. Ein Beispiel zur Ausführung der App sehen Sie in Bild 24.116.

Listing 24.35 Reaktion auf die Eingabe von Text in einer Text-View

```
class ViewController: UIViewController, UITextViewDelegate {

    @IBOutlet weak var secondTextView: UITextView!

    func textViewDidBeginEditing(_ textView: UITextView) {
        secondTextView.text = "Los geht's!"
    }

    func textViewDidChange(_ textView: UITextView) {
        secondTextView.text = textView.text
    }

}
```

Bild 24.116
Der in der ersten Text-View eingegebene Text wird in der zweiten gespiegelt. Es werden sogar Links automatisch erkannt und entsprechend hervorgehoben.

24.4.3 Auf Ein- und Ausblenden des Keyboards reagieren

Gerade bei der Arbeit mit Text-Views kann es unter iOS schnell zum folgenden Problem kommen: Die virtuelle Bildschirmtastatur überlagert große Teile des Inhalts, die sich daraufhin nicht mehr einblenden lassen. Selbst Scrollen hilft dann nicht weiter, da die Tastatur einfach wie eine Subview über der aktuellen Ansicht liegt und der dahinter befindliche Content unmöglich eingesehen werden kann (siehe Bild 24.117).

Bild 24.117
Durch Einblenden der virtuellen Bildschirmtastatur werden möglicherweise wichtige Teile einer App verdeckt und können nicht länger verwendet werden.

Um angemessen auf dieses Ereignis zu reagieren, sendet das System passende Notifications, sobald die virtuelle Bildschirmtastatur erscheint oder ausgeblendet wird. Sie können sie verwenden, um Ihre Views entsprechend anzupassen und beispielsweise in der Größe zu verkleinern (ein Beispiel in Bezug auf die Text-View sehen wir gleich).

Die genannten Notifications sind allesamt in der Klasse `UIWindow` deklariert und hören auf die folgenden Namen:

- `UIKeyboardWillShow`: Wird ausgelöst, wenn die virtuelle Bildschirmtastatur gleich eingeblendet wird, aber noch nicht sichtbar ist.

- `UIKeyboardDidShow`: Wird ausgelöst, nachdem die virtuelle Bildschirmtastatur vollständig sichtbar ist.

- `UIKeyboardWillHide`: Wird ausgelöst, wenn die virtuelle Bildschirmtastatur gleich ausgeblendet wird, aber noch sichtbar ist.

- `UIKeyboardDidHide`: Wird ausgelöst, nachdem die virtuelle Bildschirmtastatur ausgeblendet wurde.

Um auf Basis eines der genannten Events eine Text-View anzupassen, können Sie sich deren Eigenschaft `contentInset` zunutze machen. Diese Property ist in der Klasse `UIScrollView` deklariert, von der `UITextView` abgeleitet ist. `UIScrollView` stellt Eigenschaften zum Scrollen von Ansichten bereit und unterscheidet zwischen dem eigentlichen Frame der View (der sich genauso verhält wie bei jedem anderen View-Element auch) und einer Content-Size, die die Größe des Inhalts definiert. Ist dieser größer als der eigentliche Frame der View, kann man in einer Scroll-View darin umherscrollen. Genau dieses Verhalten kennen wir auch von der Text-View, die es uns automatisch erlaubt, zu scrollen, sollte ihr Inhalt (sprich die Content-Size) größer sein als der Frame, der ihr zur Anzeige des Textes zur Verfügung steht.

Mithilfe der Property `contentInset` können Sie den Inhalt einer Text-View *einrücken*, und das sowohl von oben wie auch von links, von rechts und von unten. Im genannten Fall, dass die virtuelle Bildschirmtastatur eingeblendet wird, sollte man den unteren Abstand einrücken, um der Tastatur genügend Platz zur Anzeige einzuräumen und nicht den Text der Text-View abzuschneiden (so wie es in Bild 24.117 der Fall ist).

Damit Sie den unteren Abstand aber einrücken können, müssen Sie zunächst wissen, wie *groß* diese Einrückung sein soll. Das hängt nicht zuletzt von der eingeblendeten Bildschirmtastatur und der Orientierung des Geräts (Portrait oder Landscape) ab.

Diese Information erhalten Sie über die genannten Notifications des Systems. In deren `userInfo`-Dictionary können Sie mithilfe des Schlüssels `UIKeyboardFrameEndUserKey` eine `CGRect`-Instanz auslesen, die Ihnen die genaue Position und Größe der Tastatur nach deren Einblenden auf dem Display übergibt. Die Höhe dieses `CGRect` nutzen Sie als untere Einrückung für die Text-View.

Um dieses Verhalten und die Verwendung der genannten Methoden einmal in der Praxis zu demonstrieren, folgt ein kleines Beispiel, das auf das Ein- und Ausblenden der virtuellen Bildschirmtastatur reagiert. Basis ist eine *Single View App*, deren initialer View-Controller einen Button mit dem Titel „Dismiss keyboard" am oberen Rand besitzt. Darunter wird eine Text-View in voller Größe des View-Controllers hinzugefügt (siehe Bild 24.118). Deren Text ist so umfangreich, dass bei Ausführung der App bereits gescrollt werden muss, um den kompletten Inhalt sehen zu können.

Bild 24.118
Die Beispiel-App besitzt einen „Dismiss keyboard"-Button am oberen Rand, darunter folgt eine Text-View mit umfangreichem Inhalt.

Der zugrunde liegende View-Controller soll nun dafür Sorge tragen, dass beim Tippen in die Text-View und Einblenden der virtuellen Bildschirmtastatur die Text-View passend verkleinert wird, damit weiterhin alle Inhalte sichtbar sind. Die Aufgabe des Buttons liegt darin, den First Responder von der Text-View zu nehmen, sodass eine möglicherweise sichtbare Bildschirmtastatur wieder ausgeblendet wird. Dazu werden zunächst für die Text-View ein Outlet und für den Button eine Action mit dem Titel `dismissKeyboard()` im Code des zugrunde liegenden View-Controllers erzeugt.

Wenn die View des View-Controllers geladen wurde, registrieren wir die beiden Notifications `UIKeyboardDidShow` und `UIKeyboardDidHide`. Beide werden mit jeweils einer passenden Methode (keyboardDidShow(_:) sowie keyboardDidHide(_:)) verbunden. Darin wird die Logik zur Anpassung der Text-View untergebracht. In keyboardDidShow(_:) wird der untere Content-Inset der Text-View entsprechend der Höhe der Bildschirmtastatur vergrößert und in keyboardDidHide(_:) wieder auf 0 zurückgesetzt. Zusätzlich wird der – ebenfalls von UIScrollView geerbten – Property scrollIndicatorInsets der aktuelle Wert der contentInset-Property der Text-View zugewiesen. Das ist notwendig, da andernfalls zwar die Text-View trotzdem erfolgreich verkleinert wird, der am linken Rand angezeigte Scroll-Balken sich aber noch immer auf die Originalgröße des Frames bezieht (und damit hinter der Bildschirmtastatur verschwindet). Sie setzen also im Endeffekt zweimal diesen Inset: Einmal für den Inhalt der Text-View und einmal für die Scroll-Balken.

In Listing 24.36 finden Sie die vollständige Implementierung der ViewController-Klasse dieses Beispielprojekts. Wenn Sie es ausführen, werden Sie feststellen, dass der sichtbare Bereich der Text-View bei Erscheinen der virtuellen Bildschirmtastatur passend verkleinert wird (siehe Bild 24.119). Sobald Sie anschließend den Button „Dismiss keyboard" betätigen, wird erneut die ursprüngliche Größe der Text-View dargestellt.

Listing 24.36 Reaktion auf Ein- und Ausblenden der virtuellen Bildschirmtastatur

```
class ViewController: UIViewController {

    @IBOutlet weak var textView: UITextView!

    override func viewDidLoad() {
        super.viewDidLoad()
        NotificationCenter.default.addObserver(self, selector:
#selector(keyboardDidShow(_:)), name: .UIKeyboardDidShow, object: nil)
        NotificationCenter.default.addObserver(self, selector:
#selector(keyboardDidHide(_:)), name: .UIKeyboardDidHide, object: nil)
    }

    @IBAction func dismissKeyboard() {
        textView.resignFirstResponder()
    }

    @objc private func keyboardDidShow(_ notification: Notification) {
        let endFrame = notification.userInfo![UIKeyboardFrameEndUserInfoKey] as!
CGRect
        textView.contentInset.bottom = endFrame.size.height
        textView.scrollIndicatorInsets = textView.contentInset
    }

    @objc private func keyboardDidHide(_ notification: Notification) {
        textView.contentInset.bottom = 0
        textView.scrollIndicatorInsets = textView.contentInset
    }

    deinit {
        NotificationCenter.default.removeObserver(self, name: .UIKeyboardDidShow,
object: nil)
        NotificationCenter.default.removeObserver(self, name: .UIKeyboardDidHide,
object: nil)
    }

}
```

Bild 24.119
Durch Auswerten der Keyboard-Notifications wurde die Größe
der Text-View bei Erscheinen der virtuellen Bildschirmtastatur
passend verkleinert.

■ 24.5 Einblenden von Alerts

Alerts sind eine sehr gute Möglichkeit, einen Nutzer auf einen Vorgang hinzuweisen (zum
Beispiel das Löschen eines Datensatzes) oder eine Auswahl von Aktionen abzufragen (beispielsweise ein Nachfragen, ob ein Datensatz wirklich gelöscht werden soll). Alerts legen
sich als Overlay über die aktuelle Ansicht und erhalten so den Fokus (siehe Bild 24.120).

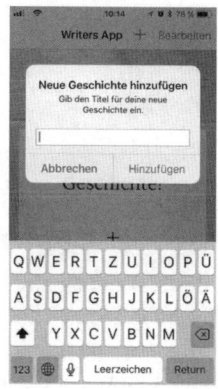

Bild 24.120
Alerts legen sich über die aktuelle Ansicht und erlauben es dem Nutzer,
aus einer von mehreren Optionen zu wählen.

Um selbst Alerts in iOS-Apps einzublenden, nutzen Sie die Klasse `UIAlertController`.
Sie ist von `UIViewController` abgeleitet und kann daher problemlos über die Methode
`present(_:animated:completion:)` von jedem beliebigen View-Controller aus eingeblendet werden (dazu gleich mehr).

Alerts in iOS unterstützen verschiedene Styles, die in der Enumeration UIAlertControllerStyle definiert sind. Ein Style bestimmt, wie der Alert aussieht und welche Funktionen ihm zur Verfügung stehen. Gemein ist allen ein optionaler Titel sowie eine optionale Nachricht, die für den Alert definiert werden können. Aktuell stehen die folgenden Styles über die UIAlertControllerStyle-Enumeration zur Verfügung:

- alert: Hierbei handelt es sich um den klassischen Alert. Er wird mittig eingeblendet und verfügt über mehrere Schaltflächen, durch die der Nutzer verschiedene Aktionen auslösen kann. Ein solcher Alert kann zudem optional über ein oder mehrere Textfelder verfügen, so wie in Bild 24.120 zu sehen.

- actionSheet: Das Action-Sheet stellt eine alternative Darstellungsmöglichkeit eines Alerts dar (ein Beispiel sehen Sie in Bild 24.121). Hierbei schiebt sich der Alert vom unteren Bildschirmrand nach oben und bietet die für ihn definierten Aktionen durch untereinander angeordnete Schaltflächen zur Auswahl an. Das Hinzufügen von Textfeldern ist bei Verwendung dieses Styles nicht möglich.

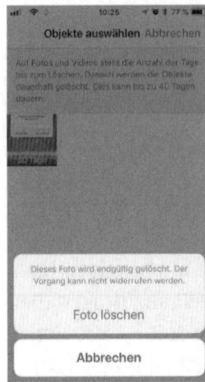

Bild 24.121
Ein Action-Sheet schiebt sich vom unteren Bildschirmrand nach oben und bietet die zur Verfügung stehenden Aktionen untereinander an.

Um einen Alert zu erstellen und einzublenden, nutzen Sie den Initializer init(title:message:preferredStyle:) der UIAlertController-Klasse. Dieser erwartet insgesamt drei Parameter:

- title: Ein optionaler Titel für den Alert.
- message: Eine optionale Nachricht für den Alert.
- preferredStyle: Der zu verwendende Style auf Basis der in der Enumeration UIAlertControllerStyle zur Verfügung stehenden Werte.

Das folgende Beispiel demonstriert die Erstellung und Anzeige eines Alerts. Basis ist eine einfache *Single View App*, deren initialem View-Controller eine Schaltfläche mit dem Titel „Show alert" hinzugefügt wird (siehe Bild 24.122). Für den Button wird eine passende Action-Methode mit dem Titel showAlert() im Code des zugrunde liegenden View-Controllers erzeugt.

Bild 24.122
Die Beispiel-App verfügt über einen einzelnen Button, der
mit einer passenden Action-Methode gekoppelt ist.

Innerhalb der Methode showAlert() erstellen wir mithilfe des genannten Initializers init
(title:message:preferredStyle:) eine einfache UIAlertController-Instanz und blenden diese anschließend mithilfe der Methode present(_:animated:completion:) ein. Die
vollständige Implementierung des View-Controllers finden Sie in Listing 2437, das Ergebnis zeigt Bild 24.123.

Listing 24.37 Einblenden eines einfachen Alerts

```
class ViewController: UIViewController {

    @IBAction func showAlert() {
        let alertController = UIAlertController(title: "Alert", message: "Das ist ein
Alert.", preferredStyle: .alert)
        present(alertController, animated: true, completion: nil)
    }

}
```

Bild 24.123 Links sehen Sie den eingeblendeten Alert mit dem Style alert, rechts die Alternative mit dem actionSheet-Style.

24.5.1 Alert um Aktionen ergänzen

Das Herzstück eines Alerts sind die ihm zugewiesenen Aktionen, zwischen denen der Nutzer wählen kann. Diese müssen Sie separat in Form von Instanzen des Typs UIAlertAction einem UIAlertController hinzufügen.

Um eine UIAlertAction zu erzeugen nutzen Sie den Initializer init(title:style: handler:). Im Folgenden finden Sie eine Beschreibung der einzelnen Parameter:

- title: Der Titel der Aktion. Dieser Titel wird als Beschriftung des zugehörigen Buttons im Alert angezeigt.

- style: Der Style der Aktion. Er basiert auf der Enumeration UIAlertActionStyle, die die folgenden drei Werte zur Verfügung stellt: default (der Standard-Style für Aktionen), cancel (für Aktionen, die zu einem Abbruch des zugrunde liegenden Vorgangs führen) und destructive (für Aktionen, deren Durchführung die Löschung von Daten zur Folge hat). Der Style selbst wirkt sich lediglich auf das optische Erscheinungsbild einer Aktion aus, hat aber sonst keine weitere Funktion. Das Verwenden des destructive-Styles beispielsweise führt einfach dazu, dass der Titel der entsprechenden Aktion rot eingefärbt wird (siehe Bild 24.124).

- handler: Hierbei handelt es sich um ein Closure, das aufgerufen wird, wenn der Nutzer die entsprechende Aktion auswählt. Das Closure besitzt weder Parameter noch Rückgabewert. Darin bringen Sie alle Befehle unter, die im Zusammenspiel mit der jeweiligen Aktion ausgeführt werden sollen.

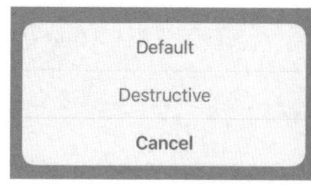

Bild 24.124
Der Style einer Aktion wirkt sich auf dessen optisches
Erscheinungsbild innerhalb des Alerts aus.

Erzeugte `UIAlertAction`-Instanzen fügen Sie über die Methode `addAction(_:)` der `UIAlertController`-Klasse einem Alert hinzu. Wählt ein Nutzer eine Aktion aus, wird der Alert automatisch ausgeblendet.

Das folgende Beispiel zeigt, wie Sie einen Alert-Controller um verschiedene Aktionen ergänzen und darüber zusätzliche Befehle ausführen können. Es basiert auf einer *Single View App*, deren initialer View-Controller erneut einen einzigen Button mit dem Titel „Show alert" besitzt, der mit einer passenden Action-Methode namens `showAlert()` mit dem Code gekoppelt ist (siehe Bild 24.122).

Innerhalb der `showAlert()`-Methode wird zunächst eine `UIAlertController`-Instanz erzeugt. Der zugrunde liegende Alert soll über insgesamt drei Aktionen verfügen. Zwei von ihnen sollen eine vorgegebene Meldung auf der Konsole ausgeben, der dritte soll den Vorgang abbrechen und nichts tun. Dazu erhalten die ersten beiden Aktionen den Style `default`, die dritte den Style `cancel`. Anschließend werden die Aktionen dem Alert-Controller hinzugefügt und dieser Alert-Controller eingeblendet. Die vollständige Implementierung der `ViewController`-Klasse finden Sie in Listing 24.38. Das Ergebnis dieses Beispiels zeigt Bild 24.125.

Listing 24.38 Ergänzen eines Alerts um verschiedene Aktionen

```
class ViewController: UIViewController {

    @IBAction func showAlert() {

        // Erstellen des Alert-Controllers
        let alertController = UIAlertController(title: "Print-Ausgabe", message:
"Wähle den Text, der mittels print ausgegeben werden soll.", preferredStyle: .alert)

        // Erstellen der Actions
        let helloWorldAction = UIAlertAction(title: "Hello world!", style: .default)
{ (alertAction) in
            print("Hello world!")
        }
        let infoAction = UIAlertAction(title: "Info", style: .default) {
(alertAction) in
            print("Info")
        }
        let cancelAction = UIAlertAction(title: "Abbrechen", style: .cancel, handler:
nil)

        // Hinzufügen der Actions zum Alert-Controller
        alertController.addAction(helloWorldAction)
        alertController.addAction(infoAction)
        alertController.addAction(cancelAction)

        // Anzeigen des Alert-Controllers
```

```
        present(alertController, animated: true, completion: nil)
    }

}
```

Bild 24.125
Es wurde ein Alert mit insgesamt drei Aktionen erstellt.

 Festlegen einer bevorzugten Aktion

Sie haben die Möglichkeit, für einen Alert eine bevorzugte Aktion zu definieren. Diese Aktion wird fett markiert hervorgehoben (ähnlich wie das beim `cancel`-Style der Fall ist) und wird zudem automatisch bei Betätigen der Return-Taste ausgelöst, sollte der Nutzer sein iPhone oder iPad mit einer externen Tastatur gekoppelt haben.

Um eine solche bevorzugte Aktion zu definieren, müssen Sie die entsprechende `UIAlertAction`-Instanz dem zugrunde liegenden `UIAlertController` über dessen `preferredAction`-Property zuweisen. **Wichtig:** Diese Zuweisung muss erfolgen, *nachdem* die Aktion bereits mittels `addAction(_:)` dem Alert hinzugefügt wurde.

Ein Beispiel zum Setzen einer bevorzugten Aktion finden Sie in Listing 24.39. Es basiert auf dem Code aus Listing 24.39 und definiert die Aktion `helloWorldAction` als `preferredAction` (aber eben erst, nachdem sie zuvor dem Alert-Controller hinzugefügt wurde). Dadurch ändert sich das Erscheinungsbild des Alerts so wie in Bild 24.126 zu sehen.

Übrigens: Die bevorzugte Aktion greift nur, wenn Ihr Alert-Controller auf dem `alert`-Style basiert; unter dem `actionSheet`-Style hat diese Property keine Auswirkungen.

Listing 24.39 Definition einer Aktion als bevorzugt

```swift
class ViewController: UIViewController {

    @IBAction func showAlert() {

        // Erstellen des Alert-Controllers
        let alertController = UIAlertController(title: "Print-
Ausgabe", message: "Wähle den Text, der mittels print ausgegeben
werden soll.", preferredStyle: .alert)

        // Erstellen der Actions
        let helloWorldAction = UIAlertAction(title: "Hello world!",
style: .default) { (alertAction) in
            print("Hello world!")
        }
        let infoAction = UIAlertAction(title: "Info", style: .default)
{ (alertAction) in
            print("Info")
        }
        let cancelAction = UIAlertAction(title: "Cancel", style:
.cancel, handler: nil)

        // Hinzufügen der Actions zum Alert-Controller
        alertController.addAction(helloWorldAction)
        alertController.addAction(infoAction)
        alertController.addAction(cancelAction)

        // Definition der bevorzugten Aktion
        alertController.preferredAction = helloWorldAction

        // Anzeigen des Alert-Controllers
        present(alertController, animated: true, completion: nil)
    }

}
```

Bild 24.126 Sie
können eine beliebige Aktion innerhalb eines
Alerts hervorheben und damit bevorzugen.

24.5.2 Alert um Textfelder ergänzen

Alerts eignen sich – neben der Auswahl verschiedener vorgegebener Aktionen – auch dazu, einen kurzen Text einzugeben. So ließe sich beispielsweise eine einfache Login-Maske in Form eines Alerts umsetzen oder ein Nutzername abfragen. Ein Beispiel für einen solchen Alert mit einem Textfeld haben Sie bereits zu Beginn dieses Abschnitts in Bild 24.120 gesehen.

Um einem Alert-Controller ein Textfeld hinzuzufügen, müssen Sie auf einer bestehenden UIAlertController-Instanz die Methode addTextField(configurationHandler:) aufrufen. Als Parameter erwartet diese Methode ein Closure ohne Rückgabewert, über das Sie das dem Alert-Controller hinzuzufügende Textfeld nach eigenen Wünschen konfigurieren können. Zu diesem Zweck übergibt Ihnen das Closure den Verweis auf das Textfeld als Parameter in Form einer UITextField-Instanz.

Wichtig: Sie können Textfeldern nur Alerts mit dem Style alert zuweisen; der action Sheet-Style unterstützt keine Textfelder.

Das Hinzufügen von Textfeldern zu einem Alert gestaltet sich somit sehr unkompliziert. Doch wie können wir auf den vom Nutzer eingegebenen Text eines solchen Textfelds zugreifen, sobald eine Aktion ausgelöst wird? Hierfür können wir die Property textFields der UIAlertController-Klasse nutzen. Es handelt sich hierbei um ein Array, das uns die über die Methode addTextField(configurationHandler:) hinzugefügten Textfelder eines Alerts zurückliefert. Die Textfelder werden dem Array hierbei in der Reihenfolge hinzugefügt, in der auch die addTextField(configurationHandler:)-Methode aufgerufen wird.

Im Folgenden betrachten wir ein Beispiel zum praktischen Hinzufügen von Textfeldern zu einem Alert. Basis hierfür ist eine *Single View App*, deren initialer View-Controller über zwei Labels und einen Button verfügt. Die Labels tragen die Titel „Username" und „Password" und werden jeweils mit einem passenden Outlet mit dem Code des zugrunde liegenden View-Controllers verbunden. Der Button besitzt den Titel „Log in" und wird mit einer Methode namens logIn() im Code verknüpft (siehe Bild 24.127).

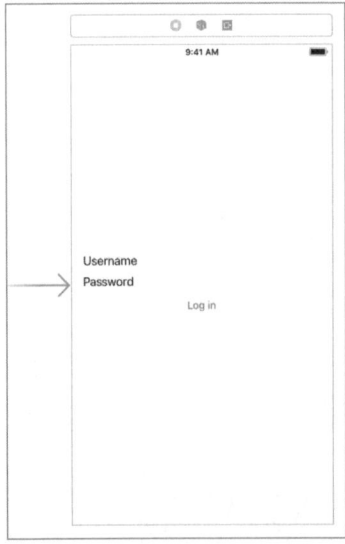

Bild 24.127
Die Beispiel-App besitzt zwei Labels und einen Button.

Die App soll nun das Folgende tun: Wird der Button betätigt (und damit die Methode `logIn()` aufgerufen), soll ein Alert mit zwei Textfeldern erscheinen, in denen der Nutzer einen Benutzernamen und ein Passwort eingeben soll. Bestätigt er die Eingabe durch eine entsprechende Aktion, soll den beiden Label-Elementen der passende Text aus den Textfeldern des Alerts zugewiesen werden. Alternativ kann der Nutzer die Aktion auch abbrechen.

Beim Hinzufügen der Textfelder werden beide so angepasst, dass sie einen Placeholder-Text anzeigen. Das soll dazu dienen, zu unterscheiden, welche Information der Nutzer in welches Textfeld eingeben soll. Darüber hinaus wird die Property `isSecureTextEntry` des Passwort-Textfeldes auf `true` gesetzt, damit eingegebene Zeichen nach kurzer Zeit durch schwarze Punkte ersetzt werden (und somit nicht mehr ersichtlich ist, welchen Text der Nutzer eingegeben hat).

Die vollständige Implementierung der `ViewController`-Klasse finden Sie in Listing 24.40. Dieses Mal wird der Alert-Controller in Form einer Stored Property umgesetzt, um die Implementierung der `logIn()`-Methode zu entschlacken. Und da die erstellten Actions auf die Outlets des View-Controllers zugreifen müssen (um ihnen den eingegebenen Text zuzuweisen), ist darüber hinaus eine Deklaration des Alert-Controllers als Lazy Stored Property notwendig.

Listing 24.40 Hinzufügen von Textfeldern zu einem Alert

```
class ViewController: UIViewController {

    @IBOutlet weak var username: UILabel!

    @IBOutlet weak var password: UILabel!

    private lazy var alertController: UIAlertController = {

        // Erstellen des Alert-Controllers
        let alertController = UIAlertController(title: "Log in", message: "Bitte gib
deinen Benutzernamen und dein Passwort ein.", preferredStyle: .alert)

        // Hinzufügen der Textfelder zum Alert-Controller
        alertController.addTextField { (textField) in
            textField.placeholder = "Benutzername"
        }
        alertController.addTextField { (textField) in
            textField.isSecureTextEntry = true
            textField.placeholder = "Passwort"
        }

        // Erstellen der Actions
        let logInAction = UIAlertAction(title: "Anmelden", style: .default) {
(alertAction) in
            let usernameTextField = alertController.textFields![0]
            let passwordTextField = alertController.textFields![1]
            self.username.text = usernameTextField.text
            self.password.text = passwordTextField.text
        }
        let cancelAction = UIAlertAction(title: "Abbrechen", style: .cancel, handler:
nil)

        // Hinzufügen der Actions zum Alert-Controller
```

```
        alertController.addAction(logInAction)
        alertController.addAction(cancelAction)

        return alertController
    }()

    @IBAction func logIn() {

        // Anzeigen des Alert-Controllers
        present(alertController, animated: true, completion: nil)
    }

}
```

Das Ergebnis dieses Beispiels sehen Sie in Bild 24.128.

Bild 24.128
Der Alert wurde um zwei voneinander unabhängige
Textfelder ergänzt.

■ 24.6 Zugriff auf die Kamera und Fotos

Um auf die Kamera eines iOS-Geräts zugreifen und darüber eigene Fotoaufnahmen tätigen zu können, kann die Klasse `UIImagePickerController` genutzt werden. Sie ist komfortabel zu bedienen und erlaubt einem auch den Zugriff auf die in der nativen Fotos-App gespeicherten Aufnahmen.

Bevor Sie mit der Verwendung des `UIImagePickerController` und dem Zugriff auf die Kamera beginnen, gilt es zu klären, ob das zugrunde liegende iOS-Gerät überhaupt über eine Kamera verfügt. Wenn Sie nämlich auf die Kamera zugreifen, ohne dass eine solche existiert, endet das in einem Absturz Ihrer App.

Womöglich fragen Sie sich, welches moderne iOS-Gerät heutzutage *keine* Kamera besitzt. Tatsächlich sind alle modernen iPhone- und iPad-Geräte mit einer Kamera ausgestattet, aber denken Sie einmal an den iPod touch: Auch wenn dessen Verkaufszahlen immer weiter sinken, so läuft auch auf ihm iOS und es können Apps aus dem App Store auf ihm installiert werden. Und eine Kamera *fehlt* dem iPod touch.

Kamerazugriff im Simulator nicht möglich

Übrigens können Sie den Zugriff auf die Kamera im iOS-Simulator nicht testen. Zu diesem Zweck müssen Sie zwingend mit einem echten Endgerät arbeiten und Ihre App darauf installieren. Ein Zugriff auf die in der Fotos-App des Simulators gespeicherten Bilder ist aber unabhängig vom Kamerazugriff möglich.

Die genannte Prüfung führen Sie mithilfe der Klassenmethode `isSourceTypeAvailable(_:)` der `UIImagePickerController`-Klasse durch. Als Parameter übergeben Sie die Art der Quelle, auf die Sie zugreifen möchten. Die verfügbaren Quellen sind in der Enumeration `UIImagePickerControllerSourceType` abgebildet. Es stehen die folgenden Werte zur Wahl:

- `camera`: Zugriff auf die Kamera.
- `photoLibrary`: Zugriff auf die Inhalte der Fotos-App, strukturiert nach Alben.
- `savedPhotosAlbum`: Zugriff auf die Momente-Ansicht der Fotos-App.

Sobald Sie erfolgreich überprüft haben, dass die von Ihnen gewünschte Fotoquelle auf dem zugrunde liegenden Endgerät zur Verfügung steht, können Sie eine Instanz der `UIImagePickerController`-Klasse erstellen und deren `sourceType`-Property den entsprechenden Wert für die gewünschte Quelle zuweisen. Damit sorgen Sie dafür, dass der Controller entsprechend konfiguriert wird. Sie brauchen abschließend dann nichts weiter zu tun, als den Image-Picker-Controller einzublenden, beispielsweise mithilfe der Methode `present(_:animated:completion:)` aus einem anderen View-Controller heraus.

Wichtig: Kamerazugriff begründen

Mit dem beschriebenen Vorgehen schaffen Sie zwar die technische Grundlage, um auf die Kamera eines iOS-Geräts zugreifen zu können, das alleine reicht aber noch nicht aus. Sie müssen außerdem innerhalb der *Info.plist*-Datei Ihrer App einen zusätzlichen Schlüssel mit dem Titel *NSCameraUsage Description* hinzufügen und ihm eine Beschreibung in Form eines Strings zuweisen, die erläutert, warum Sie auf die Kamera zugreifen möchten (siehe Bild 24.129). Fehlt dieses Schlüssel-Wert-Paar in der *Info.plist*, wird Ihre App beim Versuch, die Kamera aufzurufen, abstürzen.

Die Begründung, die Sie in der *Info.plist*-Datei hinterlegen, wird dem Nutzer angezeigt, sobald das erste Mal auf die Kamera zugegriffen wird. Er kann dann der Verwendung der Kamera durch Ihre App zustimmen oder den Zugriff verhindern (siehe Bild 24.130).

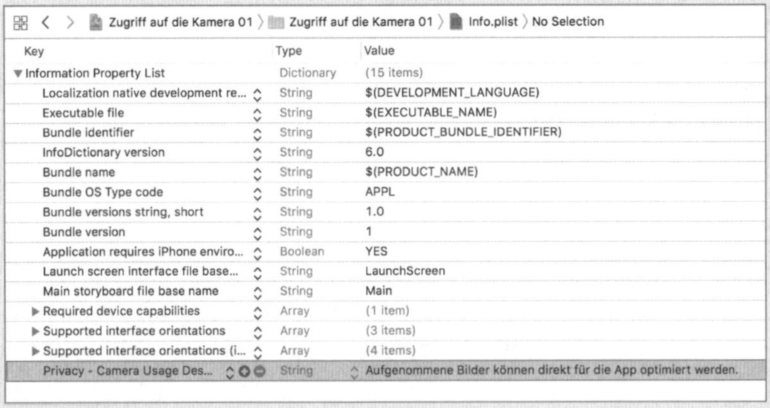

Key	Type	Value
▼ Information Property List	Dictionary	(15 items)
Localization native development re... ⬍	String	$(DEVELOPMENT_LANGUAGE)
Executable file ⬍	String	$(EXECUTABLE_NAME)
Bundle identifier ⬍	String	$(PRODUCT_BUNDLE_IDENTIFIER)
InfoDictionary version ⬍	String	6.0
Bundle name ⬍	String	$(PRODUCT_NAME)
Bundle OS Type code ⬍	String	APPL
Bundle versions string, short ⬍	String	1.0
Bundle version ⬍	String	1
Application requires iPhone enviro... ⬍	Boolean	YES
Launch screen interface file base... ⬍	String	LaunchScreen
Main storyboard file base name ⬍	String	Main
▶ Required device capabilities ⬍	Array	(1 item)
▶ Supported interface orientations ⬍	Array	(3 items)
▶ Supported interface orientations (i... ⬍	Array	(4 items)
Privacy - Camera Usage Des... ⬍ ⊕ ⊖	String	⬍ Aufgenommene Bilder können direkt für die App optimiert werden.

Bild 24.129 Sie müssen die Info.plist-Datei um einen Schlüssel mit dem Titel NSCameraUsageDescription ergänzen, über den Sie eine Begründung angeben, warum Ihre App auf die Kamera zugreifen möchte.

Bild 24.130
iOS blendet automatisch einen Systemdialog ein, sobald das erste Mal der Zugriff auf die Kamera durch Ihre App erfolgt. Dabei wird der Beschreibungstext aus der Info.plist-Datei eingebunden.

Im Folgenden demonstriere ich Ihnen anhand eines Beispiels, wie Sie auf die verschiedenen Quellen eines UIImagePickerController zugreifen können. Wichtig: Fügen Sie für den Zugriff auf die Kamera den *NSCameraUsageDescription*-Key zu Ihrer *Info.plist*-Datei hinzu und verknüpfen Sie ihn mit einer passenden Beschreibung.

Basis für das Beispiel ist ein neues iOS-Projekt (*Single View App*). Fügen Sie dem initialen View-Controller insgesamt drei Schaltflächen mit den Titeln „Show camera", „Show photo library" und „showSavedPhotosAlbum" hinzu (siehe Bild 24.131). Jeden der Buttons verknüpfen Sie mit einer passenden Action-Methode im Code des zugrunde liegenden View-Controllers: showCamera(), showPhotoLibrary() und showSavedPhotosAlbum().

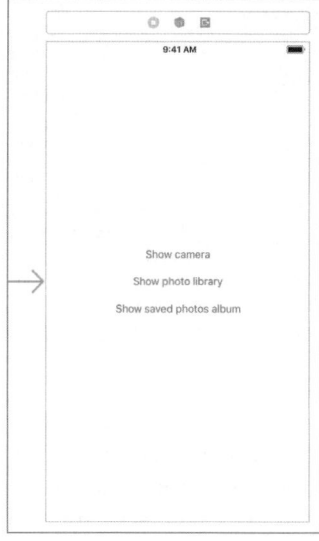

Bild 24.131
Die Beispiel-App demonstriert den Zugriff auf alle
drei Arten von Foto-Quellen.

Um Code-Dopplungen zu vermeiden, erstellen wir eine Hilfsmethode namens `showImagePi`
`cker(forSourceType:)`, die als Parameter die gewünschte Quelle für die Kamera beziehungsweise den Fotozugriff erwartet. Diese Information nutzen wir, um zu prüfen, ob auf
dem jeweiligen Endgerät auf die gewünschte Quelle zugegriffen werden kann. Ist das der
Fall, wird eine `UIImagePickerController`-Instanz erstellt und die Art der Quelle der
`sourceType`-Property zugewiesen. Anschließend wird der Image-Picker-Controller eingeblendet.

Innerhalb der Action-Methoden der Buttons brauchen wir nun nur noch unsere Hilfs-
methode aufzurufen und jeweils die gewünschte Quelle als Parameter zu übergeben
(`camera`, `photoLibrary`, `savedPhotosAlbum`). Die vollständige Implementierung der `View`
`Controller`-Klasse finden Sie in Listing 24.41.

Listing 24.41 Zugriff auf Kamera und Fotos

```
class ViewController: UIViewController {

    @IBAction func showCamera() {
        showImagePicker(forSourceType: .camera)
    }

    @IBAction func showPhotoLibrary() {
        showImagePicker(forSourceType: .photoLibrary)
    }

    @IBAction func showSavedPhotosAlbum() {
        showImagePicker(forSourceType: .savedPhotosAlbum)
    }

    private func showImagePicker(forSourceType sourceType:
UIImagePickerControllerSourceType) {

        // Prüfen, ob die gewünschte Quelle zur Verfügung steht
```

```
        if UIImagePickerController.isSourceTypeAvailable(sourceType) {

            // Erstellen einer UIImagePickerController-Instanz
            let imagePickerController = UIImagePickerController()

            // Zuweisen der gewünschten Quelle
            imagePickerController.sourceType = sourceType

            // Anzeige des UIImagePickerController
            present(imagePickerController, animated: true, completion: nil)

        }
    }

}
```

Wenn Sie die App ausführen und beispielsweise über den Button „Show camera“ auf die Kamera zugreifen, bekommen Sie ein Standard-Interface zu Gesicht, über das der Nutzer Fotos aufnehmen kann (siehe Bild 24.132). Allerdings geschieht noch nichts weiter, wenn Sie erfolgreich ein Foto aufnehmen; mehr zum weiteren Vorgehen an dieser Stelle erfahren Sie im folgenden Abschnitt 24.6.1, „Aufnahme und Auswahl auswerten“.

Bild 24.132
Beim Zugriff auf die Kamera blendet der UIImagePickerController ein Standard-Interface ein, über das der Nutzer ein Foto aufnehmen kann.

24.6.1 Aufnahme und Auswahl auswerten

Mit dem zuvor gezeigten Beispiel kann zwar auf die Kamera beziehungsweise die Fotos des Nutzers zugegriffen werden, jedoch wird eine Bildaufnahme oder eine Bildauswahl noch nicht ausgewertet. Dazu braucht es einen Delegate für den Image-Picker-Controller, der zum UIImagePickerControllerDelegate-Protokoll als auch zum UINavigation ControllerDelegate-Protokoll konform sein muss. Diesen Delegate können Sie einer UIImagePickerController-Instanz über deren delegate-Property zuweisen.

Entscheidend ist in diesem Fall das UIImagePickerControllerDelegate-Protokoll. Es definiert zwei Methoden, die Sie in der Regel beide implementieren sollten:

- imagePickerController(_:didFinishPickingMediaWithInfo:): Diese Methode ist essenziell, um auf ein vom Nutzer mit der Kamera aufgenommenes oder aus seiner Mediathek ausgewähltes Bild zuzugreifen. Sie wird aufgerufen, sobald eine entsprechende Aktion erfolgt ist und übermittelt alle wichtigen Informationen in einem `info`-Parameter. Hierbei handelt es sich um ein Dictionary, über das Sie unter anderem auf die aufgenommene beziehungsweise ausgewählte Bilddatei zugreifen können (dazu gleich mehr).

- `imagePickerControllerDidCancel(_:)`: Diese Methode wird aufgerufen, falls der Nutzer die Aufnahme oder die Auswahl eines Bildes abbricht.

In beiden Methoden sollten Sie sicherstellen, dass der aktive Image-Picker-Controller wieder ausgeblendet wird. Dazu reicht es, beide Methoden in Ihrem Delegate zu implementieren, auf den als Parameter übergebenen `UIImagePickerController` zuzugreifen und auf ihm die Methode `dismiss(animated:completion:)` aufzurufen.

Um ein aufgenommenes oder ausgewähltes Bild auszulesen, müssen Sie in der Methode `imagePickerController(_:didFinishPickingMediaWithInfo:)` auf den `info`-Parameter zugreifen. Ihnen stehen diverse Schlüssel (alle basierend auf der Structure `UIImagePickerController.InfoKey`) zur Verfügung, um die vom System zurückgelieferten Informationen auszulesen. Dazu gehören:

- `originalImage`: Liefert das aufgenommene oder ausgewählte Bild als `UIImage`-Instanz zurück.

- `imageURL`: Liefert eine URL zum Speicherort des aufgenommenen oder ausgewählten Bildes.

Um also beispielsweise direkt ein mittels Image-Picker-Controller ausgewähltes Bild zu verwenden, können Sie dieses über den `originalImage`-Schlüssel aus dem `info`-Parameter auslesen.

Betrachten wir dieses Vorgehen einmal anhand eines konkreten Beispiels. Es basiert auf einer *Single View App*, deren initialer View-Controller über einen Button mit dem Titel „Show camera" und eine Image-View verfügt (siehe Bild 24.133). Die Image-View ist mit einem Outlet mit dem Code des View-Controllers verbunden, der Button ist mit einer Action-Methode namens `showCamera()` gekoppelt.

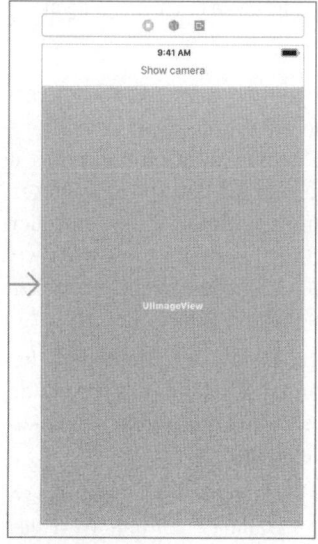

Bild 24.133
Die Beispiel-App verfügt über einen Button und eine Image-View.

Aufgabe der App ist es, per Tipp auf den Button „Show camera" die Kamera des iOS-Geräts aufzurufen. Schießt der Nutzer darüber ein Foto, soll der Image-Picker wieder verlassen und das aufgenommene Bild in der Image-View dargestellt werden. Um das Bild immer bestmöglich zu präsentieren, wird der *Content Mode* der Image-View im Storyboard auf *Aspect Fit* gestellt, (siehe Bild 24.134).

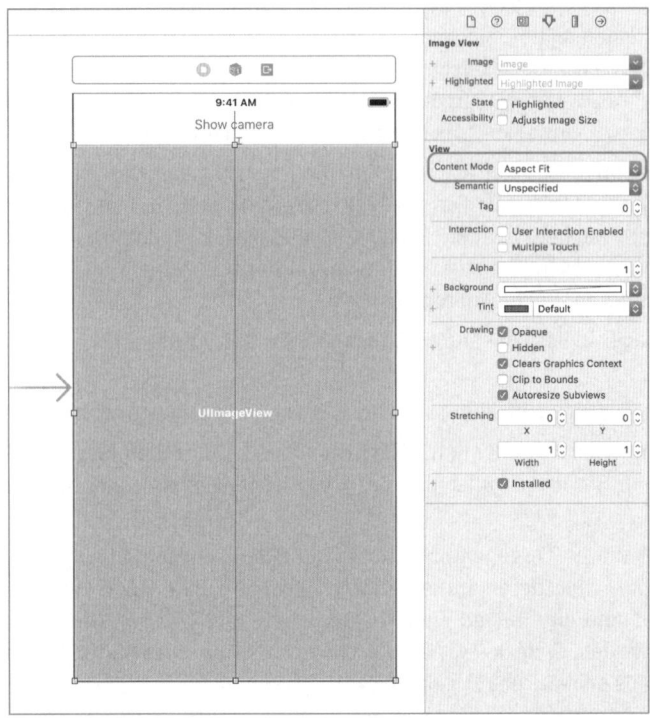

Bild 24.134 Der Content Mode der Image-View wird auf „Aspect Fit" gestellt, um das aufgenommene Bild bestmöglich darzustellen.

Um diese App umzusetzen, müssen wir zunächst beim Tippen auf den „Show camera"-Button eine UIImagePickerController-Instanz erstellen, deren Source Type auf camera setzen und ihn anschließend einblenden. So weit, so gut. Neu ist nun, dass wir die getätigte Aufnahme auswerten möchten. Dazu müssen wir einen Delegate für den UIImagePicker Controller definieren. In diesem Beispiel soll es der zugrunde liegende View-Controller selbst sein, der als Delegate fungiert. Um den Code übersichtlich zu halten, erstellen wir eine Extension für die ViewController-Klasse, in der das UIImagePickerController Delegate- sowie das UINavigationControllerDelegate-Protokoll adaptiert werden.

Innerhalb dieser Extension implementieren wir die beiden genannten Methoden des UIImagePickerControllerDelegate-Protokolls. In beiden sorgen wir dafür, dass am Ende immer der Image-Picker-Controller ausgeblendet wird, indem wir auf dem entsprechenden Parameter die Methode dismiss(animated:completion:) aufrufen.

Spannend wird es jedoch innerhalb der Methode imagePickerController(_:didFinish PickingMediaWithInfo:). Darin greifen wir über den info-Parameter auf den Wert des Schlüssels originalImage zu, bei dem es sich um das aufgenommene Bild in Form einer

UIImage-Instanz handelt. Existiert innerhalb des info-Dictionaries ein solches Element, setzen wir es als Bild für unsere Image-View ein, bevor wir den Image-Picker-Controller wieder ausblenden.

Sie finden die vollständige Implementierung der ViewController-Klasse dieses Beispiels in Listing 24.42. Bild 24.135 zeigt die Verwendung der App in Aktion.

Listing 24.42 Auswerten eines aufgenommenen Fotos

```
class ViewController: UIViewController {

    @IBOutlet weak var imageView: UIImageView!

    @IBAction func showCamera() {
        if UIImagePickerController.isSourceTypeAvailable(.camera) {
            let imagePickerController = UIImagePickerController()
            imagePickerController.delegate = self
            imagePickerController.sourceType = .camera
            present(imagePickerController, animated: true, completion: nil)
        }
    }

}

extension ViewController: UIImagePickerControllerDelegate,
UINavigationControllerDelegate {

    func imagePickerControllerDidCancel(_ picker: UIImagePickerController) {
        picker.dismiss(animated: true, completion: nil)
    }

    func imagePickerController(_ picker: UIImagePickerController,
didFinishPickingMediaWithInfo info: [UIImagePickerController.InfoKey : Any]) {
        if let image = info[.originalImage] as? UIImage {
            imageView.image = image
        }
        picker.dismiss(animated: true, completion: nil)
    }

}
```

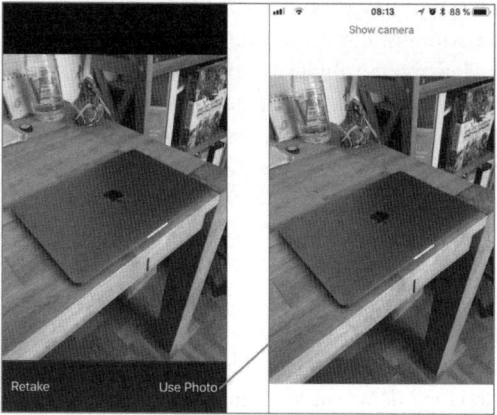

Bild 24.135
Nachdem Sie ein Foto in der Beispiel-App aufgenommen haben, wird es in der Image-View eingefügt.

Nicht vergessen: NSCameraUsageDescription setzen!

Damit auch dieses Beispiel funktioniert, müssen Sie zusätzlich in der *Info.plist*-Datei des Projekts den Schlüssel *NSCameraUsageDescription* ergänzen und eine Begründung angeben, warum die App auf die Kamera zugreifen möchte. ∎

24.6.2 Videos aufnehmen und wiedergeben

Neben der zuvor gezeigten Aufnahme von Fotos eignen sich die Kameras von iPhone und iPad auch wunderbar zur Videoaufnahme. Um eine Videoaufnahme in eigenen iOS-Apps umzusetzen, können Sie ebenfalls auf die `UIImagePickerController`-Klasse setzen und viele der Elemente, die Sie im Zusammenhang mit Fotoaufnahmen bereits kennengelernt haben, auch dafür verwenden. Wie Sie sich aber sicher denken können, gibt es bei der Konfiguration des Image-Picker-Controllers ein paar Details zu beachten, wenn Sie statt Fotos lieber Videos aufnehmen möchten. Im Folgenden stelle ich Ihnen alle Unterschiede im Detail vor.

Die grundlegende Konfiguration einer `UIImagePickerController`-Instanz ist auch bei der Aufnahme von Videos identisch. Sie prüfen also zunächst, ob das zugrunde liegende Gerät über eine Kamera verfügt. Ist das der Fall, erstellen Sie eine neue `UIImagePicker Controller`-Instanz und weisen ihr als Source Type den Wert `camera` zu. So weit, so gut. Wie wir aber gesehen haben, ist ein solcher Image-Picker-Controller standardmäßig auf die Aufnahme von Fotos ausgelegt. Wie konfigurieren wir ihn also für die Videoaufnahme um?

Zwei Properties der `UIImagePickerController`-Klasse sind hierfür entscheidend: `media Types` und `cameraCaptureMode`.

Über `mediaTypes` definieren Sie, welche *Arten* von Medien Sie mit der Kamera aufnehmen möchten. Etwas kompliziert an dieser Stelle ist, dass die potenziellen Werte, die Sie hier einsetzen können, in einem anderen Framework definiert sind, nämlich *MobileCoreServices*. Um dieser Property also passende Werte zuweisen zu können, müssen Sie zwingend dieses Framework in der entsprechenden Swift-Datei importieren.

Bei der Arbeit mit einem Image-Picker-Controller sind zwei Werte aus dem *MobileCore-Services*-Framework für uns von Interesse: `kUTTypeImage` dient zur Aufnahme beziehungsweise Auswahl von Fotos, `kUTTypeMovie` übernimmt diese Aufgabe für Videos. Standardmäßig ist die `mediaTypes`-Property für den Umgang mit Bildern konfiguriert. Möchten wir stattdessen Videos aufnehmen, müssen wir ihr den Wert `kUTTypeMovie` zuweisen. Wichtig hierbei: Bei der `mediaTypes`-Property handelt es sich um ein Array, entsprechend müssen Sie den Wert bei der Zuweisung auch verpacken. Eine weitere Besonderheit: `kUTTypeMovie` wie auch `kUTTypeImage` sind beide vom Typ `CFString`, während die `mediaTypes`-Property in ihrem Array aber Instanzen vom Typ `String` erwartet. Sie müssen hier also zusätzlich noch ein entsprechendes Type Casting durchführen (was aber problemlos möglich ist).

Als Zweites müssen Sie noch den Wert der `cameraCaptureMode`-Property der `UIImage PickerController`-Instanz anpassen. Über sie definieren Sie explizit, welche Art von Medium Sie über die Kamera aufnehmen möchten: Foto oder Video. Die Werte, die Sie dieser Property zuweisen können, entsprechen dem Enumeration-Typ `UIImagePicker`

ControllerCameraCaptureMode. Er besitzt die beiden Werte photo (für die Aufnahme von Fotos) und video (für die Aufnahme von Videos).

 Wichtig: Setzen Sie cameraCaptureMode zum Schluss!

Es ist entscheidend, dass Sie den Wert der cameraCaptureMode-Property erst setzen, nachdem Sie den Source Type für camera und die mediaTypes definiert haben. Wenn Sie dieser Property zuvor einen Wert zuweisen, führt das zur Laufzeit zu einem Absturz der App.

In Listing 24.43 finden Sie ein Beispiel, wie sich ein UIImagePickerController für die Aufnahme von Videos erstellen und konfigurieren lässt. Darin finden Sie alle grundlegenden Bestandteile, wie sie in diesem sowie den vorherigen Abschnitten erläutert wurden. Denken Sie daran, dass für die korrekte Konfiguration der mediaTypes-Property das *Mobile-CoreServices*-Framework importiert werden muss.

Listing 24.43 Erstellen, Konfigurieren und Einblenden eines UIImagePickerController für die Videoaufnahme

```
if UIImagePickerController.isSourceTypeAvailable(.camera) {
    let imagePickerController = UIImagePickerController()
    imagePickerController.delegate = self
    imagePickerController.sourceType = .camera
    imagePickerController.mediaTypes = [kUTTypeMovie as String]
    imagePickerController.cameraCaptureMode = .video
    present(imagePickerController, animated: true, completion: nil)
}
```

Im zweiten Schritt müssen wir uns nun um das korrekte Auslesen aufgenommener Videos kümmern. Hierfür kommt erneut die UIImagePickerControllerDelegate-Methode imagePickerController(_:didFinishPickingMediaWithInfo:) zum Einsatz. Über das info-Dictionary können wir mithilfe des Schlüssels mediaURL auf die App-interne URL der vom Image-Picker-Controller gespeicherten Videodatei zugreifen. Diese URL können Sie dann beispielsweise benutzen, um die Datei zu verschicken oder auf dem Gerät wiederzugeben.

Das folgende Beispiel demonstriert die Aufnahme und Wiedergabe von Videos in iOS. Basis ist erneut eine *Single View App*, deren initialer View-Controller über zwei Elemente verfügt: Einen Button mit dem Titel „Record video" am oberen Bildschirmrand sowie eine Web-View vom Typ WKWebView, die den gesamten darunterliegenden Platz des Bildschirms einnimmt (siehe Bild 24.136). Die Web-View können Sie über das entsprechende *WebKit View*-Symbol aus der Objects Library einem View-Controller hinzufügen (siehe Bild 24.137).

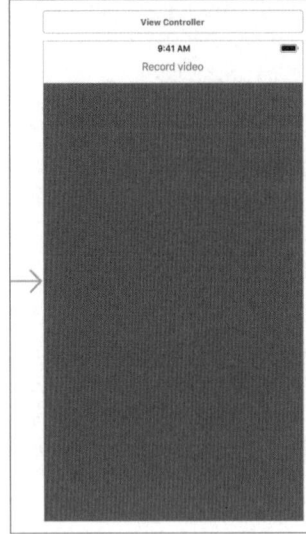

Bild 24.136
Die Beispiel-App verfügt über einen Button zum Starten
einer Videoaufnahme und einer Web-View, die zur späteren
Wiedergabe des Videos dienen soll.

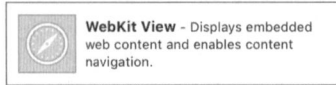

Bild 24.137   Eine Web-View können Sie direkt aus der Objects Library einem View-Controller hinzufügen.

Der Button wird mit einer Action-Methode namens `recordVideo()` verknüpft, während die
Web-View als Outlet mit dem View-Controller gekoppelt wird. Wichtig hierbei: Die Web-
View stammt aus dem *WebKit*-Framework, weshalb Sie dieses importieren müssen, um das
Outlet verwenden zu können.

Wird der Button betätigt, wird ein `UIImagePickerController` für die Videoaufnahme
erstellt und geladen. Ist die Aufnahme abgeschlossen, soll dieser Image-Picker-Controller
wieder ausgeblendet werden. Im Falle einer erfolgreichen Aufnahme wird zusätzlich das
aufgenommene Video über dessen URL aus dem `info`-Dictionary der Delegate-Methode
`imagePickerController(_:didFinishPickingMediaWithInfo:)` ausgelesen. Um das Video in der Web-View wiedergeben zu können, muss die so erhaltene URL zusätzlich noch in
eine Instanz des Typs `URLRequest` verpackt werden. Dieser Request wird dann mithilfe der
Methode `load(_:)` der Web-View übergeben.

Die vollständige Implementierung der `ViewController`-Klasse finden Sie in Listing 24.44.
Der praktische Einsatz ist in Bild 24.138 illustriert.

Listing 24.44 Aufnahme und Wiedergabe von Videos

```
class ViewController: UIViewController {

    @IBOutlet weak var videoPlaybackWebView: WKWebView!

    @IBAction func recordVideo() {
        if UIImagePickerController.isSourceTypeAvailable(.camera) {
            let imagePickerController = UIImagePickerController()
```

```
            imagePickerController.delegate = self
            imagePickerController.sourceType = .camera
            imagePickerController.mediaTypes = [kUTTypeMovie as String]
            imagePickerController.cameraCaptureMode = .video
            present(imagePickerController, animated: true, completion: nil)
        }
    }

}

extension ViewController: UIImagePickerControllerDelegate,
UINavigationControllerDelegate {

    func imagePickerControllerDidCancel(_ picker: UIImagePickerController) {
        picker.dismiss(animated: true, completion: nil)
    }

    func imagePickerController(_ picker: UIImagePickerController,
didFinishPickingMediaWithInfo info: [UIImagePickerController.InfoKey : Any]) {
        if let videoURL = info[.mediaURL] as? URL {
            let videoURLRequest = URLRequest(url: videoURL)
            videoPlaybackWebView.load(videoURLRequest)
        }
        picker.dismiss(animated: true, completion: nil)
    }

}
```

Bild 24.138
Nach Aufnahme eines Videos wird es
direkt in der Web-View der Beispiel-App
wiedergegeben.

 Wichtig: Info.plist ergänzen!

Wir kennen bereits den Schlüssel *NSCameraUsageDescription*, der zwingend
in der *Info.plist*-Datei ergänzt werden muss, möchte man auf die Kamera
zugreifen. Bei der Aufnahme von Videos kommt aber ein weiterer solcher
Schlüssel hinzu: Mithilfe von *NSMicrophoneUsageDescription* müssen Sie
begründen, warum Ihre App auch auf das Mikrofon zugreifen möchte (siehe
Bild 24.139). Fehlt dieser Schlüssel, kommt es beim Zugriff auf die Kamera
zum Aufzeichnen von Videos zum Absturz Ihrer App.

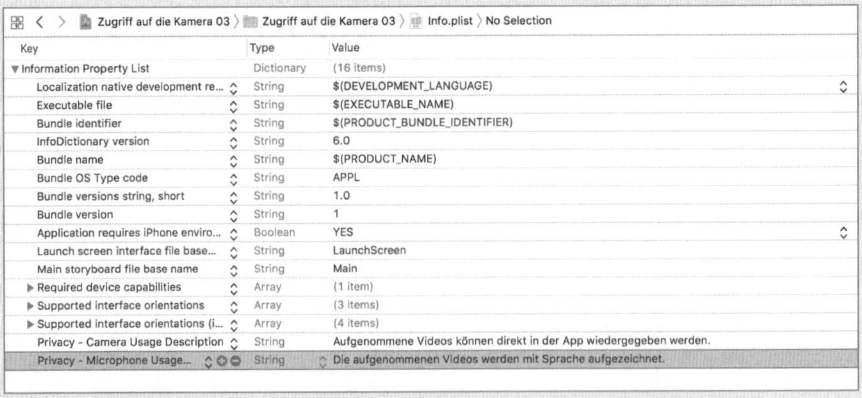

Key	Type	Value
▼ Information Property List	Dictionary	(16 items)
Localization native development re... ⬍	String	$(DEVELOPMENT_LANGUAGE)
Executable file ⬍	String	$(EXECUTABLE_NAME)
Bundle identifier ⬍	String	$(PRODUCT_BUNDLE_IDENTIFIER)
InfoDictionary version ⬍	String	6.0
Bundle name ⬍	String	$(PRODUCT_NAME)
Bundle OS Type code ⬍	String	APPL
Bundle versions string, short ⬍	String	1.0
Bundle version ⬍	String	1
Application requires iPhone enviro... ⬍	Boolean	YES
Launch screen interface file base... ⬍	String	LaunchScreen
Main storyboard file base name ⬍	String	Main
▶ Required device capabilities ⬍	Array	(1 item)
▶ Supported interface orientations ⬍	Array	(3 items)
▶ Supported interface orientations (i... ⬍	Array	(4 items)
Privacy - Camera Usage Description ⬍	String	Aufgenommene Videos können direkt in der App wiedergegeben werden.
Privacy - Microphone Usage... ⬍ ⊕ ⊖	String	⬍ Die aufgenommenen Videos werden mit Sprache aufgezeichnet.

Bild 24.139 Sie müssen auch begründen, warum Ihre App auf das Mikrofon zugreifen möchte, um Videos über die Kamera aufnehmen zu können.

Vorhandene Videos aus der Fotos-App auswählen

Wenn Sie selbst kein neues Video in Ihrer App aufzeichnen, dafür aber auf aufgenommene Videos innerhalb der nativen Fotos-App zugreifen möchten, können Sie auch das mithilfe des UIImagePickerController tun. Als Source Type verwenden Sie dann entweder photoLibrary oder savedPhotosAlbum und setzen – genau wie bei der Aufzeichnung von Videos – den Wert der mediaTypes-Property auf [kUTTypeMovie as String]. Listing 24.45 zeigt ein entsprechendes Beispiel zur Erstellung und Konfiguration einer passenden UIImagePickerController-Instanz.

Listing 24.45 Erstellen eines UIImagePickerController zum Zugriff auf die gespeicherten Videos

```
if UIImagePickerController.isSourceTypeAvailable(.photoLibrary) {
    let imagePickerController = UIImagePickerController()
    imagePickerController.sourceType = .photoLibrary
    imagePickerController.mediaTypes = [kUTTypeMovie as String]
    present(imagePickerController, animated: true, completion: nil)
}
```

Wenn Sie einen solchen Image-Picker-Controller einblenden, werden Ihnen nur die in der nativen Fotos-App vorhandenen Videos angezeigt, keine Fotos (siehe Bild 24.140). Wählt der Nutzer ein solches Video aus, wird wie bei der Aufnahme eines neuen Videos auch die UIImagePickerControllerDelegate-Methode imagePickerController(_:didFinishPickingMediaWithInfo:) aufgerufen und Sie können darüber auf das ausgewählte Video zugreifen.

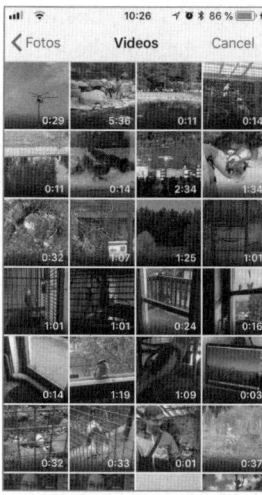

Bild 24.140
Auf Wunsch können Sie den Nutzer auch nur aus den in
der Fotos-App hinterlegten Videos auswählen lassen.

24.6.3 Foto- und Videoaufnahme parallel erlauben

Bisher haben wir die Auswahl beziehungsweise Erstellung von Fotos und Videos getrennt
voneinander betrachtet. Sie können beide Formate aber auch mischen und so den Nutzer
sowohl Fotos als auch Videos auswählen beziehungsweise anfertigen lassen.

Hierbei ändert sich an der grundlegenden Konfiguration des `UIImagePickerController`
gar nicht so viel. Am wichtigsten ist, über die Property `mediaTypes` sowohl den Wert
`kUTTypeImage` als auch `kUTTypeMovie` zu übergeben. Damit legen Sie fest, dass der Image-
Picker-Controller sowohl mit Fotos als auch mit Videos umgehen können soll. Ein Beispiel
einer solchen Konfiguration zeigt Listing 24.46.

Listing 24.46 Konfiguration eines `UIImagePickerController` zum Umgang mit Fotos und
Videos

```
if UIImagePickerController.isSourceTypeAvailable(.camera) {
    let imagePickerController = UIImagePickerController()
    imagePickerController.delegate = self
    imagePickerController.sourceType = .camera
    imagePickerController.mediaTypes = [kUTTypeImage as String, kUTTypeMovie as
String]
    present(imagePickerController, animated: true, completion: nil)
}
```

Aufpassen muss man bei einer solchen Konfiguration aber in der `UIImagePicker`
`ControllerDelegate`-Methode `imagePickerController(_:didFinishPickingMediaWith`
`Info:)`. Der Grund: Sie wissen jetzt ja gar nicht, ob der Nutzer Ihrer App ein Foto oder ein
Video aufgenommen hat, und abhängig davon werden Sie in der Regel unterschiedlich
reagieren müssen.

Um zu ermitteln, welche Art von Medium der Nutzer erstellt hat, können Sie den Schlüssel
`mediaType` auf das `info`-Dictionary anwenden. Es liefert einen String, den Sie mit
`kUTTypeImage` (für Fotos) beziehungsweise `kUTTypeMovie` (für Videos) vergleichen können.

Bei Übereinstimmung wissen Sie, um welches Medium es sich handelt, und können entsprechend darauf reagieren. In Listing 24.47 finden Sie den Rumpf für die typische Implementierung der `imagePickerController(_:didFinishPickingMediaWithInfo:)`-Methode zur Prüfung des eingesetzten Mediums.

Listing 24.47 Prüfung, ob Nutzer Foto oder Video aufgenommen beziehungsweise ausgewählt hat

```swift
func imagePickerController(_ picker: UIImagePickerController,
didFinishPickingMediaWithInfo info: [UIImagePickerController.InfoKey : Any]) {

    // Media Type ermitteln
    let mediaType = info[.mediaType] as! String

    // Media Type entspricht Foto
    if mediaType == kUTTypeImage as String {
        let image = info[.originalImage] as! UIImage
        // ...

    // Media Type entspricht Video
    } else if mediaType == kUTTypeMovie as String {
        let videoURL = info[.mediaURL] as! URL
        // ...
    }

    // Image-Picker-Controller ausblenden
    picker.dismiss(animated: true, completion: nil)
}
```

Zur Demonstration dieses Themas folgt nun abschließend noch ein praktisches Beispiel. Es basiert auf einer *Single View App*, deren initialer View-Controller einen Button mit dem Titel „Show camera" am oberen Bildschirmrand besitzt. Darunter nimmt den restlichen Platz des View-Controllers eine einfache `UIView` ein, die als Platzhalter fungiert (siehe Bild 24.141). Für den Button wird eine Action-Methode mit dem Namen `showCamera()` im Code erzeugt, während die Platzhalter-View mit einem passenden Outlet im zugrunde liegenden View-Controller gekoppelt wird.

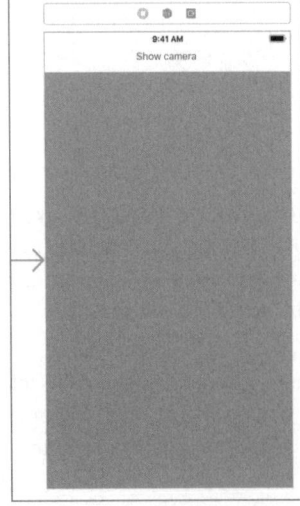

Bild 24.141
Die Beispiel-App verfügt über einen Button und eine Platzhalter-View, in der später das aufgenommene Bild beziehungsweise Video angezeigt wird.

Doch wozu dient dieser Platzhalter? Da der Nutzer über diese Beispiel-App sowohl Fotos als auch Videos wird aufnehmen können, müssen wir dafür gewappnet sein, beide Medienarten anzeigen zu können. Darum können wir nicht explizit mit einer UIImageView oder einer WKWebView arbeiten, wie wir es an entsprechender Stelle in den vorangegangenen Abschnitten getan haben. Stattdessen erstellen wir UIImageView und WKWebView dynamisch im Code, wenn das entsprechende Medium (Foto beziehungsweise Video) erstellt wurde und fügen es unserem Platzhalter hinzu.

Um den Code entsprechend zu optimieren, erstellen wir zwei separate Hilfsmethoden, die sich um das Anzeigen eines Bildes beziehungsweise Videos kümmern. Die Hilfsmethode showImage(_:) erhält eine UIImage-Instanz als Parameter. Sie sorgt dafür, eine passende UIImageView zu erzeugen und im Platzhalter einzusetzen. Umgekehrt erwartet die zweite Hilfsmethode showVideo(withURL:) die URL für ein aufgenommenes Video und kümmert sich darum, eine WKWebView-Instanz für die Darstellung des Videos zu erzeugen und es darin zu laden. Die Implementierung dieser beiden Methoden zeigt Listing 24.48. Das Outlet der Platzhalter-View trägt den Namen placeholderView.

Listing 24.48 Einblenden eines Fotos oder Videos in der Platzhalter-View

```
private func showImage(_ image: UIImage) {
    let imageView = UIImageView(frame: placeholderView.bounds)
    imageView.contentMode = .scaleAspectFit
    imageView.image = image
    placeholderView.addSubview(imageView)
}

private func showVideo(withURL url: URL) {
    let videoWebView = WKWebView(frame: placeholderView.bounds)
    let videoURLRequest = URLRequest(url: url)
    videoWebView.load(videoURLRequest)
    placeholderView.addSubview(videoWebView)
}
```

In der Implementierung der imagePickerController(_:didFinishPickingMediaWith Info:)-Methode des UIImagePickerControllerDelegate rufen wir die jeweils passende Methode auf. Zusätzlich greifen wir darin noch auf eine weitere Hilfsmethode mit dem Namen removeExistingImageAndVideoViews() zurück, die wir selbst geschrieben haben. Sie greift über das Array subviews auf alle Subviews zu, die möglicherweise der Platzhalter-View hinzugefügt wurden (so wie das am Ende der beiden Methoden aus Listing 24.48 der Fall ist) und entfernt diese. Ohne diese Aufräumaktion würden sich hintereinander aufgenommene Fotos und Videos in der Platzhalter-View stapeln.

Die vollständige Implementierung der ViewController-Klasse dieses Beispiels finden Sie in Listing 24.49. Wenn Sie die App ausführen und die Kamera über den „Show camera"-Button einblenden, werden Sie feststellen, dass Sie durch Wischen nach links beziehungsweise nach rechts zwischen der Aufnahme von Fotos und Videos wechseln können (siehe Bild 24.142). Abhängig von der durchgeführten Aufnahme wird in der Platzhalter-Ansicht anschließend entweder ein Foto oder ein Video angezeigt.

Listing 24.49 Umsetzung eines `UIImagePickerController` zur Aufnahme von Fotos und Videos

```
class ViewController: UIViewController {

    @IBOutlet weak var placeholderView: UIView!

    @IBAction func showCamera() {
        if UIImagePickerController.isSourceTypeAvailable(.camera) {
            let imagePickerController = UIImagePickerController()
            imagePickerController.delegate = self
            imagePickerController.sourceType = .camera
            imagePickerController.mediaTypes = [kUTTypeImage as String, kUTTypeMovie
as String]
            present(imagePickerController, animated: true, completion: nil)
        }
    }

    private func showImage(_ image: UIImage) {
        let imageView = UIImageView(frame: placeholderView.bounds)
        imageView.contentMode = .scaleAspectFit
        imageView.image = image
        placeholderView.addSubview(imageView)
    }

    private func showVideo(withURL url: URL) {
        let videoWebView = WKWebView(frame: placeholderView.bounds)
        let videoURLRequest = URLRequest(url: url)
        videoWebView.load(videoURLRequest)
        placeholderView.addSubview(videoWebView)
    }

    private func removeExistingImageAndVideoViews() {
        for subview in placeholderView.subviews {
            subview.removeFromSuperview()
        }
    }

}

extension ViewController: UIImagePickerControllerDelegate,
UINavigationControllerDelegate {

    func imagePickerControllerDidCancel(_ picker: UIImagePickerController) {
        picker.dismiss(animated: true, completion: nil)
    }

    func imagePickerController(_ picker: UIImagePickerController,
didFinishPickingMediaWithInfo info: [UIImagePickerController.InfoKey : Any]) {
        removeExistingImageAndVideoViews()
        let mediaType = info[.mediaType] as! String
        if mediaType == kUTTypeImage as String {
            let image = info[.originalImage] as! UIImage
            showImage(image)
        } else if mediaType == kUTTypeMovie as String {
            let videoURL = info[.mediaURL] as! URL
            showVideo(withURL: videoURL)
        }
```

```
        picker.dismiss(animated: true, completion: nil)
    }

}
```

Bild 24.142
Wenn der UIImagePickerController beim Zugriff auf die Kamera
sowohl Fotos als auch Videos unterstützt, können Sie zwischen
beiden Medien durch Wischen nach links beziehungsweise nach
rechts wechseln.

◼ 24.7 Erkennen von Gesten

Die Steuerung von iOS basiert ausschließlich auf Gesten, die durch Berühren des Touch-Displays ausgelöst werden. Für die grundlegenden Funktionen vieler Elemente liefert uns das System hierbei bereits von Haus aus die passende Unterstützung, sodass wir selbst nichts weiter tun müssen, um auf bestimmte Ereignisse zu reagieren. Dazu gehört beispielsweise das Tippen auf einen Button oder das Scrollen durch eine Tabelle.

Wir haben allerdings auch die Möglichkeit, auf Basis sogenannter *Gesture Recognizer* View-Elemente mit eigenen Gesten und dazugehörigen Funktionen zu versehen. Die Vorgehensweise ist hierbei immer identisch:

1. Ein View-Element wird um einen Gesture Recognizer ergänzt. Dieser Gesture Recognizer definiert die Geste, auf die das View-Element fortan reagiert (zum Beispiel auf ein Tippen oder auf einen Swipe).
2. Der Gesture Recognizer wird mit einer Action-Methode verbunden, die jedes Mal ausgelöst wird, wenn die Geste zum Einsatz kommt.

Ebenfalls allen Gesture Recognizern gemein ist deren Superklasse `UIGestureRecognizer`. Sie definiert einige grundlegende Eigenschaften und Funktionen, die für alle Gesture Recognizer gleichermaßen gelten. Beispielsweise ist darin die Methode `addTarget(_:action:)` definiert, mit der man das Ziel einer Geste sowie deren Action-Methode festlegt.

In den folgenden Abschnitten stelle ich Ihnen einige der in iOS verfügbaren Gesture Recognizer vor und erläuterte deren Funktionsweise. Die Gesture Recognizer werde ich in den folgenden Beispielen über ein Storyboard erstellen. Wie man Gesture Recognizer im Code erstellt, erläutere ich in Abschnitt 24.7.7, „Erstellung im Code".

 Aktivierung von isUserInteractionEnabled notwendig

Bei allen im Folgenden vorgestellten Gesture Recognizern ist ein sehr wichtiges Detail zu beachten: Damit die entsprechende Geste funktioniert und vom System ausgewertet wird, muss die betreffende View, der Sie die Geste zuweisen, Nutzerinteraktionen erlauben. Ob eine View das tut, können Sie über die UIView-Property isUserInteractionEnabled herausfinden beziehungsweise ändern. Ein Label beispielsweise nimmt standardmäßig keine Nutzerinteraktionen entgegen, weshalb Sie deren isUserInteractionEnabled-Wert explizit auf true setzen müssen, möchten Sie eine Geste über ein Label ausführen.

Neben der isUserInteractionEnabled-Property können Sie diese Einstellung auch im Storyboard vornehmen. Wählen Sie dazu das gewünschte View-Element aus und wechseln Sie in den Attributes Inspector. Dort finden Sie im Abschnitt *View* eine Checkbox mit dem Titel *User Interaction Enabled* (siehe Bild 24.143). Diese muss aktiviert sein, damit die zugrunde liegende View auf Gesten reagieren kann.

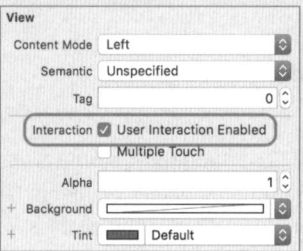

Bild 24.143
Aktivieren Sie die Checkbox „User Interaction Enabled" für eine View, damit diese (falls nötig) auf zugewiesene Gesten reagieren kann.

24.7.1 UITapGestureRecognizer

Ein einfaches Tippen auf eine View können Sie mithilfe eines UITapGestureRecognizer in Ihren Apps implementieren. Diese Geste wird beispielsweise zum Betätigen eines Buttons oder eines Schalters eingesetzt. Ziehen Sie zum Hinzufügen einer solchen Geste das *Tap Gesture Recognizer*-Element aus der Objects Library auf die View, die auf ein solches Tippen reagieren soll (siehe Bild 24.144). Der Gesture Recognizer wird anschließend in der Leiste oberhalb des View-Controllers angezeigt (siehe Bild 24.145).

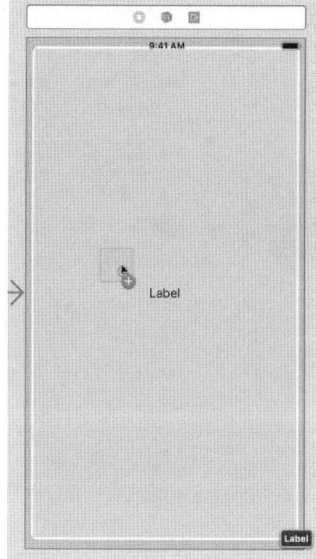

Bild 24.144
Zum Erstellen eines Tap Gesture Recognizer ziehen Sie
das entsprechende Element aus der Objects Library auf
die gewünschte View, in diesem Fall auf ein Label.

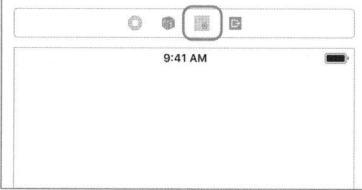

Bild 24.145
Hinzugefügte Gesture Recognizer werden in der Leiste
oberhalb des View-Controllers aufgeführt.

Sie können nun, wie bereits von Outlets und Actions gewohnt, eine Verbindung von diesem
Tap Gesture Recognizer in den Code des zugrunde liegenden View-Controllers ziehen, um
so eine Action-Methode für diese Geste zu erzeugen (siehe Bild 24.146). Darin bringen Sie
alle Befehle unter, die beim Tippen auf das entsprechende View-Element ausgeführt werden
sollen.

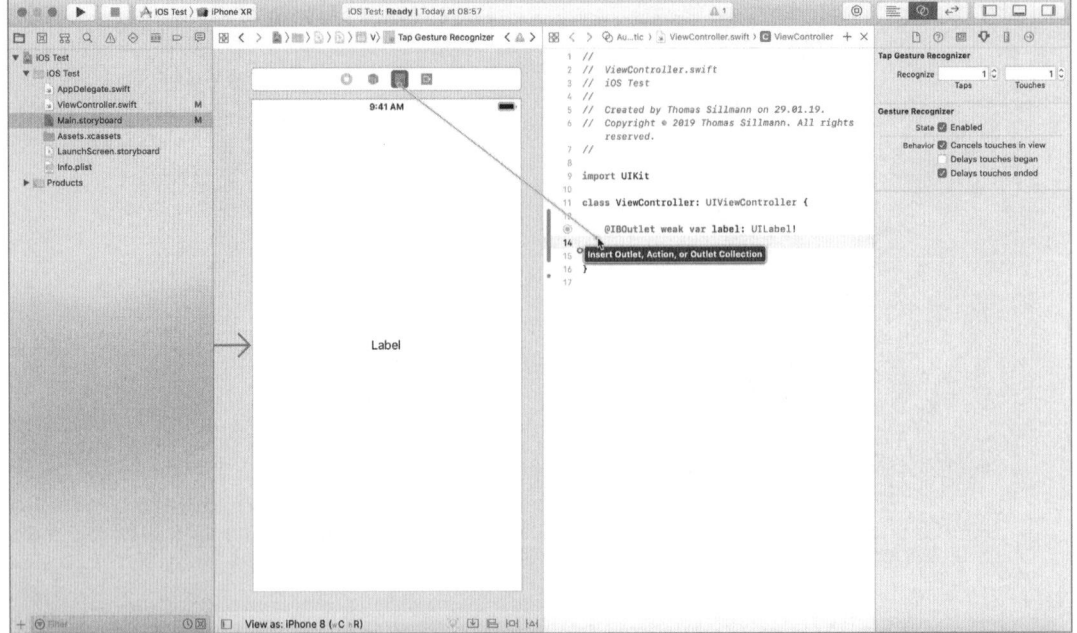

Bild 24.146 Durch Ziehen einer Verbindung vom Gesture Recognizer in den Code können Sie ein Outlet und eine Action für die jeweilige Geste erzeugen.

In Listing 24.50 sehen Sie ein einfaches Beispiel eines View-Controllers, der ein Label mit einem zugewiesenen Tap Gesture Recognizer besitzt. Der Gesture Recognizer ist mit der Action-Methode `handleTap(_:)` gekoppelt und ändert den Text des Labels, sobald die Geste auf dem Label ausgeführt wird.

Listing 24.50 Reaktion auf einen Tap Gesture Recognizer

```
class ViewController: UIViewController {

    @IBOutlet weak var label: UILabel!

    @IBAction func handleTap(_ sender: Any) {
        label.text = "Tap!"
    }

}
```

Konfigurationsmöglichkeiten

Sie können die Funktionsweise eines Tap Gesture Recognizers noch ein wenig anpassen. Dazu stehen Ihnen über die `UITapGestureRecognizer`-Klasse die folgenden Properties zur Verfügung:

- `numberOfTapsRequired`: Definiert, wie oft der Benutzer kurz hintereinander auf das zugrunde liegende View-Element tippen muss, damit die Geste erkannt und die zugeordnete Action-Methode ausgelöst wird. Wenn Sie hier beispielsweise den Wert 3 übergeben, muss der Nutzer drei Mal kurz hintereinander auf die jeweilige View tippen, damit die Geste erkannt wird.

- `numberOfTouchesRequired`: Definiert die Anzahl der Finger, die zum Durchführen der Geste notwendig sind. Wenn Sie hier beispielsweise 2 angeben, muss der Nutzer das Tippen mit zwei Fingern durchführen, damit die Geste erkannt und die zugewiesene Action-Methode ausgeführt wird.

Beide Konfigurationen können Sie auch direkt im Storyboard vornehmen. Sie finden die zugehörigen Einstellungen, indem Sie den Tap Gesture Recognizer auswählen und in den Attributes Inspector wechseln. Dort stehen im oberen Bereich mit dem Titel *Tap Gesture Recognizer* Textfelder zum Anpassen dieser Werte zur Verfügung (siehe Bild 24.147).

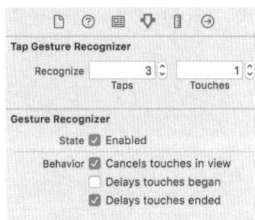

Bild 24.147
Sie können die zur Verfügung stehenden Konfigurationen eines Tap Gesture Recognizers auch über den Attributes Inspector durchführen.

24.7.2 UIPinchGestureRecognizer

Die Pinch-Geste wird durch das Auflegen zweier Finger auf das Display und das anschließende Zusammen- oder Auseinanderziehen der beiden Finger ausgelöst. Es ist die typische Geste zum Zoomen auf Websites, in Bildern oder in Kartenausschnitten. Mithilfe des `UIPinchGestureRecognizer` können wir sie aber auch auf jedes andere View-Element anwenden und mit eigenen Funktionen versehen.

Der `UIPinchGestureRecognizer` ist eine sogenannte *Continuous Gesture*. Das bedeutet, dass sie über einen längeren Zeitraum ausgeführt werden kann und währenddessen ständig die zugeordnete Action-Methode aufruft. Während man also eine Pinch-Geste ausführt, wird bei jeder Bewegung der Finger immer wieder die zugehörige Aktion ausgeführt.

Sie können die Property `state` der `UIPinchGestureRecognizer`-Superklasse `UIGesture Recognizer` nutzen, um herauszufinden, in welchem Stadium der Ausführung die Geste sich gerade befindet. Die potenziellen Werte werden über die Enumeration `UIGesture RecognizerState` abgebildet. `began` bedeutet, dass die Geste erkannt wurde. Anschließend wechselt `state` zu `changed` und verweilt dort so lange, wie die Geste ausgeführt wird. Sobald sie beendet ist, wechselt der Status zu `ended`. Diesen Ablauf können Sie sich zunutze machen, um ideal auf den Einsatz der Pinch-Geste zu reagieren.

Das eigentliche Herzstück eines `UIPinchGestureRecognizer` stellt dessen `scale`-Property dar. Deren Wert wächst, wenn die Finger während der Geste auseinandergezogen werden und steigt, wenn Sie sie zusammenziehen. Entsprechend können Sie bei einer Zoom-Aktion diesen Wert nutzen, um eine Ansicht zu vergrößern (bei steigendem `scale`-Wert) oder zu verkleinern (bei sinkendem `scale`-Wert).

Etwas tückisch hierbei: Der `scale`-Wert eines Pinch Gesture Recognizers wird am Ende der Geste immer wieder auf den Ursprungswert zurückgesetzt (standardmäßig 1). Falls Sie also in eine Ansicht hineinzoomen und anschließend erneut eine Pinch-Geste starten, müssen Sie selbst dafür sorgen, dass vor Ausführung der Geste der `scale`-Wert auf den letzten aktuellen Wert zurückgesetzt wird. Ansonsten kann es zu unschönen Sprüngen in der Darstellung kommen, wenn Sie den `scale`-Wert als Basis für das Zoom-Level verwenden (es wird dann ebenfalls wieder zurückgesetzt).

Um den Einsatz eines `UIPinchGestureRecognizer` und die beschriebenen Fallstricke besser zu verstehen, folgt an dieser Stelle ein praktisches Beispiel. Es basiert auf einer *Single View App*, deren initialer View-Controller über ein Label verfügt, das die gesamte Bildschirmgröße einnimmt (siehe Bild 24.148). Diesem Label wird ein Pinch Gesture Recognizer mithilfe des gleichnamigen Elements aus der Objects Library zugewiesen (siehe Bild 24.149) und dieser mit einer Action-Methode namens `changeLabelZoom(_:)` verknüpft. Das Label selbst erhält ein passendes Outlet im Code des zugrunde liegenden View-Controllers.

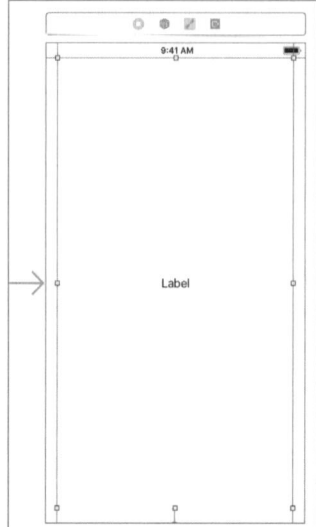

Bild 24.148
Das Label der Beispiel-App nimmt den gesamten Bildschirmplatz des View-Controllers ein.

Bild 24.149 Über dieses Element aus der Objects Library können Sie eine View um einen Pinch Gesture Recognizer ergänzen.

Die Aufgabe der App besteht nun darin, bei Ausführen einer Pinch-Geste auf dem Label dessen Schriftgröße abhängig von der Skalierung zu vergrößern beziehungsweise zu verkleinern. Da der `scale`-Wert immer bei 1 beginnt, müssen wir den letzten Stand dieser Property selbst zwischenspeichern und zu Beginn einer erneuten Pinch Geste setzen, da ansonsten immer wieder von der ursprünglichen Schriftgröße aus skaliert wird. Dazu nutzen wir eine Hilfsproperty namens `currentScale`, die Teil unserer `ViewController`-Klasse ist. Beginnt die Geste, prüfen wir, ob diese Property einen Wert besitzt (sprich den Wert einer zuvor durchgeführten Skalierung). Falls ja, weisen wir der `scale`-Property des Pinch Gesture Recognizers den Wert von `currentScale` zu. Wird die Geste beendet, speichern wir den finalen `scale`-Wert wiederum in `currentScale`; damit schließt sich der Kreis. Während der eigentlichen Ausführung der Geste nutzen wir ausschließlich die `scale`-Property des Pinch Gesture Recognizers, um die Schriftgröße des Labels zu aktualisieren.

Für die Veränderung der Schriftgröße nutzen wir den Typ `UIFont`. Dessen `labelFont Size`-Type-Property liefert uns die Standardgröße zurück, die für Labels in iOS-Apps verwendet wird. Diese multiplizieren wir mit der aktuellen Skalierung, um die neue Schriftgröße zu erhalten. Anschließend weisen wir dem Label über dessen `font`-Property eine neue `UIFont`-Instanz zu, wofür wir die Klassenmethode `systemFont(ofSize:)` einsetzen. Diese liefert uns die aktuelle Systemschriftart in der gewünschten Größe. Die vollständige Implementierung der `ViewController`-Klasse dieses Beispiels finden Sie in Listing 24.51.

Listing 24.51 Einsatz eines Pinch Gesture Recognizers

```
class ViewController: UIViewController {

    private var currentScale: CGFloat!

    @IBOutlet weak var label: UILabel!

    @IBAction func changeLabelZoom(_ sender: UIPinchGestureRecognizer) {
        if sender.state == .began {
            if currentScale != nil {
                sender.scale = currentScale
            }
        } else if sender.state == .changed {
            let updatedFontSize = UIFont.labelFontSize * sender.scale
            label.font = UIFont.systemFont(ofSize: updatedFontSize)
        } else if sender.state == .ended {
            currentScale = sender.scale
        }
    }

}
```

 Pinch-Geste im Simulator testen

Auf einem Endgerät ist das Testen der Pinch-Geste kein größeres Problem. Man legt beide Finger aufs Display und zieht sie entweder zusammen oder auseinander. Doch was tut man bei der Ausführung einer App im Simulator? Schließlich kann man nicht einfach einen zweiten Mauszeiger einblenden.

Die gute Nachricht ist: Sie können auch im Simulator die Pinch-Geste einsetzen, wenn auch nicht so flexibel wie auf einem echten Endgerät. Halten Sie dazu die Option-Taste gedrückt, während der iOS-Simulator aktiv ist. Auf dem Display erscheinen dann zwei graue Punkte. Der eine ist direkt dem Mauszeiger zugeordnet, der andere erscheint an der gegenüberliegenden Position innerhalb des Simulators (siehe Bild 24.150). Wenn Sie nun die Maus bewegen, werden Sie feststellen, dass sich auch die beiden Punkte der Mausbewegung anpassen. Wenn Sie die linke Maustaste gedrückt halten, können Sie durch Bewegen der Maus eine Pinch-Geste simulieren. Die beiden runden Punkte entsprechen hierbei den Fingern auf dem Display.

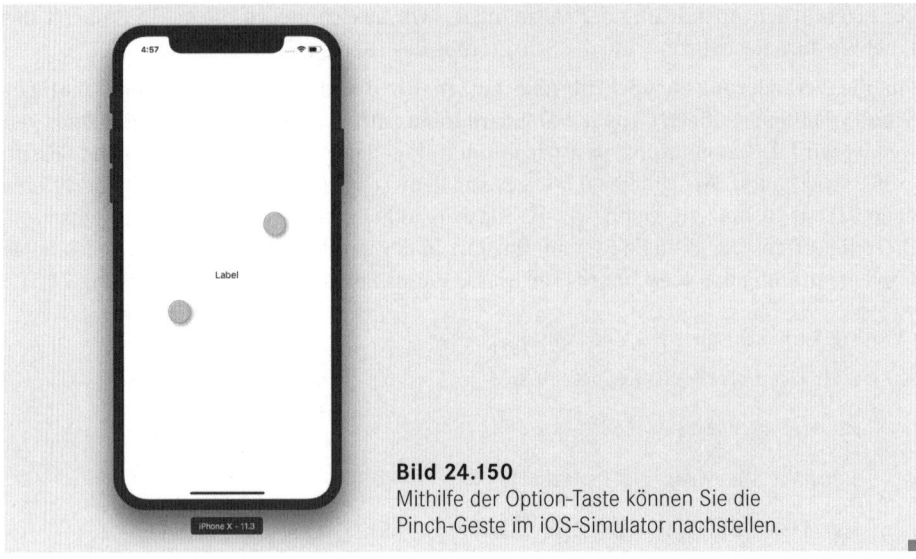

Bild 24.150
Mithilfe der Option-Taste können Sie die
Pinch-Geste im iOS-Simulator nachstellen.

24.7.3 UISwipeGestureRecognizer

Eine Swipe-Geste entspricht dem Streichen über den Bildschirm in eine bestimmte Richtung. Die potenziellen Möglichkeiten führe ich im Folgenden auf:

- Wischen von links nach rechts
- Wischen von rechts nach links
- Wischen von oben nach unten
- Wischen von unten nach oben

Um eine solche Geste für eine View zu implementieren, nutzen Sie die Klasse UISwipeGestureRecognizer. Sie konfigurieren sie mit der gewünschten Wischrichtung, auf die die Geste reagieren soll, und den Rest erledigt die Klasse für sie.

Betrachten wir hierzu einmal ein konkretes Beispiel auf Basis einer einfachen *Single View App*. Der initiale View-Controller innerhalb der *Main.storyboard*-Datei verfügt über ein Label, das über die gesamte Fläche des View-Controllers hinweg verläuft (siehe Bild 24.151). Sobald über das Label eine Swipe-Geste von links nach rechts ausgeführt wird, soll der Text des Labels zu „Right" geändert werden.

Um diese Funktionalität umzusetzen, fügen wir dem Label zunächst eine UISwipeGesture Recognizer-Instanz hinzu. Hierfür nutzen wir das passende *Swipe Gesture Recognizer*-Element aus der Objects Library (siehe Bild 24.152) und ziehen es auf das Label. Wie alle anderen Gesture Recognizer taucht auch dieser in der Reihe oberhalb des View-Controllers als eigenständiges Symbol auf (siehe Bild 24.153).

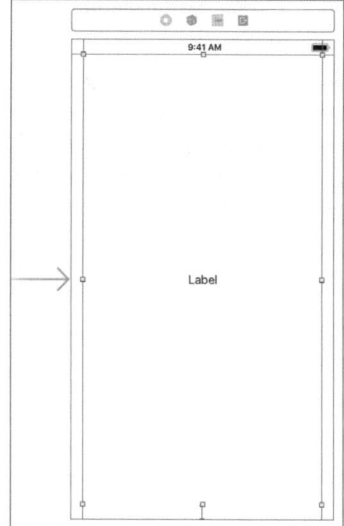

Bild 24.151
Die Beispiel-App verfügt über ein zentrales Label, dessen
Text geändert werden soll, sobald eine Swipe-Geste von
links nach rechts darauf ausgeführt wird.

Bild 24.152 Einen Swipe Gesture Recognizer können Sie über das gleichnamige Element aus der
Objects Library einer View hinzufügen.

Bild 24.153
Der Swipe Gesture Recognizer wird oberhalb
des View-Controllers angezeigt und kann
darüber verwaltet und konfiguriert werden.

Um den Swipe Gesture Recognizer anzupassen, wählen Sie ihn über die Leiste oberhalb des
View-Controllers aus und wechseln in den Attributes Inspector. Dort können Sie zwei spezielle Einstellungen vornehmen, die exklusiv diesem Gesture Recognizer zur Verfügung
stehen (siehe Bild 24.154):

- *Swipe:* Hier wählen Sie die Wischrichtung aus, unter der die Swipe-Geste greifen soll. Zur
  Wahl stehen *Up* (von unten nach oben), *Down* (von oben nach unten), *Left* (von rechts nach
  links) und *Right* (von links nach rechts). Der Standardwert ist *Right.*

- *Touches:* Hierüber bestimmen Sie, wie viele Finger zum Ausführen der Swipe-Geste notwendig sind. Wenn Sie hier beispielsweise den Wert *3* eintragen, bedeutet das, dass die
  Geste nur erkannt wird, wenn sie gleichzeitig mit drei Fingern auf dem Display ausgeführt wird. Der Standardwert ist *1*.

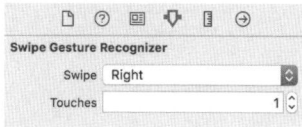

Bild 24.154
Mithilfe des Attributes Inspectors können Sie einen Swipe
Gesture Recognizer konfigurieren und dessen Funktionsweise
anpassen.

In diesem Beispiel soll die Standardkonfiguration verwendet werden. Das bedeutet, dass *Swipe* dem Wert *Right* und *Touches* dem Wert *1* entspricht.

Nun benötigen wir noch eine Action-Methode, die aufgerufen wird, sobald die Swipe-Geste auf dem Label erkannt wird. Eine solche können wir auf die gewohnte Art und Weise mithilfe des Assistant Editors schnell im Code des zugrunde liegenden View-Controllers erstellen (ich nenne sie an dieser Stelle schlicht `swipeRight(_:)`). Darin ändern wir den Text des Labels auf die gewünschte Art und Weise. Die passende vollständige Implementierung der `ViewController`-Klasse zeigt Listing 24.52.

Listing 24.52 Einsatz eines Swipe Gesture Recognizers

```
class ViewController: UIViewController {

    @IBOutlet weak var label: UILabel!

    @IBAction func swipeRight(_ sender: Any) {
        label.text = "Right"
    }

}
```

Wenn Sie dieses Projekt nun ausführen und eine Wischgeste über das Label von links nach rechts ausführen, werden Sie sehen, wie sich der Text des Labels verändert (siehe Bild 24.155).

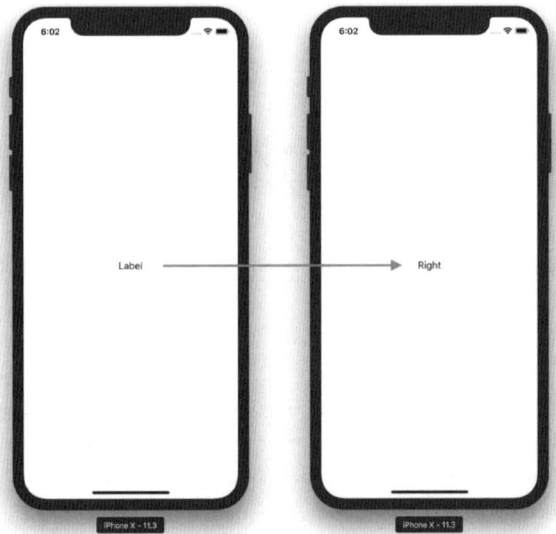

Bild 24.155 Der Swipe Gesture Recognizer erkennt eine Wischbewegung von links nach rechts über das Label und aktualisiert entsprechend den Text.

Abbildung der Wischrichtung im Code

Spätestens wenn Sie einen Swipe Gesture Recognizer im Code erstellen oder die zugewiesene Wischrichtung nachträglich ändern möchten, müssen Sie auf die Structure UISwipeGestureRecognizerDirection zurückgreifen. Diese definiert analog zu dem Auswahlmenü im Attributes Inspector verschiedene Werte für die unterschiedlichen Wischrichtungen einer Swipe-Geste. Die folgenden Werte stehen zur Auswahl:

- up: Für eine Swipe-Geste von unten nach oben.
- down: Für eine Swipe-Geste von oben nach unten.
- left: Für eine Swipe-Geste von rechts nach links.
- right: Für eine Swipe-Geste von links nach rechts.

Den gewünschten Wert weisen Sie der direction-Property der entsprechenden UISwipeGestureRecognizer-Instanz zu, um so die gewünschte Wischrichtung festzulegen.

Übrigens: Die Anzahl der Finger, die zum Durchführen einer Swipe-Geste notwendig sind, steuern Sie im Code über die Property numberOfTouches Required.

24.7.4 UIPanGestureRecognizer

Mithilfe einer Pan-Geste erfassen Sie das großräumige Streichen mit dem Finger über das Display. Damit ist diese Form der Geste deutlich flexibler und dynamischer als beispielsweise ein einfacher Swipe, bei dem nur erkannt wird, ob der Finger in eine bestimmte Richtung über das Display bewegt wurde.

Genau wie die Pinch-Geste handelt es sich auch bei Pan um einen Continuous Gesture Recognizer, sprich dessen zugewiesene Action-Methode wird immer wieder aufgerufen, solange die Geste andauert. Das können Sie typischerweise dazu nutzen, die aktuelle Position zu ermitteln, an der sich der Finger gerade befindet. Pan-Gesten eignen sich so beispielsweise dazu, etwas auf dem Display zu zeichnen oder zu bewegen.

Um eine solche Pan-Geste in iOS-Apps umzusetzen, kommt die Klasse UIPanGesture Recognizer zum Einsatz. Ihre Verwendung wird im Folgenden anhand eines kleinen Beispiels erläutert. Basis hierfür ist erneut eine *Single View App*, deren initialer View-Controller ein Label erhält, das sich über den gesamten View-Controller ausbreitet (siehe Bild 24.156). Diesem Label weisen wir einen UIPanGestureRecognizer mithilfe des *Pan Gesture Recognizer*-Elements aus der Objects Library zu (siehe Bild 24.157).

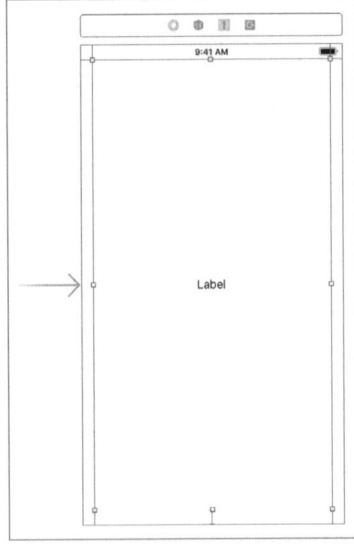

Bild 24.156
Die Beispiel-App basiert erneut auf einem einzigen Label,
das den Großteil des gesamten View-Controllers einnimmt.

Bild 24.157 Eine Pan-Geste fügen Sie einer View im Storyboard mithilfe des Pan Gesture Recognizer-Elements hinzu.

Diesen Gesture Recognizer, der oberhalb des View-Controllers in dem schmalen Bereich angezeigt wird (siehe Bild 24.158), verbinden wir mit dem zugrunde liegenden View-Controller mit einer passenden Action-Methode namens `updateLabel(_:)`. Diese wird nun ständig aufgerufen, während man mit dem Finger über das Display fährt.

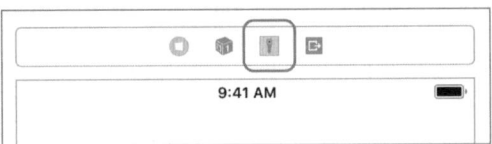

Bild 24.158 Über den schmalen Bereich oberhalb des View-Controllers können Sie auf den Gesture Recognizer zugreifen, um ihm darüber mittels Assistant Editor eine passende Action-Methode im Code des zugrunde liegenden View-Controllers zuzuweisen.

Diese Action-Methode soll folgende Aufgabe erfüllen: Sie soll die aktuelle Position des Fingers auf dem Label ausgeben. Dazu nutzen wir die Methode `location(in:)`, die von der Superklasse `UIGestureRecognizer` stammt und somit jedem Gesture Recognizer zur Verfügung steht. Sie erwartet als Parameter eine View, zu deren Verhältnis dann die passenden Koordinaten ermittelt werden (in unserem Fall handelt es sich bei dieser View um das Label). Als Ergebnis erhält man den Punkt, auf dem der Finger sich aktuell befindet, in Form einer `CGPoint`-Instanz. In diesem Beispiel geben wir diesen Punkt einfach über den Text des Labels aus (siehe Bild 24.159). Die vollständige Implementierung der `ViewController`-Klasse finden Sie in Listing 24.53).

Bild 24.159
Die Beispiel-App gibt bei Durchführung einer Pan-Geste auf
dem Label die aktuelle Position des Fingers wieder.

Listing 24.53 Einsatz eines Pan Gesture Recognizers

```
class ViewController: UIViewController {

    @IBOutlet weak var label: UILabel!

    @IBAction func updateLabel(_ sender: UIPanGestureRecognizer) {
        label.text = "\(sender.location(in: label))"
    }

}
```

 Konfigurationsmöglichkeiten einer Pan-Geste

Sowohl im Code wie auch im Storyboard können Sie einige Anpassungen an
einem Pan Gesture Recognizer vornehmen und dessen Verhalten beeinflussen.
In Bild 24.160 sehen Sie hierzu den passenden Auszug aus dem Attributes
Inspector, nachdem ein Pan Gesture Recognizer ausgewählt wurde. Dort
stehen Ihnen die folgenden Konfigurationsmöglichkeiten zur Verfügung:

- *Touches Minimum:* Hierüber bestimmen Sie die minimale Anzahl von Fingern,
  die benötigt wird, um die Pan-Geste zu aktivieren. Der Standardwert ist *1*.
  Ändern Sie ihn beispielsweise auf *2*, müssen Sie mit mindestens zwei
  Fingern über das Display streichen, damit die Geste erkannt und deren
  zugewiesene Action-Methode ausgelöst wird. Im Code steuern Sie diese
  Eigenschaft über die Property minimumNumberOfTouches.

- *Touches Maximum:* Solange die Checkbox *Maximum* nicht aktiv ist, können
  Sie mit beliebig vielen Fingern gleichzeitig über das Display streichen, um
  die entsprechende Pan-Geste auszulösen (solange Sie die minimale Anzahl
  an Fingern erfüllen). Sie können aber auch eine Obergrenze setzen, indem

Sie die Checkbox aktivieren und angeben, wie viele Finger maximal genutzt werden dürfen, damit die Geste erkannt wird. Verständlicherweise kann der Wert niemals kleiner sein als der von *Touches Minimum*.

Im Code können Sie diese Eigenschaft über die Property `maximumNumber OfTouches` steuern.

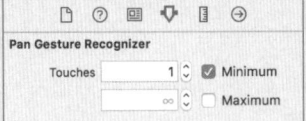

Bild 24.160
Sowohl im Attributes Inspector als auch direkt im Code können Sie einige Anpassungen zum Verhalten eines Pan Gesture Recognizers vornehmen.

24.7.5 UILongPressGestureRecognizer

Die Long Press-Geste ist der des einfachen Tippens sehr ähnlich. Sie wird durch längeres Auflegen einer oder mehrerer Finger auf das Touch-Display ausgelöst (daher auch der Name *Long Press*).

Eine Long Press-Geste basiert auf der Klasse `UILongPressGestureRecognizer`. Im folgenden Beispiel erläutere ich, wie Sie eine solche Geste einem View-Element hinzufügen und auf sie reagieren können. Basis hierfür ist eine *Single View App*, deren initialer View-Controller ein Label erhält, das sich über die gesamte Fläche des View-Controllers erstreckt (siehe Bild 24.161). Diesem Label wird anschließend ein Long Press Gesture Recognizer mithilfe des gleichnamigen Elements aus der Objects Library zugewiesen (siehe Bild 24.162).

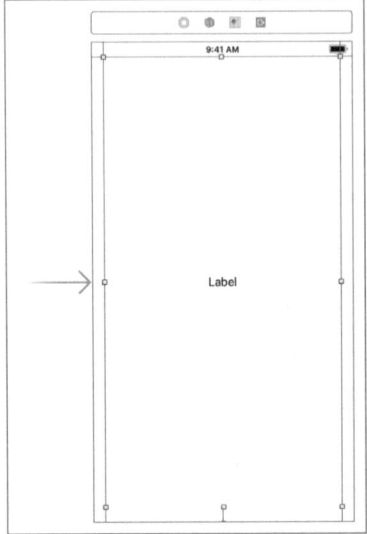

Bild 24.161
Die Beispiel-App setzt sich aus einem Label zusammen, das sich über die gesamte Fläche des zugrunde liegenden View-Controllers erstreckt.

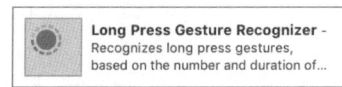

Bild 24.162 Mithilfe des „Long Press Gesture Recognizer"-Elements aus der Objects Library fügen Sie einer View eine entsprechende Geste hinzu.

Bevor wir uns der Action-Methode widmen, die bei Erkennen der Long Press-Geste auf dem Label ausgeführt werden soll, beschäftigen wir uns noch mit den zur Verfügung stehenden Konfigurationsmöglichkeiten eines Long Press Gesture Recognizers. Sie finden sie nach Auswahl eines solchen Long Press Gesture Recognizers innerhalb einer Storyboard-Datei im Attributes Inspector (siehe Bild 24.163). Im Folgenden finden Sie eine Übersicht der möglichen Einstellungsmöglichkeiten.

- *Min Duration:* Hier geben Sie die Dauer in Sekunden an, die der Finger auf dem Display platziert werden muss, um die Geste als Long Press zu erkennen. Der Standardwert ist *0,5*. Im Code steuern Sie diese Einstellung über die Property `minimumPressDuration`.

- *Recognize Taps:* Hierüber geben Sie die Anzahl einfacher kurzer Fingertipps an, die der Nutzer auf dem zugrunde liegenden View-Element ausführen muss, ehe eine Long Press-Geste erkannt wird. Der Standardwert ist *0*. Im Code steuern Sie diese Einstellung über die Property `numberOfTapsRequired`.

- *Recognize Touches:* Der hier definierte Wert entspricht der Anzahl der Finger, die zum Erkennen und Auslösen der Long Press-Geste gleichzeitig auf dem Display aufgelegt werden müssen. Der Standardwert ist *1*. Im Code steuern Sie diese Einstellung über die Property `numberOfTouchesRequired`.

- *Tolerance:* Eine Long Press-Geste zeichnet sich durch Auflegen auf eine feste Position aus, die Geste ist also weniger für starke Bewegungen gedacht. Dennoch ist es kaum möglich, einen Finger pixelgenau über einen längeren Zeitraum (und sei es nur eine Sekunde) auf dem Display zu halten. Daher können Sie über dieses Textfeld einen Toleranzwert in Punkten festlegen, die sich der Finger auf dem Display bewegen darf, ehe die Geste abgebrochen und nicht als Long Press erkannt wird. Je höher der Wert, desto größer ist der Bewegungsradius des Fingers bis zum Erkennen der Geste.

  Der Standardwert ist *10*. Im Code steuern Sie diese Einstellung über die Property `allowableMovement`.

Bild 24.163
Sie können einige Einstellungen an einem Long Press Gesture Recognizer vornehmen.

Für unser Beispielprojekt belassen wir alle genannten Einstellungen auf ihren Standardwerten. Was nun abschließend noch fehlt, ist eine passende Action-Methode für den Long Press Gesture Recognizer. Diese wird aufgerufen, sobald die Geste vom System erkannt wird. In dieser Beispiel-App soll sie lediglich den Text des Labels auf „Long Press" ändern.

Um eine solche Action-Methode zu erstellen, wählen Sie den Long Press Gesture Recognizer entweder aus der Document Outline Area oder aus der Leiste oberhalb des View-Controllers aus und ziehen darüber eine Verbindung in den Code des View-Controllers. Dieses Vorgehen ist vergleichbar mit dem der zuvor beschriebenen Gesture Recognizer sowie anderer Action-Elemente wie Buttons oder Switches. In diesem Beispiel nennen wir die Methode longPress(_:) und ändern darin den Text des über ein Outlet verbundenen Labels. Die vollständige Implementierung der ViewController-Klasse zeigt Listing 24.54.

Listing 24.54 Einsatz eines Long Press Gesture Recognizers

```
class ViewController: UIViewController {

    @IBOutlet weak var label: UILabel!

    @IBAction func longPress(_ sender: Any) {
        label.text = "Long press"
    }

}
```

Long Press-Geste im Simulator

Sie können eine Long Press-Geste auch im Simulator ausführen und testen. Halten Sie dazu auf der entsprechenden View einfach die linke Maustaste längere Zeit gedrückt, bis die Geste korrekt erkannt wurde.

24.7.6 Weitere Gesture Recognizer

Neben den in den letzten Abschnitten im Detail vorgestellten Arten von Gesture Recognizern bietet iOS noch ein paar weitere, die ich Ihnen an dieser Stelle kurz vorstellen möchte. Da die Arbeit mit Gesture Recognizern immer sehr ähnlich verläuft, soll eine kurze Beschreibung für diese eher weniger gebräuchlichen und alltäglichen Gesten an dieser Stelle genügen.

24.7.6.1 UIRotationGestureRecognizer

Eine Rotation-Geste wird durch das Auflegen zweier Finger und Durchführen einer anschließenden Drehbewegung ausgelöst. Sie kommt beispielsweise in der nativen Karten-App von iOS zum Einsatz, um die Himmelsrichtung zu ändern. Um eigene solche Rotation-Gesten umzusetzen, verwenden Sie die UIRotationGestureRecognizer-Klasse. Im Storyboard steht Ihnen dazu das passende *Rotation Gesture Recognizer*-Element zur Verfügung (siehe Bild 24.164).

Bild 24.164 Mithilfe des „Rotation Gesture Recognizer"-Elements aus der Objects Library können Sie einer View eine entsprechende Rotation-Geste zuweisen.

24.7.6.2 UIScreenEdgePanGestureRecognizer

Beim `UIScreenEdgePanGestureRecognizer` handelt es sich um eine direkte Subklasse von `UIPanGestureRecognizer`. Sie können sich entsprechend alle Eigenschaften und Funktionen zunutze machen, die eine Pan-Geste mit sich bringt. Im Storyboard können Sie diese Geste über das *Screen Edge Pan Gesture Recognizer*-Element aus der Objects Library einer View hinzufügen (siehe Bild 24.165).

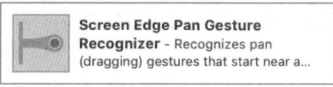

Bild 24.165 Mithilfe des „Screen Edge Pan Gesture Recognizer"-Elements aus der Objects Library fügen Sie einer View eine entsprechende Geste hinzu.

Der Unterschied zum `UIPanGestureRecognizer` liegt darin, dass ein `UIScreenEdgePan GestureRecognizer` nur ausgelöst wird, wenn die Wischgeste am linken, rechten, oberen und/oder unteren Rand beginnt. Sie kennen diese Form der Geste möglicherweise von Navigation-Controllern. Per Pan-Geste vom linken Rand können Sie zum vorherigen View-Controller zurückkehren. Dieses Verhalten kann mittels eines `UIScreenEdgePanGesture Recognizer` ausgehend vom linken Rand umgesetzt werden. Andere systeminterne Beispiele wären das Einblenden des Notification Centers durch eine Pan-Geste vom oberen zum unteren Bildschirmrand.

Sie können selbst entscheiden, von welchen Rändern aus die jeweilige Geste ausgelöst werden kann. Im Attributes Inspector eines Storyboards stehen hierzu passende Checkboxen zur Verfügung (siehe Bild 24.166), im Code können Sie diese Einstellung über die `edges`-Property steuern. Diese ist vom Typ `UIRectEdge` und definiert für alle Ränder passende Werte wie `top`, `left`, `bottom` und `right`. Wenn Sie mit der Geste alle Ränder unterstützen möchten, können Sie alternativ der `edges`-Property auch direkt den Wert `all` zuweisen.

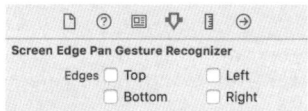

Bild 24.166 Im Attributes Inspector können Sie mithilfe passender Checkboxen festlegen, von welchen Rändern aus die angepasste Pan-Geste ausgelöst werden kann.

24.7.7 Erstellung im Code

Möchten Sie einen der genannten Gesture Recognizer dynamisch im Code erzeugen, ist das Vorgehen hierbei immer dasselbe. Sie durchlaufen insgesamt drei Schritte, von denen einer optional ist:

1. Initialisieren des gewünschten Gesture Recognizers
2. Konfiguration des erzeugten Gesture Recognizers (optional)
3. Zuweisen des Gesture Recognizers zur gewünschten View

Die Initialisierung eines Gesture Recognizers läuft immer über den Initializer `init` (`target:action:`). Er ist in der Superklasse `UIGestureRecognizer` definiert und steht damit allen verfügbaren Gesture Recognizern zur Verfügung. Als Parameter erwartet er das Target (in den vorangegangenen Beispielen war das stets der initiale View-Controller) sowie die Methode, die bei Erkennung der Geste ausgeführt werden soll.

Um einen so erzeugten Gesture Recognizer einer View hinzuzufügen, nutzen Sie die in `UIView` deklarierte Methode `addGestureRecognizer(_:)`. Da diese Teil von `UIView` ist, können Sie sie auf alle verfügbaren Views wie Labels oder Image-Views aufrufen. Die Methode `addGestureRecognizer(_:)` erwartet den dem View-Element hinzuzufügenden Gesture Recognizer als Parameter.

Falls gewünscht, können Sie natürlich noch weitere Anpassungen und Konfigurationen an einem Gesture Recognizer im Code vornehmen. Ein paar Beispiele über zur Verfügung stehende Properties wurden in den vorangegangenen Abschnitten bei der Vorstellung der verschiedenen Gesture Recognizer genannt.

In Listing 24.55 finden Sie ein Beispiel, dass alle drei genannten Schritte für einen Tap Gesture Recognizer zeigt. Es basiert auf einer *Single View App*, deren initialer View-Controller ein Label enthält, das sich über die gesamte Fläche des View-Controllers ausbreitet und das mit einem Outlet mit dem zugrunde liegenden Code verbunden ist. Innerhalb der `viewDidLoad()`-Methode wird ein passender `UITapGestureRecognizer` für dieses Label erzeugt und konfiguriert, um so eine passende Aktion auszulösen, die den Text des Labels nach einem Fingertipp darauf ändert.

Listing 24.55 Erstellen und Konfigurieren eines Gesture Recognizers im Code

```
class ViewController: UIViewController {

    @IBOutlet weak var label: UILabel!

    override func viewDidLoad() {
        super.viewDidLoad()

        // Erzeugen eines Tap Gesture Recognizers
        let tapGestureRecognizer = UITapGestureRecognizer(target: self, action:
#selector(updateLabelText))

        // Konfiguration des erzeugten Tap Gesture Recognizers
        tapGestureRecognizer.numberOfTouchesRequired = 2

        // Zuweisen des Tap Gesture Recognizers zum Label
        label.addGestureRecognizer(tapGestureRecognizer)
    }

    @objc private func updateLabelText() {
        label.text = "Tap!"
    }

}
```

Analog zu dem gezeigten Vorgehen können auch andere Gesture Recognizer erzeugt und einer View zugewiesen werden. Lediglich bei der Konfiguration hängen die zur Verfügung stehenden Möglichkeiten gänzlich vom verwendeten Gesture Recognizer ab.

25 watchOS – Grundlagen

watchOS ist das Betriebssystem der Apple Watch (siehe Bild 25.1). Es ist speziell für das kleine Display und die – im Vergleich zu den anderen Apple-Plattformen – schwächere Hardware optimiert und besitzt einen klaren Fokus auf das schnelle und unkomplizierte Erledigen von kürzeren Aufgaben. Die Apple Watch ist das ideale Gerät, wenn man einmal schnell das Wetter checken, die eigene To-do-Liste einsehen oder die anstehenden Termine überprüfen möchte.

Bild 25.1 Die Apple Watch ist für kurze Aufgaben gedacht, die vom Nutzer in wenigen Sekunden durchgeführt werden können (Bild: *www.apple.com*).

Tatsächlich empfiehlt Apple eine maximale Nutzungsdauer von 2 (!) Sekunden für watchOS-Apps. Womöglich runzeln Sie beim Lesen dieser Zahl gerade die Stirn und fragen sich, wie es möglich sein soll, eine sinnvolle App zu kreieren, die für ein solch kurzes Zeitintervall ausgelegt ist. Doch wenn Sie selbst Besitzer einer Apple Watch sind, können Sie diese Angabe womöglich bereits ein wenig nachvollziehen. Fragen Sie sich in diesem Fall doch einmal selbst: Für welche Aufgabe nutze ich die Apple Watch? Und wie lange brauche ich in der Regel dafür?

Es ist kein Geheimnis, dass alleine das Heben des Armes, um auf die Apple Watch blicken zu können, bereits nach kurzer Zeit unangenehm wird; länger als eine Minute möchte wohl kaum jemand in dieser Position verharren. Man sollte die Apple Watch eher als das betrachten, was sie nun einmal ist: eine Ergänzung eines bestehenden iPhone beziehungsweise ein Alltagshelfer, mit dem sich schnell kurze Aufgaben durchführen lassen. E-Mails checken, eine Sprachnachricht mittels Siri versenden, die aktuelle Uhrzeit ablesen. Solche Dinge eben.

■ 25.1 Über watchOS

Bei der App-Entwicklung für watchOS gilt es wie bei kaum einer anderen Plattform von Apple immens darauf zu achten, was man anbietet, und auch ehrlich zu prüfen, ob das gewünschte Produkt tatsächlich für die Apple Watch geeignet ist. Betrachten Sie einmal die System-Apps von Apple, die auf der Apple Watch vorinstalliert sind. Einen Großteil dieser Apps gibt es auch für andere Plattformen wie das iPhone oder den Mac, doch sind sie auf der Apple Watch in der Regel stark abgespeckt und auf eine spezielle Aufgabe reduziert. Dazu ein paar Beispiele:

Die Aktien-App bietet auf der Apple Watch dank einer optimierten Ansicht mit einem Blick alle wichtigen Infos zu der gewünschten Aktie (siehe Bild 25.2). Dabei werden die auf der zugehörigen iPhone-App eingerichteten Aktien herangezogen und auf der Apple Watch angezeigt, eine Änderung der eingeblendeten Aktien ist nicht möglich.

Bild 25.2
Auf der Apple Watch werden der aktuelle Stand einer Aktie sowie deren Verlauf in einer optimierten Ansicht angezeigt.

Der Kalender auf der Apple Watch zeigt in einer Liste alle in der nächsten Zeit anstehenden Termine an. Darüber hinaus bietet er eine Tagesübersicht über den aktuellen Monat; das war's (siehe Bild 25.3)! Es gibt keine Möglichkeit, neue Termine zu erstellen oder durch eine Liste von Monaten zu scrollen. Auch gibt es keine Möglichkeit, auf weitere Termine zuzugreifen, die nicht von der App in das Fenster des anstehenden Zeitraums passen.

In Mail auf der Apple Watch hat man Zugriff auf die auf dem gekoppelten iPhone eingerichteten E-Mail-Accounts. Eingegangene E-Mails lassen sich (teils nur in eingeschränktem Umfang) lesen, wobei auch aufwendige HTML-Formatierungen berücksichtigt werden (siehe Bild 25.4). Darüber hinaus ist es möglich, E-Mails zu löschen und sogar neue zu schreiben. Für Letzteres bietet die App die Möglichkeit, aus vorausgewählten kurzen Text-schnipseln zu wählen (beispielsweise „Ich werde mich bei dir melden" oder „Ich kümmere mich gleich darum") oder mittels Siri einen Text zu diktieren. Ein Zugriff auf gesendete Objekte ist hingegen nicht möglich.

Bild 25.3
Die Kalender-App gestaltet sich unter watchOS absolut minimalistisch und bietet lediglich eine Monatsüber-sicht sowie die unmittelbar bevorstehenden Termine.

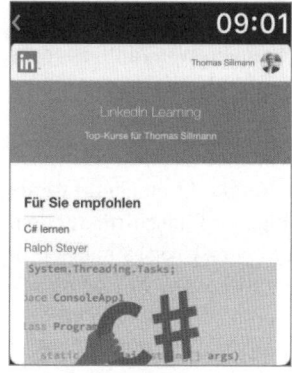

Bild 25.4
Es werden auch HTML-Formatierungen bei der Darstellung von Mails auf der Apple Watch unterstützt.

Die Funktionen der Uhr-App vom iPhone sind unter watchOS in insgesamt vier (!) separate Apps aufgeteilt. Timer, Wecker, Stoppuhr und Weltuhr sind so auf der Apple Watch von-einander getrennt. Statt einer umfangreichen Uhr-App wie unter iOS wählt man unter watchOS somit genau die App aus, die für die gerade auszuführende Aufgabe benötigt wird. Jede der Apps besitzt ein simples Interface, über das man in der Regel mit ein bis maximal zwei Fingertipps das gewünschte Ziel erreicht.

Die Wetter-App bietet eine für das Display der Apple Watch optimierte Tagesansicht sowie Tagesvorschau (siehe Bild 25.5). Neue Regionen lassen sich nicht hinzufügen und werden ausschließlich direkt vom gekoppelten iPhone synchronisiert.

Bild 25.5
Das Wetter im Verlauf eines Tages wird auf der Apple Watch in einer für das kleine Display optimierten Ansicht dargestellt.

Was all den hier beispielhaft aufgeführten Apps gemein ist, ist, dass sie sich in der Regel auf eine bis sehr wenige Aufgaben konzentrieren und zusätzliche Funktionen, wie sie unter iOS zur Verfügung stehen, nicht anbieten. Gerade die Kalender-App unter watchOS zeigt das sehr deutlich. Statt aufwendiger und komplexer Terminverwaltung, wie es unter iPhone und iPad möglich ist, werden unter watchOS einfach die nächsten Termine angezeigt und es wird eine Monatsübersicht angeboten.

Doch auch Apps, die einen größeren Funktionsumfang besitzen, optimieren diesen für die Ausführung auf der Apple Watch. So besitzt die Wetter-App eine optimierte Tagesansicht, die ideal für das kleine Display ist. Zwar kann man auch auf das Wetter von anderen Städten zugreifen oder sich eine Tagesvorschau anzeigen lassen, aber letzten Endes reicht ein Blick in die App, um die wichtigste Information sofort zu erhalten: Wie ist das Wetter und wie wird es sich im Verlauf des Tages entwickeln? Die essenzielle Funktion der Wetter-App ist damit unter watchOS erfüllt; und das direkt nach dem Starten der App.

Dieses Prinzip der Reduzierung und Fokussierung ist bei allen Apple Watch-Apps wichtig. Der Nutzer soll sich nicht durch verschachtelte Menüs tippen und einen Aufsatz auf der Apple Watch schreiben oder das gesamte Internet durchforsten können. Was zählt, ist, dass er mithilfe Ihrer App eine spezifische Aufgabe so schnell und komfortabel wie nur irgend möglich lösen kann.

Das hat aber durchaus zur Folge, dass nicht alle Apps gleichermaßen für diese Plattform geeignet sind. Nehmen wir beispielsweise Multimedia-Apps wie Netflix. Es erscheint wenig sinnvoll, ganze Folgen einer Serie oder gar Spielfilme auf dem kleinen Bildschirm auf dem Handgelenk anzusehen. Auch Apps für Autoren wie Pages, Word oder Ulysses machen in ihrer gewohnten Form auf der Apple Watch wenig bis gar keinen Sinn. Wer will schon seinen Roman oder seinen Blog-Beitrag über die Apple Watch diktieren oder auf dem kleinen Display Korrektur lesen?

Bevor Sie also voller Begeisterung in die Entwicklung einer watchOS-App einsteigen, stellen Sie sich bitte diese zentralen Fragen:

- Was ist die *Hauptaufgabe* meiner App?
- Welche *Funktion* ist die wichtigste für den Nutzer?
- *Ob* und *wie* kann ich dem Nutzer diese Funktion schnell und übersichtlich zugänglich machen?
- Kann der Nutzer diese Funktion *binnen wenigen Sekunden ausführen* und erhält er dabei die gewünschten Informationen beziehungsweise erreicht er das gewünschte Ziel?

Sollten Sie für Ihre App auf diese Fragen eine sinnvolle Antwort finden, dann dürfte die Apple Watch tatsächlich eine spannende und innovative Plattform für Sie sein! Doch grämen Sie sich nicht, falls es nicht so ist. Eine der wichtigsten Grundlagen für Ihre App besteht darin, dass Sie sie auf den passendsten und für den jeweiligen Zweck optimalsten Plattformen anbieten. Die Apple Watch ist in dieser Hinsicht sehr speziell und für viele Anwendungszwecke schlicht nicht geeignet. Hier gilt es realistisch zu bleiben und nicht auf Gedeih und Verderb eine watchOS-Version einer App anbieten zu wollen, nur um auch auf der Apple Watch vertreten zu sein.

Falls Sie sich dazu entscheiden, in die Entwicklung von Apps für watchOS einzusteigen, dann gratuliere ich Ihnen an dieser Stelle bereits einmal recht herzlich! Die Apple Watch ist definitiv eine der spannendsten Plattformen für App-Entwickler, die ihr volles Potenzial noch lange nicht erreicht hat. Das ist letzten Endes auch von uns und unseren Ideen und Apps abhängig. Gehen wir's also an. ☺

■ 25.2 Funktionsweise einer watchOS-App

Aufbau und Funktionsweise einer App für die Apple Watch unterscheiden sich deutlich von denen der anderen Plattformen von Apple. In diesem Abschnitt erfahren Sie, aus welchen Bestandteilen sich eine watchOS-App zusammensetzt, wie der Start einer App abläuft und welches Framework Sie zur Entwicklung benötigen.

Interface statt View

Sie werden schon bald merken, dass ich in Bezug auf die Ansichten einer watchOS-App das Wort *Interface* statt *View* verwende. Das ist schlicht und ergreifend der Tatsache geschuldet, dass Apple selbst die Ansichten von watchOS-Apps nun mal eben als Interfaces und nicht als Views bezeichnet. Auch gibt es in watchOS statt View-Controllern die *Interface*-Controller.

Letzten Endes handelt es sich hierbei aber lediglich um eine alternative Benennung. Von der Funktionsweise und ihrer Aufgabe her sind Interfaces mit Views identisch.

25.2.1 Bestandteile einer watchOS-App

Das Wichtigste zuerst: Eine watchOS-App setzt **zwingend** eine iOS-App voraus! Eine watchOS-App ist somit letzten Endes immer eine Erweiterung einer bestehenden iPhone-App. Stand-alone-Apps für die Apple Watch gibt es bis jetzt noch nicht.

Dieser Umstand bringt auch einige Besonderheiten beim Aufbau von Apps für watchOS mit sich. Tatsächlich gibt es *drei* wichtige Elemente, die eine Apple Watch-App ausmachen:

- *iOS App:* Wie bereits beschrieben, ist eine iOS-App (genauer gesagt eine *iPhone*-App) zwingende Voraussetzung, um eine App für watchOS anbieten zu können. Die watchOS-App wird als Teil der iOS-App mit ausgeliefert und landet so auf der Apple Watch des Nutzers.

- *WatchKit Extension:* Die sogenannte WatchKit Extension enthält die Logik einer watchOS-App. Sie enthält den Code, den die App ausführt.

- *WatchKit App:* Die WatchKit App stellt den Startpunkt einer watchOS-App dar und enthält das Interface in Form eines Storyboards.

Im Gegensatz zu den anderen Plattformen von Apple werden somit unter watchOS Code und Interface strikt voneinander getrennt. Der Code mitsamt der Ausführungslogik der App landet in der WatchKit Extension, während das Interface in Form eines Storyboards als Teil der WatchKit App umgesetzt wird. Die iOS App wird benötigt, um eine Apple Watch-App überhaupt im App Store anbieten und darüber an die Nutzer ausliefern zu können. Technisch gesehen ist eine watchOS-App nichts anderes als jede andere Extension, die man mitsamt einer iOS-App anbieten kann. Bild 25.6 stellt diesen Aufbau und die Bestandteile einer Apple Watch-App noch einmal grafisch dar.

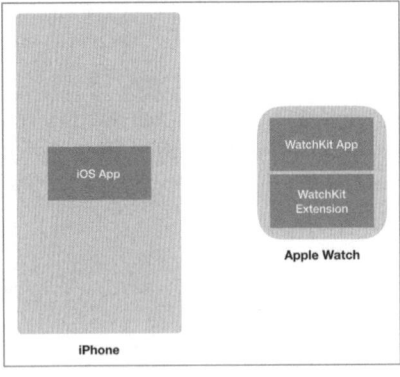

Bild 25.6
Die drei Bestandteiler einer watchOS-App verteilen sich über iPhone und Apple Watch.

25.2.2 App-Start

Startet man eine App auf der Apple Watch, so wird zunächst die WatchKit App geladen und ausgeführt. Das bedeutet im Klartext: Es wird auf das Interface-Storyboard der WatchKit App zugegriffen und daraus der initiale Interface-Controller ausgelesen. Hierbei handelt es sich um die Ansicht, die beim Starten der App geladen und angezeigt werden soll. Im Anschluss daran erfolgt die Ausführung der WatchKit Extension inklusive Laden des Codes, der zu dem initialen Interface-Controller des Interface-Storyboards gehört.

Somit stellt das Interface-Storyboard einen essenziellen Bestandteil einer jeden watchOS-App dar. Es muss wenigstens ein Interface-Controller darin angelegt sein, der als Startpunkt der App fungiert.

Daneben besitzt jede Apple Watch-App eine Singleton-Instanz der Klasse WKExtension, die automatisch vom System erzeugt wird. Diese Klasse besitzt eine delegate-Property, die konform zum sogenannten WKExtensionDelegate-Protokoll ist. Dieses Protokoll ist vergleichbar mit dem UIApplicationDelegate aus der iOS- und tvOS-Entwicklung und verfügt über Methoden, die über den Lebenszyklus einer watchOS-App informieren. Zu diesen Methoden gehört beispielsweise applicationDidFinishLaunching(), die aufgerufen wird, sobald das Starten der App beendet ist oder applicationDidBecomeActive(), sobald die App in den Vordergrund wechselt.

25.2.3 Das WatchKit-Framework

Das *WatchKit*-Framework ist die Basis zur Programmierung von Apps für die Apple Watch und das Gegenstück zu *UIKit* für die iOS- und tvOS-Entwicklung beziehungsweise *AppKit* für die macOS-Entwicklung. Es enthält alle Typen und sonstigen Funktionen, um Apps für watchOS zu programmieren.

■ 25.3 Ein erstes watchOS-Projekt

Mit dem Wissen um den grundlegenden Aufbau und die Funktionsweise einer App starten wir direkt los und erstellen ein erstes watchOS-Projekt! Dazu starten wir Xcode und wählen vom Begrüßungsfenster aus den Punkt *Create a new Xcode project* oder wählen über das Menü *File → New → Project...* aus. In dem sich anschließend öffnenden Vorlagenfenster für neue Projekte wechseln Sie im oberen Reiter in den Abschnitt *watchOS* (siehe Bild 25.7).

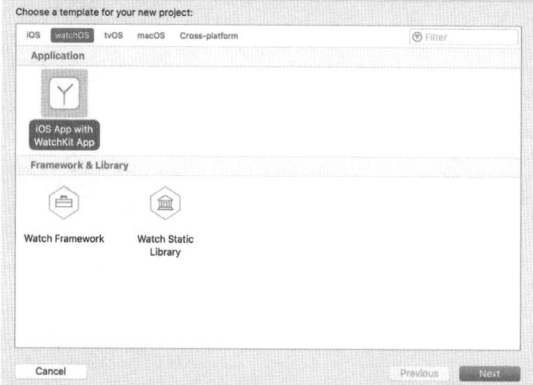

Bild 25.7
Der Startpunkt eines neuen watchOS-Projekts ist diese von Xcode angebotene Template-Auswahl.

In diesem Fenster finden Sie alle Vorlagen, die zur Erstellung neuer Projekte für watchOS zur Verfügung stehen. Zum Erstellen einer neuen App steht lediglich eine Vorlage mit dem Titel *iOS App with WatchKit App* zur Auswahl bereit. Wie der Name bereits andeutet, wird über diese Vorlage nicht nur eine App für watchOS generiert, sondern auch für iOS. Wie wir aufgrund von Abschnitt 25.2.1, „Bestandteile einer watchOS-App", wissen, macht das auch durchaus Sinn, da jede watchOS-App zwingend an eine iPhone-App gekoppelt sein muss; reine watchOS-Projekte gibt es nicht.

Wählen Sie die genannte Vorlage aus und klicken Sie auf *Next*. Im nächsten Fenster geht es um die grundlegenden Informationen zu Ihrer neuen App. Hier vergeben Sie den Product Name, setzen den Organization Name sowie Organization Identifier und wählen die gewünschte Programmiersprache aus (siehe Bild 25.8). Die Checkboxen am unteren Rand können Sie noch ignorieren, Sie brauchen keine davon auszuwählen.

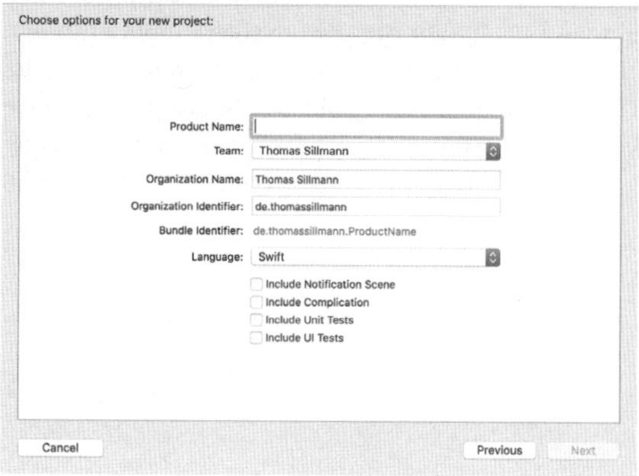

Bild 25.8
Hier geben Sie die grundlegenden Informationen zu Ihrem neuen App-Projekt ein.

Nach einem weiteren Klick auf *Next* wählen Sie abschließend noch den Speicherort, an dem Sie Ihr neues Xcode-Projekt ablegen möchten. Per Klick auf *Create* wird dieses erstellt und direkt geöffnet (siehe Bild 25.9).

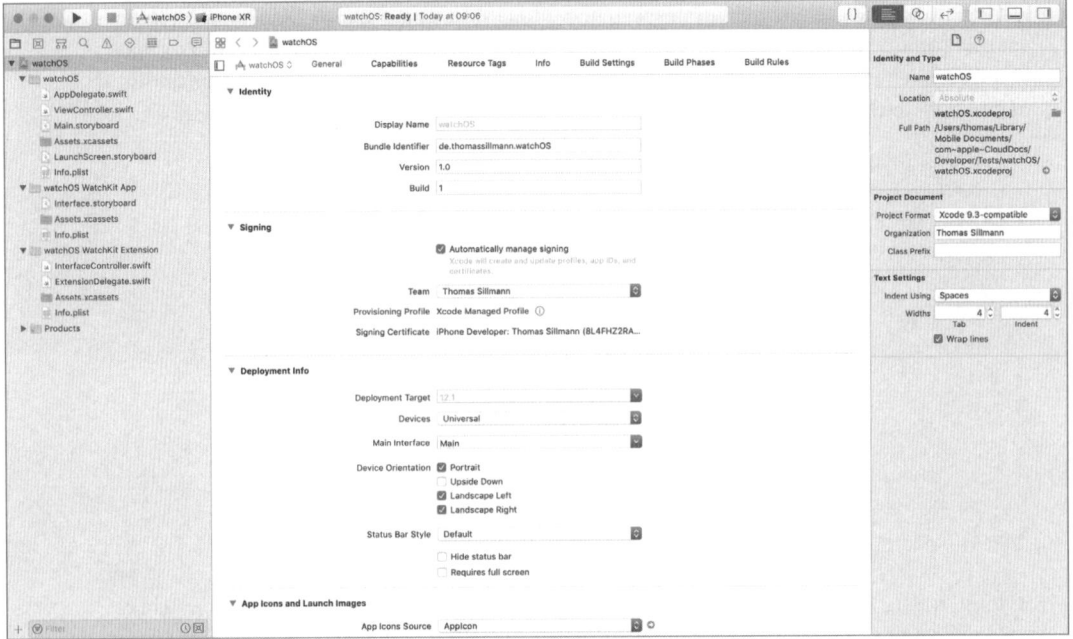

Bild 25.9 Das neu erstelle Xcode-Projekt für unsere erste watchOS-App!

Auch für diese erste App wollen wir erneut den Text „Hello World!" ausgeben. Um das zu bewerkstelligen, wechseln wir in die Datei *Interface.storyboard*, die sich im Project Naviga-tor innerhalb des Ordners *<Product Name> WatchKit App* finden lässt, wobei *<Product Name>* für den von Ihnen bei der Erstellung des Projekts gewählten Product Name steht.

Haben Sie die Datei aufgerufen, öffnet sich der Interface Builder und zeigt den automa-tisch angelegten initialen Interface-Controller unserer neuen watchOS-App an (siehe Bild 25.10).

Der Interface-Controller wird nach Start der App aufgerufen und angezeigt. Es handelt sich bei ihm also um genau die richtige Stelle, unseren „Hello World!"-Text auszugeben. Dazu wechseln wir zunächst in die Objects Library. Dort finden wir alle Interfaces und Controller, die uns in der watchOS-Entwicklung zur Verfügung stehen. Suchen Sie hier nach dem *Label*-Element. Ziehen Sie es mit gedrückt gehaltener linker Maustaste auf das Interface des initialen Controllers und lassen Sie die linke Maustaste wieder los, sobald das grüne Plus-Symbol erscheint. Anschließend wird das Label auf dem Interface platziert (siehe Bild 25.11).

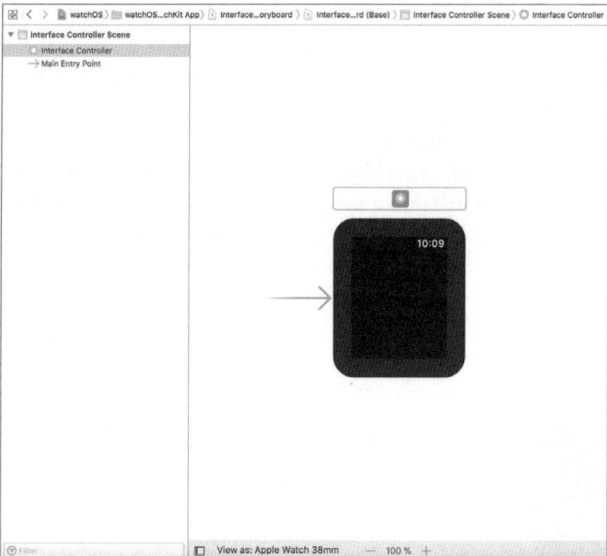

Bild 25.10 Das Interface-Storyboard enthält bereits den ersten initialen Interface-Controller der neuen watchOS-App.

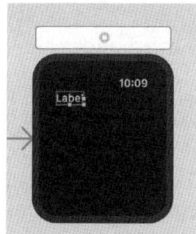

Bild 25.11
Platzieren Sie ein Label auf dem Interface des Controllers im Storyboard.

Um im nächsten Schritt den Text des Labels anzupassen, haben Sie zwei Möglichkeiten: Einerseits können Sie das Label im Interface auswählen und anschließend in den Attributes Inspector wechseln und dort im Feld *Text* den gewünschten Text für das Label eingeben (in unserem Fall also „Hello World!"). Alternativ dazu reicht es, das Label innerhalb des Interface-Controllers doppelt anzuklicken; anschließend können Sie den gewünschten Text direkt an Ort und Stelle eintragen. So oder so: Ändern Sie den Text des Labels auf „Hello World!" (siehe Bild 25.12).

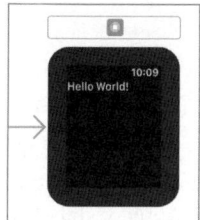

Bild 25.12
Der Text „Hello World!" ist im Label gesetzt.

Damit sind alle Voraussetzungen für unsere erste watchOS-App erfüllt! Lassen Sie uns dennoch noch eine kleine Anpassung vornehmen. Wie Sie sehen, wird das Label bisher fest am oberen linken Rand angezeigt. Da es sich bei dem angezeigten Text aber um das Hauptmerkmal dieser kleinen App handelt, wäre es passender, diesen mittig zentriert innerhalb des Interfaces anzuzeigen. Um die Ausrichtung des Labels entsprechend zu ändern, wählen Sie es erneut aus und wechseln anschließend in den Attributes Inspector. Dort finden Sie relativ am Ende einen Abschnitt namens *Alignment*. Setzen Sie hier die Werte für die beiden Auswahlboxen *Horizontal* und *Vertical* auf *Center*. Diese Einstellung sorgt dafür, dass das Label zentriert innerhalb des Interfaces platziert wird (siehe Bild 25.13).

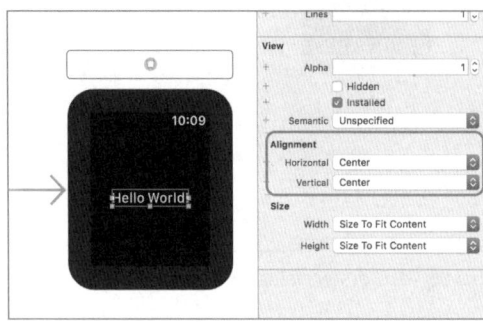

Bild 25.13
Durch Auswahl des Werts Center für die horizontale und vertikale Ausrichtung wird das Label mittig im Interface zentriert.

Damit wäre alles geschafft und unsere erste watchOS-App vollständig umgesetzt! ☺ Bleibt uns nur noch, das Projekt einmal im Simulator auszuführen und zu sehen, ob tatsächlich der Text „Hello World!" beim Starten ausgegeben wird.

Um die App zu starten, gibt es eine Besonderheit zu beachten: Da jeder watchOS-App auch eine iOS-App zugrunde liegt, muss man zunächst das passende Scheme für die App auswählen, die man ausführen möchte. Das neu erstellte Projekt verfügt bisher über genau zwei Schemes: eines für die iOS- und eines für die watchOS-App. Standardmäßig ist das für iOS ausgewählt.

Klicken Sie darum als Erstes auf die Scheme-Auswahl, die den Namen des von Ihnen bei der Erstellung gewählten Product Name trägt, und wählen Sie aus der erscheinenden Liste das zweite Scheme mit dem Namen *<Product Name> WatchKit App* aus (wobei *<Product Name>* natürlich für den von Ihnen gesetzten Product Name steht, siehe Bild 25.14).

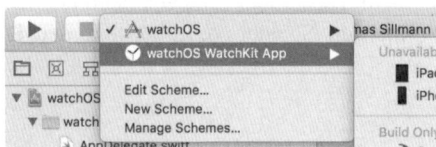

Bild 25.14 Sie müssen zunächst das passende Scheme für die watchOS-App auswählen, bevor Sie sie im Simulator ausführen können.

Im Anschluss daran wählen Sie noch einen der zur Verfügung stehenden Simulatoren für dieses Scheme aus. Es handelt sich bei diesen immer um eine Kombination aus iPhone- und Apple Watch-Simulator, was erneut darauf zurückzuführen ist, dass eine Apple Watch-App als Teil einer iPhone-App mit ausgeliefert wird (siehe Bild 25.15).

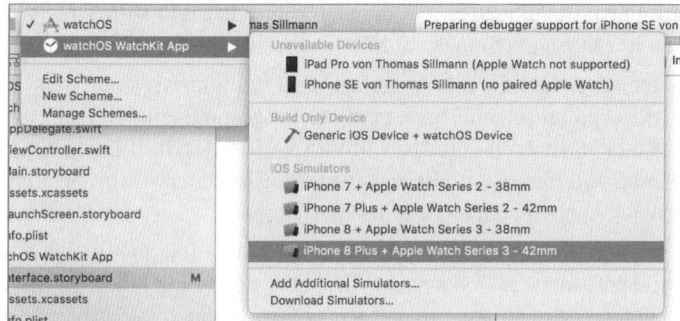

Bild 25.15 Sie wählen zur Ausführung einer watchOS-App immer eine Kombination aus iPhone und Apple Watch aus.

Haben Sie sich eine passende Simulator-Kombination ausgesucht, können Sie die App anschließend per Klick auf die *Run*-Schaltfläche oben links oder mithilfe der Tastenkombination **cmd+R** starten und ausführen. Sobald der Build erfolgreich abgeschlossen ist, startet Xcode die ausgewählten Simulatoren. Nach einer kurzen Wartezeit öffnet sich unsere App dann innerhalb des gewählten Apple Watch-Simulators (siehe Bild 25.16).

Bild 25.16
Unsere erste App für watchOS läuft im Simulator.

Herzlichen Glückwunsch! Sie haben somit Ihre erste App für watchOS erstellt und erfolgreich im Simulator ausgeführt. ☺ Wagen wir uns nun Schritt für Schritt weiter an die Details der App-Entwicklung für watchOS heran!

◼ 25.4 Die WatchKit App

Wie wir bereits wissen, handelt es sich bei der sogenannten *WatchKit App* um den Teil einer watchOS-App, der für das Interface verantwortlich ist. Doch was bedeutet das genau?

Zunächst einmal ist da das *Interface-Storyboard*. Es stellt den Startpunkt einer watchOS-App dar und es muss darin zwingend ein initialer Interface-Controller definiert sein. Genau dieser Interface-Controller wird dann vom System automatisch beim Start der App erstellt und angezeigt.

Über das Interface-Storyboard gestalten Sie die Ansichten Ihrer watchOS-App und fügen auf Wunsch weitere Interface-Controller hinzu. Die Möglichkeiten in diesem Storyboard sind vergleichbar mit denen aus der Entwicklung für die anderen Apple-Plattformen: Sie können

Interface-Controller mittels Segues miteinander verbinden und so beispielsweise Navigationsstrukturen umsetzen (dazu mehr in Kapitel 26, „watchOS – App-Entwicklung").

Letzten Endes ist es so, dass Sie alle Aufgaben rund um Interfaces und Storyboards innerhalb der WatchKit App umsetzen. Die eigentliche Programmlogik folgt dann in der WatchKit Extension (siehe dazu auch den Abschnitt 25.5, „Die WatchKit Extension"). Auch können Sie problemlos Interface-Controller aus dem Interface-Storyboard mit Klassen aus der WatchKit Extension koppeln; dazu ebenfalls später mehr.

Neben dem Interface-Storyboard ist auch ein *Asset Catalog* Teil einer jeden WatchKit App. Hier legen Sie idealerweise alle statischen Grafiken ab, die Sie direkt in ihren Interfaces verwenden möchten. Das können beispielsweise Logos oder Infografiken sein. Der Asset Catalog der WatchKit App ist darüber hinaus der Ort, an dem Sie Ihr App-Icon für Ihre watchOS-App unterbringen. Mehr dazu erfahren Sie in Abschnitt 25.7, „App-Icon".

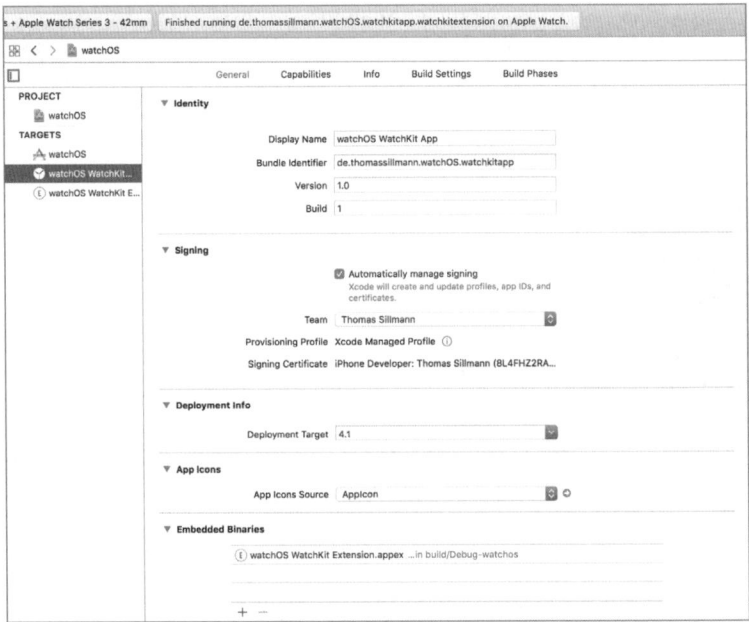

Bild 25.17 Einige Informationen aus der Info.plist-Datei der WatchKit App können Sie direkt über die Target-Einstellungen einsehen und verändern.

In der *Info.plist*-Datei schließlich werden grundlegende Informationen zur WatchKit App hinterlegt. Dazu gehören beispielsweise die Versions- und Build-Nummer sowie der Bundle Identifier. Viele der dort gespeicherten Angaben können Sie direkt über die Target-Einstellungen setzen und auslesen (siehe Bild 25.17).

25.4.1 Grundlegende Interface-Elemente

Die wichtigste Arbeit innerhalb der WatchKit App besteht im Erstellen von Interfaces im Interface-Storyboard. Während ich Ihnen viele der in watchOS zur Verfügung stehenden Interfaces in separaten Abschnitten im Detail vorstellen werde, möchte ich an dieser Stelle bereits einmal einen Überblick über ganz grundlegende Interface-Elemente geben, die Ihnen in der App-Entwicklung für die Apple Watch zur Verfügung stehen. Sie erfahren ebenfalls, was es bei der Arbeit mit diesen Elementen zu beachten gibt und welche Konfigurationsmöglichkeiten Ihnen im Interface Builder zur Verfügung stehen.

 Interface-Elemente platzieren

Genau wie in Abschnitt 25.3, „Ein erstes watchOS-Projekt", beispielhaft anhand eines Labels gezeigt, werden alle Interface-Elemente für die Oberfläche einer watchOS-App aus der Objects Library direkt auf die gewünschte Ansicht im Storyboard gezogen. Dieses Vorgehen gilt auch für alle in den folgenden Abschnitten vorgestellten Interface-Elemente.

Um das jeweilige Interface-Element in der Objects Library zu finden, können Sie entweder durch die Liste der Elemente scrollen, bis Sie das passende gefunden haben, oder das Suchfeld am oberen Rand der Objects Library verwenden, um darin den Namen des gewünschten Interface-Elements einzugeben.

25.4.1.1 Texte darstellen mit Labels

Labels haben Sie bereits in Abschnitt 25.3, „Ein erstes watchOS-Projekt", kennengelernt. Sie basieren auf der Klasse `WKInterfaceLabel` und dienen dazu, Texte auszugeben. Sie können die Farbe sowie die Orientierung (linksbündig, zentriert, rechtsbündig) festlegen. Über den Attributes Inspector haben Sie Zugriff auf alle zur Verfügung stehenden Eigenschaften (siehe Bild 25.18).

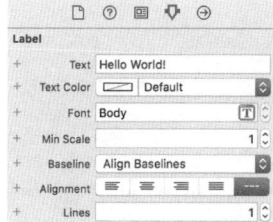

Bild 25.18
Die zur Verfügung stehenden Eigenschaften eines Labels können Sie bequem über den Attributes Inspector einsehen und verändern.

Im Folgenden gebe ich Ihnen eine Übersicht über die verschiedenen Einstellungen, die Sie für ein Label mithilfe des Interface Builders definieren können:

- *Text:* Hierbei handelt es sich um den Standardtext, den das Label anzeigt. Diesen Wert können Sie auch ändern, indem Sie doppelt auf das Label im Interface klicken und anschließend den gewünschten Text eingeben.
- *Text Color:* Die Textfarbe des Labels.

- *Font:* Die zu verwendende Schriftart und Schriftgröße für das Label.

- *Min Scale:* Dieser Wert bestimmt, um welchen Faktor die Schriftgröße des Labels automatisch vom System herunterskaliert werden kann (beispielsweise wenn der gegebene Platz nicht ausreicht, um den Inhalt eines Labels vollständig darzustellen). Hier ist ein Wert zwischen 0 und 1 möglich, wobei 1 „keine Anpassung an der Schriftgröße" bedeutet. Ein Wert von 0 wird vom System als Wunsch interpretiert, den Standardwert des Systems zu nutzen, der aktuell bei 0.8 liegt.

- *Alignment:* Über die zur Verfügung stehenden Schaltflächen bestimmen Sie die Orientierung des Label-Texts.

- *Lines:* Die maximale Anzahl von Zeilen, die das Label für sich beanspruchen kann. Setzen Sie hier beispielsweise den Wert auf 3, erhält das Label automatisch eine zweite oder auch eine dritte Zeile, wenn es so viel Platz zur Anzeige seines Texts benötigt. Eine vierte Zeile erhält es aber nicht und jeder weitere Text am Ende der dritten Zeile wird abgeschnitten. Braucht das Label hingegen nur ein oder zwei Zeilen, so wird es auch auf diese Größe reduziert (und nimmt nicht automatisch die Größe für drei Zeilen in Anspruch). Spannend ist der Wert 0: Wenn Sie diesen Wert eingeben, erhält das Label exakt so viele Zeilen wie es braucht, um seinen Inhalt vollständig anzeigen zu können.

25.4.1.2 Aktionen auslösen mit Buttons

Genau wie in der iOS-Entwicklung auch, dienen *Buttons* unter watchOS dazu, Aktionen auszulösen (siehe Bild 25.19). Dazu braucht der Nutzer lediglich einen solchen Button auf der Apple Watch anzutippen, und das Interface-Element ruft anschließend eine mit dem Button gekoppelte Methode auf (siehe hierzu auch den Abschnitt 25.6.1, „Interface und Code koppeln"). Dieses Interface-Element basiert auf der Klasse WKInterfaceButton.

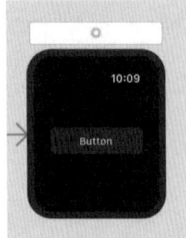

Bild 25.19
Mithilfe von Buttons steuern Sie Aktionen, die nach Betätigen einer solchen Schaltfläche erfolgen sollen.

Einem Button in watchOS kann über den Attributes Inspector ein neuer Titel zugewiesen und die Textfarbe sowie die Schriftart und Schriftgröße geändert werden. Auch das Festlegen eines Hintergrundbildes beziehungsweise einer Hintergrundfarbe ist möglich. Um den Titel zu ändern, haben Sie darüber hinaus die Möglichkeit, doppelt auf einen dem Interface hinzugefügten Button zu klicken und direkt an Ort und Stelle den gewünschten Titel einzutragen. Einen Auszug der zur Verfügung stehenden Einstellungsmöglichkeiten für einen Button mitsamt Beschreibung finden Sie in der folgenden Auflistung:

- *Content:* An dieser Stelle haben Sie die Wahl zwischen *Text* und *Group. Text* ist der Standard und bedeutet, dass der Button ein Label mit einem Text enthält. Möchten Sie den Button aber aus ein oder mehreren anderen Interface-Elementen zusammensetzen (beispielsweise einer Mischung aus Text und Bild), können Sie das mithilfe der Option *Group* erreichen. Dann verhält sich der Button wie ein `WKInterfaceGroup`-Element (mehr dazu erfahren Sie in Abschnitt 25.4.2.2 , „Interface-Elemente gruppieren"). Entscheiden Sie sich für letztere Option, verschwinden alle weiteren Einstellungsmöglichkeiten für den Button bis auf die Option *Enabled.*

- *Title:* Der im Button angezeigte Text. Dieser kann auch durch einen Doppelklick auf den Button direkt im Interface geändert werden.
- *Color:* Die Textfarbe des Buttons.
- *Font:* Die Schriftart und Schriftgröße des Buttons.
- *Background:* Hier können Sie optional ein Bild auswählen, das als Hintergrund für den Button verwendet werden soll.
- *Color:* Diese zweite Farboption bezieht sich auf die Hintergrundfarbe des Buttons. Sollten Sie für den Hintergrund bereits ein Bild ausgewählt haben, wird die hier gesetzte Hintergrundfarbe ignoriert.
- *Enabled:* Diese Checkbox gibt an, ob der Button aktiv ist oder nicht. Nur im aktiven Zustand kann der Button vom Nutzer berührt und damit eine Aktion ausgelöst werden. Der Wert dieser Einstellung kann auch jederzeit im Code geändert werden.

25.4.1.3 Optionen aktivieren und deaktivieren mit Switches

Ein *Switch* kennt zwei Zustände: an oder aus. Durch Antippen wird der Status geändert und der Switch ändert automatisch sein Aussehen (siehe Bild 25.20). Basis für solche Switches in der watchOS-Entwicklung ist die Klasse `WKInterfaceSwitch`.

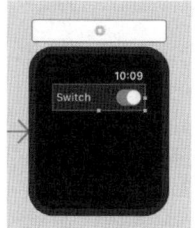

Bild 25.20
Ein Switch dient zum Darstellen zweier Zustände: an oder aus. In watchOS wird er zusätzlich noch von einem Label begleitet.

In watchOS besitzt jeder Switch ein zugehöriges Label. Das Label wird immer am linken Rand angezeigt, der Switch am rechten Rand. Das Label dient dazu, eine Beschreibung des Switches und seiner Funktion zu hinterlegen.

Innerhalb des Interface Builders können Sie einen Switch mithilfe der folgenden Optionen anpassen und konfigurieren:

- *State:* Der Status, in dem sich der Switch befindet. Die Option *On* bedeutet, dass der Schalter aktiv ist, *Off* hingegen, dass er einen ausgeschalteten Zustand anzeigt.
- *Tint:* Hier können Sie eine alternative Hintergrundfarbe für den Switch festlegen. Diese Farbe wird aber nur dann angezeigt, wenn sich der Switch im aktiven Zustand befindet.
- *Enabled:* Mithilfe dieser Checkbox geben Sie an, ob der Switch verwendet werden kann oder nicht. Nur bei Aktivierung der Checkbox reagiert der Switch auf Eingaben des Nutzers. Diese Einstellung lässt sich auch direkt über den Code steuern.

Für einen Switch existieren noch einige weitere Einstellungsmöglichkeiten wie der angezeigte Text und die Anzahl der Zeilen, die für den Text zur Verfügung stehen. Diese Optionen beziehen sich auf das Label am linken Rand des Switches und sie sind mit den Einstellungen identisch, die Sie in Abschnitt 25.4.1.1, „Texte darstellen mit Labels", zum Thema Labels kennengelernt haben, weshalb ich sie an dieser Stelle nicht noch einmal näher ausführe.

25.4.1.4 Einstellungen regeln mithilfe eines Sliders

Mithilfe eines *Sliders* lässt sich ein Schieberegler umsetzen, der über einen fest definierten Wertebereich verfügt (beispielsweise von 0 bis 3, siehe Bild 25.21). Durch Tippen auf die Minus- beziehungsweise Plus-Schaltfläche an den Seiten des Sliders kann der aktuell gesetzte Wert entweder bis zum definierten Minimum verringert oder bis zum definierten Maximum erhöht werden. Ein solches Element ist beispielsweise zur Regelung der Lautstärke bei der Musikwiedergabe sinnvoll. Slider basieren in watchOS auf der Klasse WKInterfaceSlider.

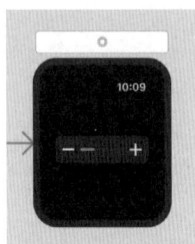

Bild 25.21
Mithilfe eines Sliders können Sie beispielsweise eine Lautstärkeregelung in eigenen watchOS-Apps umsetzen.

Die folgenden Optionen stehen Ihnen zur Konfiguration eines Sliders im Interface Builder zur Verfügung:

▪ *Value:* Der aktuell gesetzte Wert für den Slider. Unterschreitet der hier eingetragene Wert den der Einstellung *Minimum*, wird *Minimum* automatisch *Value* angeglichen. Das Gleiche gilt umgekehrt für die Einstellung *Maximum*, sollte der Wert für *Value* größer sein als der unter *Maximum* eingetragene.

▪ *Minimum:* Hier geben Sie den kleinsten Wert ein, den der Slider darstellen kann. Entspricht *Value* diesem Minimum, sieht es so aus, als wäre der Slider überhaupt nicht gefüllt. Im Falle eines Reglers zur Anpassung der Lautstärke würde das einem Stummschalten entsprechen.

▪ *Maximum:* Hier geben Sie den größten Wert ein, den der Slider darstellen kann. Entspricht *Value* diesem Maximum, sieht es so aus, als wäre der Slider vollständig ausgefüllt. Im Falle eines Reglers zur Anpassung der Lautstärke würde das bedeuten, dass diese auf der höchstmöglichen Stufe eingestellt ist.

▪ *Steps:* Dieser Wert definiert die Anzahl der Schritte, die *Value* zwischen *Minimum* und *Maximum* durchläuft. Wichtig: Dieser Wert ist nicht zu verwechseln mit dem Wert, um den sich *Value* erhöht oder verringert, wenn der Nutzer die entsprechenden Plus- und Minus-Schaltflächen zur Steuerung des Sliders benutzt! Dieser Wert wird vom System automatisch aus der Spanne zwischen *Minimum* und *Maximum* und den von Ihnen definierten *Steps* berechnet. Für weitere Informationen zum Vorgehen des Sliders siehe Kasten „Funktionsweise des Sliders".

- *Continuous:* Diese Checkbox bestimmt, wie der mittlere Bereich, der den aktuellen Füllstand des Sliders anzeigt, dargestellt wird. Ist diese Checkbox gesetzt, wird er als ein durchgehender Balken visualisiert, in dem sich das aktuell gesetzte Value widerspiegelt. Ist sie hingegen deaktiviert, wird jeder verfügbare Step innerhalb des Sliders durch Trennlinien von den anderen abgegrenzt. Letzteres gibt einen besseren Überblick darüber, in wie vielen Schritten sich der zugrunde liegende Slider regeln lässt.

- *Color:* Hier können Sie die Füllfarbe für den Balken, der innerhalb des Sliders angezeigt wird, verändern.

- *Min Image:* Hier können Sie ein alternatives Bild zur Verwendung anstelle der Minus-Schaltfläche des Sliders auswählen.

- *Max Image:* Hier können Sie ein alternatives Bild zur Verwendung anstelle der Plus-Schaltfläche des Sliders auswählen.

- *Enabled:* Ist diese Checkbox gesetzt, kann der Slider vom Nutzer bedient werden. Wird der Haken entfernt, wird der Slider lediglich angezeigt, reagiert aber nicht auf Nutzereingaben. Diese Einstellung können Sie auch über den Code verändern.

Funktionsweise eines Sliders

Um einen Slider zu erstellen und korrekt zu konfigurieren, sind drei Informationen essenziell: der *Minimalwert* und der *Maximalwert*, die der Slider annehmen kann, sowie die Anzahl der *Steps*, die zwischen diesen beiden Werten liegen. Ein einfaches Beispiel soll das verdeutlichen: Wenn Sie als Minimalwert 0 und als Maximalwert 1 angeben und für die Steps einen Wert von 1 setzen, bedeutet das, dass ein solcher Slider nur zwei Values annehmen kann: 0 und 1. Wenn Sie hingegen die Steps auf 2 erhöhen, bedeutet das, dass es zwei Werte gibt, die *Value* für diesen Slider annehmen kann. Da diese noch immer zwischen 0 und 1 liegen (dem Minimal- beziehungsweise Maximalwert), kann *Value* somit nun 0, 0,5 und 1 entsprechen.

Somit gilt die folgende Berechnung: Der Wert des Maximalwerts geteilt durch die Anzahl der Steps ergibt den Wert, um den sich *Value* entweder erhöht oder verringert, je nachdem, welche Aktion auf dem Slider ausgeführt wurde.

Wenn Sie also beispielsweise einen Slider mit zehn potenziellen Werten umsetzen möchten, müssen Sie den Wert für die Steps auf 9 setzen (der Minimalwert ist bereits ein valider Wert und wird daher für die Anzahl der Steps abgezogen). Was für einen Wert Sie nun für das aktuelle Value beim Erhöhen oder Verringern des Sliders erhalten, hängt davon ab, welchen Minimal- beziehungsweise Maximalwert Sie gesetzt haben.

25.4.1.5 Bilder anzeigen

Um Bilder auf dem Display der Apple Watch anzuzeigen steht das Interface-Element *Image* auf Basis der Klasse WKInterfaceImage zur Verfügung (siehe Bild 25.22). Sie können diesem Element direkt aus dem Attributes Inspector heraus ein Bild aus dem Asset Catalog Ihrer WatchKit App oder WatchKit Extension zuweisen.

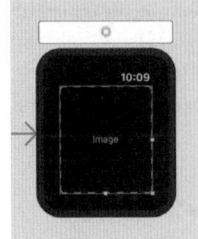

Bild 25.22
Mithilfe des Image-Interface-Elements können Sie watchOS-Apps um Bilder und Grafiken aller Art ergänzen.

Im Interface Builder stehen Ihnen unter anderem die folgenden Optionen zur Konfiguration eines Images zur Wahl:

- *Image:* Der Verweis auf das Bild aus dem Asset Catalog der WatchKit App beziehungsweise WatchKit Extension, das Sie anzeigen möchten. Hier wird der Name des Images aus dem entsprechenden Asset Catalog eingegeben.

- *Mode:* Der sogenannte Content Mode definiert, wie das Bild in dem zur Verfügung stehenden Raum des Image-Interface-Elements angezeigt wird. Sie können beispielsweise festlegen, dass das Bild exakt in die Höhe und Breite des Interface-Elements eingefügt werden soll *(Scale To Fill)* oder es innerhalb der vorgegebenen Größe so eingefügt wird, dass Höhe und Breite nicht verzerrt werden *(Aspect Fit)*. Der Modus *Aspect Fill* wiederum bindet das Bild – genau wie die Option *Scale To Fill* – vollständig in die gegebene Größe des Image-Interface-Elements ein, verzerrt das Bild aber dabei nicht, sondern orientiert sich an der Mitte des Bildes und zeigt von dort aus den sichtbaren Bereich des Bildes an (siehe Bild 25.23). Weitere Modi zeigen einen bestimmten Ausschnitt eines Bildes in Originalgröße an und fügen ihn entsprechend in den gegebenen Platz des Interface-Elements ein.

- *Tint:* Wenn Sie ein Template Image anzeigen, können Sie hierüber die Farbe festlegen, in der das Bild eingefärbt werden soll.

Bild 25.23 Verschiedene Content Modi für ein Image von links nach rechts: „Scale To Fill", „Aspect Fit" und „Aspect Fill".

25.4.1.6 Logische Bereiche trennen mithilfe des Separators

Mithilfe eines *Separators* können Sie eine Trennlinie an einer beliebigen Stelle des Interfaces platzieren, um so beispielsweise logisch zusammenhängende Gruppen voneinander zu trennen (siehe Bild 25.24). Die Konfigurationsmöglichkeiten für solch einen Separator sind sehr simpel gehalten. Sie können lediglich die Farbe anpassen oder den Alpha-Wert für die Transparenz ändern. Als Basis für den Separator kommt die Klasse WKInterfaceSeparator zum Einsatz.

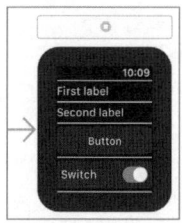

Bild 25.24
In diesem Beispiel wurde ein Separator vor und nach jedem der insgesamt
vier anderen Interface-Elementen (zwei Labels, ein Button und ein Switch)
eingefügt.

25.4.2 Oberflächen gestalten

Bei der Gestaltung von Oberflächen einer watchOS-App gibt es einige Unterschiede im Vergleich zu den übrigen Apple-Plattformen zu beachten. So kommt zunächst einmal kein Auto
Layout zum Einsatz. Stattdessen werden standardmäßig alle Interface-Elemente untereinander und nebeneinander angeordnet. Beim Einfügen eines neuen Interface-Elements weisen blaue Linien darauf hin, wo das jeweilige Element platziert wird (siehe Bild 25.25).

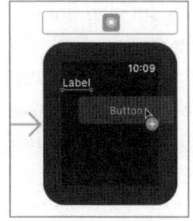

Bild 25.25
Die blauen Linien beim Einfügen eines Interface-Elements zeigen an,
wo es platziert wird. In diesem Beispiel wird der Button unterhalb des
Labels platziert.

Auf diese Art und Weise werden watchOS-Apps standardmäßig von oben nach unten aufgebaut. Einer Ansicht können darüber hinaus beliebig viele Interface-Elemente hinzugefügt
werden. Dazu werden sie einfach aus der Objects Library auf die Oberfläche im Interface
Builder gezogen. Sollten die Interface-Elemente irgendwann nicht mehr in das kleine Vor-
schaufenster der Apple Watch passen, vergrößert der Interface Builder dieses automatisch
(siehe Bild 25.26).

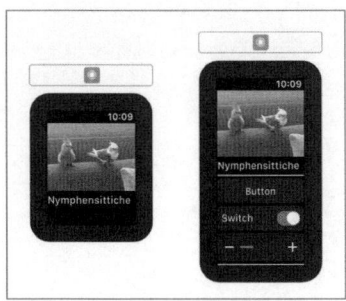

Bild 25.26
Xcode passt die Höhe des Interfaces automatisch anhand
der darin eingefügten Interface-Elemente an.

25.4.2.1 Interface-Elemente anordnen

Um Interface-Elemente nicht starr untereinander anordnen zu müssen, stellt der Interface Builder verschiedene Optionen bereit, um die Positionierung dieser Elemente zu verändern. Diese Optionen finden sich in den Bereichen *Alignment* und *Size* im Attributes Inspector, nachdem ein Interface-Element ausgewählt wurde (siehe Bild 25.27).

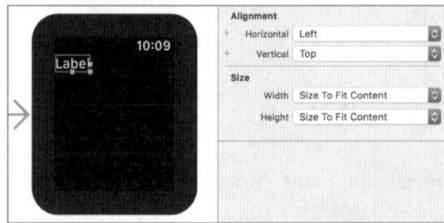

Bild 25.27 Über die Bereiche „Alignment" und „Size" definieren Sie Positionierung und Größe eines Interface-Elements.

Betrachten wir zunächst den Bereich *Alignment*: Dieser verfügt über zwei Auswahlboxen namens *Horizontal* und *Vertical*. Wie die Namen bereits andeuten, beziehen sie sich auf die horizontale beziehungsweise vertikale Positionierung eines Interface-Elements. Soll ein solches beispielsweise am oberen Rand zentriert angezeigt werden, setzen Sie für *Horizontal* den Wert *Center* und für *Vertical* den Wert *Top* (siehe Bild 25.28). Soll das Interface-Element auch vertikal zentriert werden, setzen Sie für diesen Abschnitt ebenfalls die Option *Center* (siehe Bild 25.29).

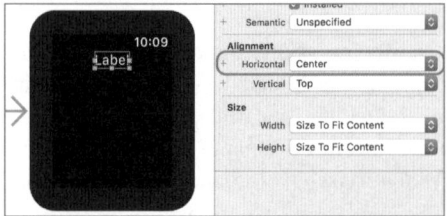

Bild 25.28 Der Bereich „Horizontal" bestimmt die horizontale Ausrichtung eines Interface-Elements, ...

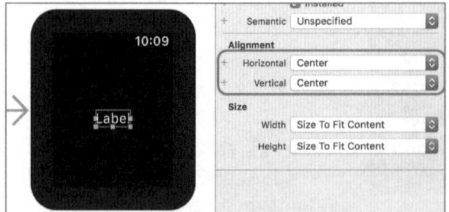

Bild 25.29 ... während der Bereich „Vertical" die vertikale Ausrichtung steuert.

Für die horizontale Ausrichtung eines Interface-Elements stehen die folgenden Optionen zur Verfügung:

- *Left:* Das Interface-Element wird am linken Rand platziert.
- *Center:* Das Interface-Element wird mittig platziert.
- *Right:* Das Interface-Element wird am rechten Rand platziert.

Für die vertikale Ausrichtung lässt sich aus den folgenden Optionen wählen:

- *Top:* Das Interface-Element wird am oberen Rand platziert.
- *Center:* Das Interface-Element wird mittig platziert.
- *Bottom:* Das Interface-Element wird am unteren Rand platziert.

Mit der Kombination dieser beiden Informationen können Sie Interface-Elemente an den verschiedenen Stellen der Benutzeroberfläche platzieren.

Anordnung der Interface-Elemente berücksichtigt vertikale Positionierung

Wie Sie bereits wissen, werden Interface-Elemente standardmäßig untereinander angeordnet. Die Reihenfolge, in der Sie Interface-Elemente positionieren, kann über die Document Outline Area sehr gut eingesehen werden (siehe Bild 25.30).

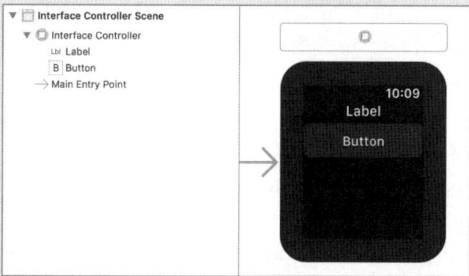

Bild 25.30 Die Document Outline Area im linken Bereich spiegelt den Aufbau der angezeigten Interface-Elemente wider.

Wenn Sie aber nun die vertikale Ausrichtung eines Interface-Elements verändern, wird diese Anordnung möglicherweise hinfällig. Betrachten Sie beispielsweise das Label aus Bild 25.30, das sich am oberen Rand befindet und für das die vertikale Ausrichtung *Top* gesetzt wurde (genauso wie für den darunterliegenden Button).

Wird diese Ausrichtung nun auf *Center* geändert, bleibt die Reihenfolge der Interface-Elemente in der Document Outline Area zwar bestehen, doch das Label wird nun trotzdem immer unterhalb des Buttons angezeigt (siehe Bild 25.31).

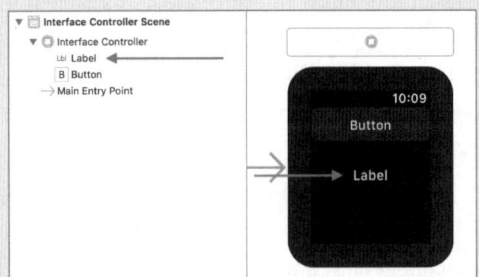

Bild 25.31 Obwohl das Label oberhalb des Buttons angeordnet wurde, wird es im Interface darunter angezeigt, da in diesem Beispiel der Button am oberen Rand und das Label zentriert ausgerichtet ist.

Der Grund hierfür ist, dass bei der Anordnung der Elemente zuerst die vertikale Positionierung berücksichtig wird. Erst dann wird die Anordnung betrachtet, wie sie in der Document Outline Area zu sehen ist.

Betrachten wir nun noch den Bereich *Size* zum Verändern der Größe eines Interface-Elements. Genau wie der Bereich *Alignment* unterteilt sich der Bereich *Size* in zwei verschiedene Konfigurationsoptionen: *Width* und *Height*. Beide verfügen über die gleichen Auswahlmöglichkeiten und beziehen sich einmal auf die Breite und einmal auf die Höhe des gewählten Interface-Elements. Es stehen die folgenden Optionen zur Wahl:

- *Size To Fit Content:* Bei dieser Einstellung wird die jeweilige Größe so gesetzt, dass der Inhalt des zugrunde liegenden Interface-Elements optimal dargestellt wird. Ein Label ist dann beispielsweise genauso breit beziehungsweise hoch wie der Text, den es enthält.

- *Relative to Container:* Hier richtet sich die Breite beziehungsweise Höhe am umliegenden Container aus. Container bedeutet in diesem Fall standardmäßig die zugrunde liegende Ansicht, auf der die Interface-Elemente platziert werden. Soll also beispielsweise ein Label genauso breit sein wie das Display der Apple Watch, kann das durch Setzen dieser Option erreicht werden. An welcher Stelle Container ebenfalls noch eine Rolle spielen, erfahren Sie in Abschnitt 25.4.2.2, „Interface-Elemente gruppieren".

  Haben Sie diese Option ausgewählt, erscheinen zwei weitere Textfelder (siehe Bild 25.32). Über das erste geben Sie einen Faktor zwischen 0 und 1 an, um die relative Größe anzupassen. Ein Wert von 0,5 bedeutet beispielsweise, dass die Höhe beziehungsweise Breite des Interface-Elements um die Hälfte der relativen Größe reduziert wird.

  Mit dem zweiten erscheinenden Textfeld *Adjustment* definieren Sie noch eine zusätzliche Abweichung in Punkten von der relativen Größe des Interface-Elements. Positive Werte vergrößern es, negative verkleinern es.

- *Fixed:* Bei dieser Option erscheint ein neues Textfeld, in dem Sie eine feste Höhe beziehungsweise Breite in Punkten für das ausgewählte Interface-Element angeben (siehe Bild 25.33).

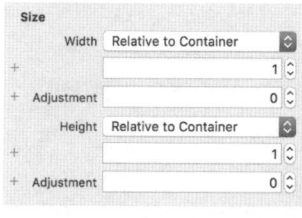

Bild 25.32
Bei der relativen Ausrichtung eines Interface-Elements
können Sie noch einen Faktor für die Größe zwischen 0 und 1
sowie eine Anpassung in Punkten vornehmen.

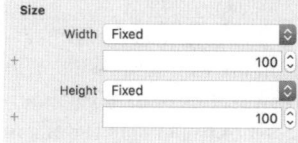

Bild 25.33
Wenn Sie die Option Fixed für die Größe eines Interface-
Elements wählen, erscheint ein zusätzliches Textfeld, in das
Sie die gewünschte Größe in Punkten eintragen können.

 Verändern der Größe direkt über das Interface

Sobald ein Interface-Element auf der Oberfläche platziert wurde, erscheinen
an den Ecken kleine viereckige Anfasser (siehe Bild 25.34). Diese können Sie
benutzen, um die Größe (nicht die Positionierung) eines Elements direkt aus
dem Interface heraus zu verändern. Sobald Sie das aber tun, wird für die Höhe
beziehungsweise Breite (je nachdem, welche Eigenschaft die Veränderung
betrifft) die Option *Fixed* gesetzt, selbst wenn Sie zuvor *Size To Fit Content*
oder *Relative to Container* ausgewählt haben.

Bild 25.34
Nach Auswahl eines Interface-Elements können Sie über
die Anfasser die Größe verändern.

25.4.2.2 Interface-Elemente gruppieren

Das bisher gezeigte Verfahren zum Anordnen und Positionieren von Interface-Elementen in
watchOS ist deutlich simpler als die komplexen Konfigurationsmöglichkeiten, die Auto Layout unter macOS, iOS und tvOS bietet. Doch manchmal reicht diese einfache Anordnung der
Interface-Elemente untereinander nicht aus, selbst wenn man deren Orientierung und
Größe noch anpassen kann.

An diesem Punkt kommen sogenannte *Groups* ins Spiel. Es handelt sich hierbei zunächst
schlicht um Interface-Elemente; genau solche, wie wir sie bereits in Abschnitt 25.4.1,
„Grundlegende Interface-Elemente“, kennengelernt haben. Eine Group basiert auf der
Klasse `WKInterfaceGroup` und stellt einen zusätzlichen Container dar, innerhalb dessen
man weitere beliebige andere Interface-Elemente unterbringt und anordnet. Dazu zieht
man im ersten Schritt ein solches Group-Interface-Element aus der Objects Library auf den
gewünschten Interface-Controller in der Interface-Storyboard-Datei (siehe Bild 25.35).

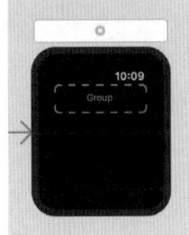

Bild 25.35
Ein Group-Interface-Element wird wie jedes andere Interface-Element auf die
Oberfläche des gewünschten Interface-Controllers gezogen.

Eine so erstellte Group nimmt – genau wie der zugrunde liegende Interface-Controller –
beliebig viele weitere Interface-Elemente auf. Um einer Group ein neues Interface-Element
hinzuzufügen, zieht man es wie gewohnt aus der Objects Library, legt es dann aber innerhalb der Group und nicht auf der noch freien Fläche des Interface-Controllers ab. Die Document Outline Area zeigt hierbei sehr schön, welche Interface-Elemente sich auf dem Controller und welche sich innerhalb einer Group befinden (siehe Bild 25.36).

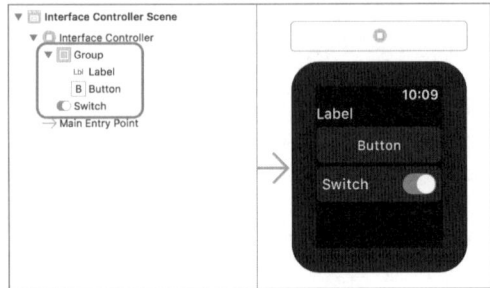

Bild 25.36 Auch wenn es dem Interface am rechten Rand nicht anzusehen ist, sind – wie die Document Outline Area offenbart – das Label und der Button innerhalb einer separaten Group zusammengefasst, während der darunterliegende Switch direkt dem Interface-Controller hinzugefügt wurde.

Doch was genau nützt das nun? Zunächst einmal verändert eine Group das Verhältnis der
in ihr enthaltenen Interface-Elemente zum umliegenden Container. Dieser umliegende Container ist beispielsweise dafür verantwortlich, eine relative Größe für die Höhe und Breite
eines Interface-Elements festzulegen (siehe hierzu auch den Abschnitt 25.4.2.1, „Interface-
Elemente anordnen"). Ein kleines Beispiel soll das verdeutlichen:

Fügt man eine Group – wie eben gezeigt – einem Interface hinzu und wechselt anschließend in den Attributes Inspector, kann man für dieses Interface-Element – genau wie für
jedes andere auch – unter anderem die Größe verändern. Setzt man hier beispielsweise die
Breite für die Group fix auf 100 und fügt anschließend der Group neue Interface-Elemente
hinzu, deren Breite sich „relativ zum umliegenden Container" ausrichten, bedeutet das,
dass diese nun ebenfalls einhundert Punkten entsprechen. Sie orientieren sich also nicht
am Interface-Controller, sondern an der Group, deren Teil sie sind. Die Group ist ihr Container (siehe Bild 25.37).

Eine Group verfügt aber noch über weitere Eigenschaften, um die Anordnung von Interfaces
unter watchOS zu optimieren. Diese können Sie nach Auswahl einer Group im Attributes
Inspector anpassen. Wichtig: Es muss die zugrunde liegende Group ausgewählt sein, nicht
etwa eines der Interface-Elemente, die sich innerhalb der Group befinden. Dann würden

nämlich die Eigenschaften für dieses Element im Attributes Inspector auftauchen. Nutzen Sie im Zweifel die Document Outline Area, um die gewünschte Group auszuwählen.

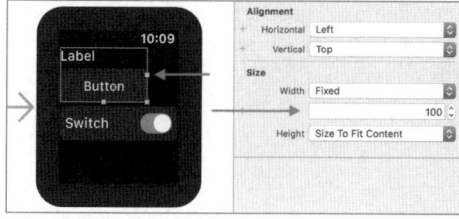

Bild 25.37
Das Label und der Button innerhalb der Group passen ihre Größe relativ zu der der Group an.

Im Folgenden stelle ich Ihnen einen Auszug der wichtigsten Optionen zur Konfiguration einer Group über den Interface Builder vor:

- *Layout:* In diesem Menü haben Sie die Wahl zwischen den Optionen *Horizontal*, *Vertical* und *Overlap*. Sie bestimmen, wie die Interface-Elemente einer Group angeordnet werden. *Horizontal* platziert sie nebeneinander, *Vertical* untereinander; Letzteres kennt man bereits von der Erstellung von Interfaces innerhalb des zugrunde liegenden Interface-Controllers. Wenn Sie *Horizontal* verwenden, achten Sie darauf, womöglich die Größe der Interface-Elemente anzupassen, damit diese alle in die Group hineinpassen und nicht ein oder mehrere am Rand verschwinden.

  Wenn Sie *Overlap* auswählen, überlagern sich alle Interface-Elemente einer Group. Das kann beispielsweise dann sinnvoll sein, wenn Sie im Hintergrund eine Grafik mithilfe eines WKInterfaceImage anzeigen möchten, auf dem zuoberst ein Label angezeigt wird.

- *Insets:* Die Insets bestimmen die Abstände vom oberen, unteren, linken und rechten Rand der Group zu den darin enthaltenen Interface-Elementen. Standardmäßig ist hier die Option *Default* vorausgewählt. Wenn Sie zu *Custom* wechseln, erscheinen darunter vier neue Textfelder mit den Titeln *Top*, *Bottom*, *Left* und *Right*, die den Wert für den jeweiligen Abstand enthalten (in Punkten). Geben Sie dort beispielsweise bei *Top* den Wert 10 ein, werden die Interface-Elemente innerhalb der Group mit einem Abstand von zehn Punkten zum oberen Rand angeordnet (siehe Bild 25.38).

- *Spacing:* Spacing bestimmt den Abstand in Punkten zwischen den Interface-Elementen einer Group. Sobald Sie einen Wert in das zugehörige Textfeld eintragen, wird automatisch auch der Haken bei *Custom* gesetzt, um zu signalisieren, dass Sie ein eigenes Spacing definieren (siehe Bild 25.39).

  Wie das Spacing angewendet wird, ist davon abhängig, welches Layout Sie für die Group gewählt haben. Bei *Horizontal* setzen Sie damit den linken beziehungsweise rechten Abstand der Interface-Elemente, bei *Vertical* den oberen beziehungsweise unteren.

- *Background:* Hier können Sie aus Ihrem Asset Catalog eine Grafik auswählen, die als Hintergrund für die Group dienen soll.

- *Mode:* Hier legen Sie den Modus fest, in dem ein zuvor gewähltes Hintergrundbild in der Group gesetzt werden soll. Es handelt sich um die gleichen Optionen und das gleiche Vorgehen wie bei einem Image-Interface-Element (siehe hierzu den Abschnitt 25.4.1.5, „Bilder anzeigen").

- *Color:* Die Hintergrundfarbe der Group.

- *Radius:* Hierüber können Sie einen Radius für die Ecken der Group definieren. Diesen können Sie beispielsweise dazu nutzen, um die Ecken abzurunden und damit auch das Erscheinungsbild der Interface-Elemente innerhalb der Group zu verändern (diese werden nämlich an den Rändern entsprechend des Radius abgeschnitten, siehe Bild 25.40). Sobald Sie einen passenden Wert in Punkten in das Textfeld eintragen, wird automatisch die Checkbox *Custom* aktiviert, um zu signalisieren, dass Sie für den Radius einen eigenen Wert verwenden.

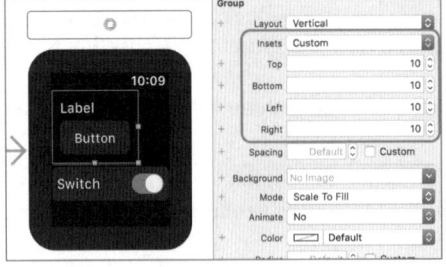

Bild 25.38
Mithilfe von Insets können Sie Abstände von der Group zu den enthaltenen Interface-Elementen definieren.

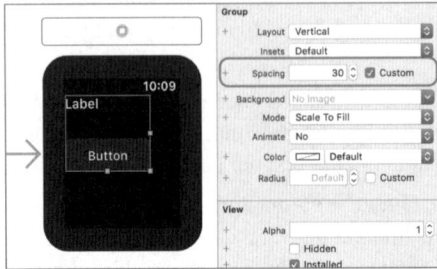

Bild 25.39
Mithilfe des Spacings definieren Sie den Abstand zwischen den Interface-Elementen einer Group; in diesem Beispiel zwischen einem Label und einem Button.

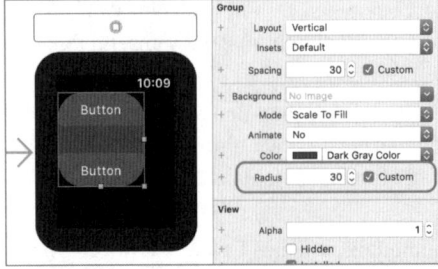

Bild 25.40
Wird ein Radius für eine Group festgelegt, werden alle vier Ecken entsprechend abgerundet. Interface-Elemente innerhalb der Group, die sich an den Rändern befinden, können dadurch abgeschnitten werden.

 Groups ineinander schachteln

Sie haben in watchOS die Möglichkeit, Groups ineinander zu schachteln. So kann eine Group selbst wiederum eine Group als Interface-Element enthalten. Durch dieses Vorgehen können noch komplexere Ansichten in watchOS realisiert werden. In Bild 25.41 sehen Sie ein Beispiel dazu, in dem eine Group mit zwei Buttons am oberen und unteren Rand selbst eine weitere Group enthält, die horizontal zwei Labels am linken und am rechten Rand anzeigt.

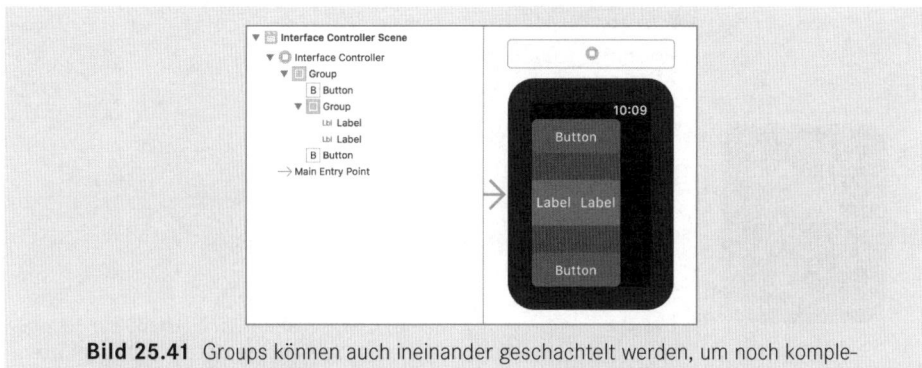

Bild 25.41 Groups können auch ineinander geschachtelt werden, um noch komplexere Layouts in watchOS umzusetzen.

25.4.2.3 Interface-Elemente für 40 mm- und 44 mm-Endgeräte anpassen

Die Apple Watch kommt seit der Series 4 in zwei unterschiedlichen Gehäusegrößen daher: eine mit 40 mm und eine mit 44 mm (die vorangegangenen Generationen verfügten über eine Gehäusegröße von 38 mm beziehungsweise 42 mm). Bei dem bisher gezeigten Vorgehen zum Erstellen von Interfaces passt watchOS die Anordnung und Orientierung der Interface-Elemente für diese beiden Displaygrößen automatisch an. Zentriert man beispielsweise ein Label in der Mitte des Displays, dann wird es auch auf beiden Apple Watch-Größen mittig angezeigt (siehe Bild 25.42).

Bild 25.42
watchOS ordnet die Interface-Elemente automatisch passend für beide verfügbare Gehäusegrößen an.

Es gibt aber auch die Möglichkeit, für die verschiedenen Apple Watch-Größen unterschiedliche Eigenschaften für ein und dasselbe Interface-Element zu definieren. Die Eigenschaften, die für eine solche Unterscheidung genutzt werden können, erkennt man im Attributes Inspector anhand eines vorangestellten Plus-Zeichens (siehe Bild 25.43).

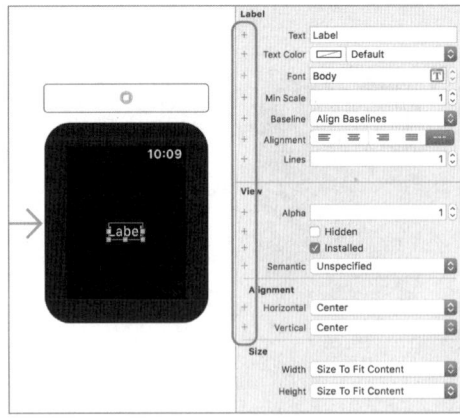

Bild 25.43
Einige Eigenschaften von Interface-Elementen –
in diesem Beispiel von einem Label – verfügen
am linken Rand über eine zusätzliche Plus-
Schaltfläche.

Über diese Schaltfläche haben Sie die Möglichkeit, für die zugrunde liegende Eigenschaft
eine unterschiedliche Einstellung für die verschiedenen Gehäusegrößen der Apple Watch
vorzunehmen. Sobald Sie auf den Plus-Button klicken, öffnet sich ein Pop-up-Menü, in dem
Sie das Apple Watch-Modell auswählen, für das Sie eine alternative Konfiguration vornehmen möchten (siehe Bild 25.44).

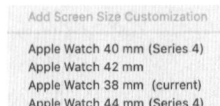

Bild 25.44
Nach Klick auf die Plus-Schaltfläche einer Interface-Element-Eigenschaft
können Sie die Gehäusegröße auswählen, für die Sie eine alternative
Einstellung vornehmen möchten.

 Current Device

Hinter einem der zur Verfügung stehenden Apple Watch-Modelle in dem sich
öffnenden Auswahlmenü steht in Klammern das Wort *current* (so wie es auch
in Bild 25.44 bei der 38mm-Variante zu sehen ist). Das bezieht sich auf das
Gerät, das Sie aktuell als Grundlage zum Erstellen Ihres Interfaces im Interface Builder ausgewählt haben. Sie sehen diese Information auch am unteren
linken Rand in der Editor Area, wenn das Interface-Storyboard geöffnet ist.
Dort heißt es *View as*, gefolgt von dem Apple Watch-Modell, dessen Größe
aktuell zur Gestaltung der Oberfläche verwendet wird (siehe Bild 25.45).

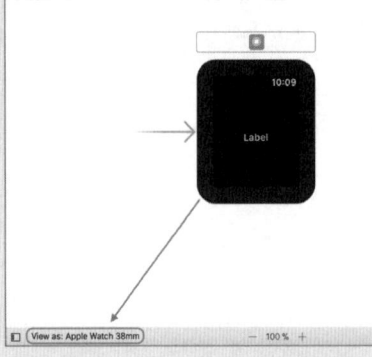

Bild 25.45
Am unteren linken Rand des Storyboards finden Sie die Information
darüber, welches Apple Watch-Modell
gerade als Grundlage zur Gestaltung
der grafischen Oberfläche dient.

Genau dieses Modell wird in dem in Bild 25.44 gezeigten Pop-up-Menü mit der Information *current* versehen. Wenn Sie auf die *View as*-Information klicken, öffnet sich ein Auswahlmenü, in dem Sie das im Storyboard angezeigte Apple Watch-Modell jederzeit ändern können (siehe Bild 25.46). Damit ändern Sie zunächst einmal aber lediglich die präsentierte Vorschauansicht Ihrer Apple Watch-App im Storyboard. Auswirkungen auf die von Ihnen platzierten und angeordneten Interface-Elemente und deren Eigenschaften hat ein solcher Wechsel nicht.

Bild 25.46 Die für die Gestaltung der Interfaces verwendete Apple Watch-Gehäuse-größe können Sie jederzeit ändern.

Alle Eigenschaften, die Sie für die verschiedenen Interface-Elemente definieren, gelten generell für alle verfügbaren Apple Watch-Modelle, wenigstens aber für das, das Sie in der *View as*-Auswahl selektiert haben. Wenn Sie also unter-schiedliche Einstellungen für die verschiedenen Gehäusegrößen vornehmen wollen, ist es meist sinnvoll, über das Pop-up-Menü aus Bild 25.44 die Gehäusegröße auszuwählen, die nicht als *current* gekennzeichnet ist. Dazu gleich noch mehr.

Sobald Sie ein Apple Watch-Modell aus dem Pop-up-Menü ausgewählt haben, wird die zu-grunde liegende Eigenschaft erweitert. Exakt dieselbe Option taucht ein weiteres Mal direkt unterhalb der bereits vorhandenen Einstellung auf und enthält als Beschreibungstext die gewählte Gehäusegröße (siehe Bild 25.47).

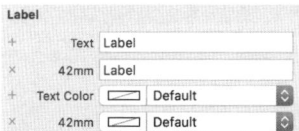

Bild 25.47
Für den Text und die Farbe eines Labels wurde eine alternative Einstellung für die 44-mm-Variante der Apple Watch hinzugefügt.

Ändert man nun die Einstellung für das spezifische Apple Watch-Modell, so wirkt sich diese Änderung auch nur dann auf die zugrunde liegende App aus, wenn sie auf einer Apple Watch mit der entsprechenden Gehäusegröße ausgeführt wird (in diesem Beispiel also auf einem Modell mit 44 mm). Gibt es für ein Modell keine speziell angepassten Eigenschaften, greift automatisch immer die Grundeinstellung.

Dieses Verhalten können Sie bereits im Storyboard sehr schön nachvollziehen. Fügen Sie dazu einmal einer beliebigen Eigenschaft eines Interface-Elements einen weiteren Eintrag für eine spezifische Gehäusegröße hinzu und ändern Sie deren Wert. Setzen Sie zum Bei-spiel für ein Label für die 44-mm-Variante einen anderen Text und eine andere Farbe. Wech-seln Sie dann mithilfe der *View as*-Ansicht die Interface-Vorschau im Storyboard. Sie werden feststellen, dass sich die Vorschau dynamisch verändert, abhängig davon, welches Modell Sie betrachten (siehe Bild 25.48).

Bild 25.48 Für die 44-mm-Variante der Apple Watch wurden angepasste Eigenschaften festgelegt, die ausschließlich auf diesem Modell greifen.

Mit diesem Vorgehen haben Sie die Möglichkeit, die Eigenschaften von Interface-Elementen für die verschiedenen Apple Watch-Modelle anzupassen. Sogar die Ausrichtung der Elemente können Sie pro Modell verändern.

 Angepasste Einstellung wieder entfernen

Wenn Sie für eine Eigenschaft eines Interface-Elements eine spezifische Einstellung für ein Apple Watch-Modell gesetzt haben, können Sie diese nachträglich auch ganz einfach wieder entfernen, indem Sie auf die kleine X-Schaltfläche klicken, die links von der jeweiligen Einstellung zu sehen ist (siehe Bild 25.49).

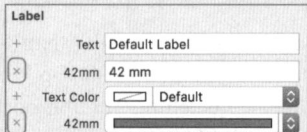

Bild 25.49 Mithilfe der X-Schaltfläche am linken Rand einer für ein spezielles Apple Watch-Modell hinzugefügten Eigenschaft können Sie die dort gesetzte Einstellung auch wieder entfernen.

25.4.3 Die Klasse WKInterfaceObject

Alle Interface-Elemente in watchOS werden von der Klasse WKInterfaceObject abgeleitet. Sie ist so vergleichbar mit der Klasse UIView aus der iOS-Entwicklung und enthält grundlegende Eigenschaften und Funktionen, die für alle Interface-Elemente gleichermaßen gelten.

Wenn Sie ein Interface-Element wie in den vorherigen Abschnitten gezeigt einem Interface-Controller hinzufügen, es auswählen und anschließend den Attributes Inspector aufrufen, finden Sie dort immer einen Abschnitt mit dem Titel *View* vor. Darin werden alle Eigenschaften aufgeführt, die die Superklasse WKInterfaceObject zur Verfügung stellt (siehe Bild 25.50). Im Folgenden finden Sie eine Erläuterung der verschiedenen Einstellungsmöglichkeiten:

- *Alpha:* Hier legen Sie die Transparenz des ausgewählten Interface-Elements fest. Ein Wert von 1 bedeutet volle Sichtbarkeit, ein Wert von 0 blendet das Interface-Element aus. Dazwischen können Sie beliebige Fließkommawerte setzen, um die Transparenz anzupassen. Der Alpha-Wert kann auch jederzeit im Code geändert werden.

- *Hidden:* Ist diese Checkbox aktiviert, wird das Interface-Element ausgeblendet. Im Gegensatz zu einem Alpha-Wert von 0 verhält sich watchOS in diesem Fall aber so, als wäre das Interface-Element gar nicht vorhanden. Das kann beispielsweise dazu führen, dass darunter angebrachte Interface-Elemente nach oben rutschen und an die Stelle des versteckten Interface-Elements treten, so wie beispielhaft in Bild 25.51 zu sehen.

- *Installed:* Diese Checkbox definiert, ob das entsprechende Element Teil der watchOS-App ist. Eine solche Option mag auf den ersten Blick etwas seltsam anmuten, sollte doch schließlich jedes Interface-Element, das man explizit einem Interface-Controller hinzufügt, Teil einer watchOS-App sein. Der Hintergedanke hierbei ist aber, dass man diese Option lediglich für einzelne Apple Watch-Modelle deaktiviert. So können Sie beispielsweise ein Interface gestalten, bei dem bestimmte Elemente nur auf einem 40mm und andere nur auf einem 44-mm-Modell zur Verfügung stehen. Dazu nutzen Sie die vorangestellte Plus-Schaltfläche für diese Eigenschaft auf einem gewünschten Interface-Element und passen Sie anschließend dynamisch an (siehe hierzu auch den Abschnitt 25.4.2.3, „Interface-Elemente für 40-mm- und 44mm-Endgeräte anpassen", sowie Bild 25.52).

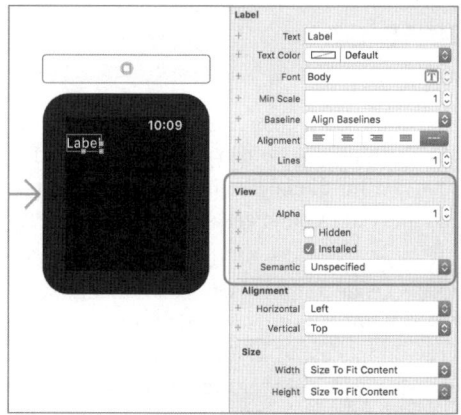

Bild 25.50
Jedes Interface-Element besitzt im Attributes Inspector einen immer identisch aufgebauten Bereich namens View.

Bild 25.51 Wird ein Interface-Element ausgeblendet, wird es von watchOS so behandelt, als wäre es gar nicht vorhanden (im Gegensatz zum Setzen des Alpha-Werts auf 0).

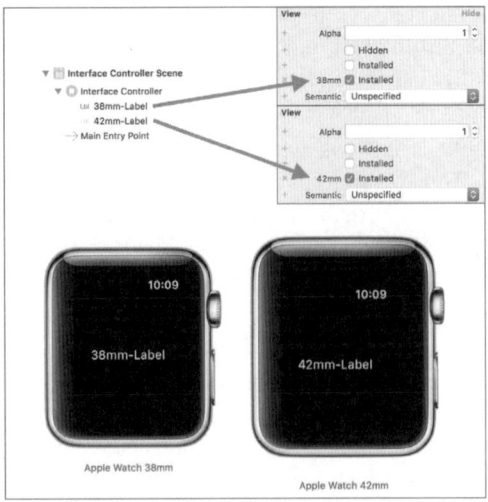

Bild 25.52 Das hier gezeigte Interface enthält zwei Labels, die aber jeweils nur auf einem bestimmten Apple Watch-Modell installiert sind.

■ 25.5 Die WatchKit Extension

Während die WatchKit App mithilfe des Interface-Storyboards das Aussehen und den Aufbau der Ansichten einer watchOS-App abdeckt (siehe hierzu auch den Abschnitt 25.4, „Die WatchKit App"), ist die sogenannte *WatchKit Extension* für die Logik einer Anwendung verantwortlich. Dort werden alle Typen definiert und alle Funktionen geschrieben, die man für den Betrieb der App benötigt.

Eine neu erstellte WatchKit Extension erhält durch Xcode automatisch vier Dateien (siehe Bild 25.53). Zunächst finden sich darin zwei Swift-Dateien mit den Standardnamen *InterfaceController* und *ExtensionDelegate*. Sie dienen als Einstiegspunkt für Ihren eigenen Code. Während es sich bei `InterfaceController` um eine von `WKInterfaceController` abgeleitete Klasse handelt, ist die `ExtensionDelegate`-Klasse konform zum sogenannten `WKExtensionDelegate`-Protokoll. Mehr zum `WKInterfaceController`, seiner Aufgabe und Funktionsweise erfahren Sie in Abschnitt 25.5.2, „Der WKInterfaceController", während Sie alles Wissenswerte über das WKExtensionDelegate-Protokoll Abschnitt 25.5.1, „Der WKExtensionDelegate", entnehmen können.

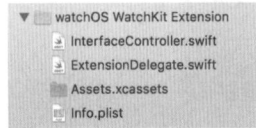

Bild 25.53
Xcode legt standardmäßig vier Dateien für eine neue WatchKit Extension an.

Der *Asset Catalog* dient – wie bereits auch in der WatchKit App – zur Ablage und Speicherung von Bildern und Grafiken für Ihre App. Legen Sie idealerweise darin alle Dateien ab, die Sie explizit aus dem Code heraus ansprechen und für spezifische Funktionen benötigen. Dazu gehören beispielsweise mögliche Grafiken für eine sogenannte Komplikation (mehr über Komplikationen erfahren Sie in Kapitel 26, „watchOS – App-Entwicklung"). In den Asset Catalog der WatchKit App sollten Sie wiederum ausschließlich Grafiken packen, die Sie auch direkt im Interface-Storyboard verwenden.

In der *Info.plist*-Datei schließlich werden allgemeine Informationen und Einstellungen zur WatchKit Extension hinterlegt (zum Beispiel der Bundle Identifier oder die Versionsnummer).

25.5.1 Der WKExtensionDelegate

Beim `WKExtensionDelegate` handelt es sich um ein Protokoll, das verschiedene Methoden über den aktuellen Status einer watchOS-App definiert. Die standardmäßig bei jeder neu erstellten WatchKit Extension enthaltene Klasse `ExtensionDelegate` ist konform zu diesem Protokoll und kann daher direkt für die Implementierung gewünschter Methoden genutzt werden.

Genau wie unter iOS der `UIApplicationDelegate` dient der `WKExtensionDelegate` in watchOS primär dem Abfangen von Statusänderungen einer App. Implementiert man die zugehörige Methode im `ExtensionDelegate`, kann man auf dieses Ereignis mit eigenem Code reagieren.

Der Lebenszyklus einer jeden watchOS-App ist in Bild 25.54 grafisch dargestellt. Wird eine App gestartet, wechselt sie vom *Not Running*-State in den Vordergrund, wo sie zwischen zwei Zuständen wechselt: *Active* und *Inactive*. Inactive bedeutet, dass sich die App zwar im Vordergrund befindet, aber auf keine Events reagiert. Das ist beispielsweise während einer kurzen Zeitspanne beim Startvorgang der Fall. Außerhalb des Startvorgangs weist der Inactive-State darauf hin, dass die App wohl bald in den Hintergrund wechselt. Befindet sich die App im Active-State, ist sie für den Nutzer im Vordergrund sichtbar und er kann die App bedienen.

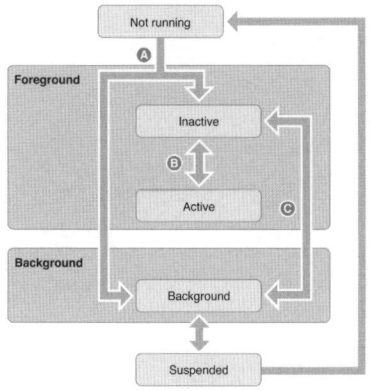

Bild 25.54
Die verschiedenen Zustände, die eine watchOS-App durchlaufen kann. (Bild: Developer-Dokumentation von Apple)

Nach einiger Zeit im Inactive-State wechselt eine watchOS-App in den *Background*-State. In diesem Zustand hat sie ein kleines Zeitfenster, um abschließenden Code auszuführen, bevor sie vom System schlafen gelegt wird. Dann tritt der sogenannte *Suspended*-State ein, der mit *Not Running* vergleichbar ist. Jedoch befindet sich die App bei *Suspended* noch im Speicher. Das bedeutet, dass ein erneutes Starten deutlich schneller vonstattengeht als aus *Not Running* heraus. Im *Suspended*-Zustand kann die App aber keinerlei Code mehr ausführen.

Die verschiedenen Wechsel werden im `WKExtensionDelegate`-Protokoll mithilfe der folgenden Methoden abgefangen (die Buchstaben beziehen sich auf den jeweiligen Zustandswechsel aus Bild 25.54):

- **A:** Aufruf der Methode `applicationDidFinishLaunching()`.
- **B:** Aufruf der Methode `applicationDidBecomeActive()` beim Wechsel in den Active-State, Aufruf der Methode `applicationWillResignActive()` beim Wechsel in den Inactive-State.
- **C:** Aufruf der Methode `applicationWillEnterForeground()` beim Wechsel in den Vordergrund, Aufruf der Methode `applicationDidEnterBackground()` beim Wechsel in den Hintergrund.

Wirft man einen Blick in die von Xcode automatisch erzeugte `ExtensionDelegate`-Klasse einer WatchKit Extension, stellt man fest, dass einige der Methoden des `WKExtensionDelegate`-Protokolls bereits mit Dummy-Code und Kommentaren implementiert wurden (siehe Bild 25.55). Diese Methoden kann man entweder dazu verwenden, eigene Befehle zu implementieren oder sie – falls man sie nicht benötigt – aus der Klasse löschen.

Damit watchOS weiß, welche Klasse es als sogenannten *Extension Delegate* einer App laden muss, wird diese in der *Info.plist*-Datei der WatchKit Extension unter dem Schlüssel `WKExtensionDelegateClassName` eingetragen (siehe Bild 25.56). Mit dieser Einstellung kümmert sich das System selbst darum, eine passende Instanz dieser Klasse zu erstellen und als Extension Delegate zu verwenden. Bei der Erstellung einer neuen WatchKit Extension wird auch dieser Schritt bereits automatisch von Xcode übernommen. Lediglich wenn man eine andere Klasse als Extension Delegate verwenden möchte, muss man selbst Hand anlegen.

watchOS 〉 watchOS WatchKit Extension 〉 ExtensionDelegate.swift 〉 No Selection

```
//
//  ExtensionDelegate.swift
//  watchOS WatchKit Extension
//
//  Created by Thomas Sillmann on 30.11.17.
//  Copyright © 2017 Thomas Sillmann. All rights reserved.
//

import WatchKit

class ExtensionDelegate: NSObject, WKExtensionDelegate {

    func applicationDidFinishLaunching() {
        // Perform any final initialization of your application.
    }

    func applicationDidBecomeActive() {
        // Restart any tasks that were paused (or not yet started) while the application was inactive. If the application
            was previously in the background, optionally refresh the user interface.
    }

    func applicationWillResignActive() {
        // Sent when the application is about to move from active to inactive state. This can occur for certain types of
            temporary interruptions (such as an incoming phone call or SMS message) or when the user quits the application
            and it begins the transition to the background state.
        // Use this method to pause ongoing tasks, disable timers, etc.
    }

    func handle(_ backgroundTasks: Set<WKRefreshBackgroundTask>) {
        // Sent when the system needs to launch the application in the background to process tasks. Tasks arrive in a set,
            so loop through and process each one.
        for task in backgroundTasks {
            // Use a switch statement to check the task type
            switch task {
            case let backgroundTask as WKApplicationRefreshBackgroundTask:
                // Be sure to complete the background task once you're done.
                backgroundTask.setTaskCompletedWithSnapshot(false)
            case let snapshotTask as WKSnapshotRefreshBackgroundTask:
                // Snapshot tasks have a unique completion call, make sure to set your expiration date
                snapshotTask.setTaskCompleted(restoredDefaultState: true, estimatedSnapshotExpiration: Date.distantFuture,
                    userInfo: nil)
            case let connectivityTask as WKWatchConnectivityRefreshBackgroundTask:
                // Be sure to complete the connectivity task once you're done.
                connectivityTask.setTaskCompletedWithSnapshot(false)
            case let urlSessionTask as WKURLSessionRefreshBackgroundTask:
                // Be sure to complete the URL session task once you're done.
```

Bild 25.55 Die ExtensionDelegate-Klasse einer neu erzeugten WatchKit Extension enthält bereits den Rumpf für diverse Methoden des WKExtensionDelegate-Protokolls.

Key	Type	Value
▼ Information Property List	Dictionary	(11 items)
Localization native development re...	String	$(DEVELOPMENT_LANGUAGE)
Bundle display name	String	watchOS WatchKit Extension
Executable file	String	$(EXECUTABLE_NAME)
Bundle identifier	String	$(PRODUCT_BUNDLE_IDENTIFIER)
InfoDictionary version	String	6.0
Bundle name	String	$(PRODUCT_NAME)
Bundle OS Type code	String	XPC!
Bundle versions string, short	String	1.0
Bundle version	String	1
▶ NSExtension	Dictionary	(2 items)
WKExtensionDelegateClassN...	String	$(PRODUCT_MODULE_NAME).ExtensionDelegate

Bild 25.56 Die Klasse, die als Extension Delegate einer WatchKit Extension verwendet werden soll, wird in der Info.plist-Datei unter dem Schlüssel WKExtensionDelegateClassName aufgeführt.

25.5.2 Der WKInterfaceController

Was in der iOS-Entwicklung der `UIViewController` ist, ist in der watchOS-Entwicklung der `WKInterfaceController`. Er stellt das Bindeglied zwischen einem Interface und der zugehörigen Code-Logik dar. Ein Interface-Controller hat Zugriff auf die Interface-Elemente, die im Interface-Storyboard der WatchKit App erstellt wurden und kann auf Actions wie das Betätigen eines Buttons reagieren.

So wie der Extension Delegate einen Statuswechsel in Bezug auf eine watchOS-App steuert, verfügt jeder Interface-Controller über verschiedene Methoden, die ihren aktuellen Zustand widerspiegeln. Diese Methoden sind in der WKInterfaceController-Klasse implementiert und können in eigenen Subklassen überschrieben werden. Das erlaubt es, jenen Zustandswechsel abzufangen und darin eigene Befehle unterzubringen. Die folgenden Methoden stehen dafür zur Verfügung:

- willActivate(): Der Interface-Controller ist aktiv und kann verwendet werden. Die Methode ist dazu gedacht, letzte Vorbereitungen am Interface-Controller vorzunehmen. Sie sagt nichts über die Anzeige eines Interface-Controllers aus.

- didAppear(): Der Interface-Controller wird jetzt auf dem Display der Apple Watch angezeigt.

- willDisappear(): Der Interface-Controller wird ausgeblendet. Diese Methode sollte man dazu nutzen, um beispielsweise mögliche Animationen anzuhalten beziehungsweise abzubrechen.

- didDeactivate(): Der Interface-Controller ist nicht länger aktiv. Diese Methode dient dazu, Aufräumarbeiten am zugrunde liegenden Interface-Controller durchzuführen (beispielsweise laufende Timer abzubrechen oder noch ungesicherte Daten zu speichern). Derartige Aktionen dürfen aber nicht viel Zeit in Anspruch nehmen.

 Aufruf von super

Laut der Dokumentation von Apple führt die Implementierung dieser Methoden in der Superklasse WKInterfaceController selbst keinerlei Aktionen durch. Das bedeutet, dass man generell aus ihnen heraus auf den Aufruf von super verzichten kann. Ich empfehle Ihnen aber, super trotzdem aus jeder dieser Methoden heraus aufzurufen. Sollte sich dieses Verhalten langfristig ändern und Apple doch eine eigene Implementierung für diese Methoden in WKInterfaceController anbieten, sind Sie so auf der sicheren Seite.

Sogar Xcode selbst macht das so. Wenn Sie einen neuen Interface-Controller erstellen, enthält dieser bereits Dummy-Code für eine oder mehrere der genannten Methoden, in denen ebenfalls ein Aufruf von super enthalten ist.

Eine erste WKInterfaceController-Subklasse wird automatisch von Xcode beim Erstellen einer WatchKit Extension generiert. Sie hört auf den Namen InterfaceController und ist in einer gleichnamigen Swift-Datei deklariert.

Eine weitere wichtige Methode der WKInterfaceController-Klasse hört auf den Namen awake(withContext:). Sie wird typischerweise zur Initialisierung einer neuen Interface-Controller-Instanz verwendet, wobei der context-Parameter dazu dient, grundlegende Informationen für die Initialisierung mit auf den Weg zu geben. In der Regel überschreibt man diese Methode (genau wie die zuvor vorgestellten Methoden zum Zustandswechsel eines Interface-Controllers) in eigenen WKInterfaceController-Subklassen, nimmt darin den context-Parameter entgegen und setzt ihn so ein, wie man ihn braucht. Eine To-do-App könnte beispielsweise einen Interface-Controller laden, der einen bestimmten Task in einer Detailansicht darstellt. Als context-Parameter kann dann der Task übergeben werden, den der Interface-Controller bei der Initialisierung auswerten und zum Aufbau der anzuzeigenden Inhalte verwenden kann. Konkrete Beispiele zur Verwendung dieses `context`-Parameters sowie der Methode `awake(withContext:)` folgen im Laufe dieses Kapitels (siehe hierzu auch den Abschnitt 25.6.3, „context-Parameter"). Übrigens: Auch bei `awake(withContext:)` gibt es laut Apple-Dokumentation bisher keine Befehle in der Superklasse `WKInterfaceController`, weshalb Sie sich einen Aufruf von `super` aus dieser Methode heraus sparen könnten. Genau wie zuvor im Kasten „Aufruf von super" erläutert, empfehle ich Ihnen aber, dennoch nicht auf den Aufruf von `super` für diese Methode aus einer Subklasse heraus zu verzichten.

Genau wie für die diversen Interface-Elemente stehen auch für Interface-Controller verschiedene Konfigurationsmöglichkeiten direkt aus dem Storyboard heraus zur Verfügung. Um diese einzusehen und anpassen zu können, muss das Interface-Storyboard aufgerufen und der gewünschte Interface-Controller ausgewählt werden. Klicken Sie dazu am besten direkt auf die gelbe kreisrunde Schaltfläche oberhalb eines Interface-Controllers im Storyboard; sie stellt den Verweis auf den Interface-Controller dar (siehe Bild 25.57). Andernfalls passiert es leicht, dass man ein Interface-Element und nicht den zugrunde liegenden Controller auswählt (und so die Eigenschaften des Interface-Elements und nicht die des Controllers zu sehen bekommt).

Bild 25.57
Nach Auswahl eines Interface-Controllers im Storyboard stehen verschiedene Einstellungsmöglichkeiten im Attributes Inspector zur Verfügung.

Im Attributes Inspector stehen nach Auswahl eines Interface-Controllers verschiedene Einstellungsmöglichkeiten zur Verfügung:

- *Identifier:* Mithilfe dieser eindeutigen Kennzeichnung kann ein Interface-Controller aus dem Code heraus angesprochen und geladen werden. Er stellt das Gegenstück zum Storyboard Identifier bei den anderen Plattformen von Apple dar. Wie man ihn konkret einsetzt, zeigen die folgenden Abschnitte dieses Kapitels.

- *Title:* Ein optionaler Titel eines Interface-Controllers. Ist er gesetzt, wird er am oberen linken Rand – rechts neben der Uhrzeitanzeige – angezeigt (siehe Bild 25.58).

Bild 25.58
Ist ein Titel für einen Interface-Controller gesetzt, erscheint dieser am oberen Bildschirmrand.

- *Is Initial Controller:* Diese Checkbox ist immer nur für einen Interface-Controller eines Storyboards aktiv. Sie verweist auf denjenigen Controller, der beim Starten der watchOS-App geladen und angezeigt werden soll. Dieser initiale Interface-Controller ist auch an einem Pfeil am linken Rand im Storyboard zu erkennen (siehe Bild 25.59).

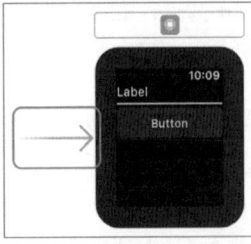

Bild 25.59
Der Pfeil am linken Rand eines Interface-Controllers im Storyboard weist auf den initialen Interface-Controller hin.

- *Activity Indicator On Load:* Ist diese Checkbox aktiviert, werden die Inhalte eines Interface-Controllers erst dann angezeigt, wenn die zugehörige `willActivate()`-Methode vollständig durchlaufen wurde. Das ist immer dann sinnvoll, wenn ein Interface-Controller dynamische Informationen anzeigt und diese noch passend konfiguriert werden müssen. Ist ein Interface-Controller hingegen eher statisch ausgelegt (zum Beispiel für ein Impressum oder für Kontaktinformationen), kann die Checkbox auch deaktiviert werden. Bei einer aktiven Checkbox wird bis zur finalen Anzeige des Interface-Controllers ein Activity Indicator angezeigt, andernfalls nicht.

- *Always Bounce:* Passen die Inhalte eines Interface-Controllers genau auf das Display der Apple Watch (sodass der Nutzer nicht scrollen muss, um alle Inhalte sehen zu können), passiert standardmäßig beim Scrollversuch in einer Ansicht nichts. Aktiviert man hingegen diese Checkbox, erhält der zugrunde liegende Interface-Controller eine Bounce-Animation, wenn man nun versucht, eine Scroll-Aktion durchzuführen. Das kann beispielsweise dann sinnvoll sein, wenn man dem Nutzer signalisieren möchte, dass es definitiv keine weiteren Inhalte mehr in dieser Ansicht gibt.

- *Background:* Hier können Sie aus dem Asset Catalog ein Bild auswählen, das Sie als Hintergrund für den Interface-Controller verwenden möchten.

- *Mode:* Hier wählen Sie den Modus, in dem das zuvor genannte Hintergrundbild in die Ansicht eingebettet werden soll.

- *Color:* Alternativ zu einem Hintergrundbild können Sie hierüber eine Hintergrundfarbe für das Interface festlegen.

- *Insets:* Wenn Sie feste Abstände vom oberen, unteren, linken und rechten Rand des Interface-Controllers zu den darin implementierten Interface-Elementen definieren möchten, wählen Sie in der zugehörigen Auswahlbox dieser Einstellung die Option *Custom* aus. Anschließend können Sie die Abstände über auftauchende Textfelder in Punkten definieren (siehe Bild 25.60).

- *Spacing:* In dieses Textfeld können Sie einen Wert in Punkten eintragen, der den Abstand der Interface-Elemente eines Controllers untereinander bestimmt. Je höher der hier eingetragene Wert, desto weiter liegen die verschiedenen Interface-Elemente des Controllers auseinander (siehe Bild 25.61).

Bild 25.60
Mithilfe von Insets können Sie einen festen Abstand definieren, der zwischen Interface-Controller und den darin untergebrachten Interface-Elementen besteht.

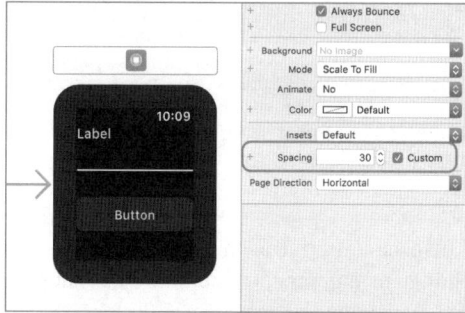

Bild 25.61
Der Spacing-Wert bestimmt den Abstand der Interface-Elemente untereinander, die Teil eines Interface-Controllers sind.

■ 25.6 Grundlagen der App-Entwicklung

Wir kennen nun alle wichtigen Bestandteile einer jeden watchOS-App und haben einige verschiedene Interface-Elemente kennengelernt. In diesem Abschnitt stelle ich Ihnen nun alle Mechanismen vor, die als Basis für die Entwicklung von Apps für die Apple Watch fungieren.

25.6.1 Interface und Code koppeln

Wie wir wissen, sind Interface (in Form eines Storyboards) und die Logik einer watchOS-App getrennt. Ersteres lebt in der WatchKit App, letzteres in der WatchKit Extension. Doch um funktionierende Apps für die Apple Watch entwickeln zu können, ist es notwendig, diese beiden Elemente miteinander zu koppeln. Basis für diese Kopplung sind die Interface-Controller.

Das Interface-Storyboard der WatchKit App muss einen initialen Interface-Controller definieren, der als Startpunkt der App dient und der zu Beginn geladen und angezeigt wird (siehe hierzu auch den Abschnitt 25.2.2, „App-Start"). Um diesen Interface-Controller mit Logik zu versehen, muss er mit einer passenden WKInterfaceController-Subklasse aus der WatchKit Extension gekoppelt werden. Auch wenn es sich bei diesen beiden Elementen – der WatchKit App und der WatchKit Extension – um zwei verschiedene Targets handelt, so ist die Kopplung von Interface und Interface-Controller genauso einfach, als wären beide ein einziges Produkt.

Um einem Interface-Controller im Interface-Storyboard der WatchKit App eine `WKInterface Controller`-Subklasse aus der WatchKit Extension zuzuweisen, rufen Sie zunächst das Interface-Storyboard auf und wählen den gewünschten Interface-Controller aus. Klicken Sie dazu am besten auf die gelbe Interface-Controller-Schaltfläche, die in dem Balken am oberen Rand des Interface-Controllers angezeigt wird (andernfalls wählen Sie möglicherweise unbeabsichtigt ein Interface-Element des Controllers aus, siehe Bild 25.62).

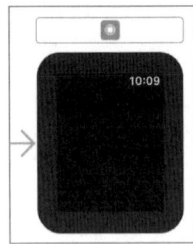

Bild 25.62
Wählen Sie zunächst einen Interface-Controller im Interface-Storyboard der WatchKit App aus, um diesem anschließend eine WKInterfaceController-Subklasse aus der WatchKit Extension zuzuweisen.

Wechseln Sie anschließend in den Identity Inspector. Dort tragen Sie den Namen der `WKInterfaceController`-Subklasse, die Sie mit dem entsprechenden Interface koppeln möchten, in das Feld *Class* ein (siehe Bild 25.63). Bei einem neuen watchOS-Projekt ist dem initialen Interface-Controller im Interface-Storyboard bereits die automatisch erzeugte `InterfaceController`-Klasse aus der WatchKit Extension zugewiesen.

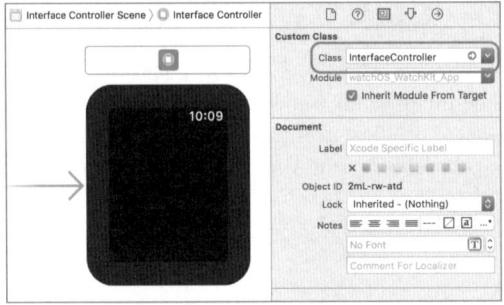

Bild 25.63
Sie können aus dem Interface-Storyboard der WatchKit App heraus einem Interface-Controller eine Klasse aus der WatchKit Extension zuweisen, um so eine Kopplung zwischen Interface und Code herzustellen.

25.6.1.1 Setzen von Outlets

Das Vorgehen zur Kopplung von Interface und Code ist somit letztlich identisch zu dem auf den anderen Apple-Plattformen, auch wenn beide Elemente sich in jeweils einem anderen Target befinden. Das Gleiche gilt auch für das Setzen von Outlets und Actions. Sie können für jedes verfügbare Interface-Element ein Outlet im Code des zugehörigen Interface-Controllers hinzufügen, indem Sie aus dem Interface-Storyboard heraus den Assistant Editor öffnen und dort über das zweite Editor-Fenster die gewünschte Interface-Controller-Klasse aufrufen. Wählen Sie nun im Storyboard das Interface-Element aus, für das Sie ein Outlet erstellen möchten. Halten Sie die rechte Maustaste gedrückt und ziehen Sie eine Verbindung in den Code des Interface-Controllers (wichtig: Damit das funktioniert, muss dem Interface-Controller im Storyboard genau jene Klasse zugewiesen sein, zu der Sie die Verbindung mit dem Interface-Element herstellen, siehe Bild 25.64).

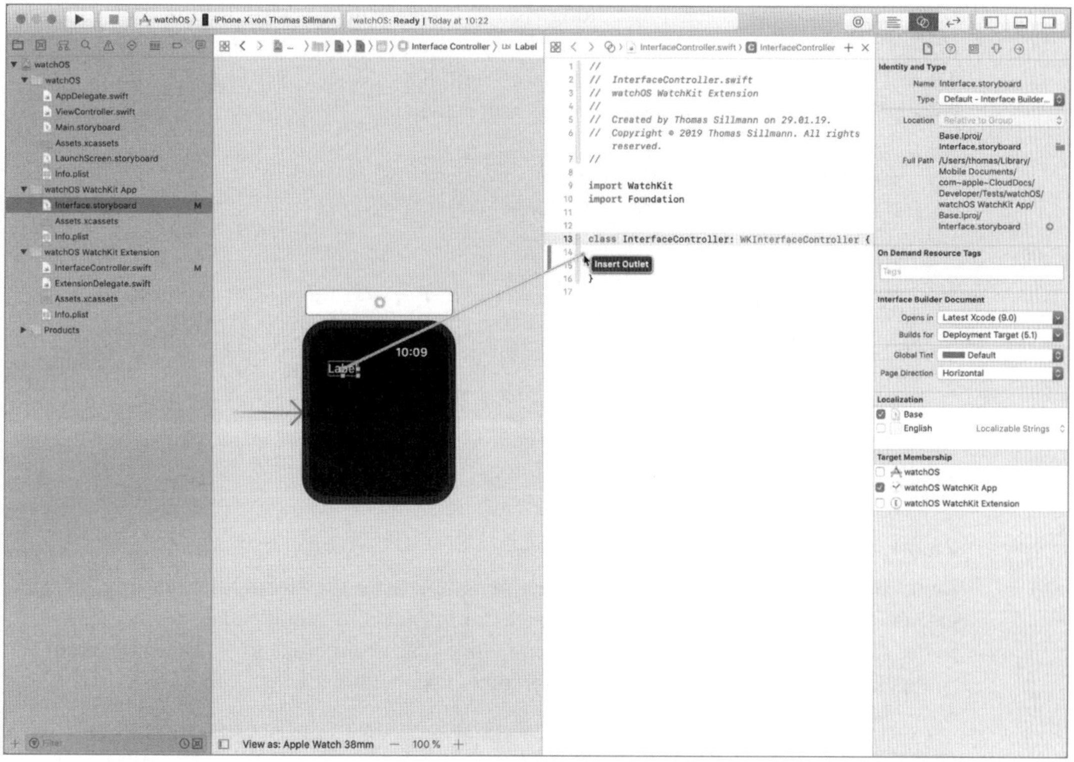

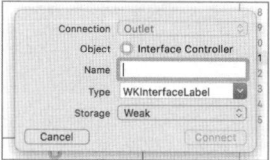

Bild 25.64 Auch wenn sich Interface-Storyboard und Code in zwei unterschiedlichen Targets befinden, können zwischen ihnen genauso Verbindungen erzeugt werden wie auf den anderen Apple-Plattformen auch.

Auf diese Art und Weise können Sie für jedes Interface-Element ein Outlet kreieren, um so aus einem Interface-Controller heraus darauf zuzugreifen (siehe Bild 25.65). Sie brauchen lediglich den gewünschten Namen zu setzen und erhalten anschließend eine passende Property im Code des Interface-Controllers. Für eine Property vom Typ `WKInterfaceLabel` mit dem Namen `myLabel` zeigt Listing 25.1 die typische Implementierung.

Bild 25.65
Über das erscheinende Pop-up-Menü geben Sie den Namen für die zu erstellende Outlet-Property ein.

Listing 25.1 Outlet eines Interface-Elements

```
class InterfaceController: WKInterfaceController {

    @IBOutlet var myLabel: WKInterfaceLabel!

}
```

Nach Abschluss einer solchen Kopplung lässt sich innerhalb des jeweiligen Interface-Controllers auf das Interface-Element zugreifen. In Listing 25.2 wird beispielsweise innerhalb der willActivate()-Methode des Interface-Controllers der Text sowie die Textfarbe des gekoppelten Labels mithilfe passender Methoden geändert.

Listing 25.2 Zugriff auf ein Outlet im Code

```
class InterfaceController: WKInterfaceController {

    @IBOutlet var myLabel: WKInterfaceLabel!

    override func willActivate() {
        super.willActivate()
        myLabel.setText("Ein Label")
        myLabel.setTextColor(.green)
    }

}
```

25.6.1.2 Erstellen von Actions

Einige Interface-Elemente können mit einer Action-Methode mit einem Interface-Controller gekoppelt werden. Welche das sind, lässt sich nur in der Dokumentation herausfinden. Dort findet sich zu Beginn bei der Beschreibung einer Klasse ein eindeutiger Hinweis darauf, sollte diese das Target-Action-Prinzip unterstützen (siehe Bild 25.66).

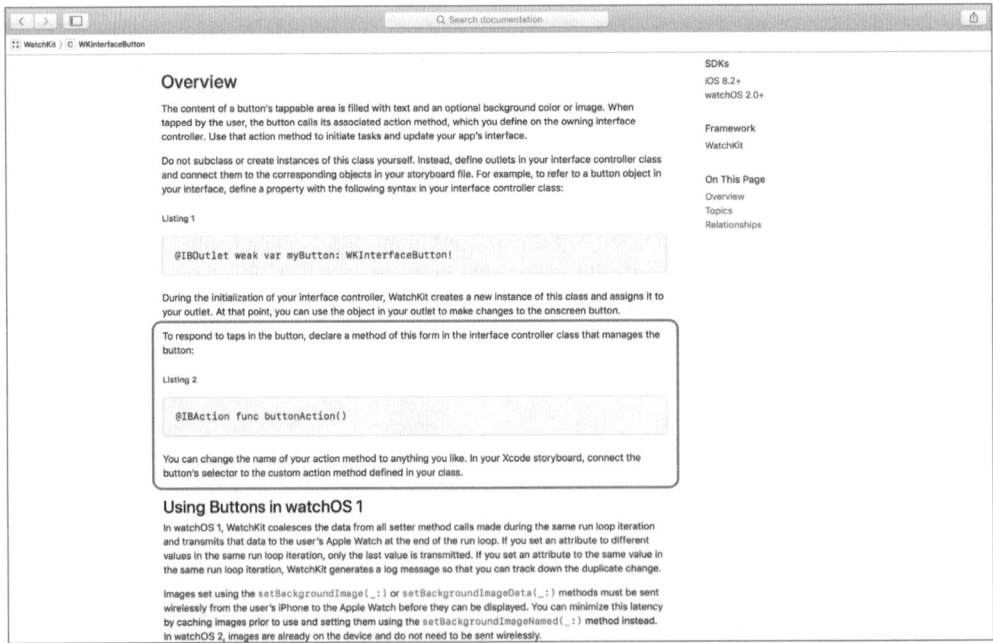

Bild 25.66 Ob ein Interface-Element mit einer zugehörigen Action-Methode im Code gekoppelt werden kann, lässt sich nur durch Studieren der Dokumentation herausfinden.

Aktuell unterstützen die folgenden Interface-Elemente Actions:

- `WKInterfaceButton`
- `WKInterfacePaymentButton` (eine Schaltfläche für Zahlungen via Apple Pay)
- `WKInterfaceSwitch`
- `WKInterfaceSlider`
- `WKInterfacePicker`

Um für eines dieser Interface-Elemente eine Action-Methode zu erstellen, wechseln Sie zunächst in das Interface-Storyboard und wählen dort das gewünschte Element aus. Nutzen Sie anschließend den Assistant Editor, um eine Verbindung vom Interface in den Code des zugrunde liegenden Interface-Controllers zu ziehen (siehe Bild 25.67). In dem anschließend erscheinenden Pop-up-Fenster wechseln Sie im Feld *Connection* mithilfe der Auswahlbox auf *Action* (siehe Bild 25.68). Abschließend tragen Sie noch den gewünschten Methodennamen für die Action im Feld *Name* ein und klicken dann auf die Schaltfläche *Connect*. Xcode erzeugt daraufhin die passende Methode im Code und verknüpft sie mit dem Interface-Element (siehe Bild 25.69).

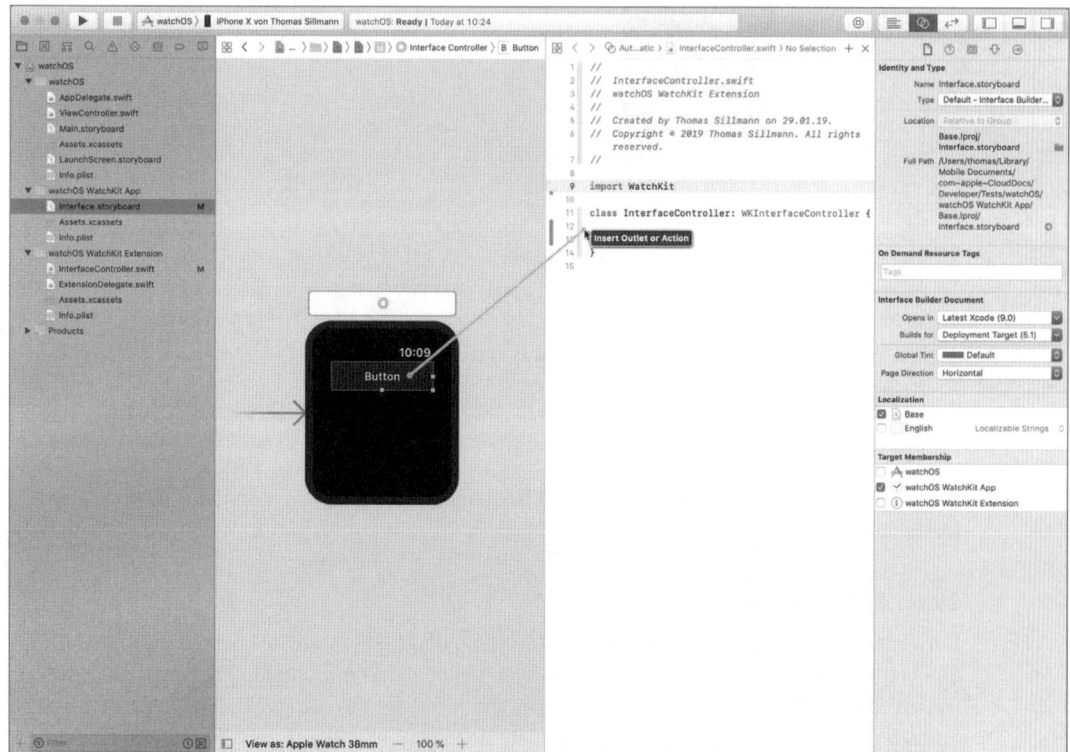

Bild 25.67 Um eine Action-Methode für ein Interface-Element zu erstellen, müssen Sie zunächst eine Verbindung zwischen diesem Element und dem Code des zugrunde liegenden Interface-Controllers aufbauen.

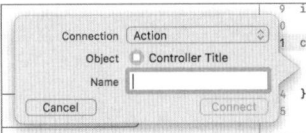

Bild 25.68
Der Name der zu erstellenden Methode genügt, um eine Action
für ein Interface-Element im Code zu erstellen.

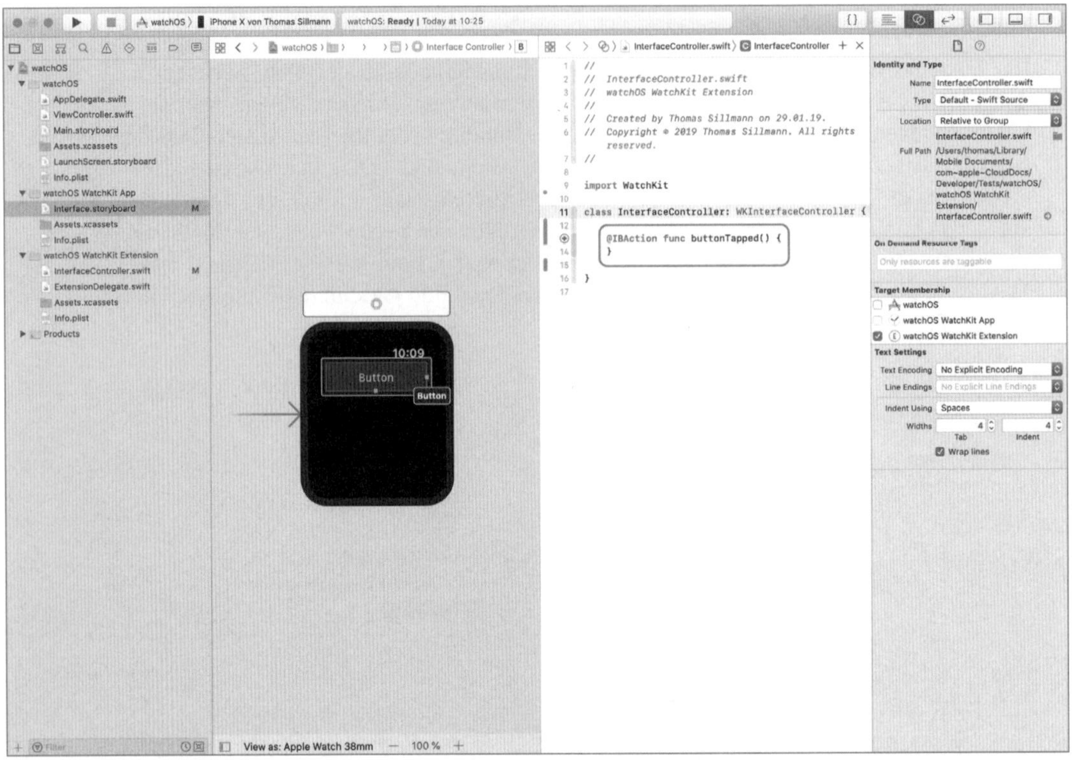

Bild 25.69 Xcode erzeugt automatisch die passende Action-Methode und koppelt sie mit dem zugehörigen Interface-Element.

Anschließend können Sie die gewünschte Implementierung für die neu generierte Action-
Methode vornehmen.

25.6.1.3 Beispiel-App

Ein kleines Beispiel soll das Koppeln von Interface und Code sowie das Setzen und Verwenden von Outlets und Actions einmal praktisch demonstrieren. Erstellen Sie dazu ein neues
watchOS-Projekt auf Basis der Template-Vorlage *iOS App with WatchKit App*. Vergeben Sie
einen beliebigen Product Name und erzeugen Sie anschließend das neue Projekt. Wechseln
Sie in das Interface-Storyboard des WatchKit App-Targets und fügen Sie dort dem initialen
Interface-Controller ein Label und einen Button hinzu. Ordnen Sie diese Interface-Elemente
nach eigenem Belieben auf der Oberfläche an (siehe Bild 25.70).

Im nächsten Schritt setzen Sie ein Outlet für das Label und eine Action für den Button im
Code des zugrunde liegenden Interface-Controllers. In neuen Xcode-Projekten ist der initiale Interface-Controller bereits mit der automatisch generierten InterfaceController-

Klasse aus der WatchKit Extension gekoppelt, weshalb Sie direkt in den Assistant Editor wechseln und die benötigten Verbindungen setzen können. Listing 25.3 zeigt eine mögliche Implementierung der InterfaceController-Klasse nach Setzen von Outlet und Action. Das Outlet trägt schlicht den Namen label, die Action-Methode lautet changeLabelToHelloWorld().

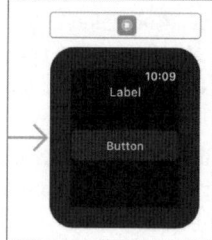

Bild 25.70
Das Interface der Beispiel-App könnte in etwa so aussehen.

Listing 25.3 Deklaration von Outlet und Action im Interface-Controller

```
import WatchKit

class InterfaceController: WKInterfaceController {

    @IBOutlet var label: WKInterfaceLabel!

    @IBAction func changeLabelToHelloWorld() {
    }

}
```

Bleibt abschließend noch die passende Implementierung der generierten Action-Methode. Wann immer diese ausgelöst wird, soll der Text der Property label zu „Hello World" geändert werden. Den entsprechend angepassten Code für die Methode changeLabelTo HelloWorld() zeigt Listing 25.4.

Listing 25.4 Aktualisierung des Labels durch die Action-Methode

```
@IBAction func changeLabelToHelloWorld() {
    label.setText("Hello World")
}
```

Führen Sie nun das Projekt im Simulator aus. Sobald Sie den Button betätigen, ändert sich der Text des Labels von seinem Ursprungswert aus dem Interface-Storyboard zu „Hello World" (siehe Bild 25.71).

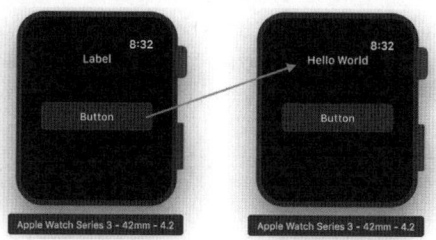

Bild 25.71 Nach Betätigen des Buttons ändert sich der Text des Labels zu „Hello World".

25.6.2 Neuen Interface-Controller einblenden

Möchte man aus einem Interface-Controller heraus einen anderen Interface-Controller laden und anzeigen, steht zu diesem Zweck die Methode `presentController(withName:co ntext:)` der `WKInterfaceController`-Klasse zur Verfügung. Sie erwartet zwei Parameter:

- `name`: Hierbei handelt es sich um den eindeutigen Identifier des Interface-Controllers, den Sie anzeigen möchten. Dieser Identifier wird im Storyboard in einem gleichnamigen Feld innerhalb des Attributes Inspector festgelegt, nachdem Sie einen Interface-Controller ausgewählt haben (siehe Bild 25.72).

- `context`: Ein beliebiges optionales Objekt. Es dient dazu, dem aufzurufenden Interface-Controller weitere Informationen zu übergeben. Mehr über den `context`-Parameter und seine Verwendung erfahren Sie in Abschnitt 25.6.3, „context-Parameter".

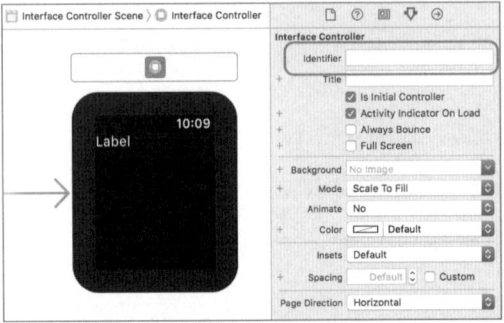

Bild 25.72 Ein Interface-Controller braucht zwingend einen Identifier, um ihn aus dem Code heraus laden und anzeigen zu können. Ein solcher Identifier wird nach Auswahl des gewünschten Interface-Controllers im Attributes Inspector definiert.

Das bedeutet zunächst einmal, dass jeder Interface-Controller, den Sie in Ihrer App anzeigen möchten, zwingend im Interface-Storyboard erstellt werden muss. Ein Erstellen eines Interface-Controllers direkt aus dem Code heraus ist in watchOS nicht möglich (mehr dazu sowie zu weiteren Einschränkungen erfahren Sie in Abschnitt 25.6.5).

Anhand eines Beispiels soll das Laden und Anzeigen eines neuen Interface-Controllers in watchOS praktisch verdeutlicht werden. Erstellen Sie dazu ein neues watchOS-Projekt und wechseln Sie anschließend in das Interface-Storyboard. Fügen Sie dort dem initialen Interface-Controller einen Button hinzu. Ziehen Sie anschließend aus der Objects Library ein Element vom Typ *Interface Controller* in das Storyboard (siehe Bild 25.73). Im Gegensatz zu den Interface-Elementen wird ein solcher Controller nicht innerhalb eines bestehenden Controllers eingefügt, sondern an einer beliebigen freien Fläche innerhalb des Storyboards.

Sobald der zweite Interface-Controller im Storyboard platziert ist wählen Sie ihn aus und wechseln in den Attributes Inspector. Setzen Sie dort anschließend einen Identifier für diesen Interface-Controller. In diesem Beispiel verwende ich hierfür den Bezeichner `NewInterfaceController` (siehe Bild 25.74).

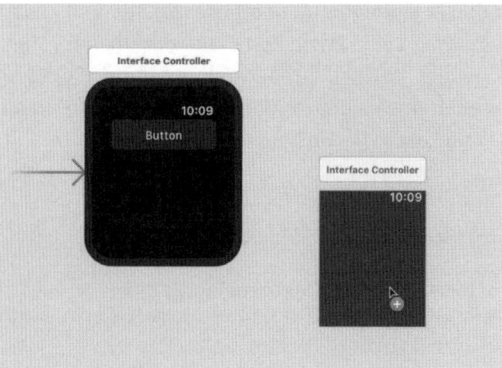

Bild 25.73 Jeder Interface-Controller, den Sie in Ihrer watchOS-App benötigen, muss dem Story-board hinzugefügt werden.

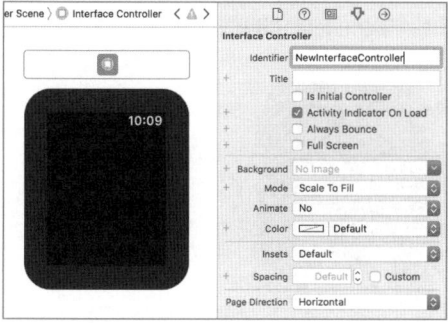

Bild 25.74
Vergeben Sie einen passenden Identifier für den neu hinzugefügten Interface-Controller.

Fügen Sie zum Abschluss dem neuen Interface-Controller noch ein Label mit dem Text „Neuer Interface-Controller" hinzu. Das Interface-Storyboard sollte anschließend in etwa so aussehen wie in Bild 25.75 gezeigt.

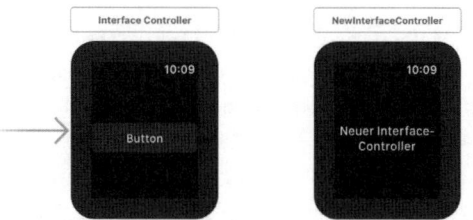

Bild 25.75 Das Interface-Storyboard verfügt nun über zwei verschiedene Interface-Controller.

Um nun aus dem initialen Interface-Controller den neu hinzugefügten Interface-Controller mittels der Methode presentController(withName:context:) aufzurufen, erstellen Sie im nächsten Schritt eine Action-Methode für den Button innerhalb der Interface Controller-Klasse. Gehen Sie dabei so vor wie in Abschnitt 25.6.1.2, „Erstellen von Actions", beschrieben. Nennen Sie die Methode beispielsweise PresentNewInterface Controller().

Die Implementierung dieser erzeugten Action-Methode mitsamt zugrunde liegendem Interface-Controller zeigt Listing 25.5. Darin wird auf der Instanz des zugrunde liegenden `WKInterfaceController` die Methode `presentController(withName:context:)` aufgerufen und dieser als name-Parameter der im Storyboard definierte Identifier für den zweiten Interface-Controller (in diesem Fall also `NewInterfaceController`) übergeben.

Listing 25.5 Einblenden eines neuen Interface-Controllers

```
class InterfaceController: WKInterfaceController {

    @IBAction func presentNewInterfaceController() {
        presentController(withName: "NewInterfaceController", context: nil)
    }

}
```

Führt man dieses Projekt nun aus, erscheint nach dem Start zunächst der initiale Interface-Controller mit dem Button. Betätigt man die Schaltfläche, wird der zweite Interface-Controller modal eingeblendet und über die Startansicht gelegt (siehe Bild 25.76).

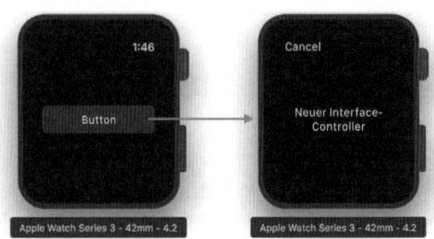

Bild 25.76 Dank der Methode „presentController(withName:context:)" können Sie einen neuen Interface-Controller einblenden.

Ein so neu angezeigter Interface-Controller kann über die Abbrechen-Schaltfläche oben links jederzeit wieder verlassen und ausgeblendet werden, womit man zur vorherigen Ansicht zurückkehrt.

Alternativ zum Aufruf der Methode `presentController(withName:context:)` gibt es noch eine zweite Möglichkeit, einen neuen Interface-Controller aufzurufen. Diese führt über das Storyboard und erlaubt es, direkt eine Verbindung zwischen zwei Interface-Controllern herzustellen. Dazu braucht es keine einzige Zeile Code.

Wechseln Sie zurück in das Storyboard und fügen Sie dem initialen Interface-Controller einen zweiten Button hinzu. Ziehen Sie anschließend mit gedrückt gehaltener rechter Maustaste eine Verbindung von diesem neuen Button zum zweiten Interface-Controller (siehe Bild 25.77). Mit einem blauen Aufleuchten symbolisiert der zweite Interface-Controller, dass Sie ihn ausgewählt haben. Lassen Sie nun die rechte Maustaste wieder los, und ein Pop-up-Menü mit dem Titel *Action Segue* öffnet sich (siehe Bild 25.78). Wählen Sie dort als Verbindungstyp den Eintrag *Modal* aus. Anschließend wird im Storyboard eine Verbindung zwischen dem zweiten Button und dem zweiten Interface-Controller gesetzt (siehe Bild 25.79).

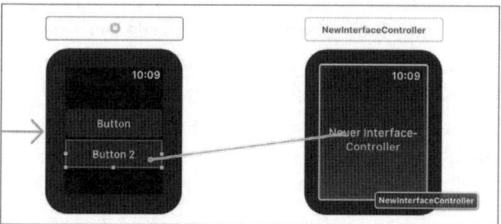

Bild 25.77 Sie können direkt im Storyboard eine Verbindung zwischen einem Action-fähigen Interface-Element und einem anderen Interface-Controller herstellen.

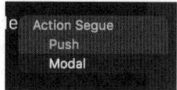

Bild 25.78 Wählen Sie als Verbindungstyp Modal, um den zweiten Interface-Controller beim Tippen auf die Schaltfläche modal anzuzeigen.

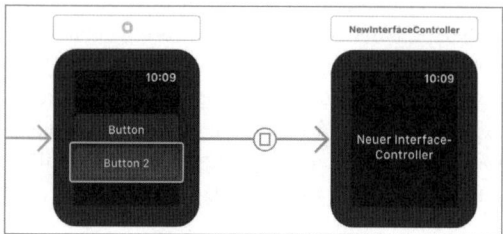

Bild 25.79 Das Storyboard symbolisiert die hergestellte Verbindung zwischen den beiden Interface-Controllern.

Wenn Sie nun das watchOS-Projekt ausführen und auf die zweite Schaltfläche tippen, stellen Sie fest, dass darüber – genauso wie über den zuvor erstellten ersten Button – der zweite Interface-Controller aufgerufen und eingeblendet wird.

Das Setzen eines solchen Segues über das Storyboard führt zum gleichen Ergebnis wie der Aufruf der WKInterfaceController-Methode presentController(withName:context:). Diese Methode bietet sich für statische Verbindungen an, die immer bestehen (wie beispielsweise ein Button, über den immer ein- und derselbe Interface-Controller aufgerufen wird). Das Verwenden der presentController(withName:context:)-Methode im Code hingegen bietet mehr Dynamik und Flexibilität, da darüber zu beliebigen Ereignissen und abhängig von sonstigen Rahmenbedingungen gezielt ein spezifischer Interface-Controller geladen und angezeigt werden kann (oder auch nicht).

 Notwendigkeit des Identifiers

Um einen Interface-Controller im Code mithilfe der Methode presentControl ler(withName:context:) zu erstellen und zu laden, braucht es zwingend den Identifier, der im Storyboard auf die geschilderte Art und Weise gesetzt wird. Für direkte Segue-Verbindungen zwischen Interface-Controllern innerhalb der Storyboard-Datei hingegen ist dieser Identifier nicht zwingend notwendig und kann weggelassen werden.

> Der Identifier eines Interface-Controllers hat einzig und allein den Zweck, einen spezifischen Interface-Controller aus dem Code heraus anzusprechen. Wenn das nicht notwendig ist (zum Beispiel weil es eine statische und ausreichende Verbindung zu dem Interface-Controller im Storyboard gibt), braucht es auch den Identifier nicht.   ■

25.6.3 context-Parameter

Wie wir im vorherigen Abschnitt 25.6.2, „Neuen Interface-Controller einblenden", gesehen haben, übernimmt die Methode `presentController(withName:context:)` zwei Aufgaben:

- Sie erstellt eine Instanz eines Interface-Controllers, der angezeigt werden soll.
- Sie blendet diesen Interface-Controller ein.

Man selbst erhält aber an keiner Stelle *Zugriff* auf die Instanz des anzuzeigenden Interface-Controllers. Das allerdings ist nötig, möchte man diesem noch weitere Informationen mit auf den Weg geben. Im Beispiel aus dem genannten vorangegangenen Abschnitt hätte man beispielsweise den Label-Text des zweiten Interface-Controllers abhängig davon, über welchen Button der Controller aufgerufen wurde, entsprechend ändern können. Ein anderes Beispiel ist eine To-do-App, die nach Auswahl einer Aufgabe immer eine identisch aufgebaute Ansicht mit Informationen zu der Aufgabe einblendet. Damit das funktioniert, muss aber die gewählte Aufgabe irgendwie an den anzuzeigenden Interface-Controller übergeben werden.

Genau hier kommt der `context`-Parameter ins Spiel.

Beim diesem handelt es sich um eine beliebige Instanz eines beliebigen Typs, den Sie beim Einblenden eines neuen Interface-Controllers an eben diesen übergeben können (es handelt sich dabei um den zweiten Parameter der Methode `presentController(withName:context:)`). Diese Instanz kann der anzuzeigende Interface-Controller dann durch Überschreiben der `WKInterfaceController`-Methode `awake(withContext:)` auslesen. Diese Methode wird vom System selbst bei der Initialisierung eines neuen `WKInterfaceController` aufgerufen und besitzt als Parameter die beschriebene `context`-Instanz. Im Falle der To-do-App würde die Detailansicht einer Aufgabe so beispielsweise eine passende Aufgaben-Instanz erhalten, die dann innerhalb von `awake(withContext:)` dazu verwendet werden kann, die Informationen des Tasks im Interface zu setzen.

Um das Prinzip des `context`-Parameters und seine praktische Anwendung zu demonstrieren, betrachten wir im Folgenden ein konkretes Beispiel dazu. Es soll eine watchOS-App entstehen, deren initialer Interface-Controller zwei Schaltflächen besitzt, deren Betätigung in beiden Fällen ein und denselben Interface-Controller lädt. Dieser Ziel-Interface-Controller zeigt ein Label an. Der Text dieses Labels soll abhängig davon, über welchen Button der Interface-Controller aufgerufen wurde, anders lauten.

Erstellen Sie hierfür ein neues Xcode-Projekt auf Basis der *iOS App with WatchKit App*-Vorlage. Dem initialen Interface-Controller des Interface-Storyboards wird ein Button hinzugefügt und dieser wiederum wird mit einer Action-Methode namens `presentLabelInterfaceWithHelloWorld()` mit dem Controller verknüpft. Anschließend wird dem initialen Interface-Controller ein zweiter Button hinzugefügt, der mit einer Action-Methode namens `presentLabelInterfaceWithTest123()` mit dem Controller verbunden wird (siehe Bild 25.80).

Bild 25.80 Der initiale Interface-Controller verfügt über zwei Buttons, die mit je einer passenden Action-Methode mit dem Code verknüpft sind.

Als Nächstes fügen Sie dem Interface-Storyboard einen weiteren Interface-Controller hinzu, der ein Label anzeigt (siehe Bild 25.81). Für diesen Interface-Controller erstellen wir zusätzlich eine neue `WKInterfaceController`-Subklasse, die damit gekoppelt wird. Die Klasse hört auf den Namen `LabelInterfaceController` und muss – wie jede Code-Datei einer watchOS-App – der WatchKit Extension (und nicht der WatchKit App!) hinzugefügt werden (siehe Bild 25.82).

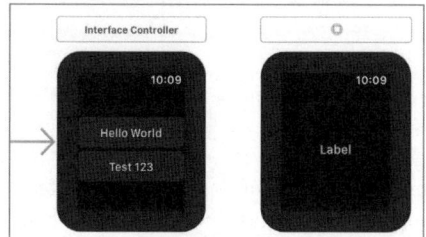

Bild 25.81
Der zweite Interface-Controller verfügt über ein Label.

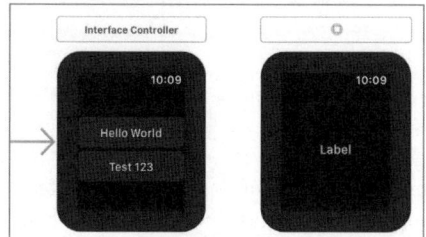

Bild 25.82 Für den zweiten Interface-Controller wird innerhalb der WatchKit Extension eine neue Klasse namens LabelInterfaceController (abgeleitet von WKInterfaceController) erstellt.

Nachdem die neue `LabelInterfaceController`-Klasse erstellt wurde, wechseln Sie zurück ins Storyboard und weisen dem zweiten Interface-Controller diese Klasse über den Identity Inspector zu (siehe Bild 25.83). Anschließend öffnen Sie den Assistant Editor und kreieren ein Outlet für das Label, um im Code der `LabelInterfaceController`-Klasse darauf zugreifen zu können (siehe Bild 25.84).

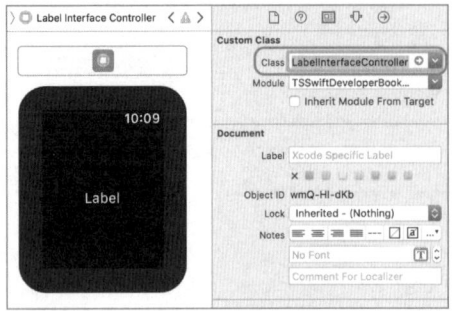

Bild 25.83
Der zweite Interface-Controller wird mit der neu erstellten Klasse gekoppelt.

Bild 25.84 Setzen Sie ein Outlet für das Label innerhalb des neuen Interface-Controllers, um aus dem Code daraus zugreifen zu können.

Als letzten Schritt vergeben Sie noch einen passenden Identifier für den zweiten Interface-Controller, damit dieser aus dem Code heraus angesprochen und mithilfe der Methode `presentController(withName:context:)` geladen werden kann (siehe hierzu auch den Abschnitt 25.6.2, „Neuen Interface-Controller einblenden"). In diesem Beispiel vergebe ich als Identifier den Klassennamen `LabelInterfaceController` (siehe Bild 25.85).

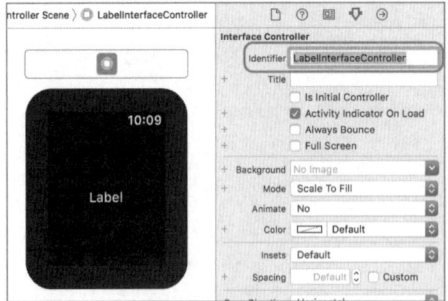

Bild 25.85
Um den neuen Interface-Controller aus dem Code heraus laden und anzeigen zu können, muss ein passender Identifier für ihn gesetzt werden.

Abschließend geht es nun noch an die Implementierung der beiden Action-Methoden des initialen Interface-Controllers. Im ersten Schritt besteht diese einfach darin, den zweiten Interface-Controller mithilfe der Methode `presentController(withName:context:)` zu erstellen und anzuzeigen. Listing 25.6 zeigt die entsprechende Umsetzung der Methoden.

Listing 25.6 Erste Implementierung der Action-Methoden des initialen Interface-Controllers

```
@IBAction func presentLabelInterfaceWithHelloWorld() {
    presentController(withName: "LabelInterfaceController", context: nil)
}

@IBAction func presentLabelInterfaceWithTest123() {
    presentController(withName: "LabelInterfaceController", context: nil)
}
```

Wenn Sie das bis hierhin grundlegend erstellte Projekt ausführen, werden Ihnen zu Beginn die beiden Buttons des initialen Interface-Controllers angezeigt. Sobald Sie einen davon betätigen, erfolgt der Wechsel zum zweiten Interface-Controller mit dem Label.

Allerdings fehlt dieser App bisher jegliche Dynamik. Zwar führen beide Schaltflächen zur gewünschten Zielansicht, allerdings wird der Text des Labels noch nicht abhängig davon angepasst, über welchen Button er aufgerufen wurde.

Genau an dieser Stelle kommt der `context`-Parameter ins Spiel! In diesem Fall soll dieser Parameter einem String entsprechen (nämlich dem anzuzeigenden Text), der dem `LabelInterfaceController` beim Aufruf übergeben wird. Dafür nutzt man den zweiten Parameter der eben implementierten Methode `presentController(withName:context:)` und übergibt jeweils den gewünschten String, so wie in Listing 25.7 zu sehen. Beim Aufruf der Methode `presentLabelInterfaceWithHelloWorld()` wird so `Hello World` übergeben, im Falle von `presentLabelInterfaceWithTest123()` der String `Test 123`.

Listing 25.7 Übergabe eines context-Parameters beim Laden eines neuen Interface-Controllers

```
@IBAction func presentLabelInterfaceWithHelloWorld() {
    presentController(withName: "LabelInterfaceController", context: "Hello World")
}

@IBAction func presentLabelInterfaceWithTest123() {
    presentController(withName: "LabelInterfaceController", context: "Test 123")
}
```

Dieser `context`-Parameter wird der zu erstellenden und anzuzeigenden `LabelInterfaceController`-Instanz bei deren Initialisierung übergeben. Um diesen Parameter jedoch auswerten und in unserem Fall als Text für das Label verwenden zu können, müssen wir ihn entsprechend abfangen. Dazu überschreiben wir innerhalb der `LabelInterfaceController`-Klasse die Methode `awake(withContext:)`. Diese wird bei der Initialisierung eines Interface-Controllers automatisch vom System aufgerufen und enthält den `context`-Parameter (oder `nil`, sollte kein solcher übergeben worden sein, so wie beispielsweise in Listing 25.6).

Da der `context`-Parameter alles Mögliche sein kann, gilt es zunächst, ein Type Checking beziehungsweise Type Casting durchzuführen. Auch wenn in unserem Fall klar ist, dass der `context`-Parameter existiert und es sich dabei um einen String handelt, nutzen wir Optional

Binding, um das zu verifizieren. Erhalten wir auf diese Art und Weise einen String, setzen wir diesen anschließend als Text für die WKInterfaceLabel-Property. Listing 25.8 zeigt die vollständige Implementierung der LabelInterfaceController-Klasse.

Listing 25.8 Abfangen und Verwenden des context-Parameters

```
class LabelInterfaceController: WKInterfaceController {

    @IBOutlet var label: WKInterfaceLabel!

    override func awake(withContext context: Any?) {
        super.awake(withContext: context)
        if let labelString = context as? String {
            label.setText(labelString)
        }
    }

}
```

Wenn Sie nach dieser Änderung das Projekt erneut ausführen, werden Sie feststellen, dass sich der Inhalt des Labels des LabelInterfaceController dynamisch ändert, abhängig davon, über welche der beiden Schaltflächen er geladen und angezeigt wird (siehe Bild 25.86).

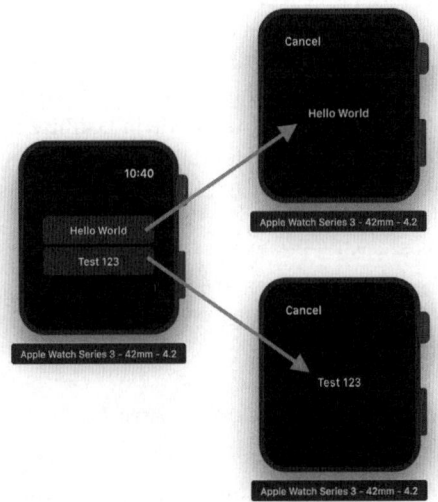

Bild 25.86 Mithilfe des context-Parameters wird der anzuzeigende Inhalt des Label-Interface-Controllers dynamisch angepasst.

Doch wie geht man in diesem Beispiel vor, wenn statt des Aufrufs der Methode presentController(withName:context:) im Code Segues von den beiden Schaltflächen zum Label-Interface-Controller gesetzt werden? Dann schließlich wird der context-Parameter nicht länger übergeben (siehe Bild 25.87).

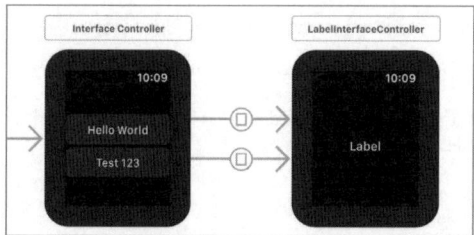

Bild 25.87 Wie übergibt man einen `context`-Parameter, wenn die Verbindung zwischen zwei Interface-Controllern über einen Segue und nicht über den Code stattfindet?

In diesen Fällen, in denen man mittels Segue einen neuen Interface-Controller lädt und anzeigt, muss die Methode `contextForSegue(withIdentifier:)` verwendet werden, um den gewünschten `context`-Parameter an das Ziel zu übergeben. Diese Methode ist in der `WKInterfaceController`-Klasse implementiert und kann daher in eigenen Interface-Controllern überschrieben werden. Die eigene Implementierung dieser Methode muss immer in der Klasse erfolgen, die den zugrunde liegenden Segue ausführt, in diesem Fall also die Klasse des initialen Interface-Controllers.

Die Methode `contextForSegue(withIdentifier:)` übergibt als Parameter den Identifier des Segues, der ausgelöst wurde. Einen solchen Identifier legen Sie nach Auswahl des Segues (per Klick auf den entsprechenden Verbindungspfeil) und Wechsel in den Attributes Inspector fest, indem Sie den gewünschten Bezeichner in das Feld *Identifier* eintragen (siehe Bild 25.88). In diesem Beispiel wird für den Segue der Schaltfläche mit dem Titel „Hello World" der Identifier `helloWorldSegue` gesetzt, für den des Buttons „Test 123" der Identifier `test123Segue`.

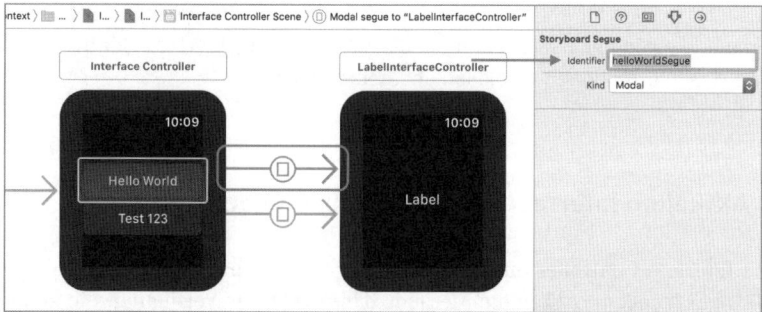

Bild 25.88 Nach Auswahl eines Segues können Sie im Attributes Inspector einen eindeutigen Identifier setzen.

Wenn wir nun die Methode `contextForSegue(withIdentifier:)` in der `Interface Controller`-Klasse überschreiben, können wir den `segueIdentifier`-Parameter nutzen, um herauszufinden, welche der beiden Schaltflächen betätigt wurde. Abhängig davon gibt man anschließend entweder den String `Hello World` (im Falle des `helloWorldSegue`-Identifier) oder `Test 123` (im Falle des `test123Segue`-Identifier) zurück. Der Rückgabewert der Methode `contextForSegue(withIdentifier:)` wird dann als `context`-Parameter an den Ziel-Interface-Controller weitergegeben (in unserem Fall also an die `LabelInterface Controller`-Instanz). Listing 25.9 zeigt die angepasste vollständige Implementierung der `InterfaceController`-Klasse.

Listing 25.9 Übergabe des context-Parameters über einen Segue

```
class InterfaceController: WKInterfaceController {

    override func contextForSegue(withIdentifier segueIdentifier: String) -> Any? {
        switch segueIdentifier {
        case "helloWorldSegue":
            return "Hello World"
        case "test123Segue":
            return "Test 123"
        default:
            return nil
        }
    }

}
```

Statt den context-Parameter also direkt wie bei der Methode presentController (withName:context:) zu übergeben, nutzen Sie bei Segues die Methode contextForSegue (withIdentifier:), um passend zum ausgeführten Segue den zugehörigen context-Parameter als Ergebnis zurückzuliefern. Auf der Ziel-Seite (in diesem Fall der LabelInterfaceController-Klasse) ändert sich indes nichts. Dort wird weiterhin bei der Initialisierung des Controllers die Methode awake(withContext:) aufgerufen, worüber der übergebene context-Parameter ausgelesen und verwendet werden kann.

 Verwendung des context-Parameters

Die Einsatzgebiete für den context-Parameter sind schier grenzenlos. Da er als Instanz vom Typ Any? definiert ist, können Sie jede beliebige Instanz jedes beliebigen Typs für ihn nutzen (also auch selbst erstellte Typen). Er kommt immer dann zum Einsatz, wenn Sie beim Aufruf eines Interface-Controllers weitere Informationen an diesen übergeben möchten.

25.6.4 Aktuellen Interface-Controller ausblenden

Um einen Interface-Controller auszublenden, der modal eingeblendet wurde, steht in der Klasse WKInterfaceController die Methode dismiss() zur Verfügung. Sie können diese Methode somit problemlos auf jeden beliebigen Interface-Controller in Ihrem watchOS-Projekt aufrufen.

Das folgende Beispiel soll die Verwendung der dismiss()-Methode praktisch erläutern. Darin kommen zwei Interface-Controller zum Einsatz, die beide im Interface-Storyboard erstellt werden. Beide verfügen über einen Button, wobei der erste Interface-Controller über seinen Button mit dem Titel *Push* den zweiten modal einblendet und der zweite Interface-Controller sich per Tipp auf seinen Button mit dem Titel *Dismiss* wieder ausblendet. Das Einblenden des zweiten Interface-Controllers wird mithilfe eines Segues gelöst (achten Sie hierbei darauf, als Verbindungstyp *Modal* auszuwählen). Der zweite Interface-Controller wird mit einer zugehörigen Klasse im Code verknüpft (der erste Interface-Controller benötigt in diesem Beispiel keine Zuordnung zu einer WKInterfaceController-Subklasse). Sie können also beispielsweise dem zweiten Interface-Controller die standardmäßig in neuen watchOS-Projekten von Xcode erzeugte `InterfaceController`-Klasse zuweisen und diese gleichzeitig beim ersten entfernen. Den Aufbau des Storyboards sehen Sie in Bild 25.89.

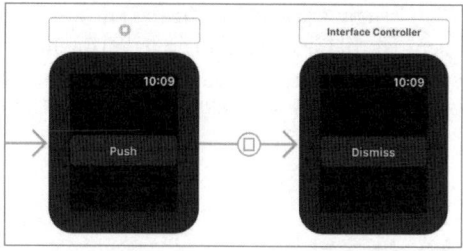

Bild 25.89 Das Beispiel verfügt über zwei Interface-Controller, wobei nur der zweite mit der Schaltfläche „Dismiss" eine Verknüpfung mit einer WKInterfaceController-Subklasse benötigt.

Auf dieser Grundlage erstellen wir nun im nächsten Schritt eine Action-Methode mit dem Namen `dismissButtonTapped()` für die *Dismiss*-Schaltfläche des zweiten Interface-Controllers im Code. Darin rufen wir lediglich die `dismiss()`-Methode von `WKInterfaceController` selbst auf, was zur Folge hat, dass bei Betätigen dieser Schaltfläche der zweite Interface-Controller wieder ausgeblendet wird. Die Implementierung der Klasse für den zweiten Interface-Controller sehen Sie in Listing 25.10.

Listing 25.10 Ausblenden eines modal angezeigten Interface-Controllers

```
class InterfaceController: WKInterfaceController {

    @IBAction func dismissButtonTapped() {
        dismiss()
    }

}
```

Mithilfe der Methode `dismiss()` haben Sie so die Möglichkeit, modal eingeblendete Interface-Controller auch dynamisch aus dem Code heraus auszublenden.

25.6.5 Einschränkungen

In der App-Entwicklung für watchOS muss man gegenüber anderen Apple-Plattformen wie macOS oder iOS einige Einschränkungen in Kauf nehmen.

Zunächst sind da die Interface-Controller. Jeder Interface-Controller, den man verwenden möchte, muss zwingend im Interface-Storyboard der WatchKit App existieren. Es gibt keine Möglichkeit, Interface-Controller dynamisch im Code zu erzeugen; in watchOS müssen sie immer zwingend im Interface-Storyboard existieren.

Ähnliches gilt für die Interface-Elemente. Es ist nicht möglich, Interface-Elemente zur Laufzeit dynamisch einem Interface-Controller hinzuzufügen, so wie das mit Views unter iOS möglich ist. Auch ist man bei der Auswahl an Interface-Elementen unter watchOS deutlich eingeschränkter als auf den anderen Plattformen von Apple.

Allerdings haben diese Einschränkungen durchaus auch ihr Gutes. Zum einen vereinfachen sie – ganz pragmatisch ausgedrückt – die Programmierung von Apps für die Apple Watch, da es weniger Stolpersteine gibt, über die man ins Strudeln geraten könnte. Darüber hinaus darf man nicht vergessen, dass die Apple Watch mit ihrem kleinen Display und der im Vergleich zu den anderen Plattformen schwachbrüstigen Hardware nur für spezielle Einsatzzwecke und Apps ausgelegt ist. Dafür dürften die zur Verfügung stehenden Interface-Elemente und Funktionen in der Regel ausreichen. Und falls nicht, sollte man sich die Frage stellen, ob man ein für die Apple Watch passendes Produkt entwickelt.

■ 25.7 App-Icon

Das App-Icon für eine Apple Watch-App wird im Asset Catalog der WatchKit App eingebunden. Dieser Asset Catalog bringt von Haus aus bereits ein Image Set namens *AppIcon* mit, das nur noch mit den gewünschten Bilddateien gefüllt werden muss (siehe Bild 25.90).

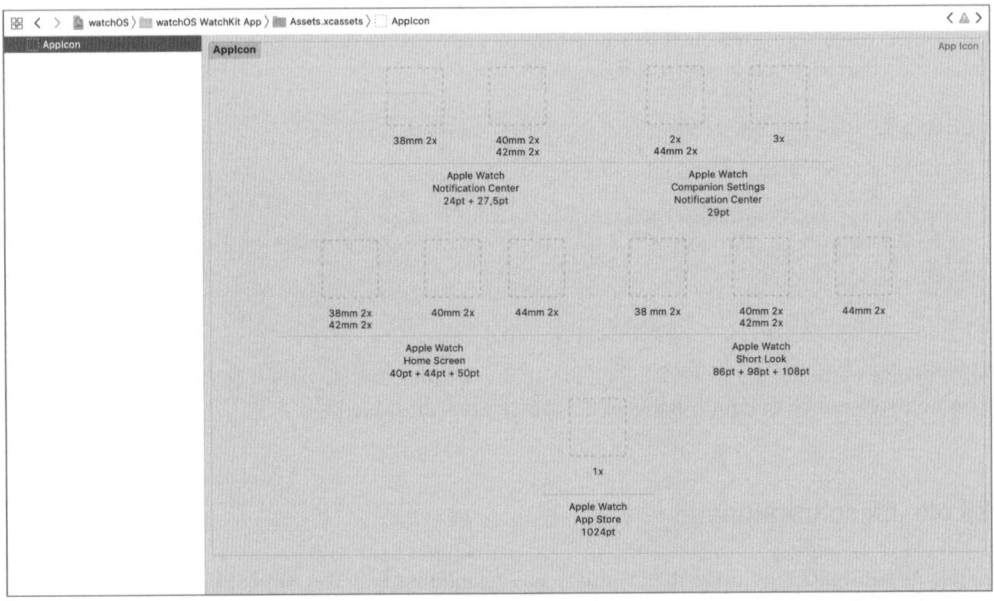

Bild 25.90 Das App-Icon einer watchOS-App wird im Asset Catalog der WatchKit App eingepflegt.

26 watchOS – App-Entwicklung

Auch wenn Apps für die Apple Watch darauf ausgelegt sind, nur kurze Zeit am Stück verwendet zu werden, und möglichst einfach und übersichtlich gehaltene Oberflächen besitzen, bedeutet das nicht, dass nicht auch komplexe Anwendungen für watchOS umgesetzt werden können.

Dieses Kapitel baut auf Kapitel 25, „watchOS – Grundlagen", auf und gibt einen tiefergehenden Einblick in die Möglichkeiten zur Programmierung von Apps für die Apple Watch. Sie erfahren unter anderem, wie Sie eine Navigationsstruktur und Menüs umsetzen, Tabellen und Komplikationen erstellen sowie Texteingaben mittels Siri verarbeiten. Am Ende verfügen Sie über das notwendige Rüstzeug, um selbst auch komplexere Apps für watchOS zu entwickeln.

■ 26.1 Navigationsstruktur umsetzen

Eine hierarchische Navigationsstruktur ist Basis vieler Apps. Sie erlaubt es Nutzern, sich von einem Interface-Controller zum nächsten „durchzuhangeln" und so immer tiefer in die verfügbaren Funktionen einer App einzutauchen. Über eine automatisch zur Verfügung stehende Zurück-Schaltfläche am oberen linken Bildschirmrand (dargestellt durch einen kleinen nach rechts zeigenden Pfeil) kann wieder zur vorherigen Ansicht zurücknavigiert werden.

In Bild 26.1 sehen Sie als Beispiel die Wetter-App von watchOS. Auf der obersten Ebene listet diese zunächst alle Städte auf, für die Sie Wetterinformationen erhalten möchten. Nach Auswahl einer Stadt springt die App zu einer Detailansicht, die das aktuelle Wetter sowie das Wetter in den kommenden Stunden grafisch aufzeigt, inklusive einiger weiterer Informationen wie einer Prognose für die kommenden Tage.

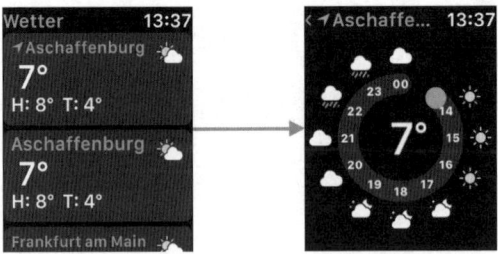

Bild 26.1 Die Wetter-App von watchOS setzt auf eine Navigationsstruktur, um die in ihr enthaltenen Informationen bestmöglich abzubilden.

Auch viele andere der unter watchOS vorinstallierten Apps besitzen einen solchen Aufbau auf Basis einer Navigationsstruktur, zum Beispiel die Apps *Einstellungen*, *Mail*, *Nachrichten* oder *Musik*.

Um selbst eine solche Navigationsstruktur in einer eigenen watchOS-App umzusetzen, müssen Sie entsprechende Methoden der `WKInterfaceController`-Klasse verwenden. Den Anfang hierbei macht die Methode `pushController(withName:context:)`. Ähnlich wie `presentController(withName:context:)` blendet sie den Interface-Controller mit dem übergebenen Namen ein, allerdings nicht modal, sondern in Form der beschriebenen Navigationsstruktur.

Das folgende Beispiel soll die Verwendung der Methode verdeutlichen. Dazu wird ein neues watchOS-Projekt erstellt und dem initialen Interface-Controller ein Button hinzugefügt. Darüber hinaus wird ein Identifier für den Interface-Controller im Storyboard gesetzt (siehe Bild 26.2). Anschließend wird der Button mit einer Action-Methode namens `pushInterfaceController()` mit der zugrunde liegenden `InterfaceController`-Klasse verknüpft.

Bild 26.2
Der initiale Interface-Controller erhält einen Button und einen eindeutigen Identifier, in diesem Beispiel Interface Controller.

Die Methode ruft nun `pushController(withName:context:)` auf und übergibt dabei als `name`-Parameter den zuvor definierten Identifier für den Interface-Controller (auf einen `context`-Parameter wird in diesem Beispiel noch verzichtet). Das sorgt dafür, dass eine endlose Navigationsstruktur auf Basis dieses einen Interface-Controllers aufgebaut werden kann. Probieren Sie es selbst einmal aus, indem Sie das Projekt ausführen und beliebige Male eine neue Instanz des Interface-Controllers der Navigationsstruktur hinzufügen, indem Sie auf den Button tippen (siehe Bild 26.3). Den vollständigen Code für die `InterfaceController`-Klasse für dieses Beispiel sehen Sie in Listing 26.1).

Bild 26.3 Mithilfe des genannten Beispiels lässt sich eine endlose Navigationsstruktur abbilden.

Listing 26.1 Erstellen einer Navigationsstruktur

```
class InterfaceController: WKInterfaceController {

    @IBAction func pushInterfaceController() {
        pushController(withName: "InterfaceController", context: nil)
    }

}
```

Ich möchte Ihnen noch ein anderes Beispiel einer solchen Navigationsstruktur zeigen, in dem zusätzlich auch das context-Objekt zum Einsatz kommt. Dieses Mal handelt es sich um ein watchOS-Projekt, das über zwei Interface-Controller im Interface-Storyboard verfügt. Der erste besitzt insgesamt drei Buttons, die mit den Titeln *1*, *2* und *3* versehen sind, der zweite besitzt ein Label. Der zweite Interface-Controller benötigt darüber hinaus noch einen Identifier, um ihn aus dem Code heraus ansprechen zu können (ich wähle in diesem Beispiel LabelInterfaceController, siehe Bild 26.4).

Bild 26.4 Der erste Interface-Controller verfügt über drei durchnummerierte Schaltflächen, der zweite über ein Label. Der zweite Interface-Controller benötigt darüber hinaus einen Identifier, um im Code auf ihn zugreifen zu können.

Um die weitere Funktionalität der App umsetzen zu können, müssen beide Interface-Controller mit einer passenden WKInterfaceController-Subklasse gekoppelt werden. In diesem Beispiel wird für den initialen Interface-Controller mit den drei Schaltflächen die standardmäßig bereits gekoppelte InterfaceController-Klasse zu diesem Zweck verwendet, für den zweiten Interface-Controller wird eine neue Klasse namens LabelInterfaceController erstellt und im Storyboard zugewiesen.

Für die drei Schaltflächen des initialen Interface-Controllers werden anschließend je eine zugehörige Action-Methode erstellt, die auf die Namen `selectedOne()` (für Button 1), `selectedTwo()` (für Button 2) und `selectedThree()` (für Button 3) hören. Jede dieser drei Methoden pusht den Label-Interface-Controller und übergibt dabei als `context`-Parameter den jeweiligen Button-Text. Listing 26.2 zeigt die entsprechende vollständige Implementierung der `InterfaceController`-Klasse.

Listing 26.2 Implementierung der `InterfaceController`-Klasse zum Aufruf der drei verschiedenen Schaltflächen

```swift
class InterfaceController: WKInterfaceController {

    @IBAction func selectedOne() {
        pushController(withName: "LabelInterfaceController", context: "1")
    }

    @IBAction func selectedTwo() {
        pushController(withName: "LabelInterfaceController", context: "2")
    }

    @IBAction func selectedThree() {
        pushController(withName: "LabelInterfaceController", context: "3")
    }

}
```

Der Label-Interface-Controller, der auf diese Art und Weise angezeigt wird, soll den als `context`-Parameter übergebenen Text für sein Label anzeigen. Dazu muss die dem Interface-Controller im Storyboard zugewiesene `LabelInterfaceController`-Klasse zunächst ein Outlet für das Label besitzen. Anschließend wird die Methode `awake(withContext:)` überschrieben und darin geprüft, ob es sich bei dem übergebenen `context`-Parameter um einen String handelt. Falls ja, wird dieser Text für das Label gesetzt (siehe Listing 26.3).

Listing 26.3 Implementierung der `LabelInterfaceController`-Klasse zum Auswerten des übergebenen `context`-Parameters.

```swift
class LabelInterfaceController: WKInterfaceController {

    @IBOutlet var label: WKInterfaceLabel!

    override func awake(withContext context: Any?) {
        if let labelText = context as? String {
            label.setText(labelText)
        }
    }

}
```

Je nachdem, welche der drei Schaltflächen des initialen Interface-Controllers vom Nutzer ausgewählt wird, ändert sich auch der Text des Labels des angezeigten Label-Interface-Controllers (siehe Bild 26.5).

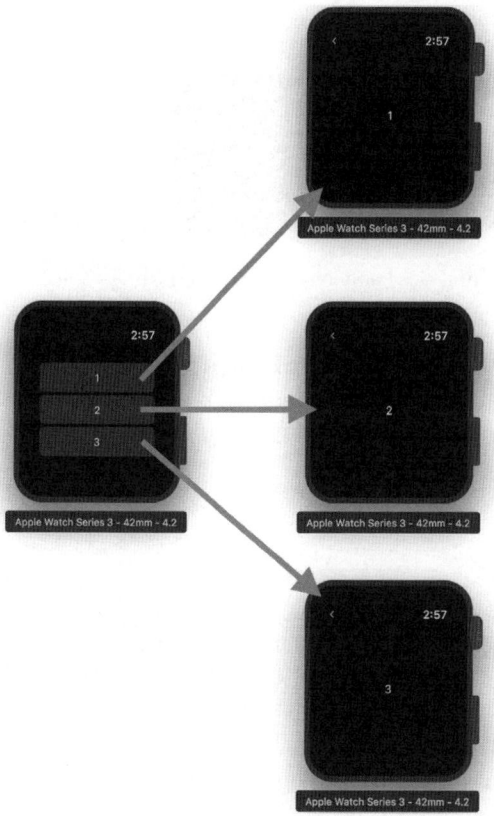

Bild 26.5
Je nachdem, welche Schaltfläche ausgewählt wurde, ändert sich der Text
des angezeigten Labels entsprechend.

 Alternative: Storyboard und Segue

Alternativ zur Verwendung der Methode pushController(withName:context:)
können Sie auch das Storyboard verwenden, um eine Navigationsstruktur
zwischen zwei Interface-Controllern aufzubauen. Ziehen Sie dazu eine
Verbindung von einem Button zum gewünschten Ziel-Interface-Controller und
wählen Sie im anschließend erscheinenden Menü den Punkt *Push* aus (siehe
Bild 26.6). Damit wird bei Betätigen der Schaltfläche der Ziel-Interface-Controller
geladen und in Form einer Navigationsstruktur angezeigt. In Bild 26.7 sehen Sie,
wie auf diese Art und Weise insgesamt drei Interface-Controller im Storyboard
miteinander verbunden wurden, ohne dafür eine einzige Zeile Code schreiben
zu müssen.

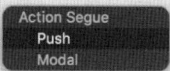

Bild 26.6 Mithilfe des Segue-Typs „Push" können Sie auch im Storyboard eine
Navigationsstruktur zwischen Interface-Controllern aufbauen.

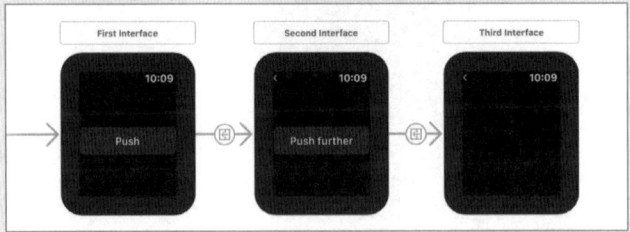

Bild 26.7 Eine Navigationsstruktur lässt sich im Storyboard ohne eine einzige Zeile Code umsetzen.

Hierbei gilt aber zu beachten: Wenn Sie diesen Weg zum Abbilden Ihrer Navigationsstruktur verwenden, müssen Sie möglicherweise benötigte `context`-Objekte mithilfe der Methode `contextForSegue(withIdentifier:)` weiterreichen.

 Navigation zurück

Standardmäßig können Sie bei einer wie in diesem Abschnitt beschriebenen Navigationsstruktur mithilfe der Zurück-Schaltfläche am oberen linken Rand automatisch zum vorherigen Interface zurückkehren. Alternativ können Sie aber auch mithilfe zweier Methoden das Zurückspringen zu einem früheren Interface-Controller durchführen.

Die Methode `pop()` springt – genau wie ein Fingertipp auf die Zurück-Schaltfläche oben links – zum direkten vorherigen Interface-Controller. Mithilfe von `popToRootController()` springen Sie direkt an den Anfang der Navigation zurück, sprich zu dem Interface-Controller, der zum ersten Mal in der Hierarchie einen Push auf einen anderen Interface-Controller durchgeführt hat.

Beide Methoden sind Teil der `WKInterfaceController`-Klasse und können somit auf jedem Interface-Controller aufgerufen werden.

■ 26.2 Alerts erstellen und anzeigen

Mithilfe von Alerts weisen Sie den Nutzer Ihrer App auf etwas hin oder bitten um die Ausführung einer bestimmten Aktion (zum Beispiel um das Bestätigen der Löschung eines Datensatzes). Alerts in watchOS setzen sich immer aus den folgenden drei Bestandteilen zusammen:

- *Titel:* Der Titel des Alerts. Diese Information ist optional und kann weggelassen werden.
- *Nachricht:* Ein Text, der dem Nutzer angezeigt wird und den Sinn und Zweck des Alerts erläutert. Diese Information ist optional und kann weggelassen werden.
- *Aktionen:* Ein oder mehrere Aktionen, zwischen denen der Nutzer wählen und damit den Alert wieder ausblenden kann.

Die Aktionen sind das Herzstück eines jeden Alerts. Sie werden in Form von Buttons dargestellt, die der Nutzer antippen und so auswählen kann. Basis dieser Aktionen in watchOS ist die Klasse `WKAlertAction`, deren Instanzen sich wiederum aus drei Bestandteilen zusammensetzen:

- *Titel:* Der Titel der Aktion. Er wird als Text für den Button angezeigt, den der Nutzer auswählen kann.
- *Style:* Das Aussehen des Buttons (dazu später mehr).
- *Handler:* Hierbei handelt es sich um ein Closure, in dem Sie alle Code-Befehle unterbringen, die ausgeführt werden sollen, wenn der Nutzer die Aktion aus dem Alert heraus auswählt.

Um eine neue Action zu erstellen, steht der Initializer `init(title:style:handler:)` zur Verfügung, der für die genannten drei Bestandteile einen passenden Parameter erwartet. In Listing 26.4 sehen Sie beispielhaft die Erstellung dreier `WKAlertAction`-Instanzen, die bei Ausführung jeweils einen anderen Text auf der Konsole ausgeben.

Listing 26.4 Erstellen von `WKAlertAction`-Instanzen

```
let defaultAction = WKAlertAction(title: "Default", style: .default) {
    print("A default action.")
}
let destructivetAction = WKAlertAction(title: "Destructive", style: .destructive) {
    print("A destructive action.")
}
let cancelAction = WKAlertAction(title: "Cancel", style: .default) {
    print("A cancel action.")
}
```

Der `style`-Parameter erwartet übrigens einen Wert vom Typ `WKAlertActionStyle`. Es handelt sich um eine Enumeration, die die folgenden Werte zur Verfügung stellt:

- `default`: Der Standard-Style. Es gibt hierbei keine besonderen Anpassungen für die Aktion.
- `cancel`: Verwenden Sie diesen Style für Aktionen, die einen Abbruch auslösen.
- `destructive`: Verwenden Sie diesen Style für Aktionen, die das Löschen von Daten oder Informationen zur Folge haben (beispielsweise bei der Frage innerhalb einer Kontakte-App, ob ein Kontakt tatsächlich gelöscht werden soll).

Der `style`-Parameter gibt dem System eine Vorgabe, wie die Aktion optisch dargestellt werden soll. Man hat also keine freien Gestaltungsmöglichkeiten für die Buttons, die eine Aktion abbilden, sondern kann lediglich aus den vorhandenen Styles wählen, um das Aussehen anzupassen.

WKAlertActionHandler

An dieser Stelle noch ein Wort zum `handler`-Parameter des `WKAlertAction`-Initializers `init(title:style:handler:)`: Dieses Closure, mit dem Sie bestimmen, welche Code-Befehle die Aktion ausführt, entspricht dem Typ `WKAlertActionHandler`. Lassen Sie sich davon nicht verwirren; bei diesem Typ handelt es sich schlicht um ein Type Alias, das einem Closure vom Typ `() ->`

> Void entspricht. Dieses Closure besitzt also keine Parameter und liefert auch keinen Wert zurück. Es dient einzig und allein dazu, die gewünschte Logik unterzubringen, die bei Auswahl der zugrunde liegenden Aktion ausgeführt werden soll. ∎

So viel zu den Aktionen, die ein essenzieller Bestandteil eines jeden Alerts sind. Werfen wir nun mit diesem Wissen einen Blick auf die Alerts selbst sowie deren Erstellung. Wichtig hierbei sind zunächst die verschiedenen Stile, die watchOS für die Alerts zur Verfügung stellt. Diese Stile sind in der Enumeration WKAlertControllerStyle definiert und bestimmen, wie ein Alert aussieht und wie er aufgebaut ist. Im Folgenden gebe ich Ihnen eine Übersicht über die verfügbaren Stile:

- alert: Diese Standardansicht für Alerts zeigt einen Titel und einen Text an, darunter befinden sich von Ihnen definierte Aktionen in Form von Buttons, zwischen denen der Nutzer zur weiteren Vorgehensweise wählen kann.

- sideBySideButtonsAlert: Dieser spezielle Alert ist auf genau zwei mögliche Auswahloptionen für den Nutzer ausgelegt. Die Optionen werden in Form von Buttons nebeneinander angezeigt.

- actionSheet: Der Stil Action Sheet entspricht im Großen und Ganzen dem von Alert, mit dem Unterschied, dass Action Sheet standardmäßig eine Abbrechen-Schaltfläche am oberen linken Bildschirmrand einblendet. Damit kann der Nutzer den Alert ausblenden, ohne dass er eine mit dem Alert gekoppelte Aktion durchführt.

Bei der Erstellung eines Alerts müssen Sie neben dem Stil noch die gewünschten Aktionen in Form eines Arrays vom Typ [WKAlertAction] übergeben. Optional können Sie auch einen Titel und eine Nachricht setzen.

Um nun einen Alert zu erstellen und anzuzeigen, kommt die Methode presentAlert(withTitle:message:preferredStyle:actions:) der WKInterfaceController-Klasse zum Einsatz. Sie erstellen somit nicht selbst explizit eine Alert-Instanz, sondern lassen das das System übernehmen.

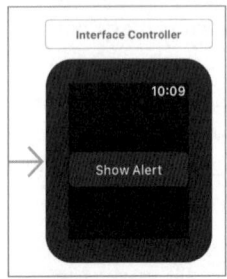

Bild 26.8
Der initiale Interface-Controller erhält einen Button, der mit einer Action-Methode mit der zugrunde liegenden Klasse gekoppelt wird.

Anhand eines Beispiels soll der praktische Einsatz der Methode presentAlert(withTitle:message:preferredStyle:actions:) demonstriert werden. Basis hierfür ist ein neues watchOS-Projekt, dessen initialer Interface-Controller einen Button mit dem Titel *Show Alert* erhält (siehe Bild 26.8). Der Button wird mit der zugrunde liegenden InterfaceController-Klasse in Form einer Action-Methode namens showAlert() gekoppelt. Anschließend werden innerhalb dieser showAlert()-Methode zwei Actions erstellt und auf deren Basis ein Alert erzeugt und somit beim Tippen auf den Button angezeigt. Als Stil für den Alert wird der Standardwert alert gewählt. Den vollständigen Code der Interface Controller-Klasse zeigt Listing 26.5.

Listing 26.5 Erstellen und Anzeigen eines Alerts

```
class InterfaceController: WKInterfaceController {

    @IBAction func showAlert() {
        let defaultAction = WKAlertAction(title: "Default", style: .default) {
            print("A default action")
        }
        let destructivetAction = WKAlertAction(title: "Destructive", style:
.destructive) {
            print("A destructive action")
        }
        presentAlert(withTitle: "Alert", message: "Alert message.", preferredStyle:
.alert, actions: [defaultAction, destructivetAction])
    }

}
```

Das Ergebnis dieses Projekts sehen Sie in Bild 26.9. Titel und Nachricht des Alerts werden automatisch vom System formatiert. Für die beiden Aktionen werden passende Buttons erstellt. Je nachdem, welchen der beiden Buttons man auswählt, erhält man in diesem Beispiel eine andere Konsolenausgabe. Beim *Default*-Button lautet sie *A default action*, beim *Destructive*-Button hingegen *A destructive action*. Man beachte auch die optischen Unterschiede zwischen den beiden Schaltflächen, die von den gewählten Styles für die zugrunde liegende Aktion rühren (einmal default und einmal destructive).

Bild 26.9
Nach Tippen auf die „Show Alert"-Schaltfläche wird der Alert erzeugt und eingeblendet.

 Alert wird nach Aktionsauswahl immer ausgeblendet

Alerts dienen einzig und allein dazu, eine Nachricht anzuzeigen und den Nutzer zwischen verschiedenen Aktionen wählen zu lassen. Sobald eine Aktion gewählt wurde, wird der Alert umgehend wieder ausgeblendet und der der gewählten Aktion zugrunde liegende Code ausgeführt.

Achtung beim Stil sideBySideButtonsAlert

Der Stil `sideBySideButtonsAlert` ist auf exakt zwei Aktionen ausgelegt (siehe Bild 26.10). Während Sie bei `alert` und `actionSheet` beliebig viele Aktionen übergeben können, müssen es bei `sideBySideButtonsAlert` immer zwei sein (nicht mehr und nicht weniger). Weicht man davon ab, geschieht beim Aufruf der Methode `presentAlert(withTitle:message:preferredStyle:actions:)` nichts. Der Nutzer bekommt in diesem Fall überhaupt keinen Alert zu sehen.

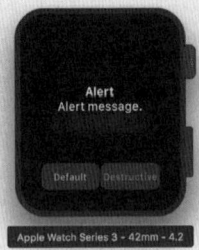

Bild 26.10
Ein Alert auf Basis des sideBySideButtonsAlert-Stils muss über exakt zwei Aktionen verfügen, andernfalls wird er vom System einfach nicht angezeigt.

■ 26.3 Kontextmenü umsetzen

Mit seinem verhältnismäßig kleinen Bildschirm stellt die Apple Watch nicht sehr viel Platz für verschiedene Schaltflächen und Auswahlmöglichkeiten innerhalb einer App zur Verfügung. Aus diesem Grund können Interface-Controller um sogenannte *Kontextmenüs* (im Englischen als *Context Menu* bezeichnet) ergänzt werden. Diese Menüs setzen sich einzig und allein aus Schaltflächen zusammen, die der Nutzer auswählen kann. Sie erscheinen, sobald man fester auf das Display drückt, während ein entsprechender Interface-Controller mit Kontextmenü angezeigt wird (diese Geste wird auch als *Force Touch* bezeichnet). In der Startansicht der nativen Nachrichten-App, in der alle Gesprächspartner und Gruppen aufgeführt werden, öffnet ein Force Touch ein solches Kontextmenü (siehe Bild 26.11). Darüber ist es möglich, eine neue Nachricht zu erstellen.

Bild 26.11
In einem Kontextmenü können dem Nutzer verschiedene Aktionen zur Verfügung gestellt werden.

Ein solches Kontextmenü kann in watchOS sowohl über das Storyboard als auch im Code umgesetzt werden. Beide Verfahren stelle ich Ihnen in den folgenden Abschnitten im Detail vor.

26.3.1 Kontextmenü im Storyboard umsetzen

Um einem Interface-Controller über das Storyboard ein Kontextmenü hinzuzufügen, ziehen Sie zunächst das *Menu*-Element aus der Objects Library auf die Oberfläche des gewünschten Interface-Controllers (siehe Bild 26.12). Um anschließend auf das Kontextmenü zugreifen und es bearbeiten zu können, wechseln Sie in die Document Outline Area. Dort finden Sie dann innerhalb des entsprechenden Interface-Controllers einen neuen Eintrag *Menu*, der wiederum ein Element namens *Menu Item* enthält (siehe Bild 26.13).

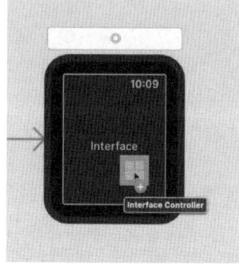

Bild 26.12
Um ein Kontextmenü im Storyboard zu erstellen, ziehen Sie zunächst das „Menu"-Element aus der Objects Library auf den gewünschten Interface-Controller.

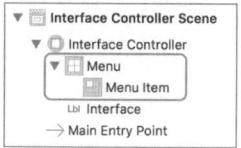

Bild 26.13
Auf ein Kontextmenü können Sie über die Document Outline Area zugreifen.

Der Oberpunkt *Menu* weist auf das eigentliche Kontextmenü hin. Ist es im Storyboard für einen Interface-Controller gesetzt, bedeutet das, dass ein Kontextmenü für die Ansicht zur Verfügung steht. Die Aktionen, die über ein solches Kontextmenü angeboten werden, werden in Form der *Menu Items* abgebildet. Eine Aktion entspricht einem Menu Item.

Wenn Sie nun das erste verfügbare *Menu Item* in der Document Outline Area auswählen und in den Attributes Inspector wechseln, finden Sie alle Einstellungsmöglichkeiten für dieses Element (siehe Bild 26.14).

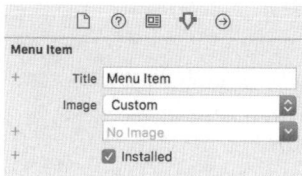

Bild 26.14
Im Attributes Inspector können Sie ein ausgewähltes Menu Item konfigurieren.

Im Feld *Title* definieren Sie einen Titel für die Aktion des Menu Items, der unterhalb einer zugehörigen Grafik im Kontextmenü eingeblendet wird (so wie es mit dem Titel *Neue Nachricht* weiter oben in Bild 26.11 zu sehen ist). Die Grafik wiederum können Sie auf zweierlei Arten festlegen: Entweder Sie geben im Feld mit dem Platzhalter *No Image* den Verweis auf eine eigene Bilddatei aus dem Asset Catalog an oder Sie wählen im Auswahlmenü *Image* aus einem der bereits vorgegebenen und vom System bereitgestellten Grafiken (für die Verwendung einer eigenen Bilddatei müssen Sie in diesem Drop-down-Menü *Custom* auswählen). In der Dokumentation der Enumeration WKMenuItemIcon finden Sie eine Übersicht, wie die verschiedenen zur Verfügung stehenden Grafiken aussehen (siehe Bild 26.15).

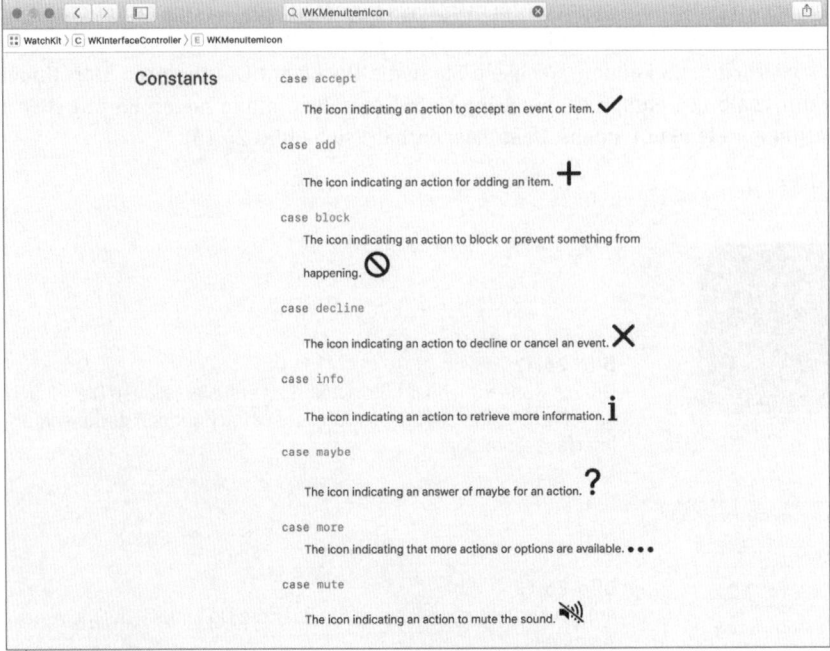

Bild 26.15 In der Dokumentation zur Enumeration WKMenuItemIcon finden Sie eine Übersicht, welche Grafiken vom System aus für die Menu Items zur Verfügung stehen.

Wählen Sie hier beispielsweise den Punkt *Add* aus und setzen Sie als Titel *Hinzufügen*. Wenn Sie das Projekt anschließend ausführen und der Interface-Controller mit dem zugewiesenen Kontextmenü eingeblendet ist, können Sie mittels Force Touch das Menü aufrufen, in dem dann eben dieses Menu Item zu sehen sein sollte (siehe Bild 26.16).

Bild 26.16
Ein erstes Kontextmenü mitsamt Menu Item wurde erstellt.

 Force Touch im watchOS-Simulator

Auf einem Endgerät wird der Force Touch zum Aufrufen des Kontextmenüs mithilfe eines festeren Drucks auf das Display der Apple Watch ausgelöst. Um einen solchen festeren Druck im watchOS-Simulator simulieren zu können, müssen Sie über das *Hardware*-Menü definieren, welche Art von Touch ein Klick mit der Maus oder dem Touchpad bedeuten soll – „normaler" Touch oder Force Touch? Um diese Einstellung zu ändern, klicken Sie zunächst im Menü des watchOS-Simulators auf *Hardware* und wählen anschließend den Punkt *Touch Pressure* aus (siehe Bild 26.17). Dort finden Sie zwei Einstellungen, von denen jeweils nur eine aktiv sein kann: Mit *Shallow Press* simuliert ein Klick einen „normalen" Touch, während Sie mit *Deep Press* einen Force Touch durchführen. Erfreulicherweise können Sie mithilfe von Tastenkürzeln schnell zwischen diesen beiden Optionen wechseln, ohne dafür immer erst das *Hardware*-Menü des watchOS-Simulators aufrufen zu müssen.

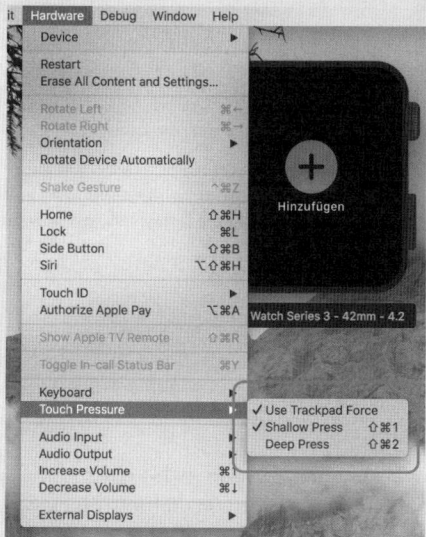

Bild 26.17
Über das „Hardware"-Menü des watchOS-Simulators definieren Sie die simulierte Druckstärke bei einem Mausklick.

Verfügen Sie über ein Touchpad, das ebenfalls Force Touch unterstützt, können Sie auch dieses nutzen, um die Touch-Gesten genauso abzubilden wie auf einer Apple Watch. Dazu muss aber der Haken bei *Use Trackpad Force* gesetzt sein, so wie in Bild 26.17 zu sehen.

Menu Item um Action ergänzen

Das Kontextmenü mitsamt Menu Item wird nun also erfolgreich angezeigt. Als Nächstes geht es darum dem Menu Item eine Aktion zuzuweisen, die bei Auswahl des Menu Items ausgeführt werden soll.

Um einem Menu Item eine Aktion zuzuweisen, gehen Sie genauso vor wie beim Setzen einer Action für einen Button oder einen Slider. Öffnen Sie also den Assistant Editor und zeigen Sie Storyboard und die mit dem Kontextmenü verknüpfte Interface-Controller-Klasse nebeneinander an. Ziehen Sie anschließend eine Verbindung vom Menu Item aus der Document Outline Area in den Code des Interface-Controllers und wählen Sie mithilfe der blauen Hilfslinien die Position aus, an der Sie die auszuführende Action-Methode für das Menu Item einfügen möchten (siehe Bild 26.18). Im sich anschließend öffnenden Pop-up-Menü geben Sie einen Namen für die zu erstellende Action-Methode ein und klicken abschließend auf *Connect* (siehe Bild 26.19). Damit verfügt Ihr Interface-Controller über eine Action-Methode, die immer dann aufgerufen wird, wenn das zugrunde liegende Menu-Item aus dem Kontextmenü heraus ausgewählt wird.

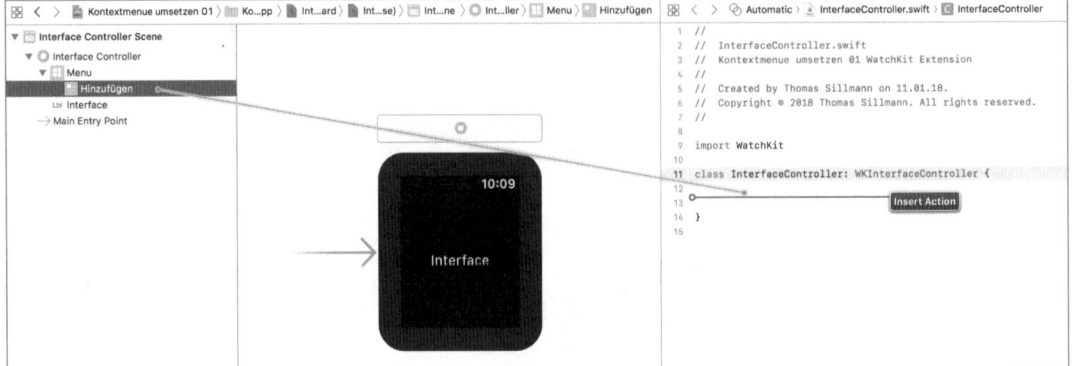

Bild 26.18 Ziehen Sie eine Verbindung vom Menu Item aus der Document Outline Area in den Code des zugrunde liegenden Interface-Controllers, um das Menu Item einer Action-Methode zuzuordnen.

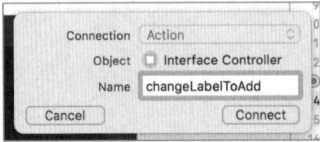

Bild 26.19
Geben Sie im erscheinenden Pop-up-Menü den Titel für die zu erstellende Action-Methode ein.

Um das ganze einmal anhand eines Beispiels zu demonstrieren, wird einem Interface-Controller mit Kontextmenü ein Label hinzugefügt. Das Label wird mittels eines Outlets mit dem Code gekoppelt. Anschließend wird die zuvor für das Menu Item erstellte Action-Methode um einen Befehl ergänzt, der den Text des Labels passend verändert (ihn beispielsweise im Falle des *Hinzufügen*-Buttons auf *Hinzufügen* setzt). Den vollständigen Code für solch eine Interface-Controller-Klasse zeigt Listing 26.6.

Listing 26.6 Implementieren der Action-Methode eines Menu Items

```swift
class InterfaceController: WKInterfaceController {

    @IBOutlet var label: WKInterfaceLabel!

    @IBAction func changeLabelToAdd() {
        label.setText("Hinzufügen")
    }

}
```

Weitere Menu Items ergänzen

Beim Hinzufügen eines Kontextmenüs zu einem Interface-Controller erhält man standardmäßig bereits ein Menu Item zur Konfiguration. Die Anzahl der verfügbaren Menu Items pro Kontextmenü können Sie mithilfe des Attributes Inspector festlegen, nachdem Sie ein

Menu-Element eines Interface-Controllers in der Document Outline Area ausgewählt haben (siehe Bild 26.20). Dort finden Sie ein Textfeld *Items*, über das Sie die Anzahl der Menu Items für das gewählte Kontextmenü festlegen können.

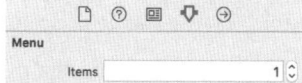

Bild 26.20
Die Anzahl der Menu Items eines Kontextmenüs lässt sich über das Items-Feld festlegen.

 Maximal vier Menu Items möglich

Auch wenn Sie über das *Items*-Textfeld eine beliebige Anzahl von Menu Items zu einem Kontextmenü hinzufügen können, werden pro Menü maximal vier Menu Items angezeigt. Verfügt ein Menü über fünf oder mehr Menu Items, werden alle Menu Items ab dem fünften schlicht abgeschnitten und ignoriert (siehe Bild 26.21 und Bild 26.22).

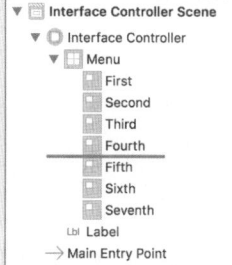

Bild 26.21
Auch wenn Sie einem Kontextmenü im Storyboard mehr als vier Menu Items zuweisen können, ...

Bild 26.22
... werden alle Menu Items ab dem fünften automatisch abgeschnitten und nicht in der App angezeigt.

Alternativ können Sie neue Menu Items auch mithilfe des gleichnamigen Elements aus der Objects Library einem Kontextmenü hinzufügen. Ziehen Sie dazu einfach eine Verbindung vom *Menu Item*-Objekt in das Menü, dem Sie ein neues Menu Item hinzufügen möchten (um auf die Menüs zugreifen zu können, müssen Sie wiederum die Document Outline Area verwenden, siehe Bild 26.23). Bei diesem Vorgehen ist übrigens nach vier Menu Items innerhalb eines Kontextmenüs Schluss, wodurch verhindert wird, dass Sie mehr Menu Items hinzufügen als überhaupt angezeigt werden.

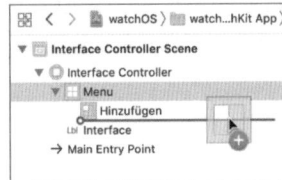

Bild 26.23
Sie können ein neues Menu Item auch ergänzen, indem Sie ein entsprechendes Objekt aus der Objects Library in das gewünschte Kontextmenü ziehen.

26.3.2 Kontextmenü im Code umsetzen

Um einem Interface-Controller aus dem Code heraus ein Kontextmenü mit Menu Items zuzuweisen, stellt die `WKInterfaceController`-Klasse drei verschiedene Methoden bereit. Mit jeder dieser Methoden generieren Sie exakt ein Menu Item, und sobald ein Interface-Controller über wenigstens ein solches Menu Item verfügt, besitzt es auch automatisch das Kontextmenü, das es anzeigt.

Die drei Methoden nehmen jeweils drei Parameter entgegen, mit denen Sie das Menu Item erstellen und konfigurieren. Die folgenden Informationen müssen für jedes Menu Item angegeben werden:

- Die *Grafik*, die für das Menu Item angezeigt werden soll.
- Der *Titel*, der unterhalb des Menu Items im Kontextmenü angezeigt wird.
- Ein *Selector* auf eine Methode, die bei Auswahl des Menu Items aufgerufen wird.

Titel und Selector werden bei allen drei Methoden identisch behandelt, lediglich bei der Konfiguration der Grafik unterscheiden sie sich.

Mithilfe der Methode `addMenuItem(with:title:action:)` erstellen Sie ein Menu Item auf Basis von vom System vorgegebenen Grafiken. Die Grafiken sind in der Enumeration `WKMenuItemIcon` definiert. Darin finden Sie unter anderem Elemente für das Hinzufügen oder Löschen, zur Wiedergabesteuerung von Audio und Video und einige mehr. Eine Übersicht inklusive Vorschau der Grafiken liefert die Dokumentation dieser Enumeration (siehe Bild 26.24).

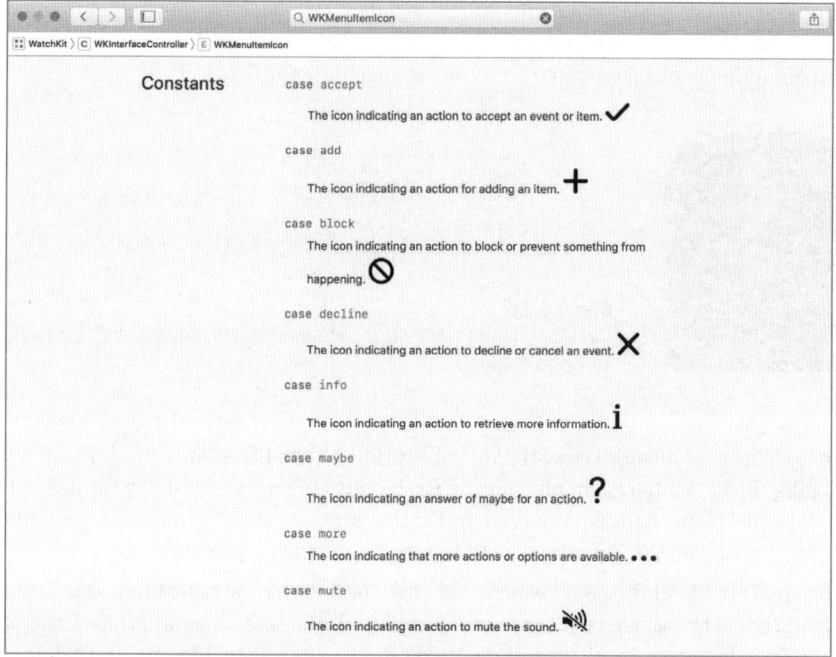

Bild 26.24 In der Dokumentation der WKMenuItemIcon-Enumeration werden alle vom System zur Verfügung stehenden Grafiken für Menu Items aufgeführt.

Wenn Sie nun mittels der Methode addMenuItem(with:title:action:) ein neues Menu Item erstellen, wählen Sie den Wert aus der WKMenuItemIcon-Enumeration, der der gewünschten Grafik entspricht. Ein konkretes Beispiel hierzu sehen Sie in Listing 26.7. Darin wird der Initializer eines Interface-Controllers überschrieben und darin ein Kontextmenü mit zwei Menu Items erstellt. Die Methoden, die bei Auswahl eines Menu Items aufgerufen werden, dienen in diesem Beispiel lediglich als Platzhalter und sind darum nicht implementiert.

Listing 26.7 Erstellen von Menu Items im Code auf Basis von WKMenuItemIcon

```
class InterfaceController: WKInterfaceController {

    override init() {
        super.init()
        addMenuItem(with: .add, title: "Hinzufügen", action: #selector(addSomething))
        addMenuItem(with: .trash, title: "Löschen", action:
#selector(deleteSomething))
    }

    @objc func addSomething() {
        // Add something...
    }

    @objc func deleteSomething() {
        // Delete something...
    }

}
```

Das Ergebnis dieses Codes zeigt Bild 26.25, nachdem mittels Force Touch im entsprechen-den Interface-Controller das neu erstellte Kontextmenü aufgerufen wurde. Es enthält die beiden Menu Items mit passenden Icons sowie zugehörigem Text.

Bild 26.25
Die Menu Items dieses Kontextmenüs wurden dynamisch zur Laufzeit im Code erzeugt.

Alternativ dazu stehen noch die beiden Methoden addMenuItem(withImageNamed:title:action:) sowie addMenuItem(with:title:action:) zum Erstellen von Menu Items zur Verfügung. Beide dienen dazu, eine eigene Grafik aus einem Asset Catalog für das darüber zu erstellende Menu Item zu verwenden. Erstere erwartet den Verweis auf die Grafik in Form des Titels, während letztere eine UIImage-Instanz entgegennimmt.

Im Beispiel in Listing 26.8 sehen Sie die praktische Verwendung der Methode addMenuItem(withImageNamed:title:action:) im Initializer eines Interface-Controllers. Die zugrunde liegende Grafik ist Teil des Asset Catalog der WatchKit App. In Bild 26.26 ist das Ergebnis im watchOS-Simulator zu sehen.

Listing 26.8 Erstellen eines Kontextmenüs mittels eigener Grafiken

```
class InterfaceController: WKInterfaceController {

    override init() {
        super.init()
        addMenuItem(withImageNamed: "Settings", title: "Einstellungen", action:
#selector(openSettings))
    }

    @objc func openSettings() {
        // Open settings...
    }

}
```

Bild 26.26
Auch eigene Grafiken können für Menu Items verwendet werden.

Mithilfe der genannten Methoden können Sie zu jedem Zeitpunkt der App-Ausführung neue Menu Items zu einem Interface-Controller hinzufügen. Zu beachten ist hierbei, dass die maximal unterstützte Anzahl an Menu Items vier beträgt. Zwar können Sie weiterhin die Methoden aufrufen, es werden dann aber keine neuen Menu Items mehr erzeugt und weiterhin nur die vier ersten angezeigt.

Menu Items entfernen

Um eine vollständige Dynamik für die Kontextmenüs zu gewährleisten, können Sie mithilfe der Methode clearAllMenuItems() der WKInterfaceController-Klasse alle Menu Items für einen Interface-Controller entfernen. Anschließend können Sie mithilfe der zuvor genannten Methoden wieder die benötigten Menu Items setzen (oder gänzlich auf ein zuvor bereitgestelltes Kontextmenü verzichten).

Einzelne Menu Items lassen sich nicht entfernen. Auch in diesem Fall müssen Sie zunächst mithilfe von clearAllMenuItems() alle Menu Items entfernen und anschließend die noch immer benötigten neu hinzufügen.

Menu Items aus dem Storyboard können nicht entfernt werden

Der Aufruf der Methode clearAllMenuItems() entfernt nur Menu Items, die Sie *im Code* hinzugefügt haben. Wenn für denselben Interface-Controller auch Menu Items im Storyboard gesetzt werden, werden diese durch den Aufruf nicht entfernt. Im Storyboard gesetzte Menu Items können also nicht entfernt werden und stehen dem Nutzer immer zur Verfügung.

26.3.3 Menu Items in Storyboard und Code mischen

Sowohl Storyboard als auch Code haben beide ihre Vor- und Nachteile, was das Erstellen von Menu Items betrifft. Im Storyboard lässt sich ein Kontextmenü schnell umsetzen, dafür lässt es sich nachträglich zur Laufzeit nicht mehr verändern. Die Umsetzung im Code erlaubt Ihnen hier mehr Dynamik. Sie können Menu Items zu beliebigen Zeitpunkten erstellen und auch wieder entfernen.

Glücklicherweise müssen Sie sich nicht auf eine Lösung festlegen, Menu Items können nämlich auch gemischt werden. So kann ein Interface-Controller beispielsweise ein Menu Item besitzen, das im Storyboard gesetzt wurde, und zur Laufzeit zwei weitere Menu Items aus dem Code heraus erhalten; somit zeigt er im Kontextmenü insgesamt drei zur Verfügung stehende Aktionen an.

Hierbei gilt: Menu Items aus dem Storyboard kommen *vor* denen aus dem Code. Sie werden also als Erstes angezeigt, gefolgt von im Code erstellten Menu Items.

Idealerweise setzen Sie all jene Menu Items im Storyboard um, die statisch sind und sich zu keinem Zeitpunkt dynamisch verändern können. Für alle anderen Menu Items nutzen Sie die vorgestellten Methoden zur Erstellung im Code.

26.3.4 Typische Einsatzzwecke von Kontextmenüs

Wie der Name bereits andeutet, bieten sich Kontextmenüs für kontextabhängige Zusatz-
funktionen an, die auf dem Bildschirm der Apple Watch neben den eigentlichen Informationen zu viel Platz wegnehmen würden. Ein anderer Grund zur Erstellung von Kontextmenüs besteht in der Auslagerung nicht so häufig benötigter Funktionen. Wenn er sie
benötigt, kann der Nutzer die Kontextmenüs per Force Touch einblenden und in ihnen die
gewünschten Funktionen aufrufen.

■ 26.4 Tabellen erstellen

Tabellen gehören zu den wichtigsten Interface-Elementen in der watchOS-Entwicklung. Sie
können für Listen mit einer Vielzahl von statischen oder dynamischen Informationen verwendet werden. Native Apps wie *Mail, Einstellungen, Wetter* und *Training* setzen auf solche
Tabellenansichten.

Basis für solche Tabellen in watchOS-Apps ist die Klasse WKInterfaceTable. Um einem
Interface eine Tabelle hinzuzufügen, suchen Sie in der Objects Library nach dem Interface-
Element *Table* und ziehen es auf den gewünschten Interface-Controller (siehe Bild 26.27).

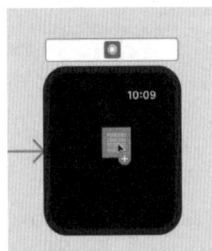

Bild 26.27
Um eine neue Tabelle zu erstellen, ziehen Sie zunächst das Interface-
Element „Table" auf den gewünschten Interface-Controller.

Tabellen sind dynamisch

In watchOS werden die Inhalte für alle Tabellen immer im Code definiert.
Anzahl und Inhalte der Zellen bestimmen Sie programmatisch, es können
keine statischen Tabellen mit festen Zellen im Storyboard erstellt werden.

26.4.1 Aufbau einer Tabelle

In watchOS besitzt jede Tabelle ein oder mehrere sogenannte *Row Controller*. Ein Row Controller definiert das Aussehen einer bestimmten Zelle innerhalb der Tabelle. So ein spezifisches Aussehen einer Zelle wird auch als *Row Type* bezeichnet. Beim Erstellen von Tabellen
nutzen Sie zunächst das Storyboard, um jedes Zellendesign zu gestalten, das Sie benötigen.

Pro Zellendesign benötigen Sie einen Row Type mitsamt zugehörigem Row Controller. Möchten Sie beispielsweise eine To-do-Liste in Form einer Tabelle erstellen, in der jede Zelle ein Label mit dem Namen der Aufgabe anzeigt, genügt es, einen Row Type zu gestalten, der ein solches Label enthält. Möchten Sie bei manchen Aufgaben zusätzlich noch visuell eine Priorität einblenden, erstellen Sie im Storyboard einen zweiten Row Type, der mit einer passenden Grafik versehen ist.

Jeder von Ihnen definierte Row Type einer Tabelle erhält einen eindeutigen Identifier. Diesen Identifier verwenden Sie anschließend im Code, um der Tabelle mitzuteilen, wie viele Zellen sie von welchem Row Type ers tellen und anzeigen soll. Zur Identifikation des Row Types wird im Code dieser zugeordnete Identifier genutzt.

Eine im Storyboard neu hinzugefügte Tabelle verfügt standardmäßig über genau einen Row Type. Dieser wird im Interface durch das Rechteck mit den gestrichelten Rändern und dem *Table Row*-Text im Innern dargestellt (siehe Bild 26.28).

Bild 26.28
Ein Row Type wird im Storyboard durch eine solche Ansicht repräsentiert.

Diesen Row Type können Sie nach Belieben konfigurieren und um die für das Aussehen einer Zelle benötigten Interface-Elemente ergänzen. Beispielsweise können Sie Label für Text hinzufügen und wie gewünscht formatieren oder einen Platzhalter für Bilder setzen. Ziehen Sie dazu einfach die benötigten Interface-Elemente von der Objects Library in den gekennzeichneten Bereich des Row Types (siehe Bild 26.29).

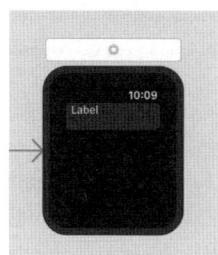

Bild 26.29
Ziehen Sie die gewünschten Elemente von der Objects Library auf den Row Type, um eine Zelle für Ihre Tabelle zu gestalten.

Intern ist ein solcher Row Type nichts anderes als eine Group. Er stellt somit einen vom Rest der Anwendung getrennten Interface-Bereich dar, den Sie frei gestalten können. In der Document Outline Area können Sie den genauen Aufbau einer Tabelle nachvollziehen (siehe Bild 26.30). So befinden sich innerhalb einer Tabelle zunächst ein oder mehrere *Table Row Controller*-Elemente, die dem bereits genannten Row Controller entsprechen. Ein solcher Row Controller enthält immer eine Group. Diese kann nicht gelöscht und Interface-Elemente für eine Zelle können nur innerhalb dieser Group platziert werden.

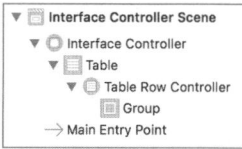

Bild 26.30
Eine Tabelle enthält wenigstens einen Table Row Controller, der das Interface des zugrunde liegenden Row Types in einer Group zusammenfasst.

Wichtig ist – wie beschrieben – jedem Table Row Controller einen eindeutigen Identifier zuzuweisen, um auf die Zelle im Code zugreifen zu können. Um einen solchen Identifier zu setzen, wählen Sie den gewünschten Table Row Controller in der Document Outline Area aus und wechseln in den Attributes Inspector. Dort finden Sie ein Feld *Identifier*, wo Sie den gewünschten Wert eintragen (siehe Bild 26.31). Diesen Identifier nutzen Sie später im Code, um die erstellte Zelle zu laden und in der Tabelle anzuzeigen.

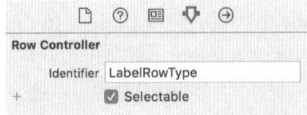

Bild 26.31 Vergeben Sie einen beliebigen eindeutigen Identifier für jeden Row Controller, um dessen zugrunde liegende Zelle darüber im Code laden und konfigurieren zu können.

26.4.2 Row Controller-Klasse erstellen

Für jeden Row Controller einer Tabelle müssen Sie eine zugehörige Klasse im Code erstellen, um eine Zelle dynamisch konfigurieren zu können. Eine solche Klasse erhält typischerweise Outlets für die von Ihnen im Storyboard für den Row Type gesetzten Interface-Elemente. So können Sie Instanzen der Row Controller-Klasse dazu verwenden, auf diese Interface-Elemente zuzugreifen und Ihnen dynamisch Werte zuzuweisen. Bei einer To-do-App können Sie so für eine Zelle mit einem Label pro Aufgabe den gewünschten Aufgabentitel setzen. Eine solche Row Controller-Klasse muss in jedem Fall mindestens von der *Foundation*-Klasse `NSObject` abgeleitet sein. Andere Voraussetzungen muss die Klasse nicht erfüllen.

Wenn Sie eine eigene Row Controller-Klasse auf Basis von `NSObject` innerhalb der WatchKit Extension erstellt haben, wechseln Sie zurück in das Interface-Storyboard der WatchKit App und wählen in der Document Outline Area den gewünschten Table Row Controller aus. Rufen Sie anschließend den Identity Inspector auf und weisen Sie dem Table Row Controller Ihre erstellte Row Controller-Klasse im Feld *Class* zu (siehe Bild 26.32).

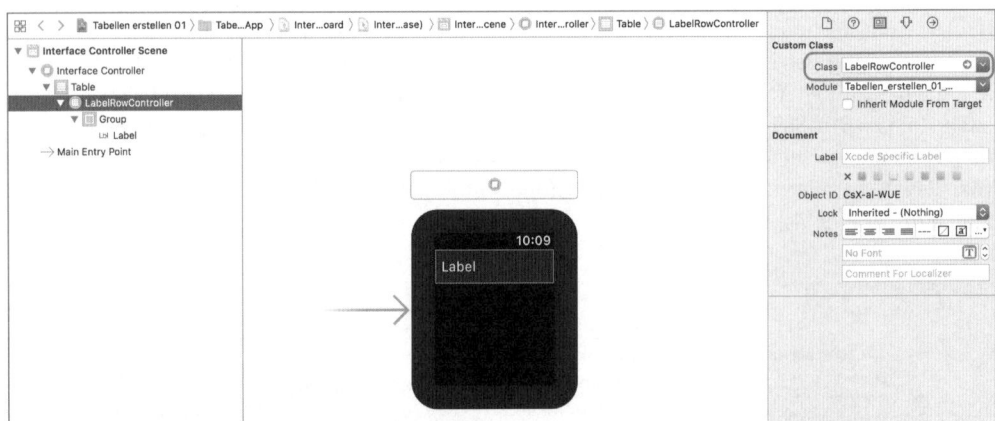

Bild 26.32 Weisen Sie einem Row Controller eine eigene Klasse zu, um die zugrunde liegende Zelle dynamisch im Code konfigurieren zu können.

Sobald die Zuweisung erledigt ist, können Sie in den Assistant Editor wechseln, um Outlets des Row Types zu Ihrer Row Controller-Klasse zu setzen. Diese Outlets nutzen Sie dann dazu, dynamisch passende Werte für die Interface-Elemente eines Row Types zur Laufzeit zu setzen (siehe Bild 26.33).

Bild 26.33 Nutzen Sie die Row Controller-Klasse, um Outlets für die Interface-Elemente des zugrunde liegenden Row Types im Code zu erzeugen.

 Row Controller-Klasse im Assistant Editor

Bisweilen kann es vorkommen, dass Xcode nicht sofort automatisch eine Verbindung zwischen dem Table Row Controller im Storyboard und der von Ihnen erzeugten und zugewiesenen Row Controller-Klasse herstellt. In diesem Fall wird Ihnen die Row Controller-Klasse nach Wechsel in den Assistant Editor nicht im Abschnitt *Automatic* angeboten. In diesem Fall müssen Sie die entsprechende Klasse über die Navigation mit dem Startpunkt *Manual* in Ihrem Projekt suchen und auswählen.

Teilweise reicht aber auch das noch nicht aus und es kann passieren, dass zwar Interface und Row Controller-Klasse korrekt nebeneinander angezeigt werden (so wie es auf dem Screenshot in Bild 26.33 zu sehen ist), allerdings keine Verbindungen in Form von Outlets oder Actions umgesetzt werden können. In einem solchen Fall reicht es in der Regel, das entsprechende Xcode-Projekt zu schließen und erneut zu öffnen.

26.4.3 Zellen erstellen und laden

Bis zum jetzigen Zeitpunkt wurde lediglich das Aussehen der Zellen einer Tabelle bestimmt und für diese passende Row Controller-Klassen erzeugt, die einen Zugriff auf die verschiedenen Interface-Elemente dieser Zellen erlauben. Noch aber wurde nicht definiert, wie viele Zellen der verfügbaren Row Types die Tabelle laden und anzeigen soll.

Für diesen Zweck nutzen wir die Methoden `setRowTypes(_:)` und `setNumberOfRows(_:withRowType:)` der `WKInterfaceTable`-Klasse. Betrachten wir zunächst die Methode `setRowTypes(_:)`. Diese erwartet ein Array mit Elementen vom Typ `String`, wobei es sich um die Identifier der Row Controller handelt, die zuvor für eine Tabelle im Interface-Story-board definiert wurden (siehe Abschnitt 26.4.1, „Aufbau einer Tabelle"). Für jeden String innerhalb dieses Arrays wird genau eine Zelle erstellt. Listing 26.9 zeigt die beispielhafte Verwendung der Methode `setRowTypes(_:)` mit einem einzigen Row Controller mit dem Identifier `LabelRowType`. Dieser Identifier wird dreimal in dem der Methode übergebenen Array gesetzt, was bedeutet, dass die Tabelle drei Zellen dieses Typs anzeigt. Bei dem Iden-tifier handelt es sich um den, der beispielhaft in Abschnitt 26.4.1, „Aufbau einer Tabelle", erstellt und definiert wurde.

Listing 26.9 Setzen der Zellen einer Tabelle mithilfe der Methode `setRowTypes(_:)`

```
// table entspricht einer Instanz der Klasse WKInterfaceTable
table.setRowTypes(["LabelRowType", " LabelRowType", " LabelRowType"])
```

Die Methode `setNumberOfRows(_:withRowType:)` erwartet zwei Informationen: den Row Type, der für die Zellen der Tabelle genutzt werden soll, sowie die Anzahl der Zellen, die auf Basis dieses Row Types in der Tabelle eingefügt werden sollen. Listing 26.10 zeigt ein Bei-spiel zur Verwendung dieser Methode. Über den gezeigten Befehl werden für eine Tabelle fünf Zellen erstellt, die dem Row Type `LabelRowType` entsprechen.

Listing 26.10 Setzen der Zellen einer Tabelle mithilfe der Methode
`setNumberOfRows(_:withRowType:)`

```
// table entspricht einer Instanz der Klasse WKInterfaceTable
table.setNumberOfRows(5, withRowType: "LabelRowType")
```

 Wann nutzt man welche Methode?

Die Methode `setNumberOfRows(_:withRowType:)` ist ideal, wenn eine Tabelle auf Basis eines einzigen Row Types erstellt werden soll. Dann braucht man lediglich die Anzahl der gewünschten Zellen sowie eben den Row Type zu nennen und erhält aufgrund dessen die passend konfigurierte Tabelle. Allerdings ist diese Methode nicht sehr flexibel. Spätestens wenn man ein zweites Zellenlayout in Form eines zusätzlichen Row Types in einer Tabelle einbinden möchte, kann die Methode nicht mehr genutzt werden, da sie ausschließlich auf einen Row Type beschränkt ist.

Bei mehreren verschiedenen Row Types, die in einer Tabelle gemischt werden sollen, kommt die Methode `setRowTypes(_:)` zum Einsatz. Hier übergibt man schlicht ein Array, dessen Aufbau dem der Zellen entspricht, die in der Tabelle umgesetzt werden. Das kann aber auch zur Folge haben, dass ein und der-selbe Row Type mehr als einmal in diesem Array übergeben wird, wenn mehr als eine Zelle auf dessen Basis in der Tabelle angezeigt werden soll.

Ein konkretes Beispiel soll das Erstellen der Zellen für eine Tabelle einmal demonstrieren. Dazu wird zunächst ein neues watchOS-Projekt erstellt und dem initialen Interface-Control-ler eine Tabelle zugewiesen. Dem Row Type dieser Zelle wird ein Label hinzugefügt und ein passender Identifier vergeben (in diesem Beispiel lautet er `LabelRowType`). Ebenso wird eine Klasse für den Row Controller des Row Types erstellt und im Interface-Storyboard zugewiesen. Für das Label des Row Types wird ein Outlet in der erstellten Row Controller-Klasse gesetzt (wie das funktioniert, verrät Abschnitt 26.4.2, „Row Controller-Klasse erstellen").

Mit dieser Basis ruft man anschließend das Interface-Storyboard auf und wählt den initialen Interface-Controller aus. Öffnen Sie den Assistant Editor und erstellen Sie ein Outlet für die Tabelle im Code der zugrunde liegenden `InterfaceController`-Klasse (siehe Bild 26.34). Nutzen Sie idealerweise die Document Outline Area, um tatsächlich für die Tabelle und nicht aus Versehen für ein anderes Element ein Outlet zu generieren.

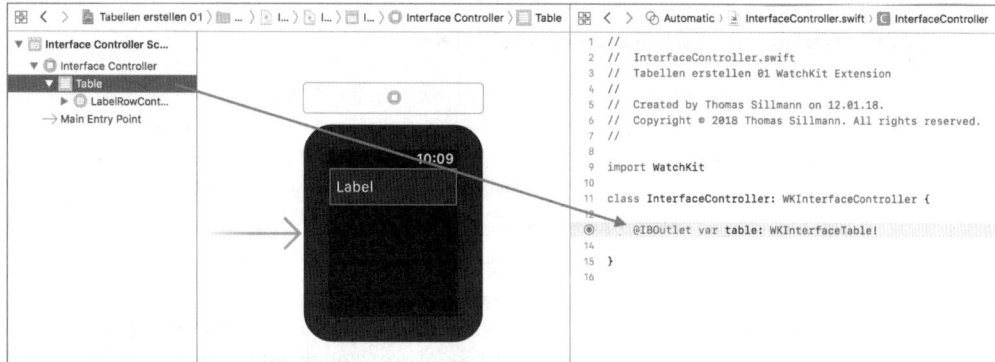

Bild 26.34 Um im Code mit der Tabelle arbeiten und sie konfigurieren zu können, muss ein Outlet erstellt werden.

Das Outlet für eine `WKInterfaceTable` ist zwingend notwendig, um die Tabelle überhaupt passend erstellen und konfigurieren zu können. Auf dem Outlet müssen wir die Methode `setRowTypes(_:)` oder `setNumberOfRows(_:withRowType:)` aufrufen, um die Tabelle mit Zellen zu füllen. Andernfalls zeigt die Tabelle schlicht keine einzige Zelle an, ganz gleich, wie viele Row Types definiert wurden.

Um also nun die Anzahl der Zellen für die Tabelle festzulegen, überschreiben wir den Initializer `init()` in der `InterfaceController`-Klasse. Darin nutzen wir die Methode `setNumberOfRows(_:withRowType:)`, um für die Tabelle insgesamt drei Zellen vom erstellten Row Type `LabelRowType` zu setzen. Die vollständige Implementierung der `Interface Controller`-Klasse sehen Sie in Listing 26.11.

Listing 26.11 Erstellen einer Tabelle

```
class InterfaceController: WKInterfaceController {

    @IBOutlet var table: WKInterfaceTable!

    override init() {
        super.init()
        table.setNumberOfRows(3, withRowType: "LabelRowType")
    }

}
```

Das Ergebnis dieses Beispiels sehen Sie in Bild 26.35. Es werden insgesamt drei Zellen erstellt, die dem Design des Row Types `LabelRowType` entsprechen.

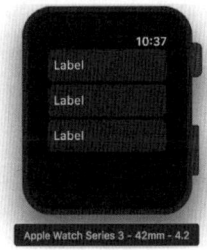

Bild 26.35
Die erstellte Tabelle verfügt über insgesamt drei Zellen vom Typ
LabelRowType.

Tabellen in watchOS laden alle Zellen

Unter iOS mithilfe der Klasse UITableView erstellte Zellen verfügen über einen
Mechanismus, um nur die Zellen zu laden, die auch aktuell auf dem Bildschirm
angezeigt werden. Das spart Ressourcen und ermöglicht selbst das Erstellen
von Tabellen mit tausenden von Einträgen, da immer nur diejenigen im Speicher
landen, die gerade gebraucht werden.

Unter watchOS ist das nicht so. Definiert man auf die beschriebene Art und
Weise die Anzahl und Art der Zellen einer Tabelle, dann werden alle diese Zellen
erstellt und existieren somit im Speicher. Das gilt es insbesondere bei sehr
umfangreichen Listen zu berücksichtigen. Sie sollten daher immer darauf
achten, nur die wirklich notwendigen Elemente in einer Tabelle auf der
Apple Watch anzuzeigen, da sonst die Performance merklich leiden kann.

26.4.4 Zellen konfigurieren

Mit dem bisher erlangten Wissen sind wir in der Lage, einen Row Type für eine Tabelle zu
gestalten und im Code eine beliebige Anzahl von Zellen für den Row Type zu laden und
anzuzeigen. Was nun noch fehlt, ist die *Anpassung* dieser Zellen, denn ohne weitere Konfiguration sehen wir nur exakt die Inhalte, die im jeweiligen Row Type definiert wurden und
die lediglich als Platzhalter für den eigentlichen Content dienen.

Die Basis zur Konfiguration der Zellen einer WKInterfaceTable sind die Row Controller-
Klassen, die man idealerweise für jeden Row Type erzeugt. Ohne eine solche Klasse ist
keine Anpassung der Zellen möglich.

In Abschnitt 26.4.2, „Row Controller-Klasse erstellen", wurde bereits gezeigt, wie man eine
passende Row Controller-Klasse erstellt und die zugehörigen Outlets für die Zelle setzt.
Durch das Konfigurieren einer WKInterfaceTable mit den Methoden setRowTypes(_:)
beziehungsweise setNumberOfRows(_:withRowType:) werden nicht nur die Zellen in der
Tabelle erstellt und angezeigt. Es wird auch für jede Zelle eine Instanz der zugehörigen Row
Controller-Klasse erzeugt und als Teil der Tabelle gespeichert. Die Tabelle enthält somit
eine Row Controller-Instanz für jede Zelle, die sie anzeigt. Diese Row Controller-Instanz
kann ausgelesen werden und die gesetzten Outlets können anschließend genutzt werden,
um die zugrunde liegende Zelle zu konfigurieren.

Demonstriert werden soll das Ganze an einem Beispiel, das auf dem Projekt aus Abschnitt 26.4.3, „Zellen erstellen und laden", basiert. Den drei Zellen, die in dieser App angezeigt werden, soll dynamisch der Text *Zelle X* zugewiesen werden (wobei das X für die Nummer der Zelle in der Tabelle steht, beginnend bei 0).

Um dieses Ziel zu erreichen, müssen die Row Controller-Instanzen der drei Zellen ausgelesen und deren Label-Outlet muss entsprechend konfiguriert werden. Für das Auslesen der Instanzen kommt die Methode rowController(at:) der WKInterfaceTable-Klasse zum Einsatz. Diese erwartet als Parameter den Index der Zelle, dessen Row Controller-Instanz zurückgeliefert werden soll. Wie bei einem Array beginnt der Index der Zellen einer Tabelle mit 0 für die erste Zelle, 1 entspricht dann der zweiten Zelle, 2 der dritten und so weiter.

Zu beachten ist der Rückgabetyp der Methode rowController(at:): Es handelt sich hier um ein Optional vom Typ Any, da WKInterfaceTable ja im Allgemeinen unmöglich wissen kann, welche Klasse als Grundlage für eine Zelle fungiert. Es ist also noch ein entsprechendes Type Casting notwendig, um die einer Zelle zugewiesene Row Controller-Klasse zu erhalten und die Zelle entsprechend konfigurieren zu können.

In Listing 26.12 sehen Sie ein konkretes Beispiel zur Verwendung der Methode rowController(at:) (es baut auf dem Beispiel aus Listing 26.11 auf). Dort wird die passende Row Controller-Instanz für die zweite Zelle (mit dem Index 1) ausgelesen und in den passenden Typ LabelRowController gecastet. Anschließend wird diese Instanz genutzt, um auf das Label-Outlet des Row Controllers zuzugreifen und diesem den gewünschten Text zuzuweisen *(Zelle 1)*. Die Konfiguration der Tabelle findet in einer separaten Methode namens configureTable() statt, die vom Initializer des Interface-Controllers aus aufgerufen wird.

Listing 26.12 Konfigurieren einer Zelle

```
class InterfaceController: WKInterfaceController {

    @IBOutlet var table: WKInterfaceTable!

    override init() {
        super.init()
        table.setNumberOfRows(3, withRowType: "LabelRowType")
        configureTable()
    }

    func configureTable() {
        let labelRowController = table.rowController(at: 1) as! LabelRowController
        labelRowController.label.setText("Zelle 1")
    }

}
```

Das Ergebnis dieses Beispiels sehen Sie in Bild 26.36. Während die erste und letzte Zelle weiterhin lediglich dem grundlegenden Design des Row Types entsprechen, wurde die zweite Zelle dynamisch angepasst, indem auf den zugrunde liegenden Row Controller zugegriffen und darüber der Wert des Labels verändert wurde.

Bild 26.36
Die zweite Zelle der Tabelle wurde erfolgreich dynamisch angepasst.

Um dieses Beispiel nun final abzuschließen, optimieren wir den Code innerhalb der erstellten `configureTable()`-Methode. Statt nun für jede Zelle einzeln den passenden Row Controller auszulesen und einen statischen String für das Label zu setzen, nutzen wir eine for-in-Schleife. Als Basis für die Schleife dient die Anzahl der Zellen der Tabelle, die wir dynamisch mithilfe der Property `numberOfRows` der `WKInterfaceTable`-Klasse auslesen können. Für jede Zelle laden wir dann dynamisch den passenden Row Controller und setzen den Text für das Label. Die entsprechend überarbeitete Implementierung der `configure Table()`-Methode zeigt Listing 26.13.

Listing 26.13 Dynamische Anpassung aller Zellen der Tabelle

```
func configureTable() {
    for row in 0..<table.numberOfRows {
        let labelRowController = table.rowController(at: row) as! LabelRowController
        labelRowController.label.setText("Zelle \(row)")
    }
}
```

Führen wir dieses Projekt aus, erhalten wir ein Ergebnis wie in Bild 26.37 zu sehen. Es wurde auf jeden Row Controller jeder Zelle zugegriffen und dieser dazu genutzt, den Text des angezeigten Labels passend zu ändern.

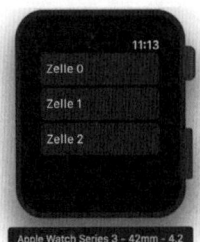

Bild 26.37
Alle Zellen der Tabelle wurden dynamisch angepasst.

 Ablauf zur Erstellung von Tabellen

Das demonstrierte Vorgehen zum Erstellen von Tabellen in watchOS setzt sich aus den folgenden Schritten zusammen:

1. Erstellen einer Tabelle im Storyboard.

2. Erstellen und Konfigurieren der Interfaces der Row Types einer Tabelle.

3. Setzen eines eindeutigen Identifiers für jeden Row Type.

4. Erstellen einer Row Controller-Klasse für jeden Row Type (nur dann können die Interface-Elemente einer Zelle dynamisch im Code angepasst und verändert werden).

5. Zuweisung der Row Controller-Klassen im Storyboard und Setzen der benötigten Outlets.

6. Erstellen der Zellen einer Tabelle im Code.

7. Konfiguration der Zellen.

26.4.5 Tabelle mit verschiedenen Row Controllern umsetzen

Möchte man innerhalb einer Tabelle verschiedene Zell-Layouts mischen, so muss für jedes gewünschte Layout ein eigener Row Type inklusive zugehörigem Row Controller generiert werden. Standardmäßig erhält man im Storyboard mit einer neu erstellten Tabelle immer einen solchen Row Type. Um weitere hinzuzufügen, wählt man die Tabelle im Interface-Storyboard aus (am einfachsten gelingt das über die Document Outline Area) und gibt im Attributes Inspector im Feld *Prototypes* die Anzahl der gewünschten Row Types an (siehe Bild 26.38).

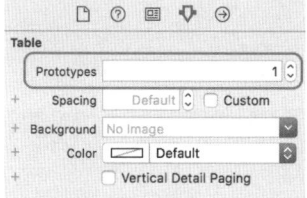

Bild 26.38
Im Prototypes-Feld geben Sie die Anzahl von Row Types an, die Sie innerhalb einer Tabelle verwenden möchten.

Für jeden Row Type wird das Interface der Tabelle um einen weiteren Row Controller mitsamt Group ergänzt (siehe Bild 26.39). Die jeweilige Group wird dazu genutzt, um den jeweiligen Row Type zu gestalten und zu konfigurieren (siehe Bild 26.40).

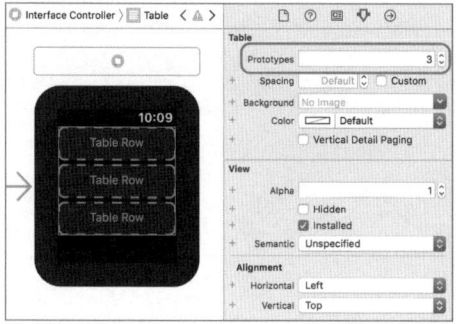

Bild 26.39
Für jeden Row Prototype wird im Interface eine passende Group eingeblendet, ...

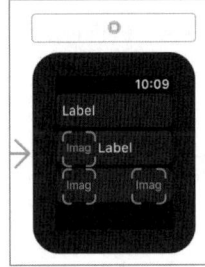

Bild 26.40
... die Sie anschließend nach Belieben frei gestalten und konfigurieren
können.

Um jeden dieser Row Types im Code nutzen und zusammen mit der Tabelle laden zu können, müssen Sie jeden mit einem eindeutigen Identifier versehen. Zusätzlich müssen Sie pro Row Type eine passende Row Controller-Klasse generieren und mit den Row Types verknüpfen, um so Outlets für die Interfaces eines Row Types zu setzen und diese im Code dynamisch manipulieren zu können. Das Vorgehen ist hierbei immer dasselbe (und im Detail in Abschnitt 26.4.2, „Row Controller-Klasse erstellen", beschrieben). In dem gezeigten Beispiel können den verschiedenen Row Types beispielsweise nacheinander die Identifier `LabelRowType`, `ImageLabelRowType` und `DoubleImageRowType` zugewiesen werden (siehe Bild 26.41). Die Row Controller-Klassen für die Zellen erhalten in diesem Beispiel die Bezeichner `LabelRowController`, `ImageLabelRowController` und `DoubleImageRowController`. Ihre jeweilige Implementierung besteht einzig und allein aus den passenden Outlets der jeweiligen Zelle (siehe Listing 26.14).

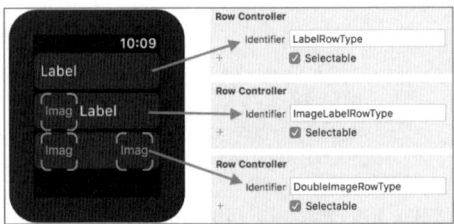

Bild 26.41 Jeder Row Type muss mit einem passenden Identifier versehen werden, um die zugrunde liegende Zelle im Code ansprechen und nutzen zu können.

Listing 26.14 Implementierung der verschiedenen Row Controller-Klassen

```
class LabelRowController: NSObject {

    @IBOutlet var label: WKInterfaceLabel!

}

class ImageLabelRowController: NSObject {

    @IBOutlet var image: WKInterfaceImage!

    @IBOutlet var label: WKInterfaceLabel!

}
```

```
class DoubleImageRowController: NSObject {

    @IBOutlet var firstImage: WKInterfaceImage!

    @IBOutlet var secondImage: WKInterfaceImage!

}
```

Beim Erstellen der eigentlichen Tabelle im Code müssen Sie anschließend zwingend die Methode `setRowTypes(_:)` verwenden (siehe hierzu auch den Abschnitt 26.4.3, „Zellen erstellen und laden"). Die Methode `setNumberOfRows(_:withRowType:)` kann in diesem Fall nicht verwendet werden, da sie dazu dient, ausschließlich Zellen eines einzigen Row Types in einer Tabelle zu laden, wir aber in diesem Beispiel drei verschiedene Row Types einsetzen.

In Listing 26.15 sehen Sie hierzu die beispielhafte Implementierung des Interface-Controllers, für den zuvor die Tabelle auf die gezeigte Art und Weise im Storyboard erstellt wurde. Wichtig, damit das Beispiel funktioniert, ist das Setzen eines Outlets für die Tabelle im Code der Interface-Controller-Klasse, da andernfalls die Tabelle nicht mittels `setRowTypes(_:)` konfiguriert werden kann.

Listing 26.15 Erstellen einer Tabelle mit verschiedenen Row Types

```
class InterfaceController: WKInterfaceController {

    @IBOutlet var table: WKInterfaceTable!

    override init() {
        super.init()
        table.setRowTypes(["LabelImageRowType", "DoubleImageRowType", "LabelRowType",
"DoubleImageRowType"])
    }

}
```

In diesem Beispiel wird eine Tabelle mit insgesamt vier Zellen erstellt; zunächst eine vom Typ `LabelImageRowType`, anschließend eine vom Typ `DoubleImageRowType`, gefolgt von `LabelRowType` und zum Abschluss eine weitere Zelle vom Typ `DoubleImageRowType`.

Damit ist im ersten Schritt sichergestellt, dass die gewünschten Zellen in der Tabelle geladen und angezeigt werden. Allerdings fehlt noch jegliche dynamische Konfiguration dieser Zellen, sodass das bisherige Ergebnis bei Ausführung der App in etwa so aussieht wie in Bild 26.42 zu sehen. Die Labels zeigen nur ihren statischen Text und Bilder werden überhaupt nicht angezeigt (da keine gesetzt sind).

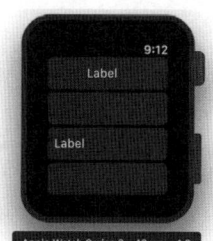

Bild 26.42
Zwar werden die verschiedenen Zellen bereits mit ihren unterschiedlichen Details angezeigt, es fehlt aber noch gänzlich an dynamischen Inhalten und Anpassungen (wie das Setzen passender Bilder für die Image-Elemente).

In Abschnitt 26.4.4, „Zellen konfigurieren", haben wir bereits erfahren, wie wir Zellen dynamisch mit Inhalten füllen können, indem wir die jeweilige Row Controller-Instanz einer Zelle auslesen und diese dazu verwenden, die Zelle zu konfigurieren. Bei Verwendung verschiedener Row Types in einer Tabelle ist allerdings Vorsicht geboten. Da die mittels der Methode rowController(at:) ausgelesene Row Controller-Instanz in die eigens definierte Row Controller-Klasse gecastet werden muss, muss man immer überprüfen, welche Klasse die richtige für die gewünschte Zelle ist. Würde man in dem bisher gezeigten Beispiel den Row Controller der ersten Zelle versehentlich in einen LabelRowController casten, würde das zum Absturz der App führen, da es sich hierbei um einen ImageLabelRowController handelt.

Um dieses Problem zu lösen und jede Zelle dynamisch im Code anzupassen, erstelle ich mehrere Hilfsmethoden. Dazu gehören zunächst drei Methoden, die sich um die Konfiguration eines spezifischen Row Types beziehungsweise Row Controllers kümmern. Als Parameter erhalten sie den Index der Zelle, für die sie konfiguriert werden sollen.

Listing 26.16 zeigt, wie diese drei Methoden innerhalb der InterfaceController-Klasse implementiert sind. configureLabelRowController(forRow:) kümmert sich um die Konfiguration von Zellen vom Typ LabelRowType und weist der label-Property einen passenden Text zu. configureImageLabelRowController(forRow:) konfiguriert Zellen vom Typ ImageLabelRowType, wobei der label-Property ebenfalls ein passender Text und der Image-View ein passendes Bild zugewiesen wird. Zu guter Letzt kümmert sich die Methode configureDoubleImageRowController(forRow:) darum, Zellen vom Typ DoubleImageRowType zwei passende Bilder zuzuweisen. Für die Bilder in diesem Beispiel werden übrigens simple Grafiken verwendet, deren Namen dem Index der Zellen entsprechen (0, 1, 2 und so weiter).

Listing 26.16 Methoden zur Konfiguration der verschiedenen Row Controller

```
func configureLabelRowController(forRow row: Int) {
    let labelRowController = table.rowController(at: row) as! LabelRowController
    labelRowController.label.setText("Zelle \(row)")
}

func configureImageLabelRowController(forRow row: Int) {
    let labelImageRowController = table.rowController(at: row) as!
ImageLabelRowController
    labelImageRowController.label.setText("Zelle \(row)")
    labelImageRowController.image.setImage(UIImage(named: "\(row)"))
}

func configureDoubleImageRowController(forRow row: Int) {
    let doubleImageRowController = table.rowController(at: row) as!
DoubleImageRowController
    doubleImageRowController.firstImage.setImage(UIImage(named: "\(row)"))
    doubleImageRowController.secondImage.setImage(UIImage(named: "\(row + 1)"))
}
```

Um die eigentliche Tabelle mit ihren Zellen nun korrekt zu konfigurieren, müssen noch die eben erstellten Methoden passend aufgerufen werden. Dazu wird innerhalb der InterfaceController-Klasse eine weitere Methode namens configureTable() erstellt, die für jede Zelle die passende Methode aufruft und dabei den zugehörigen Index als Parameter übergibt. Den Code dazu finden Sie in Listing 26.17.

Listing 26.17 Methode zur Konfiguration der verschiedenen Zellen

```
func configureTable() {
    configureImageLabelRowController(forRow: 0)
    configureDoubleImageRowController(forRow: 1)
    configureLabelRowController(forRow: 2)
    configureDoubleImageRowController(forRow: 3)
}
```

Abschließend muss die eben erstellte `configureTable()`-Methode nur noch an passender Stelle (beispielsweise im Initializer) aufgerufen werden, und die Tabelle wird entsprechend konfiguriert (so wie in Bild 26.43 zu sehen).

Bild 26.43
Die Tabelle nutzt verschiedene Row Types zur Anzeige ihrer Zellen.

Der vollständige Code der `InterfaceController`-Klasse ist noch einmal in Listing 26.18 zusammengefasst.

Listing 26.18 Vollständige Implementierung der `InterfaceController`-Klasse

```
class InterfaceController: WKInterfaceController {

    @IBOutlet var table: WKInterfaceTable!

    override init() {
        super.init()
        table.setRowTypes(["ImageLabelRowType", "DoubleImageRowType", "LabelRowType",
"DoubleImageRowType"])
        configureTable()
    }

    func configureTable() {
        configureImageLabelRowController(forRow: 0)
        configureDoubleImageRowController(forRow: 1)
        configureLabelRowController(forRow: 2)
        configureDoubleImageRowController(forRow: 3)
    }

    func configureLabelRowController(forRow row: Int) {
        let labelRowController = table.rowController(at: row) as! LabelRowController
        labelRowController.label.setText("Zelle \(row)")
    }

    func configureImageLabelRowController(forRow row: Int) {
        let labelImageRowController = table.rowController(at: row) as!
ImageLabelRowController
        labelImageRowController.label.setText("Zelle \(row)")
        labelImageRowController.image.setImage(UIImage(named: "\(row)"))
```

```
    }

    func configureDoubleImageRowController(forRow row: Int) {
        let doubleImageRowController = table.rowController(at: row) as!
DoubleImageRowController
        doubleImageRowController.firstImage.setImage(UIImage(named: "\(row)"))
        doubleImageRowController.secondImage.setImage(UIImage(named: "\(row + 1)"))
    }

}
```

26.4.6 Auf Zellenauswahl reagieren

Neben der Anzeige von bestimmten Informationen gehört das Auswählen von Zellen zu den am häufigsten benötigten Aktionen im Zusammenspiel mit einer Tabelle. Generell gibt es zwei Vorgehensweisen, wie Sie die Auswahl einer Zelle unter watchOS steuern können. Ein Weg führt über den Code, der andere über das Storyboard. Beide Varianten werden Ihnen in den folgenden Abschnitten im Detail vorgestellt.

26.4.6.1 Umsetzung im Code

Die Klasse WKInterfaceController bringt eine Methode namens table(_:didSelectRowAt:) mit, mit deren Hilfe Sie die Auswahl einer Tabellenzelle im Code abfangen können. Sie wird automatisch ausgelöst, sobald ein Interface-Controller eine Tabelle besitzt und eine Zelle ausgewählt wird; Sie müssen also keinerlei Vorkehrungen für eine entsprechende Kopplung treffen.

Als Parameter übergibt Ihnen die Methode die WKInterfaceTable-Instanz, auf der eine Zelle ausgewählt wurde (schließlich kann ein Interface-Controller theoretisch mehrere verschiedene Tabellen beinhalten), sowie den Index der gewählten Zelle. Diese Informationen können Sie dazu nutzen, anschließend die gewünschten Aktionen durchzuführen.

Die Funktionsweise der Methode table(_:didSelectRowAt:) soll anhand eines Beispiels verdeutlicht werden. Basis ist erneut ein neues watchOS-Projekt, dessen initialem Interface-Controller eine Tabelle hinzugefügt wird. Diese Tabelle besitzt einen Row Type, der mit einem Label versehen wird (um darüber pro Zelle einen eindeutigen Text ausgeben zu können). Es wird ein Identifier für den Row Type (LabelRowType) definiert und eine passende Row Controller-Klasse (LabelRowController) erstellt, der ein Outlet für das Label der Zelle zugewiesen wird (siehe Bild 26.44). Mehr über das Erstellen und Koppeln einer Row Controller-Klasse erfahren Sie in Abschnitt 26.4.2, „Row Controller-Klasse erstellen".

Die grundlegende Konfiguration der Tabelle sehen Sie in Listing 26.19. Der zugrunde liegende Interface-Controller erhält ein Outlet für die Tabelle und erstellt in seinem Initializer zehn Zellen, denen jeweils ein passender Text für das Label zugewiesen wird. Wenn Sie diesen Code ausführen, wird Ihnen eine schlichte Tabelle mit zehn Zellen angezeigt (siehe Bild 26.45).

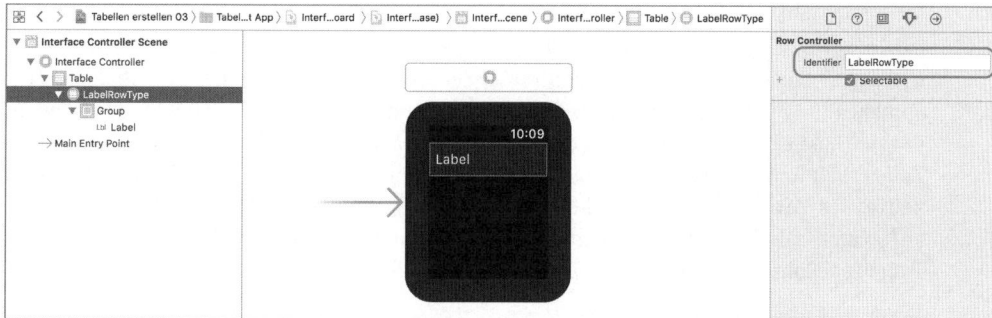

Bild 26.44 Dem Row Type der Tabelle wird ein Label hinzugefügt und es wird ein passender Identifier gesetzt.

Listing 26.19 Basisimplementierung der Tabelle

```
class InterfaceController: WKInterfaceController {

    @IBOutlet var table: WKInterfaceTable!

    override init() {
        super.init()
        table.setNumberOfRows(10, withRowType: "LabelRowType")
        configureTable()
    }

    func configureTable() {
        for row in 0..<table.numberOfRows {
            // LabelRowController ist die verwendete Row
            // Controller-Klasse für den im
            // Interface-Storyboard erstellten Row Type, das
            // Outlet label verweist auf das entsprechende
            // Interface-Element.
            let labelRowController = table.rowController(at: row) as!
LabelRowController
            labelRowController.label.setText("Zelle \(row)")
        }
    }

}
```

Bild 26.45
Die Beispiel-App zeigt eine Liste von schlichten Zellen an.

Um nun auf die Auswahl einer der Zellen zu reagieren, muss die Methode `table(_:didSelectRowAt:)` in der `InterfaceController`-Klasse überschrieben werden. In diesem Beispiel soll bei Auswahl einer Zelle ein Alert erscheinen, der über die entsprechende Auswahl informiert. Dazu wird eine passende Hilfsmethode namens `presentRowSelectionAlert(forRow:)` erstellt, die als Parameter den Index der gewählten Zelle erhält und daraus den Alert generiert und einblendet. Innerhalb der überschriebenen `table(_:didSelectRowAt:)`-Methode wird dann `presentRowSelectionAlert(forRow:)` aufgerufen. Die Ergänzung und Implementierung dieser beiden Methoden innerhalb der `InterfaceController`-Klasse finden Sie in Listing 26.20.

Listing 26.20 Reaktion auf die Auswahl einer Zelle

```
class InterfaceController: WKInterfaceController {

    <bisherige Implementierung der Klasse aus Listing 26.19>

    override func table(_ table: WKInterfaceTable, didSelectRowAt rowIndex: Int) {
        presentRowSelectionAlert(forRow: rowIndex)
    }

    func presentRowSelectionAlert(forRow row: Int) {
        let cancelAction = WKAlertAction(title: "Okay", style: .default) { }
        presentAlert(withTitle: "Zelle \(row)", message: "Du hast Zelle \(row)
ausgewählt!", preferredStyle: .alert, actions: [cancelAction])
    }

}
```

Wenn Sie das Projekt nun ausführen, wird bei jeder Auswahl einer Zelle ein Alert mit einem passenden Hinweistext eingeblendet (siehe Bild 26.46).

Bild 26.46
Die Auswahl einer Zelle wird dynamisch im Code abgefangen.

 Reaktion im Code ist flexibel

Die gezeigte Art und Weise, auf die Auswahl einer Zelle zu reagieren, stellt die flexibelste Möglichkeit in watchOS dar. Sie können so neue Interface-Controller einblenden, Alerts anzeigen, eine Einstellung verändern und jede beliebige weitere Aktion durchführen, die Sie einfach in der Methode `table(_:didSelectRowAt:)` implementieren. Wenn Sie hingegen das Storyboard zur Auswahl einer Zelle verwenden, ist die einzig verfügbare Aktion das Einblenden eines neuen Interface-Controllers. In vielen Fällen ist das auch durchaus gewünscht, das in diesem Abschnitt gezeigte Beispiel ließe sich aber so nicht umsetzen. Denken Sie daran, wenn Sie planen, was bei Auswahl einer Zelle geschehen soll. Mehr zur Reaktion auf eine Zellenauswahl über das Storyboard erfahren Sie im folgenden Abschnitt 26.4.6.2, „Umsetzung im Storyboard".

26.4.6.2 Umsetzung im Storyboard

Um die Auswahl einer Tabellenzelle über das Storyboard umzusetzen geht man zunächst genauso vor wie beim Setzen sonstiger Segues auch. Dazu wählen Sie den gewünschten Row Type aus, von dem aus ein Aufruf eines anderen Interface-Controllers erfolgen soll, und ziehen von diesem eine Verbindung zum gewünschten Ziel. Wählen Sie den Row Type dazu am besten in der Document Outline Area aus (siehe Bild 26.47).

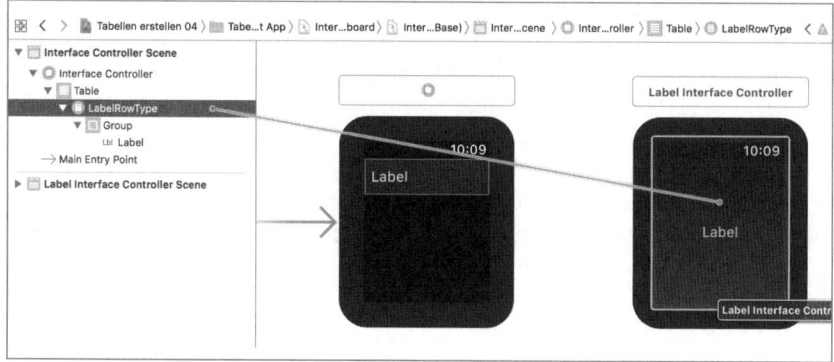

Bild 26.47 Um eine Zellenauswahl im Storyboard umzusetzen, ziehen Sie eine Verbindung von einem Row Type zum gewünschten Ziel-Interface-Controller.

Durch solch eine Verbindung legen Sie fest, dass bei Auswahl jeder Zelle des zugrunde liegenden Row Types der gewählte Interface-Controller aufgerufen und eingeblendet wird. Probieren Sie es gerne einmal selbst aus: Erstellen Sie ein neues watchOS-Projekt und fügen Sie dem initialen Interface-Controller eine neue `WKInterfaceTable`-Instanz hinzu. Erstellen Sie einen eigenen Row Type (beispielsweise eine Zelle mit einem Label, so wie in Bild 26.47 zu sehen) und stellen Sie eine Verbindung zu einem zweiten Interface-Controller her, den Sie dem Storyboard hinzufügen. Wenn Sie nun im Code des initialen Interface-Controllers Ihre Tabelle mit einigen Zellen füllen und das Projekt ausführen, werden Sie feststellen, dass die Auswahl jeder beliebigen Zelle zum Aufruf des von Ihnen gewählten Ziel-Interface-Controllers führt (siehe Bild 26.48).

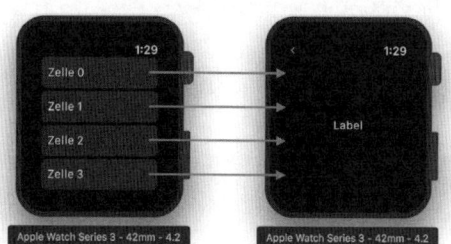

Bild 26.48 Durch den im Storyboard gesetzten Segue wird bei Auswahl einer Zelle des zugrunde liegenden Row Types der gewünschte Ziel-Interface-Controller aufgerufen und angezeigt.

In vielen Fällen benötigt Ihre App jedoch noch deutlich mehr Dynamik. Die fehlt bisher, da zwar die Auswahl einer Zelle zum Aufruf des gewünschten Ziels führt, allerdings keine weiteren Informationen übergeben werden. In einer To-do-App würde man beispielsweise bei Auswahl einer Aufgabe aus einer Tabelle immer denselben Interface-Controller zur Anzeige der Details laden, dabei aber gleichzeitig die gewählte Aufgabe übergeben, um die Zielansicht dynamisch anpassen zu können.

Zu diesem Zweck stellt die `WKInterfaceController`-Klasse eine passende Methode bereit, die speziell für die Verwendung von Tabellen ausgelegt ist: `contextForSegue (withIdentifier:in:rowIndex:)`. Sie wird automatisch vom System aufgerufen, wenn aus einer Tabelle heraus ein Segue ausgelöst wird (so wie in dem zuvor beschriebenen Beispiel). Als Parameter erhält man den Identifier des Segues, die Tabelle, in der eine Zelle ausgewählt wurde, sowie den Index der ausgewählten Zelle.

Um die Funktionsweise dieser Methode einmal zu demonstrieren, implementieren wir sie im Code unserer Interface-Controller-Klasse. Zuvor weisen wir dem Segue, der von der Tabelle aus den Ziel-Interface-Controller aufruft, im Storyboard noch den Identifier `showLabelInterface` zu (siehe Bild 26.49). Diesen fragen wir anschließend in der über-schriebenen `contextForSegue(withIdentifier:in:rowIndex:)`-Methode ab, um sicher-zustellen, dass wir auf diesen Segue und nicht auf einen möglichen weiteren reagieren. Als Ergebnis liefern wir bei passendem Identifier den String der ausgewählten Zelle zurück, die wir mithilfe des `rowIndex`-Parameters einfach ermitteln können. Die komplette Implemen-tierung dieser Methode sowie der gesamten `InterfaceController`-Klasse sehen Sie in Lis-ting 26.21.

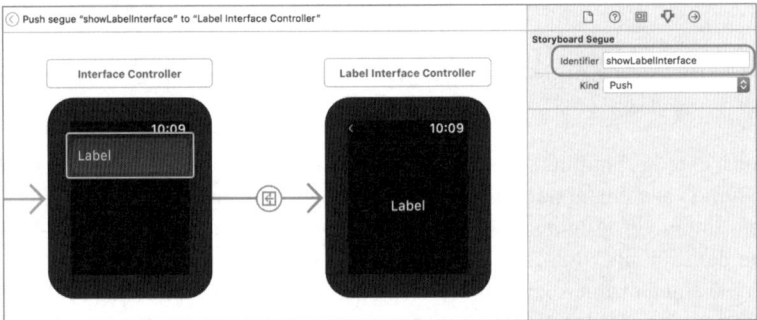

Bild 26.49 Der Segue, der vom Row Type der Tabelle aus zum gewünschten Ziel-Interface-Controller führt, wird zusätzlich noch mit einem Identifier versehen.

Listing 26.21 Übergabe eines context-Objekts bei Auswahl einer Zelle mittels Segue

```
class InterfaceController: WKInterfaceController {

    @IBOutlet var table: WKInterfaceTable!

    override init() {
        super.init()
        table.setNumberOfRows(10, withRowType: "LabelRowType")
        configureTable()
    }
```

```
    func configureTable() {
        for row in 0..<table.numberOfRows {
            let labelRowController = table.rowController(at: row) as!
LabelRowController
            labelRowController.label.setText("Zelle \(row)")
        }
    }

    override func contextForSegue(withIdentifier segueIdentifier: String, in table:
WKInterfaceTable, rowIndex: Int) -> Any? {
        if segueIdentifier == "showLabelInterface" {
            return "Zelle \(rowIndex)"
        }
        return nil
    }

}
```

 Alternative für Page-Based Interfaces

Möglicherweise soll die Auswahl einer Zelle nicht nur *einen*, sondern *mehrere* Ziel-Interface-Controller auf Basis eines Page-Based Interfaces erstellen und einblenden. In diesem Fall würde die Methode contextForSegue(with Identifier:in:rowIndex:) nicht greifen, da sie nur ein context-Objekt übergibt und dieses sich sehr wahrscheinlich für jeden Interface-Controller des Ziel-Page-Based-Interfaces unterscheidet.

In solchen Fällen kommt die Methode contexts**s**ForSegue(withIdentifier: in:rowIndex:) der WKInterfaceController-Klasse zum Einsatz (man beachte die Mehrzahl contexts zu Beginn des Methodennamens). Sie funktioniert genauso wie die Methode contextsForSegue(withIdentifier:) und erwartet als Rückgabewert ein Array, das für jeden Interface-Controller des anzuzeigenden Page-Based Interfaces ein context-Objekt enthält. Als Parameter übergibt auch diese Methode den Identifier des Segues, die Tabelle sowie den Index der Zelle, die ausgewählt wurde.

Einen solchen Segue eines Row Types können Sie übrigens auch aus dem Code heraus auslösen. Die Klasse WKInterfaceTable bringt zu diesem Zweck die Methode performSegue(forRow:) mit, die als Parameter den Index der Zelle erwartet, für die der Segue ausgelöst werden soll. Das erlaubt es Ihnen, eine Zellenauswahl auch unabhängig von der benötigten Nutzeraktion zu steuern und auf Wunsch jederzeit selbst durchzuführen. In Listing 26.22 sehen Sie beispielsweise, wie die dritte Zelle der in diesem Abschnitt beschriebenen Tabelle mithilfe der Methode performSegue(forRow:) ausgewählt wird.

Listing 26.22 Auslösen eines Segues eines Row Types im Code

```
// table verweist auf eine WKInterfaceTable-Instanz
table.performSegue(forRow: 2)
```

26.4.6.3 Zellen ohne Auswahlaktion umsetzen

In manchen Situationen sollen die Zellen einer Tabelle ausschließlich zu Informations-
zwecken angezeigt werden, ohne eine Auswahl derselbigen zu ermöglichen. Beispielsweise
könnte eine Tabelle so Informationen zu einer App wie die Versionsnummer oder die Build-
Nummer als statischen Text in einer Zelle anzeigen, ohne dass der Nutzer diese auswählen
kann.

Um einer Zelle die Möglichkeit zur Auswahl durch den Nutzer zu nehmen (und damit zu
verhindern, dass jegliche der in diesem Abschnitt beschriebenen Aktionen zur Auswahl
einer Zelle ausgelöst werden), müssen Sie in das Interface-Storyboard wechseln und dort
den Row Type der Zelle auswählen. Wechseln Sie anschließend in den Attributes Inspector.
Dort finden Sie – neben dem Feld zum Setzen eines eindeutigen Identifiers – eine Checkbox
mit dem Titel *Selectable* (siehe Bild 26.50). Diese ist standardmäßig aktiviert. Indem Sie den
Haken entfernen, sorgen Sie dafür, dass eine Auswahl der entsprechenden Zellen auf Basis
dieses Row Types nicht länger möglich ist.

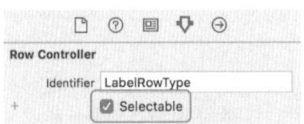

Bild 26.50
Mithilfe der Checkbox „Selectable" legen Sie fest, ob eine Zelle
vom Nutzer ausgewählt werden kann oder nicht.

26.4.7 Zellen hinzufügen und entfernen

Sie können die bereits vorgestellten Methoden `setRowTypes(_:)` und `setNumberOfRows`
`(_:withRowType:)` nutzen, um jederzeit den kompletten Inhalt einer Tabelle neu zu laden.
In den Fällen, in denen Sie aber schlicht einzelne Zellen hinzufügen oder entfernen möchten, ist dieses Vorgehen weder besonders performant noch angemessen.

Stattdessen können Sie die Methode `insertRows(at:withRowType:)` zum Hinzufügen
neuer sowie `removeRows(at:)` zum Entfernen bestehender Zellen verwenden. Beide Methoden erwarten einen Parameter vom Typ `IndexSet`. Beim Hinzufügen von Zellen geben Sie
darüber die Position an, an der die Zelle beziehungsweise die Zellen in der Tabelle eingefügt
werden sollen, während Sie beim Entfernen die Indexe nennen, deren Zellen Sie aus der
Tabelle entfernen möchten. Beim Hinzufügen von Zellen geben Sie zusätzlich noch den
gewünschten Row Type an. Vergessen Sie beim Hinzufügen neuer Zellen nicht, diese, wenn
nötig, noch zu konfigurieren, indem Sie die Row Controller der neuen Zellen auslesen und
entsprechend anpassen.

Das folgende Beispiel demonstriert das Hinzufügen neuer sowie das Entfernen bestehender
Zellen aus einer Tabelle. Basis ist ein neues watchOS-Projekt, dessen initialem Interface-
Controller zunächst eine Plus- und eine Minus-Schaltfläche hinzugefügt werden. Die Schaltflächen werden am oberen Bildschirmrand horizontal in einer Reihe angeordnet und sollen
dazu dienen, einer Tabelle neue Zellen hinzuzufügen (Plus-Schaltfläche) beziehungsweise
immer die letzte Zelle daraus zu entfernen (Minus-Schaltfläche). Unterhalb der Schaltflächen wird die Tabelle platziert, deren Inhalt über die Plus- und Minus-Schaltflächen gesteuert werden soll. Getrennt werden die beiden Bereiche durch einen Separator. Bild 26.51
zeigt den grundlegenden Aufbau der App innerhalb des Interface-Storyboards.

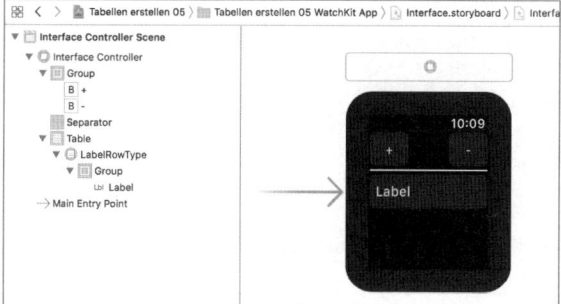

Bild 26.51 Die Beispiel-App verfügt über eine Plus- und eine Minus-Schaltfläche, die oberhalb einer Tabelle in einer Group zusammengefasst werden.

Für die Tabelle wird eine Zelle mit einem Label erstellt, deren Identifier den Namen *LabelRowType* trägt. Die zugehörige Row Controller-Klasse hört auf den Namen `LabelRow Controller` und besitzt ein Outlet für das Label mit gleichlautender Bezeichnung (`label`).

Der `InterfaceController`-Klasse des initialen Interface-Controllers wird ein Outlet für die Tabelle (`table`) zugewiesen. Für die Plus-Schaltfläche wird eine Action-Methode namens `addRow()` deklariert, für die Minus-Schaltfläche eine Action-Methode namens `removeLast Row()`.

Wann immer nun die Plus-Schaltfläche betätigt wird, soll der Tabelle eine neue Zelle an deren Ende hinzugefügt werden. Um dafür den passenden Index zu ermitteln, greift man schlicht auf die `numberOfRows`-Property der Tabelle zurück, deren Wert immer mit jenem Index übereinstimmt. Anschließend konfiguriert man die neu hinzugefügt Zelle noch passend. In diesem Beispiel wird dazu dem Label ein passender Titel zugewiesen.

Wird die Minus-Schaltfläche betätigt, soll umgekehrt die letzte Zelle der Tabelle wieder entfernt werden. Um den gewünschten Index zu ermitteln, nutzt man die `numberOfRows`-Property der Tabelle und reduziert diese um eins.

Die vollständige Implementierung der `InterfaceController`-Klasse finden Sie in Listing 26.23. Zur Konfiguration neu hinzugefügter Zellen wird eine separat erstellte Hilfsmethode namens `configureRow(atIndex:)` genutzt, um den Code übersichtlicher und strukturierter zu gestalten.

Listing 26.23 Hinzufügen und Entfernen von Zellen in einer Tabelle

```
class InterfaceController: WKInterfaceController {

    @IBOutlet var table: WKInterfaceTable!

    @IBAction func addRow() {
        let rowIndex = table.numberOfRows
        table.insertRows(at: IndexSet(arrayLiteral: rowIndex), withRowType:
"LabelRowType")
        configureRow(atIndex: rowIndex)
    }

    @IBAction func removeLastRow() {
        let rowIndex = table.numberOfRows - 1
        table.removeRows(at: IndexSet(arrayLiteral: rowIndex))
    }
```

```
    func configureRow(atIndex rowIndex: Int) {
        let labelRowController = table.rowController(at: rowIndex) as!
LabelRowController
        labelRowController.label.setText("Zelle \(rowIndex)")
    }

}
```

Das Ergebnis dieses Beispielprojekts sehen Sie in Bild 26.52.

Bild 26.52
Über die Plus- und Minus-Schaltflächen können der Tabelle neue Zellen
hinzugefügt und bestehende wieder entfernt werden.

26.4.8 Item Pagination

Bei der sogenannten *Item Pagination* handelt es sich um eine Technik in der watchOS-Entwicklung, die es Ihnen erlaubt, schnell zwischen verschiedenen Detailansichten zu wechseln. Eine Detailansicht entspricht hierbei einem Interface-Controller, der aufgrund der
Auswahl einer Zelle in einer Tabelle aufgerufen wurde. Ein Beispiel hierfür haben wir in
diesem Abschnitt bereits mehrere Male gesehen: Eine Tabelle lädt eine beliebige Anzahl an
Zellen und ruft nach einem Fingertipp auf eine solche einen neuen Interface-Controller auf,
der in einem Label den Text der ausgewählten Zelle anzeigt (siehe Bild 26.53). Dieser Interface-Controller entspricht der beschriebenen Detailansicht.

Wenn ein solcher Grundaufbau in Ihrer App vorliegt, können Sie es dem Nutzer durch Scrol-
len in der Detailansicht erlauben, schnell zwischen den verschiedenen Elementen der vor-
angegangenen Tabelle zu wechseln. Betrachten wir hierzu noch einmal das Beispiel aus
Bild 26.53: Dort muss der Nutzer aktuell immer zur Tabelle zurückkehren, um eine neue
Zelle auszuwählen und deren Inhalt anzeigen zu lassen. Item Pagination vermeidet dieses
Verhalten und fasst diesen Schritt stattdessen im Scrollen der Detailansicht zusammen.
Bild 26.54 demonstriert diese Funktionsweise der Item Pagination.

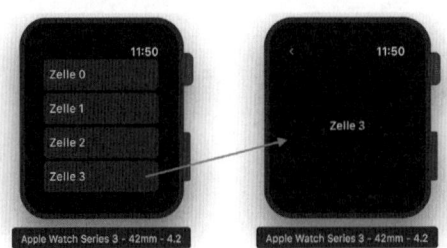

Bild 26.53
Item Pagination basiert auf einer Tabelle,
deren Zellenauswahl immer eine Detailansicht aufruft.

Bild 26.54
Mithilfe von Item Pagination können Sie durch Scrollen direkt zwischen den verschiedenen Detailansichten auf Basis einer Tabelle wechseln, ohne zuvor zur Tabelle zurückkehren und die gewünschte Zelle auswählen zu müssen.

Um Item Pagination zu aktivieren wählen Sie die gewünschte Tabelle, für die Sie dieses Feature nutzen möchten, im Interface-Storyboard aus und wechseln in den Attributes Inspector. Dort finden Sie eine Checkbox mit dem Titel *Vertical Detail Paging* (siehe Bild 26.55). Ist diese aktiviert, wird das Verhalten der Item Pagination automatisch für die gewählte Tabelle umgesetzt.

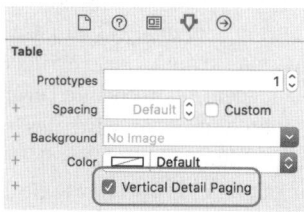

Bild 26.55
Mithilfe der Checkbox „Vertical Detail Paging" können Sie die Item Pagination für eine Tabelle aktivieren.

Was es bei der Item Pagination zu beachten gibt

Um die Item Pagination erfolgreich nutzen zu können, müssen einige Voraussetzungen erfüllt sein. Zunächst ist es wichtig, dass der Row Type der Tabelle mithilfe eines Segues mit dem gewünschten Interface-Controller der Detailansicht verbunden ist. Ein solcher Segue ist Voraussetzung, damit die Item Pagination überhaupt funktioniert.

Sollten Sie darüber hinaus die Auswahl einer Zelle vom Code aus durchführen wollen, denken Sie daran, hierfür die Methode `performSegue(forRow:)` zu verwenden, um auch darüber den zugrunde liegenden Segue auszulösen.

Damit Item Pagination bestmöglich funktioniert, darf die Detailansicht nicht zu umfangreich ausfallen, da der Nutzer in dieser bei aktiver Item Pagination nicht länger vertikal scrollen kann. Passen die Inhalte der Detailansicht somit nicht auf das Display der Apple Watch, kann der Nutzer den Rest der Ansicht auch nicht durch Scrollen einsehen, weil er so zum nächsten Element und der nächsten Detailansicht wechselt.

■ 26.5 Text eingeben

Auch wenn sich die Apple Watch kaum zum Tippen von längeren Texten eignet, so gibt es dennoch die Möglichkeit, Texte einzugeben und zu verarbeiten. Das kann beispielsweise für Messaging-Apps interessant sein, um einem Bekannten wenigstens schnell ein knappes „Ja" als Antwort auf die Frage, ob man sich später in der Stadt treffen wolle, geben zu können.

Texte können in watchOS auf drei verschiedene Arten eingegeben werden:

- durch Auswahl von bereits vorgegebenen Textvorschlägen,
- durch das „Kritzeln" von Text auf dem Display,
- durch Spracheingabe.

Für alle drei Formen der Texteingabe stellt die Methode `presentTextInputController` `(withSuggestions:allowedInputMode:completion:)` der `WKInterfaceController`-Klasse die Basis dar. Sie blendet ein modales Interface ein, über das der Nutzer verschiedene Möglichkeiten zur Eingabe von Text nutzen kann. Das Ergebnis der Texteingabe liefert die Methode anschließend in Form eines Closures zurück.

Neben dem finalen `completion`-Parameter, über den Sie das Ergebnis der Texteingabe auswerten können, erwartet die Methode noch zwei weitere Parameter. Bei dem ersten Parameter (`suggestions`) handelt es sich um ein optionales Array von Strings. Diese Strings werden dem Nutzer als potenziell zu verwendender Text vorgeschlagen. Sie werden in Form einer vertikal scrollbaren Liste präsentiert. Tippt der Nutzer einen Eintrag an, wird dieser als Ergebnis der Texteingabe zurückgeliefert. Derartige Textempfehlungen nutzt beispielsweise die native Nachrichten-App von watchOS, um den Nutzer gängige Antworten wie „Ja",

„Nein", oder „Ich bin auf dem Weg" möglichst schnell eingeben zu lassen. Bei diesen Empfehlungen gibt der Nutzer so gesehen gar nicht selbst einen eigenen Text ein, sondern nutzt einen der von Ihrer App gemachten Vorschläge.

Der zweite Parameter `inputMode` ist vom Typ `WKTextInputMode` und bestimmt, welche Form von Text der Nutzer eingeben kann. Die folgenden Optionen stehen hierbei zur Wahl:

- `plain`: Erlaubt die Eingabe von einfachem Text in Form von Strings.
- `allowEmoji`: Erlaubt neben einfachem Text zusätzlich die Verwendung von Emojis.
- `allowAnimatedEmoji`: Erlaubt neben einfachem Text und Emojis zusätzlich die Verwendung von animierten Emojis.

Während für eine Notizen- oder To-do-App der Eingabemodus `plain` in der Regel absolut ausreichend sein dürfte, kann es beispielsweise bei Messaging-Apps sinnvoll sein, auch die Eingabe von (animierten) Emojis zu erlauben. Für den Moment betrachten wir zunächst lediglich die Eingabe von einfachem Text. Mehr zur Verwendung von Emojis erfahren Sie in Abschnitt 26.5.1, „Emojis in Texten verwenden".

Im Folgenden betrachten wir einmal die simple Eingabe eines Textes auf Basis der Methode `presentTextInputController(withSuggestions:allowedInputMode:completion:)`. Dazu wird ein neues watchOS-Projekt erstellt und dem initialen Interface-Controller ein Button und ein Label zugewiesen (siehe Bild 26.56). Das Label wird als Outlet mit dem Code der zugrunde liegenden Interface-Controller-Klasse verknüpft, während für den Button eine Action-Methode namens `startTextInput()` generiert wird. Durch Betätigen der Schaltfläche soll der Nutzer die Möglichkeit erhalten, einen Text einzugeben, der im Anschluss dem Label zugewiesen wird.

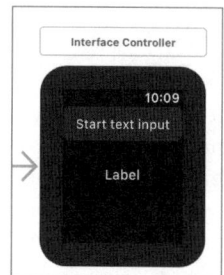

Bild 26.56
Das Interface der Beispiel-App zur Texteingabe.

Den Code für den zugrunde liegenden Interface-Controller sehen Sie in Listing 26.24. Innerhalb der Action-Methode `startTextInput()` wird die Funktion zum Erstellen von Text aufgerufen. Die Strings *Hallo* und *Auf Wiedersehen* werden als Empfehlungen übergeben, der Eingabemodus ist `plain`. Das Ergebnis liefert der letzte Parameter in Form eines Closures zurück. In diesem Closure wird ein Array mit dem vom Nutzer eingegebenen Text zurückgeliefert. Solange es sich um reinen Text handelt, enthält dieses Array nur ein Element vom Typ `String`. Sollte der Nutzer jedoch die Texteingabe abbrechen, wird statt des Arrays lediglich `nil` zurückgeliefert. Daher ist es notwendig, vor dem Zugriff auf das Array dessen Verfügbarkeit zu prüfen. Das gefundene Ergebnis – sofern vorhanden – wird anschließend dem Label als Text zugewiesen.

Listing 26.24 Eingabe von einfachem Text

```
class InterfaceController: WKInterfaceController {

    @IBOutlet var label: WKInterfaceLabel!

    @IBAction func startTextInput() {
        presentTextInputController(withSuggestions: ["Hallo", "Auf Wiedersehen"],
allowedInputMode: .plain) { (results) in
            if let textInputs = results {
                let enteredText = textInputs[0] as! String
                self.label.setText(enteredText)
            }
        }
    }

}
```

Wenn Sie dieses Beispielprojekt ausführen und auf den *Start text input* Button tippen, öffnet sich ein neues Interface, in dem Sie zwischen der Texteingabe mittels Diktat, Kritzeln und der Auswahl der von uns definierten Empfehlungen wählen können (siehe Bild 26.57).

Bild 26.57
Die Ansicht zur Eingabe von Text wird automatisch von watchOS bereitgestellt.

Ganz gleich, für welche Texteingabemethode Sie sich an dieser Stelle entscheiden, wird am Ende der Closure-Parameter der Methode `presentTextInputController(with Suggestions:allowedInputMode:completion:)` aufgerufen und Ihnen das Ergebnis als Array darin übergeben. Dieses Array entspricht `nil`, sollte der Nutzer die Texteingabe abbrechen. Andernfalls können Sie den eingegebenen Text auslesen und für das Label setzen, so wie im Code in Listing 26.24 zu sehen.

Sollte übrigens für den suggestions-Parameter `nil` und damit keine Empfehlungen übergeben werden, erlaubt der eingeblendete Text-Input-Controller lediglich die Eingabe von Text in Diktatform; auch Kritzeln ist ohne Empfehlungen nicht möglich.

26.5.1 Emojis in Texten verwenden

Mithilfe der Input-Modi `allowEmoji` und `allowAnimatedEmoji` können Sie über eine watchOS-App nicht nur einfachen Text, sondern eben auch Emojis durch den Nutzer auswählen lassen. Sobald einer dieser beiden Input-Modi als inputMode-Parameter der Methode `presentTextInputController(withSuggestions:allowedInputMode:completion:)` gesetzt ist, erscheint bei der Texteingabe ein zusätzlicher Button, über den Sie aus den vorhandenen Emojis eines auswählen können (siehe Bild 26.58 und Bild 26.59).

Bild 26.58
Haben Sie die Auswahl von Emojis für die Texteingabe erlaubt,
erscheint im oberen rechten Bereich ein entsprechender Button, ...

Bild 26.59
... über den Sie automatisch in die Emoji-Auswahl des Systems
gelangen.

Wenn Sie als Input Mode `allowEmoji` gewählt haben, stehen Ihnen lediglich die statischen
Emojis zur Auswahl zur Verfügung (so wie in Bild 26.59 zu sehen). Haben Sie hingegen
`allowAnimatedEmoji` als Input Mode gesetzt, können Sie zusätzlich durch Wischen von
links nach rechts und umgekehrt zwischen verschiedenen Arten von animierten Emojis
wechseln (siehe Bild 26.60).

  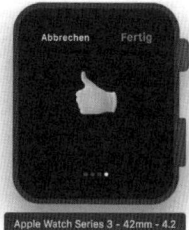

Bild 26.60 Über den Input Mode allowAnimatedEmoji kann der Nutzer auch aus einer Reihe verschiedener animierter Emojis wählen.

Bei der Verwendung mit „einfachen" Emojis brauchen Sie im Vergleich zu herkömmlichem
Text nichts weiter zu beachten. Das Ergebnis-Closure der Methode `presentTextInput
Controller(withSuggestions:allowInputMode:completion:)` liefert Ihnen auch in diesem Fall einen String zurück. Anders sieht es hingegen aus, wenn der Nutzer ein animiertes
Emoji auswählt. Statt eines Strings liefert Ihnen das `results`-Array des Completion-Handlers dann eine `Data`-Instanz mit den Informationen zum ausgewählten Bild (sprich Emoji).
Diese können Sie dann beispielsweise zur Initialisierung einer `UIImage`-Instanz verwenden,
um das gewählte Emoji in einem `WKInterfaceImage` anzuzeigen.

Ein Beispiel, wie die Umsetzung der Texteingabe inklusive Emoji-Unterstützung aussehen
kann, zeige ich Ihnen im Folgenden. Basis ist eine neue watchOS-App, deren initialer
Interface-Controller einen Button besitzt, der mit einer Action-Methode namens `start
TextInput()` mit dem Code der zugrunde liegenden Interface-Controller-Klasse gekoppelt

ist. Darüber hinaus zeigt das Interface eine Group im Overlap-Layout an, die ein Label und ein Image enthält (siehe Bild 26.61) und die über passende Outlets mit dem Code verbunden sind. Das Label soll einen eingegebenen Text oder ein einfaches Emoji anzeigen, während das Image mit dem Daten-BLOB eines animierten Emojis gefüllt werden soll. Ob das Label oder das Image zur Anzeige des vom Nutzer eingegebenen Textes dient, hängt davon ab, welche Art von Inhalt (Text und einfaches Emoji oder animiertes Emoji) er gewählt hat. Das jeweils andere Interface-Element soll dann ausgeblendet werden.

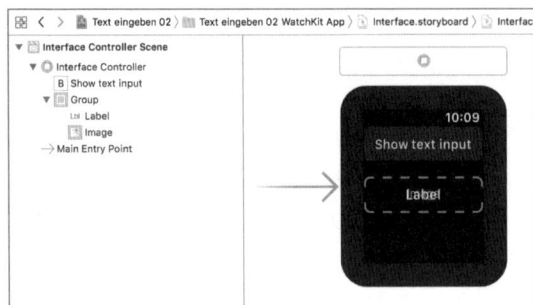

Bild 26.61
Der initiale Interface-Controller enthält neben einem Button noch eine Group mit Label und Image, wovon immer nur ein Element angezeigt wird.

Den Code des Interface-Controllers für dieses Beispielprojekt sehen Sie in Listing 26.25. Spannend ist hierbei der Completion-Handler zur Auswertung der Texteingabe des Nutzers. Darin wird zunächst geprüft, ob überhaupt ein Ergebnis vorliegt (und der Nutzer die Eingabe beispielsweise nicht abgebrochen hat). Ist das der Fall, wird geprüft, ob das results-Array einen String oder einen Daten-BLOB zurückgeliefert hat. In ersterem Fall wird das Label eingeblendet und diesem als Text der String übergeben. Im Falle eines Daten-BLOBS wird hingegen das Image eingeblendet und aus den Daten eine UIImage-Instanz erstellt, die dann im Interface angezeigt wird. Für das Ein- und Ausblenden von Label und Image kommen die beiden erstellten Hilfsmethoden showLabel() und showImage() zum Einsatz.

Listing 26.25 Auswerten von (animierten) Emojis

```
class InterfaceController: WKInterfaceController {

    @IBOutlet var label: WKInterfaceLabel!

    @IBOutlet var image: WKInterfaceImage!

    @IBAction func startTextInput() {
        presentTextInputController(withSuggestions: ["Hallo", "Auf Wiedersehen"],
allowedInputMode: .allowAnimatedEmoji) { (results) in
            if let textInputs = results {
                if let enteredText = textInputs[0] as? String {
                    self.label.setText(enteredText)
                    self.showLabel()
                } else if let enteredImageData = textInputs[0] as? Data {
                    let image = UIImage(data: enteredImageData)
                    self.image.setImage(image)
                    self.showImage()
                }
            }
        }
    }
}
```

```
    private func showLabel() {
        label.setHidden(false)
        image.setHidden(true)
    }

    private func showImage() {
        label.setHidden(true)
        image.setHidden(false)
    }

}
```

Das Projekt setzt nun – abhängig von der Auswahl beziehungsweise Eingabe des Nutzers – entweder einen Text für das Label oder eine Grafik für das Image und zeigt die jeweilige Info an (siehe Bild 26.62).

Bild 26.62
Abhängig davon, welche Art von Info der Nutzer eingibt beziehungsweise auswählt, wird entweder das Label oder das Image angezeigt.

26.5.2 Mehrsprachige Empfehlungen umsetzen

Mehrsprachigkeit spielt in einer Vielzahl von Apps eine immens wichtige Rolle. Möchte man nun bei einer Texteingabe Empfehlungen anbieten, ist es wichtig, diese auch entsprechend zu lokalisieren. Neben der Möglichkeit, die Empfehlungen mittels NSLocalized String umzusetzen, stellt die WKInterfaceController-Klasse noch eine alternative Möglichkeit für mehrsprachige Empfehlungen bereit.

Hierbei handelt es sich um die Methode presentTextInputControllerWithSuggestions (forLanguage:allowedInputMode:completion:). Sie entspricht größtenteils dem Aufbau und der Funktionsweise der zuvor vorgestellten Methode presentTextInputController (withSuggestions:allowedInputMode:completion:), setzt die Übergabe der Empfehlungen aber auf andere Art und Weise um. Statt eines Arrays erwartet hier der erste Parameter suggestionsHandler ein Closure, über das die gewünschten Empfehlungen als Array zurückgegeben werden sollen. Der Clou hierbei: Das Closure liefert uns in Form des inputLanguage-Parameters die vom Nutzer gewählte Sprache zurück. Diese können wir abfragen und darauf aufbauend die zur Sprache passenden Empfehlungen zurückliefern. Ein weiterer Vorteil dieser Methode: Sollte sich die Systemsprache ändern, kümmert sich watchOS selbsttätig um eine entsprechende Aktualisierung der Empfehlungen auf Basis dieses Closures.

Im Folgenden finden Sie ein Beispiel zur Verwendung der Methode presentTextInput ControllerWithSuggestions(forLanguage:allowedInputMode:completion:). Es entspricht von Interface und Aufbau her dem Beispiel aus Abschnitt 26.5, „Text eingeben", es wird lediglich die Implementierung der startTextInput()-Methode überarbeitet, da darin nun die neu vorgestellte Methode zum Einsatz kommt. Mit deren Hilfe wird die aktuelle Systemsprache geprüft und abhängig davon werden unterschiedliche Empfehlungen für die Sprachen Deutsch und Englisch zurückgegeben. Den vollständigen überarbeiteten Code der InterfaceController-Klasse zu diesem Beispiel finden Sie in Listing 26.26.

Listing 26.26 Texteingabe mit Empfehlungen für verschiedene Sprachen

```
class InterfaceController: WKInterfaceController {

    @IBOutlet var label: WKInterfaceLabel!

    @IBAction func startTextInput() {
        presentTextInputControllerWithSuggestions(forLanguage: { (inputLanguage) ->
[Any]? in
            switch inputLanguage {
            case "de-DE":
                return ["Hallo", "Auf Wiedersehen"]
            case "en-EN":
                return ["Hello", "Goodbye"]
            default:
                return nil
            }
        }, allowedInputMode: .plain) { (results) in
            if let textInputs = results {
                if let enteredText = textInputs[0] as? String {
                    self.label.setText(enteredText)
                }
            }
        }
    }

}
```

■ 26.6 Audio und Video wiedergeben

Auch wenn die Apple Watch nicht für die Wiedergabe von längeren Videos (geschweige denn Filmen oder Serien) geeignet ist, so kann sie zumindest doch dafür genutzt werden, sich einen kurzen Clip anzusehen oder einem Podcast über Kopfhörer zu lauschen.

Um für derartige Zwecke Audio beziehungsweise Video in watchOS-Apps wiederzugeben, steht Ihnen die Methode presentMediaPlayerController(with:options:completion:) der WKInterfaceController-Klasse zur Verfügung. Sie blendet ein modales Interface ein, über das Sie die Wiedergabe der gewünschten Audio- beziehungsweise Videodatei steuern können. Es enthält Schaltflächen zum Pausieren und Fortsetzen der Wiedergabe sowie zur Regelung der Lautstärke. Über eine Abbrechen-Schaltfläche am oberen linken Rand kann die Wiedergabe jederzeit beendet und die Media Player-Ansicht wieder verlassen werden (siehe Bild 26.63).

Bild 26.63
Die Media Player-Ansicht von watchOS bringt alles mit, um die Wiedergabe von Audio- und Videodateien zu steuern und zu beenden.

Herzstück der Methode ist der erste Parameter URL, über den Sie den Pfad zur gewünschten Mediendatei übergeben. Mithilfe des zweiten Parameters options können Sie auf Wunsch ein paar zusätzliche Konfigurationen für die Wiedergabe vornehmen (dazu mehr im Kasten „Optionen für den Media Player"). Beim letzten Parameter handelt es sich schließlich um ein Closure, das aufgerufen wird, sobald der Nutzer die Medienwiedergabe beendet. Hierbei werden vom System insgesamt drei Parameter übergeben, die zur Auswertung und zukünftigen Konfiguration der Medienwiedergabe verwendet werden können:

- didPlayToEnd: Ein Boolean, das angibt, ob das Video beziehungsweise die Audiodatei bis ganz zum Ende abgespielt wurde.

- endTime: Eine Zeitangabe in Sekunden. Sie verweist auf den Zeitpunkt, zu der die Medienwiedergabe beendet wurde. Sollte der Parameter didPlayToEnd dem Wert false entsprechen, kann diese Information dazu genutzt werden, die Wiedergabe der Datei beim nächsten Mal von der Position zu starten, die in endTime angegeben ist (mehr dazu erfahren Sie im Kasten „Optionen für den Media Player").

- error: Sollte es zu einem unerwarteten Problem kommen, liefert Ihnen diese Error-Instanz genauere Informationen darüber.

Optionen für den Media Player

Dem options-Parameter kann ein Dictionary mit verschiedenen Optionen zur Konfiguration des Media Players übergeben werden. Im Folgenden finden Sie einen Auszug über die verfügbaren Schlüssel, ihre Funktion und den Typ, den sie als Wert erwarten.

- WKMediaPlayerControllerOptionsAutoplayKey: Diese Option gibt an, ob das Video beziehungsweise die Audiodatei bei Aufruf des Media Players automatisch mit der Wiedergabe beginnen soll. Als Parameter wird ein Zahlenwert erwartet (0 für keine automatische Wiedergabe, 1 für automatische Wiedergabe).

- WKMediaPlayerControllerOptionsStartTimeKey: Hierüber definieren Sie den Zeitpunkt in Sekunden, zu dem die Mediendatei gestartet werden soll. Diese Option ist beispielsweise sinnvoll, um eine abgebrochene Medienwiedergabe fortzuführen.

- WKMediaPlayerControllerOptionsLoopsKey: Über diese Option können Sie steuern, ob eine Mediendatei nach einem kompletten Durchlauf erneut (sprich in einer Schleife) abgespielt werden soll. Auch hier übergeben Sie einen Zahlenwert für die gewünschte Einstellung (0 entspricht keiner Endlosschleife, 1 aktiviert die Endlosschleife).

Das folgende Beispiel zeigt einmal die praktische Verwendung der Methode `presentMedia` `PlayerController(with:options:completion:)`. Basis ist ein neues watchOS-Projekt mit einem Button namens *Media playback*. Dieser Button ist im Code des zugrunde liegenden Interface-Controllers mit einer Methode namens `playMedia()` gekoppelt. Diese Methode lädt eine mit der App ausgelieferte Videodatei und zeigt diese im Media Player an.

Die Klasse verfügt zusätzlich über zwei Hilfsproperties: ein Boolean namens `mediaDid` `PlayToEnd` mit dem Default-Wert `false` und dem `TimeInterval` `mediaEndTime` mit dem Standardwert 0. Diesen werden die zugehörigen Werte aus dem Completion-Handler zugewiesen, um somit zu speichern, ob die Medienwiedergabe vorzeitig beendet wurde und falls ja, zu welchem Zeitpunkt. Diese Informationen werden für die Optionen zum Aufruf des Media Players verwendet, indem mithilfe des Schlüssels `WKMediaPlayerController` `OptionsStartTimeKey` daraus die Startzeit für das Video mit übergeben wird.

Den vollständigen Code zum Aufruf des Media Players und zur Wiedergabe des lokalen Videos finden Sie in Listing 26.27.

Listing 26.27 Aufruf des Media Players zur Videowiedergabe

```
class InterfaceController: WKInterfaceController {

    private var mediaDidPlayToEnd = false

    private var mediaEndTime: TimeInterval = 0

    @IBAction func playMedia() {
        let mediaURL = Bundle.main.url(forResource: "Nymphis", withExtension: "mov")!
        let mediaOptions = [WKMediaPlayerControllerOptionsStartTimeKey: mediaEndTime]
        presentMediaPlayerController(with: mediaURL, options: mediaOptions) {
(didPlayToEnd, endTime, error) in
            if error == nil {
                if !didPlayToEnd {
                    self.mediaEndTime = endTime
                } else {
                    self.mediaEndTime = 0
                }
            }
        }
    }

}
```

26.6.1 Medienwiedergabe über Interface-Element umsetzen

Neben dem Aufruf des Media Players im Code bietet watchOS auch ein eigenes Interface-Element an, um darüber die Wiedergabe von Audiodateien und Videos im Media Player anzustoßen: `WKInterfaceMovie`. Es fungiert gewissermaßen als großer vorkonfigurierter Button für Mediendateien, dem man lediglich noch die URL zum gewünschten Video beziehungsweise Audio-File übergeben muss. Tippt man anschließend das `WKInterface` `Movie`-Element im Interface der ausgeführten watchOS-App an, startet direkt die entsprechende Medienwiedergabe.

Um WKInterfaceMovie für die Audio- beziehungsweise Videowiedergabe zu nutzen, ziehen Sie zunächst in Ihrem watchOS-Projekt das zugehörige Element aus der Objects Library auf Ihr Interface (siehe Bild 26.64). Im Interface erkennen Sie das WKInterfaceMovie-Element anhand des großen Play-Buttons, der in der Mitte des Elements angezeigt wird.

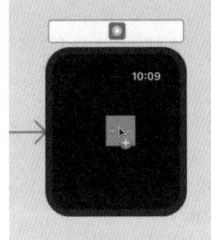

Bild 26.64
WKInterfaceMovie-Instanzen fügen Sie Ihrem Interface durch Ziehen aus der Objects Library hinzu.

Anschließend ist es noch wichtig, WKInterfaceMovie die URL der abzuspielenden Mediendatei zu übergeben. Dazu müssen Sie ein Outlet für die WKInterfaceMovie-Instanz im Code des zugrunde liegenden Interface-Controllers hinzufügen und auf dieser – beispielsweise während der Initialisierung des Interface-Controllers – die Methode setMovieURL(_:) aufrufen. In Listing 26.28 sehen Sie ein Beispiel für die Implementierung eines solchen Interface-Controllers. Darin wird im Initializer die eigens kreierte Hilfsmethode configureMovie() aufgerufen, die sich um die beschriebene Konfiguration der WKInterfaceMovie-Instanz kümmert.

Listing 26.28 Einfache Konfiguration einer WKInterfaceMovie-Instanz

```
class InterfaceController: WKInterfaceController {

    @IBOutlet var movie: WKInterfaceMovie!

    override init() {
        super.init()
        configureMovie()
    }

    private func configureMovie() {
        let movieURL = Bundle.main.url(forResource: "Nymphis", withExtension: "mov")!
        movie.setMovieURL(movieURL)
    }

}
```

Wenn Sie ein solches Projekt nun ausführen, wird Ihnen das Movie-Interface-Element mit dem zugehörigen Play-Button angezeigt. Ein Fingertipp darauf öffnet im Anschluss den bereits bekannten Media Player für die übergebene Audio- beziehungsweise Videodatei (siehe Bild 26.65).

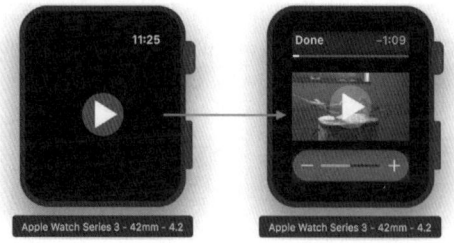

Bild 26.65
Über das WKInterfaceMovie-Element können
Sie die Wiedergabe der zugrunde liegenden
Mediendatei starten.

Weitere Konfigurationsmöglichkeiten

Die Klasse `WKInterfaceMovie` bringt noch ein paar weitere Funktionen mit, mit denen Sie
das Interface sowie die Videowiedergabe noch zusätzlich anpassen können. So können Sie
mithilfe der Methode `setPosterImage(_:)` eine Bilddatei setzen, die als Hintergrund für
das `WKInterfaceMovie`-Element angezeigt wird. Dann sieht man im Interface nicht nur den
simplen Play-Button, sondern auch eine Grafik, die als Teaser für die wiederzugebende
Mediendatei dient. Alternativ können Sie diese Bilddatei übrigens auch direkt über das
Storyboard setzen, indem Sie dort das gewünschte `WKInterfaceMovie`-Element auswählen,
in den Attributes Inspector wechseln und dort im Feld *Poster Image* den Namen der Grafik
eingeben (siehe Bild 26.66). Wundern Sie sich übrigens nicht, wenn die Grafik nicht im
Storyboard angezeigt wird; das ist (leider) normal, sie ist erst bei Ausführung der eigentlichen App zu sehen (siehe Bild 26.67).

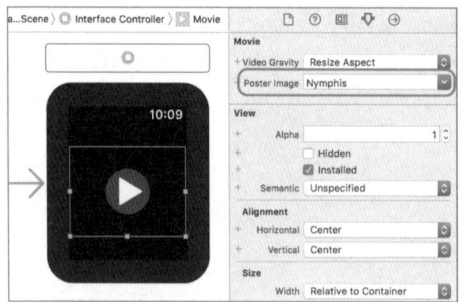

Bild 26.66
Über den Interface Builder können Sie eine
Hintergrundgrafik für das WKInterfaceMovie-
Element festlegen, ...

Bild 26.67
... die aber erst bei Ausführung der App sichtbar wird.

Neben einem Hintergrundbild können Sie mithilfe der Methode `setLoops(_:)` definieren,
ob eine Mediendatei in einer Endlosschleife abgespielt werden soll oder nicht. Dazu übergeben Sie einfach den passenden booleschen Parameter (`true` für Endlosschleife, andernfalls
`false`).

> **WKInterfaceMovie ist sowohl für Audio als auch für Video geeignet**
>
> Auch wenn der Name der Klasse WKInterfaceMovie anderes vermuten lässt, so kann sie nicht nur für Videos, sondern auch zur Wiedergabe von Audiodateien verwendet werden.

26.6.2 Medienwiedergabe ohne modales Interface umsetzen

Der bisher gezeigte Media Player zur Wiedergabe von Audio- und Videodateien hat einen großen Nachteil: Er führt die Wiedergabe immer in einem separaten, modal eingeblendeten Interface aus. Der Nutzer muss also das bestehende Interface verlassen, um die Audiodatei hören beziehungsweise ein Video betrachten zu können.

Als Alternative bietet das WatchKit-Framework die Klasse WKInterfaceInlineMovie an. Genau wie WKInterfaceMovie (siehe den Abschnitt 26.6.1, „Medien-Wiedergabe über Interface-Element umsetzen") dient die Klasse zur Wiedergabe von Audiodateien und Videos, sie blendet hierfür aber keinen separaten Media Player ein, sondern spielt das betreffende Element direkt an der Stelle ab, wo es im Interface integriert ist.

Somit erlaubt die WKInterfaceInlineMovie-Klasse mehr Dynamik und Flexibilität bei der Wiedergabe von Audiodateien und Videos. Es gibt aber auch einen Nachteil: Man ist selbst für die Steuerung der jeweiligen Mediendatei verantwortlich. Es gibt keine automatisch generierten Buttons zum Pausieren und Fortsetzen, derartige Funktionen muss man selbst integrieren und dafür ein passendes Interface anbieten. Zu diesem Zweck bringt die WKInterfaceInlineMovie-Klasse die Methoden play() und pause() mit, mit denen man die Funktionen für Start und Stopp selbst im Code steuern kann. Während die play()-Methode die Mediendatei immer an der aktuellen Position abspielt und fortsetzt, kann alternativ auch die playFromBeginning()-Methode aufgerufen werden, die – wie der Name bereits sagt – die Medienwiedergabe von Anfang an startet.

Das folgende Beispiel demonstriert die praktische Verwendung der WKInterfaceInline Movie-Klasse. Basis ist ein neues watchOS-Projekt, dessen initialer Interface-Controller ein Label mit dem Text *Inline* anzeigt und darunter über ein WKInterfaceInlineMovie-Element verfügt (siehe Bild 26.68). Für das Inline-Movie wird zusätzlich eine passende Outlet-Property mit dem Namen inlineMovie im Code der zugrunde liegenden Interface-Controller-Klasse erzeugt. Die Property dient dazu, dem Element eine Mediendatei zuzuweisen und die Wiedergabe mithilfe der genannten Methoden (play(), pause(), play FromBeginning()) zu steuern.

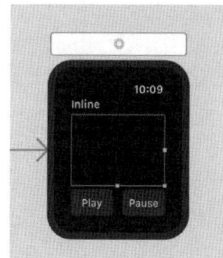

Bild 26.68
Fügen Sie das „Inline Movie"-Element Ihrem Interface hinzu, um die Medienwiedergabe direkt im entsprechenden Interface umzusetzen.

Darunter werden innerhalb einer Group zwei Schaltflächen vertikal nebeneinander platziert. Sie tragen die Titel *Play* und *Pause* und sollen die gleichnamigen Funktionen zur Steuerung des Inline Movies abbilden. Beide Buttons werden mit jeweils einer passenden Methode im zugrunde liegenden Interface-Controller verknüpft (`startPlaying InlineMovie()` und `pausePlayingInlineMovie()`).

Im Attributes Inspector können noch diverse Eigenschaften für ein `WKInterface InlineMovie`-Element festgesetzt werden (siehe Bild 26.69). Dazu gehört beispielsweise die Zuweisung eines sogenannten *Poster Image*, was einem statischen Bild entspricht, das angezeigt wird, bevor die Medienwiedergabe startet. Mithilfe der Checkbox *Loop* können Sie festlegen, dass die Audio- beziehungsweise Videodatei in einer Endlosschleife wiedergegeben werden soll, während *Autoplay* definiert, ob die Wiedergabe sofort starten soll, wenn die entsprechende Szene der App geladen und angezeigt wird.

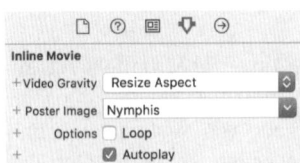

Bild 26.69
Einige Einstellungen für WKInterfaceInlineMovie-Elemente können Sie direkt im Attributes Inspector setzen.

Betrachten wir nun den Code dieses Beispielprojekts: Während der Initialisierung der Interface-Controller-Klasse wird dem Inline Movie-Element ein Video zugewiesen. Dazu kommt die Hilfsmethode `configureInlineMovie()` zum Einsatz. In den Action-Methoden für die Buttons *Play* und *Pause* werden die Methoden `play()` beziehungsweise `pause()` der `inlineMovie`-Property aufgerufen, um darüber die Wiedergabe zu steuern. Den vollständigen Code finden Sie in Listing 26.29.

Listing 26.29 Implementierung eines `WKInterfaceInlineMovie`-Elements

```
class InterfaceController: WKInterfaceController {

    @IBOutlet var inlineMovie: WKInterfaceInlineMovie!

    override init() {
        super.init()
        configureInlineMovie()
    }

    private func configureInlineMovie() {
        let inlineMovieURL = Bundle.main.url(forResource: "Nymphis", withExtension:
"mp4")!
        inlineMovie.setMovieURL(inlineMovieURL)
    }

    @IBAction func startPlayingInlineMovie() {
        inlineMovie.play()
    }

    @IBAction func pausePlayingInlineMovie() {
        inlineMovie.pause()
    }

}
```

Wenn Sie das Beispielprojekt ausführen, können Sie die Wiedergabe des zugewiesenen Videos beziehungsweise der zugewiesenen Audiodatei mithilfe des *Play*- und des *Pause*-Buttons steuern. Außerdem verlassen Sie dank `WKInterfaceInlineMovie` nun nicht länger das eigentliche Interface während der Wiedergabe (siehe Bild 26.70).

Bild 26.70
Die Wiedergabe dieses Videos erfolgt innerhalb des zugrunde liegenden Interfaces, nicht mehr in einem modal angezeigten Media Player.

■ 26.7 Audio aufnehmen

Dank eines integrierten Mikrofons ist es möglich, mithilfe der Apple Watch Audiodateien zu erstellen. Das kann beispielsweise dazu genutzt werden, um Sprachnachrichten über Messaging-Apps zu versenden oder Notizen in gesprochener Form anzulegen.

Um aus einer eigenen watchOS-App heraus Audio aufnehmen zu können, kommt die Methode `presentAudioRecorderController(withOutputURL:preset:options:completion:)` der `WKInterfaceController`-Klasse zum Einsatz. Sie blendet ein vom System bereitgestelltes Interface ein, über das der Nutzer die Aufnahme steuern kann (siehe Bild 26.71).

Bild 26.71
watchOS bietet ein Standard-Interface zur Aufnahme von Audio an.

Wichtig für die Verwendung der genannten Methode sind drei Parameter. Der erste ist die sogenannte Output-URL. Hierbei handelt es sich um den Pfad zu der Datei, in der die zu erstellende Audioaufnahme abgespeichert werden soll. Sie geben in dieser URL also nicht nur den Pfad zum Ordner an, in dem die Datei abgelegt werden soll, sondern auch ihren Namen inklusive gewünschter Dateiendung (zum Beispiel *.wav*, *.mp4* oder *.m4a*).

Der zweite wichtige Parameter lautet `preset` und erwartet einen Wert vom Enumeration-Typ `WKAudioRecorderPreset`. Darüber steuern Sie die Qualität und damit auch die Dateigröße der zu erzeugenden Audiodatei. Es stehen die folgenden Werte zur Wahl:

- `narrowBandSpeech`: Nimmt Audio mit einer Sampling-Rate von 8 kHz im LPCM128kbps- oder AAC24kbps-Format auf. Eignet sich für einfache Sprachaufnahmen.

- `wideBandSpeech`: Nimmt Audio mit einer Sampling-Rate von 16 kHz im LPCM256kbps-oder AAC23kbps-Format auf. Damit aufgenommene Sprache hört sich natürlicher an als unter `narrowBandSpeech`.

- `highQualityAudio`: Nimmt Audio mit einer Sampling-Rate von 44,1 kHz im LPCM705.6kbps- oder AAC96kbps-Format auf. Hierbei handelt es sich um die bestmögliche Einstellung zur Aufnahme von Audio auf der Apple Watch.

Zu guter Letzt erwartet die Methode `presentAudioRecorderController(withOutputURL:` `preset:options:completion:)` ein Closure, das vom System aufgerufen wird, sobald der Nutzer die Audioaufnahme beendet. Hierbei werden Ihnen zwei Parameter übergeben, die Sie für die weitere Auswertung heranziehen können:

- `didSave`: Ein boolescher Wert, der Sie darüber informiert, ob die Audiodatei gespeichert wurde (`true`) oder nicht (`false`). Sollte es zu einem Fehler oder Problem während der Aufnahme kommen oder der Nutzer die Aufnahme abbrechen, erhalten Sie hier `false`, andernfalls `true`. Beachten Sie hierbei auch, dass bei einem Abbruch der Aufnahme durch den Nutzer die Audiodatei dennoch erstellt und gespeichert wird. Wenn Sie sie in diesem Fall also löschen möchten, müssen Sie entsprechend `didSave` auswerten und im Falle von `false` die aufgenommene Audiodatei selbst löschen.

- `error`: Sollte es zu einem Fehler oder Problem während der Audioaufnahme kommen, erhalten Sie hier eine entsprechende Error-Instanz zum Auswerten.

Neben diesen essenziellen Parametern zum Aufruf der Methode `presentAudioRecorder` `Controller(withOutputURL:preset:options:completion:)` können Sie optional auch diverse Optionen zur Steuerung der Audioaufnahme setzen. Hierfür erwartet die Methode einen `options`-Parameter in Form eines Dictionaries. Die folgenden Schlüssel stehen hierbei als konfigurierbare Optionen zur Verfügung:

- `WKAudioRecorderControllerOptionsActionTitleKey`: Der sogenannte Action-Titel ist der Text, der dem Nutzer zum Speichern der Audiodatei angezeigt wird. Mithilfe dieses Schlüssels können Sie hier einen beliebigen eigenen String für diesen Action-Titel setzen.

- `WKAudioRecorderControllerOptionsAlwaysShowActionTitleKey`: Standardmäßig wird der eben genannte Action-Titel erst angezeigt, wenn der Nutzer die aktuelle Audioaufnahme pausiert hat. Soll der Action-Titel hingegen die ganze Zeit über angezeigt werden (er ersetzt dann den Platz zur Anzeige der bisherigen Aufnahmedauer), müssen Sie hier den Integer 1 übergeben. Integer 0 entspricht dem Standardverhalten.

- `WKAudioRecorderControllerOptionsAutorecordKey`: Standardmäßig startet die Audioaufnahme umgehend, nachdem der Audio-Recorder-Controller über die genannte Methode aufgerufen wurde. Wenn Sie stattdessen möchten, dass der Nutzer die Aufnahme vom Audio-Recorder-Interface selbst explizit startet, müssen Sie diese Option mit dem Integer 0 setzen. Der Standardwert ist 1.

- `WKAudioRecorderControllerOptionsMaximumDurationKey`: Mithilfe dieses Schlüssels können Sie eine Maximallänge in Sekunden für die Audioaufnahme festlegen. Beachten Sie hierbei, dass nach Erreichen der übergebenen Zeit die Aufnahme umgehend gestoppt wird und der Nutzer auch keine Möglichkeit hat, die Aufnahme noch länger fortzuführen.

Damit kennen Sie nun alle Parameter, die im Zusammenspiel zur Aufnahme von Audio über die Methode `presentAudioRecorderController(withOutputURL:preset:options:` `completion:)` zum Einsatz kommen. Im Folgenden betrachten wir ein konkretes Beispiel zur Anwendung dieser Methode. Basis hierfür ist ein neues watchOS-Projekt, dessen initialer Interface-Controller einen Button mit dem Titel *Record audio* erhält (siehe Bild 26.72). Dieser wird mit einer Action-Methode namens `recordAudio()` mit dem Code des zugrunde liegenden Interface-Controllers gekoppelt.

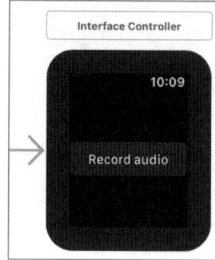

Bild 26.72
Die Beispiel-App verfügt über einen einzigen Button namens „Record audio".

Die Methode `recordAudio()` soll folgende Aufgabe erfüllen: Sie soll den Nutzer Audio mit einer Maximallänge von einer Minute (sprich 60 Sekunden) aufnehmen lassen. Wird die Aufnahme beendet, soll geprüft werden, ob es sich um einen Abbruch durch den Nutzer oder einen Speichervorgang handelte. In ersterem Fall wird die erstellte Audiodatei wieder gelöscht. Der Pfad zur Aufnahmedatei wird in einer Hilfsproperty namens `outputURL` gespeichert. Den vollständigen Code der Interface-Controller-Klasse für dieses Beispiel finden Sie in Listing 26.30.

Listing 26.30 Aufnahme von Audio

```
class InterfaceController: WKInterfaceController {

    private let outputURL: URL = {
        let documentDirectoryURL = try! FileManager.default.url(for:
.documentDirectory, in: .userDomainMask, appropriateFor: nil, create: true)
        let outputURL = documentDirectoryURL.appendingPathComponent("RecordedAudio.
mp4")
        return outputURL
    }()

    @IBAction func recordAudio() {
        presentAudioRecorderController(withOutputURL: outputURL, preset:
.narrowBandSpeech, options: [WKAudioRecorderControllerOptionsMaximumDurationKey: 60])
{ (didSave, error) in
            if error == nil {
                if !didSave {
                    try? FileManager.default.removeItem(at: self.outputURL)
                }
            }
        }
    }

}
```

Automatisches Überschreiben bestehender Audioaufnahmen

watchOS legt bei der Audioaufnahme immer direkt eine neue Datei an. Sollten Sie für eine Output-URL zuvor bereits eine Aufnahme erstellt und gespeichert haben und starten anschließend eine neue Aufnahme mit derselben Output-URL, geht die alte Aufnahme verloren.

■ 26.8 Drehen der Digital Crown abfangen

Standardmäßig wird die Funktion der Digital Crown automatisch festgelegt. In Ansichten mit vielen Interfaces oder in Tabellen kümmert sie sich um das vertikale Scrollen, bei der Auswahl eines Pickers kann zwischen den zugehörigen Picker-Elementen gewechselt werden. Für diese Funktionen braucht man nichts weiter zu tun und sie stehen out of the box zur Verfügung.

Möchte man jedoch durch Drehen der Digital Crown eigene Aktionen durchführen – beispielsweise den Text eines Labels verändern oder ein Bild ein- beziehungsweise ausblenden –, muss man hierfür selbst passende Funktionen definieren. Zu diesem Zweck kommt die Klasse `WKCrownSequencer` zum Einsatz, die in der Regel immer über die `crownSequencer`-Property einer `WKInterfaceController`-Instanz angesprochen werden sollte. Sie liefert Informationen über Aktionen mit der Digital Crown, die ausgelesen und für eigene Zwecke genutzt werden können.

Damit das überhaupt funktioniert, muss ein Interface-Controller im ersten Schritt den Fokus für die Digital Crown setzen. Diesen erhält man per Aufruf der `focus()`-Methode auf der `crownSequencer`-Property. Nur dann können durch Drehen der Digital Crown eigens definierte Aktionen ausgeführt werden. Durch das Setzen des Fokus verlieren alle anderen Elemente des jeweiligen Interface den Fokus. War zuvor beispielsweise ein Picker ausgewählt, so ist dieser nicht länger aktiv, sobald die `focus()`-Methode auf `crownSequencer` aufgerufen wird.

Mit dem Fokus ist der erste Schritt getan. Um nun über das Drehen der Digital Crown informiert zu werden und darauf basierend die eigenen Aktionen durchzuführen, muss ein Delegate für die `crownSequencer`-Property gesetzt werden. Dieser Delegate muss konform zum `WKCrownDelegate`-Protokoll sein und wird über das Drehen der Digital Crown informiert. Gesetzt wird dieser Delegate über die `delegate`-Property von `crownSequencer`.

Die erste Methode des `WKCrownDelegate`-Protokolls lautet `crownDidRotate(_:rotational Delta:)`. Sie wird auf dem zugewiesenen Delegate aufgerufen, während die Digital Crown gedreht wird. Der Parameter `rotationalDelta` gibt dabei Aufschluss darüber, wie weit die Digital Crown seit dem letzten Aufruf dieser Methode gedreht wurde. Ein Wert von 1 entspricht einer vollständigen Drehung der Digital Crown.

Zu beachten ist, dass der Wert von `rotationalDelta` sowohl positiv wie auch negativ sein kann, abhängig davon, in welche *Richtung* die Digital Crown gedreht wurde. Drehbewegungen nach oben führen zu einem positiven `rotationalDelta`, während Drehbewegungen nach unten zu einem negativen Ergebnis führen. Dabei spielt es übrigens keine Rolle, ob die Apple Watch am linken oder am rechten Handgelenk getragen wird; das System liefert automatisch den korrekten Wert an die Methode zurück.

Die zweite Methode des `WKCrownDelegate`-Protokolls lautet `crownDidBecomeIdle(_:)`. Sie wird aufgerufen, sobald eine Drehbewegung der Digital Crown vollständig abgeschlossen ist.

Mit diesem Wissen zum Umgang mit der Digital Crown betrachten wir einmal ein konkretes Beispiel. Es basiert auf einer neuen watchOS-App, deren initialer Interface-Controller über ein Label verfügt, das mit einem entsprechenden Outlet mit dem Code der zugrunde liegenden Interface-Controller-Klasse gekoppelt ist. Sobald das Interface eingeblendet wird, wird mithilfe der `focus()`-Methode dem `crownSequencer` der Fokus zugewiesen. Als Delegate wird der Interface-Controller selbst gesetzt (der hierfür als zum `WKCrownDelegate`-Protokoll konform deklariert werden muss). Anschließend werden die Methoden des `WKCrownDelegate`-Protokolls genutzt, um den Text des Labels passend zu aktualisieren. Den vollständigen Code des Beispiels finden Sie in Listing 26.31.

Listing 26.31 Abfangen des Drehens der Digital Crown

```
class InterfaceController: WKInterfaceController, WKCrownDelegate {

    @IBOutlet var label: WKInterfaceLabel!

    override func didAppear() {
        super.didAppear()
        crownSequencer.focus()
        crownSequencer.delegate = self
    }

    func crownDidRotate(_ crownSequencer: WKCrownSequencer?, rotationalDelta: Double)
{
        label.setText("\(rotationalDelta)")
    }

    func crownDidBecomeIdle(_ crownSequencer: WKCrownSequencer?) {
        label.setText("Idle")
    }

}
```

Wenn Sie übrigens den Fokus der `crownSequencer`-Property wieder entfernen möchten, können Sie auf ihr die Methode `resignFocus()` aufrufen.

Properties der WKCrownSequencer-Klasse

Den aktuellen Status des `crownSequencer` können Sie übrigens auch mithilfe zweier Properties jederzeit ermitteln. `rotationsPerSecond` liefert das aktuelle `rotationalDelta`, während die boolesche Property `isIdle` darüber informiert, ob die Digital Crown gerade gedreht wird (`true`) oder nicht (`false`). Das Auslesen dieser Properties kann in bestimmten Szenarien nützlich sein, in der Regel sind es aber die genannten `WKCrownDelegate`-Methoden, die für das Auswerten von Aktionen mit der Digital Crown wichtig sind.

■ 26.9 Animationen durchführen

Bei der Verwendung von watchOS-Apps greifen einige Standardanimationen für bestimmte Aktionen, beispielsweise beim Einblenden eines neuen Interface-Controllers. Es gibt allerdings auch die Möglichkeit, für die verschiedenen Interface-Elemente eigene Animationen durchzuführen. Dazu definiert man einen Zeitrahmen in Sekunden, in dem die gewünschte Animation erfolgen soll, gefolgt von einer Aufstellung dessen, was die Animation beinhalten soll. In watchOS können die folgenden Attribute von Interface-Elementen durch eine Animation geändert werden:

- Alpha-Wert,
- Höhe und Breite,
- horizontale beziehungsweise vertikale Ausrichtung,
- Hintergrundfarbe oder Tint-Color,
- Insets innerhalb einer Group.

Für alle anderen Eigenschaften von Interface-Elementen steht in watchOS keine Animationsmöglichkeit zur Verfügung.

Um nun eine Animation an einem oder mehreren Interface-Elementen für die genannten Eigenschaften durchzuführen, muss die Methode `animate(withDuration:animations:)` der `WKInterfaceController`-Klasse verwendet werden. Als ersten Parameter erwartet sie das Zeitintervall in Sekunden, das definiert, wie lange die Animation andauern soll. Anschließend folgt ein Closure, in dem Sie die gewünschten zu animierenden Eigenschaftsänderungen durchführen, also beispielsweise die Farbe eines Switches oder den Alpha-Wert eines Labels verändern.

Im Folgenden finden Sie ein Beispiel zur Animation von Interface-Elementen in watchOS. Basis ist ein neues watchOS-Projekt mit einem Button namens *Animate*, der mit der Action-Methode `startAnimations()` im Code des zugrunde liegenden Interface-Controllers gekoppelt ist. Darunter befindet sich eine Group mit einem Label und einem Switch. Beide sind mit einem passenden Outlet mit dem Code verbunden (siehe Bild 26.73).

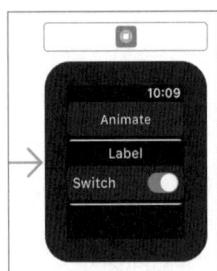

Bild 26.73
Das Interface der Beispiel-App verfügt über ein Label und einen Switch, die durch eine Animation verändert werden sollen.

Diese beiden Elemente sollen durch eine Animation verändert werden. Beim Label soll der Alpha-Wert herabgesetzt, beim Switch die Farbe geändert werden, und das innerhalb von drei Sekunden. Den zugehörigen Code der Interface-Controller-Klasse finden Sie in Listing 26.32.

Listing 26.32 Durchführen von Animationen für Interface-Elemente

```
class InterfaceController: WKInterfaceController {

    @IBOutlet var label: WKInterfaceLabel!

    @IBOutlet var switchInterface: WKInterfaceSwitch!

    @IBAction func startAnimations() {
        animate(withDuration: 3) {
            self.label.setAlpha(0.5)
            self.switchInterface.setColor(UIColor.red)
        }
    }
}
```

Innerhalb des Closures der `animate(withDuration:animations:)`-Methode werden die Interface-Elemente auf ganz normale und herkömmliche Art und Weise geändert. Dadurch, dass diese Änderung innerhalb dieser Methode erfolgt und als Dauer für die Animation drei Sekunden festgesetzt wurden, erfolgt die Änderung in einem fließenden Übergang, sobald der *Animate*-Button betätigt wird (siehe Bild 26.74).

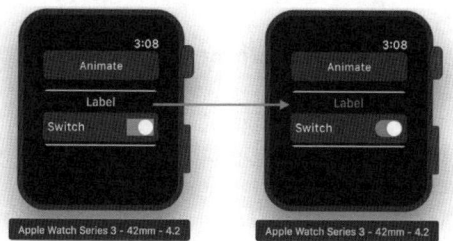

Bild 26.74
Die animierte Änderung der Interface-Elemente erfolgt innerhalb von drei Sekunden.

■ 26.10 Komplikationen erstellen

Als Komplikationen werden in der watchOS-Entwicklung (und bei Uhren im Allgemeinen) Zusatzmodule bezeichnet, die Teil des Ziffernblatts sind und nichts mit der Anzeige der eigentlichen Uhrzeit zu tun haben. Apple liefert für seine verschiedenen Ziffernblätter und Apps eine Vielzahl solcher Komplikationen, über die der Nutzer beispielsweise einen Workout starten, die nächsten Termine einsehen oder die aktuelle Wetterlage abrufen kann (siehe Bild 26.75).

Bild 26.75
Die umrandeten Elemente auf diesem Screenshot des Modular-Ziffernblatts zeigen alle jeweils eine Komplikation.

Der große Vorteil einer Komplikation besteht darin, dass die zugrunde liegende App direkt aus dem Ziffernblatt heraus aufgerufen und gestartet werden kann. Daneben bieten sich Komplikationen an, um zusätzliche Informationen passend zur eigenen App direkt auf dem Ziffernblatt auszugeben. Das können bei einer To-do-App beispielsweise noch offene Aufgaben oder bei einer Musik-App der aktuell wiedergegebene Soundtrack sein. In Bild 26.75 ist die Komplikation der Wetter-App unten rechts ebenfalls ein passendes Beispiel für solch eine dynamische Information; sie zeigt dort immer die aktuelle Temperatur an.

Mithilfe des sogenannten *ClockKit*-Frameworks lassen sich auch Komplikationen für die eigene watchOS-App entwickeln. Diese werden automatisch als Teil der App mit ausgeliefert und der Nutzer hat nach der Installation der App die Möglichkeit, sie auf den unterstützten Ziffernblättern zu konfigurieren.

Selbst wenn Ihre App über keine dynamischen Informationen verfügt, die man dem Nutzer zusätzlich in Form einer Komplikation auf dem Ziffernblatt anzeigen kann, sollten Sie nichtsdestotrotz über die Entwicklung einer Komplikation nachdenken. Eine Komplikation sorgt nämlich in jedem Fall dafür, dass Nutzer Ihrer App schnell in diese wechseln können, nämlich direkt vom Ziffernblatt aus. Weiterer Vorteil: Alle Apps, für die ein Nutzer eine Komplikation auf seinem Ziffernblatt hinzugefügt hat, bleiben im Speicher der Apple Watch und reagieren beim nächsten Start somit deutlich schneller.

26.10.1 Technische Funktionsweise von Komplikationen

Wie bereits beschrieben, stellt die Basis zur Entwicklung von Komplikationen das ClockKit-Framework dar. Wenn Sie eine Komplikation für Ihre watchOS-App anbieten und der Nutzer diese auf seinem Ziffernblatt hinzufügt, fragt das System automatisch in regelmäßigen Abständen nach neuen Daten für diese Komplikation. Dazu ruft es ein sogenanntes Complication Data Source-Objekt auf, das konform zum `CLKComplicationDataSource`-Protokoll sein muss und für deren korrekte Implementierung wir selbst verantwortlich sind.

Vorteil dieses Vorgehens: Ihre App muss nicht selbst dafür Sorge tragen und regelmäßig Infos an das Ziffernblatt senden, um eine Komplikation zu aktualisieren (beispielsweise mit den neuesten Aufgaben oder einer aktualisierten Wettervorschau). Stattdessen fragt watchOS selbst regelmäßig nach neuen Daten, die Sie dann über den Complication Data Source zurückliefern. Um den Rest kümmert sich das System.

Natürlich lässt sich der Zeitraum, in dem watchOS nach Updates für eine Komplikation fragt, für jede App anpassen. Schließlich müssen manche Komplikationen öfter und andere seltener aktualisiert werden. Auch unterscheiden sich die Zeitpunkte, zu denen eine Komplikation aktualisiert werden sollte, stark von App zu App. Beispielsweise sollte eine Aktien-App tagsüber regelmäßig Updates über den aktuellen Kurs zurückliefern, braucht dafür aber nachts nach Börsenschluss keine Aktualisierungen zu fahren. Umgekehrt soll eine Sport-App während eines wichtigen Spiels regelmäßig den aktuellen Stand zurückliefern, sie braucht aber keine Aktualisierungen durchzuführen, wenn das Spiel zu Ende ist.

26.10.2 Complication Families und Templates

Grundlage für alle Komplikationen sind die sogenannten *Complication Families*. Unter diesem Begriff fasst Apple verschiedene Vorlagen zusammen, auf deren Basis Komplikationen erstellt werden können. Diese Vorlagen bestimmen unter anderem die Größe und das Aussehen einer Komplikation und letztlich damit auch, auf welchen Ziffernblättern sie zur Verfügung stehen.

Betrachten Sie beispielsweise noch einmal die große, mittig platzierte Timer-Komplikation auf dem Screenshot in Bild 26.75. Die Komplikation kann in dieser Form auf keinem anderen Ziffernblatt verwendet werden, weil sie dafür schlicht zu groß ist. Für die meisten Komplikationen steht nur ein kleiner Platz an den Rändern zur Verfügung, weshalb die Timer-Komplikation dort entweder nicht angeboten werden kann oder anders gestaltet werden muss. Tatsächlich ist Letzteres der Fall, wie Bild 26.76 zeigt. Dort ist die gleiche Komplikation für ein anderes Zifferblatt zu sehen. Größe und Aussehen unterscheiden sich deutlich von dem zuvor gezeigten Beispiel von Bild 26.75.

Bild 26.76
Komplikationen müssen für die verschiedenen Ziffernblätter in Form, Größe und Aussehen angepasst werden.

Wie eine Komplikation aussehen, wie groß sie sein und welche Form sie besitzen kann, genau das wird über die genannten Vorlagen der Complication Families geregelt. Für jede mögliche Kombination aus Zifferblatt, Position und Größe einer Komplikation existiert eine entsprechende Vorlage. Wir als App-Entwickler müssen uns entscheiden, welche dieser Vorlagen unsere App für eine Komplikation unterstützt und entsprechend eine passend konfigurierte Komplikation im Code erstellen und an das System zurückliefern.

Die zur Verfügung stehenden Complication Families sind im ClockKit-Framework in der Enumeration `CLKComplicationFamily` zusammengefasst. Für jede Complication Family steht eine unterschiedliche Anzahl von `CLKComplicationTemplate`-Subklassen zur Verfügung. Diese Subklassen werden mithilfe passender Properties in der Form konfiguriert, die für die gewünschte Komplikation benötigt wird. Instanzen dieser Template-Klassen werden vom System über den Complication Data Source geladen und entsprechen letzten Endes der Komplikation, die der Nutzer auf dem Zifferblatt zu Gesicht bekommt.

Die folgenden Abschnitte stellen jede verfügbare Complication Family im Detail vor. Hierbei wird beschrieben, unter welchen Ziffernblättern die jeweilige Complication Family zur Verfügung steht und welche `CLKComplicationTemplate`-Subklassen zur Erstellung einer entsprechenden Komplikation für diese Complication Family zur Verfügung stehen.

Aussehen und Aufbau der Templates

Das ClockKit-Framework verfügt über eine Vielzahl von CLKComplication Template-Subklassen. Für jede Art von Komplikation pro Complication Family steht eine solche Subklasse zur Verfügung. Auf Basis jeder einzelner dieser Subklassen praktische Beispiele zu erstellen und die Arbeit mit ihnen detailliert zu beleuchten, würde an dieser Stelle den Rahmen sprengen. Daher stelle ich Ihnen in den folgenden Abschnitten zwar alle verfügbaren Template-Klassen vor und erläutere, welche Art von Komplikation Sie damit umsetzen können. Bei der späteren Betrachtung der praktischen Umsetzung werden dann aber lediglich ein paar einzelne Template-Klassen zur Verdeutlichung des Vorgehens eingesetzt.

Wenn Sie mehr über die konkrete Verwendung einer bestimmten CLKCom plicationTemplate-Subklasse erfahren möchten, empfehle ich Ihnen, einen Blick in die Dokumentation von Xcode zu werfen (siehe Bild 26.77). Dort finden Sie neben einer detaillierten Beschreibung und der Auflistung der verfügbaren Properties auch immer eine Grafik, die den Aufbau und das Aussehen einer entsprechenden Komplikation auf Basis jener Klasse widerspiegelt.

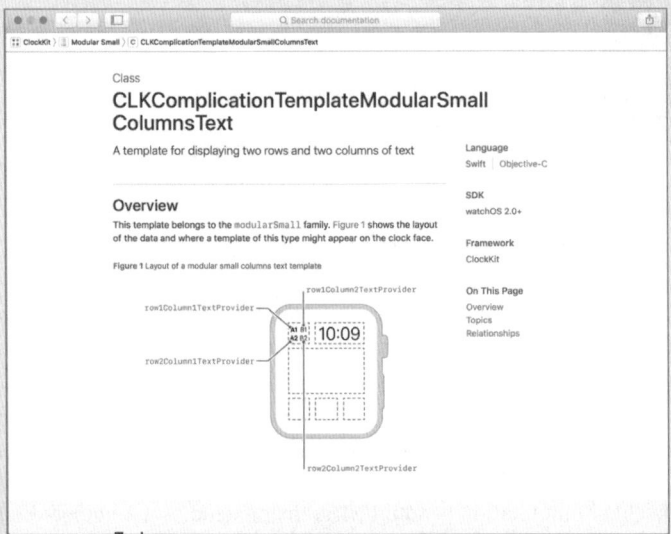

Bild 26.77 Die Dokumentation von Xcode eignet sich ideal dazu, um einen Überblick über das Aussehen und den Aufbau einer spezifischen CLKComplication-Template-Subklasse zu erhalten.

Modular Small

Modular Small bezeichnet die kleinen würfelförmigen Bereiche des Ziffernblatts *Modular* (siehe Bild 26.78). Abgebildet wird diese Complication Family anhand des modularSmall-Werts der CLKComplicationFamily-Enumeration.

Bild 26.78
Die kleinen würfelförmigen Bereiche des „Modular"-Ziffernblatts gehören zur „Modular Small"-Familie.

Zum Erstellen einer passenden Komplikation für diese Complication Family stehen im ClockKit-Framework die folgenden `CLKComplicationTemplate`-Subklassen zur Verfügung:

- `CLKComplicationTemplateModularSmallSimpleText`: Dient zur Darstellung einer Komplikation auf Basis eines kurzen Texts.

- `CLKComplicationTemplateModularSmallSimpleImage`: Dient zur Darstellung einer Komplikation auf Basis einer Grafik.

- `CLKComplicationTemplateModularSmallRingText`: Dient zur Darstellung einer Komplikation auf Basis eines kurzen Texts, der von einem Fortschrittsring umgeben ist.

- `CLKComplicationTemplateModularSmallRingImage`: Dient zur Darstellung einer Komplikation auf Basis einer Grafik, die von einem Fortschrittsring umgeben ist.

- `CLKComplicationTemplateModularSmallStackText`: Dient zur Darstellung einer Komplikation auf Basis zweier kurzer Textzeilen, die untereinander angezeigt werden.

- `CLKComplicationTemplateModularSmallStackImage`: Dient zur Darstellung einer Komplikation auf Basis einer Grafik, unter der eine kurze Zeile mit Text angezeigt wird.

- `CLKComplicationTemplateModularSmallColumnsText`: Dient zur Darstellung einer Komplikation mit zwei Reihen und zwei Spalten, deren insgesamt vier Zellen je einen kurzen Text enthalten.

Modular Large

Modular Large bezieht sich auf die große mittige Fläche des *Modular*-Ziffernblatts (siehe Bild 26.79). Der zugehörige Wert aus der `CLKComplicationFamily`-Enumeration für diese Complication Family lautet `modularLarge`.

Bild 26.79
Das „Modular"-Ziffernblatt bietet in der Mitte eine große Fläche, die der Vorlage „Modular Large" entspricht. Mit ihr lassen sich deutlich umfangreichere und komplexere Komplikationen umsetzen als mit den meisten anderen Vorlagen.

Zur Erstellung von Komplikationen für diese Complication Family stehen die folgenden CLKComplicationTemplate-Subklassen zur Verfügung:

- CLKComplicationTemplateModularLargeStandardBody: Dient zur Darstellung einer Komplikation auf Basis einer Header-Überschrift und zweier Textzeilen. Die Überschrift kann an der linken Seite um eine Grafik ergänzt werden.

- CLKComplicationTemplateModularLargeTallBody: Dient zur Darstellung einer Komplikation auf Basis einer Header-Überschrift und einer darunterliegenden großen Textzeile.

- CLKComplicationTemplateModularLargeTable: Dient zur Darstellung einer Komplikation auf Basis einer Tabelle mit zwei Reihen und zwei Spalten (und somit insgesamt vier Zellen). Oberhalb der Tabelle wird eine Header-Überschrift angezeigt, die optional an der linken Seite mit einer Grafik versehen werden kann. Die Zellen der Tabelle können nur mit Text gefüllt werden.

- CLKComplicationTemplateModularLargeColumns: Dient zur Darstellung einer Komplikation auf Basis einer Tabelle mit drei Reihen und zwei Spalten (und somit insgesamt sechs Zellen). Eine Überschrift fehlt dieser Komplikation. Die Zellen der Tabelle können ausschließlich mit Text gefüllt werden, optional kann jeder Reihe links eine Grafik hinzugefügt werden.

Utilitarian Small

Die Complication Family *Utilitarian Small* steht unter anderem auf den Ziffernblättern vom Typ *Utility, Bewegung* sowie *Micky Maus* beziehungsweise *Minnie Maus* zur Verfügung. Sie dient zur Darstellung kleiner Texte oder Grafiken, die in einer Art kreisrundem Ring oder einem Würfel hinterlegt sind (siehe Bild 26.80). Der zugehörige Wert aus der CLKComplicationFamily-Enumeration für diese Complication Family lautet utilitarian Small.

Bild 26.80
„Utilitarian Small" dient zur Umsetzung kleiner kreisrunder beziehungsweise würfelförmiger Komplikationen auf unterstützenden Ziffernblättern.

Zur Erstellung von Komplikationen für *Utilitarian Small* stehen die folgenden CLKComplicationTemplate-Subklassen zur Verfügung:

- CLKComplicationTemplateUtilitarianSmallSquare: Dient zur Darstellung einer Komplikation auf Basis einer Grafik, die in Form eines Würfels dargestellt wird.

- CLKComplicationTemplateUtilitarianSmallRingText: Dient zur Darstellung einer Komplikation auf Basis eines kurzen Texts, der von einem Fortschrittsring umgeben ist.

- CLKComplicationTemplateUtilitarianSmallRingImage: Dient zur Darstellung einer Komplikation auf Basis einer Grafik, die von einem Fortschrittsring umgeben ist.

Utilitarian Small Flat

Bei der Complication Family *Utilitarian Small Flat* handelt es sich um eine Art Sonderform von *Utilitarian Small*. Sie dient zur Darstellung etwas längeren Texts, der in einer Art Rechteck dargestellt wird (siehe Bild 26.81). Der zugehörige Wert für diese Complication Family aus der `CLKComplicationFamily`-Enumeration lautet `utilitarianSmallFlat`.

Bild 26.81
Komplikationen für die Complication Family „Utilitarian Small Flat" sind breiter als die Varianten auf Basis von „Utilitarian Small".

Zur Erstellung von Komplikationen für die *Utilitarian Small Flat*-Complication Family stehen die folgenden `CLKComplicationTemplate`-Subklassen zur Verfügung:

- `CLKComplicationTemplateUtilitarianSmallFlat`: Dient zur Darstellung einer Komplikation auf Basis eines Texts, der in dem rechteckigen Feld der Vorlage dargestellt wird. Optional kann dieser Text am linken Rand mit einer zusätzlichen Grafik versehen werden.

Utilitarian Large

Die Complication Family *Utilitarian Large* ist vergleichbar mit *Utilitarian Small Flat*. Auch sie stellt einen Text dar, der in einer Art Rechteck dargestellt wird. Im Gegensatz zu *Utilitarian Small Flat* ist dieses Rechteck bei *Utilitarian Large* aber deutlich breiter und bietet daher mehr Platz für den zugrunde liegenden Text (siehe Bild 26.82). Der Wert für diese Komplikation aus der `CLKComplicationFamily`-Enumeration lautet `utilitarianLarge`.

Bild 26.82
Mit einer Komplikation der Complication Family „Utilitarian Large" können Sie einen Text über die gesamte Breite des Apple Watch-Bildschirms anzeigen.

Im Folgenden werden alle `CLKComplicationTemplate`-Subklassen aufgeführt, die Sie als Basis für eigene Komplikationen für diese Complication Family einsetzen können:

- `CLKComplicationTemplateUtilitarianLargeFlat`: Dient zur Darstellung einer Komplikation auf Basis eines Texts, der in dem rechteckigen Feld der Vorlage dargestellt wird. Optional kann dieser Text am linken Rand mit einer zusätzlichen Grafik versehen werden.

Circular Small

Die Komplikationen der Complication Family *Circular Small* kommen auf dem Ziffernblatt *Farbe* zum Einsatz. Wie der Name bereits andeutet, stellt diese Complication Family kleine kreisrunde Komplikationen dar, die nur wenig Platz auf dem Ziffernblatt beanspruchen (siehe Bild 26.83). Innerhalb der `CLKComplicationFamily`-Enumeration werden sie mit dem Wert `circularSmall` abgebildet.

Bild 26.83
Komplikationen der Complication Family „Circular Small" werden als kleine kreisrunde Elemente auf dem Ziffernblatt dargestellt.

Um eine Komplikation auf Basis der *Circular Small*-Complication Family zu erstellen, können Sie eine der folgenden `CLKComplicationTemplate`-Subklassen verwenden:

- `CLKComplicationTemplateCircularSmallSimpleText`: Dient zur Darstellung einer Komplikation auf Basis eines kurzen Texts.
- `CLKComplicationTemplateCircularSmallSimpleImage`: Dient zur Darstellung einer Komplikation auf Basis einer Grafik.
- `CLKComplicationTemplateCircularSmallRingText`: Dient zur Darstellung einer Komplikation auf Basis eines kurzen Texts, der von einem Fortschrittsring umgeben ist.
- `CLKComplicationTemplateCircularSmallRingImage`: Dient zur Darstellung einer Komplikation auf Basis einer Grafik, die von einem Fortschrittsring umgeben ist.
- `CLKComplicationTemplateCircularSmallStackText`: Dient zur Darstellung einer Komplikation auf Basis zweier kurzer Textzeilen, die untereinander angezeigt werden.
- `CLKComplicationTemplateCircularSmallStackImage`: Dient zur Darstellung einer Komplikation auf Basis einer Grafik, unter der eine kurze Zeile mit Text angezeigt wird.

Extra Large

Die Komplikationen der Complication Family *Extra Large* kommen ausschließlich auf dem *X-Large*-Ziffernblatt zum Einsatz und nehmen quasi den gesamten Bildschirm ein (siehe Bild 26.84). In der `CLKComplicationFamily`-Enumeration werden sie mittels des Werts `extraLarge` abgebildet.

Bild 26.84
Komplikationen auf Basis der „Extra Large"-Complication Family nehmen den Großteil des Ziffernblatts ein und erscheinen somit noch präsenter als die Uhrzeit.

Zum Erstellen von Komplikationen für die *Extra Large*-Complication Family stehen die folgenden CLKComplicationTemplate-Subklassen zur Verfügung:

- CLKComplicationTemplateExtraLargeSimpleText: Dient zur Darstellung einer Komplikation auf Basis eines kurzen Texts.

- CLKComplicationTemplateExtraLargeSimpleImage: Dient zur Darstellung einer Komplikation auf Basis einer Grafik.

- CLKComplicationTemplateExtraLargeRingText: Dient zur Darstellung einer Komplikation auf Basis eines kurzen Texts, der von einem Fortschrittsring umgeben ist.

- CLKComplicationTemplateExtraLargeRingImage: Dient zur Darstellung einer Komplikation auf Basis einer Grafik, die von einem Fortschrittsring umgeben ist.

- CLKComplicationTemplateExtraLargeStackText: Dient zur Darstellung einer Komplikation auf Basis zweier kurzer Textzeilen, die untereinander angezeigt werden.

- CLKComplicationTemplateExtraLargeStackImage: Dient zur Darstellung einer Komplikation auf Basis einer Grafik, unter der eine kurze Zeile mit Text angezeigt wird.

- CLKComplicationTemplateExtraLargeColumnsText: Dient zur Darstellung einer Komplikation mit zwei Reihen und zwei Spalten, deren insgesamt vier Zellen je einen kurzen Text enthalten.

Graphic Corner

Die Komplikationen der Complication Family *Graphic Corner* kommen ausschließlich auf dem *Infograph*-Ziffernblatt zum Einsatz. Sie nutzen die abgerundeten Ecken der neueren Apple Watch-Modelle voll aus (siehe Bild 26.85). In der CLKComplicationFamily-Enumeration werden sie mittels des Werts graphicCorner abgebildet.

Bild 26.85
Komplikationen auf Basis der „Graphic Corner"-Complication Family fügen sich mit ihrem Design perfekt in die abgerundeten Ecken der neueren Apple Watch-Modelle ein.

Zum Erstellen von Komplikationen für die *Graphic Corner*-Complication Family stehen die folgenden CLKComplicationTemplate-Subklassen zur Verfügung:

- CLKComplicationTemplateGraphicCornerCircularImage: Dient zur Darstellung einer Komplikation auf Basis einer Grafik.

- CLKComplicationTemplateGraphicCornerGaugeImage: Dient zur Darstellung einer Komplikation auf Basis einer Grafik und einer farbigen Verlaufsanzeige.

- CLKComplicationTemplateGraphicCornerGaugeText: Dient zur Darstellung einer Komplikation auf Basis eines Texts und einer farbigen Verlaufsanzeige.

- CLKComplicationTemplateGraphicCornerStackText: Dient zur Darstellung einer Komplikation auf Basis eines Texts.

- CLKComplicationTemplateGraphicCornerTextImage: Dient zur Darstellung einer Komplikation auf Basis einer Grafik und eines Texts.

Graphic Circular

Die Komplikationen der Complication Family *Graphic Circular* kommen ausschließlich auf dem *Infograph-* und auf dem *Infograph Modular-*Ziffernblatt zum Einsatz. Sie werden kreis-rund dargestellt (siehe Bild 26.86). In der CLKComplicationFamily-Enumeration werden sie mittels des Werts graphicCircular abgebildet.

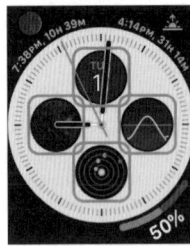

Bild 26.86
Kreisrunde Komplikationen innerhalb der Infograph- und Infograph Modular-Ziffernblätter werden mithilfe der „Graphic Circular"-Complication Family abgebildet.

Zum Erstellen von Komplikationen für die *Graphic Circular-*Complication Family stehen die folgenden CLKComplicationTemplateGraphicCircular-Subklassen zur Verfügung:

- CLKComplicationTemplateGraphicCircularImage: Dient zur Darstellung einer Kompli-kation auf Basis einer Grafik.

- CLKComplicationTemplateGraphicCircularClosedGaugeImage: Dient zur Darstellung einer Komplikation auf Basis einer Grafik und einer die Komplikation vollständig um-schließenden Verlaufsanzeige.

- CLKComplicationTemplateGraphicCircularOpenGaugeImage: Dient zur Darstellung einer Komplikation auf Basis einer Grafik, einer die Komplikation umgebenden Verlaufs-anzeige sowie eines Texts.

- CLKComplicationTemplateGraphicCircularClosedGaugeText: Dient zur Darstellung einer Komplikation auf Basis eines Texts und einer die Komplikation vollständig um-schließenden Verlaufsanzeige.

- CLKComplicationTemplateGraphicCircularOpenGaugeSimpleText: Dient zur Darstel-lung einer Komplikation auf Basis eines Texts und einer die Komplikation umgebenden Verlaufsanzeige (die wiederum auch mit einem Text versehen werden kann).

- CLKComplicationTemplateGraphicCircularOpenGaugeRangeText: Dient zur Darstel-lung einer Komplikation auf Basis eines Texts und einer die Komplikation umgebenden Verlaufsanzeige. Start- und Endpunkt der Verlaufsanzeige können zusätzlich mit einem jeweils eigenen Text versehen werden.

Graphic Bezel

Die Komplikationen der Complication Family *Graphic Bezel* kommt ausschließlich auf dem *Infograph-*Ziffernblatt zum Einsatz. Sie zeigen einen gebogenen Text in der Mitte des Zif-fernblatts an sowie ein kreisrundes Symbol, das auf einem Template der *Graphic Circular-*Complication Family basiert (siehe Bild 26.87). In der CLKComplicationFamily-Enumera-tion werden sie mittels des Werts graphicBezel abgebildet.

Bild 26.87
Die Komplikationen der „Graphic Circular"-Complication Family verfügen über einen Text, der wie ein Kreis um das Ziffernblatt herumläuft, und eine zusätzliche kreisrunde Komplikation am oberen Rand.

Zum Erstellen von Komplikationen für die *Graphic Circular*-Complication Family steht die `CLKComplicationTemplate`-Subklasse `CLKComplicationTemplateGraphicBezelCircular Text` zur Verfügung. Sie dient zur Darstellung einer Komplikation auf Basis eines Texts, der geschwungen innerhalb des Ziffernblatts dargestellt wird, und einer zusätzlichen weiteren kreisrunden Komplikation auf Basis der *Graphic Circular*-Complication Family.

Graphic Rectangular

Die Komplikationen der Complication Family *Graphic Rectangular* kommen ausschließlich auf dem *Infograph Modular*-Ziffernblatt zum Einsatz. Sie können darin einen großen rechteckigen Bereich für die Darstellung der gewünschten Informationen nutzen (siehe Bild 26.88). In der `CLKComplicationFamily`-Enumeration werden sie mittels des Werts `graphic Rectangular` abgebildet.

Bild 26.88
Komplikationen auf Basis der „Graphic Rectangular"-Complication Family erlauben aufwendig dargestellte Inhalte auf dem „Infograph Modular"-Ziffernblatt.

Zum Erstellen von Komplikationen für die *Graphic Rectangular*-Complication Family stehen die folgenden `CLKComplicationTemplate`-Subklassen zur Verfügung:

- `CLKComplicationTemplateGraphicRectangularStandardBody`: Dient zur Darstellung einer Komplikation auf Basis von Text.

- `CLKComplicationTemplateGraphicRectangularTextGauge`: Dient zur Darstellung einer Komplikation auf Basis von Text und einer Verlaufsanzeige.

- `CLKComplicationTemplateGraphicRectangularLargeImage`: Dient zur Darstellung einer Komplikation auf Basis einer Überschrift und einer darunter aufgeführten Grafik.

26.10.3 Bestehendes Projekt um Complication-Support ergänzen

Nachdem Sie nun wissen, aus welchen Elementen sich Komplikationen in der watchOS-Entwicklung zusammensetzen, betrachten wir im Folgenden einmal die praktische Ergänzung eines bestehenden watchOS-Projekts um eine zusätzliche Komplikation, über die wir die zugrunde liegende App starten können. Hierfür sind die folgenden Schritte notwendig:

Erstellen und Implementieren eines Data Source für die Komplikationen.

Konfiguration der WatchKit Extension für den Support von Komplikationen.

Betrachten wir zunächst den Data Source. Hierbei handelt es sich um den Dreh- und Angelpunkt für die Logik zur Umsetzung von Komplikationen. Der Data Source ist eine von NSObject abgeleitete Klasse, die konform zum CLKComplicationDataSource-Protokoll ist. Dieses Protokoll definiert verschiedene Methoden, die vom System aufgerufen werden und die zur Konfiguration von Komplikationen in watchOS dienen.

Data Source erstellen

Entsprechend erstellen wir im ersten Schritt zur Unterstützung von Komplikationen eine solche Data Source-Klasse innerhalb der WatchKit Extension. Im folgenden Beispiel erhält diese den Namen ComplicationController (siehe Bild 26.89).

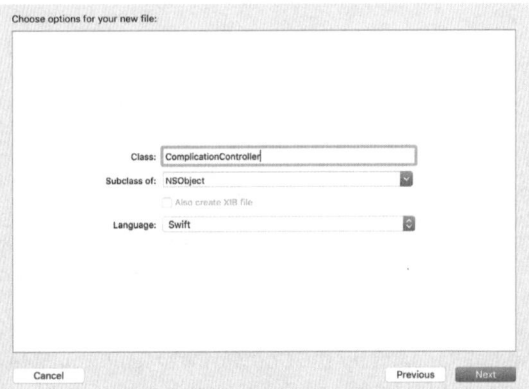

Bild 26.89 Ein Data Source ist die Grundlage zur Konfiguration von Komplikationen.

Ist diese neue Data Source-Klasse erstellt, muss in ihr das ClockKit-Framework mithilfe des Befehls import ClockKit importiert und die Klasse als konform zum CLKComplicationDataSource-Protokoll deklariert werden. Daraufhin wird Xcode nach kurzer Zeit (beziehungsweise spätestens beim nächsten Kompilieren des watchOS-Projekts) einen Fehler ausgeben, der darauf hinweist, dass die ComplicationController-Klasse nicht vollständig implementiert ist. Das liegt daran, dass das CLKComplicationData Source-Protokoll, das wir der Klasse zugewiesen haben, zwei Methoden vorschreibt, die in jedem Fall implementiert werden müssen. Es handelt sich um die Methoden getSupportedTimeTravelDirections(for:withHandler:) und getCurrentTimeline Entry(for:withHandler:). Listing 26.33 zeigt das Grundgerüst des Complication Controller, das in jedem Fall implementiert werden muss.

Listing 26.33 Grundgerüst der ComplicationController-Klasse

```
class ComplicationController: NSObject, CLKComplicationDataSource {

    func getSupportedTimeTravelDirections(for complication: CLKComplication,
  withHandler handler: @escaping (CLKComplicationTimeTravelDirections) -> Void) {
        // Implementierung der Methode...
    }

    func getCurrentTimelineEntry(for complication: CLKComplication, withHandler
  handler: @escaping (CLKComplicationTimelineEntry?) -> Void) {
        // Implementierung der Methode...
    }

}
```

Aufbau und Funktionsweise der Methoden des Data Source

Die verschiedenen Methoden des CLKComplicationDataSource-Protokolls weisen einige Gemeinsamkeiten auf, die ich Ihnen an dieser Stelle erst einmal vorstellen möchte, bevor wir uns im Detail die Implementierung der beiden Methoden getSupportedTimeTravel Directions(for:withHandler:) und getCurrentTimelineEntry(for:withHandler:) ansehen.

Jede Methode des Protokolls liefert uns als Parameter eine Instanz der Klasse CLKComplication. Darüber teilt uns das System mit, für welche Complication Family gerade eine Komplikation benötigt wird. Dazu greift man auf die family-Property der Instanz zu, die vom Typ CLKComplicationFamily ist (siehe hierzu auch den Abschnitt 26.10.2, „Complication Families und Templates"). Entspricht ihr Wert beispielsweise modularSmall, weiß man, dass gerade vom System eine kleine Komplikation für das *Modular*-Ziffernblatt angefragt wird.

Abhängig davon, welche Complication Family dieser Parameter zurückliefert, wird im Data Source eine passende Komplikation erstellt. Im Falle von modularSmall würde man also entsprechend eine der verfügbaren CLKComplicationTemplate-Subklassen für die Complication Family nutzen, um eine passende Komplikation zu kreieren. Unterstützt man hingegen eine bestimmte Complication Family nicht und bietet für sie entsprechend keine Komplikation an, kann man diese Info nutzen, um nil zurückzuliefern.

Daneben verfügt jede der Methoden des CLKComplicationDataSource-Protokolls über einen handler-Parameter. Mithilfe dieses Parameters liefern wir dem System die gewünschte Information zu unserer Komplikation zurück, indem wir ihn am Ende der jeweiligen Methode aufrufen und den passenden Wert übergeben. Abhängig von der jeweiligen Methode erwartet der handler hierfür eine andere Art von Wert (dazu im Laufe dieses Abschnitts mehr).

Betrachten wir in dieser Hinsicht einmal die beiden Methoden, die wir zwingend in jedem Data Source implementieren müssen. Zunächst ist da getSupportedTimeTravel Directions(for:withHandler:). Mit dieser Methode legen Sie fest, ob Ihre Komplikation das sogenannte *Time Travel*-Feature der Apple Watch unterstützt. Ist es aktiviert, kann der Nutzer durch Drehen der digitalen Krone auf dem Ziffernblatt die Zeit vor- und zurückspulen. Wenn Komplikationen dieses Feature unterstützen, werden sie während dieser „Zeitreise" vom System entsprechend aktualisiert. Eine Wetter-App kann so beispielsweise die zum gewählten Zeitpunkt passende Vorschau anzeigen. Eine Komplikation kann sowohl das Verändern der Zeit in Richtung Vergangenheit als auch in Richtung Zukunft unterstützen, muss das aber nicht. Wird Time Travel nicht unterstützt, wird die jeweilige Komplikation bei Nutzung dieses Features farblich dezent in den Hintergrund gerückt.

Der handler-Parameter dieser Methode erwartet eine Instanz vom Typ CLKComplication TimeTravelDirections, bei der es sich um ein Option Set handelt. Sie nutzen diesen Typ, um festzulegen, ob Ihre Komplikation Time Travel in Richtung Vergangenheit (Wert backward) und/oder Zukunft (Wert forward) beziehungsweise keines von beidem unterstützt. Mehr zur Konfiguration von Komplikationen für verschiedene Zeitpunkte erfahren Sie in Abschnitt 26.10.5, „Komplikationen für verschiedene Zeitpunkte konfigurieren".

Die zweite notwendige Methode des Data Source ist getCurrentTimelineEntry(for:with Handler:). Sie ist für die Erstellung der eigentlichen Komplikation auf Basis einer passenden CLKComplicationTemplate-Subklasse verantwortlich. Entsprechend nutzt man den complication-Parameter auf die beschriebene Art und Weise, um die Complication Family zu ermitteln, für die eine Komplikation vom System angefragt wird, und darauf aufbauend die passende Komplikation zu erstellen und mithilfe des handler-Parameters zurückzugeben.

Hierbei wird die Komplikation in eine Instanz der Klasse CLKComplicationTimelineEntry gepackt. Neben der anzuzeigenden Komplikation definiert diese Instanz noch den Zeitpunkt, zu dem die Komplikation angezeigt werden soll beziehungsweise aktuell ist (mehr dazu erfahren Sie in Abschnitt 26.10.5, „Komplikationen für verschiedene Zeitpunkte konfigurieren"). Innerhalb der Methode getCurrentTimelineEntry(for:withHandler:) sollte dieser Zeitpunkt, der in Form einer Date-Instanz abgebildet wird, immer dem aktuellen Datum und der aktuellen Uhrzeit entsprechen. Mithilfe des Initializers init(date: complicationTemplate:) erstellen Sie die gewünschte Instanz der CLKComplication TimelineEntry-Klasse und geben diese anschließend über den handler-Parameter zurück.

In Listing 26.34 finden Sie die beispielhafte Implementierung der zuvor erstellten ComplicationController-Klasse (siehe Listing 26.33). Sie enthält eine Vielzahl von Hilfsmethoden, von denen jede eine Komplikation für die verschiedenen Complication Families erzeugt und zurückgibt. Alle Komplikationen werden hierbei mit einfachem Text und ohne den Einsatz von Grafiken formatiert. Time Travel wird in beide Richtungen unterstützt.

Wundern Sie sich übrigens nicht darüber, dass beim Setzen von Text für die Komplikationen die Klasse CLKTextProvider zum Einsatz kommt. Im ClockKit-Framework sind für alle Arten von Inhalten und Daten, mit denen eine Komplikation umgesetzt werden kann, derartige *Data Provider*-Klassen definiert. Mehr zu diesen Klassen und ihrem Einsatzzweck erfahren Sie in Abschnitt 26.10.6, „Data Providers".

Listing 26.34 Beispielhafte Implementierung des CLKComplicationDataSource-Protokolls

```
class ComplicationController: NSObject, CLKComplicationDataSource {

    func getSupportedTimeTravelDirections(for complication: CLKComplication,
withHandler handler: @escaping (CLKComplicationTimeTravelDirections) -> Void) {
        // Komplikationen unterstützen Time Travel in beide Richtungen.
        handler([.forward, .backward])
    }
```

```
    func getCurrentTimelineEntry(for complication: CLKComplication, withHandler
handler: @escaping (CLKComplicationTimelineEntry?) -> Void) {
        // Mithilfe einer Hilfsmethode wird die passende Komplikation für die
gewünschte Complication Family erzeugt.
        let complicationTemplate = simpleComplication(forComplicationFamily:
complication.family)
        let timelineEntry = CLKComplicationTimelineEntry(date: Date(),
complicationTemplate: complicationTemplate)
        handler(timelineEntry)
    }

    // Auf Basis der Complication Family wird eine entsprechende
CLKComplicationTemplate-Instanz erzeugt und zurückgegeben.
    private func simpleComplication(forComplicationFamily complicationFamily:
CLKComplicationFamily) -> CLKComplicationTemplate {
        switch complicationFamily {
        case .modularSmall:
            return simpleModularSmallComplication()
        case .modularLarge:
            return simpleModularLargeComplication()
        case .utilitarianSmall:
            return simpleUtilitarianSmallComplication()
        case .utilitarianSmallFlat:
            return simpleUtilitarianSmallFlatComplication()
        case .utilitarianLarge:
            return simpleUtilitarianLargeComplication()
        case .circularSmall:
            return simpleCircularSmallComplication()
        case .extraLarge:
            return simpleExtraLargeComplication()
        case .graphicCorner:
            return simpleGraphicCornerComplication()
        case .graphicBezel:
            return simpleGraphicBezelComplication()
        case .graphicCircular:
            return simpleGraphicCircularComplication()
        case .graphicRectangular:
            return simpleGraphicRectangularComplication()
        }
    }

    // Erstellung einer Komplikation für die Complication Family "Modular Small"
    private func simpleModularSmallComplication() ->
CLKComplicationTemplateModularSmallSimpleText {
        let complication = CLKComplicationTemplateModularSmallSimpleText()
        complication.textProvider = CLKTextProvider.localizableTextProvider(with
StringsFileTextKey: "TS")
        return complication
    }

    // Erstellung einer Komplikation für die Complication Family "Modular Large"
    private func simpleModularLargeComplication() ->
CLKComplicationTemplateModularLargeStandardBody {
        let complication = CLKComplicationTemplateModularLargeStandardBody()
        complication.headerTextProvider = CLKTextProvider.localizableTextProvider
(withStringsFileTextKey: "Header")
        complication.body1TextProvider = CLKTextProvider.localizableTextProvider(with
```

```
StringsFileTextKey: "First line")
        complication.body2TextProvider = CLKTextProvider.localizableTextProvider(with
StringsFileTextKey: "Second line")
        return complication
    }

    // Erstellung einer Komplikation für die Complication Family "Utilitarian Small"
    private func simpleUtilitarianSmallComplication() ->
CLKComplicationTemplateUtilitarianSmallRingText {
        let complication = CLKComplicationTemplateUtilitarianSmallRingText()
        complication.textProvider = CLKTextProvider.localizableTextProvider(with
StringsFileTextKey: "TS")
        return complication
    }

    // Erstellung einer Komplikation für die Complication Family "Utilitarian Small
Flat"
    private func simpleUtilitarianSmallFlatComplication() ->
CLKComplicationTemplateUtilitarianSmallFlat {
        let complication = CLKComplicationTemplateUtilitarianSmallFlat()
        complication.textProvider = CLKTextProvider.localizableTextProvider(with
StringsFileTextKey: "Thomas Sillmann")
        return complication
    }

    // Erstellung einer Komplikation für die Complication Family "Utilitarian Large"
    private func simpleUtilitarianLargeComplication() ->
CLKComplicationTemplateUtilitarianLargeFlat {
        let complication = CLKComplicationTemplateUtilitarianLargeFlat()
        complication.textProvider = CLKTextProvider.localizableTextProvider(with
StringsFileTextKey: "Thomas Sillmann")
        return complication
    }

    // Erstellung einer Komplikation für die Complication Family "Circular Small"
    private func simpleCircularSmallComplication() ->
CLKComplicationTemplateCircularSmallSimpleText {
        let complication = CLKComplicationTemplateCircularSmallSimpleText()
        complication.textProvider = CLKTextProvider.localizableTextProvider(with
StringsFileTextKey: "TS")
        return complication
    }

    // Erstellung einer Komplikation für die Complication Family "Extra Large"
    private func simpleExtraLargeComplication() ->
CLKComplicationTemplateExtraLargeSimpleText {
        let complication = CLKComplicationTemplateExtraLargeSimpleText()
        complication.textProvider = CLKTextProvider.localizableTextProvider(with
StringsFileTextKey: "TS")
        return complication
    }

    // Erstellung einer Komplikation für die Complication Family "Graphic Corner"
    private func simpleGraphicCornerComplication() ->
CLKComplicationTemplateGraphicCornerStackText {
        let complication = CLKComplicationTemplateGraphicCornerStackText()
        complication.innerTextProvider = CLKTextProvider.localizableTextProvider(with
StringsFileTextKey: "Inner")
```

```
         complication.outerTextProvider = CLKTextProvider.localizableTextProvider(with
StringsFileTextKey: "TS")
         return complication
    }


    // Erstellung einer Komplikation für die Complication Family "Graphic Bezel"
    private func simpleGraphicBezelComplication() ->
CLKComplicationTemplateGraphicBezelCircularText {
         let complication = CLKComplicationTemplateGraphicBezelCircularText()
         complication.textProvider = CLKTextProvider.localizableTextProvider(with
StringsFileTextKey: "TS")
         return complication
    }


    // Erstellung einer Komplikation für die Complication Family "Graphic Circular"
    private func simpleGraphicCircularComplication() ->
CLKComplicationTemplateGraphicCircularOpenGaugeSimpleText {
         let complication = CLKComplicationTemplateGraphicCircularOpenGaugeSimpleText()
         complication.centerTextProvider = CLKTextProvider.localizableTextProvider
(withStringsFileTextKey: "TS")
         return complication
    }


    // Erstellung einer Komplikation für die Complication Family "Graphic
Rectangular"
    private func simpleGraphicRectangularComplication() ->
CLKComplicationTemplateGraphicRectangularStandardBody {
         let complication = CLKComplicationTemplateGraphicRectangularStandardBody()
         complication.headerTextProvider = CLKTextProvider.localizableTextProvider
(withStringsFileTextKey: "TS")
         return complication
    }

}
```

Konfiguration der Complication in der WatchKit Extension

Mit der Implementierung des Data Source ist die Hauptarbeit zur Unterstützung von Komplikationen in einer watchOS-App abgeschlossen. Dieser Data Source stellt auch den Dreh- und Angelpunkt bei allen Änderungen und Erweiterungen rund um das Erstellen von Komplikationen dar.

Das Hinzufügen und Erstellen eines Data Source alleine reicht aber nicht aus, damit die so umgesetzten Komplikationen auch vom System gefunden und verwendet werden. Zuvor müssen Sie in der Konfiguration Ihrer WatchKit Extension explizit definieren, dass Ihre App Komplikationen unterstützt und welche Klasse als Data Source fungiert.

Wählen Sie zu diesem Zweck in den Projekteinstellungen die WatchKit Extension aus und wechseln Sie in den *General*-Tab. Scrollen Sie dort zum Abschnitt *Complications Configuration* (siehe Bild 26.90). Dort müssen Sie zwei essenzielle Informationen angeben:

- den Namen der zum CLKComplicationDataSource konformen Data Source-Klasse,
- die unterstützten Complication Families.

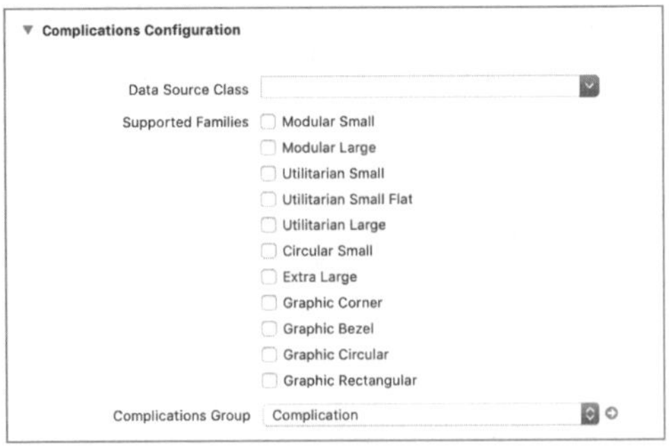

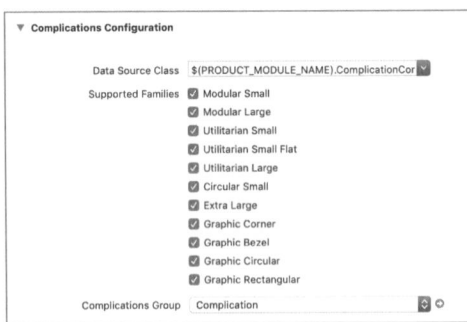

Bild 26.90
Im Abschnitt „Complications Configuration"
der WatchKit Extension geben Sie die
unterstützten Complication Families sowie
die Data Source-Klasse an.

Für Ersteres geben Sie einfach in das Textfeld mit dem Titel *Data Source Class* den Namen
der Klasse ein, die für die Verwaltung Ihrer Komplikationen zuständig ist (in unserem Beispiel ist das die Klasse `ComplicationController`). Wichtig ist hierbei, den Klassennamen
inklusive vorangestelltem Product Module Name einzufügen. Den Product Module Name
können Sie mithilfe der Syntax `$(PRODUCT_MODULE_NAME)` dynamisch aus den Build Settings auslesen. Die vollständige Angabe innerhalb des Textfelds *Data Source Class* für dieses
Beispiel lautet daher `$(PRODUCT_MODULE_NAME).ComplicationController`. Abschließend
aktivieren Sie noch die Checkbox für jede Complication Family, für die Sie eine Komplikation anbieten (idealerweise für alle). In Bild 26.91 sehen Sie eine entsprechende Anpassung
dieser Einstellungen zur Unterstützung aller Complication Families inklusive der Angabe
zur Data Source-Klasse.

Bild 26.91
Erst wenn die WatchKit Extension für
Komplikationen konfiguriert ist, können
diese auch tatsächlich genutzt werden.

Testen von Komplikationen

Mit den beschriebenen Schritten haben Sie alles Notwendige getan, um eine oder mehrere
Komplikationen mit Ihrer watchOS-App auszuliefern. Um zu testen, ob alles einwandfrei
funktioniert, können Sie das Projekt nun ausführen. Wählen Sie eines der Ziffernblätter
aus, für die Sie wenigstens eine Komplikation anbieten, und rufen die Einstellungen dafür
auf. In der Ansicht zur Anpassung der Komplikationen des Ziffernblatts können Sie nun an
passender Stelle die Komplikation Ihrer App auswählen und so verwenden. In Bild 26.92
sehen Sie einige Beispiele für die Komplikationen, die auf Basis des `ComplicationController`
aus Listing 26.34 erstellt wurden.

Bild 26.92 Die aufgeführten Ziffernblätter zeigen verschiedene eigens kreierte Komplikationen.

 Scheme zum Testen von Komplikationen erstellen

Wenn man gerade eine Komplikation entwickelt und testet, kann es bisweilen müßig sein, nach jeder Code-Anpassung erst die zugrunde liegende watchOS-App zu starten, um anschließend zurück aufs Ziffernblatt zu wechseln.

Um speziell die Komplikation einer watchOS-App zu testen, bietet es sich an, ein entsprechendes Scheme zu erstellen. Führt man die App über dieses Scheme aus, startet sie nicht und verweilt mit der Ausführung stattdessen auf dem zuletzt ausgewählten Ziffernblatt. Das erlaubt es einem, direkt die Änderungen an der Komplikation zu überprüfen.

Um ein solches Scheme zu erstellen generieren Sie am besten zunächst ein Duplikat des Schemes zum Starten der watchOS-App (siehe Bild 26.93) und vergeben als Namen beispielsweise *<Projektname> WatchKit App (Compli-cation)*, wobei *<Projektname>* für den Namen Ihres Xcode-Projekts steht.

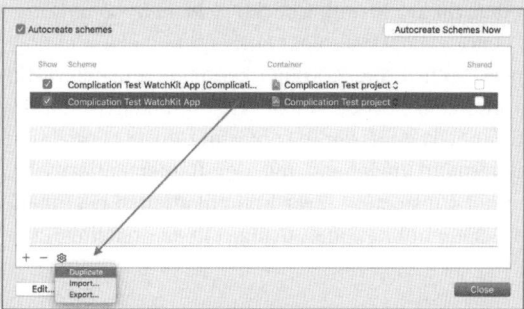

Bild 26.93 Erstellen Sie zunächst ein Duplikat des Schemes zum Ausführen Ihrer watchOS-App und benennen Sie es passend um.

Anschließend wechseln Sie in den Abschnitt *Run* des neuen Schemes. Im Reiter *Info* rufen Sie die Auswahlbox mit dem Titel *Watch Interface* auf und wählen dort statt *Main* den Eintrag *Complication* aus (siehe Bild 26.94). Anschließend können Sie dieses Scheme verwenden, wenn Sie ausschließlich Ihre Komplikation ausführen und testen möchten.

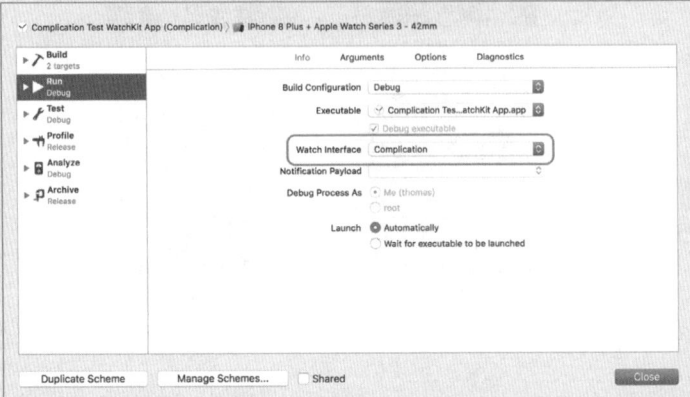

Bild 26.94 Setzen Sie im Scheme das „Watch Interface" von „Main" auf „Complication", um Ihre Komplikation testen zu können, ohne erst die eigentliche watchOS-App zu starten und wieder verlassen zu müssen.

26.10.4 Neues watchOS-Projekt inklusive Complication-Support erstellen

Der vorherige Abschnitt 26.10.3, „Bestehendes Projekt um Complication-Support ergänzen", hat gezeigt, wie man in einem bereits vorhandenen watchOS-Projekt alle notwendigen Schritte und Konfigurationen vornimmt, um Komplikationen anbieten zu können. Wenn Sie aber gerade dabei sind, ein gänzlich neues watchOS-Projekt zu erstellen, können Sie sich einige der Schritte sparen und direkt die grundlegende Unterstützung für Komplikationen bei der Erstellung des Projekts mit einrichten.

Hierfür müssen Sie den Haken für die Checkbox *Include Complication* auf der Konfigurationsansicht für ein neues watchOS-Projekt aktivieren (siehe Bild 26.95). Xcode sorgt dann dafür, dass das neu erstellte Projekt Komplikationen für alle verfügbaren Complication Families unterstützt und generiert ebenfalls direkt eine `ComplicationController`-Klasse, die als Data Source fungiert und somit konform zum `CLKComplicationDataSource`-Protokoll ist. Sie können somit umgehend mit der Implementierung der Methoden dieses Protokolls und damit der Umsetzung Ihrer Komplikationen beginnen. Auch ein passendes Scheme zum Testen der Komplikationen bringt ein so erstelltes Projekt bereits von Haus aus mit.

Bild 26.95 Ist die Checkbox „Include Complication" gesetzt, implementiert Xcode automatisch alle grundlegenden Frameworks und Klassen, die für die Umsetzung von Komplikationen benötigt werden.

26.10.5 Komplikationen für verschiedene Zeitpunkte konfigurieren

Viele Komplikationen ändern die angezeigten Informationen im Laufe der Zeit. Eine Komplikation einer Wetter-App beispielsweise liefert im Laufe des Tages aktualisierte Daten zur aktuellen Temperatur und den Witterungsbedingungen. Nur statische Komplikationen (wie beispielsweise das der nativen Mail-App), die lediglich als Shortcut zum Öffnen der zugrunde liegenden watchOS-App dienen, sind vor solchen zeitspezifischen Änderungen gefeit.

Wenn die Daten, die Ihrer Komplikation zugrunde liegen, sich im Laufe der Zeit verändern (sollen), müssen Sie dem System unterstützend unter die Arme greifen. So müssen Sie eine passend konfigurierte Komplikation für vergangene oder zukünftige Zeitpunkte zurückliefern, wenn das System Sie danach fragt und das System gleichermaßen darüber informieren, bis zu welchem vergangenen beziehungsweise zukünftigen Zeitpunkt Sie eine Komplikation für Ihre App anbieten können. Dieses Feature ist beispielsweise für die Time Travel-Funktion von watchOS wichtig.

Basis zur Übermittlung dieser Informationen ist erneut der Complication Data Source, also die Klasse, die konform zum CLKComplicationDataSource-Protokoll ist und die in den Einstellungen der WatchKit Extension als *Data Source Class* für Komplikationen gesetzt ist (siehe hierzu auch den Abschnitt 26.10.3, „Bestehendes Projekt um Complication-Support ergänzen"). Die ersten beiden wichtigen Methoden lauten getTimelineStartDate(for: witHandler:) und getTimelineEndDate(for:withHandler:). Implementieren Sie die beiden Methoden, um anzugeben, zu welchem Zeitpunkt die früheste beziehungsweise die späteste Komplikation zur Verfügung steht. Dazu geben Sie den entsprechenden Zeitpunkt als Date-Instanz dem handler-Parameter. Ein einfaches Beispiel zur Implementierung dieser beiden Methoden im Complication Data Source zeigt Listing 26.35.

Listing 26.35 Aktivierung des Supports für vergangene und zukünftige Informationen einer Komplikation

```
func getTimelineStartDate(for complication: CLKComplication, withHandler handler:
@escaping (Date?) -> Void) {
    handler(Date.distantPast)
```

```
}

func getTimelineEndDate(for complication: CLKComplication, withHandler handler:
@escaping (Date?) -> Void) {
    handler(Date.distantFuture)
}
```

Mithilfe dieser beiden Methoden haben Sie bisher aber lediglich angegeben, dass Ihre Komplikation auch vergangene beziehungsweise zukünftige Informationen bereithält. Wie die Komplikation auf Basis dieser verschiedenen Zeitpunkte konkret aussieht, müssen Sie nun noch passend innerhalb der beiden Methoden `getTimelineEntries(for:before:limit: witHandler:)` (für in der Vergangenheit liegende Zeitpunkte) und `getTimelineEntries (for:after:limit:withHandler:)` (für in der Zukunft liegende Zeitpunkte) implementieren. Die Methoden erwarten als Rückgabewert für den Handler ein Array mit Elementen vom Typ `CLKComplicationTimelineEntry`, die die Komplikation für den passenden Zeitpunkt enthalten. Den date-Parameter verwenden Sie zur Überprüfung, bis zu welchem Zeitpunkt (für vergangene Zeitpunkte) beziehungsweise ab welchem Zeitpunkt (für zukünftige Ereignisse) Sie Komplikationen bereitstellen. Beachten Sie hierbei auch den `limit`-Parameter der Methode. Dieser informiert Sie darüber, wie viele Elemente Sie maximal in dem Array für den Handler an das System zurückliefern sollen.

Übrigens gilt für beide Methoden: Geben Sie darin nicht *den aktuell anzuzeigenden Stand* der Komplikation zurück! Diese Information holt sich das System separat aus der bereits bekannten Methode `getCurrentTimelineEntry(for:withHandler:)`. Nutzen Sie also `getTimelineEntries(for:before:limit:withHandler:)` und `getTimelineEntries(for: after:limit:withHandler:)` wirklich nur für Komplikationen, die in der Vergangenheit beziehungsweise in der Zukunft (ausgehend von dem in der Methode übergebenen date-Parameter) liegen.

In Listing 26.36 finden Sie eine beispielhafte Implementierung der Methoden zum Zurückliefern von Komplikationen für vergangene beziehungsweise zukünftige Zeitpunkte. Der Einfachheit wegen werden die Type Properties `distantPast` und `distantFuture` der Structure `Date` genutzt, um zu überprüfen, ob Komplikationen in der Vergangenheit beziehungsweise Zukunft zur Verfügung stehen. Ebenso werden hier nur Komplikationen für die Complication Family *Modular Small* angeboten.

Listing 26.36 Zurückliefern von Komplikationen für vergangene beziehungsweise zukünftige Zeitpunkte

```
func getTimelineEntries(for complication: CLKComplication, before date: Date, limit:
Int, withHandler handler: @escaping ([CLKComplicationTimelineEntry]?) -> Void) {
    if complication.family == .modularSmall {
        let distantPast = Date.distantPast
        if distantPast < date {
            let complicationTemplate = CLKComplicationTemplateModularSmallSimpleText()
            complicationTemplate.textProvider = CLKTextProvider.localizableTextProvid
er(withStringsFileTextKey: "PA")
            let complicationTimelineEntry = CLKComplicationTimelineEntry(date:
distantPast, complicationTemplate: complicationTemplate)
            handler([complicationTimelineEntry])
        }
    }
    handler(nil)
```

```
}

func getTimelineEntries(for complication: CLKComplication, after date: Date, limit:
Int, withHandler handler: @escaping ([CLKComplicationTimelineEntry]?) -> Void) {
    if complication.family == .modularSmall {
        let distantFuture = Date.distantFuture
        if distantFuture > date {
            let complicationTemplate = CLKComplicationTemplateModularSmallSimpleText()
            complicationTemplate.textProvider = CLKTextProvider.localizableTextProvid
er(withStringsFileTextKey: "FU")
            let complicationTimelineEntry = CLKComplicationTimelineEntry(date:
distantFuture, complicationTemplate: complicationTemplate)
            handler([complicationTimelineEntry])
        }
    }
    handler(nil)
}
```

26.10.6 Data Provider

Die Informationen, die eine Komplikation anzeigt (egal ob Text oder Grafik) werden in ClockKit auf Basis sogenannter *Data Provider* abgebildet. Hierbei handelt es sich um Klassen, mit denen die Informationen für die verschiedenen Arten von Komplikationen optimal konfiguriert werden können.

Tabelle 26.1 listet eine Auswahl an verfügbaren Data Provider-Klassen auf und liefert eine kurze Beschreibung, welche Art von Information Sie mit der jeweiligen Klasse umsetzen können.

Tabelle 26.1 Data Provider im ClockKit-Framework

Data Provider-Klasse	Beschreibung
CLKTextProvider	Hierbei handelt es sich um die Standardklasse zur Umsetzung von Text in Komplikationen. Sie besitzt verschiedene Klassenmethoden, mit deren Hilfe Instanzen von CLKTextProvider auf Basis eines Schlüssels passend zu einer STRINGS-Datei erstellt werden können.
CLKSimpleTextProvider	Diese Klasse ist abgeleitet von CLKTextProvider und dient ebenfalls zur Umsetzung von Text für eine Komplikation. Hierfür nimmt CLKSimpleTextProvider aber direkt den gewünschten String entgegen und gleicht diesen nicht mit einer STRINGS-Datei ab. Darüber hinaus stehen Klassenmethoden zur Verfügung, mit denen sowohl ein längerer als auch ein kurzer Text gleichermaßen in einem CLKSimpleTextProvider definiert werden können. Das System lädt dann automatisch abhängig von dem verfügbaren Platz auf dem Bildschirm den passenden String.

Tabelle 26.1 Data Provider im ClockKit-Framework *(Fortsetzung)*

Data Provider-Klasse	Beschreibung
CLKDateTextProvider	CLKDateTextProvider ist eine Subklasse von CLKTextProvider. Mithilfe dieser Klasse können Sie formatierte Datumsangaben generieren und als Text in einer Komplikation einbinden.
CLKTimeTextProvider	Ähnlich wie CLKDateTextProvider können Sie mithilfe von CLKTimeTextProvider eine vom System formatierte Uhrzeit als Text in einer Komplikation ausgeben. Die Klasse ist abgeleitet von CLKTextProvider.
CLKTimeIntervalTextProvider	Sie übergeben diesem Data Provider zwei Date-Instanzen, aus denen automatisch eine vom System formatierte Von-bis-Zeitangabe generiert wird.
CLKImageProvider	Die Klasse CLKImageProvider kommt für alle Arten von Grafiken für Komplikationen zum Einsatz. Die Grafiken werden in Form von UIImage-Instanzen an den Data Provider übergeben.
CLKFullColorImageProvider	Dieser Data Provider erwartet eine UIImage-Instanz. Die entsprechende Grafik wird originalgetreu in der zugehörigen Komplikation auf dem Ziffernblatt angezeigt.
CLKSimpleGaugeProvider	Hiermit setzen Sie eine Verlaufsanzeige um. Die Farben dieses Verlaufs weisen Sie dem gaugeColors-Array zu, über die style-Property definieren Sie, ob die Verlaufsanzeige im Falle eines Rings geschlossen oder geöffnet ist. Ein Teil der Informationen dieser Klasse ist in deren abstrakter Superklasse CLKGaugeProvider definiert.
CLKTimeIntervalGaugeProvider	Hiermit setzen Sie eine Verlaufsanzeige auf Basis von Zeitangaben um. Ein Teil der Informationen dieser Klasse ist in deren abstrakter Superklasse CLKGaugeProvider definiert.

Die Dokumentation der einzelnen CLKComplicationTemplate-Subklassen gibt genau Aufschluss darüber, welche Arten von Data Providern für ein Template zur Verfügung stehen. In der Regel wird nur zwischen Text und Image unterschieden. Im Falle von Text können Sie sowohl die CLKTextProvider-Klasse als auch eine ihrer Subklassen einsetzen.

Listing 26.37 zeigt beispielhaft die Umsetzung einer Komplikation für die Complication Family *Modular Large*, in der beispielhaft die Data Provider CLKImageProvider, CLKSimple TextProvider, CLKDateTextProvider und CLKTimeIntervalTextProvider zum Einsatz kommen. Die Implementierung erfolgt innerhalb der Methode getCurrentTimelineEntry (for:withHandler:) des Complication Data Source. Das Ergebnis dieses Beispiels zeigt Bild 26.96.

Listing 26.37 Einsatz verschiedener Data Provider

```
func getCurrentTimelineEntry(for complication: CLKComplication, withHandler handler:
@escaping (CLKComplicationTimelineEntry?) -> Void) {
    if complication.family == .modularLarge {
        let complicationTemplate = CLKComplicationTemplateModularLargeStandardBody()
        complicationTemplate.headerImageProvider = CLKImageProvider(onePieceImage:
UIImage(named: "Dot")!)
        complicationTemplate.headerTextProvider = CLKSimpleTextProvider(text:
"Header")
        complicationTemplate.body1TextProvider = CLKDateTextProvider(date: Date(),
units: [.day, .month, .year])
        complicationTemplate.body2TextProvider = CLKTimeIntervalTextProvider(start:
Date(timeIntervalSince1970: 0), end: Date())
        let complicationTimelineEntry = CLKComplicationTimelineEntry(date: Date(),
complicationTemplate: complicationTemplate)
        handler(complicationTimelineEntry)
    }
    handler(nil)
}
```

Bild 26.96
Die gezeigte Komplikation wurde mithilfe unterschiedlichster Data Provider konfiguriert.

 Grafiken in Komplikationen

Alle Grafiken, die Sie in Komplikationen einsetzen möchten, müssen Teil eines Asset Catalogs sein und als Template Image gerendert werden (siehe Bild 26.97). watchOS zeigt nur die sichtbaren Alpha-Werte einer Grafik an und färbt diese automatisch passend ein. Alternativ können Sie mithilfe der tintColor-Property der CLKImageProvider-Klasse selbst eine Farbe für eine Grafik in einer Komplikation festlegen.

Bild 26.97 Grafiken müssen als Template Image im Asset Catalog konfiguriert werden, damit sie innerhalb einer Komplikation genutzt werden können.

26.10.7 Privatsphäre für Komplikationen definieren

Manche Komplikationen zeigen sensible Informationen an, die nicht für jedermanns Augen bestimmt sind. Solange ein Nutzer seine Apple Watch trägt, stellt dieser Umstand für das System kein Problem dar. In diesem Fall wird davon ausgegangen, dass nur der Träger der Smartwatch einen Blick auf sein Ziffernblatt wirft. Daher werden bei entsperrter Apple Watch immer alle Informationen angezeigt.

Was ist aber, wenn die Apple Watch gesperrt ist, beispielsweise weil sie zum Laden auf eine Ladestation gesetzt wird (und damit möglicherweise für einen größeren Personenkreis zugänglich ist)? In diesem Fall ist es sinnvoll, wenn manche Komplikationen ihre Informationen vor möglicherweise unerwünschten Blicken schützen. So geht beispielsweise die native Aktivitäts-App von watchOS vor. Diese zeigt den Füllstand der drei Aktivitätsringe nur an, wenn die Apple Watch entsperrt ist. Im gesperrten Zustand wird lediglich das App-Icon angezeigt (siehe Bild 26.98).

Bild 26.98
Im gesperrten Zustand blendet die Aktivitätsanzeige den Fortschritt der drei Aktivitätsringe aus.

Ein solches Verhalten können Sie auch für eigene Komplikationen umsetzen. Dazu müssen Sie die Methode `getPrivacyBehavior(for:withHandler:)` des `CLKComplicationData Source`-Protokolls in Ihrem eigenen Complication Data Source implementieren. Als Parameter erwartet der Handler einen Wert vom Typ `CLKComplicationPrivacyBehavior`, einer Enumeration, die die folgenden zwei Konstanten besitzt:

- `showOnLockScreen`: Hierbei handelt es sich um die Standardeinstellung. Damit geben Sie an, dass Ihre Komplikation mit all ihren Informationen auch bei gesperrter Apple Watch angezeigt wird.

- `hideOnLockScreen`: Mit dieser Option geben Sie an, dass Ihre Komplikation nicht bei gesperrter Apple Watch angezeigt werden soll. Das System ersetzt hierbei die Informationen Ihrer Komplikation für die Complication Families *Modular Small*, *Utilitarian Small*, *Utilitarian Small Flat* und *Circular Small* durch das App-Icon Ihrer Komplikation. Bei Komplikationen der Complication Families *Utilitarian Large* und *Modular Large* wird der Name Ihrer App eingeblendet.

In Listing 26.38 finden Sie die beispielhafte Implementierung der Methode `getPrivacy Behavior(for:withHandler:)`, durch die alle Komplikationen bei gesperrter Apple Watch deaktiviert werden und nicht länger ihre eigentlichen Informationen anzeigen.

Listing 26.38 Deaktivieren von Komplikationen bei gesperrter Apple Watch

```
func getPrivacyBehavior(for complication: CLKComplication, withHandler handler: @
escaping (CLKComplicationPrivacyBehavior) -> Void) {
    handler(.hideOnLockScreen)
}
```

27

tvOS – Grundlagen und App-Entwicklung

tvOS stellt Apples jüngste Software-Plattform dar. Dieses Betriebssystem erschien erstmals mit dem Apple TV der vierten Generation im September 2015 und stellte eine Überarbeitung der bisherigen Basis vorangegangener Apple TV-Generationen dar (siehe Bild 27.1).

Bild 27.1 Das Apple TV erhielt mit tvOS eine Basis, die es erstmals Dritt-Entwicklern erlaubte, Apps für diese Plattform zu entwickeln und zu veröffentlichen.

Das Spannende an tvOS – gerade für uns als App-Entwickler – ist der integrierte App Store. Darüber war es erstmals möglich, Apps auch für das Apple TV zu entwickeln und zu vertreiben. In den folgenden Abschnitten erfahren Sie alles Wissenswerte hierzu.

 Target-Einstellungen

Bei der Verwendung der Target-Einstellungen von tvOS-Apps gibt es enorme Parallelen zu denen von iOS-Apps. Um mehr über die Arbeit und Konfiguration eines Targets zu erfahren, empfehle ich Ihnen einen Blick in den Abschnitt „Target-Einstellungen" von Kapitel 23, „iOS – Grundlagen".

■ 27.1 Über tvOS

tvOS ist ein vollkommen eigenständiges und von den anderen Plattformen von Apple unabhängiges Betriebssystem. Es läuft ausschließlich auf dem Apple TV ab der vierten Generation und teilt sich in der Regel seine Versionsnummer (zumindest in Bezug auf den Major Release) mit iOS.

Warum, mag man sich da möglicherweise fragen; schließlich haben tvOS und iOS prinzipiell nichts miteinander zu tun. Das Ganze dürfte darin begründet liegen, dass sowohl tvOS als auch iOS bei der App-Entwicklung auf dem *UIKit*-Framework fußen. Während unter macOS typischerweise AppKit und unter watchOS WatchKit zum Einsatz kommen, teilen sich iOS und tvOS die Basis zur Entwicklung von Apps in Form von UIKit.

Das ist auch der Grund, warum dieses Kapitel des Buches weniger umfangreich ausfällt als die anderen Plattform-Kapitel; ein Großteil ist identisch zu dem, was Sie den iOS-Kapiteln entnehmen können. Auch unter tvOS arbeiten Sie mit Elementen wie `UIViewController`, `UIView`, `UIButton` oder `UISegmentedControl`. Auch in ihrer grundlegenden Funktionsweise gibt es kaum Unterschiede bei diesen Elementen zwischen iOS und tvOS.

Der Hauptunterschied zwischen diesen beiden Plattformen liegt in der Bedienung sowie im Aussehen von Apps. Letzteres ist erfreulicherweise für uns App-Entwickler nicht dramatisch, da die im UIKit-Framework enthaltenen Elemente passend für ihre Zielplattform optimiert werden. So sieht ein `UIButton` unter iOS schlicht anders aus als unter tvOS.

Heikler ist die Sache mit der Bedienung. Unter iOS verfügt man über einen Touchscreen, auf dem man Elemente direkt per Fingertipp auswählen oder sogar komplexe Gesten auf einem iPad ausführen kann. Das Apple TV hingegen wird in der Regel mit einer *Siri Remote* getauften Fernbedienung bedient (siehe Bild 27.2). Sie verfügt am oberen Rand über eine Touch-Fläche, die zum Navigieren durch das Betriebssystem und in Apps verwendet wird. Damit erfolgt die Navigation in tvOS in zwei Schritten:

1. Auswahl des zu wählenden Elements (egal ob Button, Bild, Video etc.)

2. Bestätigung der Auswahl

Diese beiden Schritte sind unter iOS zusammengefasst, weshalb hier ein Umdenken stattfinden muss. Erfreulicherweise unterstützen aber viele der Standard-UI-Elemente des UIKit-Frameworks dieses Vorgehen bereits, sodass sich die notwendigen Anpassungen in Grenzen halten können.

Basis dieses Navigationsprinzips ist die sogenannte *Focus Engine*. Sie regelt, welche Elemente einer App mithilfe der Siri Remote ausgewählt werden können (sprich den „Fokus" erhalten) und sorgt dafür, dass der Nutzer von einem dieser Elemente zum Nächsten wechseln kann, bis er die gewünschte Auswahl gefunden hat und anschließend per Klick bestätigt. Die Focus Engine beruht auf einigen grundlegenden Regeln:

▪ Nicht alle Elemente können den Fokus erhalten. Beispielsweise können einfache Textinformationen in der Regel nicht mittels Siri Remote ausgewählt werden. Den Fokus sollen nur Elemente erhalten können, durch die eine weitere Aktion ausgelöst werden soll.

▪ Nur ein Element kann den Fokus besitzen. Es ist unmöglich, dass sich mehrere verschiedene Elemente den Fokus teilen.

- Der Nutzer verändert den Fokus durch eine entsprechende Auswahl mithilfe der Siri Remote.

- Nur der Nutzer sollte den Fokus verändern (Ausnahmen bestätigen die Regel).

- Der Fokus wird vom sogenannten *Focus Environment* gemanagt. Das Focus Environment entscheidet zur Laufzeit, wie mit einem Fokus auf ein Element umgegangen werden soll. Es kann beispielsweise bei Erhalt des Fokus diesen direkt an ein anderes Element weitergeben, sollte das sinnvoll oder notwendig sein.

Weitere Details zur Focus Engine und wie Sie sie bei der Entwicklung von Apps für tvOS einsetzen erfahren Sie in Abschnitt 27.5, „Die Focus Engine im Detail".

Bild 27.2
Mithilfe der Siri Remote bedient man das Apple TV sowie darüber ausgeführte Apps.

Generell sind das Apple TV und tvOS momentan stark auf Apps im Entertainment- und Gaming-Bereich ausgelegt, was auch ein Blick in den entsprechenden App Store schnell bestätigt (siehe Bild 27.3). Wenn Sie eine App entwickeln möchten, die entweder stark auf die Wiedergabe von Videos setzt oder bei der es sich um ein Spiel handelt, sollten Sie tvOS als Zielplattform in jedem Fall näher in Betracht ziehen. So finden sich auch heute ausschließlich Video-Streaming-Dienste, Mediatheken und Games im App Store von tvOS.

Bild 27.3 Im App Store von tvOS finden sich primär Anwendungen aus den Bereichen Entertainment und Gaming.

Aber natürlich kann tvOS auch für weitere Einsatzszenarien genutzt werden. Eine betriebsinterne Anwendung beispielsweise könnte über eine passende App laufend Informationen über einen Großbildschirm ausgeben, der für die Kollegen ständig einsehbar ist (wie es beispielsweise bei Entwicklern gerne zum Überprüfen automatisch durchgeführter Tests eingesetzt wird). Auch wäre eine angepasste Meeting-App denkbar, mit der die Teilnehmer während einer Besprechung auf für sie wichtige Daten direkt zugreifen und diese präsentieren können.

Die Plattform besitzt auf jeden Fall eine Menge Potenzial und letztlich liegt es an uns, es auszuschöpfen. ☺

■ 27.2 Funktionsweise einer tvOS-App

Die grundlegende Funktionsweise einer tvOS-App ist mit der von Apps für iOS absolut identisch. Sie basieren auf denselben Bestandteilen wie beispielsweise einem App Delegate und einem initialen View-Controller, besitzen das gleiche Vorgehen beim App-Start und nutzen als Basis für alle essenziellen Elemente das UIKit-Framework. Entsprechend verweise ich Sie an dieser Stelle auf den Abschnitt „Funktionsweise einer iOS-Apps" aus Kapitel 23, „iOS – Grundlagen", in dem Sie auch alles Wissenswerte über die Funktion von tvOS-Apps erfahren.

■ 27.3 Ein erstes tvOS-Projekt

Um in die App-Entwicklung für tvOS einzusteigen, erstellen wir an dieser Stelle eine erste einfache App, die auf dem Bildschirm den Text „Hello World!" ausgeben soll. Dafür müssen wir keine einzige Zeile Code schreiben, sondern können stattdessen die App direkt über eine grafische Oberfläche konfigurieren und erstellen.

Da es auch an dieser Stelle sehr viele Parallelen zur iOS-Entwicklung gibt, halte ich manche Abschnitte ein wenig kürzer und verweise für weitere Informationen auf die entsprechend umfangreicheren Abschnitte aus Kapitel 23, „iOS – Grundlagen".

27.3.1 Auswahl einer Template-Vorlage

Beginnen wir mit dem Erstellen einer neuen tvOS-App mithilfe von Xcode. Starten Sie dazu die IDE und wählen Sie aus dem Begrüßungsfenster die Schaltfläche *Create a new Xcode project* (siehe Bild 27.4). Alternativ können Sie auch das Xcode-Menü nutzen und dort *File → New → Project …* auswählen.

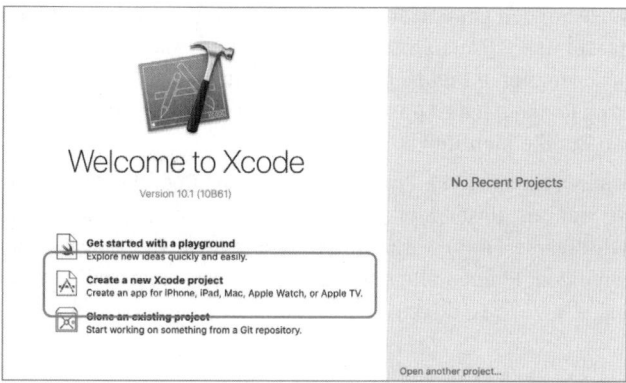

Bild 27.4 Ein neues Xcode-Projekt können Sie direkt aus dem Startfenster von Xcode heraus erzeugen.

Es öffnet sich anschließend ein neues Fenster, über das Sie den Startpunkt für Ihr neues Projekt auswählen können (siehe Bild 27.5). Klicken Sie darin zunächst in der oberen Reiter-Reihe auf *tvOS*, um alle Vorlagen für ein neues tvOS-Projekt einzublenden, und wählen Sie anschließend den Punkt *Single View App* aus. Weiter geht es dann mit einem Klick auf die Schaltfläche *Next*.

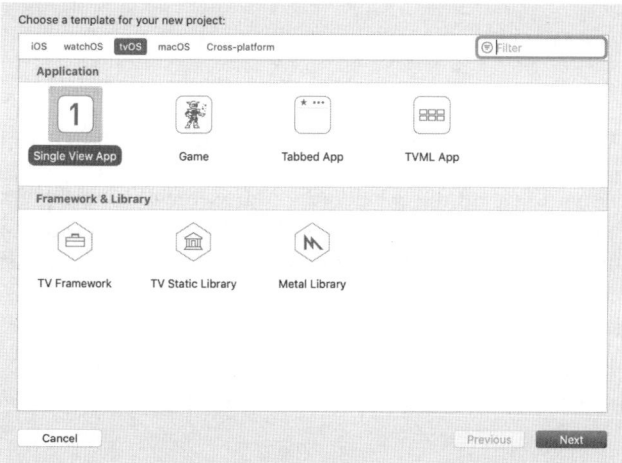

Bild 27.5 Xcode bietet diverse Vorlagen zum Erstellen eines neuen tvOS-Projekts.

Im nächsten Fenster tragen Sie die grundlegenden Informationen zu Ihrem neuen Projekt ein (siehe Bild 27.6). Der *Product Name* bestimmt den Namen Ihrer App, dort können Sie für dieses Beispiel „Hello World" eintragen. Wenn Sie sich bereits in Xcode mit einem Entwickler-Account angemeldet haben, können Sie das passende *Team* für die App-Entwicklung über das gleichnamige Auswahlmenü selektieren. Für dieses Beispiel spielt das aber keine Rolle.

Der *Organization Name* entspricht entweder der Firma, für die Sie die App entwickeln, oder Ihrem eigenen Namen. Der *Organization Identifier* ist ein umgedrehter Domain-Name, der sich typischerweise auf den Organization Name bezieht. In meinem Fall lautet er beispielsweise „de.thomassillmann". Aus Organization Identifier und Product Name setzt Xcode automatisch den sogenannten *Bundle Identifier* zusammen, bei dem es sich um eine eindeutige ID für Ihre App handelt. Jede App, die über den App Store vertrieben wird, besitzt einen solch eindeutigen Bundle Identifier.

Zu guter Letzt wählen Sie noch die Programmiersprache über das Auswahlmenü *Language* (wir entscheiden uns an dieser Stelle immer für *Swift*) und können mithilfe passender Checkboxen noch diverse Frameworks direkt in das neue Projekt mit einbinden. Da wir letztere nicht benötigen, können alle entsprechenden Checkboxen (*Use Core Data*, *Include Unit Tests* und *Include UI Tests*) deaktiviert werden.

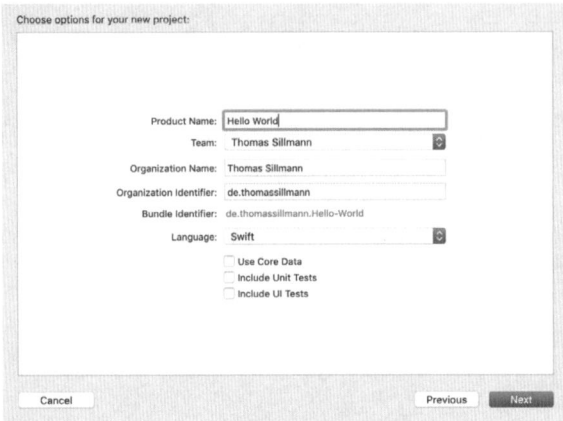

Bild 27.6 Die grundlegende Konfiguration Ihrer neuen tvOS-App nehmen Sie in diesem Fenster vor.

Nach einem weiteren Klick auf die Schaltfläche *Next* werden Sie noch gefragt, wo Sie das neu zu erstellende Projekt speichern möchten. Wählen Sie einen passenden Ort aus und bestätigen Sie anschließend mit *Create*. Daraufhin wird das neue tvOS-Projekt erzeugt und umgehend in Xcode geöffnet (siehe Bild 27.7). Von hier aus können Sie mit der Bearbeitung und Programmierung Ihrer ersten tvOS-App beginnen. ☺

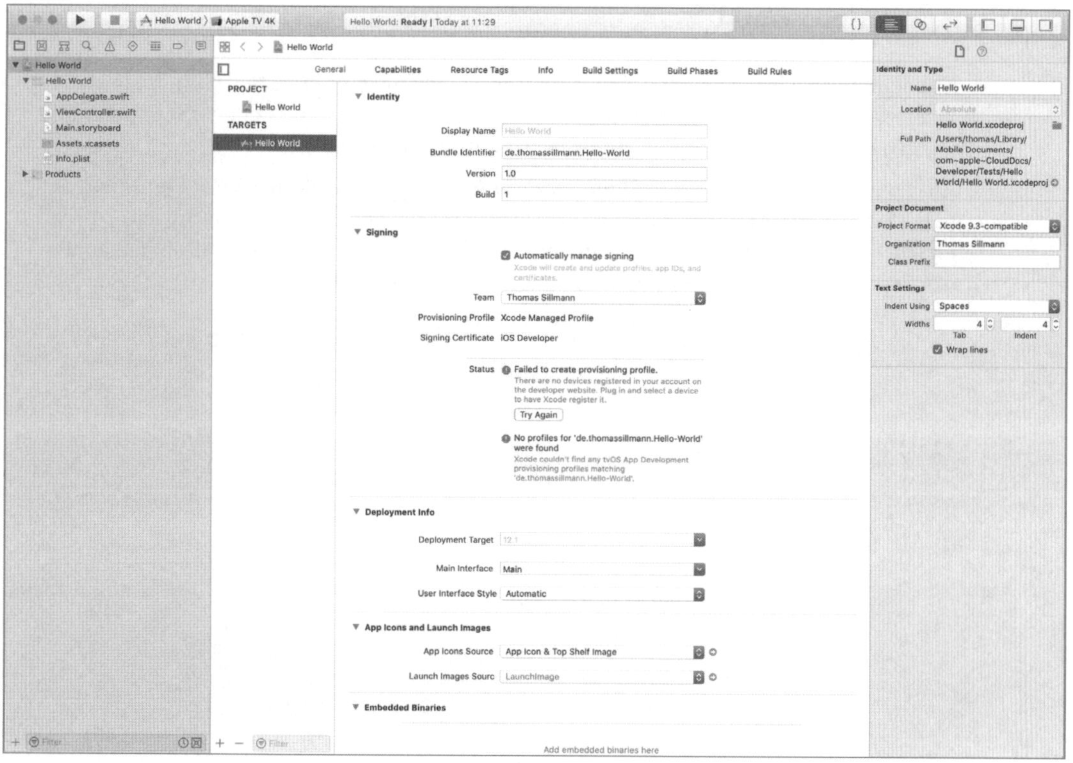

Bild 27.7 Das neu erstellte tvOS-Projekt wird direkt in Xcode geöffnet.

27.3.2 Rundgang durch die erstellten Dateien

Die Dateien, die Xcode automatisch mit einem neuen tvOS-Projekt auf Basis der *Single View App*-Vorlage erzeugt, sind eins zu eins identisch mit denen eines neuen iOS-Projekts (siehe Bild 27.8). So erhalten Sie beispielsweise eine AppDelegate- und eine ViewController-Klasse sowie ein Storyboard und einen Asset Catalog.

Um mehr über die einzelnen Dateien und ihre jeweilige Aufgabe zu erfahren, empfehle ich Ihnen einen Blick in den Abschnitt „Rundgang durch die erstellten Dateien" von Kapitel 23, „iOS – Grundlagen".

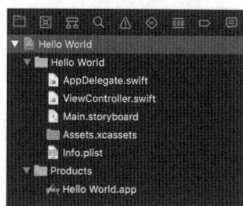

Bild 27.8
Die Dateien eines neuen tvOS-Projekts sind mit denen von iOS identisch.

27.3.3 Hello World

Nun kümmern wir uns um die eigentliche Umsetzung unserer ersten tvOS-App! Für dieses Beispiel brauchen wir – wie bereits erwähnt – keine einzige Zeile Code zu schreiben und können es vollständig über eine grafische Oberfläche erstellen.

Ausgangspunkt hierfür ist die *Main.storyboard*-Datei. Sie enthält den View-Controller, der beim Starten der App geladen und angezeigt wird (siehe Bild 27.9). Um unsere App zu erstellen, werden wir die Ansicht um ein Label mit dem Text „Hello World!" ergänzen und das Projekt anschließend mithilfe des Simulators ausführen und testen.

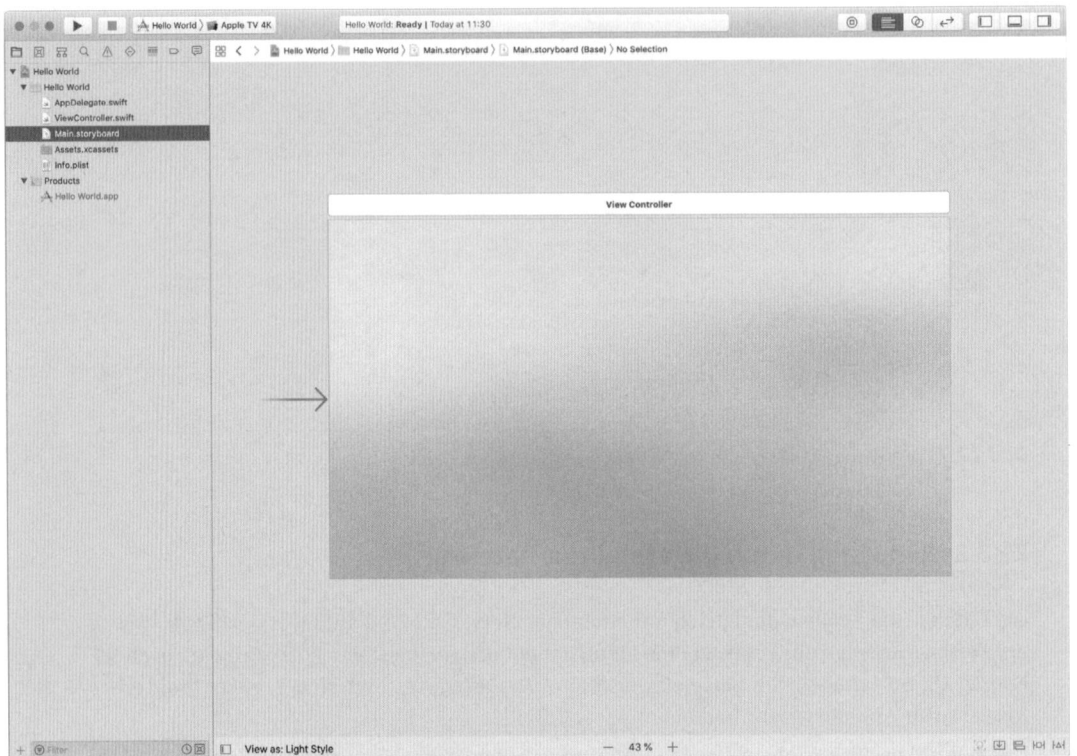

Bild 27.9 Die Main.storyboard-Datei enthält den Verweis auf den zum Start der App zu ladenden View-Controller.

Um dem View-Controller ein Label hinzuzufügen, müssen wir zunächst die Objects Library über die zugehörige Schaltfläche am oberen rechten Bildschirmrand aufrufen (siehe Bild 27.10). Darin finden wir diverse View-Controller und View-Elemente, die wir dem Storyboard hinzufügen können. In dieser Liste müssen wir nach dem *Label*-Element suchen und es anschließend via Drag-and-drop in die Fläche des View-Controllers ziehen (siehe Bild 27.11). Platzieren Sie für dieses Beispiel das Label möglichst in der Mitte der Ansicht.

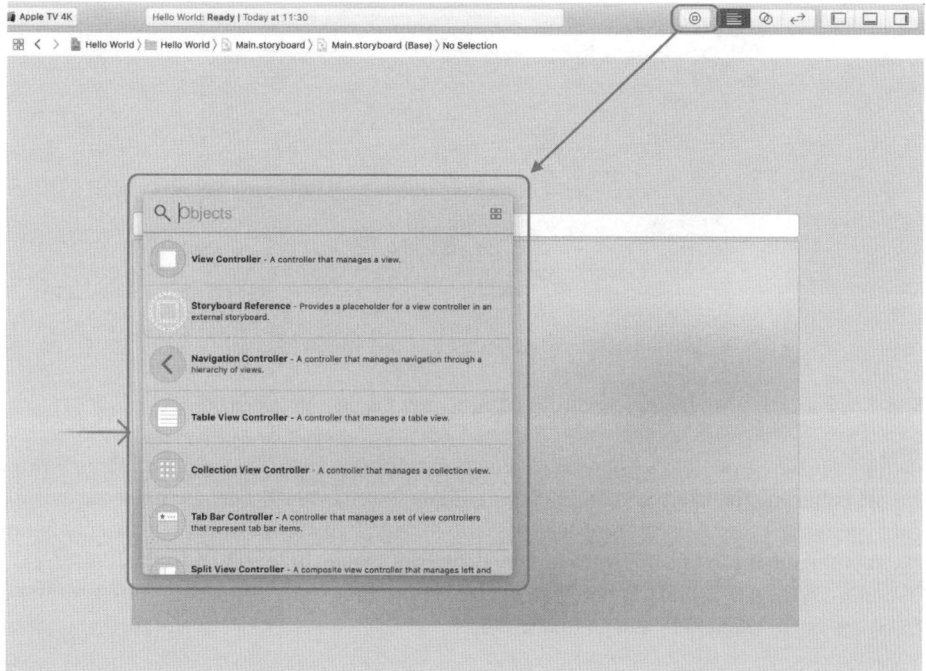

Bild 27.10 Öffnen Sie die Objects Library, um Zugriff auf alle verfügbaren View-Controller und View-Elemente zu erhalten.

Bild 27.11 Suchen Sie in der Objects Library nach einem Label und fügen Sie es dem initialen View-Controller der Main.storyboard-Datei hinzu.

Tatsächlich ist damit unsere Anwendung bereits fast fertig. Unsere Ansicht verfügt über ein Label, das beim Ausführen der App angezeigt wird. Jetzt gilt es lediglich noch, den Text von „Label" in „Hello World!" zu ändern. Das geschieht am einfachsten mithilfe eines Doppelklicks auf das im View-Controller platzierte Label. Anschließend können Sie den Text nach Belieben ändern (siehe Bild 27.12). Mit Return bestätigen Sie schließlich Ihre Eingabe.

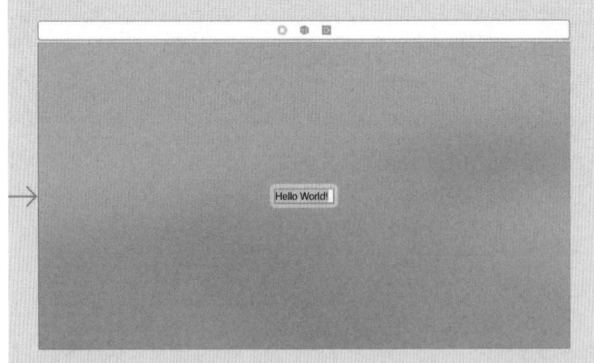

Bild 27.12 Durch einen Doppelklick in das Label können Sie dessen Text ändern.

Damit ist unsere erste tvOS-App erstellt und bereit für die Ausführung im Simulator. Wählen Sie daher im nächsten Schritt im oberen linken Bereich von Xcode einen der zur Verfügung stehenden Simulatoren aus dem passenden Menü aus und starten Sie anschließend die Ausführung Ihrer App per Klick auf die Play-Schaltfläche links außen (siehe Bild 27.13). Daraufhin wird das Projekt kompiliert, der gewählte Simulator gestartet und unsere erste tvOS-App darin ausgeführt (siehe Bild 27.14).

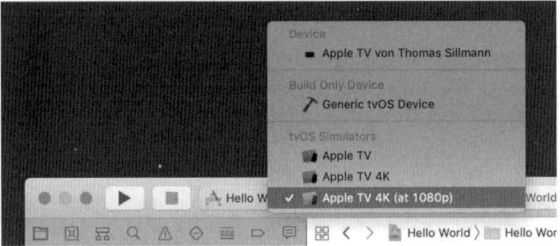

Bild 27.13 Wählen Sie einen der verfügbaren tvOS-Simulatoren aus und starten Sie anschließend die Ausführung der App mithilfe des Play-Buttons links außen.

Bild 27.14 Herzlichen Glückwunsch, Ihre erste tvOS-App läuft im Simulator!

■ 27.4 App Delegate, View-Controller und Views

Genau wie unter iOS spielen App Delegate, View-Controller sowie Views eine zentrale Rolle bei der Entwicklung von Apps für tvOS. Da sowohl iOS als auch tvOS auf dem UIKit-Framework basieren, besitzen die beiden Plattformen enorm viele Gemeinsamkeiten bei der Programmierung. Das bestätigt auch ein Blick in die Objects Library eines tvOS-Projekts (siehe Bild 27.15). Dort finden sich – genau wie bei der Entwicklung für iOS – diverse View-Controller wie der Table-View- oder Tab-Bar-Controller sowie Views wie Labels, Buttons und Segmented Controls. Sie alle basieren auf den gleichen Klassen wie unter iOS, sodass auch bei der Programmierung für tvOS unter anderem Typen wie `UITableViewController`, `UITabBarController`, `UILabel`, `UIButton` und `UISegmentedControl` zum Einsatz kommen.

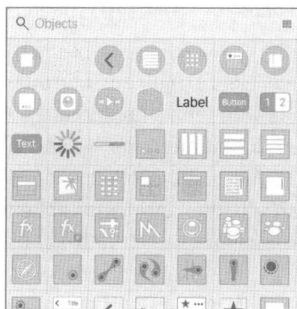

Bild 27.15
iOS und tvOS teilen sich ein fast identisches Set an View-Controllern und Views.

Um unnötige Wiederholungen zu vermeiden, verweise ich in Bezug auf die grundlegende Funktionsweise von App Delegate, View-Controllern und Views auf die folgenden Abschnitte aus Kapitel 23, „iOS – Grundlagen“:

- „Der UIApplicationDelegate“
- „UIViewController im Detail“
- „Oberflächen gestalten mit UIView“

Die dortigen Informationen sind in ihren Grundzügen ebenso für tvOS gültig. Die hier folgenden Abschnitte rücken ausschließlich die Unterschiede von tvOS im Vergleich zu iOS in den Fokus.

■ 27.5 Die Focus Engine im Detail

Um Apps für tvOS bedienen zu können, müssen Nutzer eine Fernbedienung einsetzen; typischerweise die mit jedem Apple TV ausgelieferte Siri Remote. Mit ihr wählt man die verschiedenen Elemente des Systems und der App aus und bestätigt seine Eingaben. So lassen sich in einer Streaming-App die Videos selektieren, die man ansehen möchte, oder bei einem Spiel Aktionen ausführen.

Damit das System weiß, welche Elemente in einer App selektierbar sind, kommt die sogenannte *Focus Engine* unter tvOS zum Einsatz (siehe hierzu auch den Abschnitt 27.1, „Über tvOS"). Basis zur Umsetzung der Focus Engine sind die Protokolle `UIFocusEnvironment` und `UIFocusItem`; bei letzterem handelt es sich um ein Sub-Protokoll von `UIFocusEnvironment`, es bringt also auch all dessen Eigenschaften und Funktionen mit.

`UIFocusEnvironment` ist ein allgemeines Protokoll, das für alle Elemente eingesetzt wird, die entweder direkt oder indirekt von der Focus Engine betroffen sind. Sobald ein Element Views kontrolliert, die für die Focus Engine eine Rolle spielen, sollte es dieses Protokoll adaptieren. In UIKit sind beispielsweise die Klassen `UIView`, `UIViewController`, `UIWindow` und `UIPresentationController` konform zum `UIFocusEnvironment`-Protokoll. So erhält zwar ein Window in der Regel nie den Fokus und auch nicht alle Views sind fokussierbar (das gilt beispielsweise typischerweise für Labels), aber sie alle können Elemente enthalten, die den Fokus erhalten sollen. Schließlich zeigt ein Window oder ein View-Controller diverse Views zur Interaktion an – beispielsweise Buttons oder Segmented Controls oder eigens entwickelte fokussierbare Ansichten –, weshalb sie das `UIFocusEnvironment`-Protokoll adaptieren.

`UIFocusEnvironment` kümmert sich darum, über Veränderungen des Fokus zu informieren. Ändert der Nutzer beispielsweise den Fokus durch Auswahl eines anderen Elements mithilfe der Siri Remote, wird bei den betreffenden Elementen die Methode `didUpdateFocus(in:with:)` aufgerufen. Auch kann über die Methode `setNeedsFocusUpdate()` programmatisch eine Aktualisierung des Fokus innerhalb einer App angestoßen werden. Letzteres kann hilfreich sein, falls das Element, das momentan noch den Fokus besitzt, aus der App verschwindet (beispielsweise weil sich die angezeigten Daten der App durch eine Synchronisation verändert haben; mehr zu diesem spezifischen Fall erfahren Sie in Abschnitt 27.5.2, „Fokus-Aktualisierung anstoßen").

`UIFocusItem` hingegen wird von allen View-Elementen adaptiert, die tatsächlich den Fokus erhalten können. Von Haus aus unterstützt UIKit bereits eine Vielzahl grundlegender Elemente wie die Klassen `UIButton`, `UISegmentedControl` oder `UITextField`. Nutzt man diese Elemente, braucht man nichts weiter zu tun; der Nutzer kann sie ohne Weiteres direkt mit der Siri Remote auswählen und verwenden.

Das `UIFocusItem`-Protokoll definiert zu diesem Zweck zwei wichtige Properties. Mit `canBecomeFocused` definieren Sie, ob die jeweilige View momentan den Fokus erhalten kann. Bei einem `UIButton` liefert diese Property standardmäßig `true` zurück, es sei denn, er wird deaktiviert. Das stellt sicher, dass der Button nur in aktivem Zustand auch ausgewählt werden kann. Die zweite Property lautet schlicht `isFocused` und informiert darüber, ob die jeweilige View gerade den Fokus besitzt (`true`) oder nicht (`false`). `UIView` ist konform zu diesem Protokoll. Das bedeutet, dass alle von ihr abgeleiteten Klassen generell als fokussierbare Elemente verwendet werden können.

Erstellt man eigene View-Klassen, die sich fokussieren lassen sollen, ist es daher wichtig, in jedem Fall die `canBecomeFocused`-Property zu überschreiben und unter den gewünschten Voraussetzungen anzugeben, dass die jeweilige View den Fokus erhalten kann.

Ein Beispiel hierzu sehen Sie in Bild 27.16. Es zeigt den initialen View-Controller einer neuen tvOS-App, die über ein Label und drei Buttons verfügt. Wenn Sie dieses Projekt (ohne sonstige Anpassungen im Code) ausführen, werden Sie feststellen, dass nach dem Start der erste Button mit dem Titel „Button 1" den Fokus erhält und entsprechend hervorgehoben wird (siehe Bild 27.17). Das liegt daran, dass es sich bei diesem Button um das erste Element dieser App handelt, das fokussierbar ist (ein Label kann nämlich standardmäßig keinen Fokus erhalten).

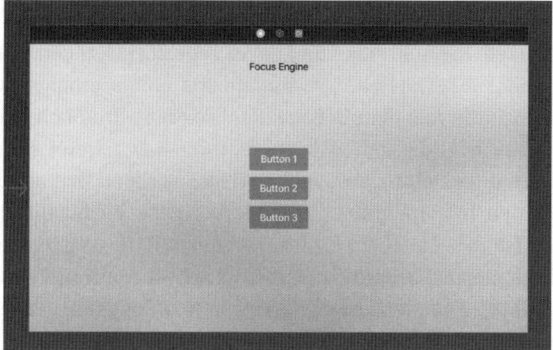

Bild 27.16 Die Beispiel-App verfügt über drei Buttons in der Mitte und ein Label am oberen Bildschirmrand.

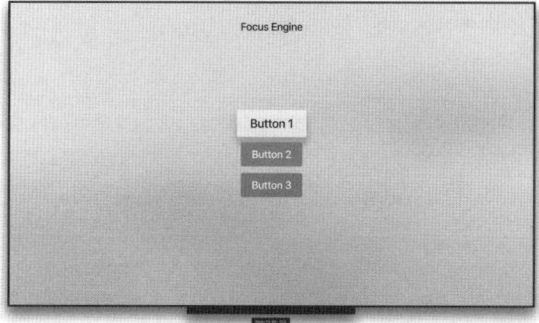

Bild 27.17 Führt man die Beispiel-App aus, erhält die Schaltfläche mit dem Titel „Button 1" automatisch den Fokus.

Abarbeitung des Fokus von oben links

Startet man eine App oder lädt innerhalb einer laufenden App eine neue Ansicht, setzt die Focus Engine den Fokus automatisch auf das erste fokussierbare Element, ausgehend vom oberen linken Rand. Wie man bei diesem Vorgang einen alternativen Fokus setzt, verrät Abschnitt 27.5.1, „Zu fokussierende View selbst definieren".

Mithilfe der Siri Remote kann nun durch Wischgesten in die entsprechende Richtung (in unserem Fall nach unten und wieder zurück) zwischen den fokussierbaren Elementen gewechselt werden. In diesem Beispiel sind aktuell nur die drei Schaltflächen in der Lage, den Fokus zu erhalten, da die Klasse UILabel standardmäßig nicht imstande ist, fokussiert zu werden. Wie man das ändern und somit eigene Views erstellen kann, die ebenfalls den Fokus erhalten können, demonstriere ich an einem weiteren Beispiel.

Hierfür erstellen wir zunächst eine Subklasse von `UILabel` und nennen sie `FocusableLabel`. Da `UILabel` – wie jede andere von `UIView` abgeleitete Klasse – konform zum `UIFocusItem`-Protokoll ist, können wir in der Implementierung unserer neuen Klasse einfach die Property `canBecomeFocused` überschreiben und darin `true` zurückgeben, was dafür sorgt, dass Elemente unserer `FocusableLabel`-Klasse immer den Fokus erhalten können. Zusätzlich überschreiben wir noch die aus dem `UIFocusEnvironment`-Protokoll stammende Methode `didUpdateFocus(in:with:)`, die jedes Mal aufgerufen wird, wenn eine `FocusableLabel`-Instanz den Fokus erhält beziehungsweise ihn wieder verliert. Den aktuellen Fokus-Status der zugrunde liegenden Instanz können wir hierbei ganz leicht mithilfe der `isFocused`-Property ermitteln. Ist das Label fokussiert, setzen wir dessen Farbe auf Rot und die Schriftgröße auf 50, andernfalls wird das Label in Schwarz mit einer Schriftgröße von 40 angezeigt. Die vollständige Implementierung der neuen `FocusableLabel`-Klasse zeigt Listing 27.1.

Listing 27.1 Setzen des Fokus für eine `UILabel`-Subklasse

```
class FocusableLabel: UILabel {

    override var canBecomeFocused: Bool {
        return true
    }

    override func didUpdateFocus(in context: UIFocusUpdateContext, with coordinator:
UIFocusAnimationCoordinator) {
        if isFocused {
            font = UIFont(descriptor: UIFontDescriptor.preferredFontDescriptor(with
TextStyle: .headline), size: 50)
            textColor = .red
        } else {
            font = UIFont(descriptor: UIFontDescriptor.preferredFontDescriptor(with
TextStyle: .headline), size: 40)
            textColor = .black
        }
    }

}
```

Damit unser bestehendes Label diese Logik adaptiert, müssen wir ihm im Interface Builder noch unsere `FocusableLabel`-Klasse zuweisen (siehe Bild 27.18). Darüber hinaus ist es wichtig, die Checkbox *User Interaction Enabled* zu aktivieren, da nur dann der Fokus greifen kann (siehe Bild 27.19).

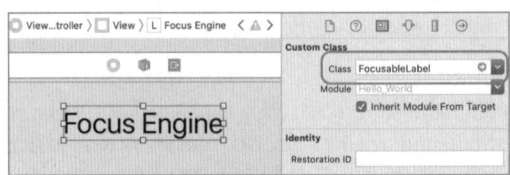

Bild 27.18 Um das Label fokussierbar zu machen, müssen wir ihm unsere eigens geschriebene UILabel-Subklasse zuweisen.

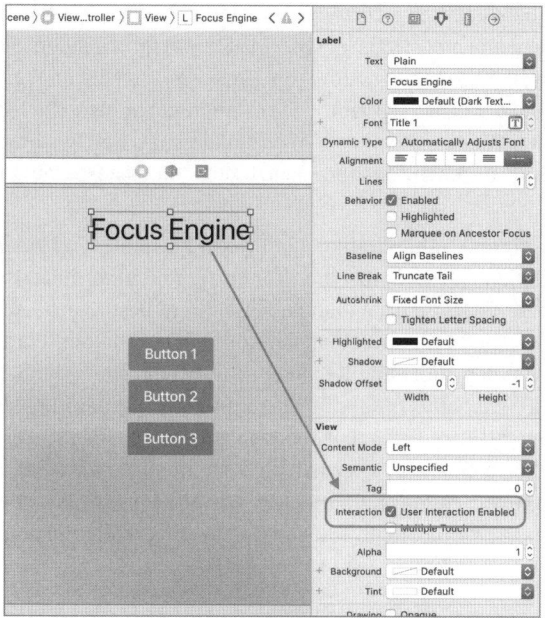

Bild 27.19 Die Checkbox „User Interaction Enabled" muss aktiviert sein, um dem Label den Fokus zuweisen zu können.

Führt man das Projekt mit diesen Änderungen nun erneut aus, stellt man fest, dass direkt nach dem Start unser Label den Fokus erhält (da es nun von oben links aus gesehen das erste fokussierbare Element ist). Dadurch ändert sich auch dessen Größe und Farbe, genau wie in dem Augenblick, in dem der Fokus auf ein anderes Element fällt (siehe Bild 27.20).

Bild 27.20 Größe und Farbe des Labels verändern sich nun, abhängig davon, ob es den Fokus besitzt oder nicht.

27.5.1 Zu fokussierende View selbst definieren

Die Focus Engine sucht beim Starten einer App oder beim Laden einer neuen View das erste fokussierbare Element selbsttätig, ausgehend vom oberen linken Bildschirmrand (in Sprachen, die von rechts nach links gelesen werden, geht die Focus Engine vom oberen rechten Rand aus). In manchen Fällen ist diese automatische Ermittlung aber nicht erwünscht und man möchte stattdessen selbst festlegen, welches Element initial den Fokus erhalten soll.

Wenn Sie selbst – beispielsweise für eine View oder einen View-Controller – den initialen Fokus definieren möchten, müssen Sie in der entsprechenden Klasse die Property `preferredFocusEnvironments` überschreiben. Diese erwartet als Rückgabewert eine Array-Instanz vom Typ `[UIFocusEnvironment]`. Sie können darin also alle Instanzen unterbringen, die konform zum `UIFocusEnvironment`-Protokoll sind. Das System wird alle im Array enthaltenen Elemente durchlaufen und dem ersten fokussierbaren Element den Fokus zuweisen.

Betrachten wir das einmal anhand eines konkreten Beispiels. Es basiert auf einer neuen tvOS-App, dessen initialer View-Controller drei mittig und untereinander angeordnete Buttons erhält (siehe Bild 27.21). Würde man das Projekt in dieser Form ausführen, würde der Button mit dem Titel „Button 1" automatisch den Fokus erhalten. Stattdessen wollen wir aber, dass beim Laden des zugrunde liegenden View-Controllers die Schaltfläche mit dem Schriftzug „Button 2" den Fokus erhält. Hierfür müssen wir innerhalb der `ViewController`-Klasse die genannte `preferredFocusEnvironments`-Property überschreiben und jenen Button als Ergebnis in Form eines Arrays zurückliefern. Zu diesem Zweck und um problemlos auf die Buttons zugreifen zu können, erstellen wir einmal für jeden der drei Buttons ein passendes Outlet im View-Controller. Die vollständige Implementierung der so aktualisierten `ViewController`-Klasse finden Sie in Listing 27.2.

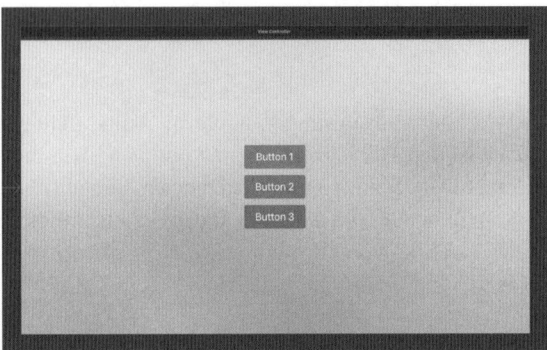

Bild 27.21 Die Beispiel-App verfügt über drei untereinander angeordnete Buttons.

Listing 27.2 Setzen des Fokus für eine spezifische View

```
class ViewController: UIViewController {

    @IBOutlet weak var button1: UIButton!

    @IBOutlet weak var button2: UIButton!

    @IBOutlet weak var button3: UIButton!

    override var preferredFocusEnvironments: [UIFocusEnvironment] {
        return [button2]
    }

}
```

Führt man die App nun aus, erhält tatsächlich der zweite und nicht der erste Button den Fokus, genau so, wie wir es im View-Controller definiert haben (siehe Bild 27.22).

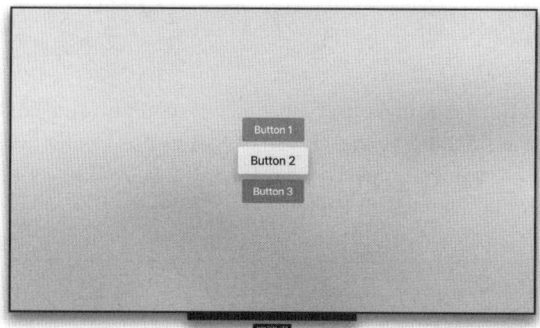

Bild 27.22 Durch Überschreiben der preferredFocusEnvironments-Property haben wir den initialen Fokus des View-Controllers geändert.

Doch was passiert, wenn der zweite Button deaktiviert wird? In diesem Fall befindet sich innerhalb unserer `preferredFocusEnvironments`-Property kein Element, das den Fokus erhalten kann, weshalb das System auf sein eigenes Vorgehen zurückgreift und es nach einer passenden View ausgehend vom oberen linken Rand sucht. Damit wird erneut dem ersten Button der Fokus zuteil (siehe Bild 27.23).

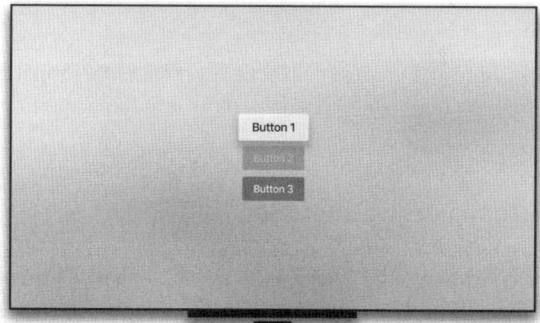

Bild 27.23 Sollte der zweite Button deaktiviert werden, kann er nicht länger den Fokus erhalten und das System sucht selbsttätig nach einem fokussierbaren Element (wobei es erneut den ersten Button findet).

Möchte man nun beispielsweise, dass – sollte der zweite Button wie im gezeigten Beispiel inaktiv sein – der dritte Button den Fokus erhält, so muss man entsprechend über die `preferredFocusEnvironments`-Property auch jenen dritten Button zurückliefern. In Listing 27.3 finden Sie die entsprechende Aktualisierung dieser Property innerhalb der `ViewController`-Klasse.

Listing 27.3 Rückgabe mehrerer verschiedener Elemente über die preferredFocusEnvironments-Property

```
override var preferredFocusEnvironments: [UIFocusEnvironment] {
    return [button2, button3]
}
```

Bei erneutem Ausführen des Projekts versucht das System nun zunächst, dem zweiten Button den Fokus zu geben. Da dieser inaktiv ist, checkt es das zweite Element innerhalb der preferredFocusEnvironments-Property – button3. Da dieses Element den Fokus erhalten kann, weist tvOS ihm diesen auch zu (siehe Bild 27.24).

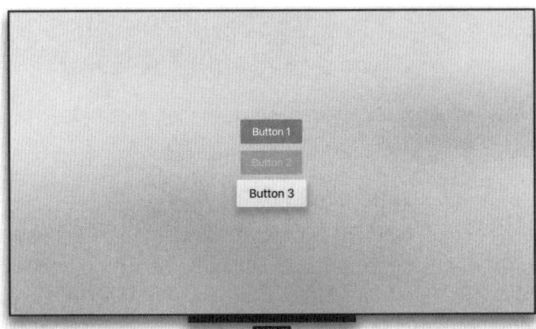

Bild 27.24 Das erste fokussierbare Element aus der preferredFocusEnvironments-Property erhält den Fokus.

Somit können Sie mithilfe der preferredFocusEnvironments-Property eine priorisierte Reihenfolge von Elementen übergeben, die den Fokus erhalten sollen.

27.5.2 Fokus-Aktualisierung anstoßen

In der Regel sorgt das System dafür, den Fokus zu passenden Zeitpunkten selbsttätig zu setzen oder ihn durch den Nutzer setzen zu lassen. Es gibt aber auch Situationen, in denen man den Fokus programmatisch verändern möchte. Ein einfaches Beispiel bestünde darin, dass ein Element, das den Fokus besitzt, aufgrund einer bestimmten Änderung (beispielsweise der Synchronisation neuer Daten aus der Cloud) verschwindet und nicht länger sichtbar oder aktiv ist. Entsprechend sollte in einer solchen Situation der Fokus zum nächsten passenden Element wandern.

Ein einfaches Beispiel dieser Problematik wird im Folgenden demonstriert. Als Basis dient eine neue tvOS-App, deren initialer View-Controller zwei Buttons besitzt (siehe Bild 27.25). Der erste Button ist mit einem Outlet mit dem Code des zugrunde liegenden View-Controllers verknüpft. Sobald der View-Controller geladen wurde, startet ein Timer, der den ersten Button über das Outlet nach drei Sekunden deaktiviert. Den entsprechenden Code der ViewController-Klasse finden Sie in Listing 27.4.

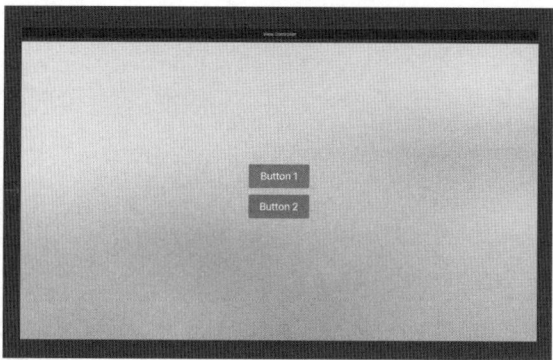

Bild 27.25 Die Beispiel-App verfügt über zwei Buttons.

Listing 27.4 Deaktivierung eines Buttons nach abgelaufenem Timer

```
class ViewController: UIViewController {

    @IBOutlet weak var button1: UIButton!

    override func viewDidLoad() {
        super.viewDidLoad()

        Timer.scheduledTimer(withTimeInterval: 3, repeats: false) { (timer) in
            self.button1.isEnabled = false
        }

    }

}
```

Führt man dieses Projekt aus, erhält nach dem Start der erste Button den Fokus; so war es auch zu erwarten. Allerdings verliert der Button den Fokus nicht, nachdem die drei Sekunden vergangen sind und er deaktiviert wurde. Umgekehrt kann er aber nicht länger durch Klick auf die Siri Remote ausgewählt werden. Erst nach einem Wechsel des Fokus auf den zweiten Button ist auch in der Oberfläche ersichtlich, dass der erste Button deaktiviert wurde. Dann lässt er sich auch nicht mehr auswählen.

Um dieses Projekt zu optimieren, sollte somit bei Inaktivsetzung des Timers der Fokus aktualisiert werden. Hierzu müssen wir die entsprechende Aktualisierung über den Code anstoßen. Möglich macht das die Methode setNeedsFocusUpdate() des UIFocus Environment-Protokolls. Da die Klasse UIViewController konform zu diesem Protokoll ist, können wir die Methode direkt über diese Instanz aufrufen und so dafür sorgen, dass der Fokus nach Deaktivierung des ersten Buttons neu gesetzt wird. Die aktualisierte Implementierung der ViewController-Klasse zeigt Listing 27.5.

Listing 27.5 Programmatische Aktualisierung des Fokus

```
class ViewController: UIViewController {

    @IBOutlet weak var button1: UIButton!
```

```
    override func viewDidLoad() {
        super.viewDidLoad()

        Timer.scheduledTimer(withTimeInterval: 3, repeats: false) { (timer) in
            self.button1.isEnabled = false
            self.setNeedsFocusUpdate()
        }

    }

}
```

Führt man das Projekt nun erneut aus und behält den Fokus auf dem ersten Button, wechselt dieser automatisch, nachdem die drei Sekunden des Timers abgelaufen sind. Stattdessen erhält dann der zweite Button direkt den Fokus (siehe Bild 27.26).

Bild 27.26 Durch programmatische Aktualisierung des Fokus wechselt dieser automatisch vom inaktiven zum aktiven Button.

■ 27.6 Arbeiten mit dem Simulator

Unter tvOS gelten ähnliche Regeln zur Arbeit mit dem Simulator wie unter iOS. Aber es gibt hierbei wieder einen zentralen Unterschied, der erneut mit der Bedienung des Apple TV im Zusammenhang steht. Denn statt Touch-Eingaben direkt auf dem Display auszuführen muss die Siri Remote (oder eine andere unterstützte Fernbedienung) für die Bedienung von tvOS eingesetzt werden. Das ist auch mit den verschiedenen tvOS-Simulatoren nicht anders.

Aus diesem Grund verfügt das *Hardware*-Menü der tvOS-Simulatoren über einen Eintrag namens *Show Apple TV Remote* (siehe Bild 27.27). Wählt man diesen Punkt aus, öffnet sich ein neues Fenster, das eine virtuelle Siri Remote darstellt (siehe Bild 27.28). Darüber ist es möglich, das Apple TV und die darin ausgeführten Apps zu bedienen und zu steuern.

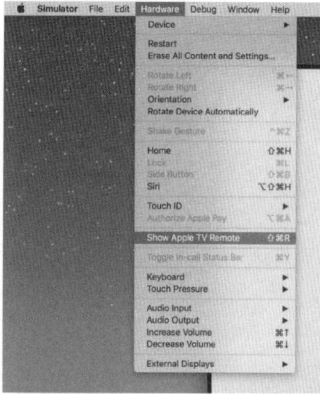

Bild 27.27
Über das Hardware-Menü des tvOS-Simulators kann eine virtuelle Siri Remote eingeblendet werden.

Bild 27.28
Die virtuelle Siri Remote verfügt über alle Schaltflächen zum Steuern eines Apple TV inklusive der Touch-Oberfläche am oberen Rand.

Mithilfe eines Klicks mit der linken Maustaste können die verschiedenen Knöpfe der Siri Remote ausgelöst werden. So lässt sich zum Home-Bildschirm zurückkehren oder durch Drücken der *MENU*-Taste die aktuelle Ansicht verlassen. Durch einen Klick auf die Touch-Fläche wird das aktuell fokussierte Element ausgewählt.

Um sowohl durch das Apple TV als auch durch Apps zu navigieren, kommt die Touch-Oberfläche oberhalb der Tastatur zum Einsatz. Über sie simuliert man die Wischgesten, die man auf einer echten Siri Remote durchführt. Dazu muss man aber die Option-Taste gedrückt halten, andernfalls werden die Wischbewegungen nicht erkannt. Dann genügt es, mit der Maus in der gewünschten Richtung über die Touch-Fläche zu fahren, um eine entsprechende Wischgeste zu simulieren.

 4K-Simulator

Seit dem Apple TV 4K steht auch ein entsprechender Simulator über Xcode zur Verfügung. Dieser simuliert das angezeigte Bild in der vollen unterstützten 4K-Auflösung (siehe Bild 27.29).

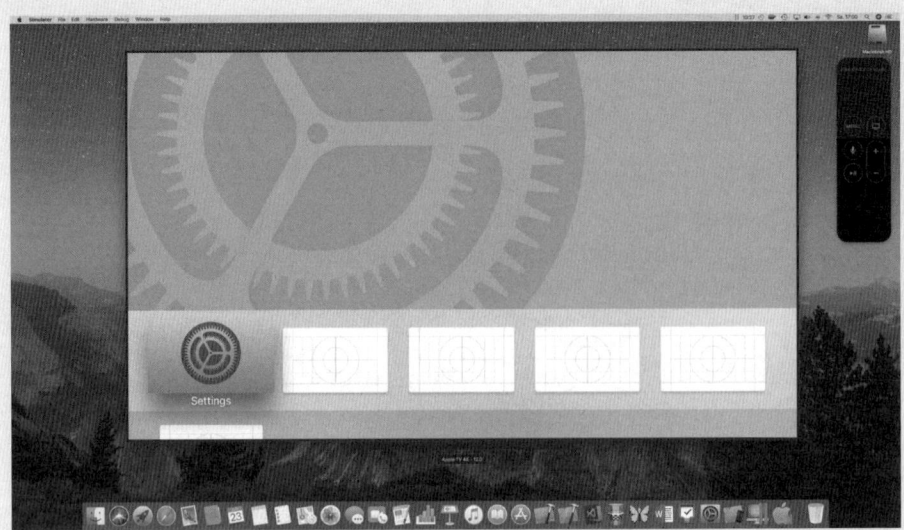

Bild 27.29 Der Apple TV 4K-Simulator beansprucht viel Platz und sollte dafür auch primär mit entsprechend hochauflösenden Displays eingesetzt werden.

Alternativ kann auch der sogenannte *Apple TV 4K (at 1080p)*-Simulator eingesetzt werden. Dessen Auflösung entspricht lediglich Full HD. So lassen sich Apps sowohl zur Ausführung auf einem 4K- wie auch einem herkömmlichen Full HD-Fernseher testen.

■ 27.7 App-Icon und Top Shelf Image

Das App-Icon ist meist die erste Kommunikationsschnittstelle mit dem potenziellen neuen Nutzer Ihrer Anwendung. Es repräsentiert Ihre App sowohl im App Store als auch auf dem Home-Bildschirm des Apple TV, nachdem sie installiert wurde.

Das App-Icon für tvOS-Anwendungen unterscheidet sich in einer Hinsicht stark von dem für die anderen Plattformen von Apple. Es kann mit einer Art Tiefeneffekt versehen werden, der das App-Icon dreidimensional erscheinen lässt. Dieser Effekt wird sichtbar, sobald der Nutzer Ihre App (sprich Ihr App-Icon) auswählt und langsame kreisende Bewegungen über die Touch-Fläche der Siri Remote ausführt. So bleibt der Fokus auf der App, dessen Icon wird aber passend zu den Bewegungen auf der Siri Remote bewegt. So kann das Icon aus verschiedenen Winkeln betrachtet werden.

Standardmäßig sind für ein App-Icon für tvOS drei Ebenen vorgesehen:

- Front: Der vorderste Bereich des App-Icons.
- Middle: Der mittlere Bereich des App-Icons.
- Back: Der Hintergrund des App-Icons.

Diese Ebenen spiegeln sich auch im Asset Catalog eines tvOS-Projekts wider. Dort finden Sie standardmäßig einen Eintrag namens *App Icon & Top Shelf Image*, über den Sie die verschiedenen Varianten Ihres App-Icons für Ihre App einpflegen können (siehe Bild 27.30). Sollte dieser Punkt bei Ihnen nicht zu sehen sein, können Sie ihn jederzeit über die Plus-Schaltfläche am unteren linken Rand des Asset Catalogs und anschließender Auswahl von *App Icons & Launch Images* → *New tvOS App Icon and Top Shelf Image* wieder hinzufügen (siehe Bild 27.31).

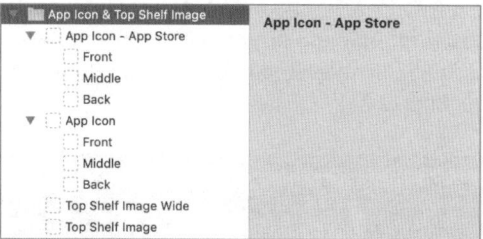

Bild 27.30 Das App-Icon für tvOS kann in mehreren Layern abgebildet werden, die übereinander gelegt werden und so für eine Art 3D-Effekt sorgen.

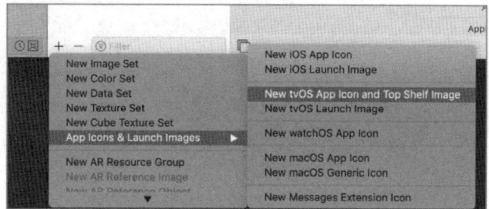

Bild 27.31 Fehlt im Asset Catalog der Bereich für das App-Icon, kann er über einen passenden Eintrag jederzeit wieder hinzugefügt werden.

Neben den Layern sind für tvOS zusätzlich zwei Varianten des App-Icons vorgesehen: eines für den App Store mit einer Auflösung von 1.280 × 768 Punkten *(App Icon – App Store)* und das eigentliche App-Icon, wie es nach der Installation auf dem Homescreen zu sehen ist, mit einer Auflösung von 400 × 240 Punkten *(App Icon)*. Auch wenn es sich um zwei unterschiedliche Einträge handelt, repräsentieren beide das Icon Ihrer App, sodass es keine großen Unterschiede (wenn überhaupt) zwischen ihnen geben sollte.

Die Layer, die Sie pro App-Icon verwenden, können Sie selbst definieren. Sie können problemlos weitere Layer hinzufügen oder bestehende löschen. Sie benötigen aber wenigstens einen Layer, um damit ein statisches App-Icon ohne 3D-Effekt anbieten zu können.

Um neue Layer zu einem App-Icon hinzuzufügen oder bestehende zu entfernen, wählen Sie das gewünschte App-Icon im Asset Catalog aus (entweder *App Icon – App Store* oder *App Icon*) und wechseln anschließend in den Attributes Inspector. Im Abschnitt *Layers* werden alle Layer des gewählten Elements aufgeführt (siehe Bild 27.32). Mithilfe der Plus-Schaltfläche fügen Sie neue hinzu, mit der Minus-Schaltfläche löschen Sie einen zuvor ausgewählten Layer. Sie können Layer auch verschieben und umbenennen.

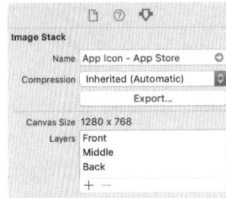

Bild 27.32
Im Abschnitt Layers werden alle Layer des App-Icons aufgeführt.

Neben dem eigentlichen App-Icon verfügen tvOS-Apps aber auch noch über ein sogenanntes *Top Shelf Image*. Das wird groß und prominent im oberen Bereich von tvOS angezeigt, sobald der Nutzer eine App in der obersten Reihe auf dem Home-Bildschirm hinzufügt und sie dort auswählt (siehe Bild 27.33).

Bild 27.33 Das Top Shelf Image wird im oberen Bereich von tvOS angezeigt, sobald der Nutzer eine App auswählt, die sich in der obersten Reihe befindet.

Dieses Top Shelf Image wird in zwei verschiedenen Größen benötigt, für die beide ein passender Eintrag im Asset Catalog für das *App Icon & Top Shelf Image* zur Verfügung steht:

- *Top Shelf Image Wide:* Hierbei handelt es sich um die moderne Variante des Top Shelf Image, die seit tvOS 10 Pflicht ist. Es besitzt eine Auflösung von 2.320 × 720 Punkten.
- *Top Shelf Image:* Hierbei handelt es sich um die Variante des Top Shelf Image, die für Apps, die ab tvOS 9 lauffähig sind, zusätzlich mit angegeben werden muss. Es besitzt eine Auflösung von 1.920 × 720 Punkten.

28 Cross-Platform

Auch wenn die verschiedenen Systeme von Apple prinzipiell für sich stehen und alle ihre Eigenheiten und Besonderheiten besitzen, die es bei der App-Entwicklung zu beachten gilt, so verfügen die Plattformen auch über eine Vielzahl von Gemeinsamkeiten. Einige von ihnen wurden in den letzten Kapiteln zur Programmierung für die diversen Betriebssysteme bereits deutlich. Beispielsweise sind da die *Asset Catalogs*, mit denen Grafiken (unter anderem das App-Icon) verwaltet werden. Dann gibt es – von watchOS an dieser Stelle einmal abgesehen – ein einheitliches Layout-System namens *Auto Layout*, das Sie beim Erstellen grafischer Oberflächen für macOS, iOS und tvOS einsetzen. Und dann gibt es noch Techniken wie *MVC* oder `NSLocalizedString`, die unabhängig von der Entwicklung für eine spezifische Plattform gelten.

In diesem Kapitel möchte ich Ihnen diese und einige weitere spannende Themen vorstellen, die über die App-Entwicklung für ein bestimmtes System hinausgehen. Die folgenden Abschnitte sind so untergliedert, dass Sie mit einem beliebigen Thema einsteigen können, ohne spezielle Kenntnisse aus den anderen Bereichen zu benötigen.

■ 28.1 Das Foundation-Framework

Das sogenannte *Foundation*-Framework gehört zu den wichtigsten Bibliotheken, die Apple für die Entwicklung von Apps für seine verschiedenen Plattformen anbietet. Es steht sowohl unter macOS, iOS, watchOS als auch tvOS zur Verfügung und beinhaltet diverse grundlegende Typen, mit deren Hilfe sie verschiedene Basisaufgaben umsetzen können (einige davon werden Sie an anderer Stelle in diesem Buch noch im Detail kennenlernen).

Bevor Apple Swift als neue Programmiersprache vorgestellt hat, war das Foundation-Framework – wie der Name es bereits andeutet – aus der App-Entwicklung für Apple-Plattformen nicht wegzudenken. Um mit Objective-C – dem „Vorgänger" von Swift – überhaupt Apps für macOS und Co. programmieren zu können, müssen zwingend die Elemente des Foundation-Frameworks eingesetzt werden. Das ist übrigens auch heute noch so, wenn man Apps für die verschiedenen Plattformen von Apple mit Objective-C programmiert.

Möchte man beispielsweise in Objective-C einen String erstellen, muss man dafür die Foundation-Klasse NSString verwenden. Zur Umsetzung von Arrays kommt NSArray zum Einsatz (einige weitere Beispiele stelle ich Ihnen im Folgenden gleich noch vor).

Unter Swift ist die Situation diesbezüglich deutlich entspannter. Dank der Standard Library und darin enthaltener Typen wie String oder Array ist man nicht einmal ansatzweise so stark auf die Elemente des Foundation-Frameworks angewiesen wie unter Objective-C. Dennoch hat man an der ein oder anderen Stelle noch immer mit ihnen zu tun, weshalb es in meinen Augen wichtig ist, wenigstens über die grundlegendsten Klassen des Foundation-Frameworks und ihre jeweilige Funktionsweise Bescheid zu wissen.

In den folgenden Abschnitten stelle ich Ihnen einige dieser Klassen vor und liefere Ihnen eine kurze Beschreibung dazu.

28.1.1 NSObject

In der Programmierung mit Objective-C wird NSObject gerne als „die Mutter aller Klassen" bezeichnet. Der Grund hierfür ist, dass in Objective-C jede Klasse, die in der App-Entwicklung zum Einsatz kommt, wenigstens von NSObject abgeleitet ist. Zu diesem Zweck definiert NSObject unter anderem diverse Methoden für die Speicherverwaltung und zum Senden von Nachrichten an andere Objekte; alles Dinge, die essenziell in der Programmierung für Apple-Plattformen sind.

In Swift geschriebene Klassen besitzen generell nicht die Notwendigkeit, von NSObject abgeleitet zu sein. Es gibt aber diverse Bereiche, bei denen es notwendig ist, NSObject als Superklasse zu verwenden. Ein Beispiel hierfür ist der Einsatz von Key-Value-Observing, dass im gleichnamigen Abschnitt 28.2.2.1 im Detail vorgestellt wird.

28.1.2 NSString

NSString ist eine sehr mächtige Klasse zur Arbeit mit Zeichenketten. Wo in Swift standardmäßig ein Element vom Typ String zum Einsatz kommt, bietet das Foundation-Framework mit NSString eine angepasste Klasse mit spezifischen Methoden und Eigenschaften.

Spannend hierbei: Bei der Programmierung mit Swift können Sie problemlos die Typen String und NSString mischen. Erwartet beispielsweise eine Methode einen Parameter vom Typ NSString, können Sie dieser auch eine Instanz des Typs String übergeben.

28.1.3 NSNumber

Bei der Arbeit und Berechnung von Zahlen kommt in Objective-C typischerweise die Klasse NSNumber zum Einsatz. Mit ihr können alle möglichen Arten von Zahlen abgebildet werden, seien es nun Ganz- oder Fließkommazahlen. In Swift setzt man alternativ typischerweise auf Typen wie Int, Float oder Double.

28.1.4 NSArray

Mithilfe der Klasse NSArray können Sie ebenfalls Arrays umsetzen. Die Klasse bringt diverse Eigenschaften und Funktionen mit, die die Arbeit mit Arrays erleichtern.

Auch bei diesem Element gilt: Es ist mit Swifts Array-Typ kompatibel, sodass Sie an Stellen, an denen ein NSArray erwartet oder zurückgegeben wird, stattdessen auch den Typ Array einsetzen können.

28.1.5 NSSet

Ein weiteres essenzielles Element des Foundation-Frameworks ist die Klasse NSSet. In Objective-C hilft sie dabei, Sets bei der Programmierung von Apps für die verschiedenen Apple-Plattformen umzusetzen. In Swift setzt man stattdessen typischerweise auf die Structure Set aus der Standard Library. Beide Elemente lassen sich in Swift verwenden.

28.1.6 NSDictionary

Bleibt abschließend noch ein finaler und ebenfalls enorm wichtiger Typ in der Programmierung: Mithilfe der Foundation-Klasse NSDictionary lassen sich ebenso Schlüssel-Wert-Paare umsetzen wie mit dem Typ Dictionary aus der Swift Standard Library. In der Regel ist in der Programmierung mit Swift aber der Typ Dictionary zu bevorzugen.

28.1.7 Mutable-Klassen

Für alle der in den vorherigen Abschnitten vorgestellten Klassen aus dem Foundation-Framework gibt es noch sogenannte *Mutable*-Varianten. Dabei handelt es sich um Subklassen der jeweiligen Elemente, die zusätzlich Eigenschaften und Funktionen zur Bearbeitung der zugrunde liegenden Instanzen mit sich bringen. Denn: Weder ein NSString noch ein NSArray lassen sich nach ihrer Initialisierung verändern. Das hat beispielsweise zur Folge, dass einem NSArray nach der Initialisierung weder neue Elemente hinzugefügt noch bestehende aus dem Array entfernt werden können. Die einzige Möglichkeit wäre, der Variablen, die auf das Array verweist, eine komplett neue NSArray-Instanz zuzuweisen.

Aus diesem Grund bringt das Foundation-Framework die genannten Mutable-Varianten für verschiedenste Klassen mit. Dazu gehören unter anderem:

- NSMutableString
- NSMutableNumber
- NSMutableArray
- NSMutableSet
- NSMutableDictionary

Der passende Einsatz von Mutable- und Nicht-Mutable-Klassen spielt ausschließlich bei der Programmierung mit Objective-C eine Rolle. In Swift wird auf ganz andere Art und Weise entschieden, ob eine Instanz nach deren Initialisierung veränderbar ist oder nicht: Handelt es sich um eine Variable, ist sie veränderbar (entspricht also der genannten Mutable-Variante), im Falle einer Konstanten hingegen kann das jeweilige Element nicht mehr verändert werden.

In der Regel hat man als Swift-Programmierer nicht allzu viel mit den genannten Klassen aus dem Foundation-Framework zu tun. Da sie aber für die Entwicklung mit Objective-C eine solch immens wichtige Rolle spielen und viele Frameworks noch in dieser Sprache geschrieben sind, ist es wichtig, zumindest in Grundzügen zu wissen, was es mit den beschriebenen Elementen auf sich hat und wie man sie verwenden kann.

■ 28.2 MVC

MVC ist die Abkürzung für *Model-View-Controller* und bezeichnet das wohl wichtigste Design Pattern bei der App-Entwicklung für die verschiedenen Plattformen von Apple. MVC legt fest, dass jeder Typ, den Sie erstellen, einer der drei im Namen genannten Gruppen zuzuordnen ist; und zwar nur und ausschließlich dieser Gruppe! Das bedeutet, dass Ihre Code-Logik und Ihr Projektaufbau auf diesen drei Arten von Typen basieren sollten. Zu Beginn möchte ich Ihnen einmal jede dieser drei Gruppen kurz vorstellen:

Das *Model* ist die Logik Ihrer App und kümmert sich um die Datenhaltung und verarbeitung. Sie speichern somit ausschließlich Informationen und verarbeiten sie. Model-Typen interessieren sich nicht dafür, ob, wann und wie die von ihnen gespeicherten Informationen angezeigt werden.

Die *View* ist die genau andere Seite der Medaille. View-Typen sind dafür verantwortlich, Dinge darzustellen und Informationen anzuzeigen. Sie interessieren sich nicht für die Logik, die innerhalb Ihrer App abläuft, sondern kümmern sich rein um die Darstellung von Informationen oder den Umgang mit Animationen.

Bleibt noch der *Controller*, der als letztes Element das Bindeglied zwischen Model und View darstellt. Der Controller kümmert sich darum, Daten aus dem Model auszulesen und an Views weiterzugeben (damit diese die Information zum Beispiel auf dem Bildschirm anzeigen können) oder Änderungen an einer View (zum Beispiel das Verändern eines Schiebereglers) an das entsprechende Model weiterzugeben (damit dieses die Änderung weiterverarbeiten und speichern kann).

Das sind die drei grundlegenden Arten von Typen, die Sie bei der Entwicklung von Apps für die verschiedenen Apple-Plattformen erstellen, und es ist sehr wichtig, sich an dieses Pattern zu halten. Nicht nur, dass die Frameworks von Apple darauf ausgelegt sind, nein, MVC hat auch massive Vorteile für Sie als App-Entwickler:

- *Wiederverwendbarkeit:* Wenn Sie stets bemüht sind und darauf achten, Ihr Model von den Views zu trennen und umgekehrt, können Sie die entsprechenden Typen meist ohne großen Aufwand auch in anderen Projekten wiederverwenden. Stellen Sie sich vor, alle Views, die Sie erstellen, kennen auch die Datenlogik Ihrer Anwendung und brauchen diese, um zu funktionieren. Dann haben Sie keine Chance, Ihre Views ohne Weiteres wieder in einem anderen Projekt zu verwenden, und dabei sollen Views eigentlich nur Inhalte anzeigen. Umgekehrt gilt das natürlich auch: Wenn Sie Ihre Model-Logik in mehreren Projekten nutzen möchten, die Darstellung aber immer eine andere ist, wäre es mehr als nur hinderlich, würden Ihre Model-Typen selbst direkt Views benötigen, nicht wahr?

- *Strukturierter und weniger fehleranfälliger Code:* Ich habe mir angewöhnt, zu Beginn eines jeden Projekts zunächst einmal drei Ordner in Xcode zu erstellen. Sie heißen *Model*, *View* und *Controller*, und alle Typen, die ich erstelle, landen in einem dieser drei Ordner. Nicht nur, dass ich damit sozusagen gezwungen bin, darauf zu achten, nur Typen zu erstellen, die auch nur in eine dieser drei Kategorien passen. Nein, die generelle Aufteilung in diese drei Gruppen macht Code auch übersichtlicher und strukturierter. Stellen Sie sich vor, Sie wollen die Programmlogik ändern, durchsuchen alle möglichen Typen und finden die passende Stelle nicht, weil die zugehörige Model-Logik von einer View ausgeführt wird (oder umgekehrt). Das macht den Wartungsaufwand ungleich höher und ist zudem sehr viel fehleranfälliger.

- *Zukunftssicherheit:* Sie wissen so gut wie nie, in welche Richtung sich ein Projekt langfristig entwickeln wird und welche Strukturen, die heute noch sinnvoll sind, womöglich in ein paar Jahren überarbeitet und angepasst werden müssen. Und glauben Sie mir: Code, der sich nicht an dieses essenzielle Pattern hält und eher wie Kraut und Rüben wächst, ist irgendwann kaum noch vernünftig wartbar und jede Änderung wird zur Qual. Tun Sie sich selbst (und erst recht allen anderen, die mit Ihnen an einem Projekt arbeiten, ob heute oder in der Zukunft) daher den Gefallen, und halten Sie sich an MVC. Dann sind auch Updates nach mehreren Jahren für Ihre Anwendung gut und strukturiert umsetzbar, ohne dass Sie sich die Haare raufen und Nächte damit verbringen, in dem Wirrwarr aus Code neue Logik unterzubringen (und glauben Sie mir: Ich weiß, wovon ich schreibe!).

Es mag zu Beginn sehr abstrakt wirken, sich auf MVC einzulassen und genau darüber nachzudenken, welcher Code nun in welche Art von Typ gehört. Vielmehr neigt man dazu, einfach drauflos zutippen und die Lösung an der Stelle umzusetzen, an der man gerade sitzt. Ich rate Ihnen, aus eigener langjähriger Erfahrung: Nehmen Sie sich die Zeit und überlegen Sie bei jeder Problemlösung, in welchen Bereich oder in welche Bereiche diese fällt und wo Sie welchen Code am besten hinpacken. Stellen Sie sich dabei ruhig die Frage, ob der Code, den Sie schreiben, nun eher Model-Logik ist, zum Controller gehört oder eine reine Angelegenheit einer View ist. Und versuchen Sie es vielleicht einmal mit der von mir vorgestellten Ordnerstruktur in Ihrer App; das kann Ihnen bereits einiges erleichtern. Und spätestens, wenn Sie in einer View-Klasse Model-Logik einbinden oder in Ihrem Model auf eine View zugreifen, wissen Sie, dass etwas schiefläuft. ☺

28.2.1 MVC in der Praxis

Wir kennen nun die Vorteile und Bestandteile von MVC, widmen wir uns also der Umsetzung in der Praxis. Denn damit, dass Sie Ihre Logik in die entsprechend richtigen Typen packen, ist es nun einmal nicht getan. Irgendwie müssen diese drei Bestandteile ja auch miteinander kommunizieren und über Änderungen informiert werden (und ihrerseits informieren). Wie Sie ebenfalls bereits wissen, spielt hierbei der Controller eine zentrale

Rolle, denn er ist das Bindeglied zwischen View und Model (und ich schreibe es an dieser Stelle noch einmal: Model und View haben nichts voneinander zu wissen, sonst läuft etwas falsch!). Daher gibt es bei MVC zwei Arten beziehungsweise Richtungen der Kommunikation: Entweder kommuniziert ein Controller mit dem Model oder er erhält Informationen vom Model, oder ein Controller kommuniziert mit einer View oder er erhält Informationen von der View (siehe Bild 28.1).

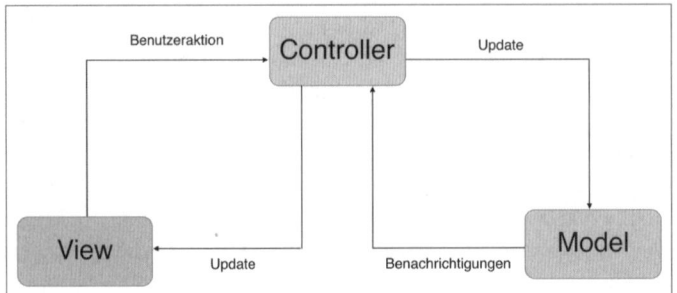

Bild 28.1 Das MVC-Pattern beschreibt die verschiedenen Arten von Typen und deren Kommunikation unter- und miteinander.

In den folgenden Abschnitten werden diese verschiedenen Kommunikationswege im Detail vorgestellt und es wird erläutert, welche Möglichkeiten es gibt, um zwischen Model und Controller sowie View und Controller zu kommunizieren.

28.2.2 Kommunikation zwischen Model und Controller

Das Model enthält unsere Programmlogik, während ein Controller die Informationen aus dem Model zum Beispiel an eine View zur Anzeige weitergeben kann. Möchte der Controller das Model verändern, hat er es dabei ziemlich einfach: Dazu greift er direkt auf das Model zu und führt die entsprechende Anpassung durch. Da der Controller schließlich der Vermittler zwischen Model und View ist, hält er entsprechende Instanzen dieser Typen und hat somit direkten Zugriff auf sie.

Doch wie sieht es umgekehrt aus? Denken Sie zum Beispiel an ein Model für ein News-Portal, das immer die aktuellen Nachrichten abruft und speichert. Das Model verrichtet hierbei die entsprechende Arbeit und der Controller bekommt davon nichts mit. Klar, der Controller könnte jetzt ständig beim Model anfragen, ob sich irgendwo irgendetwas geändert hat oder ein sonstiges wichtiges Ereignis eingetreten ist, doch das wäre nicht nur ressourcenfressend, es ist auch kein schöner Stil. Wäre es nicht viel besser, könnte das Model alle, die an seinen Informationen interessiert sind, von sich aus informieren? Bingo, willkommen bei der Kommunikation zwischen Model und Controller! ☺

Ein Model hat zwei Möglichkeiten, einen (oder auch mehrere, eben je nachdem, wer sich alles dafür interessiert) Controller über Änderungen jeder Art zu informieren:

- Key-Value-Observing
- Notifications

Beide Verfahren werden im Folgenden im Detail vorgestellt.

28.2.2.1 Key-Value-Observing

Key-Value-Observing (kurz: *KVO*) ist ein mächtiges Werkzeug in der App-Entwicklung für Apple-Plattformen. Wie der Name bereits andeutet, können damit Instanzen *überwacht* werden. Ein Controller kann so beispielsweise ein Model beziehungsweise die Attribute eines Models überwachen. Sobald sich bei der überwachten Model-Instanz etwas ändert, wird der Controller darüber informiert und kann eine entsprechende Aktion ausführen.

Nehmen wir einmal folgendes Beispiel zur Hand: Nehmen wir an, Sie haben eine Model-Klasse namens `Vehicle`, die für dieses vereinfachte Beispiel nur eine einzige Property namens `speed` zur Abbildung der Geschwindigkeit eines Fahrzeugs besitzt (siehe Listing 28.1). Daneben besitzen Sie einen Controller mit Namen `SpeedController`, der die Geschwindigkeit von `Vehicle`-Instanzen überwachen und bei einer Änderung der Geschwindigkeit informiert werden soll.

Listing 28.1 Implementierung einer Beispiel-Klasse `Vehicle`

```
class Vehicle: NSObject {
    @objc dynamic var speed: Int?
}
```

dynamic

Die zu überwachende Property speed wurde zusätzlich noch mit dem Schlüsselwort dynamic gekennzeichnet. Das ist zwingend notwendig, soll eine Property einer Klasse mittels Key-Value-Observing überwacht werden können. Fehlt diese Kennzeichnung, wird auch KVO niemals für die entsprechende Property funktionieren. Denken Sie also immer daran, dieses Schlüsselwort zu setzen, wenn Sie den Wert einer Property überwachen wollen. Ebenso ist es zwingend notwendig, zu überwachende Properties mit dem @objc-Schlüsselwort zu versehen.

Für das genannte Beispiel bietet sich wunderbar Key-Value-Observing an, denn unser `SpeedController` möchte in diesem Beispiel die Property `speed` einer `Vehicle`-Instanz überwachen und über Änderungen dieser Eigenschaft informiert werden. Doch was muss der Controller dazu tun?

Zu diesem Zweck muss ein sogenannter *Observer* gesetzt werden. Dieser besteht aus zwei Teilen: einer Instanz und einer Property, die überwacht werden sollen, und einer Instanz, die informiert wird, sobald sich etwas an der zu überwachenden Property ändert.

Im Falle unseres `SpeedController` würde das bedeuten, dass der `SpeedController` selbst als Überwacher tätig ist und das `Vehicle` mit dem Wert `speed` die zu überwachende Instanz darstellt. Das *Foundation*-Framework bietet uns über `NSObject` eine passende Methode, um einen entsprechenden Observer zu setzen. Sie hört auf den Namen `addObserver(_:forKeyPath:options:context:)` und wird auf der Instanz aufgerufen, die überwacht werden soll (in diesem Beispiel also auf einer zu überwachenden `Vehicle`-Instanz). Die Methode erwartet hierbei die folgenden Parameter:

- `observer`: Beim Observer handelt es sich um die Instanz, die bei Änderungen der zu überwachenden Property informiert wird (in unserem Beispiel ist das also der `SpeedController`).

- keyPath: Der Key-Path verweist auf die zu überwachende Property der Instanz, die die Methode addObserver(_:forKeyPath:options:context:) aufruft (also jene Instanz, deren Property überwacht werden soll). Mehr zum Key-Path erfahren Sie gleich in dem Hinweiskasten mit dem Titel „Key-Path".

- options: Sie können verschiedene Einstellungen definieren, die das Überwachen der gewünschten Instanz und die Informationen, die Sie aus der Überwachung erhalten, anpassen. Es handelt sich hierbei um ein Option Set, dessen Werte in der Structure NSKeyValueObservingOptions definiert sind. Mehr zu dieser Structure und den zur Verfügung stehenden Optionen erfahren Sie im Kasten „NSKeyValueObservingOptions".

- context: Hierbei handelt es sich um eine eindeutige Information, über die Sie zu einem späteren Zeitpunkt eine Überwachung wiedererkennen können. Die Notwendigkeit einer solchen Property werden Sie verstehen, sobald wir uns mit der praktischen Umsetzung von KVO beschäftigen. Denn sobald sich der Wert einer überwachten Property verändert, wird auf dem Observer immer eine fest vorgegebene Methode aufgerufen, die im Foundation-Framework definiert ist (sie hört auf den Namen observeValue(forKeyPath: of:change:context:, wie beschrieben dazu später mehr). Innerhalb dieser Methode müssen Sie also ermitteln, welche der von Ihnen überwachten Properties sich nun verändert hat. Genau dafür ist der context-Parameter gedacht. Er ist vom Typ UnsafeMutable RowPointer. Das bedeutet, dass Sie hier jeden beliebigen Verweis auf eine Instanz als Parameter übergeben können.

 Key-Path

Mithilfe eines *Key-Path* teilen Sie dem System den „Pfad" zu einer bestimmten Property mit. Hierbei beginnen Sie mit dem Namen des zugrunde liegenden Typs gefolgt vom Namen der gewünschten Property; beide werden durch einen Punkt voneinander getrennt, so wie das auch beim Aufruf von Methoden oder Properties gehandhabt wird.

Anschließend können Sie diese Hierarchie beliebig tief schachteln und so beispielsweise auf weitere Eigenschaften der gewählten Property zugreifen. Beispiele für solche Key-Paths finden Sie in Listing 28.2. Darin werden zwei Klassen deklariert – Vehicle und Driver –, die verschiedene Properties besitzen. Abhängig davon, von welcher Klasse aus der Key-Path beginnt und welche Eigenschaft man als Key-Path abbilden möchte, wird dieser umfangreicher. Das zeigt das letzte Beispiel, in dem ein Key-Path – beginnend mit der Klasse Driver – über dessen Property vehicle und weiter über deren Eigenschaft manufacturer führt (Driver.vehicle.manufacturer). Diese Verschachtelung eines Key-Path lässt sich so unendlich weit fortführen.

Listing 28.2 Beispiele für Key-Paths

```
@objc class Vehicle: NSObject {
    @objc var manufacturer: String?
}

// Key-Path auf "manufacturer" über "Vehicle": Vehicle.manufacturer
```

```
@objc class Driver: NSObject {
    @objc var name: String?
    @objc var vehicle: Vehicle?
}

// Key-Path auf "name" über "Driver": Driver.name
// Key-Path auf "vehicle.manufacturer" über "Driver": Driver.vehicle.
manufacturer
```

Wichtig: Um den Key-Path abbilden zu können, müssen alle Bestandteile des Key-Path mit dem @objc-Schlüsselwort versehen sein. Das gilt auch für die Klasse, mit der der Key-Path beginnt.

Um einen solchen Key-Path nun im Code abzubilden, kommt der Ausdruck #keyPath zum Einsatz. Ihm übergeben Sie innerhalb nachfolgender runder Klammern den gewünschten Key-Path – genau auf die Art und Weise, wie bereits zuvor in Listing 28.2 gezeigt. Die drei darin aufgeführten Key-Paths finden Sie noch einmal in Listing 28.3, dieses Mal aber werden Sie mithilfe von #keyPath erzeugt.

Listing 28.3 Erzeugen von Key-Paths mithilfe von #keyPath

```
#keyPath(Vehicle.manufacturer)
#keyPath(Driver.name)
#keyPath(Driver.vehicle.manufacturer)
```

Übrigens: Intern wandelt der Ausdruck #keyPath den gewünschten Pfad schlicht in einen String um. Weisen Sie somit das Ergebnis eines #keyPath-Ausdrucks beispielsweise einer Variablen oder Konstanten zu, erhalten Sie eine Instanz vom Typ String. Dieser String entspricht exakt dem Key-Path, den Sie innerhalb der runden Klammern des Ausdrucks definiert haben, abgesehen von der Klasse, über die der Key-Path startet. Die Strings, die auf Basis von Listing 28.3 erzeugt werden, heißen wie folgt:

* manufacturer

* name

* vehicle.manufacturer

Alternativ könnten Sie statt #keyPath an den Stellen, an denen Sie einen solchen Key-Path benötigen, den durch den Ausdruck erzeugten String angeben. Davon rate ich Ihnen aber ab! Bei einem String können Ihnen leicht Tippfehler passieren, womit Sie womöglich versehentlich auf eine Property verweisen, die es gar nicht gibt. Mit #keyPath kann Ihnen das nicht passieren, da dieser Ausdruck gegen die verfügbaren Properties in Ihrem Projekt geprüft wird. Das bedeutet, dass auch beim Refactoring Ihres Codes die in #keyPath aufgeführten Properties ebenfalls berücksichtigt werden (was bei Strings nicht der Fall wäre).

NSKeyValueObservingOptions

Die Structure NSKeyValueObservingOptions enthält alle zur Verfügung stehenden Optionen, die Sie zur Überwachung von Properties mittels KVO setzen können. Darin sind unter anderem die folgenden Werte definiert:

- new: Hierüber erhalten Sie Zugriff auf den neuen Wert der überwachten Property.
- old: Hierüber erhalten Sie Zugriff auf den alten Wert (vor Durchführung der Aktualisierung) der überwachten Property.
- initial: Ist dieser Wert gesetzt, verhält sich das System beim Aufruf der Methode addObserver(_:forKeyPath:options:context:) so, als hätte es in diesem Zusammenhang direkt eine Änderung der überwachten Property gegeben. Das ist nützlich, wenn man die Logik, die beim Ändern der überwachten Property greift, direkt beim Setzen des Observers ausführen möchte.

Damit wissen Sie nun, wie man einen Observer setzt. Bevor wir uns KVO anhand eines kompletten Beispiels in der Praxis ansehen, möchte ich Ihnen aber noch erklären, wie Sie auf die *Änderung* einer überwachten Property *reagieren*.

Basis hierfür ist erneut eine innerhalb von NSObject deklarierte Methode namens observe Value(forKeyPath:of:change:context:). Sie wird auf dem Observer aufgerufen, der zur Überwachung einer bestimmten Property gesetzt wurde. Um also auf die Änderung einer überwachten Property zu reagieren, muss diese Methode im zugehörigen Observer überschrieben werden.

Dieser Umstand hat zur Folge, dass eine einzige Methode bei KVO zur Reaktion auf die Werteänderung von Properties verantwortlich ist. Haben Sie beispielsweise einen Observer definiert, der mehrere verschiedene Properties überwacht, wird bei der Änderung einer dieser überwachten Properties immer die Methode observeValue(forKeyPath:of: change:context:) aufgerufen (ganz gleich, welche der überwachten Properties sich nun geändert hat).

Aus diesem Grund ist es enorm wichtig, innerhalb dieser Methode zunächst einmal herauszufinden, welche überwachte Property aktualisiert wurde. Idealerweise nutzen Sie hierfür den context-Parameter. Wie zuvor bei der Erläuterung der Methode addObserver (_:forKeyPath:options:context:) beschrieben, dient dieser als eindeutige Identifizierung für eine überwachte Property. Zusätzlich erhalten Sie noch den Key-Path der überwachten Property, die zugrunde liegende Instanz, deren Property sich verändert hat, und ein change-Dictionary. Letzteres enthält weitere Information auf Basis der NSKeyValue ObservingOptions, die Sie beim Aufruf der Methode addObserver(_:forKeyPath: options:context:) gesetzt haben (dazu gleich mehr).

Betrachten wir nun mit diesem mannigfaltigen Wissen einmal ein konkretes Beispiel aus der Praxis (siehe Listing 28.4). Darin werden zwei Klassen deklariert: Vehicle und SpeedCamera. Vehicle dient zur Abbildung von Fahrzeugen und verfügt in diesem einfachen Beispiel lediglich über eine einzige Property namens currentSpeed, die die aktuelle Geschwindigkeit des Fahrzeugs widerspiegelt. SpeedCamera auf der anderen Seite dient zur

Überwachung einer `Vehicle`-Instanz, genauer gesagt der *aktuellen Geschwindigkeit* einer solchen. Übersteigt diese nämlich ein Tempo von 50 km/h, soll eine entsprechende Meldung auf der Konsole ausgegeben werden.

Zu diesem Zweck verfügt die Klasse `SpeedCamera` über diverse Eigenschaften zur Lösung der geforderten Aufgabe. Zunächst wird ihr eine zu überwachende `Vehicle`-Instanz über ihren Initializer `init(vehicle:)` zugewiesen. Die übergebene Instanz wird in der Property `vehicle` gespeichert. Außerdem wird im Initializer direkt ein Observer auf das Fahrzeug gesetzt, als Key-Path dient die `currentSpeed`-Property von `Vehicle`. Der `context`-Parameter, der als eindeutige Identifizierung für die Geschwindigkeitsänderung verwendet wird, wird in der `SpeedCamera`-Klasse in Form eines simplen Strings definiert. Dem `context`-Parameter der Methode `addObserver(_:forKeyPath:options:context:)` wird die Speicheradresse dieses Strings übergeben. Zusätzlich wird für den `options`-Parameter der Wert `new` gesetzt, der dafür sorgt, dass wir bei Änderungen der `currentSpeed`-Property direkten Zugriff auf deren neuen Wert erhalten.

Um nun Änderungen an der `currentSpeed`-Property tatsächlich zu registrieren und darauf reagieren zu können, muss im Observer (sprich der Klasse `SpeedCamera`) die Methode `observeValue(forKeyPath:of:change:context:)` überschrieben werden. Sie wird jedes Mal aufgerufen, wenn einer der Observer von `SpeedCamera` über eine Änderung informiert wird.

Um nur auf die Änderung der Geschwindigkeit zu reagieren, prüfen wir in der Implementierung dieser Methode zunächst den `context`-Parameter. Verweist er auf die Speicherstelle unseres `vehicleObserverContext`-Strings, wissen wir, dass sich `currentSpeed` der `vehicle`-Property geändert hat. Entsprechend implementieren wir unsere Logik, die prüft, ob die neue Geschwindigkeit des Fahrzeugs größer als 50 ist. Den neuen Wert erhalten wir über den `change`-Parameter der Methode, indem wir auf den Schlüssel `newKey` zugreifen. Diesen können wir nutzen, da wir beim Setzen des Observers über `addObserver` `(_:forKeyPath:options:context:)` die Option `new` übergeben haben. Sobald wir mit einer passenden Konsolenausgabe auf die zu hohe Geschwindigkeit reagiert haben, verlassen wir die Methode mittels `return`.

Listing 28.4 Überwachen einer Property mittels KVO

```
@objc class Vehicle: NSObject {

    @objc dynamic var currentSpeed: NSNumber?

}

class SpeedCamera: NSObject {

    var vehicle: Vehicle!

    var vehicleObserverContext = "VehicleObserverContext"

    init(vehicle: Vehicle) {
        super.init()
        self.vehicle = vehicle
        self.vehicle.addObserver(self, forKeyPath: #keyPath(Vehicle.currentSpeed),
options: .new, context: &vehicleObserverContext)
    }
```

```
    override func observeValue(forKeyPath keyPath: String?, of object: Any?, change:
[NSKeyValueChangeKey : Any]?, context: UnsafeMutableRawPointer?) {
        if context == &vehicleObserverContext {
            let speed = change![.newKey] as! Int
            if speed > 50 {
                print("Löse Blitzer bei einer Geschwindigkeit von \(speed) km/h
aus.")
            }
            return
        }
        observeValue(forKeyPath: keyPath, of: object, change: change, context:
context)
    }

    deinit {
        vehicle.removeObserver(self, forKeyPath: #keyPath(Vehicle.currentSpeed),
context: &vehicleObserverContext)
    }
}
```

Bevor wir uns die übrigen Besonderheiten von Listing 28.4 im Detail ansehen, möchte ich die darin implementierte Funktionsweise erst einmal anhand eines weiteren Beispiels demonstrieren. Das finden Sie in Listing 28.5. Darin wird je eine Vehicle- und eine SpeedCamera-Instanz erstellt. Anschließend wird die currentSpeed-Property des Fahrzeugs auf einen Wert von über 50 geändert, was eine entsprechende Konsolenausgabe zur Folge hat.

Listing 28.5 Praktische Nutzung von KVO

```
let myVehicle = Vehicle()
let mySpeedCamera = SpeedCamera(vehicle: myVehicle)

myVehicle.currentSpeed = 130
// Löse Blitzer bei einer Geschwindigkeit von 130 km/h aus.
```

Kommen wir abschließend nun noch zu zwei Besonderheiten, die sich in der Implementierung in Listing 28.4 finden. Die erste ist Teil der überschriebenen Methode observeValue(forKeyPath:of:change:context:). Am Ende der Implementierung ist zu sehen, dass dieselbe Methode in ihrer Superklasse aufgerufen wird und dass das genau dann geschieht, wenn wir selbst auf die Änderung einer überwachten Property nicht weiter reagieren (im gezeigten Beispiel fangen wir ja nur eine Veränderung der currentSpeed-Property unseres Fahrzeugs ab). Grund für dieses Vorgehen ist, dass es auch vonseiten des Systems Properties gibt, die überwacht werden und bei deren Änderungen das System selbst bestimmte Dinge tun möchte. Wenn also beispielsweise die Klasse NSObject – von der SpeedCamera erbt – intern eine Property überwacht und sich diese in der SpeedCamera-Instanz ändert, wollen wir zwar selbst innerhalb von SpeedCamera nicht auf diese Änderung reagieren, müssen sie aber trotzdem dem System – und damit der Superklasse – mitteilen. Andernfalls riskieren wir, dass unsere App möglicherweise Fehler verursacht, weil das System nicht auf bestimmte interne Events reagieren kann.

Daher gilt: Wann immer Sie in Ihrer Implementierung von observeValue(forKeyPath:of:change:context:) nicht auf die gemeldete Änderung reagieren, reichen Sie diese an die

Superklasse weiter! Umgekehrt gilt aber genauso: Wenn Sie auf die Änderung reagieren, brauchen Sie sie nicht noch zusätzlich an die Superklasse weiterzugeben.

Die zweite Besonderheit findet sich im Deinitializer. Dieser ruft die Methode remove Observer(_:forKeyPath:context:) auf, die – wie die Methode addObserver(_:forKey Path:options:context:) – einen gesetzten Observer wieder entfernt. Im gezeigten Beispiel sorgt der Aufruf der Methode dafür, dass SpeedCamera nicht länger auf Änderungen der Geschwindigkeit des zugeordneten Fahrzeugs reagiert.

Womöglich fragen Sie sich, warum ich an dieser Stelle so vorgehe. Schließlich verschwindet die SpeedCamera sowieso aus dem Speicher und braucht daher nicht auf eine Änderung der Vehicle-Instanz zu reagieren. Der Grund ist gleichermaßen simpel wie immens wichtig: Bei KVO wird ein gesetzter Observer im *System* registriert. Dort bleibt er, selbst wenn die registrierten Instanzen nicht länger existieren.

Was also passiert, wenn die SpeedCamera-Instanz aus dem Speicher verschwindet, das zugewiesene Vehicle aber noch immer existiert und sich dessen Geschwindigkeit ändert? Tja, dann wird versucht, der nicht mehr vorhandenen SpeedCamera-Instanz diese Änderung mitzuteilen, und es kommt zum Crash. Beispielhaft dargestellt ist das in Listing 28.6.

Darum ist es wichtig, einen gesetzten Observer wieder zu entfernen, sobald er nicht mehr benötigt wird. In der Regel ist das immer spätestens dann der Fall, wenn die Observer-Instanz aus dem Speicher verschwindet; daher die Implementierung des Aufrufs von removeObserver(_:forKeyPath:context:) im Deinitializer von SpeedCamera.

Listing 28.6 Absturz bei fehlender Entfernung eines Observers

```
let myVehicle = Vehicle()
var mySpeedCamera: SpeedCamera? = SpeedCamera(vehicle: myVehicle)

mySpeedCamera = nil
myVehicle.currentSpeed = 150
// Ohne Entfernung des Observers kommt es hier zum Crash.
```

Weitere Schlüssel des change-Dictionaries

Die Schlüssel, über die man auf die verschiedenen Inhalte des change-Parameters der Methode observeValue(forKeyPath:of:change:context:) zugreifen kann, sind in der Structure NSKeyValueChange definiert. Mit newKey lässt sich der geänderte Wert der überwachten Property auslesen, mit oldKey der Wert vor der Änderung. Wichtig hierbei ist, dass beim Setzen des Observers über die Methode addObserver(_:forKeyPath:options:context:) die passenden Optionen gesetzt wurden, um auf die jeweiligen Werte zugreifen zu können.

Ein weiterer nützlicher Schlüssel ist der kindKey, der über die *Art* der Änderung der überwachten Property informiert. Es handelt sich hierbei um einen Wert der Enumeration NSKeyValueChange, die beispielsweise Aufschluss darüber gibt, ob der Wert komplett neu gesetzt (setting) oder ob er erweitert wurde (inserting).

Das war nun der ausführliche Rundumschlag zum Thema Key-Value-Observing. Zusammenfassend lässt sich sagen, dass Sie im Endeffekt drei Methoden benötigen: eine zum Erstellen des Observers, eine zur Durchführung der entsprechenden Aktion (sollte sich der Wert des überwachten Objekts ändern) und schließlich eine Methode zum Entfernen des Observers.

Der Vorteil von Key-Value-Observing: Das Model braucht rein gar nichts zu tun, um Controller über Änderungen zu informieren. Jeder Controller, der sich für einen bestimmten Wert des Models interessiert, observiert diesen einfach und führt dann selbsttätig die passenden Aktionen durch, wenn sich etwas ändert (zum Beispiel das Aktualisieren einer Ansicht). Umgekehrt kann aber eine Klasse sehr schnell unübersichtlich werden, wenn sie sehr viele Objekte und Werte überwacht, da alle Aufrufe bei einer Änderung innerhalb der Methode `observeValue(forKeyPath:of:change:context:)` stattfinden. Allein bei zehn überwachten Werten, bei denen immer eine andere Aktion ausgeführt werden soll, kann diese Methode schnell zu einem kleinen Ungetüm heranwachsen.

28.2.2.2 Notifications

Notifications gehen einen etwas anderen Weg als Key-Value-Observing, denn hier wird das Model selbst aktiv. Notifications sind im Endeffekt nichts anderes als Nachrichten, die zentral in einem Objekt verwaltet werden. Jedes Objekt kann beliebige Nachrichten senden und jedes Objekt kann sich für den Empfang beliebiger Nachrichten registrieren. Wird somit eine solche Notification gefeuert, werden alle Objekte, die sich für diese Notification registriert haben, darüber informiert und können eine entsprechende Aktion ausführen.

Zwei Typen sind hierbei wichtig:

- `Notification`: Enthält die Informationen zu einer Notification (zum Beispiel ihren Namen). Eine Instanz dieses Typs muss erstellt und gesendet werden, wenn man über einen bestimmten Zustand oder eine bestimmte Änderung informieren möchte.

- `NotificationCenter`: Dieser Typ ist als Singleton konzipiert und die zentrale Anlaufstelle für Notifications. Notifications werden über das Notification Center gefeuert und somit an alle Objekte, die sich dafür interessieren, gesendet. Objekte wiederum, die eine bestimmte Nachricht empfangen wollen, registrieren sich dafür im NotificationCenter und werden dann über das Eintreffen einer entsprechenden Nachricht informiert.

Werfen wir zunächst einen Blick auf die `Notification`. Neue Instanzen dieses Typs erstellen Sie mithilfe des Initializers `init(name:object:userInfo:)`, wobei Sie nur für den ersten Parameter einen Wert setzen müssen (die anderen beiden besitzen einen Standardwert und müssen daher nicht zwingend beim Initialisieren einer Notification angegeben werden). Alle drei Parameter stelle ich im Folgenden einmal kurz vor:

- `name`: Der eindeutige Name der Notification. Dabei handelt es sich um einen eigens von Ihnen definierten String, den Sie in eine Instanz vom Typ `Notification.Name` verpacken müssen (wie das geht, sehen wir gleich).

- `object`: Eine optionale Instanz, die Sie als Teil der Notification mitgeben können. Empfänger der Notification können dann diese Instanz auswerten und auf deren Basis weitere Aktionen durchführen. Beispielsweise können Sie bei einer Notification, die gesendet wird, sobald sich ein Wert eines bestimmten Typs verändert, jene Instanz dieses Typs als `object`-Parameter mit auf den Weg geben.

- userInfo: Ein optionales Dictionary, über das Sie – zusätzlich zum object-Parameter – weitere Informationen zur Notification mit auf den Weg geben können. Welche Schlüssel-Wert-Paare Sie hierbei übertragen, ist voll und ganz Ihnen überlassen.

Das Notification Center dient dazu, eine zuvor erstellte Notification an das System zu senden, sodass jeder, der sich für diese Notification interessiert, entsprechend darauf reagieren kann. Wie bereits beschrieben, ist die Klasse NotificationCenter als Singleton ausgelegt, auf das Sie über die Property default zugreifen können. Mithilfe der Methode post(_:) können Sie eine Notification-Instanz abschicken und so die gewünschte Nachricht senden.

Weitere Möglichkeiten zum Erstellen und Senden von Notifications

Neben der Methode post(_:) bringt NotificationCenter noch zwei weitere Methoden mit, über die Sie in einem Schritt eine Notification erstellen und diese direkt an das System senden:

- post(name:object:userInfo:): Diese Methode nimmt dieselben Parameter entgegen wie der genannte Initializer des Notification-Typs und generiert daraus selbst eine entsprechende Notification-Instanz, die im Anschluss umgehend gesendet wird.

- post(name:object:): Entspricht der eben genannten Methode, nur dass hier kein Parameter für das userInfo-Dictionary der zu erstellenden Notification bereitsteht (und das somit nil entspricht).

In Listing 28.7 sehen Sie ein Beispiel zur Erstellung und zum Posten einer Notification. Es zeigt die Klasse Vehicle mit der Property currentSpeed. Bei jeder Änderung der Property sendet dieser Typ eine Notification an das gesamte System (und damit an alle Interessenten), über die es über die entsprechende Änderung der Geschwindigkeit informiert.

Der Name der Notification ist als Static Property deklariert und – wie eingangs beschrieben – vom Typ Notification.Name. Die Hilfsmethode postCurrentSpeedChanged Notification() wird immer dann aufgerufen, wenn sich der Wert der currentSpeed-Property verändert hat. Hierbei wird eine entsprechende Notification-Instanz generiert und ihr das zugrunde liegende Vehicle-Objekt übergeben. Auf ein userInfo-Dictionary wird in diesem Beispiel verzichtet. Die Notification wird dann mithilfe des NotificationCenter im System gepostet.

Listing 28.7 Erstellen und Feuern einer Notification

```
struct Vehicle {

    static let currentSpeedChangedNotificationName = Notification.Name(rawValue:
"CurrentSpeedChanged")

    var currentSpeed: UInt = 0 {
        didSet {
            postCurrentSpeedChangedNotification()
        }
    }
```

```
    private func postCurrentSpeedChangedNotification() {
        let currentSpeedChangedNotification = Notification(name: Vehicle.
currentSpeedChangedNotificationName, object: self, userInfo: nil)
        NotificationCenter.default.post(currentSpeedChangedNotification)
    }

}
```

Damit wissen wir nun, wie man Notifications erstellt und absendet. Nun bleibt noch abschließend die Frage zu klären, wie sich andere Elemente für verschiedene Notifications registrieren können, um eigene Befehle durchzuführen, sobald die entsprechende Notification im System gepostet wurde.

Hierfür kommt erneut das `NotificationCenter` zum Einsatz. Ähnlich wie beim KVO (siehe Abschnitt 28.2.2.1, „Key-Value-Observing") registriert man eine Instanz als Observer, die bei Eingang einer bestimmten Notification eine eigens definierte Methode aufrufen soll. Dazu verwendet man die Methode `addObserver(_:selector:name:object:)`. Sie erwartet die folgenden Parameter:

- `observer`: Die Instanz, die bei Eingang einer bestimmten Notification aufgerufen (sprich informiert) werden soll.

- `aSelector`: Die Methode, die auf dem zuvor definierten Observer aufgerufen werden soll, wenn die gewünschte Notification gefeuert wurde.

- `aName`: Der Name der Notification, über deren Eingang im System der Observer informiert werden soll.

- `anObject`: Möchte man den Observer über das Feuern der gewünschten Notification nur dann informieren, wenn die Notification von einer ganz spezifischen Instanz abgesetzt wurde, kann diese über diesen Parameter festgelegt werden. Der Observer wird so nur dann über das Posten der Notification informiert, wenn das Posten über diese Instanz erfolgt ist.

Wie Sie sehen, können Sie – im Gegensatz zum Key-Value-Observing – für den Eingang einer Notification eine eigene Methode definieren, die bei Erhalt der Nachricht ausgeführt werden soll. Achten Sie hierbei darauf, die Methode mit einem Parameter vom Typ `Notification` zu versehen. Das System wird automatisch die `Notification`-Instanz, die über das Notification Center gepostet wurde, an die Methode übergeben und Sie können sie verwenden, um weitere Details zur Notification auszulesen. So haben Sie zum Beispiel Zugriff auf die `object`-Property, die das optionale Objekt enthält, das über eine Notification mitgesendet werden kann.

Ebenfalls wichtig: Registriert man einen Observer für eine Notification, sollte man auch unbedingt daran denken, diesen Observer zu gegebener Zeit wieder zu entfernen. Solange das nämlich nicht passiert ist, versucht das Notification Center eine überwachte Notification immer an alle Observer zu senden; selbst die, die möglicherweise schon gar nicht mehr existieren und aus dem Speicher entfernt wurden (was umgehend zu einem Crash führen würde). Wenn Sie einen Observer für Notifications für eine Klasse registrieren, bietet es sich beispielsweise in der Regel an, im Deinitializer der Klasse alle gesetzten Notification-Observer wieder zu entfernen.

In Listing 28.8 finden Sie ein komplettes Beispiel zum Setzen eines Observers für eine Notification sowie zur Reaktion auf den Erhalt jener Nachricht. Basis hierfür ist die in Listing 28.7 deklarierte `Vehicle`-Structure. Die neue Klasse `SpeedCamera` setzt bei ihrer Initialisierung einen Observer für die Notification zur Änderung der Geschwindigkeit eines Fahrzeugs auf sich selbst und ruft bei Erhalt der Nachricht die Methode `checkVehicleSpeed(_:)` auf. Darin wird die `object`-Property der erhaltenen Notification ausgewertet und – wenn möglich – in eine passende `Vehicle`-Instanz gecastet, um darüber die aktuelle Geschwindigkeit des Fahrzeugs zu ermitteln und auf der Konsole auszugeben. Mithilfe des Deinitializers wird der gesetzte Observer dann wieder entfernt.

Listing 28.8 Registrieren und Verarbeiten einer Notification

```
class SpeedCamera {

    init() {
        NotificationCenter.default.addObserver(self, selector: #selector(checkVehicle
Speed(_:)), name: Vehicle.currentSpeedChangedNotificationName, object: nil)
    }

    @objc private func checkVehicleSpeed(_ notification: Notification) {
        if let vehicle = notification.object as? Vehicle {
            print("Geschwindigkeit beträgt \(vehicle.currentSpeed) km/h.")
        }
    }

    deinit {
        NotificationCenter.default.removeObserver(self, name: Vehicle.
currentSpeedChangedNotificationName, object: nil)
    }

}
```

In Listing 28.9 werden die Notification-Konfigurationen, die in Listing 28.7 und Listing 28.8 durchgeführt wurden, praktisch angewendet. Hierzu wird je eine Instanz von `Vehicle` sowie `SpeedCamera` erstellt. Anschließend genügt es, den Wert der `currentSpeed`-Property der `Vehicle`-Instanz zu verändern, um die gewünschte Notification zu feuern und das `SpeedCamera`-Objekt darauf reagieren zu lassen.

Listing 28.9 Auslösen und Verarbeiten einer Notification

```
let mySpeedCamera = SpeedCamera()
var myVehicle = Vehicle()
myVehicle.currentSpeed = 130
// Geschwindigkeit beträgt 130 km/h.
```

28.2.2.3 KVO vs. Notifications

In den beiden vorangegangenen Abschnitten haben Sie die Techniken zur Kommunikation zwischen Model und Controller – KVO und Notifications – im Detail kennengelernt. Abschließend möchte ich noch auf die mögliche Frage eingehen, wann man typischerweise welches Kommunikationsmittel verwendet.

KVO ist ideal, wenn man den Wert einer beliebigen Property überwachen möchte. Bei jeder Änderung der entsprechenden Property erhält der zugehörige Observer eine Meldung. Der große Vorteil von KVO im Vergleich zu Notifications besteht darin, dass das Model nicht selbst über die Änderung einer zu überwachenden Property informieren muss. Solange die Property mit dem `dynamic`-Keyword versehen ist, braucht es keine weiteren Anpassungen an der Implementierung.

Allerdings ist es ein wenig unschön, wie man unter KVO die Änderung einer überwachten Property abfängt. Alle KVO-Überwachungen rufen die `observeValue(forKeyPath:of:change:context:)`-Methode auf, und man muss sich selbst darum kümmern, darin zu prüfen, ob tatsächlich eine der eigens überwachten Properties sich verändert hat.

Das ist bei Notifications deutlich besser gelöst. Für die kann man jeweils eine eigene Methode innerhalb des Observers definieren, die aufgerufen werden soll, sobald die Notification im System gepostet wird. Dafür muss das Model an dieser Stelle aktiv werden und aktiv eine solche Notification versenden. Das hat aber auch durchaus seine Vorteile, schließlich kann man Notifications nicht nur feuern, wenn sich der Wert einer Property ändert; für jede andere denkbare Situation ließe sich ebenfalls eine passende Notification zum Informieren der restlichen App absetzen (beispielsweise falls ein neues Update für die eigene App gefunden oder eine Einstellung geändert wurde).

28.2.3 Kommunikation zwischen View und Controller

Views sind die Oberflächen, mit denen Nutzer mit unseren Apps interagieren und die gewünschten Aktionen ausführen. Sie können darüber Schaltflächen betätigen, Checkboxen aktivieren, Schalter umlegen oder Text eingeben.

Viele Views sind essenziell und werden in allen möglichen Arten von Projekten wiederverwendet. Dazu gehören beispielsweise Buttons oder Labels, die Bestandteil fast jeder verfügbaren App sind.

Genau das macht übrigens auch gute Views aus. Sie sollten sich, wann immer möglich, unabhängig vom Projekt, für die man sie erstellt, wiederverwenden lassen. Wie eben beispielsweise ein Button: Den braucht man selbst innerhalb eines Projekts mehrmals und möchte nicht jedes Mal eine komplett eigene Klasse für jeden einzelnen Button erstellen.

Dennoch soll natürlich – um beim Beispiel des Buttons zu bleiben – jede Schaltfläche *eine andere Aktion* auslösen. In einer Aufgaben-App wird es Buttons geben, mit denen neue Aufgaben erzeugt werden, während an anderer Stelle Schaltflächen zur Verfügung stehen, die zum Bearbeiten oder Löschen von Aufgaben dienen. Die verwendete View – der Button – ist jedes Mal dieselbe, aber die damit verknüpfte Aktion eine andere.

Genau dieses Thema behandeln wir in den folgenden Abschnitten. Sie kennen die beiden typischen Techniken, mit denen eine generische View mit einem spezifischen Controller kommuniziert, um – abhängig von jenem Controller – eine der Situation angemessene und passende Aktion durchzuführen. Bei diesen Techniken handelt es sich um:

- Target-Action
- Delegation

28.2.3.1 Target-Action

Target-Action ist eine typische Technik, um View-Objekten die Möglichkeit zu geben, ihren Controller über bestimmte Änderungen oder Aktionen zu informieren. Auch in den View-Klassen von Apple selbst findet sich dieses Verhalten allerorten.

Bei Target-Action erhält ein View-Objekt zwei Informationen: einen Verweis auf das Controller-Objekt, das es bei einer bestimmten Aktion oder Änderung informieren soll (das Target), und eine Methode in Form eines Selectors, die dann in genau diesem Fall eben auf dem Controller aufgerufen werden soll (die Action). Mit diesen Informationen muss die View dann nichts weiter tun, als an der passenden Stelle die übergebene Methode auf dem übergebenen Controller-Objekt aufzurufen, und – voilà – der Controller führt ganz ohne weitere Mithilfe die dazu passende Aktion durch. Um beim Beispiel des Buttons zu bleiben: Sobald die Button-View feststellt, dass der Nutzer darauf geklickt oder mit dem Finger darauf getippt hat, ruft sie die ihr zugeordnete Action auf dem ebenfalls zugeordneten Target auf.

Klarer Vorteil von Target-Action: Der Controller muss nur die Methode implementieren, die bei Verwendung einer View aufgerufen werden soll, und der eigentlichen View muss für das passende Ereignis (zum Beispiel der Betätigung eines Buttons) jener Controller mit jener Methode zugewiesen werden. Das sorgt für eine hohe Wiederverwendbarkeit, da die Views damit an allen möglichen Stellen über mehrere Projekte hinweg eingesetzt werden können.

Genauso verhält es sich auch bei all den verschiedenen View-Typen, die uns Apple in seinen AppKit-, UIKit- und WatchKit-Frameworks zur Verfügung stellt. Wir können Buttons und Slider an allen möglichen Stellen mit den verschiedensten Funktionen einbauen und verwenden dabei immer wieder Instanzen derselben View-Typen; hier spielt MVC eben seine vollen Stärken aus.

Wenn Sie sich bereits ein wenig mit der Entwicklung von Apps für eine der verschiedenen Plattformen von Apple auseinandergesetzt haben, wird Ihnen das eben beschriebene Pattern sehr wahrscheinlich bekannt vorkommen. Tatsächlich haben wir es in diversen Beispielen bereits eingesetzt. Sehr häufig wird Target-Action bei allen Views, die Teil der verschiedenen System-Frameworks von Apple sind, mithilfe des Interface Builder gesetzt. Hierzu zieht man von einer View, die Target-Action unterstützt, mithilfe des Assistant Editors eine Verbindung in die zugrunde liegende Klasse des Controllers, um ihm so eine passende Action-Methode für die View zuzuweisen (siehe Bild 28.2).

Die Technik dahinter ist relativ simpel. Jene View-Typen bringen eine Methode inklusive passender Properties mit, über die ihnen ein Target (in der Regel ein Controller) sowie eine Action (eine Methode des Targets) zugewiesen werden. Im UIKit-Framework ist eine solche Methode beispielsweise in der Klasse `UIControl` definiert. Jeder View, die von `UIControl` abgeleitet ist, kann mithilfe der Methode `addTarget(_:action:for:)` das gewünschte Target mitsamt passender Action zugewiesen werden.

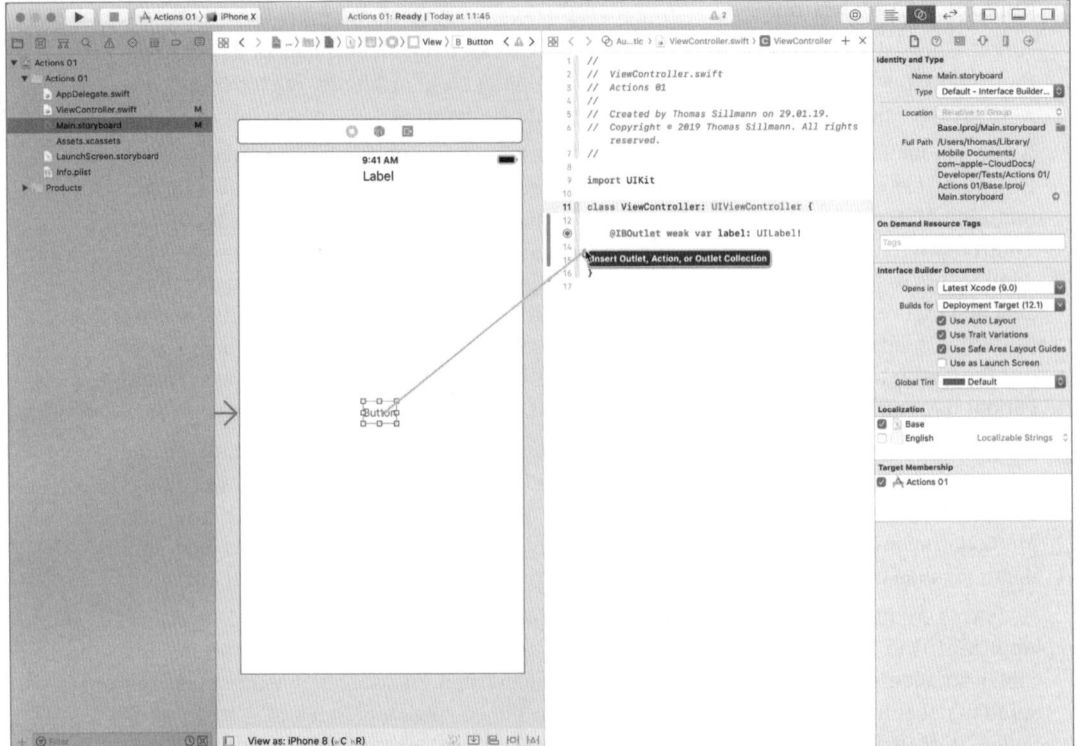

Bild 28.2 Views, die Target-Action unterstützen, erlauben es, eine passende Action-Methode aus dem Interface Builder heraus einem Controller zuzuweisen und die beiden Elemente automatisch miteinander zu verknüpfen.

Ein einfaches Beispiel hierfür sehen Sie in Listing 28.10. Darin wird ein View-Controller namens `MyViewController` deklariert, der über eine Action-Methode namens `printTarget ActionMessage()` verfügt. Um diese als Ziel für Target-Action verwenden zu können, muss sie mit dem Schlüsselwort `@objc` deklariert werden. Im Anschluss wird eine Instanz dieses View-Controllers erstellt, gefolgt von einer `UIButton`-Instanz (also einer View zur Abbildung einer Schaltfläche). Mithilfe der Methode `addTarget(_:action:for:)` (die von ihrer Superklasse `UIControl` abgeleitet ist) werden dem Button ein Ziel (der View-Controller) und eine zugehörige Action-Methode (`printTargetActionMessage()`) zugewiesen. Wird die Aktion des Buttons nun ausgelöst (was in der iOS-Welt einem Fingertipp auf die Schaltfläche entspricht), ruft der Button die Action des ihm zugewiesenen Targets auf.

Listing 28.10 Programmatische Umsetzung von Target-Action mittels `UIControl`

```
class MyViewController: UIViewController {

    @objc func printTargetActionMessage() {
        print("Erfolgreiche Nutzung von Target-Action")
    }

}
```

```
// Erstellen einer Instanz des gewünschten View-Targets (der Controller)
let myViewController = MyViewController()

// Erstellen und Konfigurieren eines Buttons (der View)
let myButton = UIButton(type: .system)
myButton.titleLabel?.text = "My Button"

// Zuweisen von Target und Action zum Button
myButton.addTarget(myViewController, action: #selector(MyViewController.
printTargetActionMessage), for: .touchUpInside)

// Auslösen der Aktion des zugewiesenen Targets
myButton.sendActions(for: .touchUpInside)
// Erfolgreiche Nutzung von Target-Action
```

Solch ein Konstrukt können Sie auch mithilfe eigener Klassen selbst erstellen. Wie das geht zeigt Listing 28.11. Hier wird eine eigene View-Klasse namens MyActionView auf Basis von NSObject generiert, die über eine einzige Methode verfügt: startAction(). Die Methode wird ausgeführt, sobald der Nutzer die mit der View verbundene Aktion auslöst (wie bei einem Button durch Betätigung desselben oder bei einem Segmented Control die Auswahl eines neuen Elements). Darüber hinaus besitzt die Klasse zwei Properties namens target und action, die über einen passenden Initializer mit Werten versorgt werden. target stellt das zukünftige Ziel dar, auf dem die Aktion der View ausgelöst werden soll, und action die Methode, die auf dem Target aufgerufen wird. Entsprechend ist target vom Typ AnyObject und action vom Typ Selector.

Listing 28.11 Erstellen einer eigenen View mit Unterstützung für Target-Action

```
class MyActionView: NSObject {

    var target: AnyObject

    var action: Selector

    init(target: AnyObject, action: Selector) {
        self.target = target
        self.action = action
    }

    func startAction() {
        target.perform(action)
    }

}
```

Wird nun die Methode startAction() aufgerufen, greift die View auf ihre target-Property zurück und ruft darauf mithilfe der Methode perform(_:) den Selektor auf, der in der action-Property gespeichert ist. Abhängig davon, welches Target und welche Action der View zugewiesen werden, erhält man so ein unterschiedliches Ergebnis beim Aufruf von startAction(). Das wird in Listing 28.12 beispielhaft demonstriert. Darin werden zwei neue Klassen erstellt, die als Basis für Target und Action einer MyActionView-Instanz dienen sollen: HelloWorldActionTarget und SwiftIsGreatActionTarget. Beide sind von NSObject abgeleitet und verfügen über eine einzige Methode, die später als zugehörige Action für die View fungieren soll.

Nach der Erstellung der beiden Klassen erfolgt die Erstellung der `MyActionView`-Instanz. Hierbei werden der View zunächst `myHelloWorldActionTarget` sowie die Methode `printHelloWorld()` zugewiesen und anschließend `startAction()` aufgerufen. Das Ergebnis ist die Ausgabe des zugehörigen Textes „Hello world" auf der Konsole. Anschließend werden Target und Action der View auf `mySwiftIsGreatActionTarget` und `printSwiftIsGreat()` geändert und erneut `startAction()` aufgerufen. Obwohl sich an der Implementierung von `MyActionView` nichts geändert hat, löst der Aufruf von `startAction()` nun ein anderes Ergebnis aus, nämlich die Konsolenausgabe „Swift is great!"; einfach durch Änderung von Target und Action der View.

Listing 28.12 Beispielhafter Einsatz von Target-Action in einer eigenen View-Klasse

```
// Erstellen der ersten Target-Action-Klasse
class HelloWorldActionTarget: NSObject {

    @objc func printHelloWorld() {
        print("Hello world")
    }

}
let myHellWorldActionTarget = HelloWorldActionTarget()

// Erstellen der zweiten Target-Action-Klasse
class SwiftIsGreatActionTarget: NSObject {

    @objc func printSwiftIsGreat() {
        print("Swift is great!")
    }

}
let mySwiftIsGreatActionTarget = SwiftIsGreatActionTarget()

// Erstellen einer MyActionView auf Basis der ersten Target-Action-Klasse und Aufruf
von startAction()
let myActionView = MyActionView(target: myHellWorldActionTarget, action: #selector
(HelloWorldActionTarget.printHelloWorld))
myActionView.startAction()
// Hello world

// Erstellen einer MyActionView auf Basis der zweiten Target-Action-Klasse und Aufruf
von startAction()
myActionView.target = mySwiftIsGreatActionTarget
myActionView.action = #selector(SwiftIsGreatActionTarget.printSwiftIsGreat)
myActionView.startAction()
// Swift is great!
```

28.2.3.2 Delegation

Eine weitere Möglichkeit zur Kommunikation zwischen View und Controller ist die sogenannte *Delegation*. Hierbei lagert eine View einen Teil ihrer Logik an einen Controller aus – sie *delegiert* also Aufgaben an eine andere Instanz.

Grundlegend ist die Delegation vergleichbar mit Target-Action. Der große Unterschied besteht darin, dass eine View *mehrere verschiedene* Aktionen auslagern kann. Außerdem muss es bei der Delegation nicht immer um die Reaktion auf ein spezifisches Event gehen (zum Beispiel die Betätigung eines Buttons). Die View kann auch alle möglichen Arten von Informationen von ihrem Delegaten erfragen oder an ihn weitergeben.

Basis zur Durchführung von Delegation sind *Protokolle*. In einem Protokoll werden alle Funktionen definiert, die eine View auslagern – sprich *delegieren* – soll. Zusätzlich erhält die View dann eine Property, die diesem Protokoll entspricht. Hierbei handelt es sich um jenen Delegate, den die View an den gewünschten Stellen dann mit den im Protokoll definierten Methoden aufruft.

Betrachten wir das einmal anhand eines kleinen praktischen Beispiels, das der Einfachheit halber nichts mit Views zu tun hat. Basis ist eine Klasse namens VehicleServiceStation und ein Protokoll namens CheckVehicleDataSource (deren vollständige Implementierung finden Sie in Listing 28.13). Die Klasse VehicleServiceStation dient dazu, alle möglichen Arten von Fahrzeugen zu checken (ganz gleich ob Auto, Motorrad oder Fahrrad). Zu diesem Zweck gibt es das CheckVehicleDataSource-Protokoll, in dem alle möglichen Funktionen definiert sind, die für einen Fahrzeugtest wichtig sind. Dazu gehört beispielsweise eine Überprüfung der Bremsen oder der Reifen.

Wie die im CheckVehicleDataSource-Protokoll festgelegten Detailprüfungen implementiert sind, überlasst die Klasse VehicleServiceStation den jeweiligen Fahrzeugen; sie delegiert diese Arbeit also an die jeweiligen Fahrzeuge. Zu diesem Zweck verfügt die Klasse über eine Property namens vehicleToCheck, die konform zum CheckVehicleDataSource-Protokoll ist. Es kann sich hierbei also um jede beliebige Art von Typ handeln, solange dieser nur das CheckVehicleDataSource-Protokoll implementiert. Innerhalb ihrer Methode checkVehicle() greift die Klasse dann auf jene Instanz zu und ruft alle im Protokoll deklarierten Methoden nacheinander auf. Das Ergebnis von checkVehicle() ist somit davon abhängig, wie das jeweils zugewiesene Fahrzeug die Methoden des Protokolls implementiert.

Listing 28.13 Zugriff auf einen Delegate mithilfe eines Protokolls

```
protocol CheckVehicleDataSource {

    func checkBreaks()

    func checkLights()

    func checkWheels()

}

class VehicleServiceStation {

    var vehicleToCheck: CheckVehicleDataSource

    init(vehicleToCheck: CheckVehicleDataSource) {
        self.vehicleToCheck = vehicleToCheck
    }

    func checkVehicle() {
        print("Starte Tests ...")
        vehicleToCheck.checkBreaks()
        vehicleToCheck.checkLights()
        vehicleToCheck.checkWheels()
```

```
        print("Tests abgeschlossen!")
    }

}
```

Auch hierzu sehen wir uns einmal ein paar Beispiele an. In Listing 28.14 sind insgesamt zwei Klassen definiert: Car und Motorcycle. Beide sind konform zum CheckVehicleDataSource-Protokoll und bieten somit eine passende Implementierung für die in diesem Protokoll definierten Methoden. Diese unterscheiden sich zwischen beiden Klassen zwar nur marginal, sie sollen aber zur Verdeutlichung dieses Beispiel ausreichen.

Listing 28.14 Erstellen von CheckVehicleDataSource-konformen Klassen

```
class Car: CheckVehicleDataSource {

    func checkBreaks() {
        print("Prüfe Bremsen des Autos.")
    }

    func checkLights() {
        print("Prüfe Lichter des Autos.")
    }

    func checkWheels() {
        print("Prüfe Reifen des Autos.")
    }

}

class Motorcycle: CheckVehicleDataSource {

    func checkBreaks() {
        print("Prüfe Bremsen des Motorrads.")
    }

    func checkLights() {
        print("Prüfe Lichter des Motorrads.")
    }

    func checkWheels() {
        print("Prüfe Reifen des Motorrads.")
    }

}
```

In Listing 28.15 wird nun deutlich, wie Delegation sich praktisch auf die Logik Ihres Programms auswirkt. Dort wird eine Instanz der Klasse Car erzeugt, ebenso wie von der Klasse VehicleServiceStation. Letzterer wird die Car-Instanz als vehicleToCheck zugewiesen und anschließend die Methode checkVehicle() aufgerufen. Das daraus resultierende Ergebnis finden Sie am Ende des Listings. Es entspricht den Konsolenausgaben, die innerhalb der verschiedenen Methoden in der Car-Klasse definiert sind.

Listing 28.15 Zuweisen eines Delegates zu `VehicleServiceStation`

```
let myCar = Car()
let myVehicleServiceStation = VehicleServiceStation(vehicleToCheck: myCar)
myVehicleServiceStation.checkVehicle()

myVehicleServiceStation.checkVehicle()
// Starte Tests ...
// Prüfe Bremsen des Autos.
// Prüfe Lichter des Autos.
// Prüfe Reifen des Autos.
// Tests abgeschlossen!
```

Ergänzend finden Sie in Listing 28.16 ein anderes Ergebnis, wenn der von uns zuvor erstellten Konstanten `myVehicleServiceStation` als `vehicleToCheck` eine Instanz der Klasse `Motorcycle` zugewiesen und anschließend die Methode `checkVehicle()` aufgerufen wird. Obwohl sich an der Implementierung von `VehicleServiceStation` nicht das Geringste geändert hat, erhalten wir aufgrund des Einsatzes eines anderen Delegates (nämlich eines Motorrads statt eines Autos) am Ende ein anderes Resultat.

Listing 28.16 Zuweisen eines alternativen Delegates zu `VehicleServiceStation`

```
let myMotorcycle = Motorcycle()
myVehicleServiceStation.vehicleToCheck = myMotorcycle

myVehicleServiceStation.checkVehicle()
// Starte Tests ...
// Prüfe Bremsen des Motorrads.
// Prüfe Lichter des Motorrads.
// Prüfe Reifen des Motorrads.
// Tests abgeschlossen!
```

Natürlich ist dieses Beispiel sehr einfach gehalten und die beiden Klassen `Car` und `Motorcyle` könnten wesentlich komplexere Operationen in den vom `CheckVehicle`-`DataSource`-Protokoll definierten Methoden durchführen, die dann durch Aufruf von `checkVehicle()` auf der zugehörigen `VehicleServiceStation`-Instanz ausgelöst würden. Doch bereits mit diesem einfachen Beispiel haben wir das Grundprinzip der Delegation kennengelernt.

28.2.3.3 Target-Action vs. Delegation

Die Antwort auf die Frage, ob man zur Lösung der Kommunikation zwischen View und Controller lieber auf Target-Action oder Delegation setzen sollte, hängt ausschließlich davon ab, wie die View verwendet wird. Target-Action ist immer dann die ideale Lösung, wenn eine View über eine einzige spezifische Funktion verfügt, deren Auslösen dynamisch von einem der View unbekannten Ziel ausgeführt werden soll. Beispiele hierfür sind unter anderem Buttons oder Segmented Controls. Abgesehen von dieser einen Aktion benötigen sie keine weiteren Informationen oder können sonstige Funktionen auslösen.

Sobald aber diese eine Aktion nicht mehr ausreicht, kommt man kaum um Delegation herum. Das ist beispielsweise der Fall, wenn eine View auf mehrere unterschiedliche Aktionen reagieren und damit mehrere Actions auslösen kann (da Target-Action immer nur eine einzige Aktion vorsieht). Auch ist Delegation dann erste Wahl, wenn eine View nicht nur eine bestimmte Aktion auf einem ihm unbekannten Controller aufruft, sondern zum Beispiel Informationen von ihm erhalten und auswerten möchte. Ein solches Szenario lässt sich mit Target-Action überhaupt nicht abbilden.

Ein bekanntes Beispiel einer View, die auf Delegation setzt, ist die Klasse `UITableView`, die sowohl in der iOS- als auch der tvOS-Entwicklung zum Einsatz kommt.

■ 28.3 Auto Layout

Mit dem Begriff *Auto Layout* bezeichnet Apple eine Technik, mit deren Hilfe die verschiedenen Bestandteile einer grafischen Oberfläche angeordnet werden. Auto Layout kommt sowohl unter macOS, iOS als auch tvOS zum Einsatz, lediglich watchOS setzt auf ein deutlich simpleres (und dadurch auch deutlich eingeschränkteres) Layout-System.

Gewisse Grundlagen von Auto Layout wurden teilweise bereits in den vorangegangenen Detail-Kapiteln zu den verschiedenen Apple-Plattformen vorgestellt. Auf den folgenden Seiten fasse ich nun für Sie die wichtigsten Eigenschaften und Funktionen von Auto Layout für Sie zusammen und zeige Ihnen, wie Sie das Layout Ihrer App optimal testen können.

28.3.1 Grundlagen

Auto Layout basiert auf sogenannten *Constraints*. Dabei handelt es sich um eine verschiedene *Regeln*, die definiert, wie sich eine bestimmte View zu verhalten hat. Es stehen unterschiedliche Arten von Regeln zur Verfügung. Manche legen die Größe einer View fest (Höhe und Breite), andere die Position der View abhängig zu den umliegenden Elementen. Ein einfaches Beispiel, wie solche Regeln in der Praxis innerhalb eines Storyboards aussehen können, zeigt Bild 28.3. Es zeigt einen Auszug aus einem Storyboard, in dem ein Label einem View-Controller hinzugefügt wurde. Für das Label wurden diverse Regeln festgesetzt, darunter:

- die feste Breite des Labels,
- die feste Höhe des Labels,
- der Abstand des Labels zum linken Rand,
- der Abstand des Labels zum oberen Rand.

Diese Regeln – sprich Constraints – haben zur Folge, dass das Label immer eine feste Größe besitzt und immer am oberen linken Rand angezeigt wird; ganz gleich, ob die App nun auf einem iPhone SE, iPhone 8 Plus, iPhone X oder iPad Pro mit 12,9"-Display ausgeführt wird.

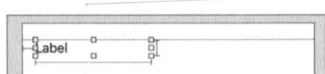

Bild 28.3 Gesetzte Constraints werden durch blaue Linien dargestellt, sobald man eine View ausgewählt hat.

In den folgenden Abschnitten zeige ich Ihnen in der Praxis, wie Sie die Constraints für eine View setzen und bearbeiten können.

28.3.2 Constraints über Menü setzen

Der integrierte Interface Builder von Xcode bietet diverse Möglichkeiten, um die Constraints für eine View zu definieren. Ein Weg führt über verschiedene Menüs, über die unterschiedliche Arten von Constraints abgebildet werden und über die Sie Constraints für eine zuvor gewählte View setzen können. Diese Schaltflächen finden Sie am unteren rechten Rand im Interface Builder (siehe Bild 28.4).

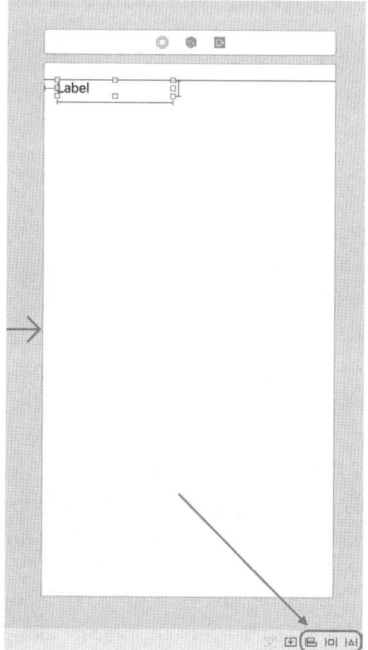

Bild 28.4
Über diese Schaltflächen können Sie eine zuvor ausgewählte View mit passenden Constraints versehen.

Die drei Schaltflächen decken – von links nach rechts – folgende Arten von Constraints ab:

- *Align:* Hier finden Sie Constraints, die sich auf die gemeinsame Ausrichtung mehrerer Views beziehen. Die meisten Optionen stehen Ihnen somit auch nur dann zur Verfügung, wenn Sie wenigstens zwei Views in einem View-Controller ausgewählt haben (siehe Bild 28.5).

  Die ersten vier Einträge beziehen sich auf die gemeinsame Anordnung der Elemente in Bezug auf den linken, oberen, unteren und mittleren Rand. Durch Auswählen eines Eintrags legen Sie fest, dass die gewählten Views sich alle am gewählten Rand orientieren. Über den zweiten Abschnitt können Sie eine passende Zentrierung definieren, während der dritte dafür sorgt, dass die Elemente exakt in der Mitte einer View platziert werden. Letzteres können Sie aus diesem Menü heraus auch für eine einzige gewählte View auswählen.

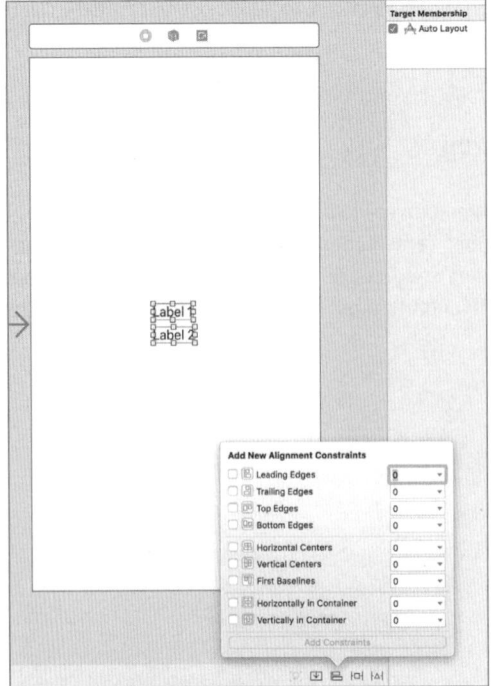

Bild 28.5
Über den Bereich „Align" definieren Sie
die Anordnung von mehreren Views.

- *Add:* Während unter *Align* Constraints gesetzt werden, die sich auf mehrere Views und deren Verhältnis zueinander beziehen, finden Sie im Abschnitt *Add* statische Constraints, mit denen Sie feste Abstände und Größen für eine gewählte View festlegen können (siehe Bild 28.6).

  Besonders interessant sind hierbei die Constraints zur Definition von Abständen, die Sie im ersten Teil dieser Ansicht definieren können. Sie können hier die Abstände zum oberen, linken, rechten und unteren Rand festlegen. Hierbei orientiert sich Xcode immer an der View, die in der entsprechenden Richtung als Nächstes erreicht wird. An dieser Verbindung orientiert sich auch der Constraint. Wenn Sie so beispielsweise für eine View einen oberen Abstand definieren und ein Button befindet sich oberhalb dieser View, bezieht sich der festgelegte Abstand auf diesen Button. Gibt es keine solche View, erfolgt die Orientierung immer am View-Controller selbst.

- *Resolve:* Nicht immer arbeiten Constraints so wie erwartet oder es kommt zu Konflikten. In diesen Fällen hilft das *Resolve*-Menü weiter (siehe Bild 28.7). Es bietet verschiedene Optionen, um beispielsweise automatisch noch fehlende Constraints zu setzen oder – anhand passender Algorithmen – eigene Vorschläge für passende Constraints umzusetzen. Hierbei können Sie sich jeweils entscheiden, ob Sie die gewünschte Option nur auf die ausgewählten Views oder auf alle Views des zugrunde liegenden View-Controllers anwenden möchten.

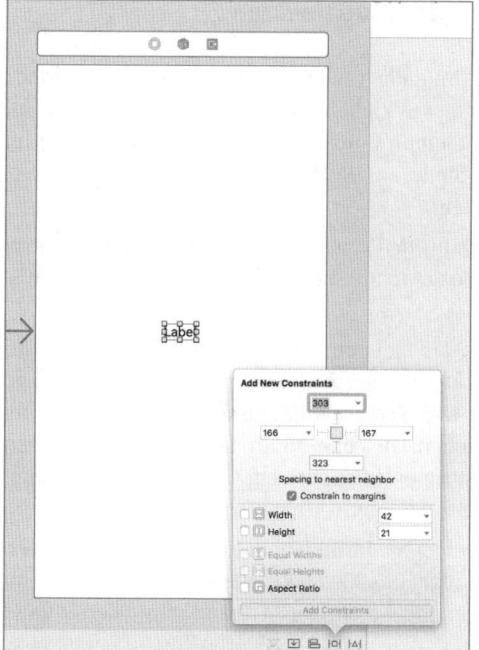

Bild 28.6
Im Abschnitt „Add" können Sie feste Constraints für eine View definieren, die sich auf die sie umgebenden Abstände und deren Breite und Höhe beziehen.

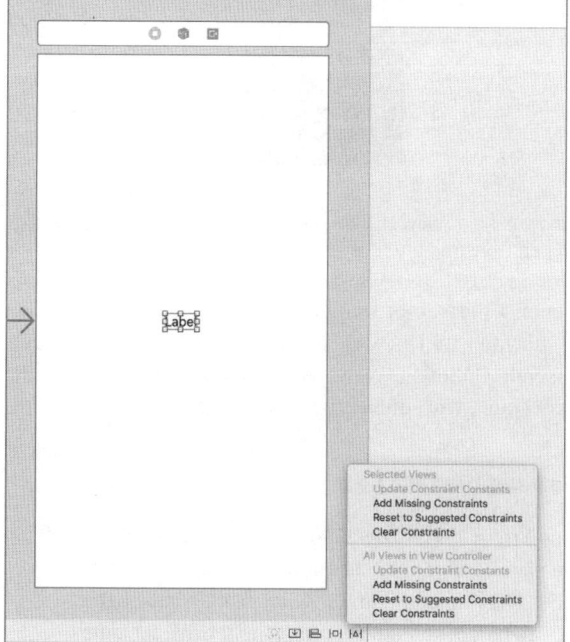

Bild 28.7
Über das „Resolve"-Menü kann Xcode Sie beim Beheben von Auto Layout-Problemen unterstützen.

28.3.3 Constraints durch Ziehen mit der Maus setzen

Alternativ zum Erstellen von Constraints mithilfe der verschiedenen Menüs des Interface Builders ist es auch möglich, solche durch einfaches Ziehen mit der Maus zu setzen. Hierzu klicken Sie zunächst auf die View, für die Sie einen Constraint hinzufügen möchten, und ziehen anschließend eine Verbindung zu der Stelle, auf die der Constraint angewendet werden soll. Hierbei gibt es zwei Dinge zu beachten:

- *Ziel-View:* Abhängig davon, ob der Constraint sich auf den zugrunde liegenden View-Controller oder auf eine umliegende View bezieht, müssen Sie das jeweilige Element auswählen.
- *Richtung:* Gerade wenn der View-Controller als Ziel zum Setzen eines Constraints dient, müssen Sie bei diesem Vorgehen darauf achten, in *welche Richtung* Sie die Maus ziehen. Ziehen Sie sie beispielsweise nach oben, wird Xcode Ihnen ausschließlich Constraints anbieten, die sich auf den oberen Rand beziehen. Gleiches gilt für die anderen Richtungen auch. Hier ist es sinnvoll, ein wenig zu experimentieren, um ein Gefühl dafür zu bekommen, wann Xcode welche Art von Constraints anbietet.

Ein Beispiel für das beschriebene Vorgehen sehen Sie in Bild 28.8. Durch Ziehen einer Verbindung vom Label auf den oberen Rand des zugrunde liegenden View-Controllers wird im anschließend erscheinenden Menü die Option angeboten, den Abstand zum oberen Rand festzusetzen.

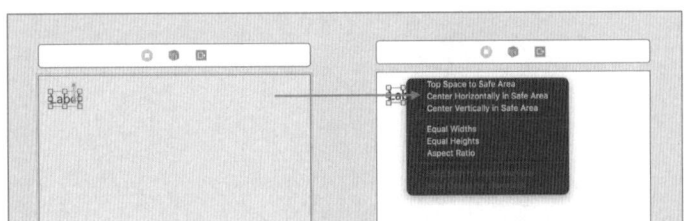

Bild 28.8 Durch Ziehen einer Verbindung von einer View zu einem anderen Element können Sie über ein anschließend erscheinendes Menü einen Constraint definieren.

So unterscheiden sich die angebotenen Constraints immer abhängig davon, welche Elemente Sie miteinander verknüpfen möchten und in welche Richtung der Constraint verläuft; entsprechend erhalten Sie passende Optionen. Wenn Sie anschließend einen der zur Verfügung gestellten Constraints auswählen, wird dieser direkt gesetzt.

 Höhe und Breite einer View definieren

Um die Höhe beziehungsweise Breite einer View auf den jeweils aktuellen Wert festzusetzen, ziehen Sie eine Verbindung, die auf der View beginnt und innerhalb der View auch wieder endet (siehe Bild 28.9). Im sich anschließend öffnenden Menü können Sie – abhängig von der Richtung, in der Sie die Linie gezogen haben – die Breite und/oder die Höhe auf den aktuellen Wert im Interface Builder festsetzen. Ziehen Sie die Maus nach links oder rechts (also in horizontaler Richtung), legen Sie die Breite fest, durch Ziehen nach oben oder unten (vertikal) die Höhe.

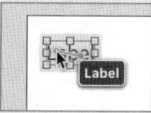

Bild 28.9 Um die Höhe oder Breite einer View zu definieren, ziehen Sie eine Verbindung, die auf der gewünschten View beginnt und auch auf ihr wieder endet, und lassen anschließend die rechte Maustaste wieder los.

Gerade bei kleinen View-Elementen kann dieses Vorgehen aber sehr schwierig sein, da sich die optimale Verbindung dann nicht ohne Weiteres setzen lässt. Zum Setzen einer fixen Höhe und Breite sollten Sie daher die im Interface Builder zur Verfügung stehenden Menüs nutzen (siehe auch den Abschnitt 28.3.2, „Constraints über Menü setzen").

28.3.4 Bestehende Constraints einsehen und bearbeiten

Möchten Sie auf bereits gesetzte Constraints einer View zugreifen, wählen Sie diese zunächst im Interface Builder aus. Verfügt eine View über mindestens einen Constraint, wird dieser durch eine entsprechende Linie dargestellt (siehe Bild 28.10). Diese Linien können in unterschiedlichen Farben angezeigt werden, die Aufschluss über den Gesamtzustand der Constraints für eine View geben:

- *Blau:* Die View ist mit allen nötigen Constraints versorgt.
- *Rot:* Es fehlen Constraints oder es gibt Konflikte.

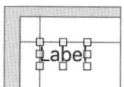

Bild 28.10
Die nach Auswahl einer View erscheinenden Linien repräsentieren die mit ihr verknüpften Constraints.

Um nähere Details zu einem Constraint einzusehen, wählen Sie dessen Linie aus und wechseln anschließend in den Attributes Inspector (siehe Bild 28.11). Dort haben Sie Zugriff auf diverse Eigenschaften des gewählten Constraints. Dazu gehören unter anderem:

- *First Item:* Hier wählen Sie das Element aus, von dem der Constraint ausgeht.
- *Relation:* Hier geben Sie die Art des Constraints an. Sie können festlegen, ob er einem exakten Wert entsprechen oder kleiner beziehungsweise größer sein soll.
- *Second Item:* Hier wählen Sie das Element aus, auf das sich *First Item* bezieht.
- *Constant:* Der fest definierte Wert, in der Regel eine Abstandsangabe. Beträgt dieser beispielsweise 22, bedeutet das, dass der Constraint zwischen *First Item* und *Second Item* 22 Punkten entspricht.
- *Priority:* Hier legen Sie die Priorität eines Constraints fest. Die Priorität ist wichtig, falls verschiedene Constraints Konflikte verursachen und das System sich für einen entscheiden muss. Dazu ein Beispiel: Ist es Ihnen wichtiger, dass ein Button immer die exakt gleiche Breite oder immer den gleichen festen Abstand zu den umliegenden Elementen besitzt? Idealerweise ist beides möglich, je nach Endgerät und Größe des Displays kann

es aber sein, dass Sie einen Kompromiss eingehen müssen. Den steuern Sie mithilfe dieser *Priority*-Angabe. Ein hoher Wert ist hierbei gleichzusetzen mit höherer Priorität, ein niedriger Wert entsprechend mit niedrigerer Priorität.

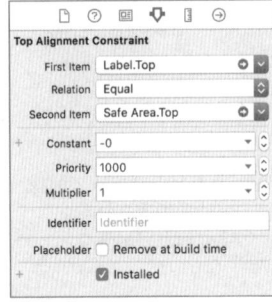

Bild 28.11
Die Einstellungen zu einem Constraint können Sie im Interface Builder einsehen und bearbeiten.

Darüber hinaus gibt es noch einen alternativen Weg, um auf die gesetzten Constraints einer View zuzugreifen. Dazu wählen Sie zunächst ebenfalls die View aus, deren Constraints Sie einsehen möchten, und wechseln anschließend in den Size Inspector. Dort werden Ihnen im Abschnitt *Constraints* passend alle zugehörigen Constraints dieser View angezeigt (siehe Bild 28.12). Per Doppelklick gelangen Sie zu den Details des jeweiligen Constraints, so wie sie in Bild 28.11 zu sehen sind. Alternativ können Sie auf die wichtigsten Optionen direkt per Klick auf die zum Constraint gehörende *Edit*-Schaltfläche zugreifen. Diese werden dann in Form eines Pop-ups zur Bearbeitung eingeblendet (siehe Bild 28.13).

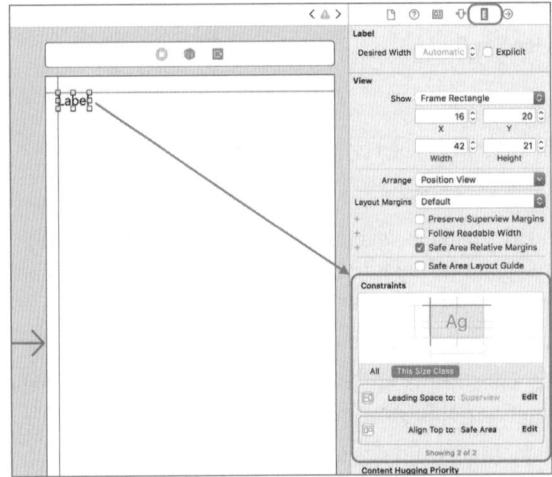

Bild 28.12
Nach Auswahl einer View können Sie anschließend über den Size Inspector auf alle gesetzten Constraints zugreifen.

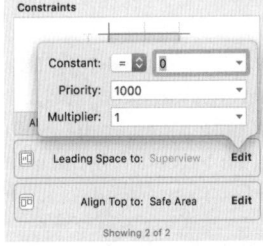

Bild 28.13
Über die Edit-Schaltfläche haben Sie direkten Zugriff auf einige Bearbeitungsoptionen für einen Constraint.

28.3.5 Vorschau in Xcode anzeigen lassen

Gerade bei komplexen Views sind bisweilen viele Tests nötig, bis man die optimale Zusammensetzung aller benötigten Constraints gefunden und umgesetzt hat. Um nicht bei jeder Änderung und einem damit verbundenen Test die zugrunde liegende App kompilieren und zur entsprechenden Ansicht navigieren zu müssen, erlaubt es Xcode, die gesetzten Constraints direkt im Interface Builder in verschiedenen Formaten und Größen zu testen.

Hierzu öffnen Sie zunächst das Storyboard, in dem sich die zu testenden Views und Constraints befinden. Wählen Sie im Anschluss den View-Controller aus, dessen Ansicht Sie testen möchten, und wechseln Sie in den Assistant Editor. Über die Jump Bar des Assistant Editors wählen Sie den untersten Punkt *Preview*, gefolgt von der geöffneten Storyboard-Datei aus (siehe Bild 28.14). Anschließend sollten Sie Ihr Storyboard mitsamt einer ersten Vorschau der jeweiligen Ansicht nebeneinander sehen können (siehe Bild 28.15).

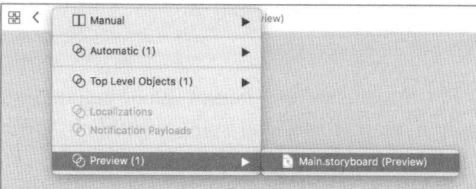

Bild 28.14 Die Vorschau für ein Storyboard aktivieren Sie über die Jump Bar des Assistant Editors.

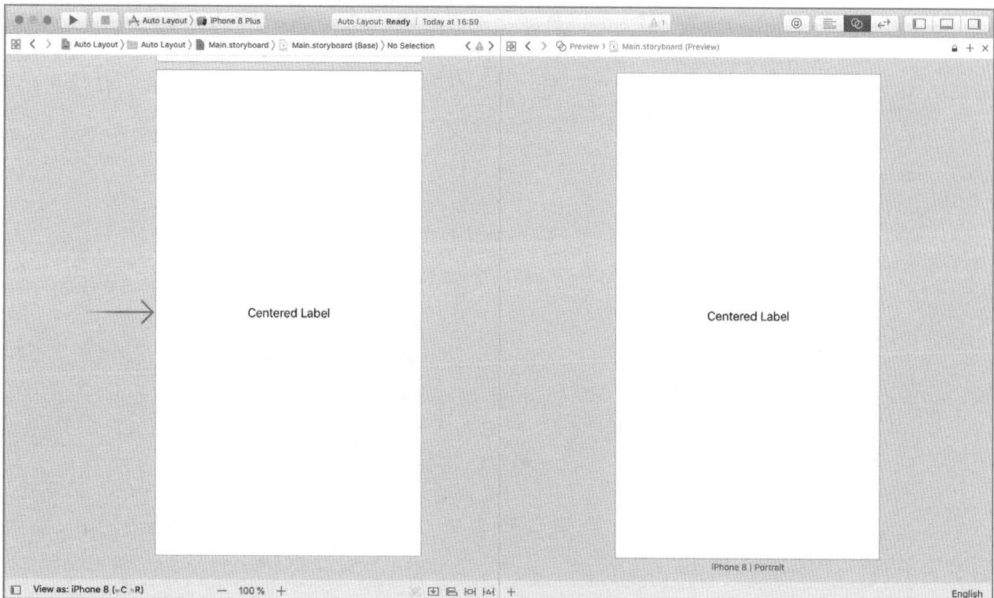

Bild 28.15 Der Assistant Editor zeigt Ihnen Ihr Storyboard und den aktuell gewählten View-Controller in einer Vorschau nebeneinander an.

Über die Plus-Schaltfläche am unteren linken Rand können Sie nun verschiedene weitere Geräteansichten hinzufügen, die dann neben der bereits existierenden Vorschau im Assistant Editor hinzugefügt werden (siehe Bild 28.16). Auf diese Art und Weise können Sie Ihr Layout unter verschiedensten Bedingungen testen, ohne dafür Ihre App kompilieren zu müssen. Möchten Sie ein Layout in der Vorschau wieder entfernen, wählen Sie es einfach mit der Maus aus und betätigen die Entfernen-Schaltfläche auf Ihrer Tastatur.

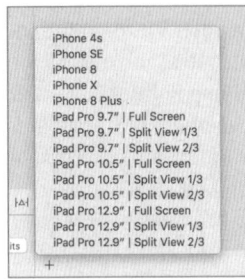

Bild 28.16
Im Assistant Editor können Sie wählen, welche Art von Vorschau Sie für den von Ihnen gewählten View-Controller angezeigt bekommen möchten.

Ein gutes Beispiel zum Einsatz dieser Vorschau in Xcode sehen Sie in Bild 28.17. Es zeigt Probleme mit der erstellten View. Das Label sollte eigentlich auf allen Devices zentriert angezeigt werden, das ist aber nur in der iPhone 8-Vorschau der Fall; auf einem iPhone X und erst Recht auf einem iPad Pro 10,5" ist die Positionierung offensichtlich fehlerhaft.

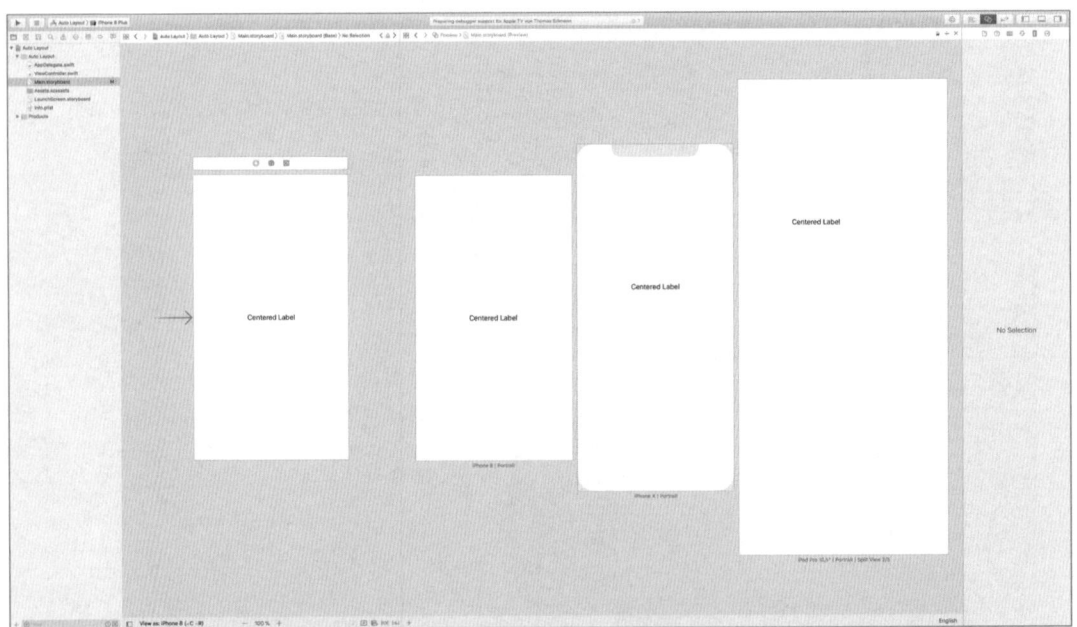

Bild 28.17 Die Auto Layout-Vorschau macht direkt auf ein Problem mit unseren Constraints aufmerksam.

Umgekehrt wird ebenso ersichtlich, sobald das Problem behoben wurde. Bei jeder Änderung im Storyboard wird automatisch auch die Vorschau aktualisiert, sodass wir umgehend sehen können, sobald wir die View wie gewünscht konfiguriert haben (siehe Bild 28.18).

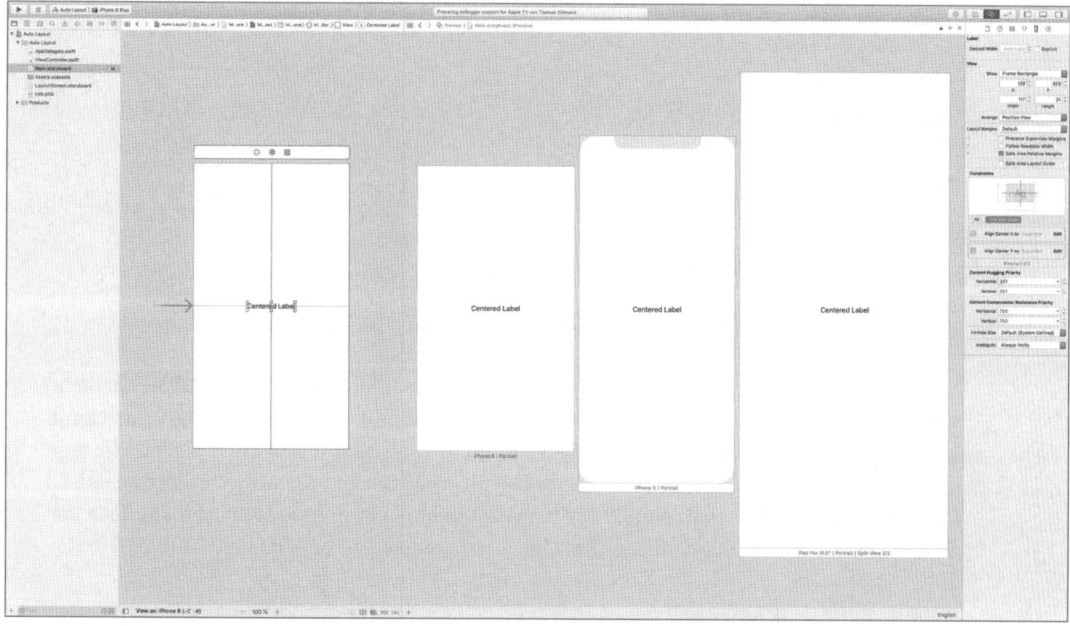

Bild 28.18 Nach Anpassung unseres View-Controllers ändert sich auch umgehend die Vorschau innerhalb des Assistant Editors.

28.3.6 Auto Layout deaktivieren

Bevor Apple Auto Layout eingeführt hat, kam eine andere Technik zum Einsatz, um Views innerhalb von Fenstern anzuordnen: die sogenannten *Autoresizing Masks*. Diese Technik können Sie auch heute noch einsetzen, auch wenn ich persönlich Ihnen dringend davon abraten würde. Sie verlieren dadurch enorme Vorteile von Auto Layout und setzen auf eine Technologie, die von Apple nicht mehr weiterentwickelt wird.

Um die Autoresizing Masks anstatt Auto Layout zu nutzen, müssen Sie zunächst das gewünschte Storyboard öffnen und dort in den File Inspector wechseln. Hier müssen Sie den standardmäßig aktiven Haken bei *Use Auto Layout* entfernen, was Xcode mit einer entsprechenden Warnung quittieren wird (siehe Bild 28.19). Hier kommt auch gleich ein enormer Nachteil zum Tragen: Ohne Auto Layout können Sie beispielsweise in einem Storyboard eines iOS-Projekts nur ein Endgerät unterstützen: entweder das iPhone oder das iPad. Wenn Sie also unterschiedliche Views für beide Plattformen umsetzen möchten, kommen Sie um den Einsatz zweier voneinander getrennter Storyboards nicht herum, was einen enormen Mehraufwand darstellt.

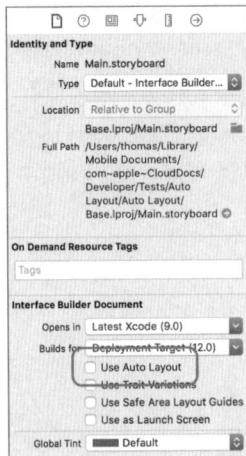

Bild 28.19
Im File Inspector eines Storyboards können Sie auf Wunsch
Auto Layout über die Checkbox „Use Auto Layout" deaktivieren.

Mithilfe der Autoresizing Masks definieren Sie über eine grafische Oberfläche schlicht, wie sich eine View zu den sie direkt umgebenden Elementen verhalten soll. Dazu aktivieren Sie entsprechende Schalter, die angeben, ob eine View sich am oberen, linken, rechten und/oder unteren Rand orientieren soll und ob die Höhe beziehungsweise Breite dynamisch ist. Eine grafische Vorschau simuliert die getätigte Einstellung. Sie erreichen sie über den Size Inspector, nachdem Sie die gewünschte View ausgewählt haben (siehe Bild 28.20).

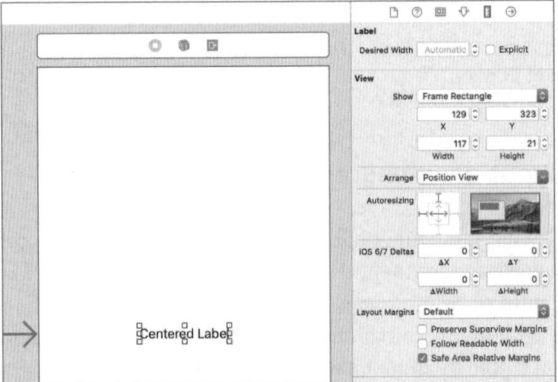

Bild 28.20 Im Abschnitt „Autoresizing" des Size Inspectors können Sie definieren, an welchen Rändern sich die gewählte View ausrichten soll und ob deren Höhe und Breite fix sind oder sich dynamisch verändern können.

Durch Aktivieren eines Pfeils beziehungsweise Strichs im Abschnitt *Autoresizing* geben Sie an, dass die View sich dynamisch in der Größe verändern kann beziehungsweise an diesen Rändern ausgerichtet wird. Die in Bild 28.20 gezeigte Konfiguration gibt somit an, dass die View den aktuellen Abstand zum oberen und linken Rand beibehält, ansonsten aber in der Breite flexibel ist.

■ 28.4 Lokalisierung von Apps

Mehrsprachigkeit spielt in der modernen App-Entwicklung eine immer wichtigere Rolle. Apps werden in der Regel international angeboten, sollten dann aber auch so viele Ziel-Sprachen wir nur möglich unterstützen, um allen anvisierten Nutzern die bestmögliche User Experience zu bieten. In der Regel arbeiten wir selbst ja auch lieber mit ins Deutsche übersetzten Apps als mit englischen Originalen.

28.4.1 Grundlagen

Apple setzt bei der Lokalisierung von Apps für alle seine Plattformen auf sogenannte *STRINGS*-Files, um die Übersetzung durchzuführen. Sie sind vergleichbar mit einfachen Textdateien. Darin werden Schlüssel-Wert-Paare untergebracht, die die Übersetzung eines Textes steuern. Das Prinzip dahinter ist simpel: Der Schlüssel bleibt für jede Sprache gleich, lediglich der zugehörige Inhalt wird für jede Sprache geändert. Im Code greift man dann immer an allen Stellen, an denen man jenen String benötigt, auf den Schlüssel zu. Die verschiedenen Plattformen holen sich daraufhin – abhängig von der zugrunde liegenden Systemsprache – den passenden übersetzten Text.

28.4.1.1 Erstellen einer Localizable.strings-Datei

Basis für dieses Vorgehen ist eine Datei namens *Localizable.strings*. In ihr werden die eben genannten Schlüssel-Wert-Paare untergebracht, die die Übersetzung von Texten einer App steuern. Eine solche Datei wird nicht automatisch mit einem neuen Xcode-Projekt erzeugt; darum müssen Sie sich selbst kümmern. Dazu wechseln Sie in die Template-Auswahl zum Hinzufügen einer neuen Datei zu einem Projekt und wechseln in den *Resources*-Abschnitt (welche Plattform Sie hierbei am oberen Rand auswählen , spielt keine Rolle; STRINGS-Dateien können Sie für jedes System hinzufügen). Dort finden Sie den gesuchten Eintrag *Strings File* (siehe Bild 28.21). Diesen wählen Sie aus und bestätigen per Klick auf die Schaltfläche *Next*.

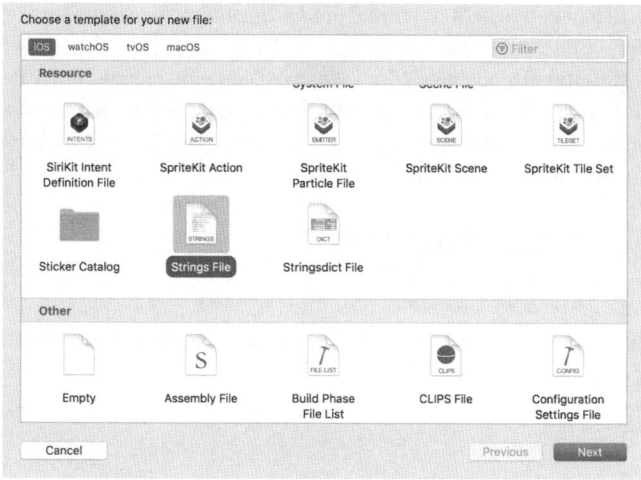

Bild 28.21
Übersetzungen für Ihre App
führen Sie innerhalb einer
STRINGS-Datei durch.

Im nächsten Schritt wählen Sie noch Namen und Speicherort der Datei. Wichtig ist, dass Sie als Namen *Localizable* setzen, da das System in genau einer solchen Datei nach möglichen Übersetzungen sucht.

Abschließend müssen Sie für die neu erstellte *Localizable.strings*-Datei noch pro Sprache, für die Sie passende Übersetzungen anbieten möchten, eine eigene Version erstellen. Dazu wählen Sie die Datei in Xcode aus und wechseln in den File Inspector. Dort finden Sie im Abschnitt *Localization* eine große Schaltfläche mit dem Titel *Localize...* (siehe Bild 28.22). Sobald Sie die Schaltfläche betätigen, fragt Sie Xcode, in welcher Sprache Sie diese Datei verwenden möchten. Das ist sinnvoll für den Fall, falls Sie bereits erste Übersetzungen für eine Sprache hinterlegt haben und erst zu einem späteren Zeitpunkt die Versionen für die weiteren Sprachen hinzufügen. Wählen Sie hier die passende Sprache aus und bestätigen Sie mit Klick auf *Localize*. Sollten Sie bis dato aber sowieso nur eine einzige unterstützte Sprache für Ihr Projekt hinterlegt haben, erscheint der genannte Dialog nicht. Stattdessen geht das System davon aus, dass Sie die Datei für die einzige verfügbare Sprache nutzen möchten.

Bild 28.22 Über diese Schaltfläche können Sie mehrere Versionen der Localizable.strings-Datei pro unterstützter Sprache erzeugen.

Haben Sie diese Schritte durchgeführt, verändert sich der Inhalt des *Localization*-Abschnitts (siehe Bild 28.23). Darin werden nun alle Sprachen aufgeführt, die Teil dieses Projekts sind. Eine Checkbox neben der jeweiligen Sprache gibt an, ob Sie bereits eine Version dafür für die *Localizable.strings*-Datei erstellt haben. In der Regel werden Sie hier die Checkbox für alle im Projekt verfügbaren Sprachen setzen.

Bild 28.23 Nach Klick auf die Schaltfläche „Localize..." legen Sie fest, für welche Sprachen Ihres Projekts Sie eine passende Übersetzung anbieten möchten (in der Regel für alle).

Betrachten Sie nach den beschriebenen Schritten einmal die *Localizable.strings*-Datei innerhalb der Navigation Area (siehe Bild 28.24). Sie werden feststellen, dass sich unterhalb der eigentlichen *Localizable.strings*-Datei für jede gewählte Sprachversion eine eigene, separate *Localizable.strings*-Datei befindet. In diesen separierten Dateien bringen Sie die passenden Übersetzungen für die jeweilige Sprachen unter. In dem gezeigten Beispiel gibt es eine Datei für eine englische und eine für eine deutsche Übersetzung.

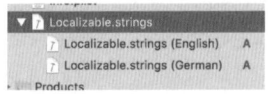

Bild 28.24 Für jede gewählte Sprachversion wird eine eigene Localizable.strings-Datei erzeugt, die die Übersetzungen für eben jene Sprache entgegennimmt.

Wie nun eine solche Übersetzung innerhalb der verschiedenen Versionen einer *Localizable. strings*-Datei aussehen kann, zeigt das folgende Beispiel in Listing 28.17. Es zeigt zunächst den Inhalt für eine englische und anschließend für eine deutsche Übersetzung entsprechender *Localizable.strings*-Dateien. Links befindet sich der Schlüssel für die Übersetzung, rechts der zugehörige Wert für die zugrunde liegende Sprache. Der Schlüssel bleibt über alle Sprachversionen der *Localizable.strings*-Datei hinweg gleich, nur der zugewiesene Inhalt verändert sich.

Listing 28.17 Beispiel für eine Übersetzung mittels Localizable.strings

```
// Localizable.strings (English)
"HelloWorld" = "Hello world!";

// Localizable.strings (German)
"HelloWorld" = "Hallo Welt!";
```

Nach diesem Schema können alle Übersetzungen für die verschiedenen Inhalte einer App umgesetzt werden.

28.4.1.2 Übersetzungen im Code durchführen

Die verschiedenen Versionen der *Localizable.strings*-Datei enthalten also die diversen Übersetzungen, die wir innerhalb einer App benötigen. Wie aber können wir diese Übersetzungen im Code auslesen und so beispielsweise Strings oder Labels zuweisen, die sie wiederum auf dem Bildschirm ausgeben sollen?

Hierfür kommt die Funktion `NSLocalizedString(_:tableName:bundle:value:comment:)` zum Einsatz, die Teil des Foundation-Frameworks ist (der Einfachheit halber werde ich im Folgenden nur noch von `NSLocalizedString` sprechen). Sie greift standardmäßig auf die *Localizable.strings*-Datei zu und sucht nach einer passenden Übersetzung für einen als Parameter übergebenen Schlüssel. Als Rückgabewert liefert die Funktion dann den passenden übersetzten String zurück.

Ein einfaches Beispiel zum Einsatz von `NSLocalizedString` finden Sie in Listing 28.18. Es basiert auf den in Listing 28.17 beispielhaft angelegten Inhalten einer deutsch- und englischsprachigen *Localizable.strings*-Datei.

Listing 28.18 Aufruf der Funktion `NSLocalizedString`

```
NSLocalizedString("HelloWorld", comment: "Hello world!")
// Liefert auf einem deutschsprachigen System "Hallo Welt!" zurück.
// Liefert auf einem englischsprachigen System "Hello world!" zurück.
```

Parameter von NSLocalizedString

Zwei Parameter sind beim Einsatz der Funktion `NSLocalizedString` essenziell:

- key: Dieser erste Parameter entspricht dem eindeutigen Schlüssel, der für eine bestimmte Übersetzung zwischen allen Versionen der *Localizable. strings*-Datei identisch ist (im gezeigten Beispiel ist das HelloWorld).

> - comment: Ein zusätzlicher Kommentar, mit dem der Aufruf der Übersetzung versehen werden kann. Der Kommentar hat keinerlei Einfluss auf die Funktionsweise einer App oder auf die Ausgabe der Übersetzung (sprich den Rückgabewert der Funktion; dieser ist ausschließlich vom key-Parameter abhängig). Eine klare Vorgabe seitens Apple, welche Art von Kommentar man hier typischerweise übergibt, gibt es nicht. Ich persönlich trage hier gerne die Übersetzung für den key-Parameter in der Hauptsprache der App ein (in der Regel also in Englisch, genauso wie in Listing 28.18 gezeigt). ∎

Im Folgenden möchte ich Ihnen noch ein konkretes Beispiel zur Übersetzung einer App zeigen. Es basiert auf iOS und der Vorlage *Single View App*. Innerhalb der *Main.storyboard*-Datei wird dem initialen View-Controller zentriert ein Label hinzugefügt und dieses mit einem passenden label-Outlet mit dem Code verbunden (siehe Bild 28.25). Innerhalb der Implementierung des View-Controllers wird dem Label in der Methode viewDidLoad() der übersetzte String für den Schlüssel HelloWorld zugewiesen, so wie in Listing 28.19 zu sehen.

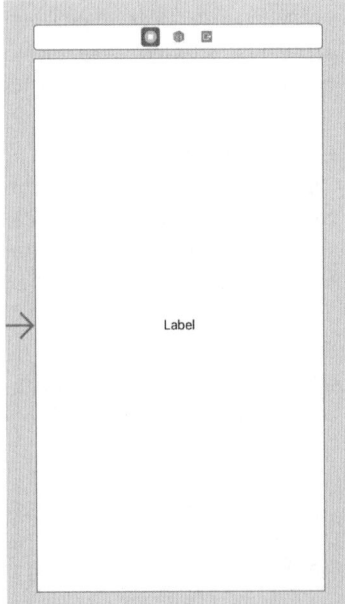

Label

Bild 28.25
Die Beispiel-App verfügt über ein einziges zentriertes Label.

Listing 28.19 Zuweisung des Ergebnisses von NSLocalizedString zu einem Label

```swift
class ViewController: UIViewController {

    @IBOutlet weak var label: UILabel!

    override func viewDidLoad() {
        super.viewDidLoad()
        label.text = NSLocalizedString("HelloWorld", comment: "Hello world!")
```

```
        }

    }
```

Führt man das Projekt nun aus, wird dem Label – abhängig von der eingestellten Systemsprache – ein anderer Text zugewiesen und angezeigt (siehe Bild 28.26).

Bild 28.26 Abhängig von der gesetzten Systemsprache liefert NSLocalizedString einen anderen und jeweils passend übersetzten String zurück.

 Rückgabewert von NSLocalizedString, falls Key nicht existiert

Wenn Sie der Funktion NSLocalizedString einen Key übergeben, der nicht in *Localizable.strings* existiert, liefert die Funktion schlicht den Key selbst als String zurück. So können Sie beim Testen Ihrer App auch gut herausfinden, an welcher Stelle Sie noch zu übersetzende Strings vergessen haben.

28.4.1.3 NSLocalizedString mit dynamischen Parametern aufrufen

Einen Sonderfall bei der Übersetzung haben Sie, wenn Sie einen übersetzten Text mit einem dynamischen Parameter versehen möchten. Gerade bei langen Sätzen kann es dann sein, dass dieser Parameter pro Sprache an einer anderen Stelle im Satz auftaucht und nicht immer an derselben. Hier macht es daher Sinn, dem zu übersetzenden String diesen dynamischen Wert als Parameter zu übergeben und in der Übersetzung der *Localizable.strings* pro Sprache festzulegen, wo dieser Parameter ausgegeben werden soll. In der *Localizable. strings*-Datei kann der Eintrag dann beispielsweise so wie in Listing 28.20 gezeigt aussehen.

Listing 28.20 Schlüssel-Wert-Paar mit Parameter für Übersetzung in Localizable.strings

```
"Greeting" = "Hallo %@!";
```

Der Schlüssel `Greeting` nimmt in der Übersetzung einen Objektparameter entgegen, dessen Wert nach dem `Hallo` ausgegeben wird. Betrachten wir hierzu nun noch das Aufrufen dieser Übersetzung im Code mitsamt Parameter. Hierbei nutzen wir den Initializer `init(format:arguments:)` des Typs `String` (siehe Listing 28.21). Für den `format`-Parameter wird der `NSLocalizedString` auf die bekannte Art und Weise übergeben, während bei `arguments` für jeden Platzhalter ein passender Wert übergeben wird.

Listing 28.21 Erstellen eines `NSLocalizedString` mit dynamischem Parameter

```
String(format: NSLocalizedString("Greeting", comment: "Hallo %@!"), "Thomas")
// Ausgabe: Hallo Thomas!
```

28.4.2 Interfaces übersetzen

Wenn Sie Ihre Views und View-Controller, die Sie über ein Storyboard entwerfen, übersetzen möchten, können Sie einerseits Outlets für alle zu übersetzenden Elemente wie Labels oder Buttons erstellen und diesen im Code (beispielsweise innerhalb der Methode `viewDidLoad()` des View-Controllers) den gewünschten `NSLocalizedString` zuweisen. Darüber hinaus bietet Apple aber noch einen alternativen Weg, der das Übersetzen von Interface-Dateien erleichtert. Hierbei werden die Interface-Dateien selbst übersetzt.

Das Ganze funktioniert wie folgt: Beim Erstellen Ihres Interface weisen Sie allen Strings den Wert zu, den Sie in Ihrer Hauptsprache verwenden wollen (in der Regel sollte das Englisch sein). Für jede weitere Sprache generieren Sie dann eine STRINGS-Datei, die direkt mit dem Interface gekoppelt ist, und weisen darin allen Views die zur jeweiligen Sprache passende Übersetzung zu.

Betrachten wir das einmal in der Praxis anhand eines Projekts, das sowohl Englisch als auch Deutsch als Sprache unterstützt. Wenn Sie nun eine Interface-Datei wie ein Storyboard auswählen und in den File Inspector wechseln, werden Sie feststellen, dass im Bereich *Localization* ein Haken bei *Base* gesetzt ist (siehe Bild 28.27). Das zeigt Ihnen an, dass alle Texte, die Sie direkt in der Interface-Datei eintragen, als Basis-Übersetzung für alle Sprachen genutzt werden.

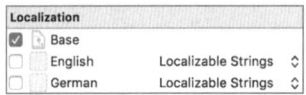

Bild 28.27
Interface-Dateien unterstützen standardmäßig eine Basis-Übersetzung für alle in ihnen erstellten Views.

Wenn Sie nun beispielsweise alle Inhalte in einer Interface-Datei für Englisch pflegen, können Sie in dem gezeigten Beispiel die Checkbox bei *German* aktivieren, um so zusätzlich eine Übersetzung dieser Interface-Datei für Deutsch anzubieten. Sobald Sie das getan haben, erweitert sich die Interface-Datei um eine neue STRINGS-Datei für genau diese Sprache (beziehungsweise Sprachen, falls Sie noch Übersetzungen für weitere Sprachen hinzufügen, siehe Bild 28.28). Darin hat das System automatisch für jeden String, der Teil der Interface-Datei ist, einen passenden Schlüssel mitsamt zugehöriger Übersetzung hinzugefügt (siehe Bild 28.29). Die Übersetzung bezieht sich hierbei zunächst auf die in der Interface-Datei hinterlegten Werte und muss pro Sprache und STRINGS-Datei natürlich noch angepasst werden.

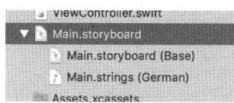

Bild 28.28
Für jede gewählte Sprache wird die Interface-Datei um eine passende
STRINGS-Datei ergänzt.

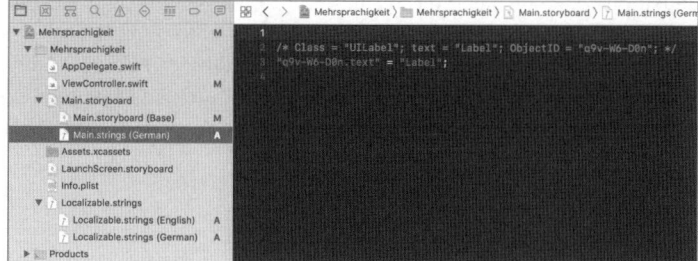

Bild 28.29 Die STRINGS-Datei enthält für jeden String automatisch einen passenden Key und die in der Interface-Datei zugehörige Übersetzung.

Das erlaubt es Ihnen, in der Interface-Datei selbst die Basis-Übersetzung zu pflegen und für jede weitere Sprache die passenden Übersetzungen in der zugehörigen STRINGS-Datei einzupflegen. Spannend hierbei ist der gewählte Schlüssel. In dem Beispiel aus Bild 28.29 lautet dieser beispielsweise für den Text eines Labels wie folgt:

```
Q9v-W6-D0n.text
```

Dieser Schlüssel setzt sich aus zwei Bestandteilen zusammen. Der erste (vor dem Punkt) verweist auf die sogenannte *Object ID*. Diese können Sie in der Interface-Datei auslesen, indem Sie die jeweilige View auswählen und in den Identity Inspector wechseln. Dort wird dieser Wert im Abschnitt *Document* angezeigt (siehe Bild 28.30).

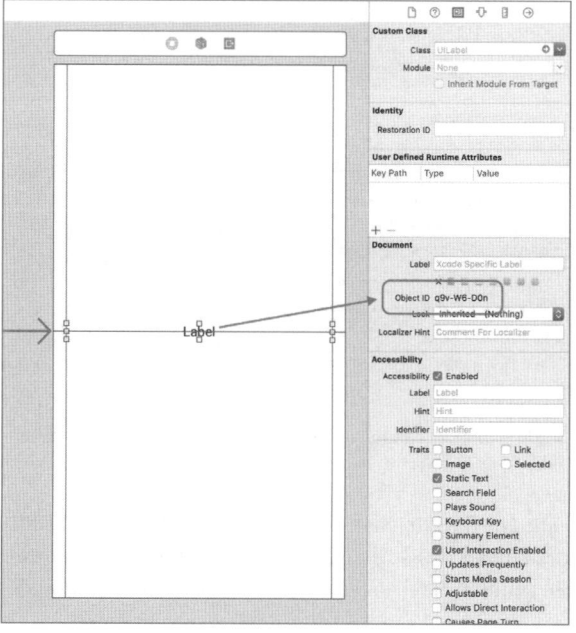

Bild 28.30
Die Object ID einer View können
Sie über den Identity Inspector
auslesen.

Der zweite Teil entspricht der Property dieses View-Objekts, der der entsprechende Text zugewiesen wird. Im Falle von UILabel ist das die text-Property.

Mithilfe dieser Information können Sie also Views innerhalb einer Interface-Datei identifizieren. Die *Object ID* ist aber ebenfalls wichtig, falls Sie *nach* Erstellung der verschiedenen STRINGS-Dateien pro Sprache das Interface um weitere Views ergänzen, die einen zu übersetzenden String enthalten. Diese werden nämlich nicht automatisch vom System in die STRINGS-Dateien eingepflegt. Stattdessen müssen Sie in diesem Fall selbst die zugehörige Object ID auf die beschriebene Art und Weise auslesen und sich anschließend selbst um die Übersetzung kümmern.

28.4.3 Verschiedene Sprachen einer App testen

Normalerweise müssen Sie, um die verschiedenen Sprachen, die eine App unterstützt, zu testen, jedes Mal die Systemsprache auf dem zugrunde liegenden Testgerät verändern und anschließend Ihre App darauf ausführen. Das ist nicht nur aufwendig und durchaus störend, es kann bei Sprachen wie Chinesisch auch enorm schwierig sein, die Sprache im Nachhinein wieder korrekt zurückzusetzen.

Aus diesem Grund bietet Xcode eine komfortable Möglichkeit, die eigene App in verschiedenen Sprachen zu testen, ohne dafür die Systemeinstellungen verändern zu müssen. Sie finden diese Einstellung im Scheme, das sich um die Ausführung Ihrer App kümmert, innerhalb des Abschnitts *Run*. Dort können Sie unter *Application Language* eine beliebige Sprache für Ihre App auswählen (siehe Bild 28.31). Wenn Sie Ihre App anschließend über jenes Scheme starten, wird sie in der gewählten Sprache ausgeführt, ohne dass Sie dafür die Systemsprache umstellen müssen.

Bild 28.31 Über das Drop-down-Menü „Application Language" können Sie die Sprache festlegen, unter der Ihre App ausgeführt werden soll.

Ebenfalls spannend: Unter *Application Language* stehen auch diverse sogenannte *Pseudolanguages* zur Verfügung. Sie basieren auf der Basis-Übersetzung, nehmen sich aber Besonderheiten anderer Sprachen an. So können Sie beispielsweise mit *Right-to-Left Pseudo-*

language Ihre App so ausführen, als würde Sie unter einer Sprache laufen, die von rechts nach links verläuft (wie das zum Beispiel in Arabisch der Fall ist). Die Ausgabesprache selbst ändert sich hierdurch aber nicht, nur die Ausgabe wird optisch angepasst (darum auch die Bezeichnung „Pseudolanguage").

◼ 28.5 Asset Catalogs

Asset Catalogs sind bei der Entwicklung für alle Plattformen von Apple die zentrale Anlaufstelle, wenn es um die Ablage von Grafiken und Bilddateien geht. Auch 3D-Modelle für Spiele oder Augmented Reality-Apps sowie die Definition von Farben sind mithilfe von Asset Catalogs möglich.

Der Aufbau eines Asset Catalog ist sehr simpel. Links finden Sie alle Elemente, die Teil des Asset Catalogs sind. Ein Element fasst eine Grafik, Farbe oder Textur für verschiedene Auflösungen, Designs und Größen zusammen. Neue Elemente können Sie jederzeit per Klick auf die Plus-Schaltfläche unten links hinzufügen. Auf die verschiedenen Ausrichtungen eines Elements können Sie zugreifen, indem Sie es aus der Liste links auswählen. Anschließend werden alle Inhalte dieses Elements im mittleren Bereich aufgeführt (siehe Bild 28.32).

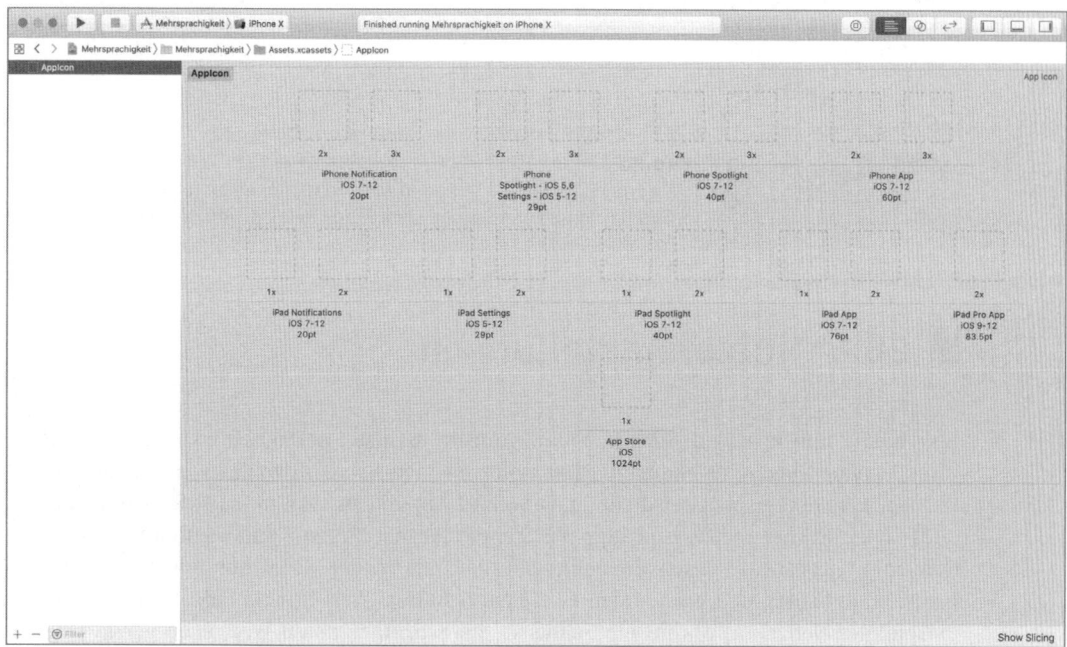

Bild 28.32 Nach Auswahl eines Elements erhalten Sie Zugriff auf alle Details.

Bei herkömmlichen Grafiken und Bildern hinterlegen Sie in der Regel verschiedene Versionen für die unterschiedlichen Auflösungen der Endgeräte wie Non-Retina, Retina oder Super Retina. Für welche Devices und Größen Sie die Grafiken verwenden möchten, legen Sie innerhalb des Attributes Inspectors über die zur Verfügung stehenden Checkboxen fest (siehe Bild 28.33). Bei Farben hingegen haben Sie die Wahl, unterschiedliche Varianten für den Light und den Dark Mode zu definieren (siehe Bild 28.34). Das ist insofern praktisch, als dass Sie dann innerhalb des Codes nur die im Asset Catalog definierte Farbe zu laden brauchen und nicht unterscheiden müssen, welche auf Basis des gesetzten Darstellungsmodus die richtige ist.

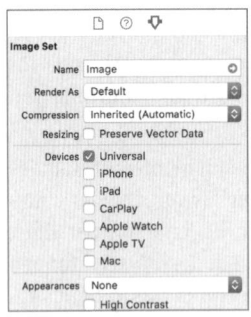

Bild 28.33
Im Abschnitt „Device" können Sie festlegen, ob Sie eine Grafik nur für eine bestimmte Gerätegruppe oder für mehrere unterschiedliche Systeme einsetzen möchten.

Bild 28.34
Für Farben können Sie über den Abschnitt „Appearance" festlegen, ob sie für den Light oder den Dark Mode genutzt werden sollen.

■ 28.6 Nutzereinstellungen

Eine häufig und in vielen Apps benötigte Aufgabe ist das Speichern und Zugreifen auf grundlegende Nutzereinstellungen. Diese unterscheiden sich naturgemäß von App zu App. Darüber können beispielsweise bei einer Notizen-App die zu verwendende Schriftart und -größe oder in einer Videoschnitt-App das Standardformat für den Export definiert werden. Gemein ist jedoch all diesen Einstellungen, dass sie in der Regel nur minimale Informationen enthalten und nach einem einfachen Schlüssel-Wert-Prinzip aufgebaut sind. Im Beispiel der Notizen-App wäre ein Schlüssel die Schriftart, deren Wert eben genau jene Information enthält.

Erfreulicherweise lassen sich derartige Nutzereinstellungen auf allen Apple-Plattformen sehr einfach einsetzen und verwalten. Basis hierbei ist das eben beschriebene Schlüssel-

Wert-Prinzip. Für jede Einstellung, die Sie innerhalb einer App abbilden möchten, definieren Sie einen passenden einzigartigen Schlüssel und weisen ihm die vom Nutzer gewählte Einstellung zu. Wo immer Sie nun die Information zu dieser Einstellung benötigen, greifen Sie auf diesen Schlüssel zurück.

Für das Speichern und Zugreifen auf Nutzereinstellungen kommt die Klasse UserDefaults aus dem *Foundation*-Framework zum Einsatz, die fast seit Anbeginn für jede einzelne Plattform von Apple zur Verfügung steht. In macOS existiert sie seit Version 10.10, in iOS und watchOS jeweils seit Version 2.0. In tvOS ist UserDefaults seit Version 9.0 und damit von Anfang an vertreten.

Das Herzstück der Klasse UserDefaults sind eine Vielzahl von Methoden, mit deren Hilfe Sie Einstellungen auslesen und setzen können (siehe Bild 28.35). Diese Vielzahl rührt daher, dass Apple für einen großen Teil der häufig für Einstellungen genutzten Typen wie String, Bool oder Int jeweils eine passende Methode zum Auslesen und Setzen einer Einstellung in UserDefaults deklariert hat. Das sorgt für Typsicherheit und Sie haben die Kontrolle darüber, den korrekten Wert für eine Einstellung zu speichern beziehungsweise auszulesen.

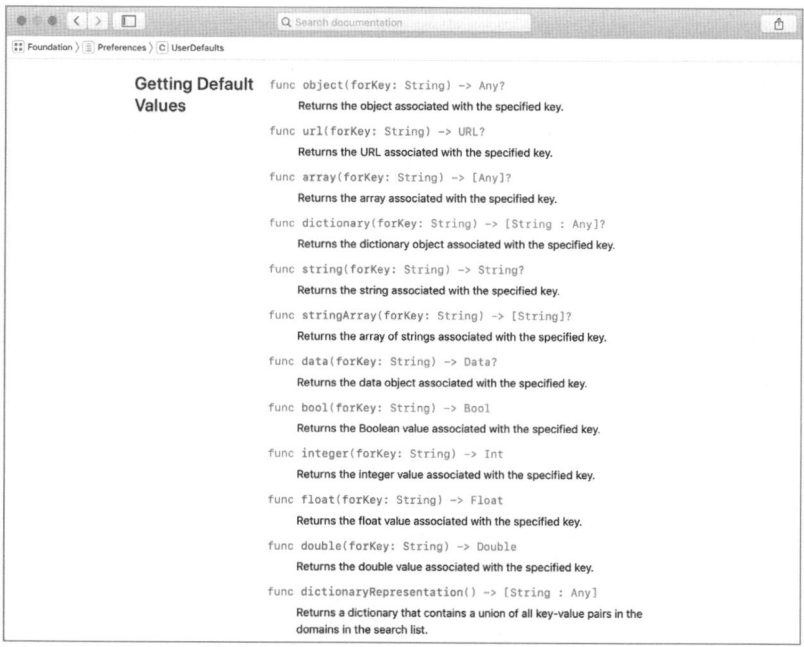

Bild 28.35 Die Klasse UserDefaults verfügt über eine Vielzahl von Methoden, mit deren Hilfe Nutzereinstellungen gespeichert und ausgelesen werden.

Am einfachsten erfolgt der Einsatz der Klasse UserDefaults durch Verwendung der Type Property standard, die eine vorkonfigurierte Standardinstanz dieser Klasse zurückliefert, mit der Sie direkt arbeiten können.

In Listing 28.22 finden Sie ein Beispiel, das den Einsatz der UserDefaults-Klasse demonstriert. Darin wird eine Einstellung für eine standardmäßig zu verwendende Schriftart festgelegt, die im Schlüssel `PreferredFont` festgehalten ist. Auf die so dargestellte Art und Weise lassen sich beliebige weitere Einstellungen sichern und abrufen.

Listing 28.22 Setzen und Auslesen von Einstellungen mittels `UserDefaults`

```
// Zugriff auf UserDefaults.
let userDefaults = UserDefaults.standard

// Setzen einer Standardschriftart.
userDefaults.set("Georgira", forKey: "PreferredFont")

// Auslesen der Standardschriftart.
let preferredFont = userDefaults.string(forKey: "PreferredFont")
// preferredFont entspricht "Georgira".
```

Teil IV:
Frameworks und
Technologien

29 Authentifizierung

Mithilfe des *LocalAuthentication*-Frameworks ist es möglich, Authentifizierungsfunktionen in Apps einzubauen. Das erlaubt unter anderem den Zugriff auf Face ID in neuen iPhones und iPads sowie auf den Touch ID-Sensor von iPhone, iPad und MacBook Pro. Apps können Nutzer so auffordern, sich innerhalb von Apps zu authentifizieren, um so beispielsweise automatisch angemeldet zu werden oder Zugriff auf private Bereiche einer App zu erhalten (wie zum Beispiel gesicherte Notizen in der Notizen-App von macOS und iOS).

Verfügbarkeit

LocalAuthentication steht für die folgenden Plattformen ab der genannten Version zur Verfügung:

macOS	iOS	watchOS	tvOS
ab 10.10	ab 8.0	Nicht vorhanden	Nicht vorhanden

■ 29.1 Funktionsweise

Herzstück des *LocalAuthentication*-Frameworks ist die Klasse LAContext. Sie bringt alle Eigenschaften und Funktionen mit, die es braucht, um eine Authentifizierung in Apps umzusetzen.

Welche Authentifizierungsmöglichkeiten in Apps zur Verfügung stehen, wird über die Enumeration LAPolicy geregelt, die innerhalb der LAContext-Klasse deklariert ist. Das erlaubt es Apple, zukünftig einfach weitere Authentifizierungsmethoden für zukünftige Technologien zugänglich zu machen, indem schlicht und ergreifend die Enumeration LAPolicy um neue passende Einträge ergänzt wird. Möchte man beispielsweise eine Authentifizierung mittels Face ID beziehungsweise Touch ID durchführen, bringt LAPolicy dafür den Wert deviceOwnerAuthenticationWithBiometrics mit.

Um eine Authentifizierung durchzuführen, sind zwei Methoden der Klasse LAContext wichtig: Mithilfe von canEvaluatePolicy(_:error:) prüft man, ob die gewünschte Authentifizierungstechnik (zum Beispiel mittels Face ID) auf dem zugrunde liegenden Gerät überhaupt zur Verfügung steht. Ist das der Fall, liefert die Methode `true` zurück, andernfalls `false`. Eine solche Prüfung sollte immer durchgeführt werden, bevor man einen konkreten Authentifizierungsvorgang startet.

Für einen solchen steht die Methode `evaluatePolicy(_:localizedReason:reply:)` zur Verfügung. Darüber wird die gewünschte Authentifizierungsmethode angestoßen. Die Methode erwartet einen Text, der idealerweise übersetzt ist und beschreibt, warum die App an dieser Stelle eine Authentifizierung des Nutzers durchführen möchte. Das Closure, das als letzter Parameter erwartet wird, wird vom System ausgeführt, sobald die Authentifizierung des Nutzers abgeschlossen ist. Mittels der zur Verfügung stehenden Parameter kann so geprüft werden, ob die Authentifizierung erfolgreich war oder nicht und ob möglicherweise ein Fehler aufgetreten ist.

Ein vollständiges Beispiel zur Authentifizierung eines Nutzers mithilfe von Face ID beziehungsweise Touch ID zeigt Listing 29.1. Zunächst erfolgt die Erstellung einer LAContext-Instanz sowie eines NSError-Objekts. Letzteres wird an die Methode `canEvaluatePolicy(_:error:)` weitergegeben und kann ausgewertet werden, sollte die Methode `false` zurückliefern. In diesem Fall enthält es weitere Informationen darüber, warum die gewünschte Art der Authentifizierung nicht zur Verfügung steht.

Als Authentifizierungsmethode wird der bereits genannte Wert `deviceOwner AuthenticationWithBiometrics` der Enumeration `LAPolicy` verwendet, welcher Face ID und Touch ID entspricht. Wurde mithilfe der Methode `canEvaluatePolicy(_:error:)` festgestellt, dass diese Authentifizierungsmethode zur Verfügung steht (sprich die Methode lieferte `true` zurück), erfolgt der Start der Authentifizierung mithilfe von `evaluatePolicy(_:localizedReason:reply:)`. Darin wird als erster Parameter erneut der gewünschte und zuvor geprüfte Wert `deviceOwnerAuthenticationWithBiometrics` der Enumeration `LAPolicy` übergeben, gefolgt von einem String, der den Grund für die Authentifizierung enthält. In diesem Beispiel wird dazu eine simple String-Konstante namens `myLocalizedReason` generiert und der Methode übergeben.

Apropos Begründung: Apple empfiehlt, den App-Namen darin *nicht* zu verwenden. Grund ist, dass dieser an anderer Stelle im angezeigten Dialog vom jeweiligen System automatisch eingeblendet wird.

Zum Abschluss der Methode erfolgt die Implementierung des letzten Parameters `reply`. Dabei handelt es sich um ein Closure, das zwei Parameter besitzt: Der boolesche Wert `success` gibt Aufschluss darüber, ob die Authentifizierung erfolgreich war (`true`) oder fehlschlug (`false`). Im Falle eines Fehlschlags macht es Sinn, den `error`-Parameter des Closures genauer zu begutachten, um die Hintergründe des Fehlschlags zu erfahren.

Listing 29.1 Authentifizierung eines Nutzers mittels Face ID beziehungsweise Touch ID

```
let myContext = LAContext()
var authenticationError: NSError? = nil
if myContext.canEvaluatePolicy(.deviceOwnerAuthenticationWithBiometrics, error:
&authenticationError) {
    let myLocalizedReason = "Bitte authentifizieren Sie sich."
    myContext.evaluatePolicy(.deviceOwnerAuthenticationWithBiometrics,
localizedReason: myLocalizedReason) { (success, error) in
        if (success) {
            // Nutzer wurde erfolgreich authentifiziert.
        } else {
```

```
                // Nutzer wurde nicht erfolgreich authentifiziert.
                // error enthält weitere Informationen.
            }
        }
    } else {
        // Face ID beziehungsweise Touch ID steht nicht zur Authentifizierung zur
    Verfügung.
        // authenticationError enthält weitere Informationen.
    }
```

■ 29.2 Verfügbare Authentifizierungstechniken

Welche Formen der Authentifizierung zur Verfügung stehen, wird innerhalb der Enumeration `LAPolicy` definiert. Sie verfügt über die folgenden Werte:

- `deviceOwnerAuthenticationWithBiometrics`: Mit diesem Wert werden Authentifizierungen mithilfe von Face ID beziehungsweise Touch ID durchgeführt.

- `deviceOwnerAuthentication`: Mit diesem Wert kann der Nutzer Authentifizierungen sowohl mittels Face ID und Touch ID wie auch mit dem Gerätepasswort durchführen. Hierbei wird immer Face ID beziehungsweise Touch ID als erste Option verwendet, sofern sie zur Verfügung steht. Andernfalls wird der Nutzer nach dem Gerätepasswort gefragt.

Die gewünschte Authentifizierungstechnik lässt sich dann im Zusammenspiel mit einer `LAContext`-Instanz verwenden.

■ 29.3 Lokalisierung der Schaltflächen

Der Dialog zur Authentifizierung des Nutzers wird automatisch vom jeweiligen System generiert und dem Nutzer angezeigt. Um diesen Dialog bestmöglich zu gestalten, lassen sich mithilfe der Properties `localizedFallbackTitle` und `localizedCancelTitle` der Klasse `LAContext` der Text zum Wechsel auf eine andere Authentifizierungsmethode beziehungsweise für den Abbruch der Authentifizierung setzen. Listing 29.2 zeigt ein Beispiel dazu.

Listing 29.2 Ändern des Fallback- und Cancel-Textes

```
let myContext = LAContext()
myContext.localizedFallbackTitle = "Passwort eingeben"
myContext.localizedCancelTitle = "Abbrechen"
```

In Bild 29.1 ist zu sehen, wie durch diese Änderung die beiden Schaltflächen beim Authentifizierungsdialog mittels Touch ID unter macOS den zuvor gesetzten Text zugewiesen bekommen.

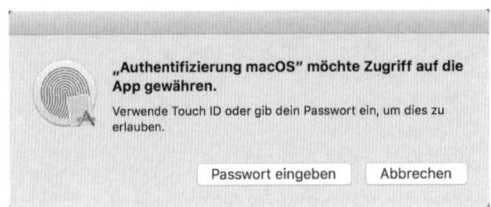

Bild 29.1 Die beiden Schaltflächen am unteren rechten Rand konnten mithilfe der Properties angepasst werden.

Idealerweise setzt man für die beiden genannten Properties lokalisierte Strings ein, um ein
bestmögliches Nutzererlebnis zu gewährleisten.

■ 29.4 Zeitintervall zur Wiederverwendung von Touch ID

Normalerweise muss sich der Nutzer jedes Mal mittels Touch ID authentifizieren, wenn die
LAContext-Methode evaluatePolicy(_:localizedReason:reply:) mit dem entsprechenden LAPolicy-Wert aufgerufen wird. Mithilfe der Property touchIDAuthentication
AllowableReuseDuration lässt sich jedoch ein Zeitintervall festlegen, während dem der
Nutzer sich nicht erneut mittels Touch ID authentifizieren muss und stattdessen direkt eine
erfolgreiche Authentifizierung vom System an die App gemeldet wird. Dieses Zeitintervall
orientiert sich dazu an der erfolgreichen Authentifizierung mittels Touch ID am zugrunde
liegenden Gerät.

Ein Beispiel: Wird der Wert für die Property touchIDAuthenticationAllowable
ReuseDuration auf 60 Sekunden festgelegt, führt eine Authentifizierung mittels Touch ID
in der eigenen App binnen einer Minute nach erfolgreicher Entsperrung des zugrunde
liegenden Geräts umgehend zum Erfolg, ohne dass der Nutzer erneut um eine Authentifizierung mittels Touch ID gebeten wird. Der Standardwert für diese Property entspricht
0 Sekunden (sprich es wird umgehend nach einer erneuten Authentifizierung mittels Touch
ID gefragt).

Hierbei gilt es zu beachten, dass der Höchstwert für die Property touchIDAuthentication
AllowableReuseDuration nicht größer sein kann als der Wert der globalen Konstante
LATouchIDAuthenticationMaximumAllowableReuseDuration (dieser beträgt bei Druck-
legung 300 Sekunden, kann sich aber in Zukunft jederzeit ändern). Weist man
touchIDAuthenticationAllowableReuseDuration dennoch einen höheren Wert zu, verwendet das System den in der globalen Konstante LATouchIDAuthenticationMaximum
AllowableReuseDuration hinterlegten Wert.

■ 29.5 Informationen zur Veränderung der biometrischen Nutzerdaten

Die Klasse LAContext verfügt über eine Read-Only-Property namens evaluatedPolicy DomainState, die Aufschluss darüber gibt, ob sich die biometrischen Informationen des Nutzers geändert haben. Es handelt sich bei dieser Property um ein Optional vom Typ Data. Die Informationen, die diese Property enthält, sind unverständlich und lassen beispielsweise keine Rückschlüsse auf mögliche Fingerabdrücke zu, die ein Nutzer auf seinem Gerät hinterlegt hat.

Der Wert dieser Property ändert sich, sobald ein Nutzer seine biometrischen Informationen auf dem entsprechenden Endgerät geändert hat (beispielsweise durch Hinzufügen eines weiteren Fingers zur Authentifizierung mittels Touch ID). Speichert man die Informationen, die die evaluatedPolicyDomainState-Property zurückliefert und gleicht diese regelmäßig mit dem aktuellsten Wert ab, lässt sich so eine Änderung der biometrischen Informationen feststellen.

Sollte eine derartige Änderung erkannt werden, kann man dies beispielsweise dazu nutzen, eine Authentifizierung über eine andere Methode zu erzwingen (beispielsweise durch Eingabe einer in der App zuvor gespeicherten PIN). Damit lässt sich sicherstellen, dass nur der eigentliche Nutzer Zugriff auf die App hat (falls durch einen Hack oder anderweitigen Angriff jemand anderes beispielsweise einen Fingerabdruck zur Authentifizierung mit dem Gerät hinterlegt hat).

Da diese Property an die biometrischen Authentifizierungsverfahren von macOS und iOS gekoppelt ist, liefert sie nil zurück, sollte sich der Nutzer mithilfe des Gerätepassworts authentifizieren. Entsprechend erhält man auch nur dann einen Wert für diese Property, wenn mindestens ein biometrisches Authentifizierungsverfahren für das zugrunde liegende Gerät zur Verfügung steht.

■ 29.6 Authentifizierung abbrechen

Mithilfe der Instanzmethode invalidate() der Klasse LAContext kann ein Authentifizierungsvorgang abgebrochen werden. Der Aufruf dieser Methode führt dazu, dass die zugrunde liegende LAContext-Instanz ungültig wird und nicht länger zur Authentifizierung verwendet werden kann. Für eine erneute Authentifizierung muss zunächst eine neue LAContext-Instanz erstellt werden. Als Fehlercode liefert diese Methode immer system Cancel aus der LAError-Structure zurück.

Auch das System selbst kann eine Authentifizierung mit dem genannten Fehlercode abbrechen. Das ist beispielsweise dann der Fall, wenn während des Authentifizierungsprozesses auf einem iPhone ein Telefonanruf eingeht.

■ 29.7 Mögliche Fehlercodes

In der Enumeration `LAError.Code` werden verschiedene Fehler zusammengefasst, die vor oder während einer Authentifizierung auftreten können. Liefern die Methoden `canEvaluatePolicy(_:error:)` und `evaluatePolicy(_:localizedReason:reply:)` einen Fehler zurück, wird es sich in der Regel um einen derjenigen handeln, die innerhalb von `LAError.Code` definiert sind.

Im Folgenden sind alle Werte dieser Enumeration mitsamt einer kurzen Beschreibung, was sie zu bedeuten haben, aufgeführt.

- `authenticationFailed`: Die Authentifizierung ist fehlgeschlagen. Dieser Fehler tritt auf, falls sich der Nutzer nicht erfolgreich am System authentifizieren kann.

- `userCancel`: Wählt der Nutzer die Abbrechen-Schaltfläche im Authentifizierungsdialog aus, wird dieser Fehler zurückgegeben.

- `userFallback`: Sollte der Nutzer die Fallback-Schaltfläche im Authentifizierungsdialog auswählen, ohne dass ein passender Fallback zur Verfügung steht, so wird dieser Fehler ausgelöst.

- `systemCancel`: Die Authentifizierung wurde durch das System abgebrochen. Dieser Fehler tritt beispielsweise auf, falls auf dem iPhone während des Authentifizierungsvorgangs ein Telefonanruf eingeht.

- `passcodeNotSet`: Sollte eine Authentifizierung des Gerätepassworts durchgeführt werden, ohne dass ein solches gesetzt ist, kommt es zu diesem Fehler.

- `biometryNotAvailable`: Falls Face ID beziehungsweise Touch ID auf dem Endgerät nicht zur Verfügung steht und nichtsdestoweniger eine Authentifizierung mittels Face ID beziehungsweise Touch ID gestartet wird, wird dieser Fehler zurückgegeben.

- `biometryNotEnrolled`: Dieser Fehler besagt, dass Face ID beziehungsweise Touch ID zwar auf dem zugrunde liegenden Gerät zur Verfügung steht, allerdings keine passenden biometrischen Nutzerdaten hinterlegt sind, um die jeweilige Technik nutzen zu können.

■ 29.8 Tests im Simulator

Die Authentifizierung mithilfe des *LocalAuthentication*-Frameworks kann auch im Simulator und nicht nur auf einem Endgerät getestet werden. Dazu unterstützt der Simulator standardmäßig nur die Authentifizierung mithilfe des Gerätepassworts (wobei das Gerätepasswort im Simulator dem Passwort des angemeldeten Benutzers entspricht). Möchte man alternativ die Authentifizierung mittels Face ID beziehungsweise Touch ID testen, muss diese Funktion zuvor im Hardware-Menü des iOS-Simulators aktiviert werden, indem man *Hardware → Face ID* beziehungsweise *Touch ID → Enrolled* auswählt. (siehe Bild 29.2).

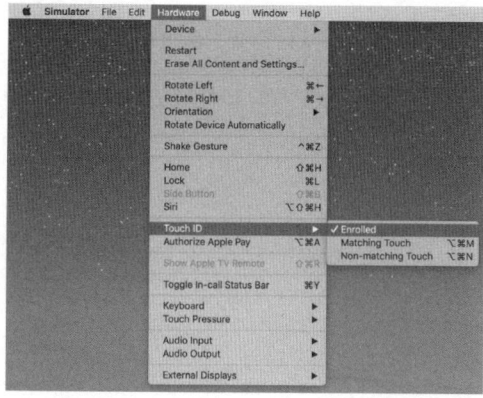

Bild 29.2
Face ID beziehungsweise Touch ID können
über das Hardware-Menü des Simulators
aktiviert werden.

Wird in einer iOS-App nun der Dialog zur Authentifizierung mittels Face ID beziehungsweise Touch ID eingeblendet, können die beiden Menübefehle *Matching* und *Non-matching*
dazu verwendet werden, eine erfolgreiche beziehungsweise fehlgeschlagene Authentifizierung zu simulieren.

Alternativ zu den beiden genannten Menüpunkten kann auf Macs mit Touch Bar auch die
Face ID- beziehungsweise Touch-ID-Schaltfläche dazu verwendet werden, eine erfolgreiche
Authentifizierung zu simulieren (siehe Bild 29.3).

Bild 29.3 Mit der Face ID- beziehungsweise Touch ID-Schaltfläche (zweiter Button von links) der
Touch Bar lässt sich ebenfalls eine erfolgreiche Authentifizierung simulieren.

30 iCloud

Die iCloud gehört zu den mächtigsten und am meisten genutzten Services von Apple. Über sie können Nutzer ihre Dateien auf Apples Servern speichern und auf allen Geräten, an denen sie mit derselben Apple-ID angemeldet sind, darauf zugreifen. Ein Großteil der von Apple selbst angebotenen Apps setzen auf die iCloud, unter anderem die Apps *Fotos*, *Notizen*, *Erinnerungen*, *Karten* oder *Wetter*. Daten und Einstellungen des Nutzers innerhalb dieser Apps sind auf allen seinen Geräten synchron, das heißt, sie werden automatisch miteinander abgeglichen.

Auch wir als Apple Developer können uns diesen Service zunutze machen und Daten und Dateien unserer eigenen Apps in Apples iCloud speichern. Größter Vorteil hierbei für uns: Nutzer müssen für unsere Apps keinen zusätzlichen Account zur Anmeldung und Synchronisierung der Daten nutzen, sondern Sie können stattdessen einen (sofern vorhandenen) bestehenden iCloud-Account verwenden. Das setzt natürlich voraus, dass die Nutzer wenigstens einen solchen iCloud-Account besitzen, was man als Entwickler in jedem Fall im Code prüfen sollte.

■ 30.1 Nutzungsmöglichkeiten der iCloud

Es stehen insgesamt drei verschiedene Möglichkeiten zur Verfügung, um die Funktionalität der iCloud in eigenen Apps zu implementieren:

- Zur Speicherung von Nutzereinstellungen auf Basis eines Key-Value-Store (siehe hierzu den Abschnitt 30.3, „Nutzereinstellungen in der iCloud").
- Zur Speicherung und Verwaltung von Dateien beliebiger Art auf iCloud Drive (siehe hierzu den Abschnitt 30.4, „Zugriff auf iCloud Drive").
- Zur Speicherung und Verwaltung strukturierter Daten (ähnlich einer Datenbank) in iCloud Containern (siehe hierzu den Abschnitt 30.5, „CloudKit").

Alle drei Möglichkeiten basieren auf unterschiedlichen Lösungsansätzen und somit auch auf unterschiedlichen Frameworks und Funktionen. In den entsprechenden Abschnitten zu jedem dieser Themen stelle ich Ihnen die genauen Voraussetzungen vor und zeige Ihnen die grundlegenden Techniken, um auf die iCloud zugreifen zu können.

Es ist im Übrigen kein Problem, auch mehrere oder alle der genannten Techniken parallel in einem Projekt zu verwenden. Sie müssen lediglich bei der Implementierung auf die jeweils passenden Frameworks und Funktionen setzen.

30.2 Vorbereitung

Ganz gleich, welche Funktionen der iCloud Sie konkret einsetzen möchten, Sie müssen zunächst immer die passende Capability in dem zugrunde liegenden App-Target aktivieren. Sie besitzt die Bezeichnung iCloud und fügt bei Aktivierung Ihrem Projekt eine Entitlements-Datei hinzu, in der die gewünschten Zugriffe auf die iCloud geregelt sind (siehe Bild 30.1). Diese Zugriffe können Sie mithilfe dreier Checkboxen steuern, die Teil der iCloud-Capability sind. Mit *Key-value storage* können Sie Nutzereinstellungen in der iCloud speichern und auslesen, mit *iCloud Documents* auf das iCloud Drive zugreifen und mit *CloudKit* können Sie die datenbankähnlichen Funktionen des gleichnamigen Frameworks nutzen.

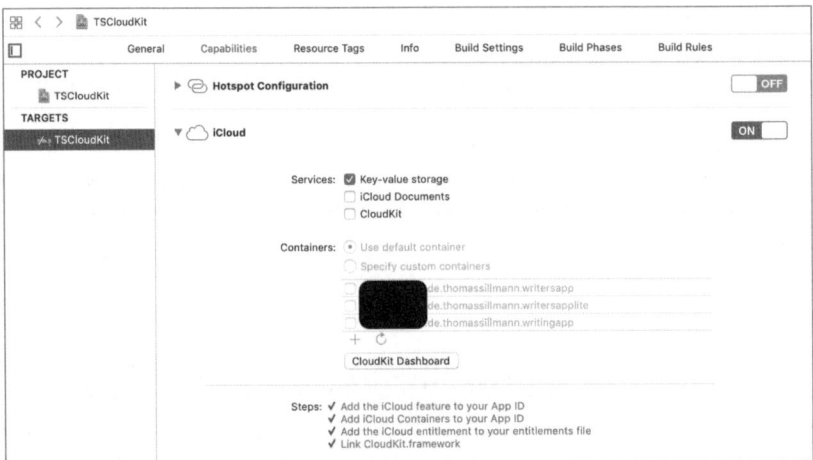

Bild 30.1 Abhängig davon, welche Checkboxen Sie in der iCloud-Capability aktivieren, stehen Ihnen verschiedene Zugriffe auf die iCloud zur Verfügung.

Die in den folgenden Abschnitten vorgestellten Techniken zum Einsatz der iCloud beziehen sich auf jeweils einen der Punkte der iCloud-Capability. In Ihren Projekten aktivieren Sie die passende Checkbox bei allen Punkten, die Sie für Ihre App-Funktionalität benötigen.

■ 30.3 Nutzereinstellungen in der iCloud

Nutzereinstellungen in der iCloud zu speichern, hat den großen Vorteil, dass diese Einstellungen zwischen allen Geräten des Nutzers synchronisiert werden. Egal auf welchem Gerät er also Ihre App verwendet, besitzt er immer dieselben Einstellungen und muss diese nicht separat für jedes Gerät festlegen (sofern dieses Verhalten überhaupt gewünscht ist).

Generell funktioniert das Sichern und Laden von Nutzereinstellungen in der iCloud auf die gleiche Art und Weise wie lokal auf Basis von UserDefaults (siehe hierzu auch Kapitel 28, „Cross-Platform"). Allerdings setzen Sie statt UserDefaults dieses Mal die im *Foundation*-Framework definierte Klasse NSUbiquitousKeyValueStore ein.

Aktivieren von Nutzereinstellungen in iCloud

Um Nutzereinstellungen in der iCloud für Ihre App lesen und setzen zu können, müssen Sie in der iCloud-Capability des zugrunde liegenden App-Targets die Checkbox *Key-value storage* aktivieren.

■

Verfügbarkeit

Die Klasse NSUbiquitousKeyValueStore des *Foundation*-Frameworks steht für die folgenden Plattformen ab der genannten Version zur Verfügung:

macOS	iOS	watchOS	tvOS
ab 10.7	ab 5.0	Nicht vorhanden	ab 9.0

30.3.1 Nutzereinstellungen speichern und laden

Die Klasse NSUbiquitousKeyValueStore ist als Singleton konzipiert, auf das Sie über die Type Property default zugreifen können. Sie bietet diverse Methoden, um sowohl Werte für bestimmte Nutzereinstellungen auszulesen als auch zu setzen. Nutzereinstellungen setzen sich hierbei aus zwei Informationen zusammen: einem von Ihnen definierten Schlüssel, der auf eine Einstellung verweist, und einen dazugehörigen dynamischen Wert.

In Listing 30.1 sehen Sie ein einfaches Beispiel für den Zugriff auf den NSUbiquitous KeyValueStore und das Speichern eines booleschen Werts für den Schlüssel UseCloud. In Listing 30.2 sehen Sie ein weiteres Beispiel, über das der Wert des Schlüssels UseCloud wieder ausgelesen und einer booleschen Konstanten zugewiesen wird. Dieses Mal wird in einem Schritt auf das Singleton der NSUbiquitousKeyValueStore-Klasse sowie auf die Methode zum Auslesen der booleschen Einstellung (bool(forKey:)) zugegriffen.

Listing 30.1 Speichern einer Nutzereinstellung in der iCloud

```
// Auf NSUbiquitousKeyValueStore-Singleton zugreifen
let cloudStore = NSUbiquitousKeyValueStore.default

// Einstellung in der Cloud speichern
cloudStore.set(true, forKey: "UseCloud")
```

Listing 30.2 Lesen einer Nutzereinstellung aus der iCloud

```
let cloudValue = NSUbiquitousKeyValueStore.default.bool(forKey: "UseCloud")
```

 Methoden zum Lesen und Speichern von Nutzereinstellungen

Für verschiedene unterschiedliche Typen wie `Bool`, `String` oder `Array` bringt
`NSUbiquitousKeyValueStore` jeweils zwei passende Methoden mit, um einerseits einen Wert des entsprechenden Typs als Einstellung zu speichern und
andererseits auszulesen. So können Sie beispielsweise mit `string(forKey:)`
den Wert eines Strings für einen übergebenen Schlüssel auslesen und ihn
umgekehrt mithilfe von `set(_:forKey:)` setzen. Eine vollständige Übersicht
der verschiedenen Methoden zum Setzen und Auslesen von Einstellungen
finden Sie in der Dokumentation der Klasse (siehe Bild 30.2).

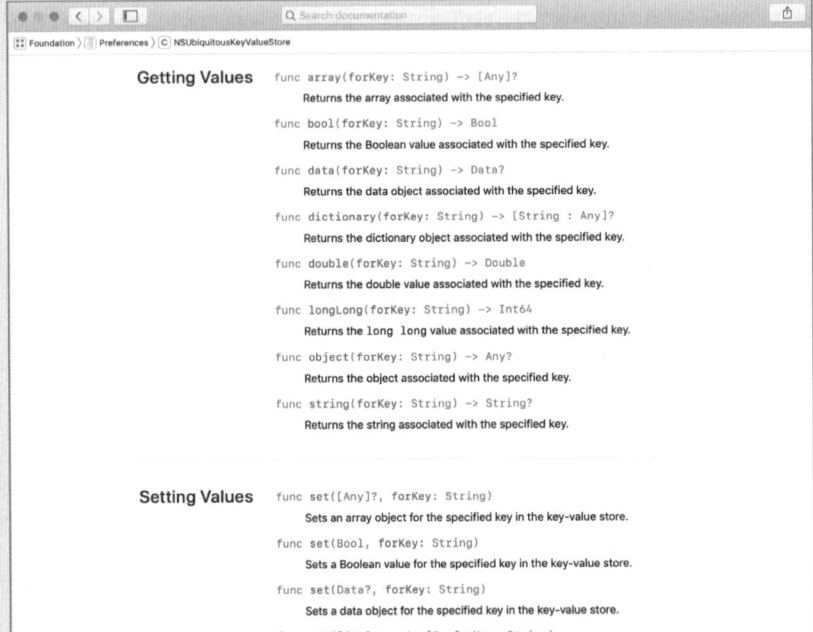

Bild 30.2 In den Abschnitten „Getting Values" und „Setting Values" der Dokumentation von NSUbiquitousKeyValueStore finden Sie alle Methoden, die Ihnen zum Auslesen
beziehungsweise Speichern von Einstellungen zur Verfügung stehen.

30.3.2 Auf Änderungen reagieren

Wenn Sie eine Einstellung auf einem Gerät ändern, soll sie idealerweise so schnell wie
möglich von allen anderen Geräten, auf denen die gleiche App gerade läuft, abgefangen und
übernommen werden. Zu diesem Zweck kommt das Prinzip der Notifications zum Einsatz.

Möchten Sie an einer Stelle Ihrer App Änderungen der Einstellungen abfangen, registrieren Sie in Ihrer App eine Notification, die als Type Property namens didChangeExternally Notification innerhalb der Klasse NSUbiquitousKeyValueStore definiert ist. Sie wird vom System ausgelöst, sobald Neuerungen in Bezug auf die Nutzereinstellungen der App empfangen werden.

Ein vollständiges Beispiel zum Setzen und Auslesen von Einstellungen in der iCloud sowie zur Reaktion auf Änderungen stelle ich Ihnen im Folgenden vor. Es basiert auf einem einfachen iOS-Projekt, dessen initialer View-Controller ein UITableViewController ist und sich innerhalb eines Navigation-Controllers befindet. Die Table-View des UITableView Controller ist statisch und besitzt nur eine einzige Zelle mit einem Switch. Der Status dieses Schalters (an oder aus) soll in der iCloud als Nutzereinstellung gespeichert und zwischen allen Geräten, auf denen die App unter demselben iCloud-Benutzer läuft, automatisch synchronisiert werden (siehe Bild 30.3).

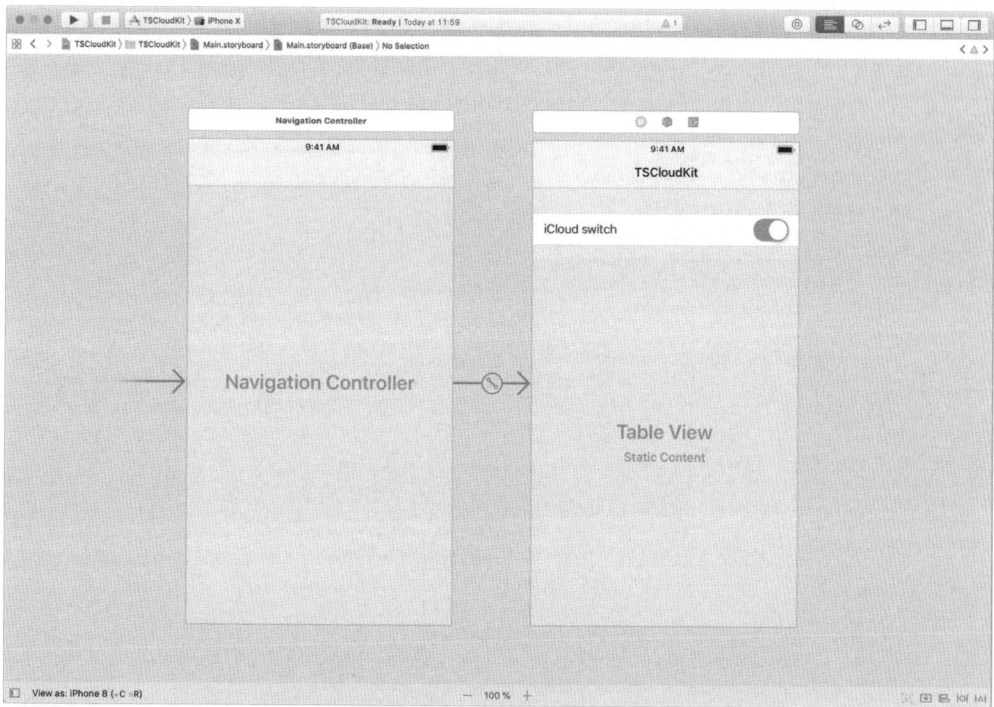

Bild 30.3 Die Main.storyboard-Datei der Beispiel-App basiert auf einem UITableViewController mit einer einzigen Zelle, der in einen Navigation-Controller eingefasst ist.

Die Klasse, die mit dem UITableViewController gekoppelt ist, hört auf den Namen SettingsViewController. Deren vollständige Implementierung finden Sie in Listing 30.3. Sie besitzt ein Outlet für den Switch mit dem Namen cloudSwitch. Der Schlüssel für die Einstellung, die über die iCloud synchronisiert werden soll, wird in der Type Property cloudSwitchValueKey gespeichert.

Der Switch ist zudem mit einer Action-Methode namens switchValueChanged(_:) verbunden, die den aktuellen Wert des Switches als boolesche Einstellung in der iCloud sichert. Wann immer der View-Controller geladen wird, wird der aktuelle Wert dieser Einstellung ausgelesen und der Schalter entsprechend aktiviert oder deaktiviert (dies geschieht innerhalb der Methode updateCloudSwitchValue()). Darüber hinaus registriert sich der View-Controller für die Notification didChangeExternallyNotification der NSUbiquitous KeyValueStore-Klasse und ruft ebenfalls updateCloudSwitchValue() auf, sobald diese Notification eingeht. Im Deinitializer des View-Controllers wird der Observer für diese Notification wieder entfernt.

Listing 30.3 Implementierung eines View-Controllers zum Ändern von Einstellungen in der iCloud

```
class SettingsViewController: UITableViewController {

    // MARK: - Properties

    private static let cloudSwitchValueKey = "CloudSwitchValue"

    @IBOutlet private weak var cloudSwitch: UISwitch!

    // MARK: - Methods

    override func viewDidLoad() {
        super.viewDidLoad()
        registerCloudNotifications()
        updateCloudSwitchValue()
    }

    private func registerCloudNotifications() {
        NotificationCenter.default.addObserver(self, selector: #selector(updateCloud
SwitchValue), name: NSUbiquitousKeyValueStore.didChangeExternallyNotification, object:
nil)
    }

    private func unregisterCloudNotifications() {
        NotificationCenter.default.removeObserver(self, name:
NSUbiquitousKeyValueStore.didChangeExternallyNotification, object: nil)
    }

    @objc private func updateCloudSwitchValue() {
        cloudSwitch.isOn = NSUbiquitousKeyValueStore.default.bool(forKey:
SettingsViewController.cloudSwitchValueKey)
    }

    @IBAction private func switchValueChanged(_ sender: UISwitch) {
        NSUbiquitousKeyValueStore.default.set(sender.isOn, forKey:
SettingsViewController.cloudSwitchValueKey)
    }

    // MARK: - Deinitialization

    deinit {
        unregisterCloudNotifications()
    }

}
```

Wenn Sie die App nun auf mehreren Geräten ausführen, auf denen derselbe iCloud-Account angemeldet ist, werden Sie feststellen, dass nach einer Änderung des Schalters auf einem Gerät nach kurzer Zeit auch auf allen anderen Geräten automatisch der Status des Schalters entsprechend angepasst wird.

Nutzereinstellungen zwischen verschiedenen Apps synchronisieren

Falls Sie ein- und dieselben Nutzereinstellungen in verschiedenen Apps (also solchen, die über verschiedene Bundle Identifier verfügen) einsetzen und zwischen ihnen synchronisieren möchten, müssen Sie darauf achten, in all diesen Apps einen gemeinsamen Identifier für den sogenannten *iCloud Key-Value Store* zu definieren. Öffnen Sie dazu die Entitlements-Datei, die Xcode automatisch im Zuge der Aktivierung der iCloud-Capability erstellt hat, und setzen Sie einen gemeinsamen Wert für den Schlüssel *iCloud Key-Value Store* (siehe Bild 30.4). Standardmäßig basiert der Wert dieses Schlüssels auf der Team ID und dem Bundle Identifier des zugrunde liegenden Targets. Wiederholen Sie diesen Schritt dann für alle weiteren Targets, über die die gleichen Einstellungen synchronisiert werden sollen, und tragen Sie jeweils den eigens definierten einheitlichen Wert für den *iCloud Key-Value Store*-Schlüssel ein.

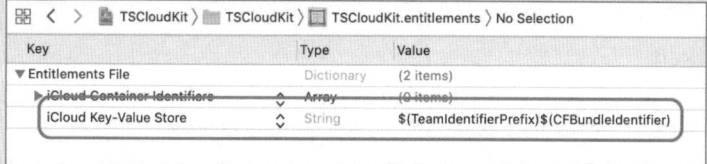

Bild 30.4 Möchten Sie Einstellungen zwischen verschiedenen Apps mit unterschiedlichen Bundle Identifiern synchronisieren, müssen Sie einen einheitlichen Identifier für den „iCloud Key-Value Store"-Schlüssel definieren und in allen zugehörigen Apps eintragen.

Ein typisches Beispiel, in dem dieses Vorgehen wichtig sein kann, ist bei der Entwicklung einer App für macOS und iOS. Die App besitzt womöglich ein und dieselben Einstellungen in beiden Varianten, während gleichzeitig jede von ihnen ihren eigenen Bundle Identifier mitbringt.

■ 30.4 Zugriff auf iCloud Drive

Die Funktion *iCloud Documents* erlaubt das Speichern und Abrufen von Dateien direkt über das iCloud Drive eines Nutzers. Sie eignet sich für dokumentenbasierte Apps wie zum Beispiel Microsoft Word oder Apple Pages, um Dokumente und Dateien an einem zentralen Speicherort abzulegen und zwischen verschiedenen Geräten (und plattformübergreifend) zu synchronisieren.

Dieses Thema an sich ist sehr komplex und bringt eine Vielzahl von Fallstricken mit sich. Beispielsweise ist zu überlegen, wie man mit potentiellen Dateikonflikten umgeht. Diese können auftreten, wenn eine Datei parallel auf zwei Geräten geändert wurde, die beide (temporär) keinen Internetzugang besaßen. Welche Datei wird letztlich gespeichert? Oder werden beide zusammengeführt (sofern das überhaupt möglich ist)?

Auch der verfügbare Cloud-Speicher spielt eine wichtige Rolle. Standardmäßig haben Nutzer für ihren iCloud-Account lediglich 5 GB zur Verfügung, die sich alle Apps teilen und die unter anderem auch für Backups von iOS-Geräten genutzt werden können. Eine Speicherung ist somit bei zu geringem verfügbaren Speicher auf dem iCloud Drive gar nicht möglich.

Da das Thema iCloud Drive und iCloud Documents in seiner Gesamtheit zu beleuchten einen enormen Umfang einnehmen würde, beschränke ich mich im Folgenden auf die grundlegende Aktivierung und Nutzung dieses Features. Basis hierfür ist die Klasse `FileManager` des *Foundation*-Frameworks. Sie bringt einige iCloud-spezifische Funktionen mit sich, mit deren Hilfe auf das iCloud Drive zugegriffen werden kann.

Aktivierung der iCloud Drive-Nutzung

Um auf das iCloud Drive zugreifen und Dateien für Ihre App darin speichern zu können, müssen Sie in der iCloud-Capability des zugrunde liegenden App-Targets die Checkbox *iCloud Documents* aktivieren.

Verfügbarkeit

Die verschiedenen iCloud-spezifischen Funktionen der `FileManager`-Klasse stehen für die folgenden Plattformen ab der genannten Version zur Verfügung:

macOS	iOS	watchOS	tvOS
ab 10.7	ab 5.0	ab 2.0	ab 9.0

30.4.1 Container-Ordner in iCloud Drive erzeugen

Sie können mehrere verschiedene Ordner über eine App im iCloud Drive erzeugen. Jeder Ordner basiert auf einem Container, den Sie innerhalb der iCloud-Capability des entsprechenden Targets definieren (siehe Bild 30.5). Standardmäßig erzeugt Xcode automatisch einen einzigen Container, dessen Identifier mit „iCloud." beginnt und anschließend um den Bundle Identifier der zugrunde liegenden App erweitert wird. Sie können aber auch einen anderen sowie mehrere verschiedene Container zuordnen. Falls Sie mehrere verschiedene Apps entwickeln, die auf einen gemeinsamen Ordner zugreifen sollen, müssen Sie darauf achten, jeder App den gleichen Container zuzuweisen.

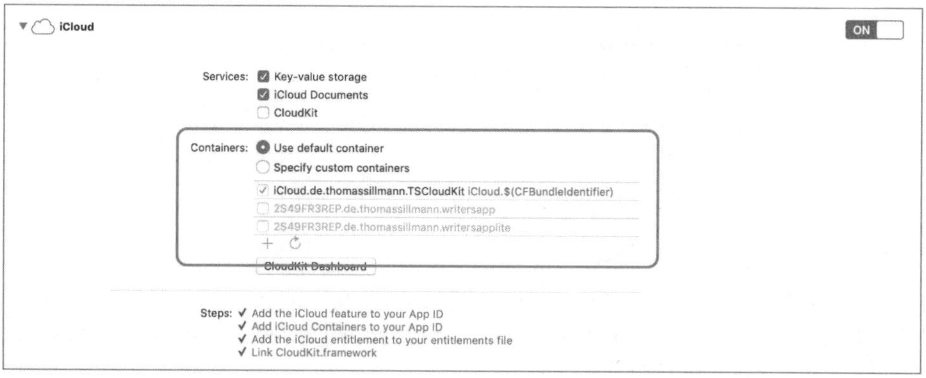

Bild 30.5 Basis der Speicherung auf dem iCloud Drive sind ein oder mehrere sogenannte Container.

Um auf einen dieser Container zuzugreifen, nutzen Sie die Methode `url(forUbiquity ContainerIdentifier:)` der `FileManager`-Klasse. Hierbei übergeben Sie als Parameter den String des Identifiers des gewünschten Containers. Alternativ können Sie auch `nil` übergeben; in diesem Fall greift das System auf den ersten Container innerhalb der Liste zu. Falls Sie in Ihrer App sowieso nur einen einzigen Container einsetzen, ist dieses Vorgehen das einfachste und unkomplizierteste.

Als Ergebnis liefert diese Methode eine URL auf das entsprechende Verzeichnis zurück. Falls jedoch der gewünschte Container nicht existiert oder ein Zugriff auf iCloud Drive nicht möglich ist (zum Beispiel weil der am zugrunde liegenden Gerät angemeldete Nutzer nicht bei iCloud angemeldet ist), entspricht der Rückgabewert `nil`.

Falls Sie mithilfe der Methode `url(forUbiquityContainterIdentifier:)` erfolgreich ein passendes Verzeichnis auf iCloud Drive gefunden haben, erstellen Sie darin im ersten Schritt idealerweise einen Ordner zur Speicherung Ihrer Daten. Dieser oberste Ordner sollte immer auf den Namen „Documents" hören. Darin können Sie dann beliebige weitere Ordner zur Strukturierung Ihrer Daten unterbringen.

Ein vollständiges Beispiel zur Erstellung eines solchen Ordners für einen iCloud Container finden Sie in Listing 30.4. Darin wird eine Klasse `CloudManager` implementiert, die als Singleton ausgelegt ist (daher deren `shared`-Property). Innerhalb der Methode `createCloudFolder()` wird auf den einzigen unterstützten Container zugegriffen und in diesem ein Verzeichnis „Documents" mit dem Unterverzeichnis „MyAppData" erzeugt (sofern dieses Verzeichnis noch nicht existiert). Zum Erstellen des Verzeichnisses wird die `FileManager`-Methode `createDirectory(at:withIntermediateDirectories:attributes:)` verwendet.

Listing 30.4 Erstellen eines Ordners im iCloud Drive

```
class CloudManager {

    static let shared = CloudManager()

    func createCloudFolder() {
        let containerURL = FileManager.default.url(forUbiquityContainerIdentifier:
nil)?.appendingPathComponent("Documents/MyAppData")
        if let url = containerURL, !FileManager.default.fileExists(atPath: url.path,
isDirectory: nil) {
```

```
        do {
            try FileManager.default.createDirectory(at: url,
withIntermediateDirectories: true, attributes: nil)
        } catch {
            print("\(error.localizedDescription)")
        }
      }
    }

}
```

Übrigens ist der „Documents"-Ordner zwingend notwendig, soll das Verzeichnis mit den in iCloud Drive gespeicherten Dateien der App später für den Nutzer öffentlich über den Finder oder die Dateien-App sichtbar sein.

Apropos Sichtbarkeit: Zwar wird mithilfe der gezeigten Methode (die man beispielsweise in einer iOS-App innerhalb der UIApplicationDelegate-Methode application(_:didFinish LaunchingWithOptions:) aufrufen kann) das gewünschte Verzeichnis erzeugt, so standardmäßig aber nicht öffentlich im iCloud Drive des Nutzers angezeigt. Er kann somit nicht direkt auf die in diesem Container gespeicherten Dateien zugreifen und sie verändern.

In manchen Fällen ist dieses Verhalten absolut korrekt und auch gewünscht, doch in anderen Situationen wiederum möchte man dem Nutzer durchaus die Möglichkeit geben, die gespeicherten Dateien direkt über den Finder oder die Dateien-App in iOS zu manipulieren.

Um das zu erreichen, müssen Sie die *Info.plist*-Datei des App-Targets um den Schlüssel NSUbiquitousContainers erweitern. Hierbei handelt es sich um ein Dictionary, für das als Schlüssel die Identifier des jeweiligen Containers zum Einsatz kommen. Bei deren zugeordneten Werten handelt es sich ebenfalls um ein Dictionary, das über die folgenden Schlüssel verfügt:

- NSUbiquitousContainerIsDocumentScopePublic: Ein Boolean, der angibt, ob das Verzeichnis des Containers in iCloud Drive sichtbar ist (true) oder nicht (false).

- NSUbiquitousContainerName: Der Name des Verzeichnisses für den Container, wie er auf der obersten Ebene im iCloud Drive erscheinen wird.

- NSUbiquitousContainerSupportedFolderLevels: Hierüber geben Sie an, inwieweit Unterverzeichnisse unterhalb des obersten „Documents"-Verzeichnisses für den entsprechenden Container erstellt werden können. None bedeutet, dass keinerlei Unterverzeichnisse erstellt werden können, während Any eine unbegrenzte Möglichkeit zum Erstellen beliebiger weiterer Unterverzeichnisse darstellt. Den Mittelweg gehen Sie mit One. Das bedeutet, dass der „Documents"-Ordner genau ein Unterverzeichnis besitzen kann. Unter macOS verhindert der Finder in diesem Fall das Erstellen weiterer Unterverzeichnisse.

Ein Beispiel, wie die Umsetzung des NSUbiquitousContainers-Schlüssels in der Praxis aussehen kann, zeigt Bild 30.6. Darin sind die genannten Eigenschaften für einen Container mit dem Identifier iCloud.de.thomassillmann.iCloud-Drive definiert. Er trägt den Namen „My App" und kann beliebig viele Unterverzeichnisse besitzen.

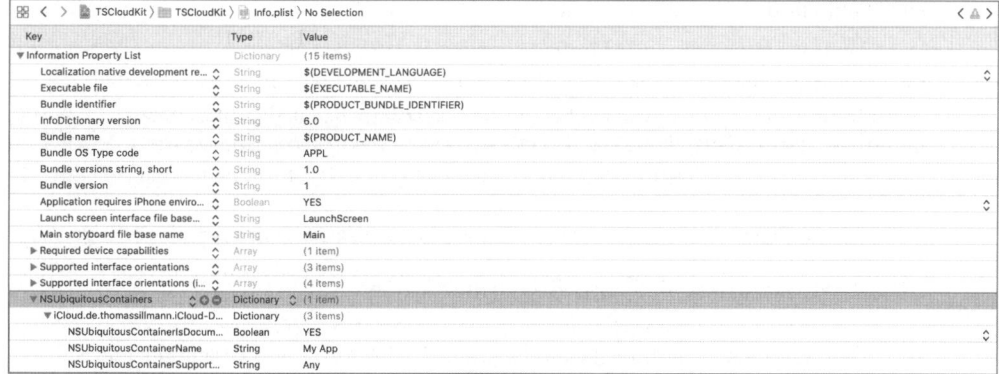

Key	Type	Value
▼ Information Property List	Dictionary	(15 items)
Localization native development re...	String	$(DEVELOPMENT_LANGUAGE)
Executable file	String	$(EXECUTABLE_NAME)
Bundle identifier	String	$(PRODUCT_BUNDLE_IDENTIFIER)
InfoDictionary version	String	6.0
Bundle name	String	$(PRODUCT_NAME)
Bundle OS Type code	String	APPL
Bundle versions string, short	String	1.0
Bundle version	String	1
Application requires iPhone enviro...	Boolean	YES
Launch screen interface file base...	String	LaunchScreen
Main storyboard file base name	String	Main
▶ Required device capabilities	Array	(1 item)
▶ Supported interface orientations	Array	(3 items)
▶ Supported interface orientations (i...	Array	(4 items)
▼ NSUbiquitousContainers	Dictionary	(1 item)
▼ iCloud.de.thomassillmann.iCloud-D...	Dictionary	(3 items)
NSUbiquitousContainerIsDocum...	Boolean	YES
NSUbiquitousContainerName	String	My App
NSUbiquitousContainerSupport...	String	Any

Bild 30.6 Mithilfe des NSUbiquitousContainers-Schlüssels geben Sie über die Info.plist-Datei Ihres Targets konkrete Informationen zum Verzeichnis an, das Sie auf Basis eines Containers in iCloud Drive anbieten möchten.

 Änderung des Verzeichnisnamens eines Containers

Es gibt ein wichtiges Detail zu beachten, falls Sie zu einem späteren Zeitpunkt Änderungen an den gezeigten Einstellungen eines Containers innerhalb der *Info.plist*-Datei vornehmen, beispielsweise den Verzeichnisnamen des Containers ändern. Damit diese Anpassungen wirksam werden, müssen Sie zusätzlich die Build-Nummer des zugrunde liegenden Targets erhöhen. Solange das nicht geschehen ist, haben die durchgeführten Änderungen keine Auswirkung auf eine bereits installierte App.

30.5 CloudKit

Mithilfe des sogenannten *CloudKit*-Frameworks können Sie Daten und Dateien in einer datenbankähnlichen Struktur in der iCloud speichern und auslesen. Zu diesem Zweck stellt Apple eine eigene Online-Plattform – das *CloudKit Dashboard* – zur Verfügung, über das Sie Ihre eigenen sowie die öffentlich zugänglichen Daten einsehen können.

In den folgenden Abschnitten erhalten Sie alle wichtigen Informationen über die Funktionsweise des CloudKit-Frameworks und die Erstellung und Aktualisierung von Datensätzen.

 Aktivierung der CloudKit-Nutzung

Um die Funktionen des CloudKit-Frameworks nutzen zu können, müssen Sie in der iCloud-Capability des zugrunde liegenden App-Targets die Checkbox *CloudKit* aktivieren.

Verfügbarkeit

Das CloudKit-Framework steht für die folgenden Plattformen ab der genannten Version zur Verfügung:

macOS	iOS	watchOS	tvOS
ab 10.10	ab 8.0	ab 3.0	ab 9.0

30.5.1 Funktionsweise und Begrifflichkeiten

Die Arbeit mit dem CloudKit-Framework gestaltet sich ein wenig komplexer und aufwendiger als die Verwendung der zuvor in diesem Kapitel vorgestellten iCloud-Funktionen. Aus diesem Grund möchte ich zu Beginn einige Begrifflichkeiten klären, die im weiteren Verlauf dieses Themas eine wichtige Rolle spielen und Ihnen erläutern, wie die Arbeit mit dem CloudKit-Framework grundlegend funktioniert.

30.5.1.1 Container

Basis der Arbeit mit dem CloudKit-Framework sind die sogenannten *Container*. Ein Container beschreibt einen Bereich innerhalb der iCloud, in der die App Daten speichern und auf sie zugreifen kann. Hierbei kann es sich sowohl um nutzerspezifische Daten eines einzelnen Anwenders (auf die eben nur dieser Nutzer Zugriff hat) oder um allgemeine Daten handeln, die für alle Nutzer gleichermaßen zugänglich sind. Ein Beispiel für Letzteres wäre eine Bewertungsplattform für Restaurants, über die Nutzer Kritiken schreiben und veröffentlichen können. Diese sollen allgemein für alle zugänglich sein, wohingegen bei einer Notizen-App die von einem Nutzer angelegten Notizen nur für ihn allein zur Verfügung stehen sollen.

30.5.1.2 Datenbanken

Die Daten, die über CloudKit gespeichert und verwaltet werden, werden in *Datenbanken* in der Cloud abgebildet. Hierbei enthält jeder Container insgesamt immer drei Datenbanken:

- Die *private* Datenbank enthält alle Daten, die nutzerspezifisch sind und nicht öffentlich für andere zugänglich sein sollen beziehungsweise dürfen.
- Die *geteilte* Datenbank ist ebenfalls für die persönliche und nutzerspezifische Ordnung bestimmt, erlaubt aber das Teilen der darin enthaltenen Daten mit anderen Nutzern (zum Beispiel in der Familie oder mit Freunden).
- Die *öffentliche* Datenbank enthält frei zugängliche Daten, die von allen Nutzern gelesen werden können.

Sie entscheiden selbst, welche der Datenbanken Sie in Ihrer App und für den jeweiligen Container nutzen. Sie können sowohl alle als auch nur eine einzelne Datenbank einsetzen, was letzten Endes immer vom zugrunde liegenden Nutzungsszenario Ihrer App abhängt.

30.5.1.3 Records

Die Datensätze innerhalb einer Datenbank werden in CloudKit als *Records* bezeichnet. Basis eines Records ist der sogenannte *Record Type*. Dieser definiert die verschiedenen Eigenschaften, die ein einzelner Record annehmen kann. In einer Notizen-App könnte es beispielsweise einen Record Type namens „Note" geben, der über Eigenschaften wie Titel, Inhalt, Erstellungsdatum et cetera verfügt. Eine einzelne Notiz wird dann mittels eines Records abgebildet, der passende Inhalte für diese Eigenschaften besitzt.

Das Spannende an CloudKit ist, dass während des Entwicklungsprozesses einer App Sie nicht von vornherein das Datenmodell (sprich die benötigten Record Types und deren Eigenschaften) vollständig bestimmen müssen. Sobald Sie in der zugehörigen App einen Record Type erstellen, den es in der Datenbank noch nicht gibt, wird dieser automatisch erzeugt. Das Gleiche gilt für die Eigenschaften, die Sie mit einem Record Type verknüpfen. Erst wenn Sie die Entwicklung abgeschlossen haben und Ihre App veröffentlichen, müssen Sie das Datenmodell fixieren.

30.5.2 Das CloudKit Dashboard

Über das sogenannte *CloudKit Dashboard* verwalten Sie Ihre Container und deren Datenbanken. Sie haben darüber auch Zugriff auf die von Ihnen in privaten und geteilten Datenbanken gespeicherten Daten sowie die Einträge innerhalb der öffentlichen Datenbanken. Zudem gibt es diverse weitere Diagnosetools wie ein Log, die Ihnen beim Debuggen Ihrer Anwendung sowie bei der Fehlersuche nützlich sein können.

Sie erreichen das CloudKit Dashboard nach der Anmeldung auf Apples Developer Website *(https://developer.apple.com)*, indem Sie im linken Menü den Eintrag *CloudKit Dashboard* auswählen (siehe Bild 30.7). Dazu benötigen Sie aber bereits einen eigenen Entwickler-Account bei Apple (mehr dazu erfahren Sie in Kapitel 34, „Veröffentlichung im App Store"). Nach einem anschließenden Klick auf die Schaltfläche *Go to CloudKit Dashboard* werden Sie auf die zugehörige Plattform weitergeleitet, die Sie auch direkt über den Link *https://icloud. developer.apple.com/dashboard* aufrufen können (siehe Bild 30.8).

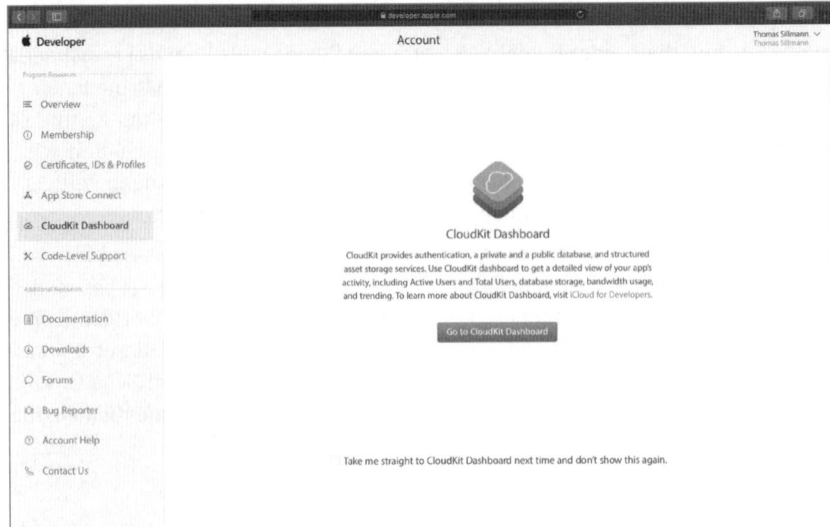

Bild 30.7 Nach Anmeldung am Apple Developer Portal mit Ihrem Entwickler-Account können Sie zum CloudKit Dashboard wechseln.

Bild 30.8 Nach Anmeldung am CloudKit Dashboard sehen Sie alle verfügbaren iCloud Container für die Ihnen zugeordneten Development-Teams.

Nach der Anmeldung im CloudKit Dashboard sehen Sie alle iCloud Container, die Sie im Apple Developer Portal registriert haben (in Bild 30.8 sind diese geschwärzt). Um solche iCloud Container zu erstellen, melden Sie sich im Apple Developer Portal an und wechseln anschließend in den Bereich *Certificates, IDs & Profiles*. Dort finden Sie im Abschnitt *Identifiers* den zugehörigen Punkt *iCloud Containers*, der nach einem Klick alle Container offenbart, die bis jetzt über Ihren Entwickler-Account erzeugt wurden (siehe Bild 30.9). Über die

Plus-Schaltfläche am oberen linken Rand können Sie jederzeit weitere iCloud Container erstellen, die anschließend nach kurzer Wartezeit auch über das CloudKit Dashboard zur Verfügung stehen.

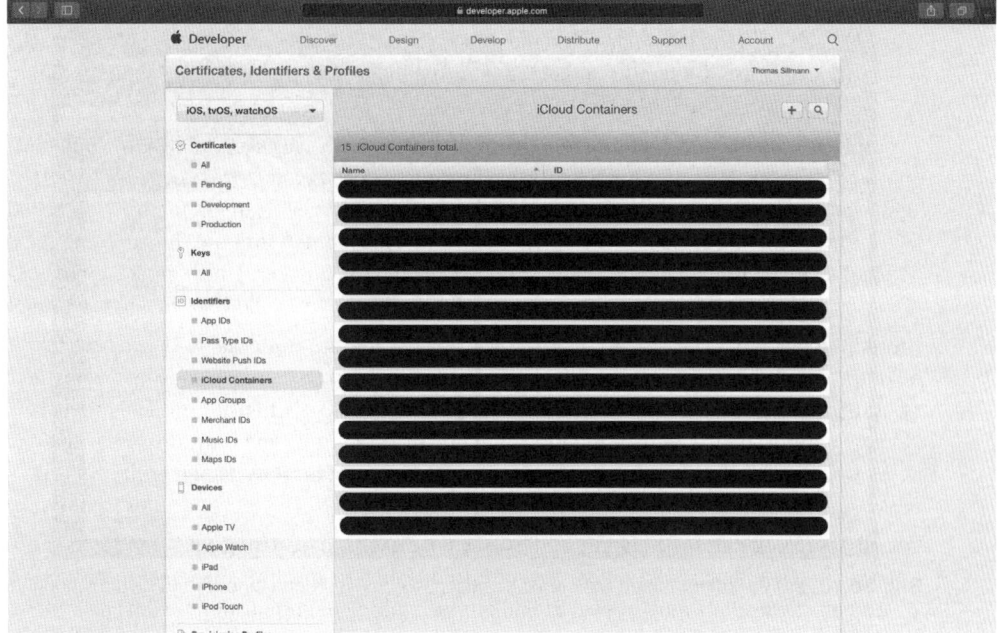

Bild 30.9 Alle mit Ihrem Entwickler-Account verknüpften iCloud Container finden Sie im entsprechenden Abschnitt im Apple Developer Portal.

 Automatisches Erstellen von iCloud Containern durch Xcode

Wenn Sie selbst bisher noch nicht aktiv einen iCloud Container über das Apple Developer Portal erstellt haben, kann es trotzdem sein, dass Sie einige entsprechende Einträge vorfinden. Das liegt daran, dass die Entwicklungsumgebung Xcode automatisch iCloud Container erzeugt, wenn Sie in einem Projekt die iCloud-Capability und zusätzlich das *iCloud Documents*- beziehungsweise *CloudKit*-Feature aktivieren. Das ist einerseits komfortabel, da Sie sich so nicht zwingend selbst um die händische Erstellung der iCloud Container für eine App kümmern müssen, kann andererseits aber auch dafür sorgen, dass sich bereits nach kurzer Zeit mehrere (und zum Teil gar nicht benötigte) Elemente im Apple Developer Portal wiederfinden.

Ein iCloud Container setzt sich aus zwei Bestandteilen zusammen: einem Titel und einem Identifier. Der Identifier muss über alle Container und Apps hinweg absolut eindeutig sein, weshalb hierfür typischerweise ein umgekehrter Domain-Name zum Einsatz kommt (so wie beim Bundle Identifier eines Targets).

Nach Auswahl eines passenden iCloud Containers im CloudKit Dashboard gelangen Sie auf eine Übersichtsseite, über die Sie zwischen der Entwicklungs- und Produktivumgebung des Containers wechseln können (siehe Bild 30.10). Pro Umgebung stehen Ihnen hierbei die gleichen Funktionen zur Verfügung.

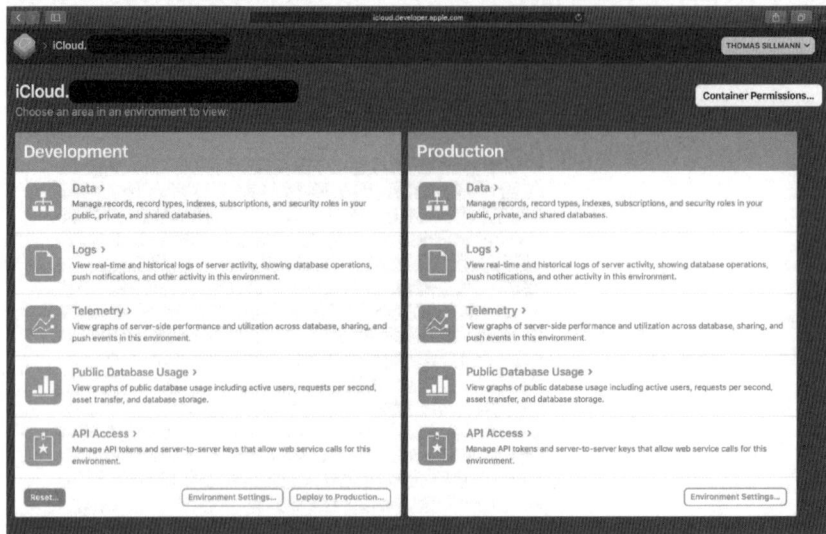

Bild 30.10 Pro Container haben Sie die Wahl zwischen einer Test- und einer Produktivumgebung.

Wie der Name bereits sagt, nutzen Sie den *Development*-Bereich während der Entwicklung (sprich bis zur Veröffentlichung Ihrer App im App Store). Über den *Reset*-Button am unteren linken Rand können Sie die im *Development*-Bereich gespeicherten Daten jederzeit vollständig zurücksetzen. Ist die Entwicklung abgeschlossen, können Sie alle Einstellungen per Klick auf *Deploy to Production...* auf die *Production*-Umgebung übertragen.

Die eigentliche Datenbankkonfiguration eines Containers starten Sie über einen Klick auf den Punkt *Data*. Dort haben Sie Zugriff auf die verschiedenen Datenbanken des Containers sowie die darin definierten Record Types und die gespeicherten Records (siehe Bild 30.11). Im Folgenden stelle ich Ihnen die wichtigsten Abschnitte dieses Bereichs einmal kurz vor:

- *Zones:* Mithilfe sogenannter *Zones* können Sie die Daten, die innerhalb der privaten Datenbank gespeichert werden, optional in verschiedene logische Gruppen (eben die sogenannten Zones) unterteilen. Beim Speichern der Daten über Ihre App können Sie dann steuern, in welche Zone diese gehören.

- *Records:* Über diese Ansicht können Sie die innerhalb des gewählten iCloud Containers gespeicherten Daten für die verschiedenen Datenbanken auslesen und abfragen. Beachten Sie hierbei, dass in der privaten Datenbank nur die Daten des am CloudKit Dashboard angemeldeten Nutzers angezeigt werden. Dort ist bei Ihren Tests so beispielsweise nichts zu sehen, falls Ihre Entwickler-ID eine andere ist als Ihr iCloud-Account.

- *Record Types:* Hierüber haben Sie Zugriff auf die Struktur Ihrer Datenbanken. Im linken Bereich sehen Sie die verschiedenen Record Types (vergleichbar mit Tabellen in herkömmlichen Datenbanken), in der Mitte werden Ihnen – nach Auswahl eines Record Types – die zugehörigen Eigenschaften angezeigt (siehe Bild 30.12). Sie können hier weitere Record Types hinzufügen sowie die verschiedenen Eigenschaften anpassen. Standardmäßig wird immer ein Record Type namens *Users* erzeugt.

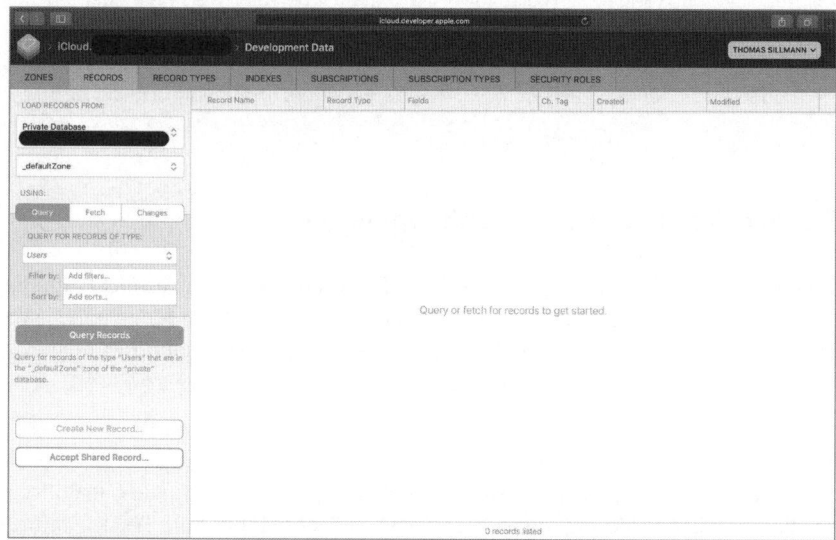

Bild 30.11 Über das CloudKit Dashboard können Sie die Daten und die Struktur eines Containers abrufen und bearbeiten.

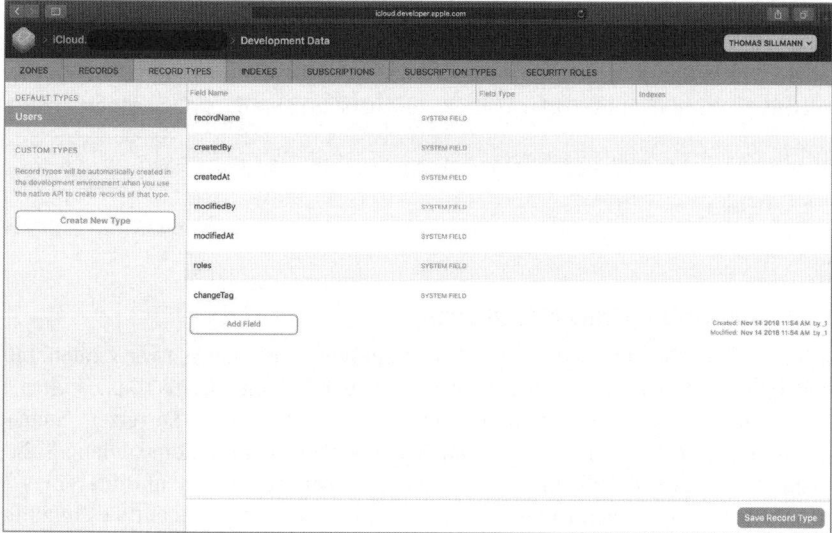

Bild 30.12 Standardmäßig wird pro Container automatisch ein erster Record Type namens Users erzeugt.

Weitere Funktionen des CloudKit Dashboard

Das CloudKit Dashboard stellt neben der Datenverwaltung noch einige weitere nützliche Funktionen zur Verfügung. Dazu gehört beispielsweise ein Log, das die Ereignisse auf dem Server und Informationen zum Zugriff auf die öffentlich zugängliche Datenbank des Containers protokolliert. Diese und weitere Funktionen erreichen Sie nach Auswahl eines Containers im CloudKit Dashboard. ∎

30.5.3 Arbeiten mit dem CloudKit-Framework

Das CloudKit-Framework bringt alle benötigten Funktionen mit, um aus einer App heraus auf die in der iCloud gespeicherten Container und deren Daten zuzugreifen und sie zu verändern. In den folgenden Abschnitten stelle ich Ihnen die grundlegenden Techniken vor, die bei der Arbeit mit dem CloudKit-Framework wichtig sind.

30.5.3.1 Zugriff auf Container

Um einen der Container anzusprechen, die Sie Ihrer App über die iCloud-Capability zugewiesen haben, nutzen Sie die zugehörige Klasse `CKContainer`. Mithilfe des Initializers `init(identifier:)` erzeugen Sie eine Instanz dieser Klasse, die sich auf den Container bezieht, dessen Identifier Sie als Parameter übergeben. Alternativ können Sie auch die Type Property `default` nutzen, um auf den Standard-Container Ihrer App zuzugreifen; auf diese Weise sparen Sie sich die explizite Angabe des Container-Identifiers.

In Listing 30.5 sehen Sie zwei Beispiele zum Erstellen von `CKContainer`-Instanzen. Im ersten Befehl wird auf den Standard-Container zurückgegriffen, im zweiten auf einen spezifischen Container mit dem Identifier `iCloud.de.thomassillmann.myContainer`.

Listing 30.5 Erstellen von `CKContainer`-Instanzen

```
let defaultContainer = CKContainer.default()
let specificContainer = CKContainer(identifier: "iCloud.de.thomassillmann.myContainer")
```

30.5.3.2 Überprüfung des iCloud-Logins

Bevor Sie explizit iCloud-bezogene Funktionen auf Basis von CloudKit verwenden, müssen Sie sicherstellen, dass Ihre App überhaupt Zugriff auf die iCloud besitzt. Das nämlich hängt vom zugrunde liegenden Gerät und dem angemeldeten Nutzer ab. So setzen manche die iCloud überhaupt nicht ein und besitzen auch kein entsprechendes Konto. Ebenfalls besteht die Möglichkeit, dass bei Business-Geräten der Zugriff auf iCloud mithilfe eines MDM beschränkt wurde. In diesen Fällen müssen Sie innerhalb Ihrer App auf die Nutzung und Ausführung von CloudKit-Funktionen verzichten.

Um den entsprechenden Status zu ermitteln, nutzen Sie die Methode `accountStatus(completionHandler:)` der Klasse `CKContainer`. Sie erwartet ein Closure, das über zwei Parameter verfügt:

- `accountStatus`: Der vom System ermittelte iCloud-Status. Er ist vom Typ `CKAccountStatus` und entspricht `available`, wenn ein Zugriff auf den zugrunde liegenden iCloud Container möglich ist. Weitere Werte sind `restricted` und `noAccount`. Ersteres weist auf Einschränkungen hin, die geräteseitig festgelegt wurden (zum Beispiel durch ein MDM), während Letzteres uns darüber informiert, dass gar kein Nutzer in der iCloud angemeldet ist. Sollte bei der Abfrage des Status irgendein Problem auftreten und er so nicht ermittelt werden können, entspricht `accountStatus` dem Wert `couldNotDetermine`.

- `error`: Falls es Probleme bei der Ermittlung des iCloud-Status gibt, wird dieser Parameter mit einer passenden `Error`-Instanz gefüllt, die Sie entsprechend auswerten und darauf reagieren können.

Ein einfaches Beispiel zum Einsatz der `accountStatus(completionHandler:)`-Methode und zum Überprüfen des iCloud-Zugriffs finden Sie in Listing 30.6. Darin wird auf den Default-Container zugegriffen und die genannte Methode aufgerufen. Bei erfolgreichem Zugriff auf die iCloud können weitere Aktionen durchgeführt werden.

Listing 30.6 Überprüfung des iCloud-Status

```
let defaultContainer = CKContainer.default()
defaultContainer.accountStatus { (accountStatus, error) in
    if accountStatus == .available {
        // Zugriff auf iCloud Container möglich
    }
}
```

30.5.3.3 Zugriff auf Datenbanken

Jeder Container verfügt über eine private, eine geteilte und eine öffentliche Datenbank. Diese werden im CloudKit-Framework über die Klasse `CKDatabase` abgebildet. Mithilfe passender Properties können Sie über eine `CKContainer`-Instanz auf die gewünschte Datenbank des zugrunde liegenden Containers zugreifen, was den einfachsten Weg darstellt. Die folgenden Properties stehen hierfür via `CKContainer` zur Verfügung:

- `privateCloudDatabase`: Die private Datenbank eines einzelnen Nutzers.
- `sharedCloudDatabase`: Die geteilte Datenbank eines einzelnen Nutzers.
- `publicCloudDatabase`: Die öffentliche Datenbank für alle Nutzer.

Alternativ können Sie auch über die Methode `database(with:)` der Klasse `CKContainer` auf die verschiedenen Datenbanken zugreifen. Als Parameter erwartet die Methode eine Instanz vom Enumeration-Typ `CKDatabase.Scope`, die über die passenden Werte `private` (für die private Datenbank), `shared` (für die geteilte Datenbank) und `public` (für die öffentliche Datenbank) verfügt.

Ein Beispiel zum Einsatz beider Vorgehensweisen zum Zugriff auf die Datenbanken eines Containers finden Sie in Listing 30.7. Darin wird auf den Standard-Container zugegriffen und über die passende Property dessen private und über die Methode `database(with:)` die öffentliche Datenbank angesprochen.

Listing 30.7 Zugriff auf die Datenbanken eines Containers

```
let defaultContainer = CKContainer.default()
let privateDatabase = defaultContainer.privateCloudDatabase
let publicDatabase = defaultContainer.database(with: .public)
```

30.5.3.4 Arbeiten mit Records

Nachdem in den vorherigen Abschnitten gezeigt wurde, wie Sie auf die Container und die darin befindlichen Datenbanken via CloudKit zugreifen können, setzen wir uns im Folgenden mit dem Erstellen und Speichern von Records auseinander. Records bilden das Herzstück eines Containers und enthalten die Daten, die Nutzer verwalten und einsehen können.

Records werden in CloudKit über die Klasse CKRecord abgebildet. Instanzen dieser Klasse enthalten wenigstens zwei Arten von Informationen:

- *Record Type:* Der passende Record Type, für den ein Record erzeugt werden soll.
- *Daten:* Die eigentlichen Informationen des Records, der ihn von anderen Einträgen des gleichen Record Types unterscheidet.

In den folgenden Abschnitten erfahren Sie, wie Sie einen Record erstellen und speichern sowie bestehende Records aus CloudKit auslesen und aktualisieren.

30.5.3.4.1 Neue Records erstellen

Basis beim Erstellen eines neuen Records für CloudKit ist die bereits zuvor genannte Klasse CKRecord. Im ersten Schritt wird zunächst eine neue Instanz dieser Klasse erstellt. Hierfür kommt der Initializer init(recordType:recordID:) zum Einsatz. Dieser erwartet zwei Parameter:

- recordType: Der Record Type, zu dem der neu zu erstellende Record gehört. Er wird schlicht in Form eines Strings angegeben.
- recordID: Dieser Parameter ist optional und erlaubt das Zuweisen einer eigenen ID für einen Record in Form eines Strings. Falls Sie hier keinen passenden Wert übergeben, wird automatisch ein solcher vom System gesetzt.

Eine so erstellte CKRecord-Instanz müssen Sie im nächsten Schritt mit allen gewünschten Informationen füllen. Hierfür setzen Sie die Instanzmethode setObject(_:forKey:) ein. Ihr übergeben Sie den Schlüssel (sprich das Feld für eine spezifische Eigenschaft, das für alle Einträge dieses Record Types identisch ist) sowie den gewünschten Wert für den Record.

Als Wert können Sie unterschiedliche Instanzen wie Ganzzahlen, Fließkommazahlen, Strings, Datum und Uhrzeit sowie Ortsinformationen (auf Basis der Klasse CLLocation) verwenden. Wichtig: Sie müssen diese Werte in Instanzen vom Typ __CKRecordObjCValue casten. Leider liefert die Dokumentation von Apple keine näheren Informationen zu diesem Typ oder wozu dieses Vorgehen konkret notwendig ist, uns bleibt also nichts anderes übrig, als das so hinzunehmen.

In Listing 30.8 finden Sie ein Beispiel, das die Erstellung einer CKRecord-Instanz zeigt. Sie bezieht sich auf den Record Type User und definiert für den neuen Record zwei Werte: einen Namen (für das Feld name) und ein Alter (für das Feld age).

Listing 30.8 Erstellen eines CKRecord

```
let myUser = CKRecord(recordType: "User")
myUser.setObject("Thomas" as __CKRecordObjCValue, forKey: "name")
myUser.setObject(30 as __CKRecordObjCValue, forKey: "age")
```

Um einen solchen `CKRecord` nun in der Cloud zu speichern, müssen Sie zunächst auf die passende Datenbankinstanz vom Typ `CKDatabase` zurückgreifen (sprich auf die private, geteilte oder öffentliche Datenbank des zugrunde liegenden Containers). Auf dieser Datenbank rufen Sie anschließend die Methode `save(_:completionHandler:)` auf, die als Parameter den zu speichernden `CKRecord` erwartet.

Der `completionHandler`-Parameter wird vom System aufgerufen, sobald der Speichervorgang erfolgreich abgeschlossen wurde oder ein Fehler aufgetreten ist. Darüber können Sie noch einmal auf den erzeugten `CKRecord` zugreifen beziehungsweise den potenziellen Fehler über den `error`-Parameter auswerten.

Ein simples Beispiel zum Speichern eines Records in einer Datenbank finden Sie in Listing 30.9. Es greift auf die private Datenbank des Default-Containers einer App zu und sichert darin den in Listing 30.8 in der Konstanten `myUser` gespeicherten `CKRecord`.

Listing 30.9 Speichern eines CKRecord in der Datenbank

```
let cloudContainer = CKContainer.default()
let privateCloudDatabase = cloudContainer.privateCloudDatabase
privateCloudDatabase.save(myUser) { (record, error) in
    // Vorgang abgeschlossen, möglichen Fehler auswerten
}
```

 Fehlerbehandlung ist essenziell!

Auch wenn aus Platzgründen sowohl beim eben gezeigten Beispiel als auch in den folgenden Abschnitten darauf verzichtet wird, sei an dieser Stelle darauf hingewiesen, dass die Fehlerbehandlung – die im Allgemeinen bereits sehr wichtig ist – bei der Arbeit mit den Funktionen des CloudKit-Frameworks geradezu **unabdingbar** ist. Da diese Funktionen stets auf eine verfügbare Internetverbindung und die Erreichbarkeit der Apple-Server angewiesen sind, kann es hier wie bei kaum einer anderen Technik des Öfteren zu Problemen kommen, die Ihre App handhaben muss. Wenn beispielsweise ein Record aufgrund einer unterbrochenen Internetverbindung nicht in der Cloud gespeichert werden kann, müssen Sie entsprechend darauf reagieren und Sie dürfen den Nutzer nicht einfach im Glauben lassen, es wäre schon alles gut gegangen.

Übrigens: Solange sich Ihre App in der Entwicklung befindet, werden im CloudKit Dashboard automatisch alle Record Types mitsamt Eigenschaften angelegt, sobald Sie einen entsprechenden Record speichern. Das Datenbankmodell müssen Sie so nicht zwingend vorher vollständig selbst im CloudKit Dashboard erstellen, sondern Sie können es durch Ihre App im Laufe der Zeit generieren lassen.

30.5.3.4.2 Bestehende Records auslesen

Um in der iCloud gespeicherte Records auszulesen, steht Ihnen die Methode `perform` `(_:inZoneWith:completionHandler:)` der Klasse `CKDatabase` zur Verfügung. Sie erwartet als primären Parameter einen Query, also eine Abfrage auf die zugrunde liegende Datenbank. Diese Abfragen setzen Sie auf Basis von Instanzen der CKQuery-Klasse um. Hierbei geben Sie den Record Type an, zu dem Sie passende Records auslesen möchten, sowie einen Predicate auf Basis einer NSPredicate-Instanz. Um einen solchen CKQuery zu erstellen, nutzen Sie den Initializer init(recordType:predicate:), der für beide Informationen jeweils einen eigenen Parameter besitzt.

Neben dem Query erwartet die Methode noch zwei weitere Parameter. So können Sie explizit eine bestimmte Zone angeben, auf der sich der Query bezieht. Sollten Sie nur eine einzige Zone verwenden, können Sie hier aber auch schlicht nil übergeben und das System so auf die Standard-Zone verweisen.

Zu guter Letzt folgt noch ein Closure, das zwei Parameter besitzt: ein Array mit Elementen vom Typ CKRecord sowie eine Error-Instanz. Dieses Closure ist das Ergebnis einer Abfrage und liefert innerhalb des Arrays alle passenden gefundenen Records zurück. Sollte es hingegen zu einem Fehler kommen, können Sie diesen über den entsprechenden Parameter auswerten und passend darauf reagieren.

In Listing 30.10 finden Sie ein simples Beispiel zum Einsatz der beschriebenen Methode perform(_:inZoneWith:completionHandler:). Es fragt alle Records innerhalb des Record Types User ab, deren Name Thomas entspricht. Als Basis für die Abfrage dient die private Datenbank des zugrunde liegenden Nutzers innerhalb des Standard-Containers.

Listing 30.10 Auslesen von Records in der Cloud

```
let cloudContainer = CKContainer.default()
let privateCloudDatabase = cloudContainer.privateCloudDatabase
let query = CKQuery(recordType: "User", predicate: NSPredicate(format: "name ==
'Thomas'"))
privateCloudDatabase.perform(query, inZoneWith: nil) { (results, error) in
    // Auswerten der erhaltenen Ergebnisse
}
```

 Auslesen aller Records eines Record Type

Wenn Sie alle Records eines Record Typs auslesen möchten, erstellen Sie schlicht einen Predicate mithilfe des Befehls NSPredicate(value: true).

30.5.3.4.3 Bestehende Records aktualisieren

Um einen bereits in der Cloud bestehenden Record mit aktualisierten Daten zu versehen und zu speichern, vereinen Sie schlicht die beiden Schritte, die in Abschnitt 30.5.3.4.2, „Bestehende Records auslesen", und Abschnitt 30.5.3.4.1, „Neue Records erstellen", bereits beschrieben wurden. Lesen Sie zunächst den gewünschten Datensatz mithilfe eines passenden CKQuery aus der Datenbank aus und verändern Sie anschließend dessen Werte mithilfe der Methode setObject(_:forKey:). Am Ende rufen Sie die save(_:completionHandler:)-Methode über die passende Datenbank auf und übergeben erneut den überarbeiteten Record. Da der ausgelesene und erneut gespeicherte Record dieselbe ID besitzen, weiß iCloud, dass es sich bei dem Speichervorgang um eine Aktualisierung und keine Neuerstellung eines Record handelt.

30.5.3.4.4 Records löschen

Um einen bestehenden Record aus der Cloud zu löschen, rufen Sie die Methode `delete(withRecordID:completionHandler:)` auf der zugehörigen Datenbank auf. Wichtig hierbei: Sie müssen die *ID* des zu löschenden Records übergeben, nicht die `CKRecord`-Instanz an sich. Diese ID haben Sie entweder bei der Erstellung eines Records selbst festgelegt (siehe hierzu auch Abschnitt 30.5.3.4.1, „Neue Records erstellen") oder sie vom System erstellen lassen. In letzterem Fall müssen Sie die ID vor der eigentlichen Löschung noch ermitteln. Das können Sie beispielsweise tun, indem Sie zunächst mithilfe einer Abfrage den gewünschten Record in Form der zugrunde liegenden `CKRecord`-Instanz ermitteln (siehe hierzu den Abschnitt 30.5.3.4.2, „Bestehende Records auslesen") und anschließend auf die `recordID`-Property zugreifen. Hierbei handelt es sich um exakt jenen Wert eines Records, den man für die Löschung benötigt.

Übrigens: Die Record-ID ist letztlich nur ein String, der aber in eine Instanz der Klasse `CKRecord.ID` verpackt ist. Das müssen Sie berücksichtigen, wenn Sie die Methode `delete(withRecordID:completionHandler:)` aufrufen, um einen Record auf Basis dieser ID zu löschen.

In Listing 30.11 sehen Sie ein einfaches Beispiel zum Aufruf der Methode `delete` `(withRecordID:completionHandler:)`. Nachdem das System die gewünschte Aktion durchgeführt hat, wird der `completionHandler`-Parameter aufgerufen, der zwei Informationen liefert: die ID des Records, der gelöscht werden soll, sowie ein optionales `Error`-Objekt.

Listing 30.11 Löschen eines Records auf Basis der Record-ID

```
let cloudContainer = CKContainer.default()
let privateCloudDatabase = cloudContainer.privateCloudDatabase
privateCloudDatabase.delete(withRecordID: CKRecord.ID(recordName: "37019C01-4EE6-
4C93-80E9-6248FCD07073")) { (recordID, error) in
    // Löschvorgang abgeschlossen, mögliche Fehler prüfen
}
```

30.5.3.4.5 Records miteinander verknüpfen

Um zusammengehörige Records – typischerweise von unterschiedlichen Record Types – miteinander zu verknüpfen, muss eine passende Instanz vom Typ `CKRecord.Reference` erzeugt werden. Diese enthält den zu verknüpfenden Record und kann anschließend einem bestehenden Record zur Herstellung der Verknüpfung zugewiesen werden. Diese Zuweisung erfolgt wie bereits bekannt über die Methode `setObject(_:forKey:)` des Records.

Das Erstellen einer `CKRecord.Reference`-Instanz erfolgt entweder über den Intitializer `init(record:action:)` (der den zu verknüpfenden Record als Parameter erwartet) oder über `init(recordID:action:)` (der hingegen die ID des zu verknüpfenden Record erwartet). Beiden gemein ist der `action`-Parameter. Dieser ist vom Typ `CKRecord_Reference_Action` und dient dazu, eine mögliche Löschregel für eine Referenz zu definieren. So sorgt die Übergabe des Werts `deleteSelf` dafür, dass bei Löschen eines Records auch alle Referenzen gelöscht werden, die auf den Record verweisen. Alternativ können Sie für den `action`-Parameter auch `none` setzen. Das bedeutet, dass nach Löschen eines Records mögliche Referenzen darauf noch immer bestehen bleiben.

In Listing 30.12 sehen Sie ein Beispiel zur Erstellung und Zuweisung einer Referenz auf Basis von zwei neu kreierten `CKRecord`-Instanzen. Damit wird eine Zuordnung zwischen einem Autor und dessen Buch hergestellt.

Listing 30.12 Verknüpfung von Records

```
// Erstellen eines Autors
let author = CKRecord(recordType: "Author")
author.setObject("Thomas Sillmann" as __CKRecordObjCValue, forKey: "name")

// Erstellen eines Buches
let book = CKRecord(recordType: "Book")
book.setObject("Das Swift-Handbuch" as __CKRecordObjCValue, forKey: "title")

// Verknüpfung von Autor und Buch
let bookReference = CKRecord.Reference(record: book, action: .none)
author.setObject(bookReference, forKey: "book")
```

30.5.3.5 Assets

Möchten Sie eine große Datei im Zusammenspiel mit einem Record speichern, bieten die iCloud Container hierfür einen separaten Speicherort an. Diesen erreichen Sie mithilfe von Assets, bei denen es sich im CloudKit-Framework um Instanzen der Klasse CKAsset handelt. In einem CKAsset verpacken Sie die gewünschte Datei, die Sie einem Record zuweisen möchten, und verknüpfen anschließend das Asset mit dem zugehörigen Record. Hierbei kommt erneut die Methode setObject(_:forKey:) zum Einsatz.

Wichtig: Um ein CKAsset zu erstellen, müssen Sie immer den Pfad zur gewünschten Datei auf Basis einer URL angeben. Die Datei muss also explizit an einer spezifischen Stelle abgelegt sein und kann nicht aus einem binären Datenstrom für das Asset generiert werden.

Ein Beispiel, wie Sie eine solche CKAsset-Instanz mithilfe des passenden Initializers init(fileURL:) erstellen und einem Record zuweisen, finden Sie in Listing 30.13.

Listing 30.13 Zuweisen einer großen Datei zu einem Record

```
let myAsset = CKAsset(fileURL: URL(string: "/Path/to/file")!)
// myRecord ist eine Instanz der Klasse CKRecord.
myRecord.setObject(myAsset, forKey: "asset")
```

31 Siri

Siri ist Apples Sprachassistentin und inzwischen auf allen Systemen des Unternehmens zu finden. Das schließt somit Mac, iPhone, iPad, Apple Watch, Apple TV und selbst den Home-Pod mit ein.

Mittels entsprechender Frameworks und Funktionen ist es möglich, Siri – zumindest in eingeschränkter Form – auch in eigenen Apps unter iOS und watchOS zu implementieren. Das erlaubt es den Nutzern, Sprachkommandos auf die gewohnte Art und Weise mithilfe von Siri abzusetzen und darüber Aktionen in Ihrer App auszulösen.

Basis zur Implementierung von Siri in eigenen Apps ist *SiriKit*. Es setzt sich aus den beiden Frameworks *Intents* und *IntentsUI* zusammen, in der alle Typen und Funktionen untergebracht sind, die für die Unterstützung von Siri benötigt werden.

SiriKit steht für die folgenden Plattformen ab der genannten Version zur Verfügung:

macOS	iOS	watchOS	tvOS
ab 10.12	ab 10.0	ab 3.2	Nicht vorhanden

Folgende Frameworks liegen SiriKit zugrunde:

- *Intents*
- *IntentsUI*

■ 31.1 Funktionsweise und Einschränkungen

Bevor wir uns der eigentlichen technischen Umsetzung und Implementierung von Siri zuwenden, möchte ich Sie zu Beginn über die grundlegende Funktionsweise und damit einhergehende Einschränkungen von SiriKit informieren.

SiriKit basiert auf sogenannten *Intents*. Intents beschreiben verschiedene Interaktionen, die mit Siri durchgeführt werden können. So gibt es Intents zum Senden von Nachrichten, zum Starten eines Workouts, zum Erstellen von Notizen, zum Bezahlen von Rechnungen oder zum Reservieren in Restaurants. In Ihren eigenen Apps können Sie Siri nur im Zusammenspiel mit diesen vom System bereitgestellten Intents nutzen (einzige Ausnahme bilden die sogenannten *Siri Shortcuts*; mehr dazu erfahren Sie in Abschnitt 31.5, „Siri Shortcuts"). Gibt es keinen Intent für die Use Cases, in denen Sie Ihre App mittels Siri steuern möchten, kommt eine Implementierung auch nicht infrage; sie ist schlicht technisch nicht möglich. Mehr zu den verfügbaren Intents erfahren Sie in Abschnitt 31.3.2, „Unterstützte Intents definieren".

Gibt es hingegen ein oder mehrere Intents, die im Kontext Ihrer App sinnvoll sind, können Sie Ihre App für diese Intents registrieren. Nutzer können dann die zu einem Intent passenden Anfragen an Ihre App stellen. Mithilfe einer Extension werden Sie über eine solche Anfrage informiert und setzen diese um. Hierbei können Sie auch zusätzlich benötigte Informationen vom Nutzer erfragen. Das ist immer dann wichtig, wenn noch wichtige Informationen fehlen, um die Anfrage umzusetzen. Dazu ein Beispiel: Ein Nutzer sagt: „Starte ein Workout." Falls Ihre App mehrere verschiedene Workouts anbietet, reicht diese Anfrage des Nutzers nicht aus; Sie müssen wenigstens noch zusätzlich wissen, welches *Workout* gestartet werden soll. Auf diese Art und Weise holen Sie über die genannte Extension solange Informationen vom Nutzer ein, bis Sie dessen Anfrage umsetzen können.

In den folgenden Abschnitten werfen wir einen Blick auf die genauen technischen Details, um derartige Intents in eigenen Apps zu implementieren und auszuwerten.

■ 31.2 Siri-Support vorbereiten

Damit Ihre App überhaupt mit Siri verwendet werden kann, müssen Sie Ihre App zunächst einmal entsprechend konfigurieren. Außerdem müssen die Nutzer der Verwendung von Siri durch Ihre App zustimmen. Erfragen Sie diese nicht oder lehnt der Nutzer sie ab, kann er Siri auch nicht zusammen mit Ihrer App verwenden. Befolgen Sie daher die im Folgenden genannten Schritte, wenn Sie Support für Siri in Ihrer App anbieten möchten.

31.2.1 Siri-Capability aktivieren

Der erste wichtige Schritt zur Nutzung von Siri in eigenen Apps ist die Aktivierung der entsprechenden Capability. Sie finden sie im *Capabilities*-Reiter nach Auswahl Ihres App-Targets (siehe Bild 31.1). Aktivieren Sie den Schalter im Abschnitt *Siri*, um den entsprechenden Support in der gewählten App bereitzustellen. Xcode kümmert sich daraufhin um die dafür notwendige Konfiguration Ihres Projekts.

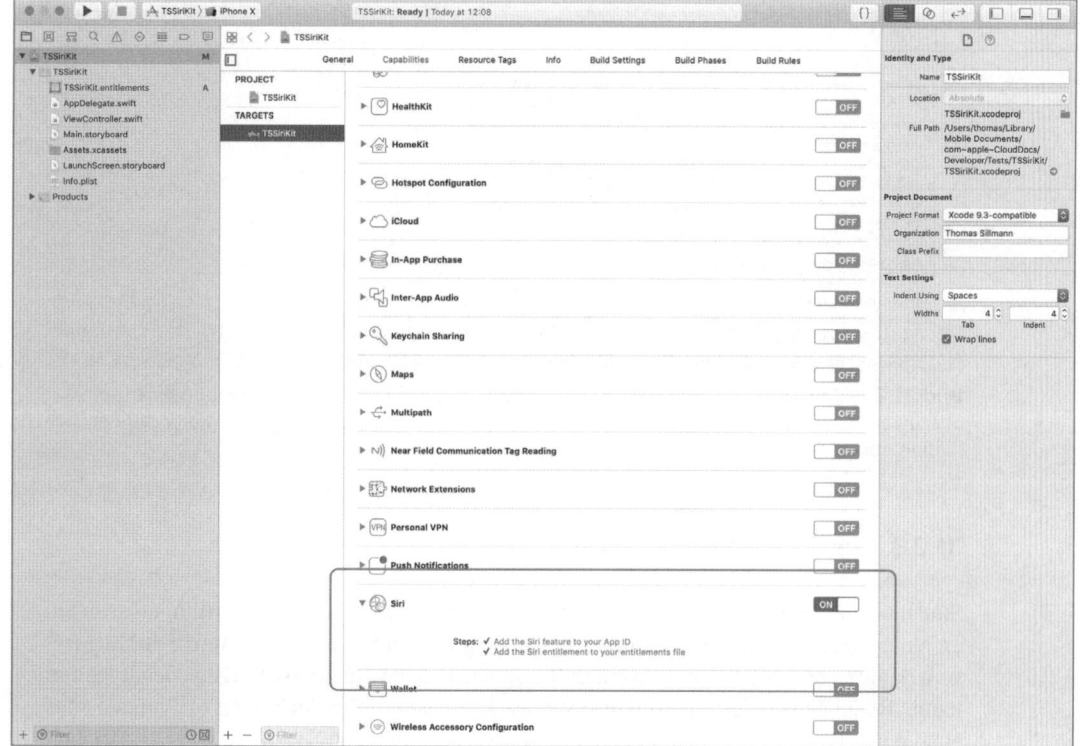

Bild 31.1 Sie können nur dann Siri in Ihren eigenen Apps nutzen, wenn Sie zuvor die entsprechende Capability des zugrunde liegenden Targets aktivieren.

31.2.2 Info.plist aktualisieren

Um in eigenen Apps auf Siri zugreifen zu können, muss die *Info.plist*-Datei des entsprechenden App-Targets um den Schlüssel `NSSiriUsageDescription` erweitert werden. Hierbei handelt es sich um einen String, in dem Sie beschreiben sollen, warum Ihre App den Zugriff auf Siri wünscht und welche Aktionen dadurch ausgelöst werden können (siehe Bild 31.2). Dieser String wird dem Nutzer angezeigt, sobald Sie in Ihrer App nach dem Zugriff auf Siri fragen (siehe hierzu auch den Abschnitt 31.2.3, „Zugriff auf Siri erfragen").

Key		Type	Value
⬚ ‹ › 🗋 TSSiriKit › ▥ TSSiriKit › 📄 Info.plist › No Selection			
▼ Information Property List		Dictionary	(15 items)
Localization native development re...	⬍	String	$(DEVELOPMENT_LANGUAGE)
Executable file	⬍	String	$(EXECUTABLE_NAME)
Bundle identifier	⬍	String	$(PRODUCT_BUNDLE_IDENTIFIER)
InfoDictionary version	⬍	String	6.0
Bundle name	⬍	String	$(PRODUCT_NAME)
Bundle OS Type code	⬍	String	APPL
Bundle versions string, short	⬍	String	1.0
Bundle version	⬍	String	1
Application requires iPhone enviro...	⬍	Boolean	YES
Launch screen interface file base...	⬍	String	LaunchScreen
Main storyboard file base name	⬍	String	Main
▶ Required device capabilities	⬍	Array	(1 item)
▶ Supported interface orientations	⬍	Array	(3 items)
▶ Supported interface orientations (i...	⬍	Array	(4 items)
Privacy - Siri Usage Descripti...	⬍ ⊕ ⊖	String	Tests are going to be executed based on Siri.

Bild 31.2 Sie müssen den Schlüssel NSSiriUsageDescription in Ihrem App-Target ergänzen, um auf Siri zugreifen zu können. Der hinterlegte String wird dem Nutzer angezeigt, wenn er den Zugriff auf Siri für Ihre App gewähren soll.

31.2.3 Zugriff auf Siri erfragen

Sind die in den vorherigen Abschnitten beschriebenen Voraussetzungen erfüllt, müssen Sie an einer passenden Stelle innerhalb Ihrer App Ihren Nutzer nach dem Zugriff auf Siri fragen. Dadurch blendet das System einen Dialog ein, den der Nutzer bestätigen oder ablehnen kann. Abhängig von der Auswahl des Nutzers kann er Ihre App fortan mit Siri nutzen oder eben nicht. Eine mögliche Stelle, um den Nutzer nach dem Siri-Zugriff zu fragen, wäre beispielsweise die `UIApplicationDelegate`-Methode `application(_:didFinishLaunchingWithOptions:)`.

Um den Zugriff auf Siri zu erfragen, kommt die Typmethode `requestSiriAuthorization(_:)` der Klasse `INPreferences` aus dem *Intents*-Framework zum Einsatz. Sie erwartet als Parameter ein optionales Closure, das vom System aufgerufen wird, sobald der Nutzer seine Einstellung ausgewählt (und damit den Zugriff Ihrer App auf Siri entweder erlaubt oder abgelehnt) hat. Darin erhalten Sie als Parameter eine Instanz vom Enumeration-Typ `INSiriAuthorizationStatus`, über den Sie auswerten können, welche Rechte Ihre App in Bezug auf Siri besitzt. Die Enumeration verfügt über die folgenden Werte:

- `notDetermined`: Bisher wurde noch keine Einstellung für Ihre App festgelegt. Typischerweise ist dieser Status solange aktiv, bis Sie mithilfe der Methode `requestSiriAuthorization(_:)` eine Entscheidung vom Nutzer abfragen.

- `restricted`: Es ist kein Zugriff auf Siri möglich. Das liegt bei diesem Status nicht daran, dass der Nutzer Ihre App aktiv geblockt hat, sondern an globaleren Einstellungen (beispielsweise bei Systemeinschränkungen im Zusammenspiel mit Siri auf dem zugrunde liegenden Gerät).

- `denied`: Der Nutzer hat den Zugriff Ihrer App auf Siri abgelehnt.

- `authorized`: Der Nutzer hat Ihrer App den Zugriff auf Siri gewährt.

In Listing 31.1 sehen Sie ein Beispiel zum Einsatz der Methode `requestSiriAuthorization(_:)`. Gewährt der Nutzer Zugriff auf Siri, wird eine simple Meldung auf der Konsole ausgegeben.

Listing 31.1 Erfragen des Zugriffs auf Siri

```
INPreferences.requestSiriAuthorization { (status) in
    if status == .authorized {
        print("Siri-Zugriff gewährt.")
    }
}
```

Sobald diese Methode zum ersten Mal aus Ihrer App heraus aufgerufen wird, erscheint ein entsprechender Systemdialog, über den der Nutzer der Aktivierung von Siri zustimmen oder sie verbieten kann (siehe Bild 31.3). Darin wird am unteren Ende des Dialogs der Text ausgegeben, den Sie zuvor in der *Info.plist*-Datei des Targets für den Schlüssel NSSiriUsageDescription definiert haben.

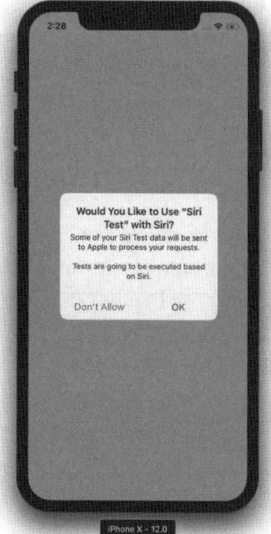

Bild 31.3
Diesen Systemdialog muss der Nutzer bestätigen,
damit Ihre App Zugriff auf Siri erhält.

Dieser Dialog wird übrigens pro App nur ein einziges Mal angezeigt, selbst wenn Sie sie mehrmals aufrufen. Hat der Nutzer seine initiale Einstellung festgelegt, kann diese nachträglich nur über die Einstellungen des Betriebssystems angepasst werden.

Sie können übrigens jederzeit innerhalb Ihrer App den aktuellen Status des Siri-Zugriffs ermitteln, indem Sie die Typmethode siriAuthorizationStatus() auf INPreferences aufrufen. Sie liefert den passenden Wert in Form einer INSiriAuthorizationStatus-Instanz zurück.

■ 31.3 Intents Extension

Sind alle grundlegenden Vorkehrungen zur Nutzung von Siri für eigene Apps getroffen (siehe hierzu den Abschnitt 31.2, „Siri-Support vorbereiten"), geht es mit der eigentlichen Implementierung weiter. Basis hierbei sind – wie zu Beginn dieses Kapitels beschrieben – die sogenannten Intents. Um diese zu implementieren und darüber die gewünschten Siri-Funktionen und -Aktionen umzusetzen, müssen Sie Ihre App um eine sogenannte *Intents Extension* ergänzen. Darin bringen Sie die gesamte Logik im Zusammenspiel mit Siri unter und definieren die weiteren Eigenschaften (wie beispielsweise die von Ihrer App unterstützten Intents).

Um einem Projekt eine neue Intents Extension hinzuzufügen, wechseln Sie in die Template-Ansicht zum Erstellen eines neuen Targets. Darin finden Sie unter den Reitern *iOS* und *watchOS* die passende Vorlage für eine *Intents Extension* im Abschnitt *Application Extension* (siehe Bild 31.4). Wählen Sie diese aus und klicken Sie auf die Schaltfläche *Next*. Abschließend definieren Sie noch einige grundlegende Informationen zum neu zu erstellenden Target. Neben bereits bekannten Informationen (wie man sie bereits beispielsweise von der Erstellung von App-Targets her kennt) definieren Sie darin unter anderem noch die folgenden Eigenschaften der Intents Extension (siehe Bild 31.5):

- *Starting Point:* Über dieses Drop-down-Menü können Sie auf Wunsch einen der vorgegebenen Bereiche auswählen, die Sie mittels Intents in Ihrer App unterstützen möchten (oder alternativ *None*, um mit einer „leeren" Vorlage zu beginnen). Mehr über diese Bereiche und die zur Verfügung stehenden Intents erfahren Sie in Abschnitt 31.3.2, „Unterstützte Intents definieren".

- *Include UI Extension:* Eine Intents UI Extension ist eine optionale Erweiterung der Intents Extension. Sie erlaubt es, bei der Nutzung von Siri zusätzlich eigene Views anzuzeigen. Wenn Sie diese Checkbox aktivieren, können Sie eine solche Extension gleich zusammen mit Ihrer Intents Extension erzeugen. Mehr zur Intents UI Extension erfahren Sie in Abschnitt 31.4, „Intents UI Extension".

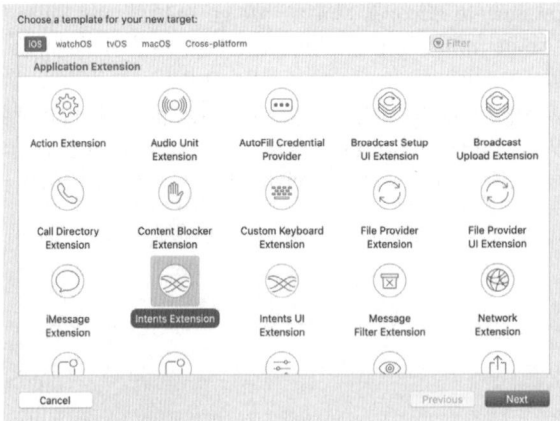

Bild 31.4
Eine „Intents Extension" ist die Basis zur Implementierung der Siri-Unterstützung einer App.

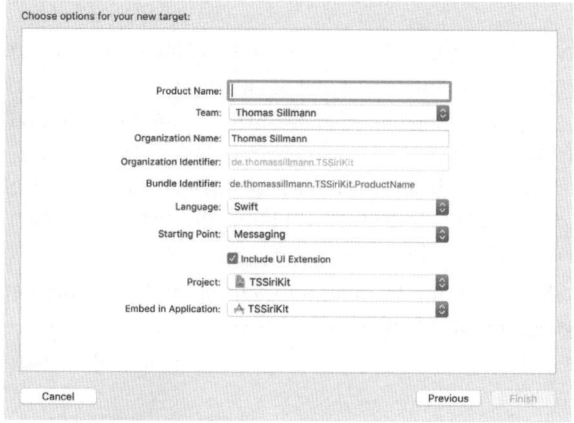

Bild 31.5
In diesem Fenster tragen Sie alle grundlegenden Informationen zur Intents Extension ein.

Mit einem abschließenden Klick auf die Schaltfläche *Finish* wird die Intents Extension (und, sofern die zugehörige Checkbox aktiviert wurde, auch eine Intents UI Extension) erzeugt und Ihrem Projekt hinzugefügt. Xcode bietet Ihnen zusätzlich an, ein passendes Scheme für die neue Extension zu erzeugen, was Sie idealerweise bejahen. Dadurch können Sie Änderungen an Ihrer Extension schnell und komfortabel ausführen und testen (dazu mehr in Abschnitt 31.3.4, „Intents testen").

Die neu erstellte Extension setzt sich aus zwei Dateien zusammen (siehe Bild 31.6):

- *IntentHandler.swift:* Dies ist der Einstiegspunkt zum Auswerten von Siri-Anfragen, die an Ihre App gestellt werden.

- *Info.plist:* Hierin bringen Sie allgemeine Informationen zur Intents Extension unter, unter anderem die von Ihrer App unterstützten Intents. Mehr dazu erfahren Sie in Abschnitt 31.3.2, „Unterstützte Intents definieren". Der Schlüssel `NSExtensionPrincipalClass` enthält den Namen der Klasse, die der Intents Extension als Einstiegspunkt dient. Hier ist standardmäßig bereits die innerhalb von *IntentHandler.swift* definierte `IntentHandler`-Klasse eingetragen.

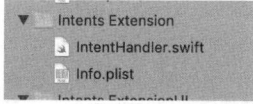

Bild 31.6
Eine neue Intents Extension verfügt über eine IntentHandler.swift- und eine Info.plist-Datei.

31.3.1 Funktionsweise

Unabhängig davon, welche Intents Sie in Ihren Apps implementieren, ist die grundlegende Funktionsweise immer identisch. Der Ablauf besteht aus insgesamt drei Prozessen:

- *Resolve*

- *Confirm*

- *Handle*

Zwingend notwendig ist lediglich die Implementierung der letzten Phase *Handle*, wie Sie im Detail noch in Abschnitt 31.3.3, „Intents implementieren", erfahren werden. Im Folgenden finden Sie eine detaillierte Beschreibung der einzelnen Phasen.

Resolve

Die *Resolve*-Phase dient dazu, eine vom Nutzer gestellte Anfrage auf Vollständigkeit hin zu überprüfen und möglicherweise noch fehlende Informationen anzufordern.

Betrachten wir als Beispiel eine Anfrage zum Senden einer Nachricht. Damit das funktioniert, müssen wenigstens eine Nachricht sowie ein Empfänger feststehen. Doch was geschieht, wenn der Nutzer nur „Schicke eine Nachricht an Tobias" sagt? Die Anfrage ist nicht vollständig und es wird zusätzlich zum Empfänger noch die Info über die eigentliche Nachricht benötigt. Genau das gehört in die *Resolve*-Phase.

In der Regel durchläuft man diese Phase so lange, bis eine Anfrage vorhanden ist, mit der Sie arbeiten können und die alle benötigten Informationen enthält.

Confirm

Sobald die vollständige Anfrage innerhalb der *Resolve*-Phase erfasst wurde, startet die *Confirm*-Phase. Zu diesem Zeitpunkt ist die Anfrage zur Ausführung bereit und kann nun noch einmal final überprüft werden. Zusätzlich dient diese Phase dazu, die Rahmenbedingungen zu prüfen und sicherzustellen, dass die Anfrage auch tatsächlich ausgeführt werden kann. Falls beispielsweise Server kontaktiert werden müssen, können Sie in dieser Phase prüfen, ob diese auch zur Verfügung stehen.

Handle

Die *Handle*-Phase ist vergleichbar mit der *Confirm*-Phase. Die Anfrage des Nutzers ist vollständig und alle Rahmenbedingungen zur Ausführung passen. Nun wird die Anfrage Ihrer App verarbeitet. Sie führen alle Aktionen durch, die notwendig sind, damit die Anfrage des Nutzers wie gewünscht ausgeführt wird.

Nach der *Handle*-Phase ist die Kommunikation mit Siri beendet. Selbstredend kann der Nutzer im Anschluss weitere Anfragen an Siri stellen, worauf der beschriebene Prozess erneut von vorne beginnt.

31.3.2 Unterstützte Intents definieren

Siri unterstützt lediglich eine festgelegte Auswahl von Intents für spezifische Aufgabenbereiche. Diese unterteilen sich in die folgenden Gruppen:

- Messaging
- Aufgaben und Notizen
- Workouts
- Zahlungen
- VoIP-Telefonie
- Visual Codes (QR-Codes)
- Fotos
- Fahrten buchen
- Autokommandos

- CarPlay

- Restaurant-Reservierungen

Für jede dieser Gruppen stellt SiriKit ein oder mehrere Intents bereit, über die Sie zugehörige Funktionen Ihrer App Siri zugänglich machen können. Das funktioniert selbstredend aber nur, wenn Ihre App in ein oder mehrere der genannten Gruppen fällt und entsprechende Funktionen zur Verfügung stellt. So werden Spiele beispielsweise mit der Unterstützung von Siri in der Regel eher weniger anfangen können, ebenso wie viele Business-Apps.

Jeder Intent setzt sich aus insgesamt drei Elementen zusammen:

- *Intent-Klasse:* Die Intent-Klasse ist das Herzstück eines Intents. Sie enthält alle Informationen zur Anfrage eines Nutzers. Beim Versenden von Nachrichten sind das beispielsweise der Empfänger sowie der Inhalt der Nachricht.

- *Handling-Protokoll:* Für uns als App-Entwickler ist das Handling-Protokoll das Herzstück unserer Siri-Implementierungen. Es enthält die zum Intent passenden Methoden, um die Resolve-, Confirm-, und Handle-Phase zu implementieren und damit eine Nutzeranfrage vollständig auszuführen (siehe hierzu auch den Abschnitt 31.3.1, „Funktionsweise").

- *Response-Klasse:* Über die Response-Klasse geben wir an, ob eine Nutzeranfrage erfolgreich ausgeführt werden konnte oder nicht. Wir nutzen Instanzen dieser Klasse in der Confirm- und Handle-Phase, um das System über diesen Status zu informieren. Das Ergebnis wird dann vom System an den Nutzer weitergereicht.

Um einen Intent in Ihrer App nutzen zu können, müssen Sie dessen Intent-Klasse in die *Info.plist*-Datei der Intents Extension eintragen. Dazu findet sich darin ein Eintrag namens *IntentsSupported*, bei dem es sich um ein Array handelt (siehe Bild 31.7) und in dem Sie für jeden gewünschten Intent die zugehörige Klasse hinzufügen.

Key	Type	Value
▼ Information Property List	Dictionary	(10 items)
Localization native development re... ⌄	String	$(DEVELOPMENT_LANGUAGE)
Bundle display name ⌄	String	Intents Extension
Executable file ⌄	String	$(EXECUTABLE_NAME)
Bundle identifier ⌄	String	$(PRODUCT_BUNDLE_IDENTIFIER)
InfoDictionary version ⌄	String	6.0
Bundle name ⌄	String	$(PRODUCT_NAME)
Bundle OS Type code ⌄	String	XPC!
Bundle versions string, short ⌄	String	1.0
Bundle version ⌄	String	1
▼ NSExtension ⌄	Dictionary	(3 items)
▼ NSExtensionAttributes	Dictionary	(2 items)
▼ IntentsRestrictedWhileLocked	Array	(0 items)
▼ IntentsSupported	Array	(3 items)
Item 0	String	GreetingIntent
Item 1	String	INCreateNoteIntent
Item 2	String	INSendMessageIntent
NSExtensionPointIdentifier	String	com.apple.intents-service
NSExtensionPrincipalClass	String	$(PRODUCT_MODULE_NAME).IntentHandler

Bild 31.7 Alle Intents, die Sie in Ihrer Intents Extension unterstützen möchten, müssen in das „IntentsSupported"-Array der Info.plist-Datei mit dem Namen der zugehörigen Intent-Klasse eingetragen werden.

In den folgenden Abschnitten finden Sie eine Übersicht der verfügbaren Intents, unterteilt in die eingangs genannten Gruppen. Hierbei wird immer die Funktion des einzelnen Intents beschrieben wie auch die zugehörige Intent- und Response-Klasse sowie das Handling-Protokoll genannt, die Sie für die Implementierung verwenden müssen. Mehr zur eigentlichen Implementierung von Intents erfahren Sie anschließend in Abschnitt 31.3.3, „Intents implementieren".

Messaging

Nutzen Sie die Intents dieser Gruppe, um Nachrichten in einer App zu durchsuchen, zu erstellen und deren Attribute (gelesen, ungelesen etc.) zu verändern.

Funktion	Intent-Klasse	Handling-Protokoll	Response-Klasse
Nach Nachrichten suchen	INSearchForMessages Intent	INSearchForMessages IntentHandling	INSearchForMessages IntentResponse
Nachrichten senden	INSendMessageIntent	INSendMessageIntent Handling	INSendMessageIntent Response
Attribute einer Nachricht verändern	INSetMessage AttributeIntent	INSetMessage AttributeIntent Handling	INSetMessage AttributeIntent Response

Aufgaben und Notizen

Nutzen Sie die Intents dieser Gruppe, um Aufgaben und Notizen zu erstellen und zu verwalten.

Funktion	Intent-Klasse	Handling-Protokoll	Response-Klasse
Notiz erstellen	INCreateNoteIntent	INCreateNoteIntent Handling	INCreateNoteIntent Response
Inhalte in bestehender Notiz ergänzen	INAppendToNote Intent	INAppendToNote IntentHandling	INAppendToNote IntentResponse
Nach Notizen und Aufgaben suchen	INSearchForNotebook ItemsIntent	INSearchForNotebook ItemsIntentHandling	INSearchForNotebook ItemsIntentResponse
Aufgabenliste erstellen	INCreateTaskList Intent	INCreateTaskList IntentHandling	INCreateTaskList IntentResponse
Aufgabe zu Aufgabenliste hinzufügen	INAddTasksIntent	INAddTasksIntent Handling	INAddTasksIntent Response
Attribute einer Aufgabe verändern	INSetTaskAttribute Intent	INSetTaskAttribute IntentHandling	INSetTaskAttribute IntentResponse

Workouts

Nutzen Sie die Intents dieser Gruppe, um Workouts zu erstellen, zu pausieren, abzubrechen und zu beenden.

Funktion	Intent-Klasse	Handling-Protokoll	Response-Klasse
Workout starten	INStartWorkout Intent	INStartWorkout IntentHandling	INStartWorkout IntentResponse
Workout pausieren	INPauseWorkout Intent	INPauseWorkout IntentHandling	INPauseWorkout IntentResponse
Workout fortsetzen	INResumeWorkout Intent	INResumeWorkout IntentHandling	INResumeWorkout IntentResponse
Workout abbrechen	INCancelWorkout Intent	INCancelWorkout IntentHandling	INCancelWorkout IntentResponse
Workout beenden	INEndWorkout Intent	INEndWorkout IntentHandling	INEndWorkout IntentResponse

Zahlungen

Nutzen Sie die Intents dieser Gruppe, um Zahlungen über Ihre App durchzuführen und nach Rechnungen zu suchen.

Funktion	Intent-Klasse	Handling-Protokoll	Response-Klasse
Zahlung senden	INSendPayment Intent	INSendPayment IntentHandling	INSendPayment IntentResponse
Zahlung anfragen	INRequestPayment Intent	INRequestPayment IntentHandling	INRequestPayment IntentResponse
Rechnung bezahlen	INPayBillIntent	INPayBillIntent Handling	INPayBillIntent Response
Nach Rechnungen suchen	INSearchForBills Intent	INSearchForBills IntentHandling	INSearchForBills IntentResponse
Nach Accounts suchen	INSearchFor AccountsIntent	INSearchForAccounts IntentHandling	INSearchForAccounts IntentResponse
Geld überweisen	INTransferMoney Intent	INTransferMoney IntentHandling	INTransferMoney IntentResponse

VoIP-Telefonie

Nutzen Sie die Intents dieser Gruppe, um Video- und Audioanrufe zu starten sowie die Anrufhistorie zu durchsuchen.

Funktion	Intent-Klasse	Handling-Protokoll	Response-Klasse
Anrufhistorie durchsuchen	INSearchCall HistoryIntent	INSearchCall HistoryIntent Handling	INSearchCall HistoryIntent Response
Audioanruf starten	INStartAudio CallIntent	INStartAudioCall IntentHandling	INStartAudioCall IntentResponse
Videoanruf starten	INStartVideo CallIntent	INStartVideoCall IntentHandling	INStartVideoCall IntentResponse

Visual Codes (QR-Codes)

Nutzen Sie die Intents dieser Gruppe, um Visual Codes (QR-Codes), die über Ihre App generiert werden oder darin zur Verfügung stehen, mittels einer Siri-Anfrage dem Nutzer direkt anzuzeigen.

Funktion	Intent-Klasse	Handling-Protokoll	Response-Klasse
Visual Code anzeigen	INGetVisualCode Intent	INGetVisualCode IntentHandling	INGetVisualCode IntentResponse

Fotos

Nutzen Sie die Intents dieser Gruppe, um nach Fotos zu suchen oder eine Slideshow zu starten.

Funktion	Intent-Klasse	Handling-Protokoll	Response-Klasse
Nach Fotos suchen	INSearchForPhotos Intent	INSearchForPhotos IntentHandling	INSearchForPhotos IntentResponse
Slideshow starten	INStartPhoto PlaybackIntent	INStartPhoto PlaybackIntent Handling	INStartPhoto PlaybackIntent Response

Fahrten buchen

Nutzen Sie die Intents dieser Gruppe, um Fahrten zu buchen und deren Status zu erfragen.

Funktion	Intent-Klasse	Handling-Protokoll	Response-Klasse
Buchungsoptionen aufführen	INListRideOptions Intent	INListRideOptions IntentHandling	INListRideOptions IntentResponse
Fahrt anfragen	INRequestRide Intent	INRequestRide IntentHandling	INRequestRide IntentResponse
Status einer Fahrt anfragen	INGetRideStatus Intent	INGetRideStatus IntentHandling	INGetRideStatus IntentResponse
Buchung aufheben	INCancelRide Intent	INCancelRide IntentHandling	INCancelRide IntentResponse
Feedback zur Fahrt senden	INSendRide FeedbackIntent	INSendRide FeedbackIntent Handling	INSendRide FeedbackIntent Response

Autokommandos

Nutzen Sie die Intents dieser Gruppe, um ein Auto zu sperren beziehungsweise zu entsperren oder akustische wie visuelle Signale zu geben.

Funktion	Intent-Klasse	Handling-Protokoll	Response-Klasse
Status der Auto-sperre erfragen	INGetCarLock StatusIntent	INGetCarLockStatus IntentHandling	INGetCarLockStatus IntentResponse
Status der Auto-sperre setzen	INSetCarLock StatusIntent	INSetCarLockStatus IntentHandling	INSetCarLockStatus IntentResponse
Status des Leistungs-pegels erfragen	INGetCarPower LevelStatusIntent	INGetCarPowerLevel StatusIntentHandling	INGetCarPowerLevel StatusIntentResponse
Akkustisches oder visuelles Signal geben	INActivateCar SignalIntent	INActivateCarSignal IntentHandling	INActivateCarSignal IntentResponse

CarPlay

Nutzen Sie die Intents dieser Gruppe, um verschiedene Einstellungen in Autos mit CarPlay-Unterstützung durchzuführen.

Funktion	Intent-Klasse	Handling-Protokoll	Response-Klasse
Audioquelle definieren	INSetAudioSource InCarIntent	INSetAudioSource InCarIntentHandling	INSetAudioSource InCarIntentResponse
Klimaanlage steuern	INSetClimateSettings InCarIntent	INSetClimateSettings InCarIntentHandling	INSetClimateSettings InCarIntentResponse
Defroster steuern	INSetDefroster SettingsInCarIntent	INSetDefroster SettingsInCarIntent Handling	INSetDefroster SettingsInCarIntent Response
Sitzeinstellungen ändern	INSetSeatSettings InCarIntent	INSetSeatSettings InCarIntentHandling	INSetSeatSettings InCarIntentResponse
Einstellungen sichern	INSaveProfileInCar Intent	INSaveProfileInCar IntentHandling	INSaveProfileInCar IntentResponse
Einstellungen setzen	INSetProfileInCar Intent	INSetProfileInCar IntentHandling	INSetProfileInCar IntentResponse
Radiosender einstellen	INSetRadioStation Intent	INSetRadioStation IntentHandling	INSetRadioStation IntentResponse

Restaurant-Reservierungen

Nutzen Sie die Intents dieser Gruppe, um Buchungen in einem Restaurant vorzunehmen und Informationen zu einem Lokal zurückzuliefern. Wichtig hierbei: All diese Intents funktionieren nur, wenn das zugrunde liegende Lokal in Apple Maps integriert ist. Weitere Informationen dazu finden sich unter *https://mapsconnect.apple.com*.

Funktion	Intent-Klasse	Handling-Protokoll	Response-Klasse
Restaurant-Reservierung buchen	INBookRestaurant ReservationIntent	INBookRestaurant ReservationIntent Handling	INBookRestaurant ReservationIntent Response
Standardinformationen für eine Restaurant-Reservierung erhalten	INGetAvailable Restaurant ReservationBooking DefaultsIntent	INGetAvailable Restaurant ReservationBooking DefaultsIntent Handling	INGetAvailable Restaurant ReservationBooking DefaultsIntent Response
Möglicher Zeitrahmen für Buchungen erfragen	INGetAvailable Restaurant ReservationBookings Intent	INGetAvailable Restaurant ReservationBookings IntentHandling	INGetAvailable Restaurant ReservationBookings IntentResponse
Namen des Buchenden erfragen	INGetRestaurant GuestIntent	INGetRestaurant GuestIntentHandling	INGetRestaurant GuestIntentResponse
Aktuell getätigte Buchungen erfragen	INGetUserCurrent Restaurant ReservationBookings Intent	INGetUserCurrent Restaurant ReservationBookings IntentHandling	INGetUserCurrent Restaurant ReservationBookings IntentResponse

31.3.3 Intents implementieren

Die eigentliche Implementierung zur Umsetzung eines Intents startet in der Intent Handler-Klasse, genauer gesagt innerhalb der Methode handler(for:). Diese wird vom System aufgerufen, sobald es einen Siri-Befehl erhält, der offensichtlich an Ihre App gerichtet ist. Als Parameter wird Ihnen hierbei eine INIntent-Instanz übergeben. Hierbei handelt es sich um die Mutterklasse aller Intents des SiriKit-Frameworks.

Die erste Aufgabe, um die Sie sich kümmern müssen, ist, eine Klasse als Handler für ein oder mehrere der von Ihnen unterstützten Intents zu definieren. Sie können entweder die IntentHandler-Klasse selbst oder eine eigens dafür erstellte Klasse als Handler nutzen. Der Handler ist konform zum passenden Handling-Protokoll des Intents, auf dessen Anfrage Sie reagieren möchten.

Wenn Sie nicht gerade nur einen Intent in Ihrer Intents Extension pflegen, empfehle ich Ihnen, für jeden Intent, den Ihre App unterstützt, eine eigene Klasse zu erstellen. Das macht Ihren Code übersichtlicher, strukturierter und besser lesbar.

Ein Beispiel für die Deklaration solcher Intent Handler sehen Sie in Listing 31.2. Die eigens kreierte Klasse CreateNoteIntentHandler ist konform zum INCreateNoteHandling-Protokoll und soll sich damit um Intents vom Typ INCreateNoteIntent kümmern (sprich Intents zum Erstellen von Notizen). Die ebenfalls eigens kreierte Klasse SendMessageIntentHandler hingegen ist konform zum INSendMessageIntentHandling-Protokoll und dafür verantwortlich, Intents auf Basis von INSendMessageIntent zu verarbeiten. Zur eigentlichen Implementierung dieser Intent Handler kommen wir gleich.

Listing 31.2 Deklaration zweier Intent Handler

```
class CreateNoteIntentHandler: NSObject, INCreateNoteIntentHandling {

}

class SendMessageIntentHandler: NSObject, INSendMessageIntentHandling {

}
```

Haben Sie auf diese Art und Weise definiert, welche Klasse sich um welche Intents zu kümmern hat, müssen Sie innerhalb der Methode `handler(for:)` der `IntentHandler`-Klasse überprüfen, welche Art von Intent eingegangen ist und anschließend eine passende Handler-Instanz zurückliefern. Dazu führen Sie ein Type Checking gegen den `INIntent`-Parameter der Methode durch und prüfen ihn gegen die Intents, die Sie unterstützen. Je nach Ergebnis liefern Sie dann eine passende Handler-Instanz zurück.

In Listing 31.3 finden Sie ein Beispiel dazu. Hier unterstützt die Intents Extension die Intents `INCreateNoteIntent` und `INSendMessageIntent`. Abhängig davon, welche Art von Intent beim Aufruf von `handler(for:)` eingegangen ist, wird entweder eine Instanz von `CreateNoteIntentHandler` oder von `SendMessageIntentHandler` zurückgeliefert.

Listing 31.3 Rückgabe eines passenden Intent Handlers auf Basis des eingegangenen Intents

```
class IntentHandler: INExtension {

    override func handler(for intent: INIntent) -> Any? {
        if intent is INCreateNoteIntent {
            return CreateNoteIntentHandler()
        } else if intent is INSendMessageIntent {
            return SendMessageIntentHandler()
        }
        return nil
    }

}
```

Ab diesem Zeitpunkt übernehmen die definierten Handler das Kommando und kümmern sich um die Verarbeitung der eingegangenen Nutzeranfrage. Hierbei werden die drei Phasen Resolve, Confirm und Handle durchlaufen, die bereits in Abschnitt 31.3.1, „Funktionsweise", vorgestellt wurden. Jedes Handling-Protokoll deckt die vollständige Implementierung für diese Phasen auf Basis des zugrunde liegenden Intents ab. Unsere Aufgabe besteht nun darin, diese Methoden passend zu implementieren und so eine Anfrage vollständig umzusetzen und am Ende auszuführen.

Ein Beispiel für die Methoden eines Handling-Protokolls sehen Sie in Bild 31.8. Es zeigt die Dokumentation des `INCreateNoteHandling`-Protokolls, das für die Klasse `INCreateNote Intent` zuständig ist, mit deren Hilfe Notizen erstellt werden können. Es definiert je eine Methode für die Confirm- und Handle-Phase (`confirm(intent:completion:)` und `handle (intent:completion:)`) sowie drei Methoden für die Resolve-Phase (`resolveTitle(for: with:)`, `resolveContent(for:with:)` und `resolveGroupName(for:with:)`). Die Methode für die Handle-Phase muss zwingend implementiert werden, alle anderen Methoden sind optional.

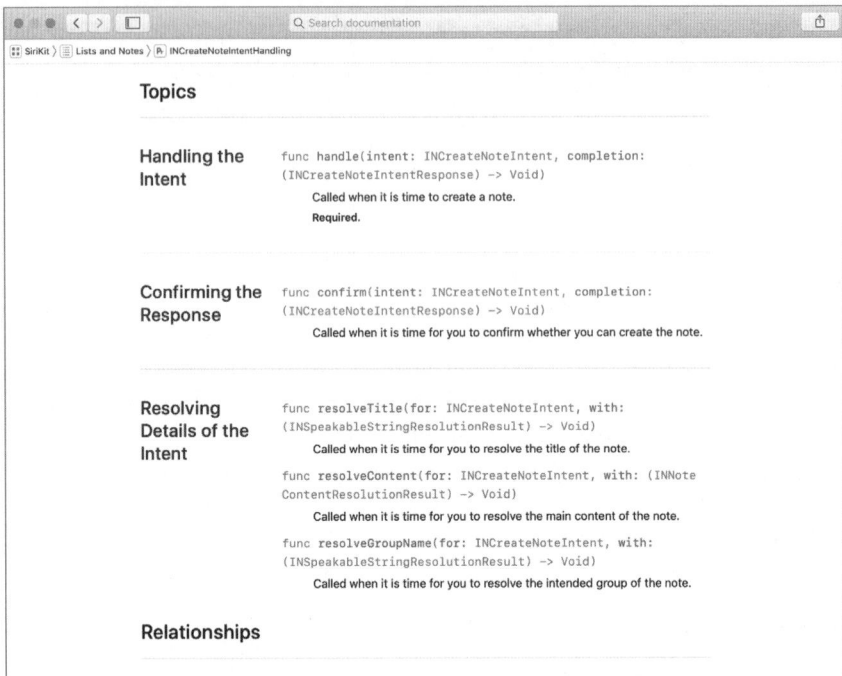

Bild 31.8 In der Dokumentation eines Handling-Protokolls finden Sie alle Methoden, die Sie implementieren können (beziehungsweise müssen).

Diesen Grundaufbau findet man auch in allen anderen Handling-Protokollen wieder. Es gibt jeweils eine Methode für die Confirm- und Handle-Phase (wobei letztere immer zwingend implementiert werden muss) und ein oder mehrere Methoden für die Resolve-Phase.

Jedes einzelne Handling-Protokoll mit seinen verschiedenen Methoden vorzustellen, würde den Rahmen dieses Buches sprengen. Aus diesem Grund demonstriere ich Ihnen die Implementierung von Intents auf Basis zweier kleinerer Beispiele.

Das erste zeigt die Erstellung einer Notiz auf Basis der `INCreateNoteIntent`-Klasse sowie des `INCreateNoteIntentHandling`-Protokolls (siehe Listing 31.4). Voraussetzung bei der Erstellung einer neuen Notiz soll wenigstens ein Titel sein, weshalb die passende Resolve-Methode `resolveTitle(for:with:)` des `INCreateNoteIntentHandling`-Protokolls in unserer `CreateNoteIntentHandler`-Klasse implementiert wird. Darin überprüfen wir den Wert der `title`-Property des Intents, den wir als Parameter erhalten. Dieser Intent enthält alle Informationen, die Siri bis zu diesem Zeitpunkt aus der Anfrage des Nutzers erhalten hat.

Um Siri mitzuteilen, wie wir weiter verfahren möchten, müssen wir den `completion`-Block innerhalb der Methode aufrufen und darin eine von uns generierte `INSpeakableString`
`ResolutionResult`-Instanz übergeben. Es gibt in SiriKit verschiedene Result-Klassen, die dazu dienen, mit Siri aus einer Intents Extension heraus zu kommunizieren. Abgeleitet sind all diese Klassen von der zugehörigen Superklasse `INIntentResolutionResult`.

Welches Ergebnis Sie in einer Methode der Resolve-Phase zurückliefern können, entnehmen Sie der Dokumentation der passenden Instanz. Im Falle des Titels für eine neue Notiz sind zwei Fälle interessant:

- Es ist kein Titel vorhanden: In diesem Fall muss Siri mitgeteilt werden, dass der Nutzer noch einen Titel für die neue Notiz nennen muss. Dazu nutzt man als Ergebnis die Typmethode `needsValue()`, die dem System genau das mitteilt.

- Titel ist vorhanden: Hat der Nutzer einen Titel genannt, ist dieser Teil der Resolve-Phase für uns erfolgreich abgeschlossen, weshalb wir eine Erfolgsmeldung mittels der Typmethode `success(with:)` zurückgeben können. Als Parameter nennen wir hierbei den passenden Titel für die neu zu erstellende Notiz.

Sagt der Nutzer nun beispielsweise „Erstelle eine neue Notiz", fordert Siri ihn auf, einen passenden Titel einzugeben. Erst wenn das geschehen ist, geht es weiter (siehe Bild 31.9).

Listing 31.4 Beispielhafte Implementierung eines `INCreateNoteIntent`-Handlers

```
class CreateNoteIntentHandler: NSObject, INCreateNoteIntentHandling {

    func handle(intent: INCreateNoteIntent, completion: @escaping
(INCreateNoteIntentResponse) -> Void) {
        // Notiz in der App erstellen ...
        let response = INCreateNoteIntentResponse(code: .success, userActivity: nil)
        response.createdNote = INNote(title: intent.title!, contents: [], groupName:
intent.groupName, createdDateComponents: nil, modifiedDateComponents: nil, identifier:
nil)
        completion(response)
    }

    func resolveTitle(for intent: INCreateNoteIntent, with completion: @escaping
(INSpeakableStringResolutionResult) -> Void) {
        // Titel anfragen, falls die Notiz keinen besitzt ...
        if intent.title == nil {
            completion(INSpeakableStringResolutionResult.needsValue())
        } else {
            completion(INSpeakableStringResolutionResult.success(with: intent.
title!))
        }
    }
}
```

Bild 31.9
Da in der Resolve-Phase definiert ist, dass eine neue Notiz einen Titel benötigt, fordert Siri zur Eingabe eines solchen auf, wenn er nicht bereits in der Anfrage enthalten ist.

Abschließend findet nur noch eine Implementierung der Handle-Phase statt, also jener Phase, in der die Anfrage vollständig ist und wir diese umsetzen können. Hier wird also die neue Notiz erzeugt (was der Einfachheit halber in Listing 31.4 durch einen einfachen Kommentar gekennzeichnet ist) und die Anfrage anschließend abgeschlossen. Hierzu muss erneut der `completion`-Block der Methode `handle(intent:completion:)` aufgerufen werden, der in diesem Fall ein Ergebnis in Form einer `INCreateNoteIntentResponse`-Instanz erwartet (also von der zugehörigen Response-Klasse des Intents). Eine solche Instanz muss innerhalb dieser Methode entsprechend erstellt werden. Sie benötigt einen Ergebnis-Code, der definiert, ob die Anfrage erfolgreich durchgeführt wurde, sowie eine Instanz vom Typ `INNote`, der der Response über deren `createdNote`-Property übergeben wird. Auf Basis dieser Informationen liefert Siri dem Nutzer eine passende Ergebnismeldung zurück (siehe Bild 31.10).

Bild 31.10
Siri zeigt eine Erfolgsmeldung aufgrund der Response, die wir in der Handle-Phase erstellt und zurückgeliefert haben.

Das zweite Beispiel basiert auf der `INSendMessageIntent`-Klasse zum Senden von Nachrichten über Siri in eigenen Apps. Dazu adaptiert die eigens erstellte Klasse `SendMessage IntentHandler` das zugehörige `INSendMessageIntentHandling`-Protokoll und implementiert davon die Methode `confirm(intent:completion:)` sowie die Methode `handle(intent: completion:)` (siehe Listing 31.5).

Die Methode der Confirm-Phase wird in diesem Beispiel dazu verwendet, eine Verbindung zum Messaging-Dienst der eigenen App herzustellen (was in diesem Fall beispielhaft nur durch einen Kommentar und die Deklaration einer Hilfskonstanten namens `isServerAvailable` erfolgt). Es wird also vor der Handle-Phase überprüft, ob die Nachricht überhaupt über das System gesendet werden kann. Falls nicht, wird ein entsprechender Fehler-Code zurückgegeben.

Zur Rückgabe des Status an das System muss erneut in beiden Methoden der `completion`-Block aufgerufen und hierbei eine Instanz vom Typ `INSendMessageIntent Response` zurückgegeben werden. In der Confirm-Phase kommt der Status-Code `ready` zum Einsatz, sollte das System zum Versenden der Nachricht zur Verfügung stehen, andernfalls wird `failureMessageServiceNotAvailable` zurückgegeben. Damit wird das Problem sehr spezifisch beschrieben und Siri kann den Nutzer entsprechend darüber informieren (siehe Bild 31.11).

In der Handle-Phase wird somit nur noch die Nachricht über das System gesendet (im gezeigten Beispiel kommt hierfür lediglich ein einfacher Kommentar zum Einsatz) und anschließend ein `success`-Code über den `completion`-Block zurückgeliefert, der das System über den erfolgreichen Sendevorgang informiert (siehe Bild 31.12).

Listing 31.5 Beispielhafte Implementierung eines `INSendMessageIntent`-Handlers

```
class SendMessageIntentHandler: NSObject, INSendMessageIntentHandling {

    func handle(intent: INSendMessageIntent, completion: @escaping
(INSendMessageIntentResponse) -> Void) {
        // Nachricht senden ...
        let successResponse = INSendMessageIntentResponse(code: .success,
userActivity: nil)
        completion(successResponse)
    }

    func confirm(intent: INSendMessageIntent, completion: @escaping
(INSendMessageIntentResponse) -> Void) {
        // Prüfen, ob Server zum Senden der Nachricht erreichbar ist ...
        let isServerAvailable = true
        if (isServerAvailable) {
            let readyResponse = INSendMessageIntentResponse(code: .ready,
userActivity: nil)
            completion(readyResponse)
        } else {
            let serviceNotAvailableResponse = INSendMessageIntentResponse(code:
.failureMessageServiceNotAvailable, userActivity: nil)
            completion(serviceNotAvailableResponse)
        }
    }

}
```

Bild 31.11
Liefert man in der Confirm-Phase einen Fehler zurück, bricht Siri die Aktion mit einer entsprechenden Fehlermeldung ab.

Bild 31.12
Ist vonseiten der Intents Extension alles in Ordnung, zeigt Siri
eine Vorschau der zu sendenden Nachricht, die vom Nutzer
nur noch bestätigt werden muss.

Das Zusammenspiel mit Siri

Wie die beiden Beispiele gezeigt haben, erhält man nie direkten Zugriff auf die vom Nutzer
gesprochene Phrase. Siri wandelt die gesprochenen Inhalte selbsttätig in passende Intent-
Instanzen um und gibt diese an die zugehörige Intents Extension weiter. Hierbei ist es
wichtig, den Namen der App in der gesprochenen Phrase anzugeben.

Umgekehrt gibt man auch selbst keine frei wählbaren Texte als Antworten an Siri (und
damit an den Nutzer) zurück. Stattdessen liefert man Response-Codes, über die Siri – abhängig von der Obergruppe wie Messaging oder Payment – dann passende zugehörige Antworten an den Nutzer zurücksendet.

31.3.4 Intents testen

Zunächst einmal können Sie Intents auf genau die Art und Weise testen, wie Sie später auch
von den Nutzern Ihrer App verwendet werden sollen: indem Sie Ihre App im Simulator oder
auf einem Endgerät installieren und anschließend Siri starten, um passende Anfragen zu
stellen, die Ihre App dann hoffentlich wie gewünscht verarbeitet.

Dieses Vorgehen kann aber sehr aufwendig sein und ist insbesondere dann unschön, wenn
Sie zusammen mit anderen Entwicklern in einem Büro arbeiten. Die ständige Kommunikation mit Siri zu Testzwecken kann für die Kollegen dann wahrscheinlich sehr schnell sehr
nervig werden.

Abhilfe schafft hier ein eigenes Scheme für Ihre Intents Extension. Sobald Sie einem Projekt
eine neue Intents Extension hinzufügen, fragt Sie Xcode bereits, ob Sie eine solche erstellen
möchten (siehe Bild 31.13). Wählen Sie zur Bestätigung einfach die Schaltfläche *Activate*
aus und Xcode erweitert Ihr Projekt um ein passendes neues Scheme. Wenn Sie dieses
ausführen, installiert Xcode Ihre App und startet anschließend direkt Siri.

Bild 31.13
Das separate Scheme speziell für eine Intents
Extension kann das Testen deutlich erleichtern.

Der große Vorteil dieses Schemes besteht aber nun darin, dass Sie in den Scheme-Einstellungen einen sogenannten *Siri Intent Query* setzen können (siehe Bild 31.14). Hierbei handelt es sich um einen String, der Siri übergeben und nach Starten des Schemes umgehend ausgeführt wird. Siri zeigt Ihnen somit direkt das entsprechende Ergebnis für die hinterlegte Anfrage auf Basis Ihrer Intents Extension-Implementierung an.

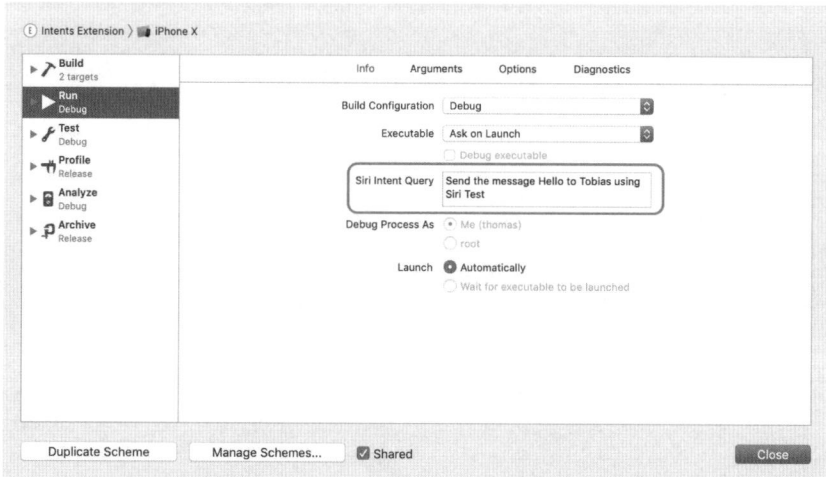

Bild 31.14 Mithilfe des „Siri Intent Query" können Sie Ihre Intent Extensions komfortabel testen.

■ 31.4 Intents UI Extension

Mithilfe der Intents UI Extension haben Sie die Möglichkeit, für manche Intents eine angepasste grafische Ausgabe bereitzustellen, die entweder ergänzend zu der Standarddarstellung von Siri erscheint oder diese vollständig (oder in Teilen) ersetzt.

Sie können eine Intents UI Extension bereits bei der Erstellung einer Intents Extension erzeugen, indem Sie den Haken bei der zugehörigen Checkbox *Include UI Extension* setzen (siehe Bild 31.15). Alternativ können Sie auch bei den Vorlagen zum Hinzufügen eines neuen Targets im Reiter *iOS* eine *Intents UI Extension* jederzeit Ihrem Projekt hinzufügen (siehe Bild 31.16).

Bild 31.15
Sie können eine Intents UI Extension bereits beim Erzeugen
einer Intents Extension zusätzlich
erstellen.

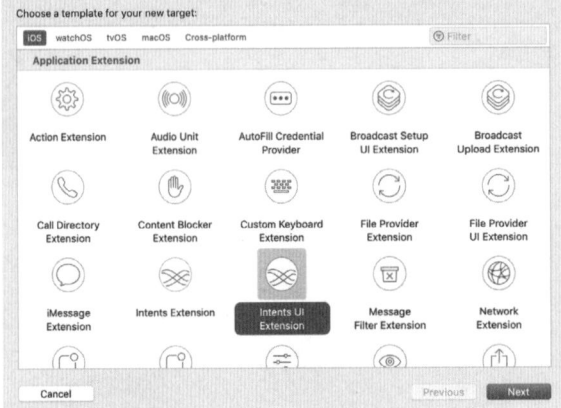

Bild 31.16
Sie können über die „Intents UI
Extension"-Vorlage Ihr Projekt
jederzeit um eine Intents UI Extension ergänzen.

Ähnlich wie bei der Intents Extension müssen Sie innerhalb der *Info.plist*-Datei der Intents
UI Extension alle Intent-Klassen aufführen, für deren Intents Sie eine eigene View anzeigen
möchten. Hierzu tragen Sie alle Intent-Klassen innerhalb des *IntentsSupported*-Schlüssels
ein, der sich innerhalb von *NSExtensionAttributes* befindet (siehe Bild 31.17).

Key	Type	Value
▼ Information Property List	Dictionary	(10 items)
Localization native development re...	String	$(DEVELOPMENT_LANGUAGE)
Bundle display name	String	Intents ExtensionUI
Executable file	String	$(EXECUTABLE_NAME)
Bundle identifier	String	$(PRODUCT_BUNDLE_IDENTIFIER)
InfoDictionary version	String	6.0
Bundle name	String	$(PRODUCT_NAME)
Bundle OS Type code	String	XPC!
Bundle versions string, short	String	1.0
Bundle version	String	1
▼ NSExtension	Dictionary	(3 items)
▼ NSExtensionAttributes	Dictionary	(1 item)
▼ IntentsSupported	Array	(1 item)
Item 0	String	INSendMessageIntent
NSExtensionMainStoryboard	String	MainInterface
NSExtensionPointIdentifier	String	com.apple.intents-ui-service

Bild 31.17 Sie müssen innerhalb des Schlüssels „IntentsSupported" alle Intent-Klassen angeben, für
die Sie eine angepasste View in der Siri-Ansicht anbieten möchten.

Das restliche Herzstück einer Intents UI Extension bilden die *MainInterface.storyboard*-Datei sowie eine von `UIViewController` abgeleitete Klasse namens `IntentViewController`. Mit diesen beiden gestalten Sie die gewünschte Oberfläche für einen Intent. Während Sie im Storyboard die Ansicht mithilfe des Interface Builders gestalten können, kümmern Sie sich in der `IntentViewController`-Klasse um die passende Logik. Das Besondere an dieser Klasse ist: Sie ist konform zum `INUIHostedViewControlling`-Protokoll, über das Sie Informationen über den vom Nutzer gesendeten Intent erhalten und auf dieser Basis Ihre View anpassen können.

Herzstück der Konfiguration im Code ist hierbei die Methode `configureView(for:of:interactiveBehavior:context:completion:)` des `INUIHostedViewControlling`-Protokolls. Sie wird automatisch vom System aufgerufen, wenn für einen Intent eine View angezeigt werden soll. Sie erhalten darüber Informationen zum Intent und können Ihre View-Controller-Instanz entsprechend konfigurieren. Im Folgenden stelle ich Ihnen die einzelnen Parameter dieser Methode vor:

- `parameters`: Hier erhalten Sie eine Liste in Form von `INParameter`-Instanzen, die Siri anzeigen möchte. Wenn Sie zum Beispiel mittels Siri eine Nachricht über Ihre App versenden möchten, enthält ein Parameter den Empfänger und ein Parameter die eigentliche Nachricht. Aufgrund der Parameter, die Sie hier erhalten, können Sie bestimmen, ob Sie für diese Ihre eigene View anzeigen oder lieber die Standardansicht des Systems verwenden möchten.

- `interaction`: Diese `INInteraction`-Instanz gibt Ihnen Zugriff auf den zugrunde liegenden Intent sowie die von unserer eigenen Intents Extension zurückgelieferte Response. Auf Basis dieser Informationen konfigurieren Sie Ihre eigene View und zeigen die passenden Inhalte an.

- `interactiveBehavior`: Dieser Parameter ist vom Typ `INUIInteractiveBehavior` und teilt Ihnen mit, wie sich das System verhält, wenn der Nutzer auf die angezeigte Ansicht tippt.

- `context`: Der `context`-Parameter ist vom Enumeration-Typ `INUIHostedViewContext` und verrät, an welcher Stelle die eigene View angezeigt wird. Das kann entweder in der Standard-Siri-Ansicht der Fall sein (`siriSnippet`) oder innerhalb der Karten-App von Apple (`mapsCard`). Abhängig davon können Sie auf Wunsch für beide Varianten verschiedene Views zurückliefern und diese unterschiedlich konfigurieren.

- `completion`: Am Ende der Konfiguration Ihres View-Controllers innerhalb der `configureView(for:of:interactiveBehavior:context:completion:)`-Methode müssen Sie dieses Closure aufrufen und hierbei drei Informationen übergeben. Die erste Information ist vom Typ `Bool`. Darüber geben Sie an, ob Sie Ihren View-Controller vollständig konfigurieren konnten und diesen anzeigen möchten (`true`) oder nicht (`false`). In letzterem Fall wird das System statt Ihres eigenen View-Controllers die Systemanzeige einblenden.

  Beim zweiten Parameter handelt es sich um ein Set von `INParameter`-Instanzen (genau wie beim eingangs genannten `parameters`-Parameter). Hierüber teilen Sie dem System noch einmal explizit mit, welche Art von Inhalten Sie mit Ihrem View-Controller abgedeckt haben.

  Zu guter Letzt gibt es noch einen `desiredSize`-Parameter. Über den geben Sie die Größe an, die Sie gerne für Ihren View-Controller verwenden möchten. Hierbei können Sie zur

Unterstützung die `extensionContext`-Property der `UIViewController`-Klasse heranzie-
hen. Über deren Properties `hostedViewMinimumAllowedSize` und `hostedViewMaximum
AllowedSize` erhalten Sie jeweils die Mindest- und Maximalgröße, die die View Ihres
View-Controllers haben darf, und genau in diesem Rahmen sollten Sie sich auch bei der
Größe Ihrer View orientieren.

Wenn Sie hier übrigens `CGSize.zero` zurückgeben, wird der View-Controller schlicht
nicht vom System angezeigt.

In Listing 31.6 finden Sie ein simples Beispiel zur Umsetzung eines solch eigenen Interfaces für einen `INSendMessageIntent`. Das eigentliche Interface ist sehr simpel gehalten
und in Bild 31.18 zu sehen. Es verfügt lediglich über ein Label mit einem grünen Hintergrund, das sich zentriert über den gesamten View-Controller erstreckt. Im Code ist es an die
Outlet-Property `messageLabel` gekoppelt und soll die Nachricht anzeigen, die der Nutzer
über einen `INSendMessageIntent` versenden möchte.

Innerhalb der `IntentViewController`-Klasse wird die Methode `configureView(for:of:
interactiveBehavior:context:completion:)` überschrieben und darin zunächst das Set
an `INParameter`-Instanzen durchlaufen und geprüft. Da in diesem Beispiel nur die Ansicht,
die für die Anzeige der zu sendenden Nachricht verantwortlich ist, überschrieben werden
soll, muss der zugehörige `INParameter` konform zur Klasse `INSendMessageIntent` sein und
sich auf deren `content`-Property beziehen. Ist das der Fall, wird der `INIntent`, der Teil der
`intent`-Property des `interaction`-Parameters ist, in den korrekten Typ `INSendMessageIntent`
gecastet und darüber der `content`-Wert ausgelesen und dem `messageLabel` als Text zugewiesen. Anschließend folgt noch ein Aufruf des `completion`-Blocks, in dem die erfolgreiche
Erstellung des View-Controllers gemeldet und eine passende Größe für die View zurückgegeben wird. Für jeden anderen Parameter kommen hingegen die Standardsystemansichten
zum Einsatz. Das Ergebnis dieses Beispiels zeigt Bild 31.19.

Listing 31.6 Erstellen eines eigenen Intent-View-Controllers

```
class IntentViewController: UIViewController, INUIHostedViewControlling {

    @IBOutlet weak var messageLabel: UILabel!

    func configureView(for parameters: Set<INParameter>, of interaction:
INInteraction, interactiveBehavior: INUIInteractiveBehavior, context:
INUIHostedViewContext, completion: @escaping (Bool, Set<INParameter>, CGSize) ->
Void) {
        for parameter in parameters {
            if parameter.parameterClass == INSendMessageIntent.self && parameter.
parameterKeyPath == "content" {
                if let sendMessageIntent = interaction.intent as? INSendMessageIntent
{
                    messageLabel.text = sendMessageIntent.content
                    completion(true, parameters, CGSize(width: extensionContext!.
hostedViewMaximumAllowedSize.width, height: 100))
                }
            }
        }
        completion(false, parameters, CGSize.zero)
    }

}
```

Bild 31.18
Das Storyboard des Beispiel-Interfaces besitzt lediglich ein einfaches Label mit angepasster Hintergrundfarbe, das später die zu sendende Nachricht anzeigen soll.

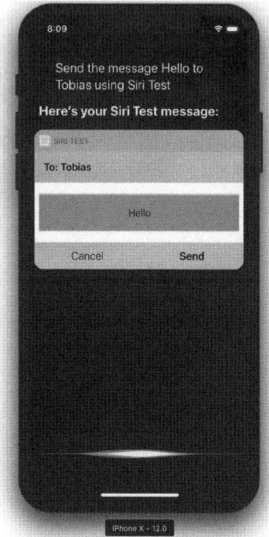

Bild 31.19
Die Systemansicht, die normalerweise die zu sendende Nachricht anzeigt, wurde durch unsere eigens kreierte View ersetzt.

Falls Sie alternativ nicht einzelne Teile der Standardsystemansicht ersetzen, sondern *zusätzlich* eine eigene View mit anzeigen möchten, können Sie das mithilfe der configure (with:context:completion:)-Methode tun, die ebenfalls Teil des INUIHostedView Controlling-Protokolls ist. Sie erhalten – genau wie bei der Methode configureView (for:of:interactiveBehavior:context:completion:) – eine INInteraction- sowie eine INUIHostedViewContext-Instanz, mit der Sie alle Informationen zum Intent auslesen und entsprechend Ihre View konfigurieren können. Am Ende rufen Sie den completion-Block auf und übergeben in diesem Fall lediglich die gewünschte Größe für die View.

Ein simples Beispiel dazu finden Sie in Listing 31.7. Es basiert ebenfalls auf dem INSendMessageIntent und demselben Storyboard wie im vorangegangenen Beispiel, allerdings wird dem messageLabel dieses Mal schlicht ein statischer String zugewiesen. Wird diese Intents UI Extension ausgeführt, blendet sie die so generierte View oberhalb der Systemansichten ein, die ebenfalls angezeigt werden (siehe Bild 31.20).

Listing 31.7 Erweitern der Systemansichten einer Intents UI Extension um eine eigene View

```
class IntentViewController: UIViewController, INUIHostedViewControlling {

    @IBOutlet weak var messageLabel: UILabel!

    func configure(with interaction: INInteraction, context: INUIHostedViewContext,
completion: @escaping (CGSize) -> Void) {
        messageLabel.text = "Folgende Nachricht wird gesendet:"
```

```
        completion(CGSize(width: extensionContext!.hostedViewMaximumAllowedSize.
width, height: 100))
    }

}
```

Bild 31.20
Die Systemansichten können auch um eine eigene View
„erweitert" werden.

Welche der beiden Methoden Sie letztlich verwenden, ist davon abhängig, ob Sie die Systemansichten ersetzen oder lediglich ergänzen wollen. Bedenken Sie dabei auch, dass Sie nicht
beide Methoden gleichzeitig implementieren können. Sobald die Methode configureView
(for:of:interactiveBehavior:context:completion:) Teil Ihres IntentViewController
ist, wird configure(with:context:completion:) nicht länger aufgerufen.

■ 31.5 Siri Shortcuts

Die sogenannten Siri Shortcuts sind eine alternative Möglichkeit, Siri in eigenen Apps einzubinden. Wie der Name bereits andeutet, handelt es sich um Kurzbefehle, die der Nutzer
auslösen kann und die eine spezifische Aktion innerhalb einer App ausführen. Der Nutzer
kann diese Kurzbefehle mit eigenen Sprachbefehlen koppeln und sie so ganz individuell
auslösen.

Siri Shortcuts bieten einige Vorteile im Vergleich zur „herkömmlichen" Implementierung
von Siri, wie Sie bisher in diesem Kapitel beschrieben wurde. So sind sie zum einen nicht
auf die vom System definierten Intents beschränkt. Mithilfe eines neuen Editors lassen sich
exklusiv für Siri Shortcuts gänzlich eigene Intents inklusive der benötigten Parameter definieren. Das erlaubt die Integration von Siri in Bereichen, für die es (bisher) keine passenden
Intents von Apple selbst gibt.

Darüber hinaus lassen sich Siri Shortcuts mit der *Kurzbefehle*-App von Apple verwenden. Nutzer können darin verschiedene Shortcuts aus verschiedenen Apps zu einer gemeinsamen Abfolge kombinieren und dann mit einem einzigen Befehl ausführen.

Allerdings muss auch erwähnt werden, dass Siri Shortcuts keinen Ersatz für die in den vorherigen Abschnitten vorgestellte Standardimplementierung von Siri darstellt. Siri Shortcuts an sich sind nämlich absolut unflexibel. Sie führen exakt einen fest definierten Befehl auf Basis fest definierter Parameter aus und verfügen somit nicht über die Dynamik, die sich über die herkömmliche Implementierung von Siri erreichen lässt.

31.5.1 Funktionsweise

Um einen Kurzbefehl für Siri Shortcuts zu erstellen und den Nutzern bereitzustellen, müssen drei Schritte erfolgen:

- *Define*
- *Donate*
- *Handle*

Define bedeutet zunächst einmal für uns als App-Entwickler, festzulegen, welche Art von Kurzbefehlen wir in unserer App anbieten möchten. Einen guten und passenden Shortcut machen die folgenden Eigenschaften aus:

- Er dient zum Ausführen einer Schlüsselfunktion in Ihrer App.
- Er muss für den Nutzer von Interesse sein.
- Er muss jederzeit ausführbar sein.

Haben Sie die Art von Kurzbefehlen festgelegt, die Sie unterstützen möchten, folgt im nächsten Schritt ein *Donate* jener Shortcuts. Mit einem Donate machen Sie dem System Ihre Shortcuts bekannt und konfigurieren sie mit allen dazugehörigen Parametern. Ein so bereitgestellter Shortcut kann dann vom Nutzer ausgeführt werden, um die dahinterstehende Aktion auszulösen. Typischerweise führt man den Donate eines Shortcuts immer an denjenigen Stellen im Code aus, die mit der Funktion des Shortcuts zusammenhängen. Besitzt beispielsweise eine To-do-App einen Shortcut, um die heute fälligen Aufgaben anzuzeigen, sollte ein Donate dieses Shortcuts immer genau dann innerhalb der App erfolgen, wenn der Nutzer sich die heute fälligen Aufgaben anzeigen lässt.

Abschließend bleibt noch die *Handle*-Phase. Sie wird ausgelöst, wenn ein Nutzer einen von Ihrer App bereitgestellten Shortcut auslöst. Ihre App wird daraufhin gestartet und ist dafür verantwortlich, die zugehörigen Befehle passend zum Shortcut auszuführen.

Bei der Implementierung von Siri Shortcuts auf die beschriebene Art und Weise stehen Ihnen zwei verschiedene APIs zur Verfügung:

- NSUserActivity
- Intents

NSUserActivity eignet sich vorrangig für einfache Kurzbefehle, über die die eigene App aufgerufen und gestartet wird. Deutlich mächtiger sind hingegen die Intents, wie man sie bereits von der Standardimplementierung von Siri her kennt. Sie können im Hintergrund ausgeführt und so ideal für Aktionen genutzt werden, bei denen die eigene App nicht im

Vordergrund gestartet werden muss (beispielsweise für das Aufgeben einer Bestellung). Außerdem können Sie über Intents sogar eine eigens definierte Antwort über Siri an Ihre Nutzer zurückgeben.

Die bestmögliche User Experience im Zusammenspiel mit Siri Shortcuts erhalten Sie immer über Intents. In den folgenden Abschnitten stelle ich Ihnen die Implementierung von Siri Shortcuts über beide APIs im Detail vor, untergliedert in die drei Phasen *Define*, *Donate* und *Handle*.

31.5.2 Siri Shortcuts mit NSUserActivity

Für einfache Shortcuts, die dazu dienen, Ihre App im Vordergrund zu starten, reicht die API von `NSUserActivity` in der Regel aus. Im Folgenden erfahren Sie, wie Sie Shortcuts auf Basis dieser API in Ihrer App umsetzen.

31.5.2.1 Define

Um einfache Shortcuts mithilfe von `NSUserActivity` bereitzustellen, müssen Sie zunächst für jeden Shortcut einen eigenen Typ in der *Info.plist*-Datei Ihrer App hinzufügen. Dazu müssen Sie – sofern noch nicht vorhanden – den *NSUserActivityTypes*-Schlüssel in *Info.plist* und anschließend einen passenden String pro Shortcut ergänzen (siehe Bild 31.21). Hierbei kommt typischerweise – analog zum Bundle Identifier einer App – ein umgekehrter Domain-Name zum Einsatz.

Key	Type	Value
⊞ ⟨ ⟩ 📄 TSSiriKit ⟩ 📁 TSSiriKit ⟩ 📄 Info.plist ⟩ No Selection		
Key	**Type**	**Value**
▼ Information Property List	Dictionary	(16 items)
Localization native development re... ⟷	String	$(DEVELOPMENT_LANGUAGE)
Executable file ⟷	String	$(EXECUTABLE_NAME)
Bundle identifier ⟷	String	$(PRODUCT_BUNDLE_IDENTIFIER)
InfoDictionary version ⟷	String	6.0
Bundle name ⟷	String	$(PRODUCT_NAME)
Bundle OS Type code ⟷	String	APPL
Bundle versions string, short ⟷	String	1.0
Bundle version ⟷	String	1
Application requires iPhone enviro... ⟷	Boolean	YES
Launch screen interface file base... ⟷	String	LaunchScreen
Main storyboard file base name ⟷	String	Main
▶ Required device capabilities ⟷	Array	(1 item)
▶ Supported interface orientations ⟷	Array	(3 items)
▶ Supported interface orientations (i... ⟷	Array	(4 items)
~~Privacy - Siri Usage Description~~ ⟷	~~String~~	~~Tests are going to be executed based on Siri.~~
▼ NSUserActivityTypes ⟷	Array	(1 item)
Item 0	String	de.thomassillmann.SiriKit.userActivity

Bild 31.21 Ihre Shortcuts definieren Sie über NSUserActivity durch das Hinzufügen passender Elemente zum NSUserActivityTypes-Array.

Damit ist die Definition eines Shortcuts über die API von `NSUserActivity` bereits vollständig abgeschlossen.

31.5.2.2 Donate

Um einen Donate für einen Shortcut auf Basis von `NSUserActivity` durchzuführen, müssen Sie zunächst eine passende `NSUserActivity`-Instanz für den zugehörigen Shortcut in Ihrem Code erzeugen. Dabei kommt der Initializer `init(activityType:)` zum Einsatz, der als Parameter jenen String erwartet, den Sie zuvor für diesen Shortcut im *NSUserActivityTypes*-Array der *Info.plist*-Datei hinterlegt haben (siehe hierzu auch den Abschnitt 31.5.2.1, „Define"). Anschließend vergeben Sie noch einen Titel über die Property `title` und setzen die `isEligibleForPrediction`-Property auf `true`. Letzteres ist notwendig, damit die `NSUserActivity`-Instanz als Siri Shortcut verwendet werden kann.

Um auf Basis dieser Instanz den Donate durchzuführen, müssen Sie sie einem `UIViewController` über dessen `userActivity`-Property zuweisen. Damit registrieren Sie den Shortcut schlussendlich im System. Diese Zuweisung sollten Sie genau dann ausführen, wenn die Aktion, die der Shortcut später auslösen soll, auch in Ihrer App ausgeführt wird.

Ein vollständiges Beispiel zum Durchführen eines Donates einer `NSUserActivity` finden Sie in Listing 31.8. Dort wird innerhalb der `viewDidLoad()`-Methode zunächst die passende `NSUserActivity`-Instanz erstellt und konfiguriert und die anschließend der `userActivity`-Property des View-Controllers zugewiesen. Das hat zur Folge, dass jedes Mal ein Donate für diesen Shortcut erfolgt, sobald der zugrunde liegende View-Controller geladen wurde.

Listing 31.8 Durchführung eines Donates einer `NSUserActivity`

```
class ViewController: UIViewController {

    override func viewDidLoad() {
        super.viewDidLoad()
        let userActivity = NSUserActivity(activityType: "de.thomassillmann.tssirikit.
userActivity")
        userActivity.isEligibleForPrediction = true
        userActivity.title = "User Activity"
        self.userActivity = userActivity
    }

}
```

 Optionale Informationen für einen NSUserActivity-Shortcut setzen

Neben dem Titel können Sie einem Shortcut auf Basis von `NSUserActivity` noch weitere Informationen mit auf den Weg geben. Beispielsweise können Sie mithilfe der Property `suggestedInvocationPhrase` einen Vorschlag in Form eines Strings definieren, der mithilfe von Siri zum Auslösen des Shortcuts dient.

Des Weiteren ist es möglich, den Shortcut mit einer Grafik und einem Untertitel zu versehen, das gestaltet sich aber ein wenig kompliziert. Dazu müssen Sie zunächst eine Instanz vom Typ `CSSearchableItemAttributeSet` erzeugen. Die gewünschte Grafik für den Shortcut weisen Sie dieser Instanz über deren `thumbnailData`-Property in Form einer `Data`-Instanz zu, den Untertitel packen Sie in die Property `contentDescription`. Die so konfigurierte `CSSearchable ItemAttributeSet`-Instanz weisen Sie abschließend dem Shortcut über dessen `contentAttributes`-Property zu.

Ein vollständiges Beispiel, bei dem zusätzlich für eine NSUserActivity die suggestedInvocationPhrase sowie eine Grafik und ein Untertitel gesetzt werden, sehen Sie in Listing 31.9.

Listing 31.9 Erweiterte Konfiguration einer NSUserActivity

```
// Default-Konfiguration
let userActivity = NSUserActivity(activityType: "de.thomassillmann.
tssirikit.userActivity")
userActivity.isEligibleForPrediction = true
userActivity.title = "User Activity"

// Erweitere Konfiguration
userActivity.suggestedInvocationPhrase = "Call user activity"
let userActivityAttributes = CSSearchableItemAttributeSet(itemContentT
ype: kUTTypeItem as String)
let image = UIImage(named: "MyImage")!
userActivityAttributes.thumbnailData = image.pngData()
userActivityAttributes.contentDescription = "Subtitle"
userActivity.contentAttributeSet = userActivityAttributes
```

Wichtig: Der Typ CSSearchableItemAttributeSet ist Teil des *CoreSpotlight*-Frameworks, während kUTTypeItem in *CoreServices* definiert ist. Sie müssen entsprechend beide importieren, um diese Elemente in Ihrem Code nutzen zu können.

31.5.2.3 Handle

Um auf die Ausführung eines NSUserActivity-Shortcuts zu reagieren, müssen Sie innerhalb Ihres App Delegates die UIApplicationDelegate-Methode application(_:continue: restorationHandler:) implementieren. Diese wird automatisch vom System aufgerufen, sobald ein Nutzer einen zu Ihrer App zugehörigen Shortcut auslöst.

Als Parameter erhalten Sie hierbei die NSUserActivity-Instanz, die dem aufgerufenen Shortcut zugrunde liegt. Sie können dessen activityType-Property gegen die von Ihnen in Ihrer *Info.plist*-Datei hinterlegten NSUserActivityTypes prüfen und – abhängig davon, um welchen Shortcut es sich handelt – anschließend die gewünschten Aktionen ausführen (zum Beispiel eine bestimmte View in Ihrer App laden und anzeigen). Beim Einsatz von NSUserActivity für Shortcuts wird Ihre App immer im Vordergrund geöffnet.

Wichtig: Sie müssen über diese Methode am Ende das System noch darüber informieren, ob Sie die erhaltene User-Activity selbst behandelt haben oder nicht. Entsprechend geben Sie in ersterem Fall true und in letzterem Fall false zurück.

Ein simples Beispiel für die Implementierung der Methode application(_:continue: restorationHandler:) innerhalb des App Delegate sehen Sie in Listing 31.10. Darin wird zunächst die als Parameter erhaltene User-Activity gegen den von uns zuvor definierten Shortcut-Identifier geprüft. Stimmen beide überein, kümmern wir uns um die Behandlung des Shortcuts, was in diesem Fall einfach einer simplen print-Ausgabe entspricht.

Listing 31.10 Reaktion auf einen NSUserActivty-Shortcut

```
func application(_ application: UIApplication, continue userActivity: NSUserActivity,
restorationHandler: @escaping ([UIUserActivityRestoring]?) -> Void) -> Bool {
```

```
    if userActivity.activityType == "de.thomassillmann.tssirikit.userActivity" {
        print("Handled user activity...")
        return true
    }
    return false
}
```

31.5.3 Siri Shortcuts mit Intents

Wenn Sie das meiste aus Siri Shortcuts herausholen möchten, müssen Sie Ihre Kurzbefehle auf Basis von Intents umsetzen. Die folgenden Abschnitte zeigen Ihnen detailliert, wie Sie hierbei vorgehen müssen und welche Funktionen und Optionen Ihnen zur Verfügung stehen.

31.5.3.1 Define

Für jede Art von Shortcut, den Sie bereitstellen möchten, benötigen Sie einen passenden Intent. Hierfür stehen Ihnen einerseits die Standard-System-Intents zur Verfügung, die Apple von Haus aus zur Verfügung stellt. Dazu gehören unter anderem Intents zum Starten und Beenden von Workouts oder zum Versenden von Nachrichten. Eine vollständige Liste der verschiedenen vorgegebenen System-Intents finden Sie in Abschnitt 31.3.2, „Unterstützte Intents definieren".

Ein großer Vorteil von Siri Shortcuts besteht aber darin, dass Sie auch gänzlich *eigene* Intents definieren und einsetzen können. Das bietet Ihnen größtmögliche Flexibilität beim Erstellen Ihrer Kurzbefehle.

Aber ganz gleich, ob Sie einen vorgegebenen System-Intent als Basis verwenden oder eigene Intents erzeugen möchten, benötigten Sie in jedem Fall ein sogenanntes *SiriKit Intent Definition File*. Darin konfigurieren Sie alle Intents, die als Basis für Ihre Shortcuts zum Einsatz kommen.

Um eine solche Datei zu erzeugen, rufen Sie die Template-Auswahl zum Hinzufügen neuer Dateien in Xcode auf. Im Reiter *iOS* finden Sie dort im Abschnitt *Resources* das gewünschte Element (siehe Bild 31.22). Nach einem Klick auf *Next* vergeben Sie noch einen passenden Namen für die neue Datei sowie einen Speicherort.

Bild 31.22
Ein „SiriKit Intent Definition File" ist die Basis zum Erstellen von Shortcuts, die auf Intents basieren.

Wenn Sie anschließend die neu erzeugte Datei in Xcode auswählen, landen Sie in einem extra für diese Art von Datei bereitgestellten Editor (siehe Bild 31.23). Darin erzeugen und konfigurieren Sie nun einen passenden Eintrag für jeden Intent, der über Siri Shortcuts zur Verfügung stehen soll.

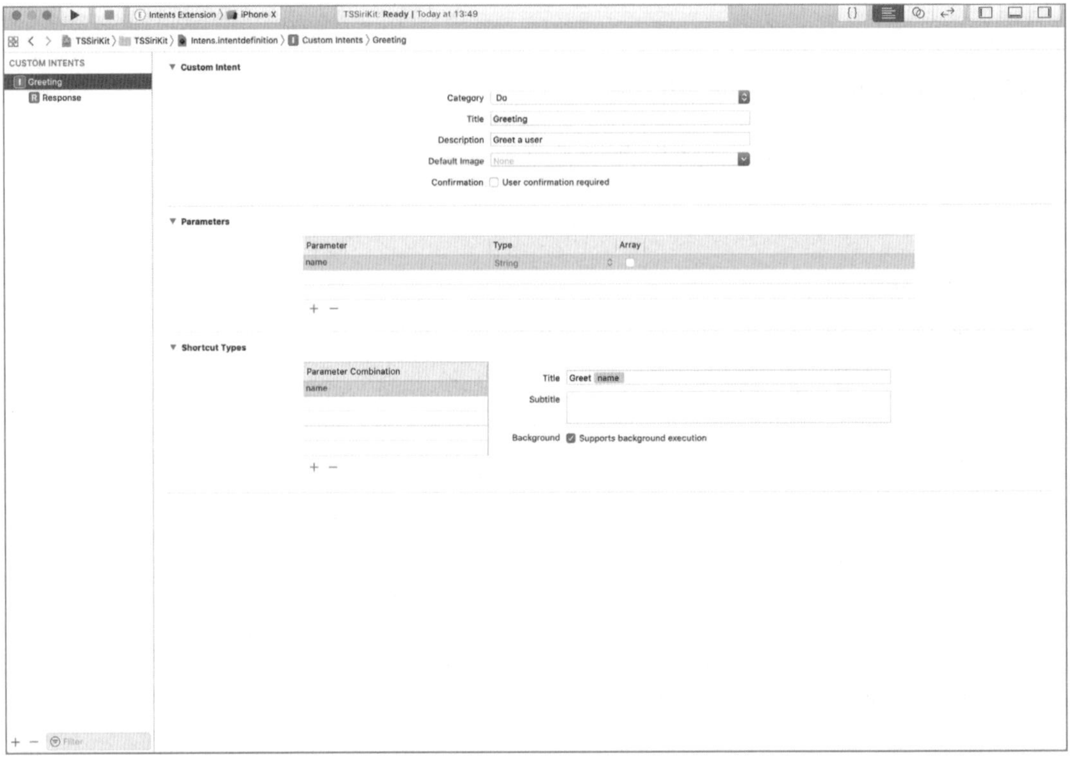

Bild 31.23 Im Intent Editor konfigurieren Sie alle Intents, die über Shortcuts nutzbar sein sollen.

Die Arbeit im Intent Editor beginnt mit einem Klick auf die Plus-Schaltfläche am unteren linken Rand. Es öffnet sich ein Kontextmenü, in dem Sie die Art von Intent auswählen, die Sie erstellen möchten (siehe Bild 31.24). Unter *Customize System Intent* finden Sie eine Liste der System-Intents, die von Apple bereitgestellt werden, während Sie per Klick auf *New Intent* einen eigenen Intent generieren können.

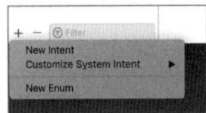

Bild 31.24
Über die Plus-Schaltfläche am unteren linken Rand fügen Sie einen neuen Intent hinzu. Sie können beliebig viele Intents definieren.

Im Folgenden wird die Konfiguration neuer Intents im Detail beschrieben. Die Konfiguration bestehender System-Intents unterscheidet sich davon nicht, lediglich einige Anpassungen stehen Ihnen dort nicht zur Verfügung (beispielsweise die freie Definition von Parametern).

Haben Sie ein oder mehrere Intents hinzugefügt, erscheinen diese aufgelistet in der linken Spalte des Intent Editors. Die Intents werden hierbei nach *Custom Intents* (eigens kreierte Intents) und *System Intents* gruppiert (siehe Bild 31.25). Eigene Intents erhalten zusätzlich noch einen Unterpunkt namens *Response*. Dieser dient dazu, passende Antworten für einen Shortcut zu generieren, die es bei den System-Intents ja bereits von Haus aus gibt; dazu aber später mehr.

Bild 31.25
Die Intents werden im linken Bereich des Intent Editors aufgeführt und gruppiert.

Die Konfiguration eines Intents unterteilt sich in verschiedene Bereiche. Zunächst findet sich der Abschnitt *Custom Intent* beziehungsweise *System Intent* (abhängig davon, welche Art von Intent man gerade konfiguriert). Dort pflegt man die folgenden Informationen:

- *Category:* Über dieses Drop-down-Menü wählen Sie bei Custom-Intents eine passende Kategorie (bei System-Intents ist diese bereits fest vorgegeben). Diese Kategorie soll dabei helfen, den Zweck und die Aufgabe Ihres Intents festzulegen. Wählen Sie beispielsweise die Kategorie *Send*, wird Siri bei erfolgreicher Ausführung des Intents etwas sagen wie „Erfolgreich gesendet". Entsprechend wichtig ist es, dass die gewählte Kategorie für den zugrunde liegenden Intent auch tatsächlich Sinn macht (siehe Bild 31.26).

Bild 31.26
Sie können Ihrem Custom Intent eine von mehreren Kategorien zuweisen.

- *Title:* Der Titel des Intents, wie er später dem Nutzer auch in der Übersicht der verfügbaren Siri Shortcuts angezeigt wird.
- *Description:* Eine Beschreibung des Intents.

- *Default Image:* Eine optionale Grafik, die für diesen Intent angezeigt werden soll.
- *Confirmation:* Ist die Checkbox *User confirmation required* aktiv, muss der Nutzer die Ausführung des Shortcuts noch einmal explizit bestätigen. Das ist insbesondere bei sensiblen Tasks wie dem Bezahlen von Rechnungen sehr wichtig, damit der Nutzer zuvor seine Eingabe noch einmal überprüfen kann.

Spannend wird es im darauffolgenden Abschnitt *Parameters*. Darin definieren Sie die dynamischen Bestandteile Ihres Intents und legen für jeden davon einen separaten Parameter in diesem Abschnitt fest. Ein Beispiel: Sie möchten einen Intent erstellen, um Essen über Ihre App zu bestellen. Dann könnten Sie die folgenden Parameter definieren:

- das gewünschte Essen,
- die Anzahl der Portionen,
- die Lieferadresse.

Um einen neuen Parameter zu erstellen, klicken Sie auf die Plus-Schaltfläche am unteren linken Rand des *Parameters*-Abschnitts. Anschließend vergeben Sie den gewünschten Parameternamen und wählen aus dem Drop-down-Menü den passenden Typ. Hier stehen Ihnen unter anderem Typen wie URL, String oder Integer zur Wahl (siehe Bild 31.27). Alternativ können Sie auch mithilfe von *Custom* Parameter definieren, die auf von Ihnen selbst kreierten Typen basieren.

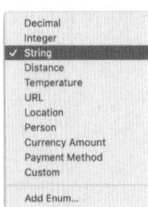

Bild 31.27
Jedem Parameter ordnen Sie einen passenden Typ zu.

Falls ein Parameter über mehrere Werte verfügen kann – also einem Array entspricht – aktivieren Sie zusätzlich noch die gleichnamige Checkbox am Ende der Parameterdefinition.

Zu guter Letzt definieren Sie dann noch im Abschnitt *Shortcut Types* die möglichen Shortcuts, die im Zusammenhang mit dem Intent erzeugt werden können. Dazu erstellen Sie für jede potenzielle Parameterkombination, mit der sich eine passende Anfrage erzeugen lässt, einen Eintrag. Um noch einmal das Beispiel der Essensbestellung aufzugreifen: Standardmäßig brauchen Sie alle drei Parameter, um die Anfrage verarbeiten zu können. Sie könnten aber auch einen zweiten Shortcut erzeugen, der nur das gewünschte Essen und die Lieferadresse als Parameter entgegennimmt und die Anzahl der Mahlzeiten dann standardmäßig auf eins setzt.

Um eine solche Parameterkombination einem Intent hinzuzufügen, klicken Sie zunächst auf die Plus-Schaltfläche am unteren linken Rand der *Parameter Combination*-Tabelle. In dem sich anschließend öffnenden Pop-up werden Ihnen all Ihre Parameter angezeigt und Sie können diejenigen anklicken, die Sie als eine eigene separate Kombination hinzufügen möchten. Bestätigen Sie die Auswahl anschließend per Klick auf *Add Shortcut Type* (siehe Bild 31.28). Beachten Sie jedoch, dass Sie maximal 16 solcher Kombinationen pro Intent erstellen können.

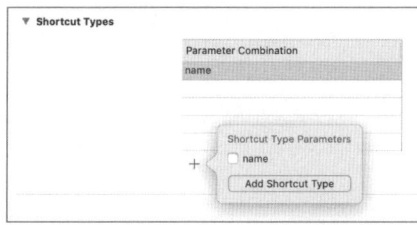

Bild 31.28
Über die Plus-Schaltfläche am unteren linken
Rand fügen Sie die verschiedenen Parameter-
kombinationen hinzu, mit denen Sie Shortcuts
für Ihren Intent anbieten.

Über die rechts neben der Tabelle aufgeführten Felder *Title* und *Subtitle* können Sie nach
Auswahl einer Parameterkombination einen dazu passenden Shortcut-Titel und einen optionalen Shortcut-Untertitel definieren. Dabei können Sie innerhalb dieser Texte auch auf
Ihre Parameter zugreifen, indem Sie anfangen, deren Bezeichner zu tippen und dann das
passende Element aus dem erscheinenden Overlay auswählen (siehe Bild 31.29). Zu guter
Letzt können Sie über die Checkbox *Supports background execution* festlegen, ob der jeweilige Shortcut Type auch ausschließlich im Hintergrund ausgeführt werden kann oder ob
immer ein Starten der App im Vordergrund notwendig ist.

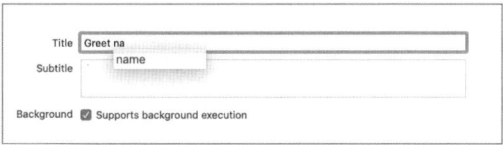

Bild 31.29 Für jeden Shortcut Type können Sie in den Feldern „Title" und „Subtitle" auf die zugehörigen Parameter zugreifen und deren Werte ausgeben.

Damit sind alle Informationen hinterlegt, um einen Intent als Shortcut zu generieren und
den Nutzern anzubieten (mehr dazu erfahren Sie in Abschnitt 31.5.3.2, „Donate"). Bei Custom Intents haben Sie zusätzlich aber noch die Möglichkeit, eine eigene Antwort für einen
Intent festzulegen. Dieser wird dann passend von Siri ausgegeben, sobald der Nutzer den
Shortcut auslöst.

Um eigene Antworten auf einen Intent zu definieren, klicken Sie auf den zugehörigen
Unterpunkt *Response* des zugehörigen Intents. Dort finden sich zwei Bereiche: *Properties*
und *Response Templates* (siehe Bild 31.30). Unter *Properties* fügen Sie – analog zu den Parametern bei einem Intent – alle dynamischen Werte hinzu, die bei einer Antwort ausgegeben
werden sollen. Im Abschnitt *Response Templates* fügen Sie dann Ihre möglichen Antworten
hinzu. Diese setzen sich aus drei Bestandteilen zusammen:

- *Code:* Hier definieren Sie den zugehörigen Response-Code für die gewünschte Antwort.
  Standardmäßig liegen bereits Einträge für die Response-Codes *failure* und *success* vor.
  Abhängig davon, wie Sie den Intent im Code verarbeiten und welches Ergebnis hierbei
  zustande kommt, liefern Sie den entsprechenden Resource Code zurück und der Nutzer
  erhält damit die passende Antwort.

- *Success:* Diese Checkbox gibt an, ob die Antwort einer erfolgreichen Durchführung Ihrer
  Anfrage entspricht oder nicht.

- *Template:* Hier tragen Sie den Antworttext ein. Sie können hierbei auch auf die von Ihnen
  zuvor definierten Properties zugreifen. Diese Texte werden von Siri vorgelesen, wenn die
  entsprechende Antwort zustande kommt.

Bild 31.30 Für Custom Intents können Sie auch eigene Antworten definieren.

Für jeden Intent, den Sie mittels eines solchen SiriKit Intent Definition Files erstellen, erzeugt Xcode automatisch eine zugehörige Intent- und Intent-Response-Klasse sowie ein Intent-Handling-Protokoll, genau wie sie auch bei den System-Intents zu finden sind. Die Namen dieser Elemente sind wie folgt aufgebaut, wobei `<Intent>` dem Namen des Intents entspricht:

- Intent-Klasse: `<Intent>Intent`
- Intent-Handling-Protokoll: `<Intent>IntentHandling`
- Intent-Response-Klasse: `<Intent>IntentResponse`

Ein Intent mit dem Namen `Greeting` wird von Xcode demnach wie folgt umgesetzt:

- Intent-Klasse: `GreetingIntent`
- Intent-Handling-Protokoll: `GreetingIntentHandling`
- Intent-Response-Klasse: `GreetingIntentResponse`

Diese drei Elemente existieren nicht in Form einer Datei, die Teil Ihres Projekts ist, sondern sie ergeben sich dynamisch aufgrund der eingetragenen Inhalte innerhalb des Intent Definition Files. Das hat zur Folge, dass sich durch eine spätere Anpassung des Intent Definition Files auch die erzeugten Klassen und Protokolle ändern und im Code angepasst werden müssen.

31.5.3.2 Donate

Um einen Donate auf Intents auszuführen, die mittels Intent Definition File definiert wurden, müssen Sie an der passenden Stelle im Code eine Instanz der entsprechenden Intent-Klasse erzeugen und die gewünschten Parameter setzen. Jeder Parameter wird hierbei von Xcode in eine Property der Intent-Klasse umgewandelt und steht so zur Verfügung.

Diese Intent-Instanz muss dann noch in eine `INInteraction`-Instanz gepackt werden, wofür der Initializer `init(intent:response:)` zum Einsatz kommt. Darauf rufen Sie abschließend die `donate(completion:)`-Methode auf und der Vorgang ist abgeschlossen. Der `completion`-Parameter dieser Methode ist übrigens optional und liefert einen möglichen Fehler in Form einer `NSError`-Instanz zurück, falls es beim Donation-Vorgang zu einem Problem kommen sollte.

Ein vollständiges Beispiel zum Donation-Vorgang finden Sie in Listing 31.11. Es basiert auf einem eigens kreierten Intent namens `Greeting`, der über eine einzige Property namens `name` verfügt und dazu dient, einen Nutzer zu grüßen. Der Name des Nutzers wird hierbei dynamisch über die `name`-Property im Code festgelegt. In dem gezeigten Beispiel wird ein Intent und damit ein Shortcut für den Namen Thomas definiert.

Listing 31.11 Donation eines Intents

```
func donateIntentShortcut() {
    let intent = GreetingIntent()
    intent.name = "Thomas"
    let interaction = INInteraction(intent: intent, response: nil)
    interaction.donate()
}
```

Dieser Donation-Vorgang sollte immer dann in Ihrer App erfolgen, wenn der Nutzer gerade die dem Intent zugrunde liegende Aktion durchführt.

31.5.3.3 Handle

Um auf einen Siri Shortcut auf Basis von Intents zu reagieren, gibt es zwei Möglichkeiten: Entweder öffnen Sie Ihre App und führen die zugrunde liegende Aktion im Vordergrund durch, oder Sie führen alle Befehle im Hintergrund aus und liefern dem Nutzer anschließend direkt über Siri eine Antwort über das Ergebnis mit. Letzteres ist allerdings nur dann möglich, wenn Sie für den entsprechenden Shortcut Type die Checkbox zur Ausführbarkeit im Hintergrund aktiviert haben (siehe hierzu den Abschnitt 31.5.3.2, „Donate").

31.5.3.3.1 Ausführung im Vordergrund

Wird ein Shortcut auf Basis eines Intent im Vordergrund ausgeführt, wird die `application` `(_:continue:restorationHandler:)`-Methode Ihres App Delegate aufgerufen (genau wie bei User-Activities, siehe hierzu den Abschnitt 31.5.2.3, „Handle"). Über den `userActivity`-Parameter können Sie ermitteln, ob und welcher Ihrer Intents zum Starten Ihrer App geführt hat. Hierfür können Sie auf die Property `userActivity` zurückgreifen, die im Falle eines Intents dem Namen der automatisch von Xcode generierten Intent-Klasse entspricht. Im Beispiel aus Abschnitt 31.5.3.2, „Donate", entspricht der Name somit „GreetingIntent".

Um nun noch auf den eigentlichen Intent und dessen Parameter zugreifen zu können, bringt die Klasse `NSUserActivity` eine Property namens `interaction` mit, über die Sie auf den zugrunde liegenden Intent zugreifen können. Auf Basis der Informationen, die Sie so erhalten, können Sie alle gewünschten Aktionen bei der Ausführung des jeweiligen Intents durchführen.

Ein simples Beispiel hierzu sehen Sie in Listing 31.12. Handelt es sich beim Aufruf der Methode `application(_:continue:restorationHandler:)` um einen Intent vom Typ `GreetingIntent`, wird dieser behandelt und ein einfacher Text auf der Konsole ausgegeben, der sich dynamisch am `name`-Parameter des Intents orientiert.

Listing 31.12 Ausführung eines Intents im Vordergrund

```
func application(_ application: UIApplication, continue userActivity: NSUserActivity,
restorationHandler: @escaping ([UIUserActivityRestoring]?) -> Void) -> Bool {
    if userActivity.activityType == "GreetingIntent" {
        if let greetingIntent = userActivity.interaction?.intent as? GreetingIntent {
            print("Handle intent and greet \(greetingIntent.name!)...")
            return true
        }
    }
    return false
}
```

31.5.3.3.2 Ausführung im Hintergrund

Um die gewünschten Befehle auf Basis eines Intents im Hintergrund auszuführen und somit nicht Ihre App im Vordergrund zu starten, müssen Sie Ihre App um eine Intents Extension ergänzen (siehe hierzu auch den Abschnitt 31.3, „Intents Extension"). Bei der Implementierung des Intents gehen Sie dann auf exakt die gleiche Art und Weise vor wie bei den System-Intents. Basis hierfür ist das automatisch von Xcode generierte Handling-Protokoll Ihres Intents, das je eine Methode für die Confirm- und für die Handle-Phase mitbringt. Darüber erhalten Sie den eingegangenen Intent und können alle damit in Zusammenhang stehenden Aktionen ausführen. Am Ende liefern Sie noch eine Antwort auf Basis der ebenfalls von Xcode automatisch zu Ihrem Intent generierten Response-Klasse zurück, die jene Ergebnis-Codes bereitstellt, die Sie im Intent Editor definiert haben.

Genau wie bei den System-Intents muss die Handle-Phase in jedem Fall zwingend implementiert werden, während die Confirm-Phase optional ist. Eine Resolve-Phase gibt es bei Siri Shortcuts nicht.

Ein einfaches Beispiel zur Ausführung eines Intents im Hintergrund sehen Sie in Listing 31.13. Darin wird eine Klasse erstellt, die konform zum Handling-Protokoll des Greeting-Intents ist, der zuvor im Beispiel in Abschnitt 31.5.3.1, „Define", definiert wurde. Es wird lediglich die Methode für die Handle-Phase implementiert und darin abschließend geprüft, ob ein Name zum Begrüßen des Nutzers existiert. Abhängig davon wird entweder ein Success- oder ein Failure-Ergebnis zurückgeliefert.

Listing 31.13 Ausführung eines Intents im Hintergrund

```
class GreetingIntentHandler: NSObject, GreetingIntentHandling {

    func handle(intent: GreetingIntent, completion: @escaping
(GreetingIntentResponse) -> Void) {
        if let name = intent.name {
```

```
                // Alle gewünschten Aktionen im Hintergrund ausführen ...
                let response = GreetingIntentResponse(code: .success, userActivity: nil)
                response.name = name
                completion(response)
            } else {
                completion(GreetingIntentResponse(code: .failure, userActivity: nil))
            }
        }
    }
}
```

Da den verschiedenen Responses passende Antworten im Intent Editor zugewiesen sind, gibt Siri diese Antworten auch akustisch wieder, wenn der entsprechende Intent ausgeführt wird (siehe Bild 31.31).

Bild 31.31
Siri gibt die Antworten unserer eigens definierten Intents akustisch wieder.

31.5.4 Shortcuts testen

Prinzipiell können Sie die in Ihren eigenen Apps erzeugten Shortcuts genauso testen und verwenden wie die von anderen Anwendungen. Über die Einstellungen von iOS finden Sie im Unterpunkt *Siri* eine Aufstellung verschiedener Apps und deren Shortcuts und können darüber auch auf Ihre eigenen Shortcuts zugreifen und sie beispielsweise gesprochenen Befehlen zuweisen (siehe Bild 31.32).

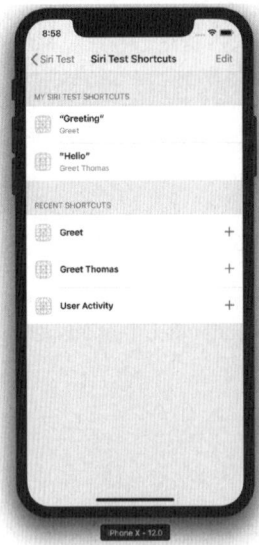

Bild 31.32
Ihre eigens definierten Shortcuts können Sie genauso verwenden und testen wie die Shortcuts aller anderen Anwendungen.

Allerdings hat Apple iOS auch um zwei nützliche neue Features speziell für Entwickler erweitert, mit denen Sie Ihre eigenen Shortcuts einfacher und schneller testen und ausführen können. Sie finden sie im Developer-Menü in den Einstellungen von iOS. Es handelt sich um zwei Checkboxen namens *Display Recent Shortcuts* und *Display Donations on Lock Screen* (siehe Bild 31.33). Die erste sorgt dafür, dass in der Spotlight-Suche von iOS die kürzlich im System mittels Donate registrierten Shortcuts angezeigt werden. Wenn Sie also als Entwickler gerade in Ihrer App Shortcuts registriert haben, tauchen diese umgehend an obersterer Stelle in der Spotlight-Suche auf und sie können daraus gestartet werden (siehe Bild 31.34). Mit der zweiten Einstellung können Sie sich zusätzlich die jüngsten Shortcuts auch auf dem Lock Screen anzeigen lassen.

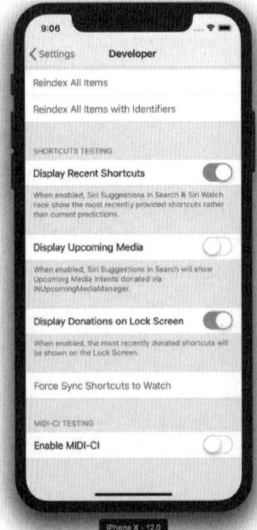

Bild 31.33
Apple bietet in den Developer-Einstellungen von iOS zwei Optionen an, um Shortcuts komfortabel testen zu können.

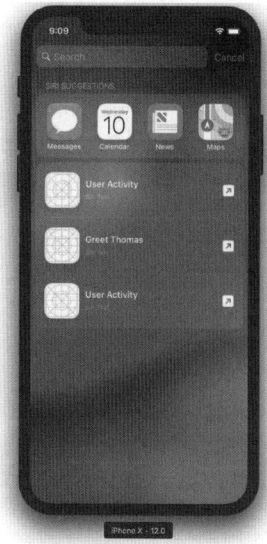

Bild 31.34
Ist die passende Option in den Entwickler-Einstellungen von iOS
aktiviert, finden Sie in der Spotlight-Suche eine Übersicht der
jüngst mittels Donate registrierten Shortcuts.

Wenn Sie einen Shortcut mit einem Sprachbefehl gekoppelt haben, können Sie ihn auch komfortabel darüber testen. Wechseln Sie dazu in die Scheme-Einstellungen Ihrer Intents Extension und tragen Sie den entsprechenden Sprachbefehl in das Feld *Siri Intent Query* ein (siehe Bild 31.35). Wenn Sie dieses Scheme nun ausführen, wird Siri den Befehl entgegennehmen und ausführen, ohne dass Sie ihn jedes Mal selbst laut aussprechen müssen.

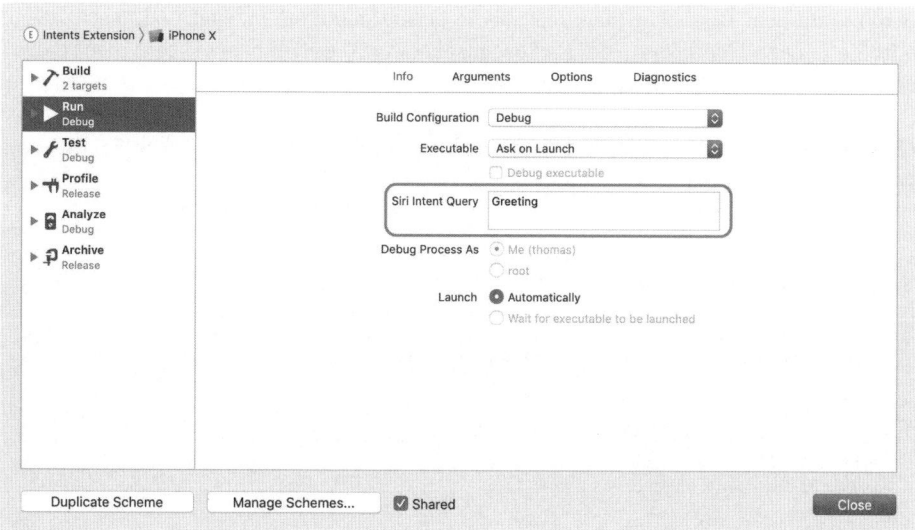

Bild 31.35 Zum komfortablen Testen von Shortcuts, die Sie mit einem Sprachbefehl gekoppelt haben, können Sie diesen in den Scheme-Einstellungen hinterlegen. Beim Ausführen des Schemes wird Siri dann mit dem Sprachbefehl aufgerufen.

31.5.5 Shortcuts löschen

Shortcuts sind in einigen Fällen nicht dauerhaft aktuell. Falls Ihre App beispielsweise für alle Funktionen einen Login voraussetzt und sich der Nutzer aus Ihrer App abmeldet, nützen ihm ab diesem Zeitpunkt mögliche Shortcuts der App nichts mehr, da sie sich nicht ausführen lassen. In derartigen Fällen sollten Sie darauf achten, Shortcuts, falls nötig, explizit über Ihre App an passender Stelle zu löschen. Abhängig davon, welche Art von API Sie für einen Shortcut einsetzen (NSUserActivity oder Intents), unterscheiden sich die Vorgänge zum Löschen der Shortcuts minimal.

31.5.5.1 Shortcuts auf Basis von NSUserActivity löschen

Um einen spezifischen Shortcut auf Basis von NSUserActivity zu löschen, müssen Sie die zugrunde liegende User-Activity mit einem sogenannten *Persistent Identifier* versehen. Das geschieht an der Stelle, an der Sie den Shortcut auf Basis einer NSUserActivity-Instanz erzeugen. Hierfür kommt die Property persistentIdentifier zum Einsatz, die einen frei wählbaren String erwartet.

Auf Basis eines solchen Persistent Identifiers können Sie nun gezielt Shortcuts löschen, indem Sie die Typmethode deleteSavedUserActivities(withPersistentIdentifiers: completionHandler:) auf der Klasse NSUserActivity aufrufen. Als Parameter erwartet sie ein Array von Persistent Identifiern, deren zugehörige Shortcuts bei Aufruf dieser Methode entfernt werden. Der handler-Parameter wird aufgerufen, nachdem der Löschvorgang abgeschlossen ist.

Ein einfaches Beispiel hierzu finden Sie in Listing 31.14. Darin wird zunächst eine User Activity mit dem Persistent Identifier „MyPersistentIdentifier" erzeugt und anschließend mithilfe der Methode deleteSavedUserActivities(withPersistentIdentifiers: completionHandler:) wieder gelöscht.

Listing 31.14 Löschen einer einzelnen User Activity auf Basis des Persistent Identifiers

```
// Erzeugen einer User Activity
let userActivity = NSUserActivity(activityType: "de.thomassillmann.tssirikit.
userActivity")
userActivity.isEligibleForPrediction = true
userActivity.title = "User Activity"

// Setzen eines Persistent Identifiers
userActivity.persistentIdentifier = "MyPersistentIdentifier"

// Löschen der User Activity
NSUserActivity.deleteSavedUserActivities(withPersistentIdentifiers:
["MyPersistentIdentifier"]) {
    // Löschvorgang abgeschlossen
}
```

Alternativ gibt es auch die Möglichkeit, alle Shortcuts auf Basis von NSUserActivity mit einem Schlag zu entfernen. Dazu nutzen Sie die Typmethode deleteAllSavedUser Activities(completionHandler:) der Klasse NSUserActivity (siehe Listing 31.15).

Listing 31.15 Löschen aller User Activities

```
NSUserActivity.deleteAllSavedUserActivities {
    // Löschvorgang abgeschlossen
}
```

31.5.5.2 Shortcuts auf Basis von Intents löschen

Zum Löschen von Shortcuts auf Basis von Intents müssen Sie Intents mit einem passenden Identifier und/oder Group Identifier versehen, *bevor* Sie die Donation des Intents ausführen. Der Identifier wird über die zugehörige `INInteraction`-Instanz zugewiesen und Sie nutzen diese dann zum Löschen der zugehörigen Shortcuts.

Einen spezifischen Identifier für einen einzigen Intent setzen Sie über die Property `identifier`, während Sie einen Group Identifier über die passende `groupIdentifier`-Property zuweisen. Der eigentliche Löschvorgang erfolgt dann über die Typmethode `delete(with:completion:)` der Klasse `INInteraction`. Die Methode gibt es in zwei Ausführungen: Entweder nimmt sie ein Array von spezifischen Intent-Identifiern entgegen, die gelöscht werden sollen, oder einen einzelnen Group Identifier. Ein Beispiel zum Löschen von Intents auf Basis von Identifier und Group Identifier finden Sie in Listing 31.16.

Listing 31.16 Löschen eines Intents auf Basis von Identifier und Group Identifier

```
// Erzeugen eines Intents
let intent = GreetingIntent()
intent.name = "Thomas"

// Erzeugen einer Intent-Interaction
let interaction = INInteraction(intent: intent, response: nil)

// Zuweisen eines Identifiers und eines Group Identifiers
interaction.identifier = "MyIntentIdentifier"
interaction.groupIdentifier = "MyIntentGroupIdentifier"

// Löschen des Shortcuts
INInteraction.delete(with: ["MyIntentIdentifier"], completion: nil)
INInteraction.delete(with: "MyIntentGroupIdentifier", completion: nil)
```

Alternativ haben Sie auch die Möglichkeit, alle Shortcuts auf Basis von Intents mit einem Schlag zu entfernen. Hierfür kommt die Typmethode `deleteAll(completion:)` der Klasse `INInteraction` zum Einsatz (siehe Listing 31.17).

Listing 31.17 Löschen aller Intents

```
INInteraction.deleteAll(completion: nil)
```

Teil V:
Source Control
und Testing

32 Source Control

Die *Source Control* – im Deutschen spricht man von *Versionsverwaltung* – bezeichnet Techniken, mit deren Hilfe Änderungen am Code an einer zentralen Stelle abgelegt werden und in Form einer Historie abgerufen werden können. Das erleichtert einerseits die Arbeit im Team, da alle Entwickler immer über den aktuellsten Projektstand verfügen, und es hilft zudem beim Beheben von Fehlern. Stellt man einen Fehler fest, kann man beispielsweise zu einem älteren Versionsstand der App springen und prüfen, ob er dort bereits vorhanden war oder ob er erst später aufgetreten ist. Das kann beim Eingrenzen möglicher Ursachen enorm hilfreich sein.

Die Entwicklungsumgebung Xcode bringt eine rudimentäre Unterstützung für die Versionsverwaltung mit und erlaubt es, eigene Änderungen an dem zentralen Projektort einzuspielen sowie Anpassungen Dritter auf den eigenen Mac herunterzuladen. Hierbei unterstützt Xcode zwei Arten von Versionsverwaltungssystemen:

- *Git*
- *Subversion*

Haben Sie oder Ihre Kunden ein solches System im Einsatz, können Sie direkt aus Xcode heraus auf dieses zugreifen und mit ihm arbeiten. Welche Möglichkeiten Ihnen hierbei zur Verfügung stehen und wie genau das funktioniert, erfahren Sie in diesem Kapitel.

■ 32.1 Basisfunktionen und -begriffe der Source Control

Bevor wir uns mit den einzelnen Funktionen von Xcode zur Source Control auseinandersetzen, möchte ich zunächst ein paar grundlegende Begrifflichkeiten rund um die Source Control klären, die auch in den kommenden Abschnitten wichtig sein werden:

- *Repository:* Ein Repository bezeichnet ein Projekt, das mithilfe der Source Control verwaltet wird. Ein Repository kann sowohl ausschließlich lokal auf dem eigenen Mac als auch auf einem beliebigen Server liegen, der über das Internet zugänglich ist. Es gibt inzwischen sogar eine Vielzahl von Anbietern, bei denen Sie ausschließlich solche Repositories hosten können. Dazu gehören unter anderem GitHub, GitLab oder Bitbucket. Alle drei sind direkt in Xcode integriert (dazu mehr in Abschnitt 32.2.8, „Zugriff auf GitHub, GitLab und Bitbucket").

- *Branch:* Ein Branch bezeichnet einen „Zweig" innerhalb eines Repositories. Standardmäßig besitzt jedes Repository einen Zweig, der typischerweise als „master" bezeichnet wird. Auf jedem Zweig können Änderungen an einem Projekt vorgenommen und darin eingespielt werden.

  Der Einsatz mehrerer Branches ist immer dann sinnvoll, wenn man beispielsweise mehrere neue Features einer App parallel entwickelt. Jeder Entwickler kann dann genau an „seinem" Feature arbeiten und die Änderungen im Repository einspielen, ohne die Kollegen zu beeinflussen. Später können solche Branches dann wieder zusammengeführt werden.

  Naturgemäß kann es bei solch einer Zusammenführung bisweilen zu Konflikten kommen, beispielsweise wenn eine Datei in zwei Branches auf unterschiedliche Art und Weise geändert wurde. Solche Konflikte müssen dann mithilfe passender Tools aufgelöst werden. Auf dem Mac kommt hierfür typischerweise die App *FileMerge* zum Einsatz.

- *Clone:* Mithilfe des Befehles Clone laden Sie ein Projekt aus einem Repository auf Ihren Mac.

- *Commit:* Ein Commit bezeichnet die lokale Speicherung Ihrer Änderungen. Sie führen einen solchen Commit immer dann aus, wenn Sie bestimmte Aktualisierungen an einem Projekt durchgeführt haben und diese im Repository und dem zugrunde liegenden Branch einspielen möchten. Hierbei vergeben Sie in der Regel zusätzlich einen aussagekräftigen Kommentar, der beschreibt, welche Änderungen genau in diesem Commit stattgefunden haben. Das kann sowohl bei der Dokumentation wie auch bei der Fehlersuche durch diese Änderungen helfen.

- *Discard:* Discard ist das Gegenteil von Commit und verwirft die eigens vorgenommenen Änderungen an einer Datei oder dem gesamten Projekt. Es wird dadurch auf den jüngsten Zustand des zugrunde liegenden Branches zurückgesetzt.

- *Pull:* Mithilfe von Pull laden Sie die jüngsten Änderungen des Repositories auf Ihren Mac herunter. So erhalten Sie alle Neuerungen, die von anderen Team-Mitgliedern seit Ihrem letzten Pull durchgeführt wurden und Ihnen so anschließend zur Nutzung zur Verfügung stehen.

- *Push:* Mit einem Push werden alle Ihre Commits, die noch nicht auf dem zugrunde liegenden Branch eingespielt wurden, in das entsprechende Repository hochgeladen und so für jedermann zugänglich gemacht. Erst ab diesem Zeitpunkt ist die Änderung für alle sichtbar im Repository verfügbar und kann beispielsweise von Kollegen bezogen werden. Eine Ausnahme in dieser Hinsicht stellen rein lokale Repositories dar, die sich nur auf dem eigenen Mac und nicht auf einem entfernten Server befinden. Bei diesen Repositories ist kein Push notwendig.

- *Fetch:* Mit diesem Befehl aktualisieren Sie lokal auf Ihrem Mac alle im Repository zur Verfügung stehenden Branches. Das ist immer dann nützlich, wenn auf dem Repository ein oder mehrere neue Branches hinzugefügt wurden, die Sie auf Ihrem Mac aber noch nicht sehen können.

■ 32.2 Source Control in Xcode

Die verschiedenen Funktionen zur Versionsverwaltung werden in Xcode in einem einzigen Menü namens *Source Control* zusammengefasst (siehe Bild 32.1). Einige der Funktionen können Sie auch direkt auf einzelne Dateien mithilfe des Kontextmenüs anwenden. Dazu klicken Sie die gewünschte Datei mit der rechten Maustaste an, deren Änderungen Sie beispielsweise committen oder verwerfen möchten, und wechseln im erscheinenden Kontextmenü in den Bereich *Source Control* (siehe Bild 32.2).

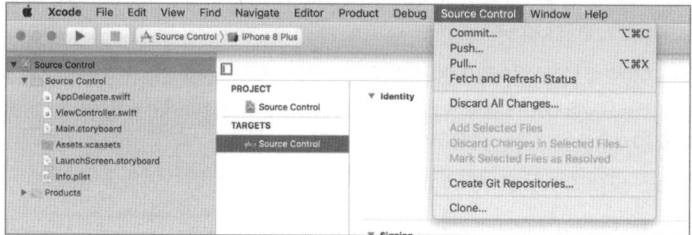

Bild 32.1 Über das „Source Control"-Menü von Xcode haben Sie Zugriff auf die verschiedenen Funktionen zur Versionsverwaltung.

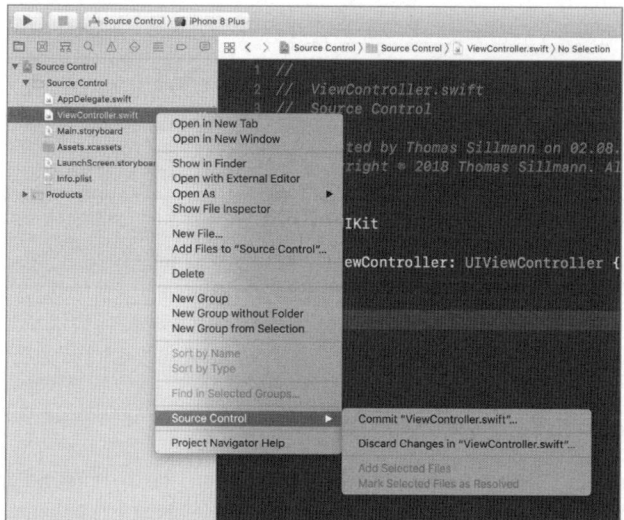

Bild 32.2 Auch über das Kontextmenü einer Datei können Sie auf verschiedene Funktionen der Versionsverwaltung zugreifen.

In den folgenden Abschnitten stelle ich Ihnen verschiedene Anwendungsszenarien der Versionsverwaltung vor und zeige Ihnen, wie Sie diese mithilfe von Xcode umsetzen.

Dateikennzeichnungen der Versionskontrolle

Wenn Sie in Xcode mit einem Projekt arbeiten, das Versionskontrolle unterstützt, werden Ihnen sehr schnell diverse Kennzeichnungen für die Dateien
des Projekts im Project Navigator auffallen (siehe Bild 32.3). Diese hängen
alle direkt mit der Source Control zusammen und geben Ihnen Aufschluss
darüber, dass sich an der entsprechenden Datei im Vergleich zum zugrunde
liegenden Repository etwas geändert hat. Hierbei kommen unter anderem
die folgenden Kennzeichnungen zum Einsatz:

- *M:* Diese Datei wurde lokal auf dem Mac geändert, die Änderungen wurden
  bisher noch nicht committet.
- *U:* Für diese Datei liegt eine aktuellere Version im Repository vor.
- *A:* Diese Datei wurde lokal auf dem Mac neu hinzugefügt und befindet sich
  bisher noch nicht im Repository.
- *D:* Diese Datei wurde auf dem lokalen Mac gelöscht.
- *?:* Diese Datei ist bisher noch nicht Teil der Versionskontrolle.
- *-:* Dieses Symbol wird bei Ordnern angezeigt, der Dateien enthält, die über
  mindestens zwei verschiedene der genannten Kennzeichnungen verfügen.
  Das Symbol weist daher auf gemischte Kennzeichnungen hin.

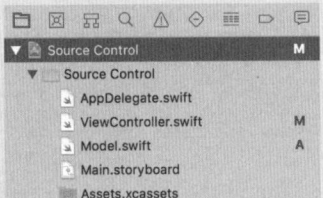

Bild 32.3 Änderungen an Dateien eines Projekts, das mittels Source Control verwaltet wird, werden von Xcode mittels passender Kennzeichnungen hervorgehoben.

32.2.1 Bestehendes Projekt klonen

Wenn Sie auf Ihrem Mac ein Projekt bearbeiten möchten, das bereits in Form eines Repositories auf einem im Internet verfügbaren Server gespeichert ist, haben Sie hierfür zwei
Möglichkeiten. Die erste besteht darin, über das Startfenster von Xcode den Punkt *Clone an
existing project* auszuwählen (siehe Bild 32.4). Alternativ dazu können Sie den Punkt
Clone... aus dem *Source Control*-Menü von Xcode auswählen. In beiden Fällen öffnet sich
anschließend ein neues Fenster, in dem Sie in der Adresszeile am oberen Rand die URL zum
gewünschten Repository eingeben können (siehe Bild 32.5).

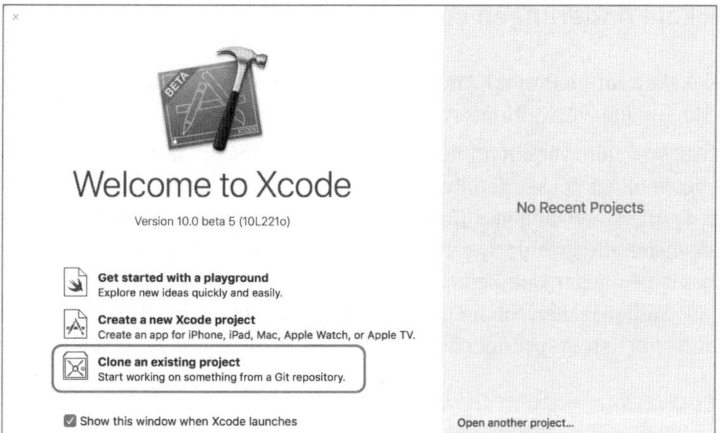

Bild 32.4 Über die Schaltfläche „Clone an existing project" oder den Punkt „Clone…" im „Source Control"-Menü können Sie ein bereits bestehendes Projekt auf Ihren Mac kopieren.

Bild 32.5
In diesem Fenster tragen Sie in das obere Suchfeld die Adresse für das Repository ein, das Sie auf Ihren Mac kopieren möchten.

Sobald Sie Ihre Eingabe per Klick auf die Schaltfläche *Clone* bestätigen, müssen Sie noch den gewünschten Speichertort des Projekts auswählen. Anschließend beginnt Xcode mit dem Download (siehe Bild 32.6). Im Anschluss wird das Projekt umgehend geöffnet, sodass Sie direkt mit Ihrer Arbeit beginnen können.

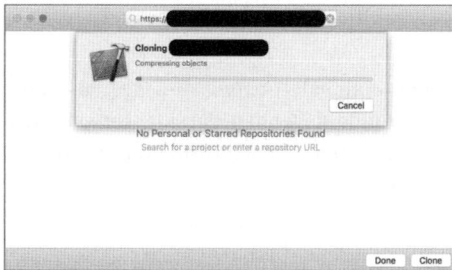

Bild 32.6
Xcode lädt das Projekt auf Ihren Mac herunter und öffnet es anschließend.

32.2.2 Lokale Änderungen committen

Haben Sie lokal an Ihrem Projekt Änderungen vorgenommen, müssen Sie diese committen, um sie in das Versionsverwaltungssystem einzuspeisen.

Der einfachste Weg, alle vorgenommenen Änderungen zu committen, führt über das *Source Control*-Menü, genauer gesagt den Punkt *Commit...* Xcode öffnet daraufhin ein neues Fenster, in dem es alle Änderungen auflistet (siehe Bild 32.7). Im linken Bereich werden alle Dateien aufgelistet, die geändert, gelöscht oder dem Projekt neu hinzugefügt worden sind. Die Checkbox neben jeder Datei gibt an, ob diese Teil des Commits ist oder nicht. Wenn Sie eine Datei auswählen, sehen Sie im großen mittleren Bereich des Fensters links Ihre Änderungen und rechts den ursprünglichen Zustand der Datei seit dem letzten Commit.

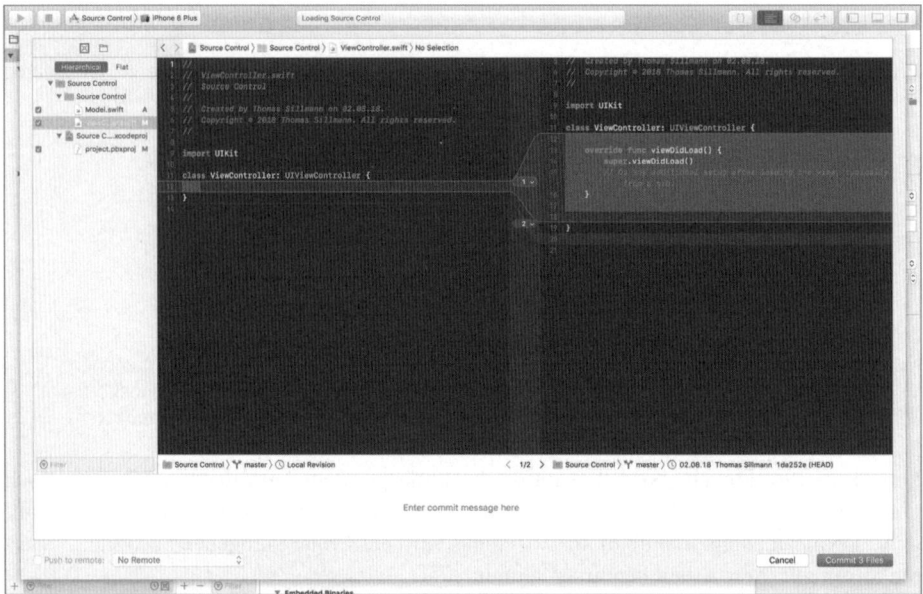

Bild 32.7 In dieser Ansicht wählen Sie alle Dateien, die Sie in einen Commit packen möchten. Alle Änderungen der einzelnen Dateien sind darin aufgeführt.

Darunter finden Sie noch ein Eingabefeld für eine optionale *Commit Message*, also eine Nachricht, die zusammen mit dem Commit im zugrunde liegenden Versionsverwaltungssystem gespeichert wird. In der Regel sollten Sie hier immer einen sinnvollen Infotext über die von Ihnen durchgeführten Änderungen eintragen.

Den eigentlichen Commit führen Sie dann über die Schaltfläche *Commit <n> Files* aus, wobei *<n>* für die Anzahl der von Ihnen für diesen Commit gewählten Dateien steht.

Alternativ können Sie auch die Dateien, die Sie committen möchten, im Project Navigator auswählen und anschließend das Kontextmenü aufrufen. Dort wählen Sie anschließend *Source Control* und *Commit <n>*; *<n>* steht in diesem Fall für die Anzahl der Dateien oder – falls Sie nur eine einzige Datei ausgewählt haben – für den Namen der gewählten Datei. Wenn Sie diesen Punkt auswählen, öffnet sich das in Bild 32.7 gezeigte Fenster.

32.2.3 Lokale Änderungen verwerfen

Um all Ihre lokalen Änderungen zu verwerfen und den Zustand des Projekts dem jüngsten Status des zugrunde liegenden Branches anzugleichen, wählen Sie über das *Source Control*-Menü von Xcode den Punkt *Discard All Changes…* aus. Xcode wird Sie daraufhin mittels Alert fragen, ob Sie diese Aktion wirklich durchführen möchten (siehe Bild 32.8). Wenn Sie dieses Fenster per Klick auf *Discard* bestätigen, führt Xcode die gewünschte Aktion aus und verwirft alle Ihre lokalen Änderungen am Projekt.

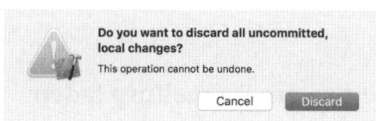

Bild 32.8 Xcode macht es Ihnen ganz einfach, die lokalen Änderungen an Ihrem Projekt auf einen Schlag rückgängig zu machen.

Alternativ haben Sie auch die Möglichkeit, die an einzelnen Dateien vorgenommenen Änderungen wieder rückgängig zu machen. Dazu öffnen Sie per Rechtsklick auf die gewünschte Datei beziehungsweise die gewünschten Dateien das Kontextmenü und wählen im Bereich *Source Control* den Punkt *Discard Changes in „<Filename>“…* beziehungsweise *Discard Changes in <n> Files…* aus. Hierbei steht *<Filename>* für den Namen der gewählten Datei beziehungsweise *<n>* für die Anzahl der selektierten Dateien.

32.2.4 Pull und Push

Um den aktuellen Projektstand aus dem Repository herunterzuladen, nutzen Sie den Befehl *Pull*. Wenn Sie den gleichnamigen Punkt aus dem *Source Control*-Menü auswählen, fragt Sie Xcode, welchen Branch Sie als Basis für den Download verwenden möchten (siehe Bild 32.9). Den gewünschten Branch wählen Sie über das Drop-down-Menü aus und bestätigen anschließend per Klick auf die Schaltfläche *Pull*. Xcode lädt sodann den zugehörigen Projektstand herunter.

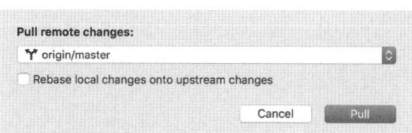

Bild 32.9 Sie wählen den Branch, dessen Daten Sie herunterladen möchten, und bestätigen anschließend den Pull per Klick auf die gleichnamige Schaltfläche.

Beachten Sie hierbei, dass Sie einen Pull in Xcode erst dann ausführen können, wenn Sie alle Ihre lokalen Änderungen committet haben.

Möchten Sie umgekehrt die von Ihnen durchgeführten Änderungen im Repository einspielen, müssen Sie einen sogenannten *Push* durchführen. Dazu klicken Sie zunächst auf den gleichnamigen Punkt im *Source Control*-Menü und wählen anschließend den Branch, auf dem Sie Ihre Änderungen einspielen wollen (siehe Bild 32.10). Ein abschließender Klick auf die Schaltfläche *Push* sorgt dafür, dass Ihre Änderungen im Repository des Projekts landen.

Bild 32.10   Auch bei einem Push Ihrer Änderungen wählen Sie zunächst den Branch, auf dem Sie die Änderungen anwenden möchten.

32.2.5 Aktuelle Branches vom Repository laden

Um eine Liste aller aktuell verfügbaren Branches eines Repositories zu erhalten, führen Sie den Befehl *Fetch and Refresh Status* des *Source Control*-Menüs aus. Daraufhin überprüft Xcode das Repository und aktualisiert die Informationen zu den verfügbaren Branches automatisch.

32.2.6 Git-Repository mit neuem Xcode-Projekt erzeugen

Wenn Sie lokal auf Ihrem Mac ein neues Xcode-Projekt erzeugen, können Sie für dieses bereits ein ebenso lokales Git-Repository erstellen. Damit ist es Ihnen von Beginn an möglich, Ihr Projekt mittels Git zu versionieren und alle Ihre Änderungen zu committen.

Alles, was es braucht, damit Xcode ein neues Projekt inklusive lokalem Git-Repository erzeugt, ist das Aktivieren der Checkbox *Create Git repository on my Mac*, die Ihnen angeboten wird, wenn Sie den Speicherplatz für das neue Projekt auswählen (siehe Bild 32.11).

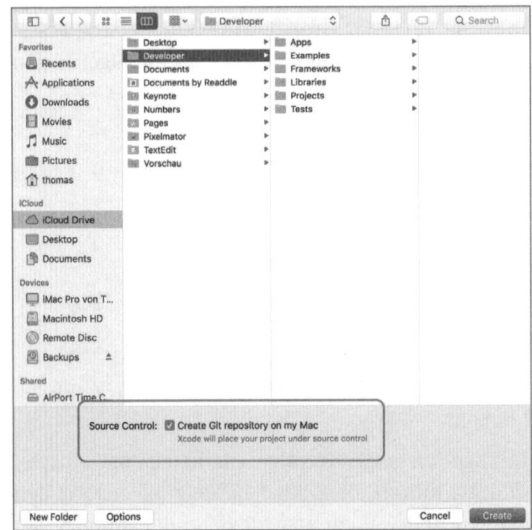

Bild 32.11
Durch Aktivieren dieser Checkbox erzeugt Xcode zu einem neuen Projekt gleich ein lokales Git-Repository.

32.2.7 Optische Source Control-Hervorhebungen im Editor

Seit Xcode 10 weist der Editor mithilfe optischer Hervorhebungen auf verschiedene Zustände der Versionsverwaltung hin. Diese erfolgen in Form vertikaler Linien am linken Rand des Editors in verschiedenen Farben (siehe Bild 32.12). Die so markierten Zeilen weisen auf Änderungen hin, die entweder von Ihnen lokal herbeigerufen oder im entfernten Repository durchgeführt wurden.

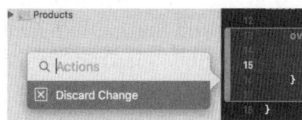

Bild 32.12 Der vertikale Balken am linken Rand des Editors weist auf eine Änderung in Bezug auf die Versionskontrolle für den markierten Bereich hin.

Xcode zeigt hierbei die folgenden Arten von Änderungen an:

- Lokale Änderungen, die noch nicht committet wurden.
- Lokale Änderungen, die noch nicht ins Repository gepusht wurden.
- Änderungen im Repository, die von anderen durchgeführt wurden und noch nicht ins lokale Projekt übernommen wurden.
- Konflikte, die durch noch nicht eingespielte Änderungen im Repository und eigene lokale Änderungen zustande kommen.

Durch Klick auf einen Balken erhalten Sie weitere Informationen dazu, abhängig davon, um welche Art von Änderung es sich handelt. Lokale Änderungen können Sie so beispielsweise direkt verwerfen oder weitere Informationen zu noch nicht vom Server geladenen Commits einsehen (siehe Bild 32.13).

Bild 32.13 Nach Klick auf einen der Balken erhalten Sie weitere Informationen zur Änderung und können zusätzliche Aktionen ausführen.

⚠ Funktion ein- und ausschalten

Sie können die Balkendarstellung der Änderungen in Xcode in den Einstellungen ein- und ausschalten. Hierfür finden Sie im Reiter *Source Control* innerhalb des Abschnitts *Text Editing* zwei Checkboxen (siehe Bild 32.14):

- *Show Source Control changes:* Diese Checkbox müssen Sie aktivieren, um Ihre lokalen Änderungen in der beschriebenen Form im Editor anzuzeigen.
- *Include upstream changes:* Wenn Sie zusätzlich diese Checkbox aktivieren, werden Ihnen auch die Änderungen anderer im Editor angezeigt.

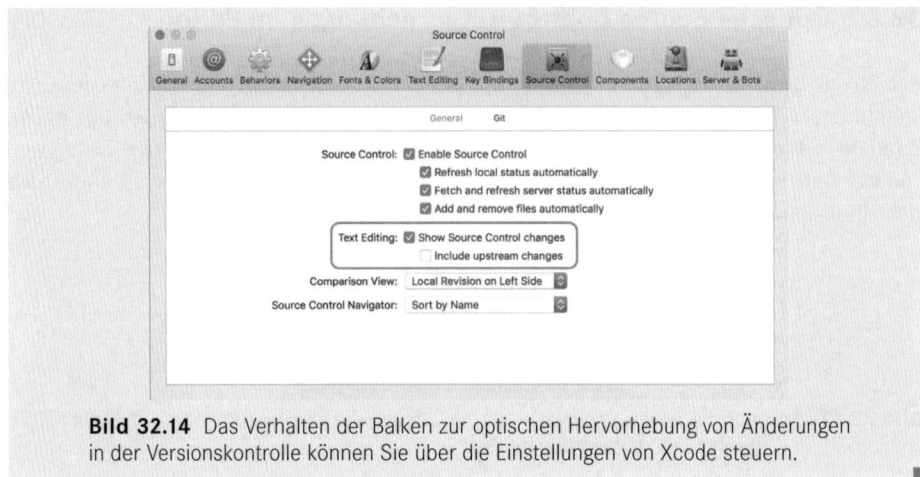

Bild 32.14 Das Verhalten der Balken zur optischen Hervorhebung von Änderungen in der Versionskontrolle können Sie über die Einstellungen von Xcode steuern.

32.2.8 Zugriff auf GitHub, GitLab und Bitbucket

Sie können sich in Xcode mit GitHub-, GitLab- und Bitbucket-Accounts anmelden. Das hat den großen Vorteil, dass Sie direkt aus Xcode heraus auf alle Ihre Projekte zugreifen können, die mit dem jeweiligen Account verknüpft sind.

Um sich an einem oder mehreren dieser Dienste in Xcode anzumelden, wechseln Sie in die Einstellungen und rufen dort den Reiter *Accounts* auf. Nach Klick auf die Plus-Schaltfläche am unteren linken Rand der Ansicht öffnet sich ein neues Fenster, in dem Sie die gewünschte Art von Account auswählen können (siehe Bild 32.15). Nach einem Klick auf *Continue* fragt Xcode noch nach dem passenden Benutzernamen und Passwort. Hier tragen Sie die entsprechenden Informationen ein und bestätigen per *Sign In*. Ist die Anmeldung erfolgreich, fügt Xcode den neuen Account hinzu. Wenn Sie von nun an ein neues Projekt klonen möchten, schließt Xcode Ihre Accounts als Quelle ein und bietet Ihnen bereits in einer Vorauswahl passende Projekte zum Download an (siehe Bild 32.16).

Bild 32.15
Über den Accounts-Reiter in den Einstellungen von Xcode können Sie Ihre GitHub-, GitLab- und Bitbucket-Konten hinzufügen.

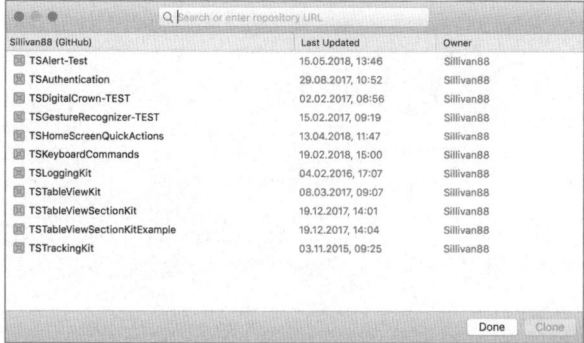

Bild 32.16 Beim Klonen eines Projekts stellt Ihnen Xcode eine Auswahl Ihrer vorhandenen Projekte zur Verfügung.

■ 32.3 Version Editor

Eine weitere Besonderheit bei der Arbeit mit Versionskontrolle in Xcode ist der sogenannte *Version Editor*. Mit ihm können Sie parallel zu einer im Editor geöffneten Datei zusätzliche Informationen anzeigen lassen. Sie aktivieren den Version Editor über die passende Schaltfläche im oberen rechten Bereich von Xcode (siehe Bild 32.17). Der Version Editor teilt die zur Verfügung stehende Fläche – ähnlich dem Assistant Editor – in zwei Bereiche. Links sehen Sie immer die ausgewählte Datei, rechts Informationen in Bezug auf die Versionskontrolle (siehe Bild 32.18).

Bild 32.17 Über die dritte Schaltfläche des mittleren Button-Bereichs von Xcode aktivieren Sie den Version Editor.

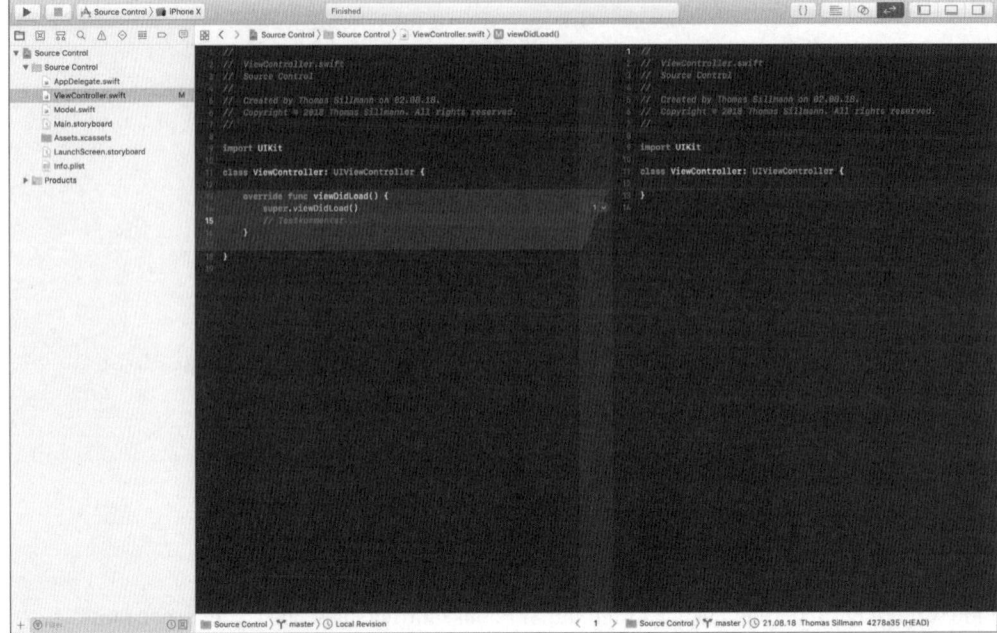

Bild 32.18 Der Version Editor teilt den Editor-Bereich in zwei separate Fenster.

Welche Informationen hierbei im rechten Bereich angezeigt werden, hängt von der gewählten Art des Version Editors ab. Insgesamt stehen Ihnen drei Optionen zur Verfügung, die durch Gedrückthalten der linken Maustaste auf die Version Editor-Schaltfläche eingeblendet werden (siehe Bild 32.19). Abhängig davon, welche Option Sie auswählen, ändert sich die Darstellung des Version Editors:

- *Comparison:* Hier zeigt der Version Editor einen vorangegangen Stand der ausgewählten Datei an und hebt die Änderungen zwischen beiden Versionen hervor (so wie auch bereits in Bild 32.18 zu sehen). Am unteren Rand können Sie zwischen den zur Verfügung stehenden Branches und Commits wählen, in denen Änderungen an der Datei durchgeführt wurden.

- *Authors:* In dieser Ansicht werden alle Teile der gewählten Datei mit ihren zugehörigen Commits aufgeführt. Sie sehen also schnell, wer wann an welcher Stelle einer Datei gearbeitet hat.

- *Log:* Diese Ansicht führt eine chronologisch sortierte Liste aller Commits, die die gewählte Datei betreffen, wobei an oberster Stelle der älteste Commit aufgeführt wird.

Bild 32.19 Der Version Editor unterteilt sich in insgesamt drei unterschiedliche Ansichten.

33 Testing

Testen ist wichtig! Falls Sie das bisher noch nicht gewusst oder vermutet haben, so wissen Sie es jetzt. Ein großer Teil Ihrer Arbeit in der iOS-Entwicklung wird im Testen Ihrer App bestehen, um Fehler zu erkennen oder Verbesserungen durchzuführen. Denn Sie können sich denken: Ein unausgereiftes oder gar gänzlich fehlerbehaftetes Programm den Endnutzern bereitzustellen, wird zu vielen negativen Kritiken und stetig schwindenden Download-Zahlen Ihrer Anwendung führen.

Genau hier kommen die Tests ins Spiel. In der iOS-Entwicklung gibt es drei verschiedene Arten von Tests:

- Unit-Tests
- Performance-Tests
- UI-Tests

Alle diese drei Arten von Tests werde ich Ihnen in diesem Kapitel im Detail vorstellen und auf ihre jeweilige Funktionsweise und ihre Anwendungszwecke eingehen.

■ 33.1 Unit-Tests

Mithilfe von Unit-Tests können Sie einzelne Teile Ihrer Anwendung – in der Regel sind das einzelne Funktionen innerhalb Ihres Codes und der von Ihnen erstellten Typen – auf ihre korrekte Funktionsweise hin überprüfen. Diese Tests können Sie dann allesamt zu jeder Zeit ausführen und sehen, ob sie erfolgreich durchlaufen werden oder einen Fehler zurückgeben. In letzterem Fall können Sie direkt reagieren und dem eigentlichen Problem auf die Schliche kommen, in ersterem Fall wissen Sie, dass Ihre Anwendung wie erwartet funktioniert.

Was bei kleinen Anwendungen nach mehr Arbeit als Nutzen klingen mag, ist gerade in größeren Softwareprojekten ein wichtiger Bestandteil der App-Entwicklung. Denn Unit-Tests prüfen immer alle Funktionen Ihrer Anwendung, für die Sie auch einen entsprechenden Test geschrieben haben. Umgekehrt bedeutet das aber auch, dass es Ihnen sofort auffällt, wenn eine bestimmte Änderung in Ihrem Programm eine ursprüngliche Funktion außer Kraft setzt, da der entsprechende Test dann fehlschlägt. Je größer und komplexer eine

Anwendung ist, umso mehr Abhängigkeiten können sich zwischen Ihren verschiedenen Typen und deren Funktionen ergeben und Unit-Tests können dabei helfen, sicherzustellen, dass Ihre Anwendung nach jeder Änderung noch das tut, was sie soll. Denn Sie kennen das sicherlich: Bei einer Änderung testen Sie nicht alle Funktionen Ihrer kompletten App, sondern die konkret umgesetzte neue Funktion. Es wäre auch ein viel zu großer zeitlicher Aufwand, eine App nach jeder kleinen Änderung in Gänze testen zu müssen.

Um Unit-Tests in eigenen Apps umsetzen zu können, stellt Apple das *XCTest*-Framework zur Verfügung. Die Unit-Tests selbst werden innerhalb eines eigenen Targets im Projekt realisiert. Sie können beim Erstellen eines neuen Xcode-Projekts festlegen, ob Sie direkt ein solches Test-Target erstellen möchten oder nicht, indem Sie den Haken für die Checkbox *Include Unit Tests* setzen oder nicht (siehe Bild 33.1).

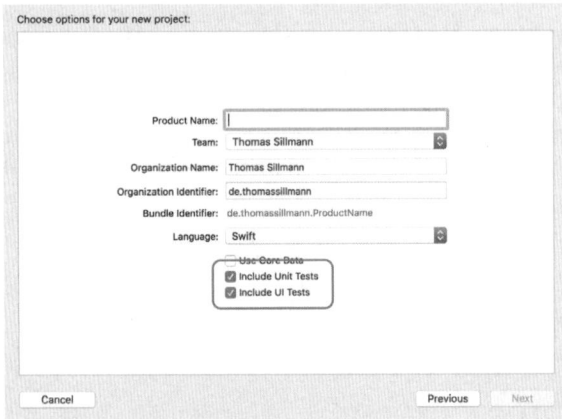

Bild 33.1 Sie können beim Erstellen eines neuen Xcode-Projekts entscheiden, ob Sie ein Unit-Test-beziehungsweise UI-Test-Target einbinden möchten.

Wichtig ist hierbei die Unterscheidung zwischen Unit-Tests und UI-Tests, da diese über zwei verschiedene Test-Targets abgedeckt werden. Entsprechend bietet Ihnen Xcode auch zwei Checkboxen zur Erstellung von Test-Targets an, die die beiden genannten Punkte abdecken. Für Unit-Tests (und auch Performance-Tests) muss somit der Haken, wie beschrieben, bei *Include Unit Tests* gesetzt sein. Möchten Sie (auch) UI-Tests in Ihrem Projekt abbilden, so steht dafür der Haken *Include UI Tests* bei Erstellung eines neuen Projekts zur Verfügung.

Ist der Haken für Unit-Tests bei Projekterstellung gesetzt, generiert Xcode automatisch ein passendes Test-Target, sodass Sie direkt mit Ihren Unit-Tests loslegen können (siehe Bild 33.2). Das Target erhält dabei automatisch den von Ihnen vergebenen Product Name des Projekts, gefolgt vom Schlüsselwort „Tests". Ein UI-Test-Target ist namentlich identisch aufgebaut, endet aber mit dem Suffix „UITests".

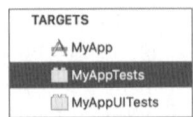

Bild 33.2
Das Unit-Test-Target erhält standardmäßig den Namen des Projekts, gefolgt vom Suffix „Tests".

Manuelles Erstellen eines Test-Targets

Sie können jederzeit manuell ein Test-Target für Ihr Projekt erstellen (beispielsweise dann, wenn Sie den entsprechenden Haken zum Erstellen eines Test-Targets bei Projekterstellung nicht gesetzt haben). Gehen Sie dazu in Xcode über das Menü zu *File → New → Target…* Daraufhin öffnet sich Xcodes Template-Auswahl für Targets. Wählen Sie dort im oberen Bereich die gewünschte Plattform aus (entweder *iOS*, *macOS* oder *tvOS*) und wechseln Sie anschließend in den Bereich *Test*. Dort werden Ihnen die zur Verfügung stehenden Test-Targets für die jeweilige Plattform angezeigt, die Sie Ihrem Xcode-Projekt hinzufügen können, genauer gesagt je ein Target für UI- und Unit-Tests (siehe Bild 33.3).

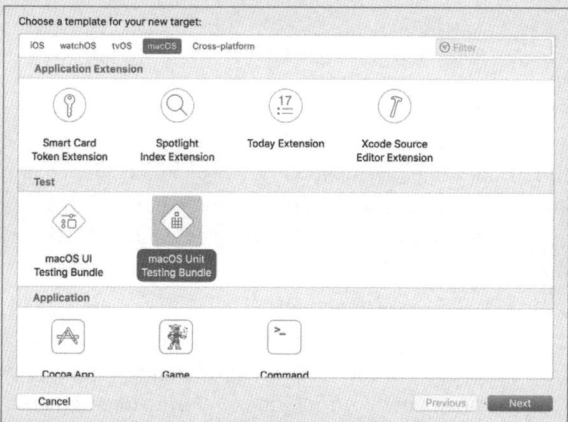

Bild 33.3 Für die Plattformen iOS, macOS und tvOS finden Sie passende UI- und Unit-Test-Targets in der Target-Template-Auswahl (hier für macOS).

Wählen Sie dort das gewünschte Target aus und klicken Sie anschließend auf die Schaltfläche *Next*. Im nächsten Schritt geben Sie verschiedene Informationen zu Ihrem neuen Test-Target ein. Sie können einen beliebigen *Product Name* sowie Ihren *Organization Name* und *Organization Identifier* setzen und ein Team auswählen. Zu guter Letzt haben Sie noch drei Auswahllisten zur Verfügung: *Language*, *Project* und *Target to be Tested* (siehe Bild 33.4).

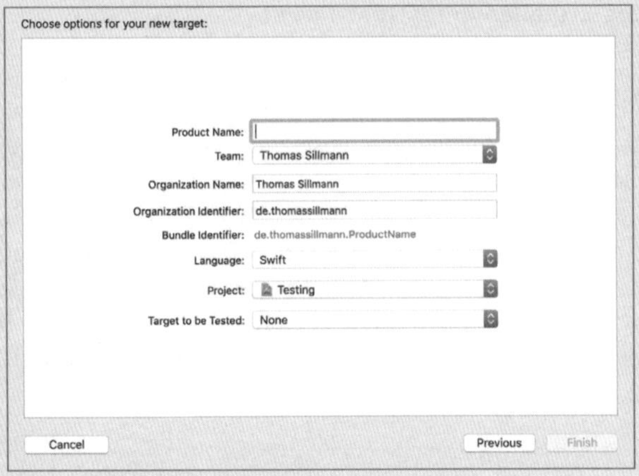

Bild 33.4 Über diese Maske konfigurieren Sie ein neu zu erstellendes Test-Target für Ihre App.

Unter *Language* wählen Sie die gewünschte Programmiersprache (in der Regel *Swift*). Über *Project* wählen Sie das Projekt aus, dem das Test-Target zugeordnet werden soll. Hier stehen nur dann mehrere Projekte zur Verfügung, wenn Sie einen Workspace verwenden, in dem mehrere Projekte untergebracht sind.

Unter *Target to be Tested* wählen Sie abschließend noch von den in Ihrem Projekt bestehenden Targets dasjenige aus, auf das Sie Unit-Tests anwenden und das Sie somit mithilfe von Tests überprüfen möchten. Auch hier stehen selbstredend nur dann mehrere Targets zur Verfügung, wenn Sie auch mehr als ein solches Target in Ihrem Projekt angelegt haben.

Beachten Sie hierbei Folgendes: Sie können unter *Target to be Tested* nur die Targets auswählen, die systemtechnisch mit dem von Ihnen gewählten Test-Template übereinstimmen. Haben Sie beispielsweise im ersten Schritt ein Unit-Test-Target für macOS gewählt, können Sie unter *Target to be Tested* nur macOS-Targets auswählen.

Wenn Sie diese Ansicht per Klick auf die Schaltfläche *Finish* verlassen, wird das neue Test-Target erstellt und dazu auch ein neuer Ordner mit Ihrem zuvor gewählten Product Name Ihrem Projekt hinzugefügt. Dieser enthält dann exakt die Dateien, die Xcode auch automatisch beim Erstellen eines Test-Targets bei neuen Projekten anlegt.

Diese gesonderten Test-Targets dienen dazu, Ihre Tests von Ihrem eigentlichen App-Target und somit auch von Ihrem App-Code zu trennen; schließlich hat Ihr Testcode nichts in Ihrer fertigen App verloren und ist dort gänzlich überflüssig.

Neben einem Test-Target fügt Xcode Ihrem Projekt auch gleich einen passenden Ordner pro Test-Target hinzu (siehe Bild 33.5). Dabei handelt es sich um jene Anlaufstelle, von der aus Sie neue Tests schreiben beziehungsweise auf bestehende Tests zugreifen können.

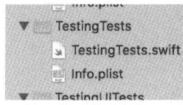

Bild 33.5
Xcode legt einen eigenen Ordner für jedes Test-Target mitsamt erster Testklasse an.

Um Unit-Tests für eine App zu schreiben, werden sogenannte Test-Case-Klassen verwendet. Diese Klassen enthalten für jeden Test, den man ausführen möchte, genau eine passende zugehörige Testmethode. Diese Methoden sind wie alle sonstigen Methoden in Swift aufgebaut. Es gibt also keine spezielle „Testsyntax", die man erlernen und verwenden muss. Test-Case-Klassen sind von der Klasse XCTestCase des *XCTest*-Frameworks abgeleitet.

Neben den eigenen Methoden für spezifische Tests, die man selbst innerhalb einer Test-Case-Klasse erstellt, gibt es noch zwei weitere wichtige Methoden in jeder Test-Case-Klasse: setUp() und tearDown().

Diese Methoden erlauben es Ihnen, bestimmte globale Konfigurationen für alle Ihre Tests innerhalb dieser Klasse vorzunehmen. So können Sie in der setUp()-Methode initiale Werte für Properties einer Instanz setzen, die dann beim Ausführen einer jeden Testmethode identisch sind. In tearDown() werden umgekehrt Werte zurückgesetzt, damit die Änderungen eines vorherigen Tests nicht alle nachfolgenden Tests verfälschen. Die Methode setUp() wird vor jeder Testmethode in Ihrer Test-Case-Klasse aufgerufen, die Methode tearDown() immer nach jeder Testmethode Ihrer Test-Case-Klasse. Nutzen Sie also diese beiden Methoden zur Vorbereitung beziehungsweise Nachbereitung Ihrer Tests.

Ihre eigenen Testmethoden können Sie wie jede andere Methode in der Test-Case-Klasse hinzufügen und dort dann allen relevanten Code zur Ausführung Ihres Tests implementieren.

 Präfix „test" für Testmethoden

Der Name all Ihrer Testmethoden muss mit dem Präfix „test" beginnen, andernfalls werden sie von Xcode nicht als Testmethoden erkannt und damit auch nicht aufgerufen und durchlaufen (dazu gleich noch mehr). ∎

33.1.1 Aufbau und Funktionsweise von Unit-Tests

Mit jedem Unit-Test-Target erstellt Xcode auch direkt eine erste Test-Case-Klasse. Diese trägt den Namen des gewählten Product Name des Test-Targets und enthält bereits ersten Code. Listing 33.1 zeigt diesen Standardinhalt für eine erstellte Test-Case-Klasse namens MyAppTests, die das App-Target *MyApp* testen soll.

Listing 33.1 Aufbau einer Standard-Test-Case-Klasse

```swift
import XCTest
@testable import MyApp

class MyAppTests: XCTestCase {

    override func setUp() {
```

```
        // Put setup code here. This method is called before the invocation of each
test method in the class.
    }

    override func tearDown() {
        // Put teardown code here. This method is called after the invocation of each
test method in the class.
    }

    func testExample() {
        // This is an example of a functional test case.
        // Use XCTAssert and related functions to verify your tests produce the
correct results.
    }

    func testPerformanceExample() {
        // This is an example of a performance test case.
        self.measure {
            // Put the code you want to measure the time of here.
        }
    }
}
```

Zu Beginn möchte ich an dieser Stelle ein paar Worte zu dem Standardinhalt einer neu erstellten Test-Case-Klasse verlieren: Zunächst wird das *XCTest*-Framework importiert, das als Grundlage für die Arbeit mit Unit-Tests benötigt wird. Da die Programmiersprache Swift modulbasiert arbeitet und das zu testende App-Target ein separates Modul vom Test-Target darstellt, muss jenes App-Modul ebenfalls noch importiert werden. Das dabei verwendete vorangestellte Keyword `@testable` wurde mit Swift 2 eingeführt und erlaubt den Zugriff auch auf als `internal` gekennzeichnete Eigenschaften und Funktionen eines Typs (sowie auf als `internal` gekennzeichnete Typen selbst). Somit ist es nicht notwendig, zu testenden Code in einer App als `public` zu deklarieren, um darauf zugreifen zu können.

Die erstellte Klasse ist – wie bereits beschrieben – abgeleitet von `XCTestCase`. Es sind bereits Methodenrümpfe für die beiden Methoden `setUp()` und `tearDown()` vorhanden, die nach eigenem Gusto nur noch implementiert werden müssen (oder auch komplett entfernt werden können, sollten sie gar nicht benötigt werden).

Mit der Methode `testExample()` ist bereits eine erste Testmethode implementiert. Wie alle Testmethoden beginnt sie mit dem Präfix „test", gefolgt von einem aussagekräftigen Namen, der den Test beschreiben soll. Eigene Testmethoden für Unit-Tests deklarieren wir auf exakt die gleiche Art und Weise.

Die letzte der standardmäßig implementierten Methoden – `testPerformanceExample()` – können wir an dieser Stelle getrost ignorieren. Wie der Name bereits andeutet, handelt es sich dabei um einen sogenannten *Performance-Test*; Performance-Tests werden in Abschnitt 33.2, „Performance-Tests", noch im Detail vorgestellt.

Betrachten wir nun stattdessen einmal genauer die eigentlichen Testmethoden wie `testExample()`, diese sind schließlich das Herzstück unserer Unit-Tests. Diese Methoden arbeiten – wie der Standardkommentar in der Implementierung von `testExample()` bereits andeutet – mit verschiedenen globalen Funktionen, die dazu dienen, einen Test auf seinen

Erfolg beziehungsweise Misserfolg hin zu prüfen. Diese Funktionen rufen Sie innerhalb Ihrer Testmethoden auf, und abhängig vom Ergebnis jener Funktion wird der Test als erfolgreich oder fehlgeschlagen gekennzeichnet. Alle Testfunktionen sind Teil des *XCTest*-Frameworks.

In Tabelle 33.1 stelle ich Ihnen einige der typischen Funktionen vor, mit denen Sie häufiger in Ihren Unit-Tests arbeiten werden, inklusive kurzem Beispiel. Allen diesen Funktionen gemein ist, dass sie optional über einen abschließenden Kommentar-Parameter verfügen, der bei fehlgeschlagenen Tests ausgegeben wird. Einen solchen Kommentar können Sie also dazu nutzen, eine Beschreibung des Fehlers anzeigen zu lassen, sollte etwas schief gehen.

Darüber hinaus nehmen manche Funktionen auch noch weitere Parameter entgegen, um zum Beispiel eine Instanz gegen `nil` zu prüfen oder zwei Instanzen miteinander zu vergleichen. Das ist aber von Funktion zu Funktion unterschiedlich. Die Dokumentation der einzelnen Funktionen gibt detailliert Aufschluss darüber, ob und welche Parameter eine Funktion entgegennimmt. Die Parameter werden dabei kommasepariert innerhalb der Funktion nacheinander aufgeführt.

Tabelle 33.1 Beispiele für Testfunktionen

Testfunktion	Erläuterung	Beispiel
`XCTFail`	Der Test schlägt fehl.	`XCTFail("Test failed.")`
`XCTAssertNil`	Der übergebene Parameter muss `nil` sein; ist er das nicht, schlägt der Test fehl.	`XCTAssertNil(myInstance, "Instance must be nil.")`
`XCTAssertNotNil`	Der übergebene Parameter darf *nicht* `nil` sein; ist er das, schlägt der Test fehl.	`XCTAssertNotNil(myInstance, "Instance must not be nil.")`
`XCTAssertTrue`	Der übergebene Parameter muss `true` sein, andernfalls schlägt der Test fehl.	`XCTAssertTrue(myBoolean, "Instance must be true.")`
`XCTAssertFalse`	Der übergebene Parameter muss `false` sein, andernfalls schlägt der Test fehl.	`XCTAssertFalse(myBoolean, "Instance must be false.")`
`XCTAssertEqual`	Die Werte der beiden übergebenen Parameter müssen identisch sein. Sind sie das nicht, schlägt der Test fehl.	`XCTAssertEqual(firstInstance, secondInstance, "Both instances must be equal.")`

33.1.2 Aufbau einer Test-Case-Klasse

Die Test-Case-Klassen stellen das Herzstück von Unit-Tests dar. In diesen schreiben wir unsere Unit-Tests und bringen sie zur Ausführung. Die Methoden `setUp()` und `tearDown()`, die wir in jeder Test-Case-Klasse implementieren können, haben Sie bereits kennengelernt. Jetzt geht es darum, wie konkrete Tests für eine App innerhalb einer Test-Case-Klasse umgesetzt werden können. Betrachten wir dazu ein Beispiel.

Nehmen wir an, Sie haben eine Klasse namens `Calculator`, mit der Sie Berechnungen durchführen. Eine einfache Variante einer solchen Klasse finden Sie in Listing 33.2. Die Klasse implementiert eine einzige Methode zum Verdoppeln des Werts einer Zahl. Die Klasse beziehungsweise die Methode soll als Basis für einen Unit-Test dienen.

Listing 33.2 Beispiel einer einfachen Klasse zur Addition zweier Zahlen

```
class Calculator {
    func doubleTheValue(_ value: Int) -> Int {
        return value * 2
    }
}
```

Um nun diese Klasse und deren `doubleTheValue(_:)`-Methode zu testen, brauchen wir eine entsprechende Test-Case-Klasse, in der wir unsere Tests unterbringen. Wir können dazu entweder die von Xcode generierte Test-Case-Klasse verwenden oder auch beliebig viele weitere erstellen (wie Letzteres geht, erläutert Abschnitt 33.1.3, „Neue Test-Case-Klasse erstellen"). In diesem Beispiel gehe ich davon aus, dass die Tests Teil einer eigenen Test-Case-Klasse namens `CalculatorTests` sind, die dazu dient, Funktionen der Klasse `Calculator` zu testen.

Wie könnte nun aber ein konkreter Test der Methode `doubleTheValue(_:)` aussehen? Da die Funktion den übergebenen Integer verdoppeln und als Ergebnis zurückliefern soll, ruft man die Methode idealerweise mit einem festgelegten Parameter auf (zum Beispiel 19) und prüft, ob das von der Methode zurückgelieferte Ergebnis dem von uns erwarteten Ergebnis (in diesem Fall also 38) entspricht. Für diese Prüfung verwenden wir eine der zur Verfügung stehenden Testfunktionen des *XCTest*-Frameworks, in diesem Fall idealerweise `XCTAssertEqual`. Listing 33.3 zeigt, wie eine entsprechende Implementierung der Test-Case-Klasse `CalculatorTests` aussehen kann.

Listing 33.3 Beispielhafte Implementierung einer Test-Klasse

```
import XCTest
@testable import Calculator

class CalculatorTests: XCTestCase {

    func testDoubleTheValue() {
        let myCalculator = Calculator()
        let result = myCalculator.doubleTheValue(19)
        XCTAssertEqual(result, 38, "The result has to be 38.")
    }

}
```

Das ist zwar ein recht simples Beispiel, es verdeutlicht dafür aber klar, wie Unit-Tests aufgebaut sind und wie man damit arbeitet. In diesem Fall wurde innerhalb einer eigens definierten Testmethode namens `testDoubleTheValue()` eine Instanz der `Calculator`-Klasse erstellt und anschließend die Methode `doubleTheValue(_:)` auf ihr aufgerufen, von der ein klares und eindeutiges Ergebnis erwartet wird. Dieses Ergebnis wird abschließend mittels `XCTAssertEqual` abgefragt und auf seine Korrektheit hin überprüft. Wie man einen so erstellte Unit-Test ausführt, erläutere ich in Abschnitt 33.1.4, „Ausführen von Unit-Tests".

Einsatz von setUp() und tearDown()

Man hätte in dem gezeigten Beispiel das Erstellen der `Calculator`-Instanz auch in die `setUp()`-Methode packen können, dann hätte man sich diesen Schritt in der Testmethode `testDoubleTheValue()` sparen können. In diesem Beispiel ist das nicht weiter tragisch, aber wenn wir einmal annehmen, dass in der Klasse `Calculator` weitere Methoden implementiert werden, die allesamt auch durch einen Test abgedeckt werden sollen, wäre es müßig, in jeder einzelnen Testmethode eine passende `Calculator`-Instanz zu erstellen. Hat man diesen Schritt einmalig in `setUp()` durchgeführt, kann man schnell und einfach auf diese `Calculator`-Instanz in jeder Testmethode zugreifen. Wichtig ist dann nur, dass diese `Calculator`-Instanz als Property der Test-Case-Klasse umgesetzt wird, so wie in Listing 33.4 zu sehen.

Listing 33.4 Erstellen einer übergreifenden Testinstanz in `setUp()`

```
import XCTest
@testable import Calculator

class CalculatorTests: XCTestCase {

    var myCalculator: Calculator!

    override func setUp() {
        myCalculator = Calculator()
    }

    func testDoubleTheValue() {
        let result = myCalculator.doubleTheValue(19)
        XCTAssertEqual(result, 38, "The result has to be 38.")
    }

}
```

Analog dazu lohnt sich die Implementierung von `tearDown()`, möchten Sie nach Abschluss jedes Tests globale Einstellungen für Ihre Tests zurücksetzen.

33.1.3 Neue Test-Case-Klasse erstellen

Sie können theoretisch alle Ihre Unit-Tests in eine einzige Test-Case-Klasse packen; das ist in der Regel aber wenig sinnvoll. Besser ist es, die Unit-Tests über mehrere verschiedene Test-Case-Klassen aufzuteilen. Ein beliebtes Pattern beispielsweise ist, für jeden zu testenden Typ eine eigene Test-Case-Klasse zu erstellen. Diese kann dann den Namen der zu testenden Klasse tragen, gefolgt vom Suffix „Tests".

Eine neue Test-Case-Klasse erstellen Sie genauso wie andere Dateien in Xcode: Rufen Sie zunächst über *File → New → File...* den Template-Manager für neue Dateien auf. Dort wählen Sie im oberen Bereich die gewünschte Zielplattform (*iOS*, *tvOS* oder *macOS*) und anschließend im Bereich *Source* das Template für *Unit Test Case Class* aus (siehe Bild 33.6). Nach

Klick auf *Next* müssen Sie nur noch einen Namen vergeben und die Superklasse für Ihre Test-Case-Klasse (in der Regel `XCTestCase`) sowie die gewünschte Programmiersprache (sehr wahrscheinlich *Swift* ☺) wählen (siehe Bild 33.7).

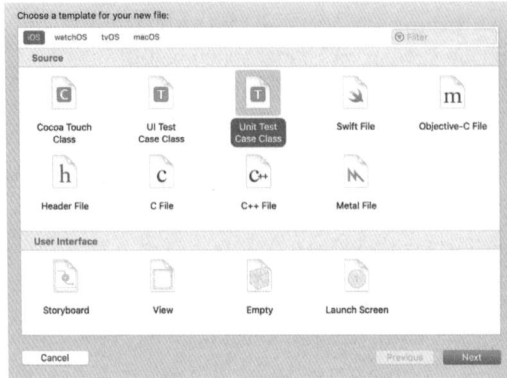

Bild 33.6
Über die Vorlagen von Xcode lässt sich eine neue Test-Case-Klasse erstellen.

Bild 33.7
Noch einige grundlegende Informationen zur Datei angeben – und fertig!

Nach einem weiteren Klick auf *Next* und der anschließenden Auswahl eines Speicherorts ist die neue Test-Case-Klasse auch schon erstellt und Sie können beginnen, diese mit Ihren Unit-Tests zu füllen.

33.1.4 Ausführen von Unit-Tests

Generell gibt es zwei Möglichkeiten, Unit-Tests auszuführen: Entweder können Sie alle vorhandenen Tests direkt auf einmal starten oder einzelne Tests manuell durchlaufen lassen (um beispielsweise zu prüfen, ob eine bestimmte Änderung einen spezifischen Test beeinflusst hat; dann müssen nicht immer alle vorhandenen Unit-Tests ausgeführt werden, was bei einem sehr umfangreichen Testaufgebot durchaus eine Zeit lang dauern kann).

Das Durchführen aller Tests können Sie über die Schaltfläche zum Starten Ihrer App in Xcode anstoßen. Klicken Sie dazu auf den Run-Button und halten Sie die linke Maustaste gedrückt. Daraufhin werden weitere Schaltflächen eingeblendet, über die Sie Ihre App ausführen können, unter anderem auch eine Test-Schaltfläche (siehe Bild 33.8).

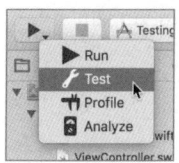

Bild 33.8
Xcode bietet mehrere Optionen zum Ausführen einer App, darunter auch
eine Test-Option.

Wenn Sie nun diese Test-Schaltfläche auswählen, wird die App wie gewohnt gebaut und anschließend werden alle Test-Case-Klassen mit ihren Testmethoden durchlaufen. Das funktioniert allerdings nur, wenn Ihr Test-Target auch mit Ihrem App-Target verbunden ist (siehe dazu auch den obigen Kasten „Manuelles Erstellen eines Test-Targets"). Das können Sie über das Scheme, das zum Ausführen Ihres Targets verwendet wird, überprüfen. Wechseln Sie hierfür in den Editor-Bereich des Schemes und dort links in den Abschnitt *Test*. Dort sollten im Bereich *Tests* dann alle Test-Targets aufgeführt sein, die bei Auswahl der gezeigten Test-Schaltfläche ausgeführt werden sollen (siehe Bild 33.9). Hier können Sie mittels der Plus- und Minus-Schaltflächen am unteren Rand zudem neue Test-Targets hinzufügen oder bestehende wieder entfernen.

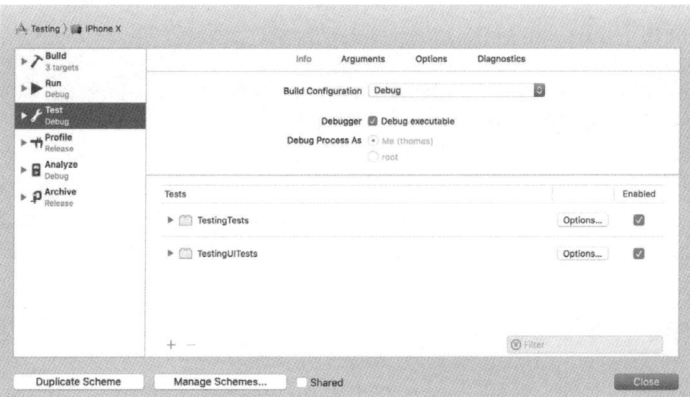

Bild 33.9 Im Scheme-Editor sehen Sie, welche Test-Targets beim Ausführen Ihrer Tests aufgerufen werden.

Nach erfolgreichem Durchlaufen aller Tests erhalten Sie eine Aufstellung darüber, wie viele Tests erfolgreich ausgeführt wurden. Diese Information ist an zwei Stellen einsehbar. Die komfortabelste Übersicht bietet die Navigation Area innerhalb des Test Navigators (siehe Bild 33.10). Dort werden alle Ihre Test-Targets mitsamt Ihren Test-Case-Klassen und den zugehörigen Testmethoden aufgeführt. Tests, die erfolgreich durchlaufen wurden, werden mit einem grünen Haken markiert, während fehlgeschlagene Tests mit einem roten X gekennzeichnet sind.

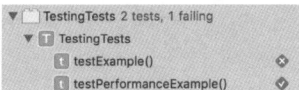

Bild 33.10 Der Test Navigator gibt Aufschluss darüber, welche Tests erfolgreich durchlaufen wurden und welche nicht.

Darüber hinaus sehen Sie auch in den einzelnen Test-Case-Klassen, ob ein einzelner Test erfolgreich war oder nicht. Neben jeder ausgeführten Testmethode wird dort ebenfalls ein grüner Haken (erfolgreich) oder ein rotes X (fehlgeschlagen) angezeigt (siehe Bild 33.11).

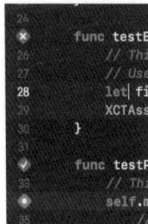

Bild 33.11
Über das Symbol links neben jeder Testmethode sehen Sie, ob er erfolgreich durchlaufen wurde oder nicht. Darüber können Sie auch einen einzelnen Test jederzeit erneut ausführen.

Über diese Markierungen (grüner Haken oder rotes X) haben Sie darüber hinaus die Möglichkeit, einen einzelnen Test erneut auszuführen. Klicken Sie dazu (entweder innerhalb des Test Navigators oder innerhalb der Test-Case-Klasse) auf die entsprechende Markierung beim zugehörigen Test, und Xcode wird nur diesen einen Test erneut ausführen.

 Tests in zufälliger Reihenfolge ausführen

Wenn Sie möchten, dass die Tests eines oder mehrerer Test-Targets nicht immer nacheinander, sondern stattdessen in zufälliger Reihenfolge ausgeführt werden, können Sie die Checkbox *Randomize execution order* in der Scheme-Konfiguration für jedes entsprechende Test-Target aktivieren (siehe Bild 33.12). Wenn Sie anschließend den Test-Prozess über das Scheme anstoßen, führt Xcode die Tests der betreffenden Targets in zufälliger Reihenfolge aus.

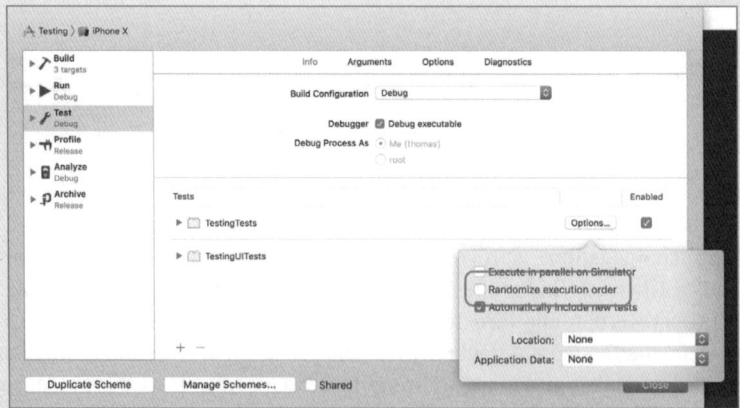

Bild 33.12 Über diese Checkbox können Tests auch in zufälliger Reihenfolge von Xcode ausgeführt werden.

33.1.5 Was sollte ich eigentlich testen?

Möglicherweise haben Sie sich während des bisherigen Lesens dieses Kapitels oder bereits aus eigener Erfahrung die Frage gestellt, was genau Sie eigentlich mit Unit-Tests testen und abdecken sollten? Schließlich wird es zum Beispiel ziemlich schwierig, Views zu testen, möchte man nicht Koordinaten und Positionen im Detail im Code abfragen (und nein, das wollen wir nicht!).

Generell gilt: Die Model-Klassen aus Ihrem Projekt können Sie meist perfekt mit Unit-Tests abdecken, und das sind auch die Klassen, bei denen die Unit-Tests am meisten Sinn machen und ihre Stärke ausspielen. Das Model enthält schließlich unsere Programmlogik, und genau die wollen wir mit Unit-Tests abdecken.

Auch kann es bisweilen sinnvoll sein, die ein oder andere Funktion eines Controllers zu testen, insbesondere wenn dieser nicht an eine View, sondern nur an Model-Objekte gekoppelt ist. Dafür gibt es aber keine Faustregel und es hängt schlicht von der jeweils zu testenden Funktion ab.

In keinem Fall müssen Sie aber beispielsweise testen, ob sich eine eingefügte Subview genau an der richtigen Stelle befindet und die korrekte Größe besitzt. Das mag vielleicht ganz nett sein, um eine große Testabdeckung zu ermöglichen, es wird Ihnen aber kaum das Entwicklerleben erleichtern; ganz im Gegenteil. Kaum ändern Sie diese Subview (was bei Views während der Entwicklung nun wirklich des Öfteren vorkommen kann), so ist auch Ihr Test hinfällig und er muss überarbeitet werden. Meiner Meinung nach ist das an dieser Stelle viel zu viel Liebesmüh für viel zu wenig Nutzen.

■ 33.2 Performance-Tests

Performance-Tests sind eine Erweiterung der bereits zuvor vorgestellten Unit-Tests. Sie zielen nicht darauf ab, die korrekte Funktionsweise einer Methode zu prüfen, sondern vielmehr Hinweise darauf zu geben, wie lange einzelne Funktionen zur Durchführung benötigen und wie hoch die Auslastung des Gesamtsystems durch diese Funktionen ist. Und nicht nur das: Es können sich damit nicht nur diese Werte messen lassen, sondern es können auch Höchstwerte – zum Beispiel für die maximale Durchführungsdauer eines Performance-Tests – festgelegt werden. Wird nun dieser festgelegte Höchstwert beim Test überschritten, schlägt der Test fehl und Sie sehen sofort, dass sich hier Optimierungspotenzial verbirgt.

Performance-Tests werden wie Unit-Tests auch in Test-Case-Klassen erstellt. Der Aufbau dieser Methoden ist dabei identisch zu dem von Unit-Tests: Leiten Sie den Namen der Methode mit dem Präfix „test" ein und wählen Sie dann die gewünschte Bezeichnung. Den eigentlichen Testcode schreiben Sie nun aber nicht direkt in diese Methode, sondern verpacken diesen in eine Funktion namens `measure(_:)`. Sie ist innerhalb von `XCTestCase` deklariert und erwartet als Parameter ein Closure ohne Parameter und ohne Rückgabewert. Darin bringen Sie dann genau jenen Code unter, dessen Performance Sie messen möchten.

Ein einfaches Beispiel für einen solchen Performance-Test finden Sie in Listing 33.5. Darin wird eine Schleife insgesamt eine Milliarde Mal durchlaufen und bei jedem Durchlauf der Wert einer Zählvariablen erhöht.

Listing 33.5 Testmethode zur Durchführung eines Performance-Tests

```
func testPerformanceExample() {
    var counter = 0
    measure {
        for index in 0..<1_000_000_000 {
            counter *= index
        }
    }
}
```

Sobald der Test abgeschlossen ist, präsentiert Xcode das Ergebnis in einem grauen Pop-up-Fenster (siehe Bild 33.13). Darin wird die für die Durchführung des Tests benötigte Zeit in Sekunden angezeigt. Xcode kann aber noch mehr. Wenn Sie auf den grauen Punkt rechts oben innerhalb des Kastens klicken, öffnet sich ein weiteres Pop-up-Fenster, in dem Sie eine Maximalzeit festlegen können (siehe Bild 33.14). Diese Maximalzeit definiert, wie lange der Performance-Test höchstens in Anspruch nehmen darf. Wird diese Zeit überschritten, markiert Xcode den Test als Fehler.

Bild 33.13 Xcode zeigt Ihnen die für die Durchführung des Performance-Tests benötigte Zeit in Sekunden an.

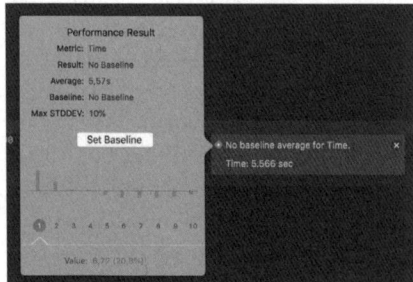

Bild 33.14
Sie können eine Maximalzeit für einen Performance-Test in Xcode festlegen.

Um eine solche Maximalzeit festzulegen, klicken Sie in dem Pop-up-Fenster zunächst auf die Schaltfläche *Set Baseline*. Xcode legt anschließend die Dauer, die für den Performance-Test benötigt wurde, automatisch als Maximalzeit fest. Anschließend können Sie per Klick auf die neu erscheinende *Edit*-Schaltfläche den Wert in der Zeile *Baseline* jederzeit selbst noch anpassen und diesen so verringern oder erhöhen.

■ 33.3 UI-Tests

Wie der Name bereits andeutet, werden *UI-Tests* dazu verwendet, das User Interface und die Bedienung einer App zu testen. Zu diesem Zweck wurde das *XCTest*-Framework um neue Klassen und Funktionen speziell zum Testen der grafischen Oberfläche erweitert.

Genau wie bei Unit- und Performance-Tests bedarf es auch bei UI-Tests eines eigenen Test-Targets, das Sie Ihrem Projekt hinzufügen müssen. Beim Erstellen eines neuen Projekts können Sie ein solches direkt mit einbinden, indem Sie einen Haken bei der Checkbox *Include UI Tests* setzen (siehe Bild 33.15).

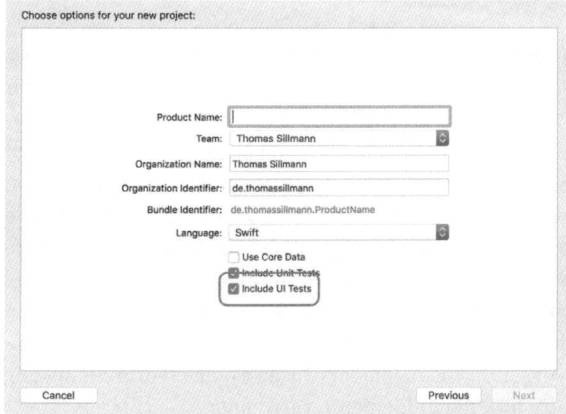

Bild 33.15
Sie können ein Test-Target für UI-Tests direkt beim Erstellen eines neuen Projekts mit einbinden.

Natürlich kann ein solches UI-Test-Target auch zu einem späteren Zeitpunkt manuell einem Projekt hinzugefügt werden. Öffnen Sie dazu auf die bekannte Art und Weise die Ansicht zum Hinzufügen eines neuen Targets, wählen Sie anschließend im oberen Abschnitt die gewünschte Plattform aus (*iOS, tvOS* oder *macOS*) und wechseln Sie in den Bereich *Test*. Dort steht Ihnen das Template für ein *UI Testing Bundle* zur Verfügung (siehe Bild 33.16). Beim Erstellen des Test-Targets müssen Sie die gleichen Eingaben tätigen wie auch bei der Erstellung eines Unit-Test-Targets.

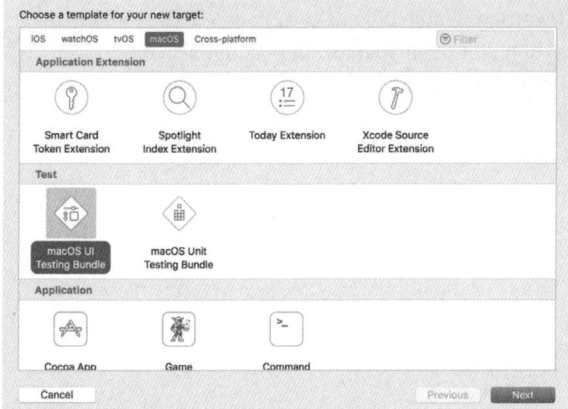

Bild 33.16
Ein UI-Test-Target kann problemlos auch zu einem späteren Zeitpunkt einem Projekt hinzugefügt werden.

33.3.1 Klassen für UI-Tests

Wie im vorherigen Abschnitt beschrieben, bringt das *XCTest*-Framework neue Klassen speziell für die Erstellung von und für die Arbeit mit UI-Tests mit. Die wichtigsten Klassen dabei sind XCUIApplication, XCUIElement und XCUIElementQuery.

XCUIApplication erlaubt es Ihnen, Ihre App zu starten und zu beenden, und bringt dafür passende Funktionen mit. Ein jeder UI-Test beginnt mit dem Starten Ihrer App mittels XCUIApplication. Damit unterscheidet sich der Ablauf eines Tests vom typischen Lebenszyklus einer App, in dem Sie keinerlei Steuerungsmöglichkeit über den Start und das Beenden Ihrer eigenen App besitzen, sondern mithilfe des App Delegate über die entsprechenden Zustände informiert werden. Bei den UI-Tests hingegen steuern Sie explizit den Zustand Ihrer App.

XCUIElement bildet ein User Interface-Element ab, beispielsweise eine Schaltfläche oder einen Schalter. Sie nutzen diese Klasse, um beispielsweise auf eine View zu tippen oder Text in ein Textfeld einzugeben. Jedes Interface-Element, das Sie innerhalb Ihrer App verwenden, stellt ein eindeutiges und einzigartiges XCUIElement-Objekt dar. Um Zugriff darauf zu erhalten, sprechen Sie das gewünschte Element über eine passende Methode gefolgt von einem eindeutigen Bezeichner an, den es innerhalb Ihres Projekts nur einmalig gibt. Wie dieser Bezeichner lautet, ist abhängig davon, wie das entsprechende Interface-Element konfiguriert ist. Standardmäßig wird beispielsweise bei einem UILabel oder UIButton der Titel verwendet, den das jeweilige Element innerhalb Ihrer Interface-Datei besitzt. Hierbei kann es aber womöglich schnell zu Dopplungen bei den Bezeichnern kommen. Besser ist es hingegen, die Accessibility-Attribute jedes Interface-Elements in passender Form zu setzen; dann werden diese zum Zugriff auf die jeweiligen Elemente verwendet.

 Accessibility

Es gibt in der App-Entwicklung für die verschiedenen Apple-Plattformen die Möglichkeit, Interface-Elemente mit zusätzlichen Informationen zu versehen, um Apps auch Menschen mit Beeinträchtigungen zugänglich zu machen. Schaltflächen können so beispielsweise mit einem alternativen Text versehen werden, der vom Voice-Over-System von iOS vorgelesen werden kann.

Diese Accessibility-Attribute können schnell, einfach und komfortabel über den Interface Builder gesetzt werden. Wählen Sie dazu einfach ein UI-Element aus und wechseln Sie dann in den Identity Inspector. Dort findet sich am Ende ein eigener Bereich namens *Accessibility*, in dem Sie verschiedene Einstellungen vornehmen können (siehe Bild 33.17).

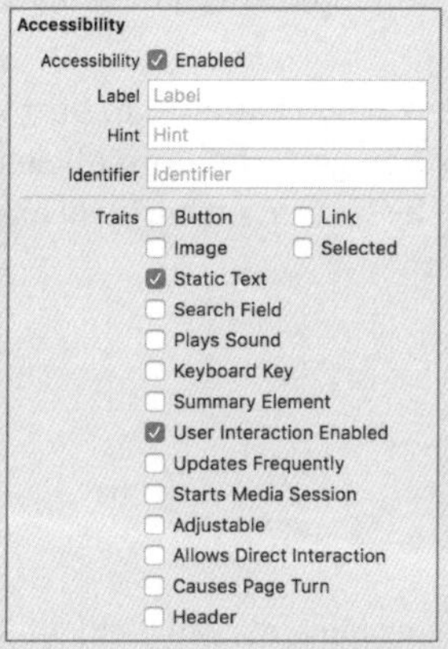

Bild 33.17
Die Accessibility-Attribute können Sie einfach
im Interface Builder für jedes Interface-Element
setzen.

Die Informationen, die Sie hier hinterlegen, werden auch zum Ansprechen
der jeweiligen Interface-Elemente durch die Klasse XCUIElement verwendet.
Durch Pflegen dieser Informationen schlagen Sie also zwei Fliegen mit einer
Klappe: Einerseits stellen Sie sicher, dass Sie problemlos UI-Tests für Ihre
App integrieren und umsetzen können. Auf der anderen Seite erhöhen Sie
die Zugänglichkeit Ihrer App für spezifische Benutzergruppen.

XCUIElementQuery schließlich dient als eine Art Bindeglied zwischen XCUIApplication
(das den Zugriff auf Ihre App darstellt) und XCUIElement (das ein einzelnes Interface-Element innerhalb Ihrer App beschreibt). Mit XCUIElementQuery ist es möglich, spezifische
Interface-Elemente zu suchen und abzufragen. Die Funktionen von XCUIElementQuery
werden dabei direkt auf einer Instanz von XCUIApplication ausgeführt und liefern eine
entsprechende XCUIElement-Instanz zurück.

Erfreulicherweise steht innerhalb des *XCTest*-Frameworks ein Protokoll mit dem Namen
XCUIElementTypeQueryProvider bereit, das die häufigsten und typischsten Abfragen, die
wir mittels XCUIElementQuery abbilden müssen, bereits vorgefertigt zur Verfügung stellt.
So können wir direkt und ohne Umschweife auf Schaltflächen, Schalter, Picker und so weiter innerhalb unserer App zugreifen. Wie das im Detail geht, sehen wir gleich.

Um nun grundsätzlich auf ein spezifisches Interface-Element in Ihrer App zuzugreifen,
benötigen Sie zwei Informationen:

- Um welche Art von Interface-Element handelt es sich (Button, Switch, Picker et cetera)?
- Wie lautet der eindeutige Bezeichner für das gewünschte Element?

Mit diesen Informationen können Sie auf das gewünschte Interface-Element zugreifen. Für
die verschiedenen Arten von Interface-Elementen nutzen wir im einfachsten Fall das angesprochene XCUIElementTypeQueryProvider-Protokoll, dessen Funktionen wir schnell und
einfach auf XCUIApplication aufrufen und somit festlegen können, um welche Art von
Interface-Element es sich handelt. Dieser Funktion wird dann noch der eindeutige Bezeichner übergeben, fertig! So erhalten wir ein XCUIElement, über das wir Funktionen wie
Texteingaben ausführen können. Die Dokumentation von XCUIElement gibt Aufschluss
über alle zur Verfügung stehenden Funktionen. Die beiden wichtigsten sind tap() (zum

Tippen auf eine View) beziehungsweise `click()` (zur Durchführung eines Mausklicks) sowie `typeText(_:)` (zum Schreiben von Text).

Einen einfachen UI-Test mit allen genannten Bestandteilen zeigt Listing 33.6. Dort wird die App mittels `launch()`-Methode der Klasse `XCUIApplication` gestartet. Anschließend wird auf eine Schaltfläche mit dem eindeutigen Bezeichner `MyButton` zugegriffen und deren zugewiesene Funktion durch Aufruf von `tap()` ausgeführt.

Listing 33.6 Einfacher UI-Test zum Bestätigen einer Schaltfläche

```
func testExample() {
    XCUIApplication().launch()
    XCUIApplication().buttons["MyButton"].tap()
}
```

Neben diesem „händischen" Erstellen eines UI-Tests gibt es auch die Möglichkeit, UI-Tests automatisch von Xcode erzeugen zu lassen; mehr dazu erfahren Sie in Abschnitt 33.3.3, „Automatisches Erstellen von UI-Tests".

33.3.2 Aufbau von UI-Test-Klassen

Eine UI-Test-Klasse ist im Allgemeinen genauso aufgebaut wie eine Unit-Test-Klasse. Sie besteht aus einer einfachen Swift-Datei, bei der es sich um eine Subklasse von `XCTestCase` handelt. Somit stehen Ihnen auch die Methoden `setUp()` und `tearDown()` zur Verfügung, um Ihre UI-Tests vorzubereiten. Die Methode `setUp()` wird hierbei in UI-Tests typischerweise dazu verwendet, Ihre App mittels der Klasse `XCUIApplication` zu starten, `tearDown()` könnten Sie zum Beenden Ihrer App verwenden. Die Testmethoden selbst werden genauso geschrieben wie bei Unit-Tests und erhalten somit das Präfix „test".

33.3.3 Automatisches Erstellen von UI-Tests

Zum Erstellen eines einfachen UI-Tests hat Apple in Xcode eine Funktion namens *UI Recording* implementiert. Darüber können Sie Ihre App starten und wie gewohnt benutzen, während UI Recording im Hintergrund passenden Code erzeugt, um daraus einen entsprechenden UI-Test zu kreieren. Das erlaubt das bequeme und einfache Erstellen von UI-Tests, ohne selbst den kompletten Code dafür schreiben zu müssen. Natürlich haben Sie darüber hinaus aber die Möglichkeit, den Test-Code selbst anzupassen, unabhängig davon, was UI Recording erfasst.

Um UI-Tests mithilfe von UI Recording zu erstellen, müssen Sie zunächst eine passende Testmethode innerhalb Ihrer UI-Test-Klasse erstellen und den Cursor innerhalb der Implementierung der Methode platzieren. Das ist dann die Stelle, wo UI Recording beginnen wird, den eigenen Test-Code zu schreiben. Anschließend klicken Sie auf den kleinen roten Aufnahmeknopf am unteren Bildschirmrand oberhalb der Debug Area (siehe Bild 33.18).

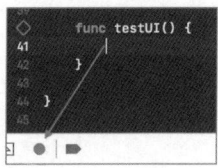

Bild 33.18
Mithilfe des roten Aufnahmeknopfs starten und beenden Sie das
Erstellen von UI-Tests mittels UI Recording.

Anschließend startet Xcode Ihre App wie gewohnt im Simulator. Alle Aktionen, die Sie nun
innerhalb der App ausführen (Zellen auswählen, Schaltflächen betätigen, Text eingeben),
werden automatisch von UI Recording erfasst und in passende Befehle umgewandelt. Diese
werden in Echtzeit in die Testmethode geschrieben, von der aus Sie UI Recording gestartet
haben. Wenn Sie alle Aktionen ausgeführt haben, die Sie für den gewünschten Test durchführen möchten, wechseln Sie zurück zu Xcode und klicken erneut auf die Aufnahmeschalt-
fläche, um UI Recording zu beenden. Der Test steht dann fertig zur Verfügung und kann
jederzeit von Ihnen ausgeführt werden. Natürlich ist es darüber hinaus jederzeit problemlos möglich, den von UI Recording erzeugten Code zu erweitern oder zu verändern.

33.3.4 Einsatz von UI-Tests

UI-Tests stellen eine großartige Ergänzung zu den bestehenden Unit-Tests dar und erlauben
es, auch die Oberfläche einer App und die Funktionsweise verschiedener Views zu testen.
Und genau dafür sind UI-Tests auch primär gedacht. Sie ersetzen keinesfalls bestehende
Unit-Tests, die ja primär zum Testen der Model-Logik gedacht sind und dort auch ihre vollen
Stärken ausspielen. Ideal ist eine gute Mischung aus Unit-Tests (für spezifische Funktionen
des Models) sowie UI-Tests (für spezifische Funktionen der Oberfläche und der Views). Und
das manuelle Testen natürlich nicht vergessen! ☺ Das ist immer und in jedem Fall essenziell
bei der App-Entwicklung.

Teil VI: Veröffentlichung von Apps

34 Veröffentlichung im App Store

Die Veröffentlichung von Apps im App Store ist der geläufigste Weg, um eigene Anwendungen zu verbreiten und einem großen Zielpublikum zur Verfügung zu stellen. Das bietet Entwicklern eine Vielzahl von Vorteilen. So muss man sich beispielsweise nicht um die Zahlungsabwicklung kümmern – die übernimmt Apple für uns. Auch müssen wir uns nicht um die Bereitstellung und Wartung von Servern kümmern, über die Apps heruntergeladen und installiert werden können. Insgesamt gilt, dass der App Store die gesamte Infrastruktur zum Verteilen unserer Anwendungen bereitstellt. Wir legen ausschließlich fest, welche Apps wir zu welchen Konditionen und mit welchen Merkmalen (Sprache, Beschreibungstext, Screenshots et cetera) anbieten (siehe Bild 34.1).

Bild 34.1 Der App Store steht für die verschiedenen Plattformen von Apple zur Verfügung und ist ein beliebter (und abseits von macOS auch der einzige) Vertriebsweg zur Veröffentlichung von Apps.

Der App Store steht inzwischen für alle vier Plattformen von Apple bereit, es gibt also einen für Mac, iPhone und iPad, Apple Watch sowie für Apple TV. Erfreulicherweise unterscheidet sich der Prozess zum Veröffentlichen von Apps für die verschiedenen Stores nicht sehr stark voneinander. Abgesehen von macOS stellt der App Store zudem den einzigen Vertriebsweg dar, den Sie nutzen können, um Apps an Ihre potenziellen Kunden zu verteilen. Eine Ausnahme stellen lediglich Business-Anwendungen dar, die unternehmensintern verteilt werden.

Eine Besonderheit gibt es allerdings im Zusammenspiel mit dem App Store für die Apple Watch: Da watchOS-Apps immer Teil einer iOS-App sind und nicht autark ausgeliefert werden können, werden watchOS-Apps und -Updates immer über eine zugehörige iOS-App veröffentlicht. Reine Veröffentlichungen ausschließlich für watchOS sind nicht möglich.

In diesem Kapitel erfahren Sie, welche Bestandteile notwendig sind, um eine App über den App Store zu vertreiben. Im Anschluss daran lernen Sie alle Funktionen kennen, die Sie brauchen, um Apps für den App Store anzubieten und mit den passenden Metainformationen zu versehen. Hierbei wird zwischen zwei Plattformen unterschieden, die ich Ihnen an dieser Stelle bereits einmal kurz vorstellen möchte:

- Im *Apple Developer Portal* verwalten Sie Ihren Apple-Entwickler-Account und kümmern sich um die Erstellung und Pflege von für die Entwicklung wichtigen Dateien. Dazu gehören unter anderem Zertifikate und Provisioning Profiles (dazu später mehr). Diese werden zwingend benötigt, wenn Sie Ihre App später über den App Store vertreiben möchten.

- Die *App Store Connect*-Plattform stellt die eigentliche Verbindung zum App Store dar. Hier laden Sie Ihre Apps und Updates für den App Store hoch und pflegen die Metainformationen ein. Auch haben Sie dort Zugriff auf die Verkaufs- und Downloadzahlen sowie Ihre monatlichen Finanzberichte von Apple.

■ 34.1 Das Apple Developer Portal

Das *Apple Developer Portal* (erreichbar unter dem Link *https://developer.apple.com*) ist die zentrale Anlaufstelle für jeden Apple Developer. Hier erstellt beziehungsweise verwaltet man den eigenen Entwickler-Account, greift auf Entwickler-Ressourcen von Apple zurück und pflegt für den Entwicklungsprozess wichtige Ressourcen wie Zertifikate und Provisioning Profiles (siehe Bild 34.2).

Basis, um vernünftig mit dem Apple Developer Portal arbeiten und später auch Vorbereitungen zur Veröffentlichung von Apps durchführen zu können, ist ein sogenannter *Apple Developer Account*. Hierfür können Sie eine beliebige Apple-ID verwenden und sich damit am Portal anmelden. Das alleine reicht aber nicht aus, wenn Sie Ihre Anwendungen über den App Store vertreiben möchten. Dafür ist es notwendig, dem sogenannten *Apple Developer Program* beizutreten. Erst darüber haben Sie Zugriff auf alle Ressourcen, die Sie benötigen, um Apps im App Store bereitstellen zu können. Darüber hinaus bietet das Apple Developer Program noch weitere Vorteile: So erhalten Sie beispielsweise Zugriff auf Beta-Versionen von Xcode und der verschiedenen Betriebssysteme von Apple (und weiterer Software). Auch können Sie Vorabversionen Ihrer Apps darüber mithilfe der Testflight-App an Beta-Tester verteilen (siehe Bild 34.3).

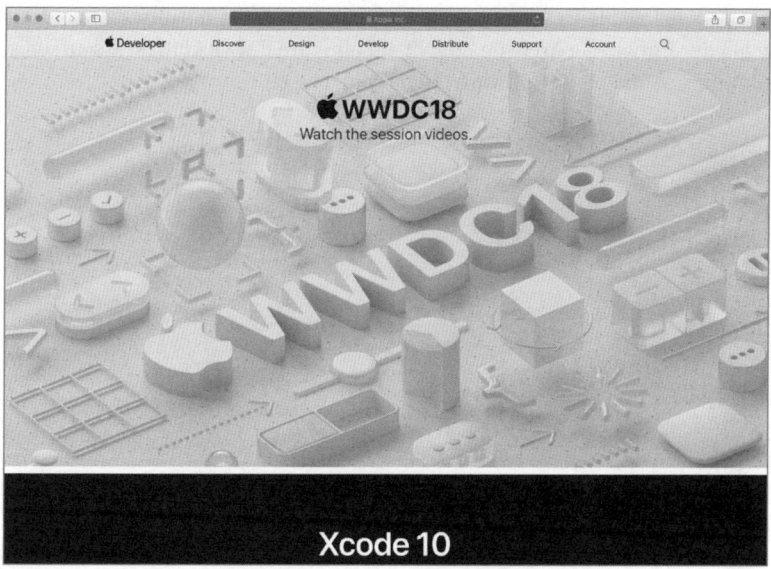

Bild 34.2 Die offizielle Developer-Website von Apple bietet Zugriff auf alle wichtigen Entwickler-Ressourcen.

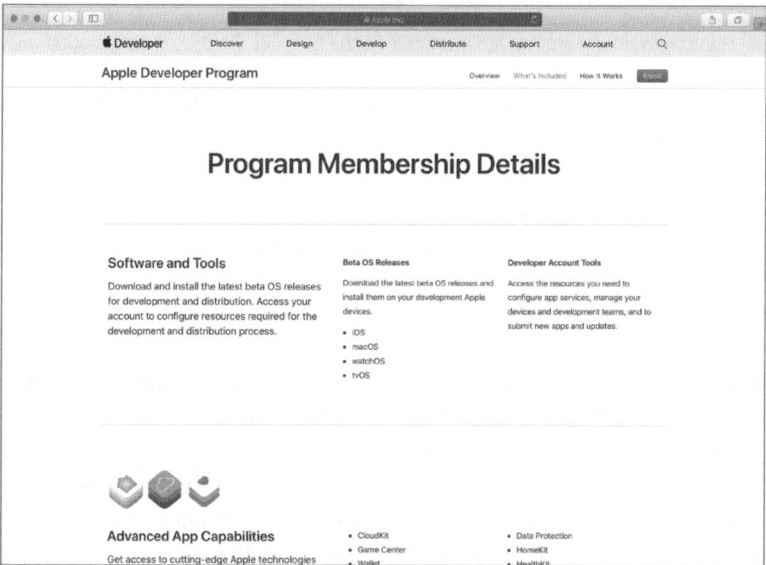

Bild 34.3 Das Apple Developer Program bietet eine Vielzahl von Vorzügen für Entwickler, nicht zuletzt die Chance, Apps über den App Store zu vertreiben.

Das Apple Developer Program kostet 99,00 € im Jahr und kann sowohl von Einzelpersonen wie auch Unternehmen gleichermaßen abgeschlossen werden. Es schließt alle Plattformen und Services von Apple mit ein.

Sobald Sie Teil des Apple Developer Program sind, haben Sie mit Ihrer Apple-ID nach Anmeldung auf der Entwickler-Website Zugriff auf alle Ihre Entwicklungsressourcen sowie die zur Verfügung stehende Beta-Software (siehe Bild 34.4).

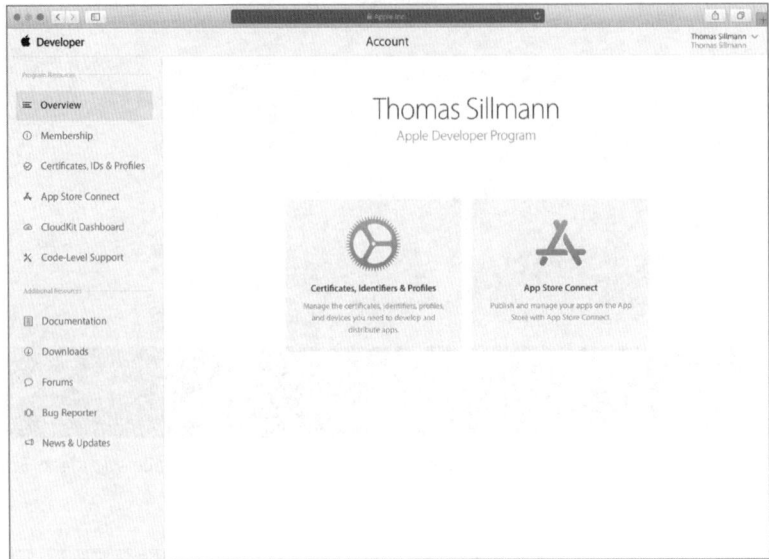

Bild 34.4 Nach Anmeldung am Apple Developer Portal begrüßt Sie dieses Übersichtsfenster.

Am linken Rand dieses internen Bereichs des Apple Developer Portal haben Sie unter anderem Zugriff auf die folgenden Ressourcen:

- *Membership:* Hier finden Sie detaillierte Informationen zu Ihrer abgeschlossenen Apple Developer Program-Mitgliedschaft.

- *Certificates, IDs & Profiles:* Dieser Link führt Sie weiter in den Bereich, wo Sie unter anderem Ihre Entwicklerzertifikate, App IDs und Provisioning Profiles erstellen und pflegen. Mehr dazu erfahren Sie in Abschnitt 34.1.1, „Zertifikate, App IDs und Provisioning Profiles".

- *App Store Connect:* Dieser Link führt Sie weiter auf die Website von App Store Connect (mehr dazu erfahren Sie im gleichnamigen Abschnitt 34.2).

- *Code-Level Support:* Hierüber können Sie direkt technische Support-Anfragen an Entwickler von Apple stellen. Das kann hilfreich sein, wenn Sie bei einem Problem im Zusammenspiel von SDKs von Apple überhaupt nicht weiterkommen oder etwas nicht verstehen. Zwei solcher Support-Tickets erhalten Sie pro Jahr kostenlos.

- *Documentation:* Hier finden Sie die Entwicklerdokumentation von Apple direkt im Browser. Sie entspricht in etwa dem, was auch die Entwicklungsumgebung Xcode lokal zur Verfügung stellt. Dennoch ist die Online-Dokumentation bisweilen nützlich, beispielsweise wenn man unterwegs mit dem iPhone oder iPad etwas nachlesen oder überprüfen möchte.

- *Downloads:* Dieser Link führt zur Download-Seite des Apple Developer Portal. Dort haben Sie Zugriff auf all die Software, die Apple seinen Entwicklern kostenlos zur Verfügung stellt. Dazu gehören auch Vorabversionen von Xcode und den verschiedenen Betriebs-systemen.

- *Forums:* Hierüber gelangen Sie zu den Apple Developer Forums. Apple-Entwickler tau-schen sich hier über mögliche Probleme aus oder suchen Rat. Auch Apples eigene Ent-wickler schauen in diesen Foren vorbei und antworten auf Beiträge.

- *Bug Reporter:* Hierüber werden Sie auf die Website *https://bugreport.apple.com* weiterge-leitet. Dort können Sie Apple über gefundene Bugs in deren Apps und Betriebssystemen informieren.

- *News & Updates:* Wie der Name bereits sagt, finden Sie hier Neuigkeiten für Entwickler von Apple.

34.1.1 Zertifikate, App IDs und Provisioning Profiles

Um Ihre App im App Store zu veröffentlichen, benötigen Sie in jedem Fall zunächst die fol-genden Dinge: ein Entwicklerzertifikat, eine App ID und ein Provisioning Profile. Diese Elemente pflegen Sie über ein passendes Portal ein, das Sie über den Link *Certificates, IDs & Profiles* auf der Apple Developer-Website erreichen (siehe Bild 34.5 sowie den Abschnitt 34.1, „Das Apple Developer Portal").

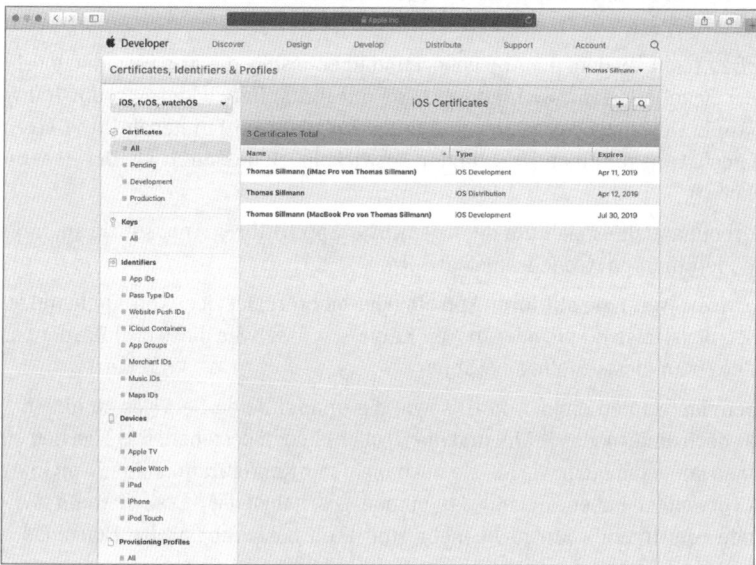

Bild 34.5 Über diesen Teil der Apple Developer-Website pflegen Sie Ihre Zertifikate, Provisioning Profiles und mehr.

Die genannten drei Elemente stelle ich Ihnen im Folgenden kurz vor, ehe ich Ihnen anschlie-ßend in den nächsten Abschnitten zeige, wie Sie jedes dieser Elemente erstellen und was es dabei zu beachten gilt.

Entwicklerzertifikat

Das *Entwicklerzertifikat* wird benötigt, um eine App digital zu signieren und damit sicherzustellen, dass die App von einem offiziellen Apple-Entwickler erstellt wurde. Erst mit einem solchen Entwicklerzertifikat ist es möglich, eine App im App Store einzureichen.

Es gibt zwei verschiedene Arten von Entwicklerzertifikaten: *Development-* und *Production-*Zertifikate. Development-Zertifikate verwenden Sie für die Entwicklung Ihrer App und um Ihre App während der Entwicklung aus Xcode heraus auf ein Endgerät spielen und verschiedene Services wie iCloud oder In-App-Käufe testen zu können. Die Production-Zertifikate werden für die Veröffentlichung und Verbreitung Ihrer App benötigt, also beispielsweise die Einreichung im App Store. Für Sie als Entwickler bedeutet das, dass Sie in der Regel mindestens zwei Entwicklerzertifikate anlegen werden: ein Development-Zertifikat, um Ihre App auf verschiedenen Endgeräten testen zu können, und ein Production-Zertifikat für die finale Veröffentlichung im App Store.

App ID

Die sogenannte *App ID* ist ein eindeutiges Merkmal, um eine App von allen anderen unterscheiden zu können. Sie entspricht dem Bundle Identifier des App-Targets in Xcode, zu dem sie gehört. Sie setzt sich aus den folgenden Informationen zusammen:

- *Name:* Die Beschreibung beziehungsweise ein passender Bezeichner für die App ID. Sie können hier einen beliebigen Wert vergeben, beispielsweise den Namen der zugrunde liegenden App.

- *Prefix:* Das Team, zu dem die App gehört und über das Sie die App verteilen möchten. Das ist in der Regel nur dann wichtig, wenn Sie mit Ihrem Entwickler-Account Teil von mehreren Apple Developer Programs sind (zum Beispiel weil Sie neben Ihren eigenen Projekten noch Apps für einen Drittkunden entwickeln, zu dessen Apple Developer Program Sie gehören).

- *ID:* Hierbei handelt es sich um die eigentliche App ID Ihrer App, so wie sie in Form des Bundle Identifiers in Xcode festgelegt wird.

- *App Services:* Wenn Sie mit Ihrer App ein oder mehrere Services von Apple nutzen möchten – beispielsweise iCloud oder In-App-Käufe –, müssen Sie diese mithilfe der passenden Checkboxen an dieser Stelle auswählen.

Sie können den Namen einer App ID sowie die unterstützten Services zu einem späteren Zeitpunkt noch ändern, das Präfix und die ID aber bleiben bestehen. Das Löschen einer App ID ist nur so lange möglich, wie Sie sie noch nicht zur Konfiguration einer App in App Store Connect verwendet haben. Sobald das einmal geschehen ist – selbst wenn Sie die entsprechende App irgendwann nicht mehr zum Kauf beziehungsweise Download anbieten sollten – ist ein Löschen der App ID nicht mehr möglich.

Provisioning Profile

Ein *Provisioning Profile* fungiert als Bindeglied zwischen Entwicklerzertifikat und App ID. Es enthält beide Elemente und wird als Teil einer App ausgeliefert. Nur mit einem solchen Provisioning Profile kann eine App über den App Store vertrieben oder ad hoc auf anderen Geräten aufgespielt werden.

Ähnlich wie bei den Entwicklerzertifikaten unterscheidet Apple zwischen sogenannten *Development*- und *Production*-Provisioning Profiles. Development-Provisioning Profiles kommen zum Einsatz, um Apps auf eigene Testgeräte zu spielen, während Production-Provisioning Profiles für den Vertrieb im App Store sowie für Beta-Tester zum Einsatz kommen. Aus diesem Grund müssen Sie beispielsweise bei den Development-Provisioning Profiles die Geräte mit angeben, auf denen die zugehörige App später ausgeführt werden soll. Es ist nicht möglich, die App auf einem anderen Endgerät zu installieren.

Devices

Neben den drei zuvor genannten Elementen ist ein weiterer Punkt sehr wichtig, zumindest, wenn Sie Ihre Apps auf einem oder mehreren Endgeräten abseits des App Store installieren möchten. Hierzu müssen Sie jedes dieser Endgeräte als Entwicklungsgerät registrieren. Die Entwicklungsgeräte können Sie dann in den zuvor beschriebenen Development-Provisioning Profiles auswählen und so festlegen, auf welchen Geräten die zugrunde liegende App installiert und ausgeführt werden kann.

Als Mitglied des Apple Developer Program können Sie bis zu 100 solcher Testgeräte registrieren. Einmal pro Jahr können Sie die Liste Ihrer Geräte aktualisieren und so beispielsweise nicht länger verwendete Devices entfernen, um Platz für neue zu schaffen.

Übrigens ist es nicht notwendig, einen Mac auf diese Art und Weise als Testgerät zu definieren. Dieses Vorgehen ist ausschließlich bei Apps für iPhone, iPad, iPod touch, Apple Watch und Apple TV notwendig.

34.1.1.1 Erstellen von Entwicklerzertifikaten

Über den Abschnitt *Certificates* des *Certificates, Identifiers & Profiles*-Bereichs erreichen Sie die Zertifikatverwaltung. Dort werden alle Ihre Zertifikate aufgeführt und können dort eingesehen und heruntergeladen werden (siehe Bild 34.6).

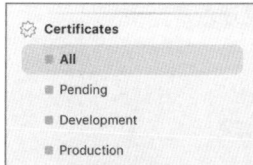

Bild 34.6
Über das Certificates-Menü erhalten Sie Zugriff auf Ihre Zertifikate und können diese dort erstellen und verwalten.

Um ein neues Entwicklerzertifikat zu erstellen, klicken Sie zunächst auf die Plus-Schaltfläche am oberen rechten Rand. Anschließend öffnet sich eine Maske, in der Sie wählen müssen, welche Art von Zertifikat Sie erstellen möchten (siehe Bild 34.7). Wie zuvor beschrieben, unterteilen sich die Zertifikate in Development- und Production-Zertifikate. Um ein Zertifikat für Ihre Tests auf einem Endgerät zu erstellen, wählen Sie im Abschnitt *Development* den Punkt *iOS App Development* aus. Für ein Zertifikat zur Veröffentlichung Ihrer App im App Store oder ad hoc wählen Sie hingegen unter *Production* den Punkt *App Store and Ad Hoc*. Anschließend setzen Sie die Erstellung per Klick auf *Continue* fort.

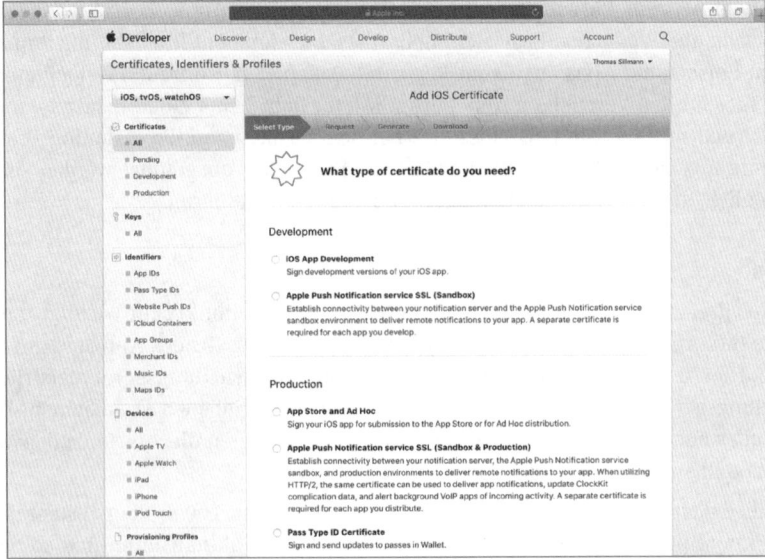

Bild 34.7 Aus den vorgegebenen Typen müssen Sie für Ihr Zertifikat genau eines auswählen.

Im nächsten Schritt werden Sie darauf hingewiesen, dass Sie nun von Ihrem Rechner aus ein sogenanntes *CSR-File* erstellen müssen (siehe Bild 34.8). Diese Datei wird anschließend in einem nächsten Schritt an Apple übertragen, woraufhin ein passendes Zertifikat für Sie generiert wird.

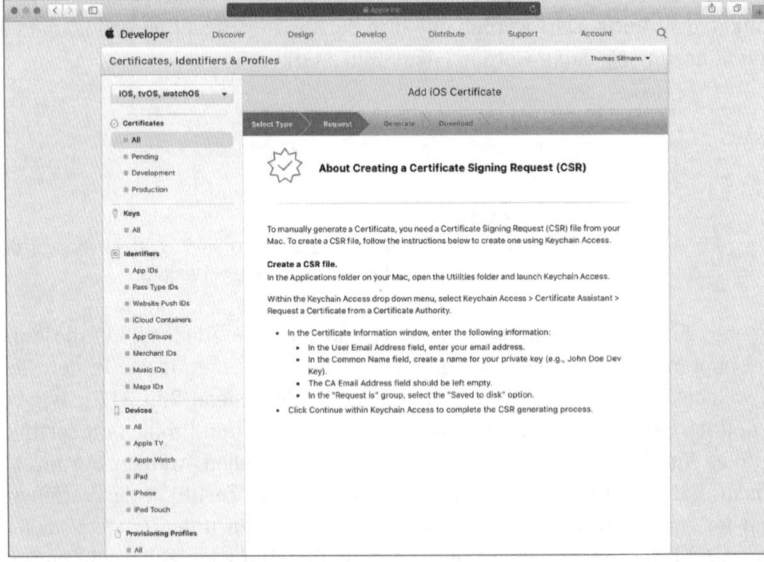

Bild 34.8 Sie müssen eine CSR-Datei erstellen, um die Generierung eines Zertifikats abzuschließen.

Um die CSR-Datei zu erstellen, müssen Sie das Dienstprogramm *Schlüsselbundverwaltung* Ihres Mac starten. Am einfachsten erreichen Sie die Anwendung über die Eingabe des Programmnamens mittels Spotlight (siehe Bild 34.9). Alternativ finden Sie die App unter allen Programmen im Ordner *Dienstprogramme*.

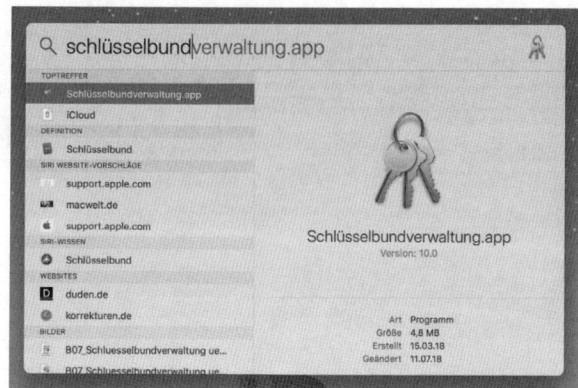

Bild 34.9
Die Eingabe einiger weniger Buchstaben reicht bereits aus, um die Schlüsselbundverwaltung aus Spotlight heraus zu starten.

Nach Start der Schlüsselbundverwaltung gehen Sie über das Menü über *Schlüsselbundverwaltung* → *Zertifikatsassistent* → *Zertifikat einer Zertifizierungsinstanz anfordern…* Anschließend öffnet sich ein Assistent, in dem Sie Ihre Entwickler-E-Mail-Adresse im Feld *E-Mail des Benutzers* sowie Ihren Namen unter *Allgemeiner Name* eintragen. Danach wählen Sie noch unter *Anfrage* den Punkt *Auf der Festplatte sichern* aus. Das Feld *E-Mail der Zert.-Instanz* können Sie – so, wie es ist – leer lassen (siehe Bild 34.10).

Sobald Sie anschließend auf *Fortfahren* klicken, generiert die Schlüsselbundverwaltung die benötigte CSR-Datei. Diese können Sie an einem beliebigen Ort auf Ihrer Festplatte speichern. Nach diesem Schritt geht es zurück in den Browser. Das aktuelle Fenster mit den Hinweisen zum Erstellen einer CSR-Datei können Sie nun per Klick auf *Continue* verlassen.

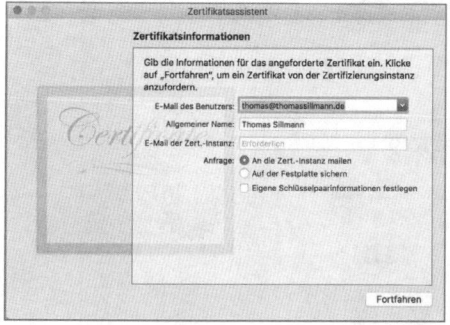

Bild 34.10
Im Zertifikatsassistenten geben Sie Ihre E-Mail-Adresse und Ihren Namen an und speichern die daraus entstehende CSR-Datei auf der Festplatte Ihres Mac.

Im nächsten Schritt müssen Sie nun die eben erstellte CSR-Datei auswählen. Klicken Sie dazu einfach auf die Schaltfläche *Choose File…* und wählen Sie die entsprechende Datei von Ihrer Festplatte (siehe Bild 34.11). Anschließend erstellen Sie Ihr Entwicklerzertifikat per Klick auf *Continue*. Die CSR-Datei können Sie im Anschluss problemlos wieder von Ihrem Mac löschen. Sie wird ab jetzt nicht weiter benötigt.

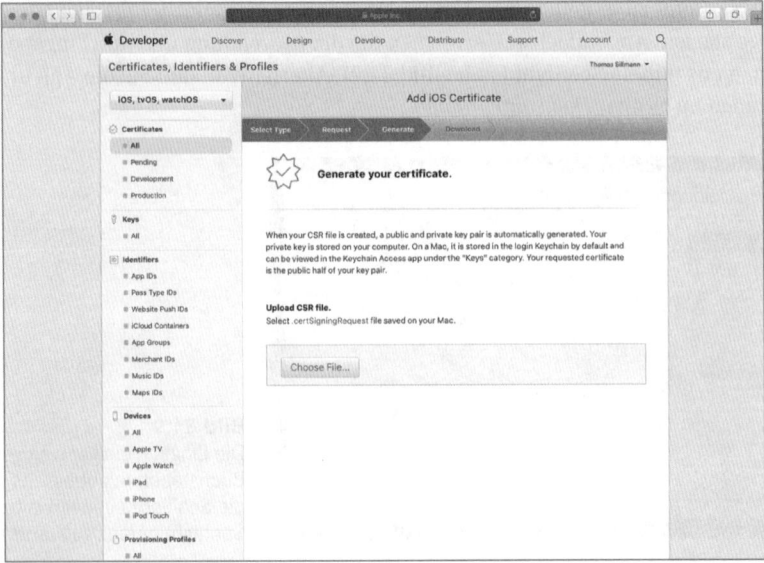

Bild 34.11 Nun nur noch die eben erstellte CSR-Datei hochladen und das Zertifikat kann im nächsten Schritt erstellt werden.

Ist die Generierung des Zertifikates abgeschlossen, können Sie dieses direkt aus dem Browser per Klick auf *Download* herunterladen (siehe Bild 34.12). Dann braucht es nur noch einen Doppelklick auf das heruntergeladene Zertifikat, um dieses Ihrer Schlüsselbundverwaltung hinzuzufügen und es zukünftig in Xcode verwenden zu können.

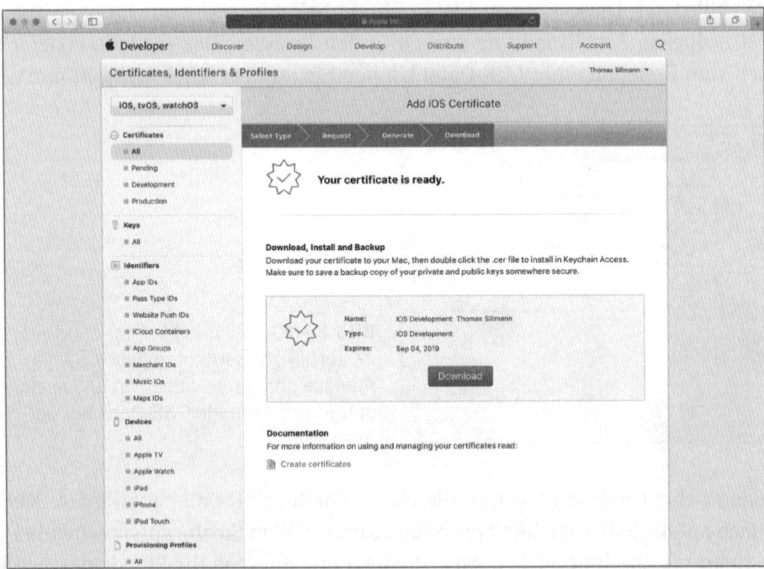

Bild 34.12 Jetzt noch das erstellte Zertifikat herunterladen und installieren, fertig!

Damit ist die Erstellung eines Entwicklerzertifikats abgeschlossen. Wie bereits beschrieben, benötigen Sie in der Regel immer mindestens zwei: ein Development-Zertifikat zum Testen auf Endgeräten sowie ein Production-Zertifikat für die Veröffentlichung und Verbreitung Ihrer App.

34.1.1.2 Erstellen von App IDs

Die App IDs sind – wie bereits beschrieben – einzigartig und werden benötigt, um Ihre App eindeutig zu identifizieren. Alle Ihre App IDs werden im Bereich *Identifiers* unter dem Punkt *App IDs* aufgeführt (siehe Bild 34.13).

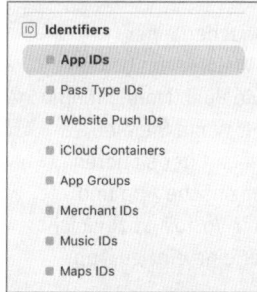

Bild 34.13
Sie erreichen Ihre App IDs über den Abschnitt „Identifiers".

Um eine neue App ID zu erstellen, klicken Sie von dort aus auf die Plus-Schaltfläche am oberen rechten Rand. Anschließend öffnet sich die Maske, in der Sie alle bereits zuvor beschriebenen Informationen für Ihre neue App ID hinterlegen (siehe Bild 34.14).

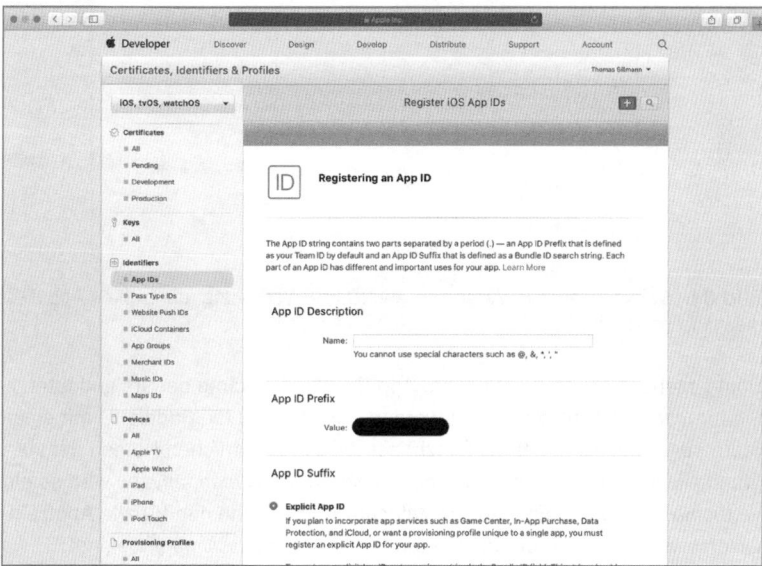

Bild 34.14 Über dieses Formular erstellen Sie eine neue App ID.

Mit am wichtigsten ist hierbei die Bundle ID im Bereich *App ID Suffix*. Dabei handelt es sich um den gleichen umgekehrten Domain-Namen, den Sie auch als Bundle Identifier in Ihrem Xcode-Projekt hinterlegt haben, also zum Beispiel *de.thomassillmann.meineapp*. Bei der Beschreibung können Sie einen freien Bezeichner wählen, in der Regel handelt es sich aber schlicht um den Namen der App. Diesen Namen sowie die unterstützten App Services können Sie auch jederzeit später noch anpassen. Lediglich das App ID-Suffix sowie das App ID-Präfix sind fest. Beide können nach dem erstmaligen Anlegen nicht mehr angepasst werden.

Explicit oder Wildcard App ID

Beim Setzen des App ID-Suffix lässt Apple Ihnen die Wahl zwischen einer *Explicit App ID* und einer *Wildcard App ID* (siehe Bild 34.15). Welche von beiden Sie wählen, hängt mitunter davon ab, ob Sie App-Services wie Push Notifications oder In-App-Käufe in Ihrer App einsetzen möchten oder nicht. Wenn Sie eine Explicit App ID einsetzen (so wie bisher beschrieben) sind Sie auf der sicheren Seite. Eine Explicit App ID verweist auf exakt eine einzige spezifische App und stellt ihr alle technischen Möglichkeiten zur Verfügung. Dieser Vorteil ist zugleich auch der größte Nachteil: Die Explicit App ID gilt eben nur für eine einzige App.

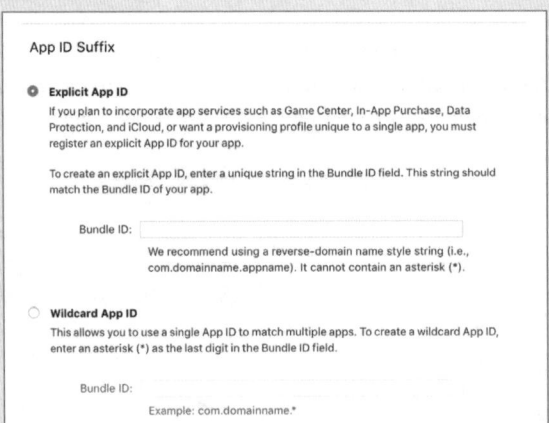

Bild 34.15 Es stehen zwei Arten von App IDs zur Verfügung: die Explicit App ID sowie die Wildcard App ID.

Dem gegenüber steht die Wildcard App ID. Wie der Name bereits andeutet, kann Sie für *mehrere* Apps eingesetzt werden. Hierbei wird die Bundle ID mit einem Stern abgeschlossen, der als Platzhalter für den eigentlichen Namen der zugrunde liegenden App dient. Aus einem *de.thomassillmann.myapp* wird so ein *de.thomassillmann.**. Eine solche Wildcard App ID kann nun für alle Apps eingesetzt werden, deren Bundle Identifier mit *de.thomassillmann* beginnt.

Was sich praktisch anhört, hat aber seine Einschränkungen: Wildcard App IDs haben nur eingeschränkten Zugriff auf die zur Verfügung stehenden App Services. In-App-Käufe oder Push Notifications stehen darüber beispielsweise nicht zur Verfügung. Möchten Sie solche Services in einer App nutzen, bleibt Ihnen gar keine andere Wahl, als auf eine Explicit App ID zu setzen.

34.1.1.3 Hinzufügen von Devices

Im Bereich *Devices* werden alle Ihre registrierten iPhone-, iPad-, iPod touch-, Apple Watch- und Apple TV-Geräte aufgeführt (siehe Bild 34.16). Bis zu 100 verschiedene Geräte können Sie hier auf einmal registrieren. Einmal im Jahr haben Sie die Möglichkeit, nicht mehr benötigte Geräte aus der Liste zu entfernen und so Platz für neue Devices zu schaffen.

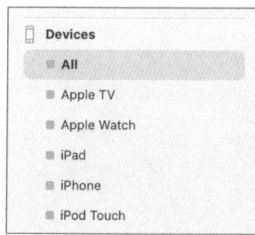

Bild 34.16
Alle Ihre registrierten Entwicklungsgeräte werden im Bereich „Devices" aufgeführt.

Um hier ein neues Gerät hinzuzufügen, klicken Sie zunächst auf die Plus-Schaltfläche am oberen rechten Rand. Im Abschnitt *Register Device* geben Sie anschließend einen beliebigen Namen sowie die UDID des hinzuzufügenden Geräts ein (siehe Bild 34.17). Der Name wird lediglich zur Anzeige im Portal verwendet und hat ansonsten keine weitere Bedeutung.

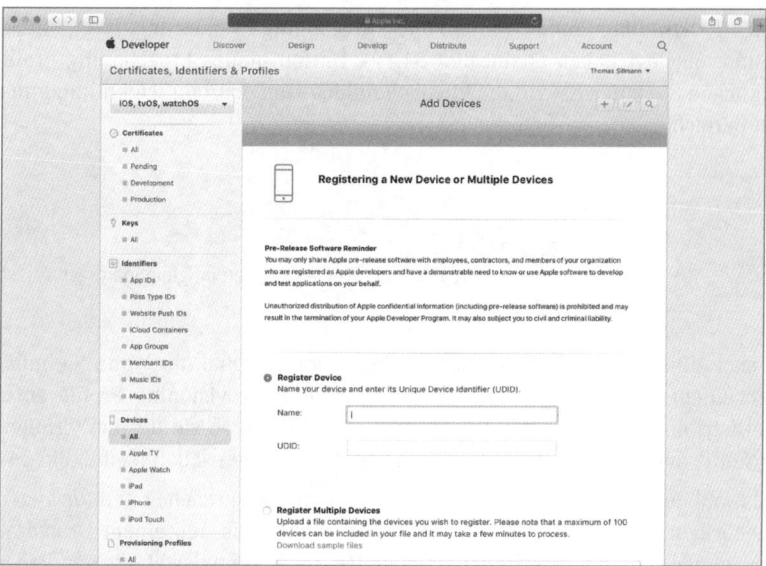

Bild 34.17 Zum Hinzufügen eines neuen Geräts benötigen Sie die passende UDID, den Namen können Sie beliebig vergeben.

Die UDID eines Geräts können Sie am einfachsten aus dem *Devices and Simulators*-Fenster von Xcode auslesen. Verbinden Sie dazu das entsprechende Gerät mit Ihrem Mac und kopieren Sie sodann den Inhalt aus dem Feld *Identifier* (siehe Bild 34.18).

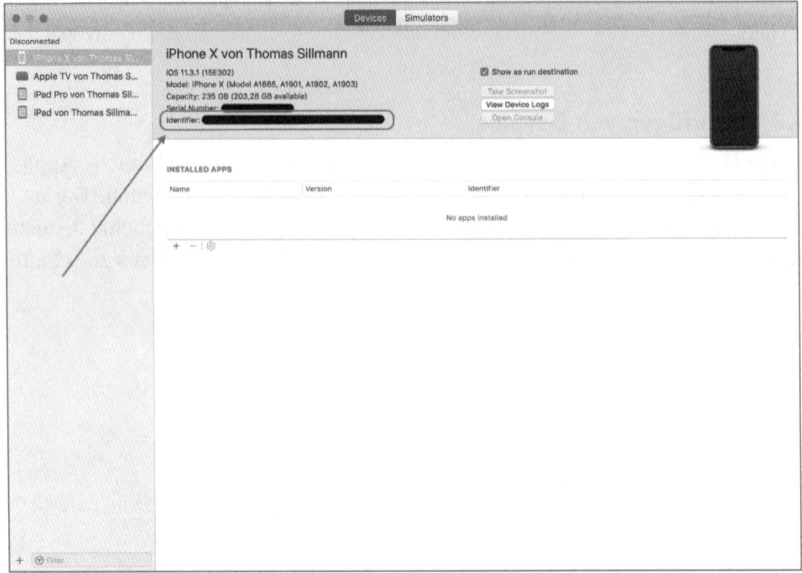

Bild 34.18 Die UDID eines Geräts können Sie über das „Devices and Simulators"-Fenster von Xcode in der Zeile „Identifier" auslesen."

34.1.1.4 Erstellen von Provisioning Profiles

Im Bereich *Provisioning Profiles* werden alle Provisioning Profiles angezeigt, die Sie bisher erstellt und angelegt haben (siehe Bild 34.19). Um ein neues Provisioning Profile zu erstellen, klicken Sie zunächst auf die Plus-Schaltfläche am oberen rechten Rand im entsprechenden Bereich.

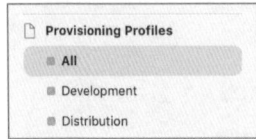

Bild 34.19
Alle Ihre Provisioning Profiles werden im gleichnamigen Abschnitt verwaltet.

In dem sich öffnenden Assistenten haben Sie wieder die Qual der Wahl: Sie müssen sich zwischen einem Development- und einem Distribution-Provisioning Profile entscheiden. Bei den Distribution-Profilen müssen Sie zudem festlegen, ob sie für die Veröffentlichung im App Store oder für eine Ad-hoc-Verteilung genutzt werden sollen (siehe Bild 34.20).

Nach Auswahl des gewünschten Typs und Klick auf die Schaltfläche *Continue* folgt die Wahl der zugehörigen App ID für dieses Profil. Hier können Sie aus einem Drop-down-Menü zwischen denen wählen, die Sie unter *App IDs* im Online-Portal erstellt haben (siehe Bild 34.21).

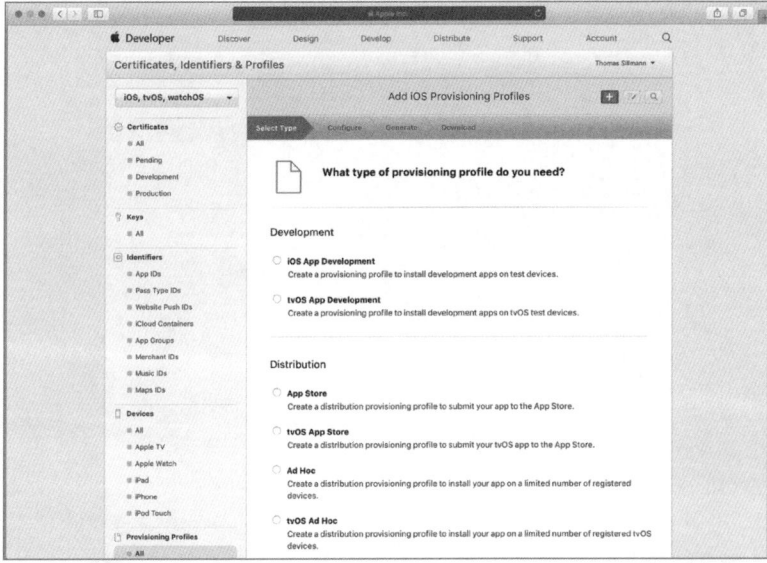

Bild 34.20 Ein Provisioning Profile kann nur einem der hier aufgeführten Typen zugeordnet werden.

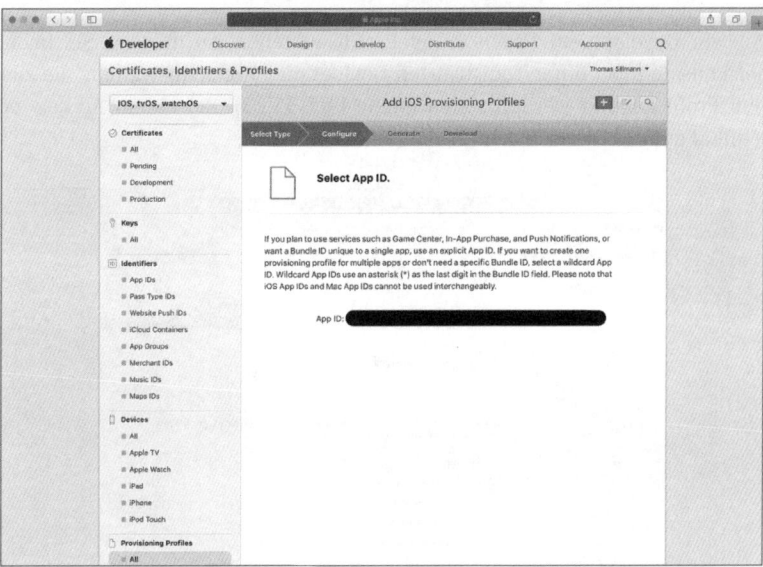

Bild 34.21 Jedem Provisioning Profile muss eine eindeutige App ID zugeordnet werden.

Nach einem weiteren Klick auf *Continue* folgt die Wahl des passenden Zertifikats. Wenn Sie
ein Development-Profil erstellen, werden hier entsprechend Ihre Development-Zertifikate
aufgeführt (siehe Bild 34.22). Wollen Sie hingegen ein Distribution-Profil erstellen, listet
das Online-Portal passend alle erstellten und hinterlegten Production-Zertifikate auf.

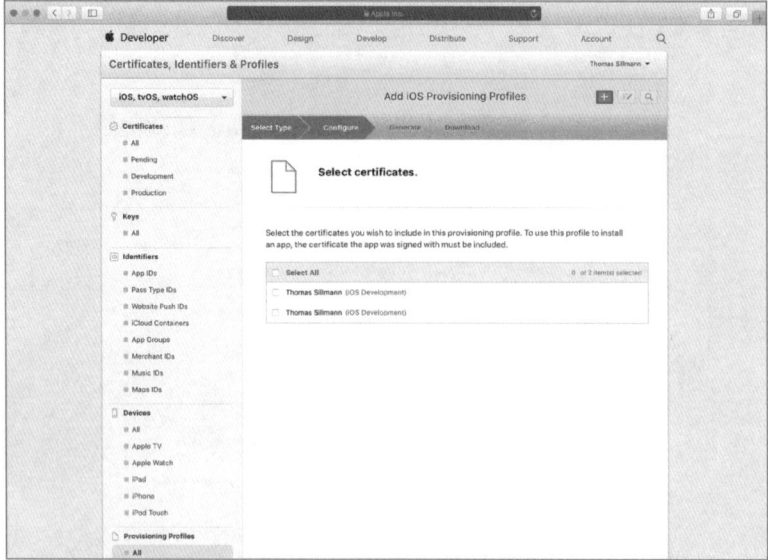

Bild 34.22 Nach der App ID folgt die Wahl des passenden Zertifikats für das neue Provisioning Profile.

Sollten Sie ein Development Provisioning Profile erstellen, so müssen Sie im nächsten Schritt noch aus den von Ihnen registrierten Devices diejenigen auswählen, die zusammen mit diesem Profil genutzt werden sollen (siehe Bild 34.23). Bei einem Ad-hoc- oder App Store-Zertifikat entfällt dieser Schritt.

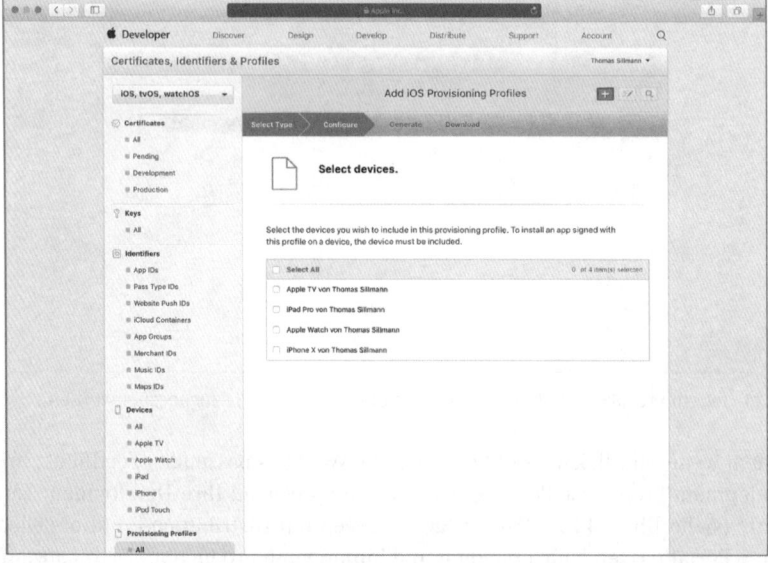

Bild 34.23 Sollten Sie ein Provisioning Profile für die Entwicklung erstellen, müssen Sie noch die Devices auswählen, unter denen sich die App installieren lässt.

Zu guter Letzt müssen Sie noch einen frei wählbaren Namen für das Profil vergeben (siehe Bild 34.24). Typisch sind dabei Zusammensetzungen aus dem Namen der App und dem Zweck des Profils, also beispielsweise „Meine App Ad Hoc", „Meine App Development" oder „Meine App Distribution".

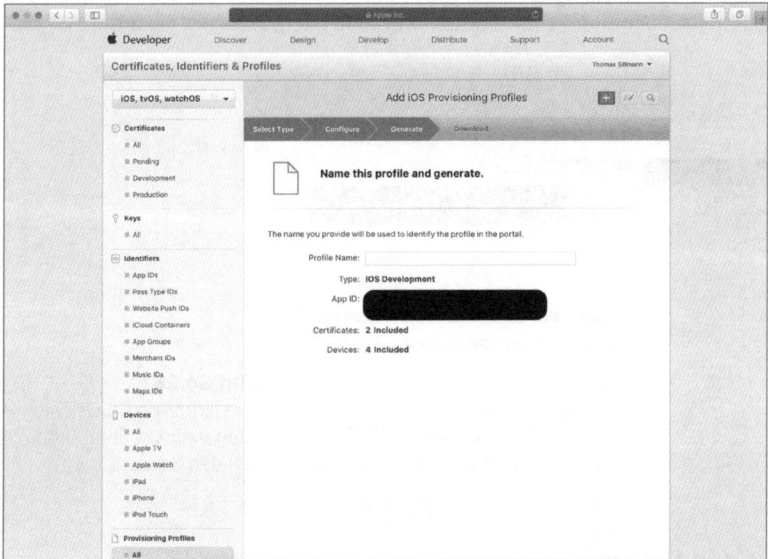

Bild 34.24 Noch einen passenden Namen für das Profil angeben und es kann erstellt werden.

Nach einem weiteren Klick auf *Continue* wird das neue Profil erstellt und Sie können es direkt herunterladen (siehe Bild 34.25). Nach einem Doppelklick auf die heruntergeladene Datei wird das Profil automatisch Xcode hinzugefügt und kann anschließend für die Entwicklung verwendet werden.

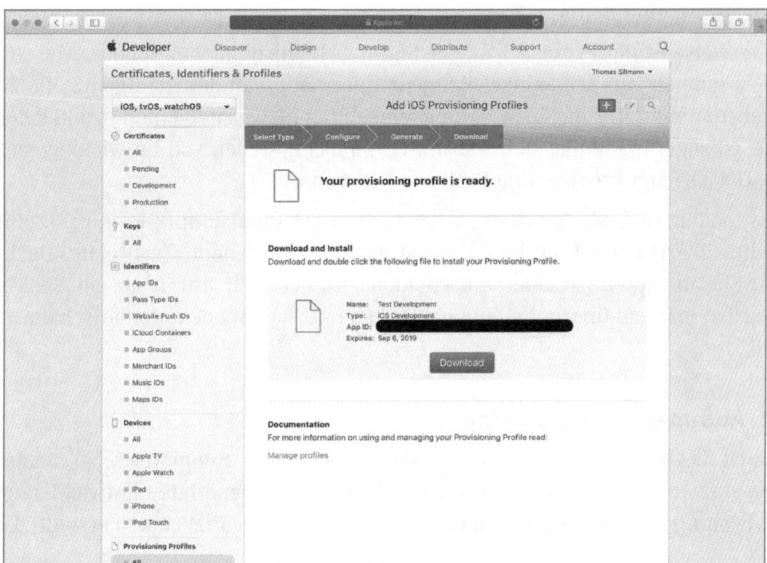

Bild 34.25 Die Erstellung eines neuen Provisioning Profiles ist abgeschlossen und es kann direkt per Klick auf „Download" heruntergeladen werden.

Alternativ können Sie auch alle aktuellen Provisioning Profiles automatisch von Xcode abrufen lassen. Wechseln Sie dazu über das Menü *Xcode → Preferences...* oder das Tastaturkürzel **cmd+;** in die Einstellungen von Xcode. Wählen Sie anschließend im Reiter *Accounts* Ihren Entwickler-Account und das gewünschte Team aus und klicken Sie dann rechts unten auf die Schaltfläche *Download Manual Profiles* (siehe Bild 34.26). Anschließend lädt Xcode alle aktuellen Provisioning Profiles automatisch aus dem Internet herunter.

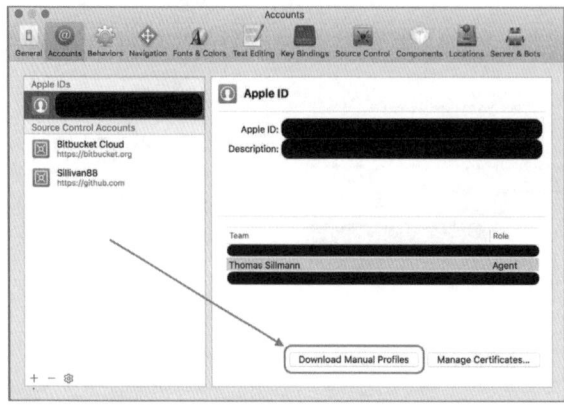

Bild 34.26
Alle aktuellen Provisioning Profiles können direkt über Xcode heruntergeladen werden.

34.1.2 Code Signing

Die in Abschnitt 34.1.1, „Zertifikate, App IDs und Provisioning Profiles" beschriebenen Elemente müssen nicht nur über das Apple Developer Portal erstellt, sondern auch in Ihren App-Projekten passend eingebunden werden. Diesen Prozess bezeichnet man als *Code Signing*. Er dient dazu, einer App ein passendes Entwicklerzertifikat zuzuweisen und dieses entweder auf im Apple Developer Portal registrierten Geräten zu installieren oder ad hoc beziehungsweise über den App Store zu vertreiben.

Glücklicherweise ist der Prozess des Code Signings heute einfacher denn je. Musste man in früheren Versionen von Xcode bisweilen jede Information an der richtigen Stelle noch einzeln angeben, nimmt uns die Entwicklungsumgebung inzwischen einen Großteil der Arbeit ab. Xcode ist sogar imstande, sich selbsttätig um das Erstellen von Entwicklerzertifikaten, App IDs, Devices und Provisioning Profiles zu kümmern!

Basis des modernen Code Signings in Xcode sind die Provisioning Profiles. Das ist auch nicht weiter überraschend, enthalten diese doch die passenden Zertifikate, Devices und App IDs. Sie als App-Entwickler entscheiden sich letztlich nur noch, ob Sie das Code Signing selbst manuell übernehmen möchten oder ob sich Xcode automatisch darum kümmern soll.

34.1.2.1 Automatic Code Signing

Standard ist das sogenannte *Automatic Code Signing*. Es ist automatisch bei neuen Xcode-Projekten aktiv und sorgt dafür, dass Xcode selbsttätig alle benötigten Entwicklerzertifikate und Provisioning Profiles herunterlädt (oder im Zweifelsfall gänzlich neu erstellt). Die zugehörige Einstellung finden Sie nach Auswahl eines Targets im Reiter *General* innerhalb des *Signing*-Blocks (siehe Bild 34.27).

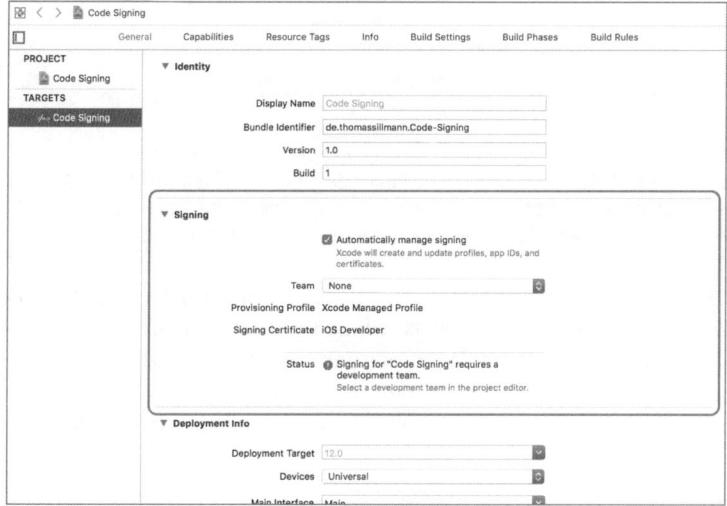

Bild 34.27 Im Bereich „Signing" verwalten Sie das Code Signing eines Targets.

Die Checkbox *Automatically manage signing* bestimmt, ob das Code Signing von Xcode automatisch vorgenommen werden soll oder nicht. Wie bereits beschrieben, ist diese Option bei neuen Projekten standardmäßig aktiv, so wie auch in Bild 34.27 zu sehen (mehr über die Deaktivierung dieser Checkbox und das manuelle Code Signing erfahren Sie in Abschnitt 34.1.2.2, „Manual Code Signing").

Alles, was Sie nun tun müssen, um Ihre App signieren zu lassen, ist ein *Team* aus dem gleichnamigen Drop-down-Menü auszuwählen. Welche Teams Ihnen an dieser Stelle angeboten werden, hängt von den Entwickler-Accounts ab, die Sie in Xcode hinterlegt haben.

Nach der Auswahl eines Teams sucht Xcode nach passenden Entwicklerzertifikaten und Provisioning Profiles für das zugrunde liegende Target. Die Suche wird hierbei auf Basis des gewählten Teams und des Bundle Identifiers des App-Targets durchgeführt. Sollte zusätzlich ein Echtgerät zum Ausführen des Targets in Xcode ausgewählt sein, prüft die IDE auch, ob das jeweilige Device im Apple Developer Program des Teams hinterlegt ist.

Sollte das nicht der Fall sein oder ein passendes Entwicklerzertifikat beziehungsweise Provisioning Profile fehlen, weist Xcode mittels entsprechender Fehlermeldungen darauf hin. Die Fehlermeldungen werden in einem neu erscheinenden Abschnitt *Status* am Ende des *Signing*-Abschnitts eingeblendet. In Bild 34.28 sehen Sie beispielsweise, dass das aktuell zur Ausführung des zugrunde liegenden Targets gewählte Device nicht im Apple Developer Portal des Teams hinterlegt ist. Xcode bietet in diesem Fall an, das Device dort zu registrieren.

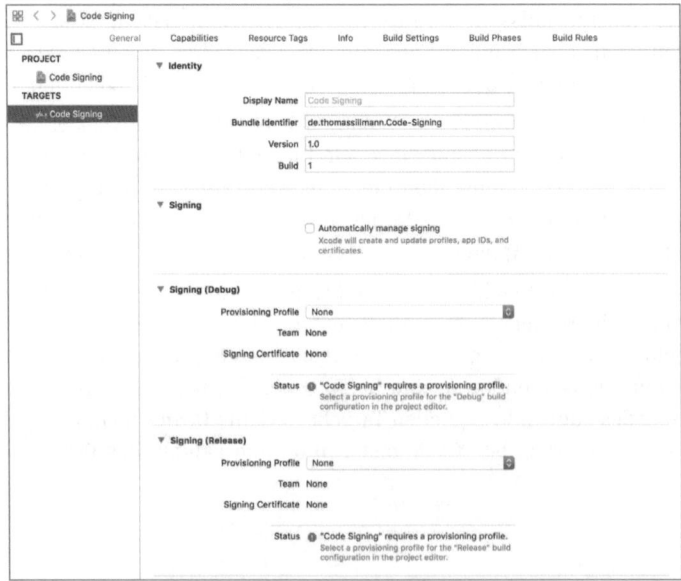

Bild 34.28 Mögliche Fehler und Probleme beim Code Signing werden von Xcode in einem separaten Status-Bereich dargestellt. In der Regel bietet Xcode auch gleich eine Aktion zum Lösen des Problems an, in diesem Fall die Registrierung eines Devices im Apple Developer Portal.

Der große Vorteil des Automatic Code Signing liegt darin, dass wir uns in der Regel kaum noch mit Zertifikaten, App IDs und Provisioning Profiles auseinandersetzen müssen. Xcode prüft, ob alle benötigten Informationen existieren und kann sie gleichzeitig selbsttätig erstellen, sollte etwas fehlen. Das kann viele der in Abschnitt 34.1.1, „Zertifikate, App IDs und Provisioning Profiles“ gezeigten Arbeitsschritte – zumindest in manchen Fällen – überflüssig machen.

34.1.2.2 Manual Code Signing

Möchten Sie selbst bestimmen, welches Provisioning Profile beim Code Signing zum Einsatz kommt, setzen Sie statt auf Automatic Code Signing auf das *Manual Code Signing*. Um es zu aktivieren, entfernen Sie einfach den Haken bei der Checkbox *Automatically manage signing* im *Signing*-Abschnitt des gewünschten App-Targets. Daraufhin verändert sich die Ansicht ein wenig, so wie in Bild 34.29 zu sehen.

Bild 34.29 Wenn Sie statt auf automatisches auf manuelles Code Signing setzen, erweitert sich die General-Ansicht des entsprechenden App-Targets um weitere Signing-Abschnitte.

Xcode fügt sodann der General-Ansicht des App-Targets pro Projektkonfiguration einen neuen Abschnitt hinzu, dessen Name sich aus *Signing (<Konfiguration>)* zusammensetzt. Über das Drop-down-Menü *Provisioning Profile* wählen Sie anschließend pro zur Verfügung stehender Konfiguration das passende Profil für die Signierung aus. Daraus leitet Xcode die entsprechende App ID, das Team sowie das Entwicklerzertifikat ab. Diese müssen selbstredend auf das gewählte App-Target zugeschnitten sein, andernfalls schlägt das Code Signing fehl.

 Debug- und Release-Konfiguration

Neue Xcode-Projekte enthalten standardmäßig zwei Konfigurationen: *Debug* und *Release*. Debug ist für den Entwicklungsprozess gedacht, während Release typischerweise bei der Veröffentlichung oder Ad-hoc-Verteilung einer App zum Einsatz kommt.

Wenn Sie dieses Schema beibehalten, müssen Sie beim manuellen Code Signing auch passende Entwicklerzertifikate und Provisioning Profiles für diese beiden Konfigurationen vorhalten. Für *Debug* brauchen Sie dann ein Development-Zertifikat, während bei *Release* ein Production-Zertifikat zum Einsatz kommt. Analog verhält es sich beim Provisioning Profile: Bei *Debug* kommt ein Development-, bei *Release* ein Distribution-Provisioning Profile zum Einsatz.

34.1.2.3 Code Signing in den Build Settings

Wer am liebsten die volle Kontrolle hat und Zertifikate, Provisioning Profiles und Teams allesamt selbst festlegen und konfigurieren möchte, kann das mithilfe der Build Settings eines entsprechenden App-Targets tun. Wählen Sie dazu das gewünschte Target aus und wechseln Sie in den Reiter *Build Settings*. Dort finden Sie einen Abschnitt namens *Signing* (siehe Bild 34.30). Da die Liste der Build Settings recht groß ist, kann es helfen, das Wort „Signing" in das Suchfeld oben rechts einzugeben.

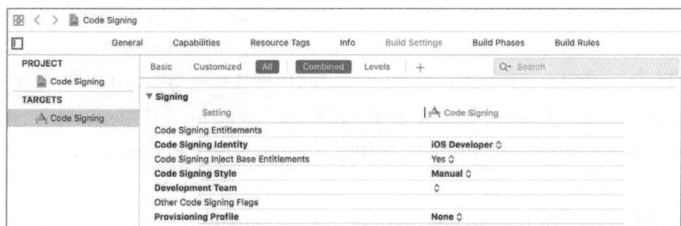

Bild 34.30 In den Build Settings haben Sie volle Kontrolle über die Einstellungen des Code Signings.

Dort können Sie nun das gewünschte Entwickler-Team wählen *(Development Team)*, ein Provisioning Profile setzen *(Provisioning Profile)* und das zu verwendende Zertifikat heraussuchen *(Code Signing Identity)*. Hierbei können Sie für jeden dieser Punkte unterschiedliche Informationen pro im Projekt vorhandener Konfiguration hinterlegen.

◼ 34.2 App Store Connect

App Store Connect ist die Plattform, wenn es um die Veröffentlichung von Apps im App Store geht. Sie erreichen sie über die Webadresse *https://appstoreconnect.apple.com* (siehe Bild 34.31).

Bild 34.31 Über App Store Connect verwalten Sie Ihre Apps und veröffentlichen Sie im App Store.

Sobald Sie sich an diesem Portal mit Ihrem Apple-Entwickler-Account angemeldet haben, landen Sie auf einer Übersichtsseite, von der aus Sie die verschiedenen Funktionen von App Store Connect aufrufen können (siehe Bild 34.32). Dazu gehören die folgenden:

- *Meine Apps:* Das Herzstück von App Store Connect. Hier erstellen Sie die Apps, die Sie im App Store veröffentlichen möchten, und verwalten sie (mehr dazu erfahren Sie in Abschnitt 34.2.1, „Apps für den App Store vorbereiten und verwalten").

- *App Analytics:* Hierüber bietet Ihnen Apple diverse Tools an, mit denen Sie Statistiken zu Ihren Apps, deren Verkäufen und Download-Zahlen sowie erzielten Umsätzen einsehen können.

- *Verkäufe und Trends:* Hier schlüsselt Apple die Download- und Verkaufszahlen Ihrer App auf.

- *Zahlungen und Finanzberichte:* Die monatlich von Apple für Entwickler bereitgestellten Zahlungen werden in diesem Bereich aufgeführt.

- *Benutzer und Rollen:* Hierüber verwalten Sie alle Nutzer, die über Ihren Entwickler-Account Zugriff auf App Store Connect haben. Dieses Feature ist besonders für Firmen interessant, in denen mehrere Personen unterschiedlicher Rollen (Entwickler, Marketing) gleichermaßen Zugriff auf App Store Connect haben sollen.

- *Verträge, Steuern und Bankverbindungen:* Hierüber haben Sie Zugriff auf die mit Apple geschlossenen Verträge.

- *Ressourcen und Hilfe:* Hier haben Sie Zugriff auf zusätzliche Informationen zu bestimmten Themen, die von Apple aufbereitet wurden.

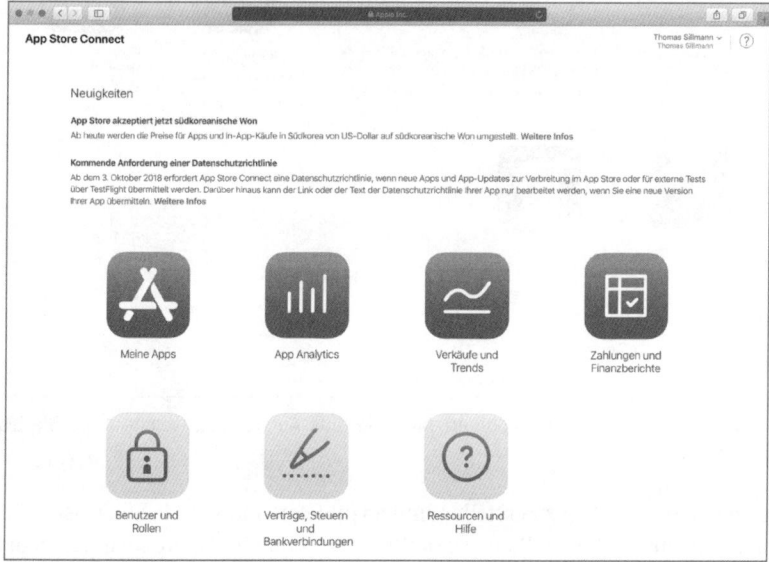

Bild 34.32 Über App Store Connect verwalten Sie Ihre Apps, sehen Download-Zahlen ein und greifen auf Ihre Zahlungsberichte zu.

34.2.1 Apps für den App Store vorbereiten und verwalten

Wenn Sie eine neue App im App Store veröffentlichen oder eine bestehende bearbeiten beziehungsweise aktualisieren möchten, wählen Sie zunächst den Punkt *Meine Apps* auf der Übersichtsseite von App Store Connect. Sie erhalten anschließend eine Übersicht aller von Ihnen bis dato veröffentlichten Anwendungen (siehe Bild 34.33).

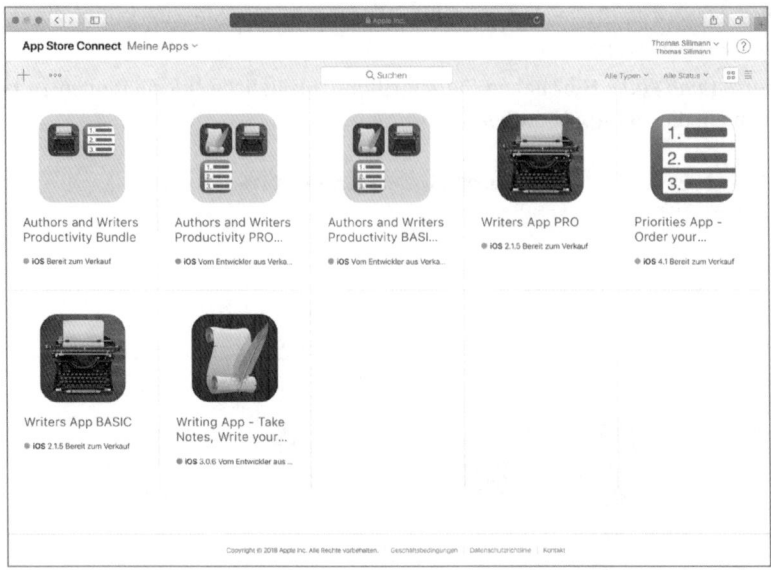

Bild 34.33 Im Abschnitt „Meine App" erhalten Sie eine Aufstellung, welche Apps Sie bisher veröffentlicht haben.

Um eine komplett neue App zu erstellen und anzubieten, klicken Sie zunächst auf die Plus-Schaltfläche am oberen linken Rand. Daraufhin erscheint ein Pop-up-Menü, in dem Sie zwischen den folgenden Punkten wählen können:

- *Neue App:* Hierüber erstellen Sie eine neue iOS- oder tvOS-App.
- *Neue Mac-App:* Hierüber erstellen Sie eine neue macOS-App.
- *Neues App-Bundle:* Hierüber erstellen Sie ein Bundle aus bereits bestehenden Apps (und keine komplett neue App im herkömmlichen Sinn).

Wählen Sie hier *Neue App*, falls Sie eine iOS- oder tvOS-App veröffentlichen möchten, und *Neue Mac-App*, falls es sich um eine App für macOS handelt. Im Anschluss öffnet sich eine Eingabemaske, in der Sie die ersten Informationen zu Ihrem neuen Projekt eingeben müssen (siehe Bild 34.34):

- *Plattformen* (nur bei *Neue App*): Hier legen Sie fest, ob die neue App für iOS und/oder für tvOS erscheinen soll.
- *Name:* Der Anzeigename der App im App Store.
- *Primärsprache:* Die Primärsprache der App.
- *Bundle-ID:* Der eindeutige Bundle-Identifier für die neu zu erstellende App. Dieser muss zuvor bereits im Apple Developer Portal in Form einer zugehörigen App ID vorliegen, die Sie dann an dieser Stelle auswählen.
- *SKU:* Hierbei handelt es sich um einen frei wählbaren Identifier für Ihre App. Im App Store wird dieser nicht angezeigt.

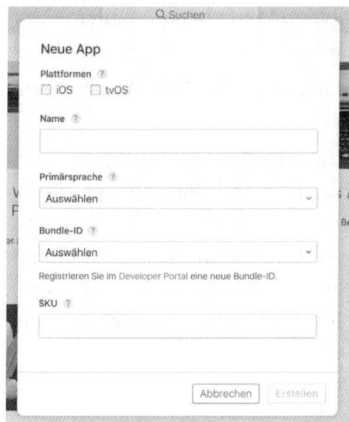

Bild 34.34
Geben Sie hier die grundlegenden Informationen zu Ihrer
neuen App ein.

Haben Sie das Formular vollständig ausgefüllt, erstellen Sie die neue App per Klick auf die
Schaltfläche *Erstellen*. Daraufhin wird das neue Projekt erzeugt und im Anschluss direkt
geöffnet (siehe Bild 34.35).

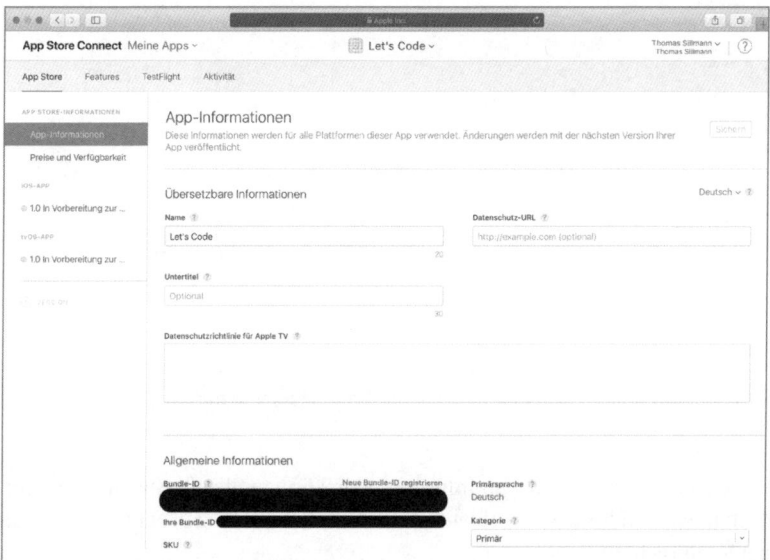

Bild 34.35 Zur Verwaltung Ihrer Apps bringt App Store Connect eine übersichtliche Oberfläche mit.

Im ersten Reiter *App Store* pflegen Sie alle App Store-relevanten Informationen für Ihre App
ein. Über das Menü am linken Rand haben Sie hierbei Zugriff auf verschiedene Abschnitte:

- *App-Informationen:* In diesem Bereich werden allgemeine Informationen zu Ihrer App
  festgelegt. Dazu gehören der App-Name, ein optionaler Untertitel und die Kategorie.
  Abhängig von der gewählten Zielplattform können auch weitere individuelle Punkte hinzukommen.

  Die Informationen auf dieser Seite lassen sich im Übrigen in verschiedene Sprachen
  übersetzen. Klicken Sie dazu zunächst auf die Sprache, die am oberen rechten Rand ange-

zeigt wird, und wählen Sie anschließend aus dem erscheinenden Pop-up-Menü eine weitere Sprache aus, für die Sie die Informationen übersetzen möchten.

- *Preise und Verfügbarkeit:* Über diese Seite legen Sie einen Preis für Ihre App fest und bestimmen, in welchen Ländern sie verfügbar sein soll.

Darüber hinaus finden Sie unter diesen beiden Punkten für macOS-, iOS- und tvOS-Apps einen weiteren Eintrag. Darüber legen Sie alle plattformspezifischen Informationen für die gewählte App im App Store fest. Dazu gehören unter anderem Screenshots, Beschreibungstexte und Schlüsselwörter (siehe Bild 34.36). Auch das App-Icon und die Versionsnummer finden hier ihren Platz. Ebenfalls wichtig: Sollte Ihre App eine Authentifizierung verlangen, müssen Sie Apple einen Test-Account nennen, über den sich das Review-Team beim Prüfen Ihrer App anmelden kann.

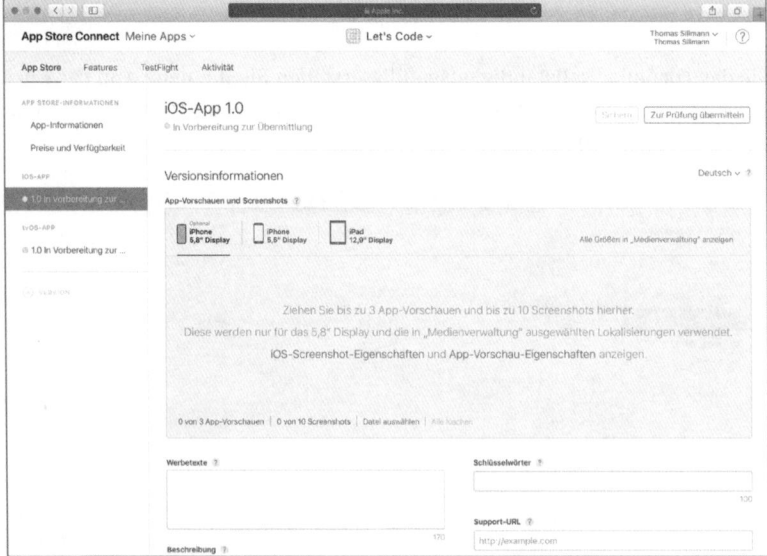

Bild 34.36 Plattformspezifische Informationen legen Sie in separaten Abschnitten im „App Store"-Reiter fest.

Genau wie bei den allgemeinen App-Informationen können Sie die App-spezifischen Inhalte ebenfalls in mehreren Sprachen anbieten. Hierbei führt der Weg erneut über den Sprachen-Link am oberen rechten Rand.

 Weitere Funktionen

Neben dem beschriebenen *App Store*-Reiter verfügt die Detailansicht einer App in App Store Connect noch über weitere Bereiche, die ich Ihnen hier einmal kurz vorstellen möchte:

- *Features:* In Features können Sie zusätzliche Informationen für bestimmte Services definieren. Dazu gehören beispielsweise In-App-Käufe oder Erfolge für das Game Center. Außerdem können Sie sich Werbecodes generieren lassen, über die Nutzer eine kostenpflichtige App oder einen In-App-Kauf gratis erwerben können.

- *TestFlight: TestFlight* ist eine App von Apple, mit deren Hilfe Sie Ihre Apps vor der Veröffentlichung im App Store an Beta-Tester verteilen können. Alle hierfür notwendigen Einstellungen legen Sie in diesem Reiter fest.

- *Aktivität:* Im Reiter *Aktivität* haben Sie Zugriff auf diverse Verläufe Ihrer App, darunter die eingereichten Builds sowie die verschiedenen veröffentlichten Versionen. Hier finden Sie außerdem Bewertungen und Rezensionen zu Ihrer App aus dem App Store.

34.2.2 Apps erstellen, hochladen und einreichen

Sobald Sie eine App in App Store Connect eingerichtet haben, können Sie die eigentliche App, die Sie mithilfe von Xcode kreiert haben, in das Portal hochladen. Dazu öffnen Sie das entsprechende Xcode-Projekt und wählen oben links zunächst das Scheme, mit dem Sie Ihr App-Target erstellen und zum Beispiel für Tests im Simulator oder auf einem Endgerät ausführen. Stellen Sie anschließend noch sicher, dass als Zielgerät entweder ein „richtiges" Device (kein Simulator) oder der Punkt *Generic Device* ausgewählt ist (siehe Bild 34.37). Diese Auswahl ist wichtig, da Sie ansonsten über Xcode kein sogenanntes *Archive* Ihrer App zum Upload in den App Store erstellen können.

Bild 34.37 Wählen Sie das Scheme und anschließend ein „echtes" Endgerät oder die „Generic Device"-Auswahl, um eine App für den App Store erstellen zu können.

Im Anschluss wählen Sie über das Menü von Xcode den Punkt *Product → Archive* aus. Xcode erstellt daraufhin Ihr eigentliches App-Produkt und öffnet im Anschluss das *Organizer*-Fenster. Links sehen Sie alle Ihre App-Projekte, in der Mitte die zugehörigen erzeugten Archives (siehe Bild 34.38).

Bild 34.38 Im Organizer werden Ihre App-Projekte mitsamt Ihrer erzeugten Archives aufgeführt.

Im nächsten Schritt müssen Sie nun das gewünschte Archive in den App Store hochladen. Hierzu wählen Sie das entsprechende Archive aus und klicken anschließend im rechten Bereich auf die Schaltfläche *Distribute App*. Es erscheint ein neues Fenster, in dem Sie alle notwendigen Informationen für die Veröffentlichung Ihrer App auswählen (siehe Bild 34.39).

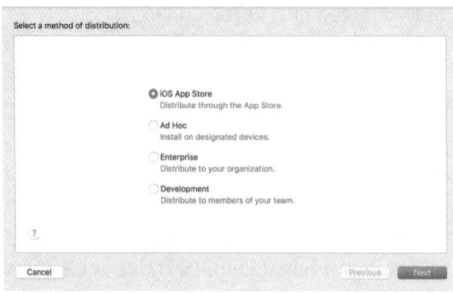

Bild 34.39
Über diesen Dialog beginnen Sie den Upload Ihrer App in den App Store.

Neben der Möglichkeit, Ihre App in den App Store hochzuladen, können Sie aus diesem Dialog heraus auch eine Version Ihrer App zur Ad-hoc-Verteilung oder zum Testen für das Development-Team erzeugen. Klicken Sie sich nach dieser ersten Auswahl durch die erscheinenden Dialoge (in denen Sie teils noch einmal Informationen wie Ihr Entwicklerzertifikat oder ein Provisioning Profile angeben), bis am Ende der Upload in den App Store startet.

Sobald dieser Upload geschafft ist, gilt es, noch einen letzten Schritt zu unternehmen. Schließlich haben wir bisher nur die App in App Store Connect angelegt und das zugehörige Binary hochgeladen. Jetzt muss die App noch final zur Prüfung an das Review-Team eingereicht werden.

Um diesen Vorgang zu starten, wählen Sie Ihre App erneut in App Store Connect aus und wählen im Reiter *App Store* am linken Rand die spezifische Plattformversion, für die Sie zuvor das passende Archive hochgeladen haben. Dort findet sich dann ein Abschnitt mit dem Titel *Build* (siehe Bild 34.40). In diesem werden alle zur jeweiligen App passenden und von Ihnen hochgeladenen Archives aufgeführt. Hier wählen Sie das passende Archive aus und können – sofern alle anderen benötigten Informationen gesetzt sind – anschließend per Klick auf die Schaltfläche *Zur Prüfung übermitteln* Ihre App zum Review bei Apple einreichen.

In der Regel dauert der Review-Prozess nur wenige Tage (in manchen Fällen sogar nur wenige Stunden). Anschließend wird Ihre App entweder direkt zum Download freigegeben oder Sie werden von Apples Review-Team über mögliche Probleme informiert, die Sie dann vor Veröffentlichung erst noch beheben müssen. Haben Sie sich der Probleme angenommen, müssen Sie ein neues Archive hochladen, dieses im *Build*-Bereich auswählen und anschließend Ihre App erneut zur Prüfung bei Apple einreichen.

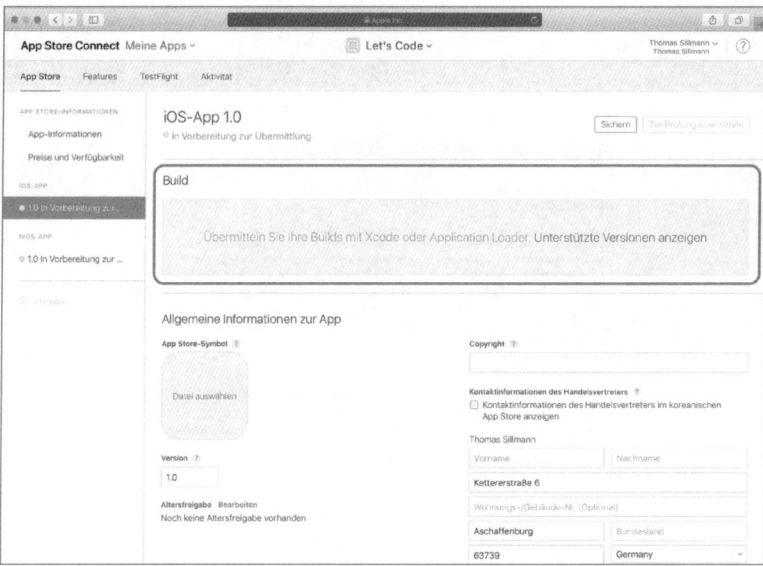

Bild 34.40 Im Abschnitt „Build" können Sie ein zur App passendes hochgeladenes Archive für die Übermittlung in den App Store auswählen.

■ 34.3 App Store Review Guidelines

Möchte man Apps über einen von Apples App Stores veröffentlichen und vertreiben, muss man sich auch an Apples Hausregeln halten. Diese sind in den sogenannten *App Store Review Guidelines* zusammengefasst und für jedermann unter dem Link *https://developer. apple.com/app-store/review/guidelines/* frei zugänglich (siehe Bild 34.41).

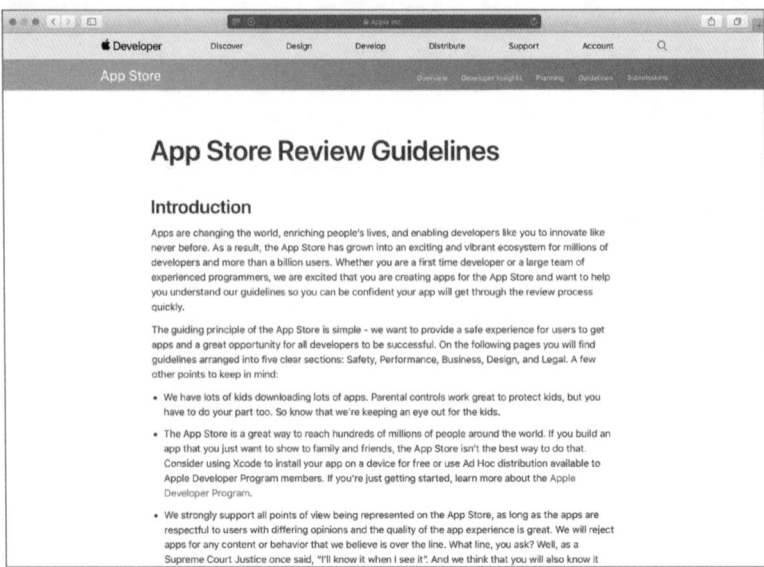

Bild 34.41 In den App Store Review Guidelines fasst Apple die Voraussetzungen zusammen, die Apps erfüllen müssen, will man sie im App Store veröffentlichen.

Wenn man ernsthaft darüber nachdenkt, eine App in den App Store zu stellen, sollte man sich diese Guidelines unbedingt einmal näher ansehen. Verstößt eine App nämlich gegen nur einen der in den Guidelines genannten Punkte, wird sie vom Review-Team für die Veröffentlichung abgelehnt. Dabei decken diese Richtlinien von „einfachen" Problemen wie möglichen App-Abstürzen bis hin zum Umgang mit personenbezogenen Daten eine Vielzahl von Themen ab.

35 Das Business Model für Ihre App

Das Thema *Geschäftsmodelle* in einem Buch über die *Programmierung*? Keine Sorge, ich werde diesem Thema nicht den Umfang bieten, den man dafür hernehmen könnte, möchte aber wenigstens ein paar Worte darüber verlieren. Denn tatsächlich ist Programmierung nicht alles. Falls Sie oder Ihr Unternehmen eigene Apps vertreiben möchten, ist es von Beginn an wichtig zu wissen, welche Geschäftsmodelle und Vertriebsmöglichkeiten Ihnen hierfür zur Verfügung stehen.

Genau diesem Zweck ist dieses Kapitel gewidmet. Ich stelle Ihnen die typischen Geschäftsmodelle mitsamt deren jeweiligen Vor- und Nachteilen vor, mit denen man Apps über die verschiedenen App Stores von Apple vertreiben kann. Darüber hinaus erläutere ich abschließend noch die Möglichkeiten des Vertriebs von Apps außerhalb des App Store.

■ 35.1 Geschäftsmodelle

Wenn Sie mit der Entwicklung einer App beginnen, sollte das spätere Geschäftsmodell (sofern gewünscht) bereits feststehen. Das erlaubt es Ihnen, Ihr User Interface und möglicherweise notwendige Funktionen zum Umsetzen des gewünschten Business Models entsprechend zu berücksichtigen.

Zwar gibt es beim Vertrieb über den App Store diverse Einschränkungen (beispielsweise fehlt das Anbieten einer zeitlich begrenzten Testversion der App), dennoch gibt es inzwischen weit mehr potenzielle Geschäftsmodelle als „kostenpflichtig" und „mit Werbung". Im Folgenden stelle ich Ihnen die typischen Optionen vor, mit denen Sie Ihre Apps im App Store vertreiben können und erläutere deren spezifische Vor- und Nachteile.

35.1.1 Free Model

Der Name ist Programm: Beim sogenannten *Free Model* stellen Sie Ihre App kostenlos zum Download bereit. Das ist für all jene Apps ein interessantes Geschäftsmodell, bei denen starke Verbreitung die größte Rolle spielt. Beispiele hierfür sind Apps für soziale Netzwerke wie Facebook oder Twitter, deren Geschäftsmodell nicht primär auf der eigentlichen App, sondern der dahinterliegenden Plattform fußen.

Ergänzend können solche Apps mit Werbung gekoppelt werden, um so Einnahmen zu generieren.

- **Vorteil des Free Models:**
  Potenziell große Verbreitungsmöglichkeit der App (da keine Kosten für den Nutzer)
- **Nachteil des Free Models:**
  Keine Einnahmemöglichkeiten (außer mit Werbung)

35.1.2 Freemium Model

Beim *Freemium Model* ist die grundlegende App – genau wie beim Free Model – kostenlos. Zusätzliche Inhalte wie ergänzende Funktionen oder Premium Features können bei diesem Business Model aber via In-App-Kauf freigeschaltet werden. Man bietet den Nutzern also kostenlos ein funktionierendes Grundset und weitere Features kostenpflichtig an.

Ob dieses Geschäftsmodell für eine App passt, muss man von Fall zu Fall abwägen. Wenn es jedoch in Frage kommt, kann es durchaus lohnenswert sein, da man potenziell hohe Download-Zahlen mit potenziellen Umsätzen dank In-App-Käufen vereint. Allerdings bietet auch das Freemium Model keine Umsatzgarantie, selbst wenn die Download-Zahlen der kostenlosen App hoch ausfallen sollten.

- **Vorteile des Freemium Models:**
  - Potenziell große Verbreitungsmöglichkeit der App, da kostenlos
  - Umsatzgenerierung durch In-App-Käufe
- **Nachteil des Freemium Models:**
  Keine gesicherten Einnahmen

35.1.3 Subscription Model

Das Subscription Model wird momentan immer beliebter und wird auch von Apple selbst stark gefördert. Hierbei zahlt man nicht einmalig für eine App oder eine bestimmte Premium-Funktion, sondern *abonniert* diese. Für die Laufzeit des Abos lässt sich die App dann uneingeschränkt nutzen, jedoch geht der gesamte Zugriff oder ein Teil davon verloren, sobald das Abo nicht mehr besteht.

Für Entwickler ist dieses Business Model tatsächlich eine attraktive und teils auch notwendige Lösung: Es sorgt für regelmäßige und damit (mehr oder weniger) sichere Einnahmen und erlaubt die stete Weiterentwicklung der App. Denn das wird oft gerne vergessen: In der Regel wird eine App nicht in einer Version entwickelt und dann nie mehr angefasst, sondern stetig erweitert und auch für neue Betriebssystemversionen und Hardware optimiert. Das kostet Geld, und Abos können für diese Einnahmen sorgen.

Die Nutzer hingegen stehen diesem Business Model skeptisch gegenüber. Sie zahlen nun nicht länger einmalig für ein Produkt, sondern regelmäßig, und sobald sie die Zahlungen einstellen, verlieren sie – wenigstens teilweise, wenn nicht gar komplett – den Zugriff.

Sollten Sie sich für dieses Business Model entscheiden, ist es in meinen Augen wichtig, diese Entscheidung offen gegenüber den (potenziellen) Nutzern zu kommunizieren. Ebenso wichtig ist es, im Fall des Subscription Models auch regelmäßig Updates für eine App zu liefern und damit auch das Geschäftsmodell zu begründen.

- **Vorteil des Subscription Models:**
  Regelmäßige Einnahmen für Entwickler

- **Nachteil des Subscription Models:**
  In den Augen der Nutzer bisweilen mangelnde Akzeptanz

35.1.4 Paid Model

Das *Paid Model* ist wohl das klassische Geschäftsmodell des App Store. Es gestaltet sich recht simpel: Sie bieten Ihre App zu einem fixen Preis an, und sobald der Nutzer die App erwirbt, kann er sie in vollem Umfang nutzen.

Der Vorteil ist klar: Sie generieren mit jedem Download den gewünschten Umsatz und die Nutzer können ohne Einschränkungen auf alle Funktionen der App zugreifen. Der Nachteil liegt jedoch ebenso auf der Hand: Die Hemmschwelle der Nutzer, die App zu kaufen, ist deutlich größer als bei einer kostenfreien App. Sie haben es mit solch einem Produkt somit schwerer, eine große Zahl von Downloads zu erreichen. Ebenfalls gilt es zu beachten, dass Sie mit solchen Apps nur einmalig pro User Umsatz generieren. Das kann auf lange Sicht möglicherweise zum Problem werden, wenn die App stetig weiterentwickelt werden soll und neue Einnahmen ausbleiben

- **Vorteil des Paid Models:**
  Umsatzgenerierung pro Download

- **Nachteile des Paid Models:**
  - In der Regel deutlich geringere Download-Zahlen als bei kostenfreien Apps
  - Keine regelmäßigen Einnahmen

35.1.5 Paymium Model

Das *Paymium Model* ist eine Mischung aus dem Paid und dem Freemium Model. Sie verkaufen also eine App zu einem fixen Preis und bieten darüber hinaus noch zusätzliche Premium Features oder Services per In-App-Kauf an. Damit können Sie möglicherweise einen Nachteil des Paid Models umgehen und nach dem eigentlichen App-Kauf im Laufe der Zeit weitere Umsätze mit Ihrer App generieren.

Allerdings sollten Sie genau abwägen, ob dieses Geschäftsmodell das Richtige für Ihre App ist. Nutzer fühlen sich möglicherweise betrogen, wenn sie nach dem Kauf einer App zusätzlich noch Geld in ergänzende Features oder Services stecken müssen. Das heißt nicht, dass dieses Geschäftsmodell per se eine schlechte Idee ist. Allerdings sollten Sie dann wirklich ein Premium-Produkt anbieten, bei dem die mehrfachen Zahlungsforderungen funktional auch gerechtfertigt sind; ansonsten ziehen Sie sicherlich den Unmut ihrer Nutzer auf sich.

- **Vorteile des Paymium Models:**
  - Umsatzgenerierung pro Download
  - Erzielung weiterer Umsätze durch zusätzliche In-App-Käufe
- **Nachteil des Paymium Models:**
  In der Regel deutlich geringere Download-Zahlen als bei kostenfreien Apps

■ 35.2 App Bundles

Die sogenannten *App Bundles* stellen eine ergänzende Möglichkeit dar, mit kostenpflichtigen Apps auf Basis des Paid oder Paymium Models Umsätze zu generieren. Hierbei werden – wie der Name bereits andeutet – mehrere Apps zu einem neuen Produkt zusammengefasst und mit einem Preisschild versehen, das Nutzer dann über den App Store erwerben können. Kaufen sie das Bundle, erhalten sie zum festgelegten Preis alle Apps, die Teil dieses Bundles sind. Clever eingesetzt, können Bundles eine gute Möglichkeit sein, sowohl die Verkaufszahlen als auch die Umsätze der eigenen Produkte zu steigern.

App Bundles legen Sie in App Store Connect innerhalb des Reiters *Meine Apps* an. Wählen Sie dazu nach Klick auf den Plus-Button oben links den Eintrag *Neues App-Bundle* (siehe Bild 35.1). Im sich öffnenden Fenster wählen Sie die Apps aus, die Teil des Bundles werden sollen und vergeben einen Namen und einen Preis (siehe Bild 35.2).

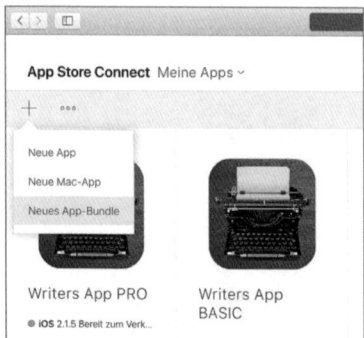

Bild 35.1
In App Store Connect können Sie App Bundles anlegen und verwalten.

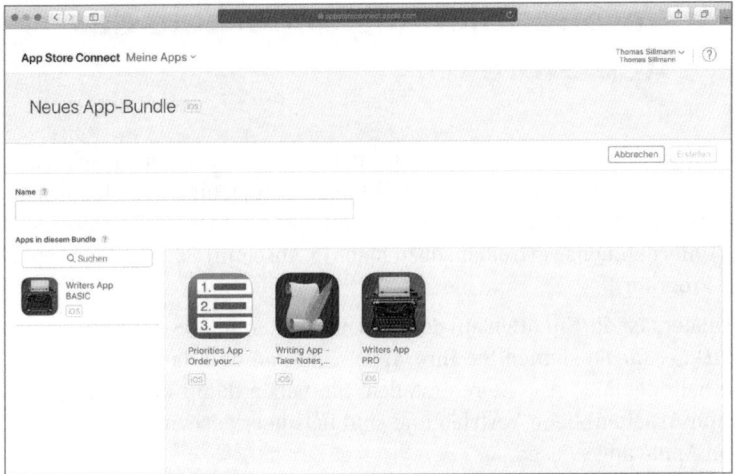

Bild 35.2 Sie wählen die Apps, die Teil des Bundles werden sollen, und legen alle zugehörigen Informationen fest.

Beachten Sie hierbei, dass ein App Bundle über maximal zehn Apps verfügen kann.

35.3 Universal Purchase für iOS und tvOS

Wenn Sie eine kostenpflichtige App sowohl für iOS als auch für tvOS über den App Store vertreiben, haben Sie die Möglichkeit, Ihre Nutzer nur einmal für eine der beiden Versionen zahlen und sie dann unter beiden Plattformen nutzen zu lassen. Dieses Feature nennt sich *Universal Purchase*. Um es zu nutzen, müssen Sie ein gemeinsames App-Projekt sowohl für iOS als auch tvOS in App Store Connect anlegen und dort die Infos zu beiden Plattformversionen pflegen. Sowohl die iOS- als auch die tvOS-Version müssen denselben Bundle Identifier verwenden, können aber ansonsten über unterschiedliche Infos (wie beispielsweise verschiedene Versionsnummern) verfügen.

Wenn Sie hingegen ein- und dieselbe App für beide Plattformen separat verkaufen möchten, müssen Sie pro App einen eigenen Eintrag in App Store Connect erstellen. Beachten Sie hierbei jedoch Folgendes: Wenn Sie einmal eine App separat für iOS und tvOS veröffentlicht haben, können Sie beide später nicht mehr in einem Universal Purchase zusammenführen.

 Und was ist mit watchOS?

watchOS-Apps sind immer Teil einer iOS-App. Einen eigenständigen Vertrieb von watchOS-Apps gibt es nicht. Wenn Sie eine watchOS-App anbieten, wird diese immer über eine zugehörige iOS-App über den App Store ausgeliefert.

■ 35.4 Veröffentlichung außerhalb des App Store

Eines gleich vorneweg: Einen offiziellen alternativen Vertriebskanal abseits des App Store gibt es für iOS, watchOS und tvOS nicht. Möchten Sie Apps für diese Plattformen anbieten, führt kein Weg am App Store vorbei (es sei denn, Sie möchten eine Enterprise-App innerhalb eines Unternehmens vertreiben, dazu mehr in Abschnitt 35.4.1, „Das Apple Developer Enterprise Program").

Ein wenig anders ist die Situation auf dem Mac und unter macOS. Mithilfe des sogenannten *Developer ID Certificate* können Sie Ihre Apps signieren und damit ein Package zum Vertrieb außerhalb des Mac App Store erstellen. Sie haben damit alle Freiheiten (aber auch Pflichten und Arbeiten) beim Vertrieb und sind beispielsweise auch nicht auf den Review-Prozess von Apple angewiesen.

Um ein solches Developer ID Certificate zu erstellen, melden Sie sich im Apple Developer Portal an und wechseln in den Bereich *Certificates, Identifiers & Profiles*. Dort wählen Sie über den Reiter oben links *macOS* aus und wechseln anschließend in die Ansicht zum Erstellen eines neuen Zertifikats. Hier wird Ihnen im Abschnitt *Production* der Punkt *Developer ID* angeboten (siehe Bild 35.3). Darüber können Sie das Developer ID Certificate erstellen und für die Signierung Ihrer macOS-Apps zum Vertrieb außerhalb des Mac App Store verwenden.

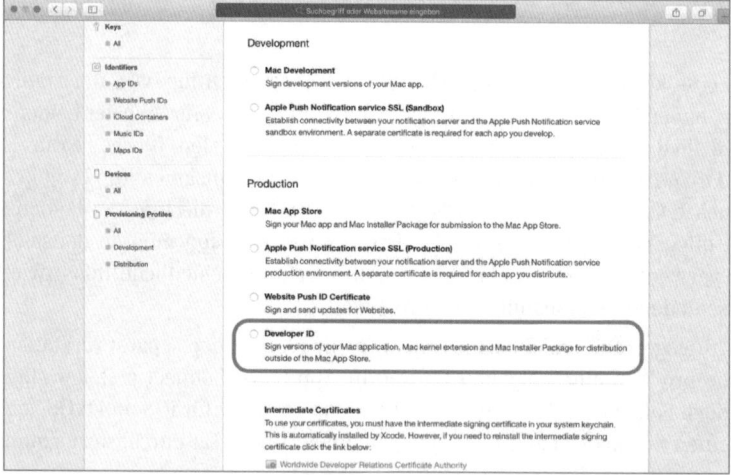

Bild 35.3 Zum Vertrieb von macOS-Apps außerhalb des Mac App Store benötigen Sie ein Developer ID Certificate.

35.4.1 Das Apple Developer Enterprise Program

Für Apps, die nicht öffentlich über den App Store für alle Welt vertrieben werden sollen, sondern nur innerhalb eines Unternehmens zum Einsatz kommen, ist das sogenannte *Apple Developer Enterprise Program* gedacht (siehe Bild 35.4). Als Mitglied dieses Programms können Sie Apps exklusiv innerhalb eines Unternehmens an die entsprechenden Endgeräte und Nutzer verteilen (beispielsweise über eine separate Mobile-Device-Management-Lösung, kurz MDM), ohne die App in den App Store hochladen zu müssen. Im Gegenteil: Das Apple Developer Enterprise Program bietet nicht einmal die Möglichkeit, Apps in den App Store hochzuladen. Es ist ausschließlich zum Vertrieb unternehmensinterner Anwendungen außerhalb des App Store konzipiert.

Bild 35.4 Mithilfe des Apple Developer Enterprise Programs können Sie Apps außerhalb des App Store für Unternehmenszwecke vertreiben.

Sie können bis zu 100 Testgeräte pro Device (iPhone, iPad, iPod touch, Apple Watch, Apple TV) registrieren und haben Zugriff auf Vorabversionen von Xcode, iOS und Co. Preislich liegt das Apple Developer Enterprise Program bei 299 €, weitere Informationen dazu finden Sie unter *https://developer.apple.com/programs/enterprise*.

36 TestFlight

Bei TestFlight handelt es sich um einen Service von Apple, mit dessen Hilfe Sie Vorabversionen Ihrer App an verschiedene Tester über App Store Connect verteilen können. Darüber können Sie also eine neu entwickelte Anwendung oder ein Update zuvor bereits diversen Nutzern an die Hand geben und deren Feedback einholen, ehe Sie die eigentliche Veröffentlichung durchführen. Das kann enorm nützlich sein, um sowohl mögliche Schwächen in der Usability vor dem offiziellen Release zu beheben wie auch Bugs zu beseitigen.

Bitte beachten Sie, dass TestFlight nur für iOS, watchOS und tvOS zur Verfügung steht, nicht für macOS.

 Kein TestFlight im Apple Developer Enterprise Program

TestFlight ist mit App Store Connect – der Plattform zum Vertrieb von Apps über den App Store – gekoppelt. Falls Sie unternehmensinterne Anwendungen über eine Apple Developer Enterprise Program-Mitgliedschaft entwickeln, steht Ihnen TestFlight nicht zur Verfügung, da Ihnen dann auch der Zugriff auf App Store Connect fehlt. Für das Verteilen von Testversionen Ihrer App an ausgewählte Nutzer müssen Sie in diesem Fall eine eigene Lösung anbieten.

■ 36.1 TestFlight in App Store Connect

Um eine Vorabversion Ihrer App über TestFlight zu verteilen, müssen zuvor alle grundlegenden Informationen dafür in App Store Connect eingepflegt sein. Sie müssen die App also bereits angelegt haben, selbst wenn eine Veröffentlichung aufgrund der geplanten Testphase noch nicht unmittelbar bevorsteht. Auch müssen Sie über Xcode bereits das gewünschte Archive in den App Store hochgeladen haben (siehe hierzu auch Kapitel 34, „Veröffentlichung im App Store").

Im Anschluss öffnen Sie Ihre App in App Store Connect und wechseln in den Reiter *TestFlight* (siehe Bild 36.1). Über das Menü am linken Rand können Sie unterschiedliche Informationen für den Test hinterlegen.

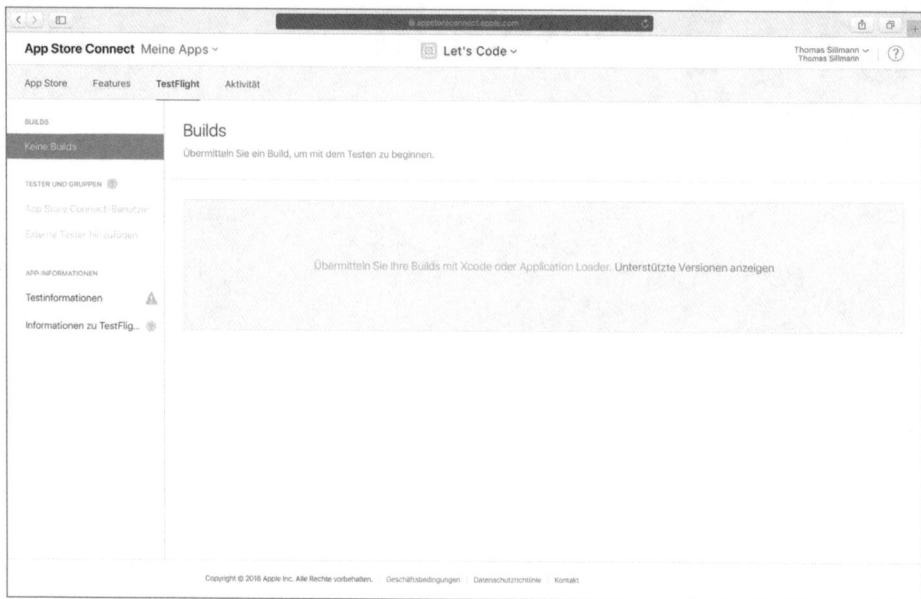

Bild 36.1 Über die Oberfläche von TestFlight in App Store Connect konfigurieren Sie Ihre Vorabversionen.

Builds

Im Abschnitt *Builds* verwalten Sie die hochgeladenen Vorabversionen Ihrer App. Sie können hier – im Gegensatz zur Freigabe einer App im App Store – mehrere Builds parallel vorhalten und an Ihre Tester verteilen.

Tester und Gruppen

Im Bereich *Tester und Gruppen* verwalten Sie die Nutzer, die eine Vorabversion Ihrer App via TestFlight beziehen können. Hierbei wird zwischen App Store Connect-Benutzern und externen Testern unterschieden:

- *App Store Connect-Benutzer:* Hierbei handelt es sich um Team-Mitglieder, denen Sie Zugriff auf Ihre App gewähren möchten. Sie können bis zu 25 solcher Nutzer für eine App registrieren.

- *Externer Tester:* Ein externer Tester ist ein Nutzer außerhalb von App Store Connect, der beispielsweise zur anvisierten Zielgruppe Ihrer App gehört. Bis zu 10 000 solcher externen Tester können Sie in TestFlight pro App einbinden.

App-Informationen

In diesem Abschnitt pflegen Sie die allgemeinen Informationen zu der Testversion Ihrer App ein. Dazu gehört neben einer Beschreibung beispielsweise auch ein möglicher Testzugang, falls ein solcher benötigt wird, um die App in vollem Umfang testen zu können.

■ 36.2 TestFlight im App Store

Wenn Sie eine Testversion einer App in TestFlight eingerichtet und Nutzer für den Test eingeladen haben, brauchen diese auf Ihrer Seite die TestFlight-App von Apple (siehe Bild 36.2). Nach dem Start müssen die Tester den Einladungscode eingeben, den sie zuvor aus App Store Connect heraus erhalten haben, um anschließend Zugriff auf die Testversion der entsprechenden App zu haben (siehe Bild 36.3).

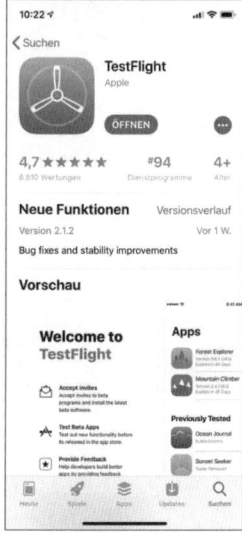

Bild 36.2
Die TestFlight-App kann aus dem App Store heruntergeladen werden.

Bild 36.3
Über die „Redeem"-Schaltfläche am oberen rechten Rand müssen die Testnutzer den erhaltenen Einladungscode eingeben, um auf die Testversion Ihrer App zugreifen zu können.

Ist das erledigt, können Nutzer die App genau wie aus dem App Store heraus auf ihre Geräte herunterladen und installieren. Darüber hinaus erhalten Sie von der TestFlight-App Notifications, sollten Sie eine neue Version zum Testen zur Verfügung stellen. Das entsprechende Update kann dann ebenfalls direkt aus TestFlight heraus installiert werden.

Index